dtv

Vollkommen überarbeitete Neuausgabe
Mai 1997
1. Auflage 1984
Gemeinschaftsausgabe
© Deutscher Taschenbuch Verlag GmbH & Co. KG, München
und Westermann Schulbuchverlag GmbH, Braunschweig
Umschlaggestaltung: Balk & Brumshagen
Umschlagbild: Hartmut Leser
Satz: Design-Typo-Print GmbH, Ismaning
Gesetzt aus der Times New Roman, 10,8/13° (QuarkXPress 3.31 Mac)
Druck und Bindung: C. H. Beck'sche Buchdruckerei, Nördlingen
Gedruckt auf säurefreiem, chlorfrei gebleichtem Papier
Printed in Germany

ISBN 3-423-03421-1 (dtv)
ISBN 3-14-136070-7 (westermann)

DIERCKE-Wörterbuch Allgemeine Geographie

Herausgegeben von Hartmut Leser

Autoren:
Hartmut Leser, Hans-Dieter Haas, Thomas Mosimann,
Reinhard Paesler
unter Mitarbeit von Judith Huber-Fröhli

Aufgabe der Geographie ist die Erforschung der Wechselbeziehungen zwischen dem Menschen und seiner Umwelt. Unterschieden wird die Regionale Geographie (Länderkunde) von der Allgemeinen Geographie, mit der sich dieses Wörterbuch beschäftigt.

Im ›DIERCKE-Wörterbuch Allgemeine Geographie‹ werden ca. 15000 Fachwörter definiert aus den naturwissenschaftlichen (physiogeographischen) Teilgebieten Geoökologie, Geomorphologie, Boden-, Klima-, Hydro- und Biogeographie und aus den humanwissenschaftlichen (anthropogeographischen) Teildisziplinen Wirtschafts-, Sozial-, Siedlungs-, Stadt-, Bevölkerungs-, Verkehrs- und Fremdenverkehrsgeographie. Verwandte Fachbegriffe verschiedener Nachbarfächer der Geographie wurden mitbearbeitet, um den interdisziplinären Zusammenhang geographischer Begriffe und Fragestellungen deutlich zu machen. Es werden auch ausgewählte methodische Begriffe und Fragestellungen erläutert. Die Definitionen werden in einer Sprache gegeben, die auch dem Laien verständlich ist, ohne die Ansprüche der Fachwissenschaft zu vernachlässigen. Zahlreiche Abbildungen ergänzen und verdeutlichen den Text.

Das ›DIERCKE-Wörterbuch Allgemeine Geographie‹ erscheint seit 1984. Es erfuhr bis 1995 acht Auflagen.

Die Neubearbeitung baut den geographisch-raumwissenschaftlichen und den klassisch-geowissenschaftlichen Sektor des Werkes weiter aus. Die Geographie erfuhr ab den achtziger Jahren wieder einmal einen Wandel: Das integrative Umweltdenken und der schon immer vorhandene, jedoch wieder stärker berücksichtigte holistische Ansatz führten zu teils neuen, teils fächerübergreifenden Begriffen. Dazu gehören gewandelte Traditionsbegriffe ebenso wie umweltbezogene Neuschöpfungen. Die Neubearbeitung bringt sodann vermehrt Begriffe der Bioökologie und der Biogeographie.

Professor Dr. rer. nat. Hartmut Leser, geb. 1939 in Naumburg a. d. Saale, Ordinarius für Physiogeographie und Landschaftsökologie, Direktor des Geographischen Instituts der Universität Basel.

Professor Dr. phil. Hans-Dieter Haas, geb. 1943 in Wirsitz/Westpreußen, Ordinarius für Wirtschaftsgeographie und Geschäftsführender Vorstand des Instituts für Wirtschaftsgeographie in der Fakultät für Betriebswirtschaft der Ludwig-Maximilians-Universität München.

Professor Dr. phil. nat. Thomas Mosimann, geb. 1951 in Basel, Professor für Physische Geographie und Landschaftsökologie und Leiter der gleichnamigen Abteilung am Geographischen Institut der Universität Hannover.

Dr. phil. Reinhard Paesler, geb. 1942 in Lehmwasser/Schlesien, Akademischer Direktor am Institut für Wirtschaftsgeographie der Ludwig-Maximilians-Universität München.

Dr. sc. nat. Judith Huber-Fröhli, geb. 1951 in Frauenfeld/Schweiz.

westermann
Deutscher Taschenbuch Verlag

Schriften zum Öffentlichen Recht

Band 1325

Umwelt – Hochschule –

Festschrift für Franz-Joseph
zum 70. Geburtstag

Umwelt – Hochschule – Staat

Festschrift für Franz-Joseph Peine
zum 70. Geburtstag

Herausgegeben von

Lothar Knopp
Heinrich Amadeus Wolff

Duncker & Humblot · Berlin

Bibliografische Information der Deutschen Nationalbibliothek

Die Deutsche Nationalbibliothek verzeichnet diese Publikation in
der Deutschen Nationalbibliografie; detaillierte bibliografische Daten
sind im Internet über http://dnb.d-nb.de abrufbar.

Alle Rechte, auch die des auszugsweisen Nachdrucks, der fotomechanischen
Wiedergabe und der Übersetzung, für sämtliche Beiträge vorbehalten
© 2016 Duncker & Humblot GmbH, Berlin
Fremddatenübernahme: Konrad Triltsch GmbH, Ochsenfurt
Druck: Das Druckteam, Berlin
Printed in Germany

ISSN 0582-0200
ISBN 978-3-428-14736-6 (Print)
ISBN 978-3-428-54736-4 (E-Book)
ISBN 978-3-428-84736-5 (Print & E-Book)

Gedruckt auf alterungsbeständigem (säurefreiem) Papier
entsprechend ISO 9706 ♾

Internet: http://www.duncker-humblot.de

Geleitwort

Es ist mir eine besondere Freude und Ehre zugleich, die vorliegende Festschrift mit einigen einleitenden Worten begleiten zu dürfen.

Der *Jubilar* gilt ohne Zweifel als eine „Institution" des deutschen Staats- und Verwaltungsrechts, welches er im Rahmen seines wissenschaftlichen Lebenswerks wesentlich mitgeprägt und weiterentwickelt hat. Gerade im allgemeinen Verwaltungsrecht, im Umweltrecht, hier vor allem im Bodenschutzrecht sowie im Hochschulrecht, aber auch in anderen Rechtsgebieten, wie zum Beispiel im Bau- und Planungsrecht und im Beamtenrecht, hat er insbesondere durch zahlreiche wissenschaftliche Schriften und Vorträge diesen Rechtsgebieten wichtige Impulse gegeben, die bis heute nachwirken.

Als (ehrenamtliches) Mitglied des Leitungsgremiums des im Jahr 2002 an der ehemaligen Brandenburgischen Technischen Universität (BTU) Cottbus gegründeten Zentrums für Rechts- und Verwaltungswissenschaften (ZfRV) und als Mitglied des wissenschaftlichen Vorstands der deutsch-polnischen Forschungseinrichtung German-Polish Centre for Public Law and Environmental Network (GP PLEN), getragen von der BTU Cottbus-Senftenberg und der Universität Breslau, hat *Franz-Joseph Peine* stets mit großem Engagement und Sachverstand, insbesondere auch an bedeutenden interdisziplinären Drittmittelprojekten mit Umweltbezug, mitgewirkt. In der Zeit, als die BTU noch kein Promotionsrecht in diesem Bereich hatte, ermöglichte er es darüber hinaus zahlreichen dort forschenden Nachwuchswissenschaftlern der Rechtswissenschaften, an der Europa-Universität Viadrina (EUV) Frankfurt (Oder) zu promovieren, *und zwar als* ehemaliger *Professor für Öffentliches Recht an der dortigen Juristenfakultät.* Insoweit war er ein unverzichtbares „Bindeglied" zwischen der BTU und der EUV und hat hier wesentlich zu einer positiven und kollegialen Zusammenarbeit zwischen beiden Universitäten beigetragen.

Die nachfolgenden Beiträge renommierter deutscher, aber auch ausländischer Rechtswissenschaftler reflektieren hervorragend das wissenschaftliche Lebenswerk des Jubilars. Möge seine große Schaffenskraft weiter ungebrochen bleiben, er bei bester Gesundheit seinen wohlverdienten Unruhestand genießen und dabei der BTU Cottbus-Senftenberg, insbesondere dem ZfRV und GP PLEN, weiter mit Rat und Tat zur Seite stehen.

Cottbus, im Sommer 2016

Prof. Dr.-Ing. Dr. h.c. (NUWM, UA) DSc. h.c. Jörg Steinbach
Hon.-Prof. (ECUST, CN)
Präsident der BTU Cottbus-Senftenberg

Vorwort der Herausgeber

Am 18. August 2016 vollendet *Franz-Joseph Peine*, zuletzt Professor für Öffentliches Recht an der Juristischen Fakultät der Europa-Universität Viadrina, sein 70. Lebensjahr. Der Jubilar kann als ein „Grandseigneur" des Öffentlichen Rechts, insbesondere des Verwaltungsrechts, gelten. Mit Fug und Recht haben herausragende Mitglieder der Juristenfakultät vor Jahren im Rahmen der Abschiedsvorlesung von *Peine* diesen als „eine Institution des deutschen Verwaltungsrechts" bezeichnet. So hat der Jubilar das Allgemeine Verwaltungsrecht, das Verwaltungsverfahrensrecht sowie zentrale Bereiche des Besonderen Verwaltungsrechts während seiner beruflichen Laufbahn und bis heute entscheidend mitgeprägt und weiterentwickelt. Gerade auch im Bereich des besonderen Verwaltungsrechts hat der Jubilar namentlich im Beamtenrecht, im Baurecht, ebenso im Hochschulrecht, vor allem aber im Umweltrecht, dort insbesondere im Bodenschutzrecht, seinen prägenden Stempel hinterlassen. Als Mitglied der sog. Professoren-Kommission für ein Umweltgesetzbuch sowie durch seine zahlreichen Schriften hat *Peine* der Fortentwicklung des Bodenschutzrechts wichtige Impulse gegeben. Aber auch in anderen Bereichen des Umweltrechts hat er maßgeblich gewirkt und war an etlichen von der Deutschen Bundesstiftung Umwelt geförderten Drittmittelprojekten des Zentrums für Rechts- und Verwaltungswissenschaften an der BTU Cottbus beteiligt.

„Brücken in der Wissenschaft" zu schlagen sowie die Nachwuchsförderung waren und sind dem Jubilar ebenfalls stets ein großes Anliegen. So gehört er seit 2005 als Mit-Direktor ehrenamtlich der Leitung des Cottbuser Zentrums für Rechts- und Verwaltungswissenschaften (ZfRV) an und prägt bis heute maßgeblich die Weiterentwicklung dieser Zentralen wissenschaftlichen Einrichtung mit. Der Jubilar hat viele Promovendinnen und Promovenden betreut und in diesem Zusammenhang auch geholfen, eine erfolgreiche Nachwuchsförderung im Rahmen einer Kooperation zwischen der ehemaligen BTU Cottbus und der Europa-Universität Viadrina zu Promotionen zum Dr. iur. des rechtswissenschaftlichen Nachwuchses, vor allem des Cottbuser ZfRV, an der Juristenfakultät der Viadrina sicherzustellen. Es war ihm ein persönliches Anliegen, den Studierenden zumutbare Studienbedingungen zu bieten, so dass er keine Arbeit scheute, die den Studierenden zugute kam. Die Anzahl der von ihm betreuten Schwerpunktbereichsarbeiten, gestellten und korrigierten Klausuren ist unzählbar. Er ist bis heute als Prüfer im Gemeinsamen Prüfungsamt Berlin-Brandenburg tätig.

Mit den vorliegenden Beiträgen würdigen langjährige Weggefährten, Kolleginnen und Kollegen sowie Schüler einen herausragenden Juristen der deutschen Rechtswissenschaft und zollen seinem Lebenswerk „Öffentliches Recht" Anerkennung. In den Beiträgen wird die große fachliche Bandbreite sichtbar, mit der sich *Peine* zeitlebens beschäftigt hat und noch beschäftigt. Autoren und Herausgeber dieser Festschrift wünschen dem Jubilar weiterhin viele Jahre bester Gesundheit, Glück und einen für die Rechtswissenschaft nach wie vor fruchtbaren „Unruhestand".

Die Herausgeber danken herzlich Dr. Jan Hoffmann, LL.M. Eur., für die kritische Durchschau, die Koordination, die Vereinheitlichung der Beiträge und die Erstellung der Druckvorlage.

Lothar Knopp und *Heinrich Amadeus Wolff*

Inhaltsverzeichnis

I. Umwelt und Technik

Eike Albrecht
Klimaflüchtlinge – Anerkennung und Schutz im Völkerrecht 3

Detlef Czybulka
Der Ökosystemansatz als Managementprinzip des Naturschutzes 21

Wolfgang Durner
Bodenschutz in der Planung – Bodenschutz durch Planung 39

Wilfried Erbguth
Neues zur Steuerung der Energieerzeugung: Erzeugungsentwicklungsplanung, Europarecht, städtebaulicher Planvorbehalt 55

László Fodor
Der verfassungsrechtliche Rahmen für den Schutz der Umwelt im neuen ungarischen Grundgesetz 69

Annette Guckelberger
Der IT-Sicherheitskatalog nach § 11 Abs. 1a EnWG und seine Rechtsnatur . . . 85

Reinhard Hendler
Zum Verhältnis von räumlicher Gesamtplanung und räumlicher Fachplanung . . 103

Jan Hoffmann
Betrieblicher Umweltschutz – revisited 115

Hans D. Jarass
Probleme der BVT-Schlussfolgerungen im Recht der Industrieemissions-Anlagen 129

Michael Kloepfer
Zertifikatelösungen als Instrumente des Umweltschutzrechts 143

Michael Kotulla
Immissionsschutz- und Störfallbeauftragte 163

Dieter Martiny
Grenzüberschreitende Umwelthaftung im Schnittfeld zwischen Internationalem Privatrecht und Internationalem Verwaltungsrecht 181

Klaus Meßerschmidt
Umweltgerechtigkeit auf dem Weg zum Rechtsbegriff? 195

Hans-Jürgen Papier
Warenverkehrsfreiheit und nationale (Bau-)Produktstandards 221

Foroud Shirvani
Der Schutz der Betriebs- oder Geschäftsgeheimnisse im Umweltinformationsrecht 231

Joachim Wieland
Finanzierungsvorsorge für den Rückbau von Kernkraftwerken 245

Heinrich Amadeus Wolff
Der Gesetzentwurf zum Fracking als Beispiel moderner Umweltgesetzgebung 261

II. Hochschule

Alexander von Brünneck
Von der Gruppenuniversität zur Wettbewerbsuniversität – Tendenzen der Hochschulgesetzgebung am Beispiel der Brandenburger Hochschulgesetze von 1991 und 2014 277

Max-Emanuel Geis
Von Dekanen, Fluchtwegen und Feuerlöschern – Zur Auslegungsmethode der „teleologischen Minimalisierung" 287

Helmut Goerlich und *Georg Sandberger*
Hochschulverfassungsrecht – Kontinuität oder Paradigmenwechsel in der Rechtsprechung des Bundesverfassungsgerichts? 297

Lothar Knopp
Hochschulpolitische Vereinigung von Universität und Fachhochschule zur Behebung hochschulbezogener „Schieflagen"? – Zugleich zur aktuellen BVerfG-Rechtsprechung 315

Andreas Musil
Verfassungsfragen der Akkreditierung im Hochschulwesen 333

Wolfgang Schröder und *Janine von Kittlitz*
Die Auftragsforschung an Hochschulen im Fokus des EU-Beihilfeverbots 349

III. Staat, Verwaltung und Kirche

Hartmut Bauer und *Friedrich Markmann*
Lokale Leistungserbringung im kommunalen Interesse zwischen Privatisierung und Publizisierung: Renaissance der Genossenschaft? 375

Christoph Degenhart
Überregionaler Verwaltungsakt und ländereinheitliches Verfahren im kooperativen Föderalismus: Glücksspielaufsicht und Medienaufsicht 395

Matthias Dombert
Das stumpfe Schwert der Verfahrensbeschleunigung: Anmerkungen zur Handhabung des § 87b VwGO in der verwaltungsgerichtlichen Praxis 409

Christoph Gusy
Einseitige oder allseitige Transparenz? Das Informationsverwaltungsrecht und die post-privacy-Debatte 423

Ulrich Häde
Kommunale Aufgabenkategorien in Brandenburg 441

Martin Ibler
Zur Kontrolle mehrpoliger Verwaltungsentscheidungen durch einen in Personalunion prüfenden Beauftragten. Eine Kritik an Amt, Organisation und Verfahren des Bundesbeauftragten für den Datenschutz und die Informationsfreiheit 457

Herbert Mandelartz
Interne und externe Verwaltungskommunikation 471

Rainer Pitschas
Verwaltungsmediation als Handlungsform des konsensualen Verwaltungsrechts 489

Wolf-Rüdiger Schenke
Die Erledigung eines Verwaltungsakts im Sinne des § 43 Abs. 2 VwVfG 503

Thorsten Ingo Schmidt
Eigentümerbezogene Nahverkehrsabgaben als Mittel zur Finanzierung des ÖPNV 527

Meinhard Schröder
Amtsermittlung im Internet 541

Udo Steiner
Innerstädtische Mobilität als Rechtsproblem 561

Rupert Stettner
Werden und Wachstum von Verwaltungsrecht – ein Vergleich 571

Rolf Stober
ISO 19600: Ein Beitrag zur Regelkonformität der öffentlichen Verwaltung 591

Peter Unruh
Kirche(n) und Staat im demokratischen Verfassungsstaat – Grundlagen und aktuelle Probleme 603

Kay Waechter
Der Erhalt der Stadtgestalt 621

IV. Europa und Asien

Christoph Brömmelmeyer
Der Europäische Gerichtshof als Gesetzgeber – Richterrecht in der Europäischen Union, insbesondere im Kartellrecht 637

Csilla Csák
The financial securities for validation of the environmental law responsibility   651

Jan Hecker
Europäisierung der Widerrufsdogmatik? – Zum „Papenburg"-Urteil des Europäischen Gerichtshofs 663

Moon-Hyun Koh
Some Political Question Cases of Korean Constitutional Court 673

Fei Liu
Das neue Verwaltungsprozessgesetz Chinas vom 1. November 2014 – Neuregelungen und weitere Reformüberlegungen 697

Anhang

Lebenslauf von Franz-Joseph Peine 709

Schriftenverzeichnis von Franz-Joseph Peine 711

Von Franz-Joseph Peine als Erstgutachter betreute Qualifikationsarbeiten 733

Autorenverzeichnis 737

I. Umwelt und Technik

Klimaflüchtlinge – Anerkennung und Schutz im Völkerrecht

Von *Eike Albrecht*

Abstrakt

Der Beitrag beschäftigt sich mit klimawandelbedingter Migration auf verschiedenen Ebenen und in verschiedenen Erscheinungsformen sowie den Möglichkeiten auf politischer Ebene, diese Fragestellungen im Regelungsregime bestehender Abkommen zu beantworten. Als Ergebnis wird auf der Grundlage der Klimarahmenkonvention ein alternativer Lösungsansatz zu klimawandelbedingter Migration unter Berücksichtigung des Prinzips der gemeinsamen, aber unterschiedlichen Verantwortlichkeit, und der Verpflichtung aller Vertragsstaaten, ihre Bürger zu beschützen und sich an den Klimawandel anzupassen, vorgeschlagen. Dem Beitrag liegen die folgenden drei Thesen zugrunde: 1. Klimaflüchtlinge sind eine Untergruppe der Umweltflüchtlinge, deren Schutz einem eigenen Regelungsregime unterstellt werden sollte. 2. Klimaflüchtlinge können Binnenflüchtlinge sein und solche, die Grenzen überqueren. Für Binnenflüchtlinge sind die jeweiligen Staaten aufgrund ihrer Verpflichtung zur Anpassung an den Klimawandel selbst verantwortlich, mag auch finanzielle Unterstützung für die Anpassung gewährt werden. Das Gleiche gilt für solche Flüchtlinge, die lediglich vorübergehend Staatsgrenzen überschreiten. 3. Für Flüchtlinge, die dauerhaft ihre Heimat wegen der Folgen des Klimawandels verlassen müssen, insbesondere solche, deren Heimatstaaten durch den Klimawandel zerstört werden, wie z. B. tief liegende Inselstaaten oder Staaten, die aufgrund klimawandelbedingter Veränderungen faktisch handlungsunfähig werden, weil große Anteile des Staatsgebiets unbewohnbar werden, besteht eine Einstandspflicht der internationalen Staatengemeinschaft nach dem Prinzip der gemeinsamen aber unterschiedlichen Verantwortlichkeiten. Hierfür sollte ein Zusatzprotokoll zur Regelung der Klimaflüchtlingsproblematik erarbeitet werden.

I. Einführung

In einer Entscheidung des Neuseeländischen Gerichtshofs für Einwanderung vom 4. Juni 2014[1] wurden (soweit ersichtlich) zum ersten Mal klimawandelbedingte Umweltbeeinträchtigungen als Begründung für die Gewährung des Schutzes vor Ab-

---

[1] New Zealand Immigration and Protection Tribunal. Case AD (Tuvalu) vom 4.6.2014, NZIPT 501370–371.

schiebung in Neuseeland herangezogen. Die Kläger, eine Familie aus Tuvalu, einem kleinen und tief gelegenen Inselstaat in der Südsee, hatten auf Gewährung eines Aufenthaltstitels geklagt, nachdem dies zunächst abgelehnt worden war. Als Begründung führten die Kläger u. a. klimawandelbedingte Naturkatastrophen an. Dieser Argumentation folgte das Gericht und urteilte, die Rückführung der Klägerfamilie nach Tuvalu wäre ungerecht und unverhältnismäßig hart.[2]

Die Reaktion in der internationalen Presse war eindeutig. „Hat das Zeitalter der Klimaflüchtlinge begonnen?", fragte etwa die Washington Post.[3] Diese Aussage mag etwas übertrieben sein, denn in einer anderen Entscheidung hatte dasselbe Gericht den Anspruch auf Anerkennung als Klimaflüchtlinge noch zurückgewiesen. Es urteilte zwar zugunsten des Klägers, berief sich dabei aber ausschließlich auf besondere familiäre Gründe, die die Erteilung eines Aufenthaltstitels rechtfertigten.[4] Diese Entscheidung wiederum könnte auch ein Indiz für eine weitverbreitete Angst vor zukünftigen Flüchtlingswellen,[5] wie wir sie derzeit ja erleben, sein. Sie ist aber auch Indiz für die Verunsicherung darüber, wer denn überhaupt ein Klimaflüchtling ist, und ob und in welchem Umfang dieser Status anzuerkennen ist, verbunden mit der Frage nach den rechtlichen Konsequenzen.

Noch mag die Zahl derjenigen, die maßgeblich wegen klimawandelbezogener Gründe ihre Heimat verlassen, im großen Heer der Flüchtlinge[6] vergleichsweise gering erscheinen. Fraglich ist aber, ob dies so bleibt; tatsächlich gibt es Annahmen in diesem Zusammenhang, die davon ausgehen, dass bis zum Jahr 2050 zwischen 100

---

[2] „unjust and unduly harsh", New Zealand Immigration and Protection Tribunal. Case AD (Tuvalu), NZIPT 501370–371, Rdnr. 32; siehe zur rechtlichen Einordnung *Britta Nümann*, Kein Flüchtlingsschutz für „Klimaflüchtlinge", ZAR 2015, 165 (165 f.).

[3] *Rick Noack*, Has the Era of the ‚Climate Change Refugee' Begun? The Washington Post vom 7. 8. 2014, Washington, D.C. abrufbar unter: http://www.washingtonpost.com/blogs/world views/wp/2014/08/07/has-the-era-of-the-climate-change-refugee-begun/ abgerufen am 30. 9. 2015; aus der Vielzahl der Referenzen zu Klimaflüchtlingen, vgl. nur die Rede des Hochkommissars für Flüchtlingsfragen *António Guterres* auf der 15. UN-Klimakonferenz 2009 in Kopenhagen, der warnt, dass der Klimawandel die größte Ursache für die Vertreibung von Menschen aus ihrer Heimat werden wird, abrufbar unter: http://www.unhcr.org/print/4b2910239.html, abgerufen am 30. 9. 2015, sowie die Befassung des Sicherheitsrats am 17. 4. 2007, siehe hierzu *Frithjof Zerger*, Klima- und umweltbedingte Migration, ZAR 2009, 85 (85), oder der Hinweis auf eine Nebenveranstaltung zu „Climate Displacement and the Paris Agreement" zur Vorbereitungskonferenz für die 21. UN-Klimakonferenz in Paris, abrufbar unter: http://www.unhcr.org/5584031c9.html, abgerufen am 30. 9. 2015; siehe auch jüngst das Interview im SPIEGEL mit *Nikolaus von Bomhard*, Vorstandsvorsitzender des weltgrößten Rückversicherers Munich Re, SPIEGEL vom 24. 10. 2015, 76 ff. (77 f.).

[4] New Zealand Immigration and Protection Tribunal. Case AD (Tuvalu), NZIPT 800517–520, Rdnr. 120.

[5] *Vikram Odegra Kolmannskog*, Future Floods of Refugees. A Comment on Climate Change, Conflict and Forced Migration. Norwegian Refugee Council, Oslo, 2008, p. 4.

[6] Nach dem Flüchtlingshilfswerk der Vereinten Nationen befinden sich derzeit 59,5 Mio. Menschen auf der Flucht, davon 19,5 Mio. Flüchtlinge, die in einen anderen Staat geflohen sind, und 38,2 Mio. Binnenflüchtlinge; Zahlen abrufbar unter: http://www.unhcr.de/service/zahlen-und-statistiken.html, abgerufen am 30. 9. 2015.

und 250 Mio. Menschen aus Umweltgründen ihre Heimat verlassen müssen.[7] Sir *Nicholas Stern* bezeichnete diese Zahl als „konservativ".[8] Ferner gibt es Schätzungen, wonach alleine in Bangladesch bis 2050 26 Mio. Bewohner sog. Umweltflüchtlinge werden könnten,[9] was allein fast die Hälfte der heute weltweit offiziell registrierten Flüchtlinge darstellt.

War Migration aus Umweltgründen in früheren Zeiten ein üblicher Weg der Anpassung an sich ändernde Umstände,[10] schafft dieses neue Niveau an Wanderung eine ernsthafte Herausforderung, sowohl für die einzelnen Individuen, die flüchten, als auch für die internationale Staatengemeinschaft.[11] Allerdings sind diese Schätzungen nicht unumstritten, u. a., weil sie auf kaum nachprüfbaren Annahmen beruhen.[12] Der Zwischenstaatliche Ausschuss über Klimaveränderungen (englisch: Intergovernmental Panel on Climate Change – IPCC) stellte dazu fest, dass die Schätzungen zu zukünftigen Umweltflüchtlingen bestenfalls Vermutungen darstellen,[13] auch wenn der Ausschuss im nächsten Report feststellt, dass bis 2100 wegen des Klimawandels Hunderte Millionen Menschen wegen Überschwemmungen der Küstenregionen und des daraus folgenden Verlusts von Land ihre Heimat verlassen müssen.[14] Dabei ist auch zu berücksichtigen, dass die Mehrzahl derjenigen, die wegen des Klimawandels ihre Heimat verlassen müssen, weil diese unbewohnbar geworden ist, vermutlich den geringsten Anteil an der Verantwortung hierfür haben.[15]

Damit ist die Notwendigkeit für eine Befassung der internationalen Politik mit dieser Frage eindeutig geklärt. Dies umso mehr, als die Diskussion hierüber seit mehr als drei Jahrzehnten geführt wird, aber bislang noch keinerlei weltweit akzeptierte und rechtlich verbindliche Lösung gefunden werden konnte. Dabei drängt die

---

[7] *Jane McAdam*, Environmental Migration Governance, Sydney 2009, p. 1.

[8] *Nicholas Stern*, The Economics of Climate Change: the Stern Review, Cambridge 2007, p. 77.

[9] *Norman Myers*, Environmental Refugees: a Growing Phenomenon of the 21st Century, Philosophical Transactions of the Royal Society of London, Series B: Biological Sciences, 357(1420), London 2002, p. 511.

[10] *Kolmannskog* (o. Fn. 5), p. 6.

[11] *Jane McAdam*, Climate Change, Forced Migration and International Law, Oxford 2012, p. 3.

[12] *Kolmannskog* (o. Fn. 5), p. 9.

[13] „at best guesswork", siehe *Tom Wilbanks/Patricia Romero/Lankao Manzhu Bao/Frans Berkhout/Sandy Cairncross/Jean-Paul Ceron/Manmohan Kapshe/Robert Muir-Wood/Ricardo Zapata-Marti*, Industry, Settlement and Society. Climate Change 2007: Impacts, Adaptation and Vulnerability. Contribution of Working Group II to the fourth Assessment Report of the Intergovernmental Panel on Climate Change, Cambridge 2007, p. 365.

[14] *Poh Poh Wong/Iñigo Losada*, Chapter 5: Coastal Systems and Low Lying Areas, in: Field/Barros/Dokken/Mach/Mastrandrea/Bilir/Chatterjee/Ebi/Estrada/Genova/Girma/Kissel/Levy/MacCracken/Mastrandrea/White (eds.), Climate Change 2014: Impacts, Adaptation, and Vulnerability. Contribution of Working Group II to the fifth Assessment Report of the Intergovernmental Panel on Climate Change, Cambridge/New York 2014, p. 21.

[15] *McAdam* (o. Fn. 11), p. 37; *Nümann*, ZAR 2015, 165 (169).

Zeit, nicht nur wegen der vermutlich wachsenden Zahl an Klimaflüchtlingen, sondern auch wegen der Erkenntnis, dass eine politische Lösung vermutlich schwieriger wird, wenn die Wanderungsbewegungen in den genannten Größenordnungen erst eingetreten sind. Insofern spricht einiges dafür, dass sich die internationale Staatengemeinschaft noch in den Zeiten auf Verfahrensweisen zur Behandlung von Klimaflüchtlingen einigt, in denen das Problem eher abstrakt besteht.

Die erste zu klärende Frage ist, wer eigentlich als Klima- oder Umweltflüchtling einzustufen ist, und wie diese beiden Begrifflichkeiten zueinander stehen. Die zweite Frage ist, wie mit Binnenflüchtlingen zu verfahren ist, vor allem in den Fällen, in denen sich die gravierendsten Änderungen des Klimawandels, wie extreme Wetterlagen, Trockenheit, Überflutungen usw. zeigen werden, ohne dass diese Gemeinschaften damit aus eigenen Kräften fertig werden könnten.[16] Die dritte Frage ist dann die Frage nach der Behandlung derjenigen Flüchtlinge, deren Heimatstaat aufgrund des Klimawandels zerstört oder aufgrund der klimawandelbedingten Umweltbeeinträchtigungen faktisch handlungsunfähig geworden ist.

II. Abgrenzung zwischen dem Umwelt- und dem Klimaflüchtling

Im vorliegenden Beitrag geht es konkret um einen Vorschlag zur Anerkennung und Unterstützung von echten Klimaflüchtlingen, also denen, die aufgrund klimawandelbedingter Veränderungen ihrer natürlichen Lebensumwelt gezwungen sind, ihre Heimat zu verlassen. Davon zu unterscheiden ist der Umweltflüchtling. Die Diskussion um den Begriff des Umweltflüchtlings wird seit etwa 1980 geführt und ist bis heute nicht abschließend geklärt. Die erste Definition des Umweltflüchtlings prägte *Essam El-Hinnawi*, ein Wissenschaftler bei den Vereinten Nationen.[17] In der Diskussion um umwelt- und klimabezogene Wanderung wird jedoch seitdem eine Vielzahl unterschiedlicher Begriffe in der meist englisch-sprachigen Literatur verwendet, so z. B. Umweltflüchtlinge („environmental refugees"), aus Umweltgründen Verdrängte (in verschiedenen Varianten, z. B. als „environmental displacees", „environmentally-induced displaced persons" (EDPs) oder „environmentally-displaced populations") oder Betroffene einer aus Umweltgründen erzwungenen Migration („environmental forced migrants").[18]

---

[16] *Christopher Field/Vicente Barros/Katharine Mach/Michael Mastrandrea*, Climate Change 2014: Impacts, Adaptation, and Vulnerability. Technical Summary. Contribution of Working Group II to the fifth Assessment Report of the Intergovernmental Panel on Climate Change. IPCC, Geneva 2014, p. 24.

[17] *Essam El-Hinnawi*, Environmental Refugees. UNEP, Nairobi 1985, p. 4; siehe hierzu ausführlich *Britta Nümann*, Umweltflüchtlinge?, 2014, S. 76 ff.

[18] Siehe hierzu *Eike Albrecht/Malte Plewa*, International Recognition of Environmental Refugees, Environmental Policy and Law, 45/2, 2015, p. 78 (79); ausführlich *Nümann* (o. Fn. 17), S. 198 ff., jeweils m. w. N.

Schon die Vielzahl von Definitionen in unterschiedlichen Veröffentlichungen zu diesem Thema macht die Schwierigkeit einer einheitlichen Begriffsfindung deutlich. Einführend soll festgestellt werden, dass nur in den wenigsten Fällen die Umweltrahmenbedingungen die einzigen Fluchtgründe darstellen. Denkbar ist dies höchstens z. B. bei plötzlichen Überflutungen oder durch extreme Trockenheit bedingte Wald- und Buschbrände, aber natürlich auch bei Naturkatastrophen, wie Vulkanausbrüchen, Erdbeben oder Tsunamis. In den meisten Fällen liegt der Hauptgrund der Flucht in der Armut begründet,[19] mag sie auch häufig auf Umweltzerstörung, wie Desertifikation, Bodendegradation, Abholzung der Wälder, Absenken des Grundwasserspiegels durch Übernutzung, um nur einige zu nennen, beruhen.[20] Damit beinhaltet der Begriff des Umweltflüchtlings eine rechtlich fehlgehende Verengung auf einen einzigen Grund, der in der Wirklichkeit die tatsächliche Situation der meisten der Migranten nicht annäherungsweise ausreichend beschreibt.

1. Kriterien zur Bestimmung des Klimaflüchtlings

Auch in Bezug auf den Begriff des Klimaflüchtlings gibt es unterschiedliche Definitionsansätze. So wird zum Teil zwischen Klimaflüchtling und Klimamigrant unterschieden,[21] um den Unterschied zwischen den aus den sog. fünf Gründen Verfolgten nach der Genfer Flüchtlingskonvention, nämlich „Rasse", Religion, Nationalität, Zugehörigkeit zu einer bestimmten sozialen Gruppe sowie politische Überzeugung, und anderen Gruppen zu verdeutlichen.[22] Dieser Differenzierung soll hier aber nicht weiter gefolgt werden, da der Begriff des Flüchtlings nicht exklusiv für die Genfer Flüchtlingskonvention reserviert ist. Zur Definition eines Klimaflüchtlings werden die folgenden sechs Kriterien genannt:[23]

(1) Unterscheidung zwischen freiwilliger und erzwungener Migration. In den meisten Fällen gibt es einen bestimmten Anteil an Freiwilligkeit bei der Flucht;[24]

---

[19] Siehe hierzu *Frank Biermann*, Umweltflüchtlinge. Ursachen und Lösungsansätze, Politik und Zeitgeschichte B 12/2001. Bundeszentrale für Politische Bildung, 2001; *Zerger*, ZAR 2009, 85 (88).

[20] *David Hunter/James Salzman/Durwood Zaelke*, International Environmental Law and Policy, New York, 4th ed. 2011, p. 24.

[21] *Zerger*, ZAR 2009, 85 (88).

[22] *Catherine Brouers*, Der Schutz der Umwelt- und Klimaflüchtlinge im Völkerrecht: Regelungslücken und Lösungsansätze, ZUR 2012, 81 (82).

[23] *Bonnie Docherty/Tyler Giannini*, Confronting a Rising Tide. A Proposal for a Convention on Climate Change Refugees. Harvard Environmental Law Review 33 (2). Cambridge (MA), 2009, 349 (361); zum Ganzen siehe auch *Albrecht/Plewa*, Environmental Policy and Law, 45/2, 2015, 78 (79 f.), m. w. N.

[24] *Bogumil Terminski*, Environmentally-Induced Displacement. Theoretical Framework and Current Challenges, Warsaw 2012, p. 9.

(2) Unterscheidung, ob es sich um die Flucht innerhalb desselben Landes (Binnenflucht) oder um Flucht über mindestens eine Staatsgrenze handelt;[25]

(3) Unterscheidung, ob die Flucht dauerhaft oder nur zeitweilig ist. Zeitweilige Migration erfolgt häufig nach plötzlichen Umweltkatastrophen, wie Überflutungen oder Wirbelstürmen, während graduelle Umweltzerstörung häufig einhergeht mit dauerhafter Emigration, wie z. B. bei Unbewohnbarkeit der Heimat wegen ansteigenden Meeresspiegels;[26]

(4) Möglichkeiten der Unterstützung durch den eigenen Staat. Ist die eigene Regierung nicht willens oder nicht in der Lage, die Betroffen einer Umweltkatastrophe zu unterstützen, steigt die Wahrscheinlichkeit, dass die Migration über die Staatsgrenze hinaus und auf Dauer erfolgt;[27]

(5) Flucht aufgrund allmählicher oder aufgrund plötzlicher Umweltveränderung. Gerade im Zusammenhang mit dem Klimawandel ist zu bemerken, dass die Gefahren häufig nicht abrupt, sondern graduell wirken, wie z. B. Erwärmung, Anstieg des Meeresspiegels, auch wenn plötzliche Umweltbeeinträchtigungen vielleicht mit stärkerer Intensität oder häufiger eintreten, als dies in früheren Zeiten der Fall gewesen war;[28]

(6) Erkenntnissicherheit in Bezug auf die Verknüpfung zwischen Klimawandel und dem konkreten Fluchtgrund zur Bestimmung des Maßes an Verantwortlichkeit. Dieser Punkt ist relevant, um ein völkerrechtliches Instrument der Lastenteilung und gegenseitigen Unterstützung der Staaten zu entwickeln. Je sicherer der Nachweis zwischen anthropogen verursachtem Treibhausgasausstoß und Klimawandel und dadurch bedingten Umweltauswirkungen gelingt, desto mehr an Verantwortung lässt sich der internationalen Staatengemeinschaft zur Unterstützung der vom Klimawandel betroffenen Migranten zuweisen. So ist beispielsweise vergleichsweise unstrittig, dass anthropogene Aktivitäten grundsätzlich ursächlich für die Erwärmung des Weltklimas und der Zunahme von Starkregenereignissen sind. Hingegen ist die wissenschaftliche Verknüpfung zwischen Wirbelstürmen und dem Klimawandel eher schwach ausgeprägt;[29] eine solche Zuordnung stellt eine große wissenschaftliche Herausforderung dar.[30]

---

[25] *Zerger*, ZAR 2009, 85 (88).

[26] *Keenan/van der Valk* (eds.), Climate Change, Water Stress, Conflict and Migration. UNESCO, The Hague 2012, p. 44.

[27] *Jon Barnett/Michael Webber*, Migration as Adaptation: Opportunities and Limits, in: McAdam (ed.), Climate Change and Displacement: Multidisciplinary Perspectives. Oxford 2009, p. 37.

[28] *Field/Barros/Stocker/Qin/Dokken/Ebi/Mastrandrea/Mach/Plattner/Allen/Tignor/Midgley* (eds.), Managing the Risks of Extreme Events and Disasters to Advance Climate Change Adaptation. A Special Report of Working Groups I and II of the Intergovernmental Panel on Climate Change, Cambridge/New York 2012, p. 5.

[29] *Field et al.* (eds.) (o. Fn. 28), p. 7.

[30] *Field et al.* (eds.) (o. Fn. 28), p. 7.

Klimaflüchtlinge sind damit eine besondere Kategorie des Umweltflüchtlings, da Auslöser ihrer Migration die anthropogen verursachten Änderungen der globalen Umwelt sind.[31] Jedoch ist es in den meisten Fällen schwer möglich, Klima- von Umweltflüchtlingen zu unterscheiden, lassen sich doch einzelne Ereignisse, die im konkreten Fall Fluchtgrund gewesen sein könnten, wie z. B. ein zerstörerischer Wirbelsturm, extreme Trockenheit oder Überflutungen, nicht mit hinreichender Sicherheit dem Klimawandel zuschreiben oder von ihm ausschließen.[32] Daher stellt sich die Frage, ob jede anthropogen verursachte Änderung der globalen Umwelt ausreichend sein soll, um eine Person als Klimaflüchtling zu qualifizieren. Ausgehend vom Ansatz, dass für Klimaflüchtlinge ein eigenständiges Regelungsregime auf der Grundlage der Klimarahmenkonvention entwickelt werden soll, sollte eine klare Unterscheidung zwischen „echten" Klimaflüchtlingen und denen, bei denen der Klimawandel nur eine von mehreren Fluchtursachen gesetzt hat, getroffen werden.

2. Der „echte Klimaflüchtling"

Konsens ist, dass zur Entwicklung einer erfolgversprechenden rechtlich bindenden völkerrechtlichen Vereinbarung zum Schutz von Klimaflüchtlingen (als sog. hard law) eine Begriffsbestimmung gefunden werden muss, die hinreichend exakt ist und zudem den Kreis der tatsächlichen Betroffenen ausreichend einschränkt, so dass eine Zuordnung zum Themenkomplex des Klimawandels gegeben bleibt.[33] Auf der Grundlage der o. g. Kriterien lässt sich eine Definition des „echten Klimaflüchtlings" bestimmen, nämlich die folgende:

> Ein Klimaflüchtling ist eine Person, die erzwungenermaßen ihre Heimat wegen plötzlicher oder gradueller Umweltverschlechterung, die ihre Heimat unbewohnbar macht und deren Ursachen überwiegend wahrscheinlich auf den anthropogenen Klimawandel zurückzuführen sind, verlassen musste, ohne dass sie ausreichende Unterstützung in ihrem Heimatland erhält.[34]

Ob dauerhaftes oder zeitweiliges Verlassen der Heimat in die Definition einbezogen werden sollte, ist umstritten. *Docherty* und *Giannini* argumentieren, dass wegen der Zunahme plötzlicher Umweltbeeinträchtigungen durch den Klimawandel auch

---

[31] *Bogumir Terminski*, Towards Recognition and Protection of Forced Environmental Migrants in Public International Law: Refugee or IDPs Umbrella? Leibniz Institut für Sozialwissenschaften, 2012, p. 8, abrufbar unter http://nbn-resolving.de/urn:nbn:de:0168-ssoar-329056, abgerufen am 8.2.2016.

[32] Erdbeben, Meteoriteneinschläge, Tsunamis und Vulkanausbrüche lassen sich als Naturkatastrophen ohne mögliche Verbindung zum Klimawandel einstufen; siehe *Kolmannskog* (o. Fn. 5), p. 13; *Nümann* (o. Fn. 17), S. 131 f. m. w. N. Ob für Migration wegen einer dieser Gründe der Begriff der Umweltmigration richtig gewählt ist, erscheint hingegen zweifelhaft. Hier handelt es sich doch um eine Naturkatastrophe, die die Heimat der davon betroffenen Personen in der Regel nicht dauerhaft unbewohnbar macht, so dass die Migration in aller Regel lediglich eine vorübergehende ist; siehe zum Ganzen *Nümann* (o. Fn. 17), S. 196.

[33] *Albrecht/Plewa*, Environmental Policy and Law, 45/2, 2015, 78 (80) m. w. N.

[34] Siehe *Albrecht/Plewa*, Environmental Policy and Law, 45/2, 2015, 78 (80).

die nur zeitweilige Flucht als klimawandelbedingte Flucht anerkannt werden sollte.[35] Auf der anderen Seite bedeutet der Begriff des Klimawandels begrifflich eine dauerhafte Veränderung klimatischer Gegebenheiten, so dass nur zeitweilige Fluchten hiervon eher ausgeschlossen sein sollten.

Grundsätzlich sind Staaten für ihre Einwohner verantwortlich, d.h., sie müssen für deren Schutz und Sicherheit für Leib und Leben sorgen.[36] Fehlende Unterstützung von Klimaflüchtlingen durch die eigene Regierung wird in mehreren Definitionsansätzen nicht vorausgesetzt.[37] Dieses Kriterium entstammt dem traditionellen Flüchtlingsrecht. Nach Art. A(2) der Genfer Flüchtlingskonvention[38] von 1951 ist ein Flüchtling nur der, der nicht auf die Unterstützung ihrer oder seiner Regierung zählen kann, sei es, weil diese unwillig oder tatsächlich nicht dazu in der Lage ist. Mit diesem Kriterium lassen sich Personen z. B. aus Industriestaaten aus dem Kreis der unterstützungsbedürftigen Klimaflüchtlinge ausschließen, die sehr wohl auf die Unterstützung der eigenen Regierung oder supranationaler Organisationen, wie der EU, zählen können, und daher nicht im selben Maße hilfebedürftig sind, wie solche Personen, die aus ärmeren Staaten kommen. Der Unterschied zwischen einem Niederländer, der wegen des ansteigenden Meeresspiegels in ein anderes Land der EU umziehen muss, und einem Bewohner Tuvalus, Kiribatis oder auch Bangladeschs liegt genau in den unterschiedlichen Möglichkeiten der Unterstützung durch die eigene Regierung.

III. Derzeitige Rechtslage und Vorschläge zur Lösung

Die Problematik der Umweltflüchtlinge wird nun seit mehr als 30 Jahren diskutiert.[39] Vor allem die Einbeziehung von Umweltflüchtlingen im Allgemeinen und Klimaflüchtlingen im Besonderen unter die Genfer Flüchtlingskonvention (oder auch regionale Abkommen) ist Gegenstand der Diskussion,[40] aber auch die Berufung auf die Menschenrechte.

1. Schutz unter der Genfer Flüchtlingskonvention

Zusammenfassend kann gesagt werden, dass rechtlich erhebliche Schwierigkeiten bestehen, den Umweltflüchtling unter die Genfer Flüchtlingskonvention zu fas-

---

[35] *Docherty* und *Giannini*, Harvard Environmental Law Review 33 (2), 349 (369).

[36] United Nations General Assembly, Resolution 60/1. 2005 World Summit, p. 30, www.un.org/womenwatch/ods/A-RES-60-1-E.pdf, abgerufen am 7.10.2015; siehe auch *Torsten Stein/Christian von Buttlar*, Völkerrecht, 13. Aufl. 2012, § 30 Rdnr. 519.

[37] *Albrecht/Plewa*, Environmental Policy and Law, 45/2, 2015, 78 (80).

[38] Genfer Abkommen über die Rechtsstellung der Flüchtlinge vom 28.7.1951, BGBl. 1953 II S. 560, in Kraft seit dem 22.4.1954.

[39] *El-Hinnawi* (o. Fn. 17), p. 4; siehe hierzu auch *Brouers*, ZUR 2012, 81 (82); umfassend *Nümann* (o. Fn. 17), S. 39 ff.

[40] *Brouers*, ZUR 2012, 81 ff.; *Zerger*, ZAR 2009, 85 ff.; *Nümann* (o. Fn. 17), S. 218 ff.; zum Ganzen *Albrecht/Plewa*, Environmental Policy and Law, 45/2, 2015, 78 (81 f.).

sen. Dies scheitert regelmäßig daran, dass weder einer der sog. fünf Gründe, nämlich „Rasse", Religion, Nationalität, Zugehörigkeit zu einer bestimmten sozialen Gruppe oder politischer Überzeugung beim Umweltflüchtling greift. Verfolgung als zweites Kriterium, das erfüllt sein muss, bedeutet gezielte Handlungen gegen Individuen oder eine Gruppe von Individuen.[41] Die Regierung der betroffenen Personen muss entweder nicht willens oder nicht in der Lage sein, den betroffenen Personen Schutz vor diesen Handlungen zu bieten.[42] Dieses Kriterium passt aber für Umweltflüchtlinge im Regelfall nicht. Die jeweiligen Regierungen wollen die von Umweltveränderungen betroffenen Personen regelmäßig schützen, können dies aber nicht. So haben beispielsweise die Regierungen von Tuvalu und von Kiribati die Aufmerksamkeit der Weltgemeinschaft auf das Schicksal der von klimawandelbedingten Umweltauswirkungen betroffenen Bewohner hingewiesen.[43] Zum Teil wird vertreten, dass Umweltauswirkungen mit Verfolgung gleichgesetzt werden sollte.[44] Dies erscheint jedoch mit dem Wortlaut nicht mehr vereinbar zu sein.[45] Verfolgung ist zielgerichtetes Handeln, Umweltveränderungen geschehen. Zum Teil wird diskutiert, ob die Emission von Treibhausgasen staatliches – verfolgungsgleiches – Handeln der Industriestaaten sein könnte,[46] was – würde man dies anerkennen – zu der paradoxen Situation führt, dass anders als sonst, die Verfolgten, wie z. B. in den eingangs geschilderten neuseeländischen Fällen, zum Verfolger fliehen.[47] Und schließlich setzt die Genfer Konvention voraus, dass die Schutzsuchenden nach einer Änderung der Situation im Heimatland auch wieder dorthin zurückkehren, was bei klimawandelbedingter Migration gerade unwahrscheinlich ist.[48]

Da außerdem absehbar ist, dass die Einbeziehung der Gruppe der Umwelt- und Klimaflüchtlinge eine erhebliche Ausweitung der durch die Genfer Konvention geschützten Personen darstellen würde, bedeutete dies gleichzeitig eine Abschwä-

---

[41] *Dana Zartner Falstrom*, Stemming the Flow of Environmental Displacement: Creating a Convention to Protect Persons and Preserve the Environment, Colorado Journal of International Environmental Law and Policy 24 (2), 2001, 1 (6).

[42] *McAdam* (o. Fn. 11), p. 44.

[43] So kauft die Regierung von Kiribati bereits Land auf den Fiji-Inseln auf, um für die Bevölkerung von Kiribati Flächen zur Verfügung stellen zu können, wenn Kiribati unbewohnbar geworden sein sollte, siehe BloombergBusiness, abrufbar unter: http://www.bloom berg.com/bw/articles/2013-11-21/kiribati-climate-change-destroys-pacific-island-nation; abgerufen am 30.9.2015; ähnliche Programme gibt es offensichtlich auch auf den Malediven; siehe hierzu *Zerger*, ZAR 2009, 85 (85) m. w. N.

[44] *Katarina Sramkova*, Involuntary Environmental Migrants: Unprotected, Saarbrücken 2010, p. 58; kritisch *Angela Williams*, Turning the Tide: Recognizing Climate Change Refugees in International Law, Law & Policy 30 (4), 2008, 502 (509); ebenso *Nümann*, ZAR 2015, 165 (168 f.) sowie ausführlich *Nümann* (o. Fn. 17), S. 273 ff. m. w. N.

[45] *Zerger*, ZAR 2009, 85 (88).

[46] Kritisch *Brouers*, ZUR 2012, 81 (83); zum Ganzen *Nümann* (o. Fn. 17), S. 297 f. m. w. N.

[47] *Nümann*, ZAR 2015, 165 (169).

[48] *Zerger*, ZAR 2009, 85 (88).

chung des Schutzes der „echten" Flüchtlinge nach der Genfer Konvention.[49] Daher ist festzustellen, dass die Genfer Konvention nicht die richtige Rechtsgrundlage für die Behandlung des Themas der Klimaflüchtlinge darstellt.

2. Schutz unter anderen Übereinkommen

Hier ist zunächst das Übereinkommen zur Regelung besonderer Aspekte der Flüchtlingsproblematik in Afrika[50] zu nennen. Dies ist ein Abkommen der Organisation für die Afrikanische Einheit (englisch: Organisation of African Unity – OAU), der Vorgängerorganisation der Afrikanischen Union. In diesem Abkommen wird die Definition des Flüchtlings aus Art. I Abs. 1 auch auf die ausgeweitet, die wegen Ereignissen, die in besonderer Weise in ihrem Heimatland als Ganzem oder in Teilen die öffentliche Ordnung stören, gezwungen sind, ihren gewöhnlichen Aufenthaltsort zu verlassen, um an einem Ort außerhalb ihres Landes Zuflucht zu suchen (Art. I Abs. 2 der Konvention).[51] Auch wenn klimawandelbedingte Umweltzerstörungen nicht explizit genannt sind, können sie doch ohne Weiteres unter „Ereignisse, die in besonderer Weise die öffentliche Ordnung stören", subsumiert werden. Dieses Abkommen wäre somit grundsätzlich anwendbar,[52] trägt aber den Nachteil in sich, dass die finanzstarken und für den Großteil der Treibhausgasemissionen verantwortlichen Industriestaaten nicht in den Anwendungsbereich des Abkommens einbezogen sind.

Eine vergleichbare Schutzrichtung beinhaltet die Cartagena Erklärung zu Flüchtlingen,[53] die als Erklärung zunächst keine Bindungswirkung entfaltet, deren Inhalte aber inzwischen gewohnheitsrechtlich anerkannt sind.[54]

---

[49] *Kolmannskog* (o. Fn. 5), p. 31.

[50] Vom 10.9.1969, in Kraft getreten am 20.6.1974; verfügbar unter http://www.unhcr.org/4963237311.pdf; abgerufen am 29.9.2015.

[51] Article I – Definition of the term „Refugee".
1. For the purposes of this Convention, the term „refugee" shall mean every person who, owing to well-founded fear of being persecuted for reasons of race, religion, nationality, membership of a particular social group or political opinion, is outside the country of his nationality and is unable or, owing to such fear, is unwilling to avail himself of the protection of that country, or who, not having a nationality and being outside the country of his former habitual residence as a result of such events is unable or, owing to such fear, is unwilling to return to it.
2. The term „refugee" shall also apply to every person who, owing to external aggression, occupation, foreign domination or events seriously disturbing public order in either part or the whole of his country of origin or nationality, is compelled to leave his place of habitual residence in order to seek refuge in another place outside his country of origin or nationality.

[52] *Brouers*, ZUR 2012, 81 (85); *Nümann* (o. Fn. 17), S. 422.

[53] Cartagena Declaration on Refugees, angenommen auf dem Kolloquium zum internationalen Schutz von Flüchtlingen in Zentralamerika, Mexiko und Panama, Cartagena, Kolumbien, 19.-22.11.1984; abrufbar unter: http://www.unhcr.org/45dc19084.html, abgerufen am 30.9.2015.

[54] *Brouers*, ZUR 2012, 81 (85); differenzierend *Nümann* (o. Fn. 17), S. 445.

3. Schutz unter den Menschenrechten

Möglicherweise ließe sich ein adäquater Schutz über die Anwendung der Regelungen zu den Menschenrechten erreichen. Anwendbar sind hier vor allem das Recht auf Leben (siehe Art. 2 der Europäischen Konvention zum Schutz der Menschenrechte und Grundfreiheiten – EMRK) und das Recht, nicht Folter, grausamer, unmenschlicher oder entwürdigender Behandlung oder Bestrafung ausgesetzt zu sein (Art. 3 EMRK). Der Grundsatz der Nichtzurückweisung von Flüchtlingen an der Grenze ist außerdem fest in den internationalen Menschenrechten verankert, so z. B. in Art. 3 der UN Konvention gegen Folter:[55]

> „Ein Vertragsstaat darf eine Person nicht in einen anderen Staat ausweisen, abschieben oder an diesen ausliefern, wenn stichhaltige Gründe für die Annahme bestehen, dass sie dort Gefahr liefe, gefoltert zu werden."[56]

Die Anwendbarkeit dieser Grundsätze auf Klimaflüchtlinge erscheint jedoch sehr begrenzt, denn drohende und individuelle Schadenszufügung ist nachzuweisen. Klimawandel und Umweltzerstörung haben jedoch keinen individuellen Charakter, sondern bedrohen ganze Völker, Staaten oder Regionen. Ferner ist die Bedrohung durch den Klimawandel meist mehr gradueller Natur als unmittelbar bevorstehende Gefahr, so dass diese Prinzipien zurzeit nicht anwendbar erscheinen.[57] Schließlich ist klimawandelbedingte Dislokation schon begrifflich nicht mit Folter gleichzusetzen.[58] Daher fallen Klimaflüchtlinge auch nicht unter den Schutz der Menschenrechtsregelungen.

4. Schutz durch nationales Recht

In manchen nationalen Rechtsordnungen werden nachteilige Umweltbedingungen im Heimatland als Gründe für die Gewährung eines Aufenthaltsrechts akzeptiert. So erkennt z. B. Art. 2a des schwedischen Ausländergesetzes Naturkatastrophen als Grund für Asylgewährung ausdrücklich an,[59] wenn auch bislang – jedenfalls soweit ersichtlich – keine Person aus diesen Gründen jemals tatsächlich Schutz durch dieses Gesetz erhalten hat.[60] Eine ähnliche Regelung enthält das finnische Recht.[61]

---

[55] Übereinkommen gegen Folter und andere grausame, unmenschliche oder erniedrigende Behandlung oder Strafe vom 10.12.1984, BGBl. 1990 II S. 246.

[56] *Goodwin-Gill*, The Refugee in International Law, Oxford 1996, p. 124; *Mathias Herdegen*, Völkerrecht, 14. Aufl. 2015, § 27 Rdnr. 13.

[57] *McAdam* (o. Fn. 11), pp. 84 ff.

[58] *McAdam* (o. Fn. 7), p. 18.

[59] *Terminski* (o. Fn. 24), p. 18; das schwedische Ausländergesetz (Swedish Alien Act) vom 17.12.2009, SFS 2009:1542 vom 30.12.2009, regelt im Chapter 4, Section 2a: In this Act, a „person otherwise in need of protection" is an alien who in cases other than those referred to in Sections 1 and 2 is outside the country of the alien's nationality, because he or she 1. […] or 2. is unable to return to the country of origin because of an environmental disaster; […].

[60] *McAdam* (o. Fn. 11), p. 25.

IV. Anpassung als prioritäre Verpflichtung

Die Verantwortlichkeit der internationalen Staatengemeinschaft für den Klimawandel sollte nicht als Entschuldigung für schlechte nationale Politik, schwache Institutionen und möglicherweise ungünstige sozio-ökonomische Gegebenheiten im eigenen Land dienen, die sich zusätzlich nachteilig zu den Umweltbeeinträchtigungen auswirken.[62] Viele klimawandelbedingte Umweltbeeinträchtigungen ließen sich durch Planung und geeignete Anpassungsmaßnahmen vermeiden. An dieser Stelle ist noch einmal hervorzuheben, dass primär die Staaten und nicht die internationale Staatengemeinschaft für Schutz und Sicherheit ihrer Staatsbürger verantwortlich sind.[63] Jeder Staat sollte daher bestrebt sein, die Zahl der Umweltflüchtlinge auf der Erde nicht ansteigen zu lassen, und Anpassungsmaßnahmen können dazu beitragen, die Zahl der Umweltflüchtlinge zu reduzieren.[64] Die Verpflichtung zur Anpassung an den Klimawandel zum Schutz der Bevölkerung ist in der Klimarahmenkonvention ausdrücklich geregelt und zwar als Verpflichtung aller Vertragsparteien,[65] also (fast) aller Staaten dieser Welt.[66]

Art. 4 Abs. 1b der Klimarahmenkonvention verpflichtet die Vertragsstaaten zur Anpassung. Die Parteien werden danach

> nationale und gegebenenfalls regionale Programme erarbeiten, umsetzen, veröffentlichen und regelmäßig aktualisieren, in denen Maßnahmen zur Abschwächung der Klimaänderungen durch die Bekämpfung anthropogener Emissionen aller nicht durch das Montrealer Protokoll geregelten Treibhausgase aus Quellen und den Abbau solcher Gase durch Senken sowie Maßnahmen zur Erleichterung einer angemessenen Anpassung an die Klimaänderungen vorgesehen sind; [...].

Die in Abs. 1e desselben Artikels enthaltenen Verpflichtungen sehen ferner vor, dass die Parteien

---

[61] Section 88a Abs. 1 des Finnish Alien Act, abrufbar unter: http://www.finlex.fi/en/laki/kaannokset/2004/en20040301.pdf, abgerufen am 30.9.2015; siehe hierzu auch *Brouers*, ZUR 2012, 81 (86).

[62] *Kolmannskog* (o. Fn. 5), p. 16.

[63] Siehe o. II. 2. m. w. N.

[64] *Camillo Boano/Roger Zetter/Tim Morris*, Environmentally Displaced People. Understanding the Linkages between Environmental Change, Livelihoods and Forced Migration. Refugee Studies Centre, Oxford 2008, p. 2.

[65] *Tanzim Afroz/Mostafa Mahmud Naser*, Adaptation to Climate Change in the International Climate Change Regime: Challenges and Responses, in: Albrecht/Schmidt/Mißler-Behr/Spyra (eds.), Implementing Adaptation Strategies by Legal, Economic and Planning Instruments on Climate Change, Heidelberg 2014, p. 2; siehe grundlegend auch *Lothar Knopp/Jan Hoffmann*, Zum Gebot der Anpassung an unvermeidliche Folgen des Klimawandels, EurUP 2008, 54 ff.

[66] Ausgenommen: Südsudan, Palästina, Vatikan; siehe den Stand der Ratifizierungen, abrufbar unter: http://unfccc.int/essential_background/convention/status_of_ratification/items/2631.php, abgerufen am 30.9.2015.

bei der Vorbereitung auf die Anpassung an die Auswirkungen der Klimaänderungen zusammenarbeiten; angemessene integrierte Pläne für die Bewirtschaftung von Küstengebieten, für Wasservorräte und die Landwirtschaft sowie für den Schutz und die Wiederherstellung von Gebieten, die von Dürre und Wüstenbildung – vor allem in Afrika – sowie von Überschwemmungen betroffen sind, entwickeln und ausarbeiten; [...].

Diese Verpflichtungen treffen alle Vertragsparteien und nicht nur die Industriestaaten.[67] Und diese Verpflichtungen beziehen sich auf die Staaten, die durch den Klimawandel besonders betroffen sein werden, also die Staaten, die von Dürren und Wüstenbildung, namentlich in Afrika, sowie von Überschwemmungen betroffen sein werden. Dass diese Staaten hierfür Unterstützung durch die internationale Staatengemeinschaft nach dem Kooperationsprinzip (Art. 3 Abs. 5 Klimarahmenkonvention) erhalten sollen, ändert nichts an deren Verpflichtung zur Anpassung an den Klimawandel. Die Unterstützung durch die internationale Staatengemeinschaft selbst folgt dem Prinzip der gemeinsamen, aber unterschiedlichen Verantwortlichkeiten. Insofern beinhaltet Art. 4 Abs. 4 der Klimarahmenkonvention die Verpflichtung der in Annex II aufgeführten entwickelten Länder, die für die nachteiligen Auswirkungen der Klimaänderungen besonders anfälligen Entwicklungsländer bei der Tragung der für die durch die Anpassung an diese Auswirkungen entstehenden Kosten zu unterstützen.[68]

Diese Verpflichtung der entwickelten Länder entspricht auch zwei inzwischen etablierten völkerrechtlichen Prinzipien, nämlich dem Verursacherprinzip (englisch: „polluter pays principle") und dem Prinzip der Leistungsfähigkeit (englisch: „ability to pay principle").[69] Bei der Erarbeitung eines völkerrechtlichen Mechanismus zur gemeinsamen Lastentragung würde dies in Bezug auf Klimaflüchtlinge bedeuten, dass die finanzielle Unterstützung für Anpassungsplanung und -maßnahmen in den betroffenen Entwicklungsländern von entwickelten Ländern kommt, deren Beiträge sich nach deren Verantwortlichkeit für den Klimawandel auf der einen Seite, und nach deren Leistungsfähigkeit auf der anderen Seite richten.

Wie weitgehend Anpassungsmaßnahmen an den Klimawandel durchgesetzt werden, ist regelmäßig eine Frage einerseits des politischen Willens, andererseits der finanziellen Ressourcen. Dabei ist zu berücksichtigen, dass der 5. Sachstandsbericht des IPCC feststellt, dass – bezogen auf das 21. Jahrhundert – die relativen Anpassungskosten zwischen Regionen und Staaten stark variieren: So haben einige tiefliegende Entwicklungsländer und kleine Inselstaaten sehr hohe Auswirkungen des Klimawandels zu erwarten, nämlich jährlich wiederkehrende Schadensereignisse verbunden mit Anpassungskosten von mehreren Prozent ihres Bruttoinlandsprodukts.[70] Zu den Ländern, die besonders vom Klimawandel betroffen sind, zählen unglücklicherweise einige, die die geringsten Anpassungsfähigkeiten haben, und weder Tech-

---

[67] *Afroz/Naser* (o. Fn. 65), p. 3.
[68] *Afroz/Naser* (o. Fn. 65), p. 3.
[69] *Kolmannskog* (o. Fn. 5), p. 31.
[70] *Field/Barros/Mach/Mastrandrea* (o. Fn. 16), p. 21.

nologie noch die finanziellen Ressourcen zur Verfügung haben, die erforderliche Anpassung vorzunehmen.

Im Regelungsbereich der Klimarahmenkonvention wurden Finanzierungsmöglichkeiten für Anpassungsmaßnahmen etabliert, die allerdings immer noch unterfinanziert sind. Das IPCC schätzt, dass die Unterfinanzierung für Anpassungsmaßnahmen gegen Überschwemmungen der Küstenregionen in Afrika alleine bei 300 Mrd. Dollar liegt, und für Bangladesch etwa 25 Mrd. Dollar an Investitionssumme gegen Zyklone veranschlagt werden.[71] Um also die Zahl der Menschen zu reduzieren, die wegen Umweltbeeinträchtigungen ihre Heimat verlassen müssen, sollten die Finanzierungsfonds für Anpassungsmaßnahmen über die entsprechenden Mittel verfügen. Die Mittel hierfür sollten vorzugsweise von denjenigen bereitgestellt werden, die für den Großteil der Treibhausgasemissionen verantwortlich sind, d. h. nach dem derzeitigen Regelungsregime die Annex I- und II-Staaten.

V. Zusatzprotokoll zu Klimaflüchtlingen zur Klimarahmenkonvention

Anpassung an den Klimawandel kann jedoch nur dort gelingen, wo der Staat auch nach Eintritt der klimawandelbedingten Umweltveränderungen noch besteht und handlungsfähig ist. Dies ist in Bezug auf einige tief liegenden Inselstaaten, wie Kiribati oder Vanuatu, fraglich. Aber auch dicht besiedelte Staaten wie Bangladesch verlieren ihre Handlungsfähigkeit, wenn nennenswerte Anteile des Staatsgebiets wegen klimawandelbedingter Umweltveränderungen unbewohnbar werden. Diese Staaten darauf zu verweisen, dass die Anpassung an den Klimawandel zu ihrer prioritären Verpflichtung gehört, ist nicht hilfreich. Insofern liegt es nahe, für die Bewohner dieser Staaten, die ihre Heimat verlassen müssen, eine Lösung durch die internationale Staatengemeinschaft zu finden. Dies könnte in der Erarbeitung eines Zusatzabkommens zur Klimarahmenkonvention auf der Grundlage der gemeinsamen, aber unterschiedlichen Verantwortlichkeiten erfolgen. Regelungsgegenstand wäre dann die Anerkennung, der Schutz und die Wiederansiedlung der Betroffenen.[72] Ein solches Abkommen als Protokoll erscheint der sachnächste Lösungsansatz, um eine rechtliche Anerkennung und Behandlung der Klimaflüchtlingsproblematik sicher zu stellen und ist einer eigenen Konvention zu Klimaflüchtlingen vorzuziehen.[73] Da das Prinzip der gemeinsamen, aber unterschiedlichen Verantwortlichkeiten und die Verpflichtung zur Übernahme der Kosten für Anpassungsmaßnahmen bereits in der Klimarahmenkonvention angelegt sind, kann auf diese Grundsätze bei der Er-

---

[71] *Wong/Losada* (o. Fn. 14), p. 36.

[72] *Frank Biermann/Ingrid Boas*, Protecting Climate Refugees. The Case for a Global Protocol, Environment 50 (6), 2008, 8 (12 ff.), mit Anmerkung von *Mike Hulme,* Commentary, Environment 50 (6), p. 50 f.; siehe auch *Zerger*, ZAR 2009, 85 (88).

[73] In diese Richtung *Brouers*, ZUR 2012, 81 (87 f.); siehe auch *Zerger*, ZAR 2009, 85 (88) m. w. N.

arbeitung eines entsprechenden Protokolls zurückgegriffen werden.[74] Die Möglichkeit der Einbeziehung dieser von den Mitgliedstaaten grundsätzlich bereits anerkannten Verpflichtungen und Prinzipien stellt einen großen Vorteil gegenüber der Ergänzung anderer Konventionen zum Themenkomplex Flüchtlinge oder gegenüber der Heranziehung solcher Übereinkommen für die Regelung dieser Fragen dar. Voraussetzung hierfür dürfte allerdings sein, die Zahl der betroffenen Personen durch eine restriktive Begriffsbestimmung vielleicht nicht klein, aber doch zumindest überschaubar zu halten, und auf diejenigen zu beschränken, deren klimawandelbedingte Flucht nicht nur einen von mehreren Fluchtgründen darstellt, sondern der maßgebliche Auslöser für das Verlassen der Heimat ist, es sich also um „echte Klimaflüchtlinge" im Sinne der oben gefundenen Definition handelt. Andernfalls ist zu befürchten, dass die Bereitschaft der internationalen Staatengemeinschaft sinkt, ein solches Zusatzabkommen abzuschließen.

Inhaltlich sollte klargestellt werden, dass echte Klimaflüchtlinge volle internationale Anerkennung erhalten sollten, einschließlich des Rechts auf Aufnahme in einem anderen Staat. Der Antrag auf Aufnahme in einem anderen Staat sollte bereits im Heimatstaat gestellt werden können, und nicht erst mit der Ankunft im Aufnahmestaat. Hierfür müsste ein besonderer Visumstitel gefunden und in dem angesprochenen Zusatzabkommen vereinbart werden, der verhindert, dass die Berechtigten sich auf illegalem Wege in die potentiellen Aufnahmeländer machen.[75]

Das Zusatzabkommen sollte ferner als eine primäre Verpflichtung die Ergreifung wirksamer Maßnahmen festschreiben, so dass klimawandelbezogene Migration so weit wie möglich vermieden werden kann. Hierfür sollte ein geeigneter Lastenteilungsmechanismus gefunden werden. Besonders betroffene Entwicklungsländer sind zunächst zur besonderen Anstrengung bei der Anpassung an den Klimawandel verpflichtet, während die größten Emittenten und die reichsten Staaten[76] die hierfür nötige Finanzhilfe und Expertise beizusteuern haben. Das Zusatzabkommen sollte den Ursachenzusammenhang zwischen Klimawandel und klimawandelbezogener Migration anerkennen und die Verpflichtung der Staatengemeinschaft akzeptieren, um Staaten- und Heimatlosigkeit von Klimaflüchtlingen vorzubeugen. Aufnahmestaaten sollten verpflichtet werden, aufgenommenen Klimaflüchtlingen die eigene Staatsbürgerschaft in einem erleichterten Verfahren zuzugestehen.

Die Festlegung der Kriterien zur Unterscheidung „echter Klimaflüchtlinge", die in den Anwendungsbereich des o. g. Zusatzabkommens fallen sollen, von anderen

---

[74] *Biermann/Boas*, Environment 50 (6), 2008, 8 (12).

[75] *Guy Goodwin-Gill/Jane McAdam*, The Refugee in International Law, Oxford, 3rd ed. 2007, p. 375.

[76] Damit sind nicht notwendigerweise nur die Annex I-Staaten in der Klimarahmenkonvention gemeint, sondern auch Nicht-Annex I-Staaten mit großem Wohlstand und generell große Emittenten von Treibhausgasen; siehe *Simon Spyra/Eike Albrecht*, Beside Adaptation: Concepts for the Future, in: Albrecht/Schmidt/Mißler-Behr/Spyra (eds.), Implementing Adaptation Strategies by Legal, Economic and Planning Instruments on Climate Change, Heidelberg 2014, p. 329 (337 f.).

Personen, die ihre Heimat verlassen haben, sollte dem Nebenorgan für wissenschaftliche und technologische Beratung (Art. 9 Klimarahmenkonvention) übertragen werden. Die Berichte des IPCC können als wissenschaftliche Basis verwendet werden. Im Zusatzabkommen über Klimaflüchtlinge sollten ferner die Rahmenbedingungen für die Kooperation mit dem UN-Flüchtlingshochkommissar festgelegt werden.[77] Dieser ist bereits jetzt in erheblichem Umfang in klimawandelbezogene Migration einbezogen, insbesondere im Zusammenhang mit Binnenflüchtlingen aus Gründen klimawandelbedingter Umweltereignisse, wenn auch auf keiner sicheren rechtlichen Grundlage. Allerdings bietet das o. g. Zusatzprotokoll auch die Chance zur Schaffung einer solchen rechtlichen Basis für ein schnelles und koordiniertes Handeln. Ob die Frage der Unterstützung solcher Personen, die nicht als Klimaflüchtlinge eingestuft werden, ebenfalls in diesem Abkommen zu regeln ist, erscheint fraglich. Dabei ist natürlich sicherzustellen, dass auch deren Menschenrechte gewahrt werden.

Die Finanzausstattung für dieses Protokoll könnte aus einem neuen Finanzierungstopf erfolgen. *Biermann* und *Boas* schlagen hierfür einen eigenständigen Fonds für den Schutz und die Wiederansiedlung von Klimaflüchtlingen vor („Climate Refugee Protection and Resettlement Fund"),[78] der von den Vertragsstaaten zur Klimarahmenkonvention unter Berücksichtigung des Prinzips der gemeinsamen, aber unterschiedlichen Verantwortlichkeiten mit Mitteln auszustatten ist.

VI. Ergebnis

Allmähliche Degradation der natürlichen Lebensgrundlagen und plötzliche Umweltkatastrophen als Folge des Klimawandels werden in der Zukunft mit Sicherheit eine wachsende Zahl an Menschen aus ihrer angestammten Heimat vertreiben.[79] Für dieses wachsende Problem gibt es jedoch derzeit noch keinerlei ganzheitliche Lösungsansätze. Solche wären aber dringend erforderlich, solange die tatsächliche Zahl an „echten Klimaflüchtlingen" noch vergleichsweise gering ist und eine Lösung nicht an der schieren Größe des Problems scheitert.[80]

Um die Sicherheit und angemessenen Lebensbedingungen derjenigen sicherzustellen, die aus von ihnen nicht oder allenfalls zu einem kleinen Anteil verursachten Gründen ihre Heimat verlassen müssen, ist ein Handeln der internationalen Staatengemeinschaft erforderlich, und zwar unabhängig davon, ob sie über Staatsgrenzen fliehen oder als Binnenflüchtlinge in ihrem Heimatland den klimawandelbezogenen Folgen ausweichen. Von besonderer Bedeutung ist sicherlich, den Kreis derjenigen,

---

[77] *Biermann/Boas*, Environment 50 (6), 2008, 8 (15).
[78] *Biermann/Boas*, Environment 50 (6), 2008, 8 (15).
[79] *McAdam* (o. Fn. 7), p. 1; *Biermann/Boas*, Environment 50 (6), 2008, 8 (10 f.).
[80] *Biermann/Boas*, Environment 50 (6), 2008, 8 (15): „The planning for a climate refugee protocol […] cannot wait until 2050 when it might be too late for orderly and organized responses. It must begin now".

die als Klimaflüchtlinge unter den Schutz der Staatengemeinschaft fallen, eher restriktiv zu ziehen, um zumindest diesen Personenkreis aus dem großen Heer von Flüchtlingen aus diversen Gründen herausnehmen und eine angemessene und gerechte Lösung finden zu können. In jedem Fall bleibt die Anerkennung als Klimaflüchtling nur die zweitbeste Lösung. Priorität müssen auch vor dem Hintergrund, dass die Staaten primär für ihre Einwohner selbst verantwortlich sind, Anpassungsmaßnahmen aller, insbesondere der vom Klimawandel am stärksten betroffenen Staaten haben, um das Entstehen von klimawandelbezogenen Fluchtgründen schon von vornherein zu verhindern. Auf der Grundlage der Klimarahmenkonvention kann die Verpflichtung zur Anpassung bei gleichzeitiger Unterstützung durch die Industriestaaten mit finanziellen Mitteln und Expertise in einem Zusatzabkommen zu Klimaflüchtlingen, wie vorgeschlagen, präzisiert werden.

Dort, wo Anpassung nicht möglich ist, z. B., weil der zur Anpassung verpflichtete Staat durch klimawandelbezogene Folgen aufhört zu bestehen, wie dies bei tief gelegenen kleinen Inselstaaten denkbar erscheint,[81] besteht eine Verpflichtung der internationalen Staatengemeinschaft zur Aufnahme dieser Menschen, deren Grundzüge und Verfahrensweisen am besten in einem Rahmenabkommen zu regeln sind. Gleiches gilt, wenn der betroffene Staat solchen klimawandelbedingten Folgen so ausgesetzt ist, dass er zwar noch existiert, faktisch aber handlungsunfähig wird. Solche Szenarien sind beispielsweise für Bangladesch denkbar, wenn dort größere Anteile der Landesfläche durch ansteigenden Meeresspiegel und zunehmende extreme Wetterlagen als Lebensraum für die eigene Bevölkerung verloren gehen.[82] In anderen Fällen hat die Anpassung an den Klimawandel als Verpflichtung aller Staaten nach der Klimarahmenkonvention Priorität.

Unabhängig davon, ob der vorgeschlagene Weg realistisch ist, sind zwei Aspekte zu berücksichtigen: Erstens sind die Betroffenen zu beteiligen, bevor ein entsprechender Politikansatz verfolgt wird. So finden sich unter denen, die die Diskussion über Klimaflüchtlinge, deren Definition, Grenzen der Anerkennung und dem Verhältnis zur Anpassung führen, nur wenige Wissenschaftler aus den von klimawandelbedingter Migration betroffenen Staaten. Zweitens ist bei allen Maßnahmen die Würde derer, die ihre Heimat wegen des von ihnen nicht oder nur zum geringsten Teil verursachten[83] Klimawandels verlassen müssen, besonders zu schützen. Dazu gehört auch ein klares Bekenntnis der Industriestaaten und großen Treibhausgasemittenten, sich der Verpflichtung zur Unterstützung der Klimaflüchtlinge und der besonders betroffenen Staaten bei der Anpassung an den Klimawandel zu stellen. Eine Politik, die nur einen dieser beiden Punkte ignoriert, wird das Problem der Klimaflüchtlinge nicht zufriedenstellend lösen.

---

[81] *Nümann* (o. Fn. 17), S. 509; *Biermann/Boas*, Environment 50 (6), 2008, 8 (10).
[82] *Biermann/Boas*, Environment 50 (6), 2008, 8 (10).
[83] *Nümann* (o. Fn. 17), S. 295 f. m. w. N.

Der Ökosystemansatz als Managementprinzip des Naturschutzes

Von *Detlef Czybulka*

I. Einleitung

Die beiden größten Problemkomplexe, die aktuell (auch) uns Rechtswissenschaftler vor Herausforderungen stellen, sind der Klimawandel und der anhaltende Biodiversitätsverlust. Die Hauptursachen für den Rückgang der marinen und terrestrischen Biodiversität seien kurz genannt: für alle Lebensräume ist der global wachsende Ressourcenverbrauch und die übermäßige Ausbeutung der lebenden und nicht lebenden Ressourcen abträglich. Dabei geht (Meeres-)Boden verloren, die Ökosysteme werden zunehmend zerstückelt und die Lebensraumqualität wird reduziert. Bei den Arten geraten vor allem „Spezialisten" in Bedrängnis oder sterben aus. Die sog. industrielle *Landwirtschaft* ist, terrestrisch gesehen, jedenfalls in Mitteleuropa seit mehreren Jahrzehnten hauptverantwortlich für den Artenrückgang in der Agrarlandschaft und die Verarmung der Lebensräume. Sie verursacht u. a. hohe Nährstoffeinträge. Während einige wenige Pflanzenarten vom reichhaltigen Nährstoffangebot profitieren, werden seltenere Arten verdrängt. Daneben hat die Einführung von chemischen Unkraut- und Schädlingsbekämpfungsmitteln vielen „Nützlingen" den Tod gebracht. Dramatische Formen hat z. B. das Bienen- und Hummelsterben (25,8 % der europäischen Hummelarten sind vom Aussterben bedroht!) in den letzten Jahren angenommen. Schließlich wurden durch die Mechanisierung der Landwirtschaft Kleinstrukturen wie Tümpel und Sölle, Sträucher und Hecken („Knicks"), Trockenmauern, Stein- und Asthaufen etc. beseitigt. Eine strukturarme „Agrarsteppe" mit Monokulturen breitet sich immer weiter aus. Im Meer ist die *Fischerei*, vor allem die bodenberührende Schleppnetzfischerei (Grundfischerei) für die Verschlechterung der Habitate, lokal aber auch die Stellnetzfischerei hauptverantwortlich für den Rückgang der Artenvielfalt. Ähnliche Entwicklungen hat es vor einiger Zeit an Land durch *die Jagd* gegeben, die jetzt – bis auf Einzelfälle (Vogeljagd in Südeuropa) – jedenfalls in Mitteleuropa keine wesentliche Rolle für den Rückgang der Biodiversität mehr spielt.

Diese sehr negative Bilanz zeigt, dass in den letzten 25 Jahren wesentlich mehr über eine vernünftige Klimapolitik und ihre rechtliche Umsetzung nachgedacht wurde als über Ansätze und Instrumente zur Erhaltung der Biodiversität.

II. Der Ökosystemansatz (Ecosystem Approach, EA)

1. Völkerrechtliche Anknüpfungspunkte

Beim Ökosystemansatz handelt es sich um einen im Prinzip umfassenden, aber ausfüllungsbedürftigen Ansatz zum nachhaltigen Ressourcenmanagement, der allerdings in den wichtigsten globalen Übereinkommen nicht explizit erwähnt ist, auch nicht im globalen Übereinkommen über die biologische Vielfalt. Die Convention on Biological Diversity (CBD), wie das Übereinkommen auf Englisch heißt, hat Ökosysteme etwa zeitgleich mit dem Inkrafttreten des Seerechtsübereinkommens in den Fokus genommen, weil es als Ziel hat, die Vielfalt nicht nur der Arten, sondern auch innerhalb der Arten und vor allem der Ökosysteme zu erhalten.[1] Das Seerechtsübereinkommen, das ja schon 1982 „fertig" war, aber erst 1994 in Kraft trat,[2] enthält in Art. 194 Abs. 5 eine erstaunliche Vorschrift, die eine ökosystemare Basis erkennen lässt. Es heißt hier: „Zu den in Übereinstimmung mit diesem Teil [sc.: Teil XII Schutz und Bewahrung der Meeresumwelt] ergriffenen Maßnahmen gehören die erforderlichen Maßnahmen zum Schutz und zur Bewahrung seltener oder empfindlicher Ökosysteme sowie des Lebensraums gefährdeter, bedrohter oder vom Aussterben bedrohter Arten und anderer Formen der Tier- und Pflanzenwelt des Meeres."

Der EA hat sich in den letzten 15 Jahren im Gefolge der CBD als „soft law" hauptsächlich durch Beschlüsse und Empfehlungen der Vertragsstaatenkonferenzen (COP) entwickelt.[3] Nach der allgemeinen Entscheidung zugunsten des EA auf der 5. Vertragsstaatenkonferenz der CBD in Nairobi im Jahre 2000 wurde seine Anwendung auch für alle Meeresgebiete auf dem Nachhaltigkeitsweltgipfel (WSSD) in Johannesburg 2002 angeregt. Die weitere Entwicklung des EA kann hier nur angedeutet werden.[4] Besonders bedeutsam sind in diesem Entwicklungsprozess dabei der Beschluss VII/11 der CBD-Vertragsstaatenkonferenz in Kuala Lumpur aus dem Jahr 2004[5] sowie die 2010 auf der 10. Vertragsstaatenkonferenz (COP 10) verabschiedeten sog. Aichi Biodiversity Targets.[6] Es gibt bis heute keine verbindliche De-

---

[1] Vgl. Präambel (neunter Anstrich) und Art. 2 der CBD in der deutschen Übersetzung: „Im Sinne dieses Übereinkommens [...] bedeutet „biologische Vielfalt" die Variabilität unter lebenden Organismen jeglicher Herkunft, darunter unter anderem Land-, Meeres- und sonstige aquatische Ökosysteme und die ökologischen Komplexe, zu denen sie gehören; dies umfasst die Vielfalt innerhalb der Arten und zwischen den Arten und die Vielfalt der Ökosysteme."

[2] Seerechtsübereinkommen der Vereinten Nationen vom 10. Dezember 1982, BGBl. II 1994, S. 1798.

[3] Umfassend *Katrin Täufer*, Die Entwicklung des Ökosystemansatzes im Völkerrecht und im Recht der Europäischen Union und seine Verwirklichung im Meeresbereich des Nordostatlantiks, Diss. iur. Rostock 2012, Manuskript, 518 S.

[4] Für die Zeit bis 2008 vgl. *Detlef Czybulka*, Die Erhaltung der Biodiversität im marinen Bereich, ZUR 2008, 241 ff.

[5] COP 7 Decision VII/11: Ecosystem approach, abrufbar unter: http://www.cbd.int/decision/cop/?id=7748 (zuletzt aufgerufen am 20.9.2015).

[6] Dazu etwa *Felix Ekardt/Bettina Hennig*, Ökonomische Instrumente und Bewertungen der Biodiversität, 2015, S. 134 ff.

finition des EA, auch die Bezeichnung variiert („Ökosystem-Ansatz", „Ecosystem based approach").[7] Der Ökosystemansatz lässt sich jedoch zwanglos aus der Entwicklung des Naturschutzgedankens im Naturschutzrecht ableiten.

2. Entwicklung der Naturschutzziele

Die Phasen oder „Entwicklungsstufen" des Naturschutzes (ästhetische, individuenschützende, artenschützende, habitatschützende Ansätze, erweiterter Gebietsschutz im Biotopverbund, funktionserhaltende bzw. wiederherstellende Phase, Ökosystemschutz)[8] sind nicht so zu verstehen, dass sie einander chronologisch abgelöst hätten, sie überlagern und ergänzen sich (teilweise) bis heute. So spielt auch in der modernen Gesetzgebung und der Vollzugspraxis der Artenschutz immer noch eine wichtige Rolle, etwa bei der Verwirklichung von Einzelvorhaben, die in die Natur eingreifen und spezifische geschützte Arten (z. B. Fledermäuse, Vögel) beeinträchtigen.[9] Insgesamt ist aber zu sehen, dass bei den Zielen der „Maßstab" zunimmt und nicht nur einzelne Arten und Erscheinungsformen der Natur „punktuell", sondern zunehmend die Ökosysteme in ihrem Funktionszusammenhang geschützt werden sollen.[10] Eine gewisse Vorläuferstellung zum EA ist beim Gebietsschutz im großflächigen Schutz der Natur durch Nationalparke zu erkennen, weil hier die Funktionsabläufe (Naturvorgänge) der Ökosysteme in einem überwiegenden Teil des Gebiets „möglichst ungestört" und dynamisch ablaufen sollen.[11] Für das Naturschutzmanagement der durch vielfältige Nutzung geprägten Ökosysteme der Kulturlandschaften kann an die – ebenfalls großflächigen – Biosphärenreservate angeknüpft werden. Kritisch muss angemerkt werden, dass die Phase des sog. erweiterten Gebietsschutzes, obwohl explizites Ziel und Auftrag (auch) des deutschen Naturschutzrechts,[12] nur unvollkommen und halbherzig umgesetzt wurde. Trotz der Erweiterung des Maßstabs soll der „systemische" Ansatz nicht oberflächlicher, sondern trotz der hohen Komplexität der zu schützenden biologischen Vielfalt[13] (Biodiversität) genauer und wissenschaftlicher werden. Es kann hier nicht näher ausgeführt werden, lässt sich aber leicht anhand der Ziele des Naturschutzrechts in § 1 BNatSchG 2010 ab-

---

[7] Auf Deutsch auch „ökosystemorientierter Ansatz".

[8] Für die Rechtsentwicklungen bis um die Jahrtausendwende *Annette Ballschmidt-Boog*, Rechtliche Vorgaben und Defizite beim Schutz der Küstenökosysteme der Ostsee, 2000, S. 37–40 und Abbildung 2 (S. 350).

[9] Vgl. z. B. § 44 Abs. 5 BNatSchG.

[10] Vgl. Sachverständigenrat für Umweltfragen (SRU), Meeresumweltschutz für Nord- und Ostsee, Sondergutachten Februar 2004, Tz. 496 ff.

[11] Vgl. zum Recht des Nationalparks *Franz-Joseph-Peine*, Das Recht des Nationalparks: Errichtung, Bestandsschutz, Nutzung, LKV 2002, 441 ff.

[12] Vgl. §§ 20, 21, 31 BNatSchG.

[13] Vgl. § 1 Abs. 1 Nr. 1 BNatSchG.

lesen, dass alle Phasen des Naturschutzes dort schon ihren normativen Niederschlag gefunden haben, wenn auch im Falle des Ökosystemschutzes erst am Rande.[14]

3. Kennzeichnende Elemente des EA

Thesenartig kann gesagt werden, dass es sich beim Ökosystemansatz um eine am Konzept der *„starken"* Nachhaltigkeit orientierte „Management Policy" handelt, die weiter konkretisierungsbedürftig ist. Allgemein kann festgehalten werden, dass der EA das betreffende marine oder terrestrische *Ökosystem* mit seinen natürlichen Funktionsweisen als Ausgangspunkt und Integrationsrahmen seiner weiteren Überlegungen auswählt. Die in einem Ökosystem oder – eine Stufe tiefer – in einer „naturräumlichen Haupteinheit"[15] vorkommenden (natürlichen) *Lebensraumtypen* (LRT) sind (möglichst) vollständig zu erfassen und zu bewerten. Das Verfahren als solches ist aus den Berichtspflichten der FFH-Richtlinie (Art. 17 FFH-RL) und der Normierung der Beobachtung von Natur und Landschaft (*Monitoring*) in § 6 BNatSchG an sich bekannt, jedoch stellt sich unter der Geltung des EA ein weitergehender Anspruch. Anders als wohl allgemein angenommen ist der Erhaltungszustand und die Entwicklung der *Lebensraumtypen* (in den Natura 2000-Gebieten) noch schlechter als die der Arten: EU-weit wurden aktuell nur 16 % der untersuchten Lebensräume mit einem günstigen, über zwei Drittel dagegen mit einem ungünstigen Erhaltungszustand bewertet.[16] Besonders schlecht waren dabei der Gesamterhaltungszustand von Grasland-, Feucht- und Küstenlebensräumen und der Erhaltungszustand sämtlicher landwirtschaftlich geprägter Lebensraumtypen[17] im Vergleich zu anderen LRT.[18]

Zur Erreichung der Biodiversitätserhaltungsziele setzt der Ökosystem-Ansatz zutreffend an der *Steuerung menschlichen Handelns* (und nicht an einer technischen Veränderung der Natur) an. „Geo-Engineering" ist nicht Inhalt des EA, sondern ein dazu antagonistischer Ansatz. Der EA reguliert unter Beachtung bestimmter Standards die menschlichen Aktivitäten (Nutzungen), um die Belastungen des Ökosystems möglichst gering und damit das Ökosystem insgesamt „gesund" und widerstandsfähig („resilient") zu halten. Dabei bleibt der Ansatz grundsätzlich *regional* (nicht: global)[19], weil der globale Ansatz der Vielfalt der Ökosysteme und der in ihnen bestehenden Biodiversität und der Verantwortung der Einzelstaaten für den Erhalt *ihrer* Biodiversität nicht gerecht würde. Die ökosystemaren Einheiten werden zunächst quasi „inventarisiert", ihr Zustand wird möglichst genau beschrieben und

---

[14] Vgl. immerhin § 1 Abs. 1 Nrn. 1 und 2 BNatSchG.

[15] Vgl. *Axel Ssymank*, Neue Anforderungen im europäischen Naturschutz, NuL 1994, 395 ff.

[16] Europäische Kommission (Hrsg.), Der Zustand der Natur in der EU, Berichterstattung nach der FFH- und der Vogelschutzrichtlinie, Natura 2000 Nummer 38, Juni 2015, S. 3 ff.

[17] Das sollte bei der Umorientierung des Vertragsnaturschutzes eine wichtige Rolle spielen.

[18] *Ekardt/Hennig* (o. Fn. 6), S. 180 f. m. w. N.

[19] Also anders als in der Klimapolitik, die grundsätzlich global zu denken ist.

bezüglich ihres Erhaltungszustandes naturschutzfachlich bewertet (Monitoring, Erstaufnahme). Die aufgrund eines Plans („Managementplan") in Ansehung der regionalen Schutzziele zu ermittelnden und dann zu ergreifenden Maßnahmen sind regelmäßig konkret und ortsbezogen („lokal")[20], wobei die Maßnahme auch darin bestehen kann, Nutzungen zeitweise oder dauerhaft in einem Gebiet völlig auszuschließen oder in bestimmter Form zu beschränken, um eine Erholung oder Wiederherstellung des Ökosystems zu ermöglichen. Dabei sind auch Wiederansiedlungsmaßnahmen von Arten ins Kalkül zu ziehen, die noch in historischer Zeit zur „Ausstattung" des Ökosystems gehörten. Zumeist wird dann wegen der Nutzungsbeschränkungen, die eine Außenwirkung haben sollen, eine Rechtsgrundlage für den Managementplan benötigt, also z. B. eine Verordnung oder ein Gesetz. Der Bezugsrahmen für die „Managementeinheiten" kann durchaus variieren. Während im marinen Bereich große Ökosysteme wie die Ostsee den Bezugsrahmen für Schutz und Management bilden, ist terrestrisch häufig auf kleinere naturräumliche Landschaftseinheiten abzustellen. Der EA strebt nach Vollständigkeit und wissenschaftlich abgeleiteten Ergebnissen. Deshalb ist auch ein *begleitendes* Monitoring erforderlich, um beurteilen zu können, ob sich der Zustand des betreffenden Ökosystems positiv oder negativ entwickelt.

Das erfordert geschultes Personal und erhebliche Sachmittel, die durch Umschichtung der Haushalte herbeigeschafft werden müssen. Es gibt genügend schädliche Subventionen („perverse subsidies"), die abzuschaffen wären. Außerdem ist daran zu erinnern, dass vor allem in den späten 1990er und den beginnenden 2000er Jahren eine deutliche Reduzierung der Ausgaben in den öffentlichen Haushalten insbesondere zu Lasten der Aufgaben im Natur- und Landschaftsschutz erfolgte,[21] eine verfehlte und kurzsichtige Haushaltspolitik.

Der Ökosystemansatz arbeitet mit einem *„Kombinationsansatz"* mit *Schutzgebieten* und anderen wirksamen, gebietsbezogenen Erhaltungsmaßnahmen auf der einen Seite und einem *flächendeckenden Managementkonzept*, das *nachhaltige Bewirtschaftung* sichern soll, auf der anderen Seite. Nach den sog. Aichi Targets sollen bis 2020 mindestens 17 % der Land- und Binnenwassergebiete und 10 % der Küsten- und Meeresgebiete durch *effektiv* und gerecht gemanagte, ökologisch repräsentative und gut vernetzte Schutzgebietssysteme geschützt und in die umgebende (terrestrische/marine) Landschaft integriert worden sein. Dass diese Prozentzahlen auf dem Papier teilweise schon heute übertroffen werden, sagt über die Qualität und die Konnektivität dieses Schutzgebietsnetzwerkes wenig aus. Ein effektives Management ist bislang in Deutschland, aber auch anderswo, eine seltene Ausnahme.

---

[20] Insofern ist der „Erhaltungszustand der lokalen Population" in § 44 Abs. 4 Satz 2 BNatSchG durchaus ein geeigneter Anknüpfungspunkt für die Anordnung von Maßnahmen („Bewirtschaftungsvorgaben").

[21] Vgl. SRU, Umweltverwaltungen unter Reformdruck, Sondergutachten 2007, S. 71 (und passim).

Was die flächendeckend nachhaltige Bewirtschaftung betrifft, stehen Europas Landschaften und Meere vor einer Reihe von Herausforderungen, die offenbar immer drängender werden. Die Ökosysteme und die biologische Vielfalt der Meere und Küsten sind nach Einschätzung der Europäischen Umweltagentur in ganz Europa nach wie vor erheblichen Belastungen ausgesetzt, ihr Zustand ist besorgniserregend.[22] Das Ziel der Meeresstrategierahmenrichtlinie (MSRL), bis 2020 einen guten Umweltzustand zu erreichen, ist in Gefahr. Gründe hierfür sind Überfischung, Schädigung des Meeresbodens, Verschmutzung durch Nährstoffanreicherung und Schadstoffe (auch durch Abfälle im Meer und Unterwasserlärm), die Einführung invasiver gebietsfremder Arten und die Versauerung. An Land sieht es hinsichtlich der „Konturen einer nachhaltigen Landwirtschaft"[23] auch nicht besser aus. Weil es so zahlreiche und überwiegend schon bekannte Probleme gibt, die durch unsachgemäße Nutzung entstehen, ist eine Konkretisierung und Instrumentalisierung des Ökosystemansatzes erforderlich, der ja mehr als bloße Programmatik sein will. Bezüglich der Landnutzung muss ich mich in diesem Beitrag auf die Landwirtschaft beschränken (vieles wäre auch zur Forstwirtschaft zu sagen). Für Meeresgebiete habe ich im Jahre 2007 auf einer Tagung in Venedig versucht, kennzeichnende Elemente eines EA zu entwickeln.[24] Bei diesen Elementen handelt es sich um die Einrichtung eines repräsentativen und gut gemanagten Netzwerkes von marinen Schutzgebieten (MPAs) mit Fischereibeschränkungen bzw. Fischereiausschluss, um die Etablierung eines insgesamt, also auch außerhalb der Schutzgebiete, nachhaltigen Fischereiregimes, das in das Naturschutzrechtsregime integriert ist und eine Lösung der identifizierten anthropogen verursachten Probleme (z. B. Beifang von Seevögeln und Meeressäugetieren, Discard, Beschädigung von Habitaten, Rückgang der Biodiversität) ermöglicht. Ferner sind danach das Aufstellen und die Durchsetzung von präzisen Umweltqualitätszielen unter Anerkennung regionaler, subregionaler und lokaler Belastungsgrenzen kennzeichnend für den EA. Außerdem sind umfassende und gründliche Umweltverträglichkeitsprüfungen von Vorhaben (einschließlich der Summationswirkungen, Unterwasserschall, Empfindlichkeit von Arten und/oder Habitaten gegenüber den Nutzungsauswirkungen) im gesamten Bereich erforderlich.

---

[22] EEA 2015, The European Environment. State and Outlook 2015, Synthesis Report, pp. 56 ff.

[23] Die Deutsche Bundesstiftung Umwelt hat zur Thematik im Juli 2015 in Osnabrück ein Symposium veranstaltet.

[24] Publiziert 2008; *Detlef Czybulka*, Ecosystem Approaches and the Competence of the European Community in Fisheries Law, in: Postiglione (ed.), The Protection and Sustainable Development of the Mediterranean-Black Sea Ecosystem. Proceedings of the ICEF International Conference Venice 24–26 May 2007, Bruxelles 2008, pp. 207–225.

4. Normative Ausprägung des EA: Die Meeresstrategierahmenrichtlinie (MSRL)

a) Allgemein

Die derzeit wohl am weitesten entwickelte und für Deutschland relevante normative Ausprägung des Ökosystemansatzes findet sich in der Meeresstrategierahmenrichtlinie aus dem Jahre 2008.[25] Der Ansatz der MSRL basiert, bezogen auf den Meeresbereich, auf der Hereinnahme der bereits vorhandenen ökosystemaren Ansätze und Elemente in globalen und regionalen Übereinkommen sowie auf entsprechenden unionsrechtlichen Konkretisierungen zur Fischereipolitik und maritimen Raumplanung in die MSRL. Diese Anknüpfungspunkte sind in den Erwägungsgründen 3, 8, 13, 18, 19, 44, aber auch in Art. 1 und 2 MSRL eigens benannt.

Der Begriff „Meeresumwelt" bezieht sich in der MSRL explizit auf den Schutz und die Erhaltung der Meeresökosysteme, aber im Falle ihrer Schädigung auch auf ihre Wiederherstellung,[26] sowie auf den Schutz der im Meer lebenden Arten, die dort vorkommenden Lebensräume sowie auf die Verhinderung des Rückgangs der marinen biologischen Vielfalt[27] insgesamt. Daher deckt die Richtlinie in einem großen Umfang Aspekte des marinen Biodiversitätsschutzes ab. Bei der Umsetzung der MSRL in Deutschland durch das Gesetz vom 6. Oktober 2011[28] wurde dieser wichtige Aspekt u. a. durch die gewählte Terminologie (der betreffende Abschnitt 3a des WHG heißt jetzt „Bewirtschaftung von Meeresgewässern") als auch durch eine minimalistische Umsetzung im BNatSchG[29] fast vollständig ausgeblendet. Die MSRL bleibt nicht bei programmatischen Aussagen stehen, sondern verlangt von den Mitgliedstaaten die Umsetzung in bestimmten Schritten, beginnend mit der Anfangsbewertung,[30] nach einem bestimmten Zeitplan, die in den (von den Mitgliedstaaten zu erstellenden) Maßnahmenprogrammen münden,[31] deren einzelne Maßnahmen dann konkret umzusetzen sind. Aus der zunächst sehr vage erscheinenden Anforderung, z. B. in der Ostsee bis 2020 einen „Guten Umweltzustand" zu erreichen,[32] wird so ein konkretes Maßnahmenpaket, welches der Mitgliedstaat selbst zu beschließen (und damit auch gegenüber den Wählern zu verantworten) und um-

---

[25] Richtlinie 2008/56/EG des Europäischen Parlaments und des Rates zur Schaffung eines Ordnungsrahmens für Maßnahmen der Gemeinschaft im Bereich der Meeresumwelt, ABl.EU Nr. L 164/19 vom 25. Juni 2008.

[26] Vgl. § 45a Abs. 2 WHG in der deutschen Umsetzung der MSRL.

[27] Vgl. § 45b Abs. 2 Nr. 2 WHG in der deutschen Umsetzung.

[28] BGBl. I 2011 S. 1986.

[29] Allein die Einfügung eines neuen Abs. 2 in § 56 BNatSchG.

[30] Dies war nach § 45c WHG bis zum 15. Juli 2012 nach Maßgabe des Anhangs III der MSRL durchzuführen.

[31] Diese sind bis zum 31. Dezember 2015 aufzustellen, § 45h WHG.

[32] Siehe aber die bereits sehr ausführliche Definition des guten Zustands der Meeresgewässer in § 45b Abs. 2 WHG (Umsetzung der MSRL).

zusetzen hat. Diese gesetzgeberische Technik wurde mit einigem Erfolg von der EU bereits bei der WRRL angewendet.

Bei den biologischen Merkmalen (vgl. Anhang III MSRL „Indikative Listen von Merkmalen, Belastungen und Auswirkungen") und Qualitätskomponenten geht es der MSRL um Vollständigkeit, um die Funktionsweise des jeweiligen Ökosystems zu verstehen. Es werden also nicht nur „geschützte" oder seltene Arten erfasst, sondern vor allem die biologischen Gemeinschaften in ihrer Gesamtheit sowie ihre vorherrschenden Lebensräume am Meeresgrund und (erstmals!) in der Wassersäule. Dies ist ein wesentlicher auch methodischer Unterschied zur FFH-Richtlinie, der es um seltene Teile der Lebensgemeinschaften (also um lebensraumtypische Arten) geht, nicht um das Gesamtspektrum eines Ökosystems.

Die MSRL verlangt z. B. Informationen über die Phytoplankton- und Zooplanktongemeinschaften einschließlich der Arten und der jahreszeitlichen und geografischen Variabilität; sehr wichtig ist in diesem Konzept die Forschung über Destruenten und über „Umweltingenieure" (ecosystem engineers) und „habitat builders".[33] Dies sind in den Meeren Organismen, die die Verfügbarkeit von Lebensräumen und Ressourcen für andere Lebewesen im selben Ökosystem entscheidend beeinflussen. Dabei richtet sich der Blick zwar auch auf spektakuläre Arten (wie die Steinkoralle *Lophelia pertusa*), regelmäßig aber auf eher unscheinbare und kleinste Lebewesen, Plankton und Bakterien. Die (planmäßige) Ergänzung des Wissens in diesen bislang wenig oder gar nicht erforschten Bereichen macht den Ökosystemansatz zu einem stark *wissenschaftlich* geprägten Ansatz, auch was die Schutzgüter betrifft. Der Paradigmenwandel mag im terrestrischen Bereich im Falle einer Umsetzung des EA weniger auffallend sein als im Meeresbereich. Jedenfalls ist noch nicht zu erkennen, dass die Erforschung der Regenwürmer (weltweit gibt es ca. 600 Arten), die eine enorme Bedeutung für die Bodenfunktionen und -gesundheit haben, im gleichen Maße fortschreitet wie die Arbeiten zu den benthischen Organismen. Den Anstoß für den Wissensfortschritt im Meer gibt der sog. Deskriptor 6 (des guten Umweltzustands), der sich auf den Zustand des Meeresbodens bezieht. Hierbei geht es nicht nur um Substrate und deren physische Eigenschaften oder Schäden, sondern vor allem um die Beschaffenheit der benthischen Lebensgemeinschaften.

Was sich heute an naturwissenschaftlichen und ökologischen Anforderungen für ein integriertes Management in der MSRL und ihren Anhängen findet, hatte zuvor die Wissenschaft insbesondere für das Management von Meeresschutzgebieten aufgestellt, als zunehmend deutlich wurde, dass der konventionelle sektorale Fischereimanagementansatz die ökosystemaren Randbedingungen nicht berücksichtigte, was vielerorts zum Zusammenbruch der Fischbestände führte.

Was in den meisten Managementmodellen bislang als Parameter fehlt, aber nach dem EA unbedingt erforderlicher Inhalt sein müsste, ist die Untersuchung und Bewertung der Empfindlichkeit von Arten und Lebensräumen auf (anthropogene) Be-

---

[33] Vgl. *Täufer* (o. Fn. 3), S. 28 ff.

einträchtigungen und Belastungen, sowie die Auswirkungen kumulativer Effekte auf diese Schutzgüter. Der EA richtet bei der erforderlichen Systematisierung (Erfassung und Bewertung) der *Belastungen des Ökosystems* durch menschliche Nutzungen und Einflüsse auch den Blick auf solche Einwirkungen und Wirkfaktoren „jenseits" der Verschmutzungen und Kontamination durch gefährliche Stoffe, die bisher eher vernachlässigt wurden, z. B. auf Abschürfungen am Meeresgrund (Grundfischerei, Ankern), Unterwasserlärm, selektive Entnahmen (auch durch Forschung!) oder biologische Störungen (auch durch Beifang, Einbringung invasiver Arten).

b) Fischereipolitik

Zunächst vermutet man, dass die MSRL die integrativen Erfordernisse des von ihr ausdrücklich herangezogenen EA erkennt und bezüglich der marinen Hauptnutzung „Fischerei" auch umsetzen möchte. Der wichtigste Punkt dabei wäre, dass Fischereipolitik zugleich Biodiversitätspolitik sein muss. Dies liegt umso näher, als das frühere Fischereimanagement wegen seines gescheiterten Ansatzes des „sektoralen Managements" der Fischbestände kritisiert worden ist. Meist wurde außerdem ein „Einartenansatz" angewendet, wie heute noch im völkerrechtlichen Abkommen über die Kommission zum Schutz des Südlichen Blauflossenthuns, der mit diesem Managementansatz nun nahezu ausgerottet ist.[34] So ging es also nicht weiter.

Die Erfordernisse für eine wirklich transformierte Fischereipolitik waren also inhaltlich sehr klar. Ihre Durchsetzung gelang jedoch nur bruchstückhaft, weil sich die Generaldirektion (GD) Mare innerhalb der Kommission als stärker erwies als die GD Umwelt, bzw. die Lobby der Fischer wieder einmal heftig gegen die Pläne protestierte. Im Übrigen ist ein ähnliches Kräfteverhältnis auch auf nationaler Ebene und in den Bundesländern zu finden. So finden wir als Ergebnis nun folgende Ausführungen im Erwägungsgrund 9 der MSRL: „Um diese [Biodiversitäts-]Ziele zu erreichen, ist ein transparenter und einheitlicher Rechtsrahmen erforderlich. Dieser Rahmen sollte zur Kohärenz zwischen den verschiedenen Politikbereichen beitragen und die Einbeziehung der Umweltbelange in andere Politikbereiche, wie die gemeinsame Fischereipolitik, die gemeinsame Agrarpolitik und weitere relevante Felder der Gemeinschaftspolitik, fördern.[35] Er sollte einen allgemeinen Handlungsrahmen zur Verfügung stellen, der die Koordinierung, kohärente Gestaltung und angemessene Abstimmung mit Maßnahmen aufgrund anderer Rechtsvorschriften der Gemeinschaft sowie internationaler Übereinkommen ermöglicht."

Es lässt sich unschwer schon aus den weichen Formulierungen („sollte") erkennen, dass die interdisziplinäre Zusammenarbeit der Ressorts unter Einbezug wissen-

---

[34] Vgl. *Claudia Weichel-Pastewski*, The Convention on Biological Diversity and the Ecosystem Approach, including the Recognition of Traditional Knowledge, with Reference to Indonesian Marine Fisheries Management, Diss. iur. Rostock 2015, Manuskript, S. 85 ff.

[35] Dies gibt bereits Art. 11 AEUV „insbesondere zur Förderung einer nachhaltigen Entwicklung" vor.

schaftlicher Forschung in dieser Kernfrage der Erhaltung der biologischen Meeresschätze (vgl. Art. 3 Abs. 1 d) AEUV) im Sinne des Ökosystemansatzes nicht erfolgreich war. Die Vorgaben macht DG Mare bzw. machen die Fischereiminister. Es ist sicherlich richtig, dass die „neue" Fischereigrundverordnung besser ist als die „alte", aber sie setzt den Ökosystem-Ansatz nur partiell um. Nach diesen methodischen und inhaltlichen Ausführungen zum EA möchte ich abgrenzend noch erläutern, was der Ökosystem-Ansatz nach meiner Auffassung *nicht* ist.

III. Was der Ökosystemansatz nicht ist

1. TEEB-Studie: Die „Inwertsetzung von Ökosystem(dienst)leistungen"

Die TEEB[36]-Studie wurde 2007 in Potsdam von den Umweltministern der G8+5 Staaten[37] angeregt und befasst sich mit den „globalen wirtschaftlichen Nutzen der biologischen Vielfalt und den Kosten des Biodiversitätsverlustes aufgrund unterlassener Schutzmaßnahmen im Vergleich zu den Kosten eines wirkungsvollen Naturschutzes".[38]

Das Konzept der Ökosystem(dienst)leistungen umfasst nach *Ekardt/Hennig*[39] im Kern die Bereitstellung von Waren und Leistungen der Natur, die der Mensch für sich nutzen kann, also z. B. Trinkwasser oder Arzneipflanzen. Es besteht weitgehend Einigkeit, dass die Erhaltung der Biodiversität unerlässlich für die Zurverfügungstellung von Ökosystemleistungen ist.[40]

Meiner Meinung nach ist dieses Konzept der Ökosystemleistungen nicht wirklich auf die Ökosysteme und ihre „Leistung" zur Erhaltung der Biodiversität bezogen, sondern auf den (wirtschaftlichen) Nutzen, den die Ökosysteme den Menschen bringen. Schon seit langem wird versucht, z. B. durch Kosten-Nutzen-Analysen den Naturschutz aus dem politisch-demokratischen Bereich herauszunehmen und „rationaler" zu machen. Eine völlige Herausnahme aus dem politisch-demokratischen Bereich lässt allerdings Art. 20a GG nicht zu, weil Naturschutz Staatsaufgabe und das allgemeine Verschlechterungsverbot Staatsziel ist. Bis heute gibt es erhebliche Bewertungsprobleme (Hilfsmittel der „Zahlungsbereitschaft", Diskontierungsproblematik) und die etablierte Wirtschaftswissenschaft zieht auch überwiegend bei einer „Ökologisierung" z. B. des Bruttosozialprodukts nicht mit.

---

[36] The Economics of Ecosystems Biodiversity.

[37] G8 = U.S.A., Japan, Deutschland, Vereinigtes Königreich, Frankreich, Italien, Kanada und Russland; die „Fünf" sind die Schwellenländer Volksrepublik China, Brasilien, Indien, Mexiko und Südafrika.

[38] TEEB Synthesebericht deutsch „Die ökonomische Bedeutung der Natur in Entscheidungsprozesse integrieren: Ansatz, Schlussfolgerungen und Empfehlungen von TEEB – Eine Synthese" – S. 3.

[39] *Ekardt/Hennig* (o. Fn. 6), S. 129 mit Fn. 213.

[40] *Ekardt/Hennig* (o. Fn. 6), S. 234 unter Hinweis auf die TEEB-Studie.

Allerdings findet sich bereits im Beschluss VII/11 der COP 7 (Kuala Lumpur 2004) in den Erläuterungen zu den Begründungen der Prinzipien und Richtlinien zur Umsetzung des Ökosystemansatzes zum 4. Prinzip die Aussage, dass viele Ökosysteme „ökonomisch wertvolle Güter und Dienstleistungen bereit[stellen]. Daher ist es notwendig, Ökosysteme in einem ökonomischen Kontext zu verstehen und zu bewirtschaften".[41] Eine Verbindung besteht also insoweit zu ökonomischen Bewertungen, die m. E. allerdings in kritischer Distanz zu betrachten sind, soweit sie ökologische (oder auch soziale) Sachverhalte betreffen. Im Ergebnis – auch dies kann hier nicht weiter vertieft werden[42] – können ökonomische Bewertungen und Kosten-Nutzen-Analysen Ergänzungsdienste für die rechtlich zu begründenden Entscheidungen und Abwägungsprozesse im Naturschutz- und Landnutzungsrecht erbringen, mehr aber wohl nicht.

2. „Nachhaltige Entwicklung" nach dem Drei-Säulen-Konzept

Dennis Meadows schrieb im Jahre 2000: „Wir wissen nicht genug darüber, was nachhaltige Entwicklung ist. Jedoch wissen wir viel darüber, was sie *nicht* ist: Sie bedeutet nicht Zerstörung der natürlichen Ressourcen, bedeutet nicht die Ausrottung von Arten und die Beschädigung von marinen Habitaten und Ökosystemen und nicht den ineffizienten Verbrauch von Energie."[43] Man könnte also meinen, dass sich aus dieser Einsicht heraus eine „Transformation" der Nutzungen in ökosystemschonender Weise vollzogen hätte. Dies lässt sich aber weder für die Nutzungen im Meeresbereich (Bodenschätze, Fischerei) noch für den terrestrischen Bereich (Landwirtschaft) bestätigen. *Woran liegt das?*

Die Nachhaltigkeitsdebatte wurde seinerzeit entfesselt durch die berühmte Definition der Brundlandt-Kommission: „Sustainable development meets the needs of the present without compromising the ability of future generations to meet their own needs". Dies ist eine rein anthropozentrische Formulierung, denn auch die kommenden Generationen werden ja über ihre, wenn auch jetzt noch nicht im Einzelnen bekannten, (menschlichen) Bedürfnisse definiert. Diese sind zunächst ökonomischer und sozialer Natur (dies vermeint man zu wissen), während weitergehende Bedürfnisse (z. B. auf Kultur, „Naturgenuss") nur vereinzelt thematisiert werden. Ökologische Erfordernisse und „Ansprüche" der Natur, die ja auch nicht in jedem Fall konvergent zum Lebensstil und Konsumverhalten der gegenwärtig lebenden Menschen sind, erscheinen von daher als „Randkorrekturen" des anthropozentrischen Konzepts. Der Erfolg dieser Formel im politischen Bereich war riesengroß, zumal sie

---

[41] Zitiert insgesamt bei *Täufer* (o. Fn. 3), S. 140 f.

[42] Näher z. B. *Felix Ekardt*, Ökonomische Kosten-Nutzen-Analyse versus öffentlich-rechtliche Verhältnismäßigkeit und Abwägung: Ergänzungs- oder Ausschlussverhältnis? Jahrbuch des öffentlichen Rechts der Gegenwart, Bd. 61, 2013, S. 89–114.

[43] *Dennis Meadows*, Es ist zu spät für eine nachhaltige Entwicklung. Nun müssen wir für eine das Überleben sichernde Entwicklung kämpfen, in: Krull (Hrsg.), Zukunftsstreit, 2000, S. 125 (128).

Eingang in die Rio-Deklaration und die sog. Agenda 21 fand. Durch das weite Verständnis der Nachhaltigkeit ist das sog. *Drei-Säulen-Konzept* populär geworden, indem es ein „positives" Zusammenwirken von ökonomischen, sozialen und ökologischen Zielen und Entwicklungen suggeriert, aber nicht herstellt. Auch die *Kritik* an diesem wachstumsgetriebenen Konzept war zunächst anthropozentrisch ausgerichtet (und an globalen Modellen orientiert). *Meadows* u. a. wollten mit ihrer Studie (1972, aktualisiert 1992 und 2004) zunächst „nur" mit mathematischen Mitteln und einer rechnergestützten Simulation nachweisen, dass infolge des exponentiellen Bevölkerungswachstums und des damit einhergehenden übermäßigen Ressourcenverbrauchs (v. a. von Lebensmitteln) *das Konzept eines immerwährenden Wirtschaftswachstums* nicht aufgeht. Diese Wachstumsideologie ist auch nach meiner Auffassung die zerstörerische Autoimmunkrankheit des Drei-Säulen-Konzepts.

Die erforderliche Veränderung des Denkens müsste daran zu erkennen sein, dass der Anthrophozentrismus zugunsten „holistischer" Ansätze aufgegeben wird. Die *Tragekapazität der Ökosysteme als äußerste Grenze* oder Leitplanke jeder „Entwicklung" ist anzuerkennen. Dazu bedarf es genauer Analysen, bezogen auf die jeweiligen Ökosystemkomplexe. Eine „starke" Nachhaltigkeit, deren theoretische Grundlagen auch in Deutschland entwickelt wurden (Ott/Döring 2004[44]), geht von diesen begrenzenden Voraussetzungen jeder Nutzung aus. Wie die Europäische Umweltagentur in ihrem jetzt (2015) veröffentlichten Synthesebericht feststellt, entspricht dies aber nicht der Praxis: „Im Großen und Ganzen lässt sich nicht erkennen, dass Gesellschaft, Wirtschaft, Finanzsysteme, politische Ideologien und Wissenssysteme den Begriff der Grenzen unseres Planeten tatsächlich anerkennen oder ernsthaft berücksichtigen."[45]

Ein Zusammenhang zwischen dem Konzept (Prinzip) der „starken" Nachhaltigkeit und dem Ökosystem-Ansatz lässt sich hingegen ohne weiteres erkennen. Ich würde vorläufig als den wesentlichen Unterschied zu dem nicht nachhaltigen „Drei Säulen-Modell" festhalten wollen, dass das Ökosystem von seiner Randlage in das gedankliche Zentrum dieser Nachhaltigkeitsbemühungen gerückt ist und nicht mehr von „Umwelt", sondern präziser vom „Ökosystem" die Rede ist. Jedenfalls marine Ökosysteme „entwickelt" man nicht, ihre Nachhaltigkeitsdimension liegt in der Aufrechterhaltung und ggf. Wiederherstellung ihrer Funktionen.

Man muss sich bewusst machen, auf welchen „Schultern" gängige Nachhaltigkeitskonzepte stehen: Solange diese nicht gut begründete Vorstellungen über die Grenzen der Belastbarkeit der Erde und der Ozeane (auf allen Ebenen, regional, lokal und unter Einbezug der verschiedenen Nutzungen in ihren interagierenden Wirkfaktoren und kumulierten Belastungswirkungen) in ihre Überlegungen einschließen, stellen sie keine brauchbaren Planungs- und Entscheidungsgrundlagen dar.

---

[44] *Konrad Ott/Ralf Döring*, Theorie und Praxis starker Nachhaltigkeit, 2. Aufl. 2008.
[45] EUA Synthesebericht 2015, S. 167.

IV. Konsequenzen

1. Härtung der bewährten Instrumente des Naturschutzrechts

a) Schutzgebiete

Der Ökosystemansatz ist zu seiner Konkretisierung auf Instrumente, „Werkzeuge" (tools) angewiesen, er selbst zeigt nur den Weg, die Richtung, den „Ansatz". Der Ökosystemansatz ist zwar ein handlungsprägender Denkansatz, zur Wirksamkeit seiner Aussagen ist er auf rechtlich vorgeformte Instrumente angewiesen. Die Einrichtung und das Management von *Schutzgebieten* in der beschriebenen Form (unter Beachtung der Kohärenz und Konnektivität der Schutzgebiete) sind für den EA unverzichtbar. Dabei ist das normative „klassische" Instrument der Schutzgebiete vom Ansatz her eine juristische Spitzenleistung: Schutzgebiete (vor allem NSG und Nationalparke) sind Gebiete mit einem eigenen („partikulären") Rechtsstatus, durch den Nutzungen im jeweiligen Schutzgebiet (oder in bestimmten Zonen) gleichmäßig für Nutzer(gruppen) eingeschränkt werden können. Dies hat große Vorteile, insbesondere wird dadurch eine Verwaltungspraxis ermöglicht, die – anders als bei Einzelentscheidungen – kaum zur Verletzung des Gleichheitssatzes führen kann. Für die Nutzungskonflikte Landwirtschaft/Naturschutz z. B. bieten die Rechtsverordnungen oder Gesetze, mit denen die Schutzgebiete errichtet werden, in aller Regel die Basis, um biodiversitätsschädigende landwirtschaftliche Bodennutzung[46] einzuschränken bzw. zu verbieten. Man spricht hier von der „Sozialpflichtigkeit" oder „Ökologiepflichtigkeit" des Eigentums.[47] Das Eigentumsrecht behindert den Naturschutz selten, die meisten Beschränkungen sind auch nicht ausgleichspflichtig.[48] Gleichwohl ist zu konstatieren, dass die Mehrzahl der aktuellen Gebietsschutzverordnungen erstaunlich „zahnlos" ist. Sogar in Naturschutzgebieten ist die „konventionelle" Landwirtschaft überwiegend zulässig, wenn sie die viel zu schwachen und kaum kontrollierbaren „Grundsätze der guten fachlichen Praxis" (§ 5 BNatSchG) beachtet. Geradezu eine Verkehrung der Konzeption des Schutzgebiets ist die vermehrte Nutzung von Ausnahmen und Befreiungen, weil dann regelmäßig über einen Einzelfall entschieden wird, wobei sich naturgemäß eher Fehler einstellen, die dann die Einzelfallentscheidung angreifbar machen. Es finden sich auch normative „Bereichsausnahmen", die notwendige Kontrollmaßnahmen in Schutzgebieten unmöglich machen.

So findet sich etwa in einer Befahrensverordnung (§ 8 NPBefVMVK) eine Vorschrift, die für Notfälle und Rettungsfahrzeuge eine Freistellung von den Befahrensverboten und Geschwindigkeitsbegrenzungen auf den Gewässern des Nationalparks Vorpommersche Boddenlandschaft beinhaltet: Völlig sachfremd werden in dieser

---

[46] Entsprechendes gilt *mutatis mutandis* für die forstwirtschaftliche Nutzung.

[47] *Detlef Czybulka*, Zur „Ökologiepflichtigkeit" des Eigentums. Herausforderung für Dogmatik und Gesetzgeber, in: Bauer/Czybulka/Kahl/Voßkuhle (Hrsg.), Umwelt, Wirtschaft und Recht, 2002, S. 89–109.

[48] Zutreffend *Peine*, LKV 2002, 441 (447) (Ergebnis).

Vorschrift Wasserfahrzeuge bei der „rechtmäßigen Ausübung der gewerbsmäßigen Fischerei" diesen Notfällen gleichgestellt, eine krasse Privilegierung dieser in einem Meeresnationalpark natürlich einzuschränkenden Nutzung (und ein Kompetenzverstoß des Bundes!). Ähnliche Privilegien finden sich in anderen Vorschriften für Landwirte. Sie sind rechtlich überwiegend nicht veranlasst, aber offensichtlich auf Grund der starken Lobby dieser Berufsgruppen eingeschleust worden. Auch im Übrigen verlangt der EA die Abschaffung privilegierten anachronistischen Rechts (Bergrecht) und einer damit begründeten Verwaltungspraxis. So umfassen die Aufsuchungsgebiete für Bodenschätze stets auch die marinen Anteile der FFH-Gebiete, Nationalparks etc. Der bei den Aufsuchungen verursachte Unterwasserschall ist sehr hoch und für marine Säugetiere gefährlich. Um die Schutzgebiete als Kernbereiche „gesunder" Ökosysteme zu schützen, dürfen schon Aufsuchungsrechte in diesen Gebieten nicht erteilt werden.

Zweifellos ungünstig für eine sinnvolle Gesamtkonzeption der Schutzgebiete war in der Vergangenheit die im deutschen Recht vorherrschende Auffassung, die Ausweisung von Schutzgebieten stehe im *Ermessen* der Behörden bzw. des Gesetzgebers. Damit war es dann vorbei, als die FFH-Richtlinie (wie an sich zuvor schon die Vogelschutzrichtlinie) verpflichtende Anforderungen aufstellte. Die sowohl terrestrisch als auch im marinen Bereich umzusetzende FFH-Richtlinie hatte einen völkerrechtlichen Vorläufer, die sog. Berner Konvention von 1979, die aber wenig Durchschlagskraft entfaltete, weil es keine Sanktionsmechanismen gab. Der Ansatz der FFH-Richtlinie ist – auch aus diesen historischen Gründen – (noch) nicht ökosystemar. Die Richtlinie will bestimmte Lebensraumtypen und Arten schützen, die nach der seinerzeitigen Einschätzung und Bewertung der Fachleute und der zuständigen Organe der Union in EU-Europa besonders gefährdet und deshalb schützenswert sind. Es ist allerdings dem nationalen Gesetzgeber unbenommen, den Erfordernissen des EA bei der Unterschutzstellung von Gebieten zu entsprechen und z. B. in FFH-Gebieten auch andere LRT und Arten (Lebensgemeinschaften) nach nationalem Recht zu schützen, die für die Funktion des betreffenden Ökosystems eine herausgehobene Bedeutung haben. Dies wäre eine große Chance für die „Härtung" der Schutzgebietsverordnungen im terrestrischen wie marinen Bereich. Gegenwärtig wird diese Chance allerdings nicht ergriffen; beim Entwurf der Schutzgebietsverordnungen für die ausschließliche Wirtschaftszone Deutschlands wird eine sog. 1:1-Umsetzung der FFH-Richtlinie angestrebt, was im politischen Klartext nichts anderes bedeutet als eine minimalistische Variante.

Gleichwohl muss gesagt werden, dass die FFH-Richtlinie nach der Überwindung zahlreicher Anfangswiderstände dem Naturschutz in Europa den größten Schub gegeben hat, wobei Deklaration und gutes Management allerdings stark auseinanderfallen. Die Schutzgebietskulisse in Deutschland wäre vom Flächenanteil gesehen wohl ausreichend zur Sicherung der Kernlebensräume der regionalen Ökosysteme, es müssten nur wenige Ergänzungen und evtl. auch Berichtigungen vorgenommen werden, um die Kohärenz (und darüber hinausgehend die Konnektivität) des Netzes herzustellen. Bei der Kohärenz könnte eine Raumordnung und Landesplanung helfen, die sich von ihrer einseitigen Wirtschaftsorientierung lösen müsste, außerdem die Landschaftsplanung, die als Instrument des flächenhaften Bodenschutzes und des Schutzes des Bodens vor Stoffeinträgen genutzt werden kann, wie *Franz-Joseph Peine* in einem Beitrag aus dem Jahre 2007 dargelegt hat.[49] Die ökologische Erkenntnis, die hinter der Idee der Konnektivität steckt, ist die, dass Schutzgebiete im Verbund für das gute Funktionieren der Ökosysteme mehr „leisten" können als in der Summe der einzelnen Schutzgebiete. Im Vergleich zu anderen Mitgliedsstaaten hat Deutschland (terrestrisch) zwar sehr viele, aber oft auch zu kleine Schutzgebiete gemeldet.[50] Jedoch relativiert sich diese positive Aussage, wenn man z. B. im marinen Bereich, wo der Zuschnitt stimmig ist, so gut wie keine Kontrolle über die Gebiete hat, was ein wesentlicher Bestandteil des EA ist. Im terrestrischen Bereich fehlt für viele, v. a. kleinere Gebiete jede Organisation und jedes Management, was Deutschland jetzt erneut ein Vertragsverletzungsverfahren eingebracht hat.

Für terrestrische Schutzgebiete gibt es zwar ergänzende Vorschriften zur Herstellung der Kohärenz der Netze (Art. 10 FFH-Richtlinie). Dieser Aspekt fehlt für den marinen Bereich. Leider ist aber auch terrestrisch zu erkennen, dass es an einer entsprechenden Umsetzung fehlt. Verantwortlich sind hier in erster Linie das Landwirtschaftsrecht und die Landwirtschaftspolitik (siehe gleich).

b) Ubiquitärer Mindestschutz auf der gesamten Fläche

Ein ubiquitärer Mindestschutz ist im Kombinationsmodell des Ökosystemansatzes ebenfalls unverzichtbar. Hierzu liefert vor allem das Naturschutzrecht mit seiner Eingriffs- und Ausgleichregelung einen wichtigen Beitrag. In 35 Jahren ihres Bestehens ist die Regelung durchaus fortentwickelt worden.[51] Wenn sie konsequent angewendet wird und den ökosystemar „passenden" Ausgleich oder Ersatz herbeiführt, gehört sie zu den Instrumenten, mit denen der Ökosystemansatz arbeiten kann. Dabei können „Poolmodelle" und produktionsintegrierte Kompensationsmaßnahmen durchaus zur echten Nachhaltigkeit beitragen. Allerdings hat die Regelung kaum Anwendungsfälle für die Degradierung von Agrarökosystemen durch und innerhalb der Landwirtschaft. Hier entscheiden wegen des Agrarprivilegs des § 14 Abs. 2 BNatSchG im Endeffekt die Beihilfenpolitik der EU, der Markt und der Landwirt „autonom", welche Einwirkungen und Belastungen das Agrarökosystem auszuhalten hat (und welches Bild die Agrarlandschaft und ihr „Inventar" bieten). Der Landnutzungswandel erfolgt hier also außerhalb eines demokratischen Planungssystems. Auch Betreiberpflichten, gar „dynamische" wie im übrigen Umweltrecht,

---

[49] *Franz-Joseph Peine*, Bodenschutz außerhalb der Bodenschutzgesetze – der Beitrag des Naturschutzrechts, NuR 2007, 138 (143).
[50] Deutschland hat 5.252 Natura 2000-Schutzgebiete mit insgesamt 80.759,17 qkm gemeldet, Frankreich hingegen „nur" 1.754 Gebiete mit 111.115,07 qkm, Natura 2000 Barometer (Stand 2014).
[51] Vgl. exemplarisch den Beitrag von *Peter Fischer-Hüftle*, 35 Jahre Eingriffsregelung – Eine Bilanz, in: Czybulka (Hrsg.), 35 Jahre Eingriffsregelung, 2013, S. 15 ff.

kennt das Landwirtschaftsrecht kaum; das Unionsrecht verlangt immerhin „Cross Compliance" und verknüpft so die Beihilfen (Subventionen) mit der Einhaltung von Umweltstandards.[52] Aber auch das ist ein einzigartiger Vorgang: Beihilfen werden dafür gezahlt, dass die Landwirte ohnehin geltendes, verbindliches Recht einhalten. Die Kontrollintensität ist extrem dünn, Verstöße gerade im Hinblick auf Biodiversitätsschäden kaum feststellbar und die Sanktionen bzw. Kürzungen der Direktzahlungen sind unangemessen niedrig (bei leichtem fahrlässigen Verstoß werden 1 % der Direktzahlungen gekürzt). Wir stellen fest, dass jedenfalls im nationalen Recht die Regelungsdichte und -tiefe der unterschiedlichen Formen der Landnutzung (Landwirtschaft, Forstwirtschaft, Naturschutz) in keiner Weise ihrer Flächeninanspruchnahme (in Deutschland ca. 50 % Landwirtschaft, 30 % Forstwirtschaft, 10 % Naturschutz) und der jeweiligen ökonomischen und ökologischen Bedeutung entspricht.[53] Besonders krass ist dies im Landwirtschaftsrecht. Das deutsche Landwirtschaftsgesetz von 1955[54] umfasst acht Paragraphen und verpflichtet die Bundesregierung alle vier Jahre zur Vorlage eines Berichts über die Lage der Landwirtschaft. Die Zielstellung des Gesetzes in § 1 ist rein wachstumsorientiert.[55] Betreiberpflichten existieren im Gesetz nicht. Der EA ist bisher im Bereich dieser terrestrischen Hauptnutzung noch nicht angekommen. Erhebliche Reformen sind neben dem nicht sehr erfolgreichen „Greening" der Gemeinsamen Agrarpolitik auch im nationalen Recht erforderlich. Im Bereich der Landwirtschaft besteht eine geteilte, keine ausschließliche Zuständigkeit der Union, Art. 4 Abs. 2 d) AEUV. Zur Demokratisierung der Landnutzungspolitik könnte die Europäische Landschaftskonvention vor allem in ländlichen Bereichen beitragen. Deutschland ist eines der ganz wenigen Länder in Europa, die die im Übrigen bereits 2004 in Kraft getretene Konvention weder unterzeichnet noch ratifiziert haben.

---

[52] *Franz-Joseph Peine*, Verknüpfung der Beihilfen mit der Einhaltung von Umweltstandards – Konsequenzen; Vortrag, gehalten auf der Tagung der Deutschen Gesellschaft für Agrarrecht am 15. 4. 2005 in Frankfurt (Oder).

[53] Dazu bereits *Detlef Czybulka*, Biomasseerzeugung als Regelungsgegenstand des Naturschutz-, Landwirtschafts- und Forstwirtschaftsrechts, in: Schulze-Fielitz/Müller (Hrsg.), Klimaschutz durch Bioenergie, 2010, S. 109 (114 ff.).

[54] Vom 5.9.1955. Landwirtschaftsgesetz in der im BGBl. III, Gliederungsnummer 780–1 veröffentlichten bereinigten Fassung, das durch Art. 358 der Verordnung vom 31. August 2015 (BGBl. I S. 1474) geändert worden ist.

[55] § 1: „Um der Landwirtschaft die Teilnahme an der fortschreitenden Entwicklung der deutschen Volkswirtschaft und um der Bevölkerung die bestmögliche Versorgung mit Ernährungsgütern zu sichern, ist die Landwirtschaft mit den Mitteln der allgemeinen Wirtschafts- und Agrarpolitik – insbesondere der Handels-, Steuer-, Kredit- und Preispolitik – in den Stand zu setzen, die für sie bestehenden naturbedingten und wirtschaftlichen Nachteile gegenüber anderen Wirtschaftsbereichen auszugleichen und ihre Produktivität zu steigern. Damit soll gleichzeitig die soziale Lage der in der Landwirtschaft tätigen Menschen an die vergleichbarer Berufsgruppen angeglichen werden."

2. Neue Instrumente

Es ist zumindest irreführend, wenn in der Diskussion oft von ökonomischen Instrumenten im Gegensatz zu rechtlichen Instrumenten gesprochen wird. Denn auch (fast) alle ökonomischen Instrumente bedürfen einer gesetzlichen Grundlage. Der Ökosystemansatz ist gegenüber neuen Instrumenten offen. Hier ist noch viel zu tun: Ein „Policymix"[56] ist durchaus erfolgversprechend; auf der Makroebene wird über eine Ökologisierung des Finanzausgleichs nachgedacht.[57] Vertragsnaturschutz kann sinnvoll eingesetzt werden, wenn entsprechende Mittel vorhanden sind. *Peine* ist darin zu folgen, dass Belohnungssysteme im Allgemeinen wirkungsvoll sind;[58] sie sollten für eine zukunftsorientierte und der Erhaltung der Biodiversität dienende Landwirtschaft eingesetzt werden.

V. Die Rolle des Menschen im Rahmen des EA

Der Mensch und seine Nutzungsaktivitäten werden zunehmend zu einem bestimmenden Faktor in der geo-biologischen Entwicklung der Erde. Die menschliche Eingriffstiefe und deren Folgen übersteigen erkennbar die natürliche, von der Evolution bedingte Dynamik. In der Fachwelt wird deshalb der von dem Nobelpreisträger für Chemie *Paul Crutzen* im Jahre 2002 eingebrachte Vorschlag diskutiert, ob das Erdzeitalter des Holozän nicht schon durch das Zeitalter des *Anthropozän* abgelöst worden sei. Das Holozän[59] war die stabilste Klimaphase seit mindestens 400.000 Jahren, mit Temperaturschwankungen innerhalb einer Amplitude von ca. 1 °C, und damit eine wesentliche Grundlage für die Entwicklung der menschlichen Zivilisation. Die Diskussion kreist auch hier wieder vor allem um den Klimawandel und dessen umweltrechtliche Problematik. *Crutzen* erwähnte aber auch als Schwerpunktproblem, dass bereits jetzt nahezu die gesamte nutzbare Landoberfläche durch den Menschen genutzt werde, die Ausbeutung der Meere durch die Fischerei u. v. a. mehr. Diese Entwicklung steht in Opposition zur Annahme, der Mensch sei sozusagen eine Art unter vielen (und gehöre so zum Ökosystem). Der Mensch ist vor allem Nutzer (und Ausbeuter) der Ökosysteme und bisher auf keinem gutem Weg, seinen „Fußabdruck" zu verkleinern. Seine Rolle darf nicht durch seine angeblich „natürliche" Zugehörigkeit zum Ökosystem verharmlost werden. Die Anerkennung traditionellen Wissens und seine Einbringung in die weitere Operationalisierung des EA spielt in Europa eine immer weiter schwindende Rolle.

---

[56] *Irene Ring/Christoph Schröter-Schlaak*, Instrument Mixes for Biodiversity Policies, Policymix Report, Issue No 2/2011, 2011.

[57] Vgl. bereits *Detlef Czybulka/Maik Luttmann*, Die Berücksichtigung von Leistungen der Länder für das Naturerbe im Finanzausgleichssystem des Bundes, NuR 2005, 79 ff.

[58] *Peine* (o. Fn. 52), S. 12 (Schlussbetrachtung).

[59] Französisch holocène von griechisch holós (ganz, völlig) und kainós (neu); die (gegenüber dem Pleistozän) „ganz neue Abteilung".

Zugleich bleiben die Menschen unauflöslich Teil der äußeren Natur, sind in die Naturzusammenhänge eingebunden und den Naturgesetzen unterworfen. Wir müssen uns fragen, ob Freiheit und Humanität nicht ernsten Schaden nehmen, wenn die Funktion der Ökosysteme nicht alsbald zum akzeptierten und bestimmenden Wissen auch innerhalb der sozialen Prozesse wird, die mit dem Ökosystemmanagement verbunden sind.

Bereits in Kuala Lumpur 2004 findet sich in Anhang I zum Beschluss VII/11 der COP folgende Aussage: „Das Ökosystemmanagement ist ein sozialer Prozess. Es gibt viele interessierte Gemeinschaften, die in der Entwicklung effizienter und effektiver Strukturen und Verfahren zur Entscheidungsfindung und für das Management eingebunden werden müssen."[60] Warum sollten dabei nicht auch alternative oder „solidarische" Formen der Land- (und Forst-)wirtschaft ihre Chance erhalten? Die Diversität der Nutzungsformen im Beteiligungsprozess würde bei der Entwicklung entsprechender Politiken sicherlich belebend wirken.

---

[60] Zitiert bei *Täufer* (o. Fn. 3), S. 131.

Bodenschutz in der Planung – Bodenschutz durch Planung

Von *Wolfgang Durner*

In dem vielfältigen wissenschaftlichen Werk *Franz-Joseph Peines* bildet das Umwelt- und Planungsrecht neben dem Allgemeinen Verwaltungsrecht den Schwerpunkt. Innerhalb dieses Rechtsgebiets wiederum war der Schutz des Bodens über Jahrzehnte – wie *Lothar Knopp* in dem Vorwort der zum 65. Geburtstag *Peines* herausgegebenen ausgewählten Beiträge zum Bodenschutzrecht aus den Jahren 1987–2011 formuliert – „sein besonderes wissenschaftliches Anliegen".[1] Tatsächlich spiegeln die über einen Zeitraum von einem Vierteljahrhundert verfassten Beiträge *Peines* letztlich die Entwicklungsgeschichte des Bodenschutzrechts über dessen polizeirechtliche Anfänge, den 1998 erfolgten Erlass des Bundes-Bodenschutzgesetzes, die gescheiterten Anläufe zur Integration der Materie in ein Umweltgesetzbuch bis hin zur punktuellen und meist noch schleppenden Überhöhung des deutschen Bodenschutzrechts durch europäische Vorgaben wider.

Als kritischer Begleiter der deutschen und europäischen Bodenschutzgesetzgebung ließ *Peine* auch Defizite, Lücken und gesetzgeberischen Handlungsbedarf nicht unerwähnt. Besonders bemängelte der Jubilar das Fehlen von Vorgaben für den quantitativen Bodenschutz,[2] plädierte für die verstärkte Ausweitung von Bodenschutzgebieten[3] sowie die „Aktivierung des flächenhaften Bodenschutzes"[4] und stellte in diesem Zusammenhang immer wieder auch die Frage nach dem Beitrag der Planung für den Schutz des Bodens.[5] Damit liegt *Peine* auf einer Linie mit den Überlegungen der Europäischen Kommission, die in ihrer Bodenschutzstrategie[6] und in Art. 5 des umstrittenen und mittlerweile zurückgezogenen Entwurfs einer Bo-

---

[1] *Knopp* (Hrsg.), Bodenschutzrecht im Wandel. Ausgewählte Beiträge von Franz-Joseph Peine von 1987–2011, 2011, S. 5.

[2] *Peine*, in: Knopp (Fn. 1), S. 236 ff. und 311 f.

[3] *Peine*, in: Knopp (Fn. 1), S. 271 ff.

[4] *Peine*, in: Knopp (Fn. 1), S. 339 ff.

[5] *Peine*, in: Knopp (Fn. 1), S. 42 ff. und 314 f.

[6] Mitteilung der Kommission an das Europäische Parlament, den Rat, den Europäischen Wirtschafts- und Sozialausschuss und den Ausschuss der Regionen, „Thematische Strategie für den Bodenschutz" vom 22.9.2006, KOM (2006) 231 endg.; vgl. zum Gesamtzusammenhang auch *Geert van Calster*, Will the EC get a finger in each pie? EC law and policy developments in soil protection and brownfields redevelopment, Journal of Environmental Law 16 (2004), 3 ff.

denrahmenrichtlinie[7] in starkem Maße auf den Einsatz planerischer Bodenschutzelemente setzen wollte.[8] Auch in den völkerrechtlichen Ansätzen zur Schaffung eines Bodenschutzregimes spielen solche Planungsinstrumente eine wichtige Rolle.[9]

Der vorliegende Beitrag will demgegenüber zunächst eine gleichsam entgegengesetzte Perspektive einnehmen und untersuchen, welche Rolle der Schutz des Bodens in solchen Raumplanungen spielt, die ihrerseits gerade keine bodenschutzrechtlichen Zielsetzungen verfolgen. Es geht im Folgenden also weniger um Bodenschutz *durch* Planung, als vielmehr um den Schutz des Bodens *in* der Planung und *vor* der Planung. Die Relevanz dieser Fragestellung erklärt sich unmittelbar durch den Umstand, dass gerade die staatliche Planung in ganz erheblichem, teilweise sogar dramatischem Umfang Boden in Anspruch nimmt. Dies gilt namentlich für die quantitative Inanspruchnahme des Bodens durch den anhaltend hohen Flächenverbrauch, der nach den jüngsten Angaben im Vier-Jahres-Mittelwert der Jahre 2010 bis 2013 bei 73 Hektar pro Tag lag und damit im Vergleich zur letzten Erhebung nur unwesentlich um einen Hektar im Vier-Jahres-Mittel zurückgegangen ist.[10]

I. Kategorien und Schlüsselelemente der Raumplanung

1. Gesamtplanung und Fachplanung

Das Raumplanungsrecht als Oberbegriff für die Summe jener Normen, die die hoheitlich autorisierte, förmlich-systematische Nutzung des Raums regeln,[11] umfasst

---

[7] Vorschlag für eine Richtlinie des Europäischen Parlaments und des Rates zur Schaffung eines Ordnungsrahmens für den Bodenschutz und zur Änderung der Richtlinie 2004/35/EG vom 22.9.2006, KOM (2006) 232 endg; dazu *Ekkehard Hofmann*, Das Planungsinstrumentarium des Bodenschutzrechts, DVBl 2007, 1392 ff.

[8] Umfassend dazu *Rasso Ludwig*, Planungsinstrumente zum Schutz des Bodens, 2011, S. 251 ff.; vgl. zu der letztgenannten Vorschrift auch bereits *Wolfgang Köck*, Reduzierung des Flächenverbrauchs durch Bodenschutzplanung – Möglichkeiten und Grenzen des Bodenschutzes in Umweltfachplanungen, in: Führ/Wahl/von Wilmowsky (Hrsg.), Umweltrecht und Umweltwissenschaft. Festschrift für Eckard Rehbinder, 2007, S. 397 (402); zu dem nochmals weitergehenden Vorläuferentwurf, der allgemeine raumplanerische Pflichten begründen sollte, *Walter Bückmann*, Quo vadis, europäischer Bodenschutz?, UPR 2006, 210 (214).

[9] Vgl. zuletzt *Harald Ginzky*, Bodenschutz weltweit – Konzeptionelle Überlegungen für ein internationales Regime, ZUR 2015, 199 (200 f.).

[10] BT-Drs. 18/4172 vom 3.3.2015, S. 3, wo die Bundesregierung darlegt, dass dies gegenüber dem Ausgangswert von 130 Hektar pro Tag im Vier-Jahres-Zeitraum von 1997 bis 2000 gleichwohl „bereits eine spürbare Reduktion" darstellt. Vgl. zum Problem auch bereits Umweltbundesamt, Flächenverbrauch einschränken – jetzt handeln. Empfehlungen der Kommission Bodenschutz beim Umweltbundesamt, 2009, sowie *Jana Bovet*, Zur Empirie der Flächeninanspruchnahme, in: Köck/Bovet/Gawron/Hofmann/Möckel, Effektivierung des raumbezogenen Planungsrechts zur Reduzierung der Flächeninanspruchnahme, 2007, S. 7 ff.

[11] In diesem Sinne etwa *Franz-Joseph Peine*, Öffentliches Baurecht, 4. Aufl. 2003, Rdnr. 1; vgl. weiter *Rüdiger Breuer*, Die hoheitliche raumgestaltende Planung, 1968, S. 36 ff., 42 f.; *Werner Hoppe*, Das Nachhaltigkeitsprinzip und das planungsrechtliche Prinzip der zentral-

die beiden Grundkategorien der Gesamt- und der Fachplanungen.[12] Die durch eine überfachliche Zielsetzung geprägte Gesamtplanung umfasst ihrerseits auf einer überörtlichen Ebene die staatliche Raumordnung und Landesplanung und auf einer örtlichen Ebene die kommunale Bauleitplanung. Demgegenüber schließt die unscharfe Kategorie der Fachplanung eine Reihe unterschiedlicher raumbeanspruchender Planungen mit den Untergruppen der Planfeststellungen, der Nutzungsregelungen und der sonstigen Fachplanungen ein.[13] Kennzeichnend für die Fachplanung ist die Beschränkung auf bestimmte sektorale Einzelmaterien und Projekte – also beispielsweise die Festsetzung von Naturschutzgebieten oder die Zulassung von Wasserstraßen oder atomaren Endlagern –, während die Gesamtplanung den Raum aus einer überfachlichen Perspektive gestaltet.

2. Das Abwägungsgebot als rechtliches Kernstück des Planungsrechts

Ein geradezu begriffsprägendes zentrales Erfordernis aller Raumplanungen ist das planerische Abwägungsgebot. Kennzeichnend für jede Raumplanung ist die Notwendigkeit, eine komplexe räumliche Verwaltungsentscheidung zu treffen.[14] Die zu bewältigende Situation einer Vielzahl „zueinander komplexer Interessen, die überdies meist in eigentümlicher Weise miteinander verschränkt sind", sodass deren Ausgleich nach Regeln zu erfolgen hat, „die dem Wesen der Planung angemessen sind", bildete die Grundlage für die Entwicklung eines allgemein geltenden Gebots der gerechten Abwägung aller planerisch berührten öffentlichen und privaten Belange durch die Rechtsprechung.[15] Dieses planerische Abwägungsgebot stellt eine „Kon-

---

örtlichen Gliederung, in: Führ/Wahl/von Wilmowsky (o. Fn. 8), S. 191 (196 f.); *Michael Ronellenfitsch*, Einführung in das Planungsrecht, 1986, S. 4.

[12] Vgl. *Breuer* (o. Fn. 11), S. 42 f.; *Gerhard Bülter*, Raumordnungspläne als hoheitliche Handlungsformen, 1987, S. 5; *Peine* (o. Fn. 11), Rdnrn. 24 ff.; *Ronellenfitsch* (o. Fn. 11), S. 5 f.

[13] Vgl. – mit durchaus schwankenden Begrifflichkeiten – neben den vorgenannten *Andrea Dörries*, Das Verhältnis der Bauleitplanung zur raumbeanspruchenden Fachplanung, 2000, S. 37 ff., 52 ff.; *Eberhard Schmidt-Aßmann*, Grundfragen des Städtebaurechts, 1972, S. 136; *Jörg Wagner*, Das neue Bauplanungsrecht – zu seiner Verknüpfung mit dem Bauordnungs-, Fach- und Umweltplanungsrecht, UPR 1997, 387 (390 f.); abweichend *Jürgen Kühling/Nikolaus Herrmann*, Fachplanungsrecht, 2. Aufl. 2000, Rdnr. 11.

[14] Vgl. etwa *Beatrix Bartunek*, Probleme des Drittschutzes bei der Planfeststellung, 2000, S. 89 ff.; *Christian Weitzel*, Justitiabilität des Rechtssetzungsermessens, 1998, S. 107.

[15] So besonders BVerwG, DVBl 1969, 697 (699); BVerwGE 34, 301 ff.; weitere Nachweise zur Entwicklung des Abwägungsgebots durch die Rechtsprechung bei *Richard Bartlsperger*, Das Abwägungsgebot in der Verwaltung als objektives und individualrechtliches Erfordernis konkreter Verhältnismäßigkeit, in: Erbguth/Oebbecke/Rengeling/Schulte (Hrsg.), Abwägung im Recht. Symposium und Verabschiedung von Werner Hoppe am 30. Juni 1995, 1995, S. 79 (80); *Werner Hoppe*, Entwicklung von Grundstrukturen des Planungsrechts durch das BVerwG, DVBl 2003, 697 ff.; *Rainer Wahl*, Die Fachplanung in der Phase ihrer Europäisierung, in: Geis/Umbach (Hrsg.), Planung – Steuerung – Kontrolle. Festschrift für Richard Bartlsperger, 2006, S. 429 (434).

fliktschlichtungsformel"[16] dar, die in der konkreten Planungsentscheidung einen umfassenden Ausgleich der betroffenen Belange ermöglichen soll und unabhängig von gesetzlichen Positivierungen etwa in § 7 Abs. 7 ROG oder in § 1 Abs. 7 BauGB sowie in den meisten Fachplanungsgesetzen[17] bereits im Rechtsstaatsprinzip und den betroffenen Grundrechten verankert ist.[18] Denn meist werden räumliche Planungen durch multipolare Konflikte verfassungsrechtlich geschützter Belange geprägt, die von Verfassungs wegen zumindest abwägend zu berücksichtigen sind. Derartige abwägungserhebliche Belange ergeben sich zunächst aus den Grundrechtspositionen Betroffener – insbesondere ihrem Recht auf Gesundheit aus Art. 2 Abs. 2 GG[19] und ihrem durch Art. 14 GG geschützten Eigentum[20] – sowie aus der Staatszielbestimmung des Art. 20a GG, die gerade auf Planungsentscheidungen Einfluss nehmen soll.[21] Es wird sich zeigen, dass diese Rechtsfigur eine zwar subsidiäre, aber zentrale Funktion für den Schutz des Bodens in der Planung erfüllt.

II. Gesetzliche Vorgaben zum Bodenschutz im Planungsrecht

1. Vorgaben zum Bodenschutz in der Gesamtplanung

a) Materiell-rechtliche Vorgaben zum Bodenschutz

Diese für den Bodenschutz an sich subsidiäre Rolle des Abwägungsgebots ist deshalb von erheblicher Bedeutung, weil die gesetzlichen Vorgaben zur Rolle des Bodenschutzes in der Planung spärlich ausfallen und meist wenig mehr darstellen als Akzentuierungen dieses Abwägungsgebots. So war der Bodenschutz im Recht der

---

[16] So die weithin rezipierte Begrifflichkeit bei *Matthias Schmidt-Preuß*, Kollidierende Privatinteressen, 2. Aufl. 2005, S. 247 f.; dem folgend etwa Bartunek (o. Fn. 14), S. 91 f.; *Eberhard Schmidt-Aßmann*, in: Maunz-Dürig u. a., GG, Kommentar, Art. 19 Abs. IV GG (2014) Rdnr. 140.

[17] Vgl. etwa § 17 Abs. 2 Satz 2 FStrG, § 28 Abs. 1 Satz 2 PBefG, § 18 Abs. 1 Satz 2 AEG, § 8 Abs. 1 Satz 2 LuftVG.

[18] BVerfGE 70, 35 (50); BVerwGE 64, 270 (273); *Fritz Ossenbühl*, Welche normativen Anforderungen stellt der Verfassungsgrundsatz des demokratischen Rechtsstaates an die planende staatliche Tätigkeit?, Gutachten B für den 50. Deutschen Juristentag, 1974, S. B160 (B183 ff.); *Schmidt-Aßmann* (o. Fn. 16), Art. 19 Abs. IV GG (2014) Rdnr. 208.

[19] *Felix Weyreuther*, Rechtliche Bindung und gerichtliche Kontrolle planender Verwaltung im Bereich des Bodenrechts, BauR 1977, 293 (295); *Jan Ziekow*, in: ders. (Hrsg.), Handbuch des Fachplanungsrechts, 2. Aufl. 2014, § 6 Rdnr. 13.

[20] *Werner Hoppe*, Grundfragen des Planungsrechts, 1998, S. 82 ff.; *Hans-Jürgen Papier*, Eigentum in der Planung, in: Erbguth/Oebbecke/Rengeling/Schulte (Hrsg.), Planung. Festschrift für Werner Hoppe zum 70. Geburtstag, 2000, S. 213 ff.; *ders.*, in: Maunz/Dürig (o. Fn. 16), Art. 14 (2010) Rdnr. 92.

[21] *Astrid Epiney*, in: von Mangoldt/Klein/Starck (Hrsg.), GG, Kommentar, Bd. 2, 6. Aufl. 2010, Art. 20a Rdnr. 94; *Michael Kloepfer*, Umweltrecht, 3. Aufl. 2004, § 3 Rdnr. 27; *Rupert Scholz*, in: Maunz/Dürig (o. Fn. 16), Art. 20a (2002) Rdnr. 57.

überörtlichen Gesamtplanung bis zum Erlass des neuen Raumordnungsgesetzes 2009 explizit in den *Grundsätzen der Raumordnung* des § 2 ROG verankert.[22] Der rahmenrechtliche § 2 Abs. 2 Nr. 8 ROG sah insoweit vor, dass die „Naturgüter, insbesondere Wasser und Boden", sparsam und schonend in Anspruch zu nehmen waren und dass bei dauerhaft nicht mehr genutzten Flächen der Boden in seiner Leistungsfähigkeit erhalten oder wiederhergestellt werden sollte.[23] Nach der heute geltenden verschlankten Regelung sind gemäß § 2 Abs. 2 Nr. 6 Satz 1 Halbsatz 2 ROG sämtliche „Naturgüter sparsam und schonend in Anspruch zu nehmen", ohne dass eine explizite Nennung des Bodens erfolgen würde. Die Bedeutung der Norm liegt damit im Ergebnis in einer Hervorhebung der Rolle des Bodens im Zuge der Abwägung.[24]

Im Bereich der kommunalen *Bauleitplanung* ist der sparsame und schonende Umgang mit Grund und Boden in § 1a Abs. 2 BauGB weiterhin explizit und prominent geregelt.[25] Nach dieser ausführlichen Regelung soll mit Grund und Boden sparsam und schonend umgegangen werden; dabei sind zur Verringerung der zusätzlichen Inanspruchnahme von Flächen für bauliche Nutzungen die Möglichkeiten der Entwicklung der Gemeinde insbesondere durch Wiedernutzbarmachung von Flächen, Nachverdichtung und andere Maßnahmen zur Innenentwicklung zu nutzen sowie Bodenversiegelungen auf das notwendige Maß zu begrenzen. Landwirtschaftlich, als Wald oder für Wohnzwecke genutzte Flächen sollen nur im notwendigen Umfang umgenutzt werden.

Wie § 1a Abs. 2 Satz 3 BauGB ausdrücklich festlegt, sind diese Grundsätze „nach § 1 Abs. 7 in der Abwägung zu berücksichtigen". Sie bilden damit Direktiven für die eigentlich relevante planerische Abwägung. Zum Teil wird zwar aus der herausgehobenen Position des Bodenschutzes eine stärkere, jedoch nicht unüberwindbare Gewichtung im Sinne eines Optimierungsgebotes gefolgert.[26] Im Wesentlichen handelt

---

[22] Vgl. zum Folgenden *Edmund Brandt/Joachim Sanden*, Verstärkter Bodenschutz durch die Verzahnung zwischen Bau- und Raumordnungsrecht und Bodenschutzrecht, UPR 1999, 367 ff.; *Hofmann,* DVBl 2007, 1392 (1397).

[23] Vgl. zu diesem und weiteren Ansatzpunkten im alten Raumordnungsgesetz 1998 die Analyse bei *Thomas Gawron*, Recht der Raumordnung, in: Köck/Bovet/Gawron/Hofmann/Möckel (o. Fn. 10), S. 75 ff.

[24] Näher *Willy Spannowsky*, in: Spannowsky/Runkel/Goppel, ROG, Kommentar, 2010, § 2 Rdnrn. 31 ff. Zu diesem Ergebnis führt auch die für Raumordnungspläne gebotene SUP, die in diesem Text sogleich am Beispiel der Bauleitplanung dargestellt wird. Vgl. dazu im Kontext der Raumordnungspläne auch *Jana Bovet*, Rechtliche Bestandsaufnahme und Defizitanalyse bei der Umweltprüfung am Beispiel von Raumordnungsplänen, in: Köck/Bovet/Gawron/Hofmann/Möckel (o. Fn. 10), S. 151 ff.

[25] Siehe dazu eingehend *Max Kuhlmann*, Das Gebot sparsamen und schonenden Umgangs mit Grund und Boden im Städtebaurecht, 1997, S. 100 ff.

[26] So noch (beiläufig) BVerwGE 90, 329 (332); weiter *Walter Bückmann/Peter Cebulla/Melitta Patzak/Alexander Voegele*, Planerische Abwägung und Bodenschutz, UPR 1986, 86; *Petra Kauch*, Bodenschutz aus bundesrechtlicher Sicht, 1993, S. 66 f.; *Hyun-Joon Kim*, Bodenschutz durch Bauplanungsrecht, 1999, S. 43 ff.; *Hans-Joachim Koch/Peter Schütte*, Bo-

es sich bei den soeben dargestellten gesamtplanerischen Regelungen zum Bodenschutz jedoch um deklaratorische Akzentuierungen,[27] die nur im Kontext des bereits erwähnten Abwägungsgebots verstanden werden können. Im Ergebnis ist daher auch der Bodenschutz lediglich ein in der planerischen Abwägung zu berücksichtigender abwägungserheblicher Belang.[28]

b) Formelle Vorgaben zum Bodenschutz in der planerischen Umweltprüfung

Zu demselben Ergebnis führen die Regelungen über die Umweltprüfung, die auf die Vorgaben der sog. Plan-UP- oder SUP-Richtlinie 2001/42/EG[29] zurückgehen. Nach der ursprünglichen Konzeption des deutschen Planungsrechts spielte die Umweltverträglichkeitsprüfung im Bereich der Gesamtplanung – anders als in der Fachplanung – keine Rolle. Umweltbelange wurden lediglich unformalisiert über das planerische Abwägungsgebot berücksichtigt. Mit dem Erlass der Plan-UP-Richtlinie ist nun zusätzlich zur bisherigen FFH-Untersuchung eine umfassende Umweltprüfung geboten.[30]

§ 2 Abs. 4 Satz 1 BauGB legt dementsprechend fest, dass für die Belange des Umweltschutzes nach § 1 Abs. 6 Nr. 7 und § 1a – also auch für den Boden – eine Um-

---

denschutz und Altlasten in der Bauleitplanung, DVBl 1997, 1415 (1419); *Kuhlmann* (o. Fn. 25), S. 158 ff.; *Hans Walter Louis/Verena Wolf*, Bodenschutz in der Bauleitplanung, NuR 2002, 61 (63); *Alexander Schink*, DVBl 2000, 221 (227); für eine herausgehobene Stellung, jedoch kritisch zur Einordnung als Optimierungsgebot hingegen *Michael Krautzberger*, ZUR Sonderheft 2002, 135 (136); *ders./Jörg Wagner*, in: Ernst/Zinkahn/Bielenberg/Krautzberger, BauGB, Kommentar, § 1a (2013) Rdnrn. 56 f.; ebenso, jedoch begrifflich unentschieden *Wilfried Erbguth/Frank Stollmann*, Bodenschutzrecht, 2001, Rdnr. 25 sowie *Ulrich Battis*, in: Battis/Krautzberger/Löhr, BauGB, Kommentar, 12. Aufl. 2014, § 1a Rdnr. 5, sowie BayVerfGH, Entscheidung vom 29.3.2012 – Vf. 5-VII/11, BayVBl. 2013, 14 (16).

[27] Vgl. etwa OVG Münster, Urteil vom 28.6.2007 – 7 D 59/06.NE, zitiert nach Juris, dort Rdnrn. 131 f.; OVG Schleswig, Urteil vom 31.5.2005 – 1 KN 6/04, NuR 2006, 467 (469); VGH Mannheim, Urteil vom 14.9.2001 – 5 S 2869/99, NVwZ-RR 2002, 638 (640); *Wolfgang Schrödter*, in: ders. (Hrsg.), BauGB, Kommentar, 8. Aufl. 2015, § 1a Rdnr. 22.

[28] Vgl. nunmehr etwa BVerwG, Beschluss vom 12.6.2008 – 4 BN 8.08, ZfBR 2008, 689: „Die in § 1a Abs. 2 Satz 1 und 2 BauGB genannten Belange setzen der Gemeinde im Rahmen der planerischen Abwägung keine strikten, unüberwindbaren Grenzen. Der Gesetzgeber hat diesen Belangen auch keinen generellen gesetzlichen Vorrang eingeräumt." Zur daher lediglich deklaratorischen Funktion der planungsrechtlichen Bodenschutzklauseln näher unten unter III. 1.

[29] Richtlinie 2001/42/EG des Europäischen Parlaments und des Rates vom 27.6.2001 über die Prüfung der Umweltauswirkungen bestimmter Pläne und Programme (ABl.EG Nr. L 197 S. 30).

[30] Näher *Christiane Uebbing*, Umweltprüfung bei Raumordnungsplänen – eine Untersuchung zur Umsetzung der Plan-UP-Richtlinie in das Raumordnungsrecht, 2004, S. 13 ff. und 113 ff.; Hendler (Hrsg.), Die strategische Umweltprüfung (sog. Plan-UVP) als neues Instrument des Umweltrechts, UTR 76, 2004, sowie die Beiträge in Gesellschaft für Umweltrecht (Hrsg.), Dokumentation zur 28. wissenschaftlichen Fachtagung der Gesellschaft für Umweltrecht e.V., 2005, S. 93 ff.

weltprüfung durchgeführt wird, in der die voraussichtlichen erheblichen Umweltauswirkungen ermittelt werden und in einem *Umweltbericht* beschrieben und bewertet werden.[31] Näheres regelt die Anlage 1 zum Baugesetzbuch, nach der der Umweltbericht u. a. den Bedarf an Grund und Boden sowie eine Beschreibung und Bewertung der Umweltauswirkungen enthält. Speziell für die Ermittlung der Belange des Bodenschutzes in der Bauleitplanung finden sich mittlerweile umfangreiche und detaillierte fachliche Anweisungen, die diese Erhebungen methodisch und darstellerisch formalisieren.[32] Das Ergebnis dieser Umweltprüfung ist nach § 2 Abs. 4 Satz 2 BauGB erneut „in der Abwägung zu berücksichtigen." Damit sichert die planerische Umweltprüfung zwar eine systematische Ermittlung der Betroffenheit der Bodenbelange, ändert indes materiell-rechtlich nichts an der Stellung des Bodenschutzes als bloßem Abwägungsbelang.[33]

2. Vorgaben zum Bodenschutz in den Fachplanungen

Im Bereich der *Fachplanung* – etwa dem Verkehrswegerecht – gelten letztlich dieselben Maßstäbe wie in der Gesamtplanung. Zwar finden sich insoweit kaum ausdrückliche materiell-rechtliche Vorgaben zum Bodenschutz. Allerdings spielt der Bodenschutz auch insoweit vor allem im Rahmen der in der Regel in den Planfeststellungsverfahren durchzuführenden Umweltverträglichkeitsprüfungen eine Rolle, die auch die Bewertung der Auswirkungen des Vorhabens auf den Boden umfassen (§ 2 Abs. 1 Satz 2 Nr. 2 UVPG).[34] Das Ergebnis der Prüfung ist – wie etwa § 17 Abs. 1 Satz 2 FStrG ausdrücklich verdeutlicht – im Rahmen der planerischen Abwägung zu berücksichtigen.[35] Auch bei Fachplanungen ist der Bodenschutz somit ein in seiner konkreten Betroffenheit zu ermittelnder und in der planerischen Abwägung zu berücksichtigender abwägungserheblicher Belang.

---

[31] Näher dazu *Stephan Mitschang,* in: Berliner Kommentar zum BauGB, § 2 (2014) Rdnrn. 227 ff.; *Schrödter* (o. Fn. 27), § 2 Rdnrn. 123 ff.

[32] Vgl. etwa die folgenden im Internet verfügbaren Dokumente: Bund/Länder-Arbeitsgemeinschaft Bodenschutz (LABO), Bodenschutz in der Umweltprüfung nach BauGB. Leitfaden für die Praxis der Bodenschutzbehörden in der Bauleitplanung, 2009; Hessisches Ministerium für Umwelt, Energie, Landwirtschaft und Verbraucherschutz, Bodenschutz in der Bauleitplanung. Arbeitshilfe zur Berücksichtigung von Bodenschutzbelangen in der Abwägung und der Umweltprüfung nach BauGB in Hessen, 2011.

[33] Ebenso *Ludwig* (o. Fn. 8), S. 123 f.

[34] Vgl. statt vieler nur *Wolfgang Appold,* in: Hoppe/Beckmann (Hrsg.), UVPG, Kommentar, 4. Aufl. 2012, § 2 Rdnrn. 24 und 29 f.

[35] So für die Rolle des Bodenschutzes im Luftverkehrsrecht auch BVerwGE 125, 116 (283).

III. Das Abwägungsgebot
als zentrale planerische Bodenschutznorm

Diese kurze Analyse der positiv-rechtlichen Vorgaben zum Bodenschutz im Planungsrecht zeigt, dass diese sich im Wesentlichen darauf beschränken, den Bodenschutz zu einem abwägungserheblichen Belang zu erklären und damit das verfassungsrechtliche Abwägungsgebot zu akzentuieren.

1. Deklaratorische Funktion
der planungsrechtlichen Bodenschutzklauseln

Die eigentlichen Maßstäbe für die gebotene Berücksichtigung des Bodens ergeben sich daher aus dem Abwägungsgebot selbst, das somit die *zentrale planerische Bodenschutznorm* darstellt. Einzelregelungen zur Pflicht der Berücksichtigung von Bodenbelangen mögen diese Funktion des Abwägungsgebots besonders verdeutlichen. Aber auch ohne derartige deklaratorische Regelungen wird sich eine Pflicht zur Berücksichtigung der Betroffenheit des Bodens bereits aus der Wirkung der „Staatszielbestimmung Umweltschutz" nach Art. 20a GG ergeben, die als ein zentrales Element der geschützten „natürlichen Lebensgrundlagen" auch den Boden umfasst[36] und gerade im Rahmen von Planungsentscheidungen besonders zu berücksichtigen ist.[37] Diese somit im Kern bereits durch das Verfassungsrecht garantierte Pflicht zur abwägenden Berücksichtigung der Bodenbelange in der Planung wird in den vorgestellten Einzelbestimmungen des Planungsrechts zwar akzentuiert, aber weder konstitutiv angeordnet noch in ihrer Bedeutung verändert.

Insoweit zeigen sich Parallelen zu den Belangen des Naturschutzes: Auch im Hinblick auf diese Umweltkomponenten enthält das Planungsrecht nur punktuelle Vorgaben: So ist nach § 6 Abs. 2 Satz 1 LuftVG vor der Genehmigung oder Planfeststellung von Flugplätzen besonders zu prüfen, ob die Maßnahme die Erfordernisse des Naturschutzes und der Landschaftspflege angemessen berücksichtigt.[38] Inhaltlich handelt es sich erneut um Abwägungsdirektiven, die ihre Funktion erst im Rahmen der planerischen Abwägung entfalten.[39] Auch ohne derartige Vorgaben sind indes nach dem Abwägungsgebot im Rahmen sämtlicher Raumplanungen Betroffenheiten im Bereich des Naturschutzes und der Landschaftspflege als abwägungsrelevante öf-

---

[36] So etwa *Klaus F. Gärditz*, in: Landmann/Rohmer, Umweltrecht, Kommentar, Art. 20a GG (2013), Rdnr. 9; *Michael Kloepfer*, in: Bonner Kommentar zum GG, Art. 20a (2005) Rdnr. 63; *Rupert Scholz*, in: Maunz/Dürig (o. Fn. 16), Art. 20a (2002) Rdnr. 36.

[37] Vgl. die Nachweise oben in Fn. 21.

[38] Dazu *Olaf Reidt/Frank Fellenberg*, in: Grabherr/Reidt/Wysk, LuftVG, Kommentar, § 6 (2009) Rdnrn. 182 ff., die § 6 Abs. 2 Satz 1 in den Kontext des Abwägungsgebots stellen.

[39] Näher *Wolfgang Durner*, in: Ziekow (o. Fn. 19), § 7 Rdnr. 5; *Heribert Johlen*, Natur- und Landschaftsschutz in der Planfeststellung, WiVerw. 2000, 35, 43 (49) m. w. Beispielen.

fentliche Belange zu berücksichtigen,[40] sodass zu planende Vorhaben grundsätzlich in einer Art und Weise zu verwirklichen sind, die Natur und Landschaft am wenigsten belastet.[41] Für den Schutz des Bodens, der ebenso wie der Naturhaushalt als Teil der natürlichen Lebensgrundlagen von der Schutznorm des Art. 20a GG erfasst wird,[42] kann im Ergebnis nichts anderes gelten. Die vorgestellten planungsrechtlichen Bodenschutzklauseln erfüllen damit allesamt eine lediglich deklaratorische Funktion.

2. Die Anforderungen des Abwägungsgebots im Einzelfall

Die materiell-rechtlichen Anforderungen an den Schutz des Bodens in der Planung ergeben sich somit weder aus den Bodenschutzklauseln noch aus den Vorschriften über die Umweltprüfung, sondern allein aus dem Abwägungsgebot selbst. Die Anforderungen dieses planerischen Abwägungsgebots zeichnen sich durch einen vergleichsweise hohen Ermittlungsaufwand, zugleich jedoch durch ein ebenso hohes Maß an Flexibilität im Hinblick auf das Ergebnis aus: Das Abwägungsgebot verlangt, die von einem Plan berührten Belange vollständig zu ermitteln, objektiv zu gewichten, gegeneinander und untereinander abzuwägen und die ausgelösten Konflikte in einer Weise zu bewältigen, dass es nicht zu einer unverhältnismäßigen Hintanstellung einzelner Belange kommt.[43]

Nach der durch § 214 BauGB rezipierten Rechtsprechung vollzieht sich die planerische Abwägung auf den beiden Stufen des *Abwägungsvorgangs*, also der Ermittlung und Zusammenstellung des Abwägungsmaterials, sowie der eigentlichen Abwägung, die zu einem bestimmten *Abwägungsergebnis* führt:[44] Das Abwägungsgebot schafft damit zunächst vor allem einen umfassenden, durch die erwähnten Umweltprüfungen gesteuerten „Prozess der Informationsgewinnung".[45] Dabei ist grundsätzlich jeder abwägungsrelevante Belang – also auch die Betroffenheit des Bodens – in seiner ihm konkret zukommenden Schutzwürdigkeit zu ermitteln,[46] sofern nicht

---

[40] BVerwG, Urteil vom 7.3.1997–4 C 10/96 (München), NVwZ 1997, 914 (Leitsatz 3); *Kühling/Hermann* (o. Fn. 13), Rdnr. 387; *Stefan Paetow*, Die gerichtliche Überprüfbarkeit der Entscheidung über die Zulassung von Eingriffen in Natur und Landschaft, NuR 1986, 144 (145).

[41] BVerwG, Beschluss vom 15.9.1995–11 VR 16/95, NVwZ 1996, 396; vgl. auch VGH München, Urteil vom 21.6.1995–22 A 24.40095, NVwZ 1996, 406 ff.

[42] Vgl. die Nachweise oben in Fn. 36.

[43] BVerwGE 48, 56 (63 f.); BVerwGE 55, 220 (225); BVerwGE 56, 110 (117).

[44] Vgl. nur BVerwGE 34, 301, 309; *Peine* (o. Fn. 11), Rdnrn. 386 ff.; weitere Nachweise zur Rechtsprechung bei *Michael Bertrams*, Die verfassungsgerichtliche Kontrolle der Planung, in: Erbguth/Oebbecke/Regeling/Schulte (o. Fn. 20), S. 975, 987; *Johannes Dreier*, Die normative Steuerung der planerischen Abwägung, 1995, S. 57 ff.

[45] So plastisch *Werner Hoppe*, in: Hoppe/Bönker/Grotefels, Öffentliches Baurecht, 4. Aufl. 2010, § 7 Rdnr. 40 m. w. N.

[46] Vgl. nur *Hoppe* (o. Fn. 45), § 7 Rdnrn. 43 ff.; *Stefan Scherg*, Beteiligungsrechte der Gemeinden, 1982, S. 183 ff.; konkrete Beispiele für die Bewertung von Gewässerbelangen bei *Peter Thurn*, Schutz natürlicher Gewässerfunktionen durch räumliche Planung, 1986, S. 47 ff.

die Grenze der „objektiven Geringwertigkeit" unterschritten ist.[47] Die unzureichende Berücksichtigung eines solchen Abwägungsbelangs kann nach der sog. *Abwägungsfehlerlehre*[48] zur Aufhebung des Plans führen.

3. Zur Gewichtung der Bodenschutzbelange
im Rahmen der Abwägung

Trotz der Plausibilität dieser Maßstäbe spielt der Boden – anders als die übrigen Komponenten der Umwelt – im Rahmen dieser Abwägungen eine eher untergeordnete Rolle. Nur selten sind bislang Planungen wegen einer unzureichenden Abwägung des Bodenschutzes aufgehoben worden.

Immerhin ist allerdings auch insoweit erkennbar, dass die Gerichte zunehmend eine gewisse Sensibilität für die Bedeutung des Bodenschutzes entwickeln.[49] Repräsentativ für diesen Trend ist eine Entscheidung des Bayerischen Verfassungsgerichtshofs vom 31. Mai 2006 zur Verfassungswidrigkeit eines Bebauungsplans, der inmitten landwirtschaftlicher Nutzflächen ein völlig neues Wohngebiet auswies, um „dem Wohnbedarf der Bevölkerung sowie dem Tourismuskonzept der Gemeinde Rechnung" zu tragen. Grundlage dieser Entscheidung war Art. 141 Abs. 1 der Bayerischen Verfassung, der den Staat zum Schutz der natürlichen Lebensgrundlagen verpflichtet und dabei auch den Schutz des Bodens hervorhebt. Die Bedeutung und Tragweite dieser Verpflichtung habe die planende Gemeinde verkannt, indem sie „die Belange des Bodenschutzes sowie der Erhaltung kennzeichnender Orts- und Landschaftsbilder entweder nicht in ihre Abwägung einbezogen oder ihnen jedenfalls nicht das nötige Gewicht beigemessen hat".[50]

In die gleiche Richtung weist eine Normenkontrollentscheidung des Bayerischen Verwaltungsgerichtshofs aus dem Jahr 2004, die die Unwirksamkeit eines Bebauungsplans unter anderem mit einem *Abwägungsausfall* hinsichtlich des Gebots des sparsamen Umgangs mit Grund und Boden, nun § 1a Abs. 2 Satz 1 BauGB, begründet.[51] Auch ein Urteil des OVG Münster aus dem Jahr 2013 hat einen Bebau-

---

[47] Dazu *Rudolf Steinberg/Thomas Berg/Martin Wickel/Henrik Müller*, Fachplanung, 4. Aufl. 2012, § 3 Rdnr. 165 m. w. N.; *Heinrich Amadeus Wolff*, in: Sodan/Ziekow (Hrsg.), VwGO, Kommentar, 4. Aufl. 2014, § 114 Rdnrn. 262 ff.; *Ziekow* (o. Fn. 19), § 6 Rdnr. 15.

[48] Vgl. nur BVerwGE 48, 56 (63 f.); 55, 220 (225); 56, 110 (117); *Hoppe* (o. Fn. 20), S. 108, 111 f.; *Ulrich Battis*, in: Battis/Krautzberger/Löhr (o. Fn. 26), § 1 Rdnrn. 87 ff.; *Kühling/Hermann* (o. Fn. 13), Rdnrn. 311 ff.; *Steinberg/Berg/Wickel/Müller* (o. Fn. 47), § 3 Rdnrn. 111 ff.

[49] Vgl. dazu besonders Darstellung und Nachweise bei *Kurt Faßbender*, Der Beitrag der Rechtsprechung zur Reduzierung des Flächenverbrauchs, ZUR 2010, 81 ff.

[50] BayVerfGH, Entscheidung vom 31. 5. 2006 – Vf. 1-VII-05, BayVBl. 2006, 598 ff.

[51] VGH München, Urteil vom 12. 5. 2004 – 20 N 04.329 und 20 NE 04.336, NVwZ-RR 2005, 781 (784). Weiterer herausragender Grund für die Unwirksamkeit des Bebauungsplans war in diesem Fall die Nichtigkeit eines städtebaulichen Vertrags wegen Verstoßes gegen das Kopplungsverbot, nur dies erscheint in den Leitsätzen.

ungsplan wegen Verstoßes gegen § 3 Abs. 2 Satz 2 BauGB mit der Erwägung für unwirksam erklärt, die ausgelegten Unterlagen hätten die mit dem Plan „einhergehende Vernichtung von Böden, die aufgrund ihrer besonders hohen Bodenfruchtbarkeit als besonders schutzwürdig eingestuft sind", nicht ausreichend dargestellt; angesichts der Pflicht, im Rahmen der Abwägung mit Grund und Boden sparsam umzugehen und Bodenversiegelungen auf das notwendige Maß zu begrenzen, scheide eine Unbeachtlichkeit dieses Fehlers aus.[52]

Diese exemplarisch vorgestellten Urteile mögen als *Signale* verstanden werden, dass die Gerichte im Einzelfall bereit sind, dem Schutzgut Boden und der Gefahr des überhöhten Flächenverbrauchs im Rahmen der Raumplanung ein stärkeres Gewicht einzuräumen. Insgesamt spielt der Boden dennoch weiterhin im Vergleich zu den anderen Umweltschutzgütern – sowohl im Rahmen der Umweltprüfungen als auch in seiner Bedeutung als Abwägungsbelang – eine eher bescheidene Rolle. Dies mag auch daran liegen, dass die Wertigkeit dieses Schutzguts den planerischen Entscheidungsträgern durch die zuständigen Fachbehörden im Rahmen der Ermittlung der abwägungsrelevanten Belange weiterhin nicht hinreichend vermittelt wird und den Entscheidungsträgern selbst – wie etwa dem Gemeinde- oder Stadtrat – regelmäßig die nötige Sachkompetenz fehlt. Gegenüber der Forderung, den Schutz des Bodens über die weiten Grenzen des Abwägungsgebots hinaus durch die Verankerung einer Abwägungspräponderanz zu stärken,[53] ist dennoch aus grundsätzlichen Erwägungen, namentlich im Hinblick auf die Praxistauglichkeit, grundsätzliche Skepsis geboten.[54] Realistischerweise setzt eine Stärkung des Bodenschutzes in der Raumplanung wohl vor allem eine Verbesserung der bodenrelevanten Kommunikation im Rahmen der Ermittlung des aussagekräftigen Abwägungsmaterials durch die Fachbehörden und Umweltverbände voraus. Die bereits vorgeschriebenen Umweltprüfungen und die auf ihrer Grundlage vorgenommenen bodenschutzfachlichen Konkretisierungen[55] sind insoweit durchaus geeignete Schritte zu einer Stärkung der Bodenschutzbelange.

IV. Strategien zur Stärkung des Bodenschutzes in der Planung

Als Alternativen zu dieser auf fachliche Vertiefung und Überzeugungsarbeit setzenden Vorgehensweise werden verschiedene Wege diskutiert, die bestehenden Rechtsgrundlagen so zu ändern, dass der Bodenschutz in der Planung gestärkt würde. Neben der hier nicht zu vertiefenden, rechtlich problematischen Idee eines

---

[52] OVG Münster, Urteil vom 2.10.2013 – 7 D 19/13.NE, BeckRS 2013, 57326.

[53] So für die Bewertung von Bodenschutzbelangen *Bückmann/Cebulla/Patzak/Voegele* (o. Fn. 26), S. 88 ff.

[54] Näher *Udo Di Fabio*, Die Struktur von Planungsnormen, in: Erbguth/Oebbecke/Rengeling/Schulte (o. Fn. 20), S. 75 (95 f.); *Wolfgang Durner*, Konflikte räumlicher Planungen, 2005, S. 325 ff.

[55] Vgl. bereits die Nachweise oben in Fn. 32.

Handels mit Flächenausweisungsrechten[56] sind dabei die beiden meistdiskutierten Strategien dieser Art zum einen die Forderung nach einer „allgemeinen Bodenfachplanung", zum anderen die Option einer Weiterentwicklung der naturschutzrechtlichen Eingriffsregelung.

1. Die Idee einer „allgemeinen Bodenfachplanung"

Im Zentrum der rechtspolitischen Vorschläge zur Verbesserung des Bodenschutzes steht seit längerem die – freilich unscharfe – Forderung nach einer „allgemeinen Bodenfachplanung", die den Zugriffen anderer Planungsträger auf den Boden konkretere Schranken setzen soll. Begründet wird dieser Vorschlag mit der Erwägung, der Schutz des Bodens sei in bestehenden Umweltfachplanungen zu schwach ausgeprägt und müsse daher eigenständig planerisch abgesichert werden.[57] Tatsächlich mag der anhaltende Flächenverbrauch dafür sprechen, dass das bestehende planerische Instrumentarium trotz des Abwägungsgebots einen ausreichenden Bodenschutz nur unzureichend gewährleistet, da die Gesamtplanung dem Schutzgut Boden meist keinen hinreichenden Stellenwert zuerkennt und auch die Fachplanungen – selbst dort, wo sie Umweltbelange verfolgen – Bodenschutzbelange als eher nachrangig behandeln.[58]

Kritiker dieses Ansatzes konzedieren zwar die skizzierten Mängel im bestehenden Planungssystem, favorisieren jedoch eine Verbesserung innerhalb der bestehenden Ansätze.[59] Tatsächlich existieren schon heute Formen des planerischen Bodenschutzes: Nach geltendem Recht kann als spezifisch auf den Schutz des Bodens ausgerichtete Fachplanung vor allem die Ausweisung von Bodenschutzgebieten angesehen werden: § 21 Abs. 3 BBodSchG ermöglicht den Ländern die Einführung eines

---

[56] Dazu *Jana Bovet*, Handelbare Flächenausweisungsrechte als Steuerungsinstrument zur Reduzierung der Flächeninanspruchnahme, NuR 2006, 473 ff.; *Diana Senftleben*, Rechtliche Anforderungen an handelbare Flächenausweisungsrechte zur Reduzierung des Flächenverbrauchs, ZUR 2008, 64 ff.; *Michael Marty*, Der Handel mit Flächenausweisungsrechten – Rechtliche Fragen an ein ökonomisches Instrument, ZUR 2011, 395 ff.

[57] So oder ähnlich *Walter Bückmann*, Bodenschutzrecht, 1992, S. 170 f.; *Yeong Heui Lee*, Nachhaltige Entwicklung, 2000, S. 194 f.; *Guido Leidig*, Bodenschutz im Rechtssystem, 1987, S. 27 ff.; *Thomas Vorderbrügge*, Regelungen und Informationsgrundlagen zum Bodenschutz in Europa, in: Beudt (Hrsg.), Präventiver Grundwasser- und Bodenschutz: Europäische und nationale Vorgaben, 1999, S. 1 (15); ähnlich *Sabine Kühner*, Bodenschutz als Planungsaufgabe, 1995, S. 221 ff., die eine Weiterentwicklung der Raumordnung zur „Bodenschutzplanung" vorschlägt.

[58] So auch *Köck* (o. Fn. 8), S. 408 ff. vor dem Hintergrund mangelnder Zielspezifizierung hinsichtlich des Bodenschutzes im Naturschutzrecht; im Ergebnis ähnlich *Michael Risch*, Neue Instrumente zur Begrenzung des Bodenverbrauchs, 2005, S. 119 ff. und 176 ff., der auch die Durchsetzungsschwäche der Bodenschutzbelange bestätigt.

[59] So insbesondere *Angelika Book*, Bodenschutz durch räumliche Planung, 1986, S. 168 ff.; vgl. zum Ganzen auch *Köck* (o. Fn. 8), S. 402.

gebietsbezogenen Bodenschutzes.[60] Hinsichtlich der Bezeichnung, der Form und des Inhalts sind die Länder dabei weitgehend frei. Ausgangspunkt sind nach Bundesrecht zum einen Gebiete, in denen flächenhaft schädliche Bodenveränderungen auftreten oder zu erwarten sind. Hauptkriterium für den Einsatz des Planungsinstruments ist insoweit, dass eine Sanierung mit Einzelanordnungen nicht sinnvoll geleistet werden kann.[61] Zum anderen können die Länder weitere Regelungen über gebietsbezogene Maßnahmen des Bodenschutzes treffen; dies stellt – wie insbesondere der Jubilar herausgearbeitet hat – eine weitreichende Befugnis zur Einführung eines flächenhaften Bodenschutzes dar.[62]

Trotz der Potentiale dieses Instruments erscheint seine Bedeutung in der Praxis vergleichsweise gering. Gesetzgeberisch hat nur etwa die Hälfte der Länder von der bundesrechtlich vorgezeichneten Möglichkeit Gebrauch gemacht.[63] Während im Regelfall auch besonders wertvolle Böden unter Schutz gestellt werden können, beschränkt etwa Niedersachsen das „Bodenplanungsgebiet" auf zu erwartende schädliche Bodenveränderungen (§ 4 Abs. 1 NBodSchG). Als Rechtsfolgen sind beispielsweise Nutzungseinschränkungen, Verbote der Nutzung bestimmter Stoffe sowie Handlungspflichten möglich wie z. B. an die Grundstückseigentümer gerichtete Bepflanzungsgebote.[64] In der Praxis scheint das Instrument gleichwohl kaum genutzt zu werden; die Ausweisung von Bodenschutzgebieten stellt jedenfalls bislang – auch in den Hauptsanierungsgebieten – eine große Ausnahme dar,[65] sodass die Bedeutung entsprechender Vorgaben für die Planungspraxis marginal bleibt.

---

[60] Näher *Ludwig* (o. Fn. 8), S. 126 ff.; *Peine* (o. Fn. 2), S. 271 ff.; *Marita Rickels/Carola Vahldiek*, Bodenschutz. Erhaltung, Nutzung und Wiederherstellung von Böden, 2000, S. 47 ff.; *Arndt Schmehl*, in: Feldwisch/Hendrischke/Schmehl, Gebietsbezogener Bodenschutz, 2003, Rdnrn. 4 ff.; *Ludger-Anselm Versteyl*, in: ders./Sondermann, BBodSchG, Kommentar, 2. Aufl. 2005, § 21 Rdnrn. 15 ff.

[61] Eingehend *Schmehl* (o. Fn. 60), Rdnrn. 19 ff.

[62] *Peine* (o. Fn. 2), S. 280 ff. Die Reichweite der Handlungseröffnung ist allerdings umstritten. Ähnlich wie *Peine* argumentieren etwa *Rasso Ludwig*, in: Landmann/Rohmer (o. Fn. 36), § 21 BBodSchG (2012) Rdnrn. 3 ff.; *Versteyl* (o. Fn. 60), § 21 Rdnr. 17; enger dagegen *Joachim Sanden*, in: ders./Schoeneck, BBodSchG, Kommentar, 1998, § 21 Rdnr. 12.

[63] Vgl. §§ 7 f. BodSchG BW; § 7 BremBodSchG; §§ 9 f. HambBodSchG; § 4 Nds BodSchG; § 12 BodSchG NW; § 8 LBodSchG RP; § 9 SächsABG; § 7 BodSchAG LSA. Schleswig-Holstein hat diese Möglichkeit im Rahmen von Bemühungen zum Bürokratieabbau wieder aufgehoben, vgl. Art. 1 Nr. 7 des Gesetzes vom 12.6.2007, GVBl. Nr. 12 vom 28.6. 2007, S. 292 und im Übrigen *Rasso Ludwig*, in: Landmann/Rohmer (o. Fn. 36), § 21 BBodSchG (2012) Rdnrn. 60 ff.

[64] Vgl. zu der Handhabung in der Praxis auch Ministerium für Umwelt und Naturschutz, Landwirtschaft und Verbraucherschutz des Landes Nordrhein-Westfalen, Leitfaden zur Ausweisung von Bodenschutzgebieten, 2004, besonders S. 62 ff. zu den gebietsbezogenen Maßnahmen.

[65] Vgl. zum einzigen etwas weiter bekannten Anwendungsfall *Walter Schmotz/Peter Faeseler/Michael Riesen/Ingo Henze*, Die Verordnung des „Bodenplanungsgebietes Harz im Landkreis Goslar", Bodenschutz 2002, 24 ff. sowie *Rickels/Vahldiek* (o. Fn. 60), S. 50 ff.

Vor diesem Hintergrund ist gegenüber der Forderung nach Schaffung einer „allgemeinen Bodenfachplanung" Skepsis angezeigt. Ein entsprechendes Instrument über die geltende Option hinaus *flächendeckend* vorzuschreiben, würde die im letzten Jahrzehnt bundesweit stark verkleinerten[66] Umweltverwaltungen an ihre Leistungsgrenzen führen[67] und müsste zudem gegenüber dem bestehenden Landesrecht zu erheblichen Überschneidungen führen,[68] zumal neben den Bodenschutzgebieten auch naturschutzrechtliche Schutzgebietsausweisungen dem Boden mittelbar einen erheblichen Schutz vermitteln.[69]

2. Weiterentwicklung der naturschutzrechtlichen Eingriffsregelung

Als zweite Weiterentwicklungsoption wäre eine Anlehnung an das differenzierte Instrumentarium der in den §§ 19 ff. BNatSchG bzw. für die Bauleitplanung in § 1a Abs. 3 BauGB normierten naturschutzrechtlichen Eingriffsregelung denkbar.[70] Bereits in ihrer derzeitigen Ausgestaltung gewährleistet die Eingriffsregelung unabhängig von jedem planerisch begründeten Gebietsschutz einen flächendeckenden Mindestschutz des mit der Ressource Natur und Landschaft verknüpften Bodens.[71] Im Rahmen des Vollzugs oder auch einer Neufassung der Eingriffsregelung könnten künftig auch differenzierte Anforderungen an die Durchführung von Ausgleichs- oder Ersatzmaßnahmen bei der Realisierung flächenverbrauchender Vorhaben gestellt werden. Ein großer Teil der Eingriffe in Natur und Landschaft geht nämlich mit Versiegelungen des Bodens einher, die im Regelfall zu einem vollständigen Ver-

---

[66] Dazu *Michael W. Bauer/Jörg Bogumil/Christoph Knill/Falk Ebinger/Sandra Krapf/Kristin Reißig*, Modernisierung der Umweltverwaltung. Reformstrategien und Effekte in den Bundesländern, 2007; Rat von Sachverständigen für Umweltfragen, Umweltverwaltungen unter Reformdruck: Herausforderungen, Strategien, Perspektiven, Sondergutachten 2007.

[67] Diesem Befund entspricht die Kurskorrektur des Bundesgesetzgebers im Naturschutzrecht, wo seit 2010 auch die Landschaftsplanung für die örtliche Ebene nicht mehr flächendeckend, sondern nur noch bei Erforderlichkeit erfolgen muss. Vgl. dazu BT-Drs. 16/12274 vom 17.3.2009, S. 56, sowie *Michael Heugel*, in: Schlacke (Hrsg.), BNatSchG, Kommentar, 2012, § 11 Rdnr. 11.

[68] Vgl. *Book* (o. Fn. 59), S. 169 f., sowie allgemeiner *Kloepfer* (o. Fn. 21), § 12 Rdnr. 79.

[69] Näher dazu *Hofmann*, DVBl 2007, 1392 (1394 f.); *Ludwig* (o. Fn. 8), S. 112 ff.; *Franz-Joseph Peine*, Bodenschutz außerhalb der Bodenschutzgesetze – der Beitrag des Naturschutzrechts, NuR 2007, 138 ff.; *ders.* (o. Fn. 2), S. 368 ff.

[70] Eingehend zum Verhältnis der Bodenfunktionen des BBodSchG zur naturschutzrechtlichen Eingriffsregelung *Rainer Wolf*, Bodenfunktionen, Bodenschutz und Naturschutz, NuR 1999, 545 (552 ff.) sowie auch bereits *Peine* (o. Fn. 2), S. 355 ff.

[71] Näher dazu Bundesverband Boden e.V. (Hrsg.), Das Schutzgut Boden in der Eingriffsregelung. Anspruch und Praxis, 2005; *Hans Walter Louis/Verena Wolf*, Flächenverbrauch und Kompensation: Die naturschutzrechtliche Eingriffsregelung als Mittel der Flächenhaushaltspolitik, ZUR-Sonderheft 2002, 146 ff.

lust der natürlichen Bodenfunktionen führen. Gleichwertig ausgeglichen werden können solche Eingriffe letztlich nur durch entsprechende *Entsiegelungen*.[72]

Dass die Eingriffsregelung im Bereich des Flächenverbrauchs dennoch kaum nennenswerte Steuerungskraft entfaltet, ist vorwiegend auf den weiten geltenden Begriff der Ausgleichs- und Ersatzmaßnahmen zurückzuführen: Nach den derzeit anerkannten Maßstäben ist für die Kompensation von Eingriffen, die mit Versiegelungen verbunden sind, bereits im Grundsatz nicht zwingend eine Entsiegelung an anderer Stelle erforderlich; ebensowenig haben sich insoweit Kriterien zur notwendigen Größe von Ausgleichsflächen herausgebildet.[73] Hintergrund ist, dass eine Flächenversiegelung gerade verschiedene Funktionen des Naturhaushalts beeinträchtigt, sodass es sich nicht um eine einzelne, auszugleichende Beeinträchtigung handelt.[74]

Als konkrete Option zur Weiterentwicklung der Anforderungen der Eingriffsregelung kommt dementsprechend eine gesonderte Flächenverbrauchsprüfung in Betracht, die eine förmliche Ermittlung jenes spezifisch bodenbezogenen Kompensationsbedarfs vorsehen würde, der durch andere Ausgleichsmaßnahmen nicht gedeckt werden kann.[75] Inhaltlich wäre dabei auf die Wiederherstellung der beeinträchtigten Bodenfunktionen abzustellen, die bilanziert und anschließend durch die Auswahl geeigneter Entsiegelungsflächen kompensiert werden müssten.[76] Tatsächlich enthält bereits der aktuelle Entwurf einer Bundeskompensationsverordnung vom 23. April 2013 erste Schritte in diese Richtung und versucht insoweit in seinem § 7 Anreize zur verstärkten Entsiegelung des Bodens zu geben.[77]

Interessanterweise finden ganz vergleichbare Überlegungen derzeit ebenfalls im Wasserrecht statt, da die Eingriffsregelung zwar schon heute auch für die Gewässerrenaturierung fruchtbar gemacht werden kann, es zugleich jedoch umweltpolitisch sinnvoll erscheint, das Kompensationsregime des Naturschutzrechts spezifisch wasserrechtlich weiterzuentwickeln.[78] Die Parallelität dieser Reformansätze weist auf

---

[72] Vgl. etwa *Sabine Blossey/Johanna Busch/Irene Dahlmann/Norbert Feldwisch/Goetz-Hagen Oeser/Olaf Penndorf/Steffen Schürer*, Entsiegelung von Böden im Rahmen der naturschutzrechtlichen Eingriffsregelung, Bodenschutz 2005, 36.

[73] Näher *Risch* (o. Fn. 58), S. 140 m. w. N. aus der Rechtsprechung; *Randi Thum*, Die Eingriffsregelung zur Verringerung des Flächenverbrauchs, NuR 2005, 762 (764 f.); ausführliche Defizitanalyse etwa auch bei *Hermann Baier*, in: ders./Erdmann/Holz/Waterstraat (Hrsg.), Freiraum und Naturschutz, 2006, S. 473 ff.

[74] *Thum*, NuR 2005, 762 (765).

[75] *Thum*, NuR 2005, 762 (768).

[76] Näher zu den fachlichen Anforderungen *Baier* (o. Fn. 73), S. 476 ff.; *Blossey/Busch/Dahlmann/Feldwisch/Oeser/Penndorf/Schürer* (o. Fn. 72), S. 37 ff.

[77] Vgl. *Peter Schütte/Elith Wittrock*, Der Entwurf der Bundeskompensationsverordnung, ZUR 2013, 259 (261); *Michael Warnke/Elith Wittrock/Peter Schütte*, Was bringt uns die Bundeskompensationsverordnung?, NuL 2013, 207 (209 ff.).

[78] Näher *Moritz Reese*, Eingriffsregelung und Kompensationen im ökologischen Gewässerschutz, W+B 2015, 102 ff.; vgl. zu vergleichbaren ausländischen Modellen auch bereits *Morgan Robertson/Palmer Hough*, Wetlands Regulation, in: LePage (Hrsg.), Wetlands: Integrating Multidisciplinary Concepts, Dordrecht u. a. 2011, S. 171 (181 f.).

die älteren Vorschläge einer Verallgemeinerung des Kompensationsgedankens im Umweltschutz durch *Andreas Voßkuhle* zurück.[79] In diesem Sinne zu einer allgemeinen *umweltrechtlichen Eingriffsregelung* weiterentwickelt, könnte eine Pflicht zur umfassenden Umweltkompensation nicht nur die Belange von Wasser und Boden in der Planung stärken, sondern zugleich auch die Einführung einer aufwendigen flächendeckenden Bodenschutzplanung und damit den spezifischen Bodenschutz durch Planung entbehrlich machen.

---

[79] *Andreas Voßkuhle*, Das Kompensationsprinzip, 1999, S. 387 ff.

Neues zur Steuerung der Energieerzeugung: Erzeugungsentwicklungsplanung, Europarecht, städtebaulicher Planvorbehalt

Von *Wilfried Erbguth*

I. Einleitung und Vorgehensweise

Die bislang wenig im Fokus der Diskussionen stehende Erzeugungs-, also Kraftwerksseite der Energiewende ist dem Grunde nach an anderer Stelle behandelt worden, und zwar mit Blick auf die im Vordergrund stehende Fragestellung der räumlichen Steuerung nicht nur von Windenergieanlagen, sondern auch herkömmlicher Kraftwerke, derer es amtlicher Sicht zufolge[1] weiterhin bedarf. Schwergewichtig betraf dies das Spannungsfeld von Fach- und Gesamtplanung. Favorisiert fand sich im Ergebnis eine vorrangige Wahrnehmung der (Steuerungs-)Aufgabe durch Instrumente und Inhalte der Raumordnung im überörtlichen Bereich und eine solche durch jene der Bauleitplanung auf Ortsebene.[2] Inzwischen gibt es insoweit Neuigkeiten. Da das rechtswissenschaftliche Interesse des Jubilars immer aktuellen Entwicklungen im Verwaltungsrecht zugewandt war,[3] sollen sie an dieser Stelle diskutiert werden.

II. Hauptteil

Thematisch Neues rührt zum einen aus literarischen Sichtweisen, die gegenüber dem Voranstehenden jedenfalls für die Bedarfsbestimmung ein Fachplanungsmodell favorisieren (dazu unter 1.), des Weiteren aus der zwischenzeitlich erlassenen EU-Richtlinie zur maritimen Raumplanung, die von Erkenntniswert für die Zuordnungsfrage ist (dazu unter 2.) – und schließlich leidet die Praxis der Steuerung über den Planungsvorbehalt des § 35 Abs. 3 Satz 3 BauGB unter zunehmenden Erschwerungen durch die Rechtsprechung, die es jedenfalls ansatzweise zu erörtern gilt (dazu

---

[1] Vgl. Bundesnetzagentur, Bericht zum Zustand der leitungsgebundenen Energieversorgung im Winter 2011/2012 vom 3.5.2012, S. 41 (43).

[2] Dazu näher *Wilfried Erbguth*, Kraftwerkssteuerung durch räumliche Gesamtplanung, in: Faßbender/Köck (Hrsg.), Versorgungssicherheit in der Energiewende – Anforderungen des Energie-, Umwelt- und Planungsrechts, 2014, S. 93.

[3] Vgl. z. B. *Franz-Joseph Peine*, Die Ausgestaltung der immissionsschutzrechtlichen Genehmigung nach der neuen IE-Richtlinie, UPR 2012, 8 ff.; *ders.*, Entwicklung des Verwaltungsverfahrensrechts – ein Forschungsprogramm, LKV 2012, 1 ff.

unter 3.). Dabei kann einführend auf die diesbezüglich bereits angesprochenen Grundlagen[4] zurückgegriffen werden.

1. Erzeugungsbedarfsplanung als gesamtplanerische oder fachplanerische Aufgabe

Ob die Bedarfsfestlegung, als erste Stufe der Planung, eine rein fachliche Aufgabe darstellt – und deshalb allein fachplanerischer Bestimmung und Steuerung zugänglich ist – oder auch raumordnerische Ingerenz eröffnet, bildet ein seit jeher vorfindliches Konfliktfeld von Fachplanung und Raumordnung; ganz überwiegend wird Ersteres präferiert,[5] was sich aber hinterfragen lässt.[6]

a) Raumordnerische Bedarfsplanung?

Der Sache nach richtet sich die Bedarfsplanung auf oberster (planerischer) Ebene darauf, welche Kapazität an Energieerzeugung mit wie vielen, auch konventionellen Kraftwerken zur Sicherung der Versorgung nötig ist. Und eben hierauf bezogen wird konstatiert, dabei handele es sich einen rein fachlichen Vorgang vorab, der auch informell geleistet werden könne.[7]

Neuerdings findet sich, vom gleichen Standpunkt ausgehend, aber auch eine Einbindung des energetischen Erzeugungsbedarfs in die – formelle – (Netz-)Bedarfsplanung der §§ 12a ff. EnWG und dort bereits in den Szenariorahmen gemäß § 12a Abs. 1 Satz 2 EnWG favorisiert; zugleich wird in ebenfalls weiter gehender Formalisierung für die dort genannten „mittel- und langfristigen Ziele der Bundesregierung" eine entsprechende gubernative Beschlussfassung „mit Bindungswirkung für die nachfolgende Konkretisierung" eingefordert, dies in erklärter Anlehnung u. a. an den Bundesverkehrswegeplan.[8] Möglichkeiten raumordnerischer Steuerung wie überhaupt räumlich berücksichtigungsfähige Belange werden auf jener Stufe hingegen durchweg negiert.[9]

Nur wenig vorteilhafter für die Raumordnung ist die anderweitig anzutreffende, freilich auf die Fernstraßenplanung gemünzte Aussage, auf Bedarfsebene seien al-

---

[4] *Erbguth* (o. Fn. 2), S. 95 ff., 109 ff.

[5] Deutlich zuletzt *Georg Hermes*, Planungsrechtliche Sicherung einer Energiebedarfsplanung – ein Reformvorschlag, ZUR 2014, 259 ff.

[6] Zum Nachfolgenden *Erbguth* (o. Fn. 2), S. 95 ff.

[7] *Wolfgang Köck*, Flächensicherung für erneuerbare Energien durch die Raumordnung, DVBl 2012, 3 (6, 9).

[8] *Hermes*, ZUR 2014, 259 (266).

[9] Vgl. nur *Tobias Leidinger*, in: Posser/Faßbender (Hrsg.), Praxishandbuch Netzplanung und Netzausbau, 2013, Kap. 3 Rdnr. 353.

lenfalls raumordnungspolitische, nicht aber raumordnungsrechtliche Einwirkungen zulässig.[10]

Ob sich dies für das Energierecht allein unter Hinweis darauf beiseiteschieben lässt, dass es hier anders als im Fernstraßenrecht mit seiner gesetzlichen Verkehrswege- und Ausbauplanung[11] an einer formellen Bedarfsplanung, jedenfalls für die Energieerzeugung durch Kraftwerke, fehlt,[12] erscheint mehr als zweifelhaft; denn eine gesetzlich nicht vorgesehene oder nicht realisierte fachliche Bedarfsplanung eröffnet keineswegs automatisch eine gleichsam kompensatorische Steuerung im Wege der Raumordnung.[13] Argumentativ tragfähiger erscheint aber die Unzulänglichkeit einer rein sektoralen Bedarfsplanung, was von der zuletzt angesprochenen Sicht ebenfalls herausgestellt wird;[14] eine solche sei unzureichend, weil die dem fachlich begründeten Bedarf entgegenstehenden Restriktionen ausgeblendet blieben.[15] Das weist auf eine aufgabenadäquate Zuordnung der Bedarfsplanung im Spannungsfeld von Energierecht und Raumordnung, wie sie auch allgemein dem Verhältnis von Fachplanung und Gesamtplanung entspricht:[16]

---

[10] So *Peter Runkel*, Raumordnerische Steuerung von Netzinfrastrukturen, in: Jarass (Hrsg.), Erneuerbare Energien in der Raumplanung, 2011, S. 25 (32), der hinsichtlich der Fernstraßenplanung dann auch einen Zugriff durch Raumordnungspläne der Länder für bedenklich hält, a. a. O., S. 37 f.

[11] Dazu näher *Rudolf Steinberg/Martin Wickel/Henrik Müller*, Fachplanung, 4. Aufl. 2012, § 7 Rdnrn. 85 ff.

[12] *Runkel* (o. Fn. 10), S. 38: Plan über die Erzeugung von Energie muss Grundlage der Netzausbauplanung sein. Allgemein für den Energiebereich etwa *Köck*, DVBl 2012, 3 (6) m. w. N.; im Bereich der Netze vgl. §§ 12e ff. EnWG, Energieleitungsausbaugesetz, Netzausbaubeschleunigungsgesetz Übertragungsnetz, dazu *Steinberg/Wickel/Müller* (o. Fn. 11), § 7 Rdnrn. 96 ff.; zum diesbezüglich geführten Streit etwa *Klaus Joachim Grigoleit/Claudius Weisensee*, Das neue Planungsrecht für Elektrizitätsnetze, UPR 2011, 401 ff.; *Wolfgang Durner*, Vollzugs- und Verfassungsfragen des NABEG, NuR 2012, 369 (369 f.). Zum weiteren rechtlichen Hintergrund der Energiewende *Christoph Moench/Marc Ruttloff*, Netzausbau in Beschleunigung, NVwZ 2011, 1040 (1040); Darstellung der Gesetzesinhalte bei *Jörg Wagner*, Bundesfachplanung für Höchstspannungsleitungen – rechtliche und praktische Belange, DVBl 2011, 1453 (1454 f.); auch *Wilfried Erbguth*, Trassensicherung für Höchstspannungsleitungen: Systemgerechtigkeit und Rechtsschutz, DVBl 2012, 325 ff.; *ders.*, Energiewende: großräumige Steuerung der Elektrizitätsversorgung zwischen Bund und Ländern, NVwZ 2012, 326 ff.; eingehend *David Weghake*, Planungs- und Zulassungsverfahren nach dem Netzausbaubeschleunigungsgesetz, 2015.

[13] Dazu allgemein *Wilfried Erbguth*, Raumordnung und Fachplanung: ein Dauerthema, DVBl 2013, 274 (277 f.).

[14] Fachliche Potentialanalyse, *Runkel* (o. Fn. 10), S. 38.

[15] *Runkel*, ebd.; vgl. auch BayVerfGH, DÖV 2003, 78 (80); *Martin Kment*, Standortfestlegungen und Streckenverläufe – Neues zum Verhältnis von Raumordnung und Fachplanung, NuR 2010, 392 (393); *Markus Appel*, Die Bindungswirkungen des Raumordnungsrechts für nachfolgende Planungs- und Genehmigungsverfahren – zugleich Anmerkung zur Datteln-Entscheidung des OVG Münster, UPR 2011, 161 (165).

[16] Vgl. *Erbguth*, DVBl 2013, 274 (278).

Natürlich handelt es sich bei der Bedarfsplanung für die Erhaltung oder den (Zu-) Bau von Kraftwerken im Ausgangspunkt um eine die energetische Versorgungssicherheit und damit d(ies)en Fachauftrag betreffende Aufgabe, die konsequenterweise fachplanerisch im Energiesektor zu erledigen ist. Das gilt insbesondere für die angesprochenen energiepolitischen Ziele der Bundesregierung, wie sie die Grundlage des Szenariorahmens als erster Stufe der Netzentwicklungs- und Bedarfsplanung nach §§ 12a ff. EnWG bilden.[17]

Da es aber zugleich um besagte Standortfragen, ferner um räumliche Umweltauswirkungen je nach Kraftwerkstyp und schließlich um die großräumige Einbindung der Kraftwerke in bundes- und ggf. europaweite Energienetze geht, erwachsen bereits mit dem fachlichen Bedarf Abstimmungserfordernisse im Verhältnis zu anderen, insbesondere kollidierenden Belangen – wie solchen des Umweltschutzes, variierend nach Kraftwerkstyp, aber auch mit konkurrierenden Nutzungsansprüchen, also ebenfalls „Bedarfen" hinsichtlich der für den Bau von Kraftwerken, deren Beibehaltung oder deren Netzanbindung benötigten Flächen.[18] Indem es sich bei alldem um überörtlich raumbedeutsame Agenden handelt, ist eine raumordnerische Koordinierung nicht nur möglich, sondern geboten. Das gilt bereits auf Ebene der Bedarfsplanung, um besagte Restriktionen einer energiespezifischen Bedarfsplanung frühzeitig zu erkennen, diese abwägend mit den fachlichen Gegebenheiten in Relation zu setzen und zu einem Ausgleich zu führen, der auch ein Hintanstellen auf der einen oder der anderen Seite potentiell mit einschließt: „Raumordnerische Bedarfsplanung".[19] Geht Letzteres zu Lasten des Kraftwerksbedarfs aus, was auch hinsichtlich des Anlagentyps am fachlich verfolgten Standort etwa wegen höher zu veranschlagenden großräumigen Klimaschutzes der Fall sein kann, lässt sich bereits auf der Ebene der fachlichen Bedarfsbestimmung gegen- bzw. nachsteuern, etwa durch an-

---

[17] Dazu vorstehend vor Fn. 9. Nicht unbedenklich ist allerdings die dort postulierte „Erhöhung" zu einer politischen Aufgabenplanung mit einer diese Planungsform gerade nicht typisierenden rechtlichen Bindungswirkung, vgl. allgemein *Wilfried Erbguth/Sabine Schlacke*, Umweltrecht, 6. Aufl. 2016, § 5 Rdnr. 15.

[18] So anhand der Verkehrswegeplanung auch *Mathias Schubert*, Bundesraumordnung und Verkehrswegeplanung, maschinenschriftlich 2015, S. 7 ff.

[19] Vgl. bereits § 2 Abs. 2 Nr. 2 Satz 4 Halbsatz 2 ROG: „Bedarfsprognosen der Landes- und Regionalplanung". Daraus folgt zugleich, dass die Raumordnung in diesem Rahmen (auch) aktive Standortbestimmung betreiben darf, ja muss; der diesbezügliche Streit löst sich damit auf; vgl. zu jener Diskussion zuletzt *Erbguth*, DVBl 2013, 274 (278); die Datteln-Entscheidung des OVG Münster (Urteil vom 3.9.2009 – 10 D 121/07.NE –, juris) verliert sich hingegen im gegenteiligen, nämlich fachlichen Extrem, wenn sie die Raumordnung insoweit einseitig auf Klimaschutz orientiert, also unzulässig sektoral orientiert und verpflichtet, vgl. a. a. O., Rdnrn. 99 ff. Allgemein zur Abwägungs(fehler)lehre *Wilfried Erbguth/Mathias Schubert*, Öffentliches Baurecht, 6. Aufl. 2015, § 5 Rdnrn. 127 ff.; zur raumordnerischen Abwägung § 7 Abs. 2 ROG und *Werner Hoppe*, in: Hoppe/Bönker/Grotefels, Öffentliches Baurecht, 4. Aufl. 2010, § 4 Rdnr. 37. Im vorstehenden Sinne zur Bedarfssteuerung auch durch (Bundes-)Raumordnung am Beispiel der Verkehrswegeplanung *Schubert* (o. Fn. 18), S. 7 ff. m. w. N., u. a. auf den Sachverständigenrat für Umweltfragen; insoweit auch *Georg Hermes*, in: Schneider/Theobald (Hrsg.), Recht der Energiewirtschaft, 4. Aufl. 2013, § 7 Rdnr. 19.

dersartig oder anderweitig zu schaffende bzw. zu erweiternde Kraftwerksressourcen. Eine – ohnehin kaum abwägungsgerechte[20] – Verhinderungsplanung der Raumordnung[21] ist damit gleichermaßen ausgeschlossen.[22]

b) Fachliche Bedarfsplanung?

Einer solchen raumordnerischen Bedarfsplanung ist zwischenzeitlich widersprochen worden.[23] Zur Begründung findet sich vorgetragen, der Bundesgesetzgeber verfolge mit §§ 12a ff. EnWG ein fachplanerisches Modell, ferner fehle es jedenfalls bei gesetzlich (den Bundesländern) vorgegebenen Mengenzielen an der hinreichenden Flexibilität und schließlich sei die auf Bundesebene traditionell schwache Raumordnung ohnehin überfordert.[24] Bei näherer Betrachtung überzeugt die Sicht freilich nicht; auch ist es nicht so, dass der hier fraglichen Planung des energetischen Erzeugungsbedarfs jeglicher Raumbezug fehlt[25] – selbst wenn man dies an der Bedarfsplanung für die Netze nach § 12a ff. EnWG misst. Das ergibt sich aus Folgendem:

Was die Orientierung des Bundesgesetzgebers am fachplanerischen Weg zur Steuerung der Energiewende betrifft, kommt dies tatsächlich bei besagter Bedarfsplanung der §§ 12a ff. EnWG und in der hieran anknüpfenden Bundesfachplanung sowie nachfolgenden Planfeststellung gemäß §§ 2 ff., 18 ff. NABEG als raumstrukturelle Planungs- und nachfolgende Zulassungsebene zum Ausdruck. Darin kann indes nicht ohne weiteres eine argumentative Absicherung im vorstehenden Sinne gesehen werden, bestehen doch ernsthafte Zweifel, ob die rechtsdogmatische Einordnung insbesondere der Bundes*fach*planung überzeugend ist[26] – und gibt es Anlass zur Annahme, dass die Betrauung der Fachbehörde Bundesnetzagentur mit jener Pla-

---

[20] Kompetenzrechtliche Argumentation zugunsten des Bundes (unzulässige Einwirkung der Landesplanung auf die ausgeübte Kompetenz nach Art. 74 Abs. 1 Nrn. 11, 24 GG) bei *Reinhard Hendler*, Immissionsschutz zwischen Planungs- und Fachrecht, NuR 2012, 531 (536). Dabei dürfte es sich hingegen um ein Scheinproblem handeln, weil der Landesplanung nur ein spezifisch raumordnungsrechtlicher Zugriff (dazu vorstehend im Text) auf das Immissionsschutzrecht eröffnet ist, dieser aber (auch kompetenzrechtlich, Art. 74 Abs. 1 Nr. 31 GG) sehr wohl. Deshalb muss auch der Gedanke des § 35 Abs. 3 Satz 3 BauGB nicht über die erfassten Privilegierungstatbestände hinaus erweitert werden, so aber *Hendler*, NuR 2012, 531 (537).

[21] Dazu *Hendler*, NuR 2012, 531 (536); *Peter Runkel*, in: Spannowsky/Runkel/Goppel, Raumordnungsgesetz (ROG), Kommentar, 2010, § 3 Rdnr. 42; *Alexander Schink*, Steuerung von Industrievorhaben durch Landes- und Regionalplanung, I + E 2011, 211 (220).

[22] Zu weiteren Gründen *Erbguth* (o. Fn. 2), S. 93 (97).

[23] *Hermes*, ZUR 2014, 259 ff.

[24] So *Hermes*, ZUR 2014, 259 (268); auch *Holger Krawinkel*, Der Infrastrukturausbau im Rahmen der Energiewende benötigt umfassende Planungsinstrumente, ZNER 2012, 461 (462).

[25] Vgl. dazu bei und in Fn. 9; dagegen bereits nach Fn. 17.

[26] Dazu näher *Wolfgang Durner*, Die aktuellen Vorschläge für ein Netzausbaubeschleunigungsgesetz (NABEG) – Bewertung der Verfassungsmäßigkeit und des Beschleunigungspotentials, DVBl 2011, 853 ff.; *Erbguth*, DVBl 2012, 325 ff.; jew. m. w. N.

nung und der Zulassung qua Planfeststellung nicht so sehr deren Aufgabenspezifika folgte, sondern bloßem Ressortinteresse.[27] Jedenfalls aber überschreitet es die Grenzen einer rein fachlichen, hier energetischen Bedarfsprüfung, wenn bereits in fraglichem Zusammenhang rechtserhebliche andere Belange berührt sind, sodass es rechtsstaatlich bedingt eines entsprechend überfachlichen und zugleich objektiven Ausgleichs bedarf.[28] Das aber ist die Fachplanung zumindest auf der hier fraglichen Ebene des Bedarfs und damit der Planrechtfertigung zu leisten nicht in der Lage, weil es nicht auf dieser Stufe, sondern erst auf derjenigen der Abwägung zu einer Auseinandersetzung mit anderen, vor allem kollidierenden Interessen kommt.[29] Ohnehin unterfällt ein solcher Ausgleich, sofern ihm, wie hier,[30] überörtliche Relevanz eignet, nach Kompetenzrecht (Art. 74 Abs. 1 Nr. 31 GG[31]) und gesetzlichem Auftrag (§ 1 Abs. 1, 2 ROG) dem Aufgabenfeld der Raumordnung.

Das Argument unzureichender Flexibilität gesetzlich festgelegter Mengenziele, etwa hinsichtlich Erzeugungsarten oder für Bundesländer,[32] verfängt schon deshalb nicht, weil es im vorliegenden Kontext um raumordnerische (Bedarfs-)Planung geht, wofür bundesweit die Grundsätze- bzw. Standorteplanung nach § 17 Abs. 1, 2 ROG zur Verfügung steht, für die in beiderlei Hinsicht keine Gesetzesform vorgeschrieben ist.

Die immer wieder gern kolportierte „Schwäche der Raumordnung"[33] bedarf vorliegend keiner grundsätzlichen Behandlung. Schwächen, die es sicherlich im Bereich personeller wie sächlicher Ressourcen gibt, und das nicht zuletzt auf Bundesebene, können bereinigt werden, wenn man es denn politisch will. Wie dies geht, zeigt der enorme Stellenzuwachs der Bundesnetzagentur im Zuge der Beauftragung mit der Bundesfachplanung.[34] Überdies erscheint es effektiver, einen mit räumlicher Steuerung über Jahrzehnte befassten und entsprechend erfahrenen Bereich wie die Raum-

---

[27] Vgl. *Wilfried Erbguth*, in: Hebeler/Hendler/Proelß/Reiff (Hrsg.), Jahrbuch des Umwelt- und Technikrechts 2014 (UTR 127), S. 7 (13).

[28] Dazu anhand der rechtsstaatlichen Verhältnismäßigkeit (Angemessenheit) und derjenigen planerischer Abwägung *Wilfried Erbguth*, Die planerische Abwägung und ihre Kontrolle aus rechtsstaatlicher Sicht, in: Erbguth/Kluth (Hrsg.), Planungsrecht in der gerichtlichen Kontrolle. Kolloquium zum Gedenken an Werner Hoppe, 2012, S. 103 (109 ff.).

[29] Selbst dort kann nicht ohne weiteres von einem objektiven Ausgleich der Belange ausgegangen werden, vgl. *Wilfried Erbguth*, Ziel, Konzeption und Entwicklungslinien der Umweltverträglichkeitsprüfung, ZUR 2014, 515 (521), anhand der Umweltverträglichkeitsprüfung.

[30] Vgl. vorstehend im Text und noch nachfolgend.

[31] Dazu *Erbguth*, DVBl 2013, 274 (274 f.).

[32] Dazu *Erbguth* (o. Fn. 2), S. 102 ff.

[33] Dazu im Zusammenhang mit der Steuerung der Energiewende *Erbguth* (o. Fn. 27), S. 7 (11).

[34] Dazu *Erbguth* (o. Fn. 27), S. 7 (11 f.); ein aktuelles Beispiel bildet ferner die geplante Aufstockung des Bundesamtes für Migration und Flüchtlinge um mehrere tausend Stellen, dazu etwa http://www.tagesspiegel.de/politik/bundesamt-fuer-migration-2000-neue-stellen-fuer-raschere-asyl-entscheidungen/11753176.html.

ordnung mit zusätzlichen Stellen zu verstärken, als eine raumplanerisch gänzlich unerfahrene Bundesbehörde um mehr als 200 Bedienstete zu erweitern.

Wenn es schließlich um die Raumbedeutsamkeit der Bedarfsplanung geht, sind hiervon sicherlich besagte energiepolitische Ziele der Bundesregierung auszunehmen, wobei es sich dabei ohnehin um eine Form politischer Planung handelt, die der Raumplanung vorgelagert ist.[35] Ansonsten wird selbst seitens der Vertreter, die dem Fachplanungsmodell das Wort reden und die Netzentwicklungsplanung nach § 12b EnWG durch eine Erzeugungsentwicklungsplanung ergänzen wollen, von einem jedenfalls überörtlichen Raumbezug ausgegangen, wie folgende Beschreibung zeigt: „Vergleichbar dem Netzentwicklungsplan enthält der Erzeugungsentwicklungsplan die nach Erzeugungsarten, Ländern (Regionen) differenzierten Erzeugungskapazitäten, die im Zusammenwirken mit dem vorhandenen Netz und den im Netzentwicklungsplan enthaltenen Maßnahmen erforderlich sind, um eine sichere und bedarfsgerechte Versorgung sicherzustellen."[36] Dem entspricht es, dass im Netzentwicklungsplan als Entwurf für den Bundesbedarfsplan nach § 12e Abs. 2 EnWG die länderübergreifenden und grenzüberschreitenden Höchstspannungsleitungen zu kennzeichnen sind und dann im Bundesbedarfsplan räumlich radizierte Korridore jener Leitungsführung festgelegt werden.[37] Unter prozessualen Gesichtspunkten setzen §§ 4 BBPlG, 50 Abs. 1 Nr. 6 VwGO eine derartige Lokalisierung der Festlegungen im Netzentwicklungsplan/Bundesbedarfsplan voraus, wenn sich dort die erst- und letztinstanzliche Zuständigkeit des Bundesverwaltungsgerichts für Streitigkeit über die Planfeststellung bzw. Plangenehmigung, also die Zulassung von Vorhaben, angeordnet findet, die im Bundesbedarfsplangesetz „bezeichnet"[38] respektive in ihn aufgenommen worden[39] sind. Und auch dem Szenariorahmen wird Raumbedeutsamkeit nicht von vorneherein abzusprechen sein, basiert er doch auch auf dem vorhandenen Netz und den Erzeugungsstandorten, beruht in seinen Aussagen auf einer Regionalisierung etwaiger Bedarfe oder Nicht-Bedarfe und verfolgt prognostisch die Aufklärung von Schwachstellen der Versorgung; von daher erscheint die Aussage wenig differenziert, auf jener Ebene ginge es noch in keinerlei Weise um räumliche Strukturen und Entwicklungen.[40]

Unter Berücksichtigung vorstehender Gesichtspunkte und der auch rechtlichen Spezifika gesamtplanerischer Aufgabenwahrnehmung durch die Raumordnung er-

---

[35] Vgl. vorstehend.

[36] *Hermes*, ZUR 2014, 259 (269).

[37] Etwa „Höchstspannungsleitung Emden – Borssum – Osterath" u. a. m., Anlage zu § 1 Abs. 1 des Gesetzes über den Bundesbedarfsplan (Bundesbedarfsplangesetz – BBPlG) vom 23. Juli 2013, BGBl. I S. 2543, 2014 I S. 148, das durch Art. 11 des Gesetzes vom 21. Juli 2014, BGBl. I S. 1066, geändert worden ist; anschaulich auch die Karte „Leitungsvorhaben aus dem Bundesbedarfsplangesetz" der Bundesnetzagentur: http://www.netzausbau.de/DE/Vorhaben/BBPlG-Vorhaben/BBPlG-Vorhaben-node.html.

[38] § 50 Abs. 1 Nr. 6 VwGO.

[39] § 4 BBPlG: „...in den Bundesbedarfsplan aufgenommenen".

[40] So aber *Leidinger* (o. Fn. 9), Kap. 3 Rdnr. 353.

gibt sich spiegelbildlich besonders deutlich das Verdikt einer rein fachlichen Bedarfsplanung, dies in einem sehr grundsätzlichen, über die Erzeugungsplanung im Energiebereich weit hinausgehenden Sinne: Würde, was das fachplanerische Modell impliziert und von seinen Vertretern anhand vorgegebener Mengenziele auch ausdrücklich und insoweit dann konsequent eingefordert wird,[41] der fachplanerisch festgelegte Bedarf verbindlich für die Raumordnung, wäre diese gehindert, ihren gesamtplanerischen Auftrag in der besagten, verfassungsrechtlich wie einfach-gesetzlich vorgesehenen Weise[42] wahrzunehmen. Sie könnte nicht mehr ihrer Aufgabe im Sinne räumlicher Nachhaltigkeit gemäß § 1 Abs. 2 ROG nachkommen, sondern wäre einseitig auf das sektorale Ziel des Energiebedarfs verpflichtet. Eine apriorisch übergreifende Orientierung der Aufgabenwahrnehmung an sämtlichen räumlich jeweils relevanten Belangen wäre ihr damit verwehrt und allenfalls im nachfolgenden Prozess der Abwägung eröffnet. Das aber entspricht in Struktur und Ablauf fachplanerischem Handeln.[43] Das Modell der rein fachlichen Bedarfsplanung führt(e) mithin zugleich zu einer unzulässigen „Verfachlichung" der Gesamtplanung Raumordnung.

Dem können zum einen nicht die Vorrangregelungen der §§ 16 Abs. 3 Satz 3 FStrG, 15 Abs. 1 Satz 2 NABEG entgegen gehalten werden. So lässt sich bereits bezweifeln, ob jene Bestimmungen wirklich einen fachlichen Vorrang zulasten der Raumordnung anordnen;[44] vor allem aber ziehen sie, wenn dies so sein sollte, eine Verdrängungswirkung gegenüber der Raumordnung nach sich, nicht aber spannen sie Letztere, wie es die Vorstellung von einer fachlichen Bedarfsplanung verfolgt, in ein fachplanerisches Korsett.[45] Und schließlich fehlt auch dem Hinweis auf § 5 ROG[46] mit seiner Widerspruchsmöglichkeit von Bundesstellen (und Ähnlichen) gegenüber Raumordnungszielen die Überzeugungskraft. Denn die Vorschrift geht gerade nicht von einer Bindung der Raumordnung an fachliche Vorgaben von Bundesstellen aus, sondern umgekehrt von einer solchen des Bundesbereichs an die Ziele der Raumordnung und ermöglicht nur im Einzelfall und allein unter den auch materiellen Voraussetzungen des § 5 Abs. 2 ROG einen Widerspruch der näher beschriebenen Stellen des Bundes und deren Freistellung von der Zielbindung.[47]

---

[41] *Hermes*, ZUR 2014, 259 (268).

[42] Vgl. bei Fn. 31.

[43] Dazu *Erbguth*, ZUR 2014, 515 (521).

[44] Dazu *Wilfried Erbguth*, Planung und Zulassung von Stromautobahnen, in: Hebeler/Hendler/Proelß/Reiff (Hrsg.), Energiewende in der Industriegesellschaft (UTR 124), 2014, S. 185 (192 f.) m. w. N.; zu allem eingehend und klärend insgesamt *Hans-Joachim Koch*, Energie-Infrastrukturrecht zwischen Raumordnung und Fachplanung – das Beispiel der Bundesfachplanung „Trassenkorridore", in: Schlacke/Schubert (Hrsg.), Energie-Infrastrukturrecht, 2015, S. 65 (78 ff.).

[45] So im Ansatz auch *Hermes*, ZUR 2014, 259 (268): Aus Vorrang folgt noch keine inhaltliche Indienstnahme(möglichkeit) der Länder.

[46] So *Hermes*, ebd.

[47] Im Übrigen steht § 5 ROG nicht nur für das Verhältnis von Bund und Ländern in der Kollision von Raumordnungszielen (der Länder) und raumbedeutsamen Planungen und

Insgesamt ergibt sich daher, dass selbstredend eine fachliche Feststellung des (Energie-)Erzeugungsbedarfs vonnöten ist,[48] allerdings lediglich als Vorgabe bzw. Grundlage einer die sonstigen, insbesondere hiermit kollidierenden Belange in raumbedeutsamer Hinsicht von vorneherein mitberücksichtigenden raumordnerischen Bedarfsplanung.

2. Richtlinie zur maritimen Raumplanung

Auch nach dem Vertrag von Lissabon lässt sich trotz gegenteiliger Sichtweisen keine Kompetenz der EU zur europaweiten Regelung der Raumordnung oder gar zu einer europäischen Raumordnungsplanung begründen,[49] mit der staatenübergreifend eine Kraftwerkssteuerung betrieben werden könnte.

De facto steht allerdings zu erwarten, dass zwar keine Vorstöße im Sinne einer eigenen europäischen Raumordnung(splanung) getätigt werden dürften, wohl aber europäische Rechtsakte zwecks Harmonisierung der Raumordnung in den Mitgliedstaaten zu erwarten stehen, ausgehend von der maritimen Raumordnung mit entsprechenden Konsequenzen für die terrestrische Raumordnung.[50]

Paradigmatisch steht dafür neben der Umsetzung von Mengenzielen für erneuerbare Energien in den Mitgliedstaaten[51] die „Richtlinie 2014/89/EU des Europäischen Parlaments und des Rates vom 23. Juli 2014 zur Schaffung eines Rahmens für die maritime Raumplanung"[52]. Hieraus ergeben sich Rahmenbedingungen für eine Raumplanung der Mitgliedstaaten zu Wasser, die einem räumlich-integrierenden Ansatz im Sinne der Nachhaltigkeit, wie sie auch § 1 Abs. 2 Satz 1 ROG definiert,

---

Maßnahmen des Bundes (so aber *Hermes*, ZUR 2014, 259 [268]), sondern, weil die Vorschrift im allgemeinen Teil des ROG vorfindlich ist, auch für eine solche mit Bundeszielen (etwa nach § 17 Abs. 2 ROG), also im Bund-Bund-Verhältnis.

[48] Vgl. vor Fn. 17.

[49] Im bundesdeutschen (Begriffs-)Verständnis von Raumordnung, näher dazu und zu den gegenteiligen Sichtweisen *Wilfried Erbguth/Mathias Schubert*, Europäisches Raumordnungsrecht: Neue Regelungskompetenzen der EU im Gefolge des Vertrages von Lissabon, AöR 137 (2012), 72 ff.; anders *Willy Spannowsky*, Raumordnung in Europa, in: Krautzberger/Rengeling/Saerbeck (Hrsg.), Bau- und Fachplanungsrecht, Festschrift für Bernhard Stüer, 2013, S. 59 (64 ff.): beschränkte Raumordnungskompetenz „sui generis" als Addition raumordnerischer Elemente von EU-Politikbereichen, die aber keine gesamthafte Koordination ermöglicht; näher und überzeugend *Mathias Schubert*, in: Hebeler/Hofmann/Proeß/Reiff (Hrsg.), Jahrbuch des Umwelt- und Technikrechts 2015 (UTR 129), S. 199 (217 ff.).

[50] Vgl. dazu näher Akademie für Raumforschung und Landesplanung (ARL), Maritime Raumordnung – Interessenlage, Rechtslage, Praxis, Fortentwicklung, 2012, Dritter Teil, unter B. IV., V.

[51] Aufgrund der Richtlinie 2009/28/EG des Europäischen Parlaments und des Rates vom 23.4.2009 zur Förderung der Nutzung von Energie aus erneuerbaren Quellen und zur Änderung und anschließenden Aufhebung der Richtlinien 2001/27/EG und 2003/30/EG, ABl.EU Nr. L 140 vom 5.6.2009, S. 16.

[52] RaumPl-Rl, ABl.EU Nr. L 257 vom 28.8.2014, S. 135; dazu näher *Schubert* (o. Fn. 49), S. 199. Vorher anhand der maritimen Raumordnung *Wilfried Erbguth*, Europarechtliche Vorgaben für eine maritime Raumordnung: Empfehlungen, NuR 2012, 85 ff.

verpflichtet ist, und zwar in einem weit verstandenen Sinn der Analyse und Organisation menschlicher Tätigkeiten in Meeresgebieten.[53] Auf dieser Grundlage erstellen die Mitgliedstaaten maritime Raumordnungspläne mit einer räumlichen und zeitlichen Verteilung der relevanten bestehenden wie künftigen Tätigkeiten und Nutzungen in ihren Meeresgewässern, dies als Beitrag zu den gesamthaften Zielen der maritimen Raumplanung.[54] Zu den Ausweisungen werden ausdrücklich auch solche betreffend Anlagen zur Erzeugung von Energie aus erneuerbaren Energien gezählt,[55] also die hier interessierenden Windkraftwerke.

Damit erweist sich, dass die Europäische Union die räumliche Steuerung der Infrastruktur zu Wasser in einem großräumigen Sinn dem integrativen Auftrag der Raumordnung überantworten will,[56] gerade auch mit Blick auf die Kraftwerkssteuerung, nicht aber sektoral fachplanerischem Handeln. Was sich dergestalt für den maritimen Bereich angeordnet findet, lässt sich ohne weiteres, ja erst recht auf den terrestrischen Bereich übertragen, bei dem es sich ja um den herkömmlichen raumordnerischen Einsatzbereich handelt. Damit steht nicht nur eine entsprechende „landseitige" Erstreckung europäischer Vorgaben zu erwarten, sondern findet sich auch die zunächst national-rechtlich vorgenommene Einordnung der Erzeugungssteuerung[57] europarechtlich bestätigt.[58]

Zugleich entspricht dies der bereits praktizierten maritimen Raumordnung, nämlich der Kraftwerkssteuerung zu Wasser. Das zeigen neben entsprechenden Inhalten von Raumordnungsplänen der Küstenbundesländer betreffend das deutsche Küstenmeer[59] die vom Bund nach § 17 Abs. 3 ROG für die (deutsche) ausschließliche Wirtschaftszone (AWZ) in der Nord- und Ostsee jeweils aufgestellten Raumordnungspläne.[60] In diesen finden sich Gebietsfestlegungen nach § 8 Abs. 7 Satz 1 ROG neben

---

[53] Art. 3 Abs. 2 RaumPl-Rl (o. Fn. 52).

[54] Art. 8 Abs. 1 RaumPl-Rl (o. Fn. 52).

[55] Art. 8 Abs. 2 Spiegelstrich 3 RaumPl-Rl (o. Fn. 52).

[56] Dem steht die in der Richtlinie verschiedentlich betonte Anlehnung an den (ökologisch-) ökozentrischen Ansatz (etwa Erwägungsgrund (14) RaumPl-Rl [Fn. 52]) nicht entgegen, weil sich zugleich klargestellt findet, dass dies nur die „Umweltsäule" im weiteren ökonomisch-sozialen Kontext betrifft (vgl. Erwägungsgrund (2) RaumPl-Rl [Fn. 52]); *Schubert* (o. Fn. 49), S. 208 ff.

[57] Vgl. vorstehend zur Bedarfsplanung unter 1.

[58] Zur angesichts der jeweiligen Erwartungshaltung unterschiedlichen Bewertung der Richtlinie in toto *Schubert* (o. Fn. 49), S. 199 (220 f.).

[59] Ausweisung von Windenergieparks, allerdings teilweise nur für den Test- oder Probebetrieb, näher ARL (o. Fn. 50), Vierter Teil, unter A.

[60] Vgl. Raumordnungsplan für die deutsche ausschließliche Wirtschaftszone in der Nordsee (Textteil), S. 3, Anlage zu § 1 der Verordnung über die Raumordnung in der deutschen ausschließlichen Wirtschaftszone in der Nordsee (AWZ Nordsee-ROV) vom 21.9.2009, BGBl. I S. 3107. Die Aussagen sind weitestgehend identisch mit denen im Raumordnungsplan für die deutsche ausschließliche Wirtschaftszone in der Ostsee (Textteil), Anlage zur Verordnung über die Raumordnung in der deutschen ausschließlichen Wirtschaftszone in der Ostsee (AWZ Ostsee-ROV) vom 10.12.2009, BGBl. I S. 3861.

der Schifffahrt u. a. für die Windenergiegewinnung. Im Näheren werden Vorranggebiete (§ 8 Abs. 7 Satz 1 Nr. 1 ROG) zugunsten von Windenergieanlagen ausgewiesen.[61] Da von der Möglichkeit, Eignungsgebiete oder sog. Kombinationsgebiete festzulegen, kein Gebrauch gemacht worden ist, bleibt allerdings die Errichtung von Windenergieanlagen außerhalb der Vorranggebiete möglich[62].[63]

3. Erschwerungen der Steuerung über den Planvorbehalt des § 35 Abs. 3 Satz 3 BauGB

a) Allgemein

Wie für die Raumordnungsplanung öffnet § 35 Abs. 3 Satz 3 BauGB auch der Flächennutzungsplanung eine Konzentration der Windenergieerzeugung auf bestimmte Standorte mit Ausschlusswirkung im übrigen Außenbereich.[64] Da es sich jedenfalls bei Windenergieanlagen um Kraftwerke im allgemeinen Sinne handelt,[65] zieht dieser „Planvorbehalt"[66] Möglichkeiten der Kraftwerkssteuerung nach sich. Dass damit keine Pflicht zur bestmöglichen Ausweisung von Windenergieanlagen verbunden ist,[67] folgt schon aus der Systematik des § 35 Abs. 1, 3 BauGB, derzufolge sich auch privilegierte Vorhaben (hier nach § 35 Abs. 1 Nr. 5 BauGB) einer nachvollziehenden Abwägung mit entgegenstehenden öffentlichen Belangen nach Absatz 3 der Vorschrift stellen müssen.[68] Dem entspricht es, dass ein Gebrauchmachen vom Planvorbehalt des § 35 Abs. 3 Satz 3 BauGB durch Flächennutzungsplanung Ausdruck der kommunalen Planungshoheit ist, der über die von der Rechtsprechung insoweit entwickelten Anforderung eines schlüssigen Gesamtkonzepts zum Ausschluss von Verhinderungsplanungen[69] hinaus keine einseitigen Favorisierungen vorgegeben werden können[70].[71]

---

[61] Vgl. dazu ARL (o. Fn. 50), unter B. III. 1.

[62] In den Natura 2000-Gebieten (Vogelschutzgebiete, Fauna-Flora-Habitat (FFH)-Gebiete) sind Windenergieanlagen grundsätzlich unzulässig, wodurch in der AWZ der Nordsee ca. 28 % und in der AWZ der Ostsee 56 % der Nutzung durch Windenergieanlagen freigehalten werden; näher ARL (o. Fn. 50), unter B. III. 2.

[63] Näher zur maritimen Raumordnung *Wilfried Erbguth*, Raumordnungspläne für die deutsche Ausschließliche Wirtschaftszone, UPR 2011, 207 ff.; zur völker- und europarechtlichen Entwicklung insoweit *Erbguth/Schubert*, AöR 137 (2012), 72 ff.

[64] Zu § 35 Abs. 3 Satz 3 BauGB etwa näher *Erbguth/Schubert* (o. Fn. 19), § 8 Rdnrn. 119 ff.

[65] Zum Begriff des Kraftwerks als auf Stromerzeugung ausgelegte Anlage, unabhängig von der Leistung, vgl. etwa http://www.energie.de/lexikon/erklaerung/kraftwerk.html.

[66] Etwa *Köck*, DVBl 2012, 3 (8); eingehend *Willy Spannowsky*, Steuerung der Windkraftnutzung unter veränderten landespolitischen Vorzeichen, ZfBR, Sonderausgabe 2012, 53 (57 ff.).

[67] So das Monitum bei *Köck*, DVBl 2012, 3 (8).

[68] BVerwGE 68, 311 (313).

[69] Indem das Gesamtkonzept des Flächennutzungsplans der Privilegierung in substanzieller Weise Raum schaffen muss, und zwar bezogen auf das gesamte Gemeindegebiet, vgl. dazu

b) Rechtsprechung zu den Tabuzonen

Einengend, zumindest aber erschwerend, weil rechtliche und praktische Unsicherheiten nach sich ziehend, wirkt sich indes die Rechtsprechung der Verwaltungsgerichtsbarkeit zu den Tabuzonen beim Einsatz des Planvorbehalts nach § 35 Abs. 3 Satz 3 BauGB, hier im Wege der Flächennutzungsplanung, aus. Dem Bundesverwaltungsgericht zufolge unterscheiden sich harte und weiche Tabuzonen nach ihrer Geltungskraft: Die „Harten" schließen die einschlägigen Privilegierungen in ihrem Geltungsraum strikt aus, diejenigen „weicher" Art sind insoweit lediglich abwägend zu berücksichtigen[72].[73] Faustformelartig wird daher zwischen Erforderlichkeitsgebot und Abwägungsgebot unterschieden.[74] Hierbei rekurriert das Erforderlichkeitsgebot auf § 1 Abs. 3 Satz 1 BauGB – dessen Regelung im Übrigen trotz fehlender Normierung für die Raumordnungsplanung ebenfalls gelte.[75]

Im vorliegenden Zusammenhang kann nur ausschnitthaft auf jene Rechtsprechung eingegangen werden.[76] Insoweit sei zum einen hervorgehoben, dass die scheinbar klare Unterscheidung zwischen „harten" und „weichen" Tabuzonen keineswegs in der Rechtsprechung durchgehalten wird, sondern sich diejenigen „harter" Art unter den Vorbehalt einer Ausnahme- oder Befreiungserteilung (etwa bei Naturschutzgebieten) gestellt finden, mithin nach Maßgabe des Einzelfalls zu solchen „weicher" Art mutieren können.[77] Da eine derartige, das grundsätzliche Verbot durchbrechende Zulassung aber auf Planungsebene (noch) nicht ansteht, muss die

---

anhand der Rechtsprechung etwa *Erbguth/Schubert* (o. Fn. 19), § 8 Rdnr. 122; hierzu mit überzeugendem Hinweis darauf, dass es sich insoweit um eine rechtsprechungsbedingte Strukturierung allgemeiner Abwägungskautelen handelt, *Martin Kment*, Windenergie in der Bauleitplanung, DÖV 2013, 17 (19); dort auch, a. a. O., 21 f., zur Erweiterung der Teilflächennutzungspläne nach § 5 Abs. 2b BauGB auf solche räumlicher Art.

[70] Zum kommunalen Selbstverwaltungsrecht und zur Planungshoheit der Gemeinden etwa *Hans-Joachim Koch/Reinhard Hendler*, Baurecht, Raumordnungs- und Landesplanungsrecht, 6. Aufl. 2015, § 12.

[71] Zur Abwägung als Ausdruck rechtsstaatlicher Abwägung *Wilfried Erbguth*, Abwägung als Wesensmerkmal rechtsstaatlicher Planung – die Anforderungen des Rechtsstaatsprinzips, UPR 2010, 281 ff.

[72] BVerwG, NVwZ 2013, 519, Rdnrn. 12 f.

[73] Unklar insoweit OVG Greifswald, Urteil vom 3. 4. 2013 – 4 K 24/11 –, juris, Rdnrn. 74 f.: Ausschluss- und Abwägungskriterien müssen keine zwingenden sein; zu Recht krit. *Reinhard Hendler/Jochen Kerkmann*, Harte und weiche Tabuzonen: Zur Misere der planerischen Steuerung der Windenergienutzung, DVBl 2014, 1369 (1370 in Fn. 18).

[74] Zum Vorstehenden BVerwG, NVwZ 2013, 1017, Rdnr. 6; BVerwG, NVwZ 2013, 519, Rdnrn. 11, 13.

[75] BVerwG, NVwZ 2013, 519, Rdnrn. 12, 14. Dazu *Hendler/Kerkmann*, DVBl 2014, 1369 (1369).

[76] Weitergehendes bei *Wilfried Erbguth*, Bindung und Abwägung bei der Planung von Konzentrationszonen: zum Verständnis des § 35 Abs. 3 S. 3 BauGB, DVBl 2015, 1346 ff.

[77] Vgl. BVerwG, NVwZ 2013, 519 und 1017; dazu *Hendler/Kerkmann*, DVBl 2014, 1369 (1370 f.).

Ausnahme respektive Befreiung prognostisch beurteilt werden. Das wiederum erschwert nicht nur zusätzlich die Voraussehbarkeit des staatlichen Handelns im Rahmen des Planvorbehalts, sondern erfasst auch unzulässig die Verwirklichungsebene und die dort angesiedelten behördlichen Zuständigkeiten.

Ferner ist es nach der Rechtsprechung geboten, auf weiche Tabuzonen zurückzugreifen, wenn das Abwägungsergebnis der privilegierten (Windkraft-)Nutzung nicht „substanziell" Raum verschafft.[78] Das gilt auch dann, wenn die Kommune, was ihr nach gerichtlicher Sicht prinzipiell offen steht, die weichen Tabuzonen von vorneherein gebietlich als Standorte für jene Anlagen ausgeschlossen hat. Damit werden weiche Tabuzonen nun aber zur kompensatorischen Ersatzmasse degradiert; die Vorgehensweise dürfte überdies nicht mit den rechtsstaatlich radizierten Maßgaben der Abwägungslehre in Einklang zu bringen sein.[79]

III. Fazit

Damit ergibt sich zum einen, dass auch jüngere Plädoyers für ein fachplanerisches Modell der Erzeugungsplanung nicht geeignet sind, den insoweit vorrangigen Einsatz der Raumordnung in Frage zu stellen. Das steht zugleich in Einklang mit aktuellen Entwicklungen im Europarecht betreffend maritime Raumordnungspläne der Mitgliedstaaten. Schließlich ist die Tabuzonen-Rechtsprechung des Bundesverwaltungsgerichts nicht geeignet, größere Rechtssicherheit in die Steuerung von Windkraftwerken nach § 35 Abs. 3 Satz 3 BauGB einzubringen, ganz im Gegenteil.

---

[78] Vgl. BVerwG, NVwZ 2013, 519, Rdnrn. 12 f.
[79] Näher *Erbguth*, DVBl 2015, 1346 (1351 f.).

Der verfassungsrechtliche Rahmen für den Schutz der Umwelt im neuen ungarischen Grundgesetz

Von *László Fodor*[1]

I. Umweltpolitischer Hintergrund

In Ungarn haben Umweltschutz und Marktwirtschaft bzw. Demokratie gemeinsame Wurzeln. In der kommunistischen Zeit schloss die auf staatlichem bzw. sog. kollektivem Eigentum basierende Ordnung einen effektiven Schutz der Umwelt aus, weil der Staat selbst als der Hauptinvestor des Landes agierte. Die fünfjährigen volkswirtschaftlichen Pläne zielten auf die Entwicklung Ungarns zum „Land des Eisens und Stahls". Eine Zwangsstilllegung von umweltverschmutzenden Anlagen fehlte im behördlichen Instrumentarium. Gleichwohl blühte das traditionelle Konzept des Naturschutzes von räumlich abgegrenzten Schutzgebieten. Wegen der Zentralisation der industriellen Entwicklung blieben die ländlichen Räume weitgehend unberührt. Hier hat das staatliche Eigentum an den meisten Naturschutzgebieten zum (grundsätzlich öffentlich-)rechtlichen Regime des Naturschutzes beigetragen.

Viele Umweltprobleme wurden nicht nur vom Staat, sondern auch von der Bevölkerung ignoriert, z. B. die nukleare Kapazität des Landes: Insgesamt wurden im Pakser Atomkraftwerk von 1969–1987 vier Blöcke errichtet.[2] Auf Widerstand aus der Bevölkerung musste man bis zur Mitte der 1980er Jahre warten. Den Anlass dafür bildete der geplante Bau des Staustufensystems Gabčíkovo–Nagymaros an der Donau, der infolge von Protesten auf ungarischer Seite nicht realisiert worden ist. 1990 wurde sodann eine umwelt- und gesundheitsgefährdende Anlage der chemischen Industrie, nämlich die Metallochemia in Budapest, stillgelegt. Ab 1991 bereitete sich Ungarn mit einem umfassenden umweltpolitischen Maßnahmenprogramm auf den Beitritt zur Europäischen Gemeinschaft vor. Industrie (insbesondere Kraftwerke) und Landwirtschaft sollten zu diesem Zweck ihre Produktionsweise umstellen, aber auch Haushalte neue Pflichten (etwa im Bereich der kommunalen Dienstleistungen) übernehmen. Für Ungarn bildete die Übernahme des gemeinschaftlichen Umweltrechts einen wichtigen Impuls, weil sowohl die Umweltpolitik respektive das

---

[1] Die Forschungstätigkeit des Verfassers wird mit dem Bolyai János-Forschungsstipendium der Ungarischen Akademie der Wissenschaften unterstützt.

[2] Siehe *László Fodor*, Die Erweiterung des ungarischen Atomkraftwerks Paks aus umweltrechtlicher Sicht, in: Hebeler/Hendler/Proelß/Reiff (Hrsg.), Jahrbuch des Umwelts- und Technikrechts 2014 (UTR 127), 2014, S. 133 ff.

Umweltrecht (mit Ausnahme des Natur- und des Bodenschutzes) als auch die Infrastruktur (insbesondere bezüglich Kanalisation und Abfallbehandlung) einen erheblichen Nachholbedarf hatten.[3]

Der Übergang zur Marktwirtschaft (u. a. durch Privatisierung und Marktöffnung) hatte ganz unterschiedliche Auswirkungen auf den Umweltschutz, z. B. eine wesentliche Abnahme von Schadstofffreisetzungen in die Luft, die hauptsächlich auf den wirtschaftlichen Rückfall zurückzuführen ist.[4] Als negative Auswirkung in der Landwirtschaft ist z. B. die Zerstückelung von Biotopen zu erwähnen, welche auf die Privatisierung der ehemaligen Großbetriebe (und damit auch Naturschutzgebiete) zurückzuführen ist. Aber auch eine sich beschleunigende Abnahme von Grünflächen (Acker, Wälder) kann man dieser Zeit zur Last legen.

Ungarn verfügte seinerzeit über kein konsistentes Umweltrecht. Der Anspruch auf ein wirksames Umweltschutzregime war aber offensichtlich, weil der Staat die Mitgliedschaft in internationalen Organisationen anstrebte, die nicht nur dem Prinzip der Rechtsstaatlichkeit, sondern auch einer immer stärkeren Umweltpolitik folgten. Der Beitritt Ungarns zur EG und zur OECD war folglich ein eindeutiges staatliches Bekenntnis zu mehr Umweltschutz. Auf ein dieses Bekenntnis umsetzendes Gesetz – über die allgemeinen Regelungen über Umweltschutz (Gesetz Nr. 1995:LIII.) – sollte man aber noch bis zum Jahr 1995 warten. Vorab waren zwei wichtige Fragen zu beantworten: Was für ein Schutzniveau soll der Gesetzgeber anstreben? Und wie sind die ungarischen Gesetze umweltfreundlich auszugestalten? Hier kam dem Umweltverfassungsrecht eine besondere Bedeutung zu.

Damals stellten Art. 18 der ungarischen Verfassung und die diesbezügliche Judikatur des Verfassungsgerichtes (UVerfG) das ungarische Umweltverfassungsrecht dar. Art. 18 dieser sog. Verfassung der Rechtsstaatlichkeit formulierte ein Umweltgrundrecht, das vom Verfassungsgericht progressiv interpretiert wurde. Weil seinerzeit von jedermann ein sog. nachträgliches Normenkontrollverfahren initiiert werden konnte, war das Verfassungsgericht zunächst zwar überfordert; in einer neugeborenen Demokratie stellt dies aber keine Besonderheit dar. Die enorme Belastung des Verfassungsgerichts folgte nicht nur aus der Zahl der Anträge, sondern auch aus dem Umstand, dass die Dogmatik jeder Verfassungsnorm erst entwickelt werden musste. Die Herausarbeitung von Verfassungsprinzipien basierte dabei nicht selten auf deutscher Fachliteratur bzw. der Judikatur des deutschen Bundesverfassungsgerichts.[5]

---

[3] *László Fodor*, Umweltrecht vor dem Beitritt Ungarns zur Europäischen Gemeinschaft, Osteuropa-Recht 6/2003, 568 ff.

[4] Deshalb wählte Ungarn die Jahre 1985–1987 als Basiszeitraum für die sog. Kyotoer Pflichten, siehe *László Fodor*, Der Rechtsrahmen für den Handel mit CO_2-Emissionsrechten in Ungarn, EurUP 2008, 67 ff.

[5] *László Fodor*, A környezethez való jog dogmatikája napjaink kihívásai tükrében (Die Dogmatik des Umweltgrundrechts im Spiegel der aktuellen Herausforderungen), Miskolci Jogi Szemle 1, 2007, 1 (2).

Das ungarische Verfassungsgericht arbeitete sowohl ein taugliches Instrumentarium für den Schutz der Umwelt als auch eine Schutzniveaukonzeption aus. Es war einer der wichtigsten Akteure der ungarischen Umweltpolitik zwischen 1993 und 2006. Diese Rolle hat es zwischenzeitlich abgelegt,[6] denn seit 2010 wurden die Befugnisse des Gerichts durch mehrere Gesetz- bzw. Verfassungsänderungen sukzessive beschränkt.[7] Hinzu trat eine Erhöhung der Zahl der Richter und eine tendenziell auf politischen Aspekten basierende Wahl derselben.[8] Diese Umstände führten zu einer spürbaren Reduzierung der Bedeutung des Verfassungsgerichts beim Schutz der Grundrechte insgesamt.

Neben diesen unerfreulichen Tendenzen sollen hier aber auch zwei für den Umweltschutz positive Entwicklungen jener Zeit erwähnt werden: Der Rechtsschutz auf der Ebene der öffentlichen Verwaltung erfuhr 2008 durch die Einrichtung des Instituts eines Ombudsmanns für die künftigen Generationen (parlamentarischer Kommissar) eine Stärkung. Zwar gab es bereits von 1995–2007 einen sog. allgemeinen Ombudsmann (parlamentarischer Kommissar für Staatsbürgerrechte) für Grundrechtsfragen, der auch hunderte von Fällen vermeintlicher Verletzungen des Umweltgrundrechts untersucht hat. Seit 2008 genießt der Umweltschutz aber eine besondere Aufmerksamkeit durch Schaffung eines selbständigen Schützers des Rechts auf eine gesunde Umwelt, dem zunächst eine ungewöhnlich weite Prüfungskompetenz zustand.[9] Seit dem 1.1.2012 hat das Institut seine Selbständigkeit indessen verloren; der Ombudsmann für die künftigen Generationen ist nunmehr nur noch Stellvertreter unter dem neuen Ombudsman für Grundrechte.[10] Im Ergebnis sind daher die beiden

---

[6] Vorübergehend bewahrte das ungarische Verfassungsgericht sein Bekenntnis zum Umweltschutz zwar noch, aber die entsprechenden Entscheidungen bezogen sich immer weniger direkt auf das Umweltgrundrecht, so z. B. im Falle der Entziehung von gesetzgeberisch garantierten Mitentscheidungsrechten der Umweltbehörde im Laufe des Genehmigungsverfahrens von Fernstraßen. Das Gericht erklärte die betroffenen Verordnungsvorschriften ausschließlich aufgrund der Verletzung der Normenhierarchie für nichtig, vgl. die Entscheidung des Verfassungsgerichtes Nr. 13/2006 (V. 5.).

[7] Siehe *András Jakab/Pál Sonnevend*, Kontinuität mit Mängeln: Das neue ungarische Grundgesetz, ZaöRV 72 (2012), 91 (97 f.).

[8] Dazu siehe *Gábor Halmai*, Hochproblematisch – Ungarns neues Grundgesetz, Osteuropa 12/2011, 145 (149 f.) und *Angéla Kerek*, Normenkontrollkompetenzen des ungarischen Verfassungsgerichts in der neuen Verfassung vom 1. Januar 2012, in: Nolte/Poscher/Wolter (Hrsg.), Die Verfassung als Aufgabe von Wissenschaft, Praxis und Öffentlichkeit (Freundesgabe für Bernhard Schlink), 2014, S. 357 (373, 374).

[9] *László Fodor*, A jövő nemzedékek országgyűlési biztosáról (Über den parlamentarischen Kommissar für die künftigen Generationen), Fundamentum 1/2008, 47 ff. In Deutschland berichtet darüber etwa *Éva Ambrusné Tóth*, Der parlamentarische Kommissar für künftige Generationen Ungarns und sein Einfluss, Journal für Generationengerechtigkeit (JfGG) 11/2011, 20 ff.

[10] Ohne vorheriges Einverständnis des Ombudsmanns kann er sich praktisch nicht an die verantwortlichen Organe wenden bzw. eine Stellungnahme publizieren. Dies kann gegebenenfalls dazu führen, dass seine Kontrollbefugnisse – im Falle von durch die Regierung für „volkswirtschaftlich von hervorgehobener Bedeutung" eingestufte Projekte – nicht wahrgenommen werden können. (Anm.: Anhand verschiedener Kooperationen mit dem früheren

wichtigsten Institute des Grundrechtsschutzes heute schwächer ausgeprägt als früher, was u. a. mit der den Umweltschutz vernachlässigenden Wirtschaftspolitik des seit 2010 regierenden Kabinetts zusammenhängt. Als weitere bemerkenswerte Entwicklung des ungarischen Umweltverfassungsrechtes ist das neu verkündete ungarische Grundgesetz (UGG) vom 25. 4. 2011 hervorzuheben. Das am 1. 1. 2012 in Kraft getretene UGG enthält mehrere umweltrelevante Vorschriften. Dieser Umstand kann sowohl positiv als auch negativ bewertet werden. Die mehrfache Erwähnung spiegelt ohne Zweifel ein besonderes Gewicht des Umweltschutzes im Verfassungswertesystem wider. Die neuen Vorschriften können dieses System um weitere Aspekte ergänzen und dadurch zu einem besseren Umweltschutz beitragen. Das Beispiel zahlreicher südeuropäischer und postsozialistischer Verfassungen zeigt aber, dass eine verbale Stärkung der Umwelt nicht unbedingt zu einem besseren Umweltschutz in der Praxis führen muss. Anhand der bisherigen rechtsetzerischen und verfassungsgerichtlichen Praxis kann man vielmehr feststellen, dass der Saldo in Ungarn – bis heute – negativ ist. Auf der Seite des Gesetzgebers können nämlich zahlreiche Gesetze bzw. Verordnungen aufgelistet werden, die das Umweltgrundrecht offensichtlich verletzen, so z. B. die Verkleinerung der Sicherheitszone von nuklearen Anlagen.[11] Ebenso müssen die Vorschriften des Artikelgesetzes Nr. 2015:CXL. vom 4. 9. 2015 beurteilt werden, wonach eine Umweltverträglichkeitsprüfung (bzw. die sog. Vorprüfung und das bodenschutzrechtliche Verfahren) entfällt, wenn Migrationsanlagen (etwa der Grenzzaun zu Serbien) gebaut werden. Letztere Gesetzesänderung ist auch aus unionsrechtlichen Gründen bedenklich, soweit entsprechende Anlagen auf Natura 2000-Gebieten errichtet werden. Zugleich wird das Rechtsstaatsprinzip verletzt, indem die entsprechenden Ausnahmeregelungen erst nachträglich (z. B. nach dem Bau des Zauns) in Kraft treten. Als ein drittes Beispiel soll die Neuregelung der behördlichen Zuständigkeiten in Umweltsachen erwähnt werden. Die zehn regionalen Umweltbehörden haben 2015 nämlich ihre Selbständigkeit verloren und sind den komitatlichen Regierungsbehörden untergeordnet worden. Die früher starken Umweltbehörden verfügen nicht mehr über das nötige Personal, um ihre Aufgaben angemessen erfüllen zu können. Auch ihre Zuständigkeiten sind wesentlich beschnitten worden.[12] Die mit Umweltbelangen offensichtlich *nicht* im Einklang stehenden Maßnahmen können kaum noch aufgelistet werden.[13] Im Ergebnis ist damit festzuhalten, dass das Umweltverfassungsrecht (insbesondere die Verletzung des Umweltgrundrechts) wieder zu einem allgemeinen Gesprächsthema geworden ist.

„grünen Ombudsmann" und seinem Nachfolger hatte der Verfasser die Möglichkeit, das Funktionieren beider Institute näher kennenzulernen.)

[11] Siehe *Fodor* (o. Fn. 2), S. 154–157.

[12] Regierungsverordnung Nr. 71/2015 (III. 30.).

[13] Noch drei Beispiele seien dazu angeführt: 1. der Nationale Bodenfonds liquidierte 2014 Ungarns größten landwirtschaftlichen Öko-Betrieb; 2. die Verbreitung der Erneuerbaren Energien wird seit 2015 – u. a. – durch hohe Ökosteuern für Sonnenkollektoren erschwert; 3. im wirtschaftlichen Interesse der Obstgärtner wurde 2012 die Rückpumppflicht von nicht verunreinigtem – zum Zwecke der Heizung von Treibhäusern genutzten – Grundwasser aufgehoben.

II. Umweltschutz in der ungarischen Verfassung (UGG)

In einem ersten Schritt der rechtswissenschaftlichen Analyse soll im Folgenden die Rechtsnatur des Umweltgrundrechts beleuchtet werden (1). Der den Kern des Umweltverfassungsrechts darstellende Art. XXI Abs. 1 UGG (früher Art. 18 UVerf) wird punktuell mit dem Umweltschutzartikel des deutschen Grundgesetzes verglichen.[14] Sodann werden die weiteren umweltrelevanten Bestimmungen des UGG kurz beschrieben (2).

1. Umweltschutz als Umweltgrundrecht

In der ungarischen Verfassung von 1949 fand der Schutz der Umwelt noch keine Erwähnung. Erst 1972, nachdem die Stockholmer UN-Deklaration verabschiedet wurde, fügte der ungarische Gesetzgeber einen Umweltschutzartikel in die Verfassung ein. Der damalige Art. 57 statuierte ein Recht der Staatsangehörigen auf Gesundheits- und Lebensschutz, welches der Staat durch die Gewährleistung des Arbeits- und Gesundheitsschutzes sowie des Schutzes der menschlichen Umwelt zu sichern verpflichtet war. Diese Vorschrift hatte rein deklaratorische Bedeutung. 1989 wurde der Art. 57 durch zwei neue Umweltschutzartikel (nämlich Art. 18 – ein Umweltgrundrecht – sowie Art. 70 – ein Recht auf Gesundheit[15]) ersetzt. Der Schutz der Umwelt war danach individualrechtlich konzipiert. Beide Normen blieben – ohne Änderungen – bis zum 31. 12. 2011 in Kraft. Große Bedeutung erlangten sie freilich erst nach 1990, nicht zuletzt aufgrund der progressiven Rechtsprechung des ungarischen Verfassungsgerichts.

Die im Jahr 2012 in Kraft getretene neue ungarische Verfassung thematisiert den Schutz der Umwelt wie schon erwähnt unter mehreren Aspekten.[16] Ein eigener Abschnitt wird dem Umweltschutz aber auch dort nicht gewidmet, vielmehr lassen sich entsprechende Bestimmungen verstreut in verschiedenen Teilen des neuen Grundgesetzes finden. Die neue Verfassung baut in puncto Umweltschutz indessen auf die alte auf; insoweit ist eine Überschneidung von altem und neuem Verfassungsregime zu konstatieren.[17] Nach Art. XXI Abs. 1 UGG „anerkennt und verwirklicht [Ungarn] das Recht eines jeden auf eine gesunde Umwelt". Die textliche Übereinstimmung

---

[14] *László Fodor/Erika Elisabeth Orth*, Umweltschutz in der ungarischen Verfassung, Osteuropa-Recht 1/2005, 1 (4 f.).

[15] „Jeder Einwohner der Republik Ungarn hat ein Recht auf das höchstmögliche Maß an körperlicher und seelischer Gesundheit. Die Republik Ungarn realisiert dieses Recht […] durch den Schutz der bebauten und natürlichen Umwelt."

[16] Eine nicht-offizielle Übersetzung des Grundgesetzes – in der Fassung vom 25. 4. 2011 – ist unter http://www.verfassungen.eu/hu abrufbar. Das Grundgesetz wurde mittlerweile viermal novelliert. Die unten wiedergegebenen Auszüge sind freie Übersetzungen des Verfassers.

[17] Der einzige – aus umweltrechtlicher Sicht unwesentliche – Unterschied ist in der Benennung des Landes als Verpflichtetem zu sehen (dort steht jetzt nämlich Ungarn statt der früheren Republik Ungarn).

mit Art. 18 UVerf ist in zweierlei Hinsicht wichtig für die Auslegung der neuen Vorschrift:

Da Art. XXI Abs. 1 UGG vom Wortlaut identisch mit dem Recht auf eine gesunde Umwelt im Sinne von Art. 18 UVerf ist, kann sowohl auf die meisten vom ungarischen Verfassungsgericht früher herausgearbeiteten verfassungsrechtlichen Anforderungen an den Schutz der Umwelt als auch auf ältere Stellungnahmen aus der Literatur zurückgegriffen werden.[18] Weil die neuen umweltrelevanten Bestimmungen im UGG vielfach spezieller formuliert sind als diejenigen in der alten UVerf, können erstere im Lichte des Art. XXI Abs. 1 UGG interpretiert werden. Das bedeutet in den meisten Fälle, dass die neuen Vorschriften (unter Einbeziehung des vom Verfassungsgericht früher verfolgten Gedankenganges) aus dem Umweltgrundrecht abgeleitet werden können.

Als Ausgangspunkt für das konzeptionelle Verständnis des Umweltgrundrechtes und seine rechtsdogmatische Einordnung ist zunächst der Wortlaut heranzuziehen, der einen individual-rechtlichen Ansatz indiziert. Trotz seiner individual-rechtlichen Formulierung liegt die rechtliche Qualifizierung von Art. XXI Abs. 1 UGG keinesfalls auf der Hand. Zwar spricht Art. XXI von einem „Recht", jedoch wird ein solches Recht nicht unmittelbar statuiert, vielmehr scheint die Norm die formale staatliche Anerkennung eines Umweltgrundrechts zu dokumentieren. Von zentraler Bedeutung ist, ob der Umweltschutz vorrangig als Instrument zur Gewährleistung anderer Rechte, vor allem des Gesundheitsschutzes, konzipiert ist, ob die Regelung in ihrer Wirkungsweise dem objektiv-rechtlichen Normentyp einer Staatszielbestimmung vergleichbar ist, oder ob auch der durch den Wortlaut nahegelegten grundrechtlichen Konzeption von Umweltschutz ein eigenständiges Gewicht zukommt. Welche Funktion(en) der Umweltschutz im ungarischen Grundgesetz übernimmt, ist mit Blick auf das verfassungsrechtliche Normen- und Wertesystem sowie die umweltbezogene Judikatur des Verfassungsgerichts zu untersuchen.

Anders als im deutschen Grundgesetz, wo das Prinzip der „Einheit der Verfassung" gilt, wird den in der ungarischen Verfassung enthaltenen Bestimmungen unterschiedliches Gewicht zuerkannt. Im Jahr 1994 erklärte das Verfassungsgericht, dass es das „Recht auf Umwelt" als Grundrecht anerkennt und dieses damit der höchsten Ebene der Verfassungsnormen zuordnet.[19] Zu der besonderen Rechtsnatur des Art. 18 UVerf führte das Verfassungsgericht indessen aus: „Das Recht auf Umwelt ist in seiner jetzigen Form kein Grundrecht, das einen subjektiven Rechtsanspruch verleiht, gleichzeitig geht es jedoch auch über eine bloße Staatsaufgabe oder -zielbestimmung hinaus. Das Recht auf Umwelt ist der Kategorie der sog. Menschenrechte der dritten Generation zuzuordnen, deren Rechtscharakter umstritten ist,

---

[18] Zur früheren Rechtslage siehe *Fodor/Orth*, Osteuropa-Recht 1/2005, 1 (1 ff.). Die bis heute einzige monographische Darstellung des ungarischen Umweltverfassungsrechtes gibt *László Fodor*, Környezetvédelem az Alkotmányban (Umweltschutz in der Verfassung), 2006.

[19] Rdnr. 1 der Begründung der Entscheidung Nr. 28/1994 (V. 20.).

und die nur in wenigen Verfassungen anerkannt sind."[20] Da es sich bei dem ungarischen Umweltgrundrecht somit *nicht* um ein einklagbares subjektives Recht, d. h. nicht um ein „Grundrecht" im Sinne des traditionellen Grundrechtsverständnisses handelt, ist es als ein Grundrecht besonderer Art (sui generis) anzusehen, welches durch seine objektiv-rechtliche Schutzrichtung determiniert wird. Auf der Grundlage dieses Verständnisses von Art. 18 UVerf (bzw. von Art. XXI Abs. 1 UGG) impliziert die Norm einen staatlichen Schutzauftrag zur Schaffung institutioneller Garantien, wie etwa der Gewährleistung eines angemessenen Rechtsschutzes in Umweltstreitigkeiten, sowie – aus präventiven Gesichtspunkten bedeutsam – entsprechender Informations- und Partizipationsrechte. Die zitierte Auslegung durch das ungarische Verfassungsgericht verdeutlicht, dass der grundrechtlich formulierte Umweltschutzartikel im ungarischen Verfassungsrecht jedenfalls im Kern als Staatsaufgabe bzw. Staatszielbestimmung zu qualifizieren ist. Auch wenn die grundrechtliche Diktion des Art. 18 UVerf insofern irreführend ist, als sie einen individualrechtlichen Anspruch nicht vermitteln kann, läuft die Verfassungsnorm keineswegs leer. Insbesondere bleibt die subjektiv-rechtliche Komponente auch bei einer primär objektiv-rechtlichen Interpretation der Norm bedeutsam, indem der Staat objektiv-rechtlich zur Schaffung der rechtlichen Voraussetzungen eines umweltbezogenen Individualschutzes verpflichtet wird.

Trotz der grundrechtlichen Formulierung des Umweltschutzes im ungarischen Verfassungsrecht einerseits und dessen objektiv-rechtlicher Verankerung im deutschen Grundgesetz andererseits, sind sowohl inhaltliche als auch strukturelle Parallelen beider Verfassungsnormen feststellbar. Ein Vergleich der Normadressaten beider Gewährleistungen zeigt, dass sich sowohl Art. XXI Abs. 1 UGG als auch Art. 20a GG an den Staat wenden, wobei bei der grundgesetzlichen Norm alle drei Staatsgewalten explizit in Bezug genommen werden. Anders als in der deutschen Rechtspraxis werden in Ungarn verfassungsrechtliche Regelungen an Judikative und Exekutive eher selten adressiert.[21] In der ungarischen Rechtspraxis determiniert das Grundgesetz in erster Linie die gesetzgeberische Tätigkeit, so dass das Umweltgrundrecht nur in Verbindung mit durch einfache Gesetze abgesicherten Rechtspositionen Geltung entfalten kann. Hinsichtlich der Normadressaten sei angemerkt, dass weder in Art. 20a GG noch in Art. 18 UVerf und Art. XXI Abs. 1 UGG eine umweltbezogene Verpflichtung von Privaten erfolgt.[22] Zwei andere Vorschriften des UGG (nämlich

---

[20] Rdnr. III/2 der Begründung der Entscheidung Nr. 28/1994 (V. 20.).

[21] Siehe statt vieler *László Sólyom*, Az alkotmánybíráskodás kezdetei Magyarországon (Die Anfangszeit der Verfassungsgerichtsbarkeit in Ungarn), Budapest, 2001, S. 235, 602. Als positive Beispiele werden die jüngsten Urteile des Hauptstädtischen Gerichtshofes zum Schadensersatz genannt, wobei aber die Verletzung des Umweltgrundrechts der Geschädigten bei der Schlammkatastrophe 2010 nicht als einzige Rechtsgrundlage gilt. Siehe z. B. das Urteil Nr. 9.Pf.22.345/2012/4 aus dem Jahre 2012.

[22] Zur indirekt abgeleiteten Grundpflicht des Einzelnen siehe *Gyula Bándi*, A társadalmi részvétel és előfeltételei a környezetvédelemben (Die Partizipation der Öffentlichkeit im Umweltschutz und ihre Bedingungen), Jogállam 1994, 140 ff. Für das deutsche Grundgesetz

Art. P und Art. XXI Abs. 2 UGG) erwähnen aber auch diesen Adressatenkreis (siehe unter 2.).

Eine weitgehende Übereinstimmung ist auch hinsichtlich des Schutzobjektes beider (d. h. der deutschen und der ungarischen) Verfassungsnormen zu verzeichnen. Bezugspunkt von Art. XXI UGG ist die Umwelt, die in der Verfassung selbst nicht näher definiert wird,[23] so dass sowohl die anderen umweltrelevanten Vorschriften im UGG als auch einfachgesetzliche Umschreibungen zur näheren Konturierung des Begriffs fruchtbar gemacht werden können. Das ungarische Verfassungsgericht verwendet den Begriff „Umwelt" als Oberbegriff und bedient sich häufig der Formulierung „natürliche Lebensgrundlagen", worin eine Anleihe an die Terminologie des deutschen Grundgesetzes zu sehen ist. Sowohl in der deutschen als auch in der ungarischen Rechtsprechung wird bei der Interpretation des Begriffs der natürlichen Lebensgrundlagen ein weites Verständnis zugrundegelegt.

Auch die durch die Formulierung eines Individualrechts in Art. XXI Abs. 1 indizierte anthropozentrische Ausrichtung des Umweltschutzes im UGG[24] und die ökozentrische Formulierung des Staatsziels in Art. 20a GG stehen der faktisch ähnlichen Rechtswirkung beider Verfassungsnormen nicht entgegen. So stellte das ungarische Verfassungsgericht im Hinblick auf das Schutzgut von Art. 18 UVerf fest, dass Schutzobjekte der Norm die Menschheit und die Natur sind.[25] Die deutsche Rechtslage ist aufgrund der unmissverständlich objektiv-rechtlichen Formulierung eindeutiger als die ungarische, weil die explizite ökozentrische Orientierung mit der Regelungsform der Staatszielbestimmung in Einklang steht. Das ungarische Verfassungsgericht hingegen sieht sich vor die interpretatorisch schwere Aufgabe gestellt, das von seinem Wortlaut her kaum anders als anthropozentrisch auszulegende Umweltgrundrecht auch in seiner partiell ökozentrischen Dimension auszulegen. Festzuhalten bleibt, dass in beiden Verfassungen der Schutz der Umwelt als Staatsaufgabe verankert ist – sei es explizit in objektiv-rechtlicher Diktion oder implizit im Gewand

---

siehe zuletzt *Erich Gassner*, Zur mittelbaren Verwirklichung des Schutzauftrages nach Art. 20a GG – auch durch Private, DVBl 2015, 1173 ff.

[23] Die Begründung des Verfassungsänderungsvorschlags von 1989 hat unter dem Begriff „Umwelt" die natürlichen bzw. biologischen Lebensgrundlagen des Menschen – insbesondere die Natur, den Boden, die Forstbestände (den Wald), die Gewässer – verstanden.

[24] Auch Art. 70/D UVerf und der als dessen Nachfolger anzusehende Art. XX UGG betonen die anthropozentrische Ausrichtung des Umweltschutzgedankens, wonach die Umwelt keinen Wert für sich bildet, sondern als Medium anzusehen ist, in dem der Mensch existiert und von dem seine Gesundheit in starkem Maße abhängt, vgl. *Herbert Küpper*, Die Kodifizierung des ungarischen Umweltrechts im Hinblick auf den EU-Beitritt, in: Geistlinger (Hrsg.), Umweltrecht in Mittel- und Osteuropa im internationalen und europäischen Kontext (Osteuropaforschung, Bd. 46), 2004, S. 354. Trotz der in Art. XX UGG zum Ausdruck kommenden Instrumentalisierung des Umweltschutzes ist diese Norm nicht als Relativierung (Einschränkung) des in Art. XXI UGG eigens konstituierten Umweltschutzprinzips zu verstehen.

[25] Rdnr. III/3/a. der Begründung der Entscheidung Nr. 28/1994 (V. 20.).

eines Grundrechts –, welche in beiden Fällen rechtsqualitativ über einen Programmsatz hinausgeht und rechtliche Bindungswirkung für staatliches Handeln entfaltet.

In seiner grundlegenden Entscheidung zu der in Art. 18 UVerf verankerten Gewährleistung aus dem Jahr 1994 interpretierte das ungarische Verfassungsgericht die Norm als staatliche Verpflichtung zum Umweltschutz, die auch aus anderen Verfassungsgewährleistungen, insbesondere aus dem Recht auf Leben, abzuleiten sei.[26] Diese Auslegung erinnert an den früher auch im deutschen Schrifttum vertretenen, mittlerweile überholten Standpunkt, wonach eine explizite und eigenständige verfassungsrechtliche Regelung nicht erforderlich sei, weil der Schutz der Umwelt bereits vor seiner expliziten Verankerung im Jahr 1994 zum geltenden Verfassungsrecht gehört habe.

Als mittlerweile anerkannt zugrunde gelegt werden darf, dass Umweltschutz durch seine explizite verfassungsrechtliche Verankerung sowohl in der ungarischen als auch in der deutschen Verfassung für die Rechtsanwendung an praktischer Bedeutung gewonnen hat und gleichzeitig als (ein) Wert von Verfassungsrang das öffentliche Bewusstsein prägt. Schwierig zu beantworten ist indes die Frage, welches – über das Existenzminimum hinausgehende – Umweltschutzniveau durch das UGG vermittelt wird. Da dem abstrakt formulierten ungarischen Umweltgrundrecht keine unmittelbare Vorgabe eines bestimmten Schutzniveaus entnommen werden kann, wandte sich die ungarische Regierung im Jahr 1990 mit einer Anfrage an das Verfassungsgericht, welches Umweltschutzniveau durch die Verfassung abgesichert werde. Das Gericht lehnte diesen Antrag jedoch mit der Begründung ab, dass die Beantwortung dieser Frage dem Gesetzgeber obliege.[27] Gleichwohl können der umfangreichen umweltrelevanten Judikatur des Verfassungsgerichts Anhaltspunkte über das zu beachtende Schutzniveau entnommen werden. In seiner grundlegenden und für die verfassungsrechtliche Bedeutung des Umweltschutzes wegweisenden Entscheidung erklärte das Gericht im Jahr 1994 eine nachträgliche Änderung der Privatisierungsgesetze, derzufolge der besondere Status von Naturschutzgebieten (Nichtübertragbarkeit) aufgrund wirtschaftlichen Drucks aufgehoben wurde, für verfassungswidrig, weil sie eine Verschlechterung des Umweltzustandes bewirke.[28] Im

---

[26] Rdnr. III/3/a. der Begründung der Entscheidung Nr. 28/1994 (V. 20.).

[27] Siehe die Entscheidung Nr. 996/G/1990 vom 9. 11. 1993.

[28] So formulierte das Verfassungsgericht in der Entscheidung Nr. 28/1994 (V. 20) (Rdnr. 1 bzw. Satz 1 von Abschnitt IV. der Begründung): „Dem Staat steht es nicht frei, das durch die Rechtsordnung bereits erreichte Umweltschutzniveau herabzusenken, sofern nicht die Abwägung mit anderen Grundrechten oder Verfassungswerten eine solche Herabsenkung unvermeidbar erscheinen lässt. Das Maß der Absenkung muss insbesondere in einem angemessenen Verhältnis zu dem Ziel stehen." Diese grundlegende Entscheidung arbeitete das Gericht unter Bezugnahme auf das deutsche umweltrechtliche Schrifttum sowie die entsprechende Judikatur des Bundesverfassungsgerichts heraus. Vgl. die Ausführungen des damaligen Verfassungsgerichtspräsidenten *László Sólyom* (o. Fn. 21, S. 152): „Das ungarische Verfassungsgericht berücksichtigt die Rechtsprechung der europäischen Verfassungsgerichte und zieht dort gefundene Argumente für die eigene Rechtsprechung heran […]" (freie Übersetzung des Verfassers).

Hinblick auf das verfassungsrechtlich garantierte Umweltschutzniveau bedeutet dies, dass eine normative Absenkung des einmal erreichten Schutzniveaus mit der verfassungsrechtlichen Garantie des Umweltschutzes nicht vereinbar, d. h. verfassungswidrig, ist.[29] Die Erhaltung des einmal erreichten Umweltschutzniveaus stellt also eine objektive Verpflichtung des Staates dar, die über die Gewährleistung des ökologischen Existenzminimums hinausgeht.[30] Kraft der verfassungsrechtlichen Judikatur besteht in Ungarn für die Belange des Umweltschutzes somit ein „relatives Verschlechterungsverbot".[31] Neben dem Verbot einer normativen Absenkung des Schutzniveaus umfasst das Postulat des Verfassungsgerichts zur Aufrechterhaltung des einmal erreichten Schutzniveaus zugleich das Verbot, auch nur eine Verschlechterung der Umweltqualität oder ein entsprechendes Risiko zuzulassen.[32] Diese Forderung ist insofern umfassender als das Verbot der Unterschreitung eines einmal erreichten rechtlichen Schutzniveaus, als sie zum Schutz der Umwelt verpflichtet – unabhängig davon, inwieweit die gegenwärtig bestehende Qualität einfachgesetzlich geschützt ist.[33] Als Hauptargument sowohl für das Verbot einer Verringerung des umweltrechtlichen Schutzes als auch für das Verbot einer faktischen Verschlechterung der Umweltqualität ist die Irreversibilität der meisten Umweltschäden anzusehen, welche eine Beachtung des Vorsorgeprinzips erfordert.

---

[29] Auch die Praxis der rechtlichen Absicherung des Umweltschutzprinzips durch Verwaltungsakte, denen eine schwächere rechtliche Bindungswirkung als (zuvor bestehenden) Rechtsnormen zukommt, wurde als Verstoß gegen das Verbot einer Verringerung des umweltrechtlichen Schutzes angesehen, vgl. Entscheidung Nr. 27/1995 (V. 15.), Rdnr. 2.

[30] Kritisch anzumerken ist, dass die in dieser Entscheidung entwickelte Dogmatik insofern Schwächen aufweist, als das Verfassungsgericht die Geltung des (relativen) Verschlechterungsverbots nur mit der objektiven staatlichen Pflicht zum Schutz der natürlichen Lebensgrundlagen des Menschen begründet und nicht deutlich werden lässt, dass der vorhandene Normenbestand – insbesondere im Bereich des Naturschutzes – bereits ein über dieses ökologische Existenzminimum hinausgehendes Schutzniveau absichert. In ihrem zu dieser Entscheidung verfassten Sondervotum wiesen die Richter *A. Ádám* und *Ö. Tersztyánszky* darauf hin, dass der Naturschutz ein staatliches Tätigwerden verlange, welches über den Geltungsbereich des Art. 18 UVerf hinausgehe.

[31] Vgl. den Bericht von *Herbert Küpper* zum ungarischen Umweltrecht anlässlich der Tagung der Fachgruppe Recht der DGO „Die Entwicklung des Umweltrechts in Osteuropa" vom 2.-4.10.2002 in Salzburg, abgedruckt in Osteuropa-Recht 2003, 187 (189 f.).

[32] So die bereits zitierte Grundsatzentscheidung Nr. 28/1994 (V. 20.) zur Privatisierung von Naturschutzgebieten, in der das UVerfG die Auffassung vertrat, dass der Staat die Umweltschutzforderungen besser verwirklichen könne als der jeweilige Privateigentümer. Die Privatisierung war nicht an sich, sondern aufgrund des Fehlens angemessener Vorschriften zum Schutz der Natur verfassungswidrig. (Wie das Gericht hervorhebt: Die „Verschärfung von Verboten und Sanktionen ist nicht als hinreichend anzusehen, der Staat soll vorbeugende Garantien schaffen, damit Umweltschäden ausgeschlossen werden mit einer Wahrscheinlichkeit, die das staatliche Eigentum gewährleistet", siehe Abschnitt V/2. der Begründung).

[33] Gleichzeitig ist die rechtliche Bindungswirkung dieser Forderung aber schwächer, da dem Umweltschutz anders als durch das relative Verschlechterungsverbot bei der Güterabwägung aus dieser Perspektive kein verstärktes verfassungsrechtliches Gewicht zukommt.

Von grundlegender Bedeutung für die staatliche Umweltschutzverpflichtung ist das sog. Berücksichtigungsgebot, nach dem der Staat stets zu einer frühzeitigen und nachvollziehbaren Einbeziehung der Belange des Umweltschutzes bei seinen umweltrelevanten Entscheidungen verpflichtet ist. Diesem Gebot lässt sich jedoch keine Aussage im Hinblick auf ein verfassungsrechtlich gebotenes Mindestschutzniveau ableiten. Das ungarische Verfassungsgericht hat bereits mehrfach eine Verletzung der Abwägungspflicht konstatiert, so z. B. in Verbindung mit dem Raumplanungsgesetz und dem Bergbaugesetz, in denen die Gleichwertigkeit des Umweltschutzes mit kollidierenden Verfassungsgütern nicht garantiert wurde.[34] Die Nichteinbeziehung von Umweltbelangen und das Unterbleiben der zwingend gebotenen Konsultation mit dem Nationalen Umweltrat, welche sowohl in dem allgemeinen Umweltschutzgesetz ausdrücklich geregelt als auch aus dem Rechtsstaatsprinzip und Umweltgrundrecht abzuleiten ist, führt nach der Judikatur des Verfassungsgerichts zur Verfassungswidrigkeit von Gesetzen und Verordnungen.[35]

Weder das bundesrepublikanische noch das ungarische Grundgesetz erheben das Postulat eines maximalen Umweltschutzes. Eine solche Interpretation wäre mit der ungarischen Verfassung auch unvereinbar.[36] Schließlich bildet das im Unionsrecht verankerte Nachhaltigkeitsprinzip und das daraus folgende Gebot der nachhaltigen Ressourcenbewirtschaftung einen wichtigen Maßstab für das deutsche und ungarische Umweltschutzniveau.

2. Weitere umweltrelevante Vorschriften

Im Zuge der 2011er Verfassungsnovelle sind mannigfache Umweltschutzkonzeptionen vorgeschlagen und erörtert worden.[37] Im Ergebnis hat man sich auf ein Umweltgrundrecht als verfassungsrechtliches Minimum einigen können.

Bereits in der Präambel der neuen Verfassung werden die Verantwortung für die künftigen Generationen und die Verpflichtung zur Bewahrung der von Natur gegebenen Werte des Karpatenbeckens als Lebensgrundlagen betont. Diese Werte sollen durch einen sorgfältigen Umgang mit den natürlichen Ressourcen bewahrt werden.

---

[34] Siehe z. B. die Entscheidung Nr. 14/1998 (V. 8.), Rdnr. 1, wonach die Aspekte der Raumentwicklung und des Umweltschutzes gleichrangig sind.

[35] Vgl. Abschnitt III. der Begründung der Entscheidung Nr. 30/2000 (X. 11.). Jüngst hat das Gericht in der Entscheidung Nr. 44/2012 (XII. 20.) seine frühere Praxis bestätigt. Nicht übersehen werden darf in diesem Zusammenhang aber der dezisionistische Charakter der Verfassungsrechtsprechung: Könnte die Rechtsprechung in jedem Fall reagieren, so wäre für eine große Anzahl von Maßnahmen, insbesondere ministeriale Verordnungen, das Urteil der Verfassungswidrigkeit und damit die Nichtigkeit zu erwarten.

[36] Eine Zivilisation ohne Umweltbelastungen erscheint gegenwärtig utopisch und wäre zudem nur mit unverhältnismäßigen Einschränkungen anderer Verfassungswerte und mit einer extremen Überlastung des Staates vorstellbar, vgl. für die ungarische Rechtslage die Entscheidung des UVerfG Nr. 14/1998 (V. 8.) (Rdnr. 3 der Begründung).

[37] Eine Übersicht gibt *Attila Antal*, Az új Alaptörvény környezetvédelmi filozófiája (Die Umweltphilosophie des neuen Grundgesetzes), Közjogi Szemle 4, 2011, 43 (48).

Die hier verankerte Zukunftsorientierung ist nicht neu; sie wurde der Gesetzgebung schon in der grundlegenden Entscheidung des Verfassungsgerichts Nr. 28/1994 (V. 20.) als inhaltliche Anforderung zur Beachtung aufgegeben.

Sowohl formell als auch materiell neu ist Art. P im ersten Abschnitt der Verfassung, der Umweltschutz auch an die Bürger adressiert: „Die Naturressourcen, insbesondere Ackerboden, Wälder und Trinkwasserreserven, sowie die biologische Vielfalt, insbesondere die einheimischen Pflanzen- und Tierarten, und die kulturellen Werte, bilden das gemeinsame Erbe der Nation, dessen Schutz und Bewahrung für die zukünftigen Generationen eine Pflicht des Staates und aller Menschen darstellt." An dieser Stelle werden die zu bewahrenden Werte offensichtlich ohne Anspruch auf Vollständigkeit konkretisiert. Die vierte Änderung des UGG – durch Einfügung eines zweiten Absatzes in Art. P – im Jahr 2013 stellte klar, dass der Schutzauftrag nicht nur Umweltprobleme einschließt, sondern auch Missbrauch (z. B. durch ausländische Bodenspekulationen) verhindern soll.[38] Die benannten Elemente des Nationalerbes (insbesondere Boden und Wälder) genießen unter diesem Aspekt (als Gegenstände der nationalen Selbstverfügung) als solche einen stärkeren Schutz als als Umweltmedien. Der für die künftigen Generationen verantwortliche Stellvertreter des Ombudsmanns misst dieser Vorschrift eine besondere Bedeutung zu. Seiner Meinung nach sind aus Art. P auch wirtschaftliche Aufgaben des Staates abzuleiten. Mit dieser Norm wird zugleich das vom Verfassungsgericht ausgearbeitete Verschlechterungsverbot – implizit – bestätigt.[39] Das Verfassungsgericht akzeptierte diesen Gedankengang jüngst in seiner Entscheidung Nr. 16/2015 (VI. 5.) und erklärte einen Gesetzesentwurf für verfassungswidrig, der die meisten Naturschutzgebiete des Landes (ca. 300.000 ha) dem Nationalen Bodenfonds unterstellen und damit indirekt (durch Verkauf an Privatleute) einer auch kommerziellen Nutzung zugänglich machen wollte. Nach dem Inkrafttreten der neuen Verfassung bestätigte das Gericht die Gültigkeit des Verschlechterungsverbots auch im Kontext von Art. P. Nach Auffassung des Gerichts unterstreichen die neuen umweltrelevanten Vorschriften der Verfassung die Verantwortlichkeit des Staates für die Umwelt und verleihen dem Schutzauftrag eine Zukunftsorientierung. Im Interesse des Naturschutzes solle sich der Staat beschränken.[40]

---

[38] „Die zum Erreichen der in Absatz 1 erwähnten Ziele notwendigen Einschränkungen und Bedingungen bezüglich des Erwerbs von Eigentum und Besitz an Ackerboden und Wald […] werden durch ein Grundlagengesetz geregelt." Diese Ermächtigung erlangte am 1. 5. 2014 Bedeutung, als Ungarn seinen Bodenmarkt für die Unionsbürger öffnete.

[39] Siehe die Stellungnahme vom 16. 12. 2014, abrufbar unter http://www.greenfo.hu/uploads/dokumentumtar/nemzeti-park-allasfoglalas-szabo-marcel.pdf. Auffallend ist die große Ähnlichkeit der Tatbestände dieser Entscheidung zum Tatbestand der sog. grundlegenden Entscheidung des UVerfG aus dem Jahr 1994.

[40] „Die Umsetzung des Naturschutzes setzt immer eine Selbstbeschränkung seitens des Staates voraus." Siehe Rdnrn. 101, 108 und 110 der Begründung zur Entscheidung Nr. 16/2015 (VI. 5.).

Art. Q UGG weist auf die Verantwortung des Staates in den internationalen Beziehungen hin. Die Vorschrift, nach der Ungarn „im Interesse der Schaffung und Wahrung […] der nachhaltigen Entwicklung der Menschheit die Zusammenarbeit mit allen Völkern und Ländern der Welt an[strebt]", könnte indirekt auch aus dem Umweltgrundrecht abgeleitet werden.

Art. XX UGG verbürgt das Recht jeder Person auf körperliche und seelische Gesundheit.[41] Ungarn fördert die Durchsetzung dieses Rechts „durch eine von genetisch veränderten Organismen freie Landwirtschaft, durch die Gewährleistung des Zugangs zu gesunden Lebensmitteln und Trinkwasser […] sowie den Schutz der Umwelt." Die Vorschrift hängt eng mit dem Umweltschutz zusammen. Der Schutz der Umwelt gilt nämlich als eines der Mittel des Rechtes auf Gesundheit. Aber auch gesunde Lebensmittel bzw. Trinkwasser können ohne Umweltschutz nicht gewährleistet werden.[42] Im Lichte des EU-Rechts ist darauf hinzuweisen, dass die Vorschrift über eine GVO-freie Landwirtschaft keinesfalls ein direktes Verbot für die Freisetzung von GVO bedeutet. Eine solche Auslegung wäre schon mit dem Wortlaut kaum vereinbar; ihr stände – zumindest bis zum Jahre 2017 – auch EU-Recht entgegen.[43]

Art. XXI UGG enthält neben dem bereits vorgestellten Umweltgrundrecht zwei weitere Anforderungen zum Schutz der Umwelt. Absatz 2 verankert das Verursacherprinzip[44] und wird in der Literatur oft als eine Erscheinung des weltweit bekannten Grundsatzes „der Verschmutzer zahlt" bezeichnet.[45] Art. XXI Abs. 3 UGG beinhaltet eine unter mehreren Gesichtspunkten äußerst bedenkliche Regelung: „Es ist verboten, verschmutzende Abfälle zum Zwecke der Lagerung nach Ungarn zu verbringen." Eine derartige Konkretisierung in einer Verfassung ist äußerst ungewöhnlich und sollte aus Sicht eines Verfassungsrechtlers besser auf einfachgesetzlicher Ebene erfolgen. Die einfachgesetzliche (bzw. EU-rechtliche) Regelung (Abfallrecht) operiert indessen mit anderen Begriffen als das ungarische Grundgesetz. Sie

---

[41] Siehe dazu *János E. Szilágyi*, Affordability of Drinking-water and the New Hungarian Regulation Concerning Water Utility Supplies, in: Greksza/Szabó (eds.), Right to Water and the Protection of Fundamental Rights in Hungary, 2013, p. 68 (73) (https://www.ajbh.hu/documents/14315/121663/Right+to+water+book.pdf); *Anikó Raisz*, GMO as a weapon: a.k.a. a new form of agression? Hungarian Yearbook of International Law and European Law 2014, 2015, p. 279.

[42] *László Fodor*, A víz az alaptörvény környezeti értékrendjében (Das Wasser im Wertesystem des Grundgesetzes), Publicationes Universitatis Miskolciensis, Sectio Juridica et Politica, Tom. XXXI., 2013, S. 329 ff.

[43] Die Richtlinie 2001/18/EG wurde durch die Richtlinie 2015/412/EU wesentlich verändert. Durch die neuen Vorschriften der Richtlinie wird den Mitgliedstaaten nun die Möglichkeit eingeräumt, den Anbau gentechnisch veränderter Pflanzen auf ihrem Hoheitsgebiet unter bestimmten Bedingungen ab 2017 zu beschränken oder zu untersagen. Bis dahin können die Mitgliedstaaten nur ausnahmsweise und vorübergehend ein generelles Verbot aussprechen. Ungarn nimmt diese Möglichkeit wahr.

[44] „Wer Schaden an der Umwelt verursacht, hat diesen nach den im Gesetz festgelegten Regeln zu beheben oder die Kosten der Behebung zu tragen."

[45] Statt anderen siehe *Antal*, Közjogi Szemle 4, 2011, 43 (48).

kennt „verschmutzende Abfälle" und „Lagerung" als Zwecke der Abfallverbringung nicht. Unter diesem Aspekt wird die erwähnte Vorschrift als „unvernünftig" bzw. unwirksam betrachtet. Das Verbot in Art. XXI Abs. 3 UGG ist offensichtlich europarechtswidrig, insoweit es – abweichend von der EU-Verordnung über die Abfallverbringung Nr. 1013/2006/EG[46] – zu einer Einschränkung der Warenverkehrsfreiheit tendiert. Folglich sollte man in dieser Vorschrift lediglich einen Fingerzeig im Lichte des deutschen Müllskandals in Ungarn im Jahr 2007 sehen: „Ungarn will nicht zum Müllkasten Europas werden."[47]

Art. 38 UGG gibt schließlich vor, dass das Vermögen des ungarischen Staates und der örtlichen Selbstverwaltungen (als Nationalvermögen) im Interesse der Öffentlichkeit durch die Bewahrung von natürlichen Ressourcen bzw. unter Einbeziehung der Bedürfnisse der künftigen Generationen bewirtschaftet werden soll.

III. Schluss

Zusammenfassend ist festzuhalten, dass in der Entwicklung des ungarischen Umweltverfassungsrechts keine klare Tendenz zu erkennen ist. Die in der Verfassung enthaltenen umweltschützenden Gewährleistungen und ihre dem ungarischen Verfassungsgericht obliegende Interpretation – insbesondere hinsichtlich der Absicherung eines einmal erreichten umweltrechtlichen Schutzniveaus – sind insgesamt betrachtet gleichwohl als ökologiebewusst zu bewerten. Weil der Verfassungsgerichtsbarkeit in Ungarn aber nicht der gleiche hohe Stellenwert wie beispielsweise in Deutschland zukommt, werden die positiven Auswirkungen dieser Rechtsprechung relativiert. Das Verfassungsgericht konzipiert den Schutz der Umwelt als eine in erster Linie staatliche Aufgabe, die Staatsangehörige und Verbände nur sekundär ver-

---

[46] 1) Die EU-Verordnung unterscheidet zwischen zwei Formen der Abfallbehandlung und ermöglicht mitgliedstaatliche Einschränkungen in erster Linie im Falle des Beseitigungszwecks. Die „Lagerung" könnte aber eventuell sowohl als Abfallverwertung als auch als Abfallbeseitigung eingestuft werden.
2) Ein generelles Verbot der Abfallverbringung kann der Verordnung nach z. B. im Fall gefährlicher Abfälle eingeführt werden. Umweltverschmutzende Auswirkungen können aber auch nichtgefährliche Abfälle entfalten, abhängig von der Behandlungstechnologie. Insgesamt ermöglicht das UGG eine zu breite Einschränkung der Abfallverbringung.
3) Schließlich soll das Gesetz über den Abfall Nr. 2012:CLXXXV erwähnt werden, dessen § 18 von der Intention des UGG wesentlich abweicht. Dem Gesetz nach dürfen nämlich (nur) gefährliche Abfälle, Hausmüll und Restmaterial aus der Verbrennung von Hausmüll zum Zwecke der Beseitigung nach Ungarn verbracht werden. Siehe *László Fodor*, Az Alaptörvény esete a szennyező hulladékokkal és az európai jog (Das ungarische Grundgesetz im Lichte des EU-Abfallrechts), Magyar Jog 11, 2012, 641 ff.

[47] Zum bescheidenen Echo in Deutschland siehe *Janina Bach*, Verwertung von Altreifen und Gummi unter Beachtung der veränderten abfallwirtschaftlichen Situation in Deutschland, 2009, S. 104 f.

antworten.[48] Das hängt mit einer zurückhaltenden Auslegung des Umweltgrundrechts zusammen. Im Lichte der neuen Vorschriften des UGG – insbesondere Art. P – und zahlreichen EU-rechtlichen Anforderungen über Teilhabe- und Informationsrechte der Öffentlichkeit im Umweltbereich ist diese Konzeption aber nicht länger haltbar.

---

[48] Siehe die Entscheidung des UVerfG Nr. 675/B/2005 bzw. *László Fodor*, A természeti tárgyak helye és szerepe az új alkotmányban (Platz und Rolle der Naturgegenstände in der neuen Verfassung), in: Drinóczi/Jakab (Hrsg.), Alkotmányozás Magyarországon 2010–2011, 2013, S. 89 ff.

Der IT-Sicherheitskatalog nach § 11 Abs. 1a EnWG und seine Rechtsnatur

Von *Annette Guckelberger*

I. Einführung

Die Darstellung der Rechtsquellen und Handlungsformen der Verwaltung gehört zum Standardrepertoire der Lehrbücher zum allgemeinen Verwaltungsrecht. So hat sich auch der Jubilar mit dem Verhältnis zwischen Gesetz und Rechtsverordnung,[1] der (Un-)Zulässigkeit von Fußnoten in Anhängen abfallrechtlicher Regelungswerke[2] oder der Unterscheidung zwischen Verwaltungsvorschriften und anderen Rechtsquellen der Verwaltung befasst.[3] Bei Letzteren bestehen trotz ihrer hohen praktischen Bedeutung bis heute dogmatische Unsicherheiten,[4] weshalb Verwaltungsvorschriften als ungesicherte dritte Kategorie des Rechts bezeichnet werden.[5] Die sich im Fluss befindlichen Veränderungen bei der Wahrnehmung der staatlichen Aufgaben, etwa deren Verlagerung in den Privatsektor unter Gewährleistungsverantwortung des Staates, erfordern ein wachsames Auge für die mögliche Ausbildung neuer Rechtsetzungsinstrumente.

Dazu könnte möglicherweise der IT-Sicherheitskatalog der Bundesnetzagentur (BNetzA) gehören – ein Instrument, das durch das IT-Sicherheitsgesetz vom 17. 7. 2015[6] eine Aufwertung erfahren hat. Dieser lässt sich zumindest nach seiner Bezeichnung nicht sofort dem herkömmlichen Handlungsinstrumentarium der Verwaltung zuordnen und zeigt die Schwierigkeiten bei der Bestimmung der Rechtsnatur mancher Verwaltungshandlungen auf.

---

[1] *Franz-Joseph Peine*, Gesetz und Verordnung – Bemerkungen zu aktuellen Fragen eines problematischen Verhältnisses, ZG 1988, 121 ff.

[2] *Franz-Joseph Peine*, Zur Unzulässigkeit einer speziellen Gesetzgebungstechnik: Fußnoten in Anhängen abfallrechtlicher Regelungswerke, AbfallR 2008, 20 ff.

[3] *Franz-Joseph Peine*, Allgemeines Verwaltungsrecht, 11. Aufl. 2014, Rdnrn. 151 ff.

[4] *Liv Jaeckel*, Gefahrenabwehrrecht und Risikodogmatik, 2010, S. 205.

[5] So *Hermann Hill/Mario Martini*, Normsetzung und andere Formen exekutivischer Selbstprogrammierung, in: Hoffmann-Riem/Schmidt-Aßmann/Voßkuhle (Hrsg.), Grundlagen des Verwaltungsrechts, Bd. II, Informationsordnung, Verwaltungsverfahren, Handlungsformen, 2. Aufl. 2012, § 34 Rdnr. 37.

[6] Gesetz zur Erhöhung der Sicherheit informationstechnischer Systeme (IT-Sicherheitsgesetz), BGBl. 2015 I S. 1324 ff.

II. Gesetzliche Vorgaben

Nach § 11 Abs. 1 Satz 1 EnWG müssen Betreiber von Energieversorgungsnetzen ein sicheres, zuverlässiges und leistungsfähiges Energieversorgungsnetz betreiben, soweit dies wirtschaftlich zumutbar ist. Denn ein Stromausfall der heutzutage über Informations- und Kommunikationstechnologien (nachfolgend IKT) gesteuerten Elektrizitätsversorgung kann verheerende Konsequenzen für die Gesellschaft und die Handlungsfähigkeit der staatlichen Stellen haben.[7] Nach § 11 Abs. 1a EnWG gehört zum Betrieb eines sicheren Energieversorgungsnetzes insbesondere auch ein angemessener Schutz gegen Bedrohungen der für einen sicheren Netzbetrieb notwendigen Telekommunikations- und elektronischen Datenverarbeitungssysteme: „Die Regulierungsbehörde erstellt hierzu im Benehmen mit dem Bundesamt für Sicherheit in der Informationstechnik einen Katalog von Sicherheitsanforderungen und veröffentlicht diesen".[8] Inhaltlich hat der Sicherheitskatalog auch Regelungen zur regelmäßigen Überprüfung der Sicherheitsanforderungen zu enthalten (§ 11 Abs. 1a Satz 3 EnWG). Im Unterschied zu § 11 Abs. 1a Satz 3 EnWG a. F., welcher bei Einhaltung des Katalogs der Sicherheitsanforderungen die Vermutung eines angemessenen Schutzes verband, ist der heutige § 11 Abs. 1a Satz 4 EnWG strenger: „Ein angemessener Schutz des Betriebs eines Energieversorgungsnetzes liegt vor, wenn dieser Katalog der Sicherheitsanforderungen eingehalten und dies vom Betreiber dokumentiert worden ist". Die Einhaltung der Vorgaben des Sicherheitskatalogs wird zur notwendigen Bedingung eines angemessenen Schutzes erhoben und misst ihnen so ein größeres Gewicht zu.[9] Nach den Gesetzesmaterialien verbleibt den Betreibern nunmehr grundsätzlich kein Spielraum mehr für die Erarbeitung anderer, aus ihrer Sicht angemessener Sicherheitsmaßnahmen: „Der Sicherheitskatalog der Bundesnetzagentur stellt einen Mindeststandard dar, der von den Betreibern einzuhalten ist".[10] Dementsprechend ist die Verwendung eines höheren Standards unschädlich. Die Netzbetreiber profitieren von der Aufwertung des Katalogs. In begrüßenswerter Klarheit legt er die von ihnen einzuhaltenden Anforderungen dar. Während nach der alten Rechtslage nur vermutet worden wäre, dass den Netzbetreiber bei Einhaltung des Katalogs kein Verschulden trifft,[11] verhindert die jetzige Formulierung des § 11 Abs. 1a Satz 4 EnWG bei korrektem Verhalten des Netzbetreibers einen an ihn gerichteten Verschuldensvorwurf.

---

[7] Zu dieser Vulnerabilität *Stefan Altenschmidt*, Die Versorgungssicherheit im Lichte des Verfassungsrechts, NVwZ 2015, 559 ff.; *Annette Guckelberger*, Energie als kritische Infrastruktur, DVBl 2015, 1213 (1213 f.).

[8] § 11 Abs. 1a Satz 2 EnWG.

[9] BT-Drs. 18/4096, S. 33.

[10] BT-Drs. 18/4096, S. 33.

[11] Allgemein zur Haftung bei der Nichteinhaltung *Christian de Wyl/Michael Weise/Alexander Bartsch*, Neue Sicherheitsanforderungen für Netzbetreiber – IT-Sicherheitsgesetz und IT-Sicherheitskatalog, N & R 2015, 23 (27).

Die gleiche Regelungstechnik wird in Bezug auf die Betreiber von Energieanlagen angewendet, die nach einer erst noch zu beschließenden Verordnung als Kritische Infrastrukturen ausgewiesen werden. Sie müssen nach § 11 Abs. 1b Satz 1 EnWG binnen zwei Jahren nach Inkrafttreten dieser Rechtsverordnung über einen angemessenen IT-Sicherheitsschutz verfügen. Diesbezüglich wird ebenfalls die Erstellung eines IT-Sicherheitskatalogs durch die Regulierungsbehörde im Benehmen mit dem Bundesamt für Sicherheit in der Informationstechnik (nachfolgend BSI) vorgeschrieben, bei dessen Einhaltung und Dokumentation durch den Betreiber ein angemessener Schutz vorliegt (§ 11 Abs. 1b Satz 2, 6 EnWG). Wie man an der Regelung in zwei Absätzen erkennen kann, müssen die Sicherheitsanforderungen an diese Betreiber nicht mit den Sicherheitsanforderungen für das Energieversorgungsnetz übereinstimmen.[12] Dementsprechend wird der im August von der BNetzA veröffentlichte IT-Sicherheitskatalog explizit als solcher „gemäß § 11 Absatz 1a Energiewirtschaftsgesetz" bezeichnet.[13] Wegen der gleichen Regelungstechnik des Gesetzgebers lassen sich die nachfolgenden Aussagen aber sinngemäß auf den Katalog gemäß § 11 Abs. 1b EnWG übertragen.

Betrachtet man die Gesetzesvorgaben, konkretisiert der Sicherheitskatalog die in § 11 Abs. 1 EnWG auf die Betreiber der Energieversorgungsnetze bezogene Anforderung an ein sicheres Energieversorgungsnetz. Dies belegen Stellung und Wortwahl („insbesondere") des § 11 Abs. 1a Satz 1 EnWG. Bei dem „angemessenen Schutz" gegen Bedrohungen für Telekommunikations- und elektronische Datenverarbeitungssysteme handelt es sich um einen unbestimmten Rechtsbegriff. Im Hinblick auf das aus dem Rechtsstaatsprinzip zu entnehmende Bestimmtheitsgebot ist dem Gesetzgeber die Verwendung derartiger Begriffe nicht von vornherein verwehrt.[14] Er muss seine Vorschriften nur so bestimmt fassen, wie ihm dies nach der Eigenart der jeweiligen Lebenssachverhalte unter Berücksichtigung des Normzwecks möglich ist.[15] Allerdings müssen sich die unbestimmten Rechtsbegriffe durch Auslegung der Norm unter Heranziehung der juristischen Methoden hinreichend konkretisieren lassen und „verbleibende Ungewissheiten [dürfen] nicht so weit gehen, dass die Vorhersehbarkeit und Justiziabilität des Handelns der durch die Normen ermächtigten staatlichen Stellen gefährdet sind".[16] Der Gesetzgeber hat aufgrund des Rechtsstaats- und Demokratieprinzips die für die Grundrechtsverwirklichung maßgeblichen Regelungen im Wesentlichen selbst zu treffen und darf diese nicht dem Handeln und der Entscheidungsmacht der Verwaltung überlassen.[17] Das BVerfG hat keine Bedenken,

---

[12] Zu zwei Sicherheitskatalogen *Guckelberger*, DVBl 2015, 1213 (1219f.).

[13] Bundesnetzagentur, IT-Sicherheitskatalog gemäß § 11 Absatz 1a Energiewirtschaftsgesetz, Stand: August 2015, abrufbar unter: http://www.bundesnetzagentur.de, zuletzt geprüft am 11.2.2016.

[14] BVerfGE 133, 277 (355) m. w. N.

[15] BVerfGE 133, 277 (355f.) m. w. N.

[16] BVerfGE 133, 277 (356) m. w. N.

[17] BVerfGE 136, 69 (114); BVerfG, Beschluss vom 21.4.2015–2 BvR 1322/12, 2 BvR 1989/12, ZTR 2015, 412 (413).

wenn der Gesetzgeber angesichts des technischen Fortschritts, der damit einhergehenden schnellen Veränderung von Gefahrenlagen und Möglichkeiten ihrer Vermeidung dem Verordnungsgeber die Konkretisierung überlässt. Denn die (höheren) Behörden können aufgrund ihrer Leistungsfähigkeit, der dort lokalisierten hochspezialisierten Sachkompetenz ihrer Mitarbeiter, ihren Ressourcen sowie des Informationsflusses zu ihnen diese Anforderungen besser auf aktuellem Stand halten und allen berührten grundrechtlichen Interessen Rechnung tragen.[18] Aus Gründen der Richtigkeit der staatlichen Entscheidungen sollen diese möglichst von den Organen getroffen werden, die sich hierfür aufgrund ihrer Organisation, Zusammensetzung, Funktion und Verfahrensweise am besten eignen.[19]

Vorliegend geht es um die IT-Sicherheit der Energieversorgungsnetze und damit um technische Anforderungen. Wegen der Schnelllebigkeit dieses Bereichs einschließlich der sich im Fluss befindlichen Angriffspotenziale müssen diese Anforderungen mit dem jeweils aktuellen Stand Schritt halten.[20] Zur Lösung dieser komplexen Herausforderung bedarf es anpassungsfähiger Lösungen, für deren Feinsteuerung sich die Exekutive besser eignet. Indem der Gesetzgeber einen „angemessenen Schutz" der IT-Sicherheit vorgibt, hat er in noch hinreichend bestimmter Weise das Schutzniveau an diese selbst festgelegt. Der genaue Bedeutungsgehalt dieser Vorgabe lässt sich unter Heranziehung der juristischen Methoden, insbesondere von Wortlaut, Systematik sowie Sinn und Zweck der Regelung bestimmen. Aufgrund ihres Sachverstandes und ihrer Problemnähe wird der Regulierungsbehörde die Erstellung des Sicherheitskatalogs überantwortet. Das Benehmenserfordernis[21] des BSI stellt die Einbeziehung dessen fachlicher Expertise bei der Konkretisierung der Sicherheitsstandards sicher.[22] Insbesondere muss sich der Katalog am Stand der Technik orientieren und kann diesen ausnahmslos vorgeben.[23] Zwar fehlt in § 11 Abs. 1a EnWG anders als bei § 8a Abs. 1 Satz 2 BSIG eine Regelung, wonach der Stand der Technik eingehalten werden soll. Erklären lässt sich dies aber damit, dass der Gesetzgeber bei § 11 Abs. 1a EnWG davon ausgeht, dass die Vorgabe der Angemessenheit in jedem Fall durch einen Sicherheitskatalog konkretisiert wird.[24] Der Wortlaut

---

[18] BVerfGE 136, 69 (115); siehe auch *Hill/Martini* (o. Fn. 5), § 34 Rdnr. 18; *Jaeckel* (o. Fn. 4), S. 199.

[19] BVerfG, Beschluss vom 21.4.2015 – 2 BvR 1322/12, 2 BvR 1989/12, ZTR 2015, 412 (413) m. w. N.

[20] Zu den Gründen, warum man sich mit einer Flexibilisierung der Parlamentsgesetzgebung schwer tut, *Jaeckel* (o. Fn. 4), S. 178 f.

[21] Benehmen ist weniger als das Einvernehmen. Da kein Einverständnis vorliegen muss, kann die entscheidungsbefugte Stelle aus sachlichen Gründen von der Äußerung abweichen, siehe dazu *Thorsten Siegel*, Die Verfahrensbeteiligung von Behörden und anderen Trägern öffentlicher Belange, 2001, S. 89 f.

[22] So aber zu § 8a BSIG BT-Drs. 18/4096, S. 26.

[23] Zu Letzterem *Guckelberger*, DVBl 2015, 1213 (1218).

[24] Demgegenüber können die Betreiber der KRITIS und ihre Branchenverbände nach § 8a Abs. 2 BSIG branchenspezifische Sicherheitsstandards vorschlagen, deren Geeignetheit das BSI auf Antrag feststellen kann.

des § 11a Abs. 1 Satz 2 EnWG räumt der BNetzA in dieser Hinsicht kein Ermessen ein. Bestätigt wird diese Erwägung durch die gleiche Zielrichtung von § 11 Abs. 1a EnWG und § 8a Abs. 1 BSIG sowie die unter Umständen katastrophalen Auswirkungen eines Ausfalls dieser Netze. Schließlich muss das Recht an den zu regelnden Lebensbereich mitsamt seiner Sachrationalitäten anknüpfen, um in der Lebenswirklichkeit effektiv zu werden.[25] Unter dem „Stand der Technik" versteht man den „Entwicklungsstand *fortschrittlicher* Verfahren, Einrichtungen oder Betriebsweisen, der die praktische Eignung einer Maßnahme zum Schutz der Funktionsfähigkeit von informationstechnischen Systemen, Komponenten oder Prozessen gegen Beeinträchtigungen der Verfügbarkeit, Integrität, Authentizität und Vertraulichkeit gesichert erscheinen lässt",[26] wobei – so die Materialien – insbesondere auf die einschlägigen internationalen, europäischen und nationalen Normen sowie Standards rekurriert werden kann.[27]

Der so erstellte Sicherheitskatalog konkretisiert die vom Gesetzgeber für Private in § 11 Abs. 1, 1a EnWG aufgestellten IT-Sicherheitsanforderungen. Aus dem Bezug des § 11 Abs. 1a Satz 5 EnWG auf den vorherigen Satz ergibt sich, dass die Einhaltung des Sicherheitskatalogs durch den jeweiligen Netzbetreiber von der jeweiligen Regulierungsbehörde überprüft werden „kann". Sollte sie bei einer Prüfung zu dem Ergebnis gelangen, dass dies nicht der Fall ist, kann sie Aufsichtsmaßnahmen nach §§ 65 ff. EnWG ergreifen, gegen die sich der Betroffene mit der Beschwerde vor dem Oberlandesgericht zur Wehr setzen kann (siehe § 75 EnWG).

III. Inhalt des Sicherheitskatalogs gemäß § 11 Abs. 1a EnWG vom August 2015

Am 12.8.2015 hat die BNetzA die finale Fassung des IT-Sicherheitskatalogs auf ihrer Homepage veröffentlicht.[28] Nach einer kurzen *Einleitung* wird zunächst unter *B. auf die rechtlichen Grundlagen des Sicherheitskatalogs* eingegangen und betont, dass der IT-Sicherheitskatalog einen „Mindeststandard" darstellt.[29] Laut den Ausführungen der BNetzA haben die Betreiber „insbesondere auch den allgemein anerkann-

---

[25] *Friedrich Schoch*, Außerrechtliche Standards des Verwaltungshandelns als gerichtliche Kontrollmaßstäbe, in: Trute/Groß/Röhl/Möllers (Hrsg.), Allgemeines Verwaltungsrecht – zur Tragfähigkeit eines Konzepts, 2008, S. 543 (557).
[26] BT-Drs. 18/4096, S. 26 (Kursivhervorhebung durch die Verfasserin). Näher zum Stand der Technik *Mark Seibel*, Abgrenzung der „allgemein anerkannten Regeln der Technik" vom „Stand der Technik", NJW 2013, 3000 (3002 ff.).
[27] BT-Drs. 18/4096, S. 26; dazu, dass diese Normen nicht immer auf dem aktuellsten Stand sein müssen, *Seibel*, NJW 2013, 3000 (3000).
[28] IT-Sicherheitskatalog gemäß § 11 Absatz 1a Energiewirtschaftsgesetz (o. Fn. 13). Zum früheren Entwurf des IT-Sicherheitskatalogs *de Wyl/Weise/Bartsch*, N & R 2015, 23 (26 ff.); *Michael Weise/Stefan Brühl*, Auswirkungen eines künftigen IT-Sicherheitsgesetzes auf Betreiber Kritischer Infrastrukturen, CR 2015, 290 (291 ff.).
[29] IT-Sicherheitskatalog gemäß § 11 Absatz 1a Energiewirtschaftsgesetz (o. Fn. 13), S. 4.

ten ‚Stand der Technik' in Bezug auf die Absicherung der jeweils eingesetzten Systeme zu beachten sowie die allgemeine IKT-Bedrohungslage und die spezifische Bedrohungslage für die eingesetzten Systeme zu berücksichtigen".[30] Unter C. werden als *Schutzziele der IT-Sicherheit* die Sicherstellung der *Verfügbarkeit* der zu schützenden Systeme und der *Integrität* der verarbeiteten Informationen und Systeme sowie die Gewährleistung der *Vertraulichkeit* der mit den Systemen verarbeiteten Informationen ausgewiesen,[31] die sodann in Anlehnung an die DIN 2011 näher erläutert werden.[32] Es wird betont, dass sich die Angemessenheit der durchzuführenden Maßnahmen nach dem individuellen Schutzbedarf des jeweiligen Netzbetreibers richtet. Dieser muss bei dessen Ermittlung sowohl die Risiken für den eigenen Betrieb als auch solche bezüglich der Sicherheit verbundener Energieversorgungsnetze einbeziehen.[33] Auch wenn sich der Netzbetreiber Dritter zur Erfüllung dieser Schutzziele bedient, bleibt seine Verantwortung bestehen.[34] Hinsichtlich des *Geltungsbereichs des Sicherheitskatalogs* wird in der Einleitung betont, dass er unabhängig von der Größe oder der Anzahl der angeschlossenen Kunden von allen Netzbetreibern zu erfüllen ist.[35] Im *Abschnitt D.* wird dieser weiter präzisiert. Er bezieht sich auf alle für einen sicheren Netzbetrieb notwendigen zentralen und dezentralen Anwendungen, Systeme und Komponenten einschließlich der zu netzbetrieblichen Zwecken eingesetzten Messsysteme nach § 21d EnWG.[36] Der Netzbetreiber hat unter Beachtung der im Katalog vorgegebenen Kriterien die im Einzelfall betroffenen Anwendungen, Systeme und Komponenten eines Netzes zu ermitteln und im Falle der Einschaltung eines Dritten die Anwendung und Umsetzung des Katalogs durch diesen aufgrund entsprechender Vereinbarungen sicherzustellen.[37]

Das Herzstück des Sicherheitskatalogs bilden die *Sicherheitsanforderungen im Abschnitt E.* Zur Gewährleistung eines angemessenen Sicherheitsniveaus sind Einzelmaßnahmen unzureichend. Es bedarf eines ganzheitlichen Ansatzes, „der kontinuierlich auf Leistungsfähigkeit und Wirksamkeit zu überprüfen und bei Bedarf anzupassen ist".[38] Die Netzbetreiber müssen ein Informationssicherheitssystem (ISM)

---

[30] IT-Sicherheitskatalog gemäß § 11 Absatz 1a Energiewirtschaftsgesetz (o. Fn. 13), S. 4.
[31] IT-Sicherheitskatalog gemäß § 11 Absatz 1a Energiewirtschaftsgesetz (Fn. 13), S. 5.
[32] IT-Sicherheitskatalog gemäß § 11 Absatz 1a Energiewirtschaftsgesetz (Fn. 13), S. 5: Verfügbarkeit = dass zu schützende Daten und Systeme auf Verlangen einer berechtigten Einheit zugänglich und nutzbar sind, Integrität = Richtigkeit und Vollständigkeit der verarbeiteten Daten sowie korrekte Funktionsweise der Systeme, Vertraulichkeit = Schutz vor unberechtigtem Zugriff.
[33] IT-Sicherheitskatalog gemäß § 11 Absatz 1a Energiewirtschaftsgesetz (Fn. 13), S. 5.
[34] IT-Sicherheitskatalog gemäß § 11 Absatz 1a Energiewirtschaftsgesetz (Fn. 13), S. 5.
[35] IT-Sicherheitskatalog gemäß § 11 Absatz 1a Energiewirtschaftsgesetz (Fn. 13), S. 3.
[36] IT-Sicherheitskatalog gemäß § 11 Absatz 1a Energiewirtschaftsgesetz (Fn. 13), S. 6. Allerdings gibt es momentan Bestrebungen, die Anforderungen an die Messsysteme in einem eigenständigen Gesetz zu regeln, siehe BR-Drs. 543/15.
[37] IT-Sicherheitskatalog gemäß § 11 Absatz 1a Energiewirtschaftsgesetz (Fn. 13), S. 6.
[38] IT-Sicherheitskatalog gemäß § 11 Absatz 1a Energiewirtschaftsgesetz (Fn. 13), S. 8.

implementieren, das die im Geltungsbereich beschriebenen Systeme umfasst und „den Anforderungen der DIN ISO/IEC 27001 in der jeweils geltenden Fassung genügt".[39] Anschließend werden in einer graphischen Abbildung die Phasen des „Plan-Do-Check-Act-Modell" dargestellt, gefolgt von Kurzbeschreibungen dieser Phasen in Tabellenform.[40] Bei der Implementierung des ISM sind die Normen DIN ISO/IEC 27002 und DIN ISO/IEC TR 27019 (DIN SPEC 27019) in der jeweils geltenden Fassung zu berücksichtigen. Die BNetzA behält sich die Überprüfung etwaiger Anpassungen der genannten DIN-Normen auf ihre Anwendbarkeit in regelmäßigen Abständen vor.[41] Diese Normen sind immer in Abhängigkeit von ihrer Bedeutung unter Berücksichtigung der Ergebnisse der Risikoeinschätzung umzusetzen.[42] Die Netzbetreiber müssen nachhaltig sicherstellen, dass der Betrieb ihrer IKT ordnungsgemäß erfolgt.[43]

Nach Erstellung eines *Netzstrukturplans* entsprechend den Technologiekategorien in Tabelle 2[44] muss der jeweilige Netzbetreiber einen Prozess zur Risikoeinschätzung der Informationssicherheit festlegen.[45] Dabei hat er sich an den Schadenskategorien „kritisch", „hoch" und „mäßig" zu orientieren. Grundsätzlich ist von der Einstufung „hoch" auszugehen; die Einstufung als „mäßig" ist ausführlich zu begründen und zu dokumentieren.[46] Im Anschluss daran hat eine *Risikobehandlung durch Auswahl geeigneter und angemessener Maßnahmen* zu erfolgen. Bei der Geeignetheit der Maßnahmen kann auf den allgemein anerkannten „Stand der Technik" zurückgegriffen werden. Ist dies nicht möglich oder werden aus anderen Gründen abweichende Maßnahmen getroffen, muss konkret belegt und dokumentiert werden, dass die IKT-Schutzziele gleichwohl erreicht werden.[47] Bei der Angemessenheit der Maßnahme ist insbesondere der benötigte technische und wirtschaftliche Aufwand zu berücksichtigen, der nicht außer Verhältnis zu den Folgen eines Ausfalls oder einer Beeinträchtigung des sicheren Netzbetriebs stehen soll.[48] Schließlich muss der Netzbetreiber der BNetzA für die Koordination und Kommunikation mit dieser einen *Ansprechpartner* benennen.[49] Der Katalog endet mit *Umsetzungsvorgaben im Abschnitt F.* Die Netzbetreiber müssen die Konformität ihres ISM durch das Zertifikat einer unabhängigen und akkreditierten Stelle belegen.[50] Während der An-

---

[39] IT-Sicherheitskatalog gemäß § 11 Absatz 1a Energiewirtschaftsgesetz (o. Fn. 13), S. 8.
[40] IT-Sicherheitskatalog gemäß § 11 Absatz 1a Energiewirtschaftsgesetz (Fn. 13), S. 9.
[41] IT-Sicherheitskatalog gemäß § 11 Absatz 1a Energiewirtschaftsgesetz (Fn. 13), S. 10.
[42] IT-Sicherheitskatalog gemäß § 11 Absatz 1a Energiewirtschaftsgesetz (Fn. 13), S. 10.
[43] IT-Sicherheitskatalog gemäß § 11 Absatz 1a Energiewirtschaftsgesetz (Fn. 13), S. 10.
[44] IT-Sicherheitskatalog gemäß § 11 Absatz 1a Energiewirtschaftsgesetz (Fn. 13), S. 11 f.
[45] IT-Sicherheitskatalog gemäß § 11 Absatz 1a Energiewirtschaftsgesetz (Fn. 13), S. 12.
[46] IT-Sicherheitskatalog gemäß § 11 Absatz 1a Energiewirtschaftsgesetz (Fn. 13), S. 13.
[47] IT-Sicherheitskatalog gemäß § 11 Absatz 1a Energiewirtschaftsgesetz (Fn. 13), S. 14.
[48] IT-Sicherheitskatalog gemäß § 11 Absatz 1a Energiewirtschaftsgesetz (Fn. 13), S. 14.
[49] IT-Sicherheitskatalog gemäß § 11 Absatz 1a Energiewirtschaftsgesetz (Fn. 13), S. 14 f.
[50] IT-Sicherheitskatalog gemäß § 11 Absatz 1a Energiewirtschaftsgesetz (Fn. 13), S. 15.

sprechpartner für die IT-Sicherheit bis zum 30.11.2015 benannt werden musste, ist der Abschluss des Zertifizierungsverfahrens der BNetzA bis zum 31.1.2018 mitzuteilen.[51]

Inhaltlich beziehen sich die Regelungen im IT-Sicherheitskatalog auf die Netzbetreiber. Indem innerhalb seines Geltungsbereichs alle Netzbetreiber denselben Verhaltensmaßstäben unterliegen, wird ein gleichmäßiges IT-Sicherheitsschutzniveau herbeigeführt. Der Katalog setzt den Betreibern in dieser Hinsicht Untergrenzen und forciert die Verbreitung von ISM-Systemen. Dass die Betreiber infolge der Statuierung von Mindestsicherheitsstandards sich für die Implementierung strengerer Sicherheitsanforderungen entschließen dürfen, erfolgt aus Rücksichtnahme auf ihre Grundrechte. Laut einer Internet-Broschüre der Bundesdruckerei gibt es bislang nur wenige Energieversorger mit einem zertifizierten ISM; pro ISM-Einführung wird regelmäßig von einem Projektaufwand von mindestens EUR 500.000 ausgegangen.[52] § 11 Abs. 1a EnWG führt also zu einer Belastung der Betreiber von Energieversorgungsnetzen.[53] Der IT-Sicherheitskatalog besteht aus einer ganzen Reihe von Anforderungen, die zu beachten sind. Damit hat die BNetzA, wie es von Seiten des Bundesgesetzgebers vorgeschrieben wurde, ein eigenständiges Regelwerk erstellt. Dieses lässt sich von seiner Gestalt durchaus als „Katalog" qualifizieren. Nach dem allgemeinen Sprachgebrauch enthält ein Katalog ein nach einem bestimmten System geordnetes Verzeichnis von Gegenständen bzw. eine lange Reihe, große Anzahl, zusammenfassende Aufzählung.[54]

Der IT-Sicherheitskatalog lehnt sich stark an internationale Standards sowie DIN-Vorgaben an. Letztere wurden von privaten Normungsgremien erlassen, die selbst weder an die Grundrechte noch an verfassungsrechtliche Vorgaben gebunden sind.[55] Mangels von ihnen innegehabter Hoheitsgewalt sind diese Regeln nicht rechtsverbindlich. Ihre Befolgung beruht auf Freiwilligkeit.[56] Indem aber die BNetzA im Benehmen mit dem BSI derartige ursprünglich private Normen zum Inhalt des IT-Sicherheitskatalogs macht, ändert sich deren rechtliche Bewertung. Die eigenverantwortliche Verweisungsentscheidung der BNetzA macht die in Bezug genommenen Regelwerke in dem von staatlicher Seite vorgeschriebenen Umfang für die Netz-

---

[51] IT-Sicherheitskatalog gemäß § 11 Absatz 1a Energiewirtschaftsgesetz (o. Fn. 13), S. 15.

[52] Bundesdruckerei, Einführung eines Informationssicherheits-Management-Systems (ISMS) bei Energieversorgern, abrufbar unter: https://www.bundesdruckerei.de/digitalisierung/ whitepaper/whitepaper-isms, zuletzt geprüft am: 11.2.2016.

[53] Die Kosten können dann aber von diesen teilweise weitergegeben werden, *Frederic Geber*, Die Netzanbindung von Offshore-Anlagen im europäischen Supergrid, 2014, S. 277 ff.

[54] Eintrag „Katalog" im Duden, http://www.duden.de/rechtschreibung/Katalog, zuletzt geprüft am 18.9.2015.

[55] Zu diesem Aspekt privater Normung z. B. *Stefan Magen*, Zur Legitimation privaten Rechts, in: Bumke/Röthel (Hrsg.), Privates Recht, 2012, S. 229 (235).

[56] *Michael Kloepfer*, Instrumente des Technikrechts, in: Schulte/Schröder (Hrsg.), Handbuch des Technikrechts, 2011, S. 151 (180).

betreiber rechtsverbindlich.[57] Gleichzeitig übernimmt die BNetzA die Verantwortung für deren Gesetzes- und Verfassungskonformität. Dadurch nutzt der Staat einerseits die Arbeit und das dezentrale Wissen der in diesem Bereich tätigen Spezialisten.[58] Andererseits erhöht sich die Akzeptanz der Verpflichteten, weil die im Sicherheitskatalog aufgestellten Anforderungen den Bedürfnissen des Marktes entsprechen.[59] Dementsprechend betont der Katalog auch die Mitwirkung(smöglichkeit) der Branche an der Konkretisierung und Ausgestaltung des Stands der Technik in den dafür zuständigen Gremien.[60] Während bis vor kurzem eine solche Verweisung auf private Normen aufgrund ihrer bloßen Vermutungswirkung geringere Probleme bereitet hätte,[61] ist dies aufgrund der sich aus § 11 Abs. 1a EnWG den Netzbetreibern vorgegebenen Befolgungspflicht der Kataloganforderungen nicht mehr der Fall. Ohne bereits hier im Detail auf deren Rechtsnatur einzugehen, kann es für die rechtliche Beurteilung keinen gravierenden Unterschied machen, ob in einem (materiellen) Gesetz oder in einem von staatlichen Stellen zu verantwortenden Rechtsakt anderer Art den Betroffenen die Einhaltung bestimmter Standards privater Normungsgremien verbindlich vorgegeben wird.

§ 11 Abs. 1a Satz 2 EnWG schreibt die Veröffentlichung des IT-Sicherheitskatalogs vor. Das Rechtsstaatsprinzip gebietet es, dass die Betroffenen von den Regelungen, zu deren Einhaltung sie verpflichtet sind, Kenntnis nehmen können. Nur unter dieser Voraussetzung können sie ihr Verhalten danach ausrichten.[62] Infolge der Publikmachung des IT-Sicherheitskatalogs kann jeder prüfen, wie die BNetzA von ihrer Konkretisierungsbefugnis hinsichtlich des unbestimmten Rechtsbegriffs des angemessenen IT-Schutzes Gebrauch gemacht hat. Vorliegend hat die BNetzA den IT-Sicherheitskatalog zwar veröffentlicht. Dessen genauen Inhalt können sich die Energieversorgungsnetzbetreiber aber nur erschließen, wenn sie auch den Inhalt der in Bezug genommenen Normen der privaten Normungsgremien kennen.[63] Ob staatliche

---

[57] Aber ohne speziellen Bezug zum IT-Sicherheitskatalog *Jan Thomas Halama*, Rechtsprobleme der Energieeffizienz am Beispiel der Gebäudesanierung, 2014, S. 416; *Jaeckel* (o. Fn. 4), S. 228.

[58] Siehe auch BVerwGE 147, 100 (107 ff.); *Martin Eifert*, „Sachverständiges Recht" am Beispiel des Technikrechts, in: Bumke/Röthel (Hrsg.), Privates Recht, 2012, S. 79 ff.; zu den Bedenken im Hinblick auf die Zusammensetzung der Gremien z. B. *Halama* (o. Fn. 57), S. 413 ff.

[59] Ohne Bezug zum Sicherheitskatalog *Halama* (o. Fn. 57), S. 418.

[60] IT-Sicherheitskatalog gemäß § 11 Absatz 1a Energiewirtschaftsgesetz (o. Fn. 13), S. 4; siehe zu diesem kooperativen Ansatz auch *Alfred G. Debus*, Verweisungen in deutschen Rechtsnormen, 2008, S. 100 f.

[61] Dazu *Jaeckel* (o. Fn. 4), S. 232; *Peter Marburger/Mark Klein*, Bezugnahme auf technische Normen im deutschen Umwelt- und Technikrecht, UTR 58 (2001), S. 161 (166); *Helmuth Schulze-Fielitz*, Technik und Umweltrecht, in: Schulte/Schröder (Hrsg.), Handbuch des Technikrechts, 2011, S. 455 (490).

[62] Zum Publikationserfordernis bei materiell-rechtlichen Normen *Peine*, AbfallR 2008, 20 (23).

[63] Durch die Verweisungstechnik bleibt der Katalog schlank und übersichtlich.

Stellen auf DIN-Normen ohne Zugänglichmachung von deren Inhalt verweisen dürfen, ist bis heute im Schrifttum umstritten. Das BVerwG hat vor kurzem diese Regelungstechnik gegenüber einer homogenen Adressatengruppe gebilligt. So hatte der 3. Senat keine Bedenken gegenüber einer Verweisung auf eine europäische technische Norm, die auch als DIN-Norm übernommen wurde, und nur Sportbootbetreiber und -nutzer betraf. Diese Norm sei durch Hinterlegung bei einer staatlichen Stelle archivmäßig gesichert und kostenfrei an den bundesweit eingerichteten DIN-Norm-Auslegestellen einsehbar.[64] Bei technischen Regelwerken sei dies ausreichend, zumal diese darüber hinaus entgeltlich erworben werden könnten.[65] Da die für Sportboote als technisches Gerät maßgeblichen Standards zumeist nur durch Hinzuziehung von Sachverständigen beurteilt werden könnten, Letztere aber nicht unentgeltlich tätig würden, müssten die Betreiber solcher Geräte derartige Kosten als Folge von deren Anschaffung und Nutzung einkalkulieren.[66] Auch ist die Angabe einer exakten Fundstelle des Verweisungsobjekts bei seiner hinreichend bestimmten Bezeichnung entbehrlich.[67] Hält man diese Rechtsprechung für überzeugend, fallen die rechtsstaatlichen Bedenken gegenüber dieser von der BNetzA gewählten Technik geringer aus.[68]

Äußerst problematisch ist jedoch, dass nach dem Katalog die dort bezeichneten technischen Normen „in der jeweils geltenden Fassung" maßgeblich sind,[69] worin eine sog. dynamische Verweisung liegt.[70] Ändern die privaten Normungsgremien den Inhalt ihrer technischen Regeln, erhält der Sicherheitskatalog automatisch einen anderen Inhalt, ohne dass sich die BNetzA damit auseinandergesetzt hat. Infolge der Dynamisierung können nicht demokratisch legitimierte Stellen auf dessen Inhalt einwirken. Für die Zulässigkeit einer solchen Dynamisierung lässt sich möglicherweise anführen, dass der Gesetzgeber des § 11 Abs. 1a EnWG die Dynamik der Materie kannte und auf eine automatische Anpassung der Sicherheitsanforderungen an die neuesten privaten Standards zur Erreichung einer optimalen IT-Sicherheit ab-

---

[64] BVerwGE 147, 100 (107); mangels Homogenität hielt das BVerwG, Beschluss vom 5.12.2013 – 4 BN 48/13, UPR 2014, 148 (149) dagegen eine Verweisung in einem Bebauungsplan auf eine DIN-Norm für rechtsstaatswidrig.

[65] BVerwGE 147, 100 (107); so auch *Debus* (o. Fn. 60), S. 125 f.

[66] BVerwGE 147, 100 (109 f.).

[67] BVerwGE 147, 100 (111); *Debus* (o. Fn. 60), S. 127 f.; *Annette Guckelberger*, Die Gesetzgebungstechnik der Verweisung unter besonderer Berücksichtigung ihrer verfassungs- und gemeinschaftsrechtlichen Probleme, ZG 2004, 62 (74).

[68] Fraglich ist allerdings, ob und inwieweit die archivmäßige Sicherung bei der dynamischen Verweisung zunächst vorliegt, zumal nach Fn. 3, 4 des IT-Sicherheitskatalogs gemäß § 11 Absatz 1a Energiewirtschaftsgesetz (o. Fn. 13) die Berücksichtigung der jeweils aktuellen ISO-Normen vorgeschrieben wird, auch wenn noch keine deutsche Übersetzung vorliegt.

[69] IT-Sicherheitskatalog gemäß § 11 Absatz 1a Energiewirtschaftsgesetz (o. Fn. 13), S. 10.

[70] Zur dynamischen Verweisung *Guckelberger*, ZG 2004, 62 (75).

zielte.[71] Dagegen spricht jedoch, dass man der BNetzA im Benehmen mit dem BSI die Erstellung eines IT-Sicherheitskatalogs aufgegeben hat, die daher für seinen Inhalt verantwortlich zeichnet. Da die Anpassungsfähigkeit der zu regelnden Materie bekannt war, ist § 11 Abs. 1a Satz 2 EnWG so zu verstehen, dass die BNetzA auch für Änderungen des Katalogs zuständig ist. Während das Schrifttum dynamischen Verweisungen auf private Regelwerke wegen Unterlaufen des Demokratieprinzips tendenziell sehr skeptisch gegenübersteht,[72] hat die Rechtsprechung an dieser Regelungstechnik keine Bedenken, soweit der Inhalt der Bezugsnormen im Wesentlichen feststeht. Ob die verfassungsrechtlichen Grenzen noch gewahrt sind, soll sich dabei nach dem Sachbereich, der Grundrechtsrelevanz sowie dem Umfang der Verweisung richten.[73] Angesichts der großen Reichweite der Verweisung auf die privaten Normen, aus denen sich sowohl in formeller als auch materieller Hinsicht die Anforderungen an das IT-Sicherheitsmanagement ergeben, sowie den damit verbundenen hohen Investitionskosten lässt sich die getroffene Regelung auch nach den Vorgaben der Rechtsprechung nicht mehr mit dem Demokratieprinzip in Einklang bringen.

Zwar behält sich die BNetzA im Katalog die Überprüfung etwaiger Anpassungen der privaten Sicherheitsstandards vor. Dies genügt jedoch nicht den verfassungsrechtlichen Anforderungen. Der Vorbehalt kann nicht verhindern, dass der IT-Sicherheitskatalog vorübergehend einen von der BNetzA nicht gewollten Inhalt erlangt.[74] Da sich geänderte private Standards nicht zwangsläufig harmonisch in die übrigen Regelungen des IT-Sicherheitskatalogs einfügen müssen, ist dies ein weiteres Argument gegen die gewählte Dynamisierung. Weil die Änderungen erhebliche Konsequenzen für die Netzbetreiber zeitigen können und nur die staatlichen Stellen grundrechtsgebunden sind, müssen sich diese – anders als die privaten Normungsgremien – aus verfassungsrechtlichen Gründen Gedanken machen, ob die Änderungen sofort oder erst nach einer gewissen Übergangszeit greifen. Überdies lässt der Prüfvorbehalt ausgeblendet, dass gemäß § 11 Abs. 1a Satz 2 EnWG auch das BSI seine Expertise in die Konzeption des IT-Sicherheitskatalogs einbringen soll. Nach dem Sinn und Zweck dieser Regelung muss die BNetzA auch für Änderungen des IT-Sicherheitskatalogs das Benehmen des BSI einholen. Die dynamische Verweisung lässt sich deshalb weder mit dieser Norm noch den verfassungsrechtlichen Anforderungen in Einklang bringen. Sie sollte daher in eine statische Verweisung umgewandelt werden. Da erhebliche Störungen der IT-Sicherheit dem BSI zu melden und von diesem

---

[71] Dazu, dass statische Verweisungen wegen der Gefahr der Überalterung nicht attraktiv sind, *Erhard Denninger*, Verfassungsrechtliche Anforderungen an die Normsetzung im Umwelt- und Technikrecht, 1990, Rdnr. 137; *Jaeckel* (o. Fn. 4), S. 231.

[72] Ablehnend z. B. *Jaeckel* (o. Fn. 4), S. 231, 233; *Michael Schäfer*, Verfassungsrechtliche Rahmenbedingungen für die Konkretisierung unbestimmter Sicherheitsstandards durch die Rezeption von Sachverstand, 1998, S. 178; *Schulze-Fielitz* (o. Fn. 61), S. 489.

[73] BVerwGE 147, 100 (114 ff.); siehe auch BVerwG, Urteil vom 26.3.2015 – 5 C 8/14, Rdnr. 25 (juris); ThürVerfGH, Urteil vom 21.5.2014 – VerfGH 13/11, Rdnr. 220 (juris).

[74] Ohne Bezug zum Sicherheitskatalog *Florian Becker*, Kooperative und konsensuale Strukturen in der Normsetzung, 2005, S. 546; *Guckelberger*, ZG 2004, 62 (76); *Schäfer* (o. Fn. 72), S. 179; a. A. *Debus* (o. Fn. 60), S. 227 f.

der BNetzA mitzuteilen sind (§ 11 Abs. 1c EnWG), sind beide staatlichen Stellen laufend mit dem Thema IT-Sicherheit befasst. Es ist daher nicht nur den Netzbetreibern, sondern ebenso den für den IT-Sicherheitskatalog zuständigen Stellen kontinuierlich aufgegeben, sich mit dem angemessenen IT-Sicherheitsniveau zu befassen und bei Bedarf Nachjustierungen vorzunehmen. Ein solcher Anpassungsbedarf könnte sich unter Umständen auch durch die Verabschiedung eines Gesetzes zur Digitalisierung der Energiewende (BR-Drs. 543/15) ergeben.

IV. Analyse der Rechtsnatur des IT-Sicherheitskatalogs

Allein aus der Bezeichnung einer staatlichen Maßnahme als „Katalog" lassen sich keine Rückschlüsse auf dessen Rechtsnatur ziehen. So beruht der Bußgeldkatalog auf einer Rechtsverordnung[75] und Entgeltkataloge werden nach § 15 Abs. 1 Satz 4 KHEntgG entweder vereinbart oder durch Rechtsverordnung vorgegeben. Der „Katalog streitkräftegemeinsamer Bedarfsträgeranforderungen für Auswahl- und Verwendungsplanungsverfahren im Rahmen des Personalmanagements" wurde als Verwaltungsvorschrift an die zentralen personalbearbeitenden Stellen und die Auswahlkonferenzen eingestuft.[76] Da der IT-Sicherheitskatalog nach der früheren Rechtslage nur eine Vermutungswirkung hatte, jetzt aber verbindlich zu befolgen ist, wird die Frage nach der Beantwortung seiner Rechtsnatur immer dringlicher. Denn je nach Zuordnung der Maßnahme variieren ihre Rechtmäßigkeitsbedingungen, Rechtswirkungen einschließlich Fehlerfolgen sowie Rechtsschutzmöglichkeiten.[77] So wurde hinsichtlich der ebenfalls im IT-Sicherheitsgesetz gemäß § 8a BSIGB anzuerkennenden Branchenstandards eine Klarstellung ihrer Rechtsnatur gefordert[78] und hielten andere in Bezug auf den früheren IT-Sicherheitskatalog mit seiner bloßen Vermutungswirkung trotz mangelnder förmlicher Festlegung eine gerichtliche Prüfung nicht von vornherein für ausgeschlossen.[79]

---

[75] § 1 Abs. 1 Bußgeldkatalog-Verordnung.

[76] BVerwG, Beschluss vom 27. 11. 2014 – 1 WB 36/14, Rdnr. 15 (juris).

[77] *Wolfgang Hoffmann-Riem*, Rechtsformen, Handlungsformen, Bewirkungsformen, in: ders./Schmidt-Aßmann/Voßkuhle (Hrsg.), Grundlagen des Verwaltungsrechts, Bd. II, Informationsordnung, Verwaltungsverfahren, Handlungsformen, 2. Aufl. 2012, § 33 Rdnr. 3.

[78] *Jens Eckhardt*, Der Referentenentwurf zum IT-Sicherheitsgesetz – Schutz der digitalen Zukunft?, ZD 2014, 599 (600).

[79] *Andreas Lied/Stefan Brühl/Jan-Hendrik vom Wege/Michael Weise*, Der IT-Sicherheitskatalog der Bundesnetzagentur: Auswirkungen auf die Verteilernetzbetreiber, Energiewirtschaftliche Tagesfragen (et), Heft 8/2014, 67 (68).

1. IT-Sicherheitskatalog als Rechtsverordnung?

Im Grundgesetz gibt es keine ausdrückliche Definition der Rechtsverordnung.[80] Art. 80 GG entnimmt man jedoch, dass eine Rechtsverordnung einen untergesetzlichen und allgemeinverbindlichen Rechtssatz beinhaltet, den die Exekutive aufgrund einer parlamentsgesetzlichen Delegation der Rechtsetzungsbefugnis erlässt.[81] Davon macht der Gesetzgeber zu seiner Entlastung angesichts des Wissensvorsprungs der Verwaltung und ihrer schnelleren Reaktionszeiten vielfach Gebrauch.[82] Nach dem Lehrbuch von *Franz-Joseph Peine* eignen sich für Rechtsverordnungen u. a. „Regelungen, deren Änderung infolge sich rasch ändernder Verhältnisse durch flexible Reaktion möglich sein muss", wofür beispielhaft Rechtsverordnungen angegeben werden, „die Sicherheitsstandards im technischen Sicherheitsrecht festlegen".[83]

Auf den ersten Blick könnte für eine Qualifizierung des IT-Sicherheitskatalogs als Rechtsverordnung dessen exekutive Herkunft – Erlass durch die BNetzA im Einvernehmen mit dem BSI – sprechen. Der Katalog beruht auf keiner originären administrativen Rechtssetzung,[84] weil die BNetzA in § 11 Abs. 1a Satz 2 EnWG zu seinem Erlass ermächtigt und verpflichtet wird. Auch scheidet eine Satzung aus,[85] da die BNetzA den IT-Sicherheitskatalog als obere Bundesbehörde nicht zur Regelung eigener Angelegenheiten erlässt. Da der IT-Sicherheitskatalog gegenüber einer unbestimmten Vielzahl von Energieversorgungsnetzbetreibern in einer unbestimmten Zahl von Fällen zum angemessenen IT-Schutz ihrer Telekommunikations- und elektronischen Datenverarbeitungssysteme greift, ist er abstrakt-genereller Natur. Mangels Einzelfallbezugs kann er keine Allgemeinverfügung i. S. d. § 35 Satz 2 VwVfG sein.[86] Da Sicherheitsstandards einem raschen Wandel unterliegen, betrifft der Katalog einen Bereich, in dem der Gesetzgeber häufig aus Gründen der Arbeitsteilung konkretisierende Rechtsverordnungen vorsieht. Gleichzeitig konturiert der Katalog den in § 11 Abs. 1a Satz 1 EnWG vorgeschriebenen angemessenen IT-Schutz. Hierdurch wird den Netzbetreibern eine einfache Verwirklichung und der BNetzA eine effektive und gut zu handhabende Aufsicht ermöglicht.

---

[80] *Arnd Uhle*, Die Rechtsverordnung, in: Kluth/Krings u. a. (Hrsg.), Gesetzgebung – Rechtsetzung durch Parlamente und Verwaltungen sowie ihre gerichtliche Kontrolle, 2014, § 24 Rdnr. 1.

[81] *Uhle* (o. Fn. 80), § 24 Rdnr. 1.

[82] *Hill/Martini* (o. Fn. 5), § 34 Rdnr. 5; *Jaeckel* (o. Fn. 4), S. 197 f.; *Uhle* (o. Fn. 80), § 24 Rdnrn. 9 f.

[83] *Peine* (o. Fn. 3), Rdnr. 147.

[84] Dazu z. B. *Hill/Martini* (o. Fn. 5), § 34 Rdnr. 24; *Matthias Ruffert*, Rechtsquellen und Rechtsschichten des Verwaltungsrechts, in: Hoffmann-Riem/Schmidt-Aßmann/Voßkuhle (Hrsg.), Grundlagen des Verwaltungsrechts, Bd. I, Methoden, Maßstäbe, Aufgaben, Organisation, 2. Aufl. 2012, § 17 Rdnrn. 15 ff.

[85] Zur für Satzungen benötigten Autonomie *Hill/Martini* (o. Fn. 5), § 34 Rdnr. 26; *Uhle* (o. Fn. 80), § 24 Rdnr. 4.

[86] Näher zur Abgrenzung Rechtsverordnung/Allgemeinverfügung z. B. *Helge Sodan/Jan Ziekow*, Grundkurs Öffentliches Recht, 6. Aufl. 2014, § 74 Rdnrn. 19 ff.

In seiner Habilitationsschrift kam *Armin von Bogdandy* zu dem Ergebnis, dass Rechtsverordnungen abstrakt-generelle Regelungen mit einem strengen Verbindlichkeitsanspruch enthalten, die zu einer Vielzahl von Einzelstreitigkeiten führen können.[87] An dieser strengen Verbindlichkeit könnte es fehlen, weil der IT-Sicherheitskatalog – auch nach den Gesetzesmaterialien – nur Mindeststandards statuiert. Da aber, wie man an § 48a BImSchG sehen kann, in Rechtsverordnungen Emissions- und Immissionswerte festgesetzt werden können, deren Schutzstandard die Adressaten zwar nicht unter-, sehr wohl aber überschreiten dürfen, ist dies für sich allein kein Argument, um eine Rechtsverordnung zu verneinen. Die Netzbetreiber müssen die im IT-Sicherheitskatalog festgelegten Mindestanforderungen mit strikter Verbindlichkeit befolgen.

Betrachtet man aber den vorliegenden IT-Sicherheitskatalog, bestehen aus anderen Gründen Zweifel an seiner Einordnung als Rechtsverordnung. Inhaltlich setzt sich dieser nicht aus einer ganzen Reihe von §§-Normen zusammen. Stattdessen beginnt er mit Aussagen in einer Einleitung und zu den rechtlichen Grundlagen sowie Schutzzielen, bevor Ausführungen zu den Sicherheitsanforderungen und den Umsetzungsvorgaben erfolgen. Für jede dieser Aussagen ist gesondert zu untersuchen, ob und inwieweit sie nur Hinweise und Erläuterungen bietet oder aber rechtsverbindliche Festlegungen trifft. Außerdem enthält er eine graphische Abbildung und Tabellen. Deshalb fehlt ihm die für den Inhalt von Rechtsverordnungen typische Gestalt. So meint auch *Helmuth Schulze-Fielitz* in einer Abhandlung über das Umwelt- und Technikrecht: „Je mehr Definitionen, Diagramme oder technisch-naturwissenschaftliche Grenzwerte ein Regelwerk enthält, desto eher erscheint es der Praxis für die Form der klassischen Rechtsverordnung ungeeignet zu sein […]".[88]

Letztlich sprechen formale Gründe gegen eine Einstufung des IT-Sicherheitskatalogs als Rechtsverordnung.[89] Adressaten einer Verordnungsermächtigung können nach Art. 80 Abs. 1 Satz 2 GG nur die Bundesregierung, ein Bundesminister oder die Landesregierung sein, die gemäß Satz 4 nur bei einer Ermächtigung diese weiter übertragen dürfen. § 11 Abs. 1a Satz 2 EnWG nimmt dagegen direkt die BNetzA zur Aufstellung des IT-Sicherheitskatalogs in die Pflicht. Da der Terminus Rechtsverordnung mehrfach in § 11 EnWG gebraucht wird[90] und Absatz 2 sogar regelt, was Gegenstand von Rechtsverordnungen sein kann, belegt die Systematik des § 11 EnWG sozusagen im Umkehrschluss, dass der IT-Sicherheitskatalog etwas anderes als eine Rechtsverordnung ist.

---

[87] *Armin von Bogdandy*, Gubernative Rechtsetzung, 2000, S. 241.

[88] *Schulze-Fielitz* (o. Fn. 61), S. 488.

[89] Für eine Angrenzung anhand äußerer Merkmale *von Bogdandy* (o. Fn. 87), S. 241; zur Frage des formellen oder materiellen Begriffsinhalts auch *Uhle* (o. Fn. 80), § 24 Rdnrn. 2 ff.

[90] § 11 Abs. 1b Satz 1, Abs. 1c Satz 1, Abs. 2 Satz 1 EnWG.

2. IT-Sicherheitskatalog als Verwaltungsvorschrift?

Entsprechend dem aus zwei Komponenten zusammengesetzten Wort Verwaltungsvorschrift enthalten diese nach herkömmlicher Konzeption Regelungen von der Verwaltung für die Verwaltung. Sie werden zumeist als Regelungen umschrieben, „die innerhalb der Verwaltungsorganisation von übergeordneten Verwaltungsinstanzen oder Vorgesetzen an nachgeordnete Behörden oder Bedienstete ergehen",[91] um die Organisation oder das Handeln der Verwaltung zu steuern.[92] Sie zählen zum Innenrecht der Verwaltung.[93] Verwaltungsvorschriften zählen nicht zu den Gesetzen i. S. d. Art. 20 Abs. 3 GG und entfalten grundsätzlich keine Außenwirkung gegenüber Bürgern und Gerichten.[94] Ermessenslenkende Verwaltungsvorschriften können jedoch mittelbar über Art. 3 Abs. 1 GG Außenwirkung erhalten.[95] Nur den normkonkretisierenden Verwaltungsvorschriften wird ausnahmsweise eine unmittelbare Außenwirkung auch in Bezug auf die Gerichte zugesprochen.[96] Während man dies anfangs mit ihrem Charakter als antizipierte Sachverständigengutachten begründete,[97] setzte sich dieser Ansatz wegen der auch bei Grenzwerten vorzunehmenden Wertungen nicht durch.[98] Heute stützt man die Außenwirkung derartiger Vorschriften vielmehr auf das Vorhandensein einer normativen Ermächtigung für ihren Erlass, die bessere Eignung der Exekutive zur Grenzwertfestlegung, einen ihr eingeräumten Beurteilungsspielraum sowie besonderen Verfahrensanforderungen, wie sie z. B. § 48 BImSchG zu entnehmen sind.[99] Die Außenwirkung der normkonkretisierenden Verwaltungsvorschriften ist beschränkt. Bei atypischen Sachverhalten und inhaltlicher Überholung sind die Gerichte nicht an sie gebunden.[100] Angesichts ihrer unmittelba-

---

[91] *Steffen Detterbeck*, Allgemeines Verwaltungsrecht, 13. Aufl. 2015, Rdnrn. 100, 102, 852 f.; *Hartmut Maurer*, Allgemeines Verwaltungsrecht, 18. Aufl. 2011, § 24 Rdnr. 1; *Peine* (o. Fn. 3), Rdnr. 152.

[92] *Peine* (o. Fn. 3), Rdnr. 152.

[93] *Jaeckel* (o. Fn. 4), S. 204; *Peine* (o. Fn. 3), Rdnr. 151 f.

[94] Dazu, dass norminterpretierende Verwaltungsvorschriften die Gerichte nicht binden, BVerfGE 129, 1, 21 f.; *Detterbeck* (o. Fn. 91), Rdnr. 877.

[95] BVerwG, Urteil vom 25.4.2012 – 8 C 18/11, NVwZ 2012, 1262 (1265); *Jaeckel* (o. Fn. 4), S. 206.

[96] BVerwGE 110, 216 ff.; BVerwG, Urteil vom 10.7.2012 – 7 A 11/11, NVwZ 2012, 1393 ff.; *Peine* (o. Fn. 3), Rdnr. 158.

[97] BVerwGE 55, 250 (256); *Rüdiger Breuer*, Die rechtliche Bedeutung der Verwaltungsvorschriften nach § 48 BImSchG im Genehmigungsverfahren, DVBl 1978, 28 (34 ff.).

[98] Siehe *Annette Guckelberger*, Zum methodischen Umgang mit Verwaltungsvorschriften, Die Verwaltung 35 (2002), 61 (67) m. w. N.

[99] *Hill/Martini* (o. Fn. 5), § 34 Rdnr. 44; *Jaeckel* (o. Fn. 4), S. 206 ff., 219; *Peine* (o. Fn. 3), Rdnrn. 155, 158.

[100] BVerwGE 107, 338 (341 f.); *Hill/Martini* (o. Fn. 5), § 34 Rdnr. 44; *Jaeckel* (o. Fn. 4), S. 217; *Peine* (o. Fn. 3), Rdnr. 158; siehe auch *von Bogdandy* (o. Fn. 87), S. 464 ff.

ren Außenwirkung sind derartige Verwaltungsvorschriften aus Gründen des Rechtsschutzes und des Rechtsstaatsprinzips bekannt zu machen.[101]

Da der IT-Sicherheitskatalog von einer Behörde stammt, von ihr aufgrund einer speziellen Norm erlassen wird, ihr dabei innerhalb des vorgegebenen Rahmens aufgrund ihrer besonderen Erfahrungen bei den Sicherheitsanforderungen ein Standardisierungsspielraum zukommen dürfte und diese wegen ihrer Bedeutung für die Netzbetreiber zu publizieren sind, könnte es sich bei dem Katalog um eine normkonkretisierende Verwaltungsvorschrift handeln. Auch wenn die BNetzA die Einhaltung des Katalogs durch die Netzbetreiber überprüfen kann[102] und daher deren Handeln bestimmt, gibt es jedoch mehrere überzeugende Argumente gegen eine solche Zuordnung. Inhaltlich enthält der IT-Sicherheitskatalog eine Handlungsanweisung für Betreiber von Energieversorgungsnetzen. Diese sind seine vornehmlichen Adressaten. Für die Verwaltung selbst erlangt er nur bei der Aufsicht Relevanz. Es handelt sich daher nicht um Regelungen, die primär von der Verwaltung für die Verwaltung erlassen werden. Da nach § 11 Abs. 1a Satz 4 EnWG bei Einhaltung des Katalogs vom Vorliegen eines angemessenen Schutzes ausgegangen wird, steht jedenfalls die Formulierung dieser Vorschrift der Annahme einer nur beschränkten Außenwirkung des Katalogs entgegen. Während nach § 8 Abs. 1 Satz 2 BSIG das Innenministerium im Benehmen mit dem IT-Rat Mindeststandards für alle Stellen des Bundes als allgemeine Verwaltungsvorschriften erlassen kann, hat man in § 11 Abs. 1a Satz 2 EnWG gerade keine derartige Qualifizierung vorgenommen. Schließlich spricht gegen eine solche Einordnung, dass Streitigkeiten gegen Aufsichtsmaßnahmen der BNetzA im Zivilrechtsweg auszutragen sind. Die Vergangenheit hat aber gezeigt, dass sich die ordentliche Gerichtsbarkeit beim Umgang mit Verwaltungsvorschriften schwer getan und ihnen abweichend von der Verwaltungsgerichtsbarkeit lange Zeit keine Bindungswirkung beigemessen hat.[103]

3. Was dann?

Wenn der IT-Sicherheitskatalog sich keiner der etablierten Handlungsformen der Verwaltung zuordnen lässt, bleibt für ihn nur die Kategorie des Rechtsetzungsakts sui generis übrig. Die Rechtsprechung des BVerfG zu der von ihm dieser Kategorie zugeordneten Allgemeinverbindlicherklärung von Tarifverträgen gegenüber nicht tarifgebundenen Arbeitgebern und Arbeitnehmern belegt, dass derartige behördliche Rechtsetzungsakte nicht per se verfassungswidrig sein müssen.[104] Langfristig ist

---

[101] BVerwG, Urteil vom 25.11.2004 – 5 CN 1/03, DÖV 2005, 605 (606 f.); *Peine* (o. Fn. 3), Rdnr. 159.

[102] § 11 Abs. 1a Satz 5 EnWG.

[103] Näher dazu *Benjamin Fekonja*, BaFin-Verlautbarungen, 2014, S. 82, zur Doppelnatur S. 149 f.

[104] BVerfGE 44, 322 (338 ff.); 55, 7 (20); BVerwGE 80, 355 (366 ff.); der sui generis Kategorie werden von *Fekonja* (o. Fn. 103), S. 185 ff. auch die BAFin-Mitteilungen zugeordnet.

zu klären, ob sich einzelne, diesem Bereich zugeordnete administrative Maßnahmen nicht besser unter eine eigenständige Rechtsetzungskategorie mit eigener Bezeichnung fassen lassen. Der IT-Sicherheitskatalog mit seinem auch für andere Administrativmaßnahmen geeigneten Strickmuster könnte möglicherweise Modell für eine weitere behördliche Handlungsform sein. Seine ihm innewohnende Handlungsanleitung richtet sich im Unterschied zu den Verwaltungsvorschriften nicht primär an die Behördenmitarbeiter, sondern an Private. Er bildet eine Zwischenschicht. Kraft Gesetzes wird Privaten vorgeschrieben, dass sie den Katalog zur Ermittlung und Implementierung der in § 11 Abs. 1a Satz 1 EnWG vorgegebenen angemessenen IT-Sicherheit ihrer Telekommunikations- und elektronischen Datenverarbeitungssysteme zu befolgen haben. Wegen seiner Grundrechtsrelevanz sowie der Rechtsschutzgarantie des Art. 19 Abs. 4 GG muss dieser Katalog einer gerichtlichen Überprüfung zugeführt werden können, worauf hier aus Platzgründen nicht mehr eingegangen werden kann. Weitere zu erörternde Fragen sind, wie sich dieser Rechtsakt erklären und in den Rahmen der Verfassungsvorgaben einbetten lässt, einschließlich der Folgen von Fehlern der BNetzA bei der Erstellung dieses Sicherheitskatalogs. Angesichts des Publikationserfordernisses dieses Katalogs und der Formulierung in § 11 Abs. 1a Satz 4 EnWG („liegt vor") sowie der damit angestrebten Rechtssicherheit für die Privaten ist jedenfalls vor der Annahme einer zur Nichtigkeit des Katalogs führenden Fehlerfolge Zurückhaltung geboten.

V. Fazit

Bei der Abgrenzung und Systematisierung der administrativen Handlungs- und Rechtsetzungsformen gibt es nach wie vor Unsicherheiten. Deshalb werden diese auch in Zukunft ein bedeutsames Forschungsfeld sein. Dies zeigt sich am Beispiel des IT-Sicherheitskatalogs der BNetzA, für den es innovative und überzeugende Lösungen der mit ihm verbundenen Probleme zu finden gilt.

Zum Verhältnis von räumlicher Gesamtplanung und räumlicher Fachplanung

Von *Reinhard Hendler*

I. Begriffliche Klärungen und Abgrenzungen

Die räumliche Gesamtplanung und die räumliche Fachplanung bilden die beiden Teilbereiche, aus denen die hoheitliche Raumplanung besteht. Bei der hoheitlichen Raumplanung geht es um die strategisch angelegte förmliche Gestaltung der baulichen und sonstigen Nutzungsstrukturen des Raumes durch öffentlich-rechtliche Handlungssubjekte. Sie bildet gleichsam den Oberbegriff.

Für die räumliche Gesamtplanung ist kennzeichnend, dass sie sich darauf richtet, den Raum unter allen raumbedeutsamen Gesichtspunkten (Wohnen, Industrie und Gewerbe, Verkehr, Wasserwirtschaft, Naturschutz und Landschaftspflege etc.) zu gestalten. Sie tritt auf überörtlicher Ebene als Raumordnungsplanung und auf örtlicher (städtebaulicher) Ebene als Bauleitplanung in Erscheinung. Die Raumordnungsplanung untergliedert sich nach der jeweils erfassten Raumeinheit in dreifacher Weise, und zwar in die Bundesraumordnung für das Gesamtgebiet des Bundes, die landesweite Raumordnungsplanung (Landesentwicklungsplanung) für das Gesamtgebiet eines Landes und in die Regionalplanung für Teilgebiete eines Landes.

Die Abstufung von der größeren zur kleineren Raumeinheit setzt sich auf der örtlichen (städtebaulichen) Ebene mit den beiden verschiedenen Arten der Bauleitplanung fort. Diese bestehen aus der Flächennutzungsplanung für das Gesamtgebiet einer Gemeinde und der Bebauungsplanung für gemeindliche Teilgebiete.

Im Unterschied zur räumlichen Gesamtplanung ist die räumliche Fachplanung auf die Gestaltung des Raumes vornehmlich unter einem besonderen Sachgesichtspunkt gerichtet (Verkehr, Gewässerschutz, Naturschutz und Landschaftspflege, medizinische und schulische Versorgung etc.). Sie gliedert sich in die Planfeststellungen, die Schutzgebietsfestsetzungen (Nutzungsregelungen) sowie die sonstigen räumlichen Fachplanungen.

Bei den Planfeststellungen handelt es sich um die Aufstellung verbindlicher Pläne zur Errichtung spezieller, typischerweise besonders großer Anlagen (Straßen, Flughäfen, Abfalldeponien etc.). Allerdings kennt die Rechtsordnung auch solche Planfeststellungen, die nicht zur Kategorie der Planung gehören. Dies gilt z. B. für atomrechtliche oder bergrechtliche Planfeststellungen, die sich als gebundene Entscheidungen erweisen. Ihnen fehlt das planungstypische Merkmal der Abwägung mit der Folge, dass kein behördlicher Entscheidungsspielraum besteht.[1]

Die Schutzgebietsfestsetzungen sind dadurch gekennzeichnet, dass bestimmte geographische Bereiche ausgewiesen werden, für die besondere Regelungen vor allem hinsichtlich der Bodennutzung gelten (Naturschutzgebiete, Landschaftsschutzgebiete, Wasserschutzgebiete, Heilquellenschutzgebiete, militärische Schutzbereiche etc.). Sie werden aus diesem Grund auch als Nutzungsregelungen bezeichnet. Der Planungscharakter von Schutzgebietsfestsetzungen wird gelegentlich in Abrede gestellt.[2] Doch gilt es zu beachten, dass bei derartigen Festsetzungen jeweils darüber zu entscheiden ist, ob und gegebenenfalls an welchem Ort mit welchem Zuschnitt und mit welchen das Schutzniveau bestimmenden Inhalten (insbesondere Ge- und Verboten) ein Schutzgebiet eingerichtet werden soll. Bei den Entscheidungen zu diesem Fragenkreis besteht ein administrativer Abwägungsspielraum, wenn auch nicht unbedingt stets bei jeder Einzelentscheidung. Dies bedeutet, dass sich die Schutzgebietsfestsetzungen als Bestandteil des Raumplanungssystems erweisen.[3]

Die sonstigen räumlichen Fachplanungen bilden eine Auffangkategorie, zu der alle raumbezogenen hoheitlichen Planungen gehören, die der Wahrnehmung spezieller Fachbelange dienen, ohne sich den Planfeststellungen oder den Schutzgebietsfestsetzungen zuordnen zu lassen. Beispiele hierfür sind die Landschaftsplanung, die Abfallwirtschaftsplanung, die Luftreinhalte- und Lärmminderungsplanung, die wasserrechtlichen Maßnahmenprogramme, die Krankenhausplanung und die Schulentwicklungsplanung.

II. Räumliche Gesamtplanung und Planfeststellung

1. Überörtliche (raumordnerische) Ebene

a) Grundlagen

Für das Verhältnis von Raumordnungsplanung und Planfeststellung ist § 4 Abs. 1 Satz 1 ROG von zentraler Bedeutung. Die Vorschrift bestimmt, dass öffentliche Stellen (§ 3 Abs. 1 Nr. 5 ROG) die Ziele der Raumordnung zu beachten haben, wenn sie raumbedeutsame Planungen selbst durchführen oder über raumbedeutsame Planun-

---

[1] BVerwG, Beschluss vom 26. 3. 2007 – 7 B 73/06, NVwZ 2007, 833 (835); BVerwG, Urteil vom 15. 12. 2006 – 7 C 1/06, NVwZ 2007, 700 (701).

[2] *Wilfried Erbguth*, Die SUP im Wasserrecht, in: Umweltbundesamt (Hrsg.), Umwelt im Wandel – Herausforderungen für die Umweltprüfungen (SUP/UVP), 2009, S. 57 (59); *Wilfried Erbguth/Sabine Schlacke*, Umweltrecht, 4. Aufl. 2012, § 10 Rdnr. 46.

[3] So neben anderen *Franz-Joseph Peine*, Öffentliches Baurecht, 4. Aufl. 2003, Rdnr. 28; *Wolfgang Köck*, Pläne, in: Hoffmann-Riem/Schmidt-Aßmann/Voßkuhle (Hrsg.), Grundlagen des Verwaltungsrechts, Bd. II, 2008, § 37 Rdnr. 15; *Ulrich Ramsauer*, in: Koch (Hrsg.), Umweltrecht, 4. Aufl. 2014, § 3 Rdnr. 84; *Reinhard Hendler*, in: Koch/Hendler (Hrsg.), Baurecht, Raumordnungs- und Landesplanungsrecht, 6. Aufl. 2015, § 1 Rdnr. 22, 24.

gen anderer öffentlicher Stellen entscheiden. Da es sich bei Planfeststellungen um hoheitliche Planungen handelt, die in aller Regel das Merkmal der Raumbedeutsamkeit (§ 3 Abs. 1 Nr. 6 ROG) erfüllen, wird die Zielbeachtenspflicht üblicherweise ausgelöst. Den öffentlichen Stellen obliegt diese Pflicht auch in dem Fall, dass sie über die Zulässigkeit raumbedeutsamer Planungen und Maßnahmen von Personen des Privatrechts entscheiden, die der Planfeststellung bedürfen.

Unter Zielen der Raumordnung sind nach der Begriffsbestimmung des § 3 Abs. 1 Nr. 2 ROG verbindliche, räumlich und sachlich bestimmte oder bestimmbare Festlegungen in Raumordnungsplänen zu verstehen, wobei die Festlegungen der Entwicklung, Ordnung und Sicherung des Raumes dienen und textlicher oder zeichnerischer Art sein können. Das besondere Merkmal der Raumordnungsziele besteht darin, dass sie auf einer abschließenden Abwägung des Trägers der Raumordnungsplanung beruhen. Sie tragen demnach Letztentscheidungscharakter.[4]

Das nicht nur in § 3 Abs. 1 Nr. 2 ROG, sondern auch in § 7 Abs. 2 Satz 1 Halbsatz 2 ROG enthaltene Merkmal der abschließenden Abwägung stellt ein wesentliches Kriterium zur Unterscheidung von Zielen und Grundsätzen der Raumordnung dar. Denn für die Raumordnungsgrundsätze ist gerade charakteristisch, dass sie lediglich Vorgaben (öffentliche Belange) für nachfolgende Abwägungs- und Ermessensentscheidungen bilden. Sie sind zwar in diese Entscheidungen einzubeziehen, können aber hinter andere gewichtigere Belange zurückgestellt und damit gleichsam „weggewogen" werden. Das ist bei Raumordnungszielen aufgrund ihres Letztentscheidungscharakters unzulässig. Sie sind nach § 4 Abs. 1 Satz 1 ROG – wie zuvor erwähnt – zu beachten, während diese Vorschrift für Raumordnungsgrundsätze nur eine Berücksichtigungspflicht aufweist.

Die in § 4 Abs. 1 Satz 1 ROG normierte Pflicht zur Beachtung der Ziele der Raumordnung bedeutet, dass diese strikt einzuhalten sind. Wenngleich sie bei nachfolgenden Planungen in der jeweiligen planerischen Abwägung nicht überwunden werden dürfen und demnach eine Zurückstellung hinter andere Belange nicht in Betracht kommt, so schließt dies nicht aus, dass sie dem Beachtenspflichtigen einen Ausfüllungs- oder Ausgestaltungsspielraum belassen. Doch geht es bei diesem Spielraum nicht um eine Abwägung zwischen einem Raumordnungsziel und anderen Belangen, sondern um eine bloße Zielkonkretisierung.

b) Raumordnungsrechtliche und
planfeststellungsrechtliche Abwägung

Die zuvor erörterte abschließende Abwägung bei Raumordnungszielen darf ferner nicht so verstanden werden, dass sie in jeder Hinsicht erschöpfend ist und es daher bei nachfolgenden Planfeststellungen nichts mehr abzuwägen gibt. Denn ein derar-

---

[4] Vgl. z. B. BVerwG, Urteil vom 19.7.2001–4 C 4/00, NVwZ 2002, 476 (476: „landesplanerische Letztentscheidungen"). Zur näheren Bedeutung der Kennzeichnung *Reinhard Hendler*, Raumordnungsziele als landesplanerische Letztentscheidungen, UPR 2003, 256 ff.

tiges Verständnis wäre nicht nur mit dem auf der Grundlage besonderer Gesetzgebungskompetenzen geregelten Planfeststellungsrecht unvereinbar, sondern es kollidierte auch mit dem Planungscharakter von Planfeststellungen, da – wie das Bundesverwaltungsgericht bereits vor geraumer Zeit darlegt hat – Planung ohne Gestaltungsfreiheit (Abwägungsspielräume) ein Widerspruch in sich wäre.[5] Dem trägt die Vorschrift des § 7 Abs. 2 Satz 1 ROG Rechnung, aus der sich ergibt, dass die öffentlichen und privaten Belange bei der Aufstellung von Raumordnungsplänen (nur) insoweit gegeneinander und untereinander abzuwägen sind, als sie auf der jeweiligen Planungsebene erkennbar und von Bedeutung sind. Der Vorschrift liegt das Konzept der stufen- bzw. ebenenspezifischen Abwägung zugrunde.

Nach diesem raumordnungsgesetzlichen Konzept hat die Abwägung bei der Festlegung eines Projektstandorts so weit ins Detail zu gehen, dass das „Ob" rechtskonformer Realisierbarkeit des Projekts hinreichend gesichert erscheint. Es geht hierbei insbesondere darum, alle Belange zu ermitteln und in die Abwägung einzustellen, die nach Lage der Dinge zu berücksichtigen sind. Die Zielfestlegung erweist sich als abwägungsfehlerfrei, wenn kein begründeter Zweifel daran besteht, dass sich das Projekt in Übereinstimmung mit den rechtlichen Anforderungen durchführen lässt. Dies entspricht dem Grundsatz der Konfliktbewältigung (Verbot des Konflikttransfers), der auch im Raumordnungsrecht gilt, wenngleich nicht mit gleicher Strenge wie im Städtebaurecht.

Ist das „Ob" rechtskonformer Realisierbarkeit des Projekts hinreichend gesichert, ist der Konflikt auf der Raumordnungsebene bewältigt. Das „Wie" der Projektverwirklichung kann dann der nachfolgenden Planfeststellung und der dort durchzuführenden Abwägung überlassen bleiben, wobei die Frage, unter welchen näheren Voraussetzungen eine Überlassungspflicht besteht, an dieser Stelle offenbleiben mag. Für die Beantwortung der Frage ist der Grundsatz der planerischen Zurückhaltung bedeutsam, der dem Ziel dient, Konflikte auf derjenigen Entscheidungsebene zu bewältigen, die dafür am besten geeignet ist. Auch die Schonung der Gestaltungsspielräume anderer Verwaltungssubjekte wird von diesem Grundsatz erfasst. Das gilt namentlich für die Gemeinden, doch sind die Planfeststellungsbehörden hiervon keineswegs ausgenommen.

Wenn die ebenenspezifische Abwägung bei der raumordnerischen Zielfestlegung korrekt durchgeführt worden ist, erweist sich der betreffende Raumordnungsplan zwar insoweit als rechtmäßig. Gleichwohl kann die Detailbetrachtung im Rahmen der nachfolgenden Planfeststellung ergeben, dass sich das Projekt am zielförmig festgelegten Standort nicht in Übereinstimmung mit dem geltenden Recht realisieren lässt. Dies ist der Fall, wenn „versteckte", d. h. auf der Ebene der Raumordnungsplanung nicht erkennbare und daher auch nicht berücksichtigte Belange bestehen, die eine rechtskonforme Zielverwirklichung ausschließen. Schon deshalb sind zielförmig festgelegte Verpflichtungen zur planfeststellungsbehördlichen Realisierung (Zulassung) eines bestimmten Projekts unzulässig, und zwar nicht nur bei den

---

[5] BVerwG, Urteil vom 12.12.1969 – IV C 105.66, BVerwGE 34, 301 (304).

vom Bundesverwaltungsgericht in diesem Zusammenhang angesprochenen Flughafenprojekten.[6]

c) Raumordnungsrechtliche Abwägung und Erforderlichkeitsgebot

Unter Abwägungsgesichtspunkten wird die Rechtmäßigkeit des Raumordnungsplans nicht dadurch in Frage gestellt, dass erst bei der Detailbetrachtung auf nachfolgenden Ebenen Belange sichtbar werden, die einer rechtskonformen Zielverwirklichung entgegenstehen. Dies ergibt sich daraus, dass sich die nach § 7 Abs. 2 Satz 1 Halbsatz 1 ROG gebotene Abwägung nur auf solche Belange bezieht, die auf der jeweiligen raumordnerischen Planungsebene erkennbar sind. Allerdings liegt objektiv ein Verstoß gegen das Erforderlichkeitsgebot vor.

Für die Bauleitplanung besteht das Erforderlichkeitsgebot seit langem in § 1 Abs. 3 Satz 1 BauGB, für die Raumordnungsplanung ist es erst in jüngerer Zeit in § 2 Abs. 1 ROG normiert worden. Allerdings war die Raumordnungsplanung nach bundesverwaltungsgerichtlicher Rechtsprechung auch schon zu der Zeit an dieses Gebot gebunden, als das Raumordnungsgesetz eine entsprechende ausdrückliche Normierung noch nicht enthielt.[7]

Eine raumordnungsplanerische Zielfestlegung verstößt dann gegen das Erforderlichkeitsgebot, wenn ihrer Verwirklichung auf unabsehbare Zeit rechtliche oder tatsächliche Hindernisse entgegenstehen.[8] In einem derartigen Fall darf die Planfeststellungsbehörde die betreffende Festlegung nicht umsetzen, wie sich aus der bundesverwaltungsgerichtlichen Rechtsprechung ergibt. Danach „muss" die Planfeststellungsbehörde in Fällen, in denen sie zu dem Ergebnis gelangt, dass dem Vorhaben am zielförmig ausgewiesenen Standort unüberwindbare Hindernisse entgegenstehen, den Antrag des Vorhabenträgers, das Vorhaben an diesem Standort zuzulassen, ablehnen.[9]

Die vom Bundesverwaltungsgericht vertretene Auffassung, dass die Zielbeachtenspflicht des § 4 Abs. 1 Satz 1 ROG nicht zu rechtswidrigen planfeststellungsbehördlichen Entscheidungen zwingt, verdient Zustimmung. Entsprechendes gilt übrigens – entgegen der bundesverwaltungsgerichtlichen Rechtsprechung[10] – auch für die Zielanpassungspflicht des § 1 Abs. 4 BauGB in dem Fall, dass Ziele der Raumordnung die Pflicht enthalten, Bauleitpläne bestimmten Inhalts (etwa zur Konkreti-

---

[6] Vgl. dazu BVerwG, Urteil vom 16.3.2006 – 4 A 1075/04, NVwZ 2006, Beilage Nr. I 8/2006, 5 Rdnr. 76.

[7] BVerwG, Beschluss vom 7.2.2005 – 4 BN 1/05, NVwZ 2005, 584 (586).

[8] BVerwG, Beschluss vom 7.2.2005 – 4 BN 1/05, NVwZ 2005, 584 (586); BVerwG, Urteil vom 11.4.2013 – 4 CN 2.12, ZNER 2013, 429 Rdnr. 6.

[9] BVerwG, Urteil vom 16.3.2006 – 4 A 1075/04, NVwZ 2006, Beilage Nr. I 8/2006, 5 Rdnr. 78.

[10] BVerwG, Urteil vom 16.3.2006 – 4 A 1075/04, NVwZ 2006, Beilage Nr. I 8/2006, 4 Rdnrn. 66 ff.

sierung eines zielförmig ausgewiesenen Projektstandorts) aufzustellen, und sich auf der bauleitplanerischen Ebene herausstellt, dass sich dies nicht in Übereinstimmung mit dem geltenden Recht realisieren lässt.[11] Zu beachten ist hierbei, dass raumordnerischen Zielfestlegungen die Möglichkeit fehlender rechtskonformer Umsetzbarkeit aufgrund des § 7 Abs. 2 Satz 1 Halbsatz 1 ROG inhärent ist. Schon aus diesem Grund handelt es sich nicht um eine unzulässige administrative Normverwerfung, wenn sich bei der Detailbetrachtung auf nachfolgenden Planungsebenen zeigt, dass die Umsetzung eines Raumordnungsziels zu einem Rechtsverstoß führt und deshalb davon abgesehen wird.

d) Raumordnungsziele zu Standorten und Betriebsbeschränkungen bei Flughäfen

Hinsichtlich des luftverkehrsrechtlichen Abwägungsgebots (§ 8 Abs. 1 Satz 2 LuftVG) macht das Bundesverwaltungsgericht geltend, dass dieses die Ermächtigung einschließe, die raumordnerischen Gründe, welche die zielförmige Standortfestlegung tragen, zu Gunsten höher gewichteter gegenläufiger Belange zurückzustellen. Daher könnten die betreffenden raumordnungsplanerischen Zielfestlegungen in der luftverkehrsrechtlichen Planfeststellung aus spezifisch fachplanerischen Erwägungen „überwunden" werden.[12] Ein derartiger Vorrang widerspricht jedoch nicht nur dem fachübergreifenden Charakter der Raumordnung, sondern insbesondere auch der in § 4 Abs. 1 ROG normierten strikten Zielbindungswirkung. Die Vorschrift des § 8 Abs. 1 Satz 2 LuftVG enthält lediglich eine einfache fachplanerische Abwägungsklausel. Denn es wird allein bestimmt, dass bei der Planfeststellung die von dem Vorhaben berührten öffentlichen und privaten Belange einschließlich der Umweltverträglichkeit im Rahmen der Abwägung zu berücksichtigen sind. Hieraus ergibt sich nicht, dass Raumordnungsziele letztlich auch „weggewogen" werden können. Zwar besitzt der Gesetzgeber die Befugnis, einzelne Fachplanungen von der Zielbindungswirkung des § 4 Abs. 1 ROG auszunehmen. Allerdings lässt sich aus einer gewöhnlichen fachplanerischen Abwägungsklausel nach Art des § 8 Abs. 1 Satz 2 LuftVG keinesfalls herleiten, dass der Gesetzgeber von dieser Befugnis Gebrauch gemacht hat.

Eine lebhafte juristische Kontroverse betrifft zudem die Frage, inwieweit in Zielen der Raumordnung Betriebsbeschränkungen für Flughäfen festgelegt werden dürfen. Hierbei geht es vor allem um Nachtflugverbote sowie ferner z. B. um die zahlenmäßige Begrenzung der jährlichen Flugbewegungen (Starts und Landungen). Zu den von der Raumordnungsplanung einsetzbaren Mitteln hat das Bundesverwaltungsge-

---

[11] Näher dazu *Reinhard Hendler*, Zum Verhältnis von gemeindlicher Bauleitplanung und Raumordnungsplanung, in: Schliesky/Ernst/Schulz (Hrsg.), Die Freiheit des Menschen in Kommune, Staat und Europa, Festschrift für Edzard Schmidt-Jortzig, 2011, S. 209 (215 ff.). Im Ergebnis ebenso *Wilfried Erbguth*, Raumordnung und Fachplanung: ein Dauerthema, DVBl 2013, 274 (279).

[12] BVerwG, Urteil vom 16.3.2006 – 4 A 1075/04, NVwZ 2006, Beilage Nr. I 8/2006, 5 Rdnr. 79.

richt ursprünglich einen auffallend restriktiven Standpunkt eingenommen und geltend gemacht, dass diese Mittel bei der Bewältigung voraussehbarer Lärmkonflikte an einem Standort im Wesentlichen aus der Festlegung der Siedlungs- und Freiraumstruktur sowie deren Konkretisierung in Gestalt von Planungszonen zur Siedlungsbeschränkung bestünden. Die Prüfung örtlicher Gegebenheiten und die Erfüllung spezifisch fachgesetzlicher Anforderungen an ein wirksames und finanziell tragbares Lärmkonzept blieben der Entscheidung über die Zulässigkeit des Vorhabens in der Planfeststellung vorbehalten, in der dem Vorhabenträger auch die erforderlichen technischen oder betrieblichen Schutzvorkehrungen aufzuerlegen seien.[13]

Der bundesverwaltungsgerichtlichen Argumentation ist seinerzeit entgegengehalten worden, dass sie sich nicht mit dem überörtlichen und überfachlichen raumstrukturellen Koordinationsauftrag der Raumordnung (§ 1 Abs. 1 ROG) vertrage. Ein diesbezüglicher, von der Raumordnung zu bewältigender Koordinationsbedarf bestehe bei dem vom Betrieb eines Großflughafens ausgehenden Fluglärm insofern, als die Geräuscheinwirkungen ein überörtliches Gebiet flächendeckend erfassen und die raumbedeutsamen Planungen und Maßnahmen der verschiedenen Verwaltungsträger auf die Lärmbelastung des betreffenden Gebiets abgestimmt werden müssen. Sofern die raumordnungstypischen Mittel (wie z. B. die Festlegung von Siedlungsbeschränkungen und Abständen) nicht ausreichen, um den durch Fluglärm ausgelösten überörtlichen und überfachlichen Koordinationsbedarf zu bewältigen, kämen auch Festlegungen zu Betriebsbeschränkungen in Betracht.[14]

Inzwischen hat das Bundesverwaltungsgericht erklärt, dass auch die Bewältigung eines standortbezogenen Fluglärmkonflikts dem Koordinierungs-, Ordnungs- und Entwicklungsauftrag der Raumordnung (§ 1 Abs. 1 Satz 2 ROG) unterfalle. Zudem führt das Gericht aus: „Sofern der Träger der Landesplanung den Standort für den Ausbau eines internationalen Verkehrsflughafens durch Ausweisung eines Vorranggebiets sichert, den Standort aber wegen der drohenden Nutzungskonflikte nur unter der Voraussetzung landesplanerisch für vertretbar hält, dass diese durch geeignete Betriebsregelungen in einer raumverträglichen Weise bewältigt werden, erstreckt sich der Aufgaben- und Kompetenzbereich auch hierauf."[15] Wenngleich sich diese Ausführungen auf Nachtflugverbote bzw. -beschränkungen beziehen, so steht

---

[13] BVerwG, Urteil vom 16.3.2006–4 A 1075/04, NVwZ 2006, Beilage Nr. I 8/2006, 12 Rdnr. 155 unter Bezugnahme auf BVerwGE 118, 181 (194 f.).

[14] *Reinhard Hendler*, Raumordnungsplanung zur Erweiterung des Flughafens Frankfurt Main, LKRZ 2007, 1 (5 f.); *ders.*, Raumordnerische Standortplanung zur Erweiterung des Flughafens Frankfurt Main in der Rechtsprechung des HessVGH, LKRZ 2010, 281 (284 f.). In gleichem Sinne *Ondolf Rojahn*, Umweltschutz in der raumordnerischen Standortplanung von Infrastrukturvorhaben, NVwZ 2011, 654 (661); *Alexander Schink*, Verhältnis der Planfeststellung zur Raumordnung, DÖV 2011, 905 (911); *Tobias Lieber*, Aufgaben und Kompetenzen der Raumordnung – Eine Erwiderung, NVwZ 2011, 910 (913); *Erbguth*, DVBl 2013, 274 (278). Anders *Markus Deutsch*, Raumordnung als Auffangkompetenz? – Zur Regelungsbefugnis der Raumordnungspläne, NVwZ 2010, 1520 (1522 f.).

[15] BVerwG, Urteil vom 4.4.2012–4 C 8/09 u. a., NVwZ 2012, 1314 (1329 Rdnr. 306).

doch nichts entgegen, sie auf die zahlenmäßige Begrenzung der jährlichen Flugbewegungen (Starts und Landungen) zu übertragen.[16]

2. Örtliche (städtebauliche) Ebene

Auf örtlicher (städtebaulicher) Ebene ist bei der Betrachtung des Verhältnisses von räumlicher Gesamtplanung und Planfeststellung zwischen der Flächennutzungsplanung und der Bebauungsplanung zu unterscheiden. Hinsichtlich der Bebauungsplanung gilt die Sonderregelung des § 38 i. V. m. § 30 BauGB. Aufgrund dieser Regelung sind diejenigen Planfeststellungsverfahren und sonstigen Verfahren mit den Rechtswirkungen einer Planfeststellung (Plangenehmigungsverfahren i. S. v. § 74 Abs. 6 VwVfG), die sich auf Vorhaben von überörtlicher Bedeutung beziehen, nicht an die Vorgaben von Bebauungsplänen gebunden (sog. Verlustliste der Bauleitplanung). Es sind lediglich die Gemeinden an dem jeweiligen Verfahren zu beteiligen und die städtebaulichen Belange in der fachplanerischen Abwägung zu berücksichtigen. Ein Vorhaben weist dann eine überörtliche Bedeutung auf, wenn seine Wirkungen über den lokalen Bereich hinausreichen. Ein Indiz hierfür besteht darin, dass das Vorhaben das Gebiet von mindestens zwei Gemeinden tatsächlich berührt. Doch sind für die Beurteilung auch andere Indizien bedeutsam, wie z. B. ein durch das Vorhaben ausgelöster überörtlicher Koordinierungsbedarf.[17]

Soweit es um die Flächennutzungsplanung geht, greift § 7 BauGB ein. Die Vorschrift bindet zwar die Träger der Planfeststellung an den Flächennutzungsplan, wenn sie an der Aufstellung dieses Plans beteiligt worden sind. Doch gilt das nur insoweit, als sie ihm nicht widersprochen haben. Verändert sich die Sachlage, kann der Widerspruch unter bestimmten Voraussetzungen auch noch nachträglich eingelegt werden. Wie sich hieraus ergibt, entfaltet der Flächennutzungsplan lediglich eine schwache Bindungswirkung gegenüber Planfeststellungen.

---

[16] Ebenso *Erbguth*, DVBl 2013, 274 (278), dessen Hinweis auf eine abweichende Sicht des BVerwG (Urteil vom 4.4.2012 – 4 C 8/09, NVwZ 2012, 1314 [1329 Rdnr. 307]), allerdings insofern in Frage zu stellen ist, als das Gericht zwar darlegt, dass der Träger der Landesplanung nicht selbst Betriebsregelungen erlassen darf, ihm jedoch die Befugnis zuspricht, den planfeststellungsbehördlichen Gestaltungsspielraum beim Erlass derartiger Regelungen durch ein Raumordnungsziel einzuschränken.

[17] BVerwG, Beschluss vom 30.6.2004 – 7 B 92/03, NVwZ 2004, 1240 (1241); BVerwG, Beschluss vom 31.10.2000 – 11 VR 12/00, NVwZ 2001, 90 (91).

III. Räumliche Gesamtplanung und Schutzgebietsfestsetzungen (Nutzungsregelungen)

1. Überörtliche (raumordnerische) Ebene

Da es sich bei den Nutzungsregelungen (Schutzgebietsfestsetzungen) um raumbedeutsame Planungen handelt,[18] sind die Behörden beim Erlass dieser Regelungen an die Ziele der Raumordnung gebunden. Sind Nutzungsregelungen allerdings zum Zeitpunkt der Aufstellung von Raumordnungsplänen bereits vorhanden, kommt dem vorstehend (bei II. 1. c)) erwähnten Erforderlichkeitsgebot eine besondere Bedeutung zu. So darf beispielsweise kein Vorranggebiet für die Windenergienutzung in einem Landschaftsschutzgebiet oder in einem Wasserschutzgebiet ausgewiesen werden, wenn für die Errichtung und den Betrieb von Windenergieanlagen in dem betreffenden Schutzgebiet keine naturschutz- bzw. wasserrechtliche (Ausnahme-) Genehmigung oder Befreiung erteilt werden kann.[19] Scheiden derartige fachrechtliche Zulassungen aus, stellt das Landschafts- bzw. Wasserschutzgebiet eine sog. harte Tabuzone für Windenergieanlagen dar, werden die Zulassungen hingegen von der jeweils zuständigen Fachbehörde in Aussicht gestellt, liegt eine sog. weiche Tabuzone oder eine Potenzialfläche vor.[20]

Ergänzend zur Überwindung von Zielen der Raumordnung im Rahmen des luftverkehrsrechtlichen Abwägungsgebots[21] legt das Bundesverwaltungsgericht im Hinblick auf den Schutz von FFH-Gebieten dar, zielförmige Standortentscheidungen der Raumordnungsplanung könnten nicht nur aus spezifisch fachplanerischen Erwägungen überwunden werden, sondern auch bei der abwägenden Beurteilung im Sinne des Art. 6 Abs. 4 FFH-RL an Gewicht verlieren.[22] Aus dieser europarechtlichen Vorschrift, die durch § 34 Abs. 3 und 4 BNatSchG umgesetzt worden ist, ergeben sich die Voraussetzungen, unter denen ein Projekt oder Plan, das bzw. der sich nach dem Ergebnis der FFH-Verträglichkeitsprüfung als unzulässig erweist, ausnahmsweise zugelassen werden kann.

Der Raumordnungsplanung ist es nach der Rechtsprechung des Bundesverwaltungsgerichts des Weiteren verwehrt, auf der Grundlage des Naturschutzrechts zuläs-

---

[18] Vgl. hierzu auch die Ausführungen oben im Gliederungsabschnitt I. mit den Fn. 2 und 3.

[19] BVerwG, Urteil vom 17.12.2002 – 4 C 15/01, NVwZ 2003, 733 (734), zur flächennutzungsplanerischen Ausweisung einer Konzentrationsfläche für die Windenergienutzung im Landschaftsschutzgebiet.

[20] Grundlegend zu den harten und weichen Tabuzonen sowie den Potenzialflächen BVerwG, Urteil vom 13.12.2012 – 4 CN 1/11, 2/11, DVBl 2013, 507 ff. mit Anm. von *Bernhard Stüer*, sowie BVerwG, Urteil vom 11.4.2013 – 4 CN 2.12, ZNER 2013, 429 ff. Aus der Fachliteratur vgl. beispielsweise *Reinhard Hendler/Jochen Kerkmann*, Harte und weiche Tabuzonen: Zur Misere der planerischen Steuerung der Windenergienutzung, DVBl 2014, 1369 ff.; *Thomas Tyczewski*, Konzentrationszonen für Windenergieanlagen rechtssicher planen – Illusion oder Wirklichkeit?, BauR 2014, 934 ff.

[21] Vgl. dazu oben Gliederungsabschnitt II. 1. d).

[22] BVerwG, Urteil vom 9.7.2009 – 4 C 12/07, NVwZ 2010, 123 (127 f. Rdnr. 22).

sigerweise getroffene verbindliche fachliche Regelungen, wie sie Natur- und Landschaftsschutzverordnungen enthalten, durch eigene gleich lautende oder abweichende Zielfestlegungen zu überlagern oder zu ersetzen. Das Gericht macht geltend, derartige Verordnungen konkretisierten und sicherten mit ordnungsbehördlichen Mitteln den Vorrang des Natur- und Landschaftsschutzes im Konflikt mit widerstreitenden Nutzungen. Wie weit Schutzverordnungen Ausnahmen von den fachrechtlichen Verbotsregelungen zuließen, bestimme sich ausschließlich nach den Erlaubnisvorbehalten der Verordnung. Dies bedeutet, dass der Träger der Raumordnungsplanung die Wertungen, die dem verordnungsrechtlichen Schutzsystem zu Grunde liegen, nicht beiseiteschieben und ein eigenes Schutzregime errichten darf. Allenfalls dort, wo es ihm unabhängig vom naturschutzrechtlichen Regelungszusammenhang um die Erreichung spezifisch raumordnungsrechtlicher Schutzzwecke geht, gesteht ihm das Bundesverwaltungsgericht die Befugnis zu, die naturschutzrechtlichen Anordnungen und Verbote durch eigene Zielfestlegungen zu ergänzen.[23]

Entsprechendes gilt für die Fälle, in denen Ziele der Raumordnung die fachrechtlichen Voraussetzungen für die Errichtung baulicher Anlagen in Überschwemmungsgebieten (§§ 76 ff. WHG) überlagern und zusätzliche Anforderungen stellen oder gar ein absolutes Bauverbot vorsehen. Dies betrifft etwa die raumordnungsplanerische Vorgabe, wonach die zielförmig festgelegten Vorranggebiete für Hochwasserschutz von jeglicher Bebauung freizuhalten sind. Eine derart strenge Regelung enthält das Fachrecht nicht, so dass der Träger der Raumordnungsplanung grundsätzlich daran gehindert ist, sie in Form einer Zielfestlegung zu treffen.[24]

Vor dem Hintergrund der dargelegten höchstrichterlichen Rechtsprechung erweist sich beispielsweise auch das im rheinland-pfälzischen Landesentwicklungsprogramm (LEP) IV[25] enthaltene, an die Regional- und Bauleitplanung gerichtete Raumordnungsziel Z 163 d, wonach die Errichtung von Windenergieanlagen in rechtsverbindlich festgesetzten Naturschutzgebieten auszuschließen ist, als unzulässig. Denn inwieweit Windenergieanlagen in Naturschutzgebieten (ausnahmsweise) errichtet werden dürfen, wird durch das Fachrecht geregelt. Die angesprochene Zielfestlegung „verschärft" die fachrechtlichen Anforderungen. Dass damit ein spezifisch raumordnerischer Schutzzweck verfolgt wird, ist nicht erkennbar, zumal sich die betreffende Festlegung schematisch auf sämtliche Naturschutzgebiete bezieht und nicht zwischen den verschiedenen Gebieten und Schutzzwecken differenziert.

---

[23] BVerwG, Urteil vom 30.1.2003 – 4 CN 14/01, NVwZ 2003, 742 (744).

[24] Vgl. dazu *Anja Kerkmann*, Das Verbot der Ausweisung neuer Baugebiete in Überschwemmungsgebieten, UPR 2014, 328 (332 f.).

[25] Erste Landesverordnung zur Änderung der Landesverordnung über das Landesentwicklungsprogramm vom 26.4.2013 (GVBl. S. 66).

2. Örtliche (städtebauliche) Ebene

Nach der Rechtsprechung des Bundesverwaltungsgerichts sind Bebauungs- oder Flächennutzungspläne, deren Inhalte mit Nutzungsregelungen von Schutzgebietsfestsetzungen nicht in Einklang stehen, mangels Erforderlichkeit (§ 1 Abs. 3 Satz 1 BauGB) unwirksam, sofern sich die entgegenstehende Nutzungsregelung als dauerhaftes rechtliches Hindernis erweist. In einem derartigen Fall besteht zugleich ein inhaltlicher Widerspruch i. S. v. § 6 Abs. 2, § 10 Abs. 2 Satz 2 BauGB zwischen dem betreffenden Plan und der jeweiligen Schutzgebietsfestsetzung. Da der Plan den mit dieser Festsetzung verbundenen rechtlichen Regelungen nicht genügt, enthält er einen Rechtsverstoß. Anders sind die Dinge zu beurteilen, wenn für die im Plan vorgesehene Nutzung die Erteilung einer Ausnahme oder Befreiung von den entgegenstehenden Nutzungsregelungen der Schutzgebietsfestsetzung rechtlich möglich ist, weil objektiv eine Ausnahme- oder Befreiungslage gegeben ist und einer Überwindung der betreffenden Nutzungsregelungen auch sonst nichts im Wege steht. Die Lösung des Konflikts zwischen Bauleitplanung und Schutzgebietsfestsetzungen ist im Übrigen jederzeit auch dadurch möglich, dass diese Festsetzungen vollständig oder jedenfalls insoweit aufgehoben werden, als sie den vorgesehenen Inhalten der Bauleitpläne entgegenstehen.[26]

Hinsichtlich der Flächennutzungsplanung ist ferner § 7 BauGB bedeutsam. Denn soweit Hoheitssubjekte Schutzgebietsfestsetzungen erlassen, gehören sie zu den öffentlichen Planungsträgern im Sinne dieser Vorschrift.[27] Dies bedeutet, dass sie bei ihren Schutzgebietsfestsetzungen an den Flächennutzungsplan gebunden sind, wenn sie an der Aufstellung des Plans beteiligt worden sind. Doch können sie sich – wie bereits (oben bei I. 2.) dargelegt – von diesen Bindungen bereits dadurch lösen, dass sie während des Planaufstellungsverfahrens den Planinhalten widersprechen, wobei ein Widersprechen unter bestimmten Voraussetzungen auch noch nachträglich möglich ist. Die vom Flächennutzungsplan ausgehenden Bindungswirkungen sind daher sowohl gegenüber Planfeststellungen[28] als auch gegenüber Nutzungsregelungen (Schutzgebietsfestsetzungen) nur schwach ausgeprägt.

IV. Fazit

Dass sich das Verhältnis von räumlicher Gesamtplanung und räumlicher Fachplanung als konfliktträchtig erweist, lässt sich nicht übersehen. Dies gilt namentlich für das Verhältnis von Raumordnungsplanung und Planfeststellung. Doch hält das gel-

---

[26] Vgl. zur erörterten Thematik BVerwG, Urteil vom 17. 12. 2002 – 4 C 15/01, NVwZ 2003, 733 (734), sowie BVerwG, Beschluss vom 9. 2. 2004 – 4 BN 28/03, NVwZ 2004, 1242 (1243). In den beiden Entscheidungen geht es jeweils um die Kollision eines Flächennutzungs- bzw. Bebauungsplans mit einer Landschaftsschutzgebietsverordnung.

[27] Vgl. zum Fall einer naturschutzrechtlichen Schutzgebietsfestsetzung BVerwG, Beschluss vom 18. 12. 1995 – 4 NB 8/95, NVwZ 1997, 173 (174).

[28] Vgl. dazu oben Gliederungsabschnitt II. 2.

tende Recht genügend Lösungsansätze bereit, um die Konflikte mithilfe der juristischen Methodik angemessen bewältigen zu können. An dieser Einschätzung ändert sich nichts dadurch, dass neue Entwicklungen neue Fragen aufwerfen, die neue Kontroversen hervorrufen, wofür die – vorstehend nicht behandelte – Bundesfachplanung nach § 4 ff. NABEG und ihr Verhältnis zur räumlichen Gesamtplanung ein Beispiel bilden.[29] Denn bei derartigen, durch aktuelle Entwicklungen ausgelösten Kontroversen handelt es sich um ein Phänomen, das auch in weniger spannungsgeladenen Rechtsbereichen anzutreffen ist. Allerdings spricht einiges dafür, dass Konflikte zwischen räumlicher Gesamtplanung und räumlicher Fachplanung auch künftig die Gerichte und die Rechtswissenschaft noch des Öfteren beschäftigen werden.

---

[29] Vgl. dazu beispielsweise *Stephan Mitschang*, Netzausbau und räumliche Gesamtplanung, UPR 2015, 1 ff.; *Markus Appel*, Bundesfachplanung versus landesplanerische Ziele der Raumordnung, NVwZ 2013, 457 ff.; *Boas Kümper*, Bundesfachplanungen haben grundsätzlich Vorrang vor Landesplanungen, RdE 2014, 320 ff.

Betrieblicher Umweltschutz – revisited

Von *Jan Hoffmann*

I. Vorbemerkung

Sich „des Bezugspunkts der Regelungen [im Umweltrecht] zu vergewissern"[1], ist ein Anliegen, das den Jubilar seit Jahrzehnten auszeichnet. Als einer der wenigen Hochschullehrer, die die Ehre hatten, an der Erarbeitung eines Umweltgesetzbuches (Professoren-Kommission) mitzuwirken, betrifft dies vor allem das Bodenschutz-[2], aber auch viele andere Teilbereiche des Umweltrechts, in nationalem wie internationalem Kontext. Der vorliegende Beitrag hinterfragt den Bezugspunkt (nach Duden: Orientierungspunkt, -basis für das Denken, Überlegen, Handeln) der Regelungen des Betrieblichen Umweltschutzes nach mehr als 40 Jahren Umweltgesetzgebung.

II. Bezugspunkt der Regelungen im Betrieblichen Umweltschutz

Von Betrieblichem Umweltschutz ist zwar seit Anbeginn des modernen deutschen Umweltrechts die Rede, indes häufig ohne darzulegen, was darunter konkret zu verstehen ist. *Michael Kloepfer* etwa hat unter dieser Überschrift vor zwei Jahrzehnten „Elemente einer Aktivierung bzw. Förderung unternehmerischer Initiativen im Umweltschutz"[3] betrachtet und wenig später über „Vorstellungen eines erst ansatzweise vorhandenen Umweltbetriebsrechts [berichtet], das sich dem Gedanken der ökologischen Eigenprüfung [...], aber künftig auch der partiellen ökologischen Eigenregulierung durch Unternehmen [...] öffnet".[4]

---

[1] *Franz-Joseph Peine*, in: Jarass/Kloepfer/Kunig/Papier/Peine/Rehbinder/Salzwedel/Schmidt-Aßmann, Umweltgesetzbuch – Besonderer Teil, 1994, S. 557 (558).

[2] Siehe etwa *Franz-Joseph Peine*, in: Knopp (Hrsg.), Bodenschutzrecht im Wandel – Ausgewählte Beiträge [...] von 1987–2011, 2011.

[3] *Michael Kloepfer*, Betrieblicher Umweltschutz als Rechtsproblem, DB 1993, 1125 (1125).

[4] *Michael Kloepfer/Thomas Elsner*, Selbstregulierung im Umwelt- und Technikrecht, DVBl 1996, 964 (965).

1. Umweltrecht

Im Fachrecht, d. h. im Umweltrecht – verstanden als sämtliche Normen, die dem Schutz der Umwelt[5] dienen –, sucht man nach einer *übergreifenden* Bestimmung des Begriffsinhalts bis heute vergebens, obwohl Betrieblichem Umweltschutz unter dem Dach des Kooperationsprinzips[6], das Umweltschutz zur gesamtgesellschaftlichen Aufgabe erklärt, in den einschlägigen Lehrbüchern[7] eine wichtige Rolle – vornehmlich unter dem Stichwort Instrumentierung – zugemessen wird. Selbst in den Entwürfen für ein deutsches Umweltgesetzbuch wird der Suchende – außer in Überschriften[8] – nicht fündig, wenn er sich fragt, was Betrieblicher Umweltschutz (alles) einschließt.

2. Betriebsverfassungsrecht

Anders im Betriebsverfassungsrecht. Betrieblicher Umweltschutz nach Maßgabe des Betriebsverfassungsgesetzes sind „alle personellen und organisatorischen Maßnahmen sowie alle die betrieblichen Bauten, Räume, technische Anlagen, Arbeitsverfahren, Arbeitsabläufe und Arbeitsplätze betreffenden Maßnahmen [...], die dem Umweltschutz dienen" (§ 89 Abs. 3 BetrVG). Das Betriebsverfassungsrecht hält diese Legaldefinition seit dem Jahr 2001 bereit, als Umweltschutz – in Anerkennung seiner Wechselwirkung mit Arbeitsschutz – Eingang in das betriebliche Mitbestimmungsrecht[9] mit dem Ziel gefunden hat, dem Betriebsrat hier eine vergleichbare Rechtsstellung einzuräumen, wie er sie im Arbeitsschutz bereits inne hatte. Heruntergebrochen bzw. gekürzt könnte man formulieren: Zu Betrieblichem Umweltschutz – im Sinne des Betriebsverfassungsrechts – zählen alle personellen, organisatorischen sowie technischen Maßnahmen in einem Betrieb/Unternehmen, die

---

[5] Zum Umweltbegriff siehe z. B. *Jan Hoffmann*, Umwelt – ein bestimmbarer Rechtsbegriff?, NuR 2011, 389 ff. m. w. N.

[6] Dazu statt vieler *Wilfried Erbguth/Sabine Schlacke*, Umweltrecht, 5. Aufl. 2014, § 3 Rdnrn. 17 ff. m. w. N. Der Sachverständigenrat für Umweltfragen (SRU) versteht das Kooperationsprinzip als „Prinzip der Subsidiarität staatlichen Umweltschutzes", vgl. *SRU*, Umweltgutachten 1994 = BT-Drs. 12/6995, S. 64.

[7] Siehe etwa *Michael Kloepfer*, Umweltrecht, 3. Aufl. 2004, § 5 G. (Betriebsorganisatorische Instrumente); *ders.*, Umweltschutzrecht, 2. Aufl. 2011, § 4 Rdnrn. 110 ff. (umweltbezogene Betriebsorganisation); *Kluth/Smeddinck* (Hrsg.), Umweltrecht, 2013, § 1 Rdnrn. 181 ff. (Umweltbezogene Betriebsorganisation); *Eckard Rehbinder*, in: Hansmann/Sellner (Hrsg.), Grundzüge des Umweltrechts, 4. Aufl. 2012, § 3 Rdnrn. 358 ff. (Umweltsichernde Betriebsorganisation), jew. m. w. N.

[8] Siehe *Michael Kloepfer/Eckard Rehbinder/Eberhard Schmidt-Aßmann/Philip Kunig*, Umweltgesetzbuch – Allgemeiner Teil, 2. Aufl. 1991 [Professorenentwurf]: §§ 94–102 UGB-AT-ProfE; *BMU* (Hrsg.), Umweltgesetzbuch (UGB-KomE) [Kommissionsentwurf], 1998: §§ 151–171 UGB-KomE; UGB-Referentenentwurf (2008), UGB I-RefE 2008: §§ 20–26 (abrufbar unter: http://www.bmub.bund.de).

[9] Vgl. BT-Drs. 14/5741, S. 15, 48 und zum Gesetz zur Reform des Betriebsverfassungsgesetzes vom 23.7.2001 (BGBl. I 2001, S. 1852) z. B. *Günther Wiese*, Beteiligung des Betriebsrats beim betrieblichen Umweltschutz nach dem Gesetz zur Reform des Betriebsverfassungsgesetzes, BB 2002, 674 ff.

dem Schutz der Umwelt dienen. Durch den Betriebsbezug ist ersichtlich, dass die benannten Maßnahmen von Arbeitgeber und Arbeitnehmern (bzw. deren Interessenvertretungsorgan Betriebsrat) ausgehen und nicht (nur) von staatlichen Stellen. Es gilt, Unternehmen als „handelnde Subjekte des Umweltschutzes"[10] unter die Lupe zu nehmen. Von Interesse sind alle umweltrelevanten Handlungen, die im Kontext des Betriebs bzw. Unternehmens stehen, etwa in Produktion und Verfahrenstechnik, Forschung, Entwicklung und Innovation,[11] wenngleich sich dieselben „in der Regel außerhalb des Betriebs mittelbar oder unmittelbar auswirken".[12]

3. Übergreifende Betrachtung

Auch wenn es systemlogischer Kern der Begriffsbestimmung in § 89 Abs. 3 BetrVG ist, „dass sie zweckorientiert auf die Betriebsverfassung und die sich hieraus ergebende Zuständigkeit und Beteiligung des Betriebsrats"[13] abstellt, erscheint eine übergreifende Indienststellung als Definition nicht abwegig,[14] wenn man betrachtet, was unter der Überschrift Betrieblicher Umweltschutz *gesetzesübergreifend* diskutiert wird:

a) Personelle und organisatorische Maßnahmen

Zum rechtlichen Arsenal des Betrieblichen Umweltschutzes zählen in jüngerer Zeit vor allem Maßnahmen organisatorischer Art. Sie werden als „Gegengewicht [zur tradierten] ‚Techniklastigkeit' des betrieblichen Umweltschutzes" betrachtet.[15]

Organisatorische Maßnahmen können *staatlicherseits* „hart" – kraft gesetzlichen Organisationszwangs – oder „weich" – als invitatio – angestoßen werden. Zur „harten" Kategorie gehören: die Figur des Umweltbeauftragten (1) sowie Mitteilungspflichten zur umweltrelevanten Betriebsorganisation auf Geschäftsführungsebene (2), zur „weichen" Kategorie das Angebot zur Implementierung betrieblicher Umweltmanagementsysteme (3). Die Übergänge sind insoweit fließend, als sowohl Umweltbeauftragte als auch der in Umweltbelangen geschäftsführungsbefugte Unternehmensvertreter reflexiv im Betrieb bzw. Unternehmen wirken sollen und die invi-

---

[10] *Kloepfer*, DB 1993, 1125 (1125); ähnlich *ders.*, Umweltschutz in und durch Unternehmen, in: Adam et al. (Hrsg.), Öffentliche Finanzen und Gesundheitsökonomie. Festschrift für Klaus-Dirk Henke, 2007, S. 161 (176).

[11] *Eckard Rehbinder*, Ein Umweltschutzdirektor in der Geschäftsführung der Großunternehmen?, in: Baur (Hrsg.), Festschrift für Ernst Steindorff, 1990, S. 215 (221).

[12] BT-Drs. 14/5741, S. 48 (zu § 89 Abs. 3 BetrVG).

[13] BT-Drs. 14/5741, S. 48.

[14] In diesem Sinne wohl auch *Georg Annuß*, in: Richardi (Hrsg.), Betriebsverfassungsgesetz, Kommentar, 15. Aufl. 2016, § 89 Rdnr. 31; kritisch dagegen z. B. *Horst Konzen*, Der Regierungsentwurf des Betriebsverfassungsreformgesetzes, RdA 2001, 76 (89): „unbeholfene[n] Legaldefinition" und *Kloepfer* (o. Fn. 10), S. 169.

[15] *SRU*, Umweltgutachten 1994 = BT-Drs. 12/6995, S. 144; UBA (Hrsg.), Umweltmanagement in der Praxis, UBA-Texte 20/98, 1998, Teil III: S. 30.

tatio zur Nutzung von Umweltmanagementsystemen in ein officium umschlagen kann, wenn die Unternehmenstätigkeit besonders „umweltgefahrgeneigt" ist.

(1) „Umweltbeauftragte"

Von Beginn an wird Betrieblicher Umweltschutz unter der Figur „Betriebsbeauftragte für Umweltschutz" bzw. „Umweltbeauftragte" diskutiert.[16] „Umweltbeauftragte" – als nicht staatlicherseits, sondern „Unternehmensbeauftragte"[17] – sind „durch gesetzlichen Organisationszwang institutionalisierte Funktionsträger des Unternehmens"[18] mit dem Status eines „anderen Organs der Unternehmensverfassung"[19]. Unter dieser Sammelbezeichnung bzw. Klammer werden gemeinhin alle fachgesetzlichen Betriebsbeauftragten[20] für Umweltschutzbelange zusammengefasst. Auf den hier *de lege lata* vorhandenen „normativen Wildwuchs" und ein daraus folgendes „innere[s] Harmonisierung[sbedürfnis]" ist frühzeitig hingewiesen worden.[21] Zuletzt hatte der 2008er Referentenentwurf[22] für ein Umweltgesetzbuch eine systematische Zusammenführung und Harmonisierung der einzelnen Betriebsbeauftragten vorgeschlagen: § 21 UGB I-RefE sah eine Pflicht zur Bestellung von Umweltbeauftragten für dort konkretisierte Vorhabenträger und Anlagenbetreiber vor. In § 22 UGB I-RefE wurden die Aufgaben bzw. Funktionen von Umweltbeauftragten benannt, die sich systematisiert wie folgt zusammenfassen lassen: (Selbst-)Überwachung, (Verbesserung der) Anlagensicherheit, Umweltinformation (Aufklärung und Beratung) sowie Innovation.[23] Via Verordnungsermächtigung (in § 23 UGB I-RefE) war vorgesehen, Aufgaben und Befugnisse der Umweltbeauftragen in einer Umweltbeauftragtenverordnung (UmwBV-E) zu konkretisieren (§§ 9–11

---

[16] Siehe nur *Eckard Rehbinder/Hans-Gerwin Burgbacher/Rolf Knieper*, Ein Betriebsbeauftragter für Umweltschutz?, 1972, S. 9 ff.; *Bert Axel Szelinski*, Der Umweltschutzbeauftragte, WiVerw. 1980, 266 ff. sowie speziell für den Immissionsschutz *Michael Kotulla*, Immissionsschutz- und Störfallbeauftragte, in diesem Band (S. 163 ff.).

[17] *Eckard Rehbinder*, Andere Organe der Unternehmensverfassung, ZGR 1989, 305 (311 ff.) m. w. N.

[18] Professorenentwurf (o. Fn. 8), S. 379.

[19] *Rehbinder*, ZGR 1989, 305 (321).

[20] Immissionsschutzbeauftragte (§ 53 BImSchG), Störfallbeauftragte (§ 58a BImSchG), Gewässerschutzbeauftragte (§ 64 WHG), Betriebsbeauftragte für Abfall (§ 59 KrWG); Strahlenschutzbeauftragte (§§ 31 ff. StrlSchV); Gefahrengutbeauftragte (§§ 3 ff. Gefahrgutbeauftragtenverordnung); Beauftragte für Biologische Sicherheit (§§ 16 ff. GenTSV); Tierschutzbeauftragte: § 10 TierSchG i. V. m. § 4 f. TierSchVersV. Auch der im EDL-G 2015 in § 8a Abs. 1 Nr. 1 geforderte Verantwortliche bzw. Ansprechpartner zur Durchführung von Energieaudits könnte in diese Kategorie – als Energieeffizienzbeauftragter – eingereiht werden.

[21] *Rehbinder*, ZGR 1989, 305 (335); siehe auch *Kloepfer* (o. Fn. 10), S. 165; *Martin Oldiges*, Der beschwerliche Weg zu einem Umweltgesetzbuch, ZG 2008, 263 (271).

[22] Abrufbar unter http://www.bmub.bund.de, siehe dort §§ 21–24 UGB I-RefE 2008 i. V. m. der Umweltbeauftragtenverordnung-RefE 2008.

[23] Kritisch zu diesem „organisatorischen Dilemma" etwa *Rehbinder*, ZGR 1989, 305 (359 ff.); *ders.* (o. Fn. 11), S. 217 f.

UmwBV-E). § 9 Abs. 4 UmwBV-E sah die Verpflichtung der Umweltbeauftragten zu einer jährlichen (Rechenschafts-)Berichterstattung über getroffene und beabsichtigte Maßnahmen und eine Aufzeichnungspflicht in puncto Anlagensicherheit vor. § 10 UmwBV-E gewährte dem Umweltbeauftragten ein Stellungnahmerecht mit Blick auf die Einführung neuer Verfahren und Produkte sowie allgemein Investitionsentscheidungen mit Umweltrelevanz; § 11 UmwBV-E verankerte schließlich ein Vortragsrecht des Umweltbeauftragten gegenüber der Geschäftsleitung. In puncto Bestellung und Abberufung war eine Anhörung von Betriebs- bzw. Personalrat vorgesehen (§§ 2, 7 UmwBV-E). Der in der Umweltbeauftragtenverordnung – *de lege ferenda* – vorgeschlagene Aufgaben- und Funktionskatalog korrespondiert damit weitgehend mit den einzelgesetzlichen Regelungen *de lege lata*.[24]

(2) Mitteilungspflichten zur Betriebsorganisation

Während Umweltbeauftragte von „unten" bzw. aus der Mitte des Betriebs/Unternehmens heraus agieren, sollen die Mitteilungspflichten zur Betriebsorganisation auf Geschäftsführungsebene[25] bewirken, dass Umweltschutz – als Querschnittsbereich – im Betrieb/Unternehmen ebenso von „oben" thematisiert wird. Noch weiter gehend hatten die UGB-Professoren- ebenso wie die Sachverständigen-Kommission[26] die Schaffung eines „Umweltschutzdirektors" auf Geschäftsführungsebene vorgeschlagen, „um die Verantwortlichkeit für den Umweltschutz in der Leitung von Unternehmen zu personalisieren und […] ein größeres Gewicht in der Unternehmensführung zu verleihen."[27] Seine Aufgabe sollte vorrangig in der „Leitung der umweltbezogenen Betriebsorganisation" bestehen.[28] Zugleich wollte man damit auf „strukturbedingte Defizite der Innovationsfunktion des Betriebsbeauftragten" reagieren.[29] Durchgesetzt hat sich diese Forderung nicht; im UGB-Referentenentwurf (2008) wurde sie nicht mehr aufgegriffen. Dass Umweltschutz im Unternehmen auch „von oben" thematisiert werden muss, ergibt sich heute – im Innenverhältnis aus haftungsrechtlicher Sicht – faktisch gleichwohl aus den sog. Compliance-Pflichten von Geschäftsführung bzw. Vorstand. Hier, wie bei den „Umweltbeauftragten" auch, ist die betriebliche Praxis – zumindest in größeren Unternehmen – den gesetzlichen Vor-

---

[24] Siehe für Immissionsschutzbeauftragte: §§ 54, 56f. BImSchG, Störfallbeauftragte: §§ 58b-58c BImSchG, Gewässerschutzbeauftragte: §§ 65f. WHG, Betriebsbeauftragte für Abfall: § 60 KrWG, Strahlenschutzbeauftragte (eingeschränkt): §§ 32, 33 Abs. 2 StrlSchV, Gefahrengutbeauftragte (eingeschränkt): § 8 Gefahrgutbeauftragtenverordnung, Beauftragte für Biologische Sicherheit (eingeschränkt): § 18 GenTSV.
[25] Siehe § 52b BImSchG, § 58 KrWG, § 31 Abs. 1 Satz 3 StrlSchV.
[26] § 94 UGB-AT-ProfE; § 154 UGB-KomE. Zu § 94 UGB-AT-ProfE vgl. *Eckard Rehbinder*, Umweltschutz und technische Sicherheit als Aufgabe der Unternehmensleitung aus juristischer Sicht, in: Breuer/Kloepfer/Marburger/Schröder (Hrsg.), Umweltschutz und technische Sicherheit im Unternehmen, UTR 26, 1994, S. 29 (46 ff.).
[27] Kommissionsentwurf (o. Fn. 8), S. 735; siehe auch *Rehbinder* (o. Fn. 11), S. 217ff.
[28] Kommissionsentwurf (o. Fn. 8), S. 739.
[29] *Rehbinder* (o. Fn. 26), S. 47.

gaben vielerorts voraus, so dass früh in Zweifel gezogen worden ist, ob es entsprechender Vorgaben staatlicherseits – jedenfalls für größere Unternehmen – gegenwärtig (noch) bedarf.[30] Empirische Untersuchungen belegen, dass die Implementierung betrieblicher Umweltmanagementsysteme geeignet ist, *autonom* betriebliche Strukturen bzw. Institutionen zu schaffen, die vergleichbar mit den gesetzlichen „Leitbildern" (Umweltbeauftragte, Verantwortliche in der Geschäftsführung) sind, und vereinzelt sogar darüber hinaus gehen.[31]

(3) Umweltmanagementsysteme

Darüber, dass eine kontinuierliche und exakte Umweltüberwachung Voraussetzung für systematisch betriebenen Umweltschutz ist, besteht Einvernehmen.[32] Dieser Erkenntnis folgend, erlangen seit den frühen 1990er Jahren Umweltmanagementsysteme (UMS) zunehmend an Bedeutung für effektiven Betrieblichen Umweltschutz. Ihr Vorteil besteht darin, dass in ihnen beinahe alle Elemente bzw. Instrumente des Betrieblichen Umweltschutzes zusammenfließen,[33] was es – nach wie vor – rechtfertigt, sie als „zentrale[n] Baustein für die Aufnahme *proaktiver* Umweltschutzstrategien in die Unternehmenspolitik"[34] zu qualifizieren.

Ein UMS ist daher eine Strategie zusammenhängender Elemente, die benötigt wird, um eine betriebs- bzw. unternehmensspezifische Umweltpolitik zu entwickeln und zu verwirklichen, getreu dem Motto: Planen-Ausführen-Kontrollieren-Optimieren.[35] Dadurch wird sowohl die Beachtung gesetzesabhängigen als auch die Verwirklichung gesetzesunabhängigen, überobligatorischen Umweltschutzes erleichtert. Während die Umweltbeauftragten und die Mitteilungspflicht zur Betriebsorganisation auf gesetzlichem Zwang beruhen und das „herkömmliche Ordnungsrecht in ge-

---

[30] Siehe etwa *Arieh A. Ullmann*, Der Betriebsbeauftragte für Umweltschutz aus betriebswirtschaftlicher Perspektive, Zeitschrift für betriebswirtschaftliche Forschung (zfbf) 1981, 992 (1013).

[31] Vgl. *Annette E. Töller*, Fallstudien zur betrieblichen Anwendung von EMAS, in: Heinelt et al., Prozedurale Umweltpolitik der EU, 2000, S. 182 (186 ff.); zuvor UBA (Hrsg.), Umweltmanagement in der Praxis, Teilergebnisse eines Forschungsvorhabens (Teile V und VI) zur Vorbereitung der 1998 vorgesehenen Überprüfung des gemeinschaftlichen Öko-Audit-Systems (UBA-Texte 52/98), 1998, S. 105.

[32] So schon *Peter von Siemens*, Einführung in das Thema „Industrie und natürliche Umwelt", in: Deutscher Rat für Landespflege (Hrsg.), Heft 29 (1978), S. 537 (537).

[33] *Martin Führ*, Proaktives unternehmerisches Handeln, ZfU 1994, 445 (465); vgl. auch *Lothar Knopp/Stefanie Striegel*, Umweltschutzorientierte Betriebsorganisation zur Risikominimierung, BB 1992, 2009 (2014) sowie *Gerhard Feldhaus*, Die Rolle der Betriebsbeauftragten im Umwelt-Audit-System, BB 1995, 1545 (1546 ff.).

[34] *Martin Führ*, Betriebsorganisation als Element proaktiven Umweltschutzes, in: Breuer/Kloepfer/Marburger/Schröder (Hrsg.), Jahrbuch des Umwelt- und Technikrechts 1993 (UTR 21), 1994, S. 145 (175).

[35] So sinngemäß Nr. 3.1 der DIN EN ISO 14001:2015 Umweltmanagementsysteme – Anforderungen mit Anleitung zur Anwendung, vgl. auch Art. 2 Nr. 13 der Verordnung (EG) Nr. 1221/2009 vom 25.11.2009 (EMAS III-Verordnung).

wissem Sinne in das Innere des Unternehmens hinein" verlängern,[36] ist die Entscheidung über die Einführung eines UMS auf betrieblicher Ebene regelmäßig autonom veranlasst. Zwar unterliegen Betreiber etwa immissionsschutzrechtlich genehmigungsbedürftiger Anlagen bestimmten Pflichten zur Gewährleistung eines hohen Schutzniveaus für die Umwelt insgesamt (Betreiberpflichten), aus denen teilweise „eine allgemeine Pflicht zu einer umweltsichernden Betriebsorganisation" hergeleitet wird.[37] Eine (Rechts-)Pflicht zur Einrichtung eines bestimmten UMS ergibt sich daraus im Allgemeinen aber noch nicht. Die aktuelle Verpflichtung großer Unternehmen, regelmäßig sog. Energieaudits durchzuführen (§§ 8 ff. EDL-G 2015[38]), könnte aber in diese Richtung weisend gedeutet werden. Schließlich bewirken Marktzwänge, gerade in der Zulieferindustrie, das Erfordernis der Einführung etablierter UMS auch in kleineren Unternehmen.

Je gefährlicher eine Anlage bzw. ein Betrieb für die Umwelt ist, umso höher ist das Bedürfnis nach einem Managementsystem. Im Anwendungsbereich der Störfallverordnung[39] etwa wird daher in Konkretisierung der „Allgemeinen Betreiberpflichten"[40] die Errichtung und Beachtung eines Sicherheitsmanagementsystems (auch mit Blick auf Umweltbelange[41]) gesetzlich angeordnet.[42] Der dort beschrittene Weg vom „reaktiven Ordnungsrecht" zum „präventiven Organisationsrecht" macht das Störfallrecht zum „Schrittmacher des Umweltrechts".[43]

Soweit gesetzlich nicht vorgeschrieben, wenden Organisationen (darunter Betriebe bzw. Unternehmen) – freiwillig bzw. aus Gründen des Marktzwanges – gegenwär-

---

[36] *Rehbinder* (o. Fn. 26), S. 34.

[37] *Führ* (o. Fn. 34), S. 149; *Wolfhard Kohte*, Störfallrecht zwischen Umwelt- und Arbeitsrecht, in: Breuer/Kloepfer/Marburger/Schröder (Hrsg.), Jahrbuch des Umwelt- und Technikrechts 1995 (UTR 31), 1995, S. 37 (46); *Klaus Meßerschmidt*, Umweltrechts-Compliance, in: Stober/Ohrtmann (Hrsg.), Compliance, Handbuch für die öffentliche Verwaltung, 2015, § 23 V. 1. a) = S. 682; vgl. auch *Rehbinder* (o. Fn. 26), S. 38; *Alfred Scheidler*, Umweltrechtliche Verantwortung im Betrieb, GewArch 2008, 195 (196), jew. m. w. N.; zurückhaltender hingegen noch *Dieter Sellner*, Die Grundpflichten im Bundes-Immissionsschutzgesetz, in: Bachof/Heigl/Redeker (Hrsg.), Verwaltungsrecht zwischen Freiheit, Teilhabe und Bindung. Festgabe 25 Jahre Bundesverwaltungsgericht, 1978, S. 603 (617).

[38] Dazu etwa *Jan Hoffmann*, Die Verpflichtung zur Durchführung von Energieaudits gemäß §§ 8 ff. EDL-G 2015, CuR 2015, 4 ff.

[39] Störfall-Verordnung (12. BImSchV) in der Fassung der Bekanntmachung vom 8. Juni 2005 (BGBl. I S. 1598), die zuletzt durch Art. 79 der Verordnung vom 31. August 2015 (BGBl. I S. 1474) geändert worden ist.

[40] § 3 Abs. 1 der 12. BImSchV: „Der Betreiber hat die nach Art und Ausmaß der möglichen Gefahren erforderlichen Vorkehrungen zu treffen, um Störfälle zu verhindern…".

[41] *Klaus Hansmann*, in: Landmann/Rohmer, Umweltrecht, 37. Erg.-Lfg. 2002, 12. BImSchV, § 8 Rdnr. 8.

[42] Art. 8 i. V. m. Anhang III der Richtlinie 2012/18/EU (Seveso-III-Richtlinie) respektive § 8 i. V. m. Anhang III der 12. BImSchV. Auslegungshinweise hierzu enthält seit Juni 2011 der ‚Leitfaden zum Konzept zur Verhinderung von Störfällen und zum Sicherheitsmanagementsystem' (KAS-19) der Kommission für Anlagensicherheit.

[43] *Kohte* (o. Fn. 37), S. 46.

tig vor allem zwei Managementsysteme an: die ISO 14001 (a) und das Gemeinschaftssystem für Umweltmanagement und Umweltbetriebsprüfung – EMAS (b).

(a) ISO 14001

Bei der DIN EN ISO 14001[44] handelt es sich um eine internationale Norm, die Anforderungen an ein UMS festlegt, die es einer Organisation, mithin auch einem Betrieb/Unternehmen, ermöglichen, eine Umweltpolitik und entsprechende Zielsetzungen unter Berücksichtigung rechtlicher Verpflichtungen und Informationen über wesentliche Umweltaspekte zu entwickeln und zu verwirklichen. Als Nachweis der Anwendung der Norm bestehen die Möglichkeit der Zertifizierung oder aber Selbstdeklaration. In der Norm werden keine Anforderungen für die Umweltleistung einer Organisation festgelegt, die über die gesetzlichen Vorgaben hinausgehen, insbesondere werden keine spezifischen Umweltleistungskriterien festgelegt. Die Organisation muss aber die Eignung, Angemessenheit und Wirksamkeit ihres *Umweltmanagementsystems* fortlaufend verbessern, um eine Verbesserung ihrer Umweltleistung erzielen zu können. Mit Blick auf die Bundesrepublik, aber auch weltweit, ist die ISO 14001 zwischenzeitlich das führende UMS.[45]

(b) EMAS

Hinter dem Kürzel EMAS steht das europäische Gemeinschaftssystem für Umweltmanagement und Umweltbetriebsprüfung, das in eine EU-Verordnung eingekleidet ist.[46] Zwar ist auch die Partizipation an diesem System freiwillig. Ein Unternehmen, das sich zur Teilnahme entschließt, muss dessen akribische Vorgaben, die über diejenigen der ISO 14001 hinausgehen, aber strikt beachten. EMAS zielt namentlich darauf ab, kontinuierliche Verbesserungen der Umweltleistung von Organisationen zu fördern, indem diese ein UMS errichten und anwenden, die Leistung dieses Systems einer systematischen, objektiven und regelmäßigen Bewertung unterziehen, Informationen über die Umweltleistung vorlegen, einen Dialog mit der Öffentlichkeit und anderen interessierten Kreisen führen und die Arbeitnehmer aktiv beteiligen sowie eine angemessene Schulung derselben gewährleisten.[47] Die Teilnahme an EMAS wird durch Registrierung nachgewiesen. Obwohl EMAS (1993) vor der ISO 14001 (1996) an den Start gegangen ist, geht die Anzahl derjenigen Betriebe/Unternehmen in Deutschland, die sich für EMAS entscheiden, kontinuierlich zu-

---

[44] Umweltmanagementsysteme – Anforderungen mit Anleitung zur Anwendung (ISO 14001:2015).

[45] Vgl. etwa *Jan Hoffmann*, Umweltmanagementsysteme waren gestern? – Zur Verbreitung von EMAS und der ISO-Norm 14001 in Deutschland, ZUR 2014, 81 (83) m. w. N.

[46] Verordnung (EG) Nr. 1221/2009 vom 25. 11. 2009, ABl.EU Nr. L 342 vom 22. 12. 2009, S. 1.

[47] Art. 1 Verordnung (EG) Nr. 1221/2009. Im Kontext UMS siehe z. B. die vom Jubilar als Erstgutachter betreute Promotionsschrift von *Gernot-Rüdiger Engel*, Analyse und Kritik der Umweltmanagementsysteme – Darstellung unter Berücksichtigung der Zukunftsfähigkeit der EG-Öko-Audit-Verordnung, 2010.

rück, was auf dessen hohe Anforderungen an ein UMS unter Abwägung ökonomischer Vorteile zurückgeführt wird. Die nahe Zukunft wird zeigen, ob der EU-Gesetzgeber auf diese (unerfreuliche) Entwicklung (wirkungsvoll) reagiert; die Novelle der Verordnung ist für 2016 avisiert.[48]

(4) Maßnahmen personeller Art

Maßnahmen personeller Art zum Zweck betrieblichen Umweltschutzes fallen regelmäßig mit organisatorischen Vorgängen zusammen. Dazu gehören beispielsweise die Bestellung von Umweltbeauftragten[49], Mitarbeiterschulungen etc.

b) Technische Maßnahmen

Technische Maßnahmen zählen zu den Grundfesten des Betrieblichen Umweltschutzes. Dass sie diesem systematisch zuzuordnen sind, zeigt beispielsweise ein Blick in die Aufgabenzuweisung der Umweltbeauftragten. Deren Aufgabe ist es u. a., auf die Entwicklung und Einführung umweltfreundlicher Verfahren und Erzeugnisse hinzuwirken.[50] Die Begriffe „Verfahren" und „Erzeugnisse" sind dabei weit auszulegen und erfassen nicht nur „das eigentliche Produktionsverfahren, sondern auch das Verfahren zur Vermeidung oder Verminderung von Emissionen oder Immissionen, [...] zur Vermeidung, Verwertung oder Beseitigung der Abfälle und das Verfahren zur sparsamen und effizienten Energieverwendung" bzw. „nicht nur die Endprodukte, sondern auch die Zwischen- und Nebenprodukte", damit „alle Betriebsvorgänge und alle dabei entstehenden Stoffe und Gegenstände".[51]

Mit Blick auf Produktionsverfahren ist zwischen sog. produktionsintegriertem Umweltschutz, d. h. Umweltschutzmaßnahmen im Produktionsprozess selbst, und dem Produktionsprozess vor- und nachgelagerter sog. integrierter Produktpolitik zu differenzieren, bei der die Auswirkungen eines Produkts bzw. einer Dienstleistung auf die Umwelt – u. a. mit Hilfe technischer Produktnormung[52] – „über den gesamten Lebensweg... von der Wiege bis zur Bahre" (Zulieferer/Produzent/Vertrieb/Konsu-

---

[48] Vgl. *Hoffmann*, ZUR 2014, 81 ff.; *ders.*, 20 Jahre EMAS – Erfolgreich und nachhaltig wirtschaften, ZUR 2015, 507 f.

[49] §§ 53 Abs. 1, 58a BImSchG, § 64 Abs. 1 WHG, § 59 Abs. 1 KrWG, § 31 Abs. 2 StrlSchV, § 3 Abs. 1 Gefahrgutbeauftragtenverordnung, § 16 Abs. 1 Gentechnik-Sicherheitsverordnung.

[50] §§ 22 Satz 2 Nr. 1 UGB I-RefE sowie wesensgemäß: § 54 Abs. 1 Satz 2 Nrn. 1–2 BImSchG, § 60 Abs. 1 Satz 2 Nrn. 4–6 KrWG, § 65 Abs. 1 Satz 2 Nrn. 1–3 WHG.

[51] *Klaus Hansmann*, in: Landmann/Rohmer, Umweltrecht, 77. Erg.-Lfg. 2015, § 54 BImSchG Rdnr. 5.

[52] *Klaus Lehmann*, Internationale Produktnormung – Perspektive der Normungsorganisationen, in: Führ (Hrsg.), Stoffstromsteuerung durch Produktregulierung, 2000, S. 107 (109 ff.). Umweltschutzbelange haben zwischenzeitlich auch Eingang in das Produktsicherheitsrecht gefunden, siehe etwa *Carsten Schucht*, Die neue Architektur im europäischen Produktsicherheitsrecht, EuZW 2014, 848 (849 ff.).

ment/Entsorger) betrachtet werden.[53] Das Erfordernis integrierter Produktbetrachtung korrespondiert dabei einerseits mit der Einsicht baldiger Ausschöpfung verfahrenstechnischer Möglichkeiten (end of the pipe),[54] andererseits aber auch mit der zunehmenden Bedeutung von Produkten und Dienstleistungen in der Gesellschaft,[55] quantitativ wie qualitativ. Beide Ansätze setzen voraus, dass Umweltaspekte in unternehmerische Entscheidungsprozesse einbezogen[56] und das „Produktionsfaktorsystem um den Faktor Umwelt"[57] erweitert wird.

c) Informationelle Maßnahmen

Darüber hinaus stellt sich die Frage, ob Betrieblicher Umweltschutz auch informationelle Maßnahmen bzw. Außenkommunikation jenseits der Vollzugsbehörden (Stichwort: Umweltrechnungslegung) umfasst. Dafür spricht, dass etwa die EMAS-Teilnahme von einer Umweltberichterstattung an die interessierte Öffentlichkeit abhängig ist, und Umweltinformation seit nunmehr zwei Jahrzehnten als „Königsweg des Umweltschutzes"[58] beschrieben wird.

Dafür spricht ferner die zwischenzeitlich erfolgte Einrichtung diverser elektronischer Schadstoffregister, in der Bundesrepublik durch das SchadRegProtAG,[59] das Betreiber bestimmter Betriebseinrichtungen verpflichtet, betriebliche Umweltdaten in Gestalt spezifischer Schadstoffemissionen nach Maßgabe der Verordnung (EG) Nr. 166/2006[60] zu melden,[61] die sodann vom Umweltbundesamt öffentlich zugänglich gemacht werden.[62]

---

[53] *Niels Griem*, Produktionsintegrierter Umweltschutz, 2000, S. 36; *ders.*, Ordnungsrechtliche Instrumente zur Durchsetzung des produktionsintegrierten Umweltschutzes, in: Haasis/Müller/Winter (Hrsg.), Produktionsintegrierter Umweltschutz und Eigenverantwortung der Unternehmen, 2000, S. 177 ff. (178).

[54] *Martin Führ*, Stoffbezogenes Umweltrecht, in: Dolde (Hrsg.), Umweltrecht im Wandel, 2001, S. 685 (688).

[55] Siehe dazu jüngst etwa die Stellungnahme des Europäischen Wirtschafts- und Sozialausschusses zum Thema „Umwelt-, gesellschafts- und gesundheitsbezogene Werbeaussagen im Binnenmarkt" (Initiativstellungnahme 2015/C 383/02), ABl.EU Nr. C 383 vom 17.11. 2015, S. 8.

[56] *Griem*, Produktionsintegrierter Umweltschutz (o. Fn. 53), S. 55.

[57] *Hartmut Kreikebaum*, Umweltgerechte Produktion, 1992, S. 73.

[58] *Martin Führ*, Ansätze für proaktive Strategien zur Vermeidung von Umweltbelastungen im internationalen Vergleich, in: Enquete-Kommission „Schutz des Menschen und der Umwelt" (Hrsg.), Studienprogramm Umweltverträgliches Stoffstrommanagement, Bd. 2 (Instrumente), 1995, S. 1 (173), unter Bezugnahme auf *Helmut Weidner*.

[59] Gesetz zur Ausführung des Protokolls über Schadstofffreisetzungs- und -verbringungsregister vom 21. Mai 2003 sowie zur Durchführung der Verordnung (EG) Nr. 166/2006 als neues informationelles Instrument des Umweltrechts (BGBl. I 2007 S. 1002).

[60] Verordnung (EG) Nr. 166/2006 des Europäischen Parlaments und des Rates vom 18. Januar 2006 über die Schaffung eines Europäischen Schadstofffreisetzungs- und -verbringungsregisters und zur Änderung der Richtlinien 91/689/EWG und 96/61/EG des Rates (ABl.EU Nr. L 33 vom 4.2.2006, S. 1), geändert durch Verordnung (EG) Nr. 596/2009 des

Auch *Michael Kloepfer*[63] subsumiert die betriebliche „Umweltrechnungslegung" unter den betrieblichen Umweltschutz. Die dies thematisierenden UGB-Vorschläge, die eine obligatorische Umweltberichterstattung von Unternehmen bereits vor Jahrzehnten vorsahen, haben sich bis dato zwar nicht durchsetzen können.[64] Aktuell wird die Thematik indes durch (Umwelt-)Europarecht wiederbelebt: Jedenfalls größere Unternehmen müssen in Umsetzung der sog. CSR-Richtlinie[65] ab dem Jahr 2017 obligatorisch über Umweltbelange in ihren Lageberichten informieren.[66] Das rechtfertigt es heute, informationelle Maßnahmen dem Betrieblichen Umweltschutz zuzuordnen. Auch insoweit handelt es sich um umweltrelevante Handlungen im Kontext des Betriebs/Unternehmens, die darauf abzielen, den innerbetrieblichen Umweltschutz zu verbessern.

d) Umweltprivatrecht: „selbstgeschaffenes Umweltrecht"[67]

Schließlich kann man – dem „Bedarf nach elastischen, halbimperativen Rechtssätzen"[68] und der Erkenntnis von „Recht, das neben, ohne oder jenseits des Staates operiert"[69] folgend – in Erwägung ziehen, (ergänzend[70]) nicht-staatliche und rechtlich für sich unverbindliche Umweltstandards, die speziell für den unternehmerischen Bereich geschaffen worden sind, dem Betrieblichen Umweltschutz zuzuordnen. Hierfür spricht „die Erkenntnis, dass das Umweltrecht längst in einem differen-

---

Europäischen Parlaments und des Rates vom 18. Juni 2009 (ABl.EU Nr. L 188 vom 18. 7. 2009, S. 14).

[61] Siehe dazu *Marc Röckinghausen*, Das neue Schadstoffregister PRTR, ZUR 2009, 19 ff.

[62] Siehe www.thru.de.

[63] *Kloepfer*, DB 1993, 1125 (1128); *ders.*, Umweltinformationen durch Unternehmen, NuR 1993, 353 ff.; *ders.*, Umweltschutzrecht, 2. Aufl. 2011, § 4 Rdnr. 110.

[64] Vgl. § 14 UGB-AT ProfE, § 170 UGB-KomE; zu § 14 UGB-AT ProfE siehe etwa *Kloepfer*, NuR 1993, 353 (357 f.) und *Mathias Schellhorn*, Anm. zur geplanten Umweltrechnungslegung gem. § 14 Abs. 1 UGB-AT, ZAU 1996, 115 (116 ff.), jew. m. w. N.

[65] Richtlinie 2014/95/EU des Europäischen Parlaments und des Rates vom 22. Oktober 2014 zur Änderung der Richtlinie 2013/34/EU im Hinblick auf die Angabe nichtfinanzieller und die Diversität betreffender Informationen durch bestimmte große Unternehmen und Gruppen, ABl.EU Nr. L 330 vom 15. 11. 2014, S. 1.

[66] Dazu etwa *Jan Hoffmann*, Umweltbelange im Lagebericht nach § 289 HGB, GWR 2013, 458 ff. m. w. N.

[67] *Kloepfer*, DB 1993, 1125 (1130).

[68] *Udo Di Fabio*, Verlust der Steuerungskraft klassischer Rechtsquellen, NZS 1998, 449 (450).

[69] *Gralf-Peter Calliess/Andreas Maurer*, Transnationales Recht – eine Einleitung, in: G.-P. Calliess (Hrsg.), Transnationales Recht – Stand und Perspektiven, 2014, S. 1 (1).

[70] *Gerhard Feldhaus*, Umweltschutzsichernde Betriebsorganisation, NVwZ 1991, 927 (931); *Kloepfer*, DB 1993, 1125 (1130).

zierten Mehrebenensystem erzeugt wird".[71] Derartige Standards sind zunächst zwar weder personelle, organisatorische noch technische Maßnahmen in einem Betrieb/ Unternehmen. Entschließt sich ein Marktteilnehmer – autonom oder kraft faktischen Zwangs – aber zur Beachtung dergleichen, mündet auch dies mittelbar in Maßnahmen personell-organisatorischer und ggf. technischer Art. Als Beispiele lassen sich anführen: die OECD-Leitsätze für (multi-)nationale Unternehmen[72], der Global Compact der Vereinten Nationen, die Normen ISO 14001 und ISO 26000 sowie die Global Reporting Initiative, der Deutsche Nachhaltigkeitskodex[73] und die Responsible Care Initiative der Chemischen Industrie[74].

III. Epilog

Der Themenkomplex Betrieblicher Umweltschutz hat bis dato keine allgemeinverbindliche Konkretisierung erfahren. Das ist zunächst insoweit wenig überraschend, als sich die Frage, *wie* die Umwelt am besten zu schützen ist, in jedem Unternehmen different stellen wird, gilt es doch die jeweiligen betrieblichen Spezifika zu beachten.[75] Seit dem Jahr 2001 wird der Terminus aber im Betriebsverfassungsrecht in § 89 Abs. 3 BetrVG legaldefiniert. Die dortige Begriffsbestimmung lässt sich sinngemäß gesetzesübergreifend anwenden. Betrieblicher Umweltschutz sind danach alle personellen, organisatorischen und technischen Maßnahmen in einem Betrieb/Unternehmen, die dem Schutz der Umwelt dienen und entweder staatlich mitbedungen sind oder im Betrieb/Unternehmen autonom gesetzt werden. Das Umweltprivatrecht, vor allem in Gestalt in der Praxis etablierter Umweltstandards, rückt infolge staatlicher Steuerungsschwäche zusehends in den Fokus des Betrieblichen Umweltschutzes; informationelle Maßnahmen ergänzen diesen.

In jüngerer Zeit wird – parallel zur Nachhaltigkeitsdebatte – anstelle von Betrieblichem Umweltschutz vermehrt von „umweltorientierter"[76] bzw. „umweltgerechter Unternehmensführung"[77] gesprochen. Im Referentenentwurf für ein deutsches Um-

---

[71] *Kloepfer* (o. Fn. 10), S. 175; vgl. in diesem Kontext jüngst auch *Anna Beckers*, Enforcing Corporate Social Responsibility Codes, On Global Self-Regulation and National Private Law, Oxford 2015.

[72] Siehe dazu etwa *Jan Hoffmann*, Environmental due diligence – Die OECD-Leitsätze für multinationale Unternehmen, ZfU 2012, 399 (405 ff.).

[73] Zu Letzteren vgl. überblicksartig *Hoffmann*, GWR 2013, 458 (460 f.); zur Global Reporting Initiative zuletzt *Martin Roloff/André Habisch/Simon Gietl*, Cross national differences on sustainability reporting – Can the GRI fill the legislation gap?, ZfU 2014, 28 ff.

[74] Siehe www.responsible-care.de.

[75] Um hier ein passendes Bild zu malen: Bei der Herstellung einer „Fender" sind sicher andere Umweltbelange berührt als bei der Ausrichtung eines Rock-Events, auch wenn beides zu einem Konzert der Rolling Stones in Berlin führen mag, für das der Jubilar sicher Tickets erwerben würde, sofern er nicht bereits einen Backstage-Pass innehätte. Erforderlichenfalls könnte er dort *Keith Richards* vertreten.

[76] Prägend etwa *UBA* (Hrsg.), Umweltorientierte Unternehmensführung, 1991.

[77] Dieses neue Konstrukt gilt es freilich noch zu operationalisieren.

weltgesetzbuch (2008) hieß es in einer frühen Fassung im Allgemeinen Teil folgerichtig: *"Zur Förderung einer dauerhaft umweltgerechten Entwicklung [...] tragen private und öffentliche Unternehmen, Behörden und sonstige Einrichtungen auch durch Maßnahmen umweltgerechter Unternehmensführung bei."*[78] Die neue Bezeichnung[79] schürte Ängste bei Wirtschaftsvertretern.[80] Ob diese berechtigt sind, darf bezweifelt werden. Denn die Einsicht, dass Betrieblicher Umweltschutz ein „Beitrag zur Sicherung der Zukunft von Umwelt *und* Unternehmen" ist, tragen führende deutsche Wirtschaftsverbände seit beinahe drei Jahrzehnten mit.[81] Zur Realisierung des neuen Konzepts, das nicht nur die Privatwirtschaft (Betriebe/Unternehmen), sondern auch staatliche Organisationen einschließt, wird es als erforderlich angesehen, Umweltschutz als Teil der Unternehmenspolitik und Aufgabe der Unternehmensführung zu verinnerlichen.[82] Betrieblicher Umweltschutz revisited ist danach mehr, als die Einhaltung gesetzlicher Vorschriften im Unternehmen durch Maßnahmen des technischen Umweltschutzes (end of the pipe).[83] Die Tutzinger Erklärung[84] stellt zutreffend auf unternehmerische Eigenverantwortlichkeit ab. Die Wahrnehmung derselben[85] kann das Recht nur zu influenzieren suchen, ohne „exakte Entscheidungskriterien für die Unternehmensführung zu formulieren"; vielmehr gilt es, „einen ausreichenden institutionellen Rahmen für die Berücksichtigung von Umweltschutzanforderungen bereitzustellen".[86] Benötigt wird mehr denn je ein „Umweltbetriebsrecht [...], das umweltadäquate Unternehmensstrukturen si-

---

[78] § 2 Abs. 2 des Referentenentwurfs in Gestalt der „Arbeitsentwurf"-Fassung vom 19.11. 2007.

[79] Vorausgehend *UBA* (Hrsg.), Umweltorientierte Unternehmensführung, 1991.

[80] So für den BDI *Gregor Strauch*, Herausforderung durch das Umweltgesetzbuch aus Sicht der Industrie, in: Köck (Hrsg.), Auf dem Weg zu einem Umweltgesetzbuch nach der Föderalismusreform, 2009, S. 153 (153 f.).

[81] Vgl. die sog. Tutzinger Erklärung (1988), abgedruckt in: *Held,* Tutzinger Erklärung zur umweltorientierten Unternehmenspolitik, Dokumentation der Aktion, Tutzinger Materialie Nr. 59/1989, S. 3; vorausgehend auch BDI-Drucksache Nr. 172 (1984): Industrie und Ökologie – Die Industrie nimmt zum Umweltschutz in der modernen Industriegesellschaft Stellung.

[82] Siehe schon *K. H. Nüßgens,* Umweltschutz als eine Führungsaufgabe im Unternehmen, Fortschrittliche Betriebsführung 23/1974, 111 ff. und anschließend *Knopp/Striegel,* BB 1992, 2009 (2014); *UBA* (Hrsg.), Umweltmanagement in der Praxis, Texte 20/98, 1998, Vorwort, und zuletzt *Ira Janzen,* Gerichtsfeste Betriebsorganisation, CCZ 2014, 178 (179).

[83] So aber die empirischen Erfahrungswerte noch in den Jahren 1990/91, siehe *Harald Dyckhoff/Rolf Jacobs,* Organisation des Umweltschutzes in Industriebetrieben – Ergebnisse einer empirischen Untersuchung, ZfB 1994, 717 (732): „Betrieblicher Umweltschutz beschränkt sich vorwiegend auf das Hinzufügen einiger nachgeschalteter Maßnahmen und Verfahren...".

[84] Siehe Fn. 81.

[85] Vgl. dazu allen voran etwa das von *Georg Winter* hrsg. Handbuch, Das umweltbewußte Unternehmen (seit 1987 in mehreren Auflagen erschienen).

[86] *Kloepfer,* DB 1993, 1125 (1125).

chert, um eine Wahrnehmung unternehmerischer Umweltverantwortung zu gewährleisten".[87] Ganz ohne Staat wird es dabei aber auch in Zukunft nicht gehen, wie aktuell etwa die Umsetzung der CSR-Richtlinie (o. Fn. 65) belegt.[88]

---

[87] *Michael Kloepfer*, Staat und Unternehmung in ihrer Umweltverantwortung aus Sicht des Rechts, in: Steinmann/Wagner (Hrsg.), Umwelt und Wirtschaftsethik, 1998, S. 214 (230).

[88] Siehe den Referentenentwurf des Bundesministeriums der Justiz und für Verbraucherschutz: Entwurf eines Gesetzes zur Stärkung der nichtfinanziellen Berichterstattung der Unternehmen in ihren Lage- und Konzernlageberichten (CSR-Richtlinie-Umsetzungsgesetz) vom März 2016.

Probleme der BVT-Schlussfolgerungen im Recht der Industrieemissions-Anlagen

Von *Hans D. Jarass*

I. Grundlagen

1. Anlagen nach der Industrieemissions-Richtlinie (Industrieemissions-Anlagen)

a) In Umsetzung der Richtlinie 2010/75/EU über Industrieemissionen[1] wurde 2013 in das Bundes-Immissionsschutzgesetz eine Vielzahl von Vorschriften eingefügt, die ausdrücklich für „Anlagen nach der Industrieemissions-Richtlinie" gelten. Es handelt sich um § 3 Abs. 6e BImSchG, um § 5 Abs. 4 BImSchG, um § 7 Abs. 1a BImSchG, um § 10 Abs. 1a, 8a BImSchG, um § 12 Abs. 1a BImSchG, um § 17 Abs. 1a, 2a BImSchG, um § 31 Abs. 1–4 BImSchG, um § 48 Abs. 1a BImSchG, um § 52 Abs. 1, 1b BImSchG, um § 52a BImSchG und um § 67 Abs. 5 BImSchG. Weitere Vorschriften gelten ebenfalls allein für Anlagen nach der Industrieemissions-Richtlinie, auch wenn sie den Begriff nicht benutzen.[2] Vor diesem Hintergrund kann es nicht überraschen, dass in einer eigenen Legaldefinition in § 3 Abs. 8 BImSchG festgelegt wird, was unter einer Anlage nach der Industrieemissions-Richtlinie zu verstehen ist. Dabei wird allerdings im Wesentlichen nur auf die Rechtsverordnung nach § 4 Abs. 1 Satz 3 BImSchG, also die 4. Bundes-Immissionsschutzverordnung, verwiesen. Es geht um Anlagen, die in der Verordnung entsprechend gekennzeichnet sind und im Folgenden abgekürzt als „Industrieemissions-Anlagen" bezeichnet werden. Die Bezeichnung als „Anlagen nach der Industrieemissions-Richtlinie" ist dabei etwas irreführend, da es ausweislich § 3 der 4. BImSchV allein um die in Art. 10 Richtlinie (RL) 2010/75 angesprochenen und in Anhang I der Richtlinie aufgelisteten Anlagen geht. Einzelne Regelungen der Richtlinie betreffen aber auch andere Anlagen, wie Art. 4–8 RL 2010/75. Richtiger wäre somit die Bezeichnung „Anlagen nach Art. 10 RL 2010/75".

Entscheidend für die Qualifizierung einer Anlage als Industrieemissions-Anlage ist nach der ausdrücklichen Aussage des § 3 Abs. 8 BImSchG die Kennzeichnung durch die 4. Bundes-Immissionsschutzverordnung. Allein der Umstand, dass die Anlage nach den Vorgaben der Industrieemissions-Richtlinie hätte gekennzeichnet werden müssen, weil sie von Art. 10 RL 2010/75 erfasst wird, kann nach dem klaren

---

[1] Vom 24.11.2010 (ABl.EU Nr. L 334, S. 17).

[2] Vgl. § 7 Abs. 1b, § 12 Abs. 1b, § 17 Abs. 2b, § 48 Abs. 2b BImSchG.

Wortlaut nicht genügen. Erst recht genügt es nicht, dass es um eine Anlage i. S. d. Art. 2 RL 2010/75 geht.[3] Andererseits verlangt der Grundsatz der unionsrechtskonformen Auslegung die 4. Bundes-Immissionsschutzverordnung im Lichte der Richtlinie zu interpretieren.

b) Die praktische Bedeutung dieser Anlagen ist ganz erheblich. Nicht nur geht es dabei regelmäßig um sehr große Anlagen mit bedeutsamen Risiken für die Umwelt. Auch zahlenmäßig fällt der Kreis dieser Anlagen größer aus, als man vielleicht vermutet. Man geht davon aus, dass es in Deutschland über 9.000 solcher Anlagen gibt.[4]

Durch die Einführung der Industrieemissions-Anlagen kann man im Recht der genehmigungsbedürftigen Anlagen in materieller und formeller Hinsicht drei Stufen unterscheiden: Am anspruchsvollsten fallen die Anforderungen für Industrieemissions-Anlagen aus. Ein mittleres Anspruchsniveau gilt für die sonstigen förmlich zu genehmigenden Anlagen, während die Anforderungen bei den Anlagen des vereinfachten Verfahrens am geringsten ausfallen. Ein Teil der förmlich zu genehmigenden Anlagen unterliegt zudem den UVP-Anforderungen, wobei die Gruppe der Industrieemissions-Anlagen und die der UVP-Anlagen zwei sich überschneidende Kreise darstellen.

2. Beste verfügbare Techniken

Eine der zentralen Vorgaben für Industrieemissions-Anlagen sind die mit den „Besten verfügbaren Techniken" zusammenhängenden Anforderungen. Der Begriff der „Besten verfügbaren Techniken" kommt aus dem Unionsrecht und wird dort in Art. 3 Nr. 10 RL 2010/75 definiert. Danach ist der Begriff weit gespannt: Auf der einen Seite geht es um „den effizientesten und fortschrittlichsten Entwicklungsstand der Tätigkeiten und entsprechenden Betriebsmethoden [...], um Emissionen in und Auswirkungen auf die gesamte Umwelt zu vermeiden". Auf der anderen Seite geht es um „Techniken, die in einem Maßstab entwickelt sind, der unter Berücksichtigung des Kosten/Nutzen-Verhältnisses die Anwendung unter in dem betreffenden industriellen Sektor wirtschaftlich und technisch vertretbaren Verhältnissen ermöglicht"; dabei sind „Techniken" gemäß Art. 3 Nr. 2 RL 2010/75 sowohl die angewandte Technologie als auch die Art und Weise, wie die Anlage geplant, gebaut, betrieben und stillgelegt wird. Die begriffliche Spannweite wird auch daran deutlich, dass der Begriff regelmäßig im Plural benutzt wird (anders allerdings § 3 Abs. 6d BImSchG), auch in Bezug auf eine bestimmte Anlage, was es nahelegt, dass es in einem konkreten Fall mehrere beste verfügbaren Techniken gibt. Das passt dazu, dass mit den Besten verfügbaren Techniken vielfach nur Bandbreiten festgelegt werden.[5]

---

[3] *Thomas Krappel*, Ausgangszustandsbericht und Rückführungspflicht nach dem neuen Recht der Industrieemissionen, ZUR 2014, 202 (204).

[4] *Stefan Kopp-Assenmacher*, Die Umsetzung der Richtlinie über Industrieemissionen – Neue Herausforderungen für Anlagenbetreiber, I + E 2013, 28 (30).

[5] Näher zu den Bandbreiten unten II. 2. b).

Im deutschen Immissionsschutzrecht wird traditionell der Begriff des Standes der Technik benutzt, vereinzelt auch der der Besten verfügbaren Techniken. Mit der Verpflichtung auf den Stand der Technik wird im Grunde das gleiche Ziel verfolgt wie mit der Verpflichtung auf die Besten verfügbaren Techniken. Es geht darum, der technischen Entwicklung unmittelbar Rechnung zu tragen, ohne dass die einschlägigen Vorschriften und die darin enthaltenen Grenzwerte geändert werden müssen. Im Detail weisen die beiden Vorgaben gewisse Unterschiede auf.[6] Doch wird davon ausgegangen, dass der deutsche Stand der Technik im Ergebnis regelmäßig nicht hinter dem Anforderungsniveau der Besten verfügbaren Techniken zurückbleibt.[7]

3. Konkretisierung in BVT-Merkblättern

Die besten verfügbaren Techniken im Sinne der Industrieemissions-Richtlinie werden in „BVT-Merkblättern" für bestimmte Tätigkeiten konkretisiert. Dazu findet sich in der Regelung des § 3 Abs. 6a BImSchG in Anlehnung an Art. 3 Nr. 11 RL 2010/75 eine Legaldefinition. Ein BVT-Merkblatt beschreibt danach v. a. die angewandten Techniken, die derzeitigen Emissions- und Verbrauchswerte, die Zukunftstechniken und die Techniken, die für die Festlegung der besten verfügbaren Techniken sowie der BVT-Schlussfolgerungen berücksichtigt wurden.[8] Dabei lassen sich zwei Arten von BVT-Merkblättern unterscheiden: wenn sie sektorübergreifende Vorgaben treffen, sind sie horizontaler Natur, und wenn sie sich auf einen Industriesektor beschränken, vertikaler Natur. Die Erstellung der Merkblätter erfolgt in dem gemäß Art. 13 RL 2010/75 organisierten Informationsaustausch (Sevilla-Prozess), an dem Vertreter der EU-Kommission, der Mitgliedstaaten, der betroffenen Industriezweige und von Umweltorganisationen mitwirken. Einzelheiten sind im Durchführungsbeschluss 2012/119/EU geregelt.[9] Eine Übersicht der Veröffentlichungen findet sich im Internet.[10]

II. BVT-Schlussfolgerungen

1. Bedeutung, Rechtscharakter, Adressaten

a) Den wichtigsten Teil der BVT-Merkblätter bilden die „BVT-Schlussfolgerungen" (BATC), weil sie, wie sich noch zeigen wird, verbindlich sind bzw. durch un-

---

[6] Dazu *Hans D. Jarass*, Das neue Recht der Industrieanlagen – Zur Umsetzung der Industrieemissions-Richtlinie, NVwZ 2013, 169 (170f.).

[7] BT-Drs. 14/4599, 126; *Christoph Klages*, in: Jarass/Petersen, KrWG, Kommentar, 2014, § 3 Rdnr. 365; a. A. *Michael Kotulla*, in: ders. (Hrsg.), BImSchG, Kommentar, Stand 2014, § 3 Rdnr. 7. Dazu trägt auch bei, dass gemäß Nr. 13 des Anhangs der Anlage zu § 3 Abs. 6 BImSchG die BVT-Merkblätter zu berücksichtigen sind.

[8] *Markus Thiel*, in: Landmann/Rohmer, Umweltrecht, Stand 2015, § 3 BImSchG Rdnr. 115.

[9] Vom 10.2.2012 (ABl.EU L 63, S. 1).

[10] Unter: eippcb.jrc.ec.europa.eu/reference/.

tergesetzliche Regelungen bzw. durch Einzelfallentscheidungen für verbindlich erklärt werden. Der Begriff der BVT-Schlussfolgerungen wird in der Vorschrift des § 3 Abs. 6b BImSchG definiert, orientiert an Art. 3 Nr. 12 RL 2010/75. Danach sind die BVT-Schlussfolgerungen ein Teil eines BVT-Merkblatts, der von der EU-Kommission gemäß Art. 13 Abs. 5 RL 2010/75 im Regelungsverfahren (heute Prüfverfahren) erlassen wurde und bestimmte Inhalte enthält.

Bislang sind folgende BVT-Schlussfolgerungen von der Kommission erlassen worden:

(1) Durchführungsbeschluss 2012/134/EU über Schlussfolgerungen zu den besten verfügbaren Techniken in Bezug auf die *Glasherstellung*.[11]

(2) Durchführungsbeschluss 2012/135/EU über Schlussfolgerungen zu den besten verfügbaren Techniken in Bezug auf die *Eisen- und Stahlerzeugung*.[12]

(3) Durchführungsbeschluss 2013/84/EU über Schlussfolgerungen zu den besten verfügbaren Techniken in Bezug auf das *Gerben von Häuten und Fellen*.[13]

(4) Durchführungsbeschluss 2013/163/EU über Schlussfolgerungen zu den besten verfügbaren Techniken in Bezug auf die *Herstellung von Zement, Kalk und Magnesiumoxid*.[14]

(5) Durchführungsbeschluss 2013/732/EU über Schlussfolgerungen zu den besten verfügbaren Techniken in Bezug auf die *Chloralkaliindustrie*.[15]

(6) Durchführungsbeschluss 2014/687/EU über Schlussfolgerungen zu den besten verfügbaren Techniken in Bezug auf die *Herstellung von Zellstoff, Papier und Karton*.[16]

(7) Durchführungsbeschluss 2014/738/EU über Schlussfolgerungen zu den besten verfügbaren Techniken in Bezug auf das *Raffinieren von Mineralöl und Gas*.[17]

b) Die BVT-Schlussfolgerungen haben die Qualität von „Durchführungsrechtsakten" i. S. d. Art. 291 AEUV.[18] Sie sind damit „reguläres" Unionsrecht. Sie richten sich regelmäßig an die Mitgliedstaaten (vgl. Art. 2 der angeführten Durchführungsbeschlüsse), verpflichten also, wie Richtlinien, unmittelbar nur die Mitgliedstaaten und damit auch Behörden und Gerichte, nicht hingegen die Anlagenbetreiber, es sei

---

[11] Vom 28.2.2012 (ABl.EU 2012 L 70/1).
[12] Vom 28.2.2012 (ABl.EU 2012 L 70/63, ber. 333/48).
[13] Vom 11.2.2013 (ABl.EU 2013 L 45/13).
[14] Vom 26.3.2013 (ABl.EU 2013 L 100/1).
[15] Vom 9.12.2013 (ABl.EU 2013 L 332/34).
[16] Vom 26.9.2014 (ABl.EU 2014 L 284/76, ber. 348/30).
[17] Vom 9.10.2014 (ABl.EU 2014 L 307/38).
[18] *Thiel* (o. Fn. 8), § 3 BImSchG Rdnr. 116.

denn, sie entfalten bei unzureichender Umsetzung unmittelbare Wirkung.[19] Soweit daher deutsches Recht unmittelbar wirkenden Vorgaben der BVT-Schlussfolgerungen widerspricht, ist es nicht anwendbar.[20] Allerdings ist jeweils genau zu prüfen, wieweit die Durchführungsbeschlüsse tatsächlich bindende Wirkungen entfalten.

2. Inhalte, insbesondere Emissionsbandbreiten

a) Die BVT-Schlussfolgerungen haben gemäß § 3 Abs. 6b BImSchG folgende Inhalte: Zunächst geht es gemäß Nr. 1 um eine Beschreibung der besten verfügbaren Techniken und um Informationen zur Bewertung ihrer Anwendbarkeit. Gemäß Nr. 2 sind die sog. assoziierten Emissionswerte aufzuführen, auf die sogleich eingegangen wird. Weiter enthalten die BVT-Schlussfolgerungen die zu den Informationen nach Nr. 1 und Nr. 2 gehörenden Überwachungsmaßnahmen und Verbrauchswerte. Schließlich sind gemäß Nr. 4 gegebenenfalls einschlägige Standortsanierungsmaßnahmen aufzuführen.

Die BVT-Schlussfolgerungen betreffen meist bestimmte Anlagenarten. Solche *sektoralen* BVT-Schlussfolgerungen werden in § 7 Abs. 1a Satz 2 BImSchG als Schlussfolgerungen *„zur Haupttätigkeit"* bezeichnet. Sie stehen, wie sich noch zeigen wird, im Mittelpunkt der Umsetzungsvorgaben. Daneben gibt es BVT-Merkblätter und möglicherweise auch BVT-Schlussfolgerungen mit sektorübergreifenden bzw. horizontalen Vorgaben,[21] etwa das BVT-Merkblatt für ökonomische und medienübergreifende Effekte.

b) Die zentrale Vorgabe der BVT-Schlussfolgerungen bilden die mit den besten verfügbaren Techniken *assoziierten Emissionswerte*. Darin liegt ein nicht nur sprachlich, sondern auch inhaltlich schwieriger Terminus.[22] Er wird in Anlehnung an Art. 3 Nr. 13 RL 2010/75 in der Vorschrift des § 3 Abs. 6d BImSchG definiert. Danach ist mit diesem Begriff der Bereich von Emissionswerten gemeint, der unter normalen Betriebsbedingungen erreicht werden kann, wenn die besten verfügbaren Techniken oder eine Kombination von besten verfügbaren Techniken entsprechend der Beschreibung in den BVT-Schlussfolgerungen zum Einsatz kommen. Ausgedrückt werden die assoziierten Emissionswerte als Mittelwert für einen vorgegebenen Zeitraum und unter spezifischen Referenzbestimmungen.

Darüber hinaus wird im deutschen Recht der Begriff der mit den besten verfügbaren Techniken assoziierten Emissionswerte gemäß § 3 Abs. 6c BImSchG durch den der *Emissionsbandbreiten* ersetzt, weil der Begriff des Emissionswerts in der

---

[19] *Martin Kment*, Beste verfügbare Techniken in der unionsrechtlichen Analyse – Meilenstein oder Stolperstein auf dem Weg zu einem einheitlichen Immissionsanlagenrecht?, VerwArch 2014, 262 (273); *Hans D. Jarass*, BImSchG, 11. Aufl. 2015, Einl. 50.

[20] Dazu *Jarass* (o. Fn. 19), Einl. 51a.

[21] Vgl. *Andreas Wasielewski*, Das Gesetz zur Umsetzung der Richtlinie über Industrieemissionen – Auswirkungen auf den Vollzug der Länder, I + E 2013, 17 ff.

[22] *Thiel* (o. Fn. 8), § 3 BImSchG Rdnr. 118.

TA Luft als strikter Emissionsgrenzwert verstanden wird.[23] Von Bandbreiten wird gesprochen, da in den BVT-Schlussfolgerungen vielfach die zu erreichenden Werte als Spannbreite angegeben werden; in diesem Fall ist entweder auf Verordnungsebene oder im Rahmen der Entscheidungen gemäß § 12 Abs. 1a BImSchG bzw. § 17 Abs. 2a BImSchG der angemessene Wert innerhalb der Bandbreite festzulegen.[24] Zum Teil wird aber in den BVT-Schlussfolgerungen ein fester Wert vorgegeben, sodass sich die Bandbreite auf diesen Wert reduziert.

3. Umsetzung der Richtlinienvorgaben in deutsches Recht

Die Umsetzung der BVT-Schlussfolgerungen in deutsches Recht, die sachlich durchaus aufwändig sein kann,[25] erfolgt nach dem Konzept der Richtlinie 2010/75 in den entsprechenden Einzelfallentscheidungen der Genehmigung und der Aktualisierung. Demgegenüber werden die Schlussfolgerungen in Deutschland primär durch das untergesetzliche Regelwerk umgesetzt.[26] Das ist gemäß Art. 17 RL 2010/75 zulässig. Im Einzelnen geschieht das gemäß § 7 Abs. 1a, 1b BImSchG durch Rechtsverordnungen und gemäß § 48 Abs. 1a, 1b BImSchG durch Verwaltungsvorschriften (dazu unten III). Ergänzend können die BVT-Schlussfolgerungen in bestimmten Fällen gemäß § 12 Abs. 1a, 1b BImSchG in Nebenbestimmungen einer Genehmigung durchgesetzt werden oder gemäß § 17 Abs. 2a, 2b BImSchG in nachträglichen Anordnungen (dazu unten IV).

Dieses Regelungskonzept spricht dafür, dass die BVT-Schlussfolgerungen erst mit dem Erlass solcher Regelungen und Einzelfallentscheidungen als solche in Deutschland verbindlich werden.[27] Dazu passt auch, dass die Vorgaben zu den BVT-Schlussfolgerungen nicht in § 5 BImSchG aufgenommen wurden. Zu prüfen ist allerdings die bereits angesprochene und möglicherweise zum Tragen kommende unmittelbare Wirkung der Durchführungsbeschlüsse.[28]

Unabhängig davon sind die BVT-Schlussfolgerungen gemäß Nr. 13 des Anhangs zu § 3 Abs. 6 BImSchG generell bei der Ermittlung des Standes der Technik bedeutsam. Sie sind in diesem Rahmen aber nicht strikt zu beachten, sondern nur zu berücksichtigen. Andererseits macht es das möglich, den Stand der Technik im Sinne der

---

[23] BT-Drs. 17/10486, S. 38.

[24] *Thiel* (o. Fn. 8), § 3 BImSchG Rdnr. 117.

[25] *Achim Halmschlag*, Nach der Umsetzung der Industrieemissions-Richtlinie – Aufgaben des Vollzugs, I + E 2014, 48 (54).

[26] *Andreas Wasielewski*, in: Koch/Scheuing/Pache (Hrsg.), BImSchG, Stand 2015, § 12 Rdnr. 36; *Johannes Schulte*, Die Rolle der BVT-Schlussfolgerungen unter dem Regime der Industrieemissionsrichtlinie, I + E 2014, 105 (107); *Jens Martin König*, Alles neu? – Nach Umsetzung der europäischen Industrieemissions-Richtlinie beginnt der Vollzug des neuen Immissionsschutzrechts, DVBl 2013, 1356 (1357).

[27] BT-Drs. 17/10486, S. 40; *Wasielewski* (o. Fn. 26), § 12 Rdnr. 36; anders *Johannes Dietlein*, in: Landmann/Rohmer, Umweltrecht, Stand 2015, § 5 BImSchG Rdnr. 150.

[28] Dazu *Kment*, VerwArch 2014, 262 (271, 273).

BVT-Schlussfolgerungen zu verstehen. Zudem ergibt sich aus dieser Regelung, dass die BVT-Schlussfolgerungen auch außerhalb der Industrieemissions-Anlagen bedeutsam sind.[29]

III. Die Umsetzung von BVT-Schlussfolgerungen durch Rechts- und Verwaltungsvorschriften

1. Grundsätzliche Umsetzungspflicht

a) Nach den Vorschriften des § 7 Abs. 1a BImSchG und § 7 Abs. 1b BImSchG hat der Verordnungsgeber für die Durchsetzung von BVT-Schlussfolgerungen durch den Erlass neuer oder die Änderung bestehender Rechtsverordnungen zu sorgen.[30] Die Vorschriften bilden dabei keine (eigenständige) Ermächtigungsgrundlage. Sie konkretisieren die Ermächtigung des § 7 Abs. 1 BImSchG und enthalten v. a. für den Verordnungsgeber eine Verpflichtung, eine Erlasspflicht. Liegen die Voraussetzungen des Abs. 1a, 1b vor, dann muss eine entsprechende Regelung in einer Rechtsverordnung getroffen werden, sofern nicht auf andere, rechtlich bindende Weise für eine Beachtung der BVT-Schlussfolgerungen gesorgt wird.[31] Die Erlasspflicht kommt nur zum Tragen, wie Abs. 1a Satz 2 entnommen werden kann, wenn für die Anlagen ein BVT-Merkblatt mit BVT-Schlussfolgerungen zur *Haupttätigkeit* von Anlagen erstellt wurde, nicht dagegen für Merkblätter mit sektorübergreifenden Schlussfolgerungen.[32]

Eine ganz ähnliche Ermächtigung und Verpflichtung wie in § 7 Abs. 1a BImSchG und § 7 Abs. 1b BImSchG findet sich in § 48 Abs. 1a BImSchG und § 48 Abs. 1b BImSchG. Nur geht es hier nicht um Rechtsverordnungen, sondern um Verwaltungsvorschriften. Das eröffnet die Möglichkeit, die Durchsetzung von BVT-Schlussfolgerungen durch den Erlass entsprechender Regelungen in einer Verwaltungsvorschrift zu erreichen. In der Sache besteht auch insoweit eine Erlasspflicht, wiederum beschränkt, wie § 48 Abs. 1a Satz 2 BImSchG entnommen werden kann, auf BVT-Schlussfolgerungen zur Haupttätigkeit von Anlagen. Übereinstimmung mit den Anforderungen im Bereich der Rechtsverordnungen besteht auch insoweit, als § 48 Abs. 1a BImSchG nur eine Konkretisierung der allgemeinen Regelung des § 48 Abs. 1 BImSchG darstellen dürfte.

Zum Verhältnis der Regelungen zu Rechtsverordnungen einerseits und Verwaltungsvorschriften andererseits finden sich im Gesetz keine Vorgaben. Man wird daher von einem Wahlrecht auszugehen haben. Allerdings gilt es zu beachten,

---

[29] BT-Drs. 17/10486, S. 40; *Dietlein* (o. Fn. 27), § 7 BImSchG Rdnr. 74d; *Wasielewski*, I + E 2013, 17 (20).
[30] Damit wird Art. 15 Abs. 3, 4 i. V. m. Art. 17 Abs. 2, 3 RL 2010/75 umgesetzt.
[31] Auf die Alternativen wird noch eingegangen.
[32] *Marc Röckinghausen*, Die Industrie-Emissions-Richtlinie (IED) und ihre Umsetzung im Immissionsschutzrecht, UPR 2012, 161 (165); *Alfred Scheidler*, in: Feldhaus (Hrsg.), Bundesimmissionsschutzrecht, Stand 2015, § 7 BImSchG Rdnr. 55 f.

dass der Erlass von Verwaltungsvorschriften keine ausreichende Umsetzung der die Schlussfolgerungen enthaltenden EU-Rechtsakte darstellen dürfte, da wegen des Charakters der Schlussfolgerungen dafür eine echte Rechtsvorschrift erforderlich ist, wie das für die TA Luft vom EuGH entschieden wurde.[33] Erst recht gilt das für das Ausschussverfahren gemäß Nr. 5.1.1 Abs. 5 TA Luft.[34] Den Vorgaben der Richtlinie kann allerdings auch dadurch Rechnung getragen werden, dass die BVT-Schlussfolgerungen in bindende Einzelfallentscheidungen eingehen, sei es in Nebenbestimmungen zur Genehmigung nach § 12 Abs. 1a BImSchG oder durch nachträgliche Anordnungen nach § 17 Abs. 2a BImSchG.

b) In der Rechtsverordnung sind die Emissionsgrenzwerte gemäß § 7 Abs. 1a Satz 1 BImSchG bzw. § 48 Abs. 1a BImSchG derart festzulegen, dass die Emissionsbandbreiten, also die mit den besten verfügbaren Techniken assoziierten Emissionswerte, wie sie in BVT-Schlussfolgerungen festgelegt wurden, nicht überschritten werden.[35] Die Grenzwerte sind so zu bestimmen, dass die tatsächlich im Betrieb erreichbaren Werte innerhalb der Bandbreiten der BVT-Schlussfolgerungen liegen. Die ex ante vorgegebenen Emissionsgrenzwerte können daher numerisch auch außerhalb der Bandbreiten festgelegt werden, wenn die sich daraus ex post ergebenden Betriebswerte im Bereich der Bandbreiten liegen.[36] Emissionsgrenzwerte sind somit von Betriebswerten zu unterscheiden.

c) In zeitlicher Hinsicht fallen die Pflichten bei Rechtsverordnungen und Verwaltungsvorschriften unterschiedlich aus: Der Erlass von Rechtsverordnungen muss im Hinblick auf neue Anlagen unverzüglich nach der Veröffentlichung des Durchführungsrechtsakts erfolgen, mit dem die BVT-Schlussfolgerungen für verbindlich erklärt wurden.[37] Dies kann durch eine Anpassung bereits geltender Rechtsverordnungen oder durch eine neue Rechtsverordnung geschehen. Für Anlagen, die im Zeitpunkt der Veröffentlichung der BVT-Schlussfolgerungen bereits existieren, sind gemäß der vom Bundesrat angeregten Regelung des § 7 Abs. 1a Satz 2 BImSchG innerhalb eines Jahres auf der Ebene der Rechtsverordnungen die Emissionsgrenzwer-

---

[33] EuGH, Slg. 1991, I-2567 Rdnrn. 15 f.; Slg. 1991, I-2607 Rdnrn. 20 ff. Allerdings hat das BVerwG die Außenwirkung der TA Luft (und ähnlicher Verwaltungsvorschriften) nach der Entscheidung des EuGH insbesondere zu Gunsten Dritter verstärkt. Gleichwohl verbleibt ein EU-rechtlich wohl nicht hinnehmbarer Unterschied, weshalb die Verwaltungsvorschriften des § 48 zur Umsetzung von EU-Recht nicht genügen (*Thiel* (o. Fn. 8), § 48a BImSchG Rdnr. 3; *Dieter Scheuing*, in: Koch/Scheuing/Pache (Hrsg.), BImSchG, Stand 2015, § 48a Rdnr. 24; *Heike Jochum*, in: Giesberts/Reinhardt, Umweltrecht, 2007, § 48 BImSchG Rdnr. 34).

[34] Vgl. dazu *Christoph Schmidt-Eriksen*, Weiterentwicklung des Standes der Technik und TA Luft, I + E 2011, 183 (187 ff.).

[35] Nicht erfasst werden äquivalente Parameter und Maßnahmen, wie etwa Einkapselungsmaßnahmen (*Scheidler* [o. Fn. 32], § 7 BImSchG Rdnr. 55e; *Ulrich Storost*, in: Ule/Laubinger/Repkewitz (Hrsg.), BImSchG, Stand 2015, § 7 BImSchG Rdnr. D1; BT-Drs. 17/10486, S. 39).

[36] BT-Drs. 17/10486, S. 40; *Dietlein* (o. Fn. 27), § 7 BImSchG Rdnr. 74a; *Wasielewski*, I + E 2013, 17 (20).

[37] Vgl. dazu *Dietlein* (o. Fn. 27), § 7 BImSchG Rdnr. 74b.

te anzupassen.[38] Weiter muss die Einhaltung der neuen Anforderungen gegenüber bestehenden Anlagen innerhalb von vier Jahren seit der Veröffentlichung der BVT-Schlussfolgerungen sichergestellt werden. Unsicher ist, ob von einer *bestehenden* Anlage bereits auszugehen ist, wenn für sie nur eine Genehmigung oder ein Vorbescheid erteilt wurde oder mit deren Errichtung begonnen wurde.[39]

Demgegenüber verlangt § 48 Abs. 1a BImSchG im Bereich der Verwaltungsvorschriften bei neuen Anlagen nicht eine *unverzügliche* Anpassung der Verwaltungsvorschrift und bei bestehenden Anlagen keine Anpassung innerhalb eines Jahres. Stattdessen wird lediglich das Bundesumweltministerium gemäß Abs. 1a Satz 2 zu einer Überprüfung der Verwaltungsvorschrift und (deklaratorischer) Bekanntgabe des Prüfungsergebnisses innerhalb eines Jahres nach Veröffentlichung der BVT-Schlussfolgerungen verpflichtet.[40] Dementsprechend hat das Ministerium eine Reihe von Anforderungen der TA Luft für unzureichend erklärt. Bei bestehenden Anlagen ist andererseits die Übergangsfrist des Art. 21 Abs. 3 RL 2010/75 von vier Jahren seit der Veröffentlichung der BVT-Schlussfolgerungen zu beachten.

d) Entspricht eine Verwaltungsvorschrift entgegen der Verpflichtung des § 48 Abs. 1a, 1b BImSchG nicht den BVT-Schlussfolgerungen, ist sie unanwendbar,[41] zumal sie in einem solchen Fall nicht mehr dem Stand der Technik entspricht. Das führt aber (entgegen Nr. 5.1.1 Abs. 4 Satz 1 TA Luft) zur Anwendung der Schlussfolgerungen im Einzelfall gemäß § 12 Abs. 1a, 1b BImSchG oder § 17 Abs. 2a, 2b BImSchG, auch wenn keine Bekanntgabe gemäß Nr. 5.1.1 Abs. 5 TA Luft erfolgt ist.[42]

2. Ausnahmemöglichkeiten

a) Gemäß § 7 Abs. 1b Satz 1 Nr. 1 BImSchG bzw. § 48 Abs. 1b Satz 1 Nr. 1 BImSchG können in der Rechtsverordnung wie in der Verwaltungsvorschrift, die zur Durchsetzung der BVT-Schlussfolgerungen ergehen, für bestimmte Anlagenarten als generell geltende Ausnahmen weniger strenge Emissionsgrenzwerte festgelegt werden als dies den Vorgaben des jeweiligen Abs. 1a entspricht.[43] Zunächst ist das in Umsetzung von Art. 15 Abs. 4 Unterabs. 1 Satz 2 lit. b RL 2010/75 möglich, wenn und soweit die Anwendung der BVT-Schlussfolgerungen wegen technischer Merkmale der betroffenen Anlagenart unverhältnismäßig wäre. Dabei kommt es in Anlehnung an Art. 15 Abs. 4 Unterabs. 1 RL 2010/75 insbesondere auf das Ver-

---

[38] Dazu *Wasielewski*, I + E 2013, 17 (23 f.).

[39] Für Ersteres *Ulrich Storost* (o. Fn. 35), § 7 Rdnr. D7; für Letzteres *Marc Röckinghausen*, Die Umsetzung der Richtlinie über Industrieemissionen, I + E 2013, 99 (102).

[40] *Thiel* (o. Fn. 8), § 48 BImSchG Rdnr. 55.

[41] BT-Drs. 17/10486, S. 47; *Thiel* (o. Fn. 8), § 48 Rdnr. 55; *Dieter Czajka*, in: Feldhaus (Hrsg.), Bundesimmissionsschutzrecht, Stand 2015, § 12 BImSchG Rdnr. 55a.

[42] *Wasielewski*, I + E 2013, 17 (24); *Thiel* (o. Fn. 8), § 48 Rdnr. 57; BT-Drs. 17/10486, S. 67.

[43] Kritisch wegen der unionsrechtlichen Vorgaben *Kment*, VerwArch 2014, 262 (269).

hältnis der Kosten zum Umweltnutzen an.[44] Gegebenenfalls ist an ausreichende Übergangsfristen zu denken.[45] Von der weiteren in der Industrieemissions-Richtlinie vorgesehenen Möglichkeit, Ausnahmen wegen des geographischen Standorts oder lokaler Umweltbedingungen zu gewähren, wurde im deutschen Recht kein Gebrauch gemacht.[46]

Weiter können in Umsetzung von Art. 15 Abs. 5 RL 2010/75 Ausnahmen bei Anlagen gemacht werden, in denen Zukunftstechniken in einem festgelegten Zeitraum erprobt werden sollen. Der Begriff der Zukunftstechniken wird in § 3 Abs. 6e BImSchG definiert. Die Ausnahme ist auf höchstens neun Monate zu begrenzen. Vorausgesetzt wird, dass die Anwendung der betreffenden Technik nach Ablauf des festgelegten Zeitraums beendet wird oder in der Anlage dann mindestens die mit den besten verfügbaren Techniken assoziierten Emissionsbandbreiten erreicht werden.

b) Gemäß § 7 Abs. 1b Satz 1 Nr. 2 BImSchG bzw. § 48 Abs. 1b Satz 1 Nr. 2 BImSchG kann in der Rechtsverordnung bzw. der Verwaltungsvorschrift auch auf die Festlegung von Ausnahmen verzichtet werden, und stattdessen die Behörde ermächtigt werden, im Einzelfall entsprechende Ausnahmen zu treffen.[47] Für Voraussetzungen und Anhalte der Ausnahmen gilt nichts anderes als beim unmittelbaren Erlass durch die Rechtsverordnung oder Verwaltungsvorschrift. Genutzt werden können auch entsprechende allgemeine Ausnahmeermächtigungen in der Rechtsverordnung oder in der Verwaltungsvorschrift, wie etwa in § 26 der 13. BImSchV oder § 24 der 17. BImSchV.[48] Die Ausnahmen sind jeweils zu begründen.

c) Gemäß § 7 Abs. 1b Satz 2 BImSchG bzw. § 48 Abs. 1b Satz 2 BImSchG ist bei generellen wie bei Einzelfallausnahmen die Verpflichtung im jeweiligen Abs. 1 Satz 2 zur integrativen, medienübergreifenden Ausrichtung zu beachten. Nachteilsverlagerungen und Gesamtschutzniveau sind also zu beachten.[49] Zudem dürfen nicht die in den Anhängen der Industrieemissions-Richtlinie unmittelbar festgelegten Emissionsgrenzwerte für Feuerungsanlagen, für Abfallverbrennungsanlagen, für Lösemittelanlagen und für Titandioxidanlagen unterschritten werden. Schließlich darf die Ausnahme nicht zu schädlichen Umwelteinwirkungen i. S. d. § 5 Abs. 1 Nr. 1 BImSchG führen.[50]

---

[44] *Andreas Theuer/Alexander Kenyeressy*, Neue Anforderungen an genehmigungsbedürftige Anlagen, I + E 2012, 140 (149); *Scheidler* (o. Fn. 32), § 7 BImSchG Rdnr. 55j.
[45] *Storost* (o. Fn. 35), § 7 BImSchG Rdnr. D9.
[46] BT-Drs. 17/10486, S. 40.
[47] *Storost* (o. Fn. 35), § 7 Rdnr. D11.
[48] BT-Drs. 17/10486, S. 40.
[49] *Dietlein* (o. Fn. 27), § 7 Rdnrn. 74 f.
[50] BT-Drs. 17/10486, S. 41.

IV. Umsetzung von BVT-Schlussfolgerungen durch Nebenbestimmungen und Anordnungen

1. Grundsätzliche Umsetzungspflicht durch Nebenbestimmungen

a) Die Umsetzung der BVT-Schlussfolgerungen in deutsches Recht erfolgt, wie dargelegt, grundsätzlich durch das untergesetzliche Regelwerk in Rechtsverordnungen und Verwaltungsvorschriften. In bestimmten Sonderfällen, in denen diese Form der Umsetzung nicht greift, verpflichtet § 12 Abs. 1a, 1b BImSchG dazu, die BVT-Schlussfolgerungen unmittelbar durch die Genehmigung zur Anwendung zu bringen, indem durch Nebenbestimmungen für entsprechende Emissionsbegrenzungen gesorgt wird. Insoweit besteht kein Ermessen. Die Regelungen dienen der Umsetzung von Art. 14, 15 RL 2010/75. Sie kommen im Rahmen der Genehmigung von Anlagen zum Tragen,[51] unabhängig davon, ob es um Neugenehmigungen oder Änderungsgenehmigungen geht.[52]

Entsprechende Pflichten ergeben sich aus § 17 Abs. 2a, 2b BImSchG außerhalb des Bereichs der Neugenehmigungen und der Änderungsgenehmigungen. Hier besteht die grundsätzliche Verpflichtung, durch den Erlass nachträglicher Anordnungen gemäß § 17 BImSchG für die Durchsetzung der BVT-Schlussfolgerungen zu sorgen, soweit es um bestimmte Sonderfälle geht:

b) Die Regelungen des § 12 Abs. 1a BImSchG und des § 12 Abs. 1b BImSchG kommen zum einen zur Anwendung, wenn die in einer Verwaltungsvorschrift nach § 48 festgelegten Emissionswerte nicht dem Stand der Technik entsprechen, sei es für bestimmte Emissionen oder ganze Anlagenarten. Unklar ist, warum Abs. 1a auf den Stand der Technik und nicht auf die BVT-Schlussfolgerungen abhebt. Erfasst wird insbesondere der Fall, dass das Bundesumweltministerium die Bindung gemäß Nr. 5.1.1 Abs. 5 TA Luft aufgehoben und das im Bundesanzeiger bekannt gemacht hat.[53] Betroffen sind aber auch andere Fälle, in denen die TA Luft in der Sache nicht mehr dem Stand der Technik entspricht; auf die formale Bekanntmachung kommt es nicht an.[54] Unklar ist, ob wegen der Zulassung allgemeiner Regelungen in Art. 17 Abs. 2, 3 RL 2010/75 die Verpflichtung des § 12 Abs. 1a BImSchG erst nach einer gewissen Übergangszeit nach der Bekanntgabe der BVT-Schlussfolgerungen greift, in der dann die untergesetzlichen Regelungen erlassen werden können.[55]

Des Weiteren kommt § 12 Abs. 1a, Abs. 1b BImSchG zum Tragen, wenn in einer Verwaltungsvorschrift nach § 48 BImSchG für die jeweilige Anlagenart keine An-

---

[51] Im Übrigen greift § 17 Abs. 2a, 2b BImSchG; *Thomas Mann*, in: Landmann/Rohmer, Umweltrecht, Stand 2015, § 12 BImSchG Rdnr. 220.

[52] *Mann*, ebd.; BT-Drs. 17/10486, S. 41.

[53] BT-Drs. 17/10486, S. 41; *Wasielewski*, I + E 2013, 17 (20 f.); *Storost* (o. Fn. 35), § 12 BImSchG Rdnr. D22.

[54] *Wasielewski* (o. Fn. 26), § 12 Rdnr. 38.

[55] Dafür BT-Drs. 17/10486, S. 40; dagegen *Halmschlag*, I + E 2014, 48 (52).

forderungen zur Emissionsbegrenzung vorgesehen sind. Dies betrifft insbesondere den Fall der Nr. 5.1.1 Abs. 6 TA Luft, wonach die Anforderungen nach Nr. 5.4 TA Luft nicht für Anlagen gelten, die in Deutschland nur einmal vorkommen.[56] Die beiden Anwendungsfälle gelten auch für nachträgliche Anordnungen, da § 17 Abs. 2a BImSchG auf § 12 Abs. 1a BImSchG verweist. Nachträgliche Anordnungen sind grundsätzlich erforderlich, wenn die Verwaltungsvorschriften hinter dem Stand der Technik zurückbleiben oder für die fragliche Anlagenart überhaupt keine Emissionsbegrenzungen vorgesehen sind.

c) Mit diesen beiden Fallgruppen werden allerdings nicht alle Fälle unzureichender Umsetzung der BVT-Schlussfolgerungen durch das untergesetzliche Regelwerk erfasst. Es fehlen Regelungen zum Fall, dass die in einer Rechtsverordnung festgelegten Emissionsbegrenzungen den BVT-Schlussfolgerungen nicht gerecht werden.[57] Gleiches gilt für den Fall, dass im untergesetzlichen Regelwerk entsprechende Vorgaben vollständig fehlen.[58] Das kann zu einem Verstoß gegen die Richtlinie 2010/ 75 i. V. m. den einschlägigen BVT-Schlussfolgerungen führen. Daher ist in solchen Fällen an eine entsprechende Anwendung von § 12 Abs. 1a BImSchG und § 12 Abs. 1b BImSchG zu denken.[59] Andernfalls kann es zu einer unmittelbaren Wirkung des EU-Rechts kommen.[60] Gleiches dürfte im Bereich des § 17 Abs. 2a BImSchG gelten.[61] Die Entscheidung über die Einhaltung des EU-Rechts kann aber einer vorgesetzten Stelle vorbehalten werden, sofern dies die Wirksamkeit des EU-Rechts nicht gefährdet. Schließlich können sich in Übergangsfällen aus dem Grundsatz der Verhältnismäßigkeit Einschränkungen ergeben.[62]

d) Liegen die beschriebenen Voraussetzungen vor, ist durch geeignete Nebenbestimmungen oder nachträgliche Anordnungen dafür zu sorgen, dass die Emissionen unter normalen Betriebsbedingungen die in den BVT-Schlussfolgerungen aufgeführten Emissionsbandbreiten nicht überschreiten. Dies geschieht mit Hilfe von „Emissionsbegrenzungen", womit Emissionsgrenzwerte gemeint sind.[63]

---

[56] BT-Drs. 17/10486, S. 41; *Storost* (o. Fn. 35), § 12 BImSchG Rdnr. D22.

[57] *Clemens Weidemann/Thomas Krappel/Benedict Freiherr von Süßkind-Schwendi*, Rechtsfragen und Praxisprobleme der Umsetzung der Richtlinie 2010/75/EU über Industrieemissionen, DVBl 2012, 1457 (1459).

[58] *Karsten Keller*, Defizite bei der Umsetzung der Richtlinie 2010/75/EU über Industrieemissionen in deutsches Recht, UPR 2013, 128 (129 f.).

[59] *Jarass*, NVwZ 2013, 169 (172); *Kment*, VerwArch 2014, 262 (271 ff., 275); ebenso im gerichtlichen Verfahren *Czajka* (o. Fn. 41), § 12 BImSchG Rdnr. 55e; tendenziell *Keller*, UPR 2013, 128 (130); a. A. *Wasielewski* (o. Fn. 26), § 12 Rdnr. 38; *Scheidler* (o. Fn. 32), § 7 Rdnr. 55 g.

[60] *Kment*, VerwArch 2014, 262 (271, 273).

[61] *Klaus Hansmann/Martin Ohms*, in: Landmann/Rohmer, Umweltrecht, Stand 2015, § 17 BImSchG Rdnrn. 96 f.

[62] Dazu unten IV 2 a.

[63] *Storost* (o. Fn. 35), § 12 BImSchG Rdnr. D23.

2. Ausnahmemöglichkeiten

a) Gemäß § 12 Abs. 1b BImSchG können in bestimmten Fällen weniger strenge Emissionsbegrenzungen als in § 12 Abs. 1a BImSchG vorgesehen festgelegt werden. Die Regelung gilt nur im Anwendungsbereich des § 12 Abs. 1a BImSchG.[64] Soweit die BVT-Schlussfolgerungen durch Rechtsverordnungen oder Verwaltungsvorschriften umgesetzt werden, sind Ausnahmen allein möglich, soweit sie in der Rechtsverordnung oder in der Verwaltungsvorschrift vorgesehen sind.

Was die Voraussetzungen einer Ausnahme angeht, gilt nichts anderes als bei der Durchsetzung der BVT-Schlussfolgerungen durch Rechtsverordnungen und Verwaltungsvorschriften. Insbesondere kommt eine Ausnahme in Betracht, wenn die Anwendung der BVT-Schlussfolgerungen wegen technischer Merkmale der Anlage unverhältnismäßig wäre, wobei es wesentlich auf das Verhältnis der Kosten bzw. Belastungen zum Umweltnutzen ankommt.[65] Bedeutsam wird das dann, wenn die technischen Besonderheiten der fraglichen Anlage bei der Ausarbeitung der BVT-Schlussfolgerungen nicht ausreichend berücksichtigt werden konnten.[66] Der Begriff der technischen Merkmale ist weit zu verstehen und umfasst auch einen eventuellen Platzmangel.[67] Zudem kommt eine Unverhältnismäßigkeit in Betracht, wenn die BVT-Schlussfolgerungen kurz vor oder während des Genehmigungsverfahrens publiziert werden.[68] Schließlich kommt der Verhältnismäßigkeit bei Änderungsgenehmigungen besonderes Gewicht zu.[69]

b) Die gleichen Ausnahmemöglichkeiten ergeben sich für nachträgliche Anordnungen aus § 17 Abs. 2b BImSchG. Da es hier um bestehende Anlagen geht, kommt der Ausnahme der Unverhältnismäßigkeit noch größere Bedeutung zu. Die Gewährung einer Ausnahme muss nicht notwendig mit Festlegungen gemäß § 17 Abs. 2a BImSchG verbunden sein. Wurden solche Festlegungen bereits früher durch eine Anordnung getroffen, kann die Ausnahme später noch eingeräumt werden.

---

[64] Wohl anders *Mann* (o. Fn. 51), § 12 BImSchG Rdnr. 226.
[65] *Mann* (o. Fn. 51), § 12 BImSchG Rdnr. 228.
[66] *Storost* (o. Fn. 35), § 12 BImSchG Rdnr. D24.
[67] *Theuer/Kenyeressy*, I + E 2012, 140 (149).
[68] *Czajka* (o. Fn. 41), § 12 BImSchG Rdnr. 55 h.
[69] *Czajka*, ebd.

Zertifikatelösungen als Instrumente des Umweltschutzrechts*

Von *Michael Kloepfer*

Zwar stellt das Ordnungsrecht (Gebote, Verbote, Erlaubnisvorbehalte etc.) nach wie vor den Kern des Umweltrechts dar, allerdings dringen ökonomische Instrumente in diesem modernen Rechtsgebiet immer stärker nach vorne. Neben das imperative Handeln des Staates tritt also zunehmend die Steuerung mit positiven oder negativen ökonomischen Anreizen, insbesondere durch Subventionen einerseits und Umweltabgaben andererseits. Zu diesen fast schon klassischen ökonomischen Instrumenten gesellen sich immer mehr die – rechtspolitisch in Ansätzen freilich unterdessen bereits seit Jahrzehnten diskutierten – sog. ‚neuen ökonomischen Instrumente'. Diese ‚neuen ökonomischen Instrumente' der Umweltpolitik stellen dabei einen breiten rechtspolitischen Forderungskatalog dar, der sich beispielsweise aus der Privatisierung von Umweltgütern und der Steigerung des wirtschaftlichen Risikos von Umweltbelastungen durch strengere Haftungsvorschriften zusammensetzt, aber etwa auch Kompensations- oder Auditlösungen mitumfasst.

Die prominenteste Stellung im Kreis der ‚neuen ökonomischen Instrumente' nehmen dabei wohl Zertifikatelösungen ein. Der praktisch bislang bedeutsamste und bekannteste Anwendungsfall einer solchen Zertifikatelösung ist der Emissionszertifikatehandel für Treibhausgase, an welchem die Steuerungsidee der Zertifikate überhaupt erst entwickelt wurde. Zunehmend werden aber auch außerhalb dieses Sachbereichs Zertifikatelösungen verwirklicht oder zumindest diskutiert, insbesondere bezüglich anderer Emissionen als Treibhausgasemissionen[1], d. h. Flächenzertifikate, sog. naturschutzrechtlicher ‚Ökopunktehandel', umweltenergierechtliche Zertifikate und Mobilitätszertifikate.

Die Wirkungsweisen der Zertifikatelösungen differieren dabei – vor allem bei den Vorschlägen für umweltenergierechtliche Zertifikatelösungen[2] – zum Teil erheblich. Um die Frage zu beantworten, welche Rolle Zertifikatelösungen in einem Umweltschutzrecht der Zukunft spielen können, sind deshalb als Ausgangspunkt zunächst die Emissionszertifikate als bedeutsamster Anwendungsfall zu beleuchten (I.), bevor die Diskussionen um Flächenzertifikate (II.) und um umweltenergierechtliche

---

* Meinem Assistenten, *Rico David Neugärtner*, danke ich sehr für die wertvolle Mitarbeit.

[1] Vgl. etwa *Astrid Epiney*, Emissionshandel für NO_2 und SO_2 im EU-Recht, NuR 2011, 167 (170, 175).

[2] Vgl. *Ines Zenke/Christian Dessau*, in: Danner/Theobald (Hrsg.), Energierecht, 79. Erg.-Lfg. 2013, Energiehandel, Rdnr. 35: „Vielfalt der Produkte".

Zertifikate (III.) dargestellt werden sollen. Schließlich ist noch der weitgehende Vorschlag der Mobilitätszertifikate zu untersuchen (IV.).

I. Emissionszertifikate

1. Rechtsbestand

Entwickelt wurden die sog. Zertifikatelösungen[3] zunächst in den USA, dort jedoch auch nur teilweise praktiziert. Im geltenden deutschen Recht waren sie lange Zeit nicht verankert. Eine starke rechtspolitische Diskussion setzte dann insbesondere im Zuge der Umsetzung des völkerrechtlichen Kyoto-Protokolls von 1997 ein, bis sie schließlich – vermittelt über die Rechtsetzung der Europäischen Union in der Richtlinie 2003/87/EG[4] – mit dem Treibhausgas-Emissionshandelsgesetz (TEHG) von 2004[5] Teil des deutschen Umwelrechts wurden. Im Jahr 2011 wurde das TEHG novelliert.[6]

Der Treibhausgas-Emissionshandel ist heute der zentrale Bestandteil des europäischen[7] und deutschen[8] Klimaschutzrechts. Die Einzelheiten der konkreten Ausgestaltung des Emissionszertifikatehandels nach dem deutschen TEHG sind daher auch im Zusammenhang mit dem Klimaschutzrecht zu sehen. Im Folgenden soll aber die generelle Steuerungsidee des Emissionszertifikatehandels im Mittelpunkt stehen, welcher eine Vorbildwirkung für Emissionszertifikate außerhalb des Bereichs der Treibhausgase sowie für andere Instrumente, wie insbesondere Flächenzertifikate, teilweise auch umweltenergierechtliche Zertifikate, und ferner (sonstige) Kompensationslösungen hat, oder – in rechtspolitischer Perspektive – haben könnte.

---

[3] Vgl. früh die – im Ergebnis ablehnende – Stellungnahme im Dritten Immissionsschutzbericht der Bundesregierung, BT-Drs. 10/1354, S. 55 ff.; zum Inhalt von Zertifikate- oder Lizenzlösungen *Wolfgang Benkert*, Neue Strategien der Umweltpolitik in den USA, NuR 1983, 295 (295 ff.); *Eckhard Rehbinder*, Übertragbare Emissionsrechte aus juristischer Sicht Teil II: Umweltlizenzen (Zertifikate) aus juristischer Sicht, in: Endres/Rehbinder/Schwarze, Umweltzertifikate und Kompensationslösungen aus ökonomischer und juristischer Sicht, 1994, S. 103 ff.

[4] Richtlinie 2003/87/EG des Europäischen Parlaments und des Rates vom 13.10.2003 über ein System für den Handel mit Treibhausgasemissionszertifikaten in der Gemeinschaft und zur Änderung der Richtlinie 96/61/EG des Rates, ABl.EU Nr. L 275, S. 32, zuletzt geändert durch ÄndVO (EU) 421/2014 vom 16.4.2014, ABl.EU Nr. L 129, S. 1, ber. ABl.EU Nr. L 140, S. 177.

[5] Gesetz über den Handel mit Berechtigungen zur Emission von Treibhausgasen (Treibhausgas-Emissionshandelsgesetz – TEHG) vom 8.7.2004, BGBl. I S. 1578, aufgehoben durch Gesetz vom 21.7.2011, BGBl. I S. 1475.

[6] Gesetz über den Handel mit Berechtigungen zur Emission von Treibhausgasen (Treibhausgas-Emissionshandelsgesetz – TEHG) vom 21.7.2011, BGBl. I S. 1475, zuletzt geändert durch Gesetz vom 7.8.2013, BGBl. I S. 3154.

[7] Vgl. die Erwägungsgründe (1), (2), (3), (4), (22), (25), (26) der Richtlinie 2003/87/EG.

[8] Vgl. § 1 TEHG: „Zweck dieses Gesetzes ist es, [...] zum weltweiten Klimaschutz beizutragen."

2. Steuerungsidee

Vor allem in der Wirtschaftswissenschaft werden Zertifikatelösungen als Alternative insbesondere zu den Umweltabgaben diskutiert.[9] Wie diese entstammen sie dem Ideenlabor der Umweltökonomie und verfolgen das Ziel, die ordnungsrechtliche ge- oder verbietende Feinsteuerung teilweise durch ökonomische Wirkungsmechanismen zu ersetzen. Dies soll dadurch geschehen, dass in Höhe der zulässigen Umweltbelastungen als Gegenwert sog. Zertifikate (oder auch Umweltlizenzen oder ‚Emissionsrechte') vergeben werden.

Im Einzelnen hat man sich vorzustellen, dass eine staatliche Stelle[10] in einem *ersten* Schritt die Gesamtbelastungsfähigkeit eines Ökosystems (etwa eines Flusses) oder eines darüber hinausgehenden (politischen) Gebiets festlegt und die so bestimmte Gesamtmenge möglicher Umweltbelastungen in einem *zweiten* Schritt in Teilmengen aufteilt. Für diese Teilmengen sollen übertragbare Belastungszertifikate ausgegeben werden, die in einem *dritten* Schritt in einer Börse gehandelt werden sollen; und deren Preis sich dort nach Angebot und Nachfrage bilden können soll. Bereits die hoheitliche Befugnis zur Festlegung der Gesamtemissionsmenge zeigt, dass die Einführung von Zertifikatelösungen nur recht bedingt zum Abbau staatlicher Macht führen kann. Immerhin zieht sich der Staat hier aber aus der Entscheidung zulässiger Emissionen *im Einzelfall* zurück.

Von herkömmlichen Genehmigungen unterscheiden sich Emissionszertifikate vor allem dadurch, dass sie übertragbar (transferierbar) sind, das heißt vom Inhaber der Lizenz an andere Interessenten verkauft werden können. Damit wird die Erwartung verbunden, dass sich auf diese Weise für Umweltbelastungen ein marktgeschaffener und marktbezogener Preis bildet, der Umweltschutzinvestitionen wirtschaftlich lohnend machen soll (oder auch gerade nicht). Im Unterschied zu Umweltabgaben, die als künstliche, staatlich festgesetzte Preise gedeutet werden (können), erhofft man sich durch die Umweltzertifikate die Herausbildung echter Knappheitspreise über den Markt.

Im Ergebnis soll so eine Vermeidung von Emissionen dort einsetzen, wo sie am preiswertesten ist. Denn gerade die Beteiligten, deren Vermeidungskosten unter dem Marktpreis für die entsprechenden Emissionsrechte liegen, werden – so die Steuerungsidee – Emissionen vermeiden und ihre Emissionsrechte an die Beteiligten ver-

---

[9] Vgl. aus ökonomischer Sicht zur Herkunft des Zertifikatemodells *Holger Bonus*, Vergleich von Abgaben und Zertifikaten – Umweltpolitik mit hoheitlichen Zwangsabgaben?, in: FS Hansmeyer, 1994, S. 287 ff.; zu den unterschiedlichen Modellen auch *Alfred Endres*, Instrumente der Umweltpolitik, ZRP 1985, 197 (197 ff.); aktuelle umweltökonomische Darstellung bei *Perman/Ma/Common/Maddison/McGilvray*, Natural Resource and Environmental Economics, 4. Aufl. 2011, S. 200 ff.; *Thampapillai/Sinden*, Environmental Economics, 2. Aufl. 2013, S. 63 ff.

[10] Dies kann eine Behörde oder – insbesondere wenn vom Grundsatz des Vorbehalts des Gesetzes und der Wesentlichkeitstheorie gefordert – der Gesetzgeber sein. Beim Treibhausgas-Emissionshandel nach der RL 2003/87/EG und dem TEHG sind diese Entscheidungen sogar völker- und europarechtlich vorgegeben.

kaufen, deren Vermeidungskosten über dem Marktpreis liegen. Alles dies kann die (vor allem ökonomisch verstandene) Effizienz des Umweltschutzes stärken und Innovationen fördern.[11] Auch würde auf diese Weise der nicht selten anzutreffende unwirtschaftliche Abgabe-Subventions-Kreislauf vermieden werden.

Allerdings ist dabei im Auge zu behalten, dass auch die Zertifikatelösungen keine rein marktwirtschaftlichen Instrumente sind. Denn ein Marktpreis entsteht hier ja nur durch die künstliche Verknappung der Umweltgüter *durch den Staat*. Der Preis ist dabei direkt abhängig von der planenden (politischen) Festlegung des gewünschten Umweltstandards, das heißt der zulässigen Gesamtemissionen.

Gleichzeitig besteht eine gewisse Ähnlichkeit mit der Wirkungsweise des Instruments der Umweltabgaben. Auch dort ist zunächst eine politische Grundentscheidung für den gewünschten (Gesamt-)Umweltstandard notwendig. Während bei den Umweltabgaben sodann im nächsten Schritt der sog. Standard-Preis-Ansatz verfolgt wird, unterliegen die Zertifikatelösungen dem sog. Standard-Mengen-Ansatz: Der Staat gibt die Menge zulässiger Emissionen vor, um das politisch gesetzte (Gesamt-)Umweltstandardziel zu erreichen, und überlässt die Preisbildung dem Markt.[12]

Dieser Standard-Mengen-Ansatz mit anschließendem Zertifikatehandel wird oftmals mit der Faustformel ‚cap and trade' beschrieben.[13] Das Begriffspaar steht im Gegensatz zum *rein* ordnungsrechtlichen ‚command and control'. Zu beachten ist jedoch wieder, dass auch die Zertifikatelösungen nicht ohne ordnungsrechtliche Elemente auskommen:[14] Dies betrifft etwa die Einrichtung eines basalen Bewirtschaftungssystems mit dem Erfordernis der Erteilung von grundlegenden Genehmigungen zum Emittieren[15] und die begleitenden behördlichen Überwachungsmaßnahmen.

3. Ursprung

Die Idee, einen Markt für die Berechtigung zur Schadstoffemission zu schaffen, stammt im Wesentlichen aus den USA. Dort wurde im Wege der Novelle des Clean Air Act (CAA) im Jahre 1995 auf nationaler Ebene das Acid Rain Program (ARP)

---

[11] *Martin Eifert*, in: Schoch (Hrsg.), Besonderes Verwaltungsrecht, 15. Aufl. 2013, 5. Kapitel Rdnr. 148 m. w. N.

[12] Grundlegend zu diesem Mechanismus *John Dales*, Pollution, Property and Prices, 1968.

[13] Vgl. z. B. *Klaus Meßerschmidt*, Europäisches Umweltrecht, 2011, § 16 Rdnr. 33; *Eifert* (o. Fn. 11), 5. Kapitel Rdnr. 147; *Klaus Meßerschmidt*, in: Ehlers/Fehling/Pünder (Hrsg.), Besonderes Verwaltungsrecht, Bd. 2, 3. Aufl. 2013, § 46 Rdnr. 133.

[14] Vgl. nur *Reiner Schmidt/Wolfgang Kahl/Klaus Ferdinand Gärditz*, Umweltrecht, 9. Aufl. 2014, § 6 Rdnr. 38; *Meßerschmidt*, in: Ehlers/Fehling/Pünder (o. Fn. 13), § 45 Rdnr. 43.

[15] Diese grundlegende Genehmigungspflicht betrifft zunächst das ‚Ob überhaupt' des Emittierens, eine andere – die Menge der verfügbaren Zertifikate betreffende – Frage ist die nach dem ‚Wie viel' des Emittierens; vgl. z. B. § 4 Abs. 1 TEHG.

eingeführt.[16] Dieses bezog sich nur auf Schwefeldioxid (SO_2)-Emissionen.[17] Unterdessen wurde das ARP durch die Cross-State Air Pollution Rule (CSAPR) ersetzt.[18] Auf regionaler Ebene existiert in Südkalifornien seit 1994 das Regional Clean Air Incentives Market Program (RECLAIM), das sich auf Stickoxid (NO_x) und Schwefeloxid (SO_x) bezieht.

An den Erfahrungen mit ARP und RECLAIM zeigten sich verschiedene Schwierigkeiten.[19] So führte die anfängliche Überschätzung der Vermeidungskosten zu geringerer Nachfrage nach weiteren Zertifikaten als bei Einrichtung des Systems erwartet worden war. Hinzu kam das Offenbarwerden eines unerwarteten Angebots an neuen Vermeidungsstrategien und die Tendenz von Unternehmen, nicht benötigte Zertifikate nicht auf dem Markt anzubieten, sondern zur Steigerung ihres Umwelt-Images an Umwelt-NGOs zu spenden. Auch ergaben sich hohe Transaktionskosten für die Einrichtung der Systeme (während die Kosten für die Durchführung und Überwachung weniger ins Gewicht fielen) und für die Unternehmen, insbesondere die Kosten für das Auffinden von Zertifikat-Handelspartnern. In Folge einer Evaluation des südkalifornischen RECLAIM-Programms kam die United States Environmental Protection Agency (EPA) zu dem Schluss, dass marktbasierte Steuerungsinstrumente intensive Planungs-, Vorbereitungs- und Managementmaßnahmen vor und nach Einrichtung des Systems benötigten. Zudem hob sie die Bedeutung von zugänglichen Marktinformationen und der Konsistenz der Umweltpolitik für das Funktionieren solcher Instrumente hervor.[20]

Während sich die Programme ARP und RECLAIM auf andere Gase als CO_2 bezogen, wurden in den Vereinigten Staaten im letzten Jahrzehnt (und somit letztlich später als in Europa) auch Programme zur Reduktion von CO_2 eingeführt – dies freilich lediglich auf regionaler Ebene: So schufen die Staaten Connecticut, Delaware, Maine, Maryland, Massachusetts, New Hampshire, New York, Rhode Island und Vermont die CO_2-Zertifikatelösung Regional Greenhouse Gas Initiative (RGGI),

---

[16] 42 U.S.C. sec. 7651. Vgl. dazu und zum Folgenden: *Ludger Giesberts/Juliane Hilf*, Handel mit Emissionszertifikaten, 2002, Rdnrn. 150 ff.

[17] Zur „Acid Deposition Control" im 1990 novellierten Clean Air Act für einen SO_2-Zertifikatehandel *Martin Wasmeier*, Marktfähige Emissionslizenzen – Das Zertifikatsmodell und seine Umsetzung in den USA, NuR 1992, 219 (224 ff.); zu lokalen Lizenzmodellen etwa im Großraum Los Angeles FAZ vom 25.3.1994, S. 22.

[18] Vgl. http://www.epa.gov/crossstaterule/basic.html, zuletzt abgerufen am 28.7.2015.

[19] Hierzu ausführlich *Michael Kloepfer*, Umweltrecht, 3. Aufl. 2004, § 5 Rdnr. 287, mit Verweis auf *Eckhard Rehbinder*, Erfahrungen in den USA, in: Rengeling (Hrsg.), Klimaschutz durch Emissionshandel, 2001, S. 139; *Isabel Rauch*, Developing a German and an International Emissions Trading System – Lessons from U.S. Experiences with the Acid Rain Program, Fordham Environmental Law Journal, Vol. XI, Number 2, 2000, pp. 307 ff.

[20] Vgl. EPA (Hrsg.), An Evaluation of the South Coast Air Quality Management District's Regional Clean Air Incentives Market – Lessons in Environmental Markets and Innovation, 2002, S. 61 ff. (abrufbar unter: http://www.epa.gov/region09/air/reclaim/reclaim-report.pdf; zuletzt abgerufen am 28.7.2015) sowie die Zusammenfassung auf http://www.epa.gov/region09/air/reclaim/; zuletzt abgerufen am 28.7.2015.

welche im Jahr 2009 in Kraft trat. Im Staat Kalifornien wurde auf der Grundlage des Global Warming Solutions Act von 2006 im Jahr 2012 eine CO_2-Zertifikatelösung etabliert.

In Deutschland waren Zertifikatelösungen bis zur Jahrtausendwende rechtspolitisch nur begrenzt relevant.[21] In der umweltpolitischen Diskussion überwogen die Zweifel an der Funktionsfähigkeit sowie an der politischen und rechtlichen Durchführbarkeit des Zertifikatemodells.[22]

Bezweifelt wurde insbesondere, wie in der relativ kleinräumigen Bundesrepublik Deutschland sich einerseits hinreichend große ‚Märkte' bilden könnten, ohne andererseits durch örtliche Belastungskonzentrationen (sog. hot spots[23]) das Schutzprinzip zu verletzen.

4. Notwendige Einschränkungen von Ausgleichsoperationen mit Emissionen im ‚Marktmodell'

Diese Zweifel an der Umsetzbarkeit von *emissions*bezogenen Zertifikatelösungen offenbaren zugleich die notwendigen Einschränkungen von Ausgleichsoperationen im ‚Marktmodell':

Zunächst können Zertifikate regelmäßig nur unter dem Vorbehalt *immissions*seitiger Korrekturen an die Emission anknüpfen. Weil ein Mindestschutz vor punktuell gefährlichen Belastungen verfassungsrechtlich geboten ist, kann das ‚lizensierte Recht auf Umweltbelastung' nur im Rahmen des jeweiligen Genehmigungsverfahrens (oder zusätzlich zu diesem) vergeben werden.[24] Im Genehmigungsverfahren ist sicherzustellen, dass derartige punktuelle Gefährdungen durch Immissionen ausgeschlossen werden. Dies ist freilich dann nicht erforderlich, wenn es prinzipiell gleichgültig ist, an welchen Orten Schadstoffe emittiert oder zurückgehalten werden. So spielt z. B. die räumliche Dimension bei CO_2-Emissionen keine Rolle, weshalb sich hier mangels lokaler Auswirkungen das ‚reine' Zertifikatemodell auf einer *glo-*

---

[21] Vgl. *Kloepfer* (o. Fn. 19), § 5 Rdnrn. 301 ff.

[22] Vgl. den Vierten Immissionsschutzbericht der Bundesregierung, BT-Drs. 11/2714, S. 41; *Karl-Heinz Ladeur*, Umweltrecht und technologische Innovation, in: Breuer/Kloepfer/Marburger/Schröder (Hrsg.), Jahrbuch des Umwelt- und Technikrechts 1988 (UTR 5), 1988, S. 305 (321 f.); *Manfred Wolf*, Privatisierung und Sozialisierung von Umweltgütern, in: Breuer/Kloepfer/Marburger/Schröder (Hrsg.), Jahrbuch des Umwelt- und Technikrechts 1990 (UTR 12), 1990, S. 243 (244 ff.); *Paul Kirchhof*, Kontrolle der Technik als staatliche und private Aufgabe, NVwZ 1988, 97 (102 f.); abl. im Hinblick auf raumbedeutsame Umweltprobleme *Lutz Wicke*, Umweltökonomie, 4. Aufl. 1993, S. 388; skeptisch auch *Dieter Cansier*, in: Kimminich/von Lersner/Storm (Hrsg.), Handwörterbuch des Umweltrechts, 2. Aufl. 1994, S. 2541 (2543 f.).

[23] *Hans-Joachim Koch/Annette Wieneke*, Klimaschutz durch Emissionshandel, DVBl 2001, 1085 (1092).

[24] So auch *Rehbinder* (o. Fn. 3), S. 76 ff.

balen Ebene anbietet.²⁵ Auf dieser Überlegung ruht auch die Einigung des Klimagipfels von Kyoto, die eine Handelbarkeit von Emissionszertifikaten zwischen Staaten vorsah. Anders stellt sich die Gefährdungslage hingegen bei Stickstoffoxiden (NO_x) und Schwefeldioxid (SO_2) dar: Hier sind insbesondere aus Gesundheitsschutzgründen auch lokale und regionale Immissionsbeschränkungen notwendig.²⁶

Eine weitere Einschränkung des Anwendungsbereichs von emissionsbezogenen Zertifikatelösungen ergibt sich aus dem Erfordernis der Erfassung und Überwachung der Emissionsmengen. In Sachbereichen mit vielen dezentralen Emissionsquellen werden die Grenzen der hoheitlichen Überwachungsmöglichkeiten erreicht, sodass u. a. private Haushalte nicht in das System einbezogen werden können.²⁷

Schließlich wird nicht ohne Grund befürchtet, dass der Zertifikatehandel zu spekulativen und wettbewerbswidrigen Zwecken (z. B. Marktzugangssperren durch Zertifikatehortung) missbraucht werden könnte.²⁸ So ist schon im Dritten Immissionsschutzbericht der Bundesregierung von 1984²⁹ prinzipiell zu Recht auf die „modellimmanenten Probleme" und auf die „ökologischen Risiken" der Zertifikatelösung hingewiesen worden. Ihre Umsetzung in das nationale Umweltrecht wurde in Deutschland daher lange Zeit abgelehnt. Auch der UGB-ProfE und der UGB-KomE verzichteten mangels hinreichender Erfahrungen auf eine Normierung des Zertifikatemodells.

5. Treibhausgasemissions-Zertifikatehandel

Aufgrund internationaler und EU-rechtlicher Rechtsentwicklungen wurde der Treibhausgasemissions-Zertifikatehandel im Jahr 2004 Teil des deutschen Rechts. Für den sachlich beschränkten Anwendungsbereich der Treibhausgasemissionen fand somit erstmals eine Umsetzung einer Zertifikatelösung in geltendes Recht der Bundesrepublik Deutschland statt. Hinter dieser Entwicklung stand die sich zunehmend verfestigende europäische und internationale Klimaschutzpolitik. Eine herausragende Rolle spielte dabei insbesondere das Kyoto-Protokoll, das als einen flexiblen Handlungsmechanismus zur Erfüllung der Treibhausgasreduktionsverpflichtungen die Einführung eines internationalen Emissionsrechtehandels³⁰ vorsieht.

---

²⁵ So auch *Karl-Heinrich Hansmeyer/Hans Karl Schneider*, Umweltpolitik, 1990, S. 58; vgl. auch *Koch/Wieneke*, DVBl 2001, 1085 (1092).

²⁶ *Epiney*, NuR 2011, 167 (170, 175).

²⁷ *Eifert* (o. Fn. 11), 5. Kapitel Rdnr. 151.

²⁸ Dazu *Gerald Becker-Neetz*, Rechtliche Probleme der Umweltzertifikatmodelle in der Luftreinhaltepolitik, 1988, S. 197 ff.; zum Marktverbleib *Rehbinder* (o. Fn. 3), S. 126 ff.

²⁹ BT-Drs. 10/1354, S. 56 f.

³⁰ Zu den Treibhausgasen gehören nach dem Kyoto-Protokoll Kohlendioxid, Methan, Distickstoffoxid, Fluorkohlenwasserstoffe, perfluorierte Kohlenwasserstoffe und Schwefelhexafluorid.

Bei der Etablierung und konkreten Ausgestaltung des EU-weiten Treibhausgas-Zertifikatehandels waren (und sind teilweise weiterhin) zahlreiche technische, wirtschaftliche und rechtliche Probleme zu lösen.

a) Bestimmung des Anwendungsbereichs

Schwierig gestaltet sich bereits die Bestimmung des Anwendungsbereichs eines Zertifikatehandels.[31] Unter dem Gesichtspunkt der Markteffizienz muss das Handelssystem zunächst möglichst breit angelegt werden.[32] Diese Forderung ergibt sich unter anderem aus der Erwägung, dass das Potenzial für die Vermeidungskosten mit der Breite des Handelssystems wächst.[33] Gleichzeitig ist ein breit angelegtes System wiederum schwer zu kontrollieren und führt damit zu hohen Transaktionskosten.[34] In Erwägung zu ziehen ist zum einen die flexible Gestaltung des Anwendungsbereichs durch die Möglichkeit der freiwilligen Teilnahme am Emissionshandel (sog. ‚opt in').[35] Hierdurch würde die Akzeptanz der Regelung jedenfalls gesteigert. Allerdings wird ein unter ökonomischen Gesichtspunkten möglichst breiter Teilnehmerkreis so nicht gewährleistet. Zum anderen sind umgekehrt flexible Befreiungsmöglichkeiten (‚opt out') zu bedenken, insbesondere für kleinere Unternehmen. Über die traditionelle Erfassung von Industrieanlagen im Zertifikatehandelssystem hinaus kommt eine weite Ausgestaltung des sachlichen Anwendungsbereichs in Betracht, die auch Emissionen im Straßenverkehr und durch Heizungen erfasst. Eine kontrollierte Zertifikateabgabepflicht könnte dann auf der obersten Handelsstufe eingeführt werden.[36] Auch könnten die Emissionsrechte bei indirekten Emissionen, das heißt den Emissionen der gelieferten Energie, zum Teil dem Verbraucher zugerechnet werden, was allerdings die Vollzugskontrolle erschweren würde. Relativ gering ist der zusätzliche Vollzugskontrollaufwand hingegen bei einer Weiterung des Anwendungsbereichs der Zertifikatelösung auf Bereiche, in denen – ähnlich wie bei den traditionell vom Anwendungsbereich umfassten Industrieanlagen – eine staatliche Überwachung (zumindest ansatzweise) aus anderen Gründen ohnehin erfolgt. So wurde durch die Richtlinie 2008/101/EG der – vom Kyoto-Protokoll noch nicht erfasste – Luftverkehr in das EU-rechtliche Treibhausgasemissions-Zertifika-

---

[31] Für das Treibhausgas-Emissionshandelssystem des TEHG wird der Anwendungsbereich durch § 2 i. V. m. Anlage 1 TEHG bestimmt.

[32] *Eckard Rehbinder/Michael Schmalholz*, Handel mit Emissionsrechten für Treibhausgase in der Europäischen Union, UPR 2002, 1 (2); *Pascal Bader*, Europäische Treibhauspolitik mit handelbaren Emissionsrechten, 2000, S. 79 f.

[33] So die Kommission in ihrem Grünbuch zum Handel mit Treibhausgasen in der Europäischen Union, KOM(2000) 87 endg. vom 8.3.2000, S. 11. Darüber hinaus spielen auch Trittbrettfahrer-Optionen der einzelnen Marktteilnehmer eine Rolle, die abnehmen, je unüberschaubarer der Markt ist.

[34] Vgl. *Rehbinder/Schmalholz*, UPR 2002, 1 (2).

[35] Vgl. die Nachweise bei *Rehbinder/Schmalholz*, UPR 2002, 1 (2).

[36] *Rehbinder/Schmalholz*, UPR 2002, 1 (2).

tehandelssystem einbezogen[37]; die Art. 3a ff. der geänderten Treibhausgasemissionszertifikate-RL 2003/87/EG regeln nunmehr den europaweiten luftverkehrsbezogenen Emissionszertifikatehandel. Diskutiert wird auch die Einbeziehung des Schiffsverkehrs in das Treibhausgas-Emissionshandelssystem.[38] Die Europäische Kommission hat im Jahr 2013 einen Vorschlag für den Erlass einer EU-Verordnung zur Einführung eines Monitoring-Systems für die Überwachung der Emissionen von Schiffen abgegeben,[39] welches die ordnungsrechtliche Grundlage für die Einbeziehung in den Zertifikatehandel darstellen könnte.[40]

b) Einrichtung des Bewirtschaftungssystems durch das Statuieren einer Emissionsgenehmigungspflicht

Ausgangspunkt der Ausgestaltung eines Treibhausgas-Emissionshandelssystems ist die Etablierung eines ordnungsrechtlichen Rahmens[41] (oder auch: einer Bewirtschaftungsordnung[42] oder einer öffentlich-rechtlichen Nutzungsordnung[43]), innerhalb dessen (bzw. derer) der Marktmechanismus sodann wirken kann. Das Emittieren von Treibhausgasen wird dazu zunächst einer generellen Genehmigungspflicht unterzogen. Diese grundlegende Genehmigungspflicht betrifft das ‚Ob (potentiell) überhaupt' des Emittierens der Treibhausgase (vgl. z. B. § 4 1 TEHG). Eine andere – die Menge der verfügbaren Emissionsrechte (Zertifikate) betreffende – Frage ist die nach dem ‚Wie viel' des Emittierens.

Die mit der Auferlegung der generellen Genehmigungspflicht für Treibhausgas-Emissionen einhergehenden Grundrechtseingriffe, insbesondere in das Eigentumsrecht der die emittierenden Anlagen betreibenden Unternehmen, sind mit Blick auf den Klimaschutz grundsätzlich gerechtfertigt.[44] Darüber hinaus müssen jedoch die weiteren Regelungsstrukturen des Zertifikatemodells, vornehmlich die Verteilung der Emissionsrechte (Zertifikate), grundrechtskonform ausgestaltet sein.

---

[37] Hierzu *Claus Pegatzky/Benjamin Nixdorf*, Aktuelle Entwicklungen beim Emissionshandel für die Luftfahrt, NVwZ 2009, 1395 (1395 ff.); *Hans-Joachim Koch*, Klimaschutzrecht, NVwZ 2011, 641 (648 f.).

[38] Hierzu *Merle Lassen*, Einbeziehung des Schiffsverkehrs in das Emissionshandelssystem, ZUR 2010, 570 (570 ff.); *Jan-Henrik Hinselmann*, Völker- und unionsrechtliche Aspekte der Einführung des Emissionshandel in den Schiffsverkehr, ZUR 2014, 473 (473 ff.).

[39] Vorschlag für eine Verordnung des Europäischen Parlaments und des Rates über die Überwachung von, Berichterstattung über und Prüfung von Kohlendioxidemissionen aus dem Seeverkehr und zur Änderung der Verordnung (EU) Nr. 525/2013, KOM(2013) 480.

[40] *Hinselmann*, ZUR 2014, 473 (473).

[41] *Schmidt/Kahl/Gärditz* (o. Fn. 14), § 6 Rdnr. 38.

[42] *Eifert* (o. Fn. 11), 5. Kapitel Rdnr. 153.

[43] BVerwGE 144, 248 (263).

[44] BVerwGE 124, 47 (60 ff.); *Meßerschmidt* (o. Fn. 13), § 46 Rdnr. 148; *Eifert* (o. Fn. 11), 5. Kapitel Rdnr. 153; *Schmidt/Kahl/Gärditz* (o. Fn. 14), § 6 Rdnr. 48 m. w. N. In BVerfGE 118, 79 ff. wurde zu dieser Frage nichts ausgeführt, weil es nur um die Verfassungsmäßigkeit einer Regelung des Zuteilungsverfahrens ging.

c) Verteilung der Zertifikate

Weiterhin ist das System der Verteilung (Allokation) der Treibhausgas-Emissionsrechte zu klären. Dabei geht es bei einem internationalen Handelssystem zum einen um die Frage, wie viele Rechte jeder Staat erhalten soll, zum anderen um die Frage der Verteilung zwischen den einzelnen Emittenten innerhalb eines Staates.

Die erste Frage wurde für den europäischen Treibhausgas-Emissionshandel zunächst durch das Kyoto-Protokoll i. V. m. der EU-internen Lastenaufteilung[45] („Burden Sharing Agreement") beantwortet. Hiernach war die Bundesrepublik Deutschland bis 2012 zu einer Reduktion der Emissionen an Treibhausgasen um 21 % gegenüber dem Niveau von 1990 verpflichtet, während Portugal beispielsweise 27 % mehr als 1990 emittieren durfte. Unterdessen werden die Mengen der Zertifikate, die jeweils auf die einzelnen EU-Mitgliedstaaten entfallen, gemäß Art. 10 Abs. 2 der RL 2003/87/EG vor allem danach bestimmt, welchen Anteil der jeweilige Mitgliedstaat an den unionsweiten Emissionen in bestimmten Zeiträumen der Vergangenheit hatte.

Eine der schwierigsten Fragen stellt die Verteilung der Emissionsrechte an die einzelnen Unternehmen dar. Grundsätzlich kommen dabei zwei Verteilungsmethoden in Betracht: So sollen die Zertifikate nach *einem Modell* anfänglich unentgeltlich vergeben (sog. grandfathering – in diesem Fall würden im Grunde genommen nur die bestehenden Genehmigungen in transferierbare Lizenzen umgewandelt) oder aber nach einem *anderen Modell* durch den Staat verkauft oder ‚versteigert' (sog. auctioning) werden. Im europäischen Treibhausgas-Emissionshandel wurde unterdessen – nachdem zuvor insoweit Gestaltungsspielräume der Mitgliedstaaten bestanden hatten – durch die 2011 novellierte RL 2003/87/EG in Art. 10 die Grundentscheidung für das ‚auctioning' getroffen (vgl. auch die nationale Umsetzung in §§ 8 f. TEHG).

Beide Varianten haben Vorteile, sind aber auch mit erheblichen Nachteilen verbunden: Beim (bestandsschützenden) ‚grandfathering' werden den bisherigen Genehmigungsinhabern zusätzliche (potentielle) Vermögensvorteile verschafft und u. U. künftige Marktteilnehmer benachteiligt. Beim (entstehenssichernden) ‚auctioning' kann u. U. der Bestandsschutz verletzt werden.[46] Die Vor- und Nachteile von ‚grandfathering' und ‚auctioning' spiegeln die grundlegenden grundrechtsdogmatischen Kategorien der „Entstehenssicherung und [des] Bestandsschutz[es]" wider.[47] Im Einzelnen ist zu den jeweiligen Vor- und Nachteilen zu bemerken:

Eine Versteigerung am Markt hat den Vorzug eines höheren Teilnehmerkreises, was die Gefahr des Missbrauchs von Marktmacht verhindert.[48] Darüber hinaus

---

[45] Entscheidung 2002/358/EG des Rates vom 25. 4. 2002, ABl.EG Nr. L 130 vom 15. 5. 2002, S. 1. Die einzelnen Anteile je Mitgliedstaat sind in Art. 2 i. V. m. Anhang II der Entscheidung aufgeführt.

[46] Vgl. etwa bereits die Einwände gegenüber einer status quo-orientierten Lizenzvergabe von *Gerhard Feldhaus*, Marktwirtschaft und Luftreinhaltung, DVBl 1984, 552 (554).

[47] *Michael Kloepfer*, Grundrechte als Entstehenssicherung und Bestandsschutz, 1970.

[48] *Rehbinder/Schmalholz*, UPR 2002, 1 (3).

wird neuen Marktteilnehmern („newcomer'), die bislang nicht produziert haben, der Zugang zu Emissionszertifikaten von Anfang an ermöglicht (Entstehenssicherung). Schließlich erspart eine Versteigerung heikle politische Entscheidungen darüber, welche Mengen (und ggf. zu welchen Preisen) jedem einzelnen Unternehmen zugesprochen werden sollen. Dies entschärft zugleich die Problematik der Verteilungsfrage mit Blick auf das Beihilfe- und Wettbewerbsrecht der Union.[49]

Die kostenlose Verteilung der Emissionsrechte hat dagegen den Gesichtspunkt des Bestandsschutzes für sich[50] – ungeachtet der Frage, ob und inwieweit dieser auch grundrechtlich zwingend gefordert ist. Teilt man die Berechtigungen kostenlos zu, so stellt sich die Frage nach dem (in seinem Bestand garantierten) Emissionswert, der zugrundegelegt werden soll. Bei der Wahl des entsprechenden Basisjahrs für die Festsetzung der jeweiligen Emissionsmengen läuft man Gefahr, diejenigen zu benachteiligen, die sich bereits frühzeitig um Emissionsverminderungen bemüht haben („early actions'), indem man diese Bemühungen nicht besonders honoriert.[51] Außerdem muss neuen Marktteilnehmern („newcomer'), die bislang nicht produziert haben, der Zugang zu Emissionsrechten zu gleichen Bedingungen gewährt werden, was die Zurückhaltung eines gewissen Kontingents an Zertifikaten durch die Behörden erfordert.[52]

Ziel der Allokation sollte ein gerechter Interessenausgleich zwischen den bereits vorhandenen Altemittenten und den neuen Emittenten sein. Diskutiert werden daher sog. Hybrid-Modelle, die eine Kombination aus kostenfreier und entgeltlicher Zuteilung vorsehen. Letztlich stellt auch die Verteilung der Zertifikate im europäischen Treibhausgas-Emissionshandelssystem ein solches Hybrid-Modell dar, wobei seit 2013 der Schwerpunkt deutlich auf dem ‚auctioning' liegt.

Interessant im Hinblick auf ein umweltschutzdienliches ‚grandfathering' (ggf. innerhalb eines solchen Hybrid-Modells) ist vor allem das ‚Benchmarking'-System, bei dem die Zertifikate am Maßstab der durchschnittlichen Emissionen (einer bestimmten Anlagenkategorie) vergeben werden. Überdurchschnittlich energieeffiziente Betriebe würden nach diesem Modell mehr Zertifikate erhalten als zur Abgeltung ihrer Emissionen benötigt, während Betriebe, die mehr Emissionen als der Durchschnitt ausstoßen, Zertifikate am Markt zukaufen müssten. Auf diese Weise würde ein rationaler und transparenter Verteilungsschlüssel geschaffen, der vor allem auch den in der Vergangenheit bereits getätigten Energieeinsparungsmaßnahmen einzelner Unternehmen Rechnung tragen würde.

---

[49] Grünbuch der Kommission zum Handel mit Treibhausgasen in der Europäischen Union vom 8.3.2000, KOM(2000) 87 endg., Nr. 7.2.2.

[50] *Rehbinder/Schmalholz*, UPR 2002, 1 (3). Die Kommission spricht in ihrem Grünbuch von der „Besitzstandsmethode", Nr. 7.2.2.

[51] Vgl. zu den Möglichkeiten, diesem Problem zu begegnen: *Rehbinder/Schmalholz*, UPR 2002, 1 (3 f.): Bonus/Malus-System sowie die freie Wahl des Basisjahrs aus dem Zeitraum 1990–1999.

[52] *Rehbinder/Schmalholz*, UPR 2002, 1 (4).

Nicht zu vernachlässigen ist schließlich die Tatsache, dass das ‚auctioning' auch eine Einnahmequelle für den Staat darstellt und insoweit eine abgabengleiche Wirkung[53] haben kann. Es ist daher finanzverfassungsrechtlichen Grenzen unterworfen, aber grundsätzlich rechtlich realisierbar.

d) Zeitabhängige Verringerung der zu verteilenden Zertifikate

Eine aus ökologischer Sicht entscheidende Ergänzung der Wirkungsweise des Zertifikatemodells bedeutet der Vorschlag, die Menge der zu verteilenden Zertifikate und somit letztlich die gesamten Emissionsmengen in neuen Handelsperioden zu reduzieren (sog. Degression). Erst durch diesen Eingriff kann die Zertifikatelösung zu einer Verbesserung der Umweltsituation insgesamt beitragen, während ein Zertifikatehandel bei gleich bleibendem Gesamtvolumen von ‚Emissionsrechten' bestenfalls zu höherer ökonomischer Effizienz im Umweltschutz, nicht aber aus sich heraus zu mehr Umweltschutz führen würde. Dementsprechend ist im europäischen Treibhausgas-Emissionshandelssystem in Art. 9 Abs. 1 RL 2003/87/EG die kontinuierliche Verringerung der zu verteilenden Zertifikate vorgesehen.

Diese kontinuierliche Verringerung der Zertifikatemenge ist auch notwendig, um die *dynamische* Komponente der Risikovorsorge nicht preiszugeben. Diese Vorgehensweise könnte dem ordnungsrechtlichen Modell einer einzelfallbezogenen Durchsetzung der Vorsorgeanforderungen über den Stand der Technik sogar regelmäßig überlegen sein. Sicherlich besteht dabei die Gefahr, dass der Markt selbst nicht für die Verbreitung des höchsten Standes der Technik über das Handelssystem sorgt. Andererseits wird die Weiterentwicklung des Standes der Technik vom Ordnungsrecht letztlich schlicht unterstellt oder unausgesprochen vorausgesetzt (vgl. § 3 Abs. 6 BImSchG), nicht aber innovativ gefördert. Zudem gewährleistet eine punktuelle (vor allem anlagenbezogene) Durchsetzung der Vorsorge noch keine flächendeckende Reduzierung von Emissionen.[54]

Ein mit der Zertifikategesamtmengenreduzierung weitgehend vergleichbarer Mechanismus könnte die zeitabhängige Abwertung der Zertifikate sein.

e) Kontrollsystem des Emissionszertifikatehandels

Von grundsätzlicher Bedeutung ist schließlich die konsequente Durchsetzung (‚implementation') der Bestimmungen über den Emissionszertifikatehandel. Dabei sollte ein System von wirksamen Kontrollen und abschreckenden Sanktionen angewendet werden.

Als Kontrollinstanzen könnten, entsprechend dem allgemeinen umweltpolitischen Kooperationsprinzip, Umweltprüfer nach EMAS eingesetzt werden. Auch

---

[53] BVerwGE 144, 248 (261).
[54] Vgl. *Rehbinder* (o. Fn. 3), S. 113 ff.

die im Rahmen der Kontrolle der freiwilligen Selbstverpflichtungserklärungen entwickelten Überwachungsprotokolle könnten insoweit herangezogen werden.[55] Im TEHG wurde die Pflicht von Anlagenbetreibern zur Erstellung eines Überwachungsplans für die Emissionsermittlung normiert (§ 6 TEHG).

Die Sanktionen für Verletzungen der rechtlichen Vorgaben zum Emissionshandel müssen spürbar sein, und können von Geldbußen (so in § 32 TEHG) bis zum Ausschluss aus dem Handelssystem reichen. Das TEHG sieht in seinem § 30 Abs. 1 zusätzlich eine „Zahlungspflicht in Gestalt einer empfindlichen Geldabgabe"[56] für den Fall vor, dass ein Emittent nicht ausreichend Zertifikate abgibt. In § 30 Abs. 4 TEHG setzt der Gesetzgeber zudem ein informationelles Instrument mit Anprangerungswirkung ein: Die Namen der Betreiber, die gegen die Pflicht zur Abgabe von Zertifikaten für Emissionen verstoßen haben, werden im Bundesanzeiger veröffentlicht.

Im Rahmen eines unionsweiten Handelssystems ist auch eine Vollzugskontrolle gegenüber den Mitgliedstaaten notwendig, da entsprechend der unionsrechtlichen Kompetenzverteilung die Vollzugskontrolle gegenüber den Unternehmen grundsätzlich den Mitgliedstaaten obliegt. Nach Art. 10 Abs. 5 Satz 1 RL 2003/87/EG überwacht die Europäische Kommission das „Funktionieren des europäischen CO_2-Marktes". Die Mitgliedstaaten sind außerdem zur informationellen Kooperation verpflichtet (vgl. Art. 10 Abs. 5 Satz 3 RL 2003/87/EG).

f) Verhältnis zu anderen umweltrechtlichen Regelungskomplexen

Der Emissionsrechtehandel steht im Verbund mit – und somit teilweise auch im Spannungsfeld zu – anderen umweltrechtlichen Instrumenten wie den Umweltabgaben sowie dem Ordnungsrecht.

Schwierig ist dabei insbesondere das Verhältnis zum Ordnungsrecht, vor allem zur europäischen Industrieemissionsrichtlinie (IE-RL) 2010/75/EU[57] (früher: IVU-Richtlinie[58]) und zum Bundes-Immissionsschutzgesetz, welche ebenfalls Treibhausgase erfassen und u. a. auch den Klimaschutz bezwecken.[59] Das System des Zertifikatehandels kann mit Bestimmungen der Industrieemissions-Richtlinie und des Bundes-Immissionsschutzgesetzes kollidieren, insbesondere mit deren Vorsorgegebot und deren Gebot sparsamer Energieverwendung (Art. 11 lit. a und f IE-RL). Denn

---

[55] *Rehbinder/Schmalholz*, UPR 2002, 1 (5).
[56] *Meßerschmidt* (o. Fn. 13), § 46 Rdnr. 137.
[57] Richtlinie 2010/75/EU des Europäischen Parlaments und des Rates vom 24.11.2010 über Industrieemissionen (integrierte Vermeidung und Verminderung der Umweltverschmutzung) (Neufassung), ABl.EU Nr. L 334, S. 17.
[58] Richtlinie 2008/1/EG des Europäischen Parlaments und des Rates vom 15.1.2008 über die integrierte Vermeidung und Verminderung der Umweltverschmutzung, ABl.EU Nr. L 24, S. 8.
[59] *Koch/Wieneke*, DVBl 2001, 1085 (1086 f.); dazu auch *Astrid Epiney*, Zur Entwicklung des Emissionshandels in der EU, ZUR 2010, 236 (241 f.).

ein Anlagenbetreiber darf nach dem Zertifikatehandelssystem grundsätzlich so viel emittieren, wie er möchte, wenn ihm nur genügend Berechtigungen zur Verfügung stehen, die er mit finanziellen Mitteln erwerben kann.

Dieses Spannungsverhältnis wird durch Art. 9 IE-RL (zuvor: Art. 9 Abs. 3 UAbs. 3 bis 6 IVU-Richtlinie[60]) und den – diesen umsetzenden – § 5 Abs. 2 BImSchG (zuvor: § 5 Abs. 1 Satz 2 und 3 BImSchG a. F.) gelöst: Wesentlicher Inhalt dieser Normen ist die Beschränkung des Ordnungsrechts auf den Schutz- oder Gefahrenabwehrgrundsatz, soweit der Anwendungsbereich des TEHG eröffnet ist. Maßnahmen mit Blick auf den Vorsorgegrundsatz des BImSchG sind insoweit nicht zulässig. Der Schutzgrundsatz bleibt hingegen auch im Anwendungsbereich des TEHG relevant: So können etwaige erhebliche lokale Verschmutzungen („hot spots') weiterhin durch das Ordnungsrecht des BImSchG unter Gefahrenabwehrgesichtspunkten bekämpft werden.

Im Hinblick auf das Verhältnis des Zertifikatehandels zu abgabenrechtlichen Instrumenten wie insbesondere der Stromsteuer und der Energiesteuer sowie zu (Verschonungs-)Subventionierungen und Umlagemechanismen (Quersubventionierungen) lässt sich ein „nicht aufeinander abgestimmte[r] [...] Flickenteppich"[61] ausmachen. Dieser Instrumentenverbund vornehmlich von Treibhausgas-Emissionshandelsgesetz, Stromsteuergesetz, Energiesteuergesetz und Erneuerbare-Energien-Gesetz dient insgesamt der Verteuerung von Energie aus umweltpolitischen (und fiskalischen) Gründen bei gleichzeitiger Entlastung bestimmter Akteure (z. B. stromintensive Industrie).[62] Problematisch in diesem komplexen Miteinander von Instrumenten ist insbesondere die Kombination hoher Steuerlasten mit verschiedenartigsten Entlastungsregelungen, die nicht zuletzt mit dem unionsrechtlichen Beihilferecht in Konflikt geraten können.[63]

6. Sonstige Emissionszertifikate

Die Bekämpfung des Klimawandels als globales Umweltproblem ist ein prädestinierter Anwendungsfall für das Instrument der Emissionszertifikatelösung, insbesondere weil es auf den Ort der vermiedenen Emissionen von Treibhausgasen für den Klimaschutz grundsätzlich nicht ankommt und bezüglich der Treibhausgase gesundheitsgefährliche ‚hot spots' im Normalfall nicht entstehen können. Diskutiert wird, ob darüber hinaus Immissionsschutz (jenseits des Klimaschutzes) bezüglich anderer Luftschadstoffe wie etwa Stickstoffoxide (NO_x) und Schwefeldioxid (SO_2) durch

---

[60] Art. 9 der IVU-RL 96/61/EG war mit Wirkung vom 25.10.2003 durch RL vom 13.10.2003 (ABl.EU Nr. L 275, S. 32) geändert worden, um den Abgleich der Instrumente sicherzustellen.

[61] *Roland M. Stein/Eva-Maria Meister*, Hoheitliche Energieverteuerung als Instrument der Energiewende?, ZfZ 2012, 155 (161).

[62] Vgl. *Stein/Meister*, ZfZ 2012, 155 (161).

[63] *Stein/Meister*, ZfZ 2012, 155 (161).

Emissionszertifikatelösungen sinnvoll erreichbar sein könnte.[64] Angesichts der Tatsache, dass bei Stickstoffoxiden und Schwefeldioxid aus Gesundheitsschutzgründen zusätzlich zu einem etwaigen Zertifikatehandel weiterhin lokale und regionale Immissionsbeschränkungen notwendig blieben, ist fragwürdig, ob sich die Ausdehnung des Emissionszertifikatehandels auf die ‚klassische' Luftreinhaltepolitik lohnen würde, zumal die Einführung von Zertifikatelösungen mit zusätzlichem Verwaltungsaufwand verbunden wäre.[65] Im Bereich der Vorsorge könnten Zertifikatelösungen freilich auch hinsichtlich der Bekämpfung von gesundheitsschädlichen Luftschadstoffen eingesetzt werden, jedoch erscheint die politische Durchsetzbarkeit insoweit fragwürdig. Zudem müsste das Verhältnis zum bereits etablierten ordnungsrechtlichen Vorsorgekonzept des „Standes der Technik" (bzw. „best available technique") geklärt werden.

II. Flächenzertifikate

Zur Bekämpfung des „schleichenden"[66] und noch immer ungelösten Umweltproblems[67] des wachsenden Flächenverbrauchs wird rechtspolitisch und (rechts-)wissenschaftlich die Einführung eines Handels mit Flächenausweisungsrechten bzw. Flächenverbrauchsrechten diskutiert.[68] Gerade weil der Flächenverbrauch ein schleichendes und großflächiges, durch punktuelle Einzelmaßnahmen nicht vollständig zu bewältigendes Problem ist, scheint sich eine Zertifikatelösung anzubieten. Flächenverbrauch (oder auch Flächenneuinanspruchnahme) meint dabei zumeist die Umwidmung freier (unbebauter, „naturnaher") Flächen für die Zwecke von Siedlung und Verkehr (nicht: für die Landwirtschaft).[69]

Als regelungstechnischer Anknüpfungspunkt einer solchen Zertifikatelösung wird zumeist die Ausweisung von Verkehrs- und Siedlungsflächen in Bebauungsplänen vorgeschlagen; das heißt: Regelungsadressat sollen zunächst die Kommunen

---

[64] Europäische Kommission, Assessment of the Possible Development of an EU-wide NO_x and SO_2 Trading Scheme for IPPC Installations. Final Report, 2010; kritisch *Epiney*, NuR 2011, 167 (167 ff.).

[65] *Epiney*, NuR 2011, 167 (170, 175).

[66] *Tanja Gönner*, Instrumente und Hindernisse zur Reduzierung des Flächenverbrauchs am Beispiel der Kampagne „Flächen gewinnen in Baden-Württemberg", in: Troge/Hutter (Hrsg.), Was kann das Planungsrecht für die Umwelt tun?, 2008, S. 16 ff. (17).

[67] Zusammenfassend zu den Umweltproblemen in Folge des Flächenverbrauchs: *Michael Marty*, Der Handel mit Flächenausweisungsrechten – Rechtliche Fragen an ein ökonomisches Instrument, ZUR 2011, 395 (396) m. w. N.

[68] Hierzu *Köck/Bizer/Hansjürgens/Einig/Siedentop* (Hrsg.), Handelbare Flächenausweisungsrechte, 2008; *Diana Senftleben*, Rechtliche Anforderungen an handelbare Flächenausweisungsrechte zur Reduzierung des Flächenverbrauchs, ZUR 2008, 64 (64 ff.); *Marty*, ZUR 2011, 395 (395 ff.); frühe Ansätze bei *Gerhard Maier-Rigaud*, Umweltpolitik mit Mengen und Märkten, 1994, S. 126 ff.

[69] Zwischenbericht der Enquete-Kommission „Schutz des Menschen und der Umwelt – Ziele und Rahmenbedingungen einer nachhaltig zukunftsverträglichen Entwicklung", BT-Drs. 13/7400, S. 29; *Senftleben*, ZUR 2008, 64 (64); *Marty*, ZUR 2011, 395 (395).

und erst dann mittelbar die Bauherren sein.[70] Die Ausweisung von Verkehrs- und Siedlungsflächen durch die planenden Kommunen wäre demnach nur gegen die Abgabe von Flächenausweisungszertifikaten zulässig.

Ein Zertifikatesystem für Flächennutzung könnte nach einem vergleichbaren ‚cap and trade'-Schema im Standard-Mengen-Ansatz funktionieren wie der Treibhausgas-Emissionshandel. Die wesentlichen Schritte der Zertifikatelösung wären auch hier: *erstens* die (politische) Bestimmung der Gesamtmenge verbrauchbarer Fläche für einen bestimmten Zeitraum (‚cap'), *zweitens* die Aufteilung dieser Menge und Verbriefung in Zertifikaten, *drittens* die Verteilung dieser Zertifikate (entweder durch ‚grandfathering', ‚auctioning' oder Hybridmodelle), *viertens* die freie Handelbarkeit der Zertifikate (‚trade') und *fünftens* die Pflicht für Kommunen, bei der Ausweisung von Verkehrs- und Siedlungsflächen in Bebauungsplänen Zertifikate abzugeben.[71]

Der Flächenverbrauchsrechtehandel könnte nicht das alleinige Instrument zur Bekämpfung des Flächenverbrauchs sein. Insbesondere das Zusammenwirken mit dem Naturschutzrecht und dem Bauplanungsrecht im Instrumentenverbund wäre hier erforderlich.[72] Während ein etwaiger Flächenverbrauchsrechtehandel die quantitative Steuerung des Flächenverbrauchs betreffen würde, blieben für die qualitative Steuerung die naturschutzrechtlichen Ge- und Verbote sowie das bauplanungsrechtliche Abwägungsgebot entscheidend.[73]

Der Koalitionsvertrag der schwarz-gelben Koalition von 2009 und erneut auch derjenige der Großen Koalition von 2013 sprechen – letzterer bemerkenswerterweise unter der Überschrift „Kreislaufwirtschaft" – davon, dass ein Modellversuch zum Handel mit Flächenzertifikaten durch die Bundesregierung verfolgt wird.[74] Im Auftrag des Umweltbundesamts findet seit 2013 der Modellversuch „Planspiel Flächenhandel" statt.[75]

III. Umweltenergierechtliche Zertifikate

Auch im Bereich des Umweltenergierechts werden unterschiedliche Zertifikatelösungen diskutiert und teilweise bereits angewendet; Zielsetzung und Wirkungs-

---

[70] Vgl. hierzu und zu weiteren denkbaren Anknüpfungspunkten bei *Köck/Bizer/Hansjürgens/Einig/Siedentop* (o. Fn. 68), S. 70 ff.

[71] Vgl. die Zusammenfassung der Funktionsweise bei *Marty*, ZUR 2011, 395 (398 f.).

[72] *Senftleben*, ZUR 2008, 64 (70 f.); *Marty*, ZUR 2011, 395 (399, 403).

[73] *Marty*, ZUR 2011, 395 (399, 403).

[74] „Wachstum. Bildung. Zusammenhalt", Koalitionsvertrag zwischen CDU, CSU und FDP, S. 31 f., abrufbar unter: https://www.bmi.bund.de/SharedDocs/Downloads/DE/Ministerium/koalitionsvertrag.pdf?__blob=publicationFile, zuletzt abgerufen am 28.7.2015; sowie „Deutschlands Zukunft gestalten", Koalitionsvertrag zwischen CDU, CSU und SPD, S. 83, abrufbar unter: http://www.cdu.de/sites/default/files/media/dokumente/koalitionsvertrag.pdf, zuletzt abgerufen am 28.7.2015.

[75] Vgl. den Internetauftritt des Planspiels unter http://www.flaechenhandel.de/das-planspiel, zuletzt abgerufen am 28.7.2015.

weise differieren zum Teil erheblich.[76] Zu unterscheiden sind dabei jedenfalls folgende Kategorien: Zertifikate zur Förderung der Stromerzeugung aus erneuerbaren Energien (deren Wirkungsmechanismus kann entweder bei der Stromerzeugung oder aber bei der Stromnachfrage ansetzen) und Zertifikate zur Förderung von Energieeinsparungsmaßnahmen.

1. Erzeugergerichtete Grünstromzertifikate (‚grüne Zertifikate')

Seit Ende der 1990er Jahre werden rechtspolitisch und (rechts-)wissenschaftlich ‚grüne Zertifikate' zur Förderung der Stromerzeugung aus erneuerbaren Energien diskutiert.[77] Diese ‚grünen Zertifikate' folgen einem (zumindest im Ausgangspunkt) anderen Wirkungsmechanismus als der Treibhausgas-Emissionshandel und der Flächenausweisungsrechtehandel: Energieerzeuger erhalten für die Produktion von Strom aus erneuerbaren Energien – als positiven Anreiz (‚Belohnung') – ‚grüne Zertifikate'. Mit der Abgabe einer bestimmten Menge dieser Zertifikate bei einer hoheitlichen Stelle am Ende bestimmter Zeitabschnitte kann der Energieerzeuger sodann nachweisen, dass er eine hoheitlich vorgegebene Quote für Strom aus erneuerbaren Energien eingehalten hat. Energieerzeuger, welche nicht selbst Strom aus erneuerbaren Energien produzieren, können ‚grüne Zertifikate' erwerben und sodann zur Erfüllung der Quote abgeben.[78] Hierdurch entstünde ein Markt für die ‚grünen Zertifikate'.

Zu beachten ist, dass auch dieser Vorschlag einer Zertifikatelösung nicht ohne ordnungsrechtlichen Rahmen (insbesondere in Form der gebietenden Quote für EE-Strom sowie von Überwachungs- und Sanktionsinstrumenten) auskommt. Dieses Modell der ‚grünen Zertifikate' könnte eine Alternative zur Förderung der Stromerzeugung aus erneuerbaren Energien über die sog. EEG-Umlage als Quersubventionierung darstellen.

2. Verbrauchergerichtete Grünstromzertifikate; Herkunftsnachweise

Umweltenergierechtliche Zertifikatelösungen sind auch zur Stärkung der ökologisch motivierten Nachfragemacht der Verbraucher einsetzbar:[79] Der Wirkungsmechanismus dieser Zertifikatelösung beruht darauf, dass das Produkt ‚Strom aus regenerativen Energiequellen' (‚Öko-Strom') in zwei Sub-Produkte aufgespalten wird: Ein Sub-Produkt stellt der elektrische Strom als solcher dar; das andere Sub-Produkt sind Grünstromzertifikate, welche den ökologischen Zusatznutzen belegen. Die bei-

---

[76] Vgl. *Zenke/Dessau* (o. Fn. 2), Energiehandel, Rdnr. 35: „Vielfalt der Produkte".

[77] *G. J. Schaeffer/M. G. Boots/M. Cames*, Options for design of tradable green certificate systems, 2000; *Jens-Peter Schneider*, Europäische Modelle der Förderung regenerativer Energien, in: Hendler/Marburger/Reinhardt/Schröder (Hrsg.), Energierecht zwischen Umweltschutz und Wettbewerb (UTR 61), 2002, S. 71 ff. (82 ff.).

[78] Siehe die ausführliche Darstellung bei *Schneider* (o. Fn. 77), S. 71 ff. (82 ff.) m. w. N.

[79] Zum Folgenden: *Zenke/Dessau* (o. Fn. 2), Energiehandel, Rdnr. 36.

den Sub-Produkte (‚Öko'-Zertifikat und ‚Strom als solcher') sind sodann isoliert voneinander handelbar. Umweltbewusste Stromkunden können nun einerseits (rein ‚physisch') Strom beziehen, der nicht notwendigerweise aus regenerativen Quellen stammen muss, andererseits aber – isoliert davon – zusätzlich Grünstromzertifikate erwerben, um im Ergebnis doch die regenerative Energieerzeugung zu fördern.[80] Im deutschen Umweltenergierecht sieht § 78 Erneuerbare-Energien-Gesetz (EEG 2014)[81] i. V. m. der Herkunftsnachweisverordnung (HkNV)[82] Vorschriften zu sog. Herkunftsnachweisen für Strom aus erneuerbaren Energien vor. Das Umweltbundesamt führt hierzu ein Herkunftsnachweisregister (§ 1 Abs. 1 HkNV), in welchem die vom Umweltbundesamt an die Energieerzeuger ausgestellten Herkunftsnachweise verzeichnet werden (§ 1 Abs. 2 HkNV). Die Herkunftsnachweise sind übertragbar (§ 3 Abs. 1 Satz 1 Nr. 2 HkNV) und somit handelbar.

3. Energieeinsparungszertifikate (,weiße Zertifikate')

Ebenfalls im Bereich des Umweltenergierechts, allerdings nicht mit Blick auf die Förderung bestimmter Energiequellen, sondern mit dem Ziel der Energieeinsparung, könnten Energieeinsparungszertifikate (,weiße Zertifikate') eingesetzt werden.[83] Wie der Modellvorschlag der ‚grünen Zertifikate' soll auch jener der ‚weißen Zertifikate' seinen Ausgangspunkt im Festlegen einer Quote haben: Hoheitlich wird eine nachfrageseitige Energieeinsparquote festgesetzt, wonach bestimmte Verpflichtete (Endverbraucher, Energielieferanten oder Netzbetreiber) dazu verpflichtet werden, in einem bestimmten Zeitraum eine bestimmte Menge an Energie einzusparen.[84] Für Energieeinsparungen werden ‚weiße Zertifikate' vergeben. Nach Ablauf der Zeitperiode müssen die Quotenverpflichteten dann eine bestimmte Anzahl von Zertifikaten abgeben. Dies können entweder Zertifikate sein, die der Verpflichtete durch eigene Energieeinsparungsmaßnahmen erlangt hat, oder Zertifikate, die er am Markt gekauft hat.[85] Kann der Quotenverpflichtete die Einhaltung der Quote mangels verfügbarer ‚weißer Zertifikate' nicht nachweisen, so müssten zur Effektivierung des Instruments flankierende Sanktionen wie Geldbußen eingreifen.

---

[80] *Zenke/Dessau* (o. Fn. 2), Energiehandel, Rdnr. 36.

[81] Gesetz für den Ausbau erneuerbarer Energien (Erneuerbare-Energien-Gesetz – EEG 2014) vom 21.7.2014, BGBl. I S. 1066, zuletzt geändert durch Gesetz vom 22.12.2014, BGBl. I S. 2406.

[82] Verordnung über Herkunftsnachweise für Strom aus erneuerbaren Energien (Herkunftsnachweisverordnung – HkNV) vom 28.11.2011, BGBl. I S. 2447, zuletzt geändert durch Gesetz vom 21.7.2014, BGBl. I S. 1066.

[83] *Gabriele Britz/Martin Eifert/Franz Reimer*, Charakteristika des Ernergieeffizienzrechts, in: dies. (Hrsg.), Energieeffizienzrecht, 2010, S. 63 ff. (77 f.); *Nadja Sue Wüstemann*, Die Vorgaben der Europäischen Union im Bereich der Energieeffizienz, 2011, S. 270 ff.

[84] *Britz/Eifert/Reimer* (o. Fn. 83), S. 63 ff. (77) m. w. N.

[85] *Simon Spyra*, Zu den Wechselwirkungen einer möglichen Einführung des Instruments „Weiße Zertifikate" mit bekannten Marktmechanismen, I+E 2012, 102 (105); *Wüstemann* (o. Fn. 83), S. 270.

In verschiedenen europäischen Staaten wie Belgien, Dänemark, Frankreich, Großbritannien und Italien wurden ‚weiße Zertifikate' bereits eingeführt.[86] Art. 4 Abs. 5 der Richtlinie 2006/32/EG (Endenergieeffizienz- und Energiedienstleistungs-Richtlinie) enthielt bis zu seiner Aufhebung im Juni 2014 einen Auftrag an die Kommission, zu prüfen, ob sie einen Richtlinienentwurf zur Einführung von „Einsparzertifikaten" auf unionaler Ebene erlässt. Die Energieeffizienzrichtlinie 2012/27/EU enthält nun in Art. 7 Abs. 4, Abs. 7 Regelungen zu „zertifizierten Energieeinsparungen". Demnach können die Mitgliedstaaten vorsehen, dass Energieverteiler und/oder Energieeinzelhandelsunternehmen zur Erfüllung ihrer Energieeinsparungsverpflichtungen auch zertifizierte Energieeinsparungen Dritter einsetzen können. Auf die Vorgabe der Einführung eines umfassenden Handelssystems für ‚weiße Zertifikate' hat der Unionsgesetzgeber bislang hingegen verzichtet.

IV. Mobilitätszertifikate

Einen weitgehenden Vorschlag stellt das bisher nur angedachte Konzept von Mobilitätszertifikaten zur Verkehrsbegrenzung aus ökologischen Gründen dar. Jeder Bürger erhält hiernach für einen bestimmten Zeitraum einen Grundstock von Mobilitätszertifikaten. Für die Inanspruchnahme von Verkehrsleistungen muss der Bürger die hierfür erforderlichen Mobilitätszertifikate abgeben. Verbraucht er die ihm zugeteilte Menge an Zertifikaten nicht vollständig, kann er die nicht genutzten Zertifikate über eine Mobilitätszertifikate-Börse an solche Verkehrsteilnehmer verkaufen, die mehr Verkehrsleistungen in Anspruch nehmen wollen, als ihnen nach dem Grundstock zustehen. Ein solches Modell der Mobilitätszertifikate knüpft – beispielsweise streckenbezogen – unmittelbar an die Inanspruchnahme von Verkehrsleistungen durch ‚Mobilitätsverbraucher' an. Es ist zu unterscheiden von der Einbeziehung von Verkehrsvorgängen in den *Emissions*zertifikatehandel, wie sie für den Luftverkehr bereits erfolgt ist. Bei den Mobilitätszertifikaten müsste zwischen solchen für Privatpersonen und solchen für Unternehmer unterschieden werden. Die verwaltungstechnischen, psychologischen, politischen, aber auch grundrechtlichen Hürden („Grundrecht auf Mobilität"[87]) für die Realisierung eines solchen Vorschlags dürften allerdings recht hoch sein. Aber auch hier sind grundlegende Änderungen im Bewusstsein und in der Haltung der Bevölkerung unverkennbar (z. B. im Hinblick auf das Verblassen des Leitbilds des ‚eigenen Autos' oder angesichts der wachsenden Bevorzugung des öffentlichen Personennahverkehrs durch Teile der Bevölkerung). Zunehmend wird erkannt, dass Verkehrsstau nicht wie ein Naturereignis hinzunehmen ist. Nicht selten scheint eine um ‚Verkehrszähmung' bemühte Politik den Verkehrsstau fast schon als ihren natürlichen Verbündeten zu begreifen. Eine solche Po-

---

[86] *Britz/Eifert/Reimer* (o. Fn. 83), S. 63 ff. (77).
[87] Vgl. *Michael Ronellenfitsch*, Die Verkehrsmobilität als Grund- und Menschenrecht, JÖR 44 (1996), 167 (167 ff.); ablehnend *Hans-Joachim Koch*, Wege zu einer umweltverträglichen Mobilität: Entwicklungslinien des Verkehrsumweltrechts, in: Dolde (Hrsg.), Umweltrecht im Wandel, 2001, S. 884 ff.

litik wäre aber gewiss nicht nachhaltig. Das Instrument des Mobilitätszertifikats könnte die Handlungsmöglichkeiten staatlicher Verkehrspolitik hier insgesamt erheblich verbessern.

Fraglich ist grundsätzlich, welche Verkehrsleistungen aus welchen Gründen und in welcher Höhe zur Zertifikate-Abgabepflicht führen sollten. Der Vollzugs- und Kontrollaufwand würde bisher wohl am besten im Bereich des Luftverkehrs (personalisierte Ticketverkäufe) beherrschbar sein; insoweit bestünde allerdings eine gewisse Konkurrenz zur Luftverkehrssteuer und zum Emissionszertifikatehandel. Aber auch der Bahnverkehr sowie der Fernbusverkehr könnten technisch einbeziehbar sein. Der Ausbau der Erfassungsgeräte für eine LKW-Maut und eine PKW-Maut würde die Einführung der Mobilitätszertifikate auch im Bereich von LKWs und PKWs technisch möglich machen; datenschutzrechtliche Bedenken müssten hierbei freilich beachtet werden.

Möglich erscheint die Verankerung der Steuerungsidee der Mobilitätszertifikate – in modifizierter Form – auch im Bereich des Privatrechts, genauer im Arbeitsverhältnis: Größere Unternehmen gehen bereits teilweise dazu über, ihren Angestellten anstelle von Dienstwagen ein ‚Mobilitätsbudget' zur Verfügung zu stellen, welches flexibel für verschiedene Verkehrsleistungen nutzbar und bei Nichtausschöpfung auszahlbar ist.

V. Weitere Vorschläge

Die dargestellten Anwendungsfelder für Zertifikatelösungen sind nicht abschließend. Soweit etwa landesrechtlich die Handelbarkeit von ‚Ökopunkten' vorgesehen ist (vgl. die Ermächtigung in § 16 Abs. 2 BNatSchG) könnte auch die Saldierungslösung der naturschutzrechtlichen ‚Ökokonten' zu einer Zertifikatelösung weiterentwickelt werden. Weitere Anwendungsfelder, für die Zertifikatelösungen im Gespräch sind, umfassen außerdem so unterschiedliche Sachbereiche wie Alpentransit und Fischfang.[88] Auf Grund der vielseitigen Anwendbarkeit und des innovativen Ansatzes besteht daher für Zertifikatelösungen das Potential, sich zu einem wichtigen Instrument des Umweltrechts zu entwickeln. Die weitere Entwicklung von Zertifikatelösungen wird zwar nicht den ganz großen Durchbruch im Umweltrecht bringen, aber bietet doch die Chance, die Wirksamkeit und die Effizienz des Umweltschutzes insgesamt zu verbessern.

---

[88] *Meßschmidt* (o. Fn. 13), § 5 Rdnrn. 93 f.; *ders.*, in: Ehlers/Fehling/Pünder (o. Fn. 13), § 45 Rdnr. 45.

Immissionsschutz- und Störfallbeauftragte

Von *Michael Kotulla*

I. Vorbemerkung

Die Immissionsschutz- und Störfallbeauftragten sind heute ein aus dem innerbetrieblich organisierten Umweltschutz im gewerblich-industriellen Anlagenbereich nicht mehr wegzudenkendes Instrument unternehmerischer Selbstüberwachung. Sie haben sich in den letzten Jahrzehnten seit ihrer Einführung in der täglichen Unternehmenspraxis bewährt. Zwar obliegt ausschließlich dem jeweiligen Unternehmer die Verantwortung für das gesamte Betriebsgeschehen, wodurch er gewissermaßen „für sich selbst" ein Interesse an der Beachtung und damit der Überwachung sämtlicher sicherheits- und umweltrelevanten Vorgänge hat. Doch erscheint die unternehmerische Selbstüberwachung allein auf der Basis freiwillig zu schaffender betrieblicher Binnenstrukturen im Interesse des Umweltschutzes oftmals als unzureichend. Insbesondere in Unternehmen mit einem bestimmten Anlagen- und Gefahrenpotential muss die einheitliche Festsetzung organisatorischer Mindeststandards für die Belange des Umweltschutzes sichergestellt sein. Dazu leisten nicht zuletzt die auf der Basis der §§ 53 bis 58e Bundes-Immissionsschutzgesetzes (BImSchG)[1] institutionalisierten Immissionsschutz- und Störfallbeauftragten mittels den ihnen gesetzlich zugewiesenen vielfältigen Aufgaben einen nicht zu unterschätzenden Beitrag. Dies geschieht ungeachtet der ihnen zugedachten häufig ambivalenten Position, die sie im Spannungsfeld zwischen ökonomischen Sachzwängen und legitimen Interessen des Umweltschutzes wahrzunehmen haben.

Der vorliegende Beitrag widmet sich den als rechtliche Grundlagen für diese Beauftragten dienenden Vorschriften des BImSchG und den damit insoweit verbundenen Konsequenzen für die unternehmerische Selbstüberwachung.

II. Zur Institutionalisierung der Immissionsschutz- und Störfallbeauftragten

Die Immissionsschutz- und Störfallbeauftragten finden ihre rechtliche Verankerung im Wesentlichen in den §§ 53 bis 58 bzw. §§ 58a bis 58d (und § 58e) BImSchG.

---

[1] Gesetz zum Schutz vor schädlichen Umwelteinwirkungen durch Luftverunreinigungen, Erschütterungen und ähnliche Vorgänge in der Fassung der Neubekanntmachung vom 17.5.2013 (BGBl. I S. 1274), zuletzt geändert durch Art. 76 der Verordnung vom 31.8.2015 (BGBl. I S. 1474).

Vergleichbare Regelungen enthalten die §§ 64 bis 66 des Wasscrhaushaltsgesetzes (WHG)[2] für den Gewässerschutzbeauftragten[3] und die §§ 59 f. KrWG[4] für den Abfallbeauftragten[5]. Die dort jeweils verorteten Betriebsbeauftragten sind von Gesetzes wegen allesamt ein Instrument der dem Unternehmer als dem eigentlichen Verantwortlichen obliegenden betrieblichen Selbstüberwachung. Dementsprechend nehmen sie prinzipiell auch nur Unternehmensaufgaben wahr. Mit ihnen hat der Gesetzgeber eine Ergänzung zum klassischen ordnungsrechtlichen Kontrollinstrumentarium geschaffen, ohne deswegen im Betrieb selbst einen „verlängerten Arm" für die Aufsichtsbehörde oder gar ein Denunziationsorgan[6] zu installieren. Überhaupt geht mit der Funktion der hier im Vordergrund der Betrachtung stehenden Immissionsschutz- und Störfallbeauftragten keine öffentlich-rechtliche Pflichtenstellung gegenüber der Aufsichtsbehörde einher. So gesehen fungieren diese Beauftragten als reine betriebliche Binnenorgane mit lediglich zivilrechtlichen Obliegenheiten gegenüber den Unternehmern. Sie sollen letztlich die Unternehmensleitungen wie auch die Belegschaften für eine stetige Verbesserung des betrieblichen Umweltschutzes sensibilisieren helfen.

III. Bestellpflicht

Zunächst statuieren § 53 Abs. 1 BImSchG mit Blick auf Immissionsschutzbeauftragte und § 58a hinsichtlich Störfallbeauftragter von Gesetzes wegen eine für den jeweiligen Regelungsadressaten – hier den Anlagenbetreiber – eine unabdingbare Bestellpflicht. Es handelt sich dabei um eine unternehmerische Grundpflicht, deren Missachtung aus unerfindlichen Gründen zwar in Bezug auf Gewässerschutz- und Abfallbeauftragte[7], nicht jedoch im Hinblick auf Immissionsschutz- und Störfallbeauftragten bußgeldbewehrt ist.[8] Angesichts der Vergleichbarkeit bzw. Gleichartigkeit all dieser Betriebsbeauftragten bleibt insoweit eine Harmonisierungslücke.

Mit der immissionsschutzrechtlichen Bestellobliegenheit wird der Unternehmer zu besonderen organisatorischen Vorkehrungen im Gesamtrahmen der innerbetrieblich vorzunehmenden Anlageneigenüberwachung veranlasst. Damit glaubt der Ge-

---

[2] Gesetz zur Ordnung des Wasserhaushalts vom 31.7.2009 (BGBl. I S. 2585), zuletzt geändert durch Art. 320 der Verordnung vom 31.8.2015 (BGBl. I S. 1474).

[3] Siehe dazu *Michael Kotulla*, WHG, 2. Aufl. 2011, Kommentierungen zu den §§ 64 bis 66 WHG.

[4] Gesetz zur Förderung der Kreislaufwirtschaft und Sicherung der umweltverträglichen Bewirtschaftung von Abfällen vom 24.2.2012 (BGBl. I S. 212), zuletzt geändert durch § 44 Abs. 4 des Gesetzes vom 22.5.2013 (BGBl. I S. 1324).

[5] Siehe dazu *Michael Kotulla*, in: Jarass/Petersen, KrWG, 2014, Kommentierungen zu den §§ 59 f. KrWG.

[6] *Hans D. Jarass*, BImSchG, 11. Aufl. 2015, § 53 Rdnr. 8.

[7] Siehe für Gewässerschutzbeauftragte § 62 Abs. 1 Nrn. 13 und 14 WHG und für Abfallbeauftragte § 69 Abs. 2 Nrn. 7 und 14 KrWG.

[8] *Jarass* (o. Fn. 6), § 53 Rdnr. 22; *Monika Böhm*, in: Koch/Pache/Scheuing (Hrsg.), GK-BImSchG, § 53 Rdnr. 25.

setzgeber, den oftmals verheerenden Folgen, die insbesondere ein unsachgemäßer Umgang mit Abgasen für die Umwelt haben kann, Rechnung tragen zu müssen. In ihr spiegeln sich nicht zuletzt die unternehmensintern vielfach divergierenden Vorstellungen über den jeweils erforderlichen Standard für die betriebsorganisatorisch notwendigen Schutzanliegen. Auch kommt hierin ein gewiss nicht ganz unberechtigtes Misstrauen gegenüber den betreffenden Anlagenbetreibern zum Ausdruck. Zumal für den Fall der ausschließlich eigeninitiierten und -gesteuerten unternehmerischen Selbstüberwachung, deren Ausprägung allein der Einsicht und dem Weitblick, oftmals auch situativ geprägten ökonomischen Kalkülen des Unternehmers überlassen bliebe, ob hinreichende Sicherheitsvorkehrungen getroffen werden. Zwar hat der Unternehmer im Schadensfall für die von ihm verursachten Umweltschäden zivilrechtlich, öffentlich-rechtlich und strafrechtlich einzustehen. Doch bleibt dann nur noch die einem vorbeugenden Umweltschutz geradezu zuwiderlaufende Reaktion auf ein bereits eingetretenes Schadensereignis.

Bei den Bestellpflichtigen handelt es sich im hiesigen Rahmen um Betreiber von Anlagen i. S. d. § 4 BImSchG, sofern dies mit Blick auf die Art und Größe sowie den technischen oder stofflichen Risiken solcher Anlagen erforderlich ist. Konkretisiert werden die solchermaßen gesetzlich statuierten Voraussetzungen durch die in den §§ 53 Abs. 1 Satz 2, 58a Abs. 1 Satz 2 BImSchG enthaltenen Ermächtigungen zum Erlass einer entsprechenden Rechtsverordnung. Ohne den Erlass einer solchen Verordnung besteht keine unmittelbare Bestellpflicht; ein Umstand, der diesenfalls wegen der insoweit in Gestalt der Fünften Verordnung zur Durchführung des BImSchG (5. BImSchV)[9] ergangenen Rechtsverordnung indes praktisch keine Relevanz hat.

Ergibt sich die Pflicht zur Beauftragtenbestellung nicht schon unmittelbar aus der 5. BImSchV, kann die zuständige Behörde unter den in §§ 53 Abs. 2, 58a Abs. 2 BImSchG aufgeführten Voraussetzungen auch die Bestellpflicht im Wege der Einzelanordnung begründen. Demgemäß hängt die Zulässigkeit einer derartigen Anordnung von der aus dem Umgang mit den Anlagen resultierenden besonderen Schwierigkeiten ab. Dies ist beispielsweise der Fall, wenn der technische Betriebsablauf ohne eine sachverständige Beratung des Betreibers und/oder seiner Mitarbeiter mit Gefahren für die Allgemeinheit verbunden wäre. In jedem Falle wird es sich um atypische Probleme handeln müssen, die objektiv größer sind, als bei den bereits von der 5. BImSchV erfassten Anlagen. Denn sonst obläge es dem Verordnungsgeber, die insoweit betroffenen Anlagen(arten) selbst in die Verordnung aufzunehmen.[10]

Im Falle der unmittelbar nach der 5. BImSchV bestehenden Pflicht zur Bestellung der Beauftragten obliegt dem Anlagenbetreiber die Bestellung ungeachtet einer ge-

---

[9] Fünfte Verordnung zur Durchführung des Bundes-Immissionsschutzgesetzes (Verordnung über Immissionsschutz- und Störfallbeauftragte) vom 30.7.1993 (BGBl. I S. 1433), zuletzt geändert durch Art. 4 der Verordnung vom 28.4.2015 (BGBl. I S. 670).
[10] Vgl. auch *Michael Kotulla*, Umweltschutzbeauftragte, 1995, S. 170.

sonderten behördlichen Aufforderung. Er muss die Bestellung nicht persönlich vornehmen, sondern darf damit etwa auch einen seiner leitenden Angestellten (Geschäfts- oder Betriebsleiter) beauftragen. Dies entbindet ihn jedoch keineswegs von seiner Verantwortlichkeit für die Erfüllung der Bestellpflicht.[11] Im Rahmen seiner Bestellobliegenheit entscheidet der Pflichtige, ob er betriebsangehörige oder externe Personen zu Immissionsschutz- oder Störfallbeauftragten, einen, mehrere oder gemeinsame Beauftragte oder Konzernbeauftragte bestellt. Er trifft diese Entscheidung eigenverantwortlich unter Berücksichtigung der Betriebsstruktur als öffentlich-rechtliche Pflicht. Allerdings dürfen zum Betriebsbeauftragten nur natürliche Personen bestellt werden.[12]

IV. Betriebsbeauftragte in Personalunion

Für Immissionsschutz- und Störfallbeauftragte sind anders als für Gewässerschutz- als auch Abfallbeauftragte in den §§ 64 Abs. 3 WHG und 59 Abs. 3 KrWG keine Kompatibilitätsregelungen vorgesehen. Die wasserhaushalts- und kreislaufwirtschaftsrechtlichen Regelungen gehen jeweils davon aus, dass für den Fall zu bestellender Immissionsschutz- oder Gewässerschutz- bzw. Abfallbeauftragter diese Beauftragten zudem jeweils die Aufgaben und Pflichten eines Abfall- bzw. Gewässerschutzbeauftragten wahrnehmen. Umgekehrt besteht von Gesetzes wegen nicht auch automatisch die Möglichkeit für Gewässerschutz- und Abfallbeauftragte, zugleich die Funktion des Immissionsschutz- oder gar Störfallbeauftragten mit zu übernehmen. Eine völlige Kompatibilität auf Gegenseitigkeit existiert also nicht. Weshalb dies so ist, erschließt sich nicht ohne weiteres, zumal auch die Aufgaben des Immissionsschutzbeauftragten letztlich kaum anspruchsvoller sein werden, als die seiner beiden Pendants. Im Übrigen wird jedoch die fachliche und persönliche Eignung von Immissionsschutz- sowie Gewässerschutz- bzw. Abfallbeauftragten für die Bestellung zum Abfall- bzw. Gewässerschutzbeauftragten unterstellt, ohne dass es eines weiteren Eignungsnachweises bedürfte. Ein solcher Automatismus lässt sich indes schwerlich auf den Störfallbeauftragten übertragen. Die §§ 64 Abs. 3 WHG und 59 Abs. 3 KrWG sind insoweit eindeutig und als abschließend zu verstehen.

Bei anderen als den nach diesen Vorschriften expressis verbis genannten Betriebsbeauftragten muss das Vorliegen der für den jeweiligen Betriebsbeauftragten erforderlichen Qualifikationen weiterhin in jedem Einzelfall geprüft werden. Dies wird nicht zuletzt für kleine und mittlere Betriebe bedeutsam sein. Allerdings muss der Bestellpflichtige stets darauf achten, dass ein solcher „Mehrfach-Beauftragter" der Fülle der ihm übertragenen Aufgaben gewachsen ist. Umgekehrt kann jedoch

---

[11] *Jarass* (o. Fn. 6), § 53 Rdnr. 7.
[12] *Böhm* (o. Fn. 8), § 55 Rdnr. 17; *Jarass* (o. Fn. 6), § 55 Rdnr. 17; *Kotulla* (o. Fn. 10), S. 55; a. A.: *Hilger Speiser*, Der Schutzbeauftragte nach dem Bundes-Immissionsschutzgesetz, BB 1975, 1325 (1326); *Hans-Peter Roth*, Betriebsbeauftragte, 1979, S. 65 ff.

auch der Gewässerschutz- oder Abfallbeauftragte die Funktionen als Immissionsschutz- oder Störfallbeauftragter wahrnehmen, sofern hierfür die erforderlichen Qualifikationen (Fachkunde und Zuverlässigkeit) vorliegen und nach den konkreten Umständen die ordnungsgemäße Erfüllung der von diesen Betriebsbeauftragten wahrzunehmenden Aufgaben sichergestellt ist. Ebenso hindert die Bestellung zu einem Immissionsschutz- oder Störfallbeauftragten den Pflichtigen nicht daran, den jeweiligen Beauftragten zusätzlich mit anderen betrieblichen Aufgaben zu betrauen.

V. Eingliederung in die Betriebshierarchie

Wo die Immissionsschutz- und Störfallbeauftragten betriebshierarchisch angesiedelt werden müssen, sagt das Bundes-Immissionsschutzgesetz nicht. Doch liegt es in der Natur der Sache, dass die effiziente Umsetzung der noch näher zu behandelnden Aufgabenkataloge beider Beauftragten und die mit deren Funktion verbundenen spezifischen Qualifikationen eine gehobene hierarchische Position erfordern.[13] Sinnvoll wird es regelmäßig sein, sie unmittelbar der Unternehmensleitung zu unterstellen. Besteht dieser nachgeordnet eine gesonderte einzelbetriebliche Führungsebene und sind die von den Beauftragten wahrzunehmenden Aufgaben diesem Betrieb zuzuordnen, wird indes die Direktunterstellung unter die dortige Betriebsleitung zweckmäßig sein. Allerdings muss der Bestellpflichtige dann wegen des von dem jeweiligen Beauftragten gemäß § 57 ggf. i. V. m. § 55c Abs. 1 BImSchG zu gewährleistenden Vortragrechts bei der Geschäftsleitung durch entsprechende innerbetriebliche Organisation sicherstellen, dass der Beauftragte unmittelbaren Zugang zur Geschäftsleitung hat. Inwieweit es jedoch empfehlenswert ist, einem Untergebenen an seinem Vorgesetzten vorbei den Weg zur Betriebsleitung zu eröffnen, mag im Einzelfall abzuwägen sein. Zum Immissionsschutz- und/oder Störfallbeauftragten darf insbesondere in Großbetrieben auch ein leitender Angestellter bestellt werden. Insoweit in Betracht kommt beispielsweise die Bestellung von keine Gesamtverantwortung tragenden oder keine unternehmerische Entscheidungsgewalt über die jeweilige Anlage innehabenden Betriebsleitern. Dies ist für gewöhnlich der Fall, sofern sich deren Zuständigkeit lediglich auf bestimmte Betriebsabläufe erstreckt.[14]

VI. Aufgaben und Befugnisse der Beauftragten

Die §§ 54 und 58b BImSchG statuieren die Aufgaben und Befugnisse, die der jeweils zur Bestellung verpflichtete Anlagenbetreiber dem Beauftragten mindestens zu übertragen hat. Ansonsten steht es dem Bestellpflichtigen frei, von sich aus die Tätigkeitsbereiche um weitere, nicht zuletzt eigene Entscheidungsbefugnisse beinhaltende Zuständigkeiten zu ergänzen; was § 58c Abs. 3 BImSchG immerhin

---

[13] *Jarass* (o. Fn. 6), § 55 Rdnr. 16; *Rudolf Stich*, Die Betriebsbeauftragten für Immissionsschutz, Gewässerschutz und Abfall, GewArch 1976, 145 (150).
[14] *Kotulla* (o. Fn. 10), S. 55; *Roth* (o. Fn. 12), S. 73.

mit Blick auf Störfallbeauftragte expressis verbis vorsieht. Genügt der Bestellpflichtige aber den gesetzlich geforderten Mindeststandards nicht oder nicht vollständig, verletzt er die ihm nach den §§ 53 oder 58a BImSchG obliegende Bestellpflicht.[15] Für den Immissionsschutz- und Störfallbeauftragten selbst ergeben sich von Gesetzes wegen indes keine eigenen öffentlich-rechtlichen Pflichten, sondern ausschließlich für den bestellpflichtigen Anlagenbetreiber. Dieser hat nach wie vor im Außenverhältnis der zuständigen Behörde gegenüber allein für die ordnungsgemäße Erfüllung der gesetzlichen Beauftragtenaufgaben einzustehen. Deshalb muss sich die Behörde auch allein an ihn halten und darf dem Beauftragten keinerlei Anordnungen erteilen. Ihr steht gestützt auf § 52 Abs. 2 Satz 3 BImSchG lediglich die Möglichkeit zur Hinzuziehung von Immissionsschutz- und Störfallbeauftragten zu Überwachungsmaßnahmen zu. Lediglich im privat- oder öffentlich-rechtlich ausgestalteten Innenverhältnis zum Bestellpflichtigen ist der Immissionsschutz- oder Störfallbeauftragte diesem für die rechtlich korrekte Erfüllung der Aufgaben verantwortlich.

1. Beratung

Nach den §§ 54 Abs. 1 Satz 1 und 58b Abs. 1 Satz 1 BImSchG haben die Immissionsschutz- und Störfallbeauftragten den Anlagenbetreiber und die Betriebsangehörigen in für den Immissionsschutz bzw. für die Sicherheit bedeutsamen Angelegenheiten zu beraten.[16] Die Beratungstätigkeit der Beauftragten erstreckt sich sowohl auf den „Betreiber" (also die Bestellpflichtigen) als auch auf die „Betriebsangehörigen". Bei letzteren handelt es sich um alle auf Grund ihrer Arbeit und/oder Verantwortung in die Betriebsstruktur eingegliederten Personen. Hierzu gehören die Mitarbeiter, der Betriebs- oder Personalrat, die Jugend- und Schwerbehindertenvertretung, andere (selbst für den Betrieb tätige externe) Betriebsbeauftragte und Funktionsträger, Vorstände und Geschäftsleitungen. Inhaltlich erstreckt sich die Beratung über die eigentliche Betriebsphase hinaus auch auf die im Zusammenhang mit der Errichtung neuer oder der Erweiterung bestehender Anlagen, deren Modernisierung und – vorübergehender oder endgültiger – Betriebseinstellung stehenden Stadien. Hierbei spielt nicht zuletzt eine an der konkreten betrieblichen Situation orientierte und effektive Ausgestaltung der internen Umweltschutzorganisation eine Rolle, sodass die Beauftragten den Bestellpflichtigen etwa auch bezüglich des „Ob" und „Wie" einer Teilnahme des Unternehmens am Umweltaudit-System (EMAS), der dafür notwendigen Formulierung der unternehmenseigenen „Umweltpolitik" sowie der insoweit ebenfalls unerlässlichen Festlegung des Umweltprogramms und des Umweltmanagementsystems beratend unterstützen. Die Aufgabenzuweisung an die Beauftragten ist funktional auf die Unterstützung durch Hinweise und Meinungsäußerung beschränkt; konkrete Entscheidungskompetenzen resultieren daraus für die Beauftragten nicht. Ein Immissionsschutz- oder Störfallbeauftragter braucht sich allerdings mit der Ertei-

---

[15] Vgl. *Kotulla* (o. Fn. 3), § 65 Rdnr. 2 (mit Blick auf den Gewässerschutzbeauftragten).

[16] Näher dazu *Michael Kotulla*, in: ders. (Hrsg.), BImSchG, § 54 Rdnrn. 17 ff. (für Immissionsschutzbeauftragte), § 58b Rdnr. 3 (für Störfallbeauftragte).

lung seiner Ratschläge keineswegs solange zurückzuhalten, bis er von seinem Anlagenbetreiber oder von den sonstigen Betriebsangehörigen darum gebeten wird. Er darf vielmehr jederzeit eigeninitiativ beratend tätig werden. Dabei dürften Überschneidungen mit den in den Katalogen der §§ 54 Abs. 1 Satz 2 und § 58b Abs. 1 Satz 2 BImSchG verankerten Aufgaben – wie den Hin- und Mitwirkungspflichten sowie der Aufklärung – keine Seltenheit, in jedem Falle aber unschädlich sein.

2. Überwachung und Kontrolle

Des Weiteren sind umfangreiche Kontroll- und Überwachungsaufgaben für die Beauftragten vorgesehen: So haben Immissionsschutz- und Störfallbeauftragte das Bundes-Immissionsschutzgesetz und die darauf basierenden Rechtsverordnungen einschließlich der Erfüllung erteilter Anordnungen, Bedingungen und Auflagen zu überwachen. Dazu zählen auch Kontrollen nachträglich erteilter Anordnungen.[17] Allerdings gilt dies bei Immissionsschutzbeauftragten nur, soweit dies – wie etwa mit Blick auf die Störfallverordnung (12. BImSchV) – nicht ohnehin Aufgabe des Störfallbeauftragten ist. Deshalb gilt im Falle der Kollision mit Aufgaben des Störfallbeauftragten der Vorrang des Störfallbeauftragten bei möglichen Störungen des bestimmungsgemäßen Anlagenbetriebs, die zu externen, für die Allgemeinheit und die Nachbarschaft relevanten Gefahren führen können.

Nach wie vor liegt in der Überwachung der Schwerpunkt der Tätigkeit von Immissionsschutz- und Störfallbeauftragten. Generell erstreckt sich deren Überwachungsbereich auf die Kompetenzen von Bestellpflichtigen wie Betriebsangehörigen. Doch besitzt der jeweilige Beauftragte grundsätzlich keine andere Überwachungszuständigkeit als die in Bezug auf seinen Aufgabenbereich ausdrücklich erwähnten Vorschriften. Als die den Beauftragten dafür zur Verfügung stehenden Instrumente benennen die insoweit jeweils einschlägigen §§ 54 Abs. 1 Satz 2 Nr. 3, 58b Abs. 1 Satz 2 Nr. 3 BImSchG exemplarisch die regelmäßige Kontrolle der Betriebsstätte, Immissions- und Emissionsmessungen, die Mitteilung festgestellter Mängel sowie Vorschläge über Maßnahmen zur Beseitigung der Mängel. Auch in diesem Rahmen nimmt der Beauftragte seine Funktionen jedoch nur namens und im Auftrag des Betreibers wahr. Es handelt sich um ausschließlich für den Anlagenbetreiber bestimmte, reine betriebsinterne Tätigkeiten,[18] sodass auch etwaige Vorschläge zur Mängelbeseitigung allein an den Anlagenbetreiber zu richten sind, keinesfalls an die zuständige Behörde. Der Immissionsschutz- oder Störfallbeauftragte hat also gegenüber der zuständigen Behörde weder Auskunftspflichten, noch muss er deren Anordnungen Folge leisten. Umgekehrt hat er im Rahmen seiner Überwachungs- und Kontrollaufgaben keinerlei hoheitliche Befugnisse. Die betriebsinterne Kontrolle erfolgt unabhängig von der behördlichen Überwachung; weshalb darauf

---

[17] *Klaus Hansmann*, in: Landmann/Rohmer, § 54 BImSchG Rdnr. 10; *Jarass* (o. Fn. 6), § 54 Rdnr. 8.
[18] *Hansmann* (o. Fn. 17), § 54 BImSchG Rdnr. 14.

bezogen zwischen den Beauftragten und der zuständigen Behörde keinerlei rechtliche Bindungen bestehen. Allerdings darf die Behörde nach § 52 Abs. 2 Satz 3 BImSchG vom Bestellpflichtigen verlangen, Immissionsschutz- und Störfallbeauftragte zu behördlichen Überwachungsmaßnahmen hinzuzuziehen. Die den Beauftragten obliegende Überwachungsberechtigung und Überwachungsverpflichtung gibt ihnen einen Anspruch gegen den Anlagenbetreiber auf Information über die zur Aufgabenerfüllung notwendigen Vorgänge.[19] Freilich wird der Beauftragte außerdem den Zugang zu allen für die Funktionenwahrnehmung wesentlichen Räumen und die Einsicht in die einschlägigen Unterlagen und Verfahren verlangen dürfen.

3. Aufklärung

Zudem obliegt dem Immissionsschutzbeauftragten, nicht etwa auch dem Störfallbeauftragten, die Aufklärung der Betriebsangehörigen über betriebsspezifische Gefahren. Der Immissionsschutzbeauftragte muss dies tun mit Blick auf die von der Anlage verursachten schädlichen Umwelteinwirkungen sowie die Einrichtungen und Maßnahmen zu ihrer Verhinderung. Diese Vorgabe trägt der Erfahrung Rechnung, dass schädliche Umwelteinwirkungen oft durch Unkenntnis der Ursachen und Vermeidungsmöglichkeiten bei den Betriebsangehörigen hervorgerufen wird. Ebenso herrscht bei diesen häufig Unkenntnis über die einschlägigen rechtlichen Bestimmungen. Die Wichtigkeit der Aufklärung zeigt sich auch in dem Umstand, dass viele Umweltstörungen durch die Aneinanderreihung mehrerer kleiner Betriebspannen verursacht werden. Ziel der gesetzlich postulierten Aufklärungsarbeit muss letztlich die erfolgreiche Sensibilisierung und Motivierung der Betriebsangehörigen für Umweltschutzfragen und umweltschutzbewusstes Verhalten sein. Die Aufklärungsfunktion ist als eine Konkretisierung des Vorsorgegebotes zu verstehen. Es besteht außerdem ein Bezug zum Verursacherprinzip, da ein Ziel der Aufklärung die Vermeidung von zu Umweltbelastungen führendem Handeln oder Unterlassen der Betriebsangehörigen ist. Als Aufklärungsmethoden kommen Gespräche (z. B. im Rahmen von Betriebsleiter- und Meisterbesprechungen), Lehrgänge, Schulungen und Seminare ebenso in Betracht wie der gezielte Medieneinsatz (Darstellungen in Schrift, Bild und Film) oder die Einberufung einer Betriebsversammlung.[20] Am wirksamsten dürfte indes eine möglichst gezielte Einzelaufklärung, etwa beim Arbeitsantritt nach der Einstellung, bei Störfällen, Änderungen der Betriebsanlagen und der Produktion, sein.[21] Der Beauftragte bestimmt aber Art, Ausmaß und Zeitpunkt der Aufklärungsaktivitäten selbst, wobei er die Störung des Betriebsablaufs möglichst gering zu halten hat. Dem Anlagenbetreiber obliegt die Pflicht zur Unterstützung der Aufklärungsarbeit.

---

[19] *Christian Ehrich*, Die gesetzliche Neuregelung des Betriebsbeauftragten für Abfall, DB 1996, 1468 (1471).

[20] *Jarass* (o. Fn. 6), § 54 Rdnr. 10.

[21] *Michael Kotulla*, Der Abfallbeauftragte nach dem neuen Kreislaufwirtschafts- und Abfallgesetz, DÖV 1995, 452 (459).

4. Initiativ- und Innovationsfunktion

Obendrein hat jeder Beauftragte diverse, eigene Initiative und Innovation erfordernde Aufgaben wahrzunehmen. Dies soll dazu beitragen, dem Umweltschutz wie auch der Störfallvermeidung neue Impulse zu geben:[22] So obliegt es dem Immissionsschutzbeauftragten, auf die Entwicklung und Einführung umweltfreundlicher Verfahren und Erzeugnisse hinzuwirken. Von herausgehobener Bedeutung ist dabei der Aspekt der Wiederverwertung, der auch die Förderung von Abfallverwertungs- und Wiedergewinnungs-/-verwendungsverfahren erfasst. Im Falle der Entwicklung und der Einführung umweltfreundlicher Verfahren und Erzeugnisse durch andere und den Anlagenbetreiber hat der Immissionsschutzbeauftragte ein Mitwirkungsrecht und eine Mitwirkungspflicht, nicht zuletzt mittels der Begutachtung. Der Störfallbeauftragte hat auf die Verbesserung der Anlagensicherheit hinzuwirken. In diesem Rahmen wird er zunächst eine Bestandsaufnahme des derzeitigen sicherheitstechnischen Standards der betriebenen Anlage vorzunehmen haben. Im Anschluss daran muss der Beauftragte Möglichkeiten zur Steigerung der Anlagensicherheit untersuchen und – soweit erforderlich – entsprechende Vorschläge erarbeiten sowie beim Anlagenbetreiber auf deren praktische Umsetzung hinwirken. Dem Störfallbeauftragten sind somit nicht unwesentliche Initiativfunktionen im Hinblick auf die Verbesserung der Gefahrenprävention übertragen.

5. Besondere Mitteilungs- und Meldepflichten des Störfallbeauftragten

Eine gewisse Eigenart des Störfallbeauftragten kommt darin zum Ausdruck, dass ihm als einzigen aus dem klassischen Betriebsbeauftragtenkanon spezifische Mitteilungs- und Meldepflichten obliegen. So hat er dem Anlagenbetreiber unverzüglich ihm bekannt gewordene Störungen des bestimmungsgemäßen Betriebs mitzuteilen, die zu Gefahren für die Allgemeinheit und die Nachbarschaft führen können (§ 58b Abs. 1 Satz 2 Nr. 2 BImSchG). Dem Störfallbeauftragten obliegt somit eine Informationspflicht für alle beim Anlagenbetrieb eingetretenen und sich außerhalb der Anlage auswirkenden sicherheitsrelevanten Zwischenfälle, sobald er davon Kenntnis erlangt. Dabei spielt es keine Rolle, auf welche Weise und unter welchen Umständen – dienstlich, etwa im Zusammenhang mit ihm eigens übertragenen Überwachungsaufgaben oder außerdienstlich – er davon erfährt. Eng mit den Überwachungs- und Kontrollfunktionen des Störfallbeauftragten verknüpft sind die in § 58b Abs. 1 Satz 2 Nr. 4 BImSchG hervorgehobenen Meldepflichten hinsichtlich der Mängel, die den vorbeugenden und abwehrenden Brandschutz sowie die technische Hilfeleistung betreffen. Anders als die Mitteilungspflicht nach § 58b Abs. 1 Satz 2 Nr. 2 BImSchG, die nur die betriebstechnischen Störungen der Anlage selbst umfasst, erstreckt sich die hiesige Meldepflicht auf Mängel an den wesentlichen technischen Sicher-

---

[22] Näher dazu *Kotulla* (o. Fn. 16), § 54 Rdnrn. 21 ff. (für Immissionsschutzbeauftragte), § 58b Rdnr. 4 (für Störfallbeauftragte).

heitsvorkehrungen der Anlage. Auch solche hat der Störfallbeauftragte dem Anlagenbetreiber bei Bekanntwerden unverzüglich zu melden.

6. Berichtspflicht

Immissionsschutz- wie Störfallbeauftragte haben dem bestellpflichtigen Anlagenbetreiber jährlich einen Bericht zu erstatten über die von ihm aufgabenbezogen getroffenen und beabsichtigten Maßnahmen (§§ 54 Abs. 2, 58b Abs. 2 Satz 1 BImSchG). Der Bericht (ob schriftlich oder mündlich) soll in erster Linie die Funktion einer Rechenschaftslegung und einer Sachstanddarstellung haben, zudem aber auch Programm für künftige Maßnahmen sein. Er bezweckt neben der Information des Bestellpflichtigen, die notwendige Kommunikation zwischen Anlagenbetreiber und Beauftragten zu fördern und das für ihre Zusammenarbeit unverzichtbare Vertrauensverhältnis zu stärken.[23] So betrachtet stellt die hiesige Berichtspflicht einen wesentlichen Bestandteil des vornehmlich durch die Aufklärung (oben 3.) sowie durch Stellungnahme und Vortrag (unten VII. 9 und VII. 11) weiter vervollständigten kommunikativen Geflechts zwischen Anlagenbetreiber und Beauftragten dar. Der Beauftragte darf seinen Bericht nicht an die zuständige Behörde weiterleiten. Auch darf die Behörde selbst keine Einsichtnahme anordnen. Sofern sich gleichwertige Angaben aus dem Bericht über die Umweltbetriebsprüfung ergeben, der Beauftragte den Bericht mit gezeichnet hat und mit dem Verzicht auf die Erstellung eines gesonderten Berichts einverstanden ist, kann gemäß § 3 Abs. 2 EMAS-PrivilegV[24] auf den jährlichen Bericht des Beauftragten verzichtet werden.[25]

VII. Weitere Obliegenheiten des Anlagenbetreibers

Für den Anlagenbetreiber – gleich ob er direkt durch Rechtsvorschriften oder kraft behördlicher Anordnung Immissionsschutz- oder Störfallbeauftragte zu bestellen hat – werden über die eigentliche Pflicht zur Beauftragtenbestellung hinaus weitere, gegenüber der Behörde bestehende Obliegenheiten statuiert. Mit Blick auf den Immissionsschutzbeauftragten ergibt sich dies direkt aus den §§ 55 bis 58 BImSchG, für den Störfallbeauftragten aus der gesetzlichen Verweisung auf dieselben in §§ 58c Abs. 1 Halbsatz 1 BImSchG:

1. Form der Bestellung

Der Anlagenbetreiber hat den Beauftragten schriftlich zu bestellen (§ 55 Abs. 1 Satz 1 Halbsatz 1 BImSchG). Die Schriftlichkeit der Bestellung ist Wirksamkeits-

---

[23] *Jarass* (o. Fn. 6), § 54 Rdnr. 11.

[24] Verordnung über immissionsschutz- und abfallrechtliche Überwachungserleichterungen für nach der Verordnung (EG) Nr. 761/2001 registrierte Standorte und Organisationen vom 24.6.2002 (BGBl. I S. 2247), zuletzt geändert durch Art. 10 der Verordnung vom 28.4.2015 (BGBl. I S. 670).

[25] Vgl. auch § 58e BImSchG.

voraussetzung, stellt also ein zwingendes Formerfordernis dar. Die Nichteinhaltung der Schriftform führt bei den nach zivilrechtlichen Maßstäben organisierten Bestellpflichtigen gemäß § 125 BGB zur Nichtigkeit der Beauftragtenbestellung. Im Falle von bestellpflichtigen dienstherrnfähigen Körperschaften, bei denen ein öffentlich-rechtlicher Bestellungsakt gegenüber Beamten oder Soldaten vorzunehmen ist, gilt über die analoge Anwendung von § 125 BGB entsprechendes. Die Nichtigkeit des Bestellungsaktes berührt bei Betriebsangehörigen allerdings die Wirksamkeit ihres arbeitsrechtlichen oder öffentlich-rechtlichen Grundverhältnisses nicht. Der somit nicht (wirksam) bestellte „Beauftragte" bleibt folglich Arbeitnehmer, Beamter oder Soldat des Bestellpflichtigen. Bei nicht Betriebsangehörigen kommt hingegen das zur Begründung erforderliche Vertragsverhältnis nicht zustande. Die Schriftform gewährleistet zum einen eine wirksame Kontrolle durch die zuständige Behörde, die auf diese Weise die Erfüllung der Bestellpflicht durch den Pflichtigen überprüfen kann, und schafft zum anderen eine eindeutige Beweissituation für die am Bestellvorgang Beteiligten. Die Bestellung ist auch ohne die formale Übergabe der Bestellungsurkunde an die zum Beauftragten bestimmte Person wirksam. Für eine Anlehnung an beamtenrechtliche Ernennungsvorgänge besteht insoweit keine Veranlassung.[26] Der Bestellpflichtige muss zudem die dem Beauftragten obliegenden Aufgaben genau bezeichnen (§ 55 Abs. 1 Satz 1 Halbsatz 2 BImSchG), hat somit eine differenzierte Auflistung der Aufgaben des Beauftragten vorzunehmen; wobei jede einzelne Aufgabe detailliert und präzise in der Urkunde zu beschreiben ist. Außerdem müssen die Tatsachen dargelegt werden, aus denen sich die Fachkunde und Zuverlässigkeit des Beauftragten ergeben.

2. Anzeigepflicht

Die Bestellung des Beauftragten muss der Anlagenbetreiber der zuständigen Behörde unverzüglich anzeigen, ebenso die Bezeichnung seiner Aufgaben, Veränderungen im Aufgabenbereich und die Abberufung (§ 55 Abs. 1 Satz 2 BImSchG). Anzeigepflichtig ist die Bestellung als der in Erfüllung einer Rechtspflicht vom Anlagenbetreiber vorzunehmende Akt der Übertragung von Aufgaben des Beauftragten auf eine bestimmte natürliche Person. Die Bezeichnung der Aufgaben des Beauftragten betrifft zum einen die Darlegung der von den §§ 54 bzw. 58b BImSchG vorgeschriebenen Mindeststandards, zum anderen aber auch die Angaben über die dem Beauftragten vom Bestellpflichtigen zusätzlich übertragenen Kompetenzen. Insoweit wird sich der Inhalt der anzuzeigenden Aufgaben mit dem in der Bestellungsurkunde zu decken haben. Über Änderungen des Aufgabenzuschnitts des Beauftragten oder dessen Bestellung einseitig widerrufende Abberufungen sind der Behörde ebenso genaue Angaben zu machen wie im Falle der Bestellung. Die Anzeige muss schriftlich erfolgen; was sich aus § 55 Abs. 1 Satz 3 BImSchG ergibt, wonach dem Beauftragten eine Abschrift der Anzeige auszuhändigen ist (unten 3.). Obliga-

---

[26] So zutreffend auch *Jarass* (o. Fn. 6), § 55 Rdnr. 4; a. A.: *Hansmann* (o. Fn. 17), § 55 BImSchG Rdnr. 29.

torisch zu bezeichnen sind etwa die betreffende Anlage, die Person des Beauftragten, ihm übertragene Aufgaben, bei mehreren Beauftragten deren Anzahl und die Aufgabenabgrenzung zueinander; hinzu kommt das Datum der Bestellung des Beauftragten, ggf. seiner Abberufung oder der Zeitpunkt der Aufgabenänderung. Im Falle der Bestellung sind zudem Angaben über die geforderte Fachkunde und Zuverlässigkeit des/der Beauftragten zu machen. Weitergehende Angaben sind freiwillig.

3. Aushändigungspflicht einer Anzeigenabschrift an den Beauftragten

Dem Beauftragten ist eine Abschrift der Anzeige auszuhändigen (§ 55 Abs. 1 Satz 3 BImSchG). Die Vorschrift erleichtert ihm die Kontrolle der Einhaltung der dem Bestellpflichtigen obliegenden Anzeigepflicht. Die Aushändigung muss nicht persönlich übergeben werden, sondern kann auch durch Boten, auf dem Postwege oder fernschriftlich an den Beauftragten gelangen.

4. Unterrichtung von Betriebs- und Personalrat

Der Bestellpflichtige hat nach § 55 Abs. 1a Satz 1 BImSchG den Betriebs- oder Personalrat vor der Bestellung des Beauftragten unter Bezeichnung der diesem obliegenden Aufgaben zu unterrichten. Sofern es sich bei dem Beauftragten um einen leitenden Angestellten handelt, ist stattdessen der Sprecherausschuss in Kenntnis zu setzen.[27] Die Pflicht zur Inkenntnissetzung besteht auch für Veränderungen im Aufgabenbereich des Beauftragten sowie bei dessen Abberufung (§ 55 Abs. 1a Satz 2 BImSchG). Sie bezieht sich sowohl auf betriebsangehörige als auch auf externe Beauftragte.

5. Beachtung persönlicher Anforderungen bei der Auswahl des Beauftragten

Die dem Anlagenbetreiber grundsätzlich freistehende Auswahl der Person(en) der Beauftragten findet nur durch das von § 55 Abs. 2 Satz 1 BImSchG an den Beauftragten gestellte Anforderungsprofil Grenzen.[28] Es dürfen zum Immissionsschutz- oder Störfallbeauftragten nämlich nur Personen bestellt werden, welche die erforderliche Fachkunde und Zuverlässigkeit besitzen. Die genauen Anforderungen an Fachkunde und Zuverlässigkeit können nach §§ 55 Abs. 2 Satz 3 und 58c Abs. 1 Halbsatz 2 BImSchG für Immissionsschutz- und Störfallbeauftragte durch Rechtsverordnung festgelegt werden. Von dieser Ermächtigung ist mit dem Abschnitt 2 (§§ 7 bis 10) der 5. BImSchV Gebrauch gemacht worden.

---

[27] *Jarass* (o. Fn. 6), § 55 Rdnr. 5.
[28] Vgl. dazu auch *Michael Kotulla*, Die neue 5. BImSchV und ihre Auswirkungen hinsichtlich der Bestellung für Immissionsschutz- und Störfallbeauftragte, GewArch 1994, 177 (181).

Für die Fachkunde wird als Qualifikationsgrundlage beider Beauftragter prinzipiell eine abgeschlossene Hochschulausbildung auf den Gebieten des Ingenieurwesens, der Chemie, der Physik oder Mischformen der jeweiligen Disziplinen untereinander verlangt. Andere naturwissenschaftliche Studienfachrichtungen, vorzugsweise solche, die nicht einmal teilweise zu ausdrücklich genannten Gebieten gehören (z. B. Medizin, Pharmakologie oder Biologie), können – wie alle sonstigen Studienfachrichtungen auch – allenfalls im Einzelfall eine geeignete Grundvoraussetzung für die Fachkunde des Immissionsschutzbeauftragten sein; sie bedürfen jeweils der behördlichen Anerkennung. Darüber hinaus sind besondere – näher aufgeführte – fachtheoretische Kenntnisse in Bezug auf die von den Immissionsschutz- und Störfallbeauftragten wahrzunehmenden Aufgaben erforderlich. Diese Kenntnisse sind durch die Teilnahme an einem oder mehreren von der zuständigen obersten Landesbehörde anerkannten Lehrgang bzw. Lehrgängen zu erwerben. Daneben sind während einer zweijährigen praktischen Tätigkeit Kenntnisse über die später zu betreuende Anlage oder ihr vergleichbarer Einrichtungen zu erwerben. Mit diesem Erfordernis soll sichergestellt werden, dass der künftige Beauftragte in dem Betrieb, in dem er seine Aufgaben möglicherweise wahrnehmen wird, hinreichende Berufserfahrung erwerben kann.[29] Bei dem Zuverlässigkeitserfordernis geht es um persönliche Anforderungen. § 10 Abs. 1 der 5. BImSchV enthält einen allgemeinen Kriterienkatalog für die Anforderungen an die Zuverlässigkeit des Immissionsschutz- und Störfallbeauftragten. Danach muss die betreffende Person auf Grund ihrer persönlichen Eigenschaften, ihres Verhaltens und ihrer Fähigkeiten zur ordnungsgemäßen Erfüllung der ihr obliegenden Aufgaben geeignet sein. § 10 Abs. 2 der 5. BImSchV führt eine Reihe von Negativbeispielen auf, bei deren Vorliegen die Zuverlässigkeit in der Regel nicht gegeben ist[30]; wie etwa bei rechtskräftigen Verurteilungen auf Grund der §§ 306 bis 323c StGB und gemäß der §§ 324 bis 330a StGB.

6. Pflicht zur Befolgung des behördlichen Abberufungs- und Neubestellungsverlangens

Die zuständige Behörde kann vom Anlagenbetreiber gemäß § 55 Abs. 2 Satz 2 BImSchG die Bestellung eines anderen Immissionsschutz- oder Störfallbeauftragten verlangen, wenn ihr Tatsachen bekannt werden, aus denen sich ergibt, dass der Beauftragte nicht die zur Erfüllung seiner Aufgaben erforderliche Fachkunde oder Zuverlässigkeit besitzt. Obwohl so nicht ausdrücklich formuliert, impliziert das behördliche Verlangen nach Bestellung eines anderen Beauftragten automatisch die Aufforderung, den bisherigen abzuberufen. Der Anlagenbetreiber erfüllt diese Obliegenheit nur vollständig, sofern er den bisherigen Beauftragten abberuft und an dessen Stelle einen neuen einsetzt. Liegen bezogen auf diesen Rechtsrahmen verwertbare Tatsachen vor, entscheidet die Behörde nach pflichtgemäßem Ermessen.

---

[29] *Kotulla*, GewArch 1994, 177 (182/3).
[30] Näher dazu *Kotulla* (o. Fn. 16), § 54 Rdnrn. 70 ff.

7. Pflicht zur Koordinierung der Aufgabenwahrnehmung mehrerer Beauftragter

Wenn mehrere Beauftragte bestellt sind, hat der Anlagenbetreiber für die erforderliche Koordinierung der Aufgaben, insbesondere durch Bildung eines Ausschusses für Umweltschutz, zu sorgen (§ 55 Abs. 3 Satz 1 BImSchG). Die Koordinationsaufgabe des Pflichtigen bezieht sich gemäß § 55 Abs. 3 Satz 2 BImSchG vornehmlich auch auf solche Fälle, in denen neben einem oder mehreren Immissionsschutz-, Störfall-, Gewässerschutz- oder Abfallbeauftragten Betriebsbeauftragte nach den jeweils anderen gesetzlichen Vorschriften bestellt werden. Überdies muss der Bestellpflichtige für die Zusammenarbeit der Beauftragten mit den im Bereich des Arbeitsschutzes beauftragten Personen sorgen (§ 55 Abs. 3 Satz 3 BImSchG). Die Ausgestaltung der innerbetrieblichen Koordination richtet sich nach den Zweckmäßigkeitserfordernissen des Einzelfalles. Über sie wird vom pflichtigen Anlagenbetreiber selbst entschieden. Eine mögliche, aber keineswegs die einzige Koordinierungsmaßnahme stellt die Einrichtung des ausdrücklich genannten Ausschusses für Umweltschutz dar, der insbesondere bei größeren Betrieben die wohl zweckmäßigste Art der Aufgabenkoordination sein dürfte. Als weitere koordinatorische Maßnahmen werden z. B. Weisungen zu erfolgen haben, welche die Beteiligung der einzelnen Beauftragten im Rahmen von Stellungnahmen nach § 56 BImSchG regeln. Auch die Zusammenfassung der Umweltschutzbeauftragten in einer eigenen Abteilung unter gemeinsamer Leitung kann sinnvoll sein.[31]

8. Unterstützungspflicht

Der Bestellpflichtige hat den Immissionsschutz- oder Störfallbeauftragten bei der Erfüllung der ihm obliegenden Aufgaben zu unterstützen (§ 55 Abs. 4 BImSchG). Beispielhaft werden genannt: die Zurverfügungstellung von Hilfspersonen, Räumen, Einrichtungen, Geräten und Mitteln sowie die Ermöglichung zur Teilnahme an Schulungen. Die Pflicht zur Unterstützung beschränkt sich stets auf das zur ordnungsgemäßen Aufgabenerfüllung durch den Beauftragten Erforderliche. Die mit der Unterstützung einhergehenden Kosten hat allein der Bestellpflichtige zu tragen. Anders verhält es sich nur bei externen Beauftragten; mit ihnen darf vereinbart werden, dass sie die erforderlichen Mittel selbst stellen.

9. Pflicht zur Einholung von Stellungnahmen des Beauftragten

Durch § 56 BImSchG werden für den Bestellpflichtigen zwei weitere Verpflichtungen begründet: Zum einen hat er bei innerbetrieblichen Entscheidungen unter bestimmten Voraussetzungen eine Stellungnahme des Beauftragten einzuholen (§ 56 Abs. 1 BImSchG); zum anderen muss er gewährleisten, dass die Stellungnahme rechtzeitig der entscheidungsbefugten Stelle vorgelegt und angemessen berücksich-

---

[31] *Gudrun Dirks*, Die Umweltschutzbeauftragten im Betrieb, DB 1996, 1021 (1026).

tigt werden kann (§ 56 Abs. 2 BImSchG). Der Pflichtige hat nur bei den für die Einführung von Verfahren und Erzeugnissen immissionsschutzbedeutsamen Entscheidungen sowie vor Investitionsentscheidungen eine Stellungnahme beim jeweiligen Beauftragten anzufordern. Die Beurteilung der „Bedeutsamkeit" ist nach objektiven Kriterien vorzunehmen, sodass dem Bestellpflichtigen im Streitfall keine Letztentscheidungskompetenz zukommt. Hierfür spricht vor allem, dass der Pflichtige ansonsten die ihm von § 56 BImSchG auferlegte Obliegenheit unterlaufen könnte. § 56 BImSchG zielt auf die Einbeziehung des Sachverstandes des Beauftragten in die betrieblichen Entscheidungsprozesse und damit auf die Erweiterung der unternehmerischen Entscheidungsgrundlagen bei anstehenden Investitionen oder bei der Einführung von Verfahren und Erzeugnissen.

10. Pflicht zur Einholung besonderer Stellungnahmen des Störfallbeauftragten

Gemäß § 58c Abs. 2 BImSchG muss der Anlagenbetreiber vor bestimmten Entscheidungen eine Stellungnahme des Störfallbeauftragten einholen, wenn diese Entscheidungen für die Sicherheit der Anlage bedeutsam sein können. Die Regelung entspricht in ihrer Konzeption dem § 56 BImSchG. Allerdings weichen beide Vorschriften – abgesehen von ihrer Übereinstimmung bezüglich der Pflicht zur Einholung von Stellungnahmen der Betriebsbeauftragten „vor Investitionsentscheidungen" – bei den weiteren Festlegungen voneinander ab. Während nämlich nach § 58c Abs. 2 Satz 1 BImSchG der Betreiber „vor der Planung von Betriebsanlagen und der Einführung von Arbeitsverfahren und Arbeitsstoffen" Stellungnahmen des Störfallbeauftragten einzuholen hat, muss der Betreiber dies gemäß § 56 Abs. 1 BImSchG „vor Entscheidungen über die Einführung von Verfahren und Erzeugnissen". Unter funktionalen Gesichtspunkten wird die Verpflichtung zur Einholung von Stellungnahmen gegenüber dem Störfallbeauftragten damit zeitlich erheblich weiter nach vorn verlagert als bei der gegenüber dem Immissionsschutzbeauftragten.[32] Freilich findet die Verpflichtung des Betreibers zur Einholung von Stellungnahmen des Störfallbeauftragten ihre Grenze bei den den Anlagenbetrieb betreffenden Sicherheitsfragen; während die Pflicht zur Einholung der Stellungnahmen des Immissionsschutzbeauftragten darüber hinaus auch in den nur mittelbar den Betrieb der Anlage tangierenden Bereich reicht. Seiner Pflicht genügt der Betreiber, wenn er die Stellungnahme des Störfallbeauftragten so rechtzeitig einholt und sicherstellt, dass sie bei der Projektentscheidung vom Entscheidungsträger angemessen berücksichtigt werden kann. Gleichwohl besteht wie im Rahmen des § 56 BImSchG auch hier keine Pflicht des Unternehmers, sich im Sinne der Stellungnahme des Störfallbeauftragten zu verhalten.

---

[32] *Böhm* (o. Fn. 8), § 58c Rdnr. 9.

11. Einräumung eines Vortragsrechts für den Beauftragten

Der Bestellpflichtige soll im Rahmen des § 56 BImSchG geäußerte, ihm nicht genehme Vorstellungen des Beauftragten nicht bereits unterhalb der eigentlichen unternehmerischen Entscheidungsebene abblocken können; vielmehr müssen die vom Beauftragten vorgeschlagenen Maßnahmen im unternehmerischen Entscheidungsprozess Berücksichtigung finden können. Da der Beauftragte in der betrieblichen Praxis jedoch nicht immer unmittelbar der Geschäftsleitung unterstellt ist, hat er sich des Öfteren zunächst mit einem dazwischengeschalteten Betriebsleiter auseinanderzusetzen. Deshalb verpflichtet § 57 BImSchG den Bestellpflichtigen unter bestimmten Voraussetzungen, dem Beauftragten ein unmittelbares Vortragsrecht bei der Geschäftsleitung zu ermöglichen. § 57 BImSchG hat Bedeutung für größere, mehrgliedrig-hierarchisch in Werks-, Unternehmens- oder Konzernleitung strukturierte Unternehmen. Der Vortrag kann nach Dafürhalten des Beauftragten in mündlicher oder schriftlicher, in dringenden Fällen sogar in fernmündlicher Form erfolgen. Der Beauftragte kann durch Wahrnehmung seines Vortragsrechts nur versuchen, Einfluss auf den Entscheidungsprozess innerhalb der Geschäftsleitung zu nehmen, ohne indes einen Anspruch auf Berücksichtigung seiner Vorschläge oder Bedenken zu haben.

12. Benachteiligungsverbot und Kündigungsschutz

§ 58 Abs. 1 BImSchG statuiert ein allgemeines Verbot für jeden mit arbeits- oder beamten-/soldatenrechtlicher Weisungskompetenz, den Beauftragten wegen der Erfüllung der ihm übertragenen Aufgaben zu benachteiligen. Dies kulminiert in der besonderen Kündigungsschutzregelung des § 58 Abs. 2 BImSchG. Das Benachteiligungsverbot ist ein sich an jedermann richtendes öffentlich-rechtliches Verbot.[33] Es trifft den Bestellpflichtigen genauso wie die Mitarbeiter, leitenden Angestellten/Beamten/Soldaten, den Betriebs- oder Personalrat und außerbetriebliche Stellen. Eine Benachteiligung des Beauftragten liegt vor mit jeder Zurücksetzung oder Schlechterstellung gegenüber Personen in vergleichbarer Position. Für die Beurteilung des Vorliegens einer Benachteiligung ist es unmaßgeblich, ob diese rechtlicher oder tatsächlicher Art, schuldhaft oder unbeabsichtigt ist. Zudem kommt es allein auf die Auswertung objektiver Kriterien an. Entscheidend ist, dass der Beauftragte bei einer Gegenüberstellung der Fakten schlechter gestellt ist als andere, in dem konkreten Fall ihm vergleichbare Personen. Ob dies der Fall ist, beurteilt sich zunächst anhand der Situation eines durchschnittlichen Immissionsschutz- oder Störfallbeauftragten. Die Benachteiligung kann sowohl in der Verschlechterung seiner konkreten Lage – z. B. Gehalts- oder Bezügekürzungen, Versetzung an einen ungünstigeren Arbeitsplatz, Verweigerung der Höhergruppierung, Ausschluss von Aufstiegsmöglichkeiten – als auch in der Nichtbeteiligung an für andere Beschäftigte gewährten Vergünstigungen – z. B. übertariflichen Zulagen, zusätzlicher Urlaub – bestehen. Eine

---

[33] *Ralph Jürgen Bährle*, Die arbeitsrechtliche Stellung der Umweltschutzbeauftragten, UPR 1995, 93 (95).

kollektive Verschlechterung von Entlohnungs-, Versorgungs- oder Arbeitsbedingungen aller Beschäftigten ist bei betriebsangehörigen Beauftragten keine Benachteiligung im hier gemeinten Sinne. Auch das kraft Betriebsvereinbarung geregelte Ausscheiden der Arbeitnehmer aus dem Arbeitsverhältnis mit Vollendung eines bestimmten Lebensjahres bzw. das Erreichen der gesetzlichen Altersgrenze bei Beamten stellt keine Benachteiligung in dem von § 58 Abs. 1 BImSchG gemeinten Sinne dar. In all diesen Fällen tritt die Verschlechterung bei dem Beauftragten nicht wegen der Erfüllung seiner Aufgaben ein, sondern aus anderen Gründen.

Die sich in der Kündigung des Beauftragten manifestierende Benachteiligung wird mittels § 58 Abs. 2 BImSchG gesondert geregelt und ist gegenüber § 58 Abs. 1 BImSchG insoweit lex specialis. Durch § 58 Abs. 2 BImSchG wird der Bestellpflichtige zur Beachtung eines dem Beauftragten zustehenden besonderen Kündigungsschutzes verpflichtet. Gemäß § 58 Abs. 2 Satz 1 BImSchG ist die Kündigung des Arbeitsverhältnisses eines als Arbeitnehmer des Bestellpflichtigen tätigen Beauftragten unzulässig, es sei denn, dass Tatsachen vorliegen, die den Bestellpflichtigen zur Kündigung aus wichtigem Grund ohne Einhaltung einer Kündigungsfrist berechtigen. Mit diesem Kündigungsschutz soll verhindert werden, dass der Beauftragte aus Furcht vor Entlassung der wirksamen Wahrnehmung seiner Aufgaben nicht nachkommt. Zugleich soll es dem Bestellpflichtigen unmöglich gemacht werden, sich unbequemer Beauftragter durch Kündigung des Beschäftigungsverhältnisses zu entledigen. Geschützt wird der Beauftragte, sofern er Arbeitnehmer des Bestellpflichtigen ist. Ist er Beamter oder Soldat des Bestellpflichtigen, so gehört er zwar zu dessen Betrieb, doch ist er bereits per definitionem kein Arbeitnehmer; er steht vielmehr in einem öffentlich-rechtlichen Dienst- und Treueverhältnis zu dem ihn beschäftigenden Dienstherrn, sodass die Regelungen des besonderen Kündigungsschutzes nicht gelten. Von dem Kündigungsverbot bleiben außerordentliche Kündigungen ausgenommen, die den Bestellpflichtigen zur Kündigung aus wichtigem Grund ohne Einhaltung der Kündigungsfrist berechtigen.

Durch § 58 Abs. 2 Satz 2 BImSchG wirkt der Kündigungsschutz auch über die Abberufung des Beauftragten hinaus. Denn danach ist die Kündigung innerhalb eines Jahres nach der Abberufung des Beauftragten, vom Zeitpunkt der Beendigung der Bestellung an gerechnet, unzulässig: es sei denn, dass Tatsachen vorliegen, die zur außerordentlichen Kündigung berechtigen. Die Einführung eines derart nachwirkenden Kündigungsschutzes soll der Abkühlung eventuell während der Dauer der Beauftragtentätigkeit aufgetretener Kontroversen dienen.[34]

VIII. Schlussanmerkung

Nach wie vor bilden die Immissionsschutz- und Störfallbeauftragten – nicht zuletzt wegen ihrer sehr ausführlichen rechtlichen Verankerung im BImSchG und der 5. BImSchV – die wohl markantesten Ausprägungen des im Übrigen noch immer

---

[34] BAG, NZA 1993, 557 (557).

von Gesetzes wegen bemerkenswert vielfältig aufgefächerten Umweltschutzbeauftragtenwesens. Nicht selten erstrecken sich die diesen Umweltschutzbeauftragten übertragenen Funktionen sogar weit über die rechtlich im Bundes-Immissionsschutzgesetz formulierten Mindestanforderungen hinaus auf zusätzliche ökologisch betriebsrelevante Zuständigkeiten. Oft zutreffend als „Umweltgewissen des Unternehmers" bezeichnet, sind die Beauftragten jedoch weit entfernt davon, „verlängerter Arm" der Überwachungsbehörde zu sein. Sie versehen eine ausschließlich betriebsbezogen ausgerichtete Tätigkeit und stehen demgemäß bei der Wahrnehmung ihrer Aufgaben auch nur binnenbetrieblich dem nach außen auch weiterhin allein verantwortlichen Anlagenbetreiber gegenüber in der Pflicht.

Der *eine*, alle Kernaufgaben der innerbetrieblichen Umweltüberwachung in sich vereinigende Betriebsbeauftragte für Umweltschutz ist zumindest de lege lata nicht existent. Stattdessen divergieren selbst die beiden immissionsschutzrechtlich etablierten Betriebsbeauftragten ebenso in ihrer grundsätzlichen Ausrichtung wie hinsichtlich der Funktionen und Aufgaben. Auch steht es ungeachtet der vom Gesetzgeber ersichtlich gewollten engen Verzahnung beider Beauftragtentypen mit deren Kompatibilität nicht zum Besten.

Grenzüberschreitende Umwelthaftung im Schnittfeld zwischen Internationalem Privatrecht und Internationalem Verwaltungsrecht

Von *Dieter Martiny*

I. Einleitung

Wasser und Luft kennen keine Staatsgrenzen, mit ihnen kommen aber auch Geräusche, Gase, Chemikalien und andere Schadstoffe ins Land. Da die rechtlichen Lösungen weitgehend staatsbezogen sind, werden bei der Bewältigung von Umweltbeeinträchtigungen und -schäden die internationalen Dimensionen des Verwaltungsrechts und auch des Privatrechts gefordert. *Franz-Joseph Peine* hat in seinen Arbeiten zum Umweltschutz auch die grenzüberschreitenden Aspekte[1] und ausländisches Umweltschutzrecht[2] untersucht. Grundfragen wie die nach dem Begriff des Internationalen Verwaltungsrechts hat er gleichfalls nicht ausgespart.[3] Der nachfolgende Beitrag sei daher ihm, meinem früheren Kollegen an der Europa-Universität Viadrina Frankfurt (Oder), gewidmet.

Beim mehrere Länder berührenden Umweltschutz und der Umwelthaftung stoßen die politische, staatliche und gerichtliche Organisation auf nationale Grenzen. Dabei stellt sich eine Unzahl von Fragen, beginnend mit der Planung und Bürgerbeteiligung, der Umwelt- und Anlagenprüfung, der Genehmigung und schließlich der Überwachung. Zwischenstaatliche Spannungen können bei unterschiedlichen Standards in verschiedenen Ländern, auch bei der politischen Einordnung der Gefährlichkeit einzelner Immissionen und Anlagen entstehen. Die Umwelthaftung betrifft rechtswidrige Schädigungen, darunter auch Fälle, in denen eine Anlage in einem Staat genehmigt worden ist, aber Immissionen und Schäden in einem oder mehreren anderen Staaten drohen oder eintreten. Die grenzüberschreitende Umwelthaftung liegt daher im Schnittfeld zwischen Internationalem Privatrecht und Internationalem Verwaltungsrecht.

---

[1] Siehe *Knopp/Peine/Nowacki* (Hrsg.), Grenzüberschreitende Immissionen und Emissionsrechtehandel in Deutschland und Polen, 2005.

[2] *Franz-Joseph Peine/Andrea Radcke*, Das polnische Gesetz über den Umweltschutz, EurUP 2007, 79 ff., 212 ff.

[3] *Franz-Joseph Peine*, Internationales Verwaltungsrecht – Bemerkungen zu einem different genutzten Rechtsbegriff, in: Witzleb u. a. (Hrsg.), Festschrift für Dieter Martiny, 2014, S. 945 ff.

Zahlreiche umweltschützende Vorschriften internationalen, europäischen und nationalen Ursprungs sind heute vorhanden. Effektive internationale und europäische Standards sollen die Probleme entschärfen. Die rechtsvereinheitlichende Dimension in einer Reihe internationaler Staatsverträge kann hier nur erwähnt werden. Unionsrechtlich wird in Art. 191 AEUV ein hohes Schutzniveau angestrebt. Dies hat Auswirkungen im Primärrecht, vor allem aber im Sekundärrecht. Europäische Verordnungen regeln einzelne Aspekte des Umweltschutzes auf bestimmten Gebieten, aber auch das Verfahren bei grenzüberschreitenden und grenznahen Aktivitäten. Hinzu kommen Richtlinien für das öffentliche Recht, aber auch für das Privatrecht. Nachfolgend sollen aus privatrechtlicher Sicht einige Grundfragen vor allem zur internationalen Zuständigkeit und zum anwendbaren Recht angesprochen werden, wenn Schäden eintreten oder drohen. Dabei sollen auch Fälle betrachtet werden, in denen das Verhalten nach einer der beteiligten Rechtsordnungen erlaubt ist.

II. Privatrechtliche und öffentlich-rechtliche Ansätze

1. Gemeinsame Aspekte

Für die Bewältigung von Umweltschutzproblemen gelten unterschiedliche Regeln des Privatrechts und des öffentlichen Rechts. Zu der Fülle gemeinsamer Aspekte gehört auch, dass Nachbarschaftsbelange nicht auf der Strecke bleiben dürfen. Der vorbeugende Schutz der Betroffenen vor einer drohenden Schädigung ist zu sichern, gegebenenfalls ist Schadensersatz zu leisten. Das privatrechtliche Interesse konzentriert sich auf geplante oder bereits genehmigte Anlagen und von ihnen tatsächlich oder möglicherweise ausgehende Emissionen. Dabei darf die Aufmerksamkeit nicht nur den Interessen von Grundstückseigentümern und Anwohnern gelten. Notwendig ist auch eine Interessenabwägung zum Schutz von Anlagenbetreibern, denen bereits eine Genehmigung erteilt worden ist.

2. Privatrechtliches und öffentlich-rechtliches Instrumentarium

Das zivilrechtliche Instrumentarium der Umwelthaftung geht teilweise auf Unionsrichtlinien zurück.[4] Im nationalen Recht findet es sich zum Teil in allgemeinen Vorschriften, teils in Sonderregeln. Zu den nachbarrechtlichen und dem Sachenrecht zuzuordnenden Ansprüchen gehören nach deutschem Recht Unterlassungsansprüche zur Abwehr schädlicher Einwirkungen (§§ 1004, 906 BGB). Auch Beseitigungsansprüche können bestehen. Bei Schädigungen können Schadensersatzansprüche gegen den Verschmutzer bzw. Betreiber einer Anlage entstehen. Neben der herkömmlichen deliktischen Haftung bestehen auch eigene Gefährdungshaftungstatbestände, etwa nach dem Umwelthaftungsgesetz (UmweltHG). Entsprechende Rege-

---

[4] Siehe Richtlinie 2004/35/EG vom 21.4.2004 über Umwelthaftung zur Vermeidung und Sanierung von Umweltschäden, ABl.EU Nr. L 143 vom 30.4.2004, S. 56.

lungen finden sich auch in anderen Rechtsordnungen, etwa in Polen[5] und Ungarn[6]. Prozessual geht es um Schadensersatz- und Unterlassungsklagen.

Auch im öffentlichen Recht sind die grenzüberschreitenden Bezüge in mehrfacher Weise von Bedeutung.[7] Bei der Genehmigung von Anlagen sollen grenzüberschreitende Emissionen und Umweltauswirkungen bereits einbezogen werden. Hinzu kommt eine grenzüberschreitende Verfahrensbeteiligung. Erwähnt sei insbesondere, dass es nach der europäischen Umweltverträglichkeitsprüfungs-Richtlinie (UVP-Richtlinie)[8] und dem strategischen Umweltprüfungsverfahren (SUP-Richtlinie)[9] sowie nach der Espoo-Konvention[10] und dem SEA-Protokoll[11] sowohl bei Vorhaben als auch bei Plänen und Programmen einer Beteiligung der betroffenen Nachbarstaaten und der Öffentlichkeit am Verfahren bedarf. Entsprechende Vorgaben sind in das deutsche Recht umgesetzt worden.[12] Bilaterale Vereinbarungen, wie etwa mit den Niederlanden, regeln im Einzelnen das einzuschlagende Verfahren.[13] Das polnische Kernenergieprogramm war Gegenstand eines grenzüberschreitenden SUP-Verfahrens.[14]

---

[5] Siehe *Marcin Krzymuski*, Umweltprivatrecht in Deutschland und Polen unter europarechtlichem Einfluss, 2012, S. 6 ff.

[6] Dazu *Máté Julesz*, Umweltrecht im neuen ungarischen BGB, WiRO 2015, 176 ff.

[7] Umfangreiche Hinweise und Materialien im Internet unter http://www.bmub.bund.de/. – Siehe auch *Andrea Sander/Joanna Adamowicz*, Grenzüberschreitende Umweltprüfung zwischen Deutschland/Brandenburg und Polen, UPR 2013, 61 ff.

[8] Richtlinie 85/337/EWG über die Umweltverträglichkeitsprüfung bei bestimmten öffentlichen und privaten Projekten vom 27.6.1985, ABl.EG Nr. L 175 vom 5.7.1985, S. 40. Dazu *Bernhard W. Wegener*, § 3 Umweltrecht Rdnrn. 29 ff., in: Wegener (Hrsg.), Enzyklopädie Europarecht, Bd. 8, Europäische Querschnittpolitiken, 2014.

[9] Richtlinie 2001/42/EG über die Prüfung der Umweltauswirkungen bestimmter Pläne und Programme vom 27.6.2001, ABl.EG Nr. L 197 vom 21.7.2001, S. 30.

[10] Übereinkommen über die Umweltverträglichkeitsprüfung im grenzüberschreitenden Rahmen vom 25.2.1991, BGBl. II 2002 S. 1407.

[11] Protokoll über die strategische Umweltprüfung zum Übereinkommen über die Umweltverträglichkeitsprüfung im grenzüberschreitenden Rahmen vom 21.5.2003, BGBl. II 2006 S. 498.

[12] Im Gesetz über die Umweltverträglichkeitsprüfung (UVPG). Siehe § 8 UVPG (grenzüberschreitende Behördenbeteiligung), § 9a UVPG (grenzüberschreitende Öffentlichkeitsbeteiligung), § 9b UVPG (grenzüberschreitende Behörden- und Öffentlichkeitsbeteiligung bei ausländischen Vorhaben). Ferner für die strategische Umweltprüfung § 14j (grenzüberschreitende Behörden- und Öffentlichkeitsbeteiligung).

[13] Gemeinsame Erklärung über die Zusammenarbeit bei der Durchführung grenzüberschreitender Umweltverträglichkeitsprüfungen sowie grenzüberschreitender Strategischer Umweltprüfungen im deutsch-niederländischen Grenzbereich von 2013.

[14] Nachweise unter http://www.bmub.bund.de/themen/atomenergie-strahlenschutz/nukleare-sicherheit/internationales/uvpsup/sup-zum-kernenergieprogramm-der-republik-polen/.

3. Einordnungsprobleme und Wechselwirkungen

Für die Haftung für Umweltschäden sind die internationale Zuständigkeit und das in der Sache anzuwendende Recht zu klären. Nicht nur hierfür sind die maßgeblichen Normen zu bestimmen. Auch der Einfluss des öffentlich-rechtlichen Akts einer Genehmigung auf die privatrechtlichen Beziehungen ist zu untersuchen. Dabei geht es nicht eigentlich um ein Infragestellen der ausländischen Genehmigung für die ausländische Anlage. Es geht auch nicht um die Anerkennung oder Zubilligung extraterritorialer Wirkungen des ausländischen Akts als solchem. Fraglich ist aber, welche Wirkungen er für die Anspruchsnorm einer anderen, vor allem der inländischen Rechtsordnung hat. Hier wird deutlich, dass die Einhaltung eines Schutzstandards zugleich bedeutet, dass außerhalb seiner Anforderungen eben kein Schutz besteht. Die Genehmigung schirmt daher auch vor Ansprüchen Geschädigter ab, indem ein bestimmtes Verhalten als rechtmäßig gilt.

III. Internationales Verfahrensrecht

1. Zivilrechtliche Streitigkeit

Der Geschädigte wird grenzüberschreitenden Rechtsschutz vor allem im eigenen Land erstreben und sich für zivilgerichtliche Verfahren gegen einen Beklagten mit Wohnsitz in einem anderen EU-Staat auf die Brüssel Ia-VO stützen.[15] Insofern kommt es zunächst einmal darauf an, ob es sich bei Ansprüchen im Bereich der Umwelthaftung um eine zivilrechtliche Streitigkeit im Sinne des Art. 1 Brüssel Ia-VO handelt. Dies hat der EuGH für die Klage des Landes Oberösterreich gegen den Bau des tschechischen Kernkraftwerks Temelín zutreffend angenommen.[16] Das Auftauchen öffentlich-rechtlicher Vorfragen, wie die nach der Genehmigung des Vorhabens, macht die Streitigkeit noch nicht zu einer öffentlich-rechtlichen. Nach der Rechtsprechung des EuGH, der der Subjektions- bzw. Sonderrechtstheorie folgend auf das Vorliegen einer hoheitlichen Tätigkeit abstellt,[17] sind Aufwendungsersatzan-

---

[15] Verordnung (EU) Nr. 1215/2012 vom 12.12.2012 über die gerichtliche Zuständigkeit und die Anerkennung und Vollstreckung von Entscheidungen in Zivil- und Handelssachen, ABl.EU Nr. L 351 vom 20.12.2012, S. 1.

[16] Noch zu Art. 1 Brüsseler Übereinkommen über die gerichtliche Zuständigkeit und die Vollstreckung gerichtlicher Entscheidungen in Zivil- und Handelssachen vom 27.9.1968, EuGH, 18.5.2006 – C-343/04, Land Oberösterreich v. ČEZ as, IPRax 2006, 591 m. Aufs. *Christoph Thole*, 566 (Temelín I). – Näher zu den Temelín-Verfahren m. w. N. *Christoph Althammer*, Zivilprozessualer Rechtsschutz gegen grenzüberschreitende Umweltemissionen, in: Adolphsen u. a. (Hrsg.), Festschrift für Peter Gottwald, 2014, S. 9 (10 ff.).

[17] Nachweise bei *Abbo Junker*, in: Münchener Kommentar BGB, Bd. 10, 6. Aufl. 2015, Art. 1 Rom II-VO Rdnr. 11.

sprüche der Behörden bei eingetretenen Schäden noch als privatrechtlich einzuordnen. Die Ersatzvornahme ist allerdings öffentlich-rechtlicher Natur.[18]

2. Internationale Zuständigkeit

Man könnte daran denken, die internationale Zuständigkeit für eine Immissionsabwehrklage in Form einer vorbeugenden Unterlassungsklage auf den dinglichen Gerichtsstand des Art. 24 Nr. 1 Brüssel Ia-VO zu stützen. Freilich liegt ein dabei vorausgesetzter Streit um dingliche Rechte an einer unbeweglichen Sache nicht vor, da es lediglich um Einwirkungen auf ein Grundstück geht. Dementsprechend war dieser Gerichtsstand nach der Rechtsprechung des EuGH nicht nutzbar für einen Anspruch nach § 364 Abs. 2 des österreichischen ABGB (der § 1004 BGB entspricht) in einem Verfahren gegen das tschechische Atomkraftwerk Temelín.[19] Eine Klage gegen den Betreiber einer Anlage, etwa ein ausländisches Energieunternehmen, in seinem Heimatstaat – insbesondere an seinem Wohnsitz nach Art. 4 Abs. 1 Brüssel Ia-VO – ist dann aussichtslos, wenn Anlage und bzw. oder Verhalten dort rechtmäßig, weil erlaubt, sind.

Im Allgemeinen wird eine Klage am Ort des Schadens oder des drohenden Schadens erhoben. Nach Art. 7 Nr. 2 Brüssel Ia-VO besteht eine Zuständigkeit, wenn eine Klage wegen einer unerlaubten Handlung oder einer Handlung, die einer unerlaubten Handlung gleichgestellt ist, oder wenn Ansprüche aus einer solchen Handlung den Gegenstand des Verfahrens bilden, vor dem Gericht des Ortes, an dem das schädigende Ereignis eingetreten ist oder einzutreten droht, erhoben wird. Die Vorschrift erfasst auch unerlaubte Handlungen als Folge von Umweltbeeinträchtigungen. Nach Wahl des Klägers sind die Gerichte zuständig, wo die unerlaubte Handlung begangen wurde bzw. wo ein unmittelbarer Schaden eingetreten ist oder einzutreten droht. Hierzu gehören auch vorbeugende Unterlassungsklagen, wobei eine „drohende" Beeinträchtigung allerdings nur dann anzunehmen ist, wenn konkrete Anhaltspunkte für einen Schadenseintritt vorliegen.[20] Im inländischen Immissionsstaat kann daher gegen die aus dem Emissionsstaat stammenden oder drohenden Emissionen geklagt werden. Freilich ist damit zu rechnen, dass gegen ein im Inland ergehendes Unterlassungsurteil im Ausland Anerkennungs- bzw. Vollstreckungshindernisse geltend gemacht werden.

---

[18] Dazu *Abbo Junker*, Internationale Umwelthaftung der Betreiber von Energieanlagen nach der Rom II-Verordnung, in: Klees/Gent (Hrsg.), Energie – Wirtschaft – Recht. Festschrift für Peter Salje, 2013, S. 243 (249 f.).
[19] Zu Art. 16 Nr. 1 lit. a Brüsseler Übereinkommen vom 27.9.1968, EuGH (o. Fn. 16).
[20] *Althammer* (o. Fn. 16), S. 9 (12 ff.).

IV. Anwendbares Recht

1. Haftung nach der Rom II-Verordnung

Auch bezüglich der Haftung hat auf internationalen Übereinkommen oder europäischen Verordnungen beruhendes Einheitsrecht Vorrang. Für die Bestimmung des anzuwendenden Rechts kommt vor allem das europäische Internationale Privatrecht nach der Rom II-VO in Betracht.[21] Diese deckt außervertragliche Schuldverhältnisse ab.

Die europäische Regelung hat eine Lücke, da außervertragliche Schuldverhältnisse, die sich aus Schäden durch Kernenergie ergeben, vom Anwendungsbereich ausgeschlossen sind (Art. 1 Abs. 2 lit. f). Grund für den Ausschluss war, dass auf diesem Gebiet bereits eine Reihe von Staatsverträgen besteht, die einheitsrechtliche Regeln für die Haftung enthalten.[22] Da diese aber vielfach noch kollisionsrechtliche Fragen aufwerfen, ist wohl eher von einer Lücke des europäischen Kollisionsrechts auszugehen.[23] Auf diese Regeln kann hier aber nicht eingegangen werden.

2. Anknüpfung nach Artikel 7

Das auf die Haftung wegen Umweltschädigung anwendbare Recht bestimmt sich nach der Sonderregel des Art. 7 Rom II-VO. Um einen umfassenden Schutz bieten zu können, nennt diese Vorschrift ausdrücklich zwei Arten von Schäden. Der eine ist der „Umweltschaden". Bei einer solchen Umweltschädigung geht es vor allem um eine nachteilige Veränderung oder Beeinträchtigung der Funktion oder einer natürlichen Ressource, wie Wasser, Boden oder Luft (Erwägungsgrund 24). Die zweite Kategorie umfasst schädigende Einwirkungen, nämlich einen aus einer solchen Schädigung hervorgehenden Personen- oder Sachschaden.

Außerdem werden bei fehlender Rechtswahl für beide Arten von Schäden die gleichen zwei Anknüpfungen, die den Schadensort präzisieren, alternativ zur Verfügung gestellt. Eine Anknüpfung bezieht sich auf den Ort, „an dem der Schaden eintritt", also das Recht des Erfolgsorts (Art. 7 Halbsatz 1 unter Verweisung auf Art. 4 Abs. 1 Rom II-VO). Hier wird die Umwelt geschädigt oder Personen- bzw. Sachschäden treten ein. Damit wird die Rechtsgutverletzung durch die Immission erfasst.

Die zweite Anknüpfung führt zum Recht des Handlungsorts (Art. 7 Halbsatz 2). Allerdings kommt es auf das schadensbegründende Ereignis nur dann an, wenn dies der Geschädigte wünscht. Mit diesem einseitigen Bestimmungsrecht kann sich der Geschädigte für das ihn am besten schützende Recht entscheiden. Damit soll nicht nur ein effektiver Rechtsschutz gewährleistet werden. Für mutmaßliche Schädiger

---

[21] Verordnung (EG) Nr. 864/2007 vom 11.7.2007 über das auf außervertragliche Schuldverhältnisse anzuwendende Recht („Rom II"), ABl.EU Nr. L 199 vom 31.7.2007, S. 40.

[22] Dazu m. w. N. *Junker* (o. Fn. 17), Art. 2 Rom II-VO Rdnr. 42.

[23] *Junker* (o. Fn. 18), S. 243 (252); *Althammer* (o. Fn. 16), S. 9 (14).

soll auch kein Anreiz geschaffen werden, sich etwa im Grenzgebiet den Ort mit dem geringsten Schutzniveau auszusuchen und ein bestehendes Regelungsgefälle auszunutzen. Für den Geschädigten ist das Abstellen auf den Erfolgsort regelmäßig günstiger. Liegt nämlich eine Genehmigung für den Betrieb einer Anlage vor, so wird das Land der Erteilung regelmäßig mit dem Handlungsort zusammenfallen.

Der Anwendungsbereich des verordnungsautonom auszulegenden Art. 7 Rom II-VO ist weit. In ihm geht es nicht nur um die Verschuldenshaftung, auch die Gefährdungshaftung wird erfasst. Unterlassungs- und Beseitigungsansprüche, dingliche umweltrechtliche Abwehransprüche, sind nach der Rom II-VO deliktisch einzuordnen.[24] Damit wird auch der vorbeugende negatorische Rechtsschutz abgedeckt. Eine nachbarrechtliche Begründung nach nationalem Recht tritt daher in den Hintergrund.

Soweit die Rom II-VO dafür noch Raum lässt, kommt das deutsche Internationale Privatrecht zum Zuge. Das deutsche Kollisionsrecht erklärt für Ansprüche aus beeinträchtigenden Einwirkungen, die von einem Grundstück ausgehen, die Rom II-VO für entsprechend anwendbar (Art. 44 EGBGB). Diese internationalsachenrechtliche Vorschrift spiegelt zwar noch die deutsche sachenrechtliche Einordnung nachbarrechtlicher Normen wider. Wegen der vorrangig anwendbaren europäischen Regelung hat die deutsche Vorschrift aber nur noch eine begrenzte Funktion.

V. Haftung und Genehmigung

1. Präklusionswirkung

Auch wenn das auf die Haftung anzuwendende Recht bestimmt worden ist, bedarf es doch noch einer Prüfung des Einflusses des öffentlich-rechtlichen Akts der Genehmigung auf die privatrechtlichen Beziehungen. Schwierigkeiten macht vor allem eine Anspruchspräklusion in Haftungsnormen, die zu einem Anspruchsausschluss oder einer Anspruchsbegrenzung führt. Dazu gehört insbesondere der grundsätzliche Ausschluss von Beseitigungsansprüchen und die Beschränkung des Geschädigten auf Schadensersatzansprüche (§ 14 Satz 1 BImSchG; vgl. auch § 364a österreichisches ABGB);[25] im Wasserrecht wird sogar ein Ausschluss von Schadensersatzansprüchen angeordnet (§ 11 Abs. 1 Satz 1 WHG).

Zu entscheiden ist, welche Rechtsordnung bzw. welches Statut über die privatrechtsgestaltenden Auswirkungen bestimmen soll. Handelt es sich um Wirkungen der Genehmigung oder ist der ausländische Akt nur ein Tatbestandsmerkmal für andere Normen? Wenngleich die Erfassung mit den Kategorien des Internationalen Pri-

---

[24] *Thomas Kadner Graziano*, Das auf außervertragliche Schuldverhältnisse anzuwendende Recht nach Inkrafttreten der Rom II-Verordnung, RabelsZ 73 (2009), 1 (47 f.); *Karsten Thorn*, Die Haftung für Umweltschäden im Gefüge der Rom II-VO, in: Kieninger/Remien (Hrsg.), Europäische Kollisionsrechtsvereinheitlichung, 2012, S. 139 (158).

[25] Keinen solchen Ausschluss kennt das polnische Recht, siehe *Krzymuski* (o. Fn. 5), S. 8, 60 ff.

vatrechts Schwierigkeiten macht, besteht weitgehend Übereinstimmung, dass die Anspruchspräklusion in erster Linie eine Folge der einschränkenden Regelung der Haftungsnorm ist.[26] Man wird zwar zu mindestens die Wirksamkeit der ausländischen Genehmigung nach dem erststaatlichen Recht als Vorfrage ansehen können. Im Übrigen ist aber zweifelhaft, in welchem Ausmaß sie hinzunehmen ist. Dementsprechend wird vielfach – in unterschiedlichen Abstufungen – nur von einer Substitution gesprochen. Bei der Substitution, die eine im Internationalen Privatrecht nicht ungewöhnliche Vorgehensweise ist, wird zugelassen, dass ein bestimmtes Tatbestandsmerkmal einer Norm unter einer anderen Rechtsordnung erfüllt wird. Als Grundvoraussetzung dafür wird im Allgemeinen die Äquivalenz angenommen.[27] Freilich ist damit noch nicht gesagt, welche Voraussetzungen im Einzelnen erfüllt sein müssen, damit die ausländische Genehmigung das Tatbestandsmerkmal ausfüllen kann.

2. Beachtung ausländischer Akte

Dass fremde Hoheitsakte im Inland anerkannt werden können und Wirkungen entfalten, ist die Grundlage für die Anerkennung von Entscheidungen in Zivilsachen (vgl. nur Art. 36 ff. Brüssel Ia-VO). Auch eine Anerkennung ausländischer Verwaltungsakte ist grundsätzlich möglich.[28] In Ausnahmefällen kann die Anerkennung einer ausländischen Betriebsgenehmigung auf einem besonderen Staatsvertrag beruhen. So sind der österreichischen Genehmigung für den Flughafen Salzburg durch ein deutsch-österreichisches Abkommen von 1967 die Wirkungen des deutschen Rechts zugebilligt worden.[29]

Möglich wäre, eine Anerkennungspflicht auf unionsrechtlicher Basis zu bejahen, da ein ausländischer Akt einem inländischen nach unionsrechtlichen Regeln gleich stehen kann. Hierfür wird der Begriff „transnationaler Verwaltungsakt" verwendet. Er bezeichnet Fälle, in denen der Verwaltungsakt eines Mitgliedstaats die gleichen Wirkungen auch in den anderen Mitgliedstaaten entfaltet.[30] Dies ist dann möglich, wenn aufgrund der inhaltlich gleichen Rechtsnorm entschieden wird. Ein Beispiel dafür ist etwa die Genehmigung für die Abfallverbringung durch die Behörde des Bestimmungsorts.[31] Im Übrigen ist es aber problematisch, diesen Ausdruck als Ober-

---

[26] So *Markus Buschbaum*, Privatrechtsgestaltende Anspruchspräklusion im internationalen Privatrecht, 2008, S. 215 ff.

[27] *Jan von Hein*, in: Münchener Kommentar BGB, Bd. 10, 6. Aufl. 2015, Einl. IPR Rdnrn. 235 ff.

[28] Näher *Ulrich Stelkens/Michael Mirschberger*, The recognition of foreign administrative acts – A German perspective, in: Schmidt-Kessel (ed.), German national reports on the 19th International Congress of Comparative Law, 2014, S. 693 ff.

[29] Zulässig nach BVerfG, Beschluss vom 12.3.1986, BVerfGE 72, 66 (78 ff.) = NJW 1986, 2188.

[30] *Franz-Joseph Peine*, Allgemeines Verwaltungsrecht, 11. Aufl. 2014, Rdnrn. 476 ff.

[31] Siehe Art. 9 Verordnung (EG) Nr. 1013/2006 vom 14.6.2006 über die Verbringung von Abfällen, ABl.EU Nr. L 190 vom 12.7.2006, S. 1.

begriff für die Anerkennung ausländischer Verwaltungsakte zu verwenden.[32] Das Zuerkennen von Wirkungen im Zweitstaat macht einen Verwaltungsakt noch nicht zu einem „transnationalen".[33]

Der EuGH hat im Rahmen des Euratom-Vertrages entschieden, dass die österreichischen Gerichte, die mit einer nachbarrechtlichen Klage von Grundstückeigentümern auf Unterlassung schädlicher Einwirkungen durch das Kernkraftwerk Temelín befasst sind, die von den tschechischen Behörden erteilte Betriebsgenehmigung berücksichtigen müssen.[34] Denn diese ist Teil des Gemeinschaftsrechtssystems. Der EuGH hat bei dieser Gelegenheit die Regelung des § 364a ABGB, die einen Ausschluss von Beseitigungsansprüchen nur bei einer österreichischen Genehmigung vorsieht, als verdeckte Diskriminierung aufgrund der Staatsangehörigkeit angesehen (dazu nunmehr Art. 18 AEUV). Diese Begründung ist freilich wenig überzeugend,[35] da die Genehmigung weder direkt noch indirekt von der Staatsangehörigkeit, sondern ihrem Herkunftsstaat abhängt. Das Anerkennungsprinzip ist allerdings im Unionsrecht von zentraler Bedeutung. Der Binnenmarkt und der europäische Rechtsraum sprechen dafür, den Akt eines anderen Mitgliedstaates nicht völlig außer Acht zu lassen. Auch die Grundfreiheiten kann man anführen, um eine grundsätzliche Anerkennungspflicht zu bejahen.[36] Gleichwohl wird überwiegend keine allgemeine unionsrechtliche Anerkennungspflicht angenommen.[37] De lege ferenda ist zwar eine an bestimmte Voraussetzungen geknüpfte Anerkennungslösung für im EU-Ausland ausgestellte Genehmigungen befürwortet worden.[38] Vorschriften, die sich speziell mit ausländischen Genehmigungen im Bereich der Umwelthaftung beschäftigen, gibt es aber nicht.

Dies zwingt zu weiterem Nachfragen, wie man sich die Wirkungen einer ausländischen Genehmigung im Rahmen des auf die Haftung anwendbaren Rechts vorstellen kann. Ein ganzes Spektrum an Antworten ist denkbar: Können gleichwohl die vollen Wirkungen des dem ausländischen Akt zugrundeliegenden erststaatlichen Rechts eintreten? Ist eine Gleichstellung mit einer äquivalenten inländischen Genehmigung möglich? Handelt es sich lediglich um ein Problem der Substitution oder der

---

[32] Dazu *Stelkens/Mirschberger* (o. Fn. 28), S. 693 (711 ff.).

[33] Anders *Christian von Coelln*, Mitwirkung des Verfassungsstaates an Rechtsakten anderer Staaten, in: Isensee/Kirchhof (Hrsg.), Handbuch des Staatsrechts, Bd. XI, 3. Aufl. 2013, § 239 Rdnr. 11.

[34] EuGH, 27. 10. 2009 – C-115/08, EuZW 2010, 26 mit Anm. *Wolf-Georg Schärf* (Temelín II).

[35] Zustimmend dagegen *Matthias Lehmann*, in: Hüßtege/Mansel (Hrsg.), Bürgerliches Gesetzbuch, Rom-Verordnungen, EuErbVO, HUP, Bd. 6, 2. Aufl. 2015, Art. 17 Rom II Rdnr. 72.

[36] So *Krzymuski* (o. Fn. 5), S. 221.

[37] So etwa *Junker* (o. Fn. 18), S. 243 (261); *Buschbaum* (o. Fn. 26), S. 111 ff. – Weitergehend aber *Hans-Georg Dederer*, Grenzübergreifender Umweltschutz, in: Isensee/Kirchhof (Hrsg.), Handbuch des Staatsrechts, Bd. XI, 3. Aufl. 2013, § 248 Rdnr. 115.

[38] *Peter Mankowski*, Ausgewählte Einzelfragen zur Rom II-VO, IPRax 2010, 389 (391 ff.).

Berücksichtigung von local data bzw. geht es nur um eine Berücksichtigung als bloßes Faktum? Oder ist eine völlige Nichtbeachtung des fremden Hoheitsakts geboten und praktikabel?

Es besteht weitgehende Übereinstimmung, dass die Problematik nur sehr begrenzt in den Bereich der Anerkennung ausländischer Verwaltungsakte gehört. Zwar wird die Wirksamkeit der Genehmigung nach erststaatlichem Recht vorausgesetzt. Es geht aber nicht, wie bei der Anerkennung ausländischer Zivilurteile, um die Erstreckung der Wirkungen des ausländischen Akts auf das Inland, sondern nur um die Wirkungen im Rahmen der Haftungsnorm. Damit scheidet – wie bereits ausgeführt – eine eigenständige, vorgeschaltete Prüfung aus.

Im Internationalen Privatrecht ist der Einfluss international zwingender Normen, sog. Eingriffsrechts, zwar im Einzelnen umstritten, im Grundsatz aber anerkannt und wird intensiv diskutiert. Eingriffsnormen sind Vorschriften, die ohne Rücksicht auf das für das außervertragliche Schuldverhältnis maßgebende Recht den Sachverhalt zwingend regeln. Dazu gehören auch öffentlich-rechtliche Normen, die den Betrieb von Anlagen regeln. Zwar bezieht sich die Kategorie der Eingriffsnorm im Allgemeinen auf Gesetze. Es liegt aber nahe, Vorschriften und Verwaltungsakte weitgehend gleich zu behandeln und die Genehmigung als Konkretisierung des Gesetzes anzusehen. Es kommt daher darauf an, wie weit ein solcher Ansatz für die Beachtung von Genehmigungen fruchtbar gemacht werden kann.

VI. Einzelne Haftungskonstellationen

1. Haftung und Berücksichtigung der Genehmigung

Bei der Beurteilung der Genehmigungen unterscheidet man im Allgemeinen danach, ob auf den privatrechtlichen Anspruch in- oder ausländisches Recht angewendet und welche Anknüpfung dafür gewählt wird.[39] Ferner kommt es darauf an, ob eine in- oder ausländische Genehmigung in Betracht kommt.

2. Handlungsort in Deutschland und Erfolgsort im Ausland

Eine Konstellation ist, dass sich der Handlungsort in Deutschland und der Erfolgsort im Ausland befindet. Dann geht es um im Ausland eingetretene Schäden, es liegt aber eine deutsche Genehmigung nach dem Recht des Forumstaates vor. Selbst wenn hier bezüglich der Haftung ausländisches Privatrecht nach Art. 7 Halbsatz 1 Rom II-VO zur Anwendung kommt, so setzt sich die inländische Eingriffsnorm bzw. die Genehmigung des Forumstaates in einem deutschen Verfahren durch. Dafür lässt sich Art. 16 Rom II-VO heranziehen, wonach die Anwendung international zwingenden

---

[39] So *Junker* (o. Fn. 18), S. 243 (255 ff.); *Jan von Hein*, in: Calliess (Hrsg.), Rome Regulations, 2. Aufl. Alphen aan den Rijn 2015, Article 7 Rome II Rdnrn. 23 ff.

Rechts der lex fori unberührt bleibt.⁴⁰ Dafür spricht die Einheitlichkeit der Rechtsordnung.⁴¹ Im Rahmen derselben Rechtsordnung kann dasselbe Verhalten nicht einmal als rechtmäßig und einmal als rechtswidrig eingestuft werden.

3. Ausländischer Handlungsort und anwendbares ausländisches Haftungsrecht

In einer weiteren Konstellation geht es um einen ausländischen Handlungsort und das vom Geschädigten gewählte ausländische Haftungsrecht (Art. 7 Halbsatz 2 Rom II-VO). Liegt hier eine ausländische Genehmigung für das Verhalten des Schädigers vor, so muss sie der inländische Richter in Betracht ziehen können. Die Begründung hierfür ist umstritten. Teilweise wird im Wege einer Einheitsanknüpfung das für die Haftung maßgebliche Recht auch hierfür herangezogen und die Genehmigung berücksichtigt.⁴² Andere wollen ausländisches international zwingendes Recht in gewissem Umfang als Eingriffsnorm in Betracht ziehen. Obwohl es sich hier um einen Individualakt handelt, wird wie bei der Beachtung ausländischer Eingriffsnormen Art. 17 Rom II-VO herangezogen.⁴³

4. Ausländischer Handlungsort, inländisches Haftungsrecht als Recht des Erfolgsorts

Schwierig zu lösen ist die Konstellation, in der für die Schädigung ein ausländischer Handlungsort gegeben ist, aber inländisches Haftungsrecht als Recht des Erfolgsorts zur Anwendung kommt (Art. 7 Halbsatz 1 Rom II-VO). Für die Klärung des Einflusses einer ausländischen Genehmigung bei der Anwendung inländisches Rechts werden mehrere Ansätze vertreten. Zumindest im Ausgangspunkt führt die Nichtbeachtung der ausländischen Genehmigung, wie dies die Rechtsprechung früher unter Hinweis auf das Territorialitätsprinzip vertreten hat, zu einem klaren Ergebnis.⁴⁴ Dies kann freilich nicht überzeugen, da es nicht um die Ausübung fremder Hoheitsgewalt im Inland, sondern nur um eine inländische Beachtung geht. Die ausländische Herkunft des fremden Verwaltungsakts kann seine völlige Nichtbeachtung noch nicht erklären und würde zudem die Nichtanerkennung einer späteren eigenen

---

⁴⁰ So *von Hein* (o. Fn. 39), Article 7 Rome II Rdnr. 26.
⁴¹ Dazu *Junker* (o. Fn. 18), S. 243 (257 f.).
⁴² *Kadner Graziano*, RabelsZ 73 (2009), 1 (49); *Buschbaum* (o. Fn. 26), S. 224 ff. – Als Haftungsausschlussgrund bzw. Beschränkung der Haftung im Rahmen des Deliktstatuts (Art. 15 lit. b Rom II-VO), ordnet auch die Anerkennung der Genehmigung ein, *Andrew Dickinson*, The Rome II Regulation, Oxford 2008, Rdnr. 7.29.
⁴³ *von Hein* (o. Fn. 39), Article 7 Rome II Rdnr. 29.– Ohne Art. 17 Rom II-VO, aber im Ergebnis ebenso *Junker* (o. Fn. 18), S. 423 (258 f.).
⁴⁴ BGH, Beschluss vom 10.3.1978 – V ZR 73/76, IPRspr. 1978 Nr. 40 = DVBl 1979, 226 (Flughafen Salzburg); OLG Saarbrücken, Urteil vom 22.10.1957 – 2 U 45/57, NJW 1958, 752 (Immissionen durch Kohlekraftwerk).

Gerichtsentscheidung provozieren. Folglich gilt die bloß territoriale Begrenzung heute als überwunden.[45]

Freilich wird die Nichtbeachtung einer ausländischen Genehmigung bei Maßgeblichkeit deutschen Privatrechts auch darauf gestützt, dass bei einer Haftung nach deutschem Recht das inländische Umweltschutzniveau geschützt werden müsse und nicht gefährdet werden dürfe.[46]

Es gibt auch Überlegungen für einen gerechten Ausgleich zwischen den Interessen des Geschädigten und des Schädigers[47] oder für ein noch näher zu präzisierendes Anerkennungsprinzip auf unionsrechtlicher Basis[48]. Dafür spricht die EuGH-Rechtsprechung, wonach eine ausländische Genehmigung jedenfalls nicht völlig außer Acht gelassen werden darf (siehe o. V 3).

Schließlich ist eine Gleichstellung der ausländischen Genehmigung mit den Sicherheits- und Verhaltensregeln nach Art. 17 Rom II-VO denkbar.[49] Nach dieser Vorschrift sind bei der Beurteilung des Verhaltens des Haftenden faktisch und – soweit angemessen – die Sicherheits- und Verhaltensregeln zu berücksichtigen, die an dem Ort und zum Zeitpunkt des haftungsbegründenden Ereignisses in Kraft sind. Diese sollen selbst dann beachtet werden, wenn auf das außervertragliche Schuldverhältnis das Recht eines anderen Staates anzuwenden ist (Erwägungsgrund 34). „Sicherheits- und Verhaltensregeln" bezieht sich auf alle Normen, die in Zusammenhang mit Sicherheit und Verhalten stehen. Die Vorschrift des Art. 17 Rom II-VO soll verhindern, dass bei einem Distanzdelikt etwa die Einhaltung von Verkehrsregeln des Tatorts dem Haftenden zum Nachteil gereicht. Die Anwendung dieser Vorschrift auch auf umweltschutzrechtliche Normen und Einzelakte wie Genehmigungen wird zunehmend vertreten.[50] Freilich führt dies allein noch zu keinem konkreten Ergebnis, da die Berücksichtigung nur „soweit angemessen" erfolgen soll und folglich die Angemessenheit zu bestimmen ist. Die „Berücksichtigung" spricht zudem dafür, dass die Lösung auf der Ebene des Sachrechts gefunden werden muss[51] und dass im Rahmen eines Beurteilungsspielraums mehrere Lösungen denkbar sind. Ein solcher Ansatz

---

[45] *Kadner Graziano*, RabelsZ 73 (2009), 1 (49 f.). – Dazu *Junker* (o. Fn. 18), S. 243 (260).

[46] Dazu *Junker* (o. Fn. 18), S. 243 (261 f.).

[47] *Stefanie Matthes*, Umwelthaftung unter der Rom II-VO, GPR 2011, 146 (151 ff.).

[48] Dazu *Junker* (o. Fn. 18), S. 243 (260 f.).

[49] Dafür *Philipp Rüppell*, Die Berücksichtigungsfähigkeit ausländischer Anlagengenehmigungen: eine Analyse im Rahmen der grenzüberschreitenden Umwelthaftung nach der Rom II-Verordnung, 2012, S. 256 ff.; *von Hein* (o. Fn. 39), Article 7 Rome II Rdnr. 33. – Ablehnend *Buschbaum* (o. Fn. 26), S. 215 ff.; *Mankowski*, IPRax 2010, 389 (390 ff.). Dazu *Junker* (o. Fn. 18), S. 243 (261 f.).

[50] So etwa *Yascha Arif*, Eingriffsnormen und öffentlich-rechtliche Genehmigungen unter der Rom II-VO, ZfRV 2011, 258 (264); *André Duczek*, Rom II-VO und Umweltschädigung, 2009, S. 16 ff.; *Lehmann* (o. Fn. 35), Art. 17 Rom II Rdnrn. 29 ff. m. w. N.

[51] *Kadner Graziano*, RabelsZ 73 (2009), 1 (50).

berührt sich mit der Auffassung der Datumtheorie, wonach bestimmte statutsfremde local data auf Tatbestandsebene berücksichtigt werden können.[52]

Trotz aller Unterschiede im Einzelnen besteht vielfach Einigkeit in großen Zügen darüber, dass für eine solche Berücksichtigung eine Reihe von Voraussetzungen erfüllt sein muss. So darf der ausländische Akt nicht gegen internationale und unionsrechtliche Standards verstoßen. Ferner wird eine gewisse inhaltliche Gleichwertigkeit bzw. Äquivalenz der Genehmigungsvoraussetzungen verlangt; er muss den inhaltlichen Anforderungen bezüglich Gefahrenabwehr und Risikovorsorge funktional entsprechen.[53]

Eine Partizipationsmöglichkeit der Betroffenen, d. h. eine Inländerbeteiligung am ausländischen Genehmigungsverfahren ist ein weiterer Punkt.[54] Eine nähere Präzisierung dieser Kriterien dürfte wohl nur im Hinblick auf einzelne Bereiche des Umweltschutzes und bestimmte Verfahrenskonstellationen ausreichend sein. Allerdings ist anzunehmen, dass eine zunehmende Angleichung der nationalen Rechtsordnungen die Bereitschaft zu einer Berücksichtigung innerhalb der Union erhöhen dürfte.

VII. Schluss

Die Anknüpfung der Umwelthaftung nach Art. 7 Rom II-VO an den Handlungs-, vor allem aber an den Ort des eingetretenen oder drohenden Schadens (Erfolgsort), will dem inländischen Geschädigten auch in grenzüberschreitenden Fällen einen wirksamen, am höchsten Umweltschutzstandard orientierten Schutz sichern. Freilich drohen selbst nach einem erfolgreichen inländischen Verfahren Durchsetzungsprobleme, die umso größer sind, je ausgeprägter das Regelungsgefälle zwischen In- und Ausland ist.

Der Umweltschutz in der Union ist nicht allein durch eine Anhebung der materiellen Schutzstandards verbessert worden. Bei grenzüberschreitenden Beeinträchtigungen ist auch die Zusammenarbeit der Behörden und die Beteiligung der Öffentlichkeit verbessert worden. Wirksamer Schutz setzt voraus, dass bereits im Genehmigungsverfahren grenzüberschreitende Auswirkungen geprüft werden und ausländischen Betroffenen auch eine Partizipationsmöglichkeit eingeräumt wird.

Sachrechtlich ist in erster Linie ein direktes und präventives Vorgehen nach öffentlichem Recht am Ort der Anlage naheliegend. Vor allem dann, wenn dort aber die Standards geringer sind als im Land der befürchteten oder tatsächlichen Einwirkungen oder diese Einwirkungen ganz anders eingeschätzt oder geleugnet werden, bleibt nur der Rechtsschutz im Land des drohenden oder bereits erfolgten Schadenseintritts.

---

[52] Dafür etwa *Krzymuski* (o. Fn. 5), S. 58 f.
[53] Z. B. *Kadner Graziano*, RabelsZ 73 (2009), 1 (50). – Gegen das Äquivalenzerfordernis etwa *Mankowski*, IPRax 2010, 389 (392); *Rüppell* (o. Fn. 49), S. 225 f., 258.
[54] *Rüppell* (o. Fn. 49), S. 220 ff., 258.

Zivilrechtlich droht eine Beschränkung der Haftung und des Umweltschutzes durch eine anspruchsbeschränkende Berücksichtigung einer ausländischen Betriebsgenehmigung. Ihre völlige Nichtbeachtung ist allerdings vor dem Hintergrund des Rechts der Union, aber auch des nationalen Umweltrechts kaum mehr vertretbar. Der Schutz durch die mehrfache Anknüpfung, vor allem an den Erfolgsort nach Art. 7 Rom II-VO, darf freilich nicht durch die unbedingte Berücksichtigung einer ausländischen Genehmigung konterkariert werden.

Einer ausländischen Betriebsgenehmigung kann daher nur eine eingeschränkte Wirkung eingeräumt werden. Allerdings besteht trotz unterschiedlicher Begründungen und Abweichungen im Detail ein gewisser Konsens bezüglich bestimmter Mindestanforderungen und der Einhaltung des inländischen Schutzstandards. Freilich kann das Bemühen um eine effektive privatrechtliche Umwelthaftung nicht darüber hinwegtäuschen, dass bei der Verwirklichung des Umweltschutzes dem öffentlichen Recht insgesamt das Hauptgewicht zukommt. Die privatrechtliche Umwelthaftung kann nur ihren Beitrag dazu leisten.

Umweltgerechtigkeit auf dem Weg zum Rechtsbegriff?

Von *Klaus Meßerschmidt*

I. Ausgangspunkt

Der Begriff der Umweltgerechtigkeit gehört zu jenen ebenso eingängigen wie schillernden Termini, die es – anders als die Kategorie der Systemgerechtigkeit, der die vielbeachtete Habilitationsschrift des Jubilars gewidmet ist – nicht in das Oberhaus (mehr oder weniger) approbierter juristischer Topoi geschafft haben.[1] Dies dürfte nicht nur damit zusammenhängen, dass ihr keine Würdigung auf vergleichbarem Niveau vergönnt war, sondern tiefere Gründe haben. Während Systemgerechtigkeit primär eine intellektuelle Anstrengung voraussetzt, begibt man sich mit der Umweltgerechtigkeit auf das seit jeher verminte Gelände konfligierender Gerechtigkeitsvorstellungen. Freilich besitzt auch die Systemgerechtigkeit, die über das Konsistenzgebot längst in die Rechtsprechung des Bundesverfassungsgerichts Einzug gehalten hat, eine gesellschaftliche und interessenpolitische Dimension, die ihre Umsetzung erschwert und manche Abweichung erklärt. Dennoch kommt der „Umweltgerechtigkeit" in der nicht unveränderlichen Welt der Rechtsbegriffe ein Kandidatenstatus zu, zumal ähnlichen zunächst nur politischen Begriffen wie „Nachhaltigkeit" der Aufstieg in die Gesetzes- und Rechtssprache gelungen ist.[2] Der Umstand, dass der Begriff der Umweltgerechtigkeit in jüngster Zeit zur Klammer einer staatlich geförderten interdisziplinären Diskussion mit insbesondere gesundheits- und umweltpolitischem Anspruch geworden ist („Querschnittsthema Umweltgerechtigkeit"),[3] verleiht dem Thema, das seit zwei Jahrzehnten auch von Rechtswissenschaft-

---

[1] Hierüber belehrt schon ein Blick in juristische Datenbanken. Der Suchbegriff „Umweltgerechtigkeit" bringt es auf gerade einmal 46 Treffer bei Beck-Online, wovon ein großer Teil nicht einmal einschlägig ist. In derselben Datenbank begegnet der Begriff „Nachhaltigkeitsprinzip" 623 Mal, von den fast 50.000 Einträgen des Grundworts „Nachhaltigkeit" ganz zu schweigen (zuletzt aufgerufen am 21. 9. 2015). In diesem Zusammenhang sei nicht verkannt, dass *Peine* die Systemgerechtigkeit gerade nicht zu einem pauschalen Verfassungspostulat erhebt, sondern lediglich Teilgehalte anerkennt (vgl. zusammenfassend *Franz-Joseph Peine*, Systemgerechtigkeit, 1985, S. 299 ff.).

[2] Vgl. nur *Kahl* (Hrsg.), Nachhaltigkeit als Verbundbegriff, 2008.

[3] Vgl. insbes. *Christa Böhme/Thomas Preuß/Arno Bunzel/Bettina Reimann/Antje Seidel-Schulze/Detlef Landura*, Umweltgerechtigkeit im städtischen Raum. Strategien und Maßnahmen zur Minderung sozial ungleich verteilter Umweltbelastungen (Difu-Papers), 2014, S. 3; *Bolte/Bunge/Hornberg/Köckler/Mielck* (Hrsg.), Umweltgerechtigkeit. Chancengleichheit bei Umwelt und Gesundheit: Konzepte, Datenlage und Handlungsperspektiven, Bern 2012;

lern in Deutschland bearbeitet wird[4] und an die in den USA schon seit den 1970er Jahren geführte „Environmental Justice"-Debatte anknüpft, erhöhte praktische Relevanz. Es ist keineswegs nur ein neues Sprachspiel der „Umweltkommunikation".[5] Zugleich zeichnet sich jedoch auch die Gefahr einer thematischen Verengung und einseitigen Problemwahrnehmung ab.

Wenn eine Abhandlung dieses Themas einen weitergehenden Sinn haben soll als den Wunsch, zwei Forschungsschwerpunkte von *Franz-Joseph Peine* abzubilden, ist es zunächst erforderlich, seine verschiedenen Bedeutungsschichten freizulegen. Die Verknüpfung des Umweltbegriffs mit dem Gerechtigkeitspostulat kann ganz Unterschiedliches bedeuten. Vertreter der ökologischen Ethik werden hiermit die fundamentale Frage verbinden, ob und inwieweit der Natur in der heutigen anthropogen geprägten Umwelt Gerechtigkeit widerfahren kann. Diese Problematik soll hier nicht verhandelt werden, weil sie im Rahmen der Diskussion um Eigenrechte der Natur und der Ökozentrik versus Anthropozentrik-Kontroverse ihren angemessenen Standort gefunden hat[6] und mit ihrer Umetikettierung nichts gewonnen wäre. Deshalb soll der Begriff der Umweltgerechtigkeit so, wie es dem bisherigen überwiegenden Wortgebrauch entspricht, allein auf das Verhältnis von Mensch und Umwelt bezogen werden. Auch hier lassen sich mehrere Begriffsdimensionen unterscheiden: eine räumliche, eine zeitliche und eine mit den beiden vorigen sich überlagernde soziale Dimension.[7] Damit steht zugleich fest, dass der Begriff nicht im trivialen Sinne von Umweltkonformität verstanden werden soll. Ein solcher Gebrauch des Wortes „umweltgerecht" ist durchaus sinnvoll, bezeichnet aber nur die Sachangemessenheit[8] einer Regelung und bleibt hinter der Komplexität des Begriffs Umweltgerechtigkeit, der primär im Bezug zur Verteilungsgerechtigkeit, aber auch zur Tausch- und Verfahrensgerechtigkeit steht, zurück.[9] Der hiesigen Betrachtung soll indes keine Be-

---

Claudia Hornberg/Christiane Bunge/Andrea Pauli, Strategien für mehr Umweltgerechtigkeit. Handlungsfelder für Forschung, Politik und Praxis, 2011 und *Hornberg/Pauli* (Hrsg.), Umweltgerechtigkeit – die soziale Verteilung von gesundheitsrelevanten Umweltbelastungen, 2009 sowie bereits *Heiko Grunenberg/Udo Kuckartz*, Umweltbewusstsein im Wandel, 2003.

[4] Vgl. insbesondere *Carl F. Gethmann/Michael Kloepfer/Sigrid Reinert*, Verteilungsgerechtigkeit im Umweltstaat, 1995 und *Michael Kloepfer*, Umweltgerechtigkeit. Environmental Justice in der deutschen Rechtsordnung, 2006; zuletzt *Andreas Hermann/Silvia Schütte/Martin Schulte/Kathleen Michalk*, Gerechtigkeit im Umweltrecht (UBA Texte 73/2015), 2015.

[5] Von einer „neue(n) Chance für die Umweltkommunikation" spricht *Michael Wehrspaun*, Umweltgerechtigkeit und Ökologische Gerechtigkeit, in: Hornberg/Pauli (o. Fn. 3), S. 59 (64).

[6] Dazu zusammenfassend *Schulte* (o. Fn. 4), S. 50 f. m. w. N.

[7] Vgl. *Kloepfer* (o. Fn. 4), S. 20; speziell zur räumlichen Dimension *Michael Kloepfer*, Environmental Justice und geographische Umweltgerechtigkeit, DVBl 2000, 750 ff.

[8] Vgl. etwa EuGH, Urteil vom 4.12.2003 – Rs. 448/01 – Slg. 2003, I-14527 (Wienstrom) Rdnr. 15.

[9] Diese Verwechslungsgefahr würde durch den von Schulte vorgeschlagenen alternativen Leitbegriff der „Gerechtigkeit im Umweltrecht" vermieden (*Schulte* [o. Fn. 4], S. 43). Doch reicht dies nicht, um einen etablierten Begriff zu ersetzen, zumal die Autoren selbst sich auf den „Diskurs zur Umweltgerechtigkeit" beziehen.

griffsdefinition¹⁰ vorgeschaltet werden, die mit dem zusätzlichen Problem der Positionsbestimmung innerhalb einer Vielzahl von allgemeinen Gerechtigkeitstheorien verbunden wäre.¹¹ Deren heuristischer Wert würde an ihrer normativen Unverbindlichkeit nichts ändern. Zudem führt der Pluralismus der Gerechtigkeitstheorien dazu, dass sich fast jede juristische Gestaltung wenigstens nach *einer* Gerechtigkeitstheorie rechtfertigen und nach einer anderen verwerfen lässt. Selbst wenn die „Theorie der Gerechtigkeit" von *John Rawls* sich als „‚Supercode' des Rechts" durchgesetzt haben sollte,¹² müsste diese hier schon deshalb ausgespart werden, weil ihre Verknüpfung mit dem Thema dieses Beitrags für sonstige Aussagen keinen Raum lassen würde. Auch wird auf begriffliche Differenzierungen wie zwischen Umweltgerechtigkeit und ökologischer Gerechtigkeit verzichtet,¹³ da diese letztlich beliebig sind und sich vor die Sachfragen schieben, um deren Bewältigung es letztlich geht. Bedauerlicher ist, dass die wichtige Relation von Gerechtigkeitsvorstellungen und ökonomischer Effizienz ausgeblendet wird, obwohl diese eine Vertiefung verdient.¹⁴ Schließlich sei noch vorausgeschickt, dass nicht jeder erlittene Nachteil durch Veränderungen der Umwelt, wie etwa der Verlust des Fernblicks durch Bebauung,¹⁵ und jeder qualitative Unterschied der Umweltausstattung thematisiert werden sollen. Soweit es sich hierbei überhaupt um eine Frage der Umweltgerechtigkeit handelt, verhindern jedenfalls Erheblichkeitsschwellen ein Ausufern von Abwehr-, Teilhabe- und Ausgleichsansprüchen. Im Mittelpunkt stehen vielmehr Hintergründe und Lösungsansätze von Rechtsfragen, die der Jubilar lange vor der Begriffsprägung „Umweltgerechtigkeit" exemplarisch behandelt hat, als er sich in seiner Dissertationsschrift mit „Rechtsfragen der Einrichtung von Fußgängerstraßen" befasste und nach dem Rechtsschutz gegen lärmerhöhende Maßnahmen im Rahmen einer lasten-

---

¹⁰ Von einer Begriffsdefinition wird in Anbetracht des Blankettcharakters der Umweltgerechtigkeit (so *Schulte* [o. Fn. 4], S. 43) bewusst abgesehen. Dass es an einer „allgemeingültigen Definition" fehlt (so *Nina Dieckmann*, Umweltgerechtigkeit in der Stadtplanung, NVwZ 2013, 1575 [1575]), ist alles andere als überraschend. Zu sehr auf städteplanerische Förderprogramme fokussiert sind die Definitionen von *Gabriele Bolte/Christiane Bunge/Claudia Hornberg/Heike Köckler/Andreas Mielck*, Umweltgerechtigkeit durch Chancengleichheit, in: dies. (o. Fn. 3), S. 15 (23) und *Böhme/Preuß/Bunzel/Reimann/Seidel-Schulze/Landura* (o. Fn. 3), S. 5, wonach Umweltgerechtigkeit ein „normatives Leitbild" darstellen soll, „das auf die Vermeidung und den Abbau der sozialräumlichen Konzentration gesundheitsrelevanter Umweltbelastungen sowie die Gewährleistung eines sozialräumlich gerechten Zugangs zu Umweltressourcen orientiert".

¹¹ Vgl. zu diesen jedoch *Kloepfer* (o. Fn. 4), S. 30 ff. und vertiefend *Schulte* (o. Fn. 4), S. 46 ff.

¹² So *Schulte* (o. Fn. 4), S. 44.

¹³ Vgl. jedoch z. B. *Schulte* (o. Fn. 4), S. 49 f. und *Wehrspaun* (o. Fn. 5), S. 59.

¹⁴ Vgl. nur *Ralph Czarnecki*, Verteilungsgerechtigkeit im Umweltvölkerrecht, 2008, S. 46 ff. m. w. N. und *Gerard C. Rowe*, Gerechtigkeit und Effizienz im Umweltrecht, in: Gawel (Hrsg.), Effizienz im Umweltrecht, 2001, S. 303.

¹⁵ VGH München, Urteil vom 28.7.2011 – 15 N 10.582 – BeckRS 2011, 56574; OVG Saarlouis, Beschluss vom 27.5.2010 – 2 B 95/10 – NZBau 2010, 493: kein Anspruch auf unverbaute Aussicht.

umverteilenden „Verkehrsberuhigungspolitik" fragte. Er hat dort dafür plädiert, die Einrichtung von Fußgängerstraßen „auch unter dem Aspekt der Benachteiligung für die Anwohner offener Straßen zu sehen und ihre Interessen unter dem Aspekt der Verkehrswegeplanung mit zu berücksichtigen".[16] Deshalb ehrt dieser Beitrag auch einen frühen Verfechter von Umweltgerechtigkeit.

II. Allgemeine Betrachtung

1. Dimensionen von Umweltgerechtigkeit

a) Umweltgerechtigkeit im Raum

Im Mittelpunkt des Interesses steht zunächst die ungleichmäßige geographische Verteilung von Umweltbelastungen auf lokale und soziale Gruppen oder gar Nationen. Emissionsträchtige oder auf andere Weise störende Großprojekte, seien es Flughäfen, Fernstraßenbauten, Bahn- und Stromtrassen, früher Kraftwerke und heute Windparks, Entsorgungsanlagen und Deponien, einschließlich der Standortwahl für atomare Zwischen- und Endlager,[17] oder Industrieanlagen, aber auch Maßnahmen der Verkehrslenkung sind regelmäßig mit Lasten für die Anlieger und unvermeidlich einseitigen Lastenverteilungen verbunden.[18] Auch wenn sich hinter manchem Protest nur das unter der christlichen Leitkultur mit Sankt Florian assoziierte NIMBY-Prinzip verbirgt, wäre es eine Problemverkürzung, die Sache hiermit abtun zu wollen. Zu den spektakulären Beispielen gehören technische Großschadensereignisse (Tschernobyl und Fukushima) bis hin zur prognostizierten Überflutung eines pazifischen Inselstaats infolge des Klimawandels. Besondere Rechtsfragen stellen sich im Umweltvölkerrecht. Hier waren es sogar umweltgerechtigkeitsaffine Themen, die – wie im berühmten Trail-Smelter-Fall – zur Entstehung des Umweltvölkerrechts maßgeblich beigetragen haben.[19] Schließlich ist daran zu erinnern, dass der (nach wie vor auch völkerrechtlich akute) Streit um Wasserrechte und die Wasserregulierung zu den historischen Grundlagen der Entstehung der Rechts- und Staatsordnung überhaupt gezählt werden.[20] Dies unterstreicht die Bedeutung von Umweltgerechtigkeit für das Recht.

---

[16] *Franz-Joseph Peine*, Rechtsfragen der Einrichtung von Fußgängerstraßen, 1979, S. 249 und *ders.*, Rechtsprobleme des Verkehrslärmschutzes, DÖV 1988, 937 (948 f.).

[17] Hierzu unter dem Gesichtspunkt der Umweltgerechtigkeit *Kloepfer* (o. Fn. 4), S. 185 ff.

[18] *Kloepfer* (o. Fn. 4), S. 97 ff., behandelt außerdem u. a. Mobilfunkanlagen.

[19] Vgl. zum Ganzen *Czarnecki* (o. Fn. 14).

[20] Vgl. insbesondere *Karl August Wittfogel*, Die Theorie der asiatischen Gesellschaft, Zeitschrift für Sozialforschung 1938, 90.

b) Umweltgerechtigkeit in der Zeit

Aufgrund der langfristigen und zeitversetzten Auswirkungen von Umweltbelastungen ergibt sich die Problematik der Belastung künftiger Generationen durch heutige umweltbeanspruchende Aktivitäten. Diese Problematik wird ausgiebig unter verschiedenen Leitbegriffen wie Nachhaltigkeit, Zukunftsvorsorge oder der (etwas morbide klingenden) Nachweltverantwortung diskutiert. In der Sache geht es um die ökologische Seite der intergenerationellen Gerechtigkeit. Gegenüber dem übrigen Umweltgerechtigkeitsdiskurs behauptet diese Thematik inzwischen eine weitgehende Eigenständigkeit, weshalb es gerechtfertigt ist, sie zwar in den Kontext der Umweltgerechtigkeit einzuordnen, an dieser Stelle aber nicht zu vertiefen.[21] In Anbetracht der nicht nur ethisch schwierigen, sondern auch methodisch komplexen Fragen, wie etwa der Diskontierung zukünftiger Interessen, bedeutet dies eine wesentliche Entlastung. Für diese Ausgrenzung spricht nicht zuletzt auch der Umstand, dass die Verantwortung für die künftigen Generationen über Art. 20a GG explizit Einzug in das Verfassungsrecht gehalten hat, während die Umweltgerechtigkeit im Übrigen allenfalls einen mittelbaren Schutz erfährt. So plausibel es ist, dass künftige Generationen vor dem Egoismus der heute lebenden und ihrem Raubbau an den natürlichen Ressourcen bewahrt werden sollen, birgt der Topos der Zukunftsverantwortung doch das Risiko utopischer Übersteigerung. Soweit ihre Verfechter den Angehörigen der heute lebenden Generationen Opfer zugunsten zukünftiger Generationen abverlangen, stellt sich sogar die Frage, ob sich in diesem Altruismus nicht ein totalitärer Kern verbirgt, war es doch ein Kennzeichen aller bisherigen Totalitarismen, im Namen einer goldenen Zukunft heroische Taten oder Entsagung zu fordern.[22]

c) Umweltgerechtigkeit in der Gesellschaft

Ausgehend von der räumlichen Verteilung von Umweltbelastungen und Umweltschutzmaßnahmen, gelangt man rasch dazu, in der Umweltgerechtigkeit einen Unterfall sozialer Verteilungsgerechtigkeit zu sehen. Sowohl die Errichtung umweltbelastender Anlagen als auch umgekehrt viele Umweltschutzmaßnahmen erzeugen Gewinner und Verlierer. Während dies bei emittierenden Anlagen sofort einleuchtet, tut man sich mit der Anerkennung der Verteilungswirkungen von Umweltschutzmaßnahmen schwerer. Dabei liegen auch diese auf der Hand. Als Beispiel möge der häufige Fall von Verkehrsberuhigungsmaßnahmen dienen, die mit einer Umlenkung von Verkehrsströmen auch die Umweltbelastungen umverteilen. Ob eine innerörtliche Straße zur „Opferstrecke" wird, weil dadurch eine andere beruhigt wird oder weil sie der Erschließung eines neuen Wohn- oder Gewerbegebiets dient, ist für die Anlieger letztlich gleichgültig. Eine Zuspitzung erfährt die Frage der Verteilungsge-

---

[21] Vgl. statt dessen *Wolfgang Kahl*, „Soziale Gerechtigkeit" oder Generationengerechtigkeit?, ZRP 2014, 17 ff. und *Astrid Strack*, Intergenerationelle Gerechtigkeit, 2015.
[22] Ähnlich *Karl R. Popper*, Die offene Gesellschaft und ihre Feinde, Bd. 2, 8. Aufl. 2003, S. 277.

rechtigkeit in Anbetracht der Alternative, Umweltbelastungen entweder möglichst gleichmäßig zu verteilen oder aber zu bündeln.[23] Damit ist *eine* wichtige soziale Dimension von Umweltgerechtigkeit bezeichnet.

Eine weitere soziale Dimension gerät in den Blick, wenn man nicht allein auf die konkrete Betroffenheit durch Umweltbelastungen, sondern auf den sozialen Status der Opfer abstellt. Dies ist beispielsweise der Fall, wenn festgestellt wird, dass Mitglieder sozial schwacher Gruppen häufiger Umweltbelastungen ausgesetzt sind als Angehörige der Mittel- und Oberschicht. Erhöhte Umweltbelastung erscheint dann als Begleiterscheinung sozialer Diskriminierung. Infolge von Umweltschutz und Entindustrialisierung gehören von Zementstaub bedeckte oder in Abgaswolken der benachbarten Fabrik getauchte Arbeitersiedlungen in Deutschland zwar weitgehend der Vergangenheit an, andere Arten von umweltbelastenden Anlagen, wie Verkehrswege, Stromtrassen und Windparks, liefern jedoch aktuelle Beispiele räumlich ungleichmäßiger Verteilung mit erheblichen wirtschaftlichen und sozialen Folgewirkungen.[24]

In den USA wird „environmental justice" darüber hinaus regelmäßig mit ethnischer Diskriminierung in Verbindung gebracht.[25] So wird etwa angeprangert, dass bei der Bewältigung der Folgen der Sturmflut „Katrina", die vor Jahren weite Teile von New Orleans verwüstete, die weiße und reiche Bevölkerung gegenüber der farbigen Mehrheit begünstigt werde. Darüber hinaus wird an ein Ereignis aus dem Jahr 1927 erinnert, als in New Orleans ein Damm gesprengt und das arme und farbige Lower 9th Ward geflutet wurde, um reiche, weiße Nachbarschaften zu retten.[26] Die ausufernde Literatur taugt jedoch nicht nur wegen des anderen juristischen Umfelds, sondern auch wegen ihrer USA-spezifischen Fokussierung, die den Umweltschutz zu einem Anhängsel der „race and gender issues" degradiert,[27] nicht als Vorbild. Sie ist auch für die Verhältnisse der USA unterkomplex. So sind etwa

---

[23] Hierzu näher *Michael Kloepfer*, Aspekte der Umweltgerechtigkeit, JöR NF 56 (2008), 1 (13 f.) und *Arndt Schmehl*, Umweltverteilungsgerechtigkeit – Probleme und Prinzipien einer gerechten räumlichen Zuordnung von Umweltqualität und Umweltnutzungsoptionen, in: Hendler/Marburger/Reinhardt/Schröder (Hrsg.), Jahrbuch des Umwelt- und Technikrechts 2005 (UTR 83), 2005, S. 91 (93 f.). Vgl. auch BVerwGE 150, 286 (292) m. w. N.

[24] Vgl. zur Forderung einer gerechten räumlichen Zuordnung von Umweltqualität und Umweltnutzungsoptionen auch *Schmehl* (o. Fn. 23), S. 92.

[25] Vgl. insbesondere *Kloepfer* (o. Fn. 4), S. 57 ff. und *Rowe* (o. Fn. 14), S. 319 f.

[26] NZZ vom 1.9.2015, S. 25.

[27] Anschaulich *Dorceta E. Taylor*, The Rise of the Environmental Justice Paradigm, American Behavioral Scientist vol. 43 No. 4 (2000), 508 ff. Vgl. auch die Definition der EPA von environmental justice als „fair treatment for people of all races, cultures, and incomes, regarding the development of environmental laws, regulations and policies" und die Executive Order 12.898 des Präsidenten *Clinton* vom 11.2.1994 (3 C.F.R. 859 [1995]). Von unfreiwilliger Komik ist etwa das Bemühen, die Errichtung eines Nationalparks im nördlichen Bundesstaat Maine im Kontext von „environmental justice" zu diskutieren, „although Maine has relatively few minorities", so *Bonnie Docherty*, Maine's North Woods: environmental justice and the national park proposal, Harvard Environmental Law Review vol. 24 No. 2 (2000), 537 (Internet-Ausdruck p. 4).

vom Fracking, welches ganze Landstriche verwüstet, typischerweise keine afroamerikanischen „Neighborhoods",[28] sondern eher von „WASPS" bewohnte ländliche Gebiete und Kleinstädte betroffen. Unverkennbar hofft die „environmental justice"-Bewegung darauf, an die Erfolge des „civil rights movement" anknüpfen zu können.[29] Sie deckt zudem Fragestellungen ab, die hierzulande selbständig unter dem Rubrum „Partizipation" behandelt werden. Beim Thema „Umweltgerechtigkeit" handelt es sich deshalb nicht um einen Unterfall des allgemeineren Antidiskriminierungsdiskurses. Auch muss man sich in Europa nicht jeden „amerikanischen Schuh" anziehen und sollte die Spezifika der Geschichte und Gesellschaft der Vereinigten Staaten in Rechnung stellen. Dennoch finden sich rasch Sozialwissenschaftler ein, die eine Parallele dahingehend ziehen, dass stark verkehrsbelastete oder nahe an Gewerbegebieten gelegene Straßen einen überdurchschnittlichen Migrantenanteil unter der Wohnbevölkerung aufweisen.[30]

Bevor man sich auf den Diskriminierungsdiskurs einlässt, ist daran zu erinnern, dass der Begriff der Verteilungsgerechtigkeit nicht einheitlich verstanden wird, sondern über eine Vielzahl von teilweise miteinander konkurrierenden Verteilungskriterien konstituiert wird. Am meisten genannt werden Gleichheit, Proportionalität, Angemessenheit, Billigkeit, Leistung und Bedürftigkeit.[31] Von den allgemein anerkannten Kriterien (neben den zuvor genannten wertenden Kriterien Losentscheid, Kopf-Prinzip und Prioritätsprinzip)[32] dominieren im Umweltrecht Prioritätsprinzip und wertende, insbesondere technische, ökologische und hygienisch-medizinische Kriterien. Unter diesen Verteilungsregeln besteht ein Spannungsverhältnis. So erzeugt etwa das für die immissionsschutzrechtliche Anlagengenehmigung geltende Prioritätsprinzip im Verbund mit dem Bestandsschutz das Newcomer-Problem[33] und geht häufig zu Lasten ökonomischer und ökologischer Effizienz. Überdies sind nüchterne ökonomische Tatsachen zu berücksichtigen. Der von der Environmental-Justice-Schule und ihren deutschen Adepten betonte Zusammenhang zwischen Umwelt- und Gesundheitsbelastung und sozialem Status[34] ist weniger strikt und durchgängig als angenommen wird. Die Wahl eines belasteten Wohnorts muss nicht immer die Zahlungs*fähigkeit* widerspiegeln, sondern kann auch auf ge-

---

[28] Dazu stellvertretend für viele *Barry E. Hill*, Chester, Pennsylvania – was it a classic example of environmental injustice?, Vermont Law Review vol. 23 No. 3 (1999), 479 ff.

[29] So z. B. explizit *Julia B. Latham Worsham*, Disparate impact lawsuits under Title VI, Section 602: Can a legal tool build environmental justice?, Boston College Environmental Affairs Law Review vol. 27 No. 4 (2000), 631 ff. (Internet-Ausdruck, p. 20).

[30] *Böhme/Preuß/Bunzel/Reimann/Seidel-Schulze/Landura* (o. Fn. 3), S. 12.

[31] *Kloepfer* (o. Fn. 4), S. 32 m. w. N. Vgl. auch *Schulte* (o. Fn. 4), S. 60 ff.

[32] *Kloepfer/Reinert* (o. Fn. 4), S. 65 ff.

[33] Hierzu nur *Kloepfer* (o. Fn. 23), S. 16 f. und *Kloepfer/Reinert* (o. Fn. 4), S. 84 f.

[34] Vgl. nur *Böhme/Preuß/Bunzel/Reimann/Seidel-Schulze/Landura* (o. Fn. 3), S. 3; *Bolte/Bunge/Hornberg/Köckler/Mielck* (o. Fn. 3); *Werner Maschewsky*, Umweltgerechtigkeit, Public Health und soziale Stadt, 2001 und *Dieckmann*, NVwZ 2013, 1575 ff.

ringerer Zahlungs*bereitschaft* beruhen.³⁵ Zudem sind es regelmäßig gerade nicht die sozial schwächsten Gruppen, sondern Grundstückseigentümer, die Klage darüber führen, dass ihr Eigentum durch umweltbelastende Vorhaben entwertet wird. Es erscheint daher sinnvoll, die soziale Dimension von Umweltbelastungen umfassender zu bestimmen: Sie resultiert allgemein daraus, dass Nutznießer und Betroffene von Umweltbelastungen auseinanderfallen können.³⁶ Dies gilt nicht zuletzt auch in zeitlicher Hinsicht. Auch der Zusammenhang zwischen Umweltgerechtigkeit und Chancengleichheit³⁷ wird in Anbetracht einer Vielzahl anderer Einflussfaktoren mitunter übergewichtet. Richtig ist allerdings, dass wirtschaftlich starke Umweltnutzer dem Durchschnittsbürger und Umweltschutzvereinigungen häufig schon dadurch überlegen sind, dass sie in Rechtsstreitigkeiten über den Beistand teurerer, oft auch besserer und einflussreicherer Rechtsanwaltskanzleien verfügen. Es handelt sich hierbei um ein allgemeines strukturelles Ungleichgewicht der Rechtsordnung, das sich, unbeschadet der *de jure* gewährleisteten Waffengleichheit, auch in mangelnder Umweltgerechtigkeit niederschlagen kann und dem die „Opfer" letztlich nur das unsichere Mittel der Mobilisierung³⁸ und Emotionalisierung des Konflikts entgegensetzen können. Unbeschadet mancher Relativierung lässt sich ein Zusammenhang zwischen sozialer Diskriminierung und erhöhter Gesundheits- und Umweltbelastung somit nicht bestreiten. Deshalb wird die Stadtplanung zu einem Handlungsfeld, in dem das Thema „Umweltgerechtigkeit" an Bedeutung gewinnt.³⁹ In diesem Kontext wird auch über Zugangsgerechtigkeit im Sinne eines „gleichberechtigten Zugangs zu Umweltressourcen" gesprochen.⁴⁰

Der Gedanke einer „gerechte(n) Verteilung von Verbrauchsrechten" durch Kontingentierung und Kapazitätsbegrenzung lässt sich ins Allgemeine wenden und auf das gesamte Umweltrecht beziehen.⁴¹ Soweit es speziell um den Zugang zu Erholungsflächen geht, sind die im Naturschutz- und Forstrecht geregelten Betretungs-

---

[35] Vgl. auch die Hinweise von *Kloepfer* (o. Fn. 23), S. 6 und *Rowe* (o. Fn. 14), S. 320 f. Der Zusammenhang zwischen Umweltbelastungen und Zahlungsbereitschaft bildet im Übrigen in der klassischen Umweltökonomie die von Nichtökonomen mitunter belächelte methodische Grundlage für die Monetarisierung von Umweltschäden.

[36] *Kloepfer* (o. Fn. 4), S. 20.

[37] *Bolte/Bunge/Hornberg/Köckler/Mielck,* Umweltgerechtigkeit durch Chancengleichheit, in: dies. (o. Fn. 3), S. 15.

[38] Vgl. *Johannes Masing*, Die Mobilisierung des Bürgers für die Durchsetzung des Rechts, 1996.

[39] Vgl. *Umweltbundesamt* (Hrsg.), Umweltgerechtigkeit im städtischen Raum – Entwicklung von praxistauglichen Strategien und Maßnahmen zur Minderung sozial ungleich verteilter Umweltbelastungen, 2014; auszugsweise veröffentlicht in *Böhme/Preuß/Bunzel/Reimann/Seidel-Schulze/Landura* (o. Fn. 3); *Dieckmann*, NVwZ 2013, 1575 ff. und diverse Beiträge in UMID (Umwelt und Mensch Informationsdienst) 2/2014, Schwerpunkt: Umwelt und Gesundheit in Stadtentwicklung und -planung, 2014.

[40] *Böhme/Preuß/Bunzel/Reimann/Seidel-Schulze/Landura* (o. Fn. 3), S. 5.

[41] Vgl. *Johannes Caspar*, Ökologisierte Verteilungsgerechtigkeit und moderner Rechtsstaat am Beispiel des Klimaschutzes, ARSP 83 (1997), 338 (353).

rechte (§ 59 BNatSchG und § 14 BWaldG) und die aus dem landesverfassungsrechtlich garantierten Recht auf Naturgenuss folgenden Regelungen über Bereitstellen und Freihalten von Ufergrundstücken und sonstigen erholungsrelevanten Grundstücken (§§ 61 und 62 BNatSchG) berührt. Auch wenn die juristische Diskussion nicht zuletzt mit sozialen Argumenten geführt wird, soll dieser Fragenkreis hier nicht vertieft werden.[42]

Darüber hinaus empfiehlt es sich jedoch, auch die Arbeits- und Umweltbedingungen in Drittweltstaaten in den Blick zu nehmen, welche unseren Markt mit billigen Konsumgütern versorgen, wobei die gesundheitsschädlichsten Produkte, wie insbesondere schadstoffbelastete Textilien, wiederum für die ärmeren Bevölkerungsschichten der reichen Nationen bestimmt sind. In Teilen der internationalen Diskussion wird der Begriff der Umweltgerechtigkeit denn auch in einen engen Zusammenhang mit Globalisierung und Nord-Süd-Konflikt gestellt und mutiert zu einem Kampfbegriff, mit dem einerseits Kompensationszahlungen des reichen Nordens eingefordert und andererseits geringere Umweltschutzstandards der Entwicklungs- und Schwellenländer gerechtfertigt werden.[43]

Die Frage der Verteilungsgerechtigkeit bildet zudem die Klammer zu einem anderen Aspekt von Umweltgerechtigkeit, der Frage nämlich, wer die Kosten der Umweltbelastungen bzw. des Umweltschutzes tragen soll. Diese zweite Fragestellung wird häufig losgelöst vom allgemeinen Umweltgerechtigkeitsdiskurs allein unter dem Rubrum „Verursacherprinzip" geführt. Es wird vorgeschlagen, beide Diskussionen miteinander zu verbinden und zur Vermeidung von Verwechslungen im ersten Fall von „primärer Umweltgerechtigkeit" und im zweiten von „sekundärer Umweltgerechtigkeit" zu sprechen. Schließlich lässt sich auch eine Brücke schlagen zwischen dem Postulat der Umweltgerechtigkeit und den wirtschaftsliberalen Plänen einer Privatisierung von Umweltressourcen.[44]

2. Konstellationen von Umweltgerechtigkeit

Damit ist man bei der Frage angelangt, in welchen Konstellationen Gerechtigkeitsprobleme im Zusammenhang mit Umweltschutz auftreten können. Grundsätzlich zu unterscheiden sind Gerechtigkeitsprobleme *von* Umweltbelastungen und Gerechtigkeitsprobleme *durch* Umweltschutzmaßnahmen. Deshalb sind nicht nur die

---

[42] Vgl. jedoch *Martin Burgi*, Erholung in freier Natur. Erholungssuchende als Adressaten staatlichen Umweltschutzes vor dem Hintergrund von Gemeingebrauch, Betretungsrecht und Grundrecht, 1993 und *Klaus Meßerschmidt*, Bundesnaturschutzrecht Kommentar, Loseblatt (127. Lfg. Dez. 2015), Vor §§ 59–62, §§ 59–62 BNatSchG.

[43] Vgl. *Carmen G. Gonzalez*, Environmental justice and international environmental law, in: Alam et al. (eds.), Routledge Handbook of International Environmental Law, London 2013, pp. 77 ff. Zur parallelen Diskussion um „Greening of Sovereignty" und die Stellung der Umweltgüter im Völkerrecht *Wolfgang Durner*, Common Goods, 2000.

[44] Vgl. *Silke Ruth Laskowski*, Das Menschenrecht auf Wasser, 2010. Pointiert *Markus Henn/Chistiane Hansen* et al., Wasser ist keine Ware, 2012.

sozialen Implikationen der Verteilung von Umweltbelastungen, sondern auch die verteilungspolitischen Voraussetzungen und Konsequenzen von Umweltschutzmaßnahmen zu reflektieren. Diese zweite Fragestellung überschneidet sich mit der soeben vorgeschlagenen Unterscheidung von primärer und sekundärer Umweltgerechtigkeit, ist damit jedoch nicht deckungsgleich.

a) Ungerechtigkeit von Umweltbelastungen

Umweltbelastungen kann man als ungerecht bezeichnen, wenn und soweit sie anthropogen verursacht sind. Wie jede Schädigungshandlung werfen sie die Frage nach dem geschuldeten Ausgleich und, soweit es noch nicht zum Schadensereignis gekommen ist, nach der Prävention und der Präventionsverantwortung auf. Nur deshalb ergibt der auf den ersten Blick absurde Topos „Fair Weather" einen Sinn.[45]

Zugleich impliziert die Einführung von Gerechtigkeitskonzepten in das Umweltrecht, dass Umweltbelastung weder als schicksalhaft hingenommen noch der Verteilungslenkung durch den Markt und der „market justice" unbegrenzt anvertraut wird. Vielmehr werden Umweltressourcen wegen oder auch trotz ihres Knappheitscharakters als öffentliche Güter behandelt[46] und/oder einer strengen Marktregulierung unterworfen. Das in den letzten Jahren stark gewachsene juristische Interesse am Umgang mit Knappheit und an staatlicher Verteilungslenkung[47] dürfte sich für die weitere Etablierung des Themas „Umweltgerechtigkeit"[48] im juristischen Diskurs als

---

[45] Vgl. den gleichnamigen Buchtitel von *Toth* (ed.), Fair Weather? Equity Concerns in Climate Change, London 1998. Hinter der Frage nach der „ungerechten Natur" (vgl. *Kloepfer* [o. Fn. 23], S. 1) verbirgt sich die grundsätzliche Problematik der Unterscheidung von Schicksal und Unrecht. Diese ist immerhin so wichtig, dass sie als einleitender Satz einer bedeutenden rechtsphilosophischen Untersuchung gewählt wurde: „When is a disaster a misfortune and when is it an injustice?" (*Judith N. Shklar*, The Faces of Injustice, New Haven 1988, p. 1).

[46] Vgl. nur *Dietrich Murswiek*, Die Nutzung öffentlicher Umweltgüter: Knappheit, Freiheit, Verteilungsgerechtigkeit, in: Gröschner/Morlok (Hrsg.), Rechtsphilosophie und Rechtsdogmatik in Zeiten des Umbruchs, ARSP Beiheft Nr. 71, 1997, S. 207 ff.

[47] Vgl. nach *Wilfried Berg*, Die Verwaltung des Mangels, Der Staat 15 (1976), 1 ff. und *Christian Tomuschat*, Güterverteilung als rechtliches Problem, Der Staat 12 (1973), 433 ff. insbesondere *Mario Martini*, Der Markt als Instrument hoheitlicher Verteilungslenkung, 2008; *Andreas Voßkuhle*, „Wer zuerst kommt, mahlt zuerst" – Das Prioritätsprinzip als antiquierter Verteilungsmodus einer modernen Rechtsordnung, Die Verwaltung 32 (1999), 21 ff. und *Ferdinand Wollenschläger*, Verteilungsverfahren, 2010. Zur Ökonomisierung des Rechts auch *Klaus Meßerschmidt*, Umweltabgaben als Rechtsproblem, 1986, S. 68 ff. m. w. N.; umgekehrt zur Kritik der „market justice" *Benjamin Davy*, Essential Injustice, New York/Wien 1997, p. 272.

[48] Vgl. aus der noch überschaubaren monographischen Literatur *Gethmann/Kloepfer/Reinert* (o. Fn. 4); *Kloepfer* (o. Fn. 4); *Hermann/Schütte/Schulte/Michalk* (o. Fn. 4) und *Czarnecki* (o. Fn. 14). Bei der Studie von *Klaus Bosselmann/Michael Schröter*, Umwelt und Gerechtigkeit, 2001, handelt es sich um eine Programmschrift, bei der die intergenerationelle Gerechtigkeit und der Versuch, alternativ zum UGB-Entwurf ein eigenes „ökologisches Leitgesetz" zu formulieren, so weit im Vordergrund stehen, dass der Ertrag für die hiesige

Referenz eignen. So hat etwa die Entscheidung des BVerwG vom 10.10.2012 über die Kürzung der Zuteilung von kostenlosen Emissionszertifikaten[49] der Diskussion um Verteilungsprobleme im Umweltrecht Auftrieb gegeben.[50] Allgemein besteht ein enger Zusammenhang zwischen dem Postulat der Umweltgerechtigkeit und dem Übergang des Umweltrechts in ein Umweltbewirtschaftungsrecht.[51]

b) Ungerechtigkeit von Umweltschutzmaßnahmen

Inwieweit können Umweltschutzmaßnahmen ein Gerechtigkeitsproblem aufwerfen? Zum einen, wenn und soweit sie lediglich selektiv erfolgen. Zum anderen können Maßnahmen zum Schutz der Umwelt ihrerseits mit Umweltbelastungen verbunden sein. Die erste Konstellation unterscheidet sich nicht wesentlich von derjenigen der Verteilungsgerechtigkeit von Umweltbelastungen. Ein Paradebeispiel für die eher neuartige und stärker eigenständige zweite Problematik bildet die Energiewende, die zugleich den Konflikt „Umweltschutz kontra Umweltschutz" deutlicher als bisher vor Augen führt: Die Anlagen zur Erzeugung erneuerbarer Energien und die der Energiewende geschuldeten neuen Übertragungsnetze[52] sind mit erheblichen Eingriffen in Natur und Landschaft verbunden. Dies ist allerdings nicht das einzige Problem von Umweltschutzmaßnahmen, das unter dem Gerechtigkeitsaspekt diskutiert werden kann: Problemträchtig ist zum einen die Umverteilung von Umweltbelastungen durch Umweltschutzmaßnahmen. Der häufigste Streitpunkt der Verkehrsberuhigungsmaßnahmen wurde bereits erwähnt. Soweit diese ein Wohngebiet oder einen Straßenzug auf Kosten anderer von Lärm und Luftverunreinigung entlasten,[53]

Diskussion eher gering ist. Noch immer dürfte zutreffen, dass „Breite und Vernetztheit" der Beiträge bisher nicht für das Ingangbringen „einer wirklich fruchtbaren Diskussion" ausreichen (*Schmehl* [o. Fn. 23], S. 98). Nachweise auch zur ausländischen und sozialwissenschaftlichen Literatur bis 2012 finden sich unter http://www.umweltgerechtigkeit.de (zuletzt aufgerufen am 30.9.2015).

[49] BVerwG, Urteil vom 10.10.2012 – 7 C 8.10 – NVwZ 2013, 597 (Ls.) = ZNER 2013, 189. Hierbei waren die Ungleichbehandlung von Industrieanlagen und Energieanlagen, die Gleichbehandlung von Industriekraftwerken mit bestimmten Energieanlagen, die Gewährung von Ausnahmen wie auch die Sonderbehandlung der Kraft-Wärme-Kopplung zu beurteilen.

[50] Vgl. nur *Daniela Winkler*, Verteilungsprobleme im Umweltrecht, DVBl 2013, 1017 ff.

[51] Vgl. *Klaus Meßerschmidt*, Europäisches Umweltrecht, 2011, § 3 Rdnr. 23. Zur begrenzten Steuerungsfähigkeit des Marktes bei öffentlichen Gütern oder seinen sozial nicht konsensfähigen Resultaten *Kloepfer* (o. Fn. 23), S. 5 und 12.

[52] Vgl. nur *Phillip Fest*, Der Netzausbau im Recht der Energiewende, NVwZ 2013, 824 ff.

[53] Vgl. bereits *Peine* (o. Fn. 16), S. 153 f. und 193 ff.; ferner *Wilfried Brohm*, Verkehrsberuhigung in Städten, 1985 (die Problematik der Lastengerechtigkeit wird dort allerdings nur unter dem Aspekt des Verdrängungswettbewerbs durch Fußgängerzonen angesprochen, a. a. O., S. 4); *Guy Beaucamp*, Innerstädtische Verkehrsreduzierung mit ordnungsrechtlichen und planungsrechtlichen Mitteln, 1997, S. 122 f.; *Koch* (Hrsg.), Rechtliche Instrumente einer dauerhaft umweltgerechten Verkehrspolitik, 2000 und unter dem Blickwinkel der ökonomischen Verteilungsgerechtigkeit *Rowe* (o. Fn. 14), S. 308; ferner *Albrecht Randelzhofer*, Rechtsprobleme der Verkehrsberuhigung unter Berücksichtigung der Besonderheiten in Berlin, DAR 1987, 237 ff.; *Udo Steiner*, Aktuelle Rechtsfragen der Einrichtung verkehrsberu-

schaffen sie „Opferstrecken". Dieses Problem scheint bislang nicht befriedigend gelöst, obwohl Fragen der Verkehrswegeplanung und des Lärmschutzes vergleichsweise intensiv juristisch diskutiert werden.[54] Zum anderen kann sich eine Gerechtigkeitsdiskussion daran entzünden, dass wegen begrenzter Mittel nicht alle Umweltprobleme gleichzeitig bewältigt werden können: Das eine Wohngebiet kommt früher in den Genuss der Lärmschutzwand als das andere. Freilich handelt es sich bei dieser bereits angesprochenen Auswahlfrage um kein genuin umweltschutzspezifisches Gerechtigkeitsproblem, sondern nur um die Anwendung allgemeinerer Gerechtigkeitsforderungen auf den Sachbereich „Umweltschutz". Die Frage der räumlichen und zeitlichen Verteilungsgerechtigkeit stellt sich ebenso bei anderen Infrastrukturmaßnahmen, sei es bei der Errichtung von Schulen oder der Schließung von Schwimmbädern. Eher um eine Besonderheit, wenngleich um kein Alleinstellungsmerkmal des Umweltrechts, dürfte es sich hingegen bei Fragen der Risikoverteilung handeln. Im Ergebnis ist festzustellen, dass jede umweltrechtliche Intervention das „Potential zur Umverteilung von Einkommen und Wohlstand des einzelnen" besitzt.[55] Deshalb ist es dringend geboten, im Rahmen von Folgenabschätzungen einen Fragenkatalog abzuarbeiten, wie ihn namentlich *Rowe* vorgeschlagen hat.[56]

c) Ungerechtigkeit von Umweltschutzfinanzierung

Das (nachfolgend noch zu behandelnde) Verursacherprinzip legt eine Finanzierung von Präventionsmaßnahmen und der Sanierung von Umweltschäden durch die Verursacher im Wege der Kosteninternalisierung nahe. Allerdings bestehen auch Konstellationen, wo eine Sozialisierung der Präventions- und Sanierungskosten nach dem Gemeinlastprinzip oder sogar eine Kostenbeteiligung der Nutznießer von Umweltschutzmaßnahmen gerechtfertigt erscheint. Dies ist nicht nur dort der Fall, wo eindeutige Verursacher nicht feststellbar oder nicht mehr greifbar sind, sondern auch plausibel, wenn die Verantwortungszuschreibung normativ problematisch ist, wie in den berühmten Schweinemästerfällen bei heranrückender Wohnbebauung.[57]

---

higter Bereiche, NVwZ 1984, 201 ff. und *Walprecht* (Hrsg.), Verkehrsberuhigung in Gemeinden, 1984. Am ehesten wird die Lastengerechtigkeit – allerdings nur in Extremfällen – unter entschädigungsrechtlichen Aspekten greifbar, vgl. *Helmut Parzefall*, Entschädigung des Straßennachbarn bei Eigentumsbeeinträchtigung durch Verkehrslärm, 1995 und verschiedene Beiträge in *Koch* (Hrsg.), Schutz vor Lärm, 1990.

[54] Vgl. *Kloepfer* (o. Fn. 4), S. 116 ff.
[55] *Rowe* (o. Fn. 14), S. 305.
[56] *Rowe* (o. Fn. 14), S. 307: Wie kommt es zu bestimmten Umweltergebnissen? Wer ist belastet oder begünstigt? Verstärken diese Ergebnisse bestehende Ungerechtigkeiten? Gibt es empirische Beweise? Wie wirkt die Umverteilung auf die Umwelteffizienz zurück? Wie sähe ein wünschenswert(er)es Verteilungsmuster aus? Gibt es grundlegende Maßstäbe für eine gerecht(er)e Verteilung von Umweltressourcen bzw. der Last umweltschützender Maßnahmen?
[57] Vgl. zuletzt zu dieser Problematik *Tim Uschkereit*, Schutz bestehender Gewerbebetriebe vor heranrückender Wohnbebauung, NJW-Spezial 2014, 172 ff.

Problematisch kann auch sein, dass die Kostenanlastung nach dem Verursacherprinzip im Unterschied zur Finanzierung nach dem Gemeinlastprinzip auf die individuelle Leistungsfähigkeit keine Rücksicht nimmt. Die Finanzierung der Energiewende durch die Stromverbraucher ist hierfür ein eindringliches Beispiel. Auch wenn sie sich dem Grunde nach durch das Verursacherprinzip rechtfertigen lässt, stellt sie wegen ihres linearen Charakters – im Unterschied zu einem progressiven Steuertarif – und der daraus resultierenden unverhältnismäßigen Belastung der Geringverdiener im Vergleich zu sozial Bessergestellten einen Angriff auf die sozialstaatlich gebotene Lastenverteilung dar. Auch Umweltsteuern weisen im Unterschied zu klassischen Fiskalabgaben typischerweise einen regressiven Charakter auf.[58] Auch die übrigen ökonomischen Instrumente des Umweltschutzes sind mehr oder weniger sozial blind oder haben das Lenkungsziel überschießende Umverteilungswirkungen, wie dies regelmäßig bei Umweltschutzsubventionen der Fall ist. Dies ist zwar kein spezifisches Problem der Umweltgerechtigkeit, aber doch ein Gerechtigkeitsproblem, welches die Umweltschutzgesetzgebung aufwirft. Insofern steht das Verursacherprinzip in einem ambivalenten Verhältnis zum Grundsatz verhältnismäßiger Gleichheit.

Ein Gleichheitsproblem ergibt sich auch, wenn der Staat Umweltbelastungen selektiv bekämpft. Weder das Verursacherprinzip noch das Gleichbehandlungsgebot können jedoch eine flächendeckende und gleichzeitige Bewältigung sämtlicher Umweltprobleme erzwingen, da auch die Umweltpolitik unter dem Vorbehalt des praktisch Möglichen und Finanzierbaren steht.

III. Juristische Bewertung

Nach diesem kurzen Rundgang durch das Gelände der Umweltgerechtigkeit, das eine Vielzahl von Disziplinen zur Erkundung einlädt, namentlich philosophische Ethik, Soziologie, Raumforschung und Wirtschaftswissenschaft, sollen mögliche juristische Verankerungen untersucht werden. Hierbei ist zunächst der Blick auf das (deutsche und europäische) Verfassungsrecht zu richten. Anschließend sind Anknüpfungspunkte in der Gesetzgebung zu eruieren. Abschließend ist die Rechtsprechung auf einschlägige Aussagen hin zu untersuchen.

1. Verfassungsrecht

a) Grundgesetz

Eine spezifische Aussage zur Umweltgerechtigkeit findet sich weder im deutschen Verfassungsrecht noch im europäischen Primärrecht. Zwar stellt das Bekenntnis des Art. 20a GG zur Verantwortung für die künftigen Generationen einen Bezug

---

[58] Vgl. nur *Klaus Zimmermann*, Umweltpolitik und Verteilung, 1985, S. 223 und *Kloepfer* (o. Fn. 4), S. 313 ff.

zur intertemporalen Dimension der Umweltgerechtigkeit her, alle ihre weiteren – hier vor allem interessierenden – räumlichen und sozialen Aspekte bleiben aber unerwähnt. Dieser Befund schließt nicht aus, dass weitere Umweltgerechtigkeitsgehalte sich in verschiedenen Verfassungsbestimmungen wie im Schutz der natürlichen Lebensgrundlagen nach Art. 20a GG, im Sozialstaatsprinzip des Art. 20 Abs. 1 und 28 Abs. 1 Satz 1 GG und unter dem Rubrum „Herstellung gleichwertiger Lebensverhältnisse" i. S. v. Art. 72 Abs. 2 GG ausmachen lassen. Vor allzu großen Erwartungen ist jedoch zu warnen. So steht der Aussage, dass aus dem Sozialstaatsprinzip keine Gesetzgebungspflicht zur Herstellung von Umweltgerechtigkeit im Sinne von Umweltgleichheit erwächst,[59] keine Gegenstimme von Gewicht gegenüber.

Trotz des Fehlens eines spezifischen Bezuges auf das Thema „Umweltgerechtigkeit" können auch die Grundrechte, namentlich der Eigentums- und Gesundheitsschutz, und der allgemeine Gleichheitssatz wenigstens einen indirekten Beitrag zur Gewährleistung eines ökologischen Gerechtigkeitsminimums leisten. So dürfen Umweltbelastungen nicht die Intensität einer Gesundheitsgefährdung erreichen (vgl. Art. 2 Abs. 2 Satz 1, 2. Alt. GG). Das Eigentumsgrundrecht (Art. 14 GG) schützt immerhin vor einem wirtschaftlichen Totalverlust des Eigentums durch Umweltbelastungen. Insofern besteht über die staatliche Schutzpflicht des „ökologischen Existenzminimums"[60] wenigstens ein Schutz vor Belastungsexzessen, aber keine Gewähr für eine gleichmäßige Lastenverteilung. Deshalb dürfen die erheblichen verfassungsrechtsdogmatischen Probleme, die sich um diesen Fragenkreis ranken, dahinstehen. Eine halbwegs ausgewogene Lastenverteilung kann man allenfalls über das Gleichbehandlungsgebot des Art. 3 Abs. 1 GG einfordern. Wie es um dessen Wirksamkeit als bloßes Willkürverbot, das Gewicht sachlicher Differenzierungsgründe und das gesetzgeberische Ermessen bestellt ist, darf als bekannt vorausgesetzt werden. Ernste Fragen stellen sich gleichwohl: So verbergen sich hinter „NIMBY" grundsätzliche Gerechtigkeitsfragen wie die der normativen Relevanz einer Quantifizierung nach Opferzahlen. Fordert eine Gerechtigkeitsmaxime, eine Anlage dort zu errichten oder An- und Abflugrouten dort festzulegen, wo die wenigsten Menschen betroffen sind? Die moralphilosophische Frage, ob es statthaft ist, das Glück des Einzelnen oder der Wenigen dem Glück der Vielen zu opfern, mag sich hier nicht in gleicher Schärfe stellen, wie im Lehrbeispiel des Brettes des Karneades und bei seinen Nachfolgern,[61] setzt sich jedoch ins Recht fort. Da die Gleichheitsprüfung anhand einer „am Gerechtigkeitsgedanken orientierten Betrachtungsweise" durchzuführen ist,[62] kann auch eine ökologisierte Gerechtigkeitsidee an Einfluss in der Verfassungsinterpretation gewinnen. Ein Gleichheitsproblem ergibt sich auch, wenn der Staat Um-

---

[59] So *Eckard Rehbinder*, Verteilungsgerechtigkeit im Umweltrecht, in: Appel/Hermes (Hrsg.), Mensch – Staat – Umwelt, 2008, S. 105 (128).

[60] Vgl. *Michalk* (o. Fn. 4), S. 90 m. w. N.

[61] Zum realen Fall Mignonette (Schiffbrüchige verspeisen einen Schiffsjungen) und das etwas realitätsferne Lokomotivführer-Gleisarbeiter-Gleichnis *Michael Sandel*, Gerechtigkeit, 2013, S. 47 ff. und S. 34 ff.

[62] Vgl. nur BVerfGE 116, 135 (153).

weltbelastungen selektiv bekämpft. Weder das Verursacherprinzip noch das Gleichbehandlungsgebot können jedoch eine flächendeckende und gleichzeitige Bewältigung sämtlicher Umweltprobleme erzwingen, da auch die Umweltpolitik unter dem Vorbehalt des praktisch Möglichen und Finanzierbaren steht.

Schließlich stellt sich die Frage, ob eine unausgewogene räumliche Verteilung von Umweltbelastungen auf die durch Art. 28 Abs. 2 GG garantierte kommunale Selbstverwaltung durchschlagen kann. Die Rechtsprechung hat dies dem Grunde nach bejaht, die Schwelle aber hoch angelegt. So kann die fachplanerische Festlegung des Standorts eines umweltbelastenden Vorhabens jenseits der Gemeindegrenzen unter Umständen die kommunale Planungshoheit beeinträchtigen. Dies ist etwa der Fall, wenn die Planfeststellung eines Verkehrsflughafens eine Anliegergemeinde zur Bestimmung eines Lärmschutzbereichs nach dem Fluglärmgesetz zwingt und deshalb z. B. die Ausweisung neuer Wohngebiete nicht mehr in Frage kommt. Hingegen hat das Bundesverwaltungsgericht in der Festlegung von Flugrouten und Anfluganfangspunkten durch das Luftfahrt-Bundesamt eine erhebliche und nachhaltige Beeinträchtigung verfassungsrechtlich geschützter Rechte weder der klagenden Gemeinden noch der Anwohner gesehen.[63] In derartigen Fällen bietet im Wesentlichen nur das rechtsstaatliche Abwägungsgebot den Anliegern und Anliegergemeinden einen Mindestschutz gegenüber der willkürlichen Nichtberücksichtigung ihres Interesses am Schutz vor unzumutbaren Lärmbeeinträchtigungen (oder anderen Nachteilen).[64] Zwar deutet die Zumutbarkeitsklausel eher auf eine absolute Schranke als auf einen relativen Maßstab, wie ihn die Umweltgerechtigkeit darstellt. Ihre Einbettung in den Abwägungskontext impliziert aber eine vorsichtige Öffnung des Zumutbarkeitsmaßstabs gegenüber sonstigen Angemessenheitserwägungen. Die Verpflichtung der Planfeststellungsbehörde, konkurrierende öffentliche und private Interessen zu berücksichtigen, weist in Verbindung mit dem Leitbild der „Ausgewogenheit der Gesamtplanung"[65] in Richtung „Umweltgerechtigkeit", wobei allerdings der „weite Einschätzungs-, Wertungs- und Gestaltungsbereich" der Verwaltung dessen Justitiabilität mindert.[66] Je nach einfachgesetzlichem Kontext kann es jedoch zu einer (weiteren) Restriktion des Prüfungsmaßstabs kommen. So besteht etwa bei der Festlegung von Flugrouten, die regelmäßig als Verteilungsmaßnahmen wahrgenommen werden, ein Vorrang der Luftsicherheit gegenüber Lärmschutzinteressen, weshalb diese nach der Rechtsprechung des Bundesverwaltungsgerichts nicht an den zum Abwägungsgebot im Fachplanungsrecht entwickelten Grundsätzen zu messen ist.[67]

---

[63] BVerwGE 119, 245 (257).

[64] BVerwGE 111, 276 (282 ff.). Exemplarisch zur Einrichtung von Fußgängerstraßen *Peine* (o. Fn. 16), S. 152 ff.

[65] BVerwGE 104, 123 (129 f.) zur eisenbahnrechtlichen Trassenplanung.

[66] Vgl. nur BVerwGE 104, 123 (139) und *Klaus Meßerschmidt*, Gesetzgebungsermessen, 2000, S. 288 ff. m. w. N.

[67] BVerwGE 121, 152 (158 f.) und 150, 114 (116).

Das Abwägungsgebot rückt darüber hinaus die Möglichkeit einer Prozeduralisierung der Umweltgerechtigkeit in den Blick. Hierfür spricht nicht nur der allgemeine Erfolg des Verfahrensgedankens. Es könnten auch die anerkannten Nachhaltigkeitsverfahren als Vorbild dienen. Darüber hinaus ist daran zu erinnern, dass Verfahrensgerechtigkeit[68] im Sinne offener, informierter und inklusiver Entscheidungsprozesse auch zu den klassischen Forderungen von Umweltschutzbewegungen gehört und dort untrennbar mit der Forderung nach Umweltgerechtigkeit verbunden ist.[69] Dies spricht für eine weniger restriktive Fassung der Beteiligungs- und Klagerechte. Außerdem ist an eine Erweiterung der Umweltverträglichkeitsprüfung um eine Analyse der Verteilungswirkungen staatlicher Maßnahmen zu denken.[70] Allerdings darf der Verfahrensgedanke weder als Begründungssubstitut noch umgekehrt als Vorwand für den Verzicht auf eine inhaltliche Schärfung des Gedankens der Umweltgerechtigkeit dienen. Postmodern-philosophische Zweifel an der Tragfähigkeit materieller Gerechtigkeitsvorstellungen[71] stoßen auf verfassungsrechtliche Widerstandslinien, die eine restlose Prozeduralisierung von Prinzipien nicht zulassen. Eine wünschenswerte Konsequenz eines auch prozeduralen Verständnisses von Umweltgerechtigkeit dürfte in einer Ausweitung der Beteiligungsrechte von Gemeinden und Bürgern bei umweltbelastenden und belastungsverteilenden Vorhaben bestehen.[72] Wer in Verfahrensgerechtigkeit nur einen Ausweg vor heiklen inhaltlichen Anforderungen der Umweltgerechtigkeit sieht, sollte sich nicht täuschen: Nimmt man dieses Konzept ernst, so wird man um eine Revision vieler Restriktionen von Beteiligungs- und Klagerechten im Umwelt- und Planungsrecht nicht herumkommen.[73] Freilich stehen auf absehbare Zeit alle Zeichen auf „Durchregieren", ob es sich um Netzausbau oder Bewältigungsversuche der Zuwanderungsflut handelt.

---

[68] Vgl. *Axel Tschentscher*, Theorien prozeduraler Gerechtigkeit, 2000 sowie im vorliegenden Kontext *Kloepfer* (o. Fn. 4), S. 47 ff. m. w. N. Bemerkenswert sind die sog. Leventhal-Regeln, vgl. dazu *Kloepfer*, JöR NF 56 (2008), 1 (9) m. w. N.

[69] Vgl. *Robert R. Kuehn*, A Taxonomy of Environmental Justice, Environmental Law Reporter 30 (2000), 10681; zuletzt eher volkspädagogisch *Deutsche Umwelthilfe*, Umweltgerechtigkeit durch Partizipation, 2012 und *dies.*, Umweltgerechtigkeit durch Partizipation auf Augenhöhe, 2014.

[70] Dafür *Rowe* (o. Fn. 14), S. 328 f.

[71] Wegen des methodisch verbotenen Schlusses von Seinssätzen auf Sollenssätze werden materiale Verteilungsprinzipien auch nicht etwa dadurch diskreditiert, dass diese nach einem empirischen Befund „insbesondere von älteren Personen in Ostdeutschland" vertreten werden; so subkutan *Stefan Liebig/Stephan Schlothfeld*, Gerechtigkeit durch Verfahren oder Gerechtigkeit durch Prinzipien? Zum Problem der Verteilung knapper, unteilbarer Güter, in: Liebig/Lengfeld (Hrsg.), Interdisziplinäre Gerechtigkeitsforschung, 2002, S. 187 (215).

[72] Vgl. als Beispiel einer restriktiven Interpretation von Beteiligungsrechten BVerwG, Urteil vom 26.11.2003 – 9 C 6/02 – NVwZ 2004, 473 (475).

[73] Hinweise bei *Schütte* (o. Fn. 4), S. 152 ff. und *Hermann/Schütte/Schulte/Michalk* (o. Fn. 4), S. 183 f.

b) Europäisches Vertragsrecht

Auffälliger als im umweltpolitisch ohnehin wortkargen deutschen Verfassungsrecht ist das Fehlen eines Bekenntnisses zur Umweltgerechtigkeit im europäischen Vertragsrecht, das Aussagen sowohl zu den Prinzipien des Umweltrechts, namentlich zum Vorsorge- und zum Verursacherprinzip (Art. 191 Abs. 2 und Art. 192 Abs. 5 AEUV), als auch zum Nachhaltigkeitsprinzip trifft (Art. 3 Abs. 3 UAbs. 1 Satz 2 EUV).[74] Zwar finden sich auch hier Mosaiksteine, aus denen sich ein Teilbild von Umweltgerechtigkeit zusammensetzen lässt, wie etwa der Hinweis auf „regionale Umweltprobleme" und die „Umweltbedingungen in den einzelnen Regionen der Union", auch weisen die Erhaltung der Umwelt und der Ressourcenschutz nach Art. 191 Abs. 1 Spstr. 1 und 3 AEUV einen klaren Bezug zur Generationengerechtigkeit auf, ein hinreichend konturiertes Leitbild der Umweltgerechtigkeit insgesamt ergibt sich hieraus jedoch nicht.

Das noch vor dem Verursacherprinzip in Art. 191 Abs. 2 AEUV erwähnte Ursprungsprinzip besitzt insofern einen Umweltgerechtigkeitsgehalt, als es einer räumlichen Umverteilung von Umweltbelastungen, wie etwa beim Ferntransport von Schadstoffen[75] oder bei Abfallexporten, entgegensteht. Das Verursacherprinzip selbst bildet eine wichtige Facette von (Umwelt-)Gerechtigkeit. Es ist nicht nur ethisch, sondern grundsätzlich auch rechtlich geboten, die Folgen eigenen Handelns zu tragen und nicht anderen aufzubürden. Obwohl das Verursacherprinzip intuitiv einleuchtet und einen evidenten Gerechtigkeitsgehalt besitzt, ist es doch nicht alternativlos. Ohne das *Coase*-Theorem[76] als gleichwertige Alternative einführen zu wollen, was im Übrigen auch deshalb ausgeschlossen ist, weil die EU-Umweltpolitik auf dem Verursacherprinzip beruht, bestehen, wie gezeigt, Konstellationen, in denen das Verursacherprinzip zu unbefriedigenden Ergebnissen führt. Deshalb erlaubt Art. 192 Abs. 5 AEUV in Fällen unverhältnismäßiger Kosten Ausnahmen vom Verursacherprinzip.

Umgekehrt lockert der Regionalisierungsvorbehalt in Art. 191 Abs. 3 Spstr. 2 AEUV den Maßstab der Umweltgerechtigkeit. Damit wird anerkannt, dass der Umweltschutz in einem Zielkonflikt mit anderen, insbesondere wirtschaftlichen und sozialen Belangen stehen kann. Da Umweltschutz sich nicht allein mit Verboten realisieren lässt, sondern auch den Einsatz öffentlicher und privater Finanzmittel erfordert, besteht eine Konkurrenz um knappe Mittel. Durch den Beitritt zahlreicher armer Länder mit hohem Nachholbedarf nicht nur beim Umweltschutz hat die Frage an Dringlichkeit zugenommen, wie mit unterschiedlichen volkswirtschaftlichen Entwicklungsständen i. S. v. Art. 27 AEUV umgegangen werden soll. Eine Konkretisierung dieser vagen, den Charakter von Formelkompromissen aufweisenden Bestim-

---

[74] Hierzu näher *Meßerschmidt* (o. Fn. 51), § 3 Rdnrn. 34 ff.

[75] Zur Fernwirkungsproblematik *Kloepfer* (o. Fn. 23), S. 10 f. und *Schmehl* (o. Fn. 23), S. 93 f. und 101.

[76] Dazu *Meßerschmidt* (o. Fn. 47), S. 89.

mungen erfordert eine Diskussion der impliziten Gerechtigkeitsgehalte. Folgende Fragen dürften hierbei im Vordergrund stehen: Haben Unionsbürger, von unveränderlichen natürlichen Lebensbedingungen abgesehen, einen Anspruch auf das gleiche Umweltschutzniveau? Diese Frage betrifft das Postulat verhältnismäßiger Gleichheit und die altbekannte Konkurrenz von arithmetischer und proportionaler Gleichheit.[77] Müssen Umweltbedingungen auch zu Lasten wirtschaftlicher und sozialer Belange verbessert werden, allgemeiner gewendet: Beansprucht der Umweltschutz Vorrang vor anderen Staatszielen? Diese Frage berührt die Verteilungsgerechtigkeit, unter Umständen auch die Chancengleichheit und die Befähigungsgerechtigkeit oder schlicht das Verhältnis von „ökologischer Gerechtigkeit" und „sozialer Gerechtigkeit". Exemplarisch und pointiert ausgedrückt: Ist es gerechtfertigt, in Lettland Krankenhäuser zu schließen, weil Mittel nur für deren energetische Sanierung zur Verfügung stehen? Sind Windräder wichtiger als Schulen oder sauberes Trinkwasser? In Deutschland können wir solchen Alternativen vielleicht noch ausweichen. Die Mehrzahl der Mitgliedstaaten kann sich dies aber nicht mehr leisten. Jedenfalls im europäischen Maßstab muss das Postulat der Umweltgerechtigkeit sich daher eine Relativierung gefallen lassen.

2. Gesetzgebung

Es würde im Rahmen eines umfangmäßig limitierten Beitrags zu weit führen, die gesamte europäische und deutsche Gesetzgebung auf ihren Umweltgerechtigkeitsgehalt und entsprechende Defizite abzuklopfen. Selbst ein im Auftrag des Umweltbundesamtes erstellter 200-seitiger Forschungsbericht über „Gerechtigkeit im Umweltrecht" beschränkt sich auf die Analyse eines Referenzgebietes, als welches naheliegenderweise das Immissionsschutzrecht dient.[78] Stattdessen müssen hier einige wenige exemplarische Hinweise genügen. Die von *Kloepfer* aufgeworfene – und im Grundsatz positiv beschiedene – Frage, „inwieweit das geltende Genehmigungsrecht in Deutschland bereits die Berücksichtigung von Verteilungsaspekten im Rahmen der Genehmigungsvoraussetzungen für umweltbelastende Anlagen vorsieht oder ermöglicht",[79] kann daher an dieser Stelle nicht detaillierter beantwortet werden als in den bisher vorliegenden Studien. Eine Affinität des Immissionsschutzrechts zum Gedanken der Umweltgerechtigkeit ergibt sich schon aus seinem Immissionsbezug, der gesetzgeberischen Entscheidung mithin, die Emissionsbegrenzung in den Dienst des Schutzes von Menschen, Tieren und Pflanzen vor schädlichen Umwelteinwirkungen zu stellen (§ 1 Abs. 1 BImSchG). Hieraus folgt einerseits eine Standardisierung der Zulassung zusätzlicher Emissionen und insofern Gleichbehandlung, andererseits die Möglichkeit der Berücksichtigung situativer Gegebenheiten, die ebenfalls nicht im Gegensatz zum Gedanken der Umweltgerechtigkeit stehen muss (vgl. §§ 4 ff. BIm-

---

[77] Dazu *Winfried Kluth*, Gerechtigkeit, in: Kube et al. (Hrsg.), Leitgedanken des Rechts (Festschrift für Paul Kirchhof), Bd. 1, 2013, S. 325 (326).

[78] *Hermann/Schütte/Schulte/Michalk* (o. Fn. 4), S. 110 ff.

[79] *Kloepfer* (o. Fn. 4), S. 23.

SchG). Vielmehr leisten sowohl das Konzept der Emissionsbegrenzung als auch jenes der Immissionsbegrenzung einen Beitrag zur Umweltgerechtigkeit.[80] Auch durch nachträgliche Anordnungen nach § 17 BImSchG und Stilllegungsverfügungen nach § 20 BImSchG kann dem Anliegen der Umweltgerechtigkeit mittelbar Rechnung getragen werden, auch wenn dieses für sich genommen nicht als Eingriffsvoraussetzung fungiert. Eine Schranke der Herstellung von ökologischer Effizienz und Umweltgerechtigkeit bildet hingegen das die Anlagengenehmigung beherrschende Antragsprinzip, welches bewirkt, dass behördliche Alternativenprüfungen im Kernbereich des Immissionsschutzrechts ausscheiden und nur innerhalb enger Grenzen stattfinden können.[81] Es liegt auf der Hand, dass eine bewirtschaftungsrechtliche Emanzipation der Anlagengenehmigung von ihrer gewerberechtlichen Tradition die Möglichkeiten der Steuerung umweltgerechter Nutzungen stärken würde. Doch würde es zu weit führen, an dieser Stelle Einzelheiten und die Vor- und Nachteile einer solchen Lösung zu erörtern.

Noch deutlicher wird der Bezug zum Gedanken einer ausgewogenen ökologischen Lastenverteilung im verkehrs- und raumbezogenen Immissionsschutzrecht, namentlich bei der Luftreinhalteplanung nach § 47 BImSchG[82] und den Lärmaktionsplänen nach § 47d BImSchG sowie bei der Verhängung von Verkehrsbeschränkungen nach § 40 BImSchG. Allerdings gibt es kein Licht ohne Schatten. So zieht die Abgrenzung der Umweltzonen[83] durchaus Zweifel auf sich, auch wenn die Notwendigkeit der Grenzziehung als solche noch keinen Gleichheitsverstoß begründet und Typisierungsspielräume der Verwaltung helfen. Dass das Immissionsschutzrecht keine Umweltgerechtigkeit im Sinne eines uniformen Immissionsschutzes stiftet, bestätigen schließlich der nach § 49 BImSchG mögliche Schutz bestimmter Gebiete und die Planungsvorschrift des § 50 BImSchG. Für den nicht seltenen Fall, dass die Herstellung von „primärer" Umweltgerechtigkeit nicht gelingt (und dies ist immer dort der Fall, wo die Zulassung umweltbelastender Vorhaben zu einseitigen Belastungen der Anwohner führt), besteht nur die Aussicht auf „sekundäre" Umweltgerechtigkeit durch Kompensationsmaßnahmen, wie etwa die Entschädigung für Schallschutzmaßnahmen nach § 42 BImSchG. Ähnliche Ansprüche finden sich etwa im Fluglärmschutzgesetz (vgl. § 9 FluglärmG). Auch wenn im Vordergrund der Auseinandersetzungen der Eigentumsschutz steht, liegen Gemeinsamkeiten mit der sozialen Umweltgerechtigkeit auf der Hand.

---

[80] *Schmehl* (o. Fn. 23), S. 100 ff.

[81] Vgl. BVerwGE 101, 166 (167) und *Klaus Meßerschmidt*, Instrumente des Umweltrechts, in: Ehlers/Fehling/Pünder (Hrsg.), Besonderes Verwaltungsrecht, Bd. 2, 3. Aufl. 2013, § 45 Rdnr. 13 m. w. N. Weitergehend insbesondere *Gerd Winter*, Alternativen in der administrativen Entscheidungsfindung, 1997.

[82] Im vorliegenden Kontext *Hermann* (o. Fn. 4), S. 141 ff. m. w. N.

[83] Vgl. *Hans D. Jarass*, Bundesimmissionsschutzgesetz, 11. Aufl. 2015, § 40 Rdnr. 9 f.; kritisch *Klaus Meßerschmidt*, Immissionsschutz und Klimaschutz, in: Ehlers/Fehling/Pünder (Hrsg.), Besonderes Verwaltungsrecht, Bd. 2, 3. Aufl. 2013, § 46 Rdnr. 114; affirmativ *Hermann* (o. Fn. 4), S. 144 f.

Demgegenüber verhält sich das mit dem Immissionsschutzrecht verknüpfte Treibhausgas-Emissionshandelssystem (vgl. § 5 Abs. 2 BImSchG und das TEHG) gegenüber dem Postulat der Umweltgerechtigkeit von vornherein ambivalent: Einerseits verwirklicht es das Verursacherprinzip. Andererseits bietet es – wenigstens nach seiner inneren Logik – keinen Schutz gegenüber dem Entstehen von sog. *hot spots*, die erhöhte Umweltbelastungen aufweisen. In Grenzen gehalten wird dieses Potential zur Verringerung der räumlichen Umweltgerechtigkeit allein durch die Einbettung des Emissionshandels in das tradierte Ordnungsrecht.

Die im raumbezogenen Immissionsschutzrecht an manchen Stellen sichtbare Anpassung des Schutzniveaus an situative Gegebenheiten ist noch auffälliger im Naturschutzrecht, das zwischen einem allgemeinen Mindestschutz und einem selektiven Flächen- und Objektschutz von Natur und Landschaft unterscheidet. Akzeptanzprobleme entzünden sich dort freilich weniger am Leitbild der Umweltgerechtigkeit, sondern an frustrierten Nutzungsinteressen. Dort kommt der Gedanke der Situationsgebundenheit des Grundeigentums der Umweltgerechtigkeit gewissermaßen zur Hilfe.

Umgekehrt finden sich Regelungen, die eine ungleiche Verteilung von Umweltbelastungen nicht nur hinnehmen, sondern sogar fördern. Dies gilt für weite Teile des Planungsrechts und insbesondere für die Konzentrationsflächenplanung für Windkraftanlagen, die Gemeindegebiete in Konzentrationsflächen, harte und weiche Tabuzonen aufteilt.[84] Angesichts der Einbettung der Standortentscheidungen in das System der Raumplanung richten sich die Erwartungen an eine ausgewogene räumliche Verteilung umweltbelastender und umweltschützender Projekte zwangsläufig auch auf das Raumordnungsrecht als übergeordnete, fächerübergreifende Planungsebene. Der Raumordnungsgrundsatz des § 2 Abs. 2 Nr. 1 Satz 1 ROG, wonach ausgeglichene ökologische Verhältnisse herzustellen sind, steht jedoch in einem Spannungsverhältnis mit konfligierenden Zielen und Grundsätzen, woran auch eine stärkere Akzentuierung des Gedankens der Umweltgerechtigkeit nichts Grundsätzliches ändern dürfte.

Die notwendige Vertiefung dieser Skizze kann hier nicht geleistet werden. Sollte sie den Eindruck hinterlassen, als sei es um die Umweltgerechtigkeit auf der Ebene des Gesetzesrechts gut bestellt, so ist eine solche Botschaft nicht intendiert. Es sollte lediglich aufgezeigt werden, dass es in der Umweltgesetzgebung etliche Ansatzpunkte für die Herstellung der einen oder anderen Form von Umweltgerechtigkeit gibt. Was daraus im Ergebnis wird, liegt vielfach in der Verantwortung der Rechtsprechung. Vielmehr ist die Anzahl einschlägiger Regelungen überschaubar, solange man sich auf die Standortfrage konzentriert.[85] In Anbetracht der vergleichsweise schmalen normativen Basis von Forderungen nach Umweltgerechtigkeit besteht freilich die Versuchung, unter dem Rubrum „Umweltgerechtigkeit" fast alles im Umweltrecht Wünschenswerte und Kritikwürdige abzuhandeln. Wenn man an dieser

---

[84] Vgl. dazu nur BVerwG, Urteil vom 13.12.2012 – 4 CN 1.11 – NVwZ 2013, 519.

[85] Für eine weitere Perspektive *Rowe* (o. Fn. 14), S. 312 ff.

Bandbreite festhalten will, erscheint es sinnvoll zwischen Umweltgerechtigkeit erster und zweiter Ordnung zu unterschieden. In die erste Klasse fallen Normen, die primär der Herstellung von Umweltgerechtigkeit dienen. Der zweiten Klasse lassen sich alle Normen zuordnen, die auf die Lösung spezifischer Umweltprobleme fokussiert sind, dabei aber verteilungsrelevante Nebenwirkungen haben können. Da sich die meisten Umweltprobleme als Verteilungsprobleme rekonstruieren lassen,[86] ist dies ein weites Feld. Nach überwiegendem Verständnis von Umweltgerechtigkeit fällt hierunter schließlich die Frage der angemessenen Umsetzung des Verursacherprinzips. Wer – zu Unrecht – von einem juristischen Gebot der lückenlosen Verwirklichung des Verursacherprinzips ausgeht, wird daher eine Vielzahl umweltpolitischer Fragen als Anliegen der Umweltgerechtigkeit behandeln.[87] Dies lässt sich durchaus so sehen. Sinnvoller erscheint es jedoch, sich auf ein engeres Verständnis von Umweltgerechtigkeit zu konzentrieren und diesem Konturen zu verleihen.

3. Rechtsprechung

Die gebotene Rechtsprechungsanalyse kann im gegebenen Rahmen nicht geleistet, sondern lediglich angeregt werden. Da der Topos „Umweltgerechtigkeit" in der Rechtsprechung nicht als Leitbegriff fungiert, kann ihre Rolle nur aus Indizien erschlossen werden. Auffällig ist, dass Problemfälle, die *auch* Fragen der Verteilungsgerechtigkeit von Umweltbelastungen aufwerfen, in der Regel nicht über den juristisch ungefestigten Topos der relativen Umweltgerechtigkeit, sondern über eine erweiterte Interpretation absoluter Belastungsgrenzen gelöst werden. So war im bis zum Europäischen Gerichtshof getragenen Streit um den gesundheitsgefährdenden Feinstaubpartikelausstoß des Straßenverkehrs Herr *Janecek* gut beraten, dass er sich nicht explizit gegen die diskriminierend erhöhte Verkehrsbelastung des Münchner Rings wandte, sondern auf den fehlenden Aktionsplan zur Bekämpfung der Luftverschmutzung abstellte.[88] Möglicherweise ist auch weniger eine Erfolgsbilanz zu ziehen denn ein Defizitbefund auszustellen. Von vornherein auszuschließen ist, dass Umweltgerechtigkeit die Rolle eines Optimierungsgebots spielen könnte. So braucht das Luftfahrt-Bundesamt bei der Flugroutenplanung nicht den Nachweis zu erbringen, unter dem Blickwinkel des Lärmschutzes die angemessenste oder gar bestmögliche Lösung gefunden zu haben.[89]

4. Rechtsprechungsimpulse

Trotz des vorstehenden, nicht nur wegen seines Stichprobencharakters eher spärlichen Rechtsprechungsbefunds lassen sich der Judikatur einige – vielleicht nicht

---

[86] Vgl. *Kloepfer/Reinert* (o. Fn. 4), S. 23 ff.
[87] Vgl. *Hermann* (o. Fn. 4), S. 110 ff. m. w. N.
[88] EuGH, Urteil vom 25. 7. 2008 – C-237/07 – Slg. 2008, I-6221.
[89] BVerwGE 121, 152 (164).

immer intendierte – Anregungen zur Herstellung von Umweltgerechtigkeit entnehmen. Diese sollen tentativ als Prinzipien der Umweltgerechtigkeit angesprochen werden. Da diese nicht deduktiv hergeleitet, sondern induktiv gewonnen wurden, dürfen weder Lückenlosigkeit noch eine ausgefeilte Systematik erwartet werden. Gemeinsam mit in der Literatur entwickelten Strategien für eine erhöhte Berücksichtigung der Verteilungsgerechtigkeit im Umweltrecht, wie sie auch *Gerard Rowe*,[90] ein Fakultätskollege des Jubilars, und *Arndt Schmehl*[91] vorgelegt haben, können sie jedoch zur allmählichen Verdichtung des Postulats beitragen.

a) Quantifizierung der Umweltgerechtigkeit

Im Rahmen der Abwägung der für und gegen eine Planung sprechenden Belange kann die Größe des Kreises der Betroffenen eine Rolle spielen. Die Rechtsprechung hat dies sowohl für Flughafenstandorte[92] als auch für Flugroutenführungen[93] bejaht. In seiner Entscheidung zum Flughafen Berlin-Schönefeld hat das Bundesverwaltungsgericht im Hinblick auf den (Lärmschutz-)Grundsatz des § 2 Abs. 2 Nr. 6 Satz 6 ROG und das immissionsschutzrechtlich-raumordnerische Trennungsgebot des § 50 Satz 1 BImSchG[94] festgestellt, dass das Gewicht dieser raumordnerischen Grundsätze mit der Größe und der Einwohnerdichte der jeweils vom Fluglärm betroffenen Gebiete steigt.[95] Bei einem Alternativenvergleich hätte der Plangeber daher nach Auffassung der Vorinstanz (OVG Brandenburg) auch berücksichtigen müssen, dass die Zahl der Lärmbetroffenen in einem dicht besiedelten Gebiet um viel größere absolute Zahlen wächst als in einem dünn besiedelten Gebiet.[96] Dementsprechend billigt die Rechtsprechung beispielsweise das für die Flugstreckenbewertung entwickelte NIROS-Programm (Noise Impact Reduction and Optimization System), dessen Kernstück die Bewertung von Fluglärmeinflüssen anhand einer Gewichtung errechneter Immissionspegel mit der örtlichen Bevölkerungsverteilung bildet.[97] Auch

---

[90] *Rowe* (o. Fn. 14), S. 326 ff. Hervorgehoben sei die Empfehlung des Entscheidungsprinzips, wonach von zwei effizienten Maßnahmen die umweltgerechtere gewählt werden sollte.

[91] *Schmehl* (o. Fn. 23), S. 98 ff. Dieser unterscheidet, ausgehend vom geltenden Recht, zehn Regelungskonzepte zur Frage der räumlichen Umweltverteilungsgerechtigkeit: Bündelungskonzept, Trennungskonzept, Emissionsbegrenzungskonzept, Immissionsbegrenzungskonzept, Vorbelastungskonzept, Schutzgebietskonzept, Bewirtschaftungskonzept, Internalisierungskonzept, Regionalisierungskonzept, Beteiligungskonzept.

[92] BVerwGE 125, 116 (166 ff.) und Urteil vom 16.3.2006 – 4 A 1001.04 – NVwZ 2006, 1055 – juris.

[93] BVerwGE 111, 276 (283 f.) und 150, 114 (121 f.) m. w. N.

[94] BVerwGE 45, 309 (327) und dazu *Helmuth Schulze-Fielitz*, in: Koch/Pache/Scheuing/Führ (Hrsg.), Gemeinschaftskommentar BImSchG, Loseblatt (35. Lfg. März 2014), § 50 Rdnrn. 1 ff.

[95] BVerwGE 125, 116 (166) und Urteil vom 16.3.2006 – 4 A 1001.04, Rdnr. 151.

[96] Wiedergegeben und zurückgewiesen in BVerwGE 125, 116 (170).

[97] Vgl. BVerwG, Urteil vom 24.6.2004 – 4 C 11.03 – ZUR 2005, 27 (31).

wenn die Rechtsprechung der Bevölkerungsdichte maßgebliche Bedeutung für umweltbelastende Verteilungsentscheidungen beimisst, folgt daraus keine zwingende Präferenz für die Belastung dünn besiedelter Räume. Selbst „offenkundige Disparitäten im Ausmaß der Lärmbelastung" sind hinzunehmen, wenn nur eine bestimmte Standortalternative geeignet ist, die planerischen Zielvorstellungen zu verwirklichen.[98] Soweit Bewohner solcher Räume jedoch ein Sonderopfer zu tragen haben, drängt sich die von der Rechtsprechung vernachlässigte Frage eines Kompensationsbedarfs auf. Eine regelmäßige Verschiebung der Belastungssituation nach Kopfzahl scheint zwar auf den ersten Blick der Umweltgerechtigkeit zu entsprechen, wirft aber – wenigstens untechnisch gesprochen – die Frage des Minderheitenschutzes auf.

b) Situationsgebundenheit von Umweltgerechtigkeit

Eine Reaktivierung der in der Eigentumsgrundrechtsdogmatik bewährten Rechtsfigur der Situationsgebundenheit des Grundeigentums[99] könnte dazu beitragen, den Streit um die Standortauswahl umweltbelastender Projekte juristisch zu entschärfen. Wenn es grundsätzlich keinen Rechtsanspruch gibt, dass auf geeignete Standorte verzichtet wird, so lässt sich dies vielfach auch aus der Situationsgebundenheit der nachteilig betroffenen Eigentumspositionen begründen. Auch die kontroverse Frage, wie mit Vorbelastungen umzugehen ist, sollte nicht losgelöst von der Situationsgebundenheit bzw. der „ungleichen Verteilung von Umweltnutzungsoptionen bei funktionaler Arbeitsteilung der Räume"[100] diskutiert werden. Wenn es heißt, dass vorbelastete Gebiete „nach dem Kriterium der proportionalen Verteilung in einem ihrer Vorbelastung bzw. Belastungsfähigkeit entsprechenden Maße weniger Umweltlasten zugeteilt bekommen als aufnahmefähige Regionen mit geringerer Vorbelastung",[101] so läuft diese Forderung auf eine Nivellierung von Umweltbelastungen hinaus, die, berücksichtigt man die Situationsgebundenheit des Grundeigentums, keineswegs einem zwingenden Imperativ der Umweltgerechtigkeit entspricht.

c) Kompensation von Umweltungerechtigkeit

Es entspricht allgemeinem Rechtsdenken, dass Schäden kompensiert werden müssen. Deshalb werden Beeinträchtigungen individueller Rechtsgüter oberhalb bestimmter Zumutbarkeitsgrenzen nach verschiedenen, zum Teil auf typische Umweltbelastungen zugeschnittenen Regelungen, auf die hier nicht näher einzugehen ist, entschädigt. Die Rechtsprechung zur Frage, welche Verluste an gesunder Umwelt entschädigungsfähig sind und in welchem Umfang Ausgleich zu leisten ist, ist eben-

---

[98] BVerwG, Urteil vom 16.3.2006 – 4 A 1001.04 – juris, Rdnr. 152.
[99] Vgl. *Hans-Jürgen Papier*, in: Maunz/Dürig, Kommentar zum GG, Loseblatt (59. Lfg. Juli 2010), Art. 14 Rdnrn. 385 ff. m. w. N.
[100] *Schmehl* (o. Fn. 23), S. 96 f.
[101] *Kloepfer* (o. Fn. 4), S. 41. Unklar *Schulte* (o. Fn. 4), S. 60 f.

so zahlreich wie diffizil.[102] Die Bedeutung derartiger Mechanismen spiegelt sich in der wissenschaftlichen Entdeckung des Kompensationsprinzips.[103] Mit dessen Hilfe hätte zum Beispiel das Lower 9th Ward-Problem entschärft werden können, das sich in Deutschland ähnlich, wenn auch weniger dramatisch und vor einem anderen Hintergrund stellt, wenn im Interesse des Hochwasserschutzes landwirtschaftliche Flächen in Retentionsflächen umgewandelt und geflutet werden.[104] Weniger klar ist, ob schon die Ungleichbehandlung als solche einen Schaden darstellt oder ob es nicht wenigstens „gerecht" wäre, die Zumutbarkeitsschwellen zu senken. Eine solche Forderung stößt regelmäßig auf Widerstand, da sie fast zwangsläufig zu einem komplexen Ausgleichsmechanismus führen würde, für den der vor Jahrzehnten erfolglos lancierte Gedanke eines Planungswertausgleichs als Vorbild dienen könnte.[105] Aus ökonomischer Sicht hat *Rowe* dafür plädiert, Umweltgerechtigkeit nicht zu Lasten der Effizienz, sondern im Zweifel mit Hilfe des Finanzsystems herzustellen.[106] Es ist deshalb sorgsam zu beobachten, inwieweit das Kompensationsprinzip Terraingewinne erzielt.

d) Belastungsrotation

Einen Beitrag zu mehr Umweltgerechtigkeit kann auch das Prinzip der Belastungsrotation leisten. Allerdings ist dieses im Wesentlichen nur außerhalb des Anlagenrechts bei mobilen Belastungsquellen anwendbar. Angedeutet findet es sich in einer Entscheidung des Bundesverwaltungsgerichts zur Festlegung von Flugrouten.[107] Dieses hat dort Beteiligungsrechte der Gemeinden am Verfahren der Festlegung von Flugrouten unter anderem mit dem Argument abgelehnt, dass Flugverfahren „wenn nötig, schnell und ohne großen Verfahrensaufwand korrigiert oder revidiert werden können". Anders als dies bei der Umsetzung von Genehmigungs- und Planungsentscheidungen durch Errichtung entsprechender Bauwerke der Fall sei, würden „keine ‚vollendeten Tatsachen' geschaffen".[108] Das Gericht geht offensichtlich davon aus, dass ohne besondere Komplikationen reversible und temporäre Umweltbelastungen weniger schwerwiegend sind als mehr oder weniger dauerhaft festgeschriebene Belastungen. Dieser plausible Gedanke lässt sich für die Herstellung von mehr Belastungsgleichheit fruchtbar machen. Zu einer ausgewogenen Flugroutenplanung gehören demnach innerhalb des flugtechnisch Möglichen diversifi-

---

[102] Vgl. *Stefan Paetow*, Lärmschutz in der aktuellen höchstrichterlichen Rechtsprechung, NVwZ 2010, 1184 ff.

[103] Grundlegend *Andreas Voßkuhle*, Das Kompensationsprinzip, 1999.

[104] Vgl. § 40 Abs. 1 Nr. 13 BauGB sowie u. a. VG München, Urteil vom 28. 11. 2006 – M 1 K 06.2473 – BeckRS 2006, 32539 und Urteil vom 24. 7. 2008 – M 11 K 07.4448 – BeckRS 2008, 45817.

[105] Siehe http://wirtschaftslexikon.gabler.de/Archiv/937/planungswertausgleich-v10.html (zuletzt aufgerufen am 27. 9. 2015).

[106] *Rowe* (o. Fn. 14), S. 326 f.

[107] BVerwGE 119, 245.

[108] BVerwGE 119, 245 (253).

zierte und alternierende Belastungskorridore. Eine ähnliche Handhabung ist bei Maßnahmen der Verkehrslenkung nach Maßgabe der Realisierbarkeit geboten. Die Erkenntnis, dass absolute Lastengleichheit nicht erreichbar ist, rechtfertigt nicht den Verzicht auf mögliche Maßnahmen zur Verringerung von Umweltungerechtigkeit. In eine ähnliche Richtung weist der Gedanke einer Befristung von Anlagengenehmigungen und damit von (Umwelt-)Nutzungsrechten,[109] dessen wirtschaftliche Konsequenzen allerdings nicht gering zu veranschlagen sind.

e) Lockerung des Prioritätsprinzips

Unter den Zuteilungskriterien knapper Ressourcen nimmt seit jeher das Prioritätsprinzip eine bedeutende Rolle ein.[110] Bemerkenswerterweise sind bei der Planfeststellung von Offshore- Windkraftanlagen der Verordnungsgeber (vgl. § 3 SeeAnlVO n. F.), das zuständige Bundesamt für Seeschifffahrt und Hydrographie und die Rechtsprechung hiervon teilweise abgerückt.[111] Ob sich dieser Befund im Sinne einer planerischen Bewirtschaftung von Umweltnutzungsrechten verallgemeinern lässt, bedürfte einer eigenen Untersuchung.

IV. Zusammenfassung und Ausblick

Umweltgerechtigkeit bezeichnet bislang noch keinen eigenständigen Katalog juristischer Kriterien zur Beurteilung verteilungsrelevanter abstrakt-genereller oder konkret-individueller Maßnahmen, sondern bildet einen Sammelbegriff für bestimmte Problemkonstellationen. Soweit es hierfür juristische Lösungen gibt, sind diese nicht eigentlich umweltrechtsspezifisch, sondern basieren vornehmlich auf Grundrechten wie Eigentums- und Gesundheitsschutz, dem Verhältnismäßigkeitsgebot und dem Willkürverbot. Deshalb sind die juristischen Antworten grundsätzlich ähnlich, unabhängig davon, ob selektive Belastungen jenseits der Zumutbarkeitsschwelle mit Umweltbelastungen verknüpft sind oder mit anderen sozialen Nachteilen, wie etwa der Einrichtung einer Massenunterkunft oder einer Drogenberatungseinrichtung, verbunden sind. Allerdings kann der Gesetzgeber bestimmte Belastungen privilegieren, wie dies im Falle der Energiepolitik oder der neuen Maßnahmengesetze wegen der Masseneinwanderung aus Krisengebieten oder Armutskontinenten, aber auch im harmlosen Fall der Geräuscheinwirkungen von Kindertageseinrichtungen und Kinderspielplätzen (§ 22 Abs. 1a BImSchG) geschieht. Strategien zur Herstellung von Umweltgerechtigkeit können sowohl primär und sekundär als auch aktiv oder passiv ausgestaltet werden. Als Anwendungsfall von Verteilungsge-

---

[109] *Hermann/Schütte/Schulte/Michalk* (o. Fn. 4), S. 182 f. m. w. N.

[110] *Martini* (o. Fn. 47), S. 101 ff.; *Michael Rolshoven*, Wer zuerst kommt, mahlt zuerst? – Zum Prioritätsprinzip bei konkurrierenden Genehmigungsanträgen, NVwZ 2006, 516 ff. und *Voßkuhle* (o. Fn. 47).

[111] Vgl. *Meßerschmidt* (o. Fn. 42), 126. Lfg. Nov. 2015, Vor §§ 56–58 BNatSchG Rdnr. 30 m. w. N.

rechtigkeit hat „Umweltgerechtigkeit" in unserer Gesellschaftsordnung allerdings einen schweren Stand. Ihre Chancen, im öffentlichen Diskurs Gehör zu finden, haben sich trotz der Bestrebungen, Umweltgerechtigkeit als neues Leitbild der Stadtplanung zu etablieren, infolge der Auflösung der komplexen Frage der sozialen Gerechtigkeit in spezielle Antidiskriminierungsdiskurse und Solidaritätsforderungen noch verringert. Die jüngsten staatsnotstandsähnlichen Entwicklungen dürften das ihre dazu beitragen, Erwartungen an einen gerechten Umweltschutz, in räumlicher Hinsicht zumal, zu dämpfen. Immerhin kann es sich das Recht, anders als Teile der politischen Philosophie,[112] nicht erlauben, Gerechtigkeitsfragen für mehr oder weniger bedeutungslos zu erklären.[113] Dementsprechend sind staatliche Steuerung und Umverteilung nicht Schicksal, sondern grundsätzlich rechtfertigungsbedürftig. Dennoch kann das Fragezeichen aus dem Beitragstitel, hält man sich an die methodische Sorgfalt und rechtspolitische Nüchternheit des Jubilars, in Anbetracht des mangelnden Selbststands der Umweltgerechtigkeit einstweilen nicht getilgt werden. Anstelle des Versuchs, „Umweltgerechtigkeit" als neuen Schlüsselbegriff zu etablieren, erscheint es realistischer, anerkannte Rechtskategorien, wie etwa die „Ausgewogenheit der Planung", für das Ziel der Umweltgerechtigkeit fruchtbar zu machen.

---

[112] Vgl. zuletzt *Dagmar Schulze Heuling*, Was Gerechtigkeit nicht ist, 2015. Weitere Nachweise zur gerechtigkeitsaversen Traditionslinie der Rechtsphilosophie bei *Schulte* (o. Fn. 4), S. 46 f.

[113] Vgl. *Gerhard Robbers*, Gerechtigkeit als Rechtsprinzip, 1980 sowie zuletzt *Kluth* (o. Fn. 77).

Warenverkehrsfreiheit und nationale (Bau-)Produktstandards[*]

Von *Hans-Jürgen Papier*

I. Der freie Warenverkehr

Die Warenverkehrsfreiheit gehört zu den sog. Grundfreiheiten des europäischen Primärrechts, die von Anfang an die Grundpfeiler der Europäischen Integration bildeten. Die Europäischen Verträge haben stets das Verbot mengenmäßiger Einfuhrbeschränkungen und von „Maßnahmen gleicher Wirkung" zwischen den Mitgliedstaaten als wesentlichen Bestandteil dieser Warenverkehrsfreiheit vorgesehen.[1] Allerdings kennt das europäische Primärrecht seit jeher Ausnahmemöglichkeiten für die Mitgliedstaaten. Nach Art. 36 AEUV (früher Art. 30 EGV) sind Beschränkungen zulässig, die etwa aus Gründen der Ordnung und Sicherheit und des Lebens von Menschen sowie anderer näher bezeichneter Gemeinwohlbelange gerechtfertigt sind. Dieser primärrechtliche Einschränkungsvorbehalt war schon immer ein Einfallstor für einseitige mitgliedstaatliche Anforderungen an Waren und Produkte, die sich letztlich vielfach als Maßnahmen gleicher Wirkung wie eine mengenmäßige Einfuhrbeschränkung erwiesen und vom EuGH deshalb verworfen wurden.[2] Inzwischen sind die europäische Integration und die Etablierung des Binnenmarktes so weit voran geschritten, dass für die einzelnen Märkte und Bereiche sekundärrechtliche Harmonisierungsvorschriften existieren, die den jeweils freien Warenverkehr spezialgesetzlich normieren und einen Rückgriff auf die primärrechtliche Grundfreiheit des Art. 34 AEUV ebenso entbehrlich wie unzulässig machen.[3] Zu Recht geht der

---

[*] Der Beitrag beruht auf einem Vortrag, den der Verfasser am 19. Februar 2015 in München gehalten hat.

[1] Siehe Art. 34 AEUV.

[2] Grundlegend EuGH, Rs. 120/78, Slg. 1979, 649 – *Cassis de Dijon*; vgl. beispielsweise für Verarbeitungsstoffe EuGH, Rs. C-333/08, Slg. 2010, I-757; Verpackungs- und Etikettierungsvorschriften: EuGH, Rs. C-169/99, Slg. 2001, 5901, Rdnr. 39 (Schwarzkopf); Rs. C-309/02, Slg. 2004, I-11 763,11763 Rdnr. 72 (Radlberger Getränke und S. Spitz) oder lebensmittelrechtliche Vorschriften EuGH, Rs. C-358/97, Slg. 1997, I-1431, Rdnr. 13 (Morellato): Verbot des Zusatzes von Kleie; EuGH, Rs. C-196/89, Slg. 1990, I-3647, Rdnr. 14 (Nespoli und Crippa): Mindestfettgehalt von Käse.

[3] Ständige Rechtsprechung, vgl. nur EuGH, Rs. C-37/92, Slg. 1993, I-4947 – *Vanacker und Lesage*, Rdnr. 9; dazu auch *Stefan Leible/Thomas Streinz*, in: Grabitz/Hilf/Nettesheim, Das Recht der Europäischen Union, 55. Erg.-Lfg. 2015, Art. 34 AEUV Rdnr. 42.

EuGH in seinem Urteil vom 16. Oktober 2014[4] deshalb von der Verletzung der sekundärrechtlichen Verpflichtungen aus Art. 4 Abs. 2 und Art. 6 Abs. 1 der Richtlinie (RL) 89/106/EWG und nicht des die Grundfreiheit verbürgenden Art. 34 AEUV aus, was für die beklagte Bundesrepublik den erheblichen Nachteil hatte, dass ihr von vorneherein eine Berufung auf die erwähnte primärrechtliche Ausnahmevorschrift des Art. 36 AEUV zugunsten der Wahrung von Sicherheit, Leben und Gesundheit der Bevölkerung versagt blieb.

Der EuGH bemerkt in diesem Kontext lakonisch:

„Zum Hilfsvorbringen der Bundesrepublik Deutschland, die streitigen nationalen Maßnahmen seien mit den Artikeln des AEU-Vertrages zum freien Warenverkehr vereinbar, genügt der Hinweis, dass eine nationale Maßnahme in einem Bereich, der auf Unionsebene abschließend harmonisiert wurde, wie dies für die streitigen Produkte der Fall ist, anhand der Bestimmungen dieser Harmonisierungsmaßnahmen und nicht der des Primärrechts zu beurteilen ist." (Rz. 62).

Das Recht der Europäischen Union genießt in den Mitgliedstaaten einen Anwendungsvorrang.[5] Das nationale Recht ist im Falle eines Widerspruchs gegen Europäisches Primär- oder Sekundärrecht nicht anwendbar, in jedem Fall ist aber von den nationalen Behörden und Gerichten auch eine gemeinschaftsrechtskonforme Auslegung des nationalen Rechts zu prüfen und gegebenenfalls vorzunehmen. Im vorliegenden Zusammenhang ist allerdings zu berücksichtigen, dass die maßgebliche EuGH-Entscheidung auf der Grundlage der Bauproduktenrichtlinie RL 89/106/EWG des Rates vom 21. Dezember 1988 ergangen ist, während seit dem 1. Juli 2013 an deren Stelle die Bauproduktenverordnung, d. h. die VO Nr. 305/2011 des Europäischen Parlaments und des Rates vom 9. März 2011 zur Festlegung harmonisierter Bedingungen für die Vermarktung von Bauprodukten und zur Aufhebung der Richtlinie 89/106/EWG getreten ist.

Damit rückt zweifellos die Frage in den Vordergrund, ob sich die Rechtslage, so wie sie der EuGH auf der Grundlage der Bauproduktenrichtlinie vorgegeben hatte, in der hier interessierenden Frage zusätzlicher nationaler Normen bzw. Anforderungen für den wirksamen Marktzugang bei bestimmten Bauprodukten geändert hat.[6] Darauf wird zurück zu kommen sein.

---

[4] Abgedruckt unter anderem in: NVwZ 2015, 49 ff.; NZBau 2014, 692 ff.; im Folgenden zitiert als EuGH, Rs. C-100/13.

[5] Grundlegend EuGH, Urteil vom 15.7.1964 – Rs. 6/64, Slg. 1964, 1251, 1270 – *Costa/ENEL*.

[6] Siehe dazu auch *Bernhard Schneider/Susanna Thielecke*, Freihandel und Grundrechte. Zur Abgrenzung der Kompetenzen der EU und Mitgliedstaaten im Bauproduktenrecht, NVwZ 2015, 34 ff.; *Jens Nusser*, Anmerkung zum Urteil des EuGH vom 16.10.2014, DVBl 2014, 1591 ff.; *Michael Winkelmüller/Florian van Schewick*, Zur (Un-)Zulässigkeit nationaler Anforderungen an CE-gekennzeichnete Bauprodukte, BauR 2015, 35 ff.

II. Freier Warenverkehr versus Sicherheit

Zunächst soll aber auf die hier relevante Grundproblematik eingegangen werden: Ein wichtiges Element des primärrechtlich gewährleisteten freien Warenverkehrs in der Europäischen Union stellt die Harmonisierung von wesentlichen Anforderungen an Produkte dar, die vor allem an deren Sicherheit zu stellen sind.[7] Die Harmonisierung solcher Anforderungen und Standards ist essentiell für den freien und ungehinderten unionsweiten Marktzugang. Alle diese Harmonisierungen machen indes nur dann Sinn, wenn die Mitgliedstaaten zugleich daran gehindert sind, die harmonisierten Standards durch einseitige und zusätzliche Anforderungen für den wirksamen Marktzugang und die Verwendung der Produkte zu ergänzen, die harmonisierten Normen also letztlich nur als Mindeststandards oder als ergänzungsbedürftige und ergänzungsfähige Teilregelungen erachtet werden.[8] Bei den meisten Produkten ist das reibungs- und problemlos erfolgt und durchgesetzt worden, insbesondere bei den zahlreichen Endprodukten.

Bei den Bauprodukten sieht das vielfach anders aus, weil diese mit anderen Bauprodukten regelmäßig kombiniert werden. Daher müssen sich die an Bauprodukte gestellten Anforderungen nach den wesentlichen, auf Bauvorhaben anwendbaren Anforderungen richten. Dabei ist in Rechnung zu stellen, dass es nicht die Union, sondern nach wie vor die Mitgliedstaaten sind, die etwa die Anforderungen an die gewollte Sicherheit, beispielsweise im Hinblick auf den Brandschutz, die Stand- und die Nutzungssicherheit festlegen.[9] Hier nach dem Subsidiaritätsgrundsatz[10] zu verfahren, macht durchaus Sinn. Denn die jeweils räumlichen Gegebenheiten, die jeweiligen natürlichen, geographischen und klimatischen Bedingungen können in den Mitgliedstaaten der Europäischen Union höchst verschieden sein. Daher können auch die Anforderungen an Bauprodukte unterschiedlich sein, soll das jeweilige national festgelegte Schutzniveau für Bauwerke erreicht werden. Die Bauproduktenrichtlinie hat diese Komplexität und Verschiedenartigkeit unter anderem mittels des Kriteriums der Brauchbarkeit zu lösen versucht und ist von der Überlegung ausgegangen, dass brauchbare Bauprodukte bei einer fach- und sachgerechten Kombination die Sicherheit von Bauwerken hinreichend gewährleisteten.[11]

Die zuständigen deutschen Behörden argumentieren indes, dass harmonisierte Normen für Bauprodukte teilweise im Hinblick auf nationale deutsche Standards lückenhaft seien.[12] Insbesondere das Deutsche Institut für Bautechnik hat deshalb für Bauprodukte, die seiner Auffassung nach unter solche lückenhaften Normen fallen,

---

[7] Vgl. insoweit Art. 114 Abs. 3 und Art. 169 Abs. 1 AEUV.
[8] So genannte Mindestharmonisierung, siehe *Christian Tietje*, in: Grabitz/Hilf/Nettesheim, Das Recht der Europäischen Union, 55. Erg.-Lfg. 2015, Art. 114 AEUV Rdnr. 41; Art. 288 AEUV Rdnr. 131.
[9] Vgl. Erwägungsgrund (47) sowie Art. 58 BauPVO.
[10] Vgl. Art. 5 Abs. 3 EUV; Art. 4 Abs. 1 und Abs. 2 Satz 3 EUV.
[11] Siehe auch *Nusser*, DVBl 2014, 1591 ff.
[12] Vgl. EuGH, Rs. C-100/13, Rdnr. 28.

zusätzliche nationale Qualitätsanforderungen aufgestellt. Dies geschah bislang über entsprechende Abfassungen der Bauregelliste und dem daraus folgenden Erfordernis einer allgemeinen bauaufsichtlichen Zulassung und der Pflicht, das jeweilige Bauprodukt mit dem „Ü-Zeichen" zu versehen. Ohne eine Doppelkennzeichnung sowohl mit dem „CE-Zeichen" als auch mit dem nationalen „Ü-Zeichen" und damit einer allgemeinen bauaufsichtlichen Zulassung ist eine Verwendung des Bauprodukts in Deutschland nicht möglich gewesen.[13]

Der EuGH hat mit dem Urteil vom 16. Oktober 2014 – wie gesagt auf der Grundlage der Bauproduktenrichtlinie – diese deutsche Rechtsanwendungspraxis ganz eindeutig und ganz klar für europarechtswidrig erklärt. Die Entscheidung war formal auf drei Bereiche harmonisierter Normen begrenzt, die materielle Aussage des Gerichtshofs geht aber über die drei Verfahrensgegenstände hinaus. Jedenfalls für die harmonisierten Normen, die Gegenstand des konkreten Verfahrens waren, scheint der EuGH im Hinblick auf die Anforderungen an Bauprodukte und die Beachtung des nationalen Schutzniveaus *nicht* von einer Lückenhaftigkeit auszugehen.[14] Auf jeden Fall böten nach Auffassung des EuGH die Verfahren nach Art. 5 und Art. 21 der Bauproduktenrichtlinie hinreichende Möglichkeiten für die Mitgliedstaaten, eine Überarbeitung und gegebenenfalls ein Zurückziehen von Normen zu erreichen, die nach Einschätzung des Mitgliedstaates lückenhaft oder für die Wahrung nationaler Sicherheitsstandards unzureichend sind. Der EuGH hat sich damit über Einwände der beklagten Bundesrepublik Deutschland hinweggesetzt, bei Verwendung bestimmter CE-gekennzeichneter Bauprodukte sei das nationale Sicherheitsniveau für Bauwerke nicht erreichbar und die Verfahren nach Art. 5 und Art. 21 der Bauproduktenrichtlinie seien zu langwierig und zu ineffizient. Diese Verfahren erachtet der EuGH gleichwohl für obligatorisch und nicht nur für fakultativ, wenn ein Mitgliedstaat eine bestehende harmonisierte Norm für lückenhaft erachtet.[15]

„Selbst in einem solchen Fall kann ein Mitgliedstaat keine anderen als die in der Richtlinie 89/106 vorgesehenen einseitigen nationalen Maßnahmen treffen, die den freien Verkehr von dieser harmonisierten Norm entsprechenden und daher mit der CE-Kennzeichnung versehenen Bauprodukten beschränken."[16]

Auch die deutschen Verwaltungsgerichte sind offenbar bemüht, diesen unionsrechtlichen Vorgaben durch eine gemeinschaftsrechtskonforme Auslegung der Landes-Bauordnungen Rechnung zu tragen. So hat das Verwaltungsgericht Gelsenkirchen mit Urteil vom 10.12.2012[17] festgestellt:

---

[13] Als Modell für die Landesbauordnungen dient die Landesbauordnung Baden-Württemberg, vgl. § 17 a. F. LBO-BW, GBl. 2010, S. 357, berichtigt S. 416.
[14] Vgl. EuGH, Rs. C-100/13, Rdnr. 48.
[15] Ebenda, Rdnrn. 57 ff.
[16] Ebenda, Rdnr. 58.
[17] VG Gelsenkirchen, 10.12.2012 – 9 K 906/10, veröffentlicht in BauR 2013, 575.

„Nach der Bauproduktenrichtlinie 89/106/EWG harmonisierte Bauprodukte [...] stellen keine nicht geregelten Bauprodukte im Sinne von § 21 Abs. 1 BauO-NRW dar."[18] „Nach der Bauproduktenrichtlinie 89/106/EWG harmonisierte Bauprodukte dürfen ohne nationale bauaufsichtliche Zulassung nach § 21 BauO-NRW verwendet werden".[19]

III. Neue unionsrechtliche Rechtslage?

Die zukunftsorientierte Kernfrage lautet nunmehr: Gilt dies alles auch nach Inkrafttreten der Bauproduktenverordnung und nach der Ablösung der Bauproduktenrichtlinie, oder ist all das, was wir zur Harmonisierung im Bereich der Bauprodukte festgestellt haben, mit einem Federstrich des europäischen Gesetzgebers Makulatur geworden?

a) Ohne hier bereits auf Einzelheiten einzugehen, erscheint dies schon vor dem Hintergrund der geänderten Rechtsformwahl eher fernliegend: Der europäische Gesetzgeber wählt nunmehr zur harmonisierten Festlegung der Bedingungen für eine Verwendung von Bauprodukten die Rechtsform der Verordnung und nicht mehr die der Richtlinie. Die Verordnung ist ihrer Natur nach das Mittel einer unmittelbaren und direkten Vergemeinschaftung und damit Harmonisierung, weit mehr als das über den Rechtsakt der Richtlinie möglich wäre.[20] Eine Verordnung hat allgemeine Geltung; sie ist in allen ihren Teilen verbindlich und gilt unmittelbar in jedem Mitgliedstaat.[21] Sie schafft also für die Mitgliedstaaten und für jeden rechtsunterworfenen Bürger der Europäischen Union unmittelbar verbindliches Recht.[22] Eine Richtlinie[23] ist dagegen allein für die Mitgliedstaaten hinsichtlich des zu erreichenden Ziels verbindlich, überlässt jedoch den Mitgliedstaaten die Wahl der Form und Mittel zur Erreichung des vorgegebenen Ziels.[24] Wählt der Europäische Gesetzgeber also die Rechtsform der Verordnung anstelle der Richtlinie, so ist das im Allgemeinen kein Ausdruck von Beliebigkeit oder Willkürlichkeit, sondern eine bewusste Entscheidung für mehr Einheitlichkeit, Unitarisierung, Konformität und Zentralisierung sowie für ein Weniger an mitgliedstaatlicher Gestaltung, Heterogenität und Subsidiarität im jeweiligen Regelungsbereich. Es bedürfte schon gut belegbarer Gründe, um im Erlass einer Harmonisierungsverordnung einen Rückschritt an Harmonisierung im Verhältnis zur Rechtslage unter der alten Richtlinie sehen zu können.

b) Das Regelungssystem der Bauproduktenverordnung ist nun allerdings ein etwas anderes als das der Bauproduktenrichtlinie. Das alte Kriterium der „Brauch-

---

[18] Ebenda, Rdnr. 56.
[19] Ebenda, Leitsatz 2.
[20] Vgl. *Martin Nettesheim*, in: Grabitz/Hilf/Nettesheim, Das Recht der Europäischen Union, 55. Erg.-Lfg. 2015, Art. 288 AEUV Rdnr. 89.
[21] Art. 288 Abs. 2 AEUV.
[22] Vgl. *Nettesheim* (o. Fn. 20), Art. 288 AEUV Rdnr. 101.
[23] Art. 288 Abs. 3 AEUV.
[24] Vgl. *Nettesheim* (o. Fn. 20), Art. 288 AEUV Rdnr. 112.

barkeit" ist beispielsweise aufgegeben worden. Der Hersteller hat vielmehr eine „Leistungserklärung" zu erstellen, wenn ein Bauprodukt nach der Bauproduktenverordnung von einer harmonisierten Norm erfasst ist.[25] Diese Leistungserklärung ist so vorgesehen, dass ein Hersteller nicht zu allen im Anhang I aufgelisteten Grundanforderungen an Bauwerke eine Leistung des Produkts erklären muss.[26] In der Literatur wird deshalb darauf hingewiesen, dass „der Aussagegehalt des CE-Zeichens hinsichtlich eines Produkts stark variieren kann, je nachdem, welcher Hersteller es für welchen nationalen Markt produziert hat".[27] Auf weitere Unterschiede kann hier im Einzelnen nicht eingegangen werden.

c) Auf der anderen Seite sprechen überwiegende Gründe dafür, dass die Verordnung die Harmonisierung keinesfalls zurückfahren, sondern umgekehrt eher fördern will. So heißt es im Art. 8 Abs. 3 der Bauproduktenverordnung:

> „Im Falle der von einer harmonisierten Norm erfassten Bauprodukte […] ist die CE-Kennzeichnung die einzige Kennzeichnung, die die Konformität des Bauprodukts mit der erklärten Leistung in Bezug auf die Wesentlichen Merkmale, die von dieser harmonisierten Norm oder der Europäischen Technischen Bewertung erfasst sind, bescheinigt. Die Mitgliedstaaten führen diesbezüglich keine Bezugnahme ein beziehungsweise machen jegliche in nationalen Maßnahmen vorgenommene Bezugnahme auf eine andere Kennzeichnung […], mit der die Konformität mit der erklärten Leistung in Bezug auf die von einer harmonisierten Norm erfassten Wesentlichen Merkmale bescheinigt wird, rückgängig."

Schließlich sieht die Bauproduktenverordnung in Kapitel VIII (Art. 56 ff.) ausdrücklich spezifische Verfahren zur Behandlung von Bauprodukten vor, mit denen eine Gefahr verbunden ist, auf nationaler Ebene, die in Abstimmung mit der Kommission durchzuführen sind. Auf diesem Weg kann gegen Bauprodukte vorgegangen werden, die nach Ansicht eines Mitgliedstaates insbesondere eine Gefahr im Hinblick auf die Einhaltung der Grundanforderungen an Bauwerke, für die Gesundheit oder Sicherheit von Menschen oder für andere im öffentlichen Interesse schützenswerte Aspekte darstellen.[28]

d) Nach alledem ist der Auffassung von *Nusser* in seiner Besprechung der EuGH-Entscheidung vom 16. 10. 2014[29] zu folgen, wonach es „zumindest nicht unwahrscheinlich" ist, „dass der EuGH bei Anwendbarkeit der Bauproduktenverordnung statt der Bauproduktenrichtlinie eine vergleichbare Entscheidung getroffen hätte." Ob das Erfordernis zusätzlicher nationaler Anforderungen und der Nachweis ihrer Einhaltung durch die Kennzeichnung mit dem „Ü-Zeichen" in jedem Fall auch unter der Geltung der neuen Bauproduktenverordnung unionsrechtswidrig sind und nach dem Anwendungsvorrang des Unionsrechts zu entfallen hätten, wird nur durch eine Entscheidung des EuGH letztverbindlich zu klären sein. Stellen deutsche

---

[25] Art. 4 BauPVO.
[26] Art. 6 BauPVO.
[27] *Nusser*, DVBl 2014, 1591 ff.
[28] Vgl. Art. 58 Abs. 1 BauPVO.
[29] *Nusser*, DVBl 2014, 1591 ff.

Behörden unter Berufung auf die Landes-Bauordnungen solche Anforderungen nach wie vor auf und reklamieren sie entsprechende bauaufsichtliche Zulassungen, so eröffnen sich mehrere Möglichkeiten des Zugangs zum EuGH.

IV. Verfahren zur verbindlichen Klärung und mögliche Rechtsfolgen

Zum einen könnte ein Vertragsverletzungsverfahren eingeleitet werden, und zwar nach Art. 258 AEUV auf Antrag der Kommission oder nach Art. 259 AEUV auf Antrag eines anderen Mitgliedstaates. Stellte der Gerichtshof dann einen Verstoß Deutschlands gegen seine Verpflichtung aus den Verträgen fest, so kann der Gerichtshof die Zahlung eines Pauschalbetrages oder eines Zwangsgeldes verhängen, wenn der Mitgliedstaat der Entscheidung des EuGH nicht nachkommt.[30] Der einzelne Bürger oder Unternehmer kann den EuGH nicht unmittelbar anrufen, wenn es um unionsrechtswidrige Maßnahmen des eigenen oder eines anderen Mitgliedstaates geht. Ihm bleibt die Möglichkeit, gegen ein derartiges Verlangen deutscher Behörden die Verwaltungsgerichte anzurufen, die dann zur verbindlichen Auslegung des europäischen Rechts ein Vorabentscheidungsverfahren nach Art. 267 AEUV vor dem EuGH einleiten können und auch einleiten sollten.[31]

Sollten deutsche Organe auch nach einer verbindlichen Feststellung der Unionsrechtswidrigkeit weiterhin zusätzliche Anforderungen an Bauprodukte stellen und entsprechende bauaufsichtliche Zulassungen verlangen, können sich nach allgemeinen Rechtsgrundsätzen des Unionsrechts[32] Staatshaftungsansprüche von Unternehmen ergeben, die durch Verstoß gegen die Bauproduktenverordnung, insbesondere durch rechtswidrige Vorenthaltung des Marktzugangs, einen Vermögensschaden erleiden.[33] Welche mitgliedstaatliche Stelle diesen Verstoß gegen europäisches Recht zu verantworten hätte, wäre nach den unionsrechtlichen Haftungsgrundsätzen egal,[34] das könnte das Deutsche Institut für Bautechnik ebenso sein wie der Gesetzgeber der Landes-Bauordnungen, der diese Gesetze dem unionsrechtlichen Bauproduktenrecht nicht korrekt angepasst haben sollte, oder die Exekutive, die entsprechende Ver-

---

[30] Vgl. Art. 260 Abs. 2 AEUV.

[31] Für letztinstanzliche Urteile ist dies verpflichtend, Art. 267 Abs. 3 AEUV; vgl. zur Problematik der Vorlagepflicht nicht-letztinstanzlicher Gerichte: *Ulrich Karpenstein*, in: Grabitz/Hilf/Nettesheim, Das Recht der Europäischen Union, 55. Erg.-Lfg. 2015, Art. 267 AEUV Rdnrn. 61 ff; *Ulrich Ehricke*, in: Streinz, EUV/AEUV, 2. Aufl. 2012, Art. 267 AEUV Rdnr. 52.

[32] Grundlegend EuGH, Rs. C-6/90 und C-9/90, Slg. 1991, I-5357– *Francovich;* EuGH, Rs. C-46/93, Slg. 1996, I-1029 – *Brasserie du pêcheur*.

[33] Daneben kommt auch ein Amtshaftungsanspruch nach § 839 BGB i. V. m. Art. 34 GG in Betracht. In welchem Verhältnis die beiden Haftungsansprüche zueinander stehen, ist jedoch noch nicht abschließend geklärt, vgl. *Hans-Jürgen Papier*, in: Münchener Kommentar zum BGB, 6. Aufl. 2013, § 839 Rdnr. 103.

[34] Vgl. *Marc Jacob/Matthias Kottman*, in: Grabitz/Hilf/Nettesheim, Das Recht der Europäischen Union, 55. Erg.-Lfg. 2015, Art. 340 AEUV Rdnr. 155.

waltungsvorschriften nicht ändert oder anpasst. Diese Verstöße wären wohl auch hinreichend qualifiziert im Sinne der haftungsrechtlichen Judikatur des EuGH, weil sie nach der verbindlichen Entscheidung des EuGH offenkundig und erheblich wären. Weitere Voraussetzung eines Staatshaftungsanspruchs wäre ferner die Kausalität zwischen diesem qualifizierten Verstoß gegen Unionsrecht und einem eingetretenen Vermögensschaden.[35]

V. Rechtspolitische Bewertung

Muss man nun in politischer Hinsicht resümierend feststellen: Der freie Warenverkehr hat wieder einmal Vorrang vor Sicherheit, Ökonomie geht wieder vor Ökologie, Sicherheit und Gesundheit? Man kennt übrigens solche Vorwürfe auch aus den aktuellen Diskussionen um das Freihandelsabkommen mit den Vereinigten Staaten. Speziell in unserem Kontext der harmonisierten Normen im Hinblick auf Bauprodukte dürften solche allgemeinen Vorwürfe schon wegen der erwähnten, in der neuen Bauproduktenverordnung vorgesehenen Verfahren nach Art. 56 ff. ungerechtfertigt sein. Es muss vielmehr darum gehen, jene Verfahren effektiv auszugestalten und für ihre Durchführung in angemessener Zeit Sorge zu tragen. Außerdem wird zu Recht die Forderung erhoben, dass sich Deutschland intensiver als bisher in die europäische Normung einbringt.[36] Der Weg einseitiger und zusätzlicher Anforderung an die Verwendung von Bauprodukten in Deutschland wird eben in Zukunft weitgehend verschlossen bleiben. Wer dies beklagt, sollte immerhin bedenken, dass der Vorrang und die Exklusivität der europäischen Normung auf europäischem Recht beruhen, das nicht vom Himmel gefallen und den Mitgliedstaaten von apokryphen Mächten aufoktroyiert worden ist, sondern vom Europäischen Parlament und vom Rat beschlossen worden ist.

Es kann auch nicht ein genereller Vorzug der nationalen Zulassungs- und Normungsverfahren ins Feld geführt werden, etwa nach dem Motto: Diese nationalen Regelwerke seien Ausdruck naturwissenschaftlich-technischer Erkenntnisse und Erfahrungen, also eine Art antizipierender Sachverständigengutachten, hinter die zur Wahrung des notwendigen Sicherheitsstandards und Sicherheitsniveaus bei Bauwerken keinesfalls zurückgefallen werden dürfte.

Dies trifft sicherlich für weite Teile solcher technischer Regelwerke zu, wobei diese Feststellung nicht auf die nationale Normung, sondern wohl auch auf die europäische, jedenfalls im Grundsatz, anzuwenden wäre. Wichtig ist im vorliegenden Zusammenhang aber auch die Erkenntnis, dass solche Regelwerke eben nicht nur naturwissenschaftlich-technische Erkenntnisse niederlegen, nicht nur generelle und antizipierende Sachverständigengutachten darstellen, sondern im beachtlichen Maße politische und ökonomische Wertungen und Interessenabwägungen darstellen. Diese Regelwerke, auch die auf nationalem Recht beruhenden, enthalten eben

---

[35] Zu einem solchen Staatshaftungsanspruch siehe allgemein *Papier* (o. Fn. 33), § 839 Rdnrn. 98 ff. m. w. N.

[36] Siehe *Nusser*, DVBl 2014, 1591 ff.

nicht nur kognitive, sondern im hohen Maße auch volitive Elemente. In solche Normierungen fließen nicht nur technisch-naturwissenschaftlicher Sachverstand, sondern auch in erheblichem Umfang politische und ökonomische Erwägungen und Interessenabwägungen ein. Es geht nicht allein um technische Regeln und Anforderungen, sondern hinter diesen Festlegungen stehen nicht selten manifeste politische und ökonomische Interessen, Wertungen und Abwägungen. Und weil das so ist, ist auch hier die Einwirkung gewichtiger Verbändeinteressen nicht ausgeschlossen, sondern geradezu vorgegeben. Was damit gesagt werden soll, ist Folgendes: Man darf das Wehklagen wegen einer angeblichen Gefährdung deutscher Sicherheitsstandards keinesfalls mit einer „Heroisierung" der nationalen Normung als Ausdruck rein kognitiver Erkenntnisse wissenschaftlich-technischer Art legitimieren wollen, und dies auch noch in einen Gegensatz zur harmonisierten Normung auf der EU-Ebene setzen.

Mit der harmonisierten Normung geht natürlich ein weiteres Stück mitgliedstaatlicher Souveränität verloren. Das mag man in prinzipieller Hinsicht beklagen, ist aber nach der Konstruktion der Europäischen Verträge in gewissem Grade unausweichlich. Die finale Aufgabenzuweisung in Europa setzt seit jeher eine zentripetale Wirkung in Richtung Brüssel frei. Dies zeigt sich vor allem an der Befugnis zur Regulierung des Binnenmarktes,[37] der einer stetig fortschreitenden Harmonisierung unterworfen ist. Dieser Dynamik der – politisch ja auch gewollten – ausgreifenden Kompetenzausübung der europäischen Organe hat selbst der in den Verträgen ausdrücklich verankerte Subsidiaritätsgedanke[38] nichts entgegen zu setzen vermocht. Er ist dieser Dynamik seinem Wesen nach vielmehr gefolgt. Zwar schreibt Art. 5 Abs. 3 des Vertrages über die Europäische Union das Subsidiaritätsprinzip ausdrücklich fest; die Union darf nur tätig werden, sofern und soweit die Ziele der in Betracht gezogenen Maßnahmen von den Mitgliedstaaten nicht ausreichend verwirklicht werden können, diese vielmehr wegen ihres Umfangs und ihrer Wirkungen auf Unionsebene besser zu verwirklichen sind. Es lässt sich nun nicht leugnen, dass eine Festlegung von Anforderungen für den Marktzugang von Bauprodukten zur Erreichung des primärrechtlich vorgegebenen Ziels des freien Warenverkehrs und des Ausbaus des Binnenmarktes besser auf der gemeinschaftsrechtlichen denn auf der mitgliedstaatlichen Ebene zu verwirklichen ist. Es geht um handelbare Waren, der Aspekt der Grenzüberschreitung ist hier essentiell, sodass gegen eine unionsrechtlich harmonisierte Regelung der Subsidiaritätsgrundsatz hier überhaupt nichts ausrichten kann.

VI. Defizite an Demokratie und Rechtsstaatlichkeit

Normierungen der hier diskutierten Art bedürften indes der demokratischen und rechtsstaatlichen Einhegung.[39] Das gilt aber unabhängig davon, ob diese Normung auf nationalstaatlicher oder unionsrechtlicher Ebene erfolgt. Hier wird wieder der

---

[37] Vgl. Art. 114 AEUV.
[38] Vgl. Art. 5 Abs. 3 EUV.
[39] Zu demokratischen Defiziten siehe auch *Schneider/Thielecke*, NVwZ 2015, 34 ff.

bereits oben angesprochene Gedanke relevant, dass es bei diesen Regelwerken nicht allein um die Niederlegung allgemeiner technisch-naturwissenschaftlicher Erkenntnisse geht, sondern diese auch das Ergebnis dezisionistisch-volitiver, von politischen und ökonomischen Interessen geleiteter Wertungsentscheidungen sind. Im vorliegenden Kontext betreffen diese Entscheidungen auch den Marktzugang für Produkte, was nicht unerhebliche Auswirkungen auf die Wahrnehmung der Grundfreiheiten ebenso wie der Grundrechte des europäischen und nationalen Rechts hat. Daher sind rechtsatzmäßige Regelungen über die Zuständigkeiten und das Verfahren der Normung unerlässlich; ferner müsste auch ein rechtsstaatlichen Anforderungen genügendes Verfahren der Überprüfbarkeit der Regelsetzung vorgesehen sein. Unter demokratiestaatlichen Aspekten liegen die Schwächen der außerstaatlichen Normung darin, dass jene weitreichenden Entscheidungen über den Marktzugang von Produkten von Instanzen getroffen werden, die über keine hinreichende demokratische Legitimation verfügen. Hier müssen gesetzliche Regelungen für ein Mindestmaß notwendiger demokratischer Legitimation und Kontrolle der für die Normung maßgeblichen Gremien Sorge tragen. Auf all diese sehr grundsätzlichen Fragen der rechtsstaatlichen und demokratischen Einhegung so genannter technischer Normung kann und soll hier nicht weiter eingegangen werden. Das eigentliche Kernproblem sollte aber immerhin angesprochen werden.

Der Schutz der Betriebs- oder Geschäftsgeheimnisse im Umweltinformationsrecht

Von *Foroud Shirvani*

I. Einleitung

Das unional geprägte Umweltinformationsrecht fungierte für das Informationsfreiheitsrecht in der Bundesrepublik als Impulsgeber und leitete einen Paradigmenwechsel im deutschen Verwaltungsrecht ein.[1] Mit der 1990 erlassenen Richtlinie über den Zugang zu Umweltinformationen[2] verpflichtete die EG die Mitgliedstaaten, allen natürlichen oder juristischen Personen auf Antrag ohne Nachweis eines Interesses Umweltinformationen zur Verfügung zu stellen.[3] Dieses materiell-rechtlich voraussetzungslose Informationszugangsrecht stellte für das Verwaltungsrecht der Bundesrepublik einen „Traditionsbruch" dar.[4] Mit dem interessenunabhängigen Informationszugangsrecht wurde nämlich das althergebrachte Prinzip der beschränkten Aktenöffentlichkeit, dem zufolge nur die Beteiligten eines Verwaltungsverfahrens ein Recht auf Einsicht in die Verfahrensakten haben (§ 29 VwVfG), im Umweltbereich weitgehend verdrängt.[5]

Die EU verfolgt mit dem Instrument des umweltrechtlichen Informationszugangsanspruchs, der sekundärrechtlich seit 2003 in der Richtlinie 2003/4/EG[6] (UI-RL) seine maßgebliche Rechtsgrundlage hat, mehrere Ziele: Der erweiterte Zugang der Öffentlichkeit zu Umweltinformationen soll dazu beitragen, das Umweltbe-

---

[1] Vgl. *Friedrich Schoch*, Umweltpolitik durch Informationsfreiheit, in: Hecker/Hendler/Proelß/Reiff (Hrsg.), Aktuelle Rechtsfragen und Probleme des freien Informationszugangs, insbesondere im Umweltschutz, UTR 108, 2011, S. 81 (86); *Matthias Rossi*, Informationsfreiheitsrecht, in: Ehlers/Fehling/Pünder (Hrsg.), Besonderes Verwaltungsrecht, Bd. 2, 3. Aufl. 2013, § 63 Rdnrn. 13 f.; *Klaus Meßerschmidt*, Europäisches Umweltrecht, 2011, § 9 Rdnr. 6.

[2] Richtlinie 90/313/EWG des Rates vom 7. Juni 1990 über den freien Zugang zu Informationen über die Umwelt, ABl.EG 1990 Nr. L 158, S. 56.

[3] Art. 3 Abs. 1 UAbs. 1 Richtlinie 90/313/EWG.

[4] *Schoch* (o. Fn. 1), S. 81 (87) (Zitat); siehe auch *Franz-Joseph Peine*, Allgemeines Verwaltungsrecht, 11. Aufl. 2014, Rdnr. 622.

[5] *Michael Kloepfer*, Umweltrecht, 3. Aufl. 2004, § 5 Rdnr. 396; *Foroud Shirvani*, Das Kooperationsprinzip im deutschen und europäischen Umweltrecht, 2005, S. 295 (298); *Rüdiger Engel*, in: Mann/Sennekamp/Uechtritz (Hrsg.), VwVfG, 2014, § 29 VwVfG Rdnrn. 2 f.

[6] Richtlinie 2003/4/EG des Europäischen Parlaments und des Rates vom 28. Januar 2003 über den Zugang der Öffentlichkeit zu Umweltinformationen und zur Aufhebung der Richtlinie 90/313/EWG des Rates, ABl.EU 2003 Nr. L 41, S. 26.

wusstsein zu schärfen, einen freien Meinungsaustausch und eine wirksamere Teilnahme der Öffentlichkeit an umweltbezogenen Entscheidungsverfahren zu ermöglichen und dadurch den Umweltschutz insgesamt zu verbessern.[7] Daneben geht es aber vor allem auch darum, die Kontroll- und Vollzugsdefizite in der Umweltverwaltung abzubauen und den Bürger bzw. die Umweltschutzorganisationen in die Lage zu versetzen, die Verwaltung dezentral zu kontrollieren.[8] Die öffentliche Meinung soll mit anderen Worten mobilisiert werden, um Missstände in der Umweltpolitik zu beseitigen.[9] Das unionale Konzept des umweltbezogenen Informationszugangsrechts wurde nach und nach in das nationale Recht transformiert. Mittlerweile ist der Informationszugangsanspruch auf Bundesebene im UIG[10] und auf Landesebene in den einschlägigen Landesumweltinformationsgesetzen[11] gewährleistet. Das deutsche Umweltinformationsrecht ist damit, wie der Jubilar zutreffend festgestellt hat, „im Wesentlichen Ergebnis europäischer Umweltpolitik".[12]

Es bedarf keiner blühenden Phantasie, um zu erkennen, dass ein weitreichender Informationszugangsanspruch, wie er im UIG[13], aber auch in anderen Informationsfreiheitsgesetzen[14] vorgesehen ist, mit diversen öffentlichen und privaten Belangen in Konflikt geraten kann. Dementsprechend normiert das UIG in den §§ 8 und 9 Ausnahmetatbestände zum Informationszugangsrecht, um jenen Belangen Rechnung zu tragen. Während § 8 UIG dem Schutz öffentlicher Belange, etwa dem Schutz der Vertraulichkeit der Beratungen informationspflichtiger Stellen[15] oder dem Schutz der Rechtspflege[16], dient, ist § 9 UIG dem Schutz „sonstiger", namentlich privater Belange gewidmet. § 9 Abs. 1 Satz 1 UIG statuiert einen obligatorischen Informationsverweigerungsgrund, wenn insbesondere die Informationsbekanntgabe personenbezogene Daten offenbart (Nr. 1), Rechte am geistigen Eigentum verletzt (Nr. 2) oder Betriebs- oder Geschäftsgeheimnisse zugänglich macht (Nr. 3).

---

[7] Erwägungsgrund Nr. 1 der UI-RL.

[8] *Kloepfer* (o. Fn. 5), § 5 Rdnr. 398; *Shirvani* (o. Fn. 5), S. 299; *Bernhard W. Wegener*, Europäisches Umweltverwaltungsrecht, in: Terhechte (Hrsg.), Verwaltungsrecht der Europäischen Union, 2011, § 36 Rdnr. 24.

[9] *Hans-Uwe Erichsen*, Das Recht auf freien Zugang zu Informationen über die Umwelt, NVwZ 1992, 409 (419); *Shirvani* (o. Fn. 5), S. 299. Vgl. ferner umfassend *Johannes Masing*, Die Mobilisierung des Bürgers für die Durchsetzung des Rechts, 1997.

[10] Umweltinformationsgesetz i. d. F. der Bekanntmachung vom 27. Oktober 2014, BGBl. I S. 1643.

[11] Vgl. dazu im Überblick *Thomas Schomerus/Ulrike Tolkmitt*, Die Umweltinformationsgesetze der Länder im Vergleich, NVwZ 2007, 1119 ff.; *Olaf Reidt/Gernot Schiller*, in: Landmann/Rohmer, Umweltrecht, Vorbemerkung UIG (2010), Rdnrn. 71 f.

[12] *Diana Engel/Franz-Joseph Peine*, Umweltrecht, in: Bauer/Peine (Hrsg.), Landesrecht Brandenburg, 2. Aufl. 2011, § 7 Rdnr. 6.

[13] Vgl. § 3 Abs. 1 UIG.

[14] Vgl. etwa §§ 1 Abs. 1 Satz 1 IFG, 2 Abs. 1 VIG.

[15] § 8 Abs. 1 Satz 1 Nr. 2 UIG.

[16] § 8 Abs. 1 Satz 1 Nr. 3 UIG; BVerwGE 110, 17 (22 ff.); *Reidt/Schiller* (o. Fn. 11), § 8 UIG (2010) Rdnr. 26.

In der Verwaltungspraxis hat die Anwendung des § 9 Abs. 1 Satz 1 Nr. 3 UIG zu zahlreichen gerichtlichen Auseinandersetzungen geführt, weil etliche informationspflichtige Stellen Informationsansprüche ablehnen und sich dabei auch auf den Schutz der Betriebs- oder Geschäftsgeheimnisse betroffener Unternehmen berufen.[17] Bei diesen juristischen Konflikten geht es nicht nur um die Frage, welche Tatsachen im konkreten Einzelfall Betriebs- oder Geschäftsgeheimnisse darstellen und ob die Beteiligungsrechte der betroffenen Unternehmen gewahrt worden sind. Da der Schutz der Betriebs- oder Geschäftsgeheimnisse grundrechtlich radiziert ist, geht es im Kern um die Einwirkung von Grundrechten auf multipolare Informationsverhältnisse und die daraus zu ziehenden Konsequenzen für die Auslegung einfachen Rechts. Die damit zusammenhängenden Fragestellungen sollen im Folgenden näher erörtert werden.

II. Der Schutz der Betriebs- oder Geschäftsgeheimnisse im Umweltrecht – ein Überblick

Der rechtliche Schutz der Betriebs- oder Geschäftsgeheimnisse ist keine Innovation des Umweltinformationsrechts. Die Rechtsordnung schützt seit langem die Betriebs- oder Geschäftsgeheimnisse in unterschiedlicher Form:[18] § 17 Abs. 1 UWG sanktioniert etwa den Verrat von Betriebs- oder Geschäftsgeheimnissen durch Beschäftigte eines Unternehmens als Straftat, während § 203 Abs. 2 Satz 1 Nr. 1 StGB die unbefugte Offenbarung von Betriebs- oder Geschäftsgeheimnissen durch Amtsträger unter Strafe stellt. § 30 VwVfG gibt den Beteiligten eines Verwaltungsverfahrens einen Anspruch darauf, dass ihre Betriebs- und[19] Geschäftsgeheimnisse behördlicherseits nicht unbefugt offenbart werden. § 6 Satz 2 IFG schützt die Betriebs- oder Geschäftsgeheimnisse demgegenüber strikter und gewährt den Zugang zu diesen Geheimnissen nur, soweit der Betroffene eingewilligt hat.

Im Umweltrecht werden die Betriebs- oder Geschäftsgeheimnisse nicht nur in § 9 Abs. 1 Satz 1 Nr. 3 UIG, sondern auch in unterschiedlichen Fachgesetzen erwähnt.

---

[17] Vgl. aus der Judikatur etwa BVerwGE 135, 34; BVerwG, Urteil vom 28.5.2009 – 7 C 18/08, NVwZ 2009, 1113; BVerwG, Urteil vom 25.7.2013 – 7 B 45/12 (juris); OVG Rheinland-Pfalz, Urteil vom 30.1.2014 – 1 A 10999/13, DVBl 2014, 730; VGH Hessen, Beschluss vom 31.10.2013 – 6 A 1734/13.Z, NVwZ 2014, 533; OVG Rheinland-Pfalz, Urteil vom 6.9.2012 – 8 A 10096/12, NVwZ 2013, 376; OVG NRW, Urteil vom 1.3.2011 – 8 A 3358/08, DVBl 2011, 698; OVG Rheinland-Pfalz, Urteil vom 2.6.2006 – 8 A 10267/06, NVwZ 2007, 351; OVG NRW, Beschluss vom 12.7.2004 – 13a D 43/04, NuR 2004, 750.

[18] Vgl. dazu im Überblick *Hannes Beyerbach*, Die geheime Unternehmensinformation, 2012, S. 71 ff.; *Torben Frank*, Der Schutz von Unternehmensgeheimnissen im Öffentlichen Recht, 2009, S. 68 ff., 73 ff.; *Hyung-Chul Kim*, Der Schutz von Betriebs- und Geschäftsgeheimnissen nach dem Umweltinformationsgesetz, 1999, S. 63 ff. Vgl. zum Schutz des Berufs- und Geschäftsgeheimnisses im EU-Recht z. B. Art. 41 Abs. 2 lit. b) GR-Charta; Art. 339 AEUV.

[19] Die Terminologie in den Rechtsvorschriften ist nicht einheitlich. Zum Teil ist von „Betriebs- *oder* Geschäftsgeheimnissen", zum Teil von „Betriebs- *und* Geschäftsgeheimnissen" die Rede. Sachliche Unterschiede bestehen in der Regel nicht, vgl. auch *Beyerbach* (o. Fn. 18), S. 68.

Beispiele finden sich in den §§ 5 Abs. 4 Satz 3, 27 Abs. 3 Satz 2 BImSchG, 65 Abs. 1 und 2 PflSchG, 28a Abs. 3 Satz 1 Nr. 4 GenTG, 8 Abs. 2 UmweltHG oder 10 UVPG.[20] Diese Bestimmungen thematisieren den Schutz der Betriebs- oder Geschäftsgeheimnisse, wenn insbesondere die Öffentlichkeit über bestimmte Ereignisse oder Tatsachen informiert wird, Ansprüche geltend gemacht oder Dritten gegenüber Informationen bekanntgegeben werden. Nach § 28a Abs. 2 Satz 1 Nr. 1 GenTG unterrichtet etwa die zuständige Behörde die Öffentlichkeit über den hinreichenden Verdacht einer Gefahr für die in § 1 Nr. 1 GenTG genannten Rechtsgüter. Die Unterrichtung ist nach § 28a Abs. 3 Satz 1 Nr. 4 GenTG allerdings untersagt, soweit durch die Informationen Betriebs- oder Geschäftsgeheimnisse offenbart würden, es sei denn, bestimmte Informationen müssen unter Berücksichtigung der Gesamtumstände veröffentlicht werden, um den Schutz der Sicherheit und Gesundheit der Bevölkerung zu gewährleisten. § 28a Abs. 3 Satz 1 Nr. 4 GenTG schützt die Betriebs- oder Geschäftsgeheimnisse also nicht absolut, sondern nur relativ. Selbiges gilt für die Regelungen in den §§ 9 Abs. 1 Satz 1 Nr. 3 UIG, 65 Abs. 1 PflSchG, 8 Abs. 1 und 2 UmweltHG.[21]

In anderen Vorschriften werden Betriebs- oder Geschäftsgeheimnisse dadurch geschützt, dass der Gesetzgeber Kennzeichnungspflichten normiert und die Veröffentlichung der Informationen beschränkt. Prototypisch sind die Bestimmungen des immissionsschutzrechtlichen Genehmigungsverfahrens (§ 10 BImSchG).[22] Nach § 10 Abs. 2 Satz 1 BImSchG sind Unterlagen, soweit sie Geschäfts- oder Betriebsgeheimnisse enthalten, vom Antragsteller zu kennzeichnen und der Genehmigungsbehörde getrennt vorzulegen. Die gekennzeichneten Unterlagen sind im Rahmen der Öffentlichkeitsbeteiligung nicht auszulegen.[23] Der Antragsteller muss aber eine Inhaltsdarstellung vorlegen, die später ausgelegt wird.[24] Die Inhaltsdarstellung muss, soweit es ohne Preisgabe des Geheimnisses geschehen kann, so ausführlich gefasst sein, dass Dritte beurteilen können, ob und in welchem Umfang sie von den Auswirkungen der Anlage betroffen werden können.[25] Diese Konstruktion führt dazu, dass zwar die Genehmigungsbehörde umfassende Kenntnis über den Antrag einschließlich der Geschäfts- oder Betriebsgeheimnisse erhält, der Öffentlichkeit aber nur Informationen

---

[20] Vgl. hierzu und zu weiteren Beispielen *Matthias Rossi*, Schutzpositionen von Unternehmen im Informationsfreiheitsrecht, in: Hecker/Hendler/Proelß/Reiff (Hrsg.), Aktuelle Rechtsfragen und Probleme des freien Informationszugangs, insbesondere im Umweltschutz, UTR 108, 2011, S. 197 (215); *Franz-Ludwig Knemeyer*, Die Wahrung von Betriebs- und Geschäftsgeheimnissen bei behördlichen Umweltinformationen, DB 1993, 721 (721 f.).

[21] Vgl. *Rossi* (o. Fn. 20), S. 197 (219 f.).

[22] Daneben anwendbar sind die Bestimmungen der UIG der Länder, vgl. *Gernot Schiller*, Der Schutz von Anlagenbetreibern vor Informationsansprüchen nach dem UIG, I + E 2011, 10 (10 f.).

[23] § 10 Abs. 3 Satz 2 BImSchG.

[24] § 10 Abs. 3 Satz 1 9. BImSchV; siehe auch *Hans D. Jarass*, BImSchG, 11. Aufl. 2015, § 10 Rdnr. 37.

[25] § 10 Abs. 2 Satz 2 BImSchG.

ohne Geheimnischarakter zugänglich gemacht werden.[26] Die geheimhaltungsbedürftigen Unterlagen sollen also die Sphäre des Unternehmens, nicht aber diejenige der Behörde verlassen. Weitere Vorschriften, die eine ähnliche Konstruktion aufweisen, finden sich z. B. in §§ 17a Abs. 1 und 3 GenTG, 3 Abs. 3 AtVfV.[27]

III. Der Schutz der Betriebs- oder Geschäftsgeheimnisse im Grundgesetz

1. Schutz durch Wirtschaftsgrundrechte

„Betriebs- oder Geschäftsgeheimnisse" sind nach der Rechtsprechung des BVerfG „alle auf ein Unternehmen bezogene Tatsachen, Umstände und Vorgänge […], die nicht offenkundig, sondern nur einem begrenzten Personenkreis zugänglich sind und an deren Nichtverbreitung der Rechtsträger ein berechtigtes Interesse hat".[28] Sie haben für die Wettbewerbsposition des Unternehmens auf dem Markt eine immense Bedeutung:[29] Will ein Unternehmen im Wettbewerb mit seinen Konkurrenten bestehen, muss es bestrebt sein, sich in puncto Wissen, Technik und Effizienz einen Vorsprung zu verschaffen, der monetär genutzt werden kann.[30] Durch den Einsatz von Kapital, Arbeitskräften und Know-how gewinnt das Unternehmen Informationen, die es geschäftlich nutzen und nicht jedermann offenbaren will. Daher hat das Unternehmen ein besonderes Interesse daran, dass seine Betriebs- oder Geschäftsgeheimnisse geschützt und nicht den Konkurrenten oder der Öffentlichkeit preisgegeben werden.

Dieses besondere Unternehmensinteresse genießt auch grundrechtlichen Schutz. Die Unternehmen können sich namentlich auf Art. 12 Abs. 1 i. V. m. Art. 19 Abs. 3 GG berufen. Die Berufsfreiheit schützt das berufsbezogene Verhalten der Unternehmer am Markt und die Teilhabe der Unternehmer am Wettbewerb zu Erwerbszwecken.[31] Die Wettbewerbsfreiheit ist berührt, wenn „exklusives wettbewerbserhebliches Wissen den Konkurrenten zugänglich" gemacht wird.[32] Denn dadurch minimiert sich die Möglichkeit des Unternehmens, „die Berufsausübung unter Rückgriff

---

[26] Vgl. *Beyerbach* (o. Fn. 18), S. 74.

[27] Vgl. auch *Beyerbach* (o. Fn. 18), S. 74 f.; *Rossi* (o. Fn. 20), S. 197 (222 f.).

[28] BVerfGE 115, 205 (230) (Zitat); siehe auch BVerfG, Urteil vom 21.10.2014 – 2 BvE 5/11, NVwZ 2014, 1652 Rdnr. 182; BVerwG, Urteil vom 28.5.2009 – 7 C 18/08, NVwZ 2009, 1113 Rdnr. 12; OVG NRW, Urteil vom 9.2.2012 – 5 A 166/10, NVwZ 2012, 902 (906); *Michael Kloepfer/Holger Greve*, Das Informationsfreiheitsgesetz und der Schutz von Betriebs- und Geschäftsgeheimnissen, NVwZ 2011, 577 (580); *Reidt/Schiller* (o. Fn. 11), § 9 UIG (2010) Rdnr. 20.

[29] *Kloepfer/Greve*, NVwZ 2011, 577 (578).

[30] Vgl. *Beyerbach* (o. Fn. 18), S. 67.

[31] BVerfGE 32, 311 (317); 46, 120 (137); 105, 252 (265); *Johannes Dietlein*, in: Stern, Das Staatsrecht der Bundesrepublik Deutschland, Bd. IV/1, 2006, S. 1822; *Gerrit Manssen*, in: von Mangoldt/Klein/Starck, GG, Bd. 1, 6. Aufl. 2010, Art. 12 Rdnr. 71.

[32] BVerfGE 115, 205 (230).

auf dieses Wissen erfolgreich zu gestalten", weil „unternehmerische Strategien durchkreuzt werden" oder Anreize „zu innovativem unternehmerischen Handeln entfallen".[33] Durch die Offenlegung von Betriebs- oder Geschäftsgeheimnissen wird „die Ausschließlichkeit der Nutzung des betroffenen Wissens für den eigenen Erwerb im Rahmen beruflicher Betätigung" beeinträchtigt.[34] Ein Eingriff in die Berufsfreiheit ist mithin zu bejahen.[35]

Die Frage, ob Betriebs- oder Geschäftsgeheimnisse zudem vom Schutzbereich des Eigentumsgrundrechts (Art. 14 GG) erfasst sind, wird kontrovers diskutiert. Während das BVerfG die Beantwortung dieser Frage offengelassen und darauf verwiesen hat, dass der Schutz dieser Geheimnisse durch Art. 14 GG jedenfalls nicht weitergehe als dessen Schutz durch Art. 12 GG,[36] hält die herrschende Auffassung den Schutzbereich des Eigentumsgrundrechts für eröffnet.[37] Sie stützt sich insbesondere darauf, dass Betriebs- oder Geschäftsgeheimnisse einen „geronnenen" Vermögenswert bildeten, der durch den Einsatz von Arbeit, Kapital, Zeit und Forschungskapazitäten erwirtschaftet worden sei.[38] Die Geheimnisse stellen demnach eine „kondensierte unternehmerische Leistung" dar und können vom Unternehmen wirtschaftlich genutzt werden.[39] Zum Teil werden die Unternehmensgeheimnisse auch dem Recht am eingerichteten und ausgeübten Gewerbebetrieb zugeordnet, weil sie geeignet sind, durch Verwirklichung des Entwicklungs- bzw. Wettbewerbsvorsprungs ökonomisch genutzt zu werden und insoweit einen „wesentlichen Wertfaktor" des Unternehmens als organische Einheit bilden.[40] Hält man mit diesen und weiteren Argumenten auch den Schutzbereich des Eigentumsgrundrechts für eröffnet, besteht eine Idealkonkurrenz zwischen Art. 12 und Art. 14 GG.[41]

---

[33] BVerfGE 115, 205 (230).

[34] BVerfGE 115, 205 (230).

[35] Vgl. BVerfGE 115, 205 (230); BVerfG, Urteil vom 21.10.2014 – 2 BvE 5/11, NVwZ 2014, 1652 Rdnr. 184; *Rüdiger Breuer*, Staatliche Berufsregelung und Wirtschaftslenkung, in: Isensee/Kirchhof (Hrsg.), Handbuch des Staatsrecht, Bd. VIII, 3. Aufl. 2010, § 171 Rdnr. 38; *Kloepfer/Greve*, NVwZ 2011, 577 (578); *Otto Depenheuer*, Der verfassungsrechtliche Schutz des Betriebsgeheimnisses, in: Baumeister/Roth/Ruthig (Hrsg.), Staat, Verwaltung und Rechtsschutz (Festschrift Schenke), 2011, S. 97 (99 ff.); *Frank* (o. Fn. 18), S. 180 ff.

[36] BVerfGE 115, 205 (248).

[37] Vgl. etwa NWVerfGH, Urteil vom 19.8.2008 – VerfGH 7/07, NVwZ-RR 2009, 41 (43); BayVerfGH, Entscheidung vom 26.7.2006 – Vf. 11-IVa/05, NVwZ 2007, 204 (206 f.); *Hans-Jürgen Papier*, in: Maunz/Dürig, GG, Art. 14 (2010) Rdnr. 99; *Breuer* (o. Fn. 35), § 171 Rdnr. 38; *Depenheuer* (o. Fn. 35), S. 97 (101 ff.); *Friedrich Schoch*, IFG, 2009, § 6 Rdnrn. 8 f.; *Frank* (o. Fn. 18), S. 171 ff. Differenzierend *Peter Axer*, in: Epping/Hillgruber (Hrsg.), BeckOK-GG, Art. 14 (2015) Rdnr. 50. Ablehnend *Heinrich Amadeus Wolff*, Der verfassungsrechtliche Schutz der Betriebs- und Geschäftsgeheimnisse, NJW 1997, 98 ff.; *Beyerbach* (o. Fn. 18), S. 182 ff., 222 f. (mit gewissen Einschränkungen).

[38] *Breuer* (o. Fn. 35), § 171 Rdnr. 38 (Zitat); *Papier* (o. Fn. 37), Art. 14 (2010) Rdnr. 99.

[39] *Depenheuer* (o. Fn. 35), S. 97 (102) (Zitat); *Kloepfer/Greve*, NVwZ 2011, 577 (579).

[40] *Papier* (o. Fn. 37), Art. 14 (2010) Rdnr. 99 (Zitat); *Depenheuer* (o. Fn. 35), S. 97 (103 f.).

[41] Vgl. *Kloepfer/Greve*, NVwZ 2011, 577 (579).

Der grundrechtliche Schutz der Betriebs- oder Geschäftsgeheimnisse durch Art. 12 bzw. Art. 14 GG bedeutet freilich nicht, dass die Geheimnisse unter einen absoluten rechtlichen Schutz gestellt werden müssten.[42] Sowohl das Berufs- wie auch das Eigentumsgrundrecht können prinzipiell eingeschränkt werden, wie Art. 12 Abs. 1 Satz 2 und Art. 14 Abs. 1 Satz 2 GG verdeutlichen. Der Normgeber kann durch Berufsausübungsregelungen sowie Inhalts- und Schrankenbestimmungen die Reichweite des Geheimnisschutzes festlegen. Er muss aber den verfassungsrechtlichen Anforderungen genügen, insbesondere den Gesetzesvorbehalt sowie den Verhältnismäßigkeitsgrundsatz beachten und dabei eine Abwägung zwischen den jeweils konfligierenden Belangen vornehmen.[43] Die verfassungsrechtlichen Anforderungen divergieren, je nachdem wie intensiv der Grundrechtseingriff ist.

2. Grundrechtsschutz im zwei- und dreipoligen Informationsverhältnis

Geheimhaltungsbedürftige Informationen des Unternehmens können in unterschiedlicher Weise offengelegt werden und ihre Eigenart als exklusives unternehmerisches Wissen verlieren. Ist ein Unternehmen aufgrund gesetzlicher Vorgaben verpflichtet, in einem Genehmigungsverfahren seine Betriebs- oder Geschäftsgeheimnisse einer Behörde zu offenbaren, entsteht ein bipolares Informationsverhältnis zwischen der Behörde und dem Unternehmen.[44] Bereits erwähntes Beispiel ist die Vorlagepflicht nach § 10 Abs. 2 Satz 1 BImSchG im immissionsschutzrechtlichen Genehmigungsverfahren. Nach dieser Vorschrift kann der Antragsteller die Vorlage der Betriebs- oder Geschäftsgeheimnisse bei der Genehmigungsbehörde nicht verweigern, sondern hat diese zu kennzeichnen. Die Behörde hat ihrerseits die ihr vorgelegten Betriebs- oder Geschäftsgeheimnisse vertraulich zu behandeln und darf diese nicht ohne weiteres der Öffentlichkeit preisgeben.[45] Diese gesetzliche Vorlagepflicht stellt für das betroffene Unternehmen einen Grundrechtseingriff dar.[46] Der Eingriffscharakter kann nicht mit dem Argument verneint werden, dass der Staat das Geheimnis ja für sich behalte und damit die exklusive Nutzung des geheimen Wissens dem Unternehmen erhalten bleibe.[47] Denn zum einen übermittelt das Unternehmen die Informationen nicht freiwillig, sondern ist hierzu von Gesetzes wegen verpflichtet. Zum anderen hat die Behörde infolge der Informationsübermittlung Kenntnis von den Unternehmensgeheimnissen und kann diese, wenn die gesetzlichen Vorausset-

---

[42] *Schoch* (o. Fn. 37), § 6 Rdnr. 9; *Breuer* (o. Fn. 35), § 171 Rdnr. 39.

[43] *Rossi* (o. Fn. 20), S. 197 (217); siehe auch NWVerfGH, Urteil vom 19.8.2008, NVwZ-RR 2009, 41 (43).

[44] Vgl. *Knemeyer*, DB 1993, 721 (721).

[45] *Rüdiger Breuer*, Schutz von Betriebs- und Geschäftsgeheimnissen im Umweltrecht, NVwZ 1986, 171 (174); *Knemeyer*, DB 1993, 721 (721).

[46] Vgl. *Breuer* (o. Fn. 35), § 171 Rdnr. 38; *Meinhard Schröder*, Der Schutz von Betriebs- und Geschäftsgeheimnissen im Umweltschutzrecht, UPR 1985, 394 (397).

[47] So *Frank* (o. Fn. 18), S. 178.

zungen vorliegen, ganz oder teilweise weitergeben. Dies hat für das Unternehmen eine freiheitsverkürzende Wirkung. Der Grundrechtseingriff findet aber seine Rechtfertigung grundsätzlich darin, dass eine Behörde auch von den Unternehmensgeheimnissen Kenntnis erlangen muss, um beurteilen zu können, ob die Genehmigungsvoraussetzungen vorliegen und welche (Individual-)Rechtsgüter von den Auswirkungen der Anlage betroffen sind.[48]

Die Intensität des Grundrechtseingriffs für das informationspflichtige Unternehmen ändert sich, wenn Dritte gegen die Behörde Informationsansprüche geltend machen und die Behörde unternehmensbezogene Informationen zugänglich macht. Bei dieser Konstellation handelt es sich um ein dreipoliges Informationsverhältnis, an dem zwei Private und der Staat beteiligt sind.[49] Ein solches Informationsverhältnis liegt dem Umweltinformationsanspruch des § 3 Abs. 1 UIG zugrunde, dem zufolge jede Person einen Anspruch auf freien Zugang zu Umweltinformationen hat, über die eine informationspflichtige Stelle verfügt. Gewährt die Behörde dem Dritten Zugang zu den Betriebs- oder Geschäftsgeheimnissen des Unternehmens, können diese an die Öffentlichkeit gelangen und damit ihre Exklusivität sowie zumindest einen Teil ihres ökonomischen Werts verlieren.[50] Die Intensität des Grundrechtseingriffs ist erheblich, wenn man bedenkt, dass vor allem die – antragsberechtigten[51] – Konkurrenten sich für die Betriebs- oder Geschäftsgeheimnisse eines Mitkonkurrenten interessieren und von deren Kenntnisnahme profitieren können. Im Einzelfall kann die Preisgabe von Geheimnissen für das Unternehmen eine existenzgefährdende Wirkung haben.[52] Die Eingriffsintensität lässt sich auch nicht mit dem Argument in Abrede stellen, dass sich jedes Unternehmen mal in der Position des zugangsbegehrenden, mal in der des zugangsabwehrenden Privaten befinde.[53] Mit einer abstrakten kompensatorischen Sichtweise wird man die besondere Qualität des Grundrechtseingriffs nicht verneinen können, wenn sich etwa ein Unternehmen in der gerichtlichen Auseinandersetzung auf seine Wirtschaftsgrundrechte beruft. Die verfassungsrechtlichen Anforderungen an die Rechtfertigung des Grundrechtseingriffs steigen vielmehr und sind höher als beim erwähnten Grundrechtseingriff im Genehmigungsverfahren.[54] Die Qualität des Grundrechtseingriffs muss auch bei der Aus-

---

[48] Vgl. *Breuer* (o. Fn. 35), § 171 Rdnr. 39.

[49] *Knemeyer*, DB 1993, 721 (721); *Rossi* (o. Fn. 20), S. 197 (202 ff.).

[50] *Frank* (o. Fn. 18), S. 178.

[51] Vgl. BVerwGE 135, 34 Rdnr. 26.

[52] Vgl. *Arno Scherzberg,* Die verfassungsrechtlichen Grundlagen des Informationszugangs, in: Fluck (Hrsg.), Informationsfreiheitsrecht, A I (2003) Rdnr. 62.

[53] In diese Richtung *Rossi* (o. Fn. 20), S. 197 (205) mit der Schlussfolgerung, dass sich das Spannungsverhältnis nicht personifizieren, sondern nur abstrahieren lasse.

[54] Dabei ist zu beachten, dass es einen grundrechtlichen Anspruch auf Zugang zu Umweltinformationen grundsätzlich nicht gibt, vgl. Schoch (o. Fn. 37), Einl Rdnrn. 52 ff.; *Herbert Bethge*, in: Sachs (Hrsg.), GG, 7. Aufl. 2014, Art. 5 Rdnr. 60; Reidt/Schiller (o. Fn. 11), Vorbemerkung UIG (2010) Rdnrn. 52 f. A. A. etwa *Bernard W. Wegener*, Der Geheime Staat, 2006, S. 480 ff.

legung des einfachen Rechts, namentlich des § 9 Abs. 1 Satz 1 Nr. 3 UIG, Berücksichtigung finden.[55]

IV. Der Schutz der Betriebs- oder Geschäftsgeheimnisse in § 9 Abs. 1 Satz 1 Nr. 3 UIG

1. Regelungsstruktur

In Umsetzung des Art. 4 Abs. 2 Satz 1 lit. d) UI-RL (2003/4/EG) hat der Bundesgesetzgeber in § 9 Abs. 1 Satz 1 Nr. 3 UIG einen Informationsverweigerungsgrund zum Schutz von Betriebs- oder Geschäftsgeheimnissen vorgesehen. Nach § 9 Abs. 1 Satz 1 Halbsatz 1 Nr. 3 UIG ist der Antrag auf Zugang zu Umweltinformationen abzulehnen, soweit durch die Bekanntgabe Betriebs- oder Geschäftsgeheimnisse zugänglich gemacht würden. Dieser Ablehnungsgrund kommt allerdings nicht in Betracht, wenn es um den Zugang zu Umweltinformationen über Emissionen geht (§ 9 Abs. 1 Satz 2 UIG).[56] Im Übrigen greift der Ablehnungsgrund nicht, wenn die Betroffenen zugestimmt haben oder das öffentliche Interesse an der Bekanntgabe überwiegt (§ 9 Abs. 1 Satz 1 Halbsatz 2 UIG). Vor der Entscheidung über die Offenbarung der Betriebs- oder Geschäftsgeheimnisse sind die Betroffenen anzuhören (§ 9 Abs. 1 Satz 3 UIG). Die informationspflichtige Stelle hat in der Regel von einer Betroffenheit im Sinne des § 9 Abs. 1 Satz 1 Nr. 3 UIG auszugehen, soweit übermittelte Informationen als Betriebs- und Geschäftsgeheimnisse gekennzeichnet sind (§ 9 Abs. 1 Satz 4 UIG). § 9 Abs. 1 UIG beinhaltet demnach eine Reihe materiell- und verfahrensrechtlicher Aspekte. Die behördliche Entscheidung über das (Nicht-)Vorliegen des Ablehnungsgrundes ist eine gebundene Entscheidung,[57] die der verwaltungsgerichtlichen Kontrolle unterliegt.[58]

2. Einzelfragen

a) Zugänglichmachen von Betriebs- oder Geschäftsgeheimnissen

Dreh- und Angelpunkt des in § 9 Abs. 1 Satz 1 Nr. 3 UIG geregelten Informationsverweigerungsgrundes ist der Begriff des „Betriebs- oder Geschäftsgeheimnis-

---

[55] Vgl. Abschnitt IV 2 b).

[56] Nach der Rechtsprechung des BVerwG besteht der Zweck dieser Regelung darin, der Öffentlichkeit Informationen über solche Vorgänge zugänglich zu machen, die sie unmittelbar berühren. Stoffe, die aus der Anlage in die Umgebung abgegeben und damit für die Öffentlichkeit unmittelbar spürbar würden, seien nicht als vertraulich zu behandeln, vgl. BVerwGE 135, 34 Rdnr. 45.

[57] Kritisch zu dieser gesetzgeberischen Konstruktion *Christian Schrader*, Zugang zu Umweltinformationen, in: Schlacke/Schrader/Bunge, Informationsrechte, Öffentlichkeitsbeteiligung und Rechtsschutz im Umweltrecht, Aarhus-Handbuch, 2010, § 1 Rdnr. 90.

[58] Vgl. VGH Hessen, Beschluss vom 31.10.2013 – 6 A 1734/13.Z, NVwZ 2014, 533 Rdnr. 16; OVG NRW, Urteil vom 1.3.2011 – 8 A 3358/08, DVBl 2011, 698 (702).

ses". Über die einzelnen Teilelemente dieses Begriffs[59] besteht weitgehend Einigkeit:[60] Diese sind die Unternehmensbezogenheit und fehlende Offenkundigkeit der Information, der Geheimhaltungswille des Geheimnisträgers und das berechtigte Geheimhaltungsinteresse. Ein berechtigtes Interesse an der Nichtverbreitung besteht, „wenn die Offenlegung der Information geeignet ist, exklusives technisches oder kaufmännisches Wissen den Marktkonkurrenten zugänglich zu machen und so die Wettbewerbsposition des Unternehmens nachteilig zu beeinflussen".[61] Während Betriebsgeheimnisse vor allem technisches Wissen umfassen, betreffen Geschäftsgeheimnisse kaufmännisches Wissen.[62] Das Betriebs- oder Geschäftsgeheimnis muss nach § 9 Abs. 1 Satz 1 Nr. 3 UIG zudem durch Bekanntgabe zugänglich gemacht werden. Das Geheimnis wird auch dann zugänglich gemacht, wenn die begehrte Information nicht als solche ein Geheimnis darstellt, aber ihrerseits Rückschlüsse auf Betriebs- oder Geschäftsgeheimnisse zulässt.[63] Die Frage, ob auch Behörden sich auf den Schutz von Betriebs- oder Geschäftsgeheimnissen berufen können, wird kontrovers diskutiert, ist aber im Ergebnis zu bejahen.[64]

Keine Betriebs- oder Geschäftsgeheimnisse sind etwa Angaben über die Bezeichnung einer umweltrelevanten Anlage, die Anschrift einer Anlage oder die Gesamtmenge der zugeteilten Emissionsberechtigungen nach dem TEHG.[65] Selbiges gilt für die Kapazität einer Anlage, da diese im immissionsschutzrechtlichen Verfahren in der Regel in den Antragsunterlagen enthalten ist und ohnehin durch Auslegung der Öffentlichkeit zugänglich gemacht wird.[66] Daher ist im Hinblick auf die Kapazität einer Anlage die fehlende Offenkundigkeit der Information bzw. das berechtigte Geheimhaltungsinteresse zu verneinen.[67] Auch die Höhe der Ausfuhrerstattungen, die ein Unternehmen erhalten hat, stellt kein Geschäftsgeheimnis dar, da deren Of-

---

[59] Vgl. zur Definition Abschnitt III 1.

[60] Vgl. bereits den Gesetzentwurf der Bundesregierung zur Umsetzung der Richtlinie 90/313/EWG des Rates vom 7. Juni 1990 über den freien Zugang zu Informationen über die Umwelt, BT-Drs. 12/7138, S. 14; siehe ferner *Moritz Karg*, in: Gersdorf/Paal (Hrsg.), BeckOK-UIG, § 9 UIG (2015) Rdnr. 25 und die Nachweise in Fn. 28.

[61] BVerwG, Urteil vom 28.5.2009 – 7 C 18/08, NVwZ 2009, 1113 Rdnr. 13 (Zitat); BVerwGE 135, 34 Rdnr. 50.

[62] BVerfGE 115, 205 (230 f.); BVerwG, Urteil vom 28.5.2009 – 7 C 18/08, NVwZ 2009, 1113 Rdnr. 12; OVG NRW, Urteil vom 1.3.2011 – 8 A 3358/08, DVBl 2011, 698 (701).

[63] BVerwGE 135, 34 Rdnr. 55.

[64] Obwohl öffentliche Stellen prinzipiell nicht grundrechtsfähig sind, können sie ein berechtigtes Interesse an der Geheimhaltung ihrer wirtschaftlichen Daten haben, wenn sie in gleicher Weise wie Private am Wirtschaftsverkehr teilnehmen. Der Gesetzgeber kann die Betriebs- oder Geschäftsgeheimnisse öffentlicher Stellen einfachgesetzlich unter Schutz stellen, vgl. OVG Berlin-Brandenburg, Urteil vom 12.2.2015, OVG 12 B 13.12, NVwZ-RR 2015, 801 (803); *Annette Guckelberger*, in: Gersdorf/Paal (Hrsg.), BeckOK-IFG, § 6 (2015) Rdnrn. 34 f.; *Schoch* (o. Fn. 37), § 6 Rdnr. 47. A. A. *Karg* (o. Fn. 60), § 9 UIG (2015) Rdnrn. 22a ff.

[65] BVerwGE 135, 34 Rdnr. 51.

[66] Vgl. § 10 Abs. 1 Satz 2 und Abs. 3 Satz 2 BImSchG; BVerwGE 135, 34 Rdnr. 52.

[67] Vgl. BVerwGE 135, 34 Rdnr. 52.

fenlegung nicht geeignet ist, die Wettbewerbsposition des betroffenen Unternehmens nachhaltig zu beeinflussen.[68] Ein Betriebsgeheimnis liegt hingegen vor, wenn aus den veröffentlichten Informationen Rückschlüsse auf konkrete Produktionsschritte und Forschungsvorhaben gezogen werden können:[69] Denn auf hochspezialisierten Märkten sind Konkurrenten nicht selten in der Lage, aufgrund ihres branchenspezifischen Wissens bereits aus wenigen Informationen Rückschlüsse auf Produktionswege, angewandte Herstellungsverfahren und Forschungs- bzw. Entwicklungsschwerpunkte zu ziehen.[70] Bei der Prüfung, ob Unternehmensgeheimnisse vorliegen, sind im Übrigen spezialgesetzliche Negativlisten, die bestimmte Informationen nicht den Betriebs- oder Geschäftsgeheimnissen zuordnen,[71] zu berücksichtigen.[72]

b) Interessenabwägung

Das Unternehmen, um dessen Betriebs- oder Geschäftsgeheimnisse es geht, kann der Bekanntgabe der Geheimnisse zustimmen. Liegt keine Zustimmung vor, dürfen die Unternehmensgeheimnisse nur dann zugänglich gemacht werden, wenn das öffentliche Interesse an der Bekanntgabe überwiegt (§ 9 Abs. 1 Satz 1 Halbsatz 2 UIG). Mit dieser Regelung hat der Bundesgesetzgeber Art. 4 Abs. 2 UAbs. 2 UI-RL umgesetzt.[73] Nach der Richtlinienbestimmung sind die Ablehnungsgründe eng auszulegen, wobei im Einzelfall das öffentliche Interesse an der Bekanntgabe zu berücksichtigen ist.[74] In jedem Einzelfall ist das öffentliche Interesse an der Bekanntgabe gegen das Interesse an der Verweigerung der Bekanntgabe abzuwägen.[75] Die Veröffentlichung der Informationen soll nach einem Erwägungsgrund der Richtlinie die „allgemeine Regel" sein; die Behörden sollen befugt sein, Anträge (nur) in bestimmten, genau festgelegten Fällen abzulehnen.[76] Diese, auch vom EuGH[77] goutierte „allgemeine Regel" erweist sich in dreipoligen Informationsverhältnissen, in denen es um grundrechtlich fundierte Rechtspositionen Drittbetroffener geht, als zu wenig differenziert.[78] Sie ignoriert nämlich die Tatsache, dass sich in

---

[68] BVerwG, Urteil vom 28. 5. 2009 – 7 C 18/08, NVwZ 2009, 1113 Rdnrn. 14 f.
[69] OVG Rheinland-Pfalz, Urteil vom 6. 9. 2012 – 8 A 10096/12, NVwZ 2013, 376 (378).
[70] Vgl. OVG Rheinland-Pfalz, Urteil vom 6. 9. 2012 – 8 A 10096/12, NVwZ 2013, 376 (378).
[71] Vgl. etwa §§ 17a Abs. 2 GenTG, 65 Abs. 2 PflSchG.
[72] Vgl. OVG NRW, Beschluss vom 2. 1. 2009 – 13a F 31/07, NVwZ 2009, 794 (794 f.); *Reidt/Schiller* (o. Fn. 11), § 9 UIG (2010) Rdnr. 22; *Schrader* (o. Fn. 57), § 1 Rdnr. 138.
[73] Vgl. Gesetzentwurf der Bundesregierung zur Neugestaltung des UIG, BT-Drs. 15/3406, S. 19 f.
[74] Art. 4 Abs. 2 UAbs. 2 Satz 1 UI-RL.
[75] Art. 4 Abs. 2 UAbs. 2 Satz 2 UI-RL.
[76] Vgl. Erwägungsgrund Nr. 16 der UI-RL.
[77] Vgl. EuGH, Rs. C-71/10 (Office of Communications/Information Commissioner), Slg 2011, I-7205 Rdnr. 22.
[78] Vgl. *Meßerschmidt* (o. Fn. 1), § 9 Rdnrn. 52 f.; *Rossi* (o. Fn. 1), § 63 Rdnr. 38.

den geheimen Informationen häufig eine innovative oder wirtschaftliche Leistung materialisiert, die durch eine Veröffentlichung entwertet werden würde.[79] Eine pauschale Privilegierung des Publizitätsinteresses darf es nicht geben.[80] Da auch im EU-Recht Betriebs- oder Geschäftsgeheimnisse primär- bzw. grundrechtlichen Schutz genießen,[81] ist umgekehrt davon auszugehen, dass Betriebs- oder Geschäftsgeheimnisse grundsätzlich nicht publiziert werden dürfen.[82] Zum selben Ergebnis kommt man aus (nationaler) verfassungsrechtlicher Perspektive:[83] Die Bekanntgabe von Betriebs- oder Geschäftsgeheimnissen stellt meist einen intensiven Eingriff in das Berufs- bzw. Eigentumsgrundrecht des betroffenen Unternehmens dar. Der Eingriff bedarf eines Rechtfertigungsgrundes[84] und muss den Verhältnismäßigkeitsgrundsatz beachten.[85] Die Publikation von Unternehmensgeheimnissen muss die Ausnahme bleiben.

Diese Grundsätze sind bei der Auslegung des § 9 Abs. 1 Satz 1 Nr. 3 UIG zu beachten.[86] Nach § 9 Abs. 1 Satz 1 Halbsatz 2 UIG greift der Ablehnungsgrund nicht, wenn – erstens – ein öffentliche Interesses an der Bekanntgabe besteht und dieses – zweitens – gegenüber dem Geheimhaltungsinteresse überwiegt. Das BVerwG legt diese Vorschrift inhaltlich so aus, dass das allgemeine Interesse der Öffentlichkeit, Zugang zu Informationen über die Umwelt zu erhalten, nicht genüge.[87] Sonst würde das öffentliche Interesse stets überwiegen und eine Abwägung im Einzelfall entbehrlich sein.[88] Das Gericht akzeptiert demnach das abstrakte umweltbezogene Transparenzinteresse der Öffentlichkeit nicht als Rechtfertigungsgrund für den

---

[79] Vgl. *Meßerschmidt* (o. Fn. 1), § 9 Rdnr. 53.

[80] *Meßerschmidt* (o. Fn. 1), § 9 Rdnr. 53.

[81] Vgl. EuGH, Rs. C-450/06 (Varec SA/Belgischer Staat), Slg 2008, I-581 Rdnr. 49, wonach der Schutz von Geschäftsgeheimnissen einen allgemeinen Rechtsgrundsatz des EU-Rechts darstelle; siehe zu deren Schutz durch Art. 16 GR-Charta *Rahel Reichold*, Der Schutz des Berufsgeheimnisses im Recht der Europäischen Union, 2014, S. 163 ff.; *Ferdinand Wollenschläger*, in: von der Groeben/Schwarze/Hatje, Europäisches Unionsrecht, Bd. 1, 7. Aufl. 2015, Art. 16 GRC Rdnr. 8, jeweils m. w. N.

[82] Vgl. auch *Reidt/Schiller* (o. Fn. 11), § 9 UIG (2010) Rdnr. 1; *Rossi* (o. Fn. 1), § 63 Rdnr. 38; *ders.*, Informationszugangsfreiheit und Verfassungsrecht, 2004, S. 168 ff.

[83] Da der nationale Gesetzgeber nach Art. 4 Abs. 2 UAbs. 1 UI-RL über Gestaltungsspielraum verfügt, welche Ablehnungsgründe er in nationales Recht transformiert, muss er bei der Umsetzung die deutschen Grundrechte beachten, vgl. *Jarass*, in: ders./Pieroth, GG, 13. Aufl. 2014, Art. 1 Rdnr. 47 m. w. N.

[84] In BVerwGE 130, 236 Rdnr. 25 ist von „gewichtige[n] Rechtfertigungsgründe[n]" die Rede.

[85] Vgl. Abschnitt III. 1.

[86] Vgl. auch *Schoch* (o. Fn. 1), S. 81 (103 f.), der von einem prinzipiellen Vorrang des Schutzes von Unternehmensgeheimnissen gegenüber dem Interesse am Informationszugang ausgeht.

[87] BVerwGE 135, 34 Rdnr. 62.

[88] BVerwGE 135, 34 Rdnr. 62.

Grundrechtseingriff,[89] sondern präferiert zu Recht eine enge Auslegung des Begriffs „öffentliches Interesse". Verfolgt der Antragsteller rein private, wirtschaftliche Interessen, ist ein solches Interesse jedenfalls zu verneinen.[90] Als „öffentliche Interessen" kommen vielmehr bestimmte kollektive Belange in Betracht, die dem Geheimhaltungsinteresse gegenübergestellt werden.[91] Gewisse Anhaltspunkte für die Auslegung findet man namentlich in § 28a Abs. 3 Satz 1 Nr. 4 GenTG,[92] dem zufolge zum „Schutz der Sicherheit und Gesundheit der Bevölkerung" Unternehmensgeheimnisse unter Umständen veröffentlicht werden können. Auch Gefahren für die Umwelt[93] oder Störfälle in einem Kernkraftwerk[94] können ein öffentliches Interesse an der Bekanntgabe begründen.[95] Liegt ein öffentliches Interesse vor, ist im Rahmen der Abwägung zu eruieren, ob die bereitzustellenden Informationen zutreffend oder womöglich irreführend sind und daher das Unternehmen im Wettbewerb schädigen können.[96] Auch ist zu berücksichtigen, dass die Veröffentlichung des Geheimnisses irreversibel ist und die publizierten Informationen keiner Verwendungsbeschränkung unterliegen.[97] Im Übrigen ist die Möglichkeit der Aussonderung geheimhaltungsbedürftiger Informationen zu prüfen, um dem Informationsbegehren jedenfalls teilweise stattzugeben.[98]

c) Verfahrensrechtliche Aspekte

Damit die Behörde die Abwägung ordnungsgemäß vornehmen kann, sieht § 9 Abs. 1 Satz 3 bis 5 UIG verfahrensrechtliche Regelungen vor. Demnach sind die Betroffenen anzuhören, bevor die Behörde Betriebs- oder Geschäftsgeheimnisse offen-

---

[89] Kritisch dazu *Rossi* (o. Fn. 20), S. 197 (221 f.), der eine Abwägung zwischen dem abstrakten Interesse an der Zugänglichkeit der Information und dem konkreten Interesse des Geheimnisherrn präferiert. Fraglich ist allerdings, inwieweit das abstrakte Interesse an der Zugänglichkeit der Information im Rahmen der gesetzlich vorgegebenen Einzelfallabwägung operabel ist.

[90] BVerwGE 135, 34 Rdnr. 63; OVG Berlin-Brandenburg, Urteil vom 12.2.2015, OVG 12 B 13.12, NVwZ-RR 2015, 801 (804).

[91] Vgl. *Ulrich Ramsauer*, Das Urheberrecht und Geschäftsgeheimnisse im UIG und IFG, AnwBl 2013, 410 (419).

[92] Vgl. dazu Abschnitt II.

[93] Vgl. *Knemeyer*, DB 1993, 721 (724 f.); *Ramsauer*, AnwBl 2013, 410 (419).

[94] BVerwGE 130, 236 Rdnr. 24 ff. zu § 99 Abs. 1 Satz 2 VwGO; *Annette Guckelberger*, Umweltinformationen unter europäischem Einfluss, VerwArch 105 (2014), 411 (436).

[95] Bei einer unmittelbaren Bedrohung der menschlichen Gesundheit oder der Umwelt (Katastrophenfall) ist die Behörde unverzüglich verpflichtet, Umweltinformationen zu verbreiten (§ 10 Abs. 5 Satz 1 UIG). Allerdings müssen auch bei dieser Maßnahme die Geheimhaltungsinteressen nach § 9 UIG beachtet werden (§ 10 Abs. 6 UIG). Vgl. zum Ganzen *Boas Kümper/Antje Wittmann*, Voraussetzungen und Grenzen der aktiven behördlichen Verbreitung von Umweltinformationen gemäß § 10 UIG, NuR 2011, 840 ff.

[96] *Reidt/Schiller* (o. Fn. 11), § 9 UIG (2010) Rdnr. 34.

[97] *Schoch* (o. Fn. 1), S. 81 (103); *Rossi* (o. Fn. 1), § 63 Rdnr. 58.

[98] Vgl. § 5 Abs. 3 UIG; OVG Rheinland-Pfalz, Urteil vom 2.6.2006 – 8 A 10267/06, NVwZ 2007, 351 (353 f.); *Reidt/Schiller* (o. Fn. 11), § 9 UIG (2010) Rdnr. 34.

bart.⁹⁹ Das Unternehmen kann die an die Behörde übermittelten Informationen als Betriebs- oder Geschäftsgeheimnis kennzeichnen und dadurch den Status des „Betroffenen" erlangen.¹⁰⁰ Im Rahmen der Anhörung kann die Behörde klären, ob tatsächlich ein Betriebs- oder Geschäftsgeheimnis vorliegt und ob das öffentliche Interesse an der Bekanntgabe das Geheimhaltungsinteresse überwiegt.¹⁰¹ Die Anhörung ist ein wesentliches Verfahrensrecht des betroffenen Unternehmens und gibt diesem die Möglichkeit, zu offenen Fragen Stellung zu nehmen und seine Position zu erläutern.¹⁰² Fehlt die Anhörung und wird sie nicht nachgeholt, ist die behördliche Entscheidung über den Zugang zu den Umweltinformationen rechtswidrig.¹⁰³

V. Schluss

In seinem renommierten Lehrbuch zum „Allgemeinen Verwaltungsrecht" resümiert der Jubilar, dass die Praxis „gegenüber den neuen Instrumenten der Verwaltungsöffentlichkeit" von großer Zurückhaltung geprägt sei.¹⁰⁴ Zwar habe, so der Jubilar weiter, „der Zugang zu Verwaltungsinformationen im allgemeinen und Umweltinformationen im besonderen [...] eine gesetzliche Regelung erfahren", es werde „aber noch ein langer Weg sein [...], bis die transparente Verwaltung Wirklichkeit geworden" sei.¹⁰⁵ Der Jubilar beschreibt damit zutreffend den eingangs erwähnten, sich allerdings nur langsam vollziehenden informationellen Paradigmenwechsel im öffentlichen Sektor.¹⁰⁶ Allerdings wird das Leitbild der „transparenten Verwaltung" immer auch den rechtsstaatlichen und grundrechtlichen Anforderungen genügen müssen. Das gilt gerade in den Fällen, in denen die Verwaltung Geheimnisse Dritter preisgeben und damit grundrechtsrelevante Maßnahmen vornehmen will. So kann es geboten sein, dass auch im Zeitalter der transparenten Verwaltung bestimmte Vorgänge in der „Arkansphäre" der Behörde verbleiben.

---

[99] § 9 Abs. 1 Satz 3 UIG.

[100] § 9 Abs. 1 Satz 4 UIG; *Schrader* (o. Fn. 57), § 1 Rdnr. 140.

[101] *Reidt/Schiller* (o. Fn. 11), § 9 UIG (2010) Rdnr. 37.

[102] Vgl. auch § 9 Abs. 1 Satz 5 UIG, wonach mögliche Betroffene im Einzelnen darzulegen haben, dass ein Betriebs- oder Geschäftsgeheimnis vorliegt, soweit die informationspflichtige Stelle dies verlangt.

[103] Vgl. VG Stuttgart, Urteil vom 13.11.2014–4 K 5228/13, VBlBW 2015, 346 (348); siehe auch *Reidt/Schiller* (o. Fn. 11), § 9 UIG (2010) Rdnr. 40.

[104] *Peine* (o. Fn. 4), Rdnr. 622.

[105] *Peine* (o. Fn. 4), Rdnr. 622.

[106] Vgl. Abschnitt I.

Finanzierungsvorsorge für den Rückbau von Kernkraftwerken

Von *Joachim Wieland*

I. Problemaufriss

Seit Deutschland 2011 unter dem Eindruck der Nuklearkatastrophe von Fukushima die sofortige Stilllegung von acht Kernkraftwerken und die stufenweise Abschaltung der übrigen deutschen Kernkraftwerke bis 2022 beschlossen hat,[1] stellt sich die Aufgabe des Rückbaus der Kraftwerke. Vom Zeitpunkt der Stilllegung an verdienen die Kraftwerksbetreiber mit einem Kernkraftwerk kein Geld mehr. Vielmehr müssen sie viel Geld aufwenden, um die Kernkraftwerke zurückzubauen.[2] Der Rückbau ist ein langwieriger Prozess, dessen Beginn zudem in die Zukunft verschoben werden kann.

Für den Staat und für den Steuerzahler stellt sich damit die Frage, wie sichergestellt werden kann, dass die Kraftwerksbetreiber den Abbau ihrer Kernkraftwerke gemäß § 7 Abs. 3 Atomgesetz (AtG) und die gleichzeitige Verwertung radioaktiver Reststoffe und Beseitigung radioaktiver Abfälle gemäß § 9a Abs. 1 Satz 1 AtG finanzieren können und schließlich auch *tatsächlich* finanzieren. Es ist keineswegs selbstverständlich, dass ein Energieversorgungsunternehmen, das aus einem von ihm betriebenen Kernkraftwerk nach dessen Stilllegung keine Erträge mehr erwirtschaften kann, für dessen Rückbau über Jahrzehnte hinweg Milliarden Euro ausgeben wird. Die für den Rückbau erforderlichen Finanzmittel müssen während der Betriebszeit des Kernkraftwerks erwirtschaftet und für die Zeit nach der Stilllegung vorgehalten werden. Zu diesem Zweck haben die Kraftwerksbetreiber Rückstellungen gebildet. Diese Rückstellungen vermögen den Rückbau jedoch finanziell nur dann abzusichern, wenn entsprechendes Unternehmensvermögen während der gesamten Rückbauzeit erhalten bleibt. Erweisen sich Investitionen, die von der Betreibergesellschaft mit der aus den Rückstellungen gewonnenen Liquidität gebildet worden sind, als Verlustgeschäfte oder wird die Betreibergesellschaft insolvent – eine nicht völlig fernliegende Möglichkeit, da sie keine Erträge aus dem Betrieb des Kernkraftwerks mehr erwirtschaftet –, ist die finanzielle Substanz, die für den Rückbau vorgesehen

---

[1] BGBl. I 2011 S. 1704 ff.

[2] Pro verbleibendem Atomkraftwerk fallen insgesamt etwa 35 Mrd. EUR Kosten an, siehe *Swantje Küchler/Bettina Meyer/Rupert Wronski*, Atomrückstellungen für Stilllegung, Rückbau und Entsorgung – Kostenrisiken und Reformvorschläge für eine verursachergerechte Finanzierung (Stand 10.10.2014), http://www.bund.net/fileadmin/bundnet/pdfs/atomkraft/140917_bund_atomkraft_atomrueckstellungen_studie.pdf, S. 16 (aufgerufen am 17.9.2015).

war, unter Umständen schnell nicht mehr verfügbar.[3] Auch Patronatserklärungen der Konzernmütter, welche die finanzielle Leistungsfähigkeit der Betreibergesellschaften sichern sollen, vermögen die Finanzierung des Rückbaus keineswegs unter allen Umständen dauerhaft zu sichern. Sie sind relativ kurzfristig kündbar, so dass die Mithaftung der Muttergesellschaft lange vor dem Abschluss des Rückbaus enden kann.[4] Auch steht den Energieversorgungsunternehmen die Möglichkeit der Umstrukturierung ihrer Konzerne zur Verfügung. Dadurch können Haftungszusammenhänge unterbrochen und kann die Haftungsmasse innerhalb des Konzerns reduziert werden, so dass im Ergebnis die Finanzierung des Rückbaus eines stillgelegten Kernkraftwerks durch den Betreiber nicht mehr gesichert ist. So hat Vattenfall schon vor einigen Jahren durch eine Umstrukturierung die Haftung der schwedischen Muttergesellschaft des Konzerns für den Rückbau deutscher Kernkraftwerke beendet.[5] Die Umstrukturierung von E.ON, die zwischenzeitlich wieder in Frage gestellt wurde, kann ebenfalls dazu führen, dass in wenigen Jahren das Haftungskapital für den Rückbau der dem Konzern gehörenden Kernkraftwerke aufgezehrt ist.[6]

Für den Staat erwächst damit das Problem, ob und wie er die dauerhafte Verantwortung der Energieversorgungsunternehmen für den Rückbau der von ihnen betriebenen Kernkraftwerke sichern kann. Nach dem Verursacherprinzip[7] liegt es auf der Hand, dass die Wirtschaftsunternehmen, die über Jahrzehnte hinweg große Gewinne aus der friedlichen Nutzung der Kernenergie für die Energieerzeugung gezogen haben,[8] auch für die Kosten aufkommen müssen, die mit dem Rückbau der Kernkraftwerke und mit der Aufbewahrung der atomaren Abfälle verbunden sind. Diese Verantwortung haben die Energieversorgungsunternehmen bislang auch nicht infrage gestellt. Die erwähnten Umstrukturierungen der Energieversorgungskonzerne und deren schlechte Ertragslage wecken jedoch Zweifel, ob die Betreibergesellschaften dauerhaft in der Lage sein werden, ihrer finanziellen Verantwortung für den Rückbau der Kernkraftwerke und die Lagerung des Atommülls gerecht zu werden. Wenn der

---

[3] *Stephan Meyering/Matthias Gröne*, Handels- und steuerrechtliche Rückstellungen für die Stilllegung von Kernkraftwerken – Ein adäquates Mittel zur Absicherung der Stilllegungskosten?, DB 2014, 1385 (1388).

[4] Vgl. *Volker Emmerich*, in: Emmerich/Habersack (Hrsg.), Aktien- und GmbH-Konzernrecht, 7. Aufl. 2013, § 302 Rdnr. 11.

[5] *Jürgen Flauger/Klaus Stratmann*, in: Handelsblatt (19.5.2014 06:56 Uhr), Vattenfall entzieht sich der Haftung für AKW, http://www.handelsblatt.com/unternehmen/industrie/kosten-fuer-den-ausstieg-vattenfall-entzieht-sich-der-haftung-fuer-akw/9911578.html (aufgerufen am 15.9.2015).

[6] *Flauger/Stratmann* (o. Fn. 5); *Jürgen Flauger*, in: Handelsblatt (9.9.2015 23:45 Uhr), Eon behält die Atomkraftwerke, http://www.handelsblatt.com/unternehmen/industrie/strategiewechsel-eon-behaelt-die-atomkraftwerke/12301268.html (aufgerufen am 15.9.2015).

[7] Details zum Verursacherprinzip bei *Michael Kloepfer*, Umweltrecht, 3. Aufl. 2004, § 4 Rdnrn. 41 ff.

[8] Vgl. *Oliver Das Gupta*, in: Süddeutsche Zeitung (6.7.2009 17:04 Uhr), Die Gelddruckmaschinen, http://www.sueddeutsche.de/wirtschaft/alte-atomkraftwerke-die-gelddruckmaschinen-1.808263 (aufgerufen am 16.9.2015).

Staat verhindern will, dass er letztlich für die Folgelasten der Nutzung der Kernkraft zur Energieerzeugung aufkommen muss, dass also nach einer langen Phase hoher Gewinne der privaten Energieversorgungsunternehmen mit einer ebenfalls langen Phase der Kostentragung für den Rückbau und die Lagerung atomarer Abfälle durch die Allgemeinheit aus Steuergeldern zu rechnen ist, ist es dringend geboten, Vorsorge zu treffen. Die jetzt noch vorhandenen Finanzmittel der Energieversorgungsunternehmen für den Rückbau der Kernkraftwerke und die Aufbewahrung der strahlenden Rückstände aus dem Kraftwerksbetrieb müssen dauerhaft für die Erfüllung der Aufgaben gesichert werden, für die sie in den vergangenen Jahrzehnten mit großen Steuerersparnissen[9] angesammelt worden sind. Die staatliche Vorsorge setzt entsprechende gesetzliche Regelungen voraus, die bislang nicht getroffen worden sind,[10] obwohl die Probleme der Finanzierung des Rückbaus von Kernkraftwerken seit langem bekannt sind.

II. Gegenwärtige Lage

Die Finanzierung des Rückbaus von Kernkraftwerken ist im geltenden Recht nicht besonders geregelt.[11] § 7 Abs. 3 AtG gibt vor, dass die Stilllegung eines Kernkraftwerks ebenso wie sein sicherer Einschluss oder sein Abbau genehmigungsbedürftig sind. Wenn ein Kernkraftwerksbetreiber ein Kernkraftwerk also stilllegen, sicher einschließen oder abbauen will, muss er sich das genehmigen lassen.[12] Das Atomgesetz geht folglich wie selbstverständlich davon aus, dass die Betreibergesellschaft als Eigentümerin des Kernkraftwerks dieses nach dem Ende des Leistungsbetriebs stilllegt und dann einschließt oder abbaut.

Eine andere gesetzliche Regelung ist auch schwer vorstellbar, weil das Atomgesetz zur Grundlage hat, dass nicht der Staat, sondern private Wirtschaftsunternehmen die Kernenergie zur Elektrizitätserzeugung nutzen. Sie haben die deutschen Kernkraftwerke errichtet und betreiben sie in ihren Unternehmen. Das Atomgesetz geht davon aus, dass Betreibergesellschaften wie andere privatwirtschaftlich tätige Unternehmen die Einrichtungen, mit denen sie ihren Umsatz und ihre Gewinne erzielen, am Ende der Betriebszeit auf eigene Kosten wieder beseitigen. Das Atomge-

---

[9] *Wolfgang Cloosters*, in: Koch/Roßnagel/Schneider/Wieland (Hrsg.), 13. Deutsches Atomrechtssymposium, Rückstellungsverpflichtungen für Kernkraftwerke – aus der Sicht einer atomrechtlichen Genehmigungs- und Aufsichtsbehörde, 2008, S. 293 (296 f.).
[10] Es liegt nur ein Referentenentwurf der Bundesregierung vom 2.9.2015 vor, siehe IV. 1.); dieser ist abrufbar unter: http://www.bmwi.de/BMWi/Redaktion/PDF/E/entwurf-eines-gesetzes-zur-nachhaftung-fuer-rueckbau-und-entsorgungskosten-im-kernenergiebereich,property=pdf,bereich=bmwi2012,sprache=de,rwb=true.pdf (aufgerufen am 17.9.2015).
[11] *Gisela Bordin/Michael Paul*, in: Koch/Roßnagel/Schneider/Wieland (Hrsg.), 13. Deutsches Atomrechtssymposium, Die langfristige Sicherheit der Finanzierung von Stilllegung und Entsorgung im Nuklearbereich zur Wahrung der Interessen der öffentlichen Hand, 2008, S. 271 (273).
[12] Die Stilllegung unterliegt also einem Genehmigungsvorbehalt.

setz sieht für die Stilllegungs- und Beseitigungsmaßnahmen einen Genehmigungsvorbehalt vor. Der Gesetzgeber geht entsprechend dem Verursacherprinzip davon aus, dass Betreibergesellschaften wie andere privatwirtschaftlich tätige Unternehmen die Einrichtungen, mit denen sie ihren Umsatz und ihre Gewinne erzielen, am Ende der Betriebszeit auf eigene Kosten wieder beseitigen.

Aus diesem Grund werden auch seit 1975 Rückstellungen für die Stilllegung von Kernkraftwerken von der Finanzverwaltung anerkannt und seit 1999 steuerbilanziell verpflichtend vorgesehen.[13] Der Staat beschränkt sich auf die Wahrnehmung der Wirtschaftsaufsicht, er ist für die Genehmigungserteilung zuständig und stellt sicher, dass die Energieversorgungsunternehmen die Gesetze beachten. Der Blick auf andere privatwirtschaftliche Unternehmen zeigt jedoch, dass ein sofortiger Abbau nicht mehr benutzter Betriebsanlagen nicht selbstverständlich ist. In nicht wenigen Fällen lassen Wirtschaftsunternehmen Anlagen, die sie für ihre Tätigkeit nicht mehr benötigen, so lange unbenutzt stehen, bis sie die entsprechenden Flächen für andere Investitionen benötigen. Man wird dem Atomgesetzgeber aber nicht unterstellen können, dass er es in das Belieben der Kraftwerksbetreiber stellen wollte, ob sie ihre Kernkraftwerke nach der Stilllegung beseitigen oder nicht. Angesichts der großen Gefahren, die mit der friedlichen Nutzung der Kernenergie zur Energieerzeugung verbunden sind, wäre es mit der staatlichen Schutzpflicht unvereinbar, das mit jedem Kernkraftwerk verbundene Gefahrenpotenzial für die Menschen und die Umwelt zu tolerieren, obwohl ein Kernkraftwerk nach seiner Stilllegung keinen Nutzen für seinen Eigentümer oder Dritte mehr erzeugt. § 7 Abs. 3 AtG ist also dahin zu verstehen, dass die Stilllegung und der Abbau eines nicht mehr benutzten Kernkraftwerks Pflicht der Betreibergesellschaft ist. Eine an der Verfassung orientierte Auslegung des Atomgesetzes muss auch zu dem Ergebnis führen, dass die Rückbauverpflichtung in dem Moment entsteht, in dem der Leistungsbetrieb eines Kernkraftwerks beendet wird. Von dem Zeitpunkt an, zu dem die gefährliche Anlage keinen Nutzen mehr bringt, muss sie beseitigt werden. Andernfalls wäre die Schutzpflicht des Staates für Leib und Leben (Art. 2 Abs. 2 Satz 1 GG) der im Gefahrenbereich eines Kernkraftwerks lebenden Menschen verletzt.

Im Text des Atomgesetzes ebenfalls nicht ausdrücklich geregelt ist die Finanzierungsverantwortung[14] für den Rückbau der Kernkraftwerke. Auch insoweit ergibt sich die Verantwortung aus der systemischen Entscheidung des Atomgesetzes für den privatwirtschaftlichen Modus der Ausgestaltung der Nutzung der Kernkraft zur Energieerzeugung.[15] Wird eine wirtschaftliche Betätigung von Privatunternehmen wahrgenommen, so sind sie auch für die Finanzierung der Kosten ihrer Wirtschaftstätigkeit verantwortlich, ohne dass das im Einzelfall ausdrücklich geregelt werden müsste. Die Finanzierungsverantwortung ist allerdings für die Energiever-

---

[13] *Meyering/Gröne*, DB 2014, 1385 (1386).

[14] Diese ergibt sich aus dem im Umweltrecht geltenden Verursacherprinzip, siehe *Kloepfer* (o. Fn. 7), § 15 Rdnr. 130.

[15] Zur Rückstellungsbildungspflicht siehe *Bordin/Paul* (o. Fn. 11), S. 273.

sorgungsunternehmen leichter zu tragen, solange ein Kernkraftwerk im Leistungsbetrieb Strom erzeugt und damit Einnahmen generiert. Das ändert sich mit dem Ende des Leistungsbetriebs grundlegend. Ein stillgelegtes Kernkraftwerk verursacht Kosten, erwirtschaftet aber für die Betreibergesellschaft keine Einnahmen. Die Kosten für Stilllegung und Abbau müssen also schon während der Betriebszeit des Kraftwerks erwirtschaftet und für die Stilllegungsphase zurückgelegt werden. Dementsprechend haben die Kraftwerksbetreiber aller deutschen Kernkraftwerke Rückstellungen gebildet.[16]

Das entspricht den Vorgaben des Handelsrechts und des Steuerrechts: § 249 Abs. 1 HGB verpflichtet Wirtschaftsunternehmen zur Bildung von Rückstellungen für ungewisse Verbindlichkeiten aus schwebenden Geschäften.[17] Damit die Aufwendungen für die ungewissen Verbindlichkeiten, die in Zukunft vom Unternehmen erfüllt werden müssen, in der Bilanz zum Ausdruck kommen, werden sie passiviert. Rückstellungen müssen dann in der Handelsbilanz gebildet werden, wenn die Verbindlichkeiten rechtlich entstanden oder aber wirtschaftlich verursacht worden sind.[18] Das ist für den Rückbau von Kernkraftwerken mit dem Bau und dem Beginn des Betriebs eines Kernkraftwerks der Fall. Nach dem Maßgeblichkeitsprinzip[19] gilt das auch für das Steuerrecht. Gemäß § 5 Abs. 1 Satz 1 EStG ist das Betriebsvermögen anzusetzen, das nach den „handelsrechtlichen Grundsätzen ordnungsmäßiger Buchführung" auszuweisen ist. Dementsprechend sieht das Steuerrecht Rückstellungen für ungewisse Verbindlichkeiten nicht nur für rechtlich bereits entstandene Verbindlichkeiten in ungewisser Höhe, sondern auch für Verbindlichkeiten vor, die vor dem Bilanzstichtag wirtschaftlich verursacht worden sind und deren künftiges Entstehen wahrscheinlich ist, auch wenn sie rechtlich noch nicht entstanden sind.[20] Rückstellungen werden steuerrechtlich unter drei Voraussetzungen anerkannt: eine Verbindlichkeit muss bereits bestehen oder ihr Entstehen muss wahrscheinlich sein; sie muss vor dem Bilanzstichtag wirtschaftlich verursacht sein; schließlich muss der Schuldner mit einer Inanspruchnahme ernsthaft rechnen.[21] Die Verbindlichkeiten für den Rückbau von Kernkraftwerken und die Lagerung des in ihnen erzeugten Atommülls sind mit dem Betrieb eines Kernkraftwerks entstanden und vor dem jeweiligen Bilanzstichtag der Betreibergesellschaft wirtschaftlich verursacht. Angesichts der Rechtslage muss die Betreibergesellschaft mit einer Inanspruchnahme auf Zahlung der Kosten des Rückbaus und der Lagerung ernsthaft rechnen. Damit sind die Voraussetzungen für eine Rückstellung im steuerrechtlichen Sinn erfüllt.

---

[16] *Cloosters* (o. Fn. 9), S. 296.

[17] *Bordin/Paul* (o. Fn. 11), S. 273.

[18] *Hans-Joachim Böcking/Marius Gros*, in: Ebenroth/Boujong/Joost/Strohn (Hrsg.), Handelsgesetzbuch, 3. Aufl. 2014, § 249 Rdnr. 21.

[19] Dazu *Joachim Hennrichs*, in: Tipke/Lang (Hrsg.), Steuerrecht, 22. Aufl. 2015, § 9 III (Rdnrn. 40–114).

[20] *Hennrichs* (o. Fn. 19), § 9 Rdnr. 177.

[21] BFH, BStBl. 1993, S. 891 (892).

Die steuerrechtlich zulässigen Rückstellungen haben sich für die Energieversorgungsunternehmen über Jahrzehnte hinweg als wirtschaftlich vorteilhaft erwiesen, weil sie deren Steuerlast gesenkt haben.[22] In Höhe der Beträge der Rückstellungen brauchten die Unternehmen ihre Gewinne nicht versteuern, weil die Rückstellungen ertragsmindernd wirken. Da Rückstellungen nicht zahlungswirksam werden, aber als Aufwand verbucht werden, mindern sie als bilanzielle Risikovorsorge das wirtschaftliche Ergebnis der Betreibergesellschaft. Dadurch ist für die Unternehmen Liquidität entstanden, die für ertragsbringende Anlagen benutzt werden kann und auch genutzt wird.

Genau hier liegt das Problem der Finanzierungsvorsorge für den Rückbau von Kernkraftwerken. Da die Betreibergesellschaften nicht verpflichtet sind, den Aufsichtsbehörden oder der Öffentlichkeit darzulegen, welche Investitionen sie mit den von ihnen getätigten Rückstellungen finanziert haben, kann nur vermutet werden, dass die aus den Rückstellungen geschaffene Liquidität langfristig angelegt worden ist. Vermutlich ist ein Teil der Liquidität in anderen Konzerngesellschaften der Kraftwerksbetreiber investiert. Wenn die Investitionen fehlschlagen oder Betreibergesellschaften insolvent werden sollten, sind aber die für einen Rückbau notwendigen Finanzmittel nicht mehr vorhanden. Da Betreibergesellschaften mit der Stilllegung eines Kernkraftwerks ihre Erwerbsquelle verlieren, ist eine Insolvenz keine bloß theoretische Möglichkeit.

Hinzu kommen die Gestaltungsmöglichkeiten, die den Energieversorgungsunternehmen offenstehen. Vattenfall hat schon 2012 den Konzern so umstrukturiert, dass die schwedische Muttergesellschaft nicht mehr für die Kosten des Rückbaus der deutschen Kernkraftwerke und der Lagerung ihrer atomaren Abfälle haftet. Die Haftungskette endet bei einer deutschen Obergesellschaft.[23] Wenn diese Gesellschaft keine Erträge mehr aus dem Betrieb der Kernkraftwerke erzielt, bildet nur das bereits erwirtschaftete Gesellschaftsvermögen die Haftungsgrundlage für die zu der Stilllegung und dem Rückbau der Vattenfall gehörenden Kernkraftwerke erforderlichen großen Geldsummen.

III. Schwächen der Finanzierungsvorsorge

1. Unzureichende Rückstellungen

Für den Rückbau von Kernkraftwerken und die Lagerung des in ihnen erzeugten Atommülls haben die Betreibergesellschaften durchaus eine Finanzierungsvorsorge getroffen. Diese Vorsorge weist allerdings deutliche Schwächen auf. So belaufen sich

---

[22] Vgl. *Bettina Meyer*, Rückstellungen für Stilllegung/Rückbau und Entsorgung im Atombereich – Thesen und Empfehlungen zu Reformoptionen, https://www.greenpeace.de/sites/www.greenpeace.de/files/20120510-Studie-Rueckstellungen-Rueckbau-Entsorgung-Atomkraftwerk.pdf, S. 49 (aufgerufen am 21.9.2015).

[23] *Flauger/Stratmann* (o. Fn. 5).

die Rückstellungen der vier Kernkraftwerksbetreiber in Deutschland E.ON, RWE, EnBW und Vattenfall gegenwärtig auf insgesamt 38,5 Mrd. EUR.[24] Stresstests, die das Bundeswirtschaftsministerium angeordnet hat,[25] haben jedoch die Frage aufgeworfen, ob die Rückstellungen unter den gegenwärtigen gesamtwirtschaftlichen Bedingungen noch angemessen *abgezinst* sind.[26]

Die Unternehmen gehen in ihren Handelsbilanzen von Zinssätzen zwischen 4,0 und 4,7 % aus. Diese bestimmen sich gemäß § 253 Abs. 2 HGB aus dem durchschnittlichen Zinssatz der vergangenen sieben Jahre; berechnet wird er von der Bundesbank.[27] In der Steuerbilanz, die – anders als die Handelsbilanz, vgl. § 252 Abs. 1 Nr. 4 HGB – nicht vom Vorsichtsprinzip, sondern vom Leistungsfähigkeitsprinzip geprägt wird, sind gemäß § 6 Abs. 1 Nr. 3a lit. e) EStG sogar 5,5 % zugrunde zu legen. Da der Gegenwartswert der Rückstellungen umso niedriger ist, je höher der Zinssatz angesetzt wird, führt diese Bilanzierung zwar zu einer niedrigeren bilanziellen Belastung der Unternehmen. Ein Blick auf die niedrigen Kapitalmarktzinsen weckt jedoch erhebliche Zweifel, ob der angenommene Zinssatz nicht deutlich zu hoch ist. Die Auswirkung einer Anpassung der Bilanzierung an die geänderten Kapitalmarktzinsen hätte für die Kraftwerksunternehmen jedoch erhebliche Folgen. Würde man die in ihren Bilanzen angesetzten Zinssätze halbieren, was unter den aktuellen Kapitalmarktbedingungen immer noch sehr großzügig wäre, müssten sie die Rückstellungen in ihrer Bilanz teilweise verdoppeln. Führt man sich vor Augen, dass der Börsenwert von RWE weniger als 8 Mrd. EUR beträgt,[28] die Rückstellungen des Unternehmens für den Rückbau der Kernkraftwerke sich jedoch auf 10,3 Mrd. EUR[29] belaufen, erhält man eine Vorstellung davon, was eine Verdoppelung der Rückstellungen auf mehr als 20 Mrd. EUR für den Konzern bedeuten würde.

---

[24] *Thomson Reuters*, in: Handelsblatt (29.7.2015 19:12 Uhr), AKW-Konzerne halten Rückstellungen für ausreichend, http://www.handelsblatt.com/unternehmen/industrie/eon-rwe-und-co-akw-konzerne-halten-atom-rueckstellungen-fuer-ausreichend/12121468.html (aufgerufen am 21.9.2015).

[25] Siehe *Thomson Reuters*, in: Frankfurter Allgemeine Wirtschaft (20.3.2015 15:54 Uhr), Gabriel will Atom-Rückstellungen „Stresstest" unterziehen, http://www.faz.net/aktuell/wirtschaft/sigmar-gabriel-unterzieht-atom-rueckstellungen-stresstest-13496109.html (aufgerufen am 19.9.2015).

[26] Vgl. dazu Zeitung für kommunale Wirtschaft (16.9.2015 10:59 Uhr), Reine Spekulation, https://www.zfk.de/nc/politik/artikel/reine-spekulation.html?type=98 (aufgerufen am 19.9.2015).

[27] Die Tabelle der Abzinsungszinssätze gemäß § 253 Abs. 2 HGB kann aufgerufen werden unter: https://www.bundesbank.de/Redaktion/DE/Downloads/Statistiken/Geld_Und_Kapitalmaerkte/Zinssaetze_Renditen/abzinsungszinssaetze.pdf?__blob=publicationFile.

[28] *Jürgen Zurheide*, in: Der Tagesspiegel (19.9.2015 00:00 Uhr), RWE braucht dringend eine Idee, http://www.tagesspiegel.de/wirtschaft/konzern-in-der-krise-rwe-braucht-dringend-eine-idee/12340732.html (aufgerufen am 21.9.2015).

[29] *Reuters* (o. Fn. 24).

Hier wirkt sich die schwierige Wirtschaftslage der deutschen Energieversorgungsunternehmen, die den Umstieg auf erneuerbare Energien lange Zeit verschlafen haben, äußerst negativ aus. Die Märkte haben wenig Vertrauen darin, dass die Energieversorgungsunternehmen zukünftig erfolgreich wirtschaften werden. Das zeigt ein Vergleich des Marktwerts von RWE, der im Jahre 2008 über 55 Mrd. EUR betrug, mit dem heutigen Marktwert, der auf einen Bruchteil des damaligen Werts geschrumpft ist. Die Entwicklung des Börsenwerts der anderen Energieversorgungsunternehmen in Deutschland ist ähnlich verlaufen. Damit ist aber die wesentliche Grundlage dafür entfallen, die Finanzierungsvorsorge für den Rückbau von Kernkraftwerken auf dem Wege bilanzieller Rückstellungen zu treffen. Dieser Weg war gangbar, als die Stromerzeugung in Deutschland noch eine risikolose wirtschaftliche Betätigung darstellte und die Aktien der Energieversorgungsunternehmen praktisch als „mündelsicher" gelten konnten. Unter den damaligen Umständen war das Vertrauen darauf gerechtfertigt, dass die Konzerne genügend Finanzmittel erwirtschaften würden, um mithilfe ihrer Rückstellungen den Rückbau der Kraftwerke und die Lagerung des Atommülls zu finanzieren. In der gegenwärtigen Lage der Energieversorger sind zumindest erhebliche Zweifel gerechtfertigt, ob die Unternehmen zukünftig in der Lage sein werden, ihre rechtlichen Verpflichtungen zur Finanzierung des Rückbaus und zur Lagerung des Atommülls zu erfüllen. Die Versuche, sich längerfristig den Verpflichtungen durch eine Umstrukturierung der Konzerne verbunden mit einer Begrenzung der Haftung zu entziehen, bestärken diese Zweifel. Der Verzicht E.ONs darauf, seine Atomkraftwerke von 2016 an der neuen Gesellschaft Uniper zuzuordnen, ist dann auch offen damit begründet worden, dass nach den Plänen des Bundeswirtschaftsministeriums für ein Haftungsgesetz die Haftung der Konzernmutter für die Verpflichtungen der Betreibergesellschaft zeitlich unbegrenzt fortdauern sollte.[30]

2. Haftungsentzug durch Umwandlungen

Durch Gestaltung der Konzernstruktur lässt sich die Haftungsmasse innerhalb des Gesamtkonzerns ebenfalls zeitlich begrenzen. Nach der gegenwärtigen Rechtslage hätte eine Spaltung des Konzerns gemäß §§ 123 ff. Umwandlungsgesetz (UmwG) zwar gemäß § 133 Abs. 1 UmwG dazu geführt, dass die an der Spaltung beteiligten Gesellschaften zunächst gesamtschuldnerisch, § 421 BGB, für die Verbindlichkeiten der ursprünglichen Gesellschaft hätten haften müssen. Diese Haftung besteht jedoch nur für sog. Altverbindlichkeiten,[31] d. h. für Verpflichtungen, die vor Ablauf von fünf Jahren nach der Spaltung fällig werden (§ 133 Abs. 3 UmwG). Das ermöglicht es der Betreibergesellschaft, sich ihren Verbindlichkeiten für den Rückbau der Kernkraftwerke und die Lagerung des in ihnen entstandenen Atommülls weitgehend zu ent-

---

[30] *Flauger* (o. Fn. 6).
[31] *Frank Wardenbach*, in: Henssler/Strohn, Umwandlungsgesetz, 2. Aufl. 2014, § 133 Rdnr. 4.

ziehen.[32] De lege ferenda ist eine Aushöhlung der Haftung durch Umstrukturierung zu verhindern.

3. Haftungsentzug durch Gestaltungen der Unternehmensverträge, §§ 291 ff. AktG

Vergleichbare Probleme ergeben sich bei Beendigung eines Beherrschungs- und Gewinnabführungsvertrags zwischen der Betreibergesellschaft und der Konzernmutter, wie sie in der Praxis nicht selten abgeschlossen worden sind. Heutzutage ist davon auszugehen, dass sich die übergeordnete Gesellschaft – das ist nicht zwingend die Konzernmutter – ein ordentliches Kündigungsrecht des Unternehmensvertrags vorbehalten hat.[33] Dann ergibt sich eine Nachhaftung der Konzernmutter aus § 303 Abs. 1 AktG. Der Anspruch ist auf Sicherheitsleistung i. S. v. §§ 232 ff. BGB gerichtet. Er umfasst sämtliche Ansprüche, die vor der Bekanntmachung der Eintragung der Beendigung des Unternehmensvertrages entstanden sind; das sind nicht nur die Verbindlichkeiten während der Vertragsdauer, sondern auch die vorvertraglichen und sogar die nachvertraglichen, sofern Letztere vor Eintragung der Beendigung entstanden sind.[34] Zur Vermeidung einer sog. Endloshaftung wird § 303 AktG allerdings nach h. M. restriktiv ausgelegt.[35] Jedenfalls bei Dauerschuldverhältnissen bestehe eine Haftung nur für Ansprüche, die innerhalb von fünf Jahren nach Beendigung des Beherrschungs- und Gewinnabführungsvertrags fällig werden.[36] Hierfür werden die §§ 26 und 160 HGB analog angewandt.[37]

IV. Möglichkeiten der Haftungssicherung

1. Haftungsverlängerung

Um sicherzustellen, dass die Konzernmutter auch nach einer Umstrukturierung des Energieversorgungskonzerns so lange haftet, bis der Rückbau der Kernkraftwerke des Unternehmens abgeschlossen ist, könnte der Gesetzgeber die Haftungsfristen deutlich verlängern. Das Gleiche gilt für die Zeit der Haftung nach Beendigung eines Beherrschungs- und Gewinnabführungsvertrags, die zur Sicherstellung der Finanzierung des Rückbaus von Kernkraftwerken ebenfalls entsprechend verlängert werden könnte. Diesen Weg geht ein Referentenentwurf der Bundesregierung vom 2. September 2015, der den Entwurf eines Gesetzes zur Nachhaftung für Rückbau- und Ent-

---

[32] *Olaf Däuper/Dörte Fouquet/Wolfgang Irrek*, Finanzielle Vorsorge im Kernenergiebereich – Etwaige Risiken des Status quo und mögliche Reformoptionen, https://www.bmwi.de/BMWi/Redaktion/PDF/P-R/rechtsgutachten-rueckstellung-kernenergie,property=pdf,bereich=bmwi2012,sprache=de,rwb=true.pdf, S. 60 (aufgerufen am 24. 9. 2015).

[33] *Emmerich* (o. Fn. 4), § 133 Rdnr. 6.

[34] *Nicolaos Paschos*, in: Henssler/Strohn, Gesellschaftsrecht, § 303 AktG Rdnr. 7.

[35] *Emmerich* (o. Fn. 4), § 133 Rdnrn. 13a und 13b.

[36] *Däuper/Fouquet/Irrek* (o. Fn. 32), S. 54.

[37] Vgl. *Emmerich* (o. Fn. 4), § 133 Rdnrn. 19 und 13b.

sorgungskosten im Kernenergiebereich zum Gegenstand hat.[38] Nach diesem Entwurf haften die Betreibergesellschaften beherrschenden Unternehmen für den Rückbau und die Entsorgung bis spätestens zu dem Zeitpunkt, zu dem die ablieferungspflichtigen Stoffe vollständig in einem Endlager abgeliefert wurden und dieses verschlossen ist.

Die Energieversorgungsunternehmen haben allerdings verfassungsrechtliche Bedenken gegen eine solche Fristverlängerung geäußert.[39] Diese Bedenken greifen nicht durch.

a) Berufsfreiheit aus Art. 12 GG

Einschlägig ist insoweit vorrangig die Berufsfreiheit des Art. 12 GG. Eine Verlängerung der Haftungsfrist hat für die Energieversorgungsunternehmen, die in Form von juristischen Personen organisiert sind und damit in den personellen Schutzbereich des Grundrechts fallen,[40] berufsregelnde Wirkung. Es handelt sich um eine Regelung der Berufsausübung, die verhältnismäßig sein muss.[41]

Ziel einer Verlängerung der Haftungsfrist ist es, durch die gesetzliche Regelung sicherzustellen, dass die Haftung der Betreibergesellschaften und der Konzerne, denen sie gehören, nicht endet, bevor die eigentlichen Kosten des Rückbaus der Kernkraftwerke und der Lagerung des Atommülls anfallen. Die Kostentragung durch die Betreiber zu gewährleisten, ist in der grundgesetzlichen Ordnung *legitim*.

Die friedliche Nutzung der Kernkraft zur Energieerzeugung ist in Deutschland entsprechend der im Einklang der Verfassung stehenden marktwirtschaftlichen Ordnung privaten Unternehmen überlassen worden. Diese Unternehmen haben jahrzehntelang beträchtliche Gewinne aus dem Betrieb der Kraftwerke gezogen. Als Eigentümer der Kraftwerke sind sie nach dem Ende von deren Leistungsbetrieb verpflichtet, für die Kosten des Rückbaus und der Lagerung des Atommülls aus den Erträgen aufzukommen, die sie während der Zeit des Betriebs erwirtschaftet haben. Die Verlängerung der Haftungsfrist stellt für die Zeit des Rückbaus und der Einlagerung sicher, dass die finanzielle Verantwortung der Eigentümer der Kraftwerke realisiert werden kann. Sie ist daher *geeignet*, das legitime Ziel zu erreichen.

Eine für die Betreiber mildere, aber gleich wirksame Regelung ist nicht ersichtlich. Denkbar wäre eine freiwillige Selbstverpflichtung der Energieversorgungsunternehmen, für die Kosten des Rückbaus ihrer Kernkraftwerke und der Einlagerung

---

[38] Siehe http://www.bmwi.de/BMWi/Redaktion/PDF/E/entwurf-eines-gesetzes-zur-nachhaftung-fuer-rueckbau-und-entsorgungskosten-im-kernenergiebereich,property=pdf,bereich=bmwi2012,sprache=de,rwb=true.pdf (aufgerufen am 24.9.2015).

[39] *Dagmar Dehmer*, in: Der Tagesspiegel (4.9.2015 07:55 Uhr), Atomindustrie droht mit Klage, http://www.tagesspiegel.de/wirtschaft/folgekosten-der-kernenergie-atomindustrie-droht-mit-klage/12275364.html (aufgerufen am 21.9.2015).

[40] *Joachim Wieland*, in: Dreier (Hrsg.), Grundgesetz-Kommentar, Bd. I, 3. Aufl. 2013, Art. 12 Rdnr. 56.

[41] *Wieland* (o. Fn. 40), Art. 12 Rdnr. 92.

des Atommülls aufzukommen. Eine freiwillige Selbstverpflichtung könnten die Unternehmen jedoch zurücknehmen, wenn etwa ihre wirtschaftliche Lage die Übernahme der hohen Kosten untunlich erscheinen lassen würde. Die Verlängerung der Haftungsfrist ist für die Unternehmen schließlich auch zumutbar. Da sie über Jahrzehnte hinweg erhebliche Gewinne aus dem Betrieb der Kernkraftwerke erwirtschaftet haben, entspricht es ihrer marktwirtschaftlichen Verantwortung, auch für die Kosten ihres wirtschaftlichen Handelns aufzukommen. Diese Verantwortung erkennen sie auch durch die Bildung von Rückstellungen für die Kosten des Rückbaus und der Lagerung des Atommülls von jeher an. Dieser Verantwortungsübernahme widerspräche es, wenn die Haftung dann rechtlich enden würde, wenn die Kosten, für die gehaftet werden soll, tatsächlich anfallen. Die Energieversorgungsunternehmen hätten dann über Jahrzehnte hinweg die steuerlichen Vorteile, die sich aus der Rückstellungsbildung für sie ergeben, in Anspruch genommen, würden aber die Leistung, welche durch die Rückstellungen ermöglicht werden soll, nicht erbringen. Eine Haftungsverlängerung ist somit *erforderlich*.

Es ist auch *angemessen*, gesetzlich sicherzustellen, dass nach Jahrzehnten hoher privater Betriebseinnahmen und Gewinne nicht der Staat korrespondierende, ex post entstehende Betriebsausgaben und Verluste trägt.

Eine deutliche Verlängerung der Haftungsfrist wäre folglich *verhältnismäßig* und mit dem Grundrecht der Energieversorgungsunternehmen aus Art. 12 Abs. 1 GG vereinbar.

b) Eigentumsgarantie aus Art. 14 GG

Denkbar wäre auch, dass eine Verlängerung der Haftungsfrist den Schutzbereich der Eigentumsgarantie aus Art. 14 GG berühren könnte. Dagegen spricht allerdings, dass der Schwerpunkt der Haftungspflichtverlängerung bei der Regelung der Umstände liegt, unter denen die Nutzung der Kernkraft zur Energieerzeugung rechtlich zulässig ist. Es geht mehr um den *Schutz des Erwerbs* als um den *Schutz des Erworbenen*.[42] Nach ständiger Rechtsprechung des Bundesverfassungsgerichts dürfte deshalb die Berufsfreiheit und nicht die Eigentumsgarantie einschlägig sein. Selbst wenn man aber durch eine Verlängerung der Haftungsfrist die Vermögenslage der betroffenen Unternehmen als beeinträchtigt und das Vermögen entgegen überzeugender Argumente durch die Eigentumsgarantie als geschützt ansehen wollte, handelte es sich bei einer Verlängerung der Haftungsfrist um eine Ausgestaltung des unternehmerischen Eigentums, die als Inhalts- und Schrankenbestimmung des Eigentums mit Blick auf Art. 14 GG nicht weniger verhältnismäßig wäre als mit Blick auf Art. 12 GG. Auch die Eigentumsgarantie steht folglich einer deutlichen Verlängerung der Haftungsfrist nicht entgegen.

---

[42] BVerfGE 95, 173 (188).

c) Rechtssicherheit und Vertrauensschutz

Das Gleiche gilt für das auf den *Prinzipien der Rechtssicherheit* und des *Vertrauensschutzes* beruhende grundsätzliche Verbot rückwirkender belastender Gesetze.[43] Das Handeln des Gesetzgebers bedarf nach ständiger Rechtsprechung des Bundesverfassungsgerichts vor dem Rechtsstaatsprinzip und den Grundrechten des Grundgesetzes, unter deren Schutz Sachverhalte „ins Werk gesetzt" worden sind, besonderer rechtfertigender Gründe, wenn er die Rechtsfolge eines der Vergangenheit zugehörigen Verhaltens nachträglich belastend ändert. Soweit eine Verlängerung der Haftungsfrist für den Rückbau von Kernkraftwerken und die Lagerung von Atommüll geregelt wird, die bereits stillgelegte Kraftwerke betrifft, die aber noch nicht rückgebaut sind, dürfte eine sog. unechte Rückwirkung in Betracht kommen. Eine Verlängerung der Haftungsfrist würde an die getätigten Rückstellungen und damit an noch nicht abgeschlossene Sachverhalte und Rechtsbeziehungen anknüpfen und auf sie für die Zukunft einwirken. Die gegenwärtige Rechtsposition der Kraftwerksbetreiber und ihrer Muttergesellschaften, derzufolge sie bei einer Umstrukturierung des Konzerns oder bei der Kündigung eines Beherrschungs- und Gewinnabführungsvertrags nur fünf Jahre lang haften, würde sich verschlechtern. Diese für die Energieversorgungsunternehmen negative Rechtsfolge würde zwar erst nach der Verkündung eines Haftungsverlängerungsgesetzes in Kraft treten. Sie würde aber auch Umstrukturierungen erfassen, die bereits in den letzten Jahren vorgenommen worden sind. Darin kann ein „bereits ins Werk" gesetzter Sachverhalt[44] gesehen werden. Das Gleiche gilt, wenn Beherrschungs- und Gewinnabführungsverträge oder harte Patronatserklärungen von Konzernmüttern bereits gekündigt sein sollten, wenn eine Haftungsverlängerung in Kraft tritt.

Eine solche „tatbestandliche Rückanknüpfung" ist nach der ständigen Rechtsprechung des Bundesverfassungsgerichts grundsätzlich zulässig.[45] Zu beachten sind allerdings der Grundsatz des Vertrauensschutzes und das Verhältnismäßigkeitsprinzip, die der Gestaltungsfreiheit des Gesetzgebers Grenzen setzen. „Diese Grenzen sind erst überschritten, wenn die vom Gesetzgeber angeordnete unechte Rückwirkung zur Erreichung des Gesetzeszwecks nicht geeignet oder erforderlich ist oder wenn die Bestandsinteressen der Betroffenen die Veränderungsgründe des Gesetzgebers überwiegen".[46] Wie bereits dargelegt, ist eine beträchtliche Verlängerung der Haftungsfrist geeignet und erforderlich, damit die von den Energieversorgungsunternehmen getragene Haftung für die Kosten, die sich nach Stilllegung eines Kraftwerks aus dem Rückbau und der Lagerung von Atommüll ergeben, nicht ins Leere läuft. Es besteht kein legitimes Bestandsinteresse der Energieversorgungsunternehmen daran, dass von ihnen bereits vorgenommene Umstrukturierungen oder Kündigungen sie binnen fünf Jahren von der von ihnen übernommenen und nach marktwirtschaftli-

---

[43] BVerfGE 13, 261 (271); 25, 371 (403); 30, 367 (385 f.); 30, 392 (401).
[44] Vgl. BVerfGE 72, 200 (242).
[45] BVerfGE 95, 64 (86); 101, 239 (263).
[46] BVerfGE 132, 302 (318).

chen Grundsätzen auch zu übernehmenden Kostenhaftung befreien. Vielmehr entspricht es dem Verursachungsprinzip, dass die Energieversorgungsunternehmen auch die Kosten für den Rückbau ihrer Kernkraftwerke tragen, deren Gewinne sie viele Jahrzehnte lang vereinnahmt haben. Soweit also eine unechte Rückwirkung im Erlass eines haftungsverlängernden Gesetzes zu sehen ist, besteht an ihrer verfassungsrechtlichen Rechtfertigung kein Zweifel.

2. Fondslösung

Eine Haftungsverlängerung vermag allerdings die Kostentragungsverantwortung der Energieversorgungsunternehmen für den Rückbau ihrer Kernkraftwerke und die Lagerung des in diesen Kraftwerken erzeugten Atommülls nur so lange zu realisieren, wie das finanzielle Substrat der Haftung im Vermögen der Unternehmen vorhanden ist. Dabei ist davon auszugehen, dass die Unternehmen die durch die Rückstellungen gewonnene Liquidität investiert haben. Wenn diese Investitionen sich als verlustbringend erweisen sollten oder wenn die Energieversorgungsunternehmen sonst in wirtschaftliche Schwierigkeiten geraten sollten, würde die unternehmerische Finanzierungsvorsorge ganz oder jedenfalls zum Teil leerlaufen. Dieser Gefahr könnte dadurch begegnet werden, dass die für den Rückbau und die Atommülllagerung vorgenommenen Rückstellungen aufgelöst werden und dass die auf diesem Wege frei gewordenen Finanzmittel in einen staatlichen Fonds übertragen werden. Bei dem Fonds könnte es sich um ein rechtlich selbstständiges oder auch unselbstständiges Sondervermögen des Bundes handeln. In Betracht käme auch eine öffentlich-rechtliche Bundesstiftung[47] oder eine rechtsfähige Bundesanstalt. Mittels einer Sonderabgabe könnten Finanzmittel in Höhe der gegenwärtigen Rückstellungen von den vier großen Energieversorgungsunternehmen erhoben und auf den staatlichen Fonds übertragen werden. Die Erhebung einer Sonderabgabe wäre ausnahmsweise zulässig. Die drei Zulässigkeitsvoraussetzungen wären erfüllt: Der Gesetzgeber würde mit der Sonderabgabe einen Sachzweck verfolgen, der über die bloße Mittelbeschaffung hinaus ginge; mit der Sonderabgabe würde eine homogene Gruppe belegt werden, die in einer spezifischen Beziehung zu dem mit der Abgabenerhebung verfolgten Zweck stünde; das Abgabenaufkommen würde gruppennützig verwendet werden.[48]

Der über die bloße Mittelbeschaffung hinausgehende Sachzweck der Sonderabgabe besteht darin, die Realisierung der Finanzierungsverantwortung der Kernkraftwerksbetreiber für den Rückbau und für die Lagerung der radioaktiven Abfälle zu gewährleisten. Die vier Energieversorgungsunternehmen, die in Deutschland Kernkraftwerke betreiben, bilden eine homogene Gruppe von Abgabenpflichtigen. Schließlich würde das Abgabenaufkommen auch gruppennützig verwendet werden,

---

[47] Dazu *Holger Schmitz/Holger Grefrath*, Die Neujustierung der Vorsorge für die Stilllegung der Kernkraftwerke – Stiftung oder Entsorgungsfonds?, NVwZ 2015, 169 (170).
[48] BVerfGE 108, 186 (217 f.).

weil der Fonds allein dazu eingesetzt würde, um die Finanzierung des Rückbaus und der Einlagerung zu sichern, und weil die Betreiberunternehmen auf diesem Wege von ihrer Pflicht befreit würden, die Gelder, die Gegenstand innerer Rückstellung waren, zur Finanzierung des Rückbaus der Kernkraftwerke und der Einlagerung des Atommülls einzusetzen.

3. Insolvenzsicherung der Haftungsrückstellungen

Teilweise wird in der Literatur auch vorgeschlagen, die Regelungen über die Pensionsrückstellungen analog auf die Rückstellungen für die Stilllegung von Kernkraftwerken anzuwenden. So soll verhindert werden, dass die Rückstellungen im Insolvenzfall wertlos werden.[49]

V. Ergebnis

Die Finanzierung des Rückbaus stillgelegter Kernkraftwerke und der Einlagerung des von ihnen erzeugten atomaren Abfalls ist gegenwärtig nicht hinreichend gesichert. Die Betreiberunternehmen haben zwar seit langem in ihren Bilanzen Rückstellungen für die zu erwartenden Kosten gebildet, die sich gegenwärtig auf ungefähr 39 Mrd. EUR belaufen. Die dadurch gewonnene Liquidität haben sie jedoch für Investitionen genutzt, von denen nicht sicher ist, ob sie wieder in liquide Mittel umgewandelt werden können, wenn das Geld für den Rückbau und die Lagerung gebraucht wird. Zudem zeigen Umstrukturierungen der Energieversorgungskonzerne, dass diese sich in einem Zeitraum von fünf Jahren ihrer Haftungsverpflichtung nach gegenwärtig geltendem Recht entziehen können. Das Gleiche gilt für die Möglichkeit der Kündigung von Beherrschungs- und Gewinnabführungsverträgen. Der Gesetzgeber kann nur durch schnelles Handeln verhindern, dass die Energieversorgungsunternehmen sich ihrer Verantwortung für die Übernahme der Kosten des Rückbaus und der Lagerung entziehen. Da die Unternehmen aber über lange Zeit beträchtliche Gewinne aus dem Betrieb der Kernkraftwerke erwirtschaftet haben, entspricht es dem Verursacherprinzip und den Gesetzen der Marktwirtschaft, dass sie auch für die Kosten aufkommen, die sich aus der Nutzung der Kernkraft für die Erzeugung von Energie ergeben.

Der Gesetzgeber ist gut beraten, wenn er die Haftungsfristen deutlich verlängert und dabei sicherstellt, dass alle Konzerngesellschaften haften, so dass der Anreiz zur Verlagerung von Vermögenswerten innerhalb eines Energieversorgungskonzerns entfällt. Eine solche Lösung ist mit den Vorgaben des Grundgesetzes und insbesondere mit den Grundrechten der betroffenen Unternehmen vereinbar, weil sie verhältnismäßig ist und kein Grund besteht, ein Vertrauen darauf zu stützen, dass die mithilfe von Rückstellungen steuersparend begründete Verantwortung letztlich doch nicht eingelöst werden muss. Wirklich gesichert ist die Finanzierung des Rückbaus aber nur, wenn die Finanzmittel, die durch die Rückstellungen erwirtschaftet worden

---
[49] *Meyering/Gröne*, DB 2014, 1385 (1385 ff.).

sind, mithilfe einer Sonderabgabe in einen Fonds des Staates überführt werden. Nur dann kann von einer wirksamen und nachhaltigen Finanzierungsvorsorge für den Rückbau von Kernkraftwerken und die Einlagerung der durch sie erzeugten atomaren Abfälle die Rede sein.

Der Gesetzentwurf zum Fracking als Beispiel moderner Umweltgesetzgebung

Von *Heinrich Amadeus Wolff*

I. Grundlagen und Begriff

Bei der Fracking-Technologie werden über Tiefbohrungen durch hydraulischen Druck künstliche Risse im Gestein erzeugt, durch die dann Gas, Öl oder Wärme (mittels einer Trägersubstanz) freigesetzt wird und gefördert werden kann. Im Vordergrund steht die Gasförderung. „Fracking" ist dabei eine Verkürzung des englischen Begriffs „hydraulic fracturing" (hydraulisches Aufbrechen). Die Bedingungen und die vom Fracking ausgehenden Gefahren sind ganz unterschiedlich, je nachdem um welches Umfeld es geht. In Deutschland gibt es schon Fracking-Genehmigungsverfahren, die nach bergrechtlichen Regeln durchgeführt werden. Diese Verfahren beziehen sich – soweit ersichtlich – vor allem auf die Ausbeutung von Erdgas in zwei Lagerformen: den konventionellen Lagerstätten und den in sandigen oder porösen Gesteinsschichten. Bei den konventionellen Lagerstätten geht es um Erdöl und Erdgas, das sich in zusammenhängenden Feldern in tausenden von Jahren auf natürliche Weise gesammelt hat. Hier besitzt das Fracking nur eine ergänzende Förderfunktion. Mit dem Einsatz der Fracking-Technologie erreicht man aber auch solche Lagerstätten, in denen Erdöl und Erdgas noch flächig und kleinporig im Gestein gebunden sind (unkonventionelle oder auch primäre Lagerstätten). Diese Stätten werden erreicht, indem man ein Bohrloch senkrecht in große Tiefe bohrt (meist 4.000 m bis 5.000 m tief) und von da aus mehrere Querbohrungen vornimmt, von denen aus mit hohem Druck Flüssigkeiten in das Gestein der Lagerstätte gepresst werden, die dieses aufbrechen. Die Flüssigkeiten enthalten dabei Stoffe, die die Rissbildung fördern. Die Risse werden durch andere Stoffe offen gehalten („blockiert"), so dass das Gas über die Bohrlöcher nach oben entweichen kann.[1]

Die Gefährdungen, die vom Fracking ausgehen, sind wohl sehr unterschiedlich, je nachdem um welche Gesteinsschichten es geht, insbesondere ob es um in porösem Sandstein gebundenes Erdgas geht oder um den Gewinn von Schiefergas bzw. Flözgas. Das eine ist zwischen Schiefergestein, das andere im Kohleflözgestein gebundenes Gas. Die Freisetzung von Gas im Sandstein ist die zweite Form, in der Fracking bisher in Deutschland vorkommt. Die Verwendung im Bereich des Schiefergases und

---

[1] Sachverständigenrat für Umweltfragen (SRU), Fracking zur Schiefergasgewinnung, 2013, Rdnr. 13.

Flözgases ist dagegen in den USA verbreitet, nicht aber in Deutschland,[2] auch wenn es über relevante Vorkommen verfügt.[3]

Die Gefahrenlage ist im Abstrakten nicht schwer zu beschreiben,[4] die Vertikalbohrungen können undicht werden, mit der Gefahr der Verunreinigungen der gesamten Gesteinsschichten bis zu den Querbohrungen; das Aufbrechen der Gesteinsschicht kann zu anderen Veränderungen als nur der Freisetzung des Gases führen, bis hin zur Verunreinigung des Grundwassers. Der dritte Gefahrenbereich hängt mit den eingepumpten Stoffen zusammen. Diese werden oft nicht offen gelegt[5] und sind teilweise giftig. Zudem können sie ungewünschte Reaktionen auslösen und schließlich unter bestimmten Bedingungen evtl. ins Grundwasser gelangen. Viertens kommt ein (Groß)-Teil von ihnen mit dem herausströmenden Gas wieder zurück[6] und kann als schwer verwertbarer Reststoff an der Oberfläche zurückbleiben, deren Rückführung in den Gewässerkreislauf allenfalls nach einer Aufbereitung möglich wäre.[7] Ein Verpressen in die Erde wird dabei als zu gefährlich angesehen. Der fünfte Problemkreis liegt im Umgang mit ausgebeuteten Lagerstätten, d. h. vor allem dem Verschluss der Bohrlöcher, der dauerhaften Überwachung und dem Rückbau der Oberflächenanlage.[8]

Ist die Beschreibung der Gefahrenbereiche leicht möglich, so gehen die Bewertung, wie wahrscheinlich der Eintritt unerwünschter Nebenfolgen ist, ihre genaue Dimension und Erscheinung sowie die Frage der Beherrschbarkeit der Risiken und der Wahrscheinlichkeit des Eintritts unbekannter Folgen, erheblich auseinander.[9]

---

[2] Zur gegenwärtigen Lage siehe *Jörg Wagner*, „Fracking" – der Regierungsentwurf, UPR 2015, 201 (203 ff.).

[3] Bundesanstalt für Geowissenschaften und Rohstoffe, Abschätzung des Erdgaspotenzials aus dichten Tongesteinen (Schiefergas) in Deutschland, 2012, S. 11; *Christoph Ewen/Dietrich Borchardt/Sandra Richter/Ruth Hammerbacher*, Risikostudie Fracking – Übersichtsfassung der Studie „Sicherheit und Umweltverträglichkeit der Fracking-Technologie für die Erdgasgewinnung aus unkonventionellen Quellen", 2012, S. 16 f.

[4] Instruktiv v. a. *Ulrich Ramsauer/Henning Wendt*, Einsatz der Fracking-Technologie insbesondere aus der Sicht des Gewässerschutzes, NVwZ 2014, 1401 (1403 ff.).

[5] Ministerium für Klimaschutz, Umwelt, Landwirtschaft, Natur- und Verbraucherschutz des Landes Nordrhein-Westfalen (Auftraggeber des Gutachtens), Fracking in unkonventionellen Erdgas-Lagerstätten in Nordrhein-Westfalen, Kurzfassung zum Gutachten, 2012, S. 60.

[6] Siehe dazu speziell: *Karl-Heinz Rosenwinkel/Dirk Weichgrebe/Oliver Olsson*, Stand der Technik und fortschrittliche Ansätze in der Entsorgung des Flowback, 2012, S. 1 ff.

[7] UBA, Umweltauswirkungen von Fracking bei der Aufsuchung und Gewinnung von Erdgas aus unkonventionellen Lagerstätten, Gutachten, 2012, S. C54.

[8] Siehe dazu *Ramsauer/Wendt*, NVwZ 2014, 1401 (1403); *Frank Schilling*, Kurzgutachten Bohrung, Verrohrung und Zementierung, 2012, S. 29 ff. (abrufbar unter: http://dialog-erdgasundfrac.de/sites/dialog-erdgasundfrac.de/files/2_9_Kurzgutachten-Bohrung-Zementation-Verrohrung-final.pdf – letzter Zugriff 1.6.2015).

[9] *Hans-Joachim Uth*, Technische Sicherheit von Anlagen und Verfahren zur Erkundung und Förderung von Erdgas aus nichtkonventionellen Lagerstätten, 2012, S. 39 ff.; siehe auch die Unterschiede in den Stellungnahmen der Sachverständigen in der öffentlichen Anhörung vor dem Ausschuss für Umwelt, Naturschutz, Bau und Reaktorsicherheit am Montag, 8.6.

II. Die Rechtslage vor der speziellen Regelung

Fracking in Deutschland ist älter als die spezielle gesetzliche Grundlage. Die maßgeblichen Rechtsgebiete, die vor der ausdrücklichen Regelung diesen Vorgang steuerten, waren das Bergrecht, das Wasserrecht und das Raumordnungsrecht.

1. Das Bergrecht

Erdgas gehört wie Erdöl und Erdwärme gemäß § 3 Abs. 3 Satz 1 und 2 Nr. 2 lit. b BBergG zu den bergfreien Bodenschätzen und ist daher gemäß § 3 Abs. 2 Satz 2 BBergG nicht Bestandteil des zivilrechtlichen Grundeigentums. Für die Gewinnung von Erdgas ist nach dem deutschen Bergrecht ein zweistufiges Zulassungssystem vorgesehen. Zunächst die Berechtigung der Ausbeutung als solche, differenziert zwischen der Erkundung (Erlaubnis – § 7 BBergG) und der Gewinnung (Bewilligung gemäß § 8 BBergG und Bergwerkseigentum gemäß § 9 BBergG). Die Berechtigungen beziehen sich auf bestimmte Felder von Vorkommen und können daher nur versagt werden, wenn die gesetzlichen Versagungsgründe des § 11 BBergG (ggf. i. V. m. § 12 BBergG) sich auf diese gesamten Felder beziehen.[10] Die konkrete Nutzung dieser Berechtigung, d. h. das Vorhaben zur Aufsuchung und Gewinnung von Bodenschätzen, erfordert eine weitere Genehmigung, die Zulassung des Betriebsplans (vgl. § 51 Abs. 1 Satz 1 BBergG). Grundsätzlich handelt es sich bei der Zulassungsentscheidung um eine gebundene Entscheidung im Rahmen des präventiven Verbots mit Erlaubnisvorbehalt. Die Versagungsgründe sind in § 55 BBergG niedergelegt. Eine Öffentlichkeitsbeteiligung ist nicht vorgesehen. Bedarf das konkrete Vorhaben allerdings einer Umweltverträglichkeitsprüfung gemäß § 57c BBergG, wird der Betriebsplan als Planfeststellungsbeschluss mit entsprechendem Genehmigungsverfahren mit Öffentlichkeitsbeteiligung erteilt (siehe § 57a i. V. m. § 52 Abs. 2a BBergG). In diesem Fall besitzt die Zulassungsentscheidung auch eine Konzentrationswirkung. Nach der UVP-V Bergbau war für Vorhaben zur Aufsuchung und Gewinnung von Erdgas im Festlandbereich im Regelfall eine UVP erst erforderlich, wenn ein Fördervolumen von täglich mehr als 500.000 m³ Erdgas überschritten wurde (§ 1 Nr. 2 lit. a UVP-V Bergbau). Diese Größenordnung wird bei der Gewinnung von Erdgas aus unkonventionellen Lagerstätten unter Einsatz der Fracking-Technologie nach Einschätzung der Fachwelt regelmäßig nicht überschritten.[11] Ob

---

2015, zum Gesetzentwurf der Bundesregierung Entwurf eines Gesetzes zur Änderung wasser- und naturschutzrechtlicher Vorschriften zur Untersagung und zur Risikominimierung bei den Verfahren der Fracking-Technologie, BT-Drs. 18/4713.

[10] *Ramsauer/Wendt*, NVwZ 2014, 1401 (1403); *Till Elgeti/Lars Dietrich*, Unkonventionelles Erdgas: Berg- und Wasserrecht, NuR 2012, 232 (235).

[11] *Ramsauer/Wendt*, NVwZ 2014, 1401 (1405); *Thorsten Attendorn*, Fracking – zur Erteilung von Gewinnungsberechtigungen und der Zulassung von Probebohrungen zur Gewinnung von Erdgas aus unkonventionellen Lagerstätten, ZUR 2011, 565 (568); *Anna Alexandra Seuser*, Unkonventionelles Erdgas, NuR 2012, 8 (12); *Florian Schweighart*, Folgen des ge-

eine UVP-Pflicht bei Einsatz der Fracking-Technologie aufgrund einer unmittelbaren Anwendbarkeit der UVP-Richtlinie durchgeführt werden musste, war in der Literatur umstritten.[12]

2. Wasserrecht

Schwierig ist die wasserrechtliche Beurteilung des Fracking-Verfahrens nach altem Recht. Die Schwierigkeiten werden dabei auch dadurch begründet, dass man das bergrechtliche Genehmigungsverfahren für nicht vollständig ausreichend hält, um den für notwendig gehaltenen Vorsorgegedanken für Mensch, Tier und Umwelt bei dem Umgang mit Fracking ausreichend zu schützen.[13] Streitig war dabei vor allem die Frage, ob der Einsatz des Fracking-Verfahrens als echte Benutzung oder als unechte Benutzung anzusehen war. Unstreitig ist, dass eine Benutzung des Grundwassers vorlag, wenn der Pressvorgang mit den eingeleiteten Stoffen sich auch auf Grundwasserzonen bezog. Umstritten war die Beurteilung dagegen, wenn dies nicht der Fall war (wobei die ablehnende Ansicht wohl formal zutreffend war). Vom Schutzzweck des Wasserrechts her gedacht, lassen sich durchaus Fracking-Vorhaben denken, die nicht zwingend wasserhaushaltsrechtlichen Beurteilungen unterlagen.[14] In der Praxis schien die Einholung von wasserrechtlichen Erlaubnisverfahren für Tiefenbohrungen eher die Ausnahme gewesen zu sein.[15]

3. Raumordnungsrecht

Das Raumordnungsrecht gibt unterschiedliche Steuerungsmöglichkeiten für Frackingvorhaben, sofern diese, was in der Regel der Fall sein dürfte, raumbedeutsam sind. Die Steuerungsmöglichkeiten knüpfen zwar primär an die Oberflächennutzung an, erfassen aber auch Nutzungen unterhalb der Erdoberfläche, also des Untergrundes (siehe etwa § 2 Abs. 2 Nr. 6 Satz 7 ROG „Einlagerung").[16] So kann über die Vorrang-, Vorbehalts- und Eignungsgebiete die Nutzung von Fracking gesteuert werden. Auch ihr räumlich beschränktes Verbot ist über Ausschlussgebiete möglich.[17] Strittig

---

scheiterten Gesetzentwurfs zur Regelung der Schiefergasförderung, UPR 2014, 11 (12); *Elgeti/Dietrich*, NuR 2012, 232 (235); siehe auch BR-Drs. 747/12 (Beschluss), Anl. S. 3.

[12] Für eine UVP-Pflicht: *Walter Frenz*, Fracking und UVP, UPR 2012, 125 (125 ff.); *Hartmut Gaßner/Georg Buchholz*, Rechtsfragen des Erdgas-Fracking – Grundwasserschutz und UVP, ZUR 2013, 143 (147 ff.); dagegen *Ramsauer/Wendt*, NVwZ 2014, 1401 (1405).

[13] Siehe etwa *Gaßner/Buchholz*, ZUR 2013, 143 (146).

[14] Ebenso *Holger Hofmann*, Aktuelle Entwicklungen auf dem Stromerzeugungsmarkt im Jahr 2014, EnWZ 2015, 70 (76); zu einem eher engen Anwendungsbereich des WHG kommen: *Ramsauer/Wendt*, NVwZ 2014, 1401 (1407); großzügiger *Michael Reinhardt*, Wasserrechtliche Vorgaben für die Gasgewinnung durch Fracking-Bohrungen, NVwZ 2012, 1369 (1371).

[15] *Gaßner/Buchholz*, ZUR 2013, 143 (144); siehe auch *Wagner*, UPR 2015, 201 (204).

[16] Vgl. *Ramsauer/Wendt*, NVwZ 2014, 1401 (1407 f.); *Wilfried Erbguth*, Unterirdische Raumordnung, ZUR 2011, 121 (123).

[17] Siehe Art. 14 Abs. 1 Nr. 3 BayLplG.

ist allerdings, ob die Gebietsfestlegung sich auf die Oberflächennutzung beschränkt oder auch die unterirdische Nutzung erfassen kann.[18] Das kann bedeutsam sein, weil das unterirdische Feld oftmals deutlich größer ist als die oberirdische Anlage. Diese Vorgaben sind bei der Zulassungsentscheidung zum bergrechtlichen Betriebsplan entweder gemäß § 4 Abs. 1 Satz 1 Nr. 3 ROG (bei der Planfeststellung) oder beim einfachen Betriebsplanverfahren gemäß § 48 Abs. 2 Satz 1 BBergG zu beachten.[19]

III. Die Neuregelung

1. Das Gesetzgebungsverfahren im Überblick

Im Jahr 2015 hat der Gesetzgeber sich der Frage des Frackings angenommen. Konkret wurde es zunächst mit dem Referentenentwurf des zuständigen Ministeriums vom November 2014.[20] Dieser führte ohne zentrale Veränderungen zum Regierungsentwurf vom 23. 4. 2015,[21] der zahlreiche Änderungswünsche des Bundesrates hervorrief,[22] die teilweise auch die Zustimmung der Bundesregierung erhielten, so dass der zuständige Ausschuss des Bundestages eine öffentliche Anhörung durchführte,[23] bei der sich in aller Regel Änderungen anschließen.[24] Ob dies auch im Vorliegenden der Fall sein wird, steht noch aus. Der Bundesrat hält – anders als die Bundesregierung – das Gesetz für zustimmungsbedürftig und hat die Zustimmung gegenwärtig noch nicht erteilt (BT-Drs. 18/4949).

2. Die wesentlichen Änderungen

Der Gesetzentwurf ändert dabei eine verhältnismäßig geringe Anzahl an Vorschriften im Wasserhaushaltsgesetz und im Bundesnaturschutzgesetz. Zunächst wird ausdrücklich festgestellt, dass das Aufbrechen von Gesteinen unter hydraulischem Druck zur Aufsuchung oder Gewinnung von Erdgas, Erdöl oder Erdwärme, einschließlich der zugehörigen Tiefbohrungen, als eine Benutzung gilt, sofern nicht schon ein Benutzungstatbestand des § 9 Abs. 1 gegeben ist (§ 9 Abs. 2 Nr. 3 n. F.), als auch, dass die untertägige Ablagerung von Lagerstättenwasser, das bei Maßnahmen

---

[18] Dafür *Ramsauer/Wendt*, NVwZ 2014, 1401 (148); *Erbguth*, ZUR 2011, 121 (125). Dagegen nur Oberfläche – *Mathias Hellriegel*, Rechtsrahmen für eine Raumordnung zur Steuerung unterirdischer Nutzungen, NVwZ 2013, 111 (113).

[19] *Ramsauer/Wendt*, NVwZ 2014, 1401 (147); BVerwGE 126, 205 = NVwZ 2006, 1173 (1174); *Reinhart Piens*, in: Piens/Schulte/Vitzthum, BBergG, 2. Aufl. 2013, § 56 Anh. Rdnr. 425 m. w. N.; vgl. ferner BVerfG, NVwZ 2014, 211 (230).

[20] Siehe http://www.gegen-gasbohren.de/wp-content/uploads/2014/11/Frackinggesetz.pdf – letzter Zugriff 21. 5. 2015.

[21] BT-Drs. 18/4713; siehe dazu kiritsch *Walter Frenz*, Fracking-Ermessen, UPR 2015, 88 ff.; *Wagner*, UPR 2015, 201 ff.; *Hofmann*, EnWZ 2015, 70 (76 f.).

[22] BT-Drs. 18/4949 vom 20. 5. 2015.

[23] Siehe o. Fn. 9.

[24] Hier steht die Ausschuss-Drucksache noch aus.

nach Nr. 3 oder anderen Maßnahmen zur Aufsuchung oder Gewinnung von Erdgas und Erdöl anfällt, ebenfalls als Benutzung gilt.

Weiter werden spezifische Versagungsgründe für die unechten Benutzungsformen des Frackings und der Ablagerung von Lagerstättenwasser vorgesehen (§ 13a WHG-E) sowie Verfahrensregelungen und mögliche Erlaubnisinhaltsregelungen (§ 13b WHG-E). Daneben tritt das allgemeine Bewirtschaftungsermessen gemäß § 12 Abs. 2 WHG-E.

Im Bundesnaturschutzgesetz wird geregelt, dass das Fracking in Naturschutzgebieten und in Nationalparken sowie im Bereich der Natura 2000 unzulässig ist. Daneben enthält der Gesetzentwurf Regelungen, die nicht unmittelbar mit dem Fracking in Verbindung stehen. In einem weiteren Gesetzentwurf, der aber unmittelbar mit dem Fracking in Beziehung steht, ist gleichzeitig der Entwurf zur Änderung der Verordnung über die Umweltverträglichkeitsprüfung bei bergrechtlichen Verfahren auf den Weg gebracht worden. Dort ist vorgesehen, dass für Fracking, unabhängig von der beabsichtigten Fördermenge von Erdgas, eine Umweltverträglichkeitsprüfung durchzuführen ist, mit der Folge, dass im bergrechtlichen Verfahren nun ein Planfeststellungsverfahren zu erfolgen hat. Der dritte Akt ist der Entwurf eines Gesetzes zur Ausdehnung der Bergschadenshaftung u. a. auf den Bohrlochbergbau.[25]

3. Die zentralen Aussagen der Gesetzesänderung

Vor diesem Hintergrund sollen im Wasserhaushaltsgesetz insbesondere die folgenden Regelungen getroffen werden:

– Eine ausdrückliche Regelung, dass auch Maßnahmen, bei denen zur Aufsuchung oder Gewinnung von Erdgas, Erdöl oder Erdwärme Gesteine unter hydraulischem Druck aufgebrochen werden, sowie die untertägige Ablagerung von Lagerstättenwasser eine Gewässernutzung darstellen, wird eingefügt (§ 9 Abs. 2 Nrn. 3 und 4 WHG-E).

– Der Gesetzgeber geht selbst davon aus, die Klarstellung sei deklaratorisch. Die Betonung des deklaratorischen Charakters dürfte dem Sinn dienen, zu verdeutlichen, dass nach Auffassung des Gesetzgebers die bisherige vorliegende Genehmigung zum Fracking schon bisher eine wasserrechtliche Benutzung darstellte. Mitunter spielt es im Wasserhaushaltsrecht eine Rolle, ob ein echter Benutzungstatbestand oder ein unechter bzw. welcher Benutzungstatbestand vorliegt (§ 4 Abs. 4, § 14 Abs. 1 Nr. 3, § 49 Abs. 1 und sachlich § 32 WHG-E). Daher kann auch trotz der Neuregelung die Frage, ob im konkreten Einsatz ein Tatbestand von § 9 Abs. 1 WHG-E vorliegt oder nicht, relevant werden. Dies hängt von den Auswirkungen im Einzelfall ab.

– Der Gesetzgeber schafft spezifische Versagungsgründe für eine Genehmigung der Benutzung des Gewässers durch die Fracking-Technik (§ 13a WHG-E), bezieht

---

[25] BT-Drs. 18/4714.

diese aber nur auf die Benutzungsformen, bei denen die neuen Auffangtatbestände des Frackings (§ 9 Abs. 2 Nr. 3, Nr. 4 WHG-E) relevant werden. Auf diese Weise ist beim Einsatz der Fracking-Technik, sofern er mit einer Benutzung des Gewässers in herkömmlicher Weise verbunden ist, keine Veränderung des Prüfprogramms vorgesehen. Dies überzeugt sachlich nicht. Die Gefahren des Einsatzes des Frackings unterscheiden sich strukturell nicht danach, ob nun die Voraussetzungen einer Benutzung vorliegen oder nicht. Daher hat der Bundesrat in seinem Änderungsbegehren vorgeschlagen, klarzustellen, dass die besonderen Versagungsgründe des § 13a auch dann greifen, wenn der Fracking-Tatbestand einen vorausgehenden Nutzungstatbestand erfüllt.

– Es wird eine Differenzierung zwischen dem Fracking unterhalb von 3.000 m und oberhalb vorgesehen. Oberhalb von 3.000 m Tiefe ist das Fracking in Schiefer-, Ton- oder Mergelgestein oder in Kohleflözgestein (sog. unkonventionelles Fracking; § 13a Abs. 1 Nr. 1 WHG-E) nur ausnahmsweise erlaubt. Es gibt zwei Ausnahmen. Das Fracking zu Forschungszwecken (§ 13a Abs. 2 WHG-E) oder das konventionelle Fracking, sofern neben den allgemeinen Genehmigungsvoraussetzungen zwei materiellrechtliche und verfahrensrechtliche Voraussetzungen gegeben sind (Zustimmung der Expertenkommission und Einstufung der verwendeten Gemische als nicht wassergefährdend durch das Bundesumweltamt).

– Es gibt eine Reihe von Gebieten, in denen das Fracking generell unzulässig ist (unabhängig ob oberhalb oder unterhalb von 3.000 m). Dazu gehören Wasserschutz- und Heilquellenschutzschutzgebiete und mehrere näher bezeichnete Gebiete mit Oberflächengewässer, die der Wasserversorgung dienen (§ 13a Abs. 1 Satz 1 Nr. 2 WHG-E). Die Länder können das Verbot auf Einzugsgebiete von Wasser zur Getränkeherstellung sowie auf Gebiete des Steinkohlebergbaus erstrecken (§ 13a Abs. 3 WHG-E). Ein geminderter Schutz gilt bei den Natura 2000-Gebieten und Naturschutzgebieten (§ 23 Abs. 3 und § 33 Abs. 1 NatSchG-E). Hier sind oberirdische Fracking-Anlagen unzulässig.

– Die Gemische (Frack-Flüssigkeit), die eingesetzt werden, dürfen nicht oder nur schwach wassergefährdend sein (§ 13a Abs. 4 Nr. 2 WHG-E).

– Es werden erhebliche Ermittlungs- und Überwachungspflichten der Unternehmer eingeführt. Der Gewässerbenutzer muss im möglichen Einwirkungsbereich der Maßnahmen einen umfassenden Ausgangszustandsbericht erstellen. Alle eingesetzten Stoffe müssen offengelegt werden. Das Grundwasser und oberirdische Gewässer sind während und nach der Durchführung der Fracking-Maßnahmen zu überwachen, ebenso das Lagerstättenwasser, der Rückfluss und die Bohrlochintegrität. Die Ergebnisse sind der zuständigen Behörde zu berichten (§ 13b Abs. 2 Nr. 2 und Abs. 3 WHG-E). Es kann durch Verordnung ein öffentliches Stoffregister erstellt werden.

IV. Die Vereinbarkeit mit höherrangigem Recht

1. Die Vereinbarkeit mit Unionsrecht

Wesentliche europarechtliche Probleme dürfte die Neuregelung zum Fracking nicht aufwerfen und werden, soweit ersichtlich, auch nicht geltend gemacht. Sofern im Gesetzentwurf zu Teilfragen Unionsrecht umgesetzt wird, handelt es sich nach einhelliger Einschätzung um eine „1 zu 1"-Umsetzung.

2. Vereinbarkeit mit dem Grundgesetz

a) Die unproblematischen Bereiche

Die im Gesetzesentwurf angegebenen Gesetzgebungskompetenzen (Art. 74 Abs. 1 Nr. 32, Art. 74 Abs. 1 Nr. 29, Art. 74 Abs. 1 Nr. 2 GG)[26] dürften die vorgesehenen Regelungen tragen. Zwischen Bundestag und Bundesrat umstritten ist die Frage der Zustimmungsbedürftigkeit.[27] Der Bundesrat nimmt zutreffend an, bei § 13b Abs. 1 Satz 2 WHG-E handele es sich um eine Verfahrensbestimmung i. S. v. Art. 84 Abs. 1 Satz 5 f. GG. Andere verfahrensrechtliche Probleme sind bisher noch nicht entstanden. Auch ein Verstoß gegen Art. 20a GG ist nicht ersichtlich. Die Unterstellung der Fracking-Technik unter das Wasserrecht ist wegen des weiten Bewirtschaftungsermessens des § 12 Abs. 2 WHG-E gut in der Lage, die Vorgaben des Art. 20a GG im Bereich der Vorsorge einfachrechtlich umzusetzen. Die grundrechtlichen Fragen halten sich in Grenzen.

b) Demokratische Legitimation der Expertenkommission

Ein Sonderproblem verbirgt sich in der Einschaltung der unabhängigen Expertenkommission gemäß § 13a Abs. 6, 7 WHG-E. So kann abweichend von § 13a Abs. 1 Nr. 1 WHG-E in den dort genannten Schichten auch über 3.000 m Höhe gefrackt werden, wenn u. a. eine positive Stellungnahme der Expertenkommission vorliegt. Die Expertenkommission besitzt daher eine umfassende Vetobefugnis, da ohne ihre Zustimmung die Ausnahmebewilligung gemäß § 13a Abs. 6, 7 WHG-E nicht erteilt werden kann. Man könnte daher die Frage stellen, ob dies mit dem Gebot der demokratischen Legitimation staatlichen Handelns vereinbar ist.

Bekanntlich folgert das BVerfG aus dem Demokratieprinzip aus Art. 20 Abs. 1 GG, dass alles amtliche Handeln mit Entscheidungsgewalt demokratisch legitimiert sein muss. Entscheidend sei das jeweils sachlich angemessene Legitimationsniveau. Die Legitimation kann vor allem auf drei Wegen erreicht werden: institutionell, organisatorisch-personell oder sachlich-inhaltlich. Bei der institutionellen Legitimation kommt es auf die Einbindung der Gesamtorganisation und bei der organisatorisch-

---

[26] BT-Drs. 18/4713, S. 15.
[27] BT-Drs. 18/4949, S. 1.

personellen Legitimation kommt es darauf an, wie sehr der mit der Wahrnehmung staatlicher Aufgaben betraute Amtswalter an das Parlament zurückgekoppelt ist (Ernennung/Abberufung/Dienstaufsicht). Die sachlich-inhaltliche Legitimation beruht auf einer inhaltlichen Steuerung, die bis zum Parlament zurück geht (Gesetzesbindung/Rechtsaufsicht/Fachaufsicht). Beide Stränge greifen ineinander. Defizite im Bereich der so begründeten demokratischen Legitimation sind bei verfassungsrechtlicher Legitimation (Art. 28 Abs. 2 GG, Art. 88 GG) und ggf. entsprechender Substitution durch Partizipationsrecht der Betroffenen (Selbstverwaltungskörperschaften oder Anstalten) denkbar.[28]

Im vorliegenden Fall dürfte im Ergebnis ein Verstoß zu verneinen sein. Die positive Entscheidung der Zulassung wird von der Behörde verantwortet und die negativen Entscheidungen bei fehlender Zustimmung der Kommission der Sache nach vom Gesetzgeber. Der Gesetzgeber hat selbst entschieden, dass oberhalb von 3.000 m in den genannten Fällen nicht gefrackt werden kann – diese Entscheidung hängt daher nicht von der Expertenkommission ab. Die zwingende Bindung an die Expertenkommission für den Dispens ist der Sache nach nichts anderes als die Bindung an ein naturwissenschaftliches Faktum, das jetzt aber nicht durch eine Messung, sondern durch ein Gremium festgestellt wird.

V. Rechtspolitische Bewertung

Ähnlich eindeutig, wenn vielleicht auch etwas gemindert, dürfte die rechtspolitische Bewertung ausfallen.

1. Vergleich mit dem Kohlendioxid-Speicherungsgesetz

Die Eigenarten und die Besonderheiten des Gesetzentwurfes zur Fracking-Technik werden deutlich, wenn man das Gesetz mit einer anderen jüngeren gesetzlichen Regelung im Bereich der unterirdischen Technik vergleicht.[29] So gibt es beim Kohlendioxid-Speicherungsgesetz (KSpG) vom 17. August 2012, bei dem es darum geht, ausgeschiedenes CO_2-Gas von Industrieanlagen unter der Erde zu verpressen (Carbon Dioxide Capture and Storage [CCS]), gewisse strukturelle Gemeinsamkeiten als auch Unterschiede zum jetzigen Entwurf zum Fracking.[30]

---

[28] Siehe dazu BVerfGE 83, 60 (73); BVerfGE 93, 37 (67 ff.); BVerfGE 107, 59 (92 ff.); BVerfGE 111, 191 (216 ff.); *Wolfgang Kahl*, Die Staatsaufsicht, 2000, S. 479 ff.

[29] So auch *Malte Kohls/Annette Lienemann/Michaela Warnke/Elith Wittrock*, Umweltvorsorge bei der unterirdischen Speicherung von Kohlendioxid, ZUR 2015, 140 (148).

[30] Siehe dazu *Heinrich Amadeus Wolff*, Das Kohlendioxid-Speicherungsgesetz: Eine erste Bewertung, UPR 2013, 298 ff.; siehe auch *Franz-Joseph Peine/Lothar Knopp/Andrea Radcke*, Rechtsfragen der Abscheidung und Speicherung von CO_2 (CCS) – Unter besonderer Berücksichtigung der Rechtslage in Brandenburg, 2011, S. 1 ff.; *Dirk Uwer*, Betreiberhaftung im Kohlendioxid-Speicherungsgesetz, in: Hecker/Hendler/Proelß/Reiff (Hrsg.), Verantwortlichkeit und Haftung für Umweltschäden, UTR 119, 2013, S. 185 ff.

Beim KSpG war der deutsche Gesetzgeber europarechtlich zu einer Regelung verpflichtet, was beim Fracking anders war. Weiter will der Gesetzgeber im Bereich des Frackings die gegenwärtig bestehende Nutzung des Frackings auf eine sichere Rechtsgrundlage stellen und zudem gewisse Erweiterungen ermöglichen, während es beim Kohlendioxid-Speicherungsgesetz im Wesentlichen darum ging, nur die Möglichkeit einer Speicherung zu schaffen, bei der gleichzeitigen Annahme, dass von dieser Möglichkeit kein Gebrauch gemacht werden würde.

Regelungen zum Kohlendioxid-Speicherungsgesetz führten zu einem eigenen Gesetz, während beim Fracking die bestehenden Umweltgesetze ergänzt werden, woran deutlich wird, dass der Gesetzgeber das Fracking, anders als die CCS-Speicherung, in das bestehende Umwelt- und Bergrecht integrieren und daher nicht als einen Sonderfall ansehen möchte, bei dem die praktische Durchsetzung fraglich ist. Beim CCS hat der Gesetzgeber Sonderregelungen im Haftungsbereich erlassen, während beim Fracking es bei dem allgemeinen Umweltschadensrechtsregime verbleibt.

Trotz dieser Unterschiede bestehen zwischen beiden Gesetzen insofern Gemeinsamkeiten, als es sich um jeweils moderne Umwelt- und Energiegesetze handelt, in denen die Beteiligung der Bevölkerung ermöglicht wird, ein Einbezug der Unternehmer in die Gemeinwohlpflichterfüllung vorgesehen wird, der Gesetzgeber auch das Ziel verfolgt, weitere Informationen zu erhalten, d. h. das Wissen zu vergrößern,[31] und zudem eine ausdrückliche gesetzgeberische Entscheidung über eine moderne Technik vorliegt.

2. Das Ausmaß der Änderung

Vergleicht man die Neuregelung mit der bisherigen Rechtslage, wird man sagen müssen, dass der Gesetzgeber der Sache nach den Einsatz von Fracking hinsichtlich der bisher benützten Bereiche, die Bedingungen für die Unternehmen eher erschwert als erleichtert hat (für konventionelles Fracking, d. h. unter 3.000 m Tiefe).[32] Etwas anderes gilt nur, wenn man die Konstruktion der ausnahmsweisen Genehmigung für Fracking über 3.000 m als Einstieg in eine Normalität begreift. Gesetzesstrukturell liegt das nicht nahe.[33] Die Erschwerung liegt zum einen darin, dass sichergestellt ist, dass in allen Fällen ein wasserrechtliches Bewilligungsverfahren (im Zusammenhang mit der Planfeststellung) durchgeführt wird, so dass das wasserwirtschaftliche Bewirtschaftungsermessen die unternehmerische Freiheit einschränken kann. Die weitere Belastung besteht darin, dass nun für jedes Fracking-Verfahren eine Umweltverträglichkeitsprüfung durchgeführt werden muss. Der Sache nach werden auch eine strenge Eigenüberwachung und Beobachtungspflichten der Unternehmen eingeführt. Wie bei den Wirtschaftlichkeitsüberlegungen des Gesetzentwurfs ersichtlich wird, geht der Gesetzgeber selbst davon aus, dass gerade bei den Beobachtungs-

---

[31] Siehe dazu *Wagner*, UPR 2015, 201 (205).
[32] Ebenso die Einschätzung von *Hofmann*, EnWZ 2015, 70 (76).
[33] *Hofmann*, EnWZ 2015, 70 (77); *Wagner*, UPR 2015, 201 (205).

pflichten die wesentliche Belastung für die Unternehmen liegt. Eine weitere Belastung materieller Art dürfte darin liegen, dass der Einsatz der Stoffe beim Einpressen eingeschränkt wird auf wasserverträgliche Materialien.

Eine gewisse Erleichterung für die Unternehmen findet dadurch statt, dass nun ausdrücklich eine positive Entscheidung des Gesetzgebers zugunsten des Frackings vorliegt. Weiter ermöglicht der Gesetzgeber den Schritt in die Zukunft auch zum Fracking im Bereich des Schiefergases, wenn auch in eingeschränkter Form.

3. Modernes Umwelt- und Energiegesetz

Die Neuregelung zum Fracking ist ein Akt moderner Umweltgesetzgebung, die sich innerhalb allgemeiner Standards des Umweltrechts einfügt. Die geregelte Technik ist nun in eine Umweltverträglichkeitsprüfung eingebunden. Weiter ist die Veröffentlichung der Eigenüberwachung der Unternehmer vorgesehen, wodurch der Gedanke der Transparenz beachtet wird, auch wenn das Level vielleicht nicht so hoch wie bei unionsrechtlich motivierten Reformen ist (vgl. § 13 b Abs. 2 bis 4 WHG-E). Eine Einbindung in die Umwelthaftungsregelungen ist durch die Einbettung in das Wasserhaushaltsrecht und die Benutzungsregeln sichergestellt (§ 2 Nr. 1 lit. b) USchadG). Inhaltlich werden die materiellen Standards durch den Vorsorgegedanken des Wasserhaushaltsrechts beherrscht. Eine Evaluationspflicht sieht das Gesetz allerdings nicht vor.

Gleichzeitig ist es auch ein modernes Energiegesetz. Die Sicherung künftiger Energie wird zur gemeinsamen Aufgabe von Staat und Wirtschaft. Die Erschließung neuer Gasquellen wird verantwortungsvoll in Angriff genommen, auch wenn die unternehmerische Freiheit mit erheblichen Lasten der Eigenkontrolle belastet wird. Die unternehmerischen Entscheidungen können sich nur in einem engen staatlichen Pflichtenkorsett entfalten.

Schließlich ist es eine planungsrechtliche Normierung, bei der für die maßgebliche Regelung (Zulassung des Betriebsplans) auf das Planfeststellungsverfahren zurückgegriffen wird.

4. Charakter als Experimentierregelung

Ein besonderes Kennzeichen liegt in dem Charakter der Neuregelung als Erforschungsregelung. Der Bundesgesetzgeber bemüht sich um einen Ausgleich einer angemessenen Risikovorsorge des Einsatzes einer Technik in nicht umfassend bekannter Umgebung einerseits und der Bewältigung von Umweltproblemen durch die Entwicklung neuer Techniken andererseits. So lässt er die Technik soweit zu, wie er meint, sie sicher überblicken zu können. Der neue Bereich soll erforscht werden und kann im Einzelfall, bei konkreter wissenschaftlicher Risikobewertungen, ebenfalls zur Nutzung zugelassen werden. Kernpunkt der Neuregelung ist dabei eine strenge Beobachtungspflicht desjenigen, der die Technik zu eigenen Zwecken einsetzt. Auch der Ausschluss der gehobenen Erlaubnis und der Bewilligung beim Fracking stellt sicher, dass der Gesetzgeber bei Vorliegen neuer Erkenntnisse schnell handeln kann.

5. Ausdrückliche gesetzgeberische Entscheidung

Die gesetzliche Regelung zum Fracking im Bundesnaturschutzgesetz und im Wasserhaushaltsgesetz hat nicht nur die Funktion, bisherige Auslegungsschwierigkeiten zu bereinigen, sondern enthält vielmehr auch die Entscheidung des unmittelbar demokratisch legitimierten Gesetzgebers zur Frage, inwieweit Deutschland sich den mit der Technologie des Frackings verbundenen Gefahren aussetzen will oder nicht. Es ist daher eine vom Gesetzgeber getroffene Risikoentscheidung, die z. B. deutlich hinter dem zurückbleibt, was die USA in diesem Technologiebereich als Staat auf sich nehmen möchte. Da die relevanten Vorschriften nur im Bereich der Umweltverträglichkeitsprüfung europarechtlich vorgezeichnet sind, handelt es sich dabei zugleich um eine Entscheidung des nationalen Gesetzgebers und nicht um eine Entscheidung des Normgebers auf europäischer Ebene.

Unabhängig von der Frage, ob eine ausdrückliche gesetzliche Grundlage gemäß dem Grundsatz der Wesentlichkeitstheorie wirklich erforderlich gewesen wäre,[34] kann nicht bestritten werden, dass sie auf jeden Fall wünschenswert und begrüßenswert ist.[35] Die Wertungsspielräume im Zusammenhang mit dem Fracking und die Schwierigkeiten, eine angemessene Risikovorsorge herzuleiten, waren zumindest groß genug, um einen Bedarf an einer ausdrücklichen Regelung hervorzurufen. So hieß es zur alten Rechtslage völlig zutreffend:

> „Die notwendigerweise politische Entscheidung, ob zur Sicherung der Energieversorgung und Steigerung der nationalen Versorgungsautarkie in der Bundesrepublik die verstärkte Exploration heimischer Energieträger unter Einsatz eines neuen Verfahrens der Gasgewinnung betrieben werden soll, lässt sich nicht durch wie kunstvoll auch immer ziselierte juristische Argumentationsgebäude substituieren."[36]

Der Kern der Entscheidung des Gesetzgebers liegt dabei darin, das Fracking in das wasserrechtliche Bewirtschaftungsermessen der Behörde zu stellen.[37] Nachvollziehbar ist das schon. Für das Bewirtschaftungsermessen dürfte bei sachgerechter Auslegung auch Raum sein, selbst wenn formell gar keine Betroffenheit des Grundwassers vorliegt und auch wenn im Falle des Frackings über 3.000 m Höhe die Expertenkommission zugestimmt hat. Die verbindliche Entscheidung verbleibt bei der Behörde auch hinsichtlich der Fragen, die die Expertenkommission zu Gunsten des Antragstellers entschieden hat.[38]

---

[34] Verneinend *Reinhardt*, NVwZ 2012, 1369 (1369).
[35] So schon früh *Gaßner/Buchholz*, ZUR 2013, 143 (146 f.).
[36] *Reinhardt*, NVwZ 2012, 1369 (1369).
[37] *Wagner*, UPR 2015, 201 (206); kritisch aus dieser Sicht *Frenz*, UPR 2015, 88 (89 ff.).
[38] A. A. *Frenz*, UPR 2015, 88 (89).

VI. Schluss

Das Freisetzen von Erdgas auch in großer Tiefe der Erde birgt ein Risiko in sich, bei dem die Naturwissenschaftler darüber streiten mögen, ob es ein Restrisiko oder ein Basisrisiko ist. Unbestritten nimmt der Gesetzgeber mit der ausdrücklichen Zulassung der Fracking-Technik gewisse Risiken für die gegenwärtigen und die künftigen Generationen in Kauf. Es liegt daher in der Natur der Sache, dass bei der politischen Bewertung der Frage, ob es wünschenswert oder nicht wünschenswert ist, die Fracking-Technik zuzulassen, die Meinungen erheblich auseinandergehen. Ob der Gesetzentwurf Gesetz werden wird, ist daher zur Zeit nicht sicher.

Lässt man die Frage, wie man die Zulassung zum Fracking als solche persönlich entscheidet, außen vor, wird man dem Gesetzgeber allerdings zugestehen müssen, dass er sich erstens um ein ausgewogenes System bemüht hat, indem er einerseits das Fracking zwar zugelassen hat, aber andererseits sehr wohl Grenzen vorgesehen hat. Weiter bleibt die Entwicklung offen, der Prozess wird wissenschaftlich begleitet und der Gesetzgeber gibt die Entscheidung nicht aus der Hand. Für die Unternehmen wird ein wirtschaftlich gangbarer Weg bereitgestellt, sie werden aber gleichzeitig erheblich in die Pflicht genommen, so dass der Grundsatz, die Gewinne werden privatisiert und die Lasten vergesellschaftet, nicht zutrifft.

II. Hochschule

Von der Gruppenuniversität zur Wettbewerbsuniversität – Tendenzen der Hochschulgesetzgebung am Beispiel der Brandenburger Hochschulgesetze von 1991 und 2014

Von *Alexander von Brünneck*

I. Die Gruppenuniversität als Ausgangsmodell

Das Hochschulurteil des Bundesverfassungsgerichts von 1973 (BVerfGE 35, 79) ist bis heute die Grundlage für die Hochschulgesetze aller deutschen Länder. Das Urteil billigte den Übergang von der tradierten Ordinarienuniversität zur Gruppenuniversität. Diese ist dadurch gekennzeichnet, dass alle maßgeblichen Entscheidungen in Kollegialorganen gefällt werden, nämlich im Konzil, im Senat und im Fakultätsrat. Nach den Vorgaben des Hochschulurteils werden diese Gremien in leicht variierenden Proportionen zusammengesetzt aus Vertretern der vier Statusgruppen der Professoren, wissenschaftlichen Mitarbeiter, Studenten und nichtwissenschaftlichen Mitarbeiter. Für Abstimmungen gelten ebenfalls leicht variierende Regeln, die den einzelnen Statusgruppen je nach Gegenstand unterschiedlichen Einfluss gewährleisten. Hinter diesem Konzept stand die Annahme, dass die Aufgaben der Hochschulen am besten durch ein rechtlich geordnetes Zusammenwirken aller Beteiligten erfüllt werden könnten.

Etwa 25 Jahre lang konkretisierten die Hochschulgesetze der Länder relativ übereinstimmend das auf dem Hochschulurteil des Bundesverfassungsgerichts beruhende Modell der Gruppenuniversität. Für diese Phase ist das erste Brandenburgische Hochschulgesetz vom 24.6.1991 (GVBl. I S. 156) paradigmatisch.

Seit dem Ende der 1990er Jahre wurde das bis dahin geltende Modell der Gruppenuniversität in allen Ländern überlagert durch neue Regelungen des Gesetzgebers.[1] Für den heutigen Stand der Hochschulgesetzgebung ist typisch das vierte Brandenburgische Hochschulgesetz vom 28.4.2014 (GVBl. I Nr. 18). Im Vergleich beider Gesetze zeigen sich grundlegende Tendenzen der neueren Hochschulgesetzgebung.

---

[1] Zur Entstehung und Geschichte der Brandenburgischen Hochschulgesetzgebung siehe *Franz-Joseph Peine*, in: Knopp/Peine (Hrsg.), Brandenburgisches Hochschulgesetz, Handkommentar, 2. Aufl. 2012, § 1 Rdnrn. 1–11.

II. Stärkung des Präsidenten und der Dekane

Vor dem Hintergrund des Brandenburgischen Hochschulgesetzes von 1991 (BbgHG 1991) ist das Brandenburgische Hochschulgesetz von 2014 (BbgHG 2014) in erster Linie dadurch charakterisiert, dass die Befugnisse des Präsidenten und der Dekane in substantieller Weise ausgeweitet wurden.

Der Präsident ist gemäß § 65 Abs. 1 Satz 4 BbgHG 2014 – in alleiniger Verantwortung – zuständig für alle wichtigen Entscheidungen über die Struktur, die Organisation und den laufenden Betrieb der Hochschule. Er bereitet die Konzepte für die Hochschulentwicklung vor. Er entscheidet über die interne Organisation der Hochschule, insbesondere über die Einrichtung und Auflösung von Fachbereichen sowie über die Einrichtung und Auflösung von Studiengängen. Ihm obliegt die Evaluation der Forschung an den Fachbereichen. Von maßgeblicher Bedeutung ist, dass er allein über die Aufstellung und Bewirtschaftung des Haushaltes sowie über die befristete und leistungsbezogene Zuweisung von Mitteln und Stellen nach Maßgabe der Ergebnisse der Evaluation entscheidet (§ 65 Abs. 1 Satz 4 Nr. 5 BbgHG 2014, anders § 85 BbgHG 1991). In Zweifelsfällen kann sich der Präsident auf die Zuständigkeitsvermutung des § 65 Abs. 1 Satz 3 BbgHG 2014 berufen.[2]

Ebenso sind im BbgHG 2014 die Aufgaben des Dekans ausgeweitet worden. Er ist zuständig für die gesamte Studien- und Prüfungsorganisation sowie für die Koordination von Forschung und Lehre. Er ist in Angelegenheiten der Lehr- und Prüfungsorganisation weisungsbefugt auch gegenüber den Hochschullehrern. Maßgeblich für die Rechtsposition des Dekans nach dem BbgHG 2014 ist, worauf schon Vorgängerregelungen abstellen, dass er allein über den Einsatz der Mitarbeiter des Fachbereichs entscheidet und dass er allein die Mittel und Stellen des Fachbereichs unter Berücksichtigung der Ergebnisse der Evaluation verteilt (§ 73 Abs. 3 und 4 BbgHG 2014, anders § 92 Abs. 2 BbgHG 1991). Auch der Dekan kann sich gemäß § 73 Abs. 3 Satz 2 BbgHG 2014 auf eine Zuständigkeitsvermutung berufen.[3]

Um sicherzustellen, dass die Amtsinhaber die für die Ausübung dieser erweiterten Befugnisse erforderlichen Qualifikationen haben, ist der Senat bei der Wahl des Präsidenten an den Vorschlag einer im Wesentlichen extern besetzten Findungskommission gebunden (§ 65 Abs. 2 BbgHG 2014). Der Fakultätsrat ist bei der Wahl des Dekans an den Wahlvorschlag des Präsidenten gebunden (§ 73 Abs. 1 BbgHG 2014). Nach dem BbgHG 1991 waren solche Bindungen an externe Wahlvorschläge nicht vorgesehen. Die Stellung des Präsidenten und des Dekans ist außerdem dadurch gestärkt, dass ihre Abwahl nur unter erschwerten Bedingungen möglich ist (§ 65 Abs. 4, § 73 Abs. 1 Satz 4 BbgHG 2014).

---

[2] Näheres zur Rechtsstellung des Präsidenten am Beispiel der materiell weitgehend identischen Vorschriften des Brandenburgischen Hochschulgesetzes vom 20.12.2008 (GVBl. I S. 318) bei *Lothar Knopp*, in: Knopp/Peine (o. Fn. 1), § 63.

[3] Näheres zur Rechtsstellung des Dekans am Beispiel der materiell weitgehend identischen Vorschriften des Brandenburgischen Hochschulgesetzes vom 20.12.2008 (GVBl. I S. 318) bei *Wolfgang Schröder*, in: Knopp/Peine (o. Fn. 1), § 71.

Durch diese Regelungen haben die Ämter des Präsidenten und des Dekans eine neue Qualität erhalten. Waren diese Amtsinhaber nach dem BbgHG 1991 in erster Linie Repräsentanten und Verwalter, so sind sie nach dem BbgHG 2014 die aktiven Gestalter des gesamten Universitätsbetriebes. Ihre neue dominierende Rolle im Hochschulalltag ergibt sich vor allem daraus, dass sie rechtlich autonom über die Verteilung der finanziellen und personellen Mittel entscheiden.

III. Entmachtung der Gremien

Komplementär zur Ausweitung der Befugnisse des Präsidenten und der Dekane hat das BbgHG 2014 die Kompetenzen der Kollegialorgane drastisch eingeschränkt.

Das nach § 83 BbgHG 1991 für die Wahl der Leitung der Hochschule und für die Beschlussfassung über die Grundordnung allein zuständige Konzil ist im BbgHG 2014 überhaupt nicht mehr vorgesehen.

Der nach § 84 BbgHG 1991 ehemals mächtige Senat ist im BbgHG 2014 nicht mehr erwähnt. Er ist nur noch als ein (nach dem Präsidenten) „weiteres" zentrales Organ durch die Grundordnung einzurichten (§ 64 Abs. 1 BbgHG 2014). Seine Kompetenzen sind auf grundsätzliche Aufgaben reduziert: Er entscheidet über die Grundordnung und über sonstige Satzungen. Er wählt den Präsidenten auf Grund des o. g. externen Wahlvorschlages, hat damit nur noch eine Vetoposition. Er führt eine nicht näher konkretisierte Aufsicht über den Präsidenten. Er entscheidet über ebenfalls nicht näher definierte grundsätzliche Fragen der Forschung und Lehre, über den Entwicklungsplan der Hochschule, sowie über die Vorschläge der Fachbereiche für Berufungen (§ 64 Abs. 2 BbgHG 2014). Die Entscheidung über die Berufungen selbst bleibt allerdings dem Ministerium oder dem Präsidenten vorbehalten (§ 40 Abs. 4 und 5 BbgHG 2014). In das operative Geschäft der Hochschule kann der Senat nicht mehr eingreifen.[4]

In entsprechender Weise ist auch der Fakultätsrat im BbgHG 2014 nicht mehr erwähnt, sondern nur noch als ein (nach dem Dekan) „weiteres Organ" der Fakultät durch die Grundordnung einzurichten (§ 72 Abs. 2 BbgHG 2014). Auch seine Befugnisse sind stark reduziert. Er entscheidet über Satzungen, die Struktur- und Entwicklungsplanung des Fachbereichs, Berufungsvorschläge und Habilitationen. Er wählt den Dekan auf Grund des oben genannten Vorschlages des Präsidenten und führt die Aufsicht über den Dekan (§ 72 Abs. 2 BbgHG 2014). Im Ergebnis kann der Fakultätsrat ebenfalls nicht mehr in die laufenden Geschäfte eingreifen. Insbesondere kann

---

[4] Näheres zur Rechtsstellung des Senats am Beispiel der materiell weitgehend identischen Vorschriften des Brandenburgischen Hochschulgesetzes vom 20. 12. 2008 (GVBl. I S. 318) bei *Lothar Knopp*, in: Knopp/Peine (o. Fn. 1), § 62.

der Fakultätsrat nicht die für den Hochschulalltag entscheidende Verteilung von Stellen und Mitteln vornehmen, die dem Dekan vorbehalten bleibt.[5]

Grund für diese Verschiebung der Kompetenzen vom Konzil, vom Senat und vom Fakultätsrat auf den Präsidenten und die Dekane ist die verbreitete Erfahrung, dass die Kollegialorgane vielfach nicht hinreichend effektiv und innovativ waren, weil sie von Kartellen des Besitzstandsdenkens und der Partikularinteressen dominiert waren. Auch zeigten die Vertreter der einzelnen Statusgruppen häufig nicht das fachliche Interesse und Engagement, das man zu Beginn der 1970er Jahre von ihnen erwartet hatte. Für viele von ihnen wurden die persönliche Profilierung und die fachliche Qualifizierung wichtiger als die zeitraubende Gremienarbeit.

IV. Bürokratisierung der Universität

Begleitet wurden die Entmachtung der Gremien und die Konzentration der Entscheidungsbefugnisse beim Präsidenten und den Dekanen durch eine weitreichende rechtliche Regulierung aller Tätigkeitsbereiche der Hochschule. Im Ergebnis ist nach dem BbgHG 2014 eine umfassende Bürokratisierung des Hochschulalltages eingetreten, wie sie nach dem BbgHG 1991 nicht denkbar war.

Die Hochschulen müssen Struktur- und Entwicklungspläne aufstellen, bei denen sie an die Zielsetzungen der Landesregierung für die Hochschulentwicklung gebunden sind (§ 3 Abs. 2 BbgHG 2014). Zur Umsetzung der staatlichen Hochschulentwicklungsplanung kann die Landesregierung mit den Hochschulen Ziel- und Leistungsvereinbarungen abschließen (§ 5 Abs. 7 BbgHG 2014). Durch diese Mechanismen kann die Landesregierung maßgeblichen Einfluss auf die formale Struktur und auf die inhaltliche Tätigkeit der Hochschulen ausüben.

Vorgeschrieben ist in § 27 BbgHG 2014 eine permanente Evaluation aller relevanten Aufgaben der Hochschulen, nämlich von Forschung, Lehre, Studium, Weiterbildung, der Förderung des wissenschaftlichen Nachwuchses, der internationalen Zusammenarbeit und der Durchsetzung der Chancengleichheit von Frauen und Männern. Diese umfassende Evaluation ist Grundlage für die Verteilung von Mitteln und Stellen durch den Präsidenten und die Dekane (§ 65 Abs. 1 Satz 4 Nr. 5 und § 73 Abs. 4 Satz 1 BbgHG 2014).

War die Berufung von Professoren nach § 53 BbgHG 1991 in nur drei Absätzen geregelt, so enthält § 40 BbgHG 2014 für die Berufung von Professoren zwölf Absätze mit vielen detaillierten Verfahrensvorschriften, die die Komplexität des Berufungsprozesses erheblich gesteigert haben. Die Kompliziertheit des Verfahrens vergrößert den Arbeitsaufwand bei Berufungen und bietet viele Möglichkeiten für Ein-

---

[5] Näheres zur Rechtsstellung des Fakultätsrates am Beispiel der materiell weitgehend identischen Vorschriften des Brandenburgischen Hochschulgesetzes vom 20.12.2008 (GVBl. I S. 318) bei *Wolfgang Schröder*, in: Knopp/Peine (o. Fn. 1), § 70.

sprüche und Verzögerungen, bis hin zu erleichterten Konkurrentenklagen vor den Verwaltungsgerichten.

Für die dienstrechtliche Stellung des Hochschulpersonals gibt es in den §§ 37–59 BbgHG 2014 ausführliche Regelungen, die im BbgHG 1991 kein Vorbild haben. Sie beschreiben – getrennt für die verschiedenen Personalkategorien – bis in die Einzelheiten die Einstellungsvoraussetzungen, die Aufgaben, die Rechte und die Pflichten der Hochschulbediensteten. Die einschlägigen Vorschriften des BbgHG 2014 werden ergänzt durch das für wissenschaftliche Mitarbeiter praktisch wichtige Wissenschaftszeitvertragsgesetz des Bundes vom 12.4.2007 (BGBl. I S. 506).

Besonders intensiv regelt das BbgHG 2014 den gesamten Komplex des Studiums. Die §§ 9–27 BbgHG 2014 enthalten differenzierte Vorschriften über den Hochschulzugang, die Kapazitätsermittlung, die Studiengänge, die Regelstudienzeiten, die Studienordnungen und die Prüfungen. Diese Regelungen bedeuten, dass die Lehrenden für das Lehrangebot detaillierte Vorgaben erhalten. Die Studenten müssen ihr Studienverhalten eng an die damit vorgeschriebenen Regeln anpassen. Die „Einrichtung, Änderung und Aufhebung von Studiengängen bedürfen der Genehmigung" durch das Ministerium (§ 18 Abs. 5 Satz 1 BbgHG 2014). Sie unterliegen aufwändigen Verfahren der Akkreditierung und der regelmäßigen, wiederholten Reakkreditierung (§ 18 Abs. 6 BbgHG 2014). Über das BbgHG 2014 hinaus enthält das Brandenburger Hochschulzulassungsgesetz vom 1.7.2015 (GVBl. I Nr. 18) komplexe Vorschriften für die Vergabe von Studienplätzen durch die Hochschulen. Im Ergebnis führen diese Regelungen in ihrem Zusammenwirken dazu, dass die Freiheit der Lehre gemäß § 4 Abs. 1 BbgHG 2014 und die Freiheit des Studiums gemäß § 4 Abs. 3 BbgHG 2014 in neuen Dimensionen relativiert werden.

Um die Erfüllung der vielfältigen regulatorischen Vorgaben zu gewährleisten, sind nach dem BbgHG 2014 auf mehreren Ebenen besondere Verfahren vorgesehen. Der Präsident muss der „obersten Landesbehörde nach deren Vorgaben regelmäßig Berichte" über die Qualität der Erfüllung aller Aufgaben der Hochschule erstatten (§ 27 Abs. 3 BbgHG 2014). In entsprechender Weise müssen die Dekane regelmäßig an den Präsidenten über die „Erfüllung der Aufgaben in Forschung und Lehre" des Fachbereichs berichten (§ 73 Abs. 4 Satz 2 BbgHG 2014).

Um die „Gleichstellung von Frauen und Männern" (§ 7 BbgHG 2014) sowie die Berücksichtigung der „besonderen Bedürfnisse behinderter Hochschulmitglieder" (§ 3 Abs. 4 Satz 4 BbgHG 2014) zu gewährleisten, werden eigene Institutionen geschaffen, nämlich „zentrale und dezentrale Gleichstellungsbeauftragte" (§ 68 BbgHG 2014) sowie ein Behindertenbeauftragter (§ 69 BbgHG 2014). Diese Beauftragten haben im gesamten Hochschulbetrieb umfassende Beteiligungs- und Mitwirkungsrechte, nämlich Informations-, Teilnahme-, Rede-, Antrags- und Einspruchsrechte, die ihnen erheblichen Einfluss insbesondere in Personalangelegenheiten verschaffen können. Auch die Beauftragten berichten regelmäßig dem Präsidenten gemäß § 68 Abs. 8 und § 69 Satz 3 BbgHG 2014. Die Gleichstellungsbeauftragte kann sich wegen Verletzung ihrer Rechte und wegen eines fehlerhaften Gleichstellungskonzepts oder Gleichstellungsplanes direkt beim Ministerium beschweren (§ 68 Abs. 7 BbgHG 2014).

Eine in § 64 Abs. 3 BbgHG 2014 vorgeschriebene Ethikkommission „befasst sich insbesondere mit Fragestellungen zum möglichen Einsatz von Forschungsergebnissen für nicht friedliche Zwecke sowie zu Forschungsvorhaben am Menschen sowie an Tieren und gibt dazu Empfehlungen ab." Ihre Arbeit erhält dadurch besonderes Gewicht, dass darin „auch externe sachverständige Personen vertreten" sind.

Für die Praxis des Hochschulalltags ist entscheidend, dass der Präsident und die Dekane die Erfüllung der vielfältigen regulatorischen Vorgaben durch organisatorische Maßnahmen, vor allem durch die Zuweisung von Mitteln und Stellen in effektiver Weise positiv oder negativ sanktionieren können. Der Präsident und die Dekane haben ein weites Ermessen, wenn sie die materiellen oder personellen Ressourcen „nach Maßgabe" oder „unter Berücksichtigung" der Ergebnisse der Evaluation verteilen (§§ 65 Abs. 1 Satz 4 Nr. 5 und § 73 Abs. 4 Satz 1 BbgHG 2014). Gegen die Ausübung dieses Ermessens gibt es keine wirksamen Einspruchs- oder Überprüfungsmöglichkeiten. Insbesondere können die Gremien des Senats und des Fakultätsrats insoweit nur in Extremfällen eine Kontrolle ausüben.

Im Zusammenspiel dieser Bestimmungen ist die Implementation der umfassenden rechtlichen Regulierungen auf der normativen Ebene zwar umfassend ermöglicht. Offen bleibt aber, ob und wie weit alle regulatorischen Vorgaben in der Praxis des Hochschulalltags tatsächlich realisiert werden können. Unabhängig von der Beantwortung dieser Frage haben die weit verzweigten rechtlichen Regulierungen – wie manche andere Gesetze auch – jedenfalls ihre Bedeutung als eine Erscheinungsform der „symbolischen Politik". Sie wirken zumindest als Ideengeber, Anregung, Drohung oder Verheißung.

V. Orientierung am Marktmodell und Wettbewerb

Die Verlagerung der Entscheidungskompetenzen auf den Präsidenten und die Dekane sowie die umfassende Bürokratisierung im BbgHG 2014 verfolgen den Zweck, die Leistungen der Universität zu steigern. Ausdrücklich bestimmt § 6 Abs. 1 BbgHG 2014, dass sich die für die gesamte Tätigkeit der Hochschule grundlegende staatliche Finanzierung an den von ihr „erbrachten Leistungen" orientiert. Diese sollen gemäß § 5 Abs. 7 BbgHG 2014 durch „Ziel- und Leistungsvereinbarungen" konkretisiert werden.

Die von der Hochschule erwarteten Leistungen werden im BbgHG 2014 in einer Weise bezeichnet, die über das BbgHG 1991 hinausgeht. Zusammenfassend benennt § 3 Abs. 1 BbgHG 2014 als Aufgaben der Hochschulen die „Pflege und Entwicklung der Wissenschaften und Künste durch Lehre, Forschung, Studium und Weiterbildung", die Vorbereitung auf „berufliche Tätigkeiten" sowie den „Technologietransfer". Weitere Aufgaben werden in § 3 Abs. 4–7 BbgHG 2014 vorgeschrieben, wie die „soziale Förderung der Studierenden", die Integration behinderter Hochschulmitglieder, die „internationale, insbesondere die europäische Zusammenarbeit im Hochschulbereich" oder die Information der Öffentlichkeit über ihre gesamte Tätigkeit.[6] Der § 7 BbgHG 2014 enthält detaillierte materielle und Verfahrensvorschriften über die „tatsächliche Gleichstellung von Frauen und Männern". Diese Aufgabenzuweisungen werden an vielen Stellen des BbgHG 2014 im Einzelnen präzisiert.

Wie die den Hochschulen vorgeschriebenen Leistungen zu erbringen sind, und wie sie zu bewerten sind, ist im BbgHG 2014 inhaltlich nicht definiert. Stattdessen wird den Hochschulen in § 27 Abs. 1 BbgHG 2014 aufgegeben, ein differenziertes „System zur Sicherung der Qualität ihrer Aufgabenerfüllung" auf allen Gebieten ihrer Tätigkeit zu entwickeln, das in § 27 Abs. 2 BbgHG 2014 so konkretisiert wird: „Wesentlicher Bestandteil des hochschulinternen Qualitätssicherungssystems ist die regelmäßige Durchführung interner Evaluationen, insbesondere im Bereich der Lehre".

Um die Implementation dieser Vorschriften zu sichern, müssen die Hochschulen „der für sie zuständigen obersten Landesbehörde nach deren Vorgaben regelmäßig Berichte zum Qualitätsmanagement", zu den Ergebnissen der Evaluation sowie ihren Schlussfolgerungen für „eine weitere Verbesserung der Qualität ihrer Aufgabenerfüllung" vorlegen (§ 27 Abs. 3 Satz 1 und 2 BbgHG 2014). Um die Qualität des Qualitätssicherungssystems und der Evaluation sicherzustellen, werden in § 27 Abs. 3 Satz 3 BbgHG 2014 „externe Begutachtungen" und „Verfahren der externen Qualitätssicherung" vorgeschrieben.

Die durch das System der Qualitätssicherung und der Evaluation ermittelten Leistungen der Hochschule sind das inhaltlich maßgebliche Kriterium für die Erlangung von personellen und sachlichen Mitteln von außerhalb wie innerhalb der Hochschule: An den von der Hochschule erbrachten Leistungen orientiert sich die grundlegende staatliche Finanzierung durch das Land gemäß § 6 Abs. 1 BbgHG 2014. Die durch Evaluation festgestellten Leistungen sind das strukturierende Kriterium für die Verteilung der Mittel innerhalb der Hochschule gemäß § 65 Abs. 1 Satz 4 Nr. 5 und § 73 Abs. 4 Satz 1 BbgHG 2014. Die persönlichen Bezüge der Professoren nach der Bundesbesoldungsordnung W sind nach § 33 Bundesbesoldungsgesetz teilweise leistungsbezogen.

Im Ergebnis orientieren diese Vorschriften die gesamte Tätigkeit der Hochschulen am Marktmodell. Als Preis für die staatliche Finanzierung müssen die Hochschulen durch Qualitätssicherungssysteme und Evaluation nachgewiesene Leistungen erbringen. Die einzelnen Fachbereiche, wissenschaftlichen Einrichtungen, Professoren und sonstigen Mitarbeiter erlangen ihre Mittel nur nach Maßgabe der in der Evaluation festgestellten Leistungen. Da die zu verteilenden Mittel in absoluter Höhe begrenzt sind, stehen die Hochschulen als Ganze ebenso wie alle in der Hochschule

---

[6] Näheres zu den Aufgaben der Hochschulen am Beispiel der materiell weitgehend identischen Vorschriften des Brandenburgischen Hochschulgesetzes vom 20.12.2008 (GVBl. I S. 318) bei *Franz-Joseph Peine*, in: Knopp/Peine (o. Fn. 1), § 3.

Tätigen in einem ständigen Wettbewerb um die Verteilung der nur limitiert zur Verfügung stehenden Mittel.

Der Wettbewerb innerhalb des Landes und innerhalb der Hochschulen wird verstärkt durch externe Mechanismen. Da die früher dominante staatliche Grundfinanzierung reduziert wurde, ist die Forschung weithin auf die Einwerbung von Drittmitteln gemäß § 36 BbgHG 2014 angewiesen. Hinzu kommt der externe Wettbewerb in besonderen Verfahren und Programmen, wie z. B. der sog. Exzellenzinitiative. Da in diesen externen Wettbewerbsverfahren erhebliche Mittel ausgelobt werden, kann von ihnen ein nachhaltiger Einfluss auf die Tätigkeit der Hochschulen ausgehen.

Auch für das Studium ist das Wettbewerbsprinzip in einer früher nicht gekannten Weise zu einem Strukturmerkmal geworden. Während für die Bachelorstudiengänge relativ viele Studienplätze zur Verfügung stehen, wird die Zahl der begehrten Studienplätze für Masterstudiengänge bewusst begrenzt. Da die Zuteilung eines Masterstudienplatzes im Wesentlichen von den Leistungen im Bachelorstudium abhängt, prägt der Wettbewerb um gute Noten bereits weite Teile des Bachelorstudiums.

Der am Marktmodell orientierte Wettbewerb ist im BbgHG 2014 zu einem Strukturprinzip der Hochschule geworden. Dieser Wettbewerb wird auf allen seinen Ebenen durch bürokratische Vorgaben strukturiert. Problematisch ist, dass die Kriterien, nach denen dieser Wettbewerb angelegt und entschieden wird, oftmals nicht transparent, nicht diskutierbar und nicht kontrollierbar sind.

Ob die mit der Fixierung auf den Wettbewerb intendierten Leistungssteigerungen tatsächlich realisiert werden, muss in jedem Anwendungsfall empirisch untersucht werden. Fraglich bleibt, wie sich die Wettbewerbsorientierung auf die inhaltliche Qualität von Forschung, Lehre und Studium auswirkt. Gerade hier wird es maßgeblich auf den Einzelfall sowie auf die konkreten Handlungsspielräume und Handlungspräferenzen der betroffenen Universitätsbediensteten und Studenten ankommen. Offenkundig ist, dass sich nicht alle Universitätsangehörigen immer auf das komplexe Anreizsystem der Wettbewerbsuniversität einlassen, weil sie ihre eigenen Vorstellungen von Forschung, Lehre und Studium verwirklichen wollen.

VI. Chancen und Gefahren der Wettbewerbsuniversität

Das Bundesverfassungsgericht hat das dem BbgHG 2014 zu Grunde liegende Modell der Hochschulorganisation in seiner Entscheidung vom 26. 10. 2004 (BVerfGE 111, 333) grundsätzlich gebilligt. Die dem BbgHG 2014 entsprechenden Regelungen in dem vorangegangenen zweiten Brandenburgischen Hochschulgesetz vom 20. 5. 1999 (GVBl. I S. 130) seien verfassungsmäßig. Denn „die gesetzliche Zuweisung von Entscheidungskompetenzen an monokratische Leitungsorgane von Hochschulen ist mit Art. 5 Abs. 3 Satz 1 GG vereinbar". Auch sei die leistungsorientierte Mittelverteilung im Hochschulbereich verfassungsrechtlich nicht zu beanstanden (BVerfGE 111, 333: Leitsätze 1 und 2). Beide Regelungskomplexe verletzen in ihrer damaligen Ausgestaltung weder die individuellen noch die organisatorischen

Garantien des Art. 5 Abs. 3 GG. Sie halten sich innerhalb des Einschätzungs-, Prognose- und Gestaltungsspielraums des Gesetzgebers (BVerfGE 111, 333 [360]).

In seinem Beschluss vom 20. 7. 2010 (BVerfGE 127, 87) zum Hamburgischen Hochschulgesetz entwickelte das Bundesverfassungsgericht aus Art. 5 Abs. 3 GG konkrete Maßstäbe für die Abgrenzung der Kompetenzen zwischen den Leitungsorganen und den Vertretungsorganen der Universität. Diese Judikatur wurde in dem Beschluss des Bundesverfassungsgerichts vom 24. 6. 2014 (BVerfGE 136, 338) zum Niedersächsischen Hochschulgesetz fortgeführt. Den in dieser Judikatur formulierten Kriterien entspricht das BbgHG 2014.

Unabhängig von der verfassungsgerichtlichen Bewertung ergibt sich die Frage nach den Perspektiven des Hochschulmodells des BbgHG 2014.

Durch die Orientierung an den bürokratischen Vorgaben und an den Mechanismen des Wettbewerbs hat die Außensteuerung der Hochschulen stark zugenommen. Um vor der Bürokratie und im Wettbewerb zu bestehen, müssen sich alle Beteiligten maßgeblich an den Vorgaben des Landes, des Präsidenten, des Dekans und der Drittmittelgeber orientieren. Damit besteht die Chance, dass der Hochschulbetrieb stärker als früher auf Gemeinwohlbelange ausgerichtet wird. Auch könnte möglichen Missbräuchen entgegengewirkt werden. Ob und in welcher Weise Forschung, Lehre und Studium durch die Wettbewerbsorientierung inhaltlich verbessert oder verändert werden, ist eine Frage des jeweiligen Einzelfalles.

Bei dieser Konzeption der Universität besteht die Gefahr, dass der vom Bundesverfassungsgericht schon im Hochschulurteil von 1973 (BVerfGE 35, 79 [112–114]) herausgearbeitete personale Kern der Freiheit von Forschung und Lehre gemäß Art. 5 Abs. 3 GG substantiell an Bedeutung verliert. Auf der Sicherung der Freiheit von Forschung, Lehre und Studium jedes einzelnen Mitgliedes der Hochschule beruht das traditionelle Konzept der deutschen Universität. Bei dem aktuellen Regelungssystem besteht die Gefahr, dass Forscher, Lehrende und Lernende nicht mehr hinreichend nach ihren eigenen, durch Art. 5 Abs. 3 GG geschützten Maßstäben arbeiten können, weil ihre Tätigkeit auf allen Ebenen von den externen Vorgaben der Bürokratie und des Wettbewerbs abhängig wird.

Auf den persönlichen Freiheitsrechten des Art. 5 Abs. 3 GG beruht die Innovationskraft, die Originalität, die Kreativität und die Produktivität der deutschen Universität. Dieser Anspruch muss auch gegenüber den neuen Mechanismen der Bürokratie und des Wettbewerbs bewahrt werden.[7]

---

[7] Grundsätzlich zu dieser Problematik die Berichte von: *Max-Emanuel Geis* und *Christian Bumke*, Universitäten im Wettbewerb, Veröffentlichungen der Vereinigung der Deutschen Staatsrechtslehrer (VVDStRL) 69 (2010), 364 ff. und 407 ff.

Von Dekanen, Fluchtwegen und Feuerlöschern – Zur Auslegungsmethode der „teleologischen Minimalisierung"

Von *Max-Emanuel Geis*

I. Einführung

Hochschulrecht und Beamtenrecht sind zwei Gebiete des Öffentlichen Rechts, die sich in vielfältiger Hinsicht überlagern. Durch den Einfluss der Wissenschaftsfreiheit, auf die sich der/die beamtete Hochschullehrer/Hochschullehrerin berufen kann, wird das prinzipiell strikte, auf der Perspektive der Subordination fußende Recht des öffentlichen Dienstes vielfältig modifiziert. Dies ist schon seit dem Beginn der umfassenden Hochschulreformen in den siebziger Jahren des vergangenen Jahrhunderts zu beobachten („universitas semper reformanda"[1]): Seinerzeit – und auch wieder neuerdings – waren es vor allem Fragen der akademischen Selbstverwaltung und die Relevanz des materiellen Hochschullehrerbegriffs, die im Zentrum der politisch stark aufgeladenen Diskussion standen. Im letzten Jahrzehnt waren es dann die neu eingeführte Juniorprofessur und der Streit um die amtsangemessene Ausgestaltung der W-Besoldung, die vor dem Bundesverfassungsgericht landeten.[2] Es gibt aber auch literarisch unterbelichtete „Überschneidungsgebiete", die gleichwohl in der alltäglichen Verwaltungspraxis von erheblicher Bedeutung sind (wie das Nebentätigkeitsrecht). Ein noch fast unerforschter Bereich ist der des Arbeitsschutzes an Hochschulen, der namentlich – nicht nur für technische und naturwissenschaftliche Fächer – eine nicht unerhebliche Relevanz aufweist. Da sowohl das Hochschulrecht als auch das Beamtenrecht zu den Referenzgebieten des Jubilars gehören,[3] ist es für den Verfasser ein *nobile officium*, einen Beitrag zu dieser Thematik zu dessen Ehren beizusteuern.

---

[1] Vgl. *Max-Emanuel Geis*, Universitas semper reformanda. Kulturelle Verantwortung versus ökonomische Effizienz, in: Manssen/Jachmann/Gröpl (Hrsg.), Nach geltendem Verfassungsrecht. Festschrift für Udo Steiner zum 70. Geburtstag, 2009, S. 200 ff.

[2] Vgl. BVerfGE 111, 226 ff. – Juniorprofessor; BVerfGE 130, 263 (296 ff.) – W-Besoldung.

[3] Genannt seien pars pro toto die umfangreichen Kommentierungen in *Knopp/Peine* (Hrsg.), Brandenburgisches Hochschulgesetz, Kommentar, 2. Aufl. 2012 und *Franz-Joseph Peine/Dieter Heinlein*, Beamtenrecht, 2. Aufl. 1999.

II. Übertragung der Arbeitgeberpflichten nach § 13 Abs. 2 ArbSchG

Im Jahre 2009 unternahm es die süddeutsche Universität A., ein umfassendes Sicherheitskonzept im Bereich des Arbeitsschutzes zu begründen. Dazu wurde an alle Dekaninnen und Dekane eine Verfügung des (damaligen) Präsidenten übersandt, mit der diesen für den Bereich ihrer Fakultät gemäß § 13 Abs. 2 ArbSchG „die dem Dienstherrn hinsichtlich des Arbeitsschutzes und der Verhütung von Arbeitsunfällen, Berufskrankheiten und arbeitsbedingten Gesundheitsgefahren obliegenden Pflichten" übertragen wurden. Der Umfang dieser Übertragung wird in einem beigefügten Formblatt akribisch und detailreich umschrieben:

Danach hätten die Dekaninnen/Dekane für ihre Fakultät in eigener Verantwortung

- Einrichtungen zu schaffen und zu erhalten,
- Anweisungen zu geben und sonstige Maßnahmen zu treffen,
- eine wirksame Erste Hilfe sicherzustellen,
- arbeitsmedizinische Untersuchungen oder sonstige arbeitsmedizinische Maßnahmen zu veranlassen.

Dazu gehörten insbesondere:
- Ermittlung und Prüfung von Gefahrenlagen,
- Festlegung ggf. erforderlicher Schutzmaßnahmen,
- Erstellung von Betriebsanweisungen,
- Durchführung von Unterweisungen,
- ordnungsgemäße Kennzeichnung, Aufbewahrung und Lagerung von Gefahrstoffen,
- Prüfung, ob arbeitsmedizinische Vorsorgeaufwendungen erforderlich sind,
- Überwachung der Einhaltung der Bestimmungen des Brandschutzes und ggf. Strahlenschutzes,

soweit dies lehrstuhl- und institutsübergreifende Maßnahmen erforderte.

Weitere Aufgaben seien:
- Veranlassung und Koordinierung der Gefährdungsermittlung,
- organisatorisch und koordinierende Maßnahmen, vor allem, soweit diese über eine einzelne Organisationseinheit hinaus von Bedeutung sind,
- Veranlassung der Gefahrstoffermittlung, Sammlung der Ergebnisse, Bewertung und ggf. Erstellung des Gefahrstoffkatasters,
- Veranlassung von Messungen, Sammlung und Bewertung der Ergebnisse, Hinweise an die Organisationseinheit auf die Notwendigkeit von ggf. erforderlichen Schutzmaßnahmen,

- Veranlassung der Erstellung von Betriebsanweisungen und Mitwirkung bei der Erstellung,
- Veranlassung und Koordinierung von Unterweisungen sowie ggf. Mitwirkung,
- allgemeine Aufsicht, Kontrollen und Koordination,
- Auswahl und Vorschlag von Sicherheitsbeauftragten sowie weiterer nach den gesetzlichen Bestimmungen erforderlicher Beauftragter in der notwendigen Anzahl an die Universitätsleitung,
- Übergabe des Aufgabenbereichs an Ihre Nachfolgerin/Ihren Nachfolger im Amt.

Damit wird die Dekanin/der Dekan – wie es der Titel des Beitrags satirisch aufgreift – jedenfalls dem Wortlaut der Übertragung nach auch dafür zuständig, für die Ausweisung der Fluchtwege zu sorgen und zu überprüfen, ob die Feuerlöscher im Fakultätsgebäude ordnungs- und turnusgemäß kontrolliert werden.

Inhaltliche Verfügungen erhielten auch alle Professorinnen und Professoren für ihren jeweiligen Bereich (Lehrstühle, Professuren).

Gegen diese Bescheide, gegen die die Dekane unisono protestierten, erhoben der Dekan und ein Professor der Juristischen Fakultät vor dem Verwaltungsgericht Klage auf Rücknahme dieser Verfügungen, hilfsweise auf die Feststellung von deren Rechtswidrigkeit. Begründet wurde dies zum einen damit, dass § 13 Abs. 2 ArbSchG nur eine Übertragung an „fachlich geeignete" Personen gestatte: Das Leitbild des Gesetzgebers sei insoweit der Vorgesetzte einer Betriebseinheit, der mit den typischen Gefahren des Betriebs aufgrund seiner Berufsausbildung und beruflichen Erfahrung vertraut sei. Dies sei auf Dekane schon deshalb nicht übertragbar, weil hier die Leitungsfunktion nur begrenzt sei und überdies durch Wahl, nicht durch Beförderung erfolge. Aber auch auf Professoren sei dies nicht eins zu eins übertragbar, eine „pauschale" Übertragung auf nachgeordnete Stellen daher ermessensfehlerhaft. Insbesondere könne „der langwierige Qualifikationsprozess der Habilitation" nicht bereits Fachkunde i. S. v. § 13 Abs. 2 ArbSchG generieren, da es sich dabei um inhaltlich gänzlich unterschiedliche Bereiche handle.[4] Außerdem belaste eine solche Übertragung die Kläger unverhältnismäßig in ihren Hauptamtspflichten in Forschung und Lehre. Gerade die hohe Fluktuation der befristeten Mitarbeiter würde zu in kurzfristigem Turnus durchzuführenden Schulungsrunden zwingen, die eine effektive Lehrstuhlarbeit konterkarieren.

Zu beachten ist auch, dass die Übertragung – entgegen einer verharmlosenden Einlassung des Präsidenten der beklagten Universität – ein erhöhtes Haftungsrisiko und nach § 25 Abs. 1 Nr. 2 a), § 26 ArbSchG eine ordnungswidrigkeiten-, u. U. sogar strafrechtliche Garantenpflicht (§ 26 ArbSchG, dessen Anwendungsbereich allerdings eher unrealistisch sein dürfte), begründet. Eine solche Verschärfung beruflicher Haftungsrisiken, die sich aus der hochschul- und dienstrechtlichen Rechtssitua-

---

[4] Zu den eingeübten Fähigkeiten während einer Habilitation dürfte die Beachtung von Arbeitsschutzvorschriften in den seltensten Fällen gehören.

tion des Beamten nicht ohne weiteres ergeben, ist im vorliegenden Fall besonders bedenklich, da die Übertragung denkbar weit und konturenlos gefasst ist. Der Hochschullehrer bzw. die Hochschullehrerin kann daher nicht mehr hinreichend einschätzen, ob er/sie durch ein Handeln oder Unterlassen bereits den Ordnungswidrigkeitentatbestand des § 25 ArbSchG auslöst, der gleichsam wie ein Damoklesschwert über der Lehrstuhlleitung schwebt. Dies ist nicht nur im Hinblick auf den ehernen Bestimmtheitsgrundsatz des Art. 103 Abs. 2 GG[5] ein massives Problem, sondern stellt gleichzeitig einen Verstoß gegen die beamtenrechtliche Fürsorgepflicht des Dienstherren bzw. Dienstvorgesetzten dar. Dieser ist grundsätzlich ja gerade gehalten, den Beamten/die Beamtin vor Haftungsrisiken bei Erfüllung seines/ihres Amtes zu bewahren, nicht aber, ihm/ihr unkonturierte und nicht einschätzbare Risiken aufzuerlegen.

In noch speziellerer Weise richten sich die Bedenken gegen die Aufgabenübertragung an den Dekan/die Dekanin. Eine Übertragung nach § 13 Abs. 2 ArbSchG setzt nämlich denknotwendig voraus, dass die verantwortliche Person verbindliche Weisungen an nachgeordnete Personen erteilen kann. Für den Dekan/die Dekanin als Inhaber/in eines Wahlamts passt dies schon deshalb nicht, weil dieser/diese nur sehr eingeschränkte Weisungsbefugnisse gegenüber Professoren und Professorinnen besitzt: Diese beziehen sich nämlich ausschließlich auf die Sicherung der Vollständigkeit des Lehrangebots (vgl. § 43 Abs. 2 Satz 2 HRG; Art. 28 Abs. 4 BayHSchG). Sonstige Aufsichtsmaßnahmen gegenüber den einzelnen Mitgliedern des Lehrkörpers stehen ihm/ihr nicht zu; er/sie hat insoweit weder die Stellung eines/einer Vorgesetzten noch eines/einer Dienstvorgesetzten.[6]

Im Gegenzug unterliegen die Genannten insofern – als beamtenrechtliche Besonderheit – auch nicht der Gehorsamspflicht nach § 35 Satz 2 BeamtenStG (vormals § 37 Satz 2 BRRG)[7]. Ein weiterer Konstruktionsfehler ist, dass ein Dekan/eine Dekanin die Arbeitgeberpflicht nicht einfach an den Nachfolger im Amte „weiterreichen" kann, wie es in der Verfügung vorgesehen wurde. Zum einen kann eine Übertragung nach § 13 Abs. 2 ArbSchG wegen der Beurteilung der persönlichen und fachlichen Eignung stets nur eine höchstpersönliche sein; sie hat keine „dingliche" Wirkung und kann daher nicht im Wege öffentlich-rechtlicher Gesamtrechtsfolge übergehen. Zum anderen hat ein gewählter Dekan/eine gewählte Dekanin keine Verpflichtungsmacht gegenüber seinem/ihrem ebenfalls gewählten Nachfolger; er/sie

---

[5] Statt vieler *Bodo Pieroth*, in: Jarass/Pieroth (Hrsg.), Grundgesetz für die Bundesrepublik Deutschland, Kommentar, 13. Aufl. 2014, Art. 103 Rdnr. 51; zur Erstreckung des Art. 103 Abs. 2 GG auf das Ordnungswidrigkeitenrecht vgl. BVerfGE 81, 132 (135); 87, 399 (411); BayVerfGH N.F. 36, 149 (152).

[6] Gegenschluss aus § 43 Abs. 1 Satz 1, 2 HRG bzw. aus Art. 9 Abs. 1 Satz 1 BayHSchG; vgl. *Werner Thieme*, Deutsches Hochschulrecht, 3. Aufl. 2004, Rdnr. 1044; *Fritz Dellian*, in: Dallinger (Hrsg.), Hochschulrahmengesetz, Kommentar, 1978, § 43 Rdnr. 5.

[7] *Dieter Scheven*, in: Flämig u. a. (Hrsg.), Handbuch des Wissenschaftsrechts, Bd. 1, 2. Aufl. 1996, S. 361.

steht in keinem Hierarchieverhältnis zu seinem/ihrem Nachfolger und kann daher auch keine Verpflichtungen ad personam aussprechen.

Als inhaltliches Hauptproblem stellt sich die Frage, wie die Voraussetzungen des § 13 Abs. 2 ArbSchG tatbestandlich auszulegen sind. Die Person, auf die die Pflichten übertragen werden sollen, muss zuverlässig und fachkundig sein. Während man das Erstere bei Hochschullehrer/inne/n wohl regelmäßig bejahen kann, stellt sich die Frage, welche Anforderungen an die Fachkunde zu stellen sind. Gemeint ist, dass der/die für die Organisationseinheit Verantwortliche über die erforderlichen theoretischen Kenntnisse und praktischen Fähigkeiten verfügt, um die einschlägigen Arbeitsschutz- und Unfallverhütungsvorschriften einzuhalten und die entsprechenden Maßnahmen für ihre Durchführung zu treffen.[8] Nach Auffassung des Schrifttums variieren die Anforderungen an die Fachkunde je nach der Höhe des Gefährdungspotentials der zu überwachenden Arbeitsplätze.[9] So sind an die Fachkunde eines Geisteswissenschaftlers sicher geringere Anforderungen zu stellen als an die eines Hochschullehrers/einer Hochschullehrerin der Natur- oder Technikwissenschaften mit Labor- oder Werkstatterfahrung.

Die eingangs geschilderte Übertragungsverpflichtung bildet dies aber nicht ab, sondern ist denkbar weit gefasst. Damit entsteht ein Dilemma: Auf dem Papier herrscht eine extensive Pflichtenübertragung, die nicht wirklich zwischen Disziplinen und Fachsäulen unterscheidet. Inhaltlich wäre dagegen eine wesentlich größere Differenzierung und Anpassung notwendig, die letztlich im Verwaltungsvollzug herbeigeführt werden soll. Unter dem Aspekt der Rechtssicherheit ist dies jedoch kaum hinnehmbar. Es war daher eine spannende Frage, wie die Verwaltungsgerichtsbarkeit dieses Dilemma lösen würde.

III. Der Fall in den Instanzen

Um es vorwegzunehmen: Das Verwaltungsgericht erster Instanz hat die vorgetragenen Argumente nicht durchschlagen lassen und die Verfügung im Ergebnis für rechtens erklärt; immerhin schränkte es den Umfang der Übertragbarkeit auf einen Dekan deutlich ein und modifizierte auch die rechtliche Begründung: Zum einen erlösche mit der Wahl eines neuen Dekans die Verantwortlichkeit des Vorgängers automatisch; eine „Weitergabe" der Verantwortlichkeit sei aber nicht möglich, da zwischen dem alten und neuen Dekan kein Weisungsverhältnis vorliege. Die Vorstellung einer Gesamtsukzession wird damit ebenso implizit verworfen. Das heißt aber, dass die Übertragung nach jeder Dekanswahl von neuem erfolgen muss. Da

---

[8] *Norbert Kollmer*, in: Landmann/Rohmer, GewO, Kommentar, Stand August 2014, § 13 ArbSchG Rdnr. 35; *Rudolf Aufhauser*, in: Heilmann/Aufhauser, ArbSchG, Handkommentar, 2. Aufl. 2005, § 13 Rdnr. 9.

[9] *Michael Koll*, in: ders./Jannig/Pinter, ArbSchG, Kommentar, Stand März 2015, § 13 Rdnr. 20.

an der betroffenen Universität eine nur einjährige Amtsperiode üblich ist,[10] führt dies zu einem nicht unerheblichen Verwaltungsaufwand.

Weiter stehe der Dekan als gewähltes Organ der Selbstverwaltung als solcher in keinem beamten- oder aufsichtsrechtlichen Verhältnis zum Bundesland als Dienstherrn. Doch könne die Pflichtenübertragung auf den Dekan in seiner Eigenschaft als Beamter erfolgen. Für beamtete Hochschullehrer gelte das allgemeine Landesbeamtenrecht, sofern das Hochschulrecht keine gesonderten Regelungen treffe. Solche – von Art. 5 Abs. 3 GG bedingten – Modifikationen bezögen sich aber regelmäßig auf die Wahrnehmung der Lehr- und Forschungsaufgaben. Die außerhalb dieses Kernbereichs liegenden Aufgabenkreise und die organisatorischen Bedingungen genössen hingegen keine verfassungsrechtliche Privilegierung; es bleibe daher bei den allgemeinen beamtenrechtlichen Regelungen.[11] Danach könnten die Dienstaufgaben nach pflichtgemäßem Ermessen ohne Zustimmung des Hochschullehrers erweitert werden, eben auch um den Bereich des Arbeitsschutzes.[12]

Allerdings reiche die Verantwortlichkeit nur so weit, wie der Verantwortliche Befugnisse gegenüber Untergebenen mit Weisungs- und Durchsetzungsmöglichkeiten besitze.[13] Ein Dekan hat jedoch keine dienstliche Weisungsbefugnis gegenüber anderen Professoren der Fakultät (mit Ausnahme begrenzter Weisungsmöglichkeiten zur Sicherstellung des Lehrangebots). Insofern kann er anderen Lehrstuhlinhabern und deren Personal keine arbeitsschutzrechtlichen Weisungen erteilen. Lediglich im Hinblick auf Arbeitseinheiten, die keinem Lehrstuhl zugeordnet sind, besteht ein eigenständiger Verantwortungsbereich und können daher Arbeitgeberpflichten übertragen werden. Freilich stellt sich hier die Frage nach der Sinnhaftigkeit: Da das Personal im Dekanat regelmäßig der zentralen Universitätsverwaltung zugeordnet ist, könnten die Arbeitgeberpflichten im Arbeitsschutz wesentlich kontinuierlicher und effektiver von der Zentrale wahrgenommen werden. Das Gericht drückt sich letztlich um die Frage, ob eine andere – zentralere – Organisation des Arbeitsschutzes vorzugswürdiger gewesen wäre; dies entziehe sich, da dem „Kernbereich der Organisationshoheit" zuzuordnender Aspekt, der gerichtlichen Kontrolle. Bürokratische Umständlichkeit ist – was leider stimmt – nicht per se rechtswidrig, da der Grundsatz der Wirtschaftlichkeit und Sparsamkeit ein letztlich stumpfes Schwert ist. Doch mag der Verweis des Verwaltungsgerichts auf die Organisationshoheit nur sehr bedingt zu überzeugen, da eine zentrale Regelung sich insoweit geradezu aufdrängt.

Nach Auffassung des Verwaltungsgerichts widerspreche es nicht der Fürsorgepflicht des Dienstherrn, dass eine Übertragung nach § 13 Abs. 2 ArbSchG möglicherweise zusätzliche Risiken auf den Dekan überbürde.

---

[10] Die gesetzliche Amtszeit von zwei Jahren wird dadurch halbiert, dass der gewählte Amtsinhaber herkömmlicherweise nach einem Jahr turnusmäßig zurücktritt.

[11] VG Augsburg, Urteil vom 20.12.2012 – Au 2 K 11.632, Rdnr. 50; unter Bezugnahme auf BVerfGE 43, 242 (277).

[12] VG Augsburg, Urteil vom 20.12.2012 – Au 2 K 11.632, Rdnr. 51.

[13] *Thomas Wilrich*, Verantwortlichkeit und Haftung im Arbeitsschutz, DB 2008, 182 ff.

Dies stelle keinen Eingriff in subjektiv-öffentliche Rechte des – insofern weisungsverpflichteten – Professors dar. Zwar kann die Übertragung über § 9 Abs. 2 Satz 1 Nr. 2 OWiG und § 14 Abs. 2 Satz 1 Nr. 2 StGB eine ordnungswidrigkeitsrechtliche oder sogar strafrechtliche Verantwortlichkeit auslösen;[14] dennoch liegt nach Ansicht des Gerichts hierin keine Verletzung der Fürsorgepflicht gegenüber den beauftragten Beamten, da diese mit der gegenüber dem sonstigen Personal kollidiert bzw. in einen interessengerechten Ausgleich zu bringen ist. Außerdem setze die straf- und bußgeldrechtliche Verantwortlichkeit fahrlässiges oder vorsätzliches Handeln voraus. Es komme daher nicht zu einem unüberschaubaren Bereich, in dem der Beamte nicht steuerbaren Haftungsrisiken ausgesetzt sei.[15]

Auch die Übertragung der Arbeitsschutzpflichten auf Lehrstuhlinhaber ist nach Auffassung des Verwaltungsgerichts nicht zu beanstanden. Auch hier ergebe sich die Pflichtenstellung nicht schon aus § 13 Abs. 1 Satz 4 ArbSchG, da ein Lehrstuhl nicht als „Dienststelle" i. S. d. § 2 Abs. 5 ArbSchG bzw. als „Betriebsteil" i. S. v. § 14 Abs. 2 Satz 1 Nr. 1 StGB, § 9 Abs. 2 Satz 1 Nr. 1 OWiG eingestuft werden könne; die Übertragung könne daher nur konstitutiv nach § 13 Abs. 2 ArbSchG erfolgen. Auch insofern sei aber an der Fachkunde im Sinne dieser Vorschrift nicht zu zweifeln: Bei reinen Bildschirmarbeitsplätzen reiche ein Minimum an Fachkunde aus. Es ist freilich schon verblüffend, wie ein ursprünglich umfassend in umfangreichen Formblättern verlangter Pflichtenkatalog des Lehrstuhlinhabers wundersamerweise in ganz geringfügige Obliegenheiten zusammenschrumpft: Der Pflichtige habe danach „lediglich dafür zu sorgen, dass die Überprüfung technischer Geräte regelmäßig stattfindet und dass die Mitarbeiter die ausgeschilderten Fluchtwege kennen".[16] Das liest sich ganz anders als der eingangs erwähnte Pflichtenkatalog. Als Fazit dieser ersten Instanz ist somit zu konstatieren, dass die arbeitsschutzrechtliche Konstruktion der Universität, so hochschulrechtlich dilettantisch sie auch in den Details ausgefallen war, um jeden Preis zu halten war. Immerhin wurde die Berufung gemäß § 124 Abs. 2 Nr. 3 VwGO im Urteil zugelassen, weil es sich um eine grundsätzliche Frage handle, die einer obergerichtlichen Klärung bedürfe.

In der daraufhin eingeschlagenen Berufungsinstanz wurden die Aussagen des erstinstanzlichen Urteils in weiten Teilen bestätigt. Allerdings enthält das Berufungsurteil eine neuerliche Volte: Es stellt darauf ab, ob mit Hilfe eines standardisierten Bewertungsbogens eine Gefährdungsbewertung für Büro- und Bildschirmarbeitsplätze stattgefunden habe. Wenn dies der Fall sei, beschränke sich die Pflicht des Dekans/Lehrstuhlinhabers schlicht darauf, dem neu Einzustellenden die 13-seitige Broschüre „Informationen zum Arbeits- und Gesundheitsschutz an der Universität A." und die ebenfalls 13-seitige Brandschutzverordnung anlässlich der Einstellung zu

---

[14] *Martin Schorn*, Die straf- und ordnungswidrigenkeitenrechtliche Verantwortlichkeit im Arbeitsschutzrecht und deren Abwälzung, BB 2010, 1345 (1346).
[15] VG Augsburg, Urteil vom 20.12.2012 – Au 2 K 11.632, Rdnr. 68.
[16] A. a. O., Rdnr. 55.

übergeben.[17] Die einschlägigen Passagen sollen hier wörtlich wiedergegeben werden: „Sowohl die Broschüre als auch die Brandschutzverordnung enthalten die erforderlichen Informationen für den Lehrstuhlinhaber, die er durch schlichte Weitergabe des Handbuchs an seine Mitarbeiter vermitteln kann. Die reichlich bebilderte Broschüre enthält Grundlagen zur Ersten Hilfe (Notfallnummern, Ersthelfer und Material; Übersicht über die Laiendefibrillatoren), zum vorbeugenden Brandschutz (Flucht- und Rettungswege, Sammelplätze), zu den Büro- und Bildschirmarbeitsplätzen (z. B. Höheneinstellung von Stuhl und Tisch, richtiges Sitzen, Vermeidung von Reflexionen und Blendungen, Aufstellung des Bildschirms) und sonstiger Hinweise (z. B. keine Verwendung defekter Arbeitsmittel bzw. elektrischer Geräte)." Mit diesen Papieren könne der Kläger „ohne weiteres den vom Beklagten zuletzt mit Schreiben vom 31. März 2015 beschriebenen Pflichten nachkommen. Die regelmäßige Unterweisung der Beschäftigten kann in der Weise erfolgen, dass er seinen Mitarbeitern das Handbuch für Arbeitssicherheit regelmäßig zur Einsicht gibt, insbesondere den neu eingestellten Mitarbeitern."[18]

Im Endeffekt mag man sich bei dieser Art der Argumentation ungläubig die Augen reiben, wie eine ursprünglich umfassende Übertragung von Schulungs- und Informationspflichten (siehe o.) im Laufe von zwei verwaltungsgerichtlichen Instanzen letztlich auf die Pflicht reduziert wird, bei der Einstellung zwei Informationsbroschüren zu übergeben. Angesichts dieser „teleologischen Verniedlichung" ursprünglich komplexer Pflichtenkataloge stellt sich die Frage, ob es dazu des ganzen Aufwandes bedurft hatte, der mit der Pflichtenübertragung verbunden war. Tatsächlich hätte man die beiden angesprochenen Broschüren den ausgefertigten Verträgen seitens der Zentralen Universitätsverwaltung als Anlage schlicht beifügen können. Die Konstruktion über § 13 Abs. 2 ArbSchG scheint insoweit redundant und völlig unnötig. Auch bei Anerkennung eines weiten Organisationsspielraums der Verwaltung erschließt sich daher der „Mehrwert" der von der Universität vorgenommenen Konstruktion bis heute nicht, weil absolut nicht klar ist, welche konkreten Vorteile eine dezentrale Lösung haben kann. Von daher scheint das in zwei gerichtlichen Instanzen vorgetragene Mantra, dass sich die Frage der zentralen/dezentralen Organisationsstruktur als Kernfrage der Organisationshoheit der gerichtlichen Kontrolle entziehe, als Kapitulation der Vernunft vor der Bürokratie.

IV. Das prozessuale Problem der Grundsatzfrage

Übrigens weist der Fall auch eine bemerkenswerte prozessuale Volte auf. Sowohl das Verwaltungsgericht als auch der Verwaltungsgerichtshof hatten in ihren Urteilen die Berufung bzw. die Revision zugelassen, da die Rechtssache grundsätzliche Bedeutung habe (§ 124 Abs. 2 Nr. 3, § 132 Abs. 2 Nr. 1 VwGO i. V. m. § 127 Nr. 1 BRRG): Der Frage, welche rechtlichen Anforderungen an die Organisation des Ar-

---

[17] BayVGH, Urteil vom 24.4.2015 – 3 BV 13.834, juris Rdnr. 74.
[18] A. a. O., juris Rdnr. 74.

beitsschutzes an Universitäten unter Berücksichtigung beamtenrechtlicher und hochschulrechtlicher Aspekte zu stellen seien, komme über den vorliegenden Einzelfall hinaus allgemeine Bedeutung zu. Dem ist uneingeschränkt beizupflichten: Insbesondere die Frage der Verpflichtbarkeit des Dekans/der Dekanin weist ja eine nicht unbeträchtliche Problemkonzentration auf. Dieses Anliegen unterläuft der Verwaltungsgerichtshof allerdings dadurch, dass er „im gleichen Atemzug" die vorbeugende Feststellungsklage des Kläger-Dekans für unzulässig erklärt, da das dafür erforderliche qualifizierte Rechtsschutzinteresse nicht vorliege. Nach der Rechtsprechung des Bundesverwaltungsgerichts sei dies nur zu bejahen, wenn der Betroffene nicht in zumutbarer Weise auf den von der Verwaltungsgerichtsordnung als grundsätzlich angemessenen und als ausreichend angesehenen nachträglichen Rechtsschutz – einschließlich des einstweiligen Rechtsschutzes nach §§ 80, 123 VwGO – verwiesen werden könne.[19] Vorliegend reichten nach Ansicht des Gerichts allerdings die Möglichkeiten des nachträglichen Rechtsschutzes aus: Gegen eine Übertragung der Arbeitgeberpflichten könnten sich die Betroffenen im Wege des Widerspruchs bzw. einer Klage und mittels eines zugleich gestellten Antrags auf einstweilige Anordnung nach § 123 VwGO wehren, womit auch eine rechtzeitige Entscheidung zumindest im Eilverfahren während der laufenden Wahlperiode des Dekans sichergestellt sei.[20]

Gerade dies birgt aber angesichts der Besonderheit des Falles einen Widerspruch in sich: Da es an der betroffenen Fakultät üblich ist, dass der Dekan/die Dekanin die gesetzliche Amtszeit von zwei Jahren nicht ausschöpft, sondern zur Halbzeit zurücktritt, kommt es de facto zu einem einjährigen Turnus der Amtszeit. Realistisch bedeutet dies, dass das Verfahren über den Einstweiligen Rechtsschutz der ersten Instanz nicht hinausgerät, da Verwaltungsgerichte in der Hauptsache i. d. R. in diesem einen Jahr nicht entscheiden. Mit dem Ausscheiden wird die Klage aber dann durch Erledigung unbegründet, und es ist sehr fraglich, ob in diesem Fall ein Feststellungsbedürfnis für die Umstellung zu einer Feststellungsklage besteht. Immerhin weiß man zum Zeitpunkt der Amtsübergabe nicht, wann und in welchem (möglicherweise fernen) Zeitraum man zum nächsten Mal zum Dekan/zur Dekanin gewählt werden wird. Überdies ist es fraglich, ob das angerufene Gericht die besonderen Voraussetzungen einer einstweiligen Anordnung nach § 123 VwGO als gegeben ansehen würde. Dabei dürfte freilich das Vorliegen eines Anordnungsgrundes selten zu bejahen sein: Es handelt sich zwar um eine Grundsatzfrage, doch wird man nur schwer begründen können, dass durch das Zuwarten auf die Hauptsacheentscheidung die Verwirklichung eines Rechts vereitelt oder wesentlich erschwert würde, also das Zu-

---

[19] BVerwG, Beschluss vom 20. 9. 1989 – 9 B 165/89, juris Rdnr. 3; *Helge Sodan*, in: ders./Ziekow (Hrsg.), Nomos-Kommentar zur Verwaltungsgerichtsordnung, 4. Aufl. 2014, § 43 Rdnr. 105; *Wolf-Rüdiger Schenke*, in: Kopp/Schenke, Verwaltungsgerichtsordnung, Kommentar, 21. Aufl. 2015, § 43 Rdnr. 24.
[20] BayVGH, Urteil vom 24. 4. 2015 – 3 BV 13.834, juris Rdnr. 66.

warten wegen des Eintritts irreversibler Zustände unzumutbar sei.[21] Tatsächlich wäre ja die Übertragung jederzeit reversibel.

V. Fazit

Im Endeffekt ist als bemerkenswertes Resultat zu konstatieren, dass der gewaltige Regelungsaufwand, den die Universität A. in ihrem Präventionskonzept vorgenommen hat, vor der Verwaltungsgerichtsbarkeit nur deswegen Bestand haben konnte, weil der Umfang der Pflichten durch eine „teleologische Minimalisierung" vor dem Verdikt der Unverhältnismäßigkeit „gerettet" worden ist. Dieses Ergebnis hätte man auch einfacher haben können. Wie schon *Horaz* sagte: Der Berg kreißte und gebar ein Mäuschen![22]

---

[21] Vgl. HessVGH, NVwZ-RR 1993, 387; *Adelheid Puttler*, in: Sodan/Ziekow (Hrsg.), Nomos Kommentar zur Verwaltungsgerichtsordnung, 4. Aufl. 2014, § 123 Rdnrn. 81, 84.

[22] *Quintus Horatius Flaccus*, Ars Poetica. Die Dichtkunst (lat./dt.), 2. Aufl. 1984, Vers 139: „Parturient montes, nascetur ridiculus mus."

Hochschulverfassungsrecht – Kontinuität oder Paradigmenwechsel in der Rechtsprechung des Bundesverfassungsgerichts?

Von *Helmut Goerlich* und *Georg Sandberger*

Die nachfolgenden Ausführungen zeigen einerseits eine Entwicklungslinie der Rechtsprechung des Gerichts auf und suchen, diese Linie andererseits auch durch eine einzelne Fallstudie für den komplexen Bereich der Universitätsmedizin zu erhärten. Zugleich geben die nachfolgenden Ausführungen einen Einblick in die Arbeitstechnik des Gerichts. *Franz-Joseph Peine* hat nicht nur an einer Kommentierung des Brandenburgischen Hochschulgesetzes mitgewirkt, er hat sie in Brandenburg maßgeblich gefördert und selbst Hand angelegt.[1] Er hat sich in diesem Sinne auch in der ihm eigenen pragmatischen Weise mit Grundbegriffen des Art. 5 Abs. 3 Satz 1 GG befasst.[2]

I. Fragestellung

Die Literatur sieht zum Teil gewisse Brüche in Rechtsentwicklung und Rechtsprechung des Bundesverfassungsgerichts zum Hochschulverfassungsrecht.[3] Fraglich ist, ob es wirklich so liegt oder doch eine gewisse Kontinuität gegeben ist. Wissenschaft, Forschung und Lehre erfordern sicher nicht nur einen Handlungs-, sondern auch einen Kommunikationszusammenhang unter den in ihnen Tätigen;[4] daher sind gewisse Autonomien im Spiel, die sich in Organisationsformen niederschlagen müssen. Dabei kann dahingestellt bleiben, welchen Charakter die akademische

---

[1] Vgl. *Knopp/Peine* (Hrsg.), Brandenburgisches Hochschulgesetz, Handkommentar, 2. Aufl. 2012.

[2] Vgl. z. B. *Franz-Joseph Peine*, in: Knopp/Peine (o. Fn. 1), § 3 Rdnrn. 28 ff. zu den vier Arten künstlerischer und wissenschaftlicher Tätigkeiten, die dem Schönen und dem Wahren dienen.

[3] Siehe z. B. *Klaus Ferdinand Gärditz*, Evaluationsbasierte Forschungsfinanzierung im Wissenschaftsrecht, WissR 42 (2009), 351 (369 ff.); und *ders.*, Hochschulmanagement und Wissenschaftsadäquanz, NVwZ 2005, 407 ff., kämpferisch gegen BVerfGE 111, 333 ff. – Brandenburgisches Hochschulgesetz; sowie *ders.*, JZ 2011, 314 ff. – Entscheidungsanmerkung zu BVerfGE 127, 87 ff. über die Leitungsstrukturen an der Universität Hamburg, der zu dieser Entscheidung nun von „Morgenröte" und „Trendwende" spricht.

[4] Dazu aus der Forschungsperspektive *Hans-Heinrich Trute*, Die Forschung zwischen grundrechtlicher Freiheit und staatlicher Institutionalisierung, 1994, S. 64 ff., 307 ff.

Selbstverwaltung besitzt,[5] in welchem Maße Art. 5 Abs. 3 Satz 1 GG ein „Organisationsgrundrecht" vorhält[6] und wie weit der allseits wahrgenommene Spielraum der Gesetzgebung in den Grenzen der Freiheit von Wissenschaft, Forschung und Lehre abgesteckt ist. Sicher hat die Selbstverwaltung der Wissenschaft einen anderen Charakter als diejenige der Gemeinden, knüpft sie doch an einen Kernbereich akademischer Angelegenheiten an, um sachgeprägt „Wissenschaft, Forschung und Lehre" zu pflegen und, wenn es ansteht, einschlägige Fragen zu entscheiden.[7] Daher können etwa Gründung und Fusion von Hochschulen von akademischer Selbstverwaltung in einer ersten Phase in einem gewissen Maße freigestellt sein.

Die hier gewählte Fragestellung veranlasst einen erneuten Blick auf diese Rechtsprechung, die mit der Entscheidung zum Fall der Medizinischen Hochschule Hannover[8] 2014 einen gewissen Abschluss gefunden hat, den der Beschluss zur Strukturierung der Hochschulregion brandenburgische Lausitz in Brandenburg vor Kurzem bestätigte.[9] Sie begann mit der Entscheidung zum Niedersächsischen Vorschaltgesetz,[10] führte später zu der Entscheidung zum brandenburgischen Hochschulgesetz[11] und dann zu der Entscheidung zu hamburgischen Neuerungen zugunsten zentraler Leitungsebenen[12]. Sonstige Entscheidungen, etwa auch solche der Gerichte der Länder, so zu den neugeschaffenen Hochschulräten, bleiben weitgehend außer Betracht.[13]

---

[5] Etwa *Michael Fehling*, Neue Herausforderungen an die Selbstverwaltung in Hochschule und Wissenschaft, Die Verwaltung 35 (2002), 399 ff.; für eine jüngere Übersicht die Münchener juristische Dissertation *Angela Miechielsen*, Hochschulorganisation und Wissenschaftsfreiheit, 2013; und *Thomas Groß*, Das Selbstverwaltungsrecht der Universitäten – Zusätzliches zur Wissenschaftsfreiheit, DVBl 2006, 721 ff.

[6] Dazu *Eberhard Schmidt-Aßmann*, Die Wissenschaftsfreiheit als Organisationsgrundrecht, in: Becker u. a. (Hrsg.), Festschrift für Werner Thieme, 1993, S. 697 ff.; für eine aktuellere Übersicht *Gabriele Britz*, in: Dreier (Hrsg.), Grundgesetz-Kommentar, Bd. I, 3. Aufl. 2013, Art. 5 III Rdnrn. 68 ff. (72 ff.).

[7] Dies dürfte der funktionalen Selbstverwaltung entsprechen, vgl. dazu u. a. *Ernst Thomas Emde*, Die demokratische Legitimation der funktionalen Selbstverwaltung, 1991, und etwa *Fehling*, Die Verwaltung 35 (2002), 399 (401 ff.); sowie die spätere, auch *Emdes* Arbeit aufgreifende Judikatur und weiterführende Literatur, Nachweise bei *Miechielsen* (o. Fn. 5), S. 42 ff.; jüngst *Ralph Zimmermann,* Hochschulrundfunk. Funktionale Selbstverwaltung und das Gebot der Staatsfreiheit des Rundfunks, 2013, S. 125 ff., 158 ff.

[8] BVerfGE 136, 338 ff. – Med. Hochschule Hannover (MHH).

[9] Siehe BVerfG, NVwZ 2015, 1370 ff. – Hochschulregion brandenburgische Lausitz.

[10] BVerfGE 35, 79 ff. – Niedersächsisches Vorschaltgesetz.

[11] BVerfGE 111, 333 ff. – Brandenburgisches Hochschulgesetz.

[12] BVerfGE 127, 87 ff. – Hamburgisches Hochschulgesetz.

[13] Interessant ist hier die Entscheidung, die hälftig extern und hälftig intern besetzte Hochschulräte mit eingeschränkten Zuständigkeiten für verfassungskonform hält, nämlich BayVerfGHE 61, 103 ff., auch abgedruckt in NVwZ 2009, 177 ff., zu der kurz Stellung genommen wird.

Zur Arbeitstechnik des Bundesverfassungsgerichts hat *Oliver Lepsius* wiederholt beobachtet,[14] dass es maßstabbildende Obersätze entwickelt, die es seinen jeweiligen Entscheidungen oft über Passagen wortlautgleich voranstellt. So sichert es die Kontinuität seiner Verfassungsauslegung und steuert seine Entscheidungspraxis.[15] Solche Obersätze dieser Art in den jüngeren hochschulverfassungsrechtlichen Entscheidungen lauten etwa: „Art. 5 Abs. 3 Satz 1 GG enthält neben einem individuellen Freiheitsrecht eine objektive, das Verhältnis von Wissenschaft, Forschung und Lehre zum Staat regelnde, wertentscheidende Grundsatznorm. Der Staat muss danach für funktionsfähige Institutionen eines freien universitären Wissenschaftsbetriebs sorgen und durch geeignete organisatorische Maßnahmen sicherstellen, dass das individuelle Grundrecht der freien wissenschaftlichen Betätigung soweit unangetastet bleibt, wie das unter Berücksichtigung der anderen legitimen Aufgaben der Wissenschaftseinrichtungen und der Grundrechte der verschiedenen Beteiligten möglich ist (vgl. BVerfGE 127, 87, 114; st. Rspr.)."[16]

Dann etwas spezieller: „In einer wissenschaftlichen Einrichtung der Universitätsmedizin, die sowohl die Aufgaben der Forschung und Lehre wie auch Aufgaben der Krankenversorgung erfüllt, hat der Gesetzgeber neben dem Schutz der Wissenschaftsfreiheit aus Art. 5 Abs. 3 Satz 1 GG und dem für die Aufgaben der Berufsausbildung bedeutsamen Grundrecht des Art. 12 Abs. 1 (vgl. BVerfGE 35, 79, 121) auch den Schutz der Gesundheit nach Art. 2 Abs. 2 Satz 1 in Verbindung mit Art. 20 Abs. 1 GG zu berücksichtigen (vgl. dazu BVerfGE 57, 70, 98 ff.), die eng miteinander verzahnt sind."[17]

Und: „Wissenschaft ist ein grundsätzlich von Fremdbestimmung freier Bereich autonomer Verantwortung. Dem Freiheitsrecht liegt auch der Gedanke zu Grunde, dass eine von gesellschaftlichen Nützlichkeits- und politischen Zweckmäßigkeitsvorstellungen freie Wissenschaft die ihr zukommenden Aufgaben am besten erfüllen kann (vgl. BVerfGE 47, 327, 370; 111, 333, 354; 127, 87, 115). Art. 5 Abs. 3 Satz 1 GG verpflichtet daher den Staat zu Schutz und Förderung wissenschaftlicher Betätigung und garantiert den in der Wissenschaft Tätigen zugleich eine Teilhabe am Wissenschaftsbetrieb (vgl. BVerfGE 35, 79, 115 f.); diese Mitwirkung ist kein Selbst-

---

[14] Zuletzt *Oliver Lepsius*, Entscheidung durch Maßstabbildung, in: van Ooyen/Möllers (Hrsg.), Handbuch Bundesverfassungsgericht im politischen System, 2. Aufl. 2015, S. 119 ff.; zuerst wesentlich eingehender *ders.*, Die maßstabsetzende Gewalt, in: Jestaedt/Lepsius/Möllers/Schönberger (Hrsg.), Das entgrenzte Gericht. Eine kritische Bilanz nach sechzig Jahren Bundesverfassungsgericht, 2011, S. 159 ff.

[15] *Oliver Lepsius* sieht hier den großen Unterschied zur angelsächsisch-amerikanischen Methodik, die durch *distinguishing* vom Fall her zunächst klärt, welche Präjudizien in casu eine und dann vielleicht die ausschlaggebende Rolle spielen müssen; so versuche man dort, meint er, eine Verselbstständigung der Maßstabsbildung im Verhältnis zur Verfassung und ihrer Auslegung zu vermeiden. Dieser Beitrag bietet Gelegenheit, den Thesen von *Lepsius* am vorliegenden Beispiel etwas nachzugehen.

[16] So BVerfGE 136, 338 ff. (362, Rdnr. 55); früher in Umrissen schon BVerfGE 35, 79 (114 ff.) und zuletzt modifiziert BVerfG, NVwZ 2015, 1370 (1373 f., Rdnr. 68 und passim).

[17] Wiederum BVerfGE 136, 338 (362, Rdnr. 55).

zweck, sondern dient dem Schutz vor wissenschaftsinadäquaten Entscheidungen (vgl. BVerfGE 127, 87, 115; 130, 263, 299 f.)."[18]

II. Die Entscheidungen

Deutsche Universitäten sind in den letzten hundert Jahren erheblichen Veränderungen ausgesetzt gewesen. Teils hatte dies interne Gründe des Wandels der wissenschaftlichen Arbeit und des Wandels des Personals. Empirische und angewandte Forschungen hatten schon sehr viel mehr Platz beansprucht, die Dominanz der philosophischen Fakultäten nahm ab und das Personal veränderte sich – kurz: die deutschen Mandarine waren nicht mehr allenthalben präsent.[19] Dann hatte der Nationalsozialismus Führer und Gefolgschaft propagiert, die Freiheit von Forschung und Lehre litt, auch unter dem stetig wachsenden Einfluss von NS-Studentenbund, SD und schwarzem Korps.[20]

Die Nachkriegszeit restaurierte die alte „Ordinarienuniversität", die sich selbst als „Gelehrtenrepublik" verstand und so den großen Gelehrten zum Zentrum von Korporation und Anstalt „Universität" machte, aber vielleicht oft auch ein Abgesang vergangener Tage war. Diese Universität und ihre Fakultäten gerieten indes unter einen unerwarteten Druck, als die Studentenrevolte nicht nur bei den älteren Ordinarien das Trauma der NS-Zeit wachrief, sondern auch den Gesetzgeber motivierte, die alsbald sog. Gruppenuniversität zu installieren.[21] Diese „Gruppenuniversität" wurde Gegenstand von Verfahren in Karlsruhe, die mit großer Leidenschaft geführt wurden, und die auf Niederlagen hin auch weiterhin bekämpft wurde. Eine zentrale Rolle nahmen Anfang der 1970er Jahre Verfassungsbeschwerden von nahezu 400 Göttinger Professoren und Dozenten gegen das niedersächsische Vorschaltgesetz[22] ein, die von mehreren Professoren der dortigen Juristischen Fakultät vertreten wurden.

1. Das Bundesverfassungsgericht entschied. Es nahm die Einführung der „Gruppenuniversität" hin, erklärte aber einzelne Bestimmungen dieses Gesetzes zwar nicht für nichtig, aber für verfassungswidrig, was eine Seite der anschließend zu den Auswirkungen des Ausspruchs vom Minister beauftragten Gutachter in eine Nichtigkeit

---

[18] So BVerfGE 136, 338 (362 f., Rdnr. 56); früher außerdem in etwas anderer Fassung BVerfGE 111, 333 (353 ff.); 127, 87 (114 ff.) sowie zuletzt nun aus der Fragestellung heraus etwas anders für die Fusion von Hochschulen BVerfG, NVwZ 2015, 1370 (1373, Rdnr. 63 und ff.) – Hochschulregion brandenburgische Lausitz.

[19] Dazu *Fritz K. Ringer*, Die Gelehrten. Der Niedergang der deutschen Mandarine 1890–1933 (Original: Cambridge, Mass. 1969), deutsche Übersetzung 1983, dann Taschenbuch 1989.

[20] Vgl. dazu exemplarisch *Uwe Dietrich Adam*, Hochschule und Nationalsozialismus. Die Universität Tübingen im Dritten Reich, 1977, S. 46 ff., 84 ff. und 170 f.

[21] Zu den Bezeichnungen der verschiedenen „Universitäten" – unter Bezug auf *Thomas Oppermann – Georg Sandberger*, Die Neuorganisation der Leitungsorganisation der Hochschulen durch die Hochschulrechtsnovellen der Länder, WissR 44 (2011), 118 (119).

[22] Nds. Gesetz vom 26.10.1971 (GVBl. S. 317).

zahlreicher akademischer Entscheidungen umzudeuten suchte, während die andere nur für den Fall den Vollzug fragwürdiger Entscheidungen angehalten und sie ersetzt oder nachgebessert wissen wollte, dass sie nicht vom wissenschaftlichen Sachverstand hinreichend qualifizierten Personals mitgetragen worden waren – und sei dieser mittragende Sachverstand auch nur in Minderheit in den zuständigen Gremien präsent gewesen. Letztere Sicht ergab sich auch unter Berücksichtigung des Inhalts der dem Urteil beigefügten abweichenden Meinung daraus, dass schon damals der personale Bezug der Wissenschaftsfreiheit verknüpft gesehen wurde mit Qualifikation und Repräsentation, sodass eine Majorisierung der in Forschung und Lehre tätigen, in vollem Umfang ausgewiesenen Wissenschaftler nur möglich war, wenn sie hinreichend Gelegenheit zur Mitwirkung gehabt hatten und mindestens einer oder eine aus diesem Kreise die betreffende Entscheidung mitgetragen hatte.[23] Damit wurde den tradierten Maßstäben der Wissenschaft, der Einheit von Forschung und Lehre genügt. Der beanspruchte Gestaltungsspielraum des Gesetzgebers war nur in wenigen Aspekten überschritten, das Bundesverfassungsgericht blieb der Wissenschaftstradition und den eigenen Maximen treu, die es im Jahre 1973 zum Maßstab seiner Entscheidung machte. Dabei kam es noch nicht zu dem Kondensat der oben angesprochenen maßstäblichen Formulierungen, vielmehr folgte das Gericht insoweit normativ orientierten ideen- und institutionengeschichtlichen Darlegungen, die im Verfahren vorgetragen worden waren,[24] und ausdrücklich im Sondervotum berufen wurden.[25] Die Gruppenuniversität ist bis heute die Regel, allerdings in abgeschwächter, die Repräsentanz ausgewiesener Wissenschaft in den Vertretungsgremien stärkender Form.

2. Evaluierte und gesteuerte Wissenschaft oder auch „neue Steuerung", Wissenschaft und Lehre waren die nächsten Signalworte, die für Veränderungen des Hochschulverfassungsrechts Modell standen.[26] Die Lehre von der neuen Steuerung hatte inzwischen erhebliche Verbreitung gefunden[27] und sie war auch im Gericht angekommen,[28] als die Entscheidung auf Beschwerden von Fakultäten und Professoren zum brandenburgischen Hochschulgesetz vom 20. Mai 1999 im Jahre 2004 erging. Gegen die neue Lehre hat es immer auch kritische Stimmen gerade aus der Praxis

---

[23] Vgl. dazu BVerfGE 35, 79 (112 ff., und für die abw. Meinung 148 ff., 150 ff.).

[24] Vgl. dazu den kaum veränderten Abdruck *Henning Zwirner*, Zum Grundrecht der Wissenschaftsfreiheit, AöR 98 (1973), 313 ff.; heute dazu *Friedhelm Hufen*, Staatsrecht II. Grundrechte, 4. Aufl. 2014, § 34, S. 576 ff.

[25] Vgl. Sondervotum BVerfGE 35, 79 (148 ff., 150 f.).

[26] Ganz auf dieser Grundlinie aufbauend *Michael Fehling*, Hochschule, in: ders./Ruffert (Hrsg.), Regulierungsrecht, 2010, S. 951 ff.

[27] Vgl. dazu das inzwischen in zweiter Auflage vorliegende umfassende dreibändige handbuchartige Sammelwerk *Hoffmann-Riem/Schmidt-Aßmann/Voßkuhle* (Hrsg.), Grundlagen des Verwaltungsrechts, Bd. I: Methoden, Maßstäbe, Aufgaben, Organisation, 2006 ff.

[28] So wirkten an der Entscheidung *Wolfgang Hoffmann-Riem* und *Brun-Otto Bryde*, beide im hochschulpolitisch reformfreudigen Hamburg herangereift, letzterer als Berichterstatter, mit.

gegeben.[29] Und man kannte die bürokratische Praxis informeller Bewertung und jedenfalls indirekter Steuerung.[30]

Die Entscheidung enthält maßstabbildende Formulierungen, die sich nun schon auf eine ständige Rechtsprechung berufen.[31] Diese Maßstäbe enthielten bisher kaum etwas zur Stärkung der monokratischen Leitungsorgane der Hochschulen und Fachbereiche. Daher musste insoweit erstmals gesprochen werden. Ebenso verhielt es sich mit Elementen der sog. neuen Steuerung durch Evaluierung und Ressourcenverteilung.[32] Und auch eine neue zentrale Amtsstruktur war erstmals zu beurteilen. Daher tendierte das Gericht nur zur verfassungskonformen Auslegung, verbunden[33] mit einer Verpflichtung zur Überprüfung der neuen Instrumente sowie der Art und Weise ihrer Anwendung, im Sinne von Beobachtungs- und Nachbesserungspflichten für den Gesetzgeber dahin, auch die verfassungsrechtlich notwendigen Korrekturen gegebenenfalls vorzunehmen.[34]

Insofern kann man nicht sagen, dass das Bundesverfassungsgericht seine Maßstäbe verändert hat. Es hat sie vielmehr fortentwickelt und – in der Tat – dort in gewisser Weise einstweilen weniger straff angelegt, wo Neuerungen der rechtspolitischen Orientierung der Gesetzgebung zunächst eine gewisse Zurückhaltung veranlassen – im Grunde ganz ähnlich wie im Falle der Einführung der Gruppenuniversität. Nachdem die Gesetzgebung nicht nur der „neuen Steuerung" und damit Vorstellungen von Evaluierungen, Zielvereinbarungen und Leistungsverträgen,[35] sondern einer gewissen ökonomisierenden Betrachtungsweise gefolgt war,[36] konnte es nicht ausbleiben, dass die Rechtsprechung nicht mit dem Fallbeil operierte, wiewohl sie auf ihre Maßstäbe deutlicher als zuvor Bezug nahm, sie prägnanter als bisher formulierte und damit als *fleet in being* seetüchtig und einsatzbereit hielt. Angesichts der in Rede stehenden Instrumente der neuen Steuerung geht mit ihrer Hinnahme gewiss eine erheb-

---

[29] Vgl. etwa wenig später mit Nachweisen *Frank Rottmann*, Bemerkungen zu den „neuen" Methoden der Neuen Verwaltungsrechtswissenschaft, in: Christensen/Pieroth (Hrsg.), Rechtstheorie in rechtspraktischer Absicht, Freundesgabe zum 70. Geburtstag von Friedrich Müller, 2008, S. 207 ff.

[30] Und sei es im Rückgriff auf die Reputation der Gelehrten als Wissenschaftler oder Lehrer, vgl. exemplarisch für Wissenschaft überhaupt *Helmut Goerlich*, Die Rolle von Reputation in der Rechtswissenschaft, in: Hilgendorf/Schulze-Fielitz (Hrsg.), Selbstreflexion der Rechtswissenschaft, 2015, S. 173 ff.

[31] BVerfGE 111, 333 (353 ff.).

[32] Dass ein leisetretender Dienstleister sozusagen das Modell des künftigen Professors wird, der der Bewertung durch eine der Wissenschaft fremde Evaluierungskultur der Verwaltung ausgesetzt ist und mit der Rezeption eigener „Evaluierungen" der Studierenden durch die Verwaltung rechnen muss, das ist möglich, vgl. *Thomas Ehrmann*, Der gefesselte Professor, FAZ Nr. 155 vom 8. 7. 2015, S. N 4.

[33] BVerfGE 111, 333 (358 f.).

[34] BVerfGE 111, 333 (359 f.).

[35] Dazu *Hans Heinrich Trute*, Die Rechtsqualität von Zielvereinbarungen und Leistungsverträgen im Hochschulbereich, WissR 33 (2000), 134 ff.

[36] Vgl. ganz deutlich wenig später *Fehling* (o. Fn. 26), S. 951 ff.

liche Stärkung des monokratischen Elements der Hochschulleitung einher, die aber etwa angesichts der Dimensionen der Forschung jedenfalls weithin jenseits der sog. Geisteswissenschaften bis zu einem gewissen Grade auch sachlich geboten ist. Zudem gab es eine positiv gestimmte kundige Öffentlichkeit. So hatte auch ein früheres Mitglied des Gerichts, das wissenschaftliche Reputation auch als Rektor des nationalen Wissenschaftskollegs besaß, die Entwicklung durchaus befürwortet, obwohl auch er gewisse Grenzen zur Sprache brachte.[37] Und schließlich gestattete der Respekt vor dem demokratischen Gesetzgeber nicht mehr. Ihm stand eine gewisse Einschätzungsprärogative zu, auch wenn – wie immer deutlicher wird – Gefahren für den einzelnen Wissenschaftler, insbesondere in den sog. Orchideenfächern ebenso wie im Falle völlig eigenständiger Zielsetzungen und unzeitgemäßer Perspektiven, am Horizont durchaus aufzogen, wie die weitere Entwicklung zeigte, zumal der Einsatz mancher der neuen Instrumente in verschiedenen Bereichen ganz unterschiedliche Wirkungen mit sich bringen kann.

3. Mit dem Hochschulgesetz Hamburgs von 2001 und der 2010 erfolgten Änderung kam wiederum eine Art Präsidialhochschule – auch „Manager-Universität"[38] genannt – auf den Weg, wie sie in der angelsächsischen Welt mit den starken Präsidenten und vor allem Dekanen in der Regel anzutreffen ist. Es konnte nicht ausbleiben, dass sie in Karlsruhe zur Prüfung gestellt wurde – und zwar nicht durch Gruppen von Hochschullehrern, ganze Fakultäten oder nahezu landesweite Gruppierungen, sondern durch einen einzelnen Hochschullehrer der Juristischen Fakultät der Universität in Hamburg. Das Gericht entschied 2010 in einer etwas veränderten, keineswegs hanseatischen Besetzung,[39] in einem gewissen Reformklima auch zu den Leitungsstrukturen und unter ähnlichen wie den eingangs im Wortlaut zitierten, nun schon kanonisierten Maßstäben.[40] Das Gericht stellte fest, dass das hochschulorganisationsrechtliche Gesamtgefüge auch unter Berücksichtigung des weiten Spielraums, der dem Gesetzgeber bei der Gestaltung der Hochschulorganisation zukommt, gegen Art. 5 Abs. 3 Satz 1 GG verstößt. Dies deshalb, weil die dem Dekanat zugewiesenen umfangreichen Kompetenzen weder durch Mitwirkungs- und Beteiligungsrechte noch durch Aufsichts- und Kontrollrechte des Fakultätsrats hinreichend kompensiert werden. Damit sei kein ausreichendes Niveau der Partizipation der Grundrechtsträger mehr gewährleistet und die freie wissenschaftliche Betätigung in Lehre und Forschung strukturell gefährdet, wobei das Gericht im Einzelnen nicht nur fehlende Kompensationen rügt, sondern auch die fehlende Absicherung gegen einen Fehlgebrauch inhaltlich nicht hinreichend begrenzter Befugnisse, zumal dagegen auch or-

---

[37] Siehe insbesondere *Dieter Grimm*, Wissenschaftsfreiheit vor neuen Grenzen?, 2007, S. 28 f.

[38] Vgl. *Michael Weise*, Monokratisierung der zentralen hochschulischen Entscheidungsorganisation und die Garantie der Wissenschaftsfreiheit, Diss. iur., Leipzig 2007, S. 47 ff.; heute kritisch etwa *Berthold Wigger*, Wissensfabriken sind keine Wurstfabriken, FAZ Nr. 167 vom 22.7.2015, S. N 4.

[39] BVerfGE 127, 87 ff.

[40] Zum Klima *Sandberger*, WissR 44 (2011), 118 ff.

ganisationsrechtliche Mechanismen fehlen; zudem nimmt es Bezug auf Mängel der verfahrensrechtlichen Umsetzung und auf ein Ungleichgewicht mangels wirkungsvoller Einflussnahmemöglichkeiten auf die Zusammensetzung des Dekanats.

Insgesamt hält sich auch diese Entscheidung im Rahmen der bisherigen Judikatur. Sie zeigt eine größere Skepsis gegenüber hochschulverfassungsrechtlicher Importware aus anderen Zusammenhängen. Ob die Nachbesserungen des hanseatischen Gesetzgebers und der Praxis in der Universität Hamburg den Perspektiven des Gerichts wirklich gerecht geworden sind, das steht auf einem anderen Blatt. Die vom Gericht explizierten Maßstäbe seiner Prüfung sind wiederum angepasst auf den vorliegenden Fall eingesetzt, von einer bloß schematischen, von Art. 5 Abs. 3 Satz 1 GG gelösten Entscheidung kann nicht gesprochen werden.

4. Die nächste Entscheidung zum Hochschulverfassungsrecht betraf die Rechtslage der Medizinischen Hochschule Hannover; sie erging im Jahr 2014, wieder auf Verfassungsbeschwerde eines einzelnen Hochschullehrers.[41] Ihr sind die eingangs zitierten maßstäblichen Formulierungen entnommen. Auch hier verstärkte die Gesetzgebung die zentrale Steuerung der Hochschule durch ihre Leitung. Es ging um erweiterte Entscheidungsbefugnisse des Leitungsorgans zu Organisationsstruktur, Haushalt und – untrennbar mit der Wissenschaft verzahnt – Krankenversorgung. Dazu kam das Gericht aufgrund von Art. 5 Abs. 3 Satz 1 GG zu der Aussage, dass je mehr grundlegende und substantielle wissenschaftsrelevante personelle und sachliche Entscheidungsbefugnisse dem Vertretungsorgan der akademischen Selbstverwaltung entzogen und einem Leitungsorgan zugewiesen werden, desto stärker die Mitwirkung des Vertretungsorgans an der Bestellung und Abberufung sowie an den Entscheidungen des Leitungsorgans ausgestaltet sein müsse.[42] Damit hielt sich das Gericht wiederum in Bandbreite und Duktus seiner bisherigen Entscheidungen auf. Gewiss, die schon zuvor beklagte monokratische Struktur der Hochschulorganisation nach den jüngeren Reformen nicht nur in Brandenburg und in Hamburg sowie nun auch in Niedersachsen ist damit nicht aufgebrochen. Aber sie ist Korrekturen ausgesetzt, die nachhaltig wirken können. Insofern ist einem kollegialen Element mehr Raum verschafft und können manche Konfliktlagen besser bewältigt werden. Und eine auf Konsens ausgerichtete Praxis der Leitung erhält eine gewisse Stütze.[43]

5. Zur Abrundung der hochschulverfassungsrechtlichen Entscheidungen ist hier noch hinzuweisen auf die Prüfung der Zusammensetzung von Hochschulräten sowie auf die Grenzen der Selbstbestimmung und -verwaltung, wenn es um die Reorganisation im Wege der Zusammenfassung mehrerer Hochschulen geht. Die erstgenannte Frage ist in Karlsruhe nicht entschieden worden, indes ist exemplarisch auf die schon erwähnte bayerische Entscheidung hinzuweisen, die die hinreichende Repräsentanz der Professorinnen- und Professorenbank in diesen Gremien auch nach

---

[41] BVerfGE 136, 338 ff.

[42] Vgl. die Leitsätze BVerfGE 136, 338 und in den Gründen S. 363 ff., Rdnrn. 57 ff.

[43] Näher zu diesen Fragen unten S. 311 ff.

bayerischem Verfassungsrecht bekräftigt hat.⁴⁴ Hingegen hat das Bundesverfassungsgericht vor Kurzem zur Fusion zweier Hochschulen in Brandenburg entschieden.⁴⁵

Der bayerische Fall führte zur Klarstellung, dass Hochschulorgane, die Entscheidungen im Kernbereich der akademischen Angelegenheiten zu treffen haben, grundsätzlich mit einer Mehrheit von Hochschullehrerinnen und -lehrern besetzt sein müssen. Besetzungen, die eine Mehrheit hochschulexterner Mitglieder ermöglichen, ergeben als solche allerdings noch keine strukturelle Gefährdung der Wissenschaftsfreiheit. Sofern Hochschulräte keine Aufgaben im Kernbereich der akademischen Selbstverwaltung erfüllen, folgt nämlich aus hochschulexternen Mehrheiten keine Verletzung von Landesverfassungsrecht. Die Entscheidung, die insoweit auf Art. 138 Abs. 2 Satz 1 BayVerf gestützt ist, folgt im Übrigen auch in den zugrundegelegten Obersätzen zur Wissenschaftsfreiheit dem Bundesverfassungsgericht, insbesondere zu Formen der neuen Steuerung in den dem Staat durch die Wissenschaftsfreiheit auferlegten Grenzen.⁴⁶ Die internen Mitglieder des Gremiums verfügen über eine Sperrminorität. Ähnlich wie in der ersten Entscheidung des Bundesverfassungsgerichts zu den Gremien der Gruppenuniversität aus dem Jahre 1973 muss mithin mindestens eine durch wissenschaftlichen Sachverstand vollauf ausgewiesene Stimme die jeweilige Mehrheitsentscheidung im einschlägigen Bereich mitgetragen haben. Das reicht zur Sicherstellung der Wissenschaftsfreiheit gemäß Art. 5 Abs. 3 Satz 1 GG aus.

Sodann hat das Bundesverfassungsgericht zur legislativen Fusion zweier Hochschulen⁴⁷ im Anschluss an seine bisherige Rechtsprechung darauf gedrängt, dass legislativ geschaffene neue Leitungsorgane möglichst rasch von universitären Selbstverwaltungsorganen sozusagen begleitet werden, d. h., dass die Fusion nicht für einen längeren Zeitraum gewissermaßen zum Solitär eines einsamen Rektorats oder eines solchen Präsidiums führt. Das Gericht hat indes abgelehnt, aus Art. 5 Abs. 3 Satz 1 GG Beteiligungsrechte der fusionierten Hochschulen, ihrer Fakultäten oder einzelner Wissenschaftlerinnen und Wissenschaftler beim Zustandekommen des Fusionsgesetzes zu begründen.⁴⁸ Soweit das Gericht zur Sachprüfung kam, hat

---

⁴⁴ BayVerfGHE 61, 103 ff., auch abgedruckt in NVwZ 2009, 177 ff., auf die Popularklage der Juristischen Fakultät der Universität Augsburg und einer ganzen Reihe weiterer Rechtsfakultäten Bayerns.

⁴⁵ Siehe BVerfG, NVwZ 2015, 1370 ff. – Hochschulregion brandenburgische Lausitz, zwei verbundene Verfahren auf Verfassungsbeschwerden von zwei Fakultäten und drei Professoren.

⁴⁶ Zum Entscheidungszeitpunkt des BayVerfGH lag BVerfGE 111, 333 ff. vor, auf diese Entscheidung nahm er wiederholt Bezug.

⁴⁷ Früher nach damaliger Rechtslage dazu *Georg Sandberger*, Rechtsfragen von Hochschulverbünden und Hochschulfusionen, Leipziger Juristische Vorträge, Heft 56, 2005.

⁴⁸ Dies sieht *Miechielsen* (o. Fn. 5), S. 156 ff. im Kontext der Politik der Schließung der Juristischen Fakultät der TU Dresden und der Verlagerung der grundständigen Juristenausbildung allein an den anderen Standort im Freistaat Sachsen teils wohl anders, jedoch ohne hinreichende Anknüpfungspunkte in der Rechtsprechung. Die Verfassungsbeschwerde der Fakultät wurde indes nicht zur Entscheidung angenommen.

es keine neuen Obersätze gebildet, sondern auf den Bestand seiner Rechtsprechung Bezug genommen. Auch insoweit kann man von einer konsolidierten Rechtsprechung sprechen. Weder zur im Kernbereich eigenen akademischen Selbstverwaltung und einer immer auch begrenzten staatlichen Außensteuerung noch zu regionalen Planungsstrukturen der Ansiedlung von Hochschulen und ihrer Koordination ergeben sich mithin Besonderheiten, die hier zu vermerken wären.

III. Zwischenergebnis

Insgesamt kann man nach dieser Übersicht davon ausgehen, dass die Rechtsprechung des Bundesverfassungsgerichts zur Wissenschaftsfreiheit im Bereich des Hochschulverfassungsrechts keinen Perspektivenwechsel vollzogen, sondern eine kontinuierliche Entwicklung genommen hat. Und die vom Gericht eingesetzte Methode, maßstabbildende Obersätze zu entwickeln, um ein Grundrecht sukzessive umzusetzen, führt im Bereich der Wissenschaftsfreiheit nicht etwa dazu, dass sich die Rechtsprechung vom Ausgangspunkt im Text des betreffenden Grundrechts des Art. 5 Abs. 3 Satz 1 GG löst und auf diese Weise eine sich fortgesetzt verselbständigende Kontrollpraxis entwickelt. Vielmehr sichert diese Vorgehensweise hier gerade die normative Bindung an das Grundrecht und sein angemessenes Verständnis. Allerdings führt der Zeitpunkt der Überprüfung einer Gesetzgebung alsbald nach ihrem Inkrafttreten zu einem höheren Abstraktionsgrad dieser Überprüfung und auch der Formulierung der angewendeten Kontrollmaßstäbe. Zu diesem Zeitpunkt gibt es keine Anschauung von der Wirkung der betreffenden Gesetzgebung *in casu*. Daher veranlasst diese Prüfungssituation oft auch, nicht nur die Kontrollsituation und den Umfang der Kontrolle zu reflektieren,[49] sondern erforderlichenfalls legislative Nachbesserungspflichten zu statuieren,[50] die nach einer Periode der Erfahrung mit dem Gesetz sozusagen im Alltag und evtl. in Verfahren vor den Fachgerichten greifen. Dann kann eine konkretere Überprüfung stattfinden, nachdem Gefährdungspotentiale der betreffenden Reformgesetzgebung deutlicher sichtbar geworden sind. Diese Prüfung obliegt aber primär eben zuerst der Legislative.

IV. Kontinuität oder Paradigmenwechsel in der Rechtsprechung zur Hochschulmedizin?

1. Die Organisationsentwicklung des Hochschulrechts wird schlagwortartig mit dem Wandel der Leitbilder von der Gelehrtenrepublik über die mitbestimmte Hochschule zur unternehmerischen Hochschule beschrieben, die verfassungsrechtlich zu

---

[49] Die Unterscheidung von Evidenz-, Vertretbarkeits-, Verfahrens- und Ergebniskontrollen je nach Charakter der zu überprüfenden Rechtsakte sowie ihrer Fakten- und Prognosebasis ist exemplarisch angedeutet bei BVerfGE 50, 290 (332 ff.).

[50] Hier einschlägig zum Hochschulrecht BVerfGE 111, 333 (360 f.).

überprüfen das Bundesverfassungsgericht in den geschilderten Stufen seiner Rechtsprechung aufgerufen war.

Das Organisationsrecht der Hochschulmedizin bewegt sich an der Schnittstelle von Forschung, Lehre und Krankenversorgung. Das Recht der medizinischen Fakultäten ist einerseits Teil des allgemeinen Hochschulrechts, aufgrund der engen Verflechtung von Forschung, Lehre und Krankenversorgung wird es andererseits von den besonderen Anforderungen des Krankenhausbetriebes überlagert.

2. Das daraus entstehende Spannungsverhältnis hat das Bundesverfassungsgericht im Anschluss an das Klinikurteil des Staatsgerichtshofs von Baden-Württemberg[51] wie folgt umschrieben:[52] „Die Krankenversorgung stellt eine derartige, der Universität vom Staat zusätzlich übertragene Aufgabe dar. Ihre Übertragung auf die Universität ist zwar durch die medizinische Forschung und Lehre begründet und bedingt; sie stellt jedoch eine Zusatzaufgabe dar, die in beträchtlichem Maße über den rein wissenschaftlichen Bereich hinausgeht. Hier ist die Universität nicht nur der Raum für die sich in wissenschaftlicher Eigengesetzlichkeit vollziehende medizinische Forschung und Lehre, sondern zugleich auch Trägerin einer gesellschaftlichen Aufgabe, die aus diesem Grunde staatlicher Kontrolle unterliegen muss (vgl. Urteil des Staatsgerichtshofs für das Land Baden-Württemberg vom 24. November 1973, ESVGH 24, 12 [16])."

„Aus dieser besonderen Stellung der Krankenversorgung sowohl im Aufgabenbereich der Universität als auch im Tätigkeitsfeld des einzelnen medizinischen Hochschullehrers ergibt sich, dass die Verwaltungsorganisation der Krankenversorgung (vgl. zur Entwicklung der Krankenhausorganisation auch BVerfGE 52, 303 [338 f.]) nicht ohne weiteres den verfassungsrechtlichen Garantien unterliegt, welche im Bereich der Selbstverwaltung wissenschaftsrelevanter Angelegenheiten und im Rahmen der Tätigkeit des Hochschullehrers in der wissenschaftlichen Forschung und Lehre Geltung beanspruchen. Das Grundrecht des an der Universität tätigen Wissenschaftlers aus Art. 5 Abs. 3 Satz 1 GG betrifft zunächst nur dessen wissenschaftliche Arbeit und Entfaltung in den der Universität gestellten, den Kernbereich akademischer Selbstverwaltung bildenden Aufgaben in Forschung und Lehre. So wie die Universität als solche im Bereich der Krankenversorgung unter der Fachaufsicht des Staates eine Auftragsangelegenheit wahrnimmt, ist auch die Stellung des medizinischen Hochschullehrers bei der Krankenversorgung nicht diejenige des rein wissenschaftlich tätigen akademischen Forschers und Lehrers, sondern die eines neben anderen Ärzten in die ärztliche Krankenhausorganisation eingegliederten Mediziners."[53]

3. Anhand dieser Grundsätze haben der Staatsgerichtshof Baden-Württemberg und das Bundesverfassungsgericht die Organisationsentwicklung der Hochschulme-

---

[51] StGH BW, ESVGH 24, 12 ff.
[52] BVerfGE 57, 70 (98 ff.).
[53] BVerfGE 57, 70 (96 ff.).

dizin von der teilweisen Verselbstständigung der Universitätsklinika in rechtlich unselbstständige Anstalten der Trägeruniversitäten zur rechtlichen Verselbstständigung in rechtsfähige Anstalten oder Gliedkörperschaften mit geteilter oder einheitlicher Leitung für Fakultät und Klinikum bis zum Beschluss des Bundesverfassungsgerichts zur Leitungsorganisation der Medizinischen Hochschule Hannover beurteilt.[54]

In den teils auf Normenkontrollklagen, überwiegend aber auf Verfassungsbeschwerden betroffener Hochschullehrer getroffenen Entscheidungen standen folgende Rechtsfragen im Mittelpunkt:

– Verfassungsrechtliche Zulässigkeit und Grenzen der Verselbstständigung der Krankenversorgung – Gewährleistung der Freiheit medizinischer Forschung und Lehre;[55]

– Rechtsstellung der Hochschullehrer der Medizin bei Wahrnehmung ihrer Aufgaben in der Krankenversorgung;[56]

– Anforderungen an eine verfassungskonforme, d. h. den Mitwirkungsrechten der Selbstverwaltungsorgane in wissenschaftsrelevanten Fragen gerecht werdende Leitungsorganisation.[57]

4. Verfassungsrechtliche Direktiven für die gesetzliche Ausgestaltung der Hochschulmedizin ergeben sich nach der Rechtsprechung des Staatsgerichtshofs Baden-Württemberg und des Bundesverfassungsgerichts aus dem Spannungsfeld zwischen der Wissenschaftsfreiheit (Art. 5 Abs. 3 Satz 1 GG) und den Organisationsprinzipien der Krankenversorgung. Letztere müssen vor allem dem Grundrecht auf körperliche Unversehrtheit (Art. 2 Abs. 2 Satz 1 GG) Rechnung tragen.

„Der Gesetzgeber muss bei der Organisation der Universitätskliniken verschiedenen rechtlichen Interessen gerecht werden: Er muss einerseits das Grundrecht der medizinischen Hochschullehrer auf Wissenschaftsfreiheit achten, andererseits eine bestmögliche Krankenversorgung gewährleisten". „Die Krankenversorgung innerhalb der Universität gehört als solche nicht zum Kernbereich akademischer Selbstverwaltung und ist deshalb dieser Verfassungsgarantie nicht zurechenbar". „Die Strukturierung der universitären Krankenversorgung kann deshalb zwar weitgehend unbedenklich mit Rücksicht auf die Effizienz der Krankenversorgung erfolgen." Im Hinblick darauf, dass die Kliniken und Institute mit ihren sächlichen und persönlichen Ressourcen, mit den in der klinischen Praxis erworbenen und erprobten Verfah-

---

[54] Zur Organisationsentwicklung und zu den Leitungsmodellen vgl. *Georg Sandberger*, Das Recht der Hochschulmedizin, in: Hartmer/Detmer (Hrsg.), Hochschulrecht. Handbuch für die Praxis, 2. Aufl. 2011, Kap. IX, S. 370 ff. (Rdnrn. 10 ff.), S. 373 ff., 376 ff. (Rdnrn. 30 ff.) m. w. N.; Wissenschaftsrat, Allgemeine Empfehlungen zur Hochschulmedizin vom 13.7. 2007, Drs. 984/07; *Beate Frank*, Universitätsmedizin im Wandel. Vom Kooperationsmodell zum Integrationsmodell, DÖV 2008, 441 ff.

[55] StGH BW, ESVGH 24, 12 ff.

[56] BVerfGE 57, 70 ff.

[57] StGH BW, ESVGH 24, 12 ff. = DÖV 1974, 632 (632 f.).

ren eine bedeutende Grundlage für Forschung und Lehre im medizinischen Bereich bilden, ist aber „auch zu berücksichtigen, dass die Freiheit medizinischer Forschung und Lehre und die akademische Selbstverwaltung nur dann in ihrem Wesenskern unangetastet bleiben, wenn eine beiden, teilweise untrennbar miteinander verbundenen Aufgabengebieten Rechnung tragende Organisation des medizinischen Gesamtbereichs der Universität besteht. Dazu gehört vor allem, dass, wie dem Interesse bestmöglicher Krankenversorgung, so auch der Freiheit medizinischer Forschung und Lehre und der akademischen Selbstverwaltung der Universität durch geeignete Koordinations- und Kooperationsmöglichkeiten beider Funktionsbereiche und durch sachgerechte organisatorische Verzahnungen Rechnung getragen wird".[58]

Der Staatsgerichtshof Baden-Württemberg hat mit diesen Grundsätzen, die im Kern auf der Wahrung der Selbstverwaltungsstrukturen der Medizinischen Fakultät unter dem Dach der Universität bestehen, der Gestaltung der Krankenversorgung aber weitgehend legislatorische Organisationsfreiheit einräumen, soweit die Funktionsbereiche im Schnittstellenbereich durch geeignete Abstimmungsmechanismen zwischen den Organen der Fakultät und des Klinikums verbunden bleiben (sog. Kooperationsmodell), den Weg für die schrittweise Verselbstständigung der Universitätsklinika, zunächst in Baden-Württemberg, eröffnet. Dem folgte später die Gesetzgebung anderer Bundesländer. Entscheidend dafür war, dass nach der Verselbstständigung des Universitätsklinikums die Aufgabe medizinischer Forschung und Lehre bei der Universität und deren Medizinischer Fakultät verblieben ist und die Funktionsbereiche Forschung, Lehre und Krankenversorgung organisationsrechtlich durch geeignete Koordinations- und Kooperationsmöglichkeiten auf der Leitungsebene und der Ebene der Kliniken/Institute gewährleistet war. Dem ist die 2. Kammer des 1. Senats des Bundesverfassungsgerichts bei der Beurteilung der Leitungsorganisation der Universitätsklinika in Nordrhein-Westfalen gefolgt.[59]

5. An diese Linie der praktischen Konkordanz[60] zwischen den aus Grundrechten freier Forschung und Lehre abgeleiteten Organisationsprinzipien der medizinischen Fakultäten und den an Art. 2 Abs. 2 Satz 1 GG auszurichtenden Organisationsprinzipien der Krankenversorgung knüpft auch der im Rahmen einer Verfassungsbeschwerde ergangene Beschluss zum Rechtsstatus medizinischer Hochschullehrer nach dem Hessischen Universitätsgesetz an:[61] „In der täglichen Praxis des medizinischen Hochschullehrers werden sich daher seine wissenschaftlichen Aufgaben und seine Aufgaben in der Krankenversorgung oft vermischen. Es liegt somit eine Verflechtung beider Bereiche miteinander vor, die bei der rechtlichen Organisation zu berücksichtigen ist. Verfassungsrechtlich folgt hieraus, dass das Grundrecht des medizinischen Hochschullehrers aus Art. 5 Abs. 3 Satz 1 GG auf Wissenschaftsfreiheit

---

[58] ESVGH 24, 12 (17).

[59] BVerfG, NVwZ 2003, 600 f.

[60] Vgl. *Konrad Hesse*, Grundzüge des Verfassungsrechts der Bundesrepublik Deutschland, 20. Aufl. 1995, Nachdruck 1999, Rdnrn. 317 ff. und passim.

[61] BVerfGE 57, 70 ff.

auch bei seiner Tätigkeit in der Krankenbehandlung und -versorgung nicht gänzlich ausgeklammert werden darf. Vielmehr muss ihm Rechnung getragen werden, soweit Forschung und Lehre in die sonst selbständige, der Universität zusätzlich übertragene Aufgabe der Krankenversorgung übergreifen. Der Gesetzgeber muss bei der Organisation der Universitätskliniken verschiedenen rechtlichen Interessen gerecht werden: Er muss einerseits das Grundrecht der medizinischen Hochschullehrer auf Wissenschaftsfreiheit achten, andererseits eine bestmögliche Krankenversorgung gewährleisten; denn auch insoweit gilt es, verfassungsrechtlich relevante Rechtsgüter von großer Bedeutung zu schützen. Jeder Patient, der sich in die Behandlung eines Universitätskrankenhauses begibt, muss sicher sein, dass sein Grundrecht auf körperliche Unversehrtheit aus Art. 2 Abs. 2 Satz 1 GG nach allen Regeln ärztlicher Kunst gewahrt wird. Die Krankenversorgung stellt ein überragend wichtiges Gemeinschaftsgut dar, für dessen Schutz der Staat von Verfassungs wegen (auch im Hinblick auf das Sozialstaatsprinzip des Art. 20 Abs. 1 GG) zu sorgen hat. Im Bereich der universitären Krankenversorgung stehen sich daher verschiedene Grundrechte und verfassungsrechtlich geschützte Interessen gegenüber; Aufgabe des Gesetzgebers ist es, zwischen diesen möglicherweise gegensätzlichen Grundrechtspositionen einen Ausgleich zu finden."

Daraus ergibt sich die grundsätzliche Bindung von nicht mit einer Leitungsfunktion ausgestatteten Hochschullehrern an Weisungen der Leitungsorgane auf der Ebene der Kliniken/Institute, ebenso eine Bindung der Klinik- und Institutsleitungen an Beschlüsse des Klinikumsvorstands in dessen Zuständigkeitsbereich im Rahmen der Koordination der Krankenversorgung. Zugleich hat der Gesetzgeber in geeigneter Form Sorge zu tragen, dass die Freiheit aller Hochschullehrer im Bereich medizinischer Forschung und Lehre gewährleistet bleibt.[62] Statusrechtlich bedeutet dies, dass die Rechtsstellung als Hochschullehrer der Medizin durch einen entsprechenden dienstrechtlichen Status selbstständiger Tätigkeit im Bereich von Forschung und Lehre ausgestaltet sein muss. Dagegen ist es als zulässig anzusehen, dass Leitungsfunktionen in der Krankenversorgung nur auf Zeit zur Überprüfung von Eignung und Bewährung vergeben werden.[63]

Die Verpflichtung zur Gewährleistung der Freiheit von Forschung und Lehre besteht auch dann, wenn das Trägerland medizinischer Fakultäten auf die Trägerschaft eigener Universitätskliniken verzichtet[64] und für die praktische Ausbildung mithilfe von Kooperationsverträgen mit anderen Krankenhausträgern auf deren Kliniken und

---

[62] Vgl. dazu *Volker Epping/Frederik Becker*, Die Kooperationsverpflichtung von Universität und Universitätsklinikum – Vorgaben der Wissenschaftsfreiheit für die Hochschulmedizin, WissR 47 (2014), 27 ff. m. w. N.

[63] Vgl. dazu *Michael Kilian*, Der Wegfall der Regel-Verbeamtung für künftige Professoren der Medizin an den medizinischen Fakultäten der Universitäten des Landes Sachsen-Anhalt, LKV 2007, 145 ff.; VGH Mannheim, DVBl 2013, 326 ff., Rdnrn. 55 ff.

[64] Beispiel das sog. Bochumer Modell oder das Klinikum Mannheim, vgl. dazu *Sandberger* (o. Fn. 54), Kap. IX, S. 424 ff., Rdnrn. 233 ff.

Institute zurückgreift oder bisherige Universitätsklinika privatisiert.[65] In den Kooperationsverträgen ist sicherzustellen, dass angemessene personelle, sachliche und zeitliche Ressourcen zur Verfügung stehen und der Krankenhausträger die Freiheit medizinischer Forschung und Lehre respektiert.[66]

6. Der Beschluss des Bundesverfassungsgerichts zur Leitungsorganisation der Medizinischen Hochschule Hannover stellt einen wichtigen Eck- und vorläufigen Endpunkt der Organisationsentwicklung in der Hochschulmedizin dar.

Die Leitungsorganisation der Medizinischen Hochschule Hannover folgt dem sog. Integrationsmodell, bei dem die Aufgaben medizinischer Forschung und Lehre einem einheitlichen Leitungsorgan übertragen sind, das im Bereich der Krankenversorgung einem aus Vertretern des Trägerlandes, aus Wissenschaft und Wirtschaft zusammengesetzten Aufsichtsrat, im Bereich der Forschung und Lehre dem Selbstverwaltungsorgan (i. d. R. der Fakultät, im Fall der MHH dem Senat) verantwortlich ist.

Mit seinem Beschluss vom 24. 6. 2014 – 1 BvR 3217/07 – zur Leitungsstruktur der Medizinischen Hochschule Hannover hat das Bundesverfassungsgericht verfassungsrechtliche Leitlinien aufgestellt, die über den konkreten Kontext hinaus auch für andere Bundesländer Maßstäbe für die Leitungsstruktur und Entscheidungsprozesse der Hochschulmedizin und der Hochschulen bei Entscheidungen über wissenschaftsrelevante Angelegenheiten setzen. Das Bundesverfassungsgericht setzt dabei im Kern seine Grundsätze für die verfassungsrechtlichen Spielräume des Gesetzgebers bei der Gestaltung der Leitungsorgane fort,[67] verstärkt aber die schon im Beschluss zum Hamburgischen Hochschulgesetz[68] erkennbaren Tendenzen, die weitreichenden Entscheidungskompetenzen der Leitungsorgane im Bereich wissenschaftsrelevanter Entscheidungen an die Zustimmung von Selbstverwaltungsorganen zurückzubinden und durch eine maßgebliche Mitwirkung der Selbstverwaltungsorgane bei der Bestellung und Abberufung der Mitglieder des Leitungsgremiums zu kompensieren.

Neben der Definition wissenschaftsrelevanter Angelegenheiten im Entscheidungskatalog des Leitungsorgans[69] werden in dem Beschluss vor allem Anforderungen an die Prozesse der Zustimmung bzw. Mitwirkung der Selbstverwaltungsorgane als Vertretungsorgane der Grundrechtsträger des Art. 5 Abs. 3 Satz 1 GG bei der Be-

---

[65] Siehe als Beispiel das Universitätsklinikum Gießen/Marburg, § 25a HessUKG vom 15. 12. 2006 (GVBl. I S. 843), dazu *Georg Sandberger*, Rechtsformen der Privatisierung von Universitätsklinika, in: Universitätsklinika in öffentlich-rechtlicher oder privatrechtlicher Organisationsform, Beiheft 17 Wissenschaftsrecht 2006, S. 11 ff.

[66] Vgl. zur Rechtsstellung der Klinikdirektoren im Universitätsklinikum Gießen-Marburg VGH Kassel, Beschluss vom 12. 7. 2011 – 1 B 1046/11, BeckRS 2011, 53191.

[67] BVerfGE 136, 338 (363, Rdnr. 57); dazu *Friedhelm Hufen*, Entscheidungsanmerkung, JuS 2015, 378 ff.

[68] BVerfGE 127, 87 (114 f.).

[69] BVerfGE 136, 338 (363, Rdnr. 58).

stellung und Abberufung des Leitungsorgans[70] und bei wesentlichen wissenschaftsrelevanten Entscheidungen[71] definiert.

a) An der Spitze der vom Bundesverfassungsgericht angelegten Prüfungsmaßstäbe steht der Katalog sog. wissenschaftsrelevanter Angelegenheiten, die Gegenstand einer Mitwirkung der Selbstverwaltungsorgane sind. Das Bundesverfassungsgericht versteht darunter „nicht nur Entscheidungen über konkrete Forschungsvorhaben oder Lehrangebote, sondern auch über die Planung der weiteren Entwicklung einer Einrichtung und über die Ordnungen, die für die eigene Organisation gelten sollen. Wissenschaftsrelevant sind auch alle den Wissenschaftsbetrieb prägenden Entscheidungen über die Organisationsstruktur und den Haushalt".[72]

b) Zur Ausgestaltung der Organisation und Mitwirkung der Selbstverwaltungsorgane führt das Bundesverfassungsgericht aus: „Der Gesetzgeber darf die Art und Weise der Mitwirkung im wissenschaftsorganisatorischen Gesamtgefüge frei gestalten, solange die wissenschaftlich Tätigen an wissenschaftsrelevanten Entscheidungen hinreichend mitwirken können."[73] „Verfassungsrechtlich bestehen gegen die Entscheidung des Gesetzgebers, die Leitung einer wissenschaftlichen Hochschule auf einen dreiköpfigen Vorstand zu übertragen, im Ausgangspunkt keine Bedenken. Das Grundgesetz enthält keine hochschulpolitische Vorgabe für ein bestimmtes Leitungsmodell. Daher ist es verfassungsrechtlich unbedenklich, in einer medizinischen Hochschule selbst wissenschaftsrelevante Entscheidungen nicht allein dem Senat oder nur dem – hier durch die Bestellungs- und Abberufungsvorschrift enger an den Senat gebundenen – für Forschung und Lehre zuständigen Mitglied des Vorstands zu überantworten, sondern die für den Haushalt und auch für die Krankenversorgung zuständigen Mitglieder des Vorstands an solchen Entscheidungen zu beteiligen."[74]

„Die Ausgestaltung der Entscheidungsbefugnisse stößt im hier normierten Gesamtgefüge auf durchgreifende Bedenken, weil § 63e Abs. 2 Nr. 3 NHG die Entscheidungen über die Organisation der Medizinischen Hochschule Hannover dem Vorstand zuweist, in dem die Mitglieder für Forschung und Lehre und für Haushalt jeweils Vetorechte haben, aber eine ausschlaggebende Beteiligung des Senats mit seinem gefächerten Sachverstand an der Entscheidung nicht vorsieht. Der Vorstand muss sich mit diesem lediglich ins Benehmen setzen. Das Niedersächsische Hochschulgesetz begrenzt damit im Gesamtgefüge, auch unter Berücksichtigung der Bestellung und Abberufung des Vorstands, die Mitwirkung des Senats an der Entscheidung über die Organisation als Weichenstellung auch für die Wissenschaft ausdrücklich in einer Weise, die mit Art. 5 Abs. 3 Satz 1 GG nicht vereinbar ist."[75]

---

[70] BVerfGE 136, 338 (374, Rdnrn. 78 ff.).
[71] BVerfGE 136, 338 (367, Rdnrn. 63 ff.).
[72] BVerfGE 136, 338 (364, Rdnr. 58).
[73] BVerfGE 136, 338 (364, Rdnr. 59).
[74] BVerfGE 136, 338 (367, Rdnr. 65).
[75] BVerfGE 136, 338 (365 f., Rdnr. 62).

„Eine strukturelle Gefährdung der Wissenschaftsfreiheit kann aus den nicht hinreichenden Mitwirkungsbefugnissen des Senats an den Entscheidungen des Vorstands über den Wirtschaftsplan (§ 63e Abs. 2 Nr. 5 NHG) und die Aufteilung der Sach-, Investitions- und Personalbudgets auf die Organisationseinheiten (§ 63e Abs. 2 Nr. 10 NHG) sowie über die Bereitstellung von Mitteln für zentrale Lehr- und Forschungsfonds (§ 63e Abs. 2 Nr. 11 NHG) resultieren, da die damit begründeten Einflussdefizite des Senats vorliegend nicht anderweitig kompensiert sind."[76]

„Grundlegende ökonomische Entscheidungen wie diejenige über den Wirtschaftsplan einer Hochschule sind nicht etwa wissenschaftsfern, sondern angesichts der Angewiesenheit von Forschung und Lehre auf die Ausstattung mit Ressourcen wissenschaftsrelevant. Haushalts- und Budgetentscheidungen müssen die verfassungsrechtlich in Art. 5 Abs. 3 Satz 1 GG garantierten Anforderungen an den Schutz der Wissenschaftsfreiheit hinreichend beachten. Dennoch hat der Gesetzgeber bei der Entscheidung über den Wirtschaftsplan neben dem Vetorecht des Vorstandsmitglieds für Wirtschaftsführung und Administration kein Vetorecht zugunsten des Vorstands für Forschung und Lehre vorgesehen."[77]

„Die Zuweisung von Entscheidungsbefugnissen über die Organisation und Weiterentwicklung von Forschung und Lehre nach § 63e Abs. 4 Satz 1 Nr. 1 NHG an das zuständige Mitglied des Vorstands hält im hier maßgeblichen Gesamtgefüge einer verfassungsrechtlichen Prüfung nicht stand."[78] „Desgleichen ist jedenfalls im vorliegenden Gesamtgefüge die Entscheidungsbefugnis über die Aufteilung der Mittel für Forschung und Lehre nach § 63e Abs. 4 Satz 1 Nr. 2 und 4 NHG zu beanstanden. Auch hier entscheidet das Vorstandsmitglied lediglich im Benehmen mit dem Senat und unterliegt, soweit ersichtlich, keinen weiteren normativen Vorgaben (anders als beispielsweise in Hamburg, wo die Grundsätze für die Ausstattung und die Mittelverteilung vom Hochschulrat beschlossen werden."[79] „Die Ausgestaltung der Kreation des Leitungsorgans der Hochschule stößt bei der derzeitigen Ausgestaltung der Befugnisse des Vorstands insofern auf verfassungsrechtliche Bedenken, als das für Wirtschaftsführung und Administration zuständige Vorstandsmitglied ohne hinreichende Mitwirkung des Senats auf Vorschlag des externen Hochschulrats im Einvernehmen mit dem für Forschung und Lehre zuständigen Vorstandsmitglied bestellt wird."[80] „Durchgreifenden verfassungsrechtlichen Bedenken begegnet es, der Bestellung einer wie hier mit weitreichenden Befugnissen ausgestatteten Hochschulleitung ein Findungsverfahren vorzuschalten, in dem – anders als nach dem für sonstige Hochschulen geltenden § 38 Abs. 2 Satz 2 NHG – eine Mitwirkung der Wissenschaftler und Wissenschaftlerinnen nicht hinreichend gesichert ist."[81]

---

[76] BVerfGE 136, 338 (371, Rdnr. 70).
[77] BVerfGE 136, 338 (371, Rdnr. 71).
[78] BVerfGE 136, 338 (373, Rdnr. 76).
[79] BVerfGE 136, 338 (374, Rdnr. 77).
[80] BVerfGE 136, 338 (375, Rdnr. 82).
[81] BVerfGE 136, 338 (377, Rdnr. 84).

Im Ergebnis bedeutet dies zum einen das Erfordernis einer *personellen Legitimation* bei der Wahl und Abwahl von Mitgliedern des Leitungsorgans mit Zuständigkeiten im Bereich wissenschaftsrelevanter Entscheidungen durch das Selbstverwaltungsorgan als Repräsentationsorgan der Grundrechtsträger, zum anderen die *sachliche Legitimation* wissenschaftsrelevanter Entscheidungen des Leitungsorgans durch Rückbindung an das Selbstverwaltungsorgan. Zu den wissenschaftsrelevanten Entscheidungen gehören neben der Bestellung und Abberufung des leitenden ärztlichen Personals auch die Struktur- und Finanzplanung sowie Entscheidungen über die Aufteilung des Budgets für Forschung, Lehre und Krankenversorgung sowie die Grundsätze der Mittelverteilung. Der Beschluss des Bundesverfassungsgerichts führt damit die im Beschluss zur Fakultätsorganisation nach dem Hamburgischen Hochschulgesetz erkennbare Tendenz fort, die einerseits die Leitung einer Hochschule oder Fakultät durch einen Vorstand (Rektorat, Präsidium, Dekanat) für grundgesetzkonform erklärt, diese Leitungsorganisation andererseits einer personellen und sachlichen Legitimation durch die akademische Selbstverwaltung unterwirft. Die Organisation der Krankenversorgung (Vorstand, Aufsichtsrat) ist davon nur insoweit betroffen, als es um Entscheidungen im Schnittstellenbereich zu Forschung und Lehre geht.

7. Zieht man ein Fazit, lässt sich feststellen, dass die verfassungsrechtlichen Maßstäbe zur Beurteilung der Organisation der Hochschulmedizin nicht nur eine weitgehende Übereinstimmung mit der Rechtsprechung zum allgemeinen Hochschulrecht, sondern vor allem eine durchgehende Kontinuität im Laufe der Organisationsentwicklung aufweisen. Sie erwiesen sich als hinreichend stabil, um in wissenschaftsrelevanten Angelegenheiten der Hochschulmedizin eine angemessene Beteiligung der Selbstverwaltung und im individualrechtlichen Bereich die Freiheit wissenschaftlicher Lehre und Forschung zu gewährleisten, andererseits hinreichend flexibel, um den Bedürfnissen effizienter Organisation der Krankenversorgung Rechnung zu tragen.

V. Fazit

Die Rechtsprechung des Bundesverfassungsgerichts zum Hochschulverfassungsrecht vollzieht sich in einer gewissen Kontinuität, indes nicht ohne Spielräume für künftige Entwicklungen zu lassen. Das gilt auch für den Bereich der Hochschulmedizin.

Hochschulpolitische Vereinigung von Universität und Fachhochschule zur Behebung hochschulbezogener „Schieflagen"? – Zugleich zur aktuellen BVerfG-Rechtsprechung

Von *Lothar Knopp*

I. Vorbemerkung

Der Jubilar, der bekanntlich eine langjährig anerkannte und renommierte Fach-Persönlichkeit, vor allem im allgemeinen Verwaltungsrecht und Umweltrecht ist, hat sich, um dies deutlich ins Bewusstsein der scientific community zu rufen, auch immer wieder, vor allem in den letzten Jahren, mit zentralen Fragen des Hochschulrechts beschäftigt. Als Mitherausgeber der inzwischen in der Bearbeitung befindlichen dritten Auflage des Kommentars zum Brandenburgischen Hochschulgesetz (BbgHG) und anderer hochschulbezogener Regelwerke sowie hier als Kommentator ausgewählter hochschulrechtlicher Vorschriften und als Mitherausgeber der Cottbuser Schriftenreihe zu Hochschulpolitik und Hochschulrecht hat er wesentlich zur Lösung hochschulrechtlicher Fragestellungen für die Praxis beigetragen. Unter diesem besonderen Aspekt seines Wirkens sei ihm dieser Beitrag gewidmet.

Der Titel des Beitrags umreißt eine altbekannte Thematik, die aber in jüngerer Zeit durch die Verschmelzung der ehemaligen Universität Lüneburg mit der Fachhochschule Nordostniedersachsen (jetzt: „Leuphana"-Universität) und aktuell durch die Vereinigung der ehemaligen Brandenburgischen Technischen Universität (BTU) Cottbus mit der früheren Fachhochschule Lausitz (HL) (jetzt: BTU Cottbus-Senftenberg, BTU CS) wieder neue Schubkraft erhalten hat. In Rechtsprechung[1] und Literatur[2] wird dieses Phänomen schlagwortartig mit „Hochschulfusion" bezeichnet, wobei die Verwendung dieses Begriffs die Verschmelzung von Hochschulen glei-

---

[1] Vgl. nur jüngst BVerfG, Beschluss vom 12.5.2015 – 1 BvR 1501/13 und 1 BvR 1682/13, z. B. Rz. 3, 43 = NVwZ 2015, 1370 = LKV 2015, 359.

[2] Vgl. z. B. *Volker Epping*, Das Modell Lüneburg – ein neuer Gesamthochschulentwurf?, WissR 42 (2009), 232 (232); *Simon Sieweke*, Zur Verfassungsmäßigkeit der Fusion der Universität Karlsruhe mit dem Forschungszentrum Karlsruhe, VBlBW 2009, 290 (290); HSW 2007, 162 (162) – HSW-Gespräche, hier mit: *Josef Lange*; Arbeitsgruppe Fortbildung im Sprecherkreis der Universitätskanzler (Hrsg.), Materialien Nr. 93, 2005 (siehe hier etwa die Beiträge von *Heiner Kleffner*, S. 31; *Joachim Kartte*, S. 41; *Peter Gaehtgens*, S. 49; *Wolf-Dietrich Freiherr von Fircks*, S. 55); *Frank Chantelau*, Der verfassungsrechtliche Rahmen für Fusionen von Universitäten und Fachhochschulen, 2004.

chen oder unterschiedlichen Typus erfasst³ und auch für hochschulinterne Strukturveränderungen („interne Fusion"⁴) sowie für die Vereinigung gleicher Fachgebiete verschiedener Hochschulen („Fusion der Berliner Universitätsmedizin"⁵) verwendet wird.

Gleichgültig, welche Form der Verschmelzung letztlich im Einzelfall hochschulpolitisch präferiert wird, die Problemlagen und Spannungsfelder sind in der Regel vielschichtig, wie das aktuelle prozessträchtige Beispiel der Vereinigung von ehemaliger BTU Cottbus und ehemaliger HL anschaulich belegt, wo es um die von massiven Auseinandersetzungen und Protesten geprägte hochschulpolitisch „verordnete" Verschmelzung einer Universität mit einer Fachhochschule geht. Nach Auffassung renommierter Hochschulrechtler bedeuten derartige Entscheidungen einen Rückfall in die „dunkle Zeit" der Gesamthochschule.⁶

II. Zum Fusionsbegriff

Der Begriff „Fusion" entstammt dem Wirtschaftsrecht. Von einer sog. rechtlichen Fusion spricht man, wenn zwei oder mehr bisher unabhängige Unternehmen so zu *einem* Unternehmen zusammenschmelzen, dass entweder alle ihre bisherige Rechtspersönlichkeit verlieren oder zumindest eines in der Rechtspersönlichkeit eines anderen aufgeht.⁷ Eine sog. wirtschaftliche Fusion liegt dagegen vor, wenn vorher wirtschaftlich unabhängige Unternehmen ihre Aktivitäten so zusammenlegen, dass eine wirtschaftliche Einheit entsteht, ohne dass dabei besagte Unternehmen aber ihre Rechtspersönlichkeit aufgeben.⁸ Im Sprachgebrauch des deutschen Rechts wird für den Begriff der Fusion in der Regel der Begriff „Verschmelzung" verwandt. Unterschieden wird in diesem Zusammenhang, ob die Fusion auf Grund Einzelrechts-

---

³ Zur Hochschultypisierung siehe ausführlich *Volker Epping*, Typisierung von Hochschulen: Universitäten und Fachhochschulen, in: Hartmer/Detmer (Hrsg.), Hochschulrecht, Ein Handbuch für die Praxis, 2. Aufl. 2011, II Rdnrn. 13 ff.; *Michael Lyhnen*, Typisierung von Hochschulen: Pädagogische Hochschulen, Kunst- und Musikhochschulen, kirchliche Hochschulen, private Hochschulen, ebd., III Rdnrn. 15 ff., jew. m. w. N.

⁴ *Wolff-Dietrich Webler*, Fallstudie zu einer internen Fusion – Neuordnung von Fächern an der Universität zu Köln, in: Battke/Cremer-Renz (Hrsg.), Hochschulfusionen in Deutschland: Gemeinsam stark?!, 2. Aufl. 2011, S. 143.

⁵ *Thomas Flierl/Andreas Keller*, Die Fusion der Berliner Universitätsmedizin, in: Battke/Cremer-Renz (o. Fn. 4), S. 115.

⁶ Für die „Leuphana" siehe etwa *Epping*, WissR 42 (2009), 232 (232) sowie die Entgegnung hierzu von *Klaus Peters*, Mussten die Gesamthochschulen „scheitern"? Eine Entgegnung auf Volker Eppings Kritik am Gesamthochschulkonzept, WissR 42 (2009), 256, jew. m. w. N.

⁷ Vgl. z. B. *Simon Hirsbrunner/Stefan Rating*, in: von der Groeben/Schwarze/Hatje (Hrsg.), Europäisches Unionsrecht, 7. Aufl. 2015, VO (EG) 139/2004, Art. 3 Rdnr. 13 m. w. N.

⁸ Vgl. *Hirsbrunner/Rating*, ebd., VO (EG) 139/2004, Art. 3 Rdnr. 14; *Alexander Riesenkampff/Stefan Lehr*, in: Loewenhain/Meesen/Riesenkampff (Hrsg.), Kartellrecht, 2. Aufl. 2009, VO (EG) 139/2004/EG Art. 3 Rdnr. 15.

nachfolge oder auf Grund von Gesamtrechtsnachfolge erfolgt. Wird das Vermögen des ursprünglichen Unternehmens auf Grund Einzelrechtsnachfolge übertragen, wird der übertragende Rechtsträger nach der Übertragung liquidiert, eine Fusion auf Grund von Gesamtrechtsnachfolge erfolgt demgegenüber nach den Vorschriften des UmwG.[9]

Einer Fusion liegen regelmäßig wirtschaftliche Ursachen zugrunde. Insoweit ist dieser Begriff gerade auch zutreffend für die Vereinigung bzw. Verschmelzung von Hochschulen, gleichgültig welchen Typus, oder von Fachgebieten innerhalb derselben Hochschule oder an verschiedenen Hochschulen mit besonderen Standortbezügen. Es handelt sich in diesem Zusammenhang durchaus um keinen „anrüchigen" Begriff angesichts maroder Landesfinanzen und -schuldenbremsen.[10] Meist wird jedoch der „Bologna-Gedanke" in den Vordergrund gerückt, der strukturell – so die hochschulpolitischen Entscheider – die konkrete Zusammenlegung von Hochschulen nahezu zwingend erfordere.[11]

Mit einer derartigen Argumentation wurde in jüngerer Zeit die „Modellhochschule Leuphana" ins Leben gerufen,[12] ursprünglich bestehend aus der Universität Lüneburg und der Fachhochschule Nordostniedersachsen. Der niedersächsische Gesetzgeber verwendet in diesem Zusammenhang ganz offen auch den Fusionsbegriff zur rechtlichen Institutionalisierung dieser neuen Universität in seinem „Gesetz zur *Fusion* der Universität Lüneburg und der Fachhochschule Nordostniedersachsen und zur Änderung des Niedersächsischen Hochschulgesetzes".[13] Nicht nur in diesem Fall waren beide Hochschulen auf Grund massiver Haushaltskürzungen als Beitrag zur Haushaltskonsolidierung offenbar nur durch den dadurch letztlich erzwungenen Zusammenschluss zu „retten" gewesen.[14] Beim aktuellen Brandenburger Zusam-

---

[9] *Ines Heß*, in: Beck'sches Steuer- und Bilanzrechtslexikon, Edition 3/15, Fusion Rdnr. 1; vgl. auch § 2 UmwG.

[10] So stellt der Wissenschaftsrat in seinen Empfehlungen zur Weiterentwicklung des Hochschulsystems des Saarlandes, WR-Drs. 3649/14, S. 56, insbesondere auf die Folgen der Verschuldung und des daraus resultierenden Sparzwanges des Landes für die Hochschullandschaft ab, abrufbar unter: http://www.wissenschaftsrat.de/download/archiv/3649-14.pdf (letzter Aufruf: 16.9.2015). In die gleiche Richtung geht ein von der Fraktion Die Linke im Thüringer Landtag im Jahr 2013 in Auftrag gegebenes Gutachten, in dem geprüft wird, wie „ein verbessertes Verhältnis von landesseitigem Finanzierungsaufwand zu Ertrag in Forschung und Lehre" erreicht werden kann mit den Mitteln der Hochschulfusion oder verstärkter -kooperation, siehe das Gutachten „Campus Thüringen – Perspektive durch Kooperation", abrufbar unter: http://www.die-linke-thl.de/fileadmin/lv/dokumente/presse/sonstiges/Campus-Thueringen.pdf (letzter Aufruf: 16.9.2015).

[11] Zur „Leuphana" siehe z. B. *Chantelau* (o. Fn. 2), S. 215, m. w. N. sowie unter IV.

[12] Zu den politischen Motiven siehe *Chantelau*, ebd., S. 214 ff., m. w. N.; auch – kritisch – *Thorsten Koch*, Die Zusammenlegung von Hochschulen in Lüneburg – Aufbruch zu neuen Ufern, NdsVBl. 2015, 10 (12) sowie unter IV.

[13] Vom 16.9.2004, GVBl. S. 352.

[14] *Chantelau* (o. Fn. 2), S. 214 f.; *Koch*, NdsVBl. 2005, 10 (10); *Hartwig Donner*, Die Modelluniversität Lüneburg: Bologna – Stiftung – Fusion – Autonomie, in: Battke/Cremer-Renz (Hrsg.) (o. Fn. 4), S. 65 (69), jew. m. w. N.

menschluss von ehemaliger BTU Cottbus und HL handelt es sich ebenfalls um eine Fusion im rechtlichen Sinne, legt man die oben genannten begrifflichen Kriterien für den rechtlichen Fusionsbegriff zugrunde, denn durch die Neugründung der Universität BTU CS mittels „Gesetz zur Weiterentwicklung der Hochschulregion Lausitz" (GWHL)[15] ist die Rechtspersönlichkeit beider ehemaliger Wissenschaftsinstitutionen erloschen und die neue Universität Rechtsnachfolgerin der ehemaligen BTU Cottbus und der ehemaligen HL.[16] Auch das BVerfG verwendet in seinen Ausführungen im Beschluss zu den Verfassungsbeschwerden zweier Fakultäten und dreier Professoren der ehemaligen BTU Cottbus den Fusionsbegriff als „selbstverständliche Gegebenheit"[17].

III. Rechtliche Grundlagen

Errichtung, Zusammenlegung und Schließung von Hochschulen eines Landes bedürfen grundsätzlich eines Parlamentsgesetzes.[18] Angesichts der Bedeutung solcher Entscheidungen im Einzelfall ist deshalb das jeweils zuständige Wissenschaftsministerium, das weniger wichtige Entscheidungen mittels Rechtsverordnungen treffen kann, auch nicht zuständig, wie z. B. die brandenburgische Rechtslage belegt.[19] In anderen Bundesländern finden sich ähnliche Regelungen.[20] Dagegen nicht geregelt sind die materiellen Voraussetzungen, unter denen z. B. eine Zusammenlegung oder Schließung von Hochschulen erfolgen darf.[21] Dies obliegt ausschließlich dem Entscheidungs- und Gestaltungsspielraum des zuständigen Gesetzgebers, ebenso wie die Gestaltung des konkreten Gesetzgebungsverfahrens durch die gesetzgebenden Organe, was das BVerfG in seinem Beschluss vom 12.5.2015 noch einmal verdeut-

---

[15] Vom 11.2.2013, GVBl. I Nr. 4, geändert durch Art. 2 des Gesetzes vom 28.4.2014, GVBl. I Nr. 18.

[16] § 21 Abs. 2 GWHL; siehe dagegen aber das Interview mit der Ministerin für Wissenschaft, Forschung und Kultur, *Sabine Kunst*, vom 30.3.2012, abrufbar unter: http://www.tagesspiegel.de/wissen/interview-eine-hochschule-neuen-typs/6453764.html (letzter Aufruf am 30.6.2015); vgl. auch LT-Drs. 5/6180, S. 24, wo es heißt: „Angesichts der unterschiedlichen Typik beider Hochschulen, der geplanten Erhaltung der Stärken beider Einrichtungen sowie der im Kontext des Bologna-Prozesses zunehmenden Vermischung von Aufgaben, die bisher in Deutschland eher Fachhochschulen oder Universitäten zugeordnet wurden, ist die Errichtung der Brandenburgischen Technischen Universität Cottbus-Senftenberg gegenüber einer Fusion beider Hochschulen vorzugswürdig."

[17] Siehe o. Fn. 1.

[18] Vgl. z. B. *Franz-Joseph Peine/Andrea Radcke*, in: Knopp/Peine (Hrsg.) Brandenburgisches Hochschulgesetz, 2. Aufl. 2012, § 2 Rdnr. 29 sowie § 2 Abs. 2 BbgHG der brandenburgischen Gesetzesnovelle vom 28.4.2014, GVBl. I Nr. 18.

[19] *Peine/Radcke*, ebd., § 2 Rdnr. 29 sowie § 2 Abs. 1 Satz 2 BbgHG 2014.

[20] Vgl. z. B. § 2 Abs. 1 HSG S-H, § 2 Abs. 2 ThürHG, § 1 Abs. 4 LHG BW sowie *Georg Sandberger*, Landeshochschulgesetz Baden-Württemberg, 1. Aufl. 2013, § 1 LHG BW Rdnr. 6, § 1 Abs. 3 HmbHG sowie *Anita Winkler-Bondartschuk*, in: Neukirchen/Reußow/Schomburg (Hrsg.), Hamburgisches Hochschulgesetz, 1. Aufl. 2011, § 1 Rdnr. 5.

[21] Vgl. z. B. *Peine/Radcke* (o. Fn. 18), § 2 Rdnr. 29.

licht hat.[22] Insoweit hat das Gericht auch für das Errichtungsgesetz zur BTU CS dem Gesetzgeber ein verfassungsgemäßes Vorgehen bescheinigt.[23] Die Einwirkungsmöglichkeiten der betroffenen Hochschulen und ihrer Gremien bei einem solchen Gesetzgebungsverfahren sind dabei äußerst beschränkt, wie besagte BVerfG-Entscheidung zur gesetzlichen Vereinigung der ehemaligen BTU Cottbus und der ehemaligen HL zeigt.

IV. Hochschulpolitische Motive

Dass einer Fusion in der Regel wirtschaftliche Ursachen zugrunde liegen, darauf wurde oben schon hingewiesen. Für die Hochschulen gilt häufig nichts anderes als bei Unternehmen, ist doch die Knappheit der Haushaltsmittel bei Hochschulen ein langjähriges und altbekanntes Thema.[24] Finanzielle Zwänge waren offenbar auch der primäre Hintergrund für die Neugründung der „Modellhochschule Leuphana".[25] Bei der Neugründung der BTU CS findet sich im Errichtungsgesetz als Anlage (zu § 2 Abs. 1) ein Auszug aus dem Abschlussbericht der Hochschulstrukturkommission des Landes Brandenburg. Darin wird u. a. beiden ehemaligen Hochschulen – der BTU Cottbus und der HL – eine (angebliche) Unterauslastung im Bereich der Studierenden bescheinigt. Der Bericht schlägt wesentliche strukturelle Neuerungen für beide Hochschulen vor. Bemerkenswert ist dabei, dass die zuständige Kommission in dem Bericht, auf den sich das Errichtungsgesetz explizit bezieht, *keine* Fusion beider Hochschulen vorschlägt, sondern den deutlichen Ausbau der Kooperation beider Hochschulen bei gleichzeitiger Erhaltung ihrer Rechtspersönlichkeit. Der Gesetzgeber beschreitet demgegenüber aber den Weg der Neugründung. In den Kommissionsberichten wird in diesem Zusammenhang abweichend von der späteren gesetzlichen Regelung auch eine Art „Holding"-Struktur präferiert, also zwei Wissenschaftsinstitutionen unter einem Dach, gemeint ist: Unter einer gemeinsamen Leitung mit vor allem Finanzverantwortung für beide Hochschulen. Letztlich wurde also bei beiden Hochschulen die wirtschaftliche Überlebenskraft auf Dauer in Frage gestellt, wobei der Gesetzgeber sich nicht für das „Holding"-Modell, sondern gleich für eine Neugründung bzw. eine Vereinigung der ehemaligen BTU und HL entschied, wodurch beide auch ihre Rechtspersönlichkeit verloren haben.

Bei Neugründung der „Leuphana" wie auch der BTU CS wird für die Einführung neuer Strukturen zur Beseitigung von hochschulbezogenen „Schieflagen" der „Bologna-Prozess" bemüht. Nach dem Willen der politischen Entscheider sollte mit der Fusion in Lüneburg eine „Modelluniversität für den Bologna-Prozess [...] mit dem Schwerpunkt Lehre" entstehen, die die politisch gewollte flächendeckende Umstellung auf die neue Bachelor/Master-Studienstruktur vollständig, frühzeitig und mo-

---

[22] BVerfG (o. Fn. 1), Rz. 52 ff.
[23] BVerfG, ebd., Rz. 45.
[24] Zu den öffentlichen Ausgaben für Hochschulen aktuell (Grundmittel) siehe die länderspezifischen Übersichten in F & L 2015, 734.
[25] Siehe o. Fn. 14.

dellhaft verwirklicht.[26] Zur Umsetzung dieses politischen Willens sollten tiefgehende strukturelle Veränderungen in den nunmehr zusammengefassten Hochschulen beitragen.[27]

Der „Bologna-Prozess" wird ebenfalls, wenn auch nicht ausschließlich, vom Gesetzgeber für die Neugründung der BTU CS bemüht[28]: „Die Verbindung der charakteristischen Schwerpunkte und Besonderheiten der Hochschultypen unter dem Dach einer Errichtungsorganisation folgt zudem den Entwicklungen und Herausforderungen des Bologna-Prozesses, dessen Umsetzung mit der Errichtung der Brandenburgischen Technischen Universität Cottbus-Senftenberg konsequent weiter verfolgt werden soll."

Neugründungen, Verschmelzungen von Hochschulen gehen daher in der Regel stets mit teilweise einschneidenden strukturellen Veränderungen einher, durch die sich die politischen Entscheider eine wettbewerbsfähige, aber auch mittel- und langfristig gesehen wirtschaftliche Optimierung der jeweiligen Hochschullandschaft erhoffen. Wenn bei einem solchen Vorgehen Universität und Fachhochschule „aufeinandertreffen", sind Problemlagen und Spannungsfelder nahezu vorprogrammiert, wie der Neugründungsprozess bei der BTU CS eindrucksvoll belegt, der von massiven Protesten der universitären Vertreter, darunter auch der Studierendenschaft, begleitet war. Die jeweiligen hochschulpolitischen Motive für solche Verschmelzungsakte eingehend darstellen und analysieren zu wollen, würde hier allerdings zu weit führen. Es soll sich deshalb darauf beschränkt werden, zu diesem Punkt abschließend anzumerken, dass als wirtschaftlich nicht mehr tragfähig eingestufte Wissenschaftsinstitutionen, wie z. B. einzelne Hochschulen, einem solchen Prozedere unterfallen können. Soweit die jeweils zuständige Landesregierung solche Institutionen nicht schließen will bzw. dies auch politisch nicht opportun erscheint, bietet die Verschmelzung eine probate Alternativlösung. Für eine Vereinigung Universität-Fachhochschule mit all ihren facettenreichen Problemfeldern hat letztlich jedenfalls auch das BVerfG in seinem jüngsten Beschluss zur BTU CS[29] die Tür weit geöffnet, doch hierzu später.[30]

---

[26] *Chantelau* (o. Fn. 2), S. 215 m. w. N.; insoweit kritisch *Koch*, NdsVBl. 2005, 10 (12), der zutreffend die Frage stellt, was denn der Bologna-Prozess mit der Fusion von Hochschulen überhaupt zu tun habe; nahezu euphorisch dagegen z. B. *Christa Cremer-Renz/Hartwig Donner*, Die Modelluniversität Lüneburg als Vorreiter auf dem Gebiet der Hochschulreform, in: Cremer-Renz/Donner (Hrsg.), Die innovative Hochschule, 2005, S. 3 ff.; *Donner* (o. Fn. 14), S. 65 ff.

[27] *Chantelau* (o. Fn. 2), S. 216 sowie die Nachweise in Fn. 6.

[28] LT-Drs. 5/6180, S. 22.

[29] Siehe Fn. 1.

[30] Siehe unter VI.

V. Zu Spannungsfeldern Universität-Fachhochschule bei einer Verschmelzung (beispielhaft)

1. Stärkung der Fachhochschulen

Die Fachhochschulen haben in den letzten Jahren gegenüber den Universitäten eine erhebliche Stärkung erfahren.[31] Die ursprüngliche Differenzierung in anwendungsorientierte Forschung[32] und Lehre, bezogen auf die Fachhochschule, und Grundlagenforschung sowie eher wissenschaftsorientierte Lehre, bezogen auf die Universität[33], ist aktuell so nicht mehr aufrecht zu erhalten, wie auch die Länderhochschulgesetze belegen, in denen teilweise bereits gemeinsame Regelungen, z. B. zu Organisationsfragen, für Universität und Fachhochschule gleichermaßen gelten. Auch bei verschiedenen Aufgabenzuweisungen an die „Hochschule", worunter nach landesgesetzlicher Definition Universitäten und Fachhochschulen fallen[34], differenzieren teilweise die Landesgesetzgeber nicht mehr zwischen unterschiedlichen Hochschultypen.[35] Dies verdeutlicht, wie sehr sich die etablierten Vorstellungen von Universität und Fachhochschule verwischen[36], zum Leidwesen der Universität, die sich nach tradierter Auffassung als „Hüterin der Wissenschaften" versteht, deren Bezeichnung sich vom lateinischen Ausdruck „universitas litterarum" ableitet, gekennzeichnet durch die Einheit von Forschung und Lehre, der Inhabung des Promotions- und Habilitationsrechts, die Berücksichtigung der gesamten Breite der Natur- und Geisteswissenschaften an jeder Universität sowie eine körperschaftliche Rechtsstruktur mit der darauf beruhenden Autonomie.[37]

Zudem hat die höchstrichterliche Rechtsprechung die Rechtsstellung der Fachhochschulen und ihrer Professoren gestärkt. So hat das BVerfG seine bejahende Rechtsprechung zur Frage, ob sich auch Fachhochschullehrer auf das Grundrecht der Wissenschaftsfreiheit (Art. 5 Abs. 3 Satz 1 GG) berufen können,[38] in seinem Be-

---

[31] Vgl. hierzu etwa Hochschulrektorenkonferenz (Hrsg.), Quo Vadis Fachhochschule? Dokumentation der 38. Jahrestagung des Bad Wiesseer Kreises vom 1. Mai – 4. Mai 2008, 2009.

[32] Zum „Forschungspotential" der Fachhochschulen vgl. auch BMBF (Hrsg.), Forschungslandkarte Fachhochschulen, Potenzialstudie, 2004.

[33] Vgl. näher nur *Epping,* in: Hartmer/Detmer (o. Fn. 3), II Rdnrn. 4 ff. m. w. N.

[34] Vgl. z. B. § 2 Abs. 1 BbgHG, § 2 Abs. 1 HessHG, § 1 Abs. 2 Satz 1 LHG BaWü, § 1 Abs. 1 Satz 1 LHG S-H.

[35] Vgl. insoweit zum Thema „Förderung des wissenschaftlichen Nachwuchses" *Epping,* in: Hartmer/Detmer (o. Fn. 3), II Rdnr. 19 m. w. N.

[36] Vgl. auch *Michael Kerres,* Fachhochschule, Universität? Die Hochschulwelt ordnet sich neu, HWS 2006, 118 (120).

[37] *Epping,* in: Hartmer/Detmer (o. Fn. 3), II Rdnr. 7 m. w. N.

[38] BVerfGE 126, 1 (20) = NVwZ 2010, 1285 = NJW 2010, 3291 Ls.; vgl. hierzu *Hans-Wolfgang Waldeyer,* Die Professoren der Fachhochschulen als Träger des Grundrechts der Wissenschaftsfreiheit, NVwZ 2010, 1279 ff.

schluss vom 12.5.2015 fortgesetzt,[39] in dem es nunmehr dieses Recht als individuelles Grundrecht erneut den Fachhochschulprofessoren zugesteht. Das BVerfG trifft an dieser Stelle auch eine folgenschwere Feststellung, die den Befund zur bereits zu beobachtenden Nivellierung von Universität und Fachhochschule belegt, wenn es nämlich unter Verweisung auf die Empfehlungen des Wissenschaftsrates ausführt, dass eine „trennscharfe" Unterscheidung zwischen Universitäten und Fachhochschulen heute (nur noch) schwer möglich sei.[40]

2. „Überleitung" FH-Professor zum Universitätsprofessor und Promotionsrecht

Im Falle der Verschmelzung von Universität und Fachhochschule stellt sich insbesondere auch das Problem der sog. Überleitung von FH-Professuren in eine Universitätsprofessur. Soweit die entsprechenden gesetzlichen Regelwerke zur Zusammenführung beider Wissenschaftsinstitutionen die Möglichkeit einer „Überleitung" vorsehen,[41] ist es Aufgabe der jeweils neuen Hochschule, das Überleitungsverfahren näher auszugestalten. Hier empfiehlt es sich, um die „Reibungsverluste" bei hochschulinternen Gremienentscheidungen zur Frage der „Überleitung" eines professoralen Antragstellers aus der ehemaligen FH in eine Universitätsprofessur möglichst gering zu halten, weitgehend auf externen Sachverstand zurückzugreifen[42] und hieraus resultierende gutachterliche Stellungnahmen für die Entscheidung, ob im konkreten Fall die hochschulgesetzlichen Voraussetzungen für die Wahrnehmung des Amtes eines Universitätsprofessors auch tatsächlich vorliegen, zugrunde zu legen. So lassen sich ggf. insbesondere nicht zielführende Auseinandersetzungen zwischen ehemaligen FH-Professoren und Universitätsprofessoren in den zur Entscheidung berufenen Gremien zwar nicht unbedingt vermeiden, aber zumindest erheblich abmildern, was für den konkreten Entscheidungsprozess nur förderlich sein kann.

Ein weiteres Problemfeld eröffnet das Thema „Promotion". Bei einer Verschmelzung von Universität und Fachhochschule erwerben die ehemaligen FH-Professoren, soweit sie nicht in eine Universitätsprofessur „übergeleitet" werden, nicht automatisch die Berechtigung, wissenschaftlichen Nachwuchs zu promovieren, nur weil sie jetzt unter dem Dach einer Institution mit der Bezeichnung „Universität" tätig sind. Das Promotionsrecht („ius promovendi") und im Folgenden das Habilitationsrecht gehören bekanntlich schon seit jeher zu den typischen und identitätsbestim-

---

[39] Siehe o. Fn. 1, 1 BvR 1501/13 und 1 BvR 1682/13, Rz. 81 („Die Hochschullehrenden der Fachhochschule Lausitz können sich demnach ebenso wie die der Universität Cottbus auf die Wissenschaftsfreiheit berufen, betreiben akademische Lehre und tragen Verantwortung für das Profil der Organisation").

[40] Siehe Fn. 1, Rz. 82.

[41] Zur BTU CS vgl. im Einzelnen § 6 Abs. 2 GWHL; zur „Leuphana" vgl. Art. 1 § 5 Satz 1 FusG sowie *Chantelau* (o. Fn. 2), S. 232 ff. m. w. N.

[42] Zur BTU CS vgl. insoweit § 6 Abs. 2 Satz 3 GWHL sowie die in Bearbeitung befindliche Satzung des Organs nach § 6 Abs. 2 GWHL.

menden Merkmalen der Universitäten und der ihnen im Laufe der Zeit gleichgestellten wissenschaftlichen Hochschulen.[43] Zugleich bedeutet dies aber nicht, dass den Universitäten durch Art. 5 Abs. 3 Satz 1 GG ein Promotionsmonopol gewährleistet ist.[44] Insoweit wird inzwischen auch durchaus ernsthaft über die Verleihung des Promotionsrechts an Fachhochschulen diskutiert.[45] Im Zuge der bereits zu beobachtenden Nivellierung von Universität und Fachhochschule (s. o. V. 1.), unterstützt durch die Rechtsprechung[46], droht damit eine der letzten universitären Bastionen zu fallen.[47] Aktuell enthalten alle Landeshochschulgesetze[48] die Möglichkeit sog. kooperativer Formen bei der Durchführung von Promotionen zwischen Fachhochschulen und Universitäten.[49] Teilweise wird sogar ausdrücklich gesetzlich geregelt, dass die jeweiligen Promotionsordnungen zwingend Regelungen zu kooperativen Promotionsverfahren enthalten müssen.[50] Bei einer Verschmelzung von Universität und Fachhochschule werden die ehemaligen FH-Professoren, die nicht in den Genuss einer „Überleitung" in eine Universitätsprofessur gelangt sind, durchaus verstärkt darauf pochen, den von ihnen betreuten wissenschaftlichen Nachwuchs einer Promotion zuzuführen, weshalb hier von den Universitätsprofessoren zunehmend „kooperatives Verhalten" eingefordert wird. Gerade an diesem Beispiel zeigt sich auch, ob und inwieweit beide ehemalige Wissenschaftsinstitutionen – Universität und Fachhochschule – unter einem Dach einer Institution mit der Bezeichnung „Universität" zusammenwachsen können.

---

[43] *Epping*, in: Hartmer/Detmer (o. Fn. 3), II Rdnr. 20 m. w. N.

[44] *Epping*, ebd., m. w. N.

[45] Pro: *Hans-Wolfgang Waldeyer*, Die Professoren der Fachhochschulen als Träger des Grundrechts der Wissenschaftsfreiheit, NVwZ 2010, 1279 (1282); *ders.*, Das kooperative Promotionsverfahren, DNH 2007, 8 (11); *Andreas Reich*, Sachsen-Anhalt erneuert sein Hochschulrecht, WissR 31 (1998), 352 (362); grundsätzlich dafür, jedoch begrenzt auf die forschungsstarken Fachbereiche der Fachhochschulen: *Christoph Maas*, Wir sind so weit, DNH 2007, 14 (16); contra: *Klaus Herrmann*, Promotionsrecht der Fachhochschulen – Gefährdung der Wissenschaft?, WissR 47 (2014), 237 (265); *Arne Pautsch*, Promotionsrecht für Fachhochschulen: nunmehr verfassungsgemäß?, NVwZ 2012, 674 (676); *Christian Braun*, Promotionsrecht für Fachhochschulen in Sachsen-Anhalt: Eine gesetzgeberische Fehlleistung, WissR 32 (1999), 226 (226).

[46] Siehe o. Fn. 38, 39.

[47] Vgl. z. B. *Lothar Knopp*, Vereinigung von Hochschulen („Hochschulfusionen") auf dem Gerichtsstand – mit einem Fokus auf die aktuelle Entscheidung des BVerfG vom 12.5.2015, NVwZ 2015, 1351 (1353); siehe auch *Joybrato Mukherjee* („Nein zur Einheitshochschule"), Standpunkt, F & L 2015, 701.

[48] Im Saarland jedoch nur das SaarlUG.

[49] Siehe § 38 Abs. 6 LHG BaWü, Art. 64 Abs. 1 Satz 4 BayHSchG, § 35 Abs. 4 BerlHG, § 65 Abs. 3 BremHG, § 31 Abs. 5 BbgHG, § 70 Abs. 7 HmbHG, § 24 Abs. 3 Satz 3 HessHG, § 43 Abs. 4 LHG M-V; § 9 Abs. 1 Satz 4 und Abs. 3 Satz 2 NHG; § 67a HG NRW, § 34 Abs. 4 HochSchG RLP, § 64 Abs. 4 SaarlUG, § 40 Abs. 4 SächsHSFG, § 17 Abs. 6 Satz 2 und 3 HSG LSA; § 54 Abs. 2 Satz 3 und Abs. 3 Satz 2 HSG S-H, § 54 Abs. 5 Satz 4 ThürHG.

[50] Vgl. z. B. § 70 Abs. 7 HmbHG, § 43 Abs. 4 Satz 1 LHG M-V.

3. „Identitätsverluste" und „Sozialneid"

Hochschulfusionen führen nicht selten zu Identitätskrisen bei den Betroffenen.[51] Dies gilt umso mehr, wenn eine Universität und eine Fachhochschule verschmolzen werden, da hier einerseits von den universitären Vertretern befürchtet wird, den „Universitätsstatus" zu verlieren, auch wenn die neu gegründete Hochschule die Bezeichnung „Universität" beibehält; andererseits geht bei den Fachhochschulvertretern die Sorge um, in der neuen Institution sang- und klanglos „unterzugehen" bzw. durch universitäre Dominierung „aufgesogen" zu werden. Dementsprechend nicht zu unterschätzen ist die Bedeutung eines Corporate Identity-Managements bei Hochschulfusionen[52], das in erster Linie von der Hochschulleitung ausgehen muss, um (irgendwann) wieder ein „Wir-Gefühl" bei Professoren und Personal zu erzeugen. Die von der Hochschulleitung zu entwickelnden Strategien zur Schaffung einer Corporate Identity müssen dabei berücksichtigen, dass speziell die Professorenschaft sich weniger über eine gemeinsame Identität als über die Zugehörigkeit zu einem Fachgebiet oder einem Berufsfeld orientiert[53], weshalb es zwingend erforderlich ist, über entsprechende strukturelle Rahmenbedingungen zu versuchen, individuelle Identität in ein gemeinsames Identitätsprofil einzubinden, vereinfacht gesagt: der jeweilige Professor muss sich über sein Fachgebiet mit der konkreten Hochschule identifizieren können, ein teilweise gerade bei der Zusammenlegung von Universität und Fachhochschule nicht unbedingt leichtes Unterfangen, wie das Beispiel der „Leuphana" belegt, wonach die Universitätsprofessoren ihr Verständnis von Exzellenz in Forschung und Lehre offenbar durch die „Fachhochschulisierung" bedroht sahen, während die Fachhochschulprofessoren befürchteten, es würde zu einer „Zwei-Klassen-Professorenschaft" kommen.[54]

Bei der BTU CS ist es gegenwärtig nicht anders. Hier einen Identitätswandel herbeizuführen, stellt vor allem für die Hochschulleitung, aber auch für die jeweiligen Gremien eine große Herausforderung dar, es ist in der Regel ein langfristiger Prozess. Eine erfolgreiche Corporate Identity-Politik wird daher von vielen Faktoren bestimmt, wobei nur beispielhaft einige besonders sensible Aspekte zu nennen sind[55]: Sowohl das Anforderungsprofil bei Berufungsverfahren als auch das Verfahren bei Überleitung der FH-Professoren in Universitätsprofessoren und die Neubesetzung von Schlüsselpositionen.

Marketingaspekte spielen dabei eine ebenso wichtige Rolle, wenn es darum geht, interne Leistungen und Erfolge nach außen angemessen darzustellen und zu „verkaufen", um der neuen Universität in der scientific community ein Gesicht zu geben.

---

[51] Vgl. *Berit Sandberg*, Corporate Identity-Management bei Hochschul-Fusionen, HM 2006, 21 (21).

[52] Siehe ausführlich hierzu *Sandberg*, ebd., 21 ff. m. w. N.

[53] So zutreffend auch *Sandberg*, HM 2006, 21 (22) m. w. N.; zur Identitätsfrage über „Reputation" siehe die Beiträge von *Stefan Kühl* u. a. in F & L 2015, 804 ff.

[54] Vgl. wiederum *Sandberg*, ebd., 23 m. w. N.

[55] *Sandberg*, HM 2006, 21 (25).

Hochschulintern müssen Leistungsanreize geschaffen werden, die Fachhochschulprofessoren wie Universitätsprofessoren gleichermaßen darin bestärken, insbesondere ihre Forschungsleistungen zu intensivieren, schlichtweg motiviert ihr Wissen und Können in den Dienst der neuen Einrichtung zu stellen, was dann nach außen eine positive Abbildung finden muss. Die hierfür erforderlichen Strategien und zu entwickelnden Marketing-Konzepte sollten dabei exklusiv bei der Hochschulleitung angesiedelt sein, die die Hochschule nach außen vertritt und nach innen neue Strukturkonzepte vorbereitet bzw. vorgegebene in einem ausgewogenen hochschulinternen Dialog umsetzt.

Die Frage nach dem Zusammenwachsen von ehemaliger Universität und ehemaliger Fachhochschule in einer neu gegründeten Wissenschaftsinstitution ist untrennbar verknüpft mit dem Sozialisierungsprozess des jeweiligen Personals. Neue Strukturen allein, wie häufig die politischen Entscheider meinen, sind kein Allheilmittel, um vorherige „Schieflagen" zu beseitigen, da diese Strukturen erst einmal durch das vorhandene Personal akzeptiert, unterstützt und gelebt werden müssen. Nur die betroffenen Personen können einer Neustrukturierung zum Erfolg verhelfen, weshalb es gilt, potentielle Blockadehaltungen auf der einen oder anderen Seite rechtzeitig abzubauen, auch wenn dies nicht in jedem Fall gelingen wird. Im Unterschied zu Universitätsprofessoren haben Fachhochschulprofessoren in der Regel keine akademischen Mitarbeiter – Drittmittelbeschäftigte in Forschungsvorhaben im Einzelfall einmal ausgenommen – und auch kein eigenes Sekretariat, dafür aber eine im Unterschied zum Universitätsprofessor erhöhte Lehrverpflichtung. Auch wenn auf Grund der chronischen Mittelknappheit eine Universitätsprofessur aktuell nur mit einem oder maximal zwei akademischen Mitarbeitern und einer halben Sekretariatsstelle flankiert bzw. ausgestattet ist, ist diese Minimalausstattung[56] dennoch geeignet, eine gewisse Leistungsunterstützung bei Ausübung der Professur zu gewährleisten, während der Fachhochschulprofessor bei Lehre und Forschung grundsätzlich allein zurechtkommen muss. Werden jetzt im Rahmen der Schaffung von neuen Strukturen neue Fakultäten gebildet, bestehend zum Teil aus Universitäts- und Fachhochschulprofessoren („gemischte Fakultäten"), treffen die hier beschriebenen gegensätzlichen Aspekte ungebremst aufeinander, die neuen Strukturen sind danach „sozialisierungstechnisch" zunächst einmal kontraproduktiv. Insoweit muss von Anfang an auch konzeptionell klar sein, wie zukünftige Ausstattungen im Verhältnis Universitätsprofessoren zu Fachhochschulprofessoren aussehen sollen, um keine fehlgeleite-

---

[56] Nicht zu verwechseln mit der sog. Mindestausstattung, auf die der Universitätsprofessor einen rechtlichen Anspruch hat, wenngleich diese Mindest- oder Grundausstattung – bezogen auf das jeweils vertretene Fachgebiet – in der Regel mit einer „Minimalausstattung" identisch ist, vgl. zu dieser Thematik z. B. *Lothar Knopp*, in: Knopp/Peine (o. Fn. 18), § 38 Rdnr. 107 m. w. N.; siehe in diesem Zusammenhang zur Problematik von Ausstattungsvereinbarungen allgemein auch *ders.*, Ausstattungsvereinbarungen in der Dauerkrise, in: Knopp/Peine/Nowacki/Schröder (Hrsg.), Ziel- und Ausstattungsvereinbarungen auf dem Prüfstand, Cottbuser Schriften zu Hochschulpolitik und Hochschulrecht, Bd. 2, 2010, S. 155 ff. m. w. N.; siehe auch BVerwG, Beschluss vom 17.8.2009 – 6 B 9/09, NVwZ 2009, 1569 = LKV 2009, 562; aus jüngerer Zeit VG Leipzig, Urteil vom 19.3.2014 – 4 K 537/12, BeckRS 2014, 56143.

ten Gelüste und Begehrlichkeiten zu wecken. Auch in diesem Fall kommt nur die Hochschulleitung als zentrale Vermittlerin mit gleichzeitiger Lenkungs- und Steuerungsfunktion in Betracht.

VI. Zur Rechtsprechung, insbesondere zum aktuellen „Brandenburger Fall"

Hochschulen und deren organisatorische Einheiten (vor allem Fakultäten) genießen keine sog. Bestandsgarantie, was die Rechtsprechung schon frühzeitig deutlich gemacht hat.[57] Das heißt, z. B. Auflösung und/oder Zusammenlegung sind somit grundsätzlich möglich, ohne dass das Grundrecht der Wissenschaftsfreiheit beeinträchtigt wäre, da es gerade keine „Erhaltungsgarantie" vermittelt.[58]

Außer von den bereits erwähnten massiven Protesten war bzw. ist die Verschmelzung der ehemaligen BTU Cottbus und der HL von einer Reihe verfassungsgerichtlicher Verfahren geprägt, in dieser Form bisher wohl „einzigartig" in der deutschen Hochschulgeschichte.[59] Verfassungsrechtlich sind primär die Grundrechte der Wissenschaftsfreiheit (Art. 5 Abs. 3 Satz 1 GG), aber auch der Berufsausübungsfreiheit (Art. 12 Abs. 1 Satz 2 GG) betroffen.

Durch § 1 des Gesetzes zur Weiterentwicklung der Hochschulregion Lausitz (GWHL)[60] wurde mit Wirkung zum 1.7.2013 die neue Universität BTU CS errichtet. Als Antragsteller/Beschwerdeführer gegen dieses Regelwerk sowohl beim Bundesverfassungsgericht als auch beim Landesverfassungsgericht Brandenburg waren bzw. sind die ehemalige BTU Cottbus, zwei Fakultäten, einzelne Universitätsprofessoren sowie die Studierendenschaft der ehemaligen BTU aufgetreten. Die Antragsteller/Beschwerdeführer rügen im Wesentlichen die mit der Fusionsentscheidung einhergehende Verletzung vor allem des Grundrechts auf Wissenschaftsfreiheit, zum einen seitens der Fakultäten im einstweiligen Rechtsschutzverfahren vor dem BVerfG mit dem Ziel, den Vollzug des benannten Errichtungsgesetzes auszusetzen, zum anderen in verschiedenen weiteren Verfahren beim BVerfG und dem VerfGBbg. Darüber hinaus hat die CDU-Fraktion des Landtags Brandenburg (19 Abgeordnete)

---

[57] BVerfG, Urteil vom 10.3.1992 – 1 BvR 454/91 u. a., NJW 1992, 1373 (1373, 1377); BVerfG, Beschluss vom 11.3.2005 – 1 BvR 2298/04, NVwZ-RR 2005, 442 f.; BayVerfGH, Entscheidung vom 7.5.2008 – Vf. 19-VII-06, NVwZ 2009, 177 (179) = BeckRS 2008, 35068 m. w. N.; BadWürttStGH, Urteil vom 28.8.1981 – GR 1/81, NVwZ 1982, 32 (32); vgl. auch zur nicht vorhandenen Bestandsgarantie der einmal erfolgten staatlichen Zuordnung bestimmter Lehrstoffe an eine Hochschule BVerfG, Beschluss vom 11.7.1984 – 1 BvL 10/83, NVwZ 1984, 711.

[58] *Rupert Scholz*, in: Maunz/Dürig, Grundgesetz, 66. Erg.-Lfg. 2012, Art. 5 Rdnr. 135; *Bernhard Kempen*, in: Hartmer/Detmer (Hrsg.), Hochschulrecht, 2. Aufl. 2011, I Rdnr. 40; *Frank Nolden*, in: Nolden u. a. (Hrsg.), Sächsisches Hochschulgesetz, S. 2; *Herbert Bethge*, in: Sachs (Hrsg.), Grundgesetz, 6. Aufl. 2011, Art. 5 Rdnr. 216; *Andreas Reich*, Bayerisches Hochschulgesetz, 5. Aufl. 2007, Art. 1 Rdnr. 2 m. w. N.; zur Rechtsprechung hierzu siehe o. Fn. 57.

[59] Vgl. auch *Knopp*, NVwZ 2015, 1351 (1352).

[60] Siehe o. Fn. 15.

einen Antrag auf abstrakte Normenkontrolle beim zuständigen VerfGBbg[61] gestellt zwecks verfassungsrechtlicher Überprüfung des Errichtungsgesetzes. Mit Beschluss vom 27.6.2013[62] hat das BVerfG den einstweiligen Rechtsschutzantrag der Fakultäten auf Aussetzung des Vollzugs des Errichtungsgesetzes mit der Begründung abgelehnt, dass die absehbaren Folgen der Zusammenlegung der ehemaligen BTU Cottbus und der ehemaligen HL in Ausmaß und Schwere nicht von einem derartigen Gewicht seien, dass eine Aussetzung des Vollzugs des Gesetzes zu rechtfertigen wäre. Über die Verfassungsbeschwerden der Fakultäten und dreier Universitätsprofessoren hat das BVerfG am 12.5.2015 ebenfalls ablehnend entschieden.[63] Bis zu dieser Entscheidung des BVerfG hat das VerfGBbg sämtliche Verfahren[64] zu den bei ihm erhobenen Verfassungsbeschwerden der ehemaligen BTU von fünf Universitätsprofessoren sowie der von der CDU-Fraktion erhobenen Normenkontrollklage ausgesetzt. Bereits zuvor war beim VerfGBbg ein einstweiliger Rechtsschutzantrag der ehemaligen BTU im Hinblick auf die erhobene Rüge der Verletzung des Grundrechts der Wissenschafts- und Forschungsfreiheit (hier: Art. 31 Abs. 1 BbgVerf) und des landesverfassungsrechtlich verankerten Selbstverwaltungsrechts (hier: Art. 32 Abs. 1 BbgVerf) gescheitert.[65] Ebenfalls – und zwar schon mangels Zulässigkeit – scheiterte der einstweilige Rechtsschutzantrag der Studierendenschaft beim VerfGBbg.[66] Das VerfGBbg verneinte bereits eine Beteiligtenfähigkeit der Studierendenschaft im Verfassungsbeschwerdeverfahren.

Im Zentrum der genannten Verfahren steht der Beschluss des BVerfG vom 12.5.2015.[67] Bereits im auf den einstweiligen Rechtsschutzantrag ergangenen ablehnenden Beschluss vom 27.6.2013[68] deutete das BVerfG eine grundlegende Entscheidung im Hauptsacheverfahren insoweit an, als es die – bisher ungeklärte – Frage nach dem „ob" und „wieweit" im Hinblick auf die Beteiligungsrechte von Fakultäten bei der Umgestaltung von Hochschulen aufwirft. Da sich die Rügen der beschwerdeführenden Fakultäten und Universitätsprofessoren nicht nur pauschal auf die gesetzliche Fusionsentscheidung beziehen, sondern dezidiert die erlassenen Organisationsnormen angreifen unter Berufung auf die Wissenschaftsfreiheit, hat das BVerfG

---

[61] VfGBbg 14/13.

[62] BVerfG, 1 BvR 1501/13, NVwZ 2013, 1145 = NJ 2013, 375 mit Anm. *Gerhard Ring* = WissR 46 (2013), 291.

[63] Siehe Fn. 1; vgl. hierzu ausführlich *Knopp*, NVwZ 2015, 1351 (1351); auch *Max-Emanuel Geis*, Brandenburg 2.0, F & L, 640.

[64] Mit Beschluss vom 26.9.2013 – VfGBbg 31/13 (Verfassungsbeschwerde von fünf Universitätsprofessoren); mit Beschluss vom 9.10.2015 – VfGBbg 52/15; mit Beschluss vom 20.9.2013 – VfGBbg 10/13 (Verfassungsbeschwerde der ehemaligen BTU); mit Beschluss vom 20.9.2014 – VfGBbg 14/13 (Abstrakte Normenkontrollklage der CDU-Fraktion).

[65] VerfGBbg, Beschluss vom 19.6.2013 – VfGBbg 3/13 EA, NVwZ 2013, 1149 = LKV 2013, 365 mit Anm. *Reinhard Neubauer*, LKV 2013, 366.

[66] VerfGBbg, Beschluss vom 19.6.2013 – VfGBbg 5/13 EA, NVwZ 2013, 1150.

[67] Siehe o. Fn. 1, 63.

[68] Siehe o. Fn. 62.

unter Hinweis auf seine bisherige Rechtsprechung zunächst auch überwiegend die Beschwerdebefugnis der Beschwerdeführer bejaht, da hier unmittelbar geltend gemacht werde, dass eine wissenschaftsinadäquate Organisation eine unmittelbare Gefährdung der Wissenschaftsfreiheit bewirke. Im Hinblick auf die beschwerdeführenden Universitätsprofessoren bejaht das BVerfG deren Beschwerdebefugnis schon deshalb, da durch den vom zuständigen Ministerium eingesetzten und gesetzlich verankerten Gründungsbeauftragten als Übergangsleitung möglicherweise eine besonders schwerwiegende Grundrechtsbeeinträchtigung „nachwirke", weil Art. 5 Abs. 3 Satz 1 GG gerade auf einen auch organisatorisch zu sichernden grundrechtlich geschützten Freiheitsraum zur Entfaltung wissenschaftlicher Eigengesetzlichkeit ziele.[69]

Das BVerfG hat aber letztlich mit besagtem Beschluss beide Verfassungsbeschwerden als unbegründet zurückgewiesen. Nach seiner Begründung stehen zunächst den Fakultäten keine „Sonderbeteiligungsrechte" in dem Gesetzgebungsverfahren zum in Streit stehenden Errichtungsgesetz zu. Solche Beteiligungsrechte begründet insbesondere auch nicht das Grundrecht der Wissenschaftsfreiheit. Danach mussten im Gesetzgebungsverfahren die Fakultäten auch nicht gesondert – in förmlicher Weise – angehört werden, vielmehr stehe – so das BVerfG – in einem nicht von der Verfassung vorgeschriebenen Anhörungsverfahren im Rahmen des Gesetzgebungsverfahrens es im Ermessen der gesetzgebenden Organe, wer im Einzelnen und wie zu Wort kommen solle. Die Argumentation der beschwerdeführenden Fakultäten unter Heranziehung der Rechtsprechung zu dem Beteiligungsrecht der Kommunen[70] im Rahmen von kommunalen Neugliederungen beschied das BVerfG abschlägig, da wegen der Unterschiede von Hochschulfusionen und kommunalen Neugliederungen die bei Letzteren geltenden Grundsätze nicht auf Hochschulfusionen übertragbar seien. Sinn und Zweck der in Art. 28 Abs. 2 Satz 1 GG verankerten Einrichtungsgarantie für die Kommunen könnten auf Hochschulen nicht übertragen werden, da im Unterschied zu den Kommunen die Hochschulen einen inhaltlich umgrenzten, eigenständigen Sachauftrag durchführten und für einen durch die Hochschulmitgliedschaft beschränkten Personenkreis erfüllten.

Die Verfassungsbeschwerden der Universitätsprofessoren sieht das BVerfG dagegen zum Teil schon deshalb als begründet an, da der vom Ministerium eingesetzte Gründungsbeauftragte, wie in § 8 Abs. 2 GWHL geregelt, mit Art. 5 Abs. 3 Satz 1 GG nicht zu vereinbaren sei. Der Gesetzgeber hätte für die Übergangszeit bis zum Inkrafttreten des Errichtungsgesetzes wesentliche Regelungen zu einer Aufrechterhaltung einer wissenschaftsadäquaten Organisation selbst treffen müssen, er hätte dabei die Mitwirkung „vorhandener" Wissenschaftlerinnen und Wissenschaftler,

---

[69] Unter Hinweis auf bereits BVerfGE 127, 87 (114) = NVwZ 2011, 224.

[70] Vgl. z. B. BVerfGE 68, 90 (107 f.) = NVwZ 1993, 262 = NJW 1993, 1319 Ls.; BVerfGE 107, 1 = NVwZ 2003, 850 = NJ 2003, 251 mit Anm. *Siegfried Jutzi* = LKV 2003, 327 Ls.; VerfGBbg, Beschluss vom 16.10.2003, LVerfGE 14, 199; VerfGBbg, Beschluss vom 18.12.2003, LVerfGE 14, 2003; zur Nichtübertragbarkeit auf Hochschulen siehe auch bereits BadWürttStGH, Urteil vom 28.8.1981, NVwZ 1982, 32.

hier: aus der ehemaligen BTU und der ehemaligen HL, bei wissenschaftsrelevanten Entscheidungen soweit wie möglich sicherzustellen gehabt und Befugnisse einer staatlich eingesetzten Leitung begrenzen müssen. Dies sei vorliegend unterlassen worden. Eine staatliche Bestellung von Beauftragten kommt – so das Gericht – grundsätzlich nur in Betracht, wenn die Funktionsfähigkeit der wissenschaftlichen Einrichtung sonst nicht gewährleistet werden kann, was das Gericht aber verneint hat: „Dies ist für eine Übergangszeit bei einer Fusion in der Regel jedoch nicht der Fall".

Dagegen sieht – im Gegensatz zu den Beschwerdeführern – das Gericht die Zusammensetzung des Gründungssenats und des sog. erweiterten Senats aus Professorinnen und Professoren der ehemaligen BTU und der ehemaligen HL als mit Art. 5 Abs. 3 Satz 1 GG vereinbar an. Der Gesetzgeber müsse bei der Gruppenbildung die Professorinnen und Professoren der Universität nicht von denen der Fachhochschule getrennt einordnen. Das materielle Verständnis des Typs „Hochschullehrer"[71] sei zudem „entwicklungsoffen". Auch die Hochschullehrenden der ehemaligen HL könnten sich ebenso wie die Lehrenden der ehemaligen BTU auf das Grundrecht der Wissenschaftsfreiheit berufen[72], worauf oben schon hingewiesen wurde[73], wodurch Fachhochschulen und deren Lehrende nunmehr eine weitere Stärkung ihrer Rechte erfahren.

Im Nachgang zum Beschluss des BVerfG hat nunmehr das VerfGBbg mit Beschluss vom 9.10.2015[74] die Verfassungsbeschwerde der fünf Universitätsprofessoren der ehemaligen BTU als unzulässig verworfen. Das Gericht bezieht sich auf den Beschluss des BVerfG und verneint ein Rechtsschutzinteresse der Beschwerdeführer. Nach der Argumentation des Gerichts seien die Beschwerdeführer durch die im Errichtungsgesetz (GWHL) befindlichen Vorschriften, gegen die sich ihre Rüge der Verletzung ihrer Grundrechte richte, schon nicht mehr *gegenwärtig* betroffen, da vor allem die Rechtswirkungen der angegriffenen Regelung in § 8 Abs. 2 Satz 2 GWHL (Einsetzung eines Gründungsbeauftragten durch das zuständige Ministerium), der vom BVerfG Verfassungswidrigkeit bescheinigt worden war, durch die zwischenzeitliche Einrichtung einer wissenschaftsadäquaten Organisation (Ernennung eines Gründungspräsidenten im Juli 2014, Wahl eines Gründungssenats und eines erweiterten Gründungssenats bereits im Frühherbst 2013) „vollständig erschöpft" seien. Für eine im Ergebnis „doppelte nachträgliche" verfassungsgerichtliche Überprüfung angesichts der Feststellung des BVerfG insbesondere zu § 8 Abs. 2 Satz 2 GWHL bestehe deshalb auch kein weitergehendes Interesse. Die von den Beschwerdeführern angeführte Regelung in Art. 31 Abs. 1 LV, in der die Wissenschaftsfreiheit

---

[71] Siehe seinerzeit grundlegend zum materiellen Hochschullehrerbegriff BVerfGE 35, 79 (126 f.) = NJW 1973, 1176.
[72] Siehe o. Fn. 39.
[73] Siehe o. V. 1.
[74] VfGBbg 52/15 (nach zunächst Ruhen des Verfahrens, siehe o. Fn. 64, jetzt Entscheidung unter neuem Az.).

landesverfassungsrechtlich verankert ist, entspreche im Unterschied zur Auffassung der Beschwerdeführer vollumfänglich dem Schutzbereich der grundgesetzlich verankerten Wissenschaftsfreiheit in Art. 5 Abs. 3 Satz 1 GG und werfe dementsprechend keine klärungsbedürftigen Fragen auf. Insoweit verweist das VerfGBbg auch hier auf die Feststellungen des BVerfG zu Art. 5 Abs. 3 Satz 1 GG.

Was die ebenfalls nicht durchgreifende Rüge der Beschwerdeführer der Verletzung ihres Grundrechts der Wissenschaftsfreiheit im Zusammenhang mit der Zusammensetzung des Gründungssenats und des erweiterten Gründungssenats anbelangt, verweist das VerfGBbg auf den insoweit identischen Sachvortrag der Beschwerdeführer im Verfahren beim BVerfG und beruft sich in seiner Entscheidung wiederum auf die dortigen Ausführungen.

Strategisch geschickt hat das VerfGBbg also nur die zentrale Entscheidung des BVerfG abgewartet, um diese als „Vorlage" für die eigene Entscheidungsfindung zu nutzen.

VII. Fazit. Ausblick

In seinen zentralen Aussagen hat das BVerfG mit seinem Beschluss vom 12.5. 2015 das Tor für zukünftige Verschmelzungen von Universitäten und Fachhochschulen weit geöffnet und letztlich damit auch die zu beobachtenden gesetzgeberischen Nivellierungsbestrebungen bestätigt. Beachten dabei die jeweils zuständigen gesetzgebenden Organe die verfassungsgerichtlichen Vorgaben, ist eine Einflussnahme der betroffenen Universitäten, insbesondere aber deren Fakultäten als den wissenschaftlichen Grundeinheiten, nahezu ausgeschlossen.

Was die noch anhängigen Verfahren beim VerfGBbg anbelangt, dürften dort keine vom Karlsruher Beschluss abweichenden Entscheidungen zu erwarten sein, wie das „aufgelebte" Verfahren beim VerfGBbg und dessen Beschluss vom 9.10.2015[75] zeigen, obwohl speziell im Hinblick auf die von der CDU-Fraktion erhobene Normenkontrollklage der hier verfassungsrechtlich anzulegende Prüfungsmaßstab ein anderer ist als bei den von der ehemaligen BTU, deren Fakultäten und den Universitätsprofessoren angestrebten Verfahren. Die Feststellungen des BVerfG dürften aber auch in dem Normenkontrollverfahren das VerfGBbg kaum ermutigen, eigene Wege zu beschreiten, stellt das BVerfG in seinem Beschluss vom 12.5.2015 doch unter anderem fest: „Das angegriffene Gesetz wurde in Einklang mit den verfassungsrechtlichen Anforderungen an das Verfahren der Gesetzgebung verabschiedet". Das überwiegende Obsiegen der Universitätsprofessoren ist dabei lediglich ein „Pyrrhussieg", geprägt durch den Ausspruch der in der BVerfG-Entscheidung festgelegten Kostenfolge zugunsten der Beschwerdeführer. Praktische Konsequenzen im Hinblick auf den weiteren Vollzug des Errichtungsgesetzes hat es keine.

Trotz dieses zunächst für die Landesgesetzgeber „positiven" Signals aus Karlsruhe zu eventuellen Überlegungen, weitere Zusammenlegungen von Hochschulen

---

[75] Siehe o. Fn. 74.

– schon unter finanziellen Aspekten – zu erwägen, darf nicht verkannt werden, dass eine damit zwangsläufig einhergehende Umstrukturierung im Einzelfall nur Erfolg haben kann, wenn es gelingt, massive Vorbehalte und Identitätskrisen bei dem von der Verschmelzung betroffenen Personal der jeweiligen Wissenschaftseinrichtung, insbesondere bei der Professorenschaft, auszuräumen bzw. strategisch geschickt gegenzusteuern. Neue Strukturen allein sind keine Erfolgsgarantie dafür, dass sich die neue Hochschule auch in der scientific community etabliert. Wer in diesem Zusammenhang auf schnelle Erfolge hofft, unterliegt einem Irrglauben. Was ursprünglich getrennt war und vom Typus eigentlich different ist, muss erst zusammenwachsen, was Zeit und großes Geschick, vor allem seitens der neuen Hochschulleitung braucht. Mittelkürzungen zum Zeitpunkt des Starts der neuen Hochschule durch die hochschulpolitischen Entscheider wären hier fatal. Nur mit einer vernünftigen Mittelausstattung und einer an den angedachten neuen Strukturen angepassten Haushaltspolitik innerhalb der neuen Hochschule können die gesetzten Ziele angegangen und ggf. auch verwirklicht werden und wenn es gelingt, die facettenreichen Problem- und Spannungsfelder, die stets mit einer Verschmelzung, vor allem von Universität und Fachhochschule, verbunden sind, in den Griff zu bekommen.

Bei Abschluss des Manuskripts hatte das VerfGBbg noch nicht über die von der CDU-Fraktion erhobene Normkontrollklage gegen das BTU CS-Errichtungsgesetz (VfGBbg 14/13) sowie über die Verfassungsbeschwerde der ehemaligen BTU (VfGBbg 10/13) entschieden. Nach einer Presseverlautbarung des Präsidenten des VerfGBbg könnte hier eine von dem Karlsruher Votum abweichende Entscheidung unter Berücksichtigung von Art. 32 LV (Selbstverwaltungsrecht der Hochschulen) ergehen, was aber in vielerlei Hinsicht bemerkenswert wäre.

Verfassungsfragen der Akkreditierung im Hochschulwesen

Von *Andreas Musil*

I. Einleitung

Die Akkreditierung ist aus dem deutschen Hochschulwesen mittlerweile kaum noch wegzudenken. Vielen ist sie nach wie vor ein Dorn im Auge, wird dem Verfahren doch häufig eine übertriebene Bürokratisierung und fehlende Wissenschaftsadäquanz vorgehalten. Ausgangspunkt für die Einführung eines flächendeckenden Akkreditierungserfordernisses war seinerzeit die Bologna-Reform, die sich ihrerseits bis heute grundlegender Kritik stellen muss. In größerem Kontext haben Akkreditierungs- und Zertifizierungsverfahren im Zuge der Einführung des New Public Management (NPM) in das Hochschulwesen Einzug gehalten.[1] Auch dieser Ansatz ist bis heute stark umstritten.

Die grundlegende Kritik hat in Rechtsprechung und Literatur auch eine juristische Untermauerung gefunden.[2] In der Literatur geht eine starke Meinungsgruppe von einer Verfassungswidrigkeit insbesondere der institutionellen Strukturen aus,[3] während sich andere vorsichtiger äußern.[4] Nun hat sich das Bundesverfassungsgericht in einer lange erwarteten Entscheidung zur verfassungsrechtlichen Zulässigkeit des Akkreditierungswesens geäußert.[5] Das VG Arnsberg hatte eine Regelung des nord-

---

[1] Grundlegend zum Thema Qualitätssicherung siehe *Franz Reimer*, Qualitätssicherung: Grundlagen eines Dienstleistungsverwaltungsrechts, 2010, passim. Zur Einführung des NPM an Hochschulen siehe *Andreas Musil*, Wettbewerb in der staatlichen Verwaltung, 2005, S. 317 ff.

[2] Als grundlegende Arbeiten sind etwa zu nennen: *Jessica Stüber*, Akkreditierung von Studiengängen, Qualitätssicherung im Hochschulrecht vor dem Hintergrund der internationalen Entwicklungen im Bildungssektor, insbesondere des Bologna-Prozesses, 2009, passim; *Marco Siever*, Qualitätssicherung durch Programm- und Systemakkreditierung im deutschen Hochschulsystem, 2011, passim; *Kerstin Wilhelm*, Verfassungs- und verwaltungsrechtliche Fragen der Akkreditierung von Studiengängen, 2009, passim.

[3] *Joachim Lege*, Die Akkreditierung von Studiengängen, JZ 2005, 698 ff.; *Susanne Meyer*, Akkreditierungssystem verfassungswidrig?, NVwZ 2010, 1010 ff.; *Ulrike Quapp*, Akkreditierung – ein Angriff auf die Freiheit der Lehre, WissR 43 (2010), 346 ff.

[4] *Ralf Müller-Terpitz*, Verfassungsrechtliche Implikationen der Akkreditierungsverfahren, WissR 42 (2009), 116 ff.; *Hans-Heinrich Trute*, In der Grauzone: Akkreditierung zwischen öffentlich-rechtlicher und privatrechtlicher Rechtsdurchsetzung, Rechtswissenschaft (RW) 2014, 341 ff.

[5] BVerfG, Beschluss vom 17.2.2016 – 1 BvL 8/10, juris.

rhein-westfälischen Hochschulrechts vorgelegt.[6] Im Folgenden wird die verfassungsrechtliche Lage umfassend beleuchtet und auf dieser Grundlage die Entscheidung des Bundesverfassungsgerichts einer Bewertung unterzogen.

Zunächst soll die institutionelle Struktur der Akkreditierung, wie sie sich derzeit in Deutschland darstellt, kurz skizziert werden (II.). Sodann wird auf die Lehrfreiheit als Ausgangspunkt der verfassungsrechtlichen Betrachtung (III.) sowie auf mögliche Eingriffskonstellationen und verfassungsrechtliche Rechtfertigungsbedarfe eingegangen (IV.). Auf dieser Grundlage können die vorgebrachten verfassungsrechtlichen *monita* einer näheren Betrachtung unterzogen werden. Dabei wird sich zeigen, dass der Verhältnismäßigkeitsgrundsatz nicht den Kern des verfassungsrechtlichen Problems bildet (V.). Vielmehr stellt sich – wie das Bundesverfassungsgericht nunmehr festgestellt hat – die institutionelle Struktur des Akkreditierungswesens als nach wie vor defizitär heraus (VI.). Daraus leitet sich ein Reformbedarf ab, der aber das Gesamtgefüge nicht grundlegend in Frage stellt. Ein Fazit und Ausblick soll die Untersuchung abschließen (VII.).

II. Institutionelle Struktur der Akkreditierung im deutschen Hochschulwesen

1. Das Akkreditierungssystem in Grundzügen

Im Zuge des Bologna-Prozesses und der Einführung gestufter Studiengänge wurde in Deutschland auch eine standardisierte Qualitätssicherung eingeführt.[7] Die Kultusministerkonferenz (KMK) richtete im Jahre 1998 durch Beschluss den Akkreditierungsrat ein[8] und beschloss in der Folge formale und inhaltliche Vorgaben für das Akkreditierungsverfahren.[9] Im Jahr 2005 wurde der Akkreditierungsrat in eine Stiftung nach nordrhein-westfälischem Landesrecht überführt.[10] Allerdings fehlt bis heute eine gesetzliche oder staatsvertragliche Regelung über dessen Stellung und Befugnisse für die anderen Bundesländer. Die KMK hat lediglich eine entsprechende Verwaltungsvereinbarung geschlossen.[11] Während der Akkreditierungsrat die Aufgabe hat, bundesweit gültige Standards für die Akkreditierung zu schaffen

---

[6] VG Arnsberg, Beschluss vom 16.4.2010 – 12 K 2689/08, juris.

[7] Dazu ausführlich *Stüber* (o. Fn. 2), S. 29 ff.; *Wilhelm* (o. Fn. 2), S. 27 ff.

[8] Beschluss der Kultusministerkonferenz vom 3.12.1998, abrufbar unter http://www.akkre ditierungsrat.de/fileadmin/Seiteninhalte/KMK/Sonstige/KMK_System_Akkreditierung_Einfu ehrung.pdf.

[9] Siehe http://www.akkreditierungsrat.de/fileadmin/Seiteninhalte/KMK/Sonstige/KMK_Sys tem_Weiterentwicklung2004.pdf.

[10] Gesetz zur Errichtung einer Stiftung „Stiftung zur Akkreditierung von Studiengängen in Deutschland" vom 15.2.2005, GVBl. 2005, S. 45, abrufbar unter http://www.akkreditierungs rat.de/fileadmin/Seiteninhalte/AR/Beschluesse/ASG_Stiftungsgesetz.pdf.

[11] Siehe http://www.akkreditierungsrat.de/fileadmin/Seiteninhalte/KMK/Sonstige/KMK_ System_Stiftung_Vereinbarung.pdf.

und das Akkreditierungsverfahren insgesamt strukturell und inhaltlich abzusichern, werden die Akkreditierungsverfahren gegenüber den Hochschulen durch eine Reihe nebeneinander tätiger Akkreditierungsagenturen durchgeführt. Die Akkreditierungsagenturen werden ihrerseits durch den Akkreditierungsrat akkreditiert und sind überwiegend als Stiftungen oder Vereine privaten Rechts ausgestaltet.[12]

Als Verfahren der Akkreditierung stehen im Hochschulwesen derzeit vor allem die Programmakkreditierung, teilweise auch als Clusterakkreditierung, sowie die Systemakkreditierung zur Verfügung. Während die Programmakkreditierung die qualitative Überprüfung einzelner Studienprogramme zum Gegenstand hat, wird im Rahmen der Systemakkreditierung das Qualitätssicherungssystem einer gesamten Hochschule überprüft und akkreditiert. Die Akkreditierung ist in regelmäßigen Abständen zu wiederholen (Reakkreditierung). Während die Programmakkreditierung lediglich die Grundlage für den Betrieb einzelner Studienprogramme bildet, befähigt die Systemakkreditierung die Hochschule, selbst Programmakkreditierungen an Stelle einer Agentur für die eigenen Studienprogramme durchzuführen.[13]

Inhaltliche Grundlage der Akkreditierungsentscheidungen sind zunächst die „European Standards and Guidelines", die im Zuge des Bologna-Prozesses entwickelt wurden.[14] Diese wurden durch die KMK in die „Ländergemeinsamen Strukturvorgaben für die Akkreditierung von Bachelor- und Masterstudiengängen" überführt, die wiederum die inhaltliche Grundlage für die Arbeit der Akkreditierungsagenturen bilden.[15] Diese Strukturvorgaben werden durch eine Reihe konkretisierender und modifizierender Beschlüsse der KMK bzw. des Akkreditierungsrats modifiziert, konkretisiert und weiterentwickelt.[16]

Auf der Grundlage dieser Akkreditierungsstrukturen haben die Bundesländer unterschiedlich weit reichende Akkreditierungspflichten für alle Bachelor- und Masterstudiengänge in ihr Landesrecht integriert.[17] Es würde zu weit führen, die heterogene Rechtslage umfassend aufzuführen. Gemeinsam ist den meisten Regelungen, dass für den Regelfall wissenschaftlicher Bachelor- und Masterstudiengänge eine Akkreditierung durchzuführen ist, die regelmäßig zu wiederholen ist. Manchmal ist die Ak-

---

[12] Zu den weiteren rechtlichen Grundlagen des Akkreditierungswesens siehe die Dokumentensammlung unter http://www.akkreditierungsrat.de/index.php?id=grundlagen.

[13] Siehe im Einzelnen http://www.akkreditierungsrat.de/fileadmin/Seiteninhalte/KMK/Sonstige/KMK_System_Systemakkreditierung_Einfuehrung_II.pdf.

[14] Aktuelle Fassung unter http://www.enqa.eu/wp-content/uploads/2015/05/ESG_endorsed-with-changed-foreword.pdf.

[15] Siehe http://www.akkreditierungsrat.de/fileadmin/Seiteninhalte/KMK/Vorgaben/KMK_Laendergemeinsame_Strukturvorgaben_aktuell.pdf.

[16] Abrufbar auf den Seiten des Akkreditierungsrats: www.akkreditierungsrat.de.

[17] Siehe die Übersicht unter http://www.akkreditierungsrat.de/fileadmin/Seiteninhalte/AR/Sonstige/AR_Uebersicht_Rechtsgrundlagen_Akkreditierung_Laender_aktuell.pdf.

kreditierung sogar Voraussetzung für die Aufnahme des Studienbetriebs. Im Folgenden wird die Rechtslage in Brandenburg[18] zugrunde gelegt.[19]

2. Zweifelsfragen der rechtlichen Qualifizierung

In der skizzenhaften Darstellung finden sich Begriffe wie Guidelines, Standards, Vorgaben, Beschlüsse, Agenturen usw. Diese Termini und die sich hinter ihnen verbergenden rechtlichen Strukturen lassen sich nicht ohne Weiteres in die hergebrachten Raster des deutschen Verwaltungsrechts einordnen, sondern werfen eine Reihe von Zweifelsfragen auf. Die Zweifel beziehen sich vor allem auf den Status der Akkreditierungsakteure und die Rechtsnatur der von ihnen getroffenen Entscheidungen. Während die einen die Akkreditierung als öffentlich-rechtliches Verwaltungsverfahren qualifizieren wollen und deshalb eine Beleihung der Agenturen mit hoheitlichen Befugnissen für erforderlich halten,[20] gehen andere von einer privatrechtlichen Verfahrensführung auf der Ebene der Gleichordnung aus.[21]

Trotz vieler Deutungsversuche ist die Unklarheit bis heute geblieben. Sie ist Ausfluss der hybriden Struktur von Qualitätssicherungsstrukturen, die diesen nicht nur im Hochschulbereich, sondern gewissermaßen regelhaft innewohnt.[22] Das Leitbild der Staatsferne bei gleichzeitiger Verbindlichkeitsforderung solcher Strukturen führt geradezu zwangsläufig in diese Beurteilungsunsicherheiten hinein. Deshalb ist der generell beschrittene Weg der Entstaatlichung solcher Verwaltungsprozesse

---

[18] Dazu näher *Klaus Herrmann*, in: Knopp/Peine (Hrsg.), Brandenburgisches Hochschulgesetz, Kommentar, 2. Aufl. 2012, § 17 Rdnrn. 19 ff.

[19] Hierzu regelt § 18 Abs. 6 BbgHG:
„(6) Neu eingerichtete und wesentlich geänderte Bachelor- und Masterstudiengänge sind durch eine anerkannte unabhängige Einrichtung daraufhin zu überprüfen, ob fachlich-inhaltliche Mindeststandards und die Berufsrelevanz der Abschlüsse gewährleistet sind (Akkreditierung). Künstlerische Studiengänge an Kunsthochschulen sollen akkreditiert werden. Im Rahmen der Akkreditierung sind auch die Schlüssigkeit des Studienkonzepts und die Studierbarkeit des Studiums unter Einbeziehung des Selbststudiums, die Voraussetzungen für die Vergabe von Leistungspunkten sowie die wechselseitige Anerkennung von Leistungen bei einem Hochschul- oder Studiengangwechsel zu überprüfen und zu bestätigen. Die Akkreditierung ist regelmäßig und in angemessenen Zeitabständen zu wiederholen (Reakkreditierung). Wird die Akkreditierung oder Reakkreditierung verweigert, entscheidet die für die Hochschulen zuständige oberste Landesbehörde gemäß Absatz 5 Satz 1 über die Aufhebung des Studienganges. Das Gleiche gilt, wenn Akkreditierungsauflagen nicht erfüllt werden."

[20] *Christian Heitsch*, Rechtsnatur der Akkreditierungsentscheidungen/Prozessuale Fragen, WissR 42 (2009), 136 (144); *Lege*, JZ 2005, 698 (701 ff.); *Müller-Terpitz*, WissR 42 (2009), 116 (124 ff.).

[21] *Trute*, RW 2014, 341 (364); differenzierend *Mario Martini*, Akkreditierung im Hochschulrecht – Institutionelle Akkreditierung, Programmakkreditierung, Prozessakkreditierung, WissR 41 (2008), 232 (244).

[22] Dazu eindrücklich *Trute*, RW 2014, 341 (341 ff.).

nicht zu Unrecht immer wieder grundlegend kritisiert worden.[23] Andererseits dürfen die Unterschiede der alternativ möglichen Deutungen auch nicht überschätzt werden.[24]

III. Die Lehrfreiheit als grundrechtlicher Ausgangspunkt

Den Ausgangspunkt der verfassungsrechtlichen Prüfung bildet das Grundrecht der Wissenschaftsfreiheit aus Art. 5 Abs. 3 GG, konkreter das Recht der Lehrfreiheit[25]. Zwar werden in Rechtsprechung und Schrifttum vor allem Verstöße gegen das objektiv-rechtlich verbürgte Rechtsstaatsprinzip bzw. gegen Grundsätze des Demokratieprinzips moniert.[26] Praktisch relevant werden diese Fragen aber vor allem deshalb, weil sie von den Grundrechtsbetroffenen im Rahmen von Akkreditierungsverfahren möglicherweise geltend gemacht werden können, soweit ein subjektiv-öffentliches Recht vorliegt.[27] Auch das Bundesverfassungsgericht nimmt die Wissenschaftsfreiheit zum Ausgangspunkt seiner verfassungsrechtlichen Prüfung.[28]

Dieses Recht der Lehrfreiheit kommt zuvörderst den einzelnen Wissenschaftlern, die wissenschaftliche Lehre durchführen, zu.[29] Aber auch die Fakultäten und Fachbereiche als für die Studienprogramme inhaltlich und organisatorisch verantwortliche Einheiten können hier eine partielle eigene Grundrechtsberechtigung geltend machen.[30] Schließlich sind die Hochschulen insgesamt grundrechtsberechtigt, soweit dies zur Gewährleistung der Lehrfreiheit der an ihnen tätigen Grundrechtsträger erforderlich ist.

Inhaltlich gewährleistet die Lehrfreiheit die freie Wahl von Gegenstand, Form, Methode, Inhalt, Zeit und Ort der Lehrveranstaltung.[31] Diese sehr weitreichende Gewährleistung ist nicht etwa abhängig von einem engen Forschungsbezug. Die Lehrfreiheit ist kein Derivat der Forschungsfreiheit, vielmehr ist die freie Lehre gleichberechtigt neben der Forschung in Art. 5 Abs. 3 GG genannt und als subjektives Recht des Wissenschaftlers gewährleistet.[32]

---

[23] *Markus Heintzen*, Beteiligung Privater an der Wahrnehmung öffentlicher Aufgaben und staatliche Verantwortung, VVDStRL 62 (2003), 220 ff.

[24] Dies betonend *Trute*, RW 2014, 341 (376).

[25] Grundlegend *Wolfram Höfling*, Die Lehrfreiheit: Gefährdungen eines Grundrechts durch die neuere Hochschulrechtsentwicklung, WissR 41 (2008), 92 ff.

[26] Siehe etwa VG Arnsberg, Beschluss vom 16.4.2010–12 K 2689/08, juris; *Lege*, JZ 2005, 698 (703 ff.); *Meyer*, NVwZ 2010, 1010 (1010 ff.).

[27] Zu Rechtsschutzfragen ausführlich *Heitsch*, WissR 42 (2009), 136 (144 ff.).

[28] BVerfG, Beschluss vom 17.2.2016–1 BvL 8/10, juris.

[29] *Höfling*, WissR 41 (2008), 92 (96 ff.).

[30] *Höfling*, WissR 41 (2008), 92 (97).

[31] *Michael Fehling*, in: Kahl/Waldhoff/Walter (Hrsg.), Bonner Kommentar zum Grundgesetz, Art. 5 Abs. 3 GG, Stand: März 2004, Rdnr. 88 m. w. N.

[32] Ausführlich *Höfling*, WissR 41 (2008), 92 (96 ff.).

IV. Eingriffe in die Lehrfreiheit und verfassungsrechtliche Rechtfertigung

1. Hochschulgesetze als Eingriffe

Nach gefestigtem Verständnis ist unter einem Grundrechtseingriff jedes staatliche Handeln zu verstehen, das dem Grundrechtsträger das grundrechtlich geschützte Verhalten unmöglich macht oder wesentlich erschwert.[33] Es kann zwischen unmittelbaren Eingriffen, die immer grundrechtsrelevant sind, und mittelbaren Eingriffen unterschieden werden, denen eine gewisse Qualifizierung innewohnen muss.

Vor diesem Hintergrund stellen sich die gesetzlich geregelten Akkreditierungspflichten der Hochschulen, etwa aus § 18 Abs. 6 BbgHG, als unmittelbare Eingriffe in die Wissenschaftsfreiheit dar.[34] Durch die Akkreditierung wird nicht nur das Recht der einzelnen Wissenschaftler auf freie Organisation und Durchführung ihrer Lehre, sondern auch das Recht der Fakultäten und Hochschulen auf akademische Selbstverwaltung beschränkt.[35]

2. Akkreditierungsentscheidungen als Eingriffe

Die Akkreditierungspflicht aktualisiert sich allerdings in der Regel erst dann, wenn im Rahmen eines konkreten Akkreditierungsverfahrens eine Entscheidung der Akkreditierungsagentur vorliegt. Es fragt sich, ob diesen Entscheidungen selbst der Charakter einer staatlichen Entscheidung zukommt. Zum Teil wird vertreten, das Akkreditierungsverfahren sei privatrechtlich ausgestaltet.[36] Wäre dies zutreffend, könnten die Entscheidungen der privatrechtlich organisierten Akkreditierungsagenturen nicht als unmittelbare Grundrechtseingriffe gewertet werden. Vielmehr handelte es sich bei ihnen nur um Vorbereitungsakte für die von staatlichen Stellen – üblicherweise den Wissenschaftsministerien – zu treffenden Entscheidungen in der Folge der Akkreditierung. Für eine solche privatrechtliche Ausgestaltung wird ins Feld geführt, dass die Staatsferne eine wesentliche Intention der Einführung einer unabhängigen Qualitätssicherung gewesen sei.

Dies stellt für sich genommen jedoch noch kein Argument gegen die Staatlichkeit der Entscheidung dar. Vielmehr ist anhand einer Auslegung der vorgenommenen Entscheidungen deren öffentlich-rechtlicher oder privatrechtlicher Charakter zu bestimmen. Zu Recht kommt die Mehrzahl der Autoren hier zur Annahme einer öffent-

---

[33] Siehe statt vieler und m. w. N. *Franz-Joseph Peine*, Der Grundrechtseingriff, in: Merten/Papier (Hrsg.), Handbuch der Grundrechte in Deutschland und Europa, Bd. III (2009), § 57, S. 87 ff.

[34] So etwa *Herrmann* (o. Fn. 18), Rdnr. 27.

[35] Siehe ausführlich BVerfG, Beschluss vom 17.2.2016 – 1 BvL 8/10, juris, Rdnrn. 50 ff.

[36] *Trute*, RW 2014, 341 (364); differenzierend *Martini*, WissR 41 (2008), 232 (244).

lich-rechtlichen Natur der entsprechenden Entscheidungen.[37] Auch wenn zwischen Agenturen und Hochschulen Verträge über die Durchführung der Akkreditierung geschlossen werden, ist die Akkreditierung selbst in Form einer Prüfung anhand von Akkreditierungskriterien ausgestaltet. Die Hochschulen sind in diesem Zusammenhang nicht gleichgeordnet, sondern Adressaten einer von den Gremien der Agentur zu treffenden Entscheidung. Eine Beratung der Hochschulen durch die Agenturen anlässlich der Akkreditierung ist nicht zulässig. Auch die praktische Erfahrung bestätigt die Annahme eines Über-Unterordnungsverhältnisses. Im Rahmen der durch fachnahe Gutachter durchgeführten Begehung befinden sich die verantwortlichen Hochschullehrer in der Regel in einer Prüfungssituation, die auch als solche empfunden wird. Sieht man sich die Merkmale des § 35 VwVfG an, so lässt sich ohne Weiteres in der Akkreditierungsentscheidung ein Verwaltungsakt erblicken.[38] Dies gilt unabhängig von der konkreten Inbezugnahme des Akkreditats durch das jeweilige Landesgesetz. Denn selbst wenn die Akkreditierung nach einigen Landesgesetzen nicht das ministerielle Handeln vollständig ersetzt, besitzt sie doch eine so weitgehende prozedurale und inhaltliche Verselbständigung, dass von einer bloßen Verwaltungshilfe nicht ausgegangen werden kann.

Dies führt allerdings zu der Folgefrage, ob die Agenturen in ihrer derzeitigen Verfasstheit überhaupt befugt sind, derartige Verwaltungsakte zu erlassen. Damit ist das Problem der Erforderlichkeit der Beleihung angesprochen. Dieses wird sogleich behandelt.

3. Sonderfragen der Systemakkreditierung

Bei der Systemakkreditierung stellt sich die Rechtsnatur der Akkreditierungsentscheidungen etwas anders dar. Hier wird von der Agentur eine Entscheidung darüber getroffen, ob das Qualitätssicherungssystem der Hochschule insgesamt den Akkreditierungsvorgaben genügt. Diese Entscheidung ist wiederum als Verwaltungsakt zu qualifizieren. Auf der Grundlage dieser Entscheidung ist die Hochschule nun selbst befugt, gegenüber den die Studiengänge tragenden Einheiten eigenständige Akkreditierungsentscheidungen zu treffen. Diese nehmen im Rahmen der hochschulgesetzlichen Akkreditierungspflicht auch die Funktion der ansonsten durchzuführenden Programmakkreditierung ein.

Es bleibt dabei, dass es sich bei diesen internen Programmakkreditierungen um Entscheidungen auf dem Gebiet des Öffentlichen Rechts handelt. Allerdings ist die Außenwirkung fraglich. Üblicherweise wird in den Hochschulgesetzen den Fachbereichen oder Fakultäten das Recht zuerkannt, Studienprogramme durchzuführen und die entsprechenden Regelungen zu erlassen.[39] Insoweit kommt ihnen ein eigenes

---

[37] *Heitsch*, WissR 42 (2009), 136 (144 ff.); *Lege*, JZ 2005, 698 (701 ff.); *Müller-Terpitz*, WissR 42 (2009), 116 (124 ff.).

[38] Ausführlich *Lege*, JZ 2005, 698 (702).

[39] § 19 Abs. 1 Satz 1 BbgHG bestimmt hierzu: „*Für jeden Studiengang stellen die Fachbereiche eine Studienordnung auf.*"

subjektiv-öffentliches Recht zu, das durch Art. 5 Abs. 3 GG untersetzt ist.[40] Sie können dieses Recht gegenüber Beeinträchtigungen gerichtlich schützen. Im Verhältnis zwischen den internen Programmakkreditierungsstellen der Hochschule und den das Studienprogramm verantwortenden Fachbereichen kann es bei dieser Sachlage zu einem internen Konflikt kommen. Dieser stellt sich, da der Rahmen des Rechtsträgers Hochschule nicht verlassen wird, als Innenrechtsstreit dar. Eine entsprechende Außenwirkung fehlt. Zwar sind Fachbereiche bzw. Fakultäten mit Blick auf bestimmte Selbstverwaltungsrechte teilrechtsfähig, dies führt aber nicht zu einer eigenen Rechtspersönlichkeit.[41] Derartige Innenrechtsstreitigkeiten sind aber auch aus anderen Zusammenhängen bekannt. So gibt es sie im Kommunalverfassungsstreit, aber eben auch im Innerorganstreit innerhalb einer Hochschule.[42] Das subjektiv-öffentliche Recht des Fachbereichs reicht so weit, wie dies erforderlich ist, um die Wissenschaftsfreiheit seiner Mitglieder gegenüber der Gesamt-Hochschule zu verteidigen.[43] Im Ernstfall kann die Systemakkreditierung also Verwaltungsrechtsstreitigkeiten in die Hochschule hineintragen.

Dies kann auch noch unter einem weiteren Aspekt geschehen. Die Systemakkreditierung hat sich zu einem Instrument für Hochschulleitungen entwickelt, mittels dessen interne Strukturen effektiv verändert werden können.[44] Zur Ertüchtigung des Qualitätssicherungssystems der Hochschule müssen standardisierte Berichts- und Prüfungspflichten eingeführt werden. Die zentrale Verwaltung ist in der Regel gehalten, auf zentraler Ebene zusätzliche Prüfungsinstanzen mit Entscheidungsbefugnissen einzurichten. Ein Beispiel bildet die bereits erwähnte Stelle zur Durchführung interner Programmakkreditierungen. Ein weiteres Beispiel bildet die flächendeckende Einführung von Lehrevaluationen, die entsprechende Konsequenzen nach sich ziehen können.[45] Diese Maßnahmen können für sich genommen ebenfalls Eingriffscharakter haben. Dies ist dann anzunehmen, wenn sie die Lehrfreiheit der betroffenen Wissenschaftler und die Selbstverwaltungsrechte der sie tragenden Untergliederungen der Hochschule tangieren. Auch hier entsteht ein verfassungsrechtlicher Rechtfertigungsbedarf.

---

[40] *Max-Emanuel Geis*, Autonomie der Universitäten, in: Merten/Papier (Hrsg.), Handbuch der Grundrechte in Deutschland und Europa, Bd. IV (2011), § 100 Rdnr. 40, m. w. N. in Fn. 124.

[41] *Elvira Wendelin*, Der Hochschulverfassungsstreit, Subjektive Organrechte im Binnenbereich der Hochschule und deren verwaltungsprozessuale Behandlung, 2010, S. 34.

[42] Ausführlich *Wendelin* (o. Fn. 41), passim.

[43] *Wendelin* (o. Fn. 41), S. 125.

[44] Siehe etwa beispielhaft das Qualitätsmanagementhandbuch der Universität Potsdam, http://www.uni-potsdam.de/fileadmin/projects/zfq/akkreditierung/QM_Lehre_und_Studium_final.pdf.

[45] Dazu ausführlich *Höfling*, WissR 41 (2008), 92 (99 ff.).

4. Verfassungsrechtliche Rechtfertigung

Die verfassungsrechtliche Rechtfertigung kann bei Art. 5 Abs. 3 GG vor allem durch verfassungsimmanente Schranken erfolgen. In der Literatur werden hier zwei mögliche Quellen genannt. Zum einen fordere die aus der Berufsfreiheit des Art. 12 Abs. 1 GG ableitbare Studierfreiheit der Studierenden die Bereitstellung studierbarer und anerkannter Studienprogramme.[46] Auch das Bundesverfassungsgericht sieht den Anknüpfungspunkt für die verfassungsrechtliche Rechtfertigung bei Art. 12 Abs. 1 GG, dem es das Ziel einer Qualitätssicherung in der Hochschullehre entnimmt.[47] Zum anderen wird von einigen Literaturstimmen ins Feld geführt, dass die Akkreditierung entsprechend den Bologna-Vorgaben der Schaffung eines europäischen Hochschulraums diene. Deshalb könne Art. 23 Abs. 1 GG als Quelle kollidierenden Verfassungsrechts dienen.[48] Insbesondere Letzteres wird zum Teil auch bezweifelt, weil es sich bei den Dokumenten und Beschlüssen im Rahmen des Bologna-Prozesses durchgängig nicht um bindendes Recht handele.[49] Das Bundesverfassungsgericht hat nunmehr festgestellt, dass eine Rechtfertigung aufgrund europäischen Rechts mangels entsprechender Harmonisierungskompetenz der Union nicht in Betracht komme.[50]

Allerdings liegen die Probleme auch nicht bei der Identifizierung möglicher immanenter Schranken. Vielmehr sind es die weiteren Prüfungsschritte, die Anlass zu Zweifeln an der verfassungsrechtlichen Rechtfertigung geben. In Rechtsprechung und Literatur wurden etwa Verstöße gegen das rechtsstaatliche Bestimmtheitsgebot und den Wesentlichkeitsgrundsatz geltend gemacht. Zudem seien der institutionelle Gesetzesvorbehalt und das Demokratieprinzip verletzt. Schließlich sei die Akkreditierung als unverhältnismäßiger Eingriff in die Lehrfreiheit zu werten. Diesen Punkten soll im Folgenden näher nachgegangen werden. Dabei gilt es zunächst, die nicht durchgreifenden Punkte auszuscheiden. Insbesondere ist der zuweilen vorgebrachten Auffassung entgegenzutreten, Akkreditierungsentscheidungen seien aufgrund ihres inhaltlichen Zugriffs und ihres Prüfprogramms per se unverhältnismäßig.

V. Die Verhältnismäßigkeit von Akkreditierungsentscheidungen

1. Programmakkreditierung

Teilweise wird behauptet, Akkreditierungsentscheidungen seien schon nicht geeignet, die Sicherung von Studierfreiheit und europäischem Hochschulraum zu be-

---

[46] *Lege*, JZ 2005, 698 (703).
[47] BVerfG, Beschluss vom 17.2.2016 – 1 BvL 8/10, juris, Rdnr. 58.
[48] *Lege*, JZ 2005, 698 (703); a. A. *Quapp*, WissR 43 (2010), 346 (356).
[49] *Quapp*, WissR 43 (2010), 346 (356).
[50] BVerfG, Beschluss vom 17.2.2016 – 1 BvL 8/10, juris, Rdnr. 57.

wirken.⁵¹ Jedenfalls seien Akkreditierungsverfahren zu diesem Zweck nicht erforderlich.⁵² Schließlich bestünden auch an der Angemessenheit erhebliche Zweifel.⁵³

Die Ausführungen beziehen sich vor allem auf die Verfahren der Programmakkreditierung, weshalb diese zuerst betrachtet werden. Zweifel an der Geeignetheit solcher Verfahren können nicht ernsthaft erhoben werden. Es ist weithin anerkannt, dass dem Gesetzgeber hinsichtlich der Beurteilung der Geeignetheit einer Maßnahme ein weitreichender Einschätzungsspielraum zukommt.⁵⁴ Es liegen keine Anhaltspunkte dafür vor, dass dieser hier überschritten wurde. Insbesondere durfte der Gesetzgeber annehmen, sich im Rahmen einer europaweit vorangetriebenen Entwicklung zur Implementierung einer staatsfernen Qualitätssicherung zu bewegen.

Mit Blick auf die Erforderlichkeit bestehen ebenfalls im Ergebnis keine durchgreifenden verfassungsrechtlichen Zweifel.⁵⁵ Eine Maßnahme ist dann nicht erforderlich, wenn es ein gleich geeignetes, milderes Mittel zur Erreichung der zu verwirklichenden Ziele gibt. Als milderes Mittel kann nicht die staatliche Aufsicht angesehen werden, weil diese potentiell mit erheblich weiterreichenden Eingriffsszenarien verbunden wäre.⁵⁶ Auch kann die erforderliche Wissenschaftsadäquanz schwerlich besser durch eine ministerielle Aufsicht als durch das Akkreditierungsverfahren in der derzeitigen Form gesichert werden. Ein Verzicht auf die flächendeckende Qualitätssicherung oder eine nur punktuelle Qualitätskontrolle stellten zwar mildere Mittel dar, die Wirksamkeit der Qualitätssicherung wäre aber gleichsam aufgehoben bzw. stark eingeschränkt. Auch die Möglichkeit einer eigenständigen Qualitätskontrolle durch die Hochschulen selbst ohne integriertes externes Prüfverfahren kann nicht gegen die Erforderlichkeit ins Feld geführt werden, da diese nicht dieselbe Wirksamkeit entfalten würde.⁵⁷

Allerdings könnte argumentiert werden, die Regeln der Akkreditierung, so wie sie von KMK und Akkreditierungsrat entwickelt wurden, seien zu rigide gefasst, um die verfolgten Ziele zu erreichen.⁵⁸ Mit Blick auf manche Regelung aus der Anfangszeit des Akkreditierungswesens mögen tatsächlich Zweifel hinsichtlich ihrer Erforderlichkeit bestanden haben. Mittlerweile hat sich das Akkreditierungswesen als lernendes System allerdings zumindest auf abstrakter Ebene der aufgetretenen Probleme zweifelhafter Wissenschaftsadäquanz angenommen und die Regeln entsprechend

---

⁵¹ So *Lege*, JZ 2005, 698 ff.; *Quapp*, WissR 43 (2010), 346 (359).

⁵² *Lege*, JZ 2005, 698 (705 f.); a. A. *Müller-Terpitz*, WissR 42 (2009), 116 (130); differenzierend *Meyer*, NVwZ 2010, 1010 (1011 f.).

⁵³ *Lege*, JZ 2005, 698 (706); *Quapp*, WissR 43 (2010), 346 (359); a. A. *Müller-Terpitz*, WissR 42 (2009), 116 (130 ff.).

⁵⁴ Statt vieler *Detlef Merten*, Verhältnismäßigkeitsgrundsatz, in: Merten/Papier (Hrsg.), Handbuch der Grundrechte in Deutschland und Europa, Bd. III (2009), § 68 Rdnr. 65 m. w. N.

⁵⁵ Ebenso *Müller-Terpitz*, WissR 42 (2009), 116 (130).

⁵⁶ Ebenso *Meyer*, NVwZ 2010, 1010 (1011).

⁵⁷ In diesem Sinne auch BVerfG, Beschluss vom 17.2.2016 – 1 BvL 8/10, juris, Rdnr. 64.

⁵⁸ In diese Richtung *Meyer*, NVwZ 2010, 1010 (1012).

angepasst. Das Bundesverfassungsgericht hat nunmehr auch die Überprüfung von Studienorganisation, Studienanforderungen und Studienerfolg als verfassungsrechtlich zulässig erachtet.[59]

Schließlich kann auch der Einwand erhoben werden, die konkret durchgeführte Akkreditierung stelle sich nicht als erforderlich dar, weil der Zweck der Qualitätssicherung auch auf weniger belastendem Weg erreichbar gewesen wäre. Das kann etwa dann der Fall sein, wenn das Akkreditierungsverfahren zu stark in die inhaltliche Ausgestaltung des Studiengangs eingreift. Zum wesentlichen Kernbereich der Lehrfreiheit gehört das Recht, Inhalte und Methoden der Lehre selbst zu bestimmen. Deshalb hat sich die Akkreditierung auch auf die Überprüfung zu beschränken, ob das Studiengangskonzept mit Blick auf die selbst formulierten Ziele schlüssig und konsistent ist. Wird hingegen die eigene Auffassung der Akkreditierungskommission an die Stelle der Konzeption der Studiengangsverantwortlichen gesetzt, liegt keine erforderliche Qualitätssicherungsmaßnahme mehr vor. In der Anfangszeit der Akkreditierung mag es entsprechende Szenarien auch in der Praxis gegeben haben. Mittlerweile dürfte sich die Akkreditierungspraxis allerdings dahingehend weiterentwickelt haben, dass derart übermäßige Entscheidungen nur noch im Einzelfall vorkommen.

Ernstliche Zweifel an der Verhältnismäßigkeit von Akkreditierungsentscheidungen können auch mit Blick auf deren Angemessenheit erhoben werden.[60] In der Tat ist die Lehrfreiheit ein hohes Gut, das nicht vorschnell einem ökonomisierten Qualitätsverständnis geopfert werden darf. Vor diesem Hintergrund stellten sich zu Beginn des Akkreditierungswesens manche Verfahren als verfassungsrechtlich zweifelhaft dar. Angemessen ist nur diejenige Qualitätssicherung, die der Lehrfreiheit größtmöglichen Raum gibt. Vor diesem Hintergrund ist zu fordern, dass Akkreditierungen an wissenschaftsadäquaten Kriterien ausgerichtet sind. Das beinhaltet die Forderung, dass die Grundprämissen der Studiengangsverantwortlichen grundsätzlich zu akzeptieren sind. Die Auffassung der Gutachter darf nicht an die Stelle derjenigen der Verantwortlichen treten. Vielmehr hat lediglich und zwingend eine Plausibilitätskontrolle sowie die Überprüfung von allgemeinen Qualitätsstandards zu erfolgen. Weiterreichende Eingriffe der Akkreditierung in die Gestaltung von Studienprogrammen sind unangemessen und zu unterlassen. Die abstrakten Regeln der Akkreditierung, so wie sie derzeit gelten, halten allerdings einer Überprüfung am Maßstab der Angemessenheit stand, weil sie eingedenk der Wissenschaftsadäquanz der Akkreditierung entwickelt wurden.[61]

---

[59] BVerfG, Beschluss vom 17.2.2016–1 BvL 8/10, juris, Rdnr. 65.
[60] Ausführlich *Müller-Terpitz*, WissR 42 (2009), 116 (130 ff.).
[61] Siehe etwa das Leitbild des Akkreditierungsrates, http://www.akkreditierungsrat.de/index.php?id=leitbild.

2. Systemakkreditierung

Im Rahmen der Systemakkreditierung treten die skizzierten Verhältnismäßigkeitsprobleme in weit geringerem Umfang auf. Die Systemakkreditierung überprüft, ob das Qualitätssicherungssystem einer Hochschule in der Lage ist, die Qualität der Studiengänge eigenständig sicherzustellen. Diese Überprüfung weist – abgesehen von den erforderlichen Stichproben – keinen direkten Bezug zu konkreten Studienprogrammen auf und steht deshalb nicht in der Gefahr, in unverhältnismäßiger Weise auf die Gestaltung konkreter Studienprogramme Einfluss zu nehmen.

Allerdings gilt dies nicht für die sich anschließende interne Überprüfung von Studienprogrammen. Hier besteht potentiell die Gefahr unverhältnismäßiger, weil wissenschaftsinadäquater Akkreditierungsentscheidungen. Die Erfahrung an systemakkreditierten Hochschulen zeigt indes, dass sich diese Gefahr in erheblich geringerem Umfang realisiert als im Rahmen der Programmakkreditierung. Es zeigt sich, dass hochschulinterne Gremien in der Lage sind, einen Interessenausgleich zwischen notwendiger Qualitätssicherung und Wissenschaftsadäquanz respektive Lehrfreiheit herzustellen. Deshalb ist die Systemakkreditierung auch aus verfassungsrechtlichen Gründen der Programmakkreditierung als Qualitätssicherungsinstrument vorzuziehen.

VI. Wesentlichkeitsprinzip und Reformbedarf

1. Die Entscheidung des Bundesverfassungsgerichts vom 17. Februar 2016

Durchgreifende verfassungsrechtliche Bedenken ergeben sich jedoch aus der derzeitigen institutionellen Struktur des Akkreditierungswesens in Deutschland.[62] Es wurde bereits dargestellt, dass die Akkreditierung von privatrechtlich organisierten Agenturen durchgeführt wird, die ihrerseits vom Akkreditierungsrat akkreditiert werden. Der Akkreditierungsrat seinerseits ist eine Stiftung nach nordrhein-westfälischem Landesrecht. In den Entscheidungsgremien besitzen Vertreter der Wissenschaft keine Mehrheit.

Diese Struktur genügt den verfassungsrechtlichen Anforderungen an die Ausübung von Hoheitsgewalt nicht. Das Bundesverfassungsgericht hat nun entschieden, dass die Wissenschaftsfreiheit zwar den Vorgaben zur Qualitätssicherung von Studienangeboten grundsätzlich nicht entgegensteht. Wesentliche Entscheidungen zur Akkreditierung dürfe der Gesetzgeber jedoch nicht weitgehend anderen Akteuren überlassen, sondern müsse sie unter Beachtung der Eigenrationalität der Wissenschaft selbst treffen.[63] Mit Blick auf die grundrechtlich geschützte Eigenrationalität der Wissenschaft sei es dem Gesetzgeber verwehrt, zur Qualitätssicherung der Lehre

---

[62] Ebenso VG Arnsberg, Beschluss vom 16.4.2010–12 K 2689/08, juris, Rdnrn. 85 ff.; *Herrmann* (o. Fn. 18), Rdnrn. 24 ff.; *Lege*, JZ 2005, 698 (703 f.); a. A. *Müller-Terpitz*, WissR 42 (2009), 116 (124 ff.); differenzierend *Trute*, RW 2014, 341 (358 ff.).

[63] BVerfG, Beschluss vom 17.2.2016–1 BvL 8/10, juris, Leitsatz.

selbst detaillierte Vorgaben zu Lehrinhalten zu machen. Daher sei die Wissenschaftsfreiheit durch den Gesetzgeber in Systemen der Qualitätskontrolle jedenfalls prozedural und organisatorisch zu sichern, um auch eine hinreichende Teilhabe der Wissenschaft selbst zu garantieren. Es bedürfe einer Regelung, wer grundrechtsrelevante Entscheidungen zu treffen hat und wie das Verfahren ausgestaltet ist. Auch für die Qualitätssicherung müsse der Gesetzgeber ein Gesamtgefüge schaffen, in dem Entscheidungsbefugnisse und Mitwirkungsrechte, Einflussnahme, Information und Kontrolle so ausgestaltet sind, dass Gefahren für die Freiheit der Lehre vermieden werden.[64] Die grundrechtlich wesentlichen Regelungen müssten nicht in einem einzigen Gesetz gebündelt werden. Dem Rechtsstaats- und Demokratiegebot könne auch genügen, wenn sich eine hinreichend klare Regelung im Zusammenspiel mehrerer Gesetze finde, oder wenn der Gesetzgeber auf andere Regelungen verweise.[65]

Das Bundesverfassungsgericht hat das vorgelegte Landesrecht des Landes Nordrhein-Westfalen als mit diesen Vorgaben unvereinbar erklärt. Insbesondere sei eine hinreichende Mitwirkung der Wissenschaft an der Akkreditierung nicht sichergestellt. Auch das Akkreditierungsstiftungsgesetz schaffe kein Gesamtgefüge, das der Wissenschaftsfreiheit hinreichend Rechnung trage.[66] Aus Gründen der Rechtssicherheit hat es das Gericht bei einer Unvereinbarerklärung der vorgelegten Normen belassen und eine Fortgeltung bis zu einer Neuregelung, längstens bis 31.12.2017 angeordnet.[67]

2. Bewertung und notwendige Schritte

Die Entscheidung des Bundesverfassungsgerichts betrifft vordergründig nur das Landesrecht Nordrhein-Westfalen, besitzt aber Bedeutung weit darüber hinaus. Letztlich muss das gesamte Akkreditierungswesen in Deutschland neu geordnet werden, und zwar mit erheblichem Zeitdruck. Alle Länder müssen Rechtsgrundlagen schaffen, die den Vorgaben der Entscheidung genügen. Da die Vorgaben alle gleichermaßen betreffen, bietet sich die Regelung in einem Staatsvertrag an. Das Gericht hat selbst ausgeführt, dass sich die notwendigen Vorgaben nicht in einer einzigen Rechtsgrundlage finden müssten, sondern dass auch mit Verweisungen – hier auf einen zu schließenden Staatsvertrag – gearbeitet werden könne.

Inhaltlich muss ein solcher Staatsvertrag weitreichende organisatorische und prozedurale Vorgaben enthalten. Insbesondere müssen die Strukturen sicherstellen, dass der Schutz der Wissenschaftsfreiheit hinreichend gewährleistet wird. Als wesentliches Element dieser Absicherung sieht das Bundesverfassungsgericht eine ausreichende Beteiligung von Wissenschaftsvertretern an der Akkreditierungsentscheidung selbst. Dem werden die bisherigen Gremienstrukturen noch nicht gerecht. Um-

---

[64] BVerfG, Beschluss vom 17.2.2016 – 1 BvL 8/10, juris, Rdnr. 60.
[65] BVerfG, Beschluss vom 17.2.2016 – 1 BvL 8/10, juris, Rdnr. 75.
[66] BVerfG, Beschluss vom 17.2.2016 – 1 BvL 8/10, juris, Rdnr. 80 f.
[67] BVerfG, Beschluss vom 17.2.2016 – 1 BvL 8/10, juris, Rdnr. 88.

gekehrt dürfen in den staatlichen Regelungen keine inhaltlichen Vorgaben für wissenschaftliche Lehre enthalten sein.

Das Bundesverfassungsgericht hat mit seiner Entscheidung in erfreulicher Klarheit einer zu weitreichenden Staatsferne von Qualitätssicherungsinstitutionen eine Absage erteilt. Der Gesetzgeber darf sich seiner Verantwortung für die Ausgestaltung von Qualitätssicherungsprozessen nicht entziehen. Auch mit dem vorläufigen und experimentellen Charakter von Qualitätssicherung kann im Hochschulwesen nicht mehr mit legitimierender Wirkung argumentiert werden.[68]

Umgekehrt ist die Entscheidung aber auch kein Misstrauensvotum gegen das Akkreditierungswesen als solches. Vielmehr wird anerkannt, dass Qualitätssicherung in der bisher praktizierten Form – auch hinsichtlich der Überprüfung organisatorischer und struktureller Fragen – generell zulässig ist. Die Hochschullehrer und Hochschulen können einer weitreichenden und regelmäßigen Überprüfung von Studienprogrammen nicht entgegenhalten, die Lehrfreiheit stehe einer solchen aus inhaltlichen Gründen entgegen. Der Nachbesserungsbedarf ist vor diesem Hintergrund vor allem formaler, nicht materieller Natur. Bei entsprechendem gesetzgeberischen Willen der beteiligten Bundesländer sollte eine zeitnahe verfassungskonforme Lösung gelingen können.

VII. Fazit und Ausblick

Die Akkreditierung von Studienprogrammen oder ganzen Qualitätssicherungssystemen hat sich in Deutschland zu einem festen Bestandteil des Hochschulwesens entwickelt. Die positiven Effekte der Akkreditierung überwiegen deren kritikwürdige Aspekte bei weitem. Die anfängliche Skepsis gegenüber diesem System der Qualitätssicherung ist einer verhaltenen Zustimmung gewichen.

Vor diesem Hintergrund muss auch die Bewertung der Entscheidung des Bundesverfassungsgerichts erfolgen. Das Gericht hat der Akkreditierung in der derzeit praktizierten Form keine grundlegende Absage erteilt, im Gegenteil. Der Entscheidung lässt sich entnehmen, dass die mittlerweile konsolidierte Akkreditierungspraxis grundsätzlich mit der Wissenschaftsfreiheit in Einklang zu bringen ist. Allerdings bedarf es prozeduraler Sicherungen, um die Wissenschaftsadäquanz der Akkreditierungsentscheidungen stärker als bisher abzusichern. Damit geht das Bundesverfassungsgericht einen zustimmungswürdigen Weg, der eine sachgerechte Austarierung notwendiger Qualitätssicherung mit Erfordernissen der Wissenschaftsfreiheit ermöglicht.

Es bleibt zu hoffen, dass sich die politischen Akteure zeitnah auf ein Regelwerk verständigen, das den skizzierten Anforderungen gerecht wird, gleichzeitig aber auch die bereits erreichten Erfolge auf dem Weg zu einer nachhaltigen Qualitätssicherung und zur Entwicklung einer breit wirksamen Qualitätskultur sichern hilft.

---

[68] BVerfG, Beschluss vom 17.2.2016 – 1 BvL 8/10, juris, Rdnr. 61.

Andernfalls droht ein Rückfall in überkommene Strukturen ministerieller Qualitätsprüfung, an dem insbesondere den Hochschulen nicht gelegen sein kann.

Die Auftragsforschung an Hochschulen im Fokus des EU-Beihilfeverbots

Von *Wolfgang Schröder* und *Janine von Kittlitz*

I. Einleitung

Die Auftragsforschung an Hochschulen gehört in vielen Wissenschaftsbereichen bereits seit Jahren zum Alltagsgeschäft. Angesichts der angespannten Haushaltslage im öffentlichen Bereich, von der auch die Hochschulen betroffen sind, wird die Bedeutung dieser Form der drittmittelfinanzierten Forschung in den kommenden Jahren eher zu- als abnehmen. Um die Auftragsforschung herum ranken sich im juristischen Bereich allerdings einige Problemfelder. Angefangen von der Vereinbarkeit der Auftragsforschung mit der Wissenschaftsfreiheit des Art. 5 Abs. 3 GG, über Fragen des geistigen Eigentums bei der Übertragung von Nutzungsrechten an Forschungsergebnissen auf das beauftragende Unternehmen, bis hin zu steuerrechtlichen Fragestellungen. Weniger bekannt, dafür aber umso relevanter, ist das Erfordernis der Vereinbarkeit der Auftragsforschung mit dem Beihilferecht der Europäischen Union. Zwar ist das EU-Recht grundsätzlich „forschungsfreundlich" ausgerichtet, auch was die industrialisierte Forschung anbelangt, diese steht aber in einem Spannungsverhältnis zum von der EU ebenfalls anvisierten unverfälschten Wettbewerb innerhalb des Binnenmarktes. Wesentlicher Bestandteil der EU-Regelungen zum Wettbewerb ist das Beihilferecht, dem sich dieser Beitrag widmet. Dargelegt werden soll insbesondere, welche Anforderungen an die Auftragsforschung an Hochschulen zu stellen sind, um mit dem Beihilferecht der EU vereinbar zu sein.

II. Die Auftragsforschung an Hochschulen

Die Auftragsforschung ist ein elementarer Bestandteil des Wissens- und Technologietransfers und aus quantitativer Sicht eine der wichtigsten Formen des Zusammenwirkens von Hochschule und Wirtschaft.[1] Für den Begriff der Auftragsforschung finden sich in den einschlägigen nationalen Gesetzlichkeiten weder eine Legaldefinition noch Vorgaben zur Ausgestaltung einer Auftragsforschungsvereinbarung. Nur wenige Landeshochschulgesetze enthalten Regelungen zur wirtschaftlichen Betätigung der Hochschulen und diese beziehen sich in der Regel auf die Gründung privatwirtschaftlicher Unternehmen durch die Hochschulen oder deren Beteiligung

---

[1] *Albert Berger*, in: Geis (Hrsg.), Hochschulrecht im Freistaat Bayern, 2009, S. 449; *Annett Bagdassarov*, Wissens- und Technologietransfer an Universitäten, 2012, S. 23.

daran.[2] Auch die Vorschriften zur Forschung mit Mitteln Dritter und – sofern vorhanden – zum Wissens- und Technologietransfer können keinen Beitrag zum Begriffsverständnis leisten. Auf europäischer Ebene wird unter Auftragsforschung die Erbringung von Forschungsleistungen durch eine Partei und deren Finanzierung durch die andere Partei verstanden, beides auf der Grundlage einer zuvor zwischen den Parteien geschlossenen Vereinbarung.[3] Üblicherweise handelt es sich bei dem Auftragnehmer um eine Hochschule, aber auch andere Forschungseinrichtungen können im Rahmen der Auftragsforschung tätig werden. Das Unternehmen legt dabei in der Regel die Vertragsbedingungen fest, erwirbt das Eigentum an den Forschungsergebnissen und trägt gleichzeitig das Risiko des Scheiterns.[4] Die Auftragsforschung zeichnet sich auch dadurch aus, dass die Forschungstätigkeit ausschließlich von der Hochschule erbracht wird. Ein kooperatives Zusammenwirken mit dem beauftragenden Unternehmen ist nicht vorgesehen.[5] Die europäischen Vorgaben decken sich ganz überwiegend mit dem deutschen Verständnis dieser Form der drittmittelfinanzierten Forschung.[6] Die Auftragsforschung ist auf die Beantwortung konkreter Fragestellungen, die vom beauftragenden Unternehmen aufgeworfen werden, folglich ergebnisorientiert ausgerichtet.[7] Vertraglich festgelegt werden aber nicht nur inhaltliche Gesichtspunkte zwischen den Parteien. Vielmehr beinhaltet die Vereinbarung auch zeitliche Vorgaben, was insgesamt zu einer relativ intensiven Bindung der Hochschule durch den Auftraggeber führt.[8] Für die Durchführung des Forschungsauftrages erhält die Hochschule ein angemessenes Entgelt vom Auftraggeber.[9] Eine Gewinnerzielungsabsicht ist nicht erforderlich.[10] Die an dem Forschungsprojekt beteiligten Hochschullehrer erbringen die Dienstleistungen in ihrer Eigenschaft als Hochschulangehörige als Dienstaufgabe unter Verwendung des Personals

---

[2] So z. B. in Baden-Württemberg, Nordrhein-Westfalen und Sachsen-Anhalt.

[3] Siehe Art. 1 lit. p) der Verordnung (EU) Nr. 1217/2010 der Kommission vom 14.12.2010 über die Anwendung von Artikel 101 Absatz 3 des Vertrages über die Arbeitsweise der Europäischen Union auf bestimmte Gruppen von Vereinbarungen über Forschung und Entwicklung (ABl.EU Nr. L 335 vom 18.12.2010, S. 36).

[4] Ziff. 25 der Mitteilung der Kommission, Unionsrahmen für staatliche Beihilfen zur Förderung von Forschung, Entwicklung und Innovation (ABl.EU Nr. C 198 vom 27.6.2014, S. 1), im Folgenden als Beihilferahmen für F&E&I bezeichnet.

[5] Ziff. 27 des Beihilferahmens für F&E&I.

[6] Siehe z. B. *Gerhard Möller*, in: Hartmer/Detmer (Hrsg.), Hochschulrecht, 2. Aufl. 2011, S. 720.

[7] *Matthias Knauff*, Die Regelung der wirtschaftlichen Betätigung von Hochschulen: Auf dem Weg zum Hochschulwirtschaftsrecht, WissR 2010, 28 (34); *Ilse-Dore Gräf*, Die wirtschaftliche Betätigung von Universitäten, 2013, S. 51; *Bagdassarov* (o. Fn. 1), S. 24; *Helmuth Schulze-Fielitz*, in: Geis (o. Fn. 1), S. 175; *Berger* (o. Fn. 1), S. 255.

[8] *Berger* (o. Fn. 1), S. 449; *Bagdassarov* (o. Fn. 1), S. 24; Wissenschaftsrat, Empfehlungen zur Interaktion von Wissenschaft und Wirtschaft vom 25.5.2007, Drs. 7865/07, S. 38.

[9] *Bagdassarov* (o. Fn. 1), S. 24.

[10] *Möller* (o. Fn. 6), S. 719 f.

und der Sachmittel der Hochschule.[11] Teilweise wird vertreten, dass es sich bei dem Auftraggeber um ein privatwirtschaftliches Unternehmen handeln muss.[12] Dieser an die Rechtsform des Auftraggebers anknüpfenden Auffassung kann jedoch nicht gänzlich gefolgt werden. Vielmehr kann der Auftraggeber sowohl aus dem privaten als auch aus dem öffentlichen Bereich stammen,[13] so dass z. B. auch Gemeinden, das Land oder der Bund mit Auftragsforschungsprojekten an die Hochschulen herantreten und deren Durchführung finanzieren können. Näheres hierzu im Folgenden unter IV. 1. a) cc) (1).

III. Die Rechtsgrundlagen des EU-Beihilferechts – ein Überblick

Die Rechtsgrundlagen des EU-Beihilferechts finden sich im Vertrag über die Arbeitsweise der Europäischen Union (AEUV)[14] und in einem komplexen System aus sekundärrechtlichen Regelungen, überwiegend bestehend aus Verordnungen und Gemeinschaftsrahmen.

1. Primärrechtliche Regelungen

Das EU-Beihilferecht ist in den Art. 107 ff. AEUV als Bestandteil der Vorschriften zum Wettbewerb verankert und beinhaltet neben den materiellen Regelungen auch Vorgaben verfahrensrechtlicher Art. Die materielle Beihilferegelung in Art. 107 AEUV ist als präventives Verbot mit Erlaubnisvorbehalt ausgestaltet, wobei Absatz 1 der Bestimmung das grundsätzliche Beihilfeverbot beinhaltet, von dem unter den Voraussetzungen der Absätze 2 und 3 abgewichen werden kann. Staatliche oder aus staatlichen Mitteln gewährte Beihilfen gleich welcher Art sind demnach grundsätzlich mit dem Binnenmarkt unvereinbar und damit unzulässig, wenn durch die Begünstigung eines bestimmten Unternehmens oder Produktionszweiges der Wettbewerb verfälscht wird bzw. eine solche Verfälschung droht und dadurch der Handel zwischen den Mitgliedstaaten beeinträchtigt wird. Etwas anderes gilt nur dann, wenn die Verträge dies ausdrücklich vorsehen oder ein Ausnahmetatbestand einschlägig ist. Neben den Vorgaben des Art. 107 Abs. 2 und Abs. 3 AEUV ist eine Ausnahme auch unter den Voraussetzungen des Art. 106 Abs. 2 Satz 1 AEUV möglich. Die Bestimmung enthält Privilegierungen für Unternehmen, die Dienstleistungen von allgemeinem wirtschaftlichem Interesse erbringen. Die verfahrensrechtlichen Beihilferegelungen finden sich in Art. 108 AEUV. Sie beziehen sich

---

[11] *Knauff*, WissR 2010, 28 (34). Wird der Hochschullehrer direkt mit der Dienstleistung beauftragt und nicht die Hochschule, erfüllt er diese als Nebentätigkeit, siehe dazu z. B. § 36 Abs. 1 BbgHG (Brandenburgisches Hochschulgesetz vom 28. 4. 2014, GVBl. I Nr. 18, zuletzt geändert durch Gesetz vom 1. 7. 2015, GVBl. I Nr. 18).

[12] *Berger* (o. Fn. 1), S. 449; Wissenschaftsrat (o. Fn. 8), S. 38.

[13] So auch *Knauff*, WissR 2010, 28 (34); *Gräf* (o. Fn. 7), S. 51.

[14] Vertrag über die Arbeitsweise der Europäischen Union (AEUV), Fassung aufgrund des am 1. 12. 2009 in Kraft getretenen Vertrages von Lissabon (konsolidierte Fassung, bekanntgemacht im ABl.EU Nr. C 326 vom 26. 10. 2012, S. 47).

entweder auf Beihilfen, dann sind sowohl Beihilferegelungen als auch Einzelbeihilfen von der Bestimmung erfasst, oder ausdrücklich nur auf Beihilferegelungen. Art. 108 AEUV ermöglicht eine umfassende Kontrolle bestehender und neuer Beihilfen in den Mitgliedstaaten durch die Europäische Kommission. Dabei wird die Vereinbarkeit der Beihilfen mit Art. 107 AEUV durch ein Zusammenspiel von Mitteilungspflichten auf Seiten der Mitgliedstaaten und Kontroll- und Überwachungspflichten seitens der Kommission gewährleistet.[15]

2. Sekundärrechtliche Regelungen

Die sekundärrechtlichen Regelungen, die die Vorgaben des AEUV konkretisieren sollen, sind in verschiedenen Verordnungen und Gemeinschaftsrahmen enthalten und werden zum Teil durch Leitlinien und Mitteilungen ergänzt.

a) Verordnungen

Basierend auf der Verordnungsermächtigung des Art. 109 AEUV wurden Durchführungsverordnungen erlassen, die zum einen an die materiell-rechtlichen Vorgaben des Art. 107 AEUV und zum anderen an die Verfahrensvorgaben des Art. 108 AEUV anknüpfen. Die Beihilfenverfahrensverordnung (VerfVO) enthält Vorschriften zur Anmeldung von staatlichen Beihilfen bei der Kommission und zum Überprüfungsverfahren durch die Kommission.[16] Die VerfVO wird ihrerseits ergänzt durch eine weitere Durchführungsverordnung, die sog. Beihilfenverfahrens-DVO.[17] Relevant sind des Weiteren die Allgemeine Gruppenfreistellungsverordnung (AGVO)[18] und die Verordnung über De-minimis-Beihilfen[19].[20] Beide Verordnungen beziehen sich

---

[15] Der im AEUV verwendete Begriff der Beihilfe umfasst sowohl Beihilferegelungen als auch Einzelbeihilfen. Dies gilt nicht, wenn sich der Wortlaut nur auf Beihilfevorschriften bzw. Einzelbeihilfen bezieht.

[16] Verordnung (EU) 2015/1589 des Rates vom 13. Juli 2015 über besondere Vorschriften für die Anwendung von Artikel 108 des Vertrags über die Arbeitsweise der Europäischen Union (kodifizierter Text, ABl.EU Nr. L 248 vom 24.9.2015, S. 9). Dieser Verordnung war die Verordnung (EG) Nr. 659/1999 vorausgegangen.

[17] Verordnung (EG) Nr. 794/2004 der Kommission vom 21. April 2004 zur Durchführung der Verordnung (EG) Nr. 659/1999 des Rates über besondere Vorschriften für die Anwendung von Artikel 93 des EG-Vertrags (ABl.EU Nr. L 140 vom 30.4.2004, S. 1), geändert durch Verordnung (EU) Nr. 372/2014 der Kommission vom 9. April 2014 (ABl.EU Nr. L 109 vom 12.4.2004, S. 14).

[18] Verordnung (EU) Nr. 651/2014 der Kommission vom 17. Juni 2014 zur Feststellung der Vereinbarkeit bestimmter Gruppen von Beihilfen mit dem Binnenmarkt in Anwendung der Artikel 107 und 108 des Vertrages über die Arbeitsweise der Europäischen Union (ABl.EU Nr. L 187 vom 26.6.2014, S. 1). Dieser Verordnung war die Verordnung (EG) Nr. 800/2008 vorausgegangen.

[19] Verordnung (EU) Nr. 1407/2013 der Kommission vom 18. Dezember 2013 über die Anwendung der Artikel 107 und 108 des Vertrages über die Arbeitsweise der Europäischen

sowohl auf die materiellen Aspekte des Art. 107 AEUV – wenn auch in unterschiedlicher Weise – als auch auf die verfahrensrechtlichen Regelungen des Art. 108 AEUV. Die Allgemeine Gruppenfreistellungsverordnung zielt darauf ab, bestimmte Gruppen von Beihilfen als mit dem Binnenmarkt i. S. d. Art. 107 Abs. 3 AEUV vereinbar zu betrachten, wenn sie die in der Verordnung genannten Voraussetzungen erfüllen. Diese Beihilfen sind darüber hinaus von der in Art. 108 Abs. 3 AEUV enthaltenen Anmeldepflicht ausgenommen, die grundsätzlich gegenüber der Kommission besteht. Diejenigen Beihilfen, die in den Anwendungsbereich der De-minimis-Verordnung fallen, weil sie die dort enthaltenen Schwellenwerte nicht überschreiten, werden als Beihilfen angesehen, die nicht alle Voraussetzungen des Art. 107 Abs. 1 AEUV erfüllen, also keine staatliche Beihilfe darstellen.[21] Für diese besteht in der Konsequenz auch keine Anmeldepflicht gegenüber der Kommission.

b) Der Beihilferahmen der EU

Auf sekundärrechtlicher Ebene ist für das Beihilferecht zudem der Unionsrahmen für staatliche Beihilfen zur Förderung von Forschung, Entwicklung und Innovation von maßgeblicher Bedeutung.[22] Der Unionsrahmen bzw. Gemeinschaftsrahmen gehört zu den „sonstigen" oder „atypischen" Handlungsformen der Organe der EU, weil er in Art. 288 AEUV, der den Katalog der Handlungsformen enthält, nicht aufgeführt ist und sich stattdessen – wie andere Handlungsformen auch – in der Praxis entwickelt hat.[23] Außerhalb des Beihilferechts kommt diese Handlungsform nicht zum Tragen.[24] Die Nichtnennung in Art. 288 AEUV steht der Zulässigkeit des Gemeinschaftsrahmens nicht entgegen, weil die Vorschrift entwicklungsoffen formu-

---

Union auf De-minimis-Beihilfen (ABl.EU Nr. L 352 vom 24.12.2013, S. 1). Dieser Verordnung war die Verordnung (EG) Nr. 1998/2006 vorausgegangen.

[20] Beide Verordnungen beruhen auf der Ermächtigungsverordnung (EU) 2015/1588 des Rates vom 13. Juli 2015 über die Anwendung der Artikel 107 und 108 des Vertrags über die Arbeitsweise der Europäischen Union auf bestimmte Gruppen horizontaler Beihilfen (kodifizierter Text) (ABl.EU Nr. L 248 vom 24.9.2015, S. 1). Dieser Verordnung war die Verordnung (EG) Nr. 994/1998 vorausgegangen.

[21] Diese Vorgehensweise blieb in der Literatur nicht ohne Kritik, da der Beihilfebegriff im Verordnungswege lediglich konkretisiert und nicht verengt werden dürfe. Vertreter dieser Auffassung präferieren die Anknüpfung der Schwellenwerte an Art. 107 Abs. 3 AEUV, so dass die staatliche Beihilfe als mit dem Binnenmarkt vereinbar anzusehen wäre, wie dies auch bei der AGVO der Fall sei (vgl. dazu *Wolfram Cremer*, in: Calliess/Ruffert (Hrsg.), EUV/AEUV, Kommentar, 4. Aufl. 2011, Art. 107 AEUV Rdnr. 35).

[22] Mitteilung der Kommission, Unionsrahmen für staatliche Beihilfen zur Förderung von Forschung, Entwicklung und Innovation (ABl.EU Nr. C 198 vom 27.6.2014, S. 1). Daneben existieren auch für andere Bereiche Gemeinschaftsrahmen, z. B. für Umweltschutzbeihilfen.

[23] *Ines Härtel*, Handbuch Europäische Rechtssetzung, 2006, § 6 Rdnr. 1.

[24] *Thomas Jestaedt*, in: Heidenhain (Hrsg.), Handbuch des Europäischen Beihilferechts, 2003, § 14 Rdnr. 23.

liert ist und keinen numerus clausus der Handlungsformen aufstellt.[25] Die ersten Gemeinschaftsrahmen stammen bereits aus den 1970er Jahren,[26] wobei der erste Gemeinschaftsrahmen für Forschung, Entwicklung und Innovation 1986 erlassen wurde.[27] Dieser wurde zunächst 2006[28] und zuletzt 2014 durch einen neuen Gemeinschafsrahmen – jetzt Unionsrahmen – ersetzt. Entsprechend dem im Europarecht geltenden Grundsatz der begrenzten Einzelermächtigung, wonach jegliches Handeln der Organe der EU auf eine vertragliche Grundlage zurückzuführen sein muss, ist nach der Rechtsgrundlage für den Beihilferahmen zu fragen.[29] Der EuGH hat bisher auf Art. 108 Abs. 1 AEUV als Rechtsgrundlage abgestellt.[30] Das ist insofern unzureichend, als Art. 108 Abs. 1 AEUV die Kommission lediglich dazu ermächtigt, den Mitgliedstaaten „zweckdienliche Maßnahmen" hinsichtlich bestehender Beihilferegelungen vorzuschlagen, der Unionsrahmen aber auch Regelungen für neue Beihilferegelungen sowie für neue und bestehende Einzelbeihilfen enthält.[31] Art. 108 Abs. 3 AEUV, der die Kommission ermächtigt, sich vor der Einführung von Beihilfen zu deren Vereinbarkeit mit dem Binnenmarkt (vorläufig) zu äußern, ist daher ebenfalls als Rechtsgrundlage heranzuziehen, so dass die Zusammenschau beider Regelungen – Art. 108 Abs. 1 und Abs. 3 AEUV – eine umfassende Rechtsgrundlage für den Beihilferahmen bildet. Zu betrachten ist außerdem die Rechtsnatur des Unionsrahmens und damit verbunden die Fragen nach der Bindungswirkung und dem Verhältnis zu den primärrechtlichen Regelungen der Art. 107 ff. AEUV. Die europäischen Gerichte haben sich bisher nicht eindeutig zur Rechtsnatur der Unionsrahmen positioniert. Die seit Mitte der 1980er Jahre zum Beihilferecht ergangenen Entscheidungen des Gerichtshofs der Europäischen Union (EuGH) bauen größtenteils aufeinander auf und enthalten Hinweise zu den Präferenzen des Gerichts. Nach Auffassung des Gerichts sind Gemeinschaftsrahmen Leitlinien für das künftige Tätigwerden der Kommission, die keine Regelungen enthalten dürfen, die mit den Verträgen im Widerspruch stehen.[32] Die Bestimmungen der Gemeinschaftsrahmen konkretisieren demnach die entsprechenden Vorschriften der Verträge, ohne über deren Regelungsgehalt hinauszugehen. Dabei werden im Unionsrahmen Situationen betrachtet, die

---

[25] *Härtel* (o. Fn. 23), § 6 Rdnr. 9; *Bernd Biervert*, in: Schwarze (Hrsg.), EU-Kommentar, 2. Aufl. 2009, Art. 249 EGV Rdnr. 4; *Matthias Ruffert*, in: Calliess/Ruffert (o. Fn. 21), Art. 288 AEUV Rdnr. 98.

[26] *Corinna Durinke*, Der neue Gemeinschaftsrahmen für Forschungs-, Entwicklungs- und Innovationsbeihilfen, 2010, S. 52.

[27] Mitteilung der Kommission, Gemeinschaftsrahmen für staatliche FuE-Beihilfen (ABl.EG Nr. C 83 vom 11.4.1986, S. 2).

[28] Mitteilung der Kommission, Gemeinschaftsrahmen für staatliche Beihilfen für Forschung, Entwicklung und Innovation (ABl.EU Nr. C 323 vom 30.12.2006, S. 1).

[29] Vgl. Art. 5 Abs. 1, 2 EUV (Vertrag über die Europäische Union [Konsolidierte Fassung 2012, ABl.EU Nr. C 326 vom 26.10.2012, S. 1]).

[30] *Durinke* (o. Fn. 26), S. 68, Fn. 111.

[31] So auch *Durinke* (o. Fn. 26), S. 68.

[32] EuGH, Urteil vom 24.2.1987, Rs. C-310/85 (Deufil), Slg. 1987, 901, Rdnr. 22; EuGH, Urteil vom 5.10.2000, Rs. C-288/96 (Jadekost), Slg. 2000, I-8237, Rdnr. 62.

typischerweise in den Bereichen Forschung, Entwicklung und Innovation auftreten.[33] Als verbindliche Rechtshandlungen mit allgemeiner Tragweite[34] sollen sie eine umfassende Selbstbindung der Kommission bewirken und deren Ermessen bei jeder Einzelentscheidung lenken.[35] Die Kommission ist daher vollumfänglich an die Vorgaben des Gemeinschaftsrahmens gebunden.[36] Sofern dieser keine Regelung für den zu entscheidenden Sachverhalt beinhaltet, entfällt diese Selbstbindung und die Kommission entscheidet in den Grenzen der Art. 107 ff. AEUV. Eine Bindung der Mitgliedstaaten an die Vorgaben des Unionsrahmens soll ab dem Zeitpunkt der Zustimmung zu diesem gegeben sein.[37] Die Gemeinschaftsrahmen gehören damit zu den Verwaltungsvorschriften des Europarechts, die allerdings nur bedingt mit den Verwaltungsvorschriften nach deutschem Recht vergleichbar sind.[38]

IV. Die Auftragsforschung an Hochschulen im Lichte des materiellen Beihilferechts des Art. 107 AEUV

Die Hochschulen können dem Beihilfeverbot des Art. 107 Abs. 1 AEUV in doppelter Hinsicht unterfallen. Ausgangspunkt ist dabei die öffentliche Finanzierung der Hochschulen, da der Hochschulhaushalt üblicherweise überwiegend aus Landesmitteln gespeist wird. Setzt die Hochschule staatliche Mittel ein, um wirtschaftlich tätig zu werden, kann es sich infolge öffentlicher Finanzierung um direkte Beihilfen handeln, die mit dem Binnenmarkt vereinbar sein müssen, um zulässig zu sein. Die Hochschule ist in dieser Konstellation Beihilfeempfänger. Darüber hinaus kann die Hochschule als Beihilfegeber auftreten, wenn sie die Vorteile staatlicher Finanzierung z. B. im Rahmen der Auftragsforschung an das beteiligte Unternehmen in Form von vergünstigten Konditionen weitergibt.

1. Das Vorliegen einer staatlichen Beihilfe nach Art. 107 Abs. 1 AEUV

Zunächst ist zu prüfen, ob die Auftragsforschung (und -beratung) das Beihilferecht derart tangiert, dass der Beihilfetatbestand des Art. 107 Abs. 1 AEUV verwirklicht wird, also eine staatliche Beihilfe gegeben ist, die – mangels anderslautender

---

[33] Ziff. 16 des Beihilferahmens für F&E&I.
[34] EuGH, Urteil vom 24.3.1993, Rs. C-313/90 (CIRFS), Slg. 1993, I-1125, Rdnr. 44.
[35] EuGH, Slg. 2000, I-8237, Rdnr. 62.
[36] EuGH, Urteil vom 13.2.2003, Rs. C-409/00 (Umweltschutzbeihilfen), Slg. 2003, I-1521, Rdnr. 95.
[37] Siehe Ziff. 7 des Beihilferahmens für F&E&I. So auch EuGH, Urteil vom 16.10.1996, Rs. C-311/94 (Ijssel-Vliet), Slg. 1996, I-5046, Rdnrn. 42 f.; EuGH, Urteil vom 18.6.2002, Rs. C-242/00 (Regionalbeihilfen), Slg. 2002, I-5626, Rdnr. 35.
[38] So auch *Durinke* (o. Fn. 26), S. 174.

Vorschriften in den Verträgen – mit dem Binnenmarkt unvereinbar ist.[39] Das ist der Fall, wenn ein Unternehmen durch eine staatliche oder aus staatlichen Mitteln stammende Zuwendung begünstigt wird und es dadurch zu einer zumindest drohenden Wettbewerbsverzerrung kommt und der Handel zwischen den Mitgliedstaaten beeinträchtigt wird.

a) Die Hochschule als Beihilfegeber

In Anlehnung an die bereits beschriebene Doppelstellung der Hochschule im Beihilferecht wird zunächst untersucht, ob dem Unternehmen, das die Hochschule im Rahmen der Auftragsforschung mit Forschungsdienstleistungen beauftragt, eine Beihilfe i. S. d. Art. 107 Abs. 1 AEUV gewährt wird.

aa) Anderslaute Vorschriften in den Verträgen

In den Verträgen existieren für den Bereich der Forschung keine Vorschriften, die das Beihilfeverbot für unanwendbar erklären. Zwar wird der EU die Forschungsförderung in Art. 4 Abs. 3 AEUV als Aufgabe zugewiesen. Auch wird Forschung – an Hochschulen – in Art. 179 Abs. 1 AEUV in einen unmittelbaren Zusammenhang mit der unionalen Wettbewerbsfähigkeit gerückt, so dass die Idee kommerzialisierter Forschung als von der EU präferiert angesehen werden kann.[40] Eine Abweichung vom Beihilfeverbot ermöglicht dies aber nicht.

bb) Staatliche oder aus staatlichen Mitteln gewährte Beihilfe

Voraussetzung ist zum einen, dass es sich um eine Beihilfe handelt, und zum anderen, dass diese dem Staat zugerechnet werden kann. Bereits die Formulierung „staatliche oder aus staatlichen Mitteln gewährte Beihilfen gleich welcher Art"[41] zeigt, dass der Beihilfebegriff weit zu fassen ist.[42] Anders als beim Terminus der Subvention fallen nicht nur positive Leistungen darunter, sondern auch Maßnahmen, die die Belastungen verringern, die ein Unternehmen normalerweise zu tragen hat.[43] Dementsprechend fallen direkte Zuschüsse ebenso unter den Beihilfebegriff wie

---

[39] Der Begriff der staatlichen Beihilfe bezeichnet sowohl das Ergebnis des Art. 107 Abs. 1 AEUV als auch eine der dafür zu erfüllenden Voraussetzungen. Verwirklicht eine Maßnahme alle Kriterien des Art. 107 Abs. 1 AEUV, wird vom Vorliegen einer staatlichen Beihilfe gesprochen, die mit dem Binnenmarkt unvereinbar ist. Zu den Voraussetzungen gehört aber auch das Vorliegen einer staatlichen oder aus staatlichen Mitteln gewährte Beihilfe gleich welcher Art. Dieses Kriterium wird daher in der Literatur teilweise nicht als Beihilfe, sondern als staatliche oder aus staatlichen Mitteln gewährte Zuwendung bezeichnet.

[40] So auch *Knauff*, WissR 2010, 28 (39 f.). Siehe dazu auch Art. 173 Abs. 1 UAbs. 2 4. Spiegelstrich AEUV.

[41] Art. 107 Abs. 1 AEUV.

[42] So auch *Daniel-Erasmus Khan*, in: Geiger/Khan/Kotzur (Hrsg.), EUV/AEUV, Kommentar, 5. Aufl. 2010, Art. 107 AEUV Rdnr. 7.

[43] EuGH, Urteil vom 23.2.1961, Rs. 30/59 (De Gezamenlijke Steenkolenmijnen), Slg. 1961, 7 (43); EuGH, Urteil vom 15.3.1994, Rs. C-387/92, Slg. 1994, I-902 Rdnr. 13.

Darlehen, Garantien und der Verzicht auf staatliche Einnahmen.[44] Auch die Nutzung öffentlich finanzierter Sach- und Personalmittel stellen eine aus staatlichen Mitteln gewährte Zuwendung dar. Der Haushalt der Hochschule wird aus staatlichen Mitteln finanziert. Diese werden in Form von Sach- und Personalmitteln eingesetzt, (auch) um die Dienstleistung, die Gegenstand der Auftragsforschung ist, erbringen zu können. Bei der Auftragsforschung kommen daher staatliche Mittel zum Einsatz. Die Zurechnung dieser Mittel zum Staat ist – anders als bei der Gewährung durch öffentliche Unternehmen oder andere private oder öffentliche zwischengeschaltete Stellen[45] – offensichtlich.

cc) Die Begünstigung eines Unternehmens

Der Vertragspartner der Hochschule bei der Auftragsforschungsvereinbarung müsste ein Unternehmen im Sinne des Beihilferechts sein, welches eine Begünstigung durch die Maßnahme erfährt.

(1) Die Unternehmenseigenschaft des Beihilfeempfängers

Für den Unternehmensbegriff im Beihilferecht spielt es keine Rolle, welche Rechtsform die Einheit bzw. welchen Status sie nach nationalem Recht hat.[46] Auch die Art der Finanzierung oder die Gewinnerzielungsabsicht sind nicht relevant.[47] Dementsprechend können nicht nur Akteure der privaten Wirtschaft als Unternehmen zu qualifizieren sein. Vielmehr kann auch bei staatlichen Einrichtungen die Unternehmenseigenschaft nicht von vornherein ausgeschlossen werden. Das korrespondiert damit, dass die Auftraggeber bei der Auftragsforschung nicht nur aus der privaten Wirtschaft stammen, sondern auch haushaltsfinanzierte Dienststellen und Einrichtungen, die selbst Teil der öffentlichen Verwaltung sind, als Vertragspartner der Hochschule auftreten können. Entscheidend für die Unternehmenseigenschaft ist, ob die Einheit eine wirtschaftliche Tätigkeit ausübt.[48] Das ist der Fall, wenn sie Waren oder Dienstleistungen auf einem Markt anbietet.[49] Dabei handelt es sich nicht um eine pauschale Betrachtung des Tätigkeitsprofils der Einheit. Hier ist eine Einzelfallbetrachtung in Bezug auf konkrete Tätigkeiten der Stelle erforderlich.[50] Eine Einheit kann dementsprechend sowohl wirtschaftliche als auch nichtwirtschaftliche Tätigkeiten ausüben.[51] Ob es für die angebotenen Waren oder Dienstleis-

---

[44] Ziff. 53 der Mitteilung der Kommission, Entwurf – Bekanntmachung der Kommission zum Begriff der staatlichen Beihilfe nach Artikel 107 Absatz 1 AEUV. Der Entwurf stammt aus dem Jahr 2014. Eine endgültige Fassung gibt es bisher nicht.
[45] Ziff. 42 des Entwurfs der Bekanntmachung zum Beihilfebegriff (o. Fn. 44).
[46] Ziff. 17 des Beihilferahmens für F&E&I.
[47] Ziffn. 7, 9 des Entwurfs der Bekanntmachung zum Beihilfebegriff (o. Fn. 44).
[48] Ziff. 17 des Beihilferahmens für F&E&I.
[49] Ziff. 17 des Beihilferahmens für F&E&I m. w. N.
[50] Ziff. 10 des Entwurfs der Bekanntmachung zum Beihilfebegriff (o. Fn. 44).
[51] Ziff. 18 des Beihilferahmens für F&E&I.

tungen einen Markt gibt, hängt von den jeweiligen nationalen Verhältnissen und den dortigen wirtschaftlichen Entwicklungen sowie politischen Entscheidungen ab.[52] Die Unterscheidung zwischen wirtschaftlichen und nichtwirtschaftlichen Maßnahmen kann im Einzelfall schwierig sein. Dies trifft insbesondere zu, wenn der Vertragspartner der Hochschule selbst Teil der öffentlichen Verwaltung ist. Beauftragt z. B. ein Ministerium, ein Landkreis oder eine Gemeinde die Hochschule damit, Gutachten zu erstellen oder andere Beratungsdienstleistungen zu erbringen, könnte fraglich sein, ob dies im Rahmen wirtschaftlicher Tätigkeiten erfolgt. Handelt die Behörde in ihrer Eigenschaft als Träger öffentlicher Gewalt, erfüllt sie also mit der Tätigkeit Aufgaben, die dem Staat zugewiesen sind oder stehen die Tätigkeiten in untrennbarem Zusammenhang mit den wesentlichen Aufgaben des Staates, übt die Behörde keine wirtschaftliche Tätigkeit aus. Wenn eine Gemeinde z. B. in ihrem Eigentum stehende Grundstücke oder Räumlichkeiten auf dem freien Markt zur Vermietung anbietet und in diesem Zusammenhang die Hochschule mit der Erstellung von Gutachten beauftragt oder eine rechtliche Beratung diesbezüglich Gegenstand der Vereinbarung zwischen der Hochschule und der Gemeinde ist, handelt die Behörde nicht als Teil der öffentlichen Verwaltung, der Staatsaufgaben ausführt. Vielmehr ist es eine wirtschaftliche Tätigkeit, weil die Gemeinde bei diesen Dienstleistungen im Wettbewerb mit privaten Vermietern steht. Schon anders ist es aber zu beurteilen, wenn es sich um Sozialwohnungen handelt, die nur an einen definierten sozial förderwürdigen Personenkreis vermietbar sind, was wegen der bestehenden bzw. wachsenden Probleme in bestimmten Ballungsgebieten staatliche Aufgabe der Daseinsvorsorge ist bzw. wieder wird, zumal im Lichte entsprechender Staatszielbestimmungen, in diesem Beispielsfall etwa des Art. 47 („Wohnung") der Landesverfassung Brandenburg.[53] Steht die Beratungsleistung also im Zusammenhang mit der Erfüllung staatlicher Aufgaben, z. B. wenn die Gemeinde Genehmigungsverfahren durchzuführen hat, das Land auf planerischer Ebene tätig wird oder die Zollverwaltung des Bundes bestimmte Fragestellungen im Zusammenhang mit dem Washingtoner Artenschutzabkommen aufarbeiten lässt, handelt es sich nicht um wirtschaftliche Tätigkeiten. In dieser Konstellation ist die beauftragende öffentliche Stelle kein Unternehmen im Sinne des Beihilferechts, so dass derartige Auftragsforschungsverträge nicht dem Beihilferecht unterliegen. Im Allgemeinen lässt sich daher feststellen, dass das nichtfiskalische Handeln staatlicher Stellen, sei es obrigkeitliches, schlichthoheitliches oder verwaltungsprivatrechtliches, Letzteres oft im Bereich der Daseinsvorsorge angesiedelt, häufig nicht dem Unternehmensbegriff des Beihilferechts unterfällt. Insbesondere diejenigen Aufträge, die staatliche Stellen aus ihren Einzelplänen bzw. Kapiteln finanzieren und den ausführenden staatlichen Stellen, den Hochschulen, vergüten, bewegen sich nicht auf einem imaginären „Markt", wenn sie theoretisch auch durch die

---

[52] Ziff. 13 des Entwurfs der Bekanntmachung zum Beihilfebegriff (o. Fn. 44).

[53] Verfassung des Landes Brandenburg vom 20.8.1992, GVBl. I S. 298, zuletzt geändert durch Gesetz vom 5.12.2013, GVBl. I Nr. 42.

Übertragung von Haushaltsbewirtschaftungsbefugnissen (§ 9 BHO[54]/LHO[55]) quasi verwaltungsintern gestaltet werden könnten. Überträgt die öffentliche Hand die Erfüllung von Aufgaben der Daseinsvorsorge auf ein privatrechtliches Unternehmen, an dem sie selbst nicht mehrheitlich beteiligt ist, ist das Unternehmen ein solches im Sinne des Beihilferechts. Gleiches gilt, wenn es für die Aufgaben der Daseinsvorsorge augenscheinlich einen Markt gibt, etwa bei Post- und Telekommunikationsdienstleistungen, Bahnverkehr und ÖPNV sowie Krankenhäusern oder auf dem „normalen", nicht sozial gebundenen Wohnungsmarkt.[56] Hier erzeugt schon die Rechtsform des Beihilfeempfängers als juristische Person des Privatrechts die „prima-facie"-Wahrnehmung, dass es sich um ein Unternehmen im Sinne des Beihilferechts handelt.

Darüber hinaus muss sich die Begünstigung auf bestimmte Unternehmen oder Produktionszweige beziehen. Eine gewisse Selektivität muss demnach gegeben sein, was nicht der Fall wäre, wenn die Vorteile allen im Mitgliedstaat tätigen Unternehmen in gleichem Maße zugutekommen würden.[57] Vertragspartner der Auftragsforschung ist in der Regel nur ein bestimmtes Unternehmen, weshalb die Selektivität gewährleistet ist.

(2) Die Begünstigung

Durch die Zuwendung muss das Unternehmen eine Begünstigung, also einen Vorteil wirtschaftlicher Art, erfahren haben, den es unter normalen Bedingungen und ohne Eingreifen des Staates nicht gehabt hätte. Die finanzielle Lage des Unternehmens muss sich verbessert haben. Neben positiven Leistungen kommt auch eine Befreiung von Lasten, die das Unternehmen normalerweise zu tragen hätte, in Betracht. Wirtschaftliche Tätigkeiten, die von einer öffentlich finanzierten Einrichtung wie einer Hochschule vorgenommen werden, gewähren dementsprechend nur dann keine Begünstigung, wenn sie zu marktüblichen Bedingungen vorgenommen werden. Zur Beurteilung dessen haben die Unionsgerichte den Grundsatz des marktwirtschaftlich handelnden Kapitalgebers entwickelt, der zur Beurteilung der Begünstigung fragt, ob ein unter normalen marktwirtschaftlichen Bedingungen handelnder privater Kapitalgeber von vergleichbarer Größe in ähnlicher Lage zu der fraglichen Investition hätte bewegt werden können. An diesen Grundsatz knüpfen auch die Vorgaben des Unionsrahmens für Forschung, Entwicklung und Innovation zur Gegenleistung bei der Auftragsforschung an. Dort wird festgelegt, dass die staatliche Finanzierung der Forschungseinrichtung bei der Auftragsforschung in der Regel dann keine Beihilfe i. S. d. Art. 107 Abs. 1 AEUV darstellt, wenn die Forschungseinrich-

---

[54] Bundeshaushaltsordnung vom 19.8.1969, BGBl. I S. 1284, zuletzt geändert durch Gesetz vom 15.7.2013, BGBl. I S. 2395.

[55] Landeshaushaltsordnung in der Fassung der Bekanntmachung vom 21.4.1999, GVBl. I S. 106, zuletzt geändert durch Gesetz vom 10.7.2014, GVBl. I, Nr. 28.

[56] Ziffn. 19 ff. des Entwurfs der Bekanntmachung zum Beihilfebegriff (o. Fn. 44).

[57] Ziffn. 118 f. des Entwurfs der Bekanntmachung zum Beihilfebegriff (o. Fn. 44).

tung ein angemessenes Entgelt dafür erhält.[58] Angemessen ist das Entgelt in erster Linie dann, wenn es dem Marktpreis entspricht.[59] Wenn es keinen Marktpreis für die Ware oder Dienstleistung gibt – und zwar nur dann, sieht der Unionsrahmen zwei weitere Möglichkeiten der Beurteilung vor, die gleichrangig nebeneinander stehen. Die Gegenleistung ist angemessen, wenn der Preis den Gesamtkosten zuzüglich einer in dem tangierten Bereich üblichen Gewinnspanne entspricht oder wenn er das Ergebnis von nach dem Arm's-length-Prinzip geführten Verhandlungen ist.[60] Dabei verhandelt die Hochschule in ihrer Eigenschaft als Dienstleister mit der Absicht, den maximalen wirtschaftlichen Nutzen zu erzielen, zumindest aber, ihre Kosten zu decken.[61]

dd) Das Vorliegen einer (drohenden) Wettbewerbsverfälschung

Die Begünstigung des Unternehmens durch die staatliche oder aus staatlichen Mitteln gewährte Zuwendung muss zu einer zumindest drohenden Wettbewerbsverfälschung führen. Aufgrund der Vorabüberprüfung der Zuwendung durch die Kommission nach Art. 108 AEUV können die tatsächlichen Auswirkungen der Maßnahme auf den Wettbewerb (noch) nicht überprüft werden. Deshalb ist zu ermitteln, ob die Maßnahme geeignet erscheint, eine (drohende) Wettbewerbsverfälschung herbeizuführen.[62] Diese Eignung wird als gegeben angesehen, wenn die Zuwendung die Stellung des Unternehmens gegenüber anderen Wettbewerbern stärkt, was bei der Gewährung eines finanziellen Vorteils immer dann anzunehmen ist, wenn sich das Unternehmen in einem liberalisierten Wirtschaftszweig, in dem Wettbewerb herrscht, bewegt. Kurz gesagt, ist diese Voraussetzung mit Vorliegen einer staatlichen oder aus staatlichen Mitteln gewährten Zuwendung, die eine Begünstigung des Unternehmens darstellt, in der Regel als gegeben anzusehen, es sei denn, die Dienstleistung unterliegt einem gesetzlichen Monopol und eine Konkurrenzsituation ist auch auf einem anderen Markt nicht gegeben. Entscheidend ist auch hier der Gegenstand der Auftragsforschung im konkreten Fall, wobei diese Voraussetzung regelmäßig als verwirklicht anzusehen sein wird.

ee) Beeinträchtigung des Handels zwischen den Mitgliedstaaten

Dieses Kriterium wird analog der (drohenden) Wettbewerbsbeeinträchtigung behandelt. Es kommt lediglich auf die Eignung zur Beeinträchtigung des Handels zwischen den Mitgliedstaaten an. Eine Prüfung der tatsächlichen Auswirkungen der Maßnahme auf den innergemeinschaftlichen Handel erfolgt nicht. Auch wird eine Beeinträchtigung in der Regel als gegeben unterstellt und zwar selbst dann, wenn das Unternehmen nicht unmittelbar am grenzüberschreitenden Handel teilnimmt

---

[58] Ziff. 25 des Beihilferahmens für F&E&I.
[59] Ziff. 25 a) des Beihilferahmens für F&E&I.
[60] Ziff. 25 b) des Beihilferahmens für F&E&I.
[61] Ziff. 25 b), Ziff. 15 f) des Beihilferahmens für F&E&I.
[62] Ziff. 195 des Entwurfs der Bekanntmachung zum Beihilfebegriff (o. Fn. 44).

oder nur regionale Dienstleistungen anbietet, wenn diese vor Ort auch von Unternehmen aus anderen Mitgliedstaaten erbracht werden könnten.[63] Lediglich in eng begrenzten Ausnahmefällen, in denen die Tätigkeiten aufgrund ihrer besonderen Merkmale rein lokale Auswirkungen haben, hat die Kommission eine Handelsbeeinträchtigung abgelehnt.[64] Dazu zählen z. B. Krankenhäuser für die einheimische Bevölkerung[65] oder kulturelle Einrichtungen wie Museen, bei denen ein Besucherzustrom aus anderen Mitgliedstaaten kaum zu erwarten ist.[66]

ff) Kein Anwendungsfall der De-minimis-Verordnung

Wie bereits ausgeführt, werden Beihilfen, die in den Anwendungsbereich der Verordnung über De-minimis-Beihilfen fallen, als solche angesehen, die nicht alle Voraussetzungen des Art. 107 Abs. 1 AEUV erfüllen.[67] Die Verordnung knüpft an einen Höchstbetrag für Beihilfen an. Unterhalb dieser sog. Schwelle wird davon ausgegangen, dass die Maßnahmen weder den Wettbewerb verfälschen bzw. zu verfälschen drohen und keine Beeinträchtigung des Handels zwischen den Mitgliedstaaten gegeben ist.[68] Alle Einzelbeihilfen, die einem bestimmten Unternehmen innerhalb eines Zeitraumes von drei Steuerjahren durch den jeweiligen Mitgliedstaat gewährt werden, dürfen zusammen einen Gesamtbetrag von 200.000 EUR nicht überschreiten, damit die Einzelbeihilfen als De-minimis-Beihilfen angesehen werden können.[69] Es kommt dabei nicht darauf an, von welcher staatlichen Stelle bzw. Behörde die Einzelbeihilfen vergeben werden. Alle Beihilfen, die sich dem jeweiligen Mitgliedstaat zuordnen lassen, werden – unabhängig davon, von welcher Behörde sie gewährt wurden – bei der Ermittlung des Schwellenwertes zusammengerechnet. Aufgrund der Vielzahl von öffentlichen Stellen und in Ermangelung eines zentralen Registers über gewährte De-minimis-Beihilfen in Deutschland, wird die Verantwortung darüber, ob es sich um eine De-minimis-Beihilfe handelt, dem Beihilfeempfänger aufgebürdet. Dieser hat gegenüber der beihilfegewährenden Stelle eine sog. De-minimis-Erklärung abzugeben, in der er die bereits gewährten bzw. parallel beantragten De-minimis-Beihilfen aufführt.[70] Erst nachdem die öffentliche Stelle diese Angaben ausgewertet und entschieden hat, ob die Schwellenwerte eingehalten werden, darf die Beihilfe gewährt werden. Grundsätzlich ist die Verordnung auf Unternehmen aller Wirtschaftsbereiche anwendbar. Einzelne Ausnahmen, z. B. für Beihilfen im Bereich der Fischerei und Landwirtschaft, sind ausdrücklich in der Verordnung ge-

---

[63] Ziff. 193 des Entwurfs der Bekanntmachung zum Beihilfebegriff (o. Fn. 44).
[64] Ziff. 196 des Entwurfs der Bekanntmachung zum Beihilfebegriff (o. Fn. 44).
[65] Ziff. 197 des Entwurfs der Bekanntmachung zum Beihilfebegriff (o. Fn. 44).
[66] Ziff. 197 des Entwurfs der Bekanntmachung zum Beihilfebegriff (o. Fn. 44).
[67] Art. 3 Abs. 1 der Verordnung (EU) Nr. 1407/2013.
[68] Erwägungsgrund (3) der Verordnung (EU) Nr. 1407/2013.
[69] Art. 3 Abs. 2 der Verordnung (EU) Nr. 1407/2013.
[70] Art. 6 Abs. 1 Satz 4 der Verordnung (EU) Nr. 1407/2013.

nannt.[71] Des Weiteren muss es sich um eine sog. transparente Beihilfe handeln, was heißt, dass bei anderen Beihilfeformen als Barzuschüssen das Bruttosubventionsäquivalent der Zuwendung im Voraus berechnet werden können muss.[72] Das ist der Fall, wenn die Höhe der Beihilfe von vornherein festgelegt ist und deren Obergrenze nicht durch rechtliche oder tatsächliche Entwicklungen korrigiert werden kann.[73] Wenn die Hochschule Forschungsdienstleistungen zu einem geringeren Entgelt erbringt, was z. B. der Fall ist, wenn die Kalkulation nur die direkten Kosten (ohne Gemeinkosten) ausweist und Arm's-length-Verhandlungen nicht erfolgt waren, wird zwar nicht von einem Barzuschuss auszugehen sein, allerdings wird die Höhe der Beihilfe durch die vertragliche Vereinbarung über die Entgelthöhe im Vorfeld verbindlich festgelegt.

Sind aber die Voraussetzungen für eine De-minimis-Beihilfe erfüllt, gilt der Beihilfetatbestand des Art. 107 Abs. 1 AEUV, unabhängig davon, ob die Forschungsdienstleistung zum Marktpreis erbracht wird, als nicht verwirklicht.

b) Die Hochschule als Empfänger staatlicher Beihilfen

In der staatlichen Finanzierung der Hochschulen kann darüber hinaus eine direkte Beihilfe i. S. d. Art. 107 Abs. 1 AEUV gesehen werden. Dann müsste es sich bei der Hochschule um ein Unternehmen handeln, was der Fall ist, wenn die Hochschule im Rahmen der Auftragsforschung Dienstleistungen am Markt anbietet, also wirtschaftlich tätig wird. Eine Begünstigung der Hochschule wäre gegeben, wenn sie zur Durchführung der vereinbarten Forschungstätigkeiten haushaltsfinanzierte Sach- und Personalmittel einsetzt und dafür keinen angemessenen Ausgleich erhält. Eine Begünstigung wäre dementsprechend nur dann ausgeschlossen, wenn die Hochschule keinen Vorteil gegenüber einem privaten, nichthaushaltsfinanzierten Dienstleister geltend machen könnte, was der Fall ist, wenn auch sie die Dienstleistung nur zum Marktpreis und nicht zu günstigeren Konditionen anbieten kann. Aufgrund der tätigkeitsbezogenen Einzelbetrachtung kann ein Unternehmen sowohl wirtschaftliche als auch nichtwirtschaftliche Tätigkeiten erbringen. Bei einer Hochschule ist dies traditionell der Fall, denn unabhängige Forschung und Lehre zur Ausbildung der Studierenden gehören zu den primären Aufgaben der Hochschulen und damit zu den nichtwirtschaftlichen Tätigkeiten.[74] Die Auftragsforschung (mit den oben zu IV. 1. a) cc) genannten Ausnahmen) und die Vermietung von Räumlichkeiten und Ausrüstung zählen hingegen zu den wirtschaftlichen Tätigkeiten.[75] Die Beihilfeeigenschaft

---

[71] Art. 1 Abs. 1 der Verordnung (EU) Nr. 1407/2013.

[72] Art. 4 der Verordnung (EU) Nr. 1407/2013.

[73] Erwägungsgrund (14) der Verordnung (EU) Nr. 1407/2013; Ziff. 15 lit. n) des Beihilferahmens für F&E&I. So handelt es sich z. B. bei einer Beihilfe in Form eines Darlehens nicht um eine transparente Beihilfe, wenn sie einem Unternehmen gewährt werden soll, das sich in einem Insolvenzverfahren befindet.

[74] Ziff. 19 des Beihilferahmens für F&E&I.

[75] Ziff. 21 des Beihilferahmens für F&E&I.

der staatlichen Finanzierung kommt dabei unter Umständen nicht nur für den Teil der Haushaltsmittel in Betracht, die zur Durchführung der Auftragsforschung oder anderer wirtschaftlicher Tätigkeiten zum Einsatz kommen. Vielmehr kann das Vorhandensein von wirtschaftlichen Tätigkeiten eine Ausstrahlungswirkung auf die gesamten, der Hochschule zur Verfügung stehenden staatlichen Mittel entfalten. Um die Gefahr von Quersubventionierungen zu vermeiden, werden die Mittel, die für die nichtwirtschaftlichen Tätigkeiten genutzt werden, nur dann nicht als Beihilfe i. S. d. Art. 107 Abs. 1 AEUV angesehen, wenn die Kosten, Finanzierungen und Erlöse für beide Tätigkeitsbereiche klar voneinander abgegrenzt werden können.[76] Über diese Kostentrennung hat die Hochschule einen Nachweis zu erbringen, der im Jahresabschluss der Einrichtung geführt werden kann.[77] Zu diesem Zweck haben die Hochschulen die sog. Trennungsrechnung eingeführt.

Seit der Einführung des Unionsrahmens 2014 gibt es auch für die wirtschaftlichen Tätigkeiten der Forschungseinrichtung eine Möglichkeit, die Einstufung der dafür vorgesehenen Haushaltsmittel als Beihilfe i. S. d. Art. 107 Abs. 1 AEUV zu vermeiden und zwar auch dann, wenn für die Dienstleistung nicht der Marktpreis gezahlt wird, also von einer Begünstigung der Forschungseinrichtung auszugehen wäre. Dabei kommt es entscheidend auf das Verhältnis von wirtschaftlichen und nichtwirtschaftlichen Tätigkeiten der Forschungseinrichtung an. Hier kann sich eine umgekehrte Ausstrahlungswirkung derart entfalten, dass die öffentliche Finanzierung der Einrichtung insgesamt aus dem Anwendungsbereich des Beihilferechts herausfällt. Das kann der Fall sein, wenn die Forschungseinrichtung fast ausschließlich nichtwirtschaftliche Tätigkeiten erbringt.[78] Die wirtschaftlichen Tätigkeiten stellen dann eine reine Nebentätigkeit dar, die mit dem Betrieb der Forschungseinrichtung unmittelbar verbunden und dafür erforderlich sind, oder die untrennbar mit der nichtwirtschaftlichen Haupttätigkeit verbunden sind. Darüber hinaus ist erforderlich, dass der Umfang der wirtschaftlichen Tätigkeit begrenzt ist. Was darunter zu verstehen ist, wird im Unionsrahmen ausgeführt. Die der wirtschaftlichen Tätigkeit jährlich zugewiesene Kapazität darf 20 % der der Einrichtung insgesamt zugewiesenen Kapazität nicht übersteigen und es dürfen keine zusätzlichen Sach- und Personalmittel nur dafür angeschafft werden.

2. Das Eingreifen eines Ausnahmetatbestandes

Liegt eine staatliche Beihilfe i. S. d. Art. 107 Abs. 1 AEUV vor, ist diese prinzipiell mit dem Binnenmarkt unvereinbar, es sei denn, es liegt ein Fall der in Art. 107 Abs. 2 und Abs. 3 AEUV bzw. Art. 106 Abs. 2 Satz 1 AEUV genannten Ausnahmetatbestände vor. Die Ausnahmetatbestände, die in den Absätzen 2 und 3 des Art. 107 AEUV enumerativ aufgeführt sind, unterscheiden sich dadurch, dass in den Fällen

---

[76] Ziff. 18 des Beihilferahmens für F&E&I.
[77] Ziff. 18 des Beihilferahmens für F&E&I.
[78] Vgl. Ziff. 20 des Beihilferahmens für F&E&I.

des Absatzes 3 ein Ermessensspielraum der Kommission gegeben ist. Die Kommission entscheidet im Einzelfall nach pflichtgemäßem Ermessen, ob eine mit dem Binnenmarkt als vereinbar anzusehende Beihilfe gegeben ist. Liegt eine Fallgruppe des Absatzes 2 vor, ist die Beihilfe von Gesetzes wegen als mit dem Binnenmarkt vereinbar anzusehen.

a) Die Fallgruppen des Art. 107 Abs. 2 AEUV

Für die Auftragsforschung an Hochschulen werden die Legalausnahmen des Absatzes 2 regelmäßig nicht zum Tragen kommen, auch wenn dies nicht kategorisch ausgeschlossen werden kann. Es handelt sich dabei um Beihilfen für einzelne Verbraucher (lit. a), Beihilfen zur Beseitigung von Schäden, die durch Naturkatastrophen u. ä. entstanden sind (lit. b) und Beihilfen aufgrund der Teilung Deutschlands (lit. c), einer Regelung die, wenn überhaupt, nur noch sehr restriktiv zur Anwendung kommt.[79]

b) Die Fallgruppen des Art. 107 Abs. 3 AEUV

Ob eine staatliche Beihilfe zur Erreichung einer der in Art. 107 Abs. 3 AEUV genannten Zielvorgaben beiträgt und damit mit dem Binnenmarkt als vereinbar anzusehen ist, entscheidet die Kommission nach pflichtgemäßem Ermessen. Da die Relevanz der einzelnen Ausnahmetatbestände abhängig vom jeweiligen Gegenstand der Auftragsforschung ist, sollen diese hier nur kurz angerissen werden. Tendenziell könnten nur Projekte größeren Umfangs als bei der Auftragsforschung üblich, in den Anwendungsbereich von Art. 107 Abs. 3 AEUV fallen.

Art. 107 Abs. 3 lit. a) AEUV enthält eine Ausnahmeregelung für Regionalbeihilfen. Bezweckt wird die Förderung der wirtschaftlichen Entwicklung in Gebieten, in denen die Lebenshaltung außergewöhnlich niedrig ist oder eine erhebliche Unterbeschäftigung herrscht. Die wirtschaftliche Lage in dem Gebiet muss verglichen mit der in der gesamten EU sehr ungünstig sein, um diesen Ausnahmetatbestand zu verwirklichen.[80]

Art. 107 Abs. 3 lit. b) AEUV erfasst Beihilfen zur Förderung wichtiger Vorhaben von gemeinsamem europäischem Interesse oder zur Behebung einer beträchtlichen Störung im Wirtschaftsleben eines Mitgliedstaats.[81] Von gemeinsamem europäischem Interesse ist die Beihilfe, wenn sie Teil eines zwischenstaatlichen europäischen Programms ist, das von den Regierungen verschiedener Mitgliedstaaten unterstützt wird, oder wenn sie zu einer gemeinsamen Unternehmung mehrerer Mit-

---

[79] *Viktor Kreuschitz*, in: Lenz/Borchardt (Hrsg.), EU-Verträge, 5. Aufl. 2010, Art. 107 AEUV Rdnr. 47.

[80] EuGH, Urteil vom 17.9.1989, Rs. 730/79 (Philip Morris), Slg. 1980, 2671, Rdnr. 25; EuGH, Urteil vom 14.10.1984, Rs. 248/84, Slg. 1987, 4013 Rdnr. 19.

[81] Vgl. dazu auch Mitteilung der Kommission, Kriterien für die Würdigung der Vereinbarkeit von staatlichen Beihilfen zur Förderung wichtiger Vorhaben von gemeinsamem europäischem Interesse mit dem Binnenmarkt (ABl.EU Nr. C 188 vom 20.6.2014, S. 4).

gliedstaaten gehört, die das Ziel verfolgt, eine gemeinsame Gefahr – zumeist im Umweltsektor – abzuwehren.[82] Die Beseitigung einer beträchtlichen Störung im Wirtschaftsleben eines Mitgliedstaates wurde in der Vergangenheit selten angenommen, hat aber aufgrund der Finanz- und Wirtschaftskrise einen Bedeutungszuwachs erfahren.[83]

Auch der in Art. 107 Abs. 3 lit. d) enthaltene Ausnahmetatbestand, der Beihilfen zur Förderung der Kultur und zur Erhaltung des kulturellen Erbes erfasst, wird im Bereich der Auftragsforschung eher selten in Betracht kommen.

Art. 107 Abs. 3 lit. c) AEUV ist der in der Praxis am häufigsten vorkommende Ausnahmetatbestand.[84] Er stellt auf die Förderung der Entwicklung gewisser Wirtschaftszweige oder Wirtschaftsgebiete ab, soweit sie die Handelsbedingungen nicht in einer Weise verändern, die dem gemeinsamen Interesse zuwiderläuft. Erfasst werden danach sowohl regionale als auch sektorale Beihilfen. Darüber hinaus wird die Vorschrift in der Praxis als Auffangtatbestand für allgemeine Beihilfen und Beihilfeprogramme herangezogen.[85] Die Kommission hat Kriterien für die Prüfung, ob eine Beihilfe den Anforderungen dieser Ausnahme entspricht, erarbeitet und diese in verschiedenen Mitteilungen, Leitlinien, Gemeinschaftsrahmen und der Allgemeinen Gruppenfreistellungsverordnung[86] veröffentlicht bzw. erlassen. Diese im Einzelnen zu betrachten, würde den Rahmen des Beitrags sprengen, daher erfolgt eine Beschränkung auf einige grundlegende Aussagen. Die Allgemeine Gruppenfreistellungsverordnung gilt nicht für alle Wirtschaftszweige. Enthalten sind z. B. Regelungen für Regionalbeihilfen, Beihilfen für kleine und mittlere Unternehmen und für Beihilfen im Bereich Forschung, Entwicklung und Innovation. Neben sektorenspezifischen Vorschriften enthält die Verordnung allgemeine Freistellungsvoraussetzungen, allen voran die in Art. 4 der Verordnung aufgeführten Anmeldeschwellen. Die Höhe der Anmeldeschwelle ist abhängig von der Zuordnung zu einer der erfassten Beihilfegruppen.[87] Im Bereich der Forschungs- und Entwicklungsbeihilfen liegt die Anmeldeschwelle in Abhängigkeit davon, ob das Vorhaben der Grundlagenforschung oder der industriellen Forschung zuzuordnen ist, bei 40 Mio. EUR bzw. 20 Mio. EUR pro Unternehmen und Vorhaben.[88] Die Schwellenwerte liegen daher deutlich über denen der Verordnung über De-minimis-Beihilfen und beziehen sich auf einzelne Vorhaben und nicht auf alle dem Unternehmen in einem bestimmten Zeitraum gewährten Beihilfen. Darüber hinaus muss es sich – analog der Anforderungen in der Verordnung über De-minimis-Beihilfen – um eine transparente Beihil-

---

[82] *Kreuschitz* (o. Fn. 79), Art. 107 AEUV Rdnr. 56.
[83] *Jürgen Kühling*, in: Streinz (Hrsg.), EUV/AEUV, 2. Aufl. 2012, Art. 107 AEUV Rdnr. 122.
[84] *Cremer* (o. Fn. 21), Art. 107 AEUV Rdnr. 57.
[85] *Cremer* (o. Fn. 21), Art. 107 AEUV Rdnr. 57.
[86] Siehe Fn. 18.
[87] Vgl. diesbezüglich Art. 1 der Verordnung (EU) Nr. 651/2014.
[88] Art. 4 Ziff. 1 lit. i) der Verordnung (EU) Nr. 651/2014.

fe handeln[89]; diese muss einen Anreizeffekt haben, was für den Bereich der Auftragsforschung eine Hürde darstellen dürfte. Der Anreizeffekt ist gemäß Art. 6 AGVO gegeben, wenn das Unternehmen vor der Durchführung des Vorhabens einen schriftlichen Beihilfeantrag in dem betreffenden Mitgliedstaat gestellt hat.

c) Art. 106 Abs. 2 Satz 1 AEUV

Nach der dort enthaltenen Regelung sind die Vorschriften der Verträge und insbesondere die Wettbewerbsregeln, zu denen auch die Beihilfevorschriften gehören, auf Unternehmen, die mit Dienstleistungen von allgemeinem wirtschaftlichem Interesse betraut sind, nur insoweit anwendbar, wie die Erfüllung dieser Aufgaben durch die betreffenden Vorschriften nicht rechtlich oder tatsächlich verhindert wird. Erfasst werden von dieser Regelung demnach Unternehmen, die zwar wirtschaftlich tätig werden, dies aber im Interesse der Allgemeinheit, also mit einer besonderen Gemeinwohlverpflichtung.[90] Gemeint sind damit z. B. Unternehmen in den Bereichen Verkehr, Energieversorgung und Telekommunikation.[91] Bei der Auftragsforschung im Hochschulbereich kommt dieser Ausnahmetatbestand daher regelmäßig nicht zur Anwendung.

V. Die Auftragsforschung im Rahmen des Beihilfeverfahrens nach Art. 108 AEUV

Im Rahmen der Auftragsforschung kann unter Umständen eine Einzelbeihilfe gewährt werden. Die relevanten Verfahrensanforderungen ergeben sich aus Art. 108 Abs. 2 und Abs. 3 AEUV. Die in Art. 108 Abs. 1 AEUV enthaltene fortwährende Überprüfungspflicht der Kommission bezieht sich lediglich auf Beihilferegelungen.

1. Die Notifizierungspflicht und das Durchführungsverbot des Art. 108 Abs. 3 AEUV

Soll eine neue Beihilfevorschrift erlassen oder eine Einzelbeihilfe[92] gewährt werden, sind diese vor Inkrafttreten der Regelung bzw. vor der Durchführung der Einzelbeihilfe bei der Kommission anzumelden, Art. 108 Abs. 3 Satz 1 AEUV.[93] Von der Anmeldepflicht sind auch Beihilfen erfasst, die möglicherweise unter einen der Ausnahmetatbestände fallen.[94] Wird eine Einzelbeihilfe aufgrund einer bereits

---

[89] Art. 5 der Verordnung (EU) Nr. 651/2014.

[90] *Khan* (o. Fn. 42), Art. 106 AEUV Rdnr. 13.

[91] *Khan* (o. Fn. 42), Art. 106 AEUV Rdnr. 13.

[92] Der Begriff der Einzelbeihilfen erfasst grundsätzlich sowohl Einzelbeihilfen, die auf der Grundlage einer Beihilferegelung gewährt werden, als auch Beihilfen, die nicht aufgrund einer Beihilferegelung bewilligt werden, sog. ad-hoc-Beihilfen.

[93] Form, Inhalt und andere Einzelheiten zur Anmeldung sind in der Beihilfenverfahrens-DVO (Verordnung (EG) Nr. 794/2004) geregelt.

[94] *Kühling* (o. Fn. 83), Art. 108 Rdnr. 12.

notifizierten Beihilferegelung gewährt, entfällt die Verpflichtung zur Anmeldung bei der Kommission.[95] Im Falle einer Einzelbeihilfe erfasst der Begriff der Durchführung nicht nur die tatsächliche Zuwendung an den Empfänger, sondern auch die Einführung eines Mechanismus, der die Gewährung der Beihilfe gestattet.[96] Bei der Auftragsforschung wäre der Mechanismus der Abschluss des Vertrages zwischen der Hochschule und dem Auftraggeber. Wenn das Beihilfeelement des Vertrages nicht offensichtlich ausgeschlossen werden kann, wäre die Vereinbarung vor Abschluss bei der Kommission anzumelden. Die Notifizierungspflicht wird gemäß Art. 108 Abs. 3 Satz 3 AEUV von einem Durchführungsverbot begleitet. Nach erfolgter Anmeldung führt die Kommission innerhalb einer Frist von zwei Monaten eine kursorische Vorprüfung hinsichtlich der Vereinbarkeit der Beihilfe mit dem Binnenmarkt durch.[97] Erst nachdem die Kommission eine positive Entscheidung darüber getroffen hat, darf die Beihilfe gewährt werden. Hat die Kommission Zweifel an der Vereinbarkeit, leitet sie ein förmliches Hauptprüfungsverfahren ein, Art. 108 Abs. 3 Satz 2 AEUV. Von der Notifizierungspflicht und dem Durchführungsverbot kann die EU Ausnahmen für bestimmte Arten von Beihilfen in Form von Verordnungen vorsehen (Art. 108 Abs. 4 i.V.m. Art. 109 AEUV). Entsprechendes gilt sowohl für Beihilfen, die der Verordnung über De-minimis-Beihilfen[98] unterfallen, als auch für solche, die von der Allgemeinen Gruppenfreistellungsverordnung[99] erfasst werden. Die Freistellung von der Anmeldepflicht schließt indes nicht aus, dass die Kommission bei Zweifeln an der Vereinbarkeit der Beihilfe mit dem Binnenmarkt ein Hauptprüfungsverfahren nach Art. 108 Abs. 2 AEUV einleitet.

2. Das Hauptprüfungsverfahren nach Art. 108 Abs. 2 AEUV

Das Hauptprüfungsverfahren ist in Art. 108 Abs. 2 AEUV geregelt. Dabei prüft die Kommission umfassend, ob die angemeldete Beihilfe mit dem Binnenmarkt vereinbar ist. Stellt sie fest, dass dies nicht der Fall ist, oder dass eine Beihilferegelung missbräuchlich angewendet wurde, beschließt sie, dass der entsprechende Mitgliedstaat die Beihilfe innerhalb einer bestimmten Frist umzugestalten oder aufzuheben hat.

3. Unter Missachtung des Durchführungsverbots gewährleistete Beihilfen

Für den Fall, dass eine Beihilfe unter Verstoß gegen das Durchführungsverbot bereits vor einer Entscheidung der Kommission im Hauptprüfungsverfahren gewährt wurde, finden sich keine Regelungen in Art. 108 AEUV. Die VerfVO hingegen ent-

---

[95] *Kühling* (o. Fn. 83), Art. 108 AEUV Rdnr. 12.
[96] *Bertold Bär-Bouyssière*, in: Schwarze (o. Fn. 25), Art. 88 EGV Rdnr. 7.
[97] Vgl. Art. 4 Verordnung (EU) Nr. 2015/1589.
[98] Siehe Art. 3 Abs. 1 der Verordnung (EU) Nr. 1407/2013.
[99] Siehe Art. 3 der Verordnung (EU) Nr. 651/2014.

hält entsprechende Vorgaben in den Art. 12–16 VerfVO.[100] Die Kommission hat weitreichende, anlassbezogene Untersuchungspflichten hinsichtlich der Einhaltung des Durchführungsverbotes. Stellt sie fest, dass eine Beihilfe bereits vor Abschluss des Hauptprüfungsverfahrens gewährt wurde, kann sie – parallel zum Prüfungsverfahren – beschließen, dass die Beihilfe ausgesetzt wird. Wenn weitere Voraussetzungen vorliegen, kann sie auch beschließen, dass der betreffende Mitgliedstaat die Beihilfe einstweilig zurückfordert, bis eine Entscheidung im Hauptprüfungsverfahren vorliegt, Art. 13 VerfVO. Die materielle Rechtmäßigkeit der Beihilfe ist dabei nicht relevant. Die einstweilige Rückforderung wird allein auf den formellen Fehler – die Nichteinhaltung des Durchführungsverbotes – gestützt. Kommt die Kommission im Hauptprüfungsverfahren zu dem Ergebnis, dass die Beihilfe mit dem Binnenmarkt unvereinbar ist, erlässt sie zusätzlich zu dem Negativbeschluss[101] einen Rückforderungsbeschluss. Dieser gibt dem betreffenden Mitgliedstaat auf, alle notwendigen Maßnahmen zu ergreifen, um die Beihilfe zuzüglich Zinsen[102] vom Empfänger zurückzufordern, Art. 16 Abs. 1 VerfVO. Die Rückforderung richtet sich nach nationalen Rechtsvorschriften. Erfolgt die Gewährung der Beihilfe z. B. aufgrund eines Verwaltungsaktes nach deutschem Recht, richtet sich die Rückforderung nach §§ 48, 49a VwVfG.[103] Basiert sie auf einem privatrechtlichen Vertrag, so wie das bei der Auftragsforschung regelmäßig der Fall sein wird, erfolgt die Rückforderung über § 812 Abs. 1 Satz 1 1. Alt. BGB.[104] Endet das Hauptprüfungsverfahren hingegen mit einem positiven Beschluss der Kommission, wird also die Vereinbarkeit der Beihilfe mit dem Binnenmarkt festgestellt, wird dem Mitgliedstaat aufgegeben, dem Beihilfeempfänger aufzuerlegen, Zinsen zu zahlen, um den unrechtmäßig erworbenen Vorteil, der durch die verfrühte Gewährung entstanden ist, auszugleichen. Eine weitergehende Sanktionierung des Vorstoßes gegen Art. 108 Abs. 3 AEUV in Form der Rückforderung der Beihilfe – trotz materieller Rechtmäßigkeit – ist nach Auffassung des EuGH nach Unionsrecht nicht zwingend geboten.[105] Allerdings stehen derartige Maßnahmen den nationalen Gerichten offen, wenn sie nach nationalem Recht

---

[100] Diese Regelungen werden durch folgende Leitlinien der Kommission ergänzt: Bekanntmachung der Kommission, Rechtswidrige und mit dem Gemeinsamen Markt unvereinbare staatliche Beihilfen: Gewährleistung der Umsetzung von Rückforderungsentscheidungen der Kommission in den Mitgliedstaaten (ABl.EU Nr. C 272 vom 15.11.2007, S. 4); Bekanntmachung der Kommission über die Durchsetzung des Beihilferechts durch die einzelstaatlichen Gerichte (ABl.EU Nr. C 85 vom 9.4.2009, S. 1).

[101] Der Negativbeschluss kann nicht allein darauf gestützt werden, dass das Durchführungsverbot nicht gewahrt wurde. Der Beschluss ergeht nur, wenn die Voraussetzungen des Art. 107 Abs. 1 AEUV vorliegen und kein Ausnahmetatbestand einschlägig ist. Siehe dazu *Jürgen Kühling/Christian Koenig/Julia Paul*, in: Streinz (o. Fn. 83), Art. 108 AEUV Rdnr. 24.

[102] Der Zinssatz bestimmt sich nach den Vorgaben der Art. 9–11 der Beihilfenverfahrens-DVO (Verordnung (EG) Nr. 794/2004).

[103] *Christian Koenig/Julia Paul*, in: Streinz (o. Fn. 83), Art. 108 AEUV Rdnr. 32.

[104] *Koenig/Paul*, in: Streinz (o. Fn. 83), Art. 108 AEUV Rdnr. 33.

[105] EuGH, Slg. 2008, I-469, Rdnrn. 48 ff.

in Betracht kommen.[106] Der Bundesgerichtshof (BGH) hat bisher in ständiger Rechtsprechung vertreten, dass ein privatrechtlicher Vertrag, durch den eine Beihilfe gewährt wird und mit dem gegen die Stand-Still-Pflicht des Art. 108 Abs. 3 Satz 3 AEUV verstoßen wird, insgesamt als nichtig gemäß § 134 BGB anzusehen ist.[107] Zuletzt ist der BGH von seiner Haltung aber dergestalt abgewichen, dass auch die Möglichkeit einer Teilnichtigkeit des Vertrages in Betracht kommt und dies im Einzelfall zu prüfen sei.[108] Diese Auffassung wurde in der Literatur bereits seit längerem vertreten.[109] Die Nichtigkeit beschränke sich auf die beihilfegewährenden Elemente der Vereinbarung, im Falle der Auftragsforschung demnach auf die Vereinbarung über das Entgelt. Nur diese wäre nichtig. Allerdings führt der BGH auch aus, dass die Teilnichtigkeit unter essentialia negotii Gesichtspunkten zur Gesamtnichtigkeit des Vertrages führen könne. Das soll immer dann der Fall sein, wenn der hypothetische Parteiwille, dass die Parteien die Vereinbarung auch zu einem höheren – beihilfefreien – Preis abgeschlossen hätten, nicht ermittelt werden könne.[110] Eine Teilnichtigkeit kommt anstelle der Gesamtnichtigkeit demnach nur in Betracht, wenn der Wille der Parteien, die Vereinbarung auch zum Marktpreis abzuschließen, zutage tritt.[111] Die Rückabwicklung aufgrund der Nichtigkeit der Vereinbarung bzw. die Anpassung der Entgelthöhe bei Teilnichtigkeit des Vertrages sind nicht die einzigen Forderungen, die nach nationalem Recht auf den Beihilfegeber zukommen können, der gegen das Durchführungsverbot verstößt. Der BGH hat – nach ausdrücklicher Billigung durch den EuGH[112] – klargestellt, dass auch Klagen von Wettbewerbern des Beihil-

---

[106] EuGH, Slg. 2008, I-469, Rdnrn. 53, 55.

[107] BGH, Urteil vom 5.7.2007 – IX ZR 221/05, NJW 2007, 1693 (1695); BGH, Urteil vom 12.10.2006 – III ZR 299/05, NVwZ 2007, 973 (974); BGH, Urteil vom 4.4.2003 – V ZR 314/02, EuZW 2003, 444 ff.

[108] BGH, Urteil vom 5.12.2012 – I ZR 92/11, EuZW 2013, 753 (757).

[109] *Vera Fiebelkorn/Hans Arno Petzold*, Durchführungsverbot gemäß Art. 88 III 3 EG, Rückforderungsverpflichtung und Nichtigkeitsfolge: Ist die BGH-Rechtsprechung praxisgerecht?, EuZW 2009, 323 ff.; *Vera Fiebelkorn/Hans Arno Petzold*, Noch einmal: Beihilfenrechtliches Durchführungsverbot und Rechtsschutz des Wettbewerbers – Erwiderung zum Echo Martin-Ehlers/Strohmayr in EuZW 2009, 557, EuZW 2009, 598; *Andreas Bartosch*, Die private Durchsetzung des gemeinschaftlichen Beihilfenverbots, Das CELF-Urteil vom 12.2.2008 und seine Auswirkungen auf Deutschland, EuZW 2008, 235 (239 f.); *Daniel von Brevern/Tim Christian Gießelmann*, Zur Frage des Durchführungsverbots nach Art. 88 III EG als Schutzgesetz im Sinne des § 823 II BGB und der Auslegung des europäischen Beihilferechts, EWS 2008, 470 f.; *Andreas Bartosch*, Anmerkung zu BGH, Urteil vom 5.12.2012 – I ZR 92/11, EuZW 2013, 759 f.

[110] BGH (o. Fn. 108), EuZW 2013, 753 (758).

[111] Salvatorische Klauseln in Verträgen sind nach Auffassung des BGH bei so wesentlichen Vertragsbestandteilen wie der Entgelthöhe kein ausreichendes Indiz für einen entsprechenden hypothetischen Parteiwillen, BGH (o. Fn. 108), EuZW 2013, 753 (758).

[112] EuGH, Slg. 2008, I-469, Rdnr. 53.

feempfängers gerichtet auf Rückforderungs-, Unterlassungs- und Schadenersatzansprüche vor deutschen Zivilgerichten zulässig sind.[113]

VI. Zusammenfassung

Die Auftragsforschung an Hochschulen tangiert den Anwendungsbereich des EU-Beihilferechts, weil die für deren Durchführung eingesetzten Sach- und Personalmittel haushaltsfinanziert sind und der Hochschulhaushalt größtenteils aus staatlichen Mitteln finanziert wird. Ob der in Art. 107 Abs. 1 AEUV enthaltene Beihilfetatbestand im Einzelfall verwirklicht wird, hängt maßgeblich von der Unternehmenseigenschaft des Auftraggebers und der Höhe des für die Forschungsleistung gezahlten Entgelts ab. Während die Unternehmenseigenschaft bei einem Auftraggeber aus der privaten Wirtschaft in der Regel vorliegen wird, kommt es bei einem Vertragspartner, der selbst Teil des Staates ist, darauf an, ob der Gegenstand der Auftragsforschung in unmittelbarem Zusammenhang mit der Erfüllung staatlicher Aufgaben steht. In diesem Fall ist die Unternehmenseigenschaft zu verneinen. Die Auftragsforschungsvereinbarung unterfällt dann nicht dem EU-Beihilferecht. Etwas anderes gilt, wenn die staatliche Einrichtung als Auftraggeber wirtschaftlich tätig wird. Die Verwirklichung des Beihilfetatbestandes hängt dann – ebenso wie bei einem Auftraggeber aus der Privatwirtschaft – von der Höhe des Entgelts ab. Entspricht das Entgelt dem Marktpreis oder, falls ein solcher nicht vorhanden ist, den Gesamtkosten des Projekts zuzüglich einer branchenüblichen Gewinnspanne, liegt keine staatliche Beihilfe vor. Weicht die Hochschule zugunsten des Auftraggebers davon ab und vereinbart ein geringeres Entgelt, kann eine Verwirklichung des Beihilfetatbestandes dennoch ausscheiden, wenn die Vertragsverhandlungen nach dem Arm's-length-Prinzip geführt wurden oder der Anwendungsbereich der Verordnung über De-minimis-Beihilfen eröffnet ist. Darüber hinaus besteht die Möglichkeit, dass die im Rahmen der Auftragsforschung gewährte staatliche Beihilfe als mit dem Binnenmarkt vereinbar anzusehen ist. Das wird bei der Auftragsforschung tendenziell selten der Fall sein, weil die in Art. 108 Abs. 2 und Abs. 3 AEUV genannten Ausnahmetatbestände regelmäßig bei Projekten zum Tragen kommen, die größeren Umfangs sind, als bei der Auftragsforschung üblich. In Betracht kommt auch eine Ausnahmeregelung über die Allgemeine Gruppenfreistellungsverordnung. Die dort geforderte Anreizwirkung wird bei der Auftragsforschung aber regelmäßig nicht gegeben sein. Grundsätzlich sind staatliche Beihilfen vor der Gewährung bei der Kommission anzumelden. Bis zur Feststellung der Kommission, dass die Beihilfe mit dem Binnenmarkt vereinbar ist, besteht ein Durchführungsverbot. Dessen Missachtung kann die Nichtigkeit des Auftragsforschungsvertrages zur Folge haben. Neben der Rückabwicklung des Vertrages drohen Schadensersatzansprüche von Konkurrenzunternehmen. Selbst wenn die Kommission die Vereinbarkeit der Beihilfe mit

---

[113] BGH, Urteil vom 10.2.2011 – I ZR 213/08, juris. Siehe dazu auch *Andrés Martin-Ehlers*, Drittschutz im Beihilfenrecht – Paradigmenwechsel in der deutschen Rechtsprechung, EuZW 2011, 583 ff.

dem Binnenmarkt feststellt, kann die Verletzung des Durchführungsverbots dazu führen, dass der Auftraggeber Zinsen für denjenigen Zeitraum zahlen muss, den er die Beihilfe zu früh erhalten hat. Wenn die Verwirklichung des Beihilfetatbestandes offensichtlich ausgeschlossen werden kann, z. B. weil der Auftraggeber der Auftragsforschung selbst Teil des Staates ist und im Rahmen der Erfüllung der ihm zugewiesenen Aufgaben tätig wird, kann von einer Anmeldung bei der Kommission abgesehen werden. Wenn die Hochschule die Forschungsleistung zum Marktpreis erbringt, das Arm's-length-Prinzip beachtet wurde oder das Entgelt den Gesamtkosten (einschließlich Gemeinkosten) des Projektes zuzüglich einer branchenüblichen Gewinnspanne entspricht, kann auf eine Anmeldung im Vorfeld ebenfalls verzichtet werden. Die Möglichkeit, dass die Kommission die Vereinbarung später beanstandet, besteht dennoch, z. B. weil sie der Ansicht ist, dass eine andere Gewinnspanne branchenüblich ist oder andere Kalkulationsgrundlagen hätten zugrunde gelegt werden müssen. Denkbar ist auch, dass die Kommission schlicht eine andere Rechtsauffassung zu Vorgaben des Unionsrahmens vertritt als die Hochschule. Dies kann – nach der Erfahrung des Verfassers – zu zeitaufwändigen Untersuchungsverfahren durch von der EU gesandte Auditoren führen. Weicht die Hochschule offensichtlich von den dargelegten Vorgaben zur Höhe des Entgelts zugunsten des Auftraggebers ab, ist eine Anmeldung bei der Kommission aufgrund des Beihilfecharakters der Vereinbarung unerlässlich. Etwas anderes gilt nur, wenn es sich zweifelsfrei um eine De-minimis-Beihilfe handelt.

III. Staat, Verwaltung und Kirche

Lokale Leistungserbringung im kommunalen Interesse zwischen Privatisierung und Publizisierung: Renaissance der Genossenschaft?

Von *Hartmut Bauer* und *Friedrich Markmann*

Es gibt wohl nur wenige Themen, die in den zurückliegenden zwei bis drei Jahrzehnten eine ganze Generation von Rechtswissenschaftlern so intensiv beschäftigt haben wie die Privatisierung. In die Debatten hat auch *Franz-Joseph Peine* frühzeitig und wiederholt eingegriffen.[1] Besonders hervorzuheben ist seine Göttinger Antrittsvorlesung vom Herbst 1996 mit dem markanten Titel „Grenzen der Privatisierung – verwaltungsrechtliche Aspekte".[2] Darin monierte *Peine* die seinerzeit verbreitete Vernachlässigung verwaltungsrechtlicher Vorgaben, denen er in mehrfacher Hinsicht Schutzwirkungen gegen Privatisierungsprojekte entnahm. Dabei ging es ihm allerdings weniger um die damals zwar beliebte, aber viel zu simplifizierende Frage nach allgemeinen „Privatisierungsverboten" im Sinne von der Privatisierung generell entzogenen Staatsaufgaben. Im Vordergrund stand vielmehr die normative Regelung der Privatisierungsmodalitäten, die harte juristische Detailarbeit an den gesetzlichen Grundlagen, an den Direktiven für die Auswahl der Privaten und an den Vorgaben für die Entgeltbemessung bei privatisierter Leistungserbringung verlangt. Dies führte zu differenzierenden Lösungen, die verwaltungspolitischen Entscheidungen den gebotenen Raum belassen und auf eine für den Bürger optimale Aufgabenerfüllung zielen. Diese Konzeption schließt nach Maßgabe aufgaben-, sach- und situationsbezogener Einzelfallanalysen Entscheidungen pro und contra Privatisierung ein und ist offen für Veränderungen der rechtlichen Rahmenbedingungen und rechtstatsächlichen Gegebenheiten.

Weitsichtig prognostizierte *Peine* damals: „Das zukünftige Ausmaß der Privatisierung in der Praxis scheint mir davon abzuhängen, inwieweit die öffentliche Verwaltung Effizienzbemühungen in Effizienzsteigerungen umsetzt. Es liegt in ihrer

---

[1] Siehe etwa *Franz-Joseph Peine,* Privatisierung im Abfallrecht, in: Hoffmann/Müller (Hrsg.), Steuerungselemente kommunaler Abfallwirtschaft – Handlungsspielräume im kommunalen Abfallmanagement, 1993, S. 39 ff.; *ders.,* Verfahrensprivatisierung in der Verkehrswegeplanung, in: Hoffmann-Riem/Schneider (Hrsg.), Verfahrensprivatisierung im Umweltrecht, 1996, S. 95 ff.

[2] In leicht erweiterter Fassung wurde die am 6. November 1996 gehaltene Antrittsvorlesung kurze Zeit später veröffentlicht in DÖV 1997, 353 ff.

Hand, die Forderung nach [...] Privatisierung verstummen zu lassen."[3] Inzwischen sind viele von Privatisierungseuphorie getragene Hoffnungen verflogen und gegenläufige Rekommunalisierungsprozesse zu beobachten. Hier setzt der Beitrag an. Rund zwanzig Jahre nach der Göttinger Antrittsvorlesung behandelt er die lokale Bereitstellung von Leistungen im kommunalen Interesse in Publizisierungsszenarien und fokussiert dabei namentlich die genossenschaftliche Leistungserbringung.

I. Von der Privatisierung über die (Re-)Kommunalisierung zur Publizisierung

In der Privatisierung sahen viele lange Zeit eine Erfolgsstrategie für die Modernisierung des Gemeinwesens. Dementsprechend haben auch zahlreiche Kommunen den Weg in die Privatisierung beschritten.[4] Fast alle kommunalen Aufgabenfelder waren davon betroffen – so namentlich die Versorgungswirtschaft (Wasser, Elektrizität, Gas, Fernwärme, Telekommunikation und andere leitungsgebundene Leistungen) und die Entsorgungswirtschaft (Abwasser, Abfall, Straßenreinigung), daneben beispielsweise Verkehrsbetriebe, medizinische Einrichtungen (Krankenhäuser, Rettungsdienste etc.), soziale und kulturelle Einrichtungen (Kindertagesstätten, Jugend- und Seniorenzentren, Sportanlagen, Museen, Theater usw.), sozialer Wohnungsbau und nicht zuletzt die öffentliche Sicherheit.

Seit einigen Jahren ist allerdings eine grundlegende Neuorientierung zu beobachten. Denn bei weitem nicht alle Privatisierungsmaßnahmen haben die in sie gesetzten Erwartungen erfüllt. Vielmehr wurde zunehmend bewusst, dass die Privatwirtschaft nicht zwangsläufig besser, effizienter und kostengünstiger arbeitet als die öffentliche Hand. Überdies haben krisenhafte Entwicklungen nicht nur im Finanzsektor das Vertrauen in die Marktkräfte erschüttert und den Ruf nach einem „starken Staat"[5] geweckt. Demgemäß hat längst auch in den Rathäusern ein Umdenken eingesetzt. Die Kommunalwirtschaft erlebt dort eine unerwartete Renaissance, und die Rekommunalisierung ist zu einem zentralen Thema der aktuellen Modernisierungsdebatten herangewachsen.[6] Rekommunalisierung ist nach einer verbreiteten Ansicht das Ge-

---

[3] *Franz-Joseph Peine*, Grenzen der Privatisierung – verwaltungsrechtliche Aspekte, DÖV 1997, 353 (365).

[4] Dazu aus jüngerer Zeit etwa *Karl-Hermann Kästner*, Privatisierung kommunaler Einrichtungen – eine rechtliche Bestandsaufnahme, in: Baumeister/Roth/Ruthig (Hrsg.), Festschrift für Wolf-Rüdiger Schenke, 2013, S. 863 ff. m. w. N.

[5] *Christoph Brüning*, (Re-)Kommunalisierung von Aufgaben aus privater Hand – Maßstäbe und Grenzen, VerwArch 2009, 453 (453).

[6] *Hartmut Bauer*, Zukunftsthema „Rekommunalisierung", DÖV 2012, 329 ff.; *Dietrich Budäus/Dennis Hilgers*, Mutatis Mutandis: Rekommunalisierung zwischen Euphorie und Staatsversagen, DÖV 2013, 701 ff.; *Martin Burgi*, Privatisierung und Rekommunalisierung aus rechtswissenschaftlicher Sicht, NdsVBl. 2012, 225 ff.; *Annette Guckelberger*, Die Rekommunalisierung privatisierter Leistungen in Deutschland, VerwArch 2013, 161 ff.; *Anna Leisner-Eggensperger*, Rekommunalisierung und Grundgesetz, NVwZ 2013, 1110 ff.; *Jens Libbe/Stefan Hanke*, Rekommunalisierung – neue alte Wege der öffentlichen Daseinsvorsor-

genstück, der actus contrarius zur Privatisierung.⁷ Spektakuläre Beispiele für derartige Aktionen der Rückholung von früher privatisierten Aufgaben in die kommunale Verantwortung finden sich im Wasser- und Abwassersektor.⁸ Daneben sind Rekommunalisierungen in allen anderen oben erwähnten Aufgabenfeldern denkbar und zumindest in manchen Bereichen auch bereits praktisch geworden.⁹

Inzwischen hat die eingehendere Beschäftigung mit der Rückbesinnung auf das Öffentliche¹⁰ allerdings gezeigt, dass der Begriff „Rekommunalisierung" die unter diesem Stichwort erörterten Phänomene nicht ganz zutreffend erfasst. Denn das Präfix „Re-" bedeutet „Zurück" und drückt aus, dass etwas wieder rückgängig gemacht, in den Ausgangszustand zurückgeführt oder von Neuem hervorgerufen wird.¹¹ Im Fokus steht deshalb die Rückgängigmachung vorausgegangener Privatisierungsprozesse, die Wiederherstellung früherer Zustände. Das ist in mehrfacher Hinsicht zu eng. Zum einen führen Rekommunalisierungsmaßnahmen nicht zwingend zu einer schlichten Rückabwicklung früherer Privatisierungen und zur Herstellung des status quo ante. Vielmehr lassen sie Raum für neue Gestaltungen, die beispielsweise eine größere kommunale Einflussnahme erlauben und deshalb stärker als bisher im Bereich des Öffentlichen angesiedelt sind, ohne jedoch deckungsgleich mit einem früheren Design zu sein. Zum anderen muss der kommunale Zugriff auf die Aufgabenwahrnehmung nicht notwendig die Umkehrung einer vorausgegangenen Entscheidung, also eine *Re*-Kommunalisierung sein. Ebenso kommt in Betracht, dass sich die Kommune etwa bei der Versorgung der Bevölkerung mit Strom, Gas und Wasser einer Aufgabe, die in dieser Kommune bislang stets durch Private erfüllt worden ist, erstmals bemächtigt.¹² In Verlauf und Ergebnis kann sich eine solche Kommunalisierung oder Neukommunalisierung¹³ über weite Strecken mit einer Re-

---

ge, der gemeindehaushalt 2011, 108 ff.; *Manfred Röber*, Privatisierung adé?, Verwaltung & Management 2009, 227 ff.; *Thorsten Ingo Schmidt*, Rechtliche Rahmenbedingungen und Perspektiven der Rekommunalisierung, DÖV 2014, 357 ff.; *Manfred Scholle*, Der Trend zur Rekommunalisierung – Chance oder Risiko?, in: Gernert/Konegen/Meyers (Hrsg.), Festschrift für Rüdiger Robert, 2010, S. 95 ff.; *Hellmut Wollmann*, Re-Municipalisation Revisited: Long-Term Trend in the Provision of Local Public Services in Germany (Draft Version for Presentation at the COST WG 1-Meeting in Paris, January 15–16, 2015), 2015.

⁷ *Schmidt*, DÖV 2014, 357 (359).

⁸ *David Hachfeld*, Rekommunalisierung – Lehren aus Potsdam und Grenoble, in: Candeias/Rilling/Weise (Hrsg.), Krise der Privatisierung – Rückkehr des Öffentlichen, 2009, S. 87 ff.; *Sabine Kuhlmann/Hellmut Wollmann*, Verwaltung und Verwaltungsreformen in Europa, 2013, S. 197 ff.; Water Remunicipalisation Tracker (2014): Potsdam, im Internet abrufbar unter http://remunicipalisation.org/#case_Potsdam, abgerufen am 2.4.2015.

⁹ *Bauer*, DÖV 2012, 329 (330 ff.); *Bauer/Büchner/Hajasch* (Hrsg.), Rekommunalisierung öffentlicher Daseinsvorsorge, 2012; *Schmidt*, DÖV 2014, 357 (357).

¹⁰ *Candeias/Rilling/Weise* (Hrsg.), Krise der Privatisierung – Rückkehr des Öffentlichen, 2009.

¹¹ *Guckelberger*, VerwArch 2013, 161 (163).

¹² *Brüning*, VerwArch 2009, 453 (454).

¹³ *Leisner-Eggensperger*, NVwZ 2013, 1110 (1112).

kommunalisierung decken. Deshalb bietet es sich an, für den Gesamtbefund die Formulierung „(Re-)Kommunalisierung" zu verwenden.[14]

Doch erfasst auch die (Re-)Kommunalisierung nur einen Ausschnitt des Trends zu „Bringing the public back in". Denn die Rückkehr des Öffentlichen ist nicht auf die kommunale Ebene beschränkt, sondern betrifft auch die staatliche Ebene und die unionale Ebene.[15] So haben in jüngerer Zeit auf der Ebene der Länder namentlich in den Segmenten Wasser, Abwasser und Energie Rück-Verstaatlichungen stattgefunden. Außerdem finden sich in mehreren Ländern gesetzgeberische Umsteuerungen weg von der Privatisierung, die in den Bereichen der wirtschaftlichen, verkehrlichen, sozialen und kulturellen Infrastruktur bis hin zur landesverfassungsrechtlichen Erschwerung der Veräußerung von Anteilen an Landesunternehmen reichen.[16] Auch die Bundesebene liefert Beispiele für die Trendumkehr – so etwa bei der seit längerem ins Stocken geratenen Bahnprivatisierung, bei der Rettung insolvenzgefährdeter Banken während der Finanzkrise und bei der Bundeswehr. Und selbst in der normalerweise viel zu einseitig auf den Binnenmarkt orientierten Europäischen Union ist ein wachsendes Bedürfnis nach mehr öffentlicher Präsenz erkennbar. Ein anschaulicher Beleg ist die Europäische Bürgerinitiative „right2water", der es unlängst gelungen ist, die Wasserwirtschaft aus dem Anwendungsbereich der EU-Konzessionsrichtlinie herauszuhalten und so die Weichen weg vom Binnenmarkt in die öffentliche Wasserversorgung und Abwasserentsorgung zu stellen.[17] Der Vorgang ist zugleich ein wichtiges Beispiel für weltweit zu beobachtende (Re-)Kommunalisierungs- und (Re-)Etatisierungstendenzen.[18]

In der Gesamtbetrachtung handelt es sich demnach um eine ebenenübergreifende Entwicklung „hin zum Öffentlichen", die nach einer sachadäquaten Begrifflichkeit verlangt. Dafür ist an anderer Stelle ein Neologismus, nämlich der Schlüsselbegriff

---

[14] *Brüning*, VerwArch 2009, 453 ff.

[15] *Hartmut Bauer*, Publizisierung, Begriff – Befunde – Perspektiven, JZ 2014, 1017 (1019 ff.).

[16] *Volker Böhme-Nestler*, Privatisierungsbremsen in den Landesverfassungen?, LKV 2013, 481 ff. Aktuell plant die Berliner SPD die Aufnahme einer „Privatisierungsbremse" nach Bremer Vorbild in die Landesverfassung: Der Verkauf von „Unternehmen der Wohnungswirtschaft, des öffentlichen Nahverkehrs, des Gesundheitswesens, der Energieversorgung und die Wasserversorgung" sollen an eine vorherige Zustimmung der Bevölkerung geknüpft werden, vgl. *Jens Anker*, SPD: Privatisierung von Unternehmen in Berlin erschweren, Berliner Morgenpost (online) vom 15.5.2015, im Internet abrufbar unter http://www.morgen post.de/printarchiv/berlin/article140945872/SPD-Privatisierung-von-Unternehmen-in-Berlin-er schweren.html, abgerufen am 25.7.2015.

[17] European Citizen's Initiative „Water is a human right", Commissioner Barnier's proposal to exclude water services success for Europe's citizens, 24.6.2013, im Internet abrufbar unter http://www.right2water.eu/news/commissioner-barnier's-proposal-exclude-water-services-success-europe's-citizens, abgerufen am 25.7.2015.

[18] *Kishimoto/Lobina/Petitjean* (eds.), Our public water future – The global experience with remunicipalisation, 2015.

„Publizisierung" vorgeschlagen.[19] Die Publizisierung richtet den Fokus auf gemeinwohlorientierte Modernisierungen des Gemeinwesens durch Umverteilungsprozesse „hin zum Öffentlichen". Sie versteht sich als offener Rahmenbegriff mit vornehmlich heuristischer Funktion zur Erfassung der skizzierten Phänomene. Durch den Verzicht auf die Vorsilbe „(Re-)" vermeidet der neue Schlüsselbegriff die einseitige Akzentuierung der Wiederherstellung früherer Zustände, durch die jenseits von Staat, Kommune usw. ansetzende Ausrichtung auf das „Öffentliche" akteur-, ebenen- und sektorenspezifische Blickverengungen. Dementsprechend bietet das Stichwort „Publizisierung" ein Forum für bislang vernachlässigte Grundlagendebatten und einen begrifflichen Analyserahmen für gemeinwohlorientierte Handlungs- und Organisationsformen bei der Produktion und Bereitstellung von Gütern und Dienstleistungen.

II. Perspektivenwechsel und Perspektivenerweiterungen

Die terminologische Neuausrichtung rückt auch die herkömmlich unter der Chiffre „Rekommunalisierung" behandelten Vorgänge in ein anderes Licht und regt zudem wenn schon nicht einen Perspektivenwechsel, so doch in mehrfacher Hinsicht Perspektivenerweiterungen an. Wenigstens kurz anzusprechen sind vor allem drei Aspekte:

Erstens geht es bei der Publizisierung nicht um das häufig bemühte Bild politischer Pendelbewegungen, um die Ablösung einer undifferenzierten Privatisierungseuphorie durch eine nicht minder undifferenzierte Rekommunalisierungseuphorie oder gar um ordnungspolitische Glaubenskämpfe nach den Maximen „Privat vor Staat" oder „Staat vor Privat" mit all ihren Denkbarrieren. Entscheidend ist vielmehr die Einsicht, dass sich Privatisierung und (Re-)Kommunalisierung als komplementäre Strategien zur Modernisierung des Gemeinwesens wechselseitig ergänzen und daher beide unverzichtbar sind, wenn die Kommunen vor der Wahl der für die Aufgabenerledigung optimalen Organisations- und Handlungsform stehen. Die Überwindung des konfrontativen Entweder-Oder fördert den Zugang zu Auswahlentscheidungen, die ohne ideologische Scheuklappen die *gesamte Bandbreite des verfügbaren Arsenals an Organisations- und Handlungsformen* in den Blick nehmen und nüchtern die Leistungsfähigkeit aller Optionen für den konkreten Einzelfall bewerten.[20]

Zweitens erweisen sich die bisweilen in Anlehnung an geläufige Privatisierungsformen entworfenen Rekommunalisierungstypologien – etwa nach der Einteilung in Vermögens-, Organisations- und Aufgabenrekommunalisierungen[21] – als viel zu unterkomplex, weil in der Publizisierungswirklichkeit oftmals hybride Formen vorkommen. Auf der Agenda der Publizisierung stehen daher auch die Analyse solcher

---

[19] *Bauer*, JZ 2014, 1017 (1021 ff.).
[20] *Bauer*, DÖV 2012, 329 (336 ff.).
[21] *Libbe/Hanke*, der gemeindehaushalt 2011, 108 (109); *Burgi*, NdsVBl. 2012, 225 (227 f.); *Schmidt*, DÖV 2014, 357 (358 f.).

Hybride und vor allem die Generierung innovativer Modelle, die beispielsweise Forderungen etwa nach stärkerer Bürgerpartizipation und demokratischer Rückbindung aufnehmen und im rechtlich vorgegebenen Rahmen in modifizierten oder neuen Optionen für die lokale Bereitstellung von Gütern und Dienstleistungen umsetzen. So gesehen ebnet die Publizisierung zugleich den Weg in eine *kreative Pluralisierung der Organisations- und Handlungsformen*, die „wissenschaftstheoretisches und methodisches Wissen zur Erfassung der Problemstruktur öffentlicher, multipler und [...] konfliktärer Zielsysteme und deren Umsetzbarkeit"[22] berücksichtigen können.

Drittens verdeutlicht die jenseits aller Polarisierung von (Re-)Kommunalisierung und Privatisierung, von Öffentlich und Privat ansetzende Analyse, dass bei den Auswahlentscheidungen oftmals Netzwerke und Kooperationen eine wichtige Rolle spielen, sei es in Formen von public private partnerships (ppps) oder von public public partnerships (pupups). Dies regt zur Ausarbeitung eines umfassenden Verwaltungskooperationsrechts an. Doch geht es auch dabei nicht allein um konventionelles ordnungspolitisches Problemlösungsdenken in „einem bipolaren Modell der Arbeitsteilung zwischen Staat und Markt"[23]. Einzubeziehen sind vielmehr auch und gerade solche Publizisierungen, die bislang nicht oder wenig beachtet sind, aber wichtige Beiträge zur Modernisierung des Gemeinwesens leisten können. Dazu gehört namentlich die Erschließung gemeinwohlorientierter Aktivitäten von *Institutionen des Dritten Sektors*, von denen an dieser Stelle nur Genossenschaften, Wohlfahrtsverbände und andere Non-Profit-Einrichtungen hervorzuheben sind.

III. Genossenschaftliche Beiträge zur Erbringung von lokalen Leistungen im kommunalen Interesse in Publizisierungsszenarien

Es ist hier nicht der Ort für eine umfassende Beschäftigung mit sämtlichen Organisations- und Handlungsformen, für die das Stichwort „Publizisierung" sensibilisiert und den Blick öffnet. Stattdessen steht eine Organisationsform im Vordergrund, die in den gängigen wissenschaftlichen Debatten zwar fast vollständig ausgeblendet bleibt, in der Verwaltungspraxis aber zunehmend an Bedeutung gewinnt: die *Genossenschaft*.

1. Vom angestaubten Relikt zum Zukunftsmodell

Der Zugang zu dieser wissenschaftlich vernachlässigten Institution ist freilich erschwert, weil es sich bei Genossenschaften nach einer in Deutschland nicht selten anzutreffenden Einschätzung um ein angestaubtes Relikt aus der Vergangenheit han-

---

[22] *Budäus/Hilgers*, DÖV 2013, 701 (708).
[23] *Budäus/Hilgers*, DÖV 2013, 701 (703).

delt.[24] Neben sozialistischen Assoziierungen[25] haftet der Genossenschaft das Image einer antiquierten Einrichtung von „Sparern, Mietern oder Landwirten"[26] an. Solche Bewertungen sind nicht mehr zeitgemäß. Angestoßen durch zahlreiche internationale und nationale Kampagnen wertet man die Genossenschaft heute wieder zunehmend als modernes und zukunftsorientiertes Organisationsmodell und wird damit der (rechts-)tatsächlichen Bedeutung auch gerecht. Genossenschaften sind nämlich weltweit ein überragend wichtiger Wirtschaftsfaktor: Sie sind in über 100 Ländern aktiv, stellen über 100 Millionen Arbeitsplätze bereit und zählen über 800 Millionen Mitglieder.[27]

Vor diesem Hintergrund verwundert es nicht, dass die Vereinten Nationen im Jahr 2012 ein Genossenschaftsjahr ausriefen,[28] das der Internationale Genossenschaftsbund (IGB) mittlerweile in einer „Dekade der Genossenschaften" fortführt. Ziel der Dekade ist es, die Genossenschaft zu der von den Bürgern bevorzugten und am schnellsten wachsenden Unternehmensform und zugleich als führendes Modell in wirtschaftlicher, sozialer und ökologischer Nachhaltigkeit zu etablieren.[29] Den hohen Stellenwert unterstreicht auch der bei der UNESCO gestellte Antrag, die Genossenschaftsidee zum immateriellen Weltkulturerbe zu erklären.[30] In Deutschland ist sie bereits in das bundesweite Verzeichnis immaterieller Kulturgüter aufgenommen worden.[31] Hierzulande wird die Genossenschaft als ideale Rechtsform in zahlreichen Kampagnen herausgestellt. Dementsprechend erfreut sie sich seit geraumer Zeit einer medialen Präsenz, in der auf ihre Vorzüge hingewiesen und sie sogar als „sexy" beschrieben wird.[32]

---

[24] Dazu *Hartmut Bauer/Friedrich Markmann*, Genossenschaften im Aufwind, in: Bauer/Büchner/Markmann (Hrsg.), Kommunen, Bürger und Wirtschaft im solidarischen Miteinander von Genossenschaften, 2014, S. 11 ff. m. w. N.
[25] *Michael Stappel*, Die Deutschen Genossenschaften 2012 – Entwicklungen, Meinungen, Zahlen, 2012, S. 20.
[26] *Herbert Klemisch/Walter Vogt*, Genossenschaften und ihre Potentiale für eine sozial gerechte und nachhaltige Wirtschaftsweise, 2012, S. 12.
[27] *Deutscher Genossenschafts- und Raiffeisenverband*, Genossenschaften weltweit, im Internet abrufbar unter http://www.genossenschaften.de/genossenschaften-weltweit, abgerufen am 25.7.2015.
[28] UN Resolution vom 18. Dezember 2009 (64/136), Die Rolle der Genossenschaften in der sozialen Entwicklung.
[29] *Internationaler Genossenschaftsbund (IGB)*, Blaupause für eine Dekade der Genossenschaften, 2013, S. 3.
[30] Genossenschaftliche Allgemeine Zeitung, Genossenschaften bald Weltkulturerbe, Ausgabe 2/2015, S. 4.
[31] Siehe Fn. 30.
[32] *Annette Jensen*, Solide, solidarisch, sexy: Genossenschaften liegen im Trend, taz (online) vom 22.9.2012, im Internet abrufbar unter http://www.taz.de/1/archiv/print-archiv/printressorts/digi-artikel/?ressort=hi&dig=2012%2F09%2F22%2Fa0005, abgerufen am 25.7.2015.

Neben den traditionellen Einsatzfeldern erschließen sich Genossenschaften in Deutschland zunehmend neue Bereiche, darunter auch die lokale Leistungserbringung im kommunalen Interesse. Damit sind genossenschaftliche Aktivitäten angesprochen, die im kommunalen Interesse liegen und nach herkömmlicher Systematisierung[33] den freiwilligen Aufgaben oder den Pflichtaufgaben kommunaler Selbstverwaltung zuzuordnen sind oder sich auch außerhalb dieser Bereiche bewegen können. In diesem Kontext hat man die Genossenschaft erst unlängst als „richtungsweisendes Modell für [die] Kooperation in Kommunen und für ein innovatives Zukunftsmanagement in den Kommunen"[34] bezeichnet. Diesen und anderen gleichgerichteten Forderungen nach einer verstärkten Einbindung der Genossenschaft in die „Diskussion über Modelle zur Erfüllung öffentlicher Aufgaben und die zukünftige Gestaltung von Dörfern, Städten und Regionen"[35] steht bislang freilich die bereits erwähnte defizitäre wissenschaftliche Beschäftigung gegenüber.[36] Der auffällige Kontrast lädt zu eingehenderer Beschäftigung mit dem „Zukunftsmodell Genossenschaft"[37] in den Szenarien lokaler Leistungserbringung im kommunalen Interesse ein. Dabei geht es zunächst um rechtstatsächliche Befundnahmen (2.), sodann um eine Analyse der Motive, die zur Gründung von Genossenschaften geführt haben (3.), und schließlich um eine Präsentation ausgewählter genossenschaftlicher Organisationsmodelle (4.).

2. Rechtstatsächliche Befundnahmen

a) Ein prominentes Praxisbeispiel:
Das Erfolgsmodell Energiegenossenschaft

Bei der Energieerzeugung und -versorgung handelt es sich um eine herkömmliche „Angelegenheit der örtlichen Gemeinschaft" im Sinne von Art. 28 Abs. 2 Satz 1 GG und damit um eine „klassische" Aufgabe kommunaler Leistungserbringung.[38] Im Bereich der Erneuerbaren Energien hat sich dabei insbesondere die „Energiegenossenschaft" zu einem regelrechten Erfolgsmodell entwickelt. Allein beim Deutschen Genossenschafts- und Raiffeisenverband sind etwa 800 Energiegenossenschaften orga-

---

[33] Vgl. zum System der gemeindlichen Aufgaben (und zur jeweiligen Differenzierung je nach Bundesland zwischen monistischem und dualistischem Aufgabenmodell) etwa *Martin Burgi*, Kommunalrecht, 5. Aufl. 2015, § 8; *Klaus Lange*, Kommunalrecht, 2013, S. 686 ff. und *Thorsten Ingo Schmidt*, Kommunalrecht, 2. Aufl. 2014, § 7; zu konkreten Beispielen kommunaler Aufgaben siehe sogleich im Text unter III. 2. b).

[34] *Andreas Eisen*, Kooperation und Genossenschaften als Modell der kommunalen (Selbst-)Steuerung, in: George/Bonow (Hrsg.), Regionales Zukunftsmanagement, Bd. 4: Kommunale Kooperation, 2010, S. 135 (135).

[35] *Eisen* (o. Fn. 34), S. 135.

[36] *Bauer/Markmann* (o. Fn. 24), S. 12 f. m. w. N.

[37] DStGB Dokumentation Nr. 40: Genossenschaften – Miteinander von Bürgern, örtlicher Wirtschaft und Kommunen, Verlagsbeilage „Stadt und Gemeinde Interaktiv", Ausgabe 9/2004, S. 2.

[38] *Burgi* (o. Fn. 33), § 6 Rdnr. 19.

nisiert.[39] Derzeit engagieren sich über 200.000 Menschen in solchen Ökostrom-Projekten, von der Produktion zur Versorgung, vom Netzbetrieb zur Vermarktung.[40] Dabei liegt insbesondere die „‚Energie aus Bürgerhand' schwer im Trend".[41]

Ein anschauliches Beispiel für eine Energiegenossenschaft unter Beteiligung von Bürgern ist die „Neue Energien West eG" (NEW). Bei der NEW handelt es sich nach eigener Beschreibung um eine „interkommunale Genossenschaft"[42]. Ziel der NEW ist die Erzeugung und Umstellung der Energieversorgung aus und auf Erneuerbare Energien durch Errichtung und Betrieb von Öko-Kraftwerken.[43] Mitglieder der NEW sind aktuell 17 Kommunen, zwei Stadtwerke und eine Bürgerenergiegenossenschaft.[44] Die Mitgliedschaft erfolgt durch die Zeichnung von mindestens einem Geschäftsanteil in Höhe von 5.000 Euro.[45] Die Beteiligung der Bürger erfolgt durch den Beitritt zu der an der NEW beteiligten Bürger-Energiegenossenschaft West eG (BEW). Derzeit sind 1.310 Bürger an der BEW beteiligt, die insgesamt 28.891 Anteile zu je 500 Euro gezeichnet haben.[46] Somit verfügt die BEW über knapp 14.500.000 Euro Investitionskapital. Die BEW hat ihrerseits 2.196 Anteile zu je 5.000 Euro an der NEW gezeichnet, während sich die übrigen 154 Anteile auf die Kommunen und die beiden Stadtwerke verteilen.[47] Mit der Trennung von NEW und BEW will man „einerseits die grundsätzlichen Entscheidungen über Standorte und Energieprojekte in der Region und andererseits die individuellen Entscheidungen einzelner Bürger, die sich für das ein oder andere Energieprojekt in ihrer Gemeinde interessieren, auseinander halten"[48]. Mitglieder der NEW und der BEW erhalten jeweils die gleiche Dividende.[49] Zwischen 2009 und 2012 betrug die jährliche Dividende für Kommunen und Bürger zwischen 3,25 % und 3,8 %, im „Sonnenjahr 2011" einschließlich eines zusätzlichen Sonnenbonus von 0,5 % sogar insgesamt 4,3 %.[50]

---

[39] *Deutscher Genossenschafts- und Raiffeisenverband*, Bundesgeschäftsstelle Energiegenossenschaften, im Internet abrufbar unter http://www.genossenschaften.de/bundesgesch-ftsstelle-energiegenossenschaften, abgerufen am 25.7.2015.

[40] *Deutscher Genossenschafts- und Raiffeisenverband* (o. Fn. 39).

[41] *Michael Bauchmüller*, Der Windpark des Bürgers: Ökostrom-Genossenschaften sehen sich durch Reform bedroht, Süddeutsche Zeitung vom 7.4.2014, S. 20.

[42] *Helmut Amschler*, „NEW" – Neue Energien West eG und Bürger-Energiegenossenschaft WEST eG, in: Bauer/Büchner/Markmann (o. Fn. 24), S. 57 (57).

[43] *Amschler* (o. Fn. 42), S. 57 ff.

[44] *Neue Energien West eG*, NEW eG, im Internet abrufbar unter http://www.neue-energien-west.de/neue-energien-west, abgerufen am 25.7.2015.

[45] *Amschler* (o. Fn. 42), S. 58.

[46] Neue Energien West eG, BEW eG, im Internet abrufbar unter http://www.neue-energien-west.de/buerger-energiegenossenschaft-west, abgerufen am 25.7.2015.

[47] Neue Energien West eG (o. Fn. 44).

[48] *Amschler* (o. Fn. 42), S. 58.

[49] *Amschler* (o. Fn. 42), S. 60.

[50] *Amschler* (o. Fn. 42), S. 60.

Die für die NEW gewählte Organisationsstruktur liefert zugleich instruktives Anschauungsmaterial für die mögliche Komplexität genossenschaftlicher Organisationsmodelle. Hat die Kommune ein eigenes Interesse an der Sicherstellung „angemessener Einflussnahmemöglichkeiten" gegenüber anderen Genossenschaftsmitgliedern oder ist sie im Falle der wirtschaftlichen Betätigung sogar rechtlich dazu verpflichtet,[51] ist sie gehalten, unter Berücksichtigung des grundsätzlich geltenden „Ein Mitglied-Eine Stimme-Prinzips" (§ 43 Abs. 3 Satz 1 GenG) eine entsprechende Lösung zu finden. Im Falle der NEW hat dies zu einem sog. *zweistufigen genossenschaftlichen Modell* geführt, das folgende Organisationsstruktur[52] aufweist:

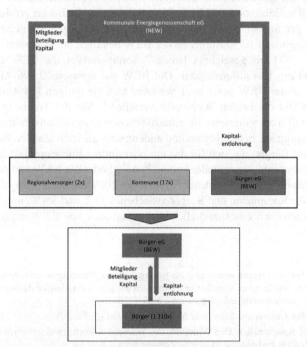

Abb. 1: Organisationsstruktur von NEW – Neue Energien West eG

Trotz des in den letzten Jahren zu beobachtenden Booms stehen die Energiegenossenschaften heute vor einer ungewissen Zukunft. Dies liegt vor allem an der geplanten Reform des Erneuerbare-Energien-Gesetzes (EEG) und der darin enthaltenen

---

[51] Vgl. etwa *Burgi* (o. Fn. 33), § 17 Rdnr. 82.

[52] Organigramm angelehnt an *Genossenschaftsverband Bayern e.V.* (Hrsg.), Erfolgsmodell Genossenschaft: Die Energiewende gemeinsam gestalten – Ein Leitfaden für Kommunen, 2012, S. 25.

„verpflichtenden Direktvermarktung" sowie der „Ausschreibung per Zuschlag".[53] Die „verpflichtende Direktvermarktung" des Stroms an der Börse führt nämlich zur Einschaltung von Vermarktungsunternehmen, für die jedenfalls die Bürgerenergieprojekte wegen deren geringer Größe nicht sonderlich attraktiv sind.[54] Die „Ausschreibungen per Zuschlag" begünstigen die jeweils größten Anbieter, unter denen Bürgerenergieprojekte in der Regel nicht zu finden sein werden.[55] Mittlerweile hat sich die Zahl der Neugründungen von Energiegenossenschaften bereits halbiert: In den ersten Monaten des Jahres 2014 wurden im unmittelbaren Vergleich zum Vorjahr (93) nur noch weniger als die Hälfte (45) gegründet.[56] Die weitere Entwicklung bleibt abzuwarten.

b) Einsatzfelder genossenschaftlicher Leistungserbringung
im kommunalen Interesse

Der Gesamtbestand von Genossenschaften in Deutschland war lange Zeit rückläufig. Von 1960 bis 2010 hatte sich die Zahl der Genossenschaften in der Bundesrepublik Deutschland von über 27.000 auf etwa 7.600 reduziert.[57] Inzwischen hat die Genossenschaft aber wieder Konjunktur. Besonders eindrucksvoll lässt sich dies an den einschlägigen Zahlen ablesen. Unternehmens-, Arbeitnehmer- und Mitgliederzahlen sind in den letzten Jahren ständig gestiegen.[58] Seit 2009 kompensieren die Neugründungen wieder den Rückgang durch Fusionen oder Auflösungen.[59] Nach den aktuellsten Zahlen gibt es in Deutschland über 8.000 Genossenschaften mit etwa 933.000 Mitarbeitern und fast 22 Millionen Mitgliedern.[60] Damit ist statistisch gesehen jeder vierte Einwohner Deutschlands Mitglied in einer Genossenschaft. Nicht unerwähnt bleiben darf dabei auch die wichtige Rolle der Genossenschaften für die Berufsausbildung: Aktuell stellen sie etwa 48.000 jungen Menschen einen Ausbildungsplatz zur Verfügung.[61]

Genossenschaften sind in den unterschiedlichsten Betätigungs- und Einsatzfeldern aktiv. Traditionell werden genossenschaftliche Aktivitäten in Deutschland in

---

[53] *BUND* (Bund für Umwelt und Naturschutz Deutschland e.V.), EEG-Reform gefährdet Engagement kleinerer privater Investoren: Neue Studie der Leuphana Universität Lüneburg im Auftrag von BUND und Bündnis Bürgerenergie vorgestellt, 4.4.2014, im Internet abrufbar unter http://www.bund.net/nc/presse/pressemitteilungen/detail/artikel/eeg-reform-gefaehrdet-engagement-kleinerer-privater-investoren-neue-studie-der-leuphana-universitae/, abgerufen am 25.7.2015.
[54] *BUND* (o. Fn. 53).
[55] *BUND* (o. Fn. 53).
[56] *Michael Stappel*, Die Deutschen Genossenschaften 2014 – Entwicklungen, Meinungen, Zahlen, 2014, S. 6.
[57] Näheres bei *Bauer/Markmann* (o. Fn. 24), S. 11 m. w. N.
[58] Dazu eingehender *Bauer/Markmann* (o. Fn. 24), S. 15 m. w. N.
[59] *Stappel* (o. Fn. 25), S. 20.
[60] *Stappel* (o. Fn. 56), S. 9, 39 f.
[61] *Stappel* (o. Fn. 56), S. 8.

fünf Sektoren unterteilt: Genossenschaftsbanken, ländliche und gewerbliche Genossenschaften sowie Konsum- und Wohnungsgenossenschaften.[62] In diesen Sektoren fächern sich die Einsatzfelder immer weiter auf. Innerhalb des gewerblichen Sektors findet man die „Genossenschaften kommunaler Leistungen".[63] Diese erfassen (bisher) die Wasser-, Bäder- und Schulgenossenschaften.[64] Doch können die „Genossenschaften kommunaler Leistungen"[65] nicht auf diese drei Segmente beschränkt bleiben. Nach einer ersten unbefangenen Annäherung fallen darunter auch alle anderen „Angelegenheiten der örtlichen Gemeinschaft" im Sinne von Art. 28 Abs. 2 Satz 1 GG, die herkömmlich dem Bereich kommunaler Leistungserbringung zugeschlagen und nun durch Genossenschaften erledigt werden, also über die erwähnten Bereiche hinaus alle anderen wirtschaftlichen, sozialen, kulturellen und ähnlichen Leistungen, die kommunaler Aufgabenerledigung zugänglich sind.

Auch auf diesen weiteren kommunalen Betätigungsfeldern sind Genossenschaften hochaktiv. Zu nennen sind etwa aus dem *wirtschaftlichen Bereich* die bereits erwähnten Energiegenossenschaften (darunter Bioenergiedörfer-, Fotovoltaik- und Windenergiegenossenschaften sowie genossenschaftliche Nahwärmenetze), aus dem *medizinischen Bereich* die genossenschaftliche Gesundheitsversorgung durch Krankenhaus- und Ärztegenossenschaften, aus dem *sozialen Bereich* Kindergärten-, Senioren- und Familiengenossenschaften sowie aus dem *kulturellen Bereich* Programmkinos, Kunst- und Kultureinrichtungen. Den Neugründungszahlen zufolge scheint dabei insbesondere der soziale Bereich erhebliches Potential zu besitzen. Die Neugründungen haben sich hier von 5 im Jahr 2005 auf 31 im Jahr 2013 mehr als versechsfacht.[66] Insgesamt haben sich in diesem Zeitraum (einschließlich 1. Halbjahr 2014) 168 Sozialgenossenschaften neu gegründet.[67] Angeregt werden derzeit auch Genossenschaftsgründungen in *innovativen neuen Bereichen lokaler Leistungserbringung* im kommunalen Interesse wie der Versorgung mit Internet

---

[62] *Michael Stappel*, Genossenschaften in Deutschland: Eine Studie aus Anlass des Internationalen Jahres der Genossenschaften, in: DZ Bank AG (Hrsg.), Konjunktur und Kapitalmarkt Special, 2011, S. 3.

[63] So die Einteilung bei *Michael Stappel*, Neugründungen von Genossenschaften in Deutschland: Auswertung des Genossenschaftsregisters (unveröffentlicht), 2014. Für die Überlassung der tabellarischen Auswertung des Genossenschaftsregisters (2005–2014 [1. Halbjahr]), sei an dieser Stelle *Michael Stappel*, Senior Economist im Bereich Research und Volkswirtschaft der DZ BANK AG Deutsche Zentral-Genossenschaft, Frankfurt am Main, nochmals ganz herzlich gedankt.

[64] Zwischen 2006 und 2014 (1. Halbjahr) verzeichneten die Wassergenossenschaften (Wasser und Kanalisation) acht Neugründungen, die Bädergenossenschaften (Schwimm- und Hallenbäder) zehn Neugründungen und die Schulgenossenschaften (Schulen und Musikschulen) zwölf Neugründungen; Zahlenangaben nach *Stappel* (o. Fn. 63).

[65] *Stappel* (o. Fn. 63).

[66] *Stappel* (o. Fn. 63).

[67] *Stappel* (o. Fn. 63).

durch ein flächendeckendes Breitbandnetz.[68] Außerdem haben sich mittlerweile auch im engeren Verwaltungsbereich *interkommunale Genossenschaften* etwa zur Optimierung der Bürgerbetreuung und zum Ausbau des E-Governments gegründet.[69]

Weitergehend ist eine Blickerweiterung auf diejenigen genossenschaftlich erbrachten lokalen Leistungen angezeigt, die zwar nicht, nicht mehr oder jedenfalls nicht durchgängig zu den kommunalen Selbstverwaltungsaufgaben gezählt werden, deren Bereitstellung aber wegen des intensiven Bezuges zur örtlichen Gemeinschaft und deren Einwohnern gleichwohl im kommunalen Interesse liegt. Als wichtiges und wohl prominentestes Beispiel ist an dieser Stelle nur die Grund- und Nahversorgung der Bevölkerung mit Lebensmitteln zu erwähnen, die trotz prekärer Zuordnung zum kommunalen Aufgabenkreis[70] von enormer Bedeutung für die Kommune und ihre Einwohner ist.[71] Die genossenschaftliche Gewährleistung der Grund- und Nahversorgung mit Lebensmitteln durch die Gründung eines Dorfladens hat nämlich in den letzten Jahren einen regelrechten Boom erlebt – allein zwischen 2005 und 2014 sind nicht weniger als 52 solcher Dorfläden neu gegründet worden.[72]

Der Trend zu genossenschaftlicher Leistungserbringung in kommunalen Handlungsfeldern ist nicht auf Deutschland beschränkt. Vielmehr ist auch in anderen europäischen Ländern die genossenschaftliche Bereitstellung von Leistungen im kommunalen Interesse verbreitet. Dort ist die Entwicklung den deutschen Verhältnissen

---

[68] *Bernd Schröder*, Musterprojekt für Nahwärme in Benz?, Ostholsteiner Anzeiger vom 21.10.2014, S. 4.

[69] Zu zahlreichen Beispielen aus der Praxis für den Bereich herkömmlicher kommunaler Leistungserbringung und darüber hinaus, vgl. *Deutscher Genossenschafts- und Raiffeisenverband e.V.* (Hrsg.), Regionale Entwicklung mit Genossenschaften – Bürger, Wirtschaft und Kommunen Hand in Hand, 2. Aufl. 2014; *Genossenschaftsverband Bayern e.V.* (Hrsg.), Genossenschaften im sozialen Bereich und der Daseinsvorsorge, 2014; *Bauer/Markmann* (o. Fn. 24), S. 18 f.

[70] So gehen etwa *Budäus/Hilgers*, DÖV 2013, 701 (704) mit Fn. 21, davon aus, dass „die Versorgung der Bevölkerung mit Grundnahrungsmitteln wie Brot, Butter und Babynahrung oder mit Wohnraum inhaltlich nicht zum Gegenstand der Daseinsvorsorge und damit öffentlich wahrzunehmender Aufgabenbereiche gerechnet wird". In der kommunalrechtlichen Literatur weist *Burgi* (o. Fn. 33), § 17 Rdnr. 46, darauf hin, dass der kommunale „Verkauf von Backwaren [...] trotz vorliegendem öffentlichen Zweck (Versorgung der Bevölkerung) nicht statthaft" ist, „weil Private dies ebenso gut können"; danach scheitert der Verkauf von Backwaren durch die Kommunen jedenfalls am Subsidiaritätsprinzip. Gemäß Art. 83 Abs. 1 BayVerf fallen „Einrichtungen zur Sicherung der Ernährung" in den eigenen Wirkungskreis der Gemeinden. Nach verbreiteter Einschätzung entstand diese Norm der Bayerischen Verfassung unter dem Eindruck der unmittelbaren Nachkriegsverhältnisse der Jahre 1945/1946; in der Rechtspraxis hat diese Aufgabe der Ernährungssicherung heute nur noch eingeschränkte Bedeutung und wird meist von karitativen Organisationen übernommen (vgl. *Gertrud Paptistella*, Verfassung des Freistaates Bayern, Kommentar, Loseblatt-Stand: 2005, Art. 83, S. 108; *Heinrich Amadeus Wolff*, in: Lindner/Möstl/Wolff, Verfassung des Freistaates Bayern, Kommentar, 2009, Art. 83 Rdnr. 24).

[71] *Budäus/Hilgers*, DÖV 2013, 701 (704) mit Fn. 21.

[72] *Stappel* (o. Fn. 63).

mitunter schon weit voraus. Zur exemplarischen Verdeutlichung müssen hier Schlaglichter auf das Vereinigte Königreich und Italien genügen:

In Großbritannien gibt es spätestens seit Beginn des „Internationalen Jahres der Genossenschaften"[73] eine eingehendere Beschäftigung mit genossenschaftlichen Aktivitäten auf der kommunalen bzw. lokalen Ebene. Dazu hat das *Communities and Local Government Committee* der Regierung einen mehr als 200 Seiten umfassenden, vom *House of Commons* in Auftrag gegebenen Bericht über „Mutual and cooperative approaches to delivering local services"[74] vorgelegt. Der Bericht enthält neben einer Präsentation von genossenschaftlichen Organisationsmodellen eine rechtstatsächliche Bestandsaufnahme und konkrete Reformvorschläge sowie Empfehlungen für eine weitere Förderung und Verbreitung dieser beiden Rechtsformen. Ausweislich des Dokuments haben Genossenschaften und „mutuals" in Großbritannien „already spun out of a wide range of local government services, including adult social care, libraries, children's services, housing, integrated health and social care"[75].

In Italien leisten insbesondere die sog. Sozialgenossenschaften einen wichtigen Beitrag zur Unterstützung der Kommunen. Die „Sozialgenossenschaften" sind dort vor allem im Bereich der „sozialen, gesundheits- und erziehungsbezogenen"[76] Dienstleistungen tätig oder kümmern sich um die (Wieder-)Eingliederung sozial benachteiligter Menschen.[77] Derzeit gibt es schätzungsweise etwa 14.000 Sozialgenossenschaften in Italien. Statistisch gesehen ist damit in jeder italienischen Gemeinde (mindestens) eine Sozialgenossenschaft tätig.[78]

---

[73] Siehe o. Fn. 28.

[74] House of Commons: Communities and Local Government Committee, Mutual and cooperative approaches to delivering local services, 12/2012. Bei den „mutuals" handelt es sich frei übersetzt um sog. Gegenseitigkeitsgesellschaften, allerdings werden beide Begriffe oftmals auch synonym verwendet, nach vorliegendem Bericht liegt der Unterschied zwischen „mutuals" und „co-operatives" darin, dass die „co-operatives" sich (zusätzlich) der Umsetzung der dem Internationalen Genossenschaftsbund zugrundeliegenden Wertvorstellungen und Grundsätze verschrieben haben, a. a. O., p. 7.

[75] *Government (UK)*, Government response to the Communities and Local Government Select Committee's Report: Mutual and co-operative approaches to delivering local services, 2/2013, p. 4.

[76] *Raiffeisenverband Südtirol*, Die Sozialgenossenschaften in Italien, im Internet abrufbar unter http://www.raiffeisenverband.it/genossenschaftswesen/die-sozialgenossenschaften-in-italien.html, abgerufen am 25.7.2015.

[77] *Raiffeisenverband Südtirol* (o. Fn. 76).

[78] *Raiffeisenverband Südtirol* (o. Fn. 76).

3. Motive für die genossenschaftliche Bereitstellung und Erbringung von Leistungen im kommunalen Interesse

Die zunehmende genossenschaftliche Bereitstellung und Erbringung von Leistungen im kommunalen Interesse hat viele Gründe,[79] von denen hier nur einige kurz anzusprechen sind: Neben der Optimierung des lokalen Leistungsangebots geht es vor allem auch um die Aufrechterhaltung eines Mindestmaßes an lokaler Infrastruktur. Demografische Entwicklungen und Abwanderungen junger Menschen in die städtischen Ballungsgebiete treffen insbesondere ländliche Regionen hart und führen zum Aussterben ganzer Dörfer. In solchen Konstellationen wird es nur durch den Zusammenschluss aller noch vorhandenen Kräfte möglich sein, trotz allem ein Mindestmaß an wirtschaftlichen, sozialen und kulturellen Angeboten aufrechtzuerhalten. Dabei bietet die Einbeziehung der Zivilgesellschaft, also eine verstärkte Einbindung der Bürger, mit damit einhergehender Nutzung bürgerschaftlichen Engagements (Stichwort: „Sozialkapital") in die lokale Erstellung, Bereitstellung, Erbringung und Verteilung von Leistungen durch genossenschaftliche Kooperation zugleich eine Möglichkeit zur Entlastung der angespannten kommunalen Haushalte. Hinzu kommt eine Verbesserung der Optionen für bürgerschaftliche Partizipation und Einflussnahme auf die Erfüllung von Aufgaben, und zwar auch in Bereichen, in denen – wie etwa in der Energieversorgung – vornehmlich Private tätig sind.

In der Gesamtbetrachtung bietet sich demnach der Zusammenschluss in Form von Genossenschaften als mögliche Alternative zu missglückten Privatisierungsmaßnahmen an, die alle verfügbaren Kräfte bündelt, um eine demokratisch abgesicherte, transparente und bürgernahe Leistungserbringung auf der kommunalen Ebene zu gewährleisten. Dabei gilt die Genossenschaft vielen als Mittelweg zwischen Privat und Staat, als private Rechtsform mit öffentlichem Charakter.[80] In der anlaufenden Publizisierungsdebatte sensibilisiert dies für Entwicklungsperspektiven jenseits von Privatisierung und Rekommunalisierung[81] und erschließt für die lokale Leistungserbringung im kommunalen Interesse einen Dritten Weg.

4. Vielfalt der Organisationsmodelle und Komplexitätsstufen

Die weitläufigen Einsatzfelder von Genossenschaften und die Vielfalt der durch sie zusammengeführten Akteure haben zur Entstehung verschiedener Organisationsmodelle mit unterschiedlichen Graden an innerer Komplexität geführt. Neben bekannten Kooperationsmodellen konventioneller public private partnerships und public public partnerships sind an dieser Stelle vor allem zwei, in der deutschen Verwaltungs- und Verwaltungsrechtswissenschaft noch eher unbekannte Kooperationsmo-

---

[79] Vgl. etwa *Herbert Klemisch/Helene Maron*, Genossenschaftliche Lösungsansätze zur Sicherung der kommunalen Daseinsvorsorge, ZfgG 2010, 3 (7).
[80] So ganz allgemein die Einschätzung von *Eisen* (o. Fn. 34), S. 138.
[81] *Bauer*, DÖV 2012, 329 (338).

delle hervorzuheben, nämlich public citizen partnerships (pcps) und multi stakeholder partnerships (msps).

Unter public citizen partnerships versteht man Zusammenschlüsse von Kommunen und Bürgern in genossenschaftlicher Form zur Erledigung kommunaler Aufgaben.[82] Kommunale Leistungen werden im Rahmen dieser Partnerschaften durch bürgerschaftliches Engagement ersetzt oder unterstützt.[83] Solche Projekte liegen vor allem dann nahe, wenn der Bürger – etwa bei drohendem Wegfall eines kommunalen Leistungsangebots – selbst unmittelbar betroffen ist.[84] Dann ist die Bereitschaft des Bürgers zum eigenen Engagement nämlich besonders hoch.[85] Vor dem Hintergrund des demografischen Wandels sind dafür insbesondere soziale Aufgaben der Kommunen im Gespräch – so wie etwa die Kinder- und Seniorenbetreuung.[86] Als besondere Herausforderung für derartige Modelle gilt neben der Mobilisierung und Aufrechterhaltung bürgerschaftlichen Engagements („Sozialkapital") im Allgemeinen[87] auch die Sicherstellung eines Ausgleichs bürgerschaftlicher und kommunaler Interessen durch entsprechende Einflussnahmemöglichkeiten.[88] Public citizen partnerships sind sowohl mit als auch ohne direkte Beteiligung der Kommune an der Genossenschaft denkbar. Je nach dem konkreten Interesse der Kommune kann diese sich auch darauf beschränken, die Genossenschaft etwa als „investierendes" Mitglied zu fördern (vgl. § 8 Abs. 2 GenG) und sich aus dem operativen Geschäft herauszuhalten,[89] oder aber eine reine Bürgergenossenschaft etwa durch die günstige Verpachtung einer im kommunalen Eigentum stehenden Immobilie zu unterstützen.

Bei der multi stakeholder Genossenschaft handelt es sich hingegen um ein Organisationsmodell mit „heterogenem Mitgliederkreis"[90], in dem ganz unterschiedliche Akteure zur Erledigung einer bestimmten kommunalen Aufgabe miteinander kooperieren. Ein Beispiel aus der Praxis ist die Stadtteilgenossenschaft Sonnenberg e. G. in Chemnitz, in der sich Wohnungswirtschaft, örtliche Unternehmen, lokale Einrichtungen und öffentliche Träger zusammengeschlossen haben, um sich Aufgaben

---

[82] *Hans-Hermann Münkner*, Der genossenschaftliche Beitrag zum Erhalt regionaler Daseinsvorsorge, in: George/Berg (Hrsg.), Regionales Zukunftsmanagement, Bd. 6: Regionalökonomie, 2012, S. 330 (336).

[83] *Christiane Schopf/Martin Paier*, Erfüllung kommunaler Aufgaben durch Genossenschaften: Public-Citizen-Partnerships, 2007, S. 5.

[84] *Münkner* (o. Fn. 82), S. 342.

[85] *Münkner* (o. Fn. 82), S. 342.

[86] *Elisabeth Reiner/Dietmar Rößl/Daniela Weismeier-Sammer*, Public Citizen Partnerships, cooperativ, Ausgabe 3/2010, 58 (58).

[87] *Reiner/Rößl/Weismeier-Sammer*, cooperativ, Ausgabe 3/2010, 58 (58 f.).

[88] *Andrea Karner/Dietmar Rößl/Daniela Weismeier-Sammer*, Genossenschaftliche Erfüllung kommunaler Aufgaben in PCP-Modellen: Typen und Determinanten einer erfolgreichen Entwicklung, in: Münkner/Ringle (Hrsg.), Neue Genossenschaften und innovative Aktionsfelder: Grundlagen und Fallstudien, 2010, S. 85 (98 f.).

[89] *Karner/Rößl/Weismeier-Sammer* (o. Fn. 88), S. 87.

[90] *Münkner* (o. Fn. 82), S. 336.

des Stadtumbaus und der Lösung von sozialpolitischen und arbeitsmarktbezogenen Problemen zu widmen.[91] Als besondere Herausforderung für die multi stakeholder Genossenschaft nach „deutschem Recht" wird im Zusammenhang mit dem grundsätzlich geltenden „Ein Mitglied-Eine Stimme-Prinzip" (§ 43 Abs. 3 Satz 1 GenG) die Sicherstellung einer bei „heterogener Mitgliedschaft" notwendigen „Interessenharmonisierung" genannt.[92]

Außer bei public citizen partnerships und multi stakeholder partnerships kommt die Wahl von Genossenschaftsformen selbstverständlich auch in konventionelleren Modellen von public public partnerships und public private partnerships in Betracht. So haben sich im Bereich der interkommunalen Kooperation innovative Zusammenschlüsse von Kommunen in den unterschiedlichsten kommunalen Aufgabenfeldern gebildet. Schlagwortartig und keinesfalls abschließend sind etwa zu nennen: interkommunale Klinikgenossenschaften, Einkaufsgenossenschaften kommunaler Verwaltungen, die sich um den Einkauf des kommunalen Bedarfs an Waren und Dienstleistungen (beispielsweise für die kommunale Feuerwehr) kümmern und durch die Zusammenarbeit günstigere Konditionen erzielen können,[93] ferner die interkommunale Kooperation in Form von „IT-Genossenschaften", die durch die Entwicklung eines „digitalen Rathauses" das E-Government in und zwischen Kommunen sowie zwischen den Kommunen und anderen staatlichen Stellen, Bürgern und/oder der Wirtschaft vereinfachen und fördern soll.[94]

All diese Beispiele zeigen eine bemerkenswerte Vielfalt von Akteuren, die – rein äußerlich betrachtet – in variantenreichen Genossenschaftstypen zusammenwirken. Auch die Analyse der Binnenstrukturen zeigt unterschiedliche und mitunter sogar sehr komplexe Designs. Je nach der kommunalen Interessenlage oder bei einer rechtlichen Verpflichtung, etwa im Bereich kommunaler Wirtschaftstätigkeit,[95] verfolgt die Kommune das sehr konkrete Anliegen, die genossenschaftliche Leistungserbringung und die Entscheidungen der Genossenschaft hinreichend beeinflussen zu können. Solche internen Einwirkungsmöglichkeiten können prekär sein, weil in einer Genossenschaft nach § 43 Abs. 3 Satz 1 GenG prinzipiell das „Ein Mitglied-Eine Stimme-Prinzip" gilt. Zur Absicherung notwendiger kommunaler Ingerenzrechte besteht jedoch neben einer entsprechenden Besetzung der Organe durch Interessenvertreter der Gemeinde u. a. die Möglichkeit der Gründung sog. zweistufiger Genossenschaftsmodelle. Eine Option der Gestaltung eines zweistufigen Genossenschaftsmodells mit besonderer Berücksichtigung kommunaler Interessen wurde bereits vor-

---

[91] *Bayerisches Staatsministerium für Arbeit und Soziales, Familie und Integration* (Hrsg.), Sozialgenossenschaften in Bayern – Der Ratgeber zur erfolgreichen Gründung, 2013, S. 18.

[92] *Münkner* (o. Fn. 82), S. 337.

[93] Zu diesen und weiteren Beispielen siehe *Deutscher Genossenschafts- und Raiffeisenverband e.V.* (Hrsg.) (o. Fn. 69), S. 46 ff.

[94] Vgl. dazu ausführlich *Michael Wandersleb*, IT-Genossenschaften im digitalen Rathaus: Ein Praxisbericht, in: Bauer/Büchner/Markmann (o. Fn. 24), S. 81 ff.

[95] *Burgi* (o. Fn. 33), § 17 Rdnr. 82.

gestellt.[96] Es betrifft die Konstellation einer überwiegend interkommunalen Genossenschaft, an der andere Interessierte und insbesondere Bürger durch den Betritt zu einer Bürgergenossenschaft, die wiederum Mitglied der interkommunalen Genossenschaft ist, beteiligt sind. Eine andere Gestaltungsvariante ist das zweistufige genossenschaftliche Modell mit einem Stimmrecht nach Kapitalbeteiligung. Denn § 43 Abs. 3 Satz 2 Nr. 3 GenG sieht vor, dass für Genossenschaften, „deren Mitglieder ausschließlich oder überwiegend selbst eingetragene Genossenschaften sind", in der Satzung eigene Regeln für die Stimmgewichtung getroffen werden können, also beispielsweise eine Abstufung des Stimmrechts der Mitglieder nach der Höhe ihrer Geschäftsguthaben (sog. *zweistufiges genossenschaftliches Modell mit Stimmrecht nach Kapitalbeteiligung*). Eine dazu passgenaue Grundstruktur zeigt folgendes Organigramm[97]:

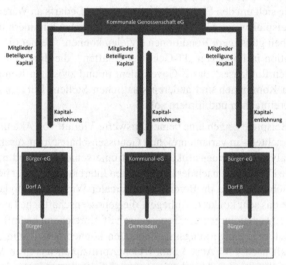

Abb. 2: Grundstruktur Kommunale Genossenschaft eG

IV. Zusammenfassung und Ausblick

Auf der lokalen Ebene ist die Bereitstellung von Leistungen im kommunalen Interesse in Bewegung geraten. Während vielen lange die Privatisierung als Erfolgsstrategie zur Modernisierung kommunaler Aufgabenerfüllung galt, sind in jüngerer Zeit verstärkt Rekommunalisierungsvorgänge zu verzeichnen. Der ebenen- und gebietsübergreifende Trend zur Publizisierung regt einen Perspektivenwechsel an, der die gesamte Bandbreite des für die lokale Leistungserbringung verfügbaren Arsenals

---

[96] Siehe Organigramm oben bei Fn. 52.

[97] Organigramm angelehnt an *Genossenschaftsverband Bayern e.V.* (Hrsg.) (o. Fn. 52), S. 26.

an Organisations- und Handlungsformen aufnimmt, auf die kreative Pluralisierung dieser Formen setzt und jenseits polarisierender Konfrontation von Öffentlich und Privat besonderes Augenmerk auf gemeinwohlorientierte Aktivitäten von Institutionen des Dritten Sektors legt.

Damit rückt nicht zuletzt die Genossenschaft ins Blickfeld. Denn im Zuge des Publizisierungstrends wachsen sowohl der Gesamtbestand der Genossenschaften als auch die genossenschaftliche Produktion und Bereitstellung von Gütern und Dienstleistungen. Das betrifft auch die lokale Ebene, auf der Genossenschaften zunehmend Leistungen im kommunalen Interesse erbringen und zugleich bürgerschaftliche Partizipationsanliegen fördern. Dabei ermöglicht es die genossenschaftliche Organisationsform, eine breite Vielfalt von Akteuren zusammenzuführen. Auch erweist sich die Genossenschaft in der Praxis offenbar als ausreichend flexibel, um konkrete kommunale Interessen zu wahren. Ob deshalb bereits von einer „Renaissance" des Genossenschaftswesens die Rede sein kann, ist dennoch zweifelhaft, und zwar nicht zuletzt bei einem Seitenblick auf die Verbreitung der Genossenschaft in anderen europäischen Ländern wie etwa im Vereinigten Königreich und in Italien. Jedenfalls handelt es sich bei der Genossenschaft um kein konkurrenzloses „Allzweckmittel" zur Lösung aktueller politischer und gesellschaftlicher Herausforderungen auf kommunalen Handlungsfeldern. Vielmehr kommt es am Ende wie stets darauf an, ob und wie sich die Genossenschaft in der konkreten Einzelfallanalyse gegenüber anderen Organisationsformen bei der Suche nach der optimalen Bereitstellung von Leistungen auf der lokalen Ebene durchsetzen kann. Doch können die bewährten Vorzüge genossenschaftlicher Organisation, die auf den zeitlosen Grundprinzipien von Solidarität, Selbstverwaltung und Selbstverantwortung beruhen, zumal in Publizisierungsszenarien eine wichtige Rolle spielen.

Überregionaler Verwaltungsakt und ländereinheitliches Verfahren im kooperativen Föderalismus: Glücksspielaufsicht und Medienaufsicht*

Von *Christoph Degenhart*

I. Kooperativer Föderalismus im Verwaltungsrecht

1. Länderkooperation im bundesdeutschen Föderalismus

Zu den bestimmenden Charakteristika des bundesdeutschen Föderalismus zählen die unterschiedlichen Erscheinungsformen der Kooperation der Länder im Bundesstaat. In ihnen verwirklichen sich Tendenzen eines unitarischen Föderalismus im grundrechtsgeprägten und sozialstaatlich ausgerichteten Verfassungsstaat des Grundgesetzes unter Schonung der Landeskompetenzen. Auf der legislativen Ebene, für die eine kontinuierliche Kompetenzverlagerung zum Bund[1] auch durch Föderalismusreformen nicht nachhaltig umgekehrt wurde, sind es Staatsverträge der Länder, die Rechtseinheit im Bundesstaat auch in zentralen Bereichen verbliebener Landeszuständigkeiten wie Kultur und Medien sichern. Doch auch auf exekutiver Ebene etablieren sich über koordinative Gremien wie die Kultusministerkonferenz der Länder hinaus Erscheinungsformen institutionalisierter und formalisierter Länderkooperation. Beispielhaft wird dies deutlich an den gemeinsamen Stellen der Landesmedienanstalten und am ländereinheitlichen Verfahren nach dem Glücksspielstaatsvertrag.[2] Es sind dies Grundsatzfragen eines rechtsstaatlichen, demokratische Legitimation vermittelnden Verwaltungsrechts, denen *Franz-Joseph Peine* sich stets engagiert gewidmet hat.

---

* Der Beitrag beruht auf einem dem Deutschen Lottoverband Hamburg erstatteten Rechtsgutachten.

[1] Vgl. zu den verbliebenen Länderkompetenzen etwa *Walter Rudolf*, Kooperation im Bundesstaat, in: Isensee/Kirchhof (Hrsg.), Handbuch des Staatsrechts, Bd. VI, 3. Aufl. 2008, § 141 Rdnr. 5 mit Fn. 13.

[2] Staatsvertrag zum Glücksspielwesen in Deutschland (Glücksspielstaatsvertrag) i. d. F. des Glücksspieländerungsstaatsvertrags – GlüÄndStV – vom 15.12.2011, z. B. GBl. BW 2012 S. 388.

2. Ländereinheitliches Verfahren und Glücksspielkollegium

a) Das ländereinheitliche Verfahren nach dem Glücksspielstaatsvertrag

Nach § 4 Abs. 1 GlüStV bedarf die Veranstaltung und Vermittlung von Glücksspielen der Erlaubnis durch die zuständige Behörde des jeweiligen Landes. Der Vollzug des Glücksspielstaatsvertrags liegt nach der allgemeinen Kompetenzverteilung des Grundgesetzes gemäß Art. 83 GG bei den Ländern. Der Glücksspielaufsicht obliegt nach § 9 Abs. 1 Satz 1 GlüStV u. a. die Überwachung der Einhaltung der Veranstalterpflichten, wie sie in den §§ 4–8 GlüStV näher aufgeführt sind, und das Einschreiten gegen unerlaubtes Glücksspiel. § 9 Abs. 3 Satz 1 GlüStV sieht vor, dass die Länder bei der Glücksspielaufsicht zusammenarbeiten; nach Abs. 1 Satz 4 kann bei länderübergreifenden Sachverhalten ein Land die zuständige Behörde eines anderen Landes ermächtigen, gegenüber unerlaubtem Glücksspiel auch mit Wirkung für das ermächtigende Land tätig zu werden.

Das ländereinheitliche Verfahren des § 9a GlüStV will die Zusammenarbeit der Länder in der Wahrnehmung ihrer ordnungsrechtlichen Aufgaben und Aufsichtsfunktionen stärken. Bestimmte Aufgaben werden von der Glücksspielaufsichtsbehörde jeweils eines bestimmten, im Vertrag benannten Landes mit Wirkung für alle anderen Länder wahrgenommen. Dies betrifft u. a. die Erteilung von Erlaubnissen und Konzessionen. So wird gemäß § 9a Abs. 1 GlüStV einer gemeinsamen Anstalt für die Veranstaltung von Klassenlotterien nach § 10 Abs. 3 GlüStV die Erlaubnis für das Gebiet aller Länder durch die Glücksspielaufsichtsbehörde des Landes Hamburg als des Sitzlandes erteilt. Nach § 9a Abs. 2 Satz 1 Nr. 1 GlüStV erteilt die Glücksspielaufsichtsbehörde des Landes Nordrhein-Westfalen die Erlaubnis für Werbung nach § 5 Abs. 3 GlüStV – also die Werbung für Lotterien und Sportwetten im Internet und im Fernsehen – für das Gebiet aller Länder. Nach § 9a Abs. 2 Satz 1 Nr. 2 GlüStV erteilt die Glücksspielaufsichtsbehörde von Baden-Württemberg die Erlaubnisse für eine gemeinsame Lotterieanstalt nach § 10 Abs. 2 GlüStV für alle Länder. Die Glücksspielaufsichtsbehörde des Landes Hessen ist zuständig für die Erteilung einer Konzession nach § 4a GlüStV.[3] Dies betrifft u. a. Sportwetten entsprechend der Experimentierklausel des § 10a GlüStV. Ein ländereinheitliches Verfahren ist auch vorgesehen für die Genehmigung gewerblicher Spielvermittlung. Soweit gewerbliche Spielvermittler im Gebiet mehrerer oder aller Länder tätig werden, sollen nach § 19 Abs. 2 Satz 1 GlüStV die nach § 4 Abs. 1 erforderlichen Erlaubnisse von der Glücksspielaufsichtsbehörde Niedersachsen erteilt werden. Sie sollen „gebündelt" erteilt werden, also nicht in Form einer Erlaubnis für mehrere oder alle Bundesländer, sondern in Form jeweils einer Erlaubnis für jedes einzelne Land.

---

[3] Zur Passivlegitimation vgl. VGH München, Beschluss vom 30.9.2013–10 CE 13.1371, LKV 2014, 163, Rdnr. 23 bei juris; erhebliche rechtliche Bedenken gegenüber dem Vergabeverfahren äußert VG Wiesbaden, Beschluss vom 10.6.2015–5 L 1438/14.WI, Rdnrn. 98 ff. bei juris; ebenso Beschluss vom 8.6.2015–5 L 1433/14.WI und Beschluss vom 5.5.2014–5 L 1453/14.WI.

Soweit einzelne Länder demgemäß für die Erteilung von Erlaubnissen bzw. Konzessionen mit Wirkung für alle Länder zuständig sind, üben sie auch die Glücksspielaufsicht mit Wirkung für alle Länder aus, § 9a Abs. 3 GlüStV. Sie können damit verbindliche Anordnungen im Einzelfall auch für andere Länder erlassen und dort vollstrecken und hierzu auch Amtshandlungen auf dem Gebiet anderer Länder vornehmen.

b) Das Glücksspielkollegium

Zentrale Institution für das ländereinheitliche Verfahren in der Glücksspielaufsicht ist nach § 9a Abs. 5 GlüStV das Glücksspielkollegium der Länder, das den im Rahmen des ländereinheitlichen Verfahrens nach Abs. 1–3 zuständigen Behörden als „Organ bei der Erfüllung ihrer Aufgaben" dient, § 9a Abs. 5 Satz 2 GlüStV. Es besteht aus 16 Mitgliedern, die von den Ländern durch deren oberste Glücksspielaufsichtsbehörde benannt werden. Ihm obliegt die Erfüllung der Aufgaben nach § 9a Abs. 1–3 GlüStV, es entscheidet über die hierbei zu treffenden Maßnahmen. Das Kollegium entscheidet mit einer Mehrheit von zwei Dritteln seiner Mitglieder. Seine Beschlüsse sollen für die zuständigen Behörden der Länder – wie auch für die für das Glücksspielkollegium einzurichtende Geschäftsstelle – bindend sein.[4] Die mit qualifizierter Mehrheit im Kollegium getroffenen Entscheidungen sollen von den Behörden eines Landes mit Wirkung für alle Länder umgesetzt werden.

Die Länder sind es also, die nach der Konzeption des Glücksspieländerungsstaatsvertrags durch ihre Glücksspielaufsichtsbehörden nach außen hin tätig werden sollen, wobei das jeweils zuständige Land mit Wirkung für alle Länder handeln soll. Dies gilt gemäß § 19 Abs. 2 Satz 2 GlüStV auch im Fall der Erteilung „gebündelter" Erlaubnisse für die gewerbliche Spielvermittlung gemäß § 19 Abs. 2 Satz 1.[5]

3. Das Vorbild der Landesmedienanstalten

Als Vorbild für eine derartige gemeinsame Einrichtung der Länder werden die Kommission für Jugendmedienschutz nach dem Jugendmedienschutz-Staatsvertrag[6] (KJM) und die Kommission für Zulassung und Aufsicht nach dem Rundfunkstaatsvertrag[7] (ZAK) genannt.[8] Die Glücksspielaufsicht ist insoweit ähnlich strukturiert

---

[4] Dies wird in Frage gestellt durch VG Wiesbaden, Beschluss vom 10.6.2015 (o. Fn. 3), Rdnr. 100 bei juris.; siehe auch VGH Kassel, Beschluss vom 16.10.2015–8 B 1028/15, Rdnr. 34 ff. bei juris.
[5] Vgl. Begründung zum Entwurf des E-GlüÄndStV, Stand 28.10.2011, LT-Drs. BW 15/1570, S. 13.
[6] Staatsvertrag über den Schutz der Menschenwürde und den Jugendschutz in Rundfunk und Telemedien vom 10.9.2002, zuletzt geändert durch Art. 2, 13. RStV vom 20.11.2009, SächsGVBl. 2010, S. 86.
[7] Staatsvertrag für Rundfunk und Telemedien (Rundfunkstaatsvertrag – RStV), zuletzt geändert durch 15. Rundfunkänderungsstaatsvertrag vom 15.12.2010, SächsGVBl. 2011, S. 638.

wie die Medienaufsicht über bundesweiten privaten Rundfunk. Diese obliegt insgesamt 14 Landesmedienanstalten.[9] Diese Zersplitterung im Bereich der Rundfunkaufsicht durch die Landesmedienanstalten suchen die Länder mit dem Instrumentarium des kooperativen Föderalismus durch die Bildung gemeinsamer Stellen bzw. Kommissionen zu überwinden. Nach § 35 Abs. 2 Satz 2 RStV, dem die Bestimmung des § 9a Abs. 5 Satz 2 GlüStV nachgebildet ist, dienen die in Satz 1 genannten Kommissionen, also die Kommission für Jugendmedienschutz (KJM), die Kommission zur Ermittlung der Konzentration im Medienbereich (KEK), die Kommission für Zulassung und Aufsicht (ZAK) und die Gremienvorsitzendenkonferenz (GVK) der im Rahmen der Rundfunkaufsicht zuständigen Landesmedienanstalt als „Organ zur Erfüllung ihrer Aufgaben".[10] Sie wird dabei jeweils als Organ einer anderen, der „an sich" zuständigen Landesmedienanstalt tätig. Ihre Beschlüsse, die gemäß § 35 Abs. 9 Satz 5 RStV für die anderen Organe der jeweiligen Landesmedienanstalt verbindlich und nach Abs. 9 Satz 6 von dieser zu vollziehen sind, werden nach Abs. 9 Satz 1 mit der Mehrheit ihrer gesetzlichen Mitglieder gefasst. Sie könnte insoweit als Präzedenzfall für eine Form verwaltungsmäßiger Länderkooperation gelten, bei der vom Einstimmigkeitsprinzip abgegangen wird.[11]

II. Verwaltungskompetenzen in der bundesstaatlichen Ordnung – Kriterien gemeinsamer Aufgabenwahrnehmung

1. Erfordernisse eigenverantwortlicher Aufgabenwahrnehmung

Zulässigkeit und Grenzen derartiger und weiterer Formen des kooperativen Föderalismus sind im Grundgesetz nicht explizit geregelt. Es regelt explizit und erschöpfend die Kompetenzabgrenzung zwischen Bund und Ländern, nicht das Verhältnis der Länder untereinander.[12] Dies bedeutet weder, dass wechselseitige Abstimmung und Zusammenarbeit der Länder generell verfassungsrechtlichen Bedenken begegnen, noch auch, dass sie ohne weiteres zulässig wären. Sowohl die Bund-Länder-Kooperation als auch die Kooperation der Länder untereinander ist uneingeschränkt an die Verfassungsgrundsätze des Art. 20 GG gebunden.[13] Die bundesstaatliche Kom-

---

[8] Vgl. Begründung zum Entwurf des E-GlüÄndStV, Stand 28.10.2011, LT-Drs. BW 15/ 1570, S. 34; vgl. zur ZAK und zu den weiteren gemeinsamen Kommissionen der Länder nach § 35 RStV *Margarete Schuler-Harms*, in: Hahn/Vesting (Hrsg.), Beck'scher Kommentar zum Rundfunkrecht, 3. Aufl. 2012, § 35 RStV Rdnrn. 6 ff.; *Andreas Grünwald*, in: Spindler/ Schuster (Hrsg.), Recht der elektronischen Medien, 3. Aufl. 2015, § 35 RStV Rdnrn. 5 ff.

[9] Berlin und Brandenburg sowie Hamburg und Schleswig-Holstein haben jeweils eine gemeinsame Medienanstalt gebildet.

[10] Zur Bedeutung der Organstellung siehe *Grünwald* (o. Fn. 8), § 35 RStV Rdnrn. 5 f.

[11] Vgl. zur ZVS unten Fn. 56.

[12] Darauf verweist *Jost Pietzcker*, Landesbericht Deutschland, in: Starck (Hrsg.), Zusammenarbeit der Gliedstaaten im Bundesstaat, 1988, S. 17 (57).

[13] So zutreffend *Rudolf* (o. Fn. 1), Rdnr. 93.

petenzordnung des Grundgesetzes ist zwingend.[14] Sind Kompetenzen hiernach den Ländern zugeordnet, so bedeutet dies, dass die staatlichen Befugnisse zunächst jedem einzelnen Land zur eigenverantwortlichen Wahrnehmung innerhalb seines Hoheitsbereichs übertragen sind. Es gilt ein Prinzip der eigenverantwortlichen Aufgabenwahrnehmung.[15]

Diese Eigenverantwortlichkeit muss auch dann aufrechterhalten werden, wenn Länder zur Wahrnehmung ihrer Kompetenzen auf unterschiedliche Formen zwischenstaatlicher Kooperation zurückgreifen, ebenso wie die Wahrnehmung ihrer staatlichen Befugnisse auch dann in demokratischer Legitimation zu erfolgen hat.[16] Kooperation im Bundesstaat hat demgemäß die verfassungsrechtlichen Zuständigkeitsbestimmungen zu wahren[17] und muss die Eigenstaatlichkeit der Länder aufrechterhalten;[18] dies bedeutet auch, dass sie von den einzelnen Ländern her demokratisch legitimiert sein muss. Grundsätzlich jedoch schließt die Staatsqualität der Länder nicht aus, dass sie sich nach dem Modell eines kooperativen Bundesstaates vertraglich zur gemeinsamen Aufgabenerfüllung zusammenschließen.[19] Vielmehr ist es gerade Ausdruck der Staatlichkeit der Länder, dass sie in der Lage sind, sich auf staatsvertraglicher Ebene zu koordinieren.[20]

2. „Gebündelte" und überregionale Verwaltungsakte

Für jegliche Kooperation der Länder und damit auch für das angestrebte ländereinheitliche Verfahren in der Glücksspielaufsicht ist zunächst zu fordern, dass sie im Rahmen der verfassungsrechtlichen Zuständigkeitsordnung erfolgt. Die Kompetenzordnung des Grundgesetzes ist auch dann berührt, wenn ein Land staatliche Befugnisse zur Ausübung auf eine gemeinschaftliche Einrichtung oder aber auf ein anderes Land überträgt. Dies ist der Fall nach § 19 Abs. 2 Satz 1 GlüStV. Hiernach werden länderüberschreitend tätigen Spielervermittlern für die Länder, in denen sie tätig werden, die erforderlichen Erlaubnisse von der Glücksspielaufsichtsbehörde nur

---

[14] Vgl. *Andreas Voßkuhle/Ann-Katrin Kaufhold*, Das Bundesstaatsprinzip, JuS 2010, 873 (874 f.).

[15] Vgl. *Martin Nettesheim*, Wettbewerbsföderalismus und Grundgesetz, in: Brenner/Huber/Möstl (Hrsg.), Der Staat des Grundgesetzes – Kontinuität und Wandel (Festschrift Badura), 2004, S. 363 (372).

[16] Vgl. zu Erfordernissen demokratischer Legitimation als Schranke zwischenstaatlicher Kooperation *Pietzcker* (o. Fn. 12), S. 57.

[17] *Gerhard Robbers*, in: Kahl/Waldhoff/Walter (Hrsg.), Bonner Kommentar zum Grundgesetz, Art. 20 I (2009) Rdnr. 1065; siehe auch *Peter Lerche*, in: Maunz/Dürig, GG, Art. 83 (1983) Rdnr. 95.

[18] Vgl. *Robbers* (o. Fn. 17); *Nettesheim* (o. Fn. 15), S. 377 ff.; *Günther Kisker*, Kooperation im Bundesstaat, 1971, S. 169 ff.; *Christoph Degenhart*, Staatsrecht I – Staatsorganisationsrecht, 31. Aufl. 2015, Rdnrn. 474 ff.

[19] *Ferdinand Kirchhof*, in: Maunz/Dürig, GG, Art. 83 (2015) Rdnr. 84.

[20] Vgl. *Kirchhof* a.a.O.; siehe auch *Hans Schneider*, Verträge zwischen Gliedstaaten im Bundesstaat, VVDStRL 19 (1961), 1 (2 ff.); *Rudolf* (o. Fn. 1), Rdnr. 54.

eines Landes durch „gebündelte" Verwaltungsakte für jedes einzelne Land erteilt. Es liegt in der Konsequenz dieser Verfahrensgestaltung, die entsprechenden Erlaubnisse nach dem für diese Länder jeweils maßgeblichen Landesrecht zu erlassen – davon geht auch die Begründung zum Entwurf des Glücksspieländerungsstaatsvertrags aus.[21] Diese Länder führen ihre Gesetze nicht selbst aus; diese werden vielmehr durch das für die Erteilung der „gebündelten" Erlaubnisse zuständige Land ausgeführt. Hierin liegt ein intensiver Eingriff in die grundsätzliche Alleinzuständigkeit der Länder zur Ausführung ihrer Gesetze.[22] Kompetenzen eines anderen Landes werden in der Sache aber auch dann wahrgenommen, wenn dem von der Behörde eines Landes zu erlassenden Verwaltungsakt Gestattungswirkung für das gesamte Bundesgebiet beigemessen wird. Denn die Verwaltungshoheit eines Bundeslandes ist grundsätzlich auf sein eigenes Gebiet beschränkt.[23] Deshalb können seine Verbote grundsätzlich nicht das eigene Gebiet überschreiten, wie auch umgekehrt seine Gestattung oder deren Fehlen nicht über die Erlaubtheit in anderen Ländern entscheiden können.[24] Die länderübergreifende Verbindlichkeit beim sog. überregionalen Verwaltungsakt,[25] der in Vollzug eines Bundesgesetzes ergeht, beruht auf der entsprechenden Geltungsanordnung durch das Bundesgesetz selbst.[26] Entsprechende Geltungserstreckung kann beim Vollzug von – auch gleichlautendem[27] – Landesrecht auf Grund einer ausdrücklichen Ermächtigung oder Zustimmung der anderen, in ihrem Kompetenzanspruch zurücktretenden Länder erfolgen.[28] Eine dahingehende Ermächtigung ist insbesondere in § 9a Abs. 1 und 2 GlüStV enthalten, wenn hiernach von der jeweils staatsvertraglich bestimmten Glücksspielaufsichtsbehörde Erlaubnisse für das Gebiet aller Länder erteilt werden. Vergleichbar sind Zuständigkeiten und Verfahren bei der Zulassung bundesweiter Rundfunkprogramme nach §§ 20a, 36 RStV. Auch hier entscheidet eine Landesbehörde – die Landesmedienanstalt – mit Wirkung für alle Länder, mit dem Unterschied jedoch, dass nicht eine bestimmte Behörde oder Anstalt bereits staatsvertraglich festgeschrieben ist, die Zuständigkeit

---

[21] Vgl. Begründung zum Entwurf des E-GlüÄndStV (o. Fn. 5), Stand 28.10.2011, S. 39; siehe dazu *Christoph Degenhart*, Rechtsfragen des ländereinheitlichen Verfahrens, Rechtsgutachten, 2011.

[22] *Armin Dittmann*, in: Sachs, GG, 7. Aufl. 2014, Art. 83 Rdnr. 3; siehe auch VG Wiesbaden, Beschluss vom 10.6.2015 (o. Fn. 3), Rdnr. 99 bei juris.

[23] Vgl. OVG Lüneburg, Beschluss vom 4.3.2003 – 11 ME 420/02, Rdnr. 13 bei juris; BVerfGE 11, 6 (19).

[24] Vgl. VG Gelsenkirchen, Urteil vom 6.4.2011 – 7 K 6737/08, Rdnr. 111 bei juris; siehe auch OVG Lüneburg (o. Fn. 23).

[25] Siehe dazu OVG Lüneburg (o. Fn. 23); VGH München, Urteil vom 19.6.1995 – 25 B 94.03762, Rdnr. 31 bei juris; *Josef Isensee*, Idee und Gestalt des Föderalismus im Grundgesetz, in: Isensee/Kirchhof (Hrsg.), Handbuch des Staatsrechts, Bd. VI, 3. Aufl. 2008, § 126 Rdnrn. 37 f.

[26] *Isensee* ebd.; VGH München ebd., der nur in diesem Fall von einem überregionalen Verwaltungsakt sprechen will.

[27] Vgl. VGH München (o. Fn. 25).

[28] OVG Lüneburg (o. Fn. 23).

vielmehr von der erstmaligen Befassung einer Landesmedienanstalt abhängt, § 36 Abs. 1 RStV.

In zweifacher Hinsicht also bedeutet das ländereinheitliche Verfahren nach § 9a GlüStV eine Kompetenzverlagerung bzw. Kompetenzübertragung, durch die staatsvertragliche Ermächtigung einzelner Länder zum Erlass überregionaler Verwaltungsakte nach Maßgabe des § 9a Abs. 1 und 2 und durch die Bündelung von Verwaltungsakten nach § 19 Abs. 2 Satz 2 GlüStV. Diese Verschiebung im bestehenden Kompetenzgefüge erhält darüber hinaus ihre spezifische Ausgestaltung und Intensität durch die Einrichtung des Glücksspielkollegiums nach § 9a Abs. 5–8 GlüStV und die für dessen Aufgabenwahrnehmung vorgesehene Verfahrensweise, insbesondere das für seine Entscheidungen vorgesehene Mehrheitsprinzip[29] – das auch für die Kommissionen der Landesmedienanstalten gilt. Wenn eine gemeinsame Stelle der Länder wie das Glücksspielkollegium mit – wenn auch qualifizierter – Mehrheit entscheidet und dessen Entscheidungen für die nach Maßgabe eines ländereinheitlichen Verfahrens zuständigen Behörden verbindlich sind, so bedeutet dies für überstimmte Länder: sie sind entweder gezwungen, gegen ihren Willen bestimmte Entscheidungen zu treffen, dies dann, wenn sie bzw. ihre Glücksspielaufsichtsbehörde nach außen hin zuständig sind, oder aber verpflichtet, Verwaltungsakte der Behörden anderer Länder hinzunehmen, denen sie nicht zugestimmt haben.

3. Verwaltungshoheit und Staatlichkeit der Länder

Dies bedeutet einen Verzicht auf die Wahrnehmung der Verwaltungshoheit des Landes und damit auch eine Durchbrechung des Gebots eigenverantwortlicher Aufgabenwahrnehmung[29a]. Dies bedeutet aber auch ein Zurücktreten im Geltungsanspruch der eigenen Rechtsordnung des Landes. Wird einem Land staatsvertraglich die Befugnis zugewiesen, Verwaltungsakte mit Verbindlichkeit für den Zuständigkeitsbereich anderer Länder und in diesem Sinn überregionale Verwaltungsakte zu erlassen, so entscheidet es gleichwohl in Anwendung seines Landesrechts. Damit wird für diejenigen Länder, für die der überregionale Verwaltungsakt erlassen wird, deren Landesrecht in seiner Maßgeblichkeit verdrängt zugunsten des für die entscheidende Behörde maßgeblichen Landesrechts. Wenn allerdings nicht eine für mehrere oder alle Länder geltende Erlaubnis erteilt wird, sondern die Glücksspielaufsichtsbehörde eines Landes mehrere gebündelte Verwaltungsakte auf der Grundlage des jeweiligen Landesrechts der übrigen Länder erlässt, so müssen es diese hinnehmen, dass ein anderes Land über die Anwendung seines Landesrechts entscheidet, dies auf Grund des Mehrheitsprinzips auch gegen ihren Willen. Dies ist unter demokratiestaatlichen wie unter bundesstaatlichen Gesichtspunkten nicht unbedenklich. Das Bundesstaatsprinzip ist wegen des zwingenden Charakters der

---

[29] Kritisch hierzu VG Wiesbaden, Beschluss vom 8.6.2015 (o. Fn. 3), Rdnr. 99 bei juris.

[29a] Teilweise anders: BayVerfGH, Entscheidung vom 25.9.2015, Vf. 9-VII-13 u.a., Rdnrn. 139 ff. bei juris; wie hier: VG Wiesbaden (o. Fn. 3) und VGH Kassel (o. Fn. 4).

bundesstaatlichen Kompetenzordnung[30] wie auch der Staatsqualität der Länder maßgeblich für die verfassungsrechtliche Beurteilung der unterschiedlichen Erscheinungsformen der Länderkooperation. Es berührt sich unter dem Gesichtspunkt der Rückführbarkeit hoheitlicher Maßnahmen auf die jeweilige Landesstaatsgewalt mit dem Demokratieprinzip des Grundgesetzes in seiner Maßgeblichkeit für die staatliche Ordnung auch auf Länderebene. Der Bürger kann im demokratischen Staat nur der von ihm getragenen und legitimierten Staatsgewalt unterworfen sein.[31]

4. „Dritte Ebene" im Bundesstaat des Grundgesetzes?

a) Unzulässigkeit einer dritten Ebene als Schranke für Verwaltungskooperation

Verfassungsrechtliche Grenzen für Institutionen und Verfahren eines kooperativen Föderalismus werden jedenfalls dort gezogen, wo sich eine ländereinheitliche Verwaltung als eine vom Grundgesetz nicht vorgesehene „dritte Ebene"[32] einer Ländergesamtheit zwischen Bund und den einzelnen Ländern konstituiert.[33] Grenzen werden auch dort gesehen, wo Länderaufgaben von einer gemeinsamen Ländereinrichtung wahrgenommen werden, ohne dass den einzelnen Ländern bestimmender Einfluss für jeweils ihren Bereich eingeräumt würde.[34] Es darf nicht zu einer „Preisgabe" der staatlichen Befugnisse der Länder durch Kooperation kommen.[35] Dies macht deutlich: vor allem durch das Prinzip der Einstimmigkeit wird im Rahmen bundesstaatlicher Zusammenarbeit die Staatlichkeit der Länder gewahrt,[36] also vor allem der unmittelbare Verantwortungszusammenhang zwischen Landesvolk und staatlichem Handeln mit Geltung für das Land. Dieses Prinzip der Einstimmigkeit aber wird bei dem durch den Glücksspieländerungsstaatsvertrag eingesetzten Glücksspielkollegium aufgegeben und durch das Erfordernis einer qualifizierten Mehrheit ersetzt.[37]

---

[30] Siehe hierzu, bezogen auf das Bund-Länder-Verhältnis, BVerfGE 119, 331 (365).

[31] Vgl. *Pietzcker* (o. Fn. 12), S. 55.

[32] Zum Begriff etwa *Klaus Stern*, Staatsrecht I, 1977, § 19 IV. 3., S. 598.

[33] *Kirchhof* (o. Fn. 19), Rdnr. 85; *Rudolf* (o. Fn. 1), Rdnrn. 92 ff.; *Kisker* (o. Fn. 18), S. 170 ff.; *Nettesheim* (o. Fn. 15), S. 378; entgegen *Stephan Oeter*, Integration und Subsidiarität im deutschen Bundesstaatsrecht, 1998, S. 269 ff. kann dem Urteil des BVerwG vom 5. 11. 1965 zum ZDF keine Aussage für die generelle Unbedenklichkeit einer „dritten Ebene" entnommen werden.

[34] *Hans F. Zacher*, Grundlagen und Grenzen interföderativer Kooperation, BayVBl. 1971, 375 (377); *Stern* (o. Fn. 32), § 19 IV. 3., S. 598.

[35] Vgl. *Christoph Vedder*, Intraföderale Staatsverträge, 1996, S. 144 f.: „Verbot der Selbstpreisgabe"; ebenso *Rudolf* (o. Fn. 1), Rdnr. 92.

[36] Vgl. *Paul Feuchte*, Die bundesstaatliche Zusammenarbeit in der Verfassungswirklichkeit der Bundesrepublik Deutschland, AöR 98 (1973), 473 (500 f.).

[37] Siehe auch *Stern* (o. Fn. 32), § 19 IV. 3., S. 598, der den Verzicht auf das Einstimmigkeitsprinzip grundsätzlich für unzulässig hält.

Mit dem Verbot einer Preisgabe der Länderstaatlichkeit oder Selbstpreisgabe[38] und dem Verbot der Schaffung einer nach dem Grundgesetz nicht vorgesehenen „dritten Ebene" sind gleichwohl nur Kriterien für eine in jedem Fall unzulässige Länderkooperation benannt, werden also deren äußerste Grenzen gezogen.[39] Von einer „Selbstpreisgabe" dürfte dann erst gesprochen werden, wenn gewichtige Staatsfunktionen im Sinn unverzichtbarer Hoheitsrechte übertragen werden und auch in quantitativer Hinsicht ein gewisses Ausmaß erreicht ist.[40] Von einer „dritten Ebene" kann dann jedenfalls gesprochen werden, wenn Gemeinschaftseinrichtungen geschaffen werden, die verbindlich für ihre Mitglieder entscheiden und nach außen handeln.[41] Dass aber in derartigen „Extremfällen" eine Länderkooperation verfassungswidrig ist, bedeutet nicht, dass sie unterhalb dieser Schwelle ohne weiteres verfassungsrechtlich unbedenklich wäre. Denn auch unabhängig von diesen, qualitativ wie quantitativ zu bestimmenden Grenzen einer Länderkooperation gilt das Gebot der eigenverantwortlichen Aufgabenwahrnehmung, können also die Länder nicht ohne weiteres die ihnen obliegenden Aufgaben weiter übertragen, sei es auf gemeinsame Einrichtungen, sei es auf andere Länder. Sie bedürfen hierfür rechtfertigender Gründe.[42]

b) Ländereinheitliches Verfahren als „dritte Ebene"?

Die Schwelle einer verfassungsrechtlich unzulässigen „dritten Ebene" im Bundesstaat[43] dürfte mit dem ländereinheitlichen Verfahren nach dem Glücksspieländerungsstaatsvertrag insofern noch nicht erreicht sein, als nach außen hin weiterhin jeweils die Behörden einzelner Länder tätig werden sollen, so im Fall des § 19 Abs. 2 GlüStV also die Glücksspielaufsichtsbehörde Niedersachsen, für sonstige Erlaubnisse und Aufsichtsmaßnahmen jeweils die in § 9a Abs. 1 und 2 genannten Behörden. Es werden noch keine Gemeinschaftseinrichtungen geschaffen, die verbindlich für ihre Mitglieder entscheiden und nach außen handeln. Doch wird andererseits mit dem Glücksspielkollegium nach § 9a Abs. 5–8 GlüStV ein Gremium auf Dauer institutionalisiert, das mit Mehrheit seiner Mitglieder für alle Länder verbindlich entscheiden soll – es handelt sich hierbei also keineswegs um ein Gremium mit nur beratender und unterstützender Funktion.[44]

---

[38] Vgl. *Vedder* (o. Fn. 35), S. 144 f.; *Nettesheim* (o. Fn. 15), S. 379.

[39] *Kirchhof* (o. Fn. 19), Rdnr. 85; *Vedder* (o. Fn. 35), S. 144 f.

[40] Vgl. *Nettesheim* (o. Fn. 15), S. 379; hohe Anforderungen diesbezüglich insbesondere bei *Vedder* (o. Fn. 35), S. 145.

[41] Für diesen Fall sieht z. B. *Kirchhof* (o. Fn. 19), Rdnr. 85 eindeutig die Kooperationsform einer unzulässigen dritten Ebene erreicht („Extremfall" einer dritten Ebene).

[42] *Nettesheim* (o. Fn. 15), S. 372.

[43] Zur generellen Unvereinbarkeit einer derartigen „dritten Ebene" mit dem auf einem zweigliedrigen Bundesstaatsbegriff beruhenden Bundesstaatsprinzip des Grundgesetzes siehe neben *Kirchhof* (o. Fn. 19), Rdnr. 85 etwa *Vedder* (o. Fn. 35), S. 144 f.; unklar *Rudolf* (o. Fn. 1), Rdnr. 88, wie hier: VGH Kassel (o. Fn. 4), Rdnr. 36 bei juris.

[44] Zu dessen Unbedenklichkeit siehe *Lerche* (o. Fn. 17), Rdnrn. 109, 116.

Die mit den vorgesehenen ländereinheitlichen Verfahren und hierbei insbesondere mit der Errichtung des Glücksspielkollegiums nach § 9a GlüStV einhergehende Abschwächung demokratischer Legitimation und föderaler Verantwortungszurechnung wird nicht dadurch ausgeglichen, dass die Länder durch ihre Parlamente dem Abschluss des Staatsvertrags und damit der in Frage stehenden Verfahrensgestaltung zustimmen und hierdurch ihre Mitwirkungsrechte beschränken. Die bundesstaatliche Kompetenzordnung ist, wie dargelegt, zwingend, nicht nur vertikal im Verhältnis zwischen Bund und Ländern, sondern auch für die Zwischen-Länder-Ebene. Denn auch insoweit bedeutet die Zuweisung einer Kompetenz die Verpflichtung, diese Kompetenz wahrzunehmen. Diese Verpflichtung, Kompetenzen eigenständig wahrzunehmen, schließt eine Delegation einzelner Befugnisse noch nicht grundsätzlich aus, etwa bei länderübergreifender Wirkung von Verwaltungsakten. Die Verpflichtung zu eigenständiger, demokratisch verantworteter Kompetenzwahrnehmung ist nicht mehr gewahrt, wenn eine sich jeweils innerhalb eines Gremiums wie dem angestrebten Glücksspielkollegium konstituierende Ländermehrheit über den Gesetzesvollzug und damit über die Wahrnehmung von Verwaltungskompetenzen entscheidet.

Eben dies ist die Konstellation beim ländereinheitlichen Verfahren unter Einbeziehung des mehrheitlich entscheidenden Glücksspielkollegiums. Mit dem Zustimmungsgesetz zum Staatsvertrag nimmt das Land seine Befugnisse zur Gesetzgebung wahr, nicht aber seine Exekutivbefugnisse. Die Aussage des Bundesverfassungsgerichts etwa, dass „zugewiesene Zuständigkeiten [...] mit eigenem Personal, eigenen Sachmitteln und eigener Organisation wahrzunehmen" sind,[45] gilt für Bund und Länder gleichermaßen. Denn die handelnden Stellen der Exekutive stehen in der Verantwortung gegenüber dem Parlament ihres Landes. Die hiernach gebotene klare Zuordnung der Verantwortlichkeit ist bei wechselnden Mehrheiten nicht möglich. Insofern sind, aufgrund des im Glücksspieländerungsstaatsvertrags vorgesehenen Glücksspielkollegiums, bereits Elemente einer nach der bundesstaatlichen Ordnung des Grundgesetzes unzulässigen „dritten Ebene" angelegt. Die Übertragung von Verwaltungsbefugnissen auf die vorgesehenen Einrichtungen des ländereinheitlichen Gesetzesvollzugs wird auch nicht dadurch ausgeglichen, dass den Ländern nach Maßgabe des Mehrheitsprinzips Mitbestimmungsrechte eingeräumt werden. Diese können Selbstgestaltungsrechte nicht ersetzen.[46]

---

[45] BVerfGE 119, 331 (364).
[46] Vgl. auch *Nettesheim* (o. Fn. 15), S. 364.

III. Rundfunkaufsicht und Glücksspielaufsicht

1. Rundfunkaufsicht in grundrechtlicher Autonomie

a) Zusammensetzung und Verfahren
der Kommissionen nach RStV

Vorbild für das Glücksspielkollegium sind, wie dargelegt, die in die Organisation der Medienaufsicht nach dem Rundfunkstaatsvertrag einbezogenen Kommissionen ZAK, GVK, KEK und KJM, die gemäß § 35 Abs. 2 Satz 2 RStV der jeweils zuständigen Landesmedienanstalt als Organ bei der Erfüllung ihrer Aufgaben dienen. Wie im Rahmen der Glücksspielaufsicht, kann auch in der Rundfunkaufsicht die an sich zuständige Landesmedienanstalt gehalten sein, Entscheidungen zu vollziehen, bei denen sie in einer der Kommissionen nach § 35 Abs. 2 RStV überstimmt wurde, darüber hinaus aber auch Entscheidungen, an denen sie nicht beteiligt war. Denn während in die ZAK oder auch in die GVK von allen Medienanstalten jeweils ein Vertreter entsandt wird, gilt dies nicht für die KEK, der nach § 35 Abs. 5 Satz 1 RStV sechs Vertreter der Landesmedienanstalten und sechs Sachverständige angehören; ähnlich ist die Zusammensetzung der KJM geregelt, § 14 Abs. 3 Satz 1 JMStV. Die Regelung des Rundfunkstaatsvertrags dient der Vereinheitlichung der Aufsichtspraxis auf der Grundlage der bundeseinheitlich geltenden Regelungen des RStV und des JMStV. Eben eine derartige Vereinheitlichung wird auch mit dem Glücksspieländerungsstaatsvertrag angestrebt.

b) Rundfunkaufsicht und Rundfunkfreiheit –
Unterschiede zur Glücksspielaufsicht

Doch bestehen erhebliche Unterschiede zwischen der Rundfunkaufsicht durch die Landesmedienanstalten und der Glücksspielaufsicht durch die Glücksspielaufsichtsbehörden der Länder. Die Glücksspielaufsicht bewegt sich auf der Ebene des Ordnungsrechts und damit in einem Kernbereich staatlicher Hoheitsverwaltung; die Rundfunkaufsicht betrifft einen von Verfassungs wegen weitgehenden staatsfreien[47] Bereich. Die Aufsicht über den privaten Rundfunk wird auf Landesebene nicht durch Behörden des Landes im Rahmen landeseigener Verwaltung wahrgenommen. Sie obliegt den Landesmedienanstalten, die zu eben diesem Zweck vom Gesetzgeber als rechtsfähige öffentlich-rechtliche Anstalten geschaffen wurden.[48] Sie sind nach dem organisatorischen Muster der öffentlich-rechtlichen Rundfunkanstalten binnenplural organisiert und im Verhältnis zum Staat mit Selbstverwaltungsrecht ausgestattet, um so dem rundfunkspezifischen Vielfaltsgebot des Art. 5 Abs. 1 Satz 2 GG wie

---

[47] Vgl. *Lerche* (o. Fn. 17), Rdnr. 102.

[48] Vgl. *Christoph Degenhart*, in: Kahl/Waldhoff/Walter (Hrsg.), Bonner Kommentar zum Grundgesetz, Art. 5 I und II (2006), Rdnrn. 729, 834 ff.; ausführlich *Ulrike Bumke*, Die öffentliche Aufgabe der Landesmedienanstalten, 1995, S. 175 ff.

auch dem Erfordernis der Staatsfreiheit des Rundfunks[49] Rechnung zu tragen. Unabhängig von der Frage ihrer Grundrechtsfähigkeit[50] entscheiden sie autonom im Verhältnis zur jeweiligen Exekutive des Landes und unterliegen nur einer – beschränkten[51] – Rechtsaufsicht durch die oberste Landesbehörde (Staatskanzlei), während eine Fachaufsicht ausgeschlossen ist und aus verfassungsrechtlichen Gründen auch ausgeschlossen sein muss.[52] Die organisatorische Sicherung der Rundfunkfreiheit[53] bedingt hier die Ausgliederung aus dem unmittelbaren staatlichen Verantwortungszusammenhang.[54]

Die Landesmedienanstalten sind also weitgehend verselbständigt gegenüber der jeweiligen Landesverwaltung und müssen dies aus verfassungsrechtlichen Gründen sein. Die entscheidende Abschichtung, die im Fall des ländereinheitlichen Verfahrens im Verhältnis von Glücksspielaufsicht und Glücksspielkollegium erfolgt, die Unterbrechung der Kette unmittelbarer demokratischer Legitimation, erfolgt bei der Rundfunkaufsicht durch die Landesmedienanstalten bereits mit der Einrichtung der Landesmedienanstalten. Sie ist durch den Schutz der Rundfunkfreiheit verfassungsrechtlich legitimiert und auch geboten. Dass die Landesmedienanstalten ihrerseits an die Entscheidungen der Gremien des § 35 RStV gebunden sind und diese mit Mehrheit und im Fall der KEK und der KJM nur unter Beteiligung von jeweils sechs von 14 Landesmedienanstalten entscheiden, bewirkt keinen zusätzlichen oder weitergehenden Eingriff in die Staatlichkeit der Länder, wie dies beim Glücksspielkollegium der Fall ist. Auch in der Zusammensetzung unterscheiden sich ZAK, KEK, GVK und KJM einerseits, das Glücksspielkollegium andererseits grundlegend. Die Kommissionen der Rundfunkaufsicht sind in erster Linie unabhängige Sachverständigengremien,[55] die gemäß § 35 Abs. 8 RStV und § 14 Abs. 6 Satz 1 JMStV an Weisungen nicht gebunden sind. Die Mitglieder des Glücksspielkollegiums demgegenüber werden von den Glücksspielaufsichtsbehörden der Länder benannt. Sie haben

---

[49] Siehe hierzu BVerfGE 12, 205 (263); 83, 238 (330); 121, 30 (55); *Klaus Stern,* Staatsrecht IV/1, 2006, § 110 IV. 2.a).

[50] Den Landesmedienanstalten wird teilweise Grundrechtsfähigkeit zuerkannt, so bei *Wolfgang Hoffmann-Riem,* Personalrecht der Rundfunkaufsicht, 1991, S. 88 ff.; *Bumke* (o. Fn. 48), S. 230 ff.; *Hubertus Gersdorf,* in: Haratsch/Kugelmann/Repkewitz (Hrsg.), Herausforderungen an das Recht der Informationsgesellschaft, 1996, S. 163 ff.; verneinend demgegenüber SächsVerfGH, NJW 1997, 3015; differenzierend *Udo Di Fabio,* Der Schutz der Menschenwürde durch Allgemeine Programmgrundsätze, Rechtsgutachten im Auftrag der BLM, 1999, S. 84 ff.

[51] Vgl. *Bumke* (o. Fn. 48), S. 324.

[52] Vgl. *Bumke* (o. Fn. 48), S. 246 ff., 324 ff.; *Günter Herrmann/Matthias Lausen,* Rundfunkrecht, 2. Aufl. 2004, § 17 Rdnr. 103.

[53] Dazu BVerfGE 57, 295 (325 ff.); 73, 118 (152 ff.); *Christoph Degenhart,* Rundfunkfreiheit, in: Merten/Papier (Hrsg.), Handbuch der Grundrechte in Deutschland und Europa, Bd. IV, 2011, § 105 Rdnr. 6.

[54] Vgl. *Lerche* (o. Fn. 17), Rdnr. 120.

[55] Hier tritt der Gesichtspunkt der demokratischen Legitimation und Kontrolle zurück, vgl. *Pietzcker* (o. Fn. 12), S. 62.

nicht die Stellung unabhängiger und weisungsfrei entscheidender Sachverständiger, sondern agieren als Behördenvertreter – am Erfordernis demokratischer Legitimation der Behördenentscheidung ist hier unverkürzt festzuhalten.[56]

2. Ordnungsrechtliche Schutzgüter der Glücksspielaufsicht

Geht es also bei Rundfunkaufsicht durch die Landesmedienanstalten und die Gremien des § 35 Abs. 2 RStV um die Freiheit des Rundfunks, so geht es bei der Glücksspielaufsicht um Schutzgüter des Ordnungsrechts. Dies betont etwa das VG Wiesbaden in einem Beschluss vom 10.6.2015:[57] „Während das Rundfunkrecht von der Staatsfreiheit des Rundfunks (Art. 5 Abs. 1 Satz 2 GG) geprägt ist, ist die Tätigkeit des Antragsgegners im Ordnungsrecht eine klassische staatliche Aufgabe." Wird die Rundfunkaufsicht durch rechtlich selbständige, mit einem hohen Maß an Autonomie ausgestattete, pluralistisch strukturierte und dergestalt die positive grundrechtliche Ordnung des Rundfunks sichernde[58] Anstalten ausgeübt,[59] unter Einbeziehung fachkundiger und unabhängiger Gremien, so obliegt die Glücksspielaufsicht den in deren hierarchischen Verwaltungsaufbau einbezogenen Glücksspielaufsichtsbehörden der Länder. Analogien verbieten sich. Diejenigen verfassungsrechtlichen Gesichtspunkte, die eine organisatorische Verselbständigung der Medienaufsicht als nicht nur gerechtfertigt, sondern geboten erscheinen lassen, können auf die Glücksspielaufsicht nicht übertragen werden, sprechen vielmehr im Gegenteil gegen eine Nachbildung des Verfahrens nach dem Rundfunkstaatsvertrag in der Glücksspielaufsicht. Zu Recht betont daher das VG Wiesbaden, dass das Kollegium schon wegen der unterschiedlichen Aufgabenstellung nicht mit entsprechenden Gremien im Rundfunkrecht verglichen werden kann.[60]

IV. Ergebnisse und Folgerungen für die Verwaltung

Während also die Wahrnehmung von Verwaltungsaufgaben der Länder durch mehrheitlich entscheidende gemeinsame Stellen, und damit auch die Möglichkeit, dass ein Land eine Maßnahme mittragen muss, der es nicht zugestimmt hat, für den Bereich der Rundfunkaufsicht durch deren verfassungsrechtliche Funktion

---

[56] Unzulässig ist auch der Vergleich mit der seinerzeitigen ZVS: sie war in Erfüllung einer vom Bundesverfassungsgericht explizit begründeten, grundrechtlich abgeleiteten Verpflichtung geschaffen worden, vgl. BVerfGE 33, 303 (352 ff.); 42, 103 (114 ff.); VerfGH München, NJW 1975, 1733 (1735); hiernach war es auch das bis ins Detail vorgegebene Entscheidungsprogramm, das den Verzicht auf das Einstimmigkeitsprinzip rechtfertigte.
[57] VG Wiesbaden, Beschluss vom 10.6.2015 (o. Fn. 3), Rdnr. 99 bei juris.
[58] Von „grundrechtssichernden" Anstalten spricht *Hoffmann-Riem* (o. Fn. 50), S. 88 ff.
[59] Der entscheidende Gesichtspunkt der Entscheidungsautonomie im Rahmen sachverständiger Beurteilung gilt auch für die Tätigkeit der Filmbewertungsstelle als gemeinsamer Einrichtung der Länder, vgl. dazu *Oeter* (o. Fn. 33), S. 270; *Pietzcker* (o. Fn. 12), S. 62.
[60] VG Wiesbaden, Beschluss vom 10.6.2015 (o. Fn. 3), Rdnr. 99 bei juris.

und die hierdurch bedingte Staatsferne gerechtfertigt wird, ist im Ordnungsrecht für ein vom an sich zuständigen Bundesland unabhängiges staatsfernes Gremium, das die zuständigen Behörden in ihrer Entscheidung bindet, „grundsätzlich kein Raum".[61] Wenn nach § 9a Abs. 1–3 GlüStV von der jeweils staatsvertraglich bestimmten Glücksspielaufsichtsbehörde Erlaubnisse für das Gebiet aller Länder erteilt und Aufsichtsbefugnisse wahrgenommen werden, bewirkt der Umstand, dass hier Entscheidungen durch das Glücksspielkollegium gegen den Willen des betroffenen Landes getroffen und durchgesetzt werden können, eine relevante Durchbrechung demokratischer Legitimationszusammenhänge. Einen noch weitergehenden Eingriff in die bundesstaatliche Kompetenzordnung bewirkt die Regelung des § 19 Abs. 2 GlüStV, durch die die Glücksspielaufsichtsbehörde eines Landes ermächtigt wird, jeweils Erlaubnisse für die übrigen Länder „gebündelt" in Anwendung des jeweiligen Landesrechts zu erteilen. Damit wird die ausschließliche Kompetenz dieser Länder für die Anwendung ihres Landesrechts durchbrochen.

Eine Verfahrensgestaltung, bei der einzelne Länder Maßnahmen eines anderen Landes auf Grund einer bindenden Entscheidung des Glücksspielkollegiums hinnehmen müssten, auch wenn sie dem in diesem Gremium nicht zugestimmt haben, sieht sich also im Ergebnis durchgreifenden verfassungsrechtlichen Einwänden ausgesetzt. Behörden können auch dann, wie das Verwaltungsgericht Wiesbaden zu Recht betont, wenn sie mit überregionalen Aufgaben betraut sind, in Ausübung von Landesstaatsgewalt ihre Entscheidungsverantwortung nicht einem Gremium überlassen, das aus Vertretern aller Bundesländer besteht und dessen bindende Beschlüsse nicht einstimmig, sondern nur mit Zweidrittelmehrheit, auch ggf. gegen die Stimme des Mitglieds aus dem an sich zuständigen Bundesland, getroffen werden.[62] Dies bedeutet in der Konsequenz, die Bindungswirkung der Entscheidungen des Glücksspielkollegiums dahingehend zu relativieren, dass keine Entscheidungen gegen den Willen eines konkret betroffenen Landes getroffen und durchgesetzt werden können. Die Rechtsprechung trägt dem Rechnung, wenn sie in den Beschlüssen des Glücksspielkollegiums „allenfalls verwaltungsinterne, unselbständige Mitwirkungshandlungen" erblicken will, die die Behörde nicht von einer eigenständigen Entscheidung entbinden.[63]

---

[61] VG Wiesbaden, Beschluss vom 10.6.2015 (o. Fn. 3), Rdnr. 99 bei juris.

[62] So ausdrücklich VG Wiesbaden, Beschluss vom 10.6.2015 (o. Fn. 3), Rdnr. 99 bei juris, unter Bezugnahme auf *Degenhart* (o. Fn. 21).

[63] VG Wiesbaden, Beschluss vom 10.6.2015 (o. Fn. 3), Rdnr. 100 bei juris; OVG Koblenz, Urteil vom 21.11.2014 – 6 A 10562/14, Rdnr. 41 bei juris.

Das stumpfe Schwert der Verfahrensbeschleunigung: Anmerkungen zur Handhabung des § 87b VwGO in der verwaltungsgerichtlichen Praxis

Von *Matthias Dombert*

I. Vorbemerkung

Das berufliche Leben *Franz-Joseph Peines* war der Wissenschaft gewidmet, freilich nicht beschränkt auf den sprichwörtlichen Elfenbeinturm, sondern geprägt und herausgefordert durch praktische Problemstellungen. Die Tatsache, dass der Jubilar vielfach als Gutachter für Bundes- und Landesministerien, zudem auch als Prozessbevollmächtigter tätig war, belegt, dass *Franz-Joseph Peine* in seiner wissenschaftlichen Arbeit stets der rechtlichen Praxis verbunden war. Da mutet es fast konsequent an, wenn sich der Jubilar in den letzten Jahren einer auf Fragen des öffentlichen Rechts spezialisierten Anwaltssozietät als – neudeutsch formuliert – *Of Counsel* anschloss, um dort wissenschaftliche Akribie und Präzision mit anwaltspraktischen Anforderungen zu verbinden. Die alltäglichen Problemlagen des Anwalts, vulgo: seine Fristenzwänge, sind dem Jubilar damit nicht unbekannt – Anlass genug, den umfangreichen Themenkanon dieser Festgabe eigenmächtig über die Gebiete des allgemeinen Verwaltungsrechts, des Umwelt- wie Technikrechts und Hochschulrechts hinaus etwas zu erweitern und eine Vorschrift zum Gegenstand näherer – dem Jubilar gewidmeten – Betrachtung zu machen, die alles in allem ein eher wissenschaftliches Schattendasein fristet, den Praktiker aber doch dann und wann beschäftigt: Die Rede ist von § 87b VwGO.

Die Bestimmung des § 87b VwGO beinhaltet die Befugnis des Gerichtes, verspätetes Vorbringen im Verwaltungsprozess unter bestimmten Voraussetzungen zurückweisen zu können. Sie hat für die Verwaltungsgerichtsbarkeit Neuland bedeutet,[1] findet sich manchmal in der Verfahrenshandhabung verwaltungsgerichtlicher Kammern wieder, ist aber schon früh als „faktisch seltener Fall der Präklusion" gekennzeichnet worden.[2] Warum dies so ist, warum der Beitrag des § 87b VwGO zur Verfahrensbeschleunigung der nach wie vor lang dauernden Verwaltungsstreitverfahren eher gering ausfällt, warum es also alles in allem durchaus gerechtfertigt sein mag,

---

[1] *Ernst Oestreicher/Andreas Decker/Christian Konrad*, Praxis der Kommunalverwaltung, Bd. A 17 Bund, § 87b VwGO, S. 106j.

[2] *Horst Bräutigam*, Präklusionsrechte der Richter in den Prozessen vor den Zivil-, Verwaltungs-, Arbeits- und Sozialgerichten, AnwBl. 1995, 410 ff.

insofern vom „stumpfen Schwert der Beschleunigung im Verwaltungsprozess" zu sprechen, soll nachstehend näher beleuchtet werden.

II. § 87b VwGO:
Versuch zur Begrenzung langer Verfahrensdauern

Trotz aller Anstrengungen der Gerichte und Justizverwaltungen: Verwaltungsprozesse dauern. Auch wenn Beschleunigungserfolge nicht zu verkennen sind – und statistische Angaben stets der Interpretation bedürfen –, muss der Rechtsuchende in rund 26 % aller Verwaltungsstreitverfahren mit Laufzeiten von mehr als 18 Monaten rechnen.[3] Mit dieser Feststellung ist kein bloß empirischer Befund angesprochen. Schon § 198 Abs. 1 Satz 1 GVG – nach dieser Vorschrift wird angemessen entschädigt, wer in Folge unangemessener Dauer eines Gerichtsverfahrens als Verfahrensbeteiligter einen Nachteil erleidet – macht deutlich, dass den Staat die Verpflichtung trifft, Gerichtsverfahren in angemessener Zeit zum Abschluss zu bringen.[4] Ob dies der Fall, also die Verfahrenslaufzeit angemessen ist, lässt sich nicht anhand von Orientierungs- oder Richtwerten bestimmen. Wenn in Rechtsprechung und Literatur für den Verwaltungsprozess Entscheidungsspannen von ein bis drei Jahren genannt und als „normale", „durchschnittliche" oder „übliche" Bearbeitungs- oder Verfahrenslaufzeiten bezeichnet werden,[5] handelt es sich allenfalls um Hilfskriterien,[6] die aber nichts daran ändern, dass dem Beschleunigungsgebot die richterliche Unabhängigkeit (Art. 97 Abs. 1 GG) sowie das rechtsstaatliche Gebot gegenüberstehen, eine inhaltlich richtige, an Recht und Gesetz orientierte Entscheidung zu treffen.[7] Es ist Sache des Gerichts, hier einen Ausgleich zwischen den widerstreitenden Polen zu schaffen; ihm ist die Verfahrensgestaltung in die Hände gelegt worden.[8] Instrument zu einer am Beschleunigungsgebot orientierenden Verfahrensgestaltung soll § 87b VwGO sein.

Mit der durch das 4. VwGO ÄndG vom 17. 12. 1990 eingeführten[9] Regelung des § 87b VwGO sollte es darum gehen, das verwaltungsgerichtliche Verfahren zu straffen und zu beschleunigen.[10] Bis dahin kannte der Verwaltungsprozess keine Rege-

---

[3] Statistisches Bundesamt, destatis, Fachserie 10, Ziffer 2.4., 2013, S. 24 ff.

[4] BVerwG, Urteil vom 11. 7. 2013 – 5 C 27/12 D, juris, Rdnr. 29.

[5] Ablehnend BVerwG, ebd., Rdnr. 21; OVG Bautzen, Urteil vom 15. 1. 2013 – 11 F 1/12, juris.

[6] BVerwG, ebd.; zur Heranziehung statistischer Durchschnittswerte im sozialgerichtlichen Verfahren siehe BSG, Urteil vom 21. 2. 2013 – B 10 ÜG 1/12 KL, juris, Rdnrn. 28 ff.

[7] BSG, Urteil vom 21. 2. 2013, a. a. O., Rdnr. 27; BVerwG, a. a. O., Rdnr. 34.

[8] BVerfG, Beschluss vom 30. 7. 2009 – 1 BvR 2662/06, juris; Beschluss vom 2. 12. 2001 – 1 BvR 314/11, juris.

[9] BGBl. I S. 2809; die Vorschrift gilt jetzt in der Fassung des Gesetzes vom 22. 3. 2005, BGBl. I S. 837.

[10] *Harald Geiger*, in: Eyermann/Fröhler (Hrsg.), Verwaltungsgerichtsordnung, 14. Aufl. 2014, Rdnr. 1.

lung, die die Zurückweisung verspäteten Vorbringens erlaubte.[11] Nachdem auch die Rechtsprechung Anregungen aus der Anwaltschaft nicht aufgriff, über die Verweisungsnorm des § 173 Satz 1 VwGO die entsprechenden Vorschriften der ZPO anzuwenden,[12] sieht nunmehr § 87b VwGO vor allem mit der Regelung in Absatz 3 die Möglichkeit vor, verspätetes Vorbringen im verwaltungsgerichtlichen Verfahren zurückweisen zu können. Der Gesetzgeber hat sich hierbei ersichtlich an § 296 ZPO orientiert und damit ein Regelungsinstrument zum Vorbild genommen, das auf den durch den Beibringungsgrundsatz geprägten Zivilprozess zugeschnitten ist.[13]

Der Anwendungsbereich der Vorschrift ist weit. § 87b VwGO gilt für das Klageverfahren erster Instanz, kommt aber auch für das Berufungsverfahren zur Anwendung (§ 125 Abs. 1 VwGO) und wird ergänzt durch § 128 VwGO, der die Rechtsfolgen regelt, wenn Vorbringen in erster Instanz als verspätet zurückgewiesen wurde; die Vorschrift ist auch im vereinfachten Berufungsverfahren nach § 130a VwGO anwendbar[14] und findet zudem im Revisionsverfahren Anwendung (§ 141 Satz 1 VwGO). Hingegen muss aus § 122 VwGO abgeleitet werden, dass die Bestimmung im Beschlussverfahren der §§ 80 Abs. 5, 123 VwGO nicht zur Anwendung kommt, zudem auch wegen der Natur des einstweiligen Rechtsschutzes im Verwaltungsprozess hierfür kein Bedürfnis besteht. Eine zusätzliche Beschleunigung durch das Setzen richterlicher Ausschlussfristen ist im Eilverfahren nicht geboten, da eine schnelle Entscheidung nach den allgemeinen Darlegungs- und Beweislastregeln möglich ist, wenn der Antragsteller sein Begehren nicht glaubhaft macht.[15]

Umstritten ist, ob § 87b VwGO auch im Normenkontrollverfahren nach § 47 VwGO angewandt werden kann. Angesichts des objektiven Beanstandungscharakters will ein Teil der Literaturmeinung § 87b VwGO nicht anwenden.[16] Ob dieser Hinweis allein überzeugt, ist fraglich. Die Tatsache, dass § 47 VwGO eine Verfahrensart betrifft, die auch dem Individualrechtsschutz dient, spricht dafür, insoweit den Anwendungsbereich des § 87b VwGO auch auf das Normenkontrollverfahren zu erstrecken.[17]

---

[11] *Wolf-Rüdiger Schenke*, in: Kopp/Schenke (Hrsg.), Verwaltungsgerichtsordnung, 20. Aufl. 2014, § 87b Rdnr. 1.
[12] So etwa *Konrad Redeker*, Untersuchungsgrundsatz und Mitwirkung der Beteiligten im Verwaltungsprozeß, DVBl 1981, 83; dazu auch *Schenke* (o. Fn. 11), § 87b Rdnr. 1; *Viola Schmid*, in: Sodan/Ziekow (Hrsg.), Verwaltungsgerichtsordnung, 4. Aufl. 2014, § 87b Rdnr. 2.
[13] *Geiger* (o. Fn. 10).
[14] BVerwG, Beschluss vom 6.4.2000 – 9 B 50/00, NVwZ 2000, 1042 (1043).
[15] *Karsten Ortloff/Kai-Uwe Riese*, in: Schoch/Schneider/Bier (Hrsg.), Verwaltungsgerichtsordnung, 28. Erg.-Lfg., März 2015, § 87b Rdnr. 18.
[16] *Schmid* (o. Fn. 12); *Geiger* (o. Fn. 10).
[17] Wie hier *Schenke* (o. Fn. 11), § 87b Rdnr. 2.

III. Präklusionsvorschriften im Verwaltungsrecht

Präklusionen sind dem Verwaltungsrecht nicht fremd. Außerhalb des Prozessrechts kommen sie vielfach im Fachplanungsrecht zur Anwendung und sollen insofern zur Beschleunigung beitragen, als sie Einwendungen für das gerichtliche Verfahren ausschließen sollen. Beispiele wie etwa §§ 73 Abs. 4 Satz 3 VwVfG, 10 Abs. 3 Satz 5 BImSchG, 17a Nr. 7 FStrG, 2 Abs. 3 UmwRG wirken damit einschränkend auf den gerichtlichen Überprüfungsspielraum ein.[18] In diesen Zusammenhang gehören auch die Fälle der sog. vertikalen Einwendungspräklusion nach §§ 11 BImSchG, 7b AtG.[19]

Prozessual kennzeichnet der rechtspolitische Glaube an die beschleunigende Wirkung derartiger Präklusionsregelungen mittlerweile alle Prozessordnungen der öffentlich-rechtlichen Gerichtsbarkeiten. § 87b VwGO findet daher seine Entsprechung in den Bestimmungen der §§ 106 Abs. 2 und 3 SGG, 79b FGO.[20] Präklusionsermöglichende Sonderregelungen für den Verwaltungsprozess kennt daneben das Asylrecht. § 74 Abs. 2 AsylVfG bestimmt, dass der Kläger binnen eines Monats nach Zustellung der ablehnenden Entscheidung die zur Begründung der Klage dienenden Tatsachen und Beweismittel anzugeben hat; § 87b Abs. 3 VwGO wird für entsprechend anwendbar erklärt.[21]

Ähnlich strukturiert sind die Präklusionsbestimmungen außerhalb der VwGO,[22] die in den Fachplanungsgesetzen enthalten sind und für eine Anfechtungsklage gegen einen Planfeststellungsbeschluss oder eine Plangenehmigung jeweils eine gesetzliche Präklusionsfrist von sechs Wochen zur Angabe der der Begründung der Klage dienenden Tatsachen und Beweismittel vorschreiben; §§ 87b Abs. 3, 128a VwGO sind auch hier anzuwenden.[23] Die Fachplanungsgesetze sehen in den einschlägigen Vorschriften Antrags- und Begründungsfristen von einem Monat ab Zustellung des Bescheides und damit Präklusionsfristen vor, anders als für das Hauptsacheverfahren wird allerdings für Verfahren des vorläufigen Rechtsschutzes nicht auf die Anwendung des § 87b Abs. 3 VwGO verwiesen. Für das Eilverfahren nach den Fachplanungsgesetzen bedarf es also zur Zurückweisung verspäteten Vorbringens keiner weiteren Prüfung.[24]

---

[18] *Thomas Jacob*, in: Gärditz (Hrsg.), Verwaltungsgerichtsordnung, 1. Aufl. 2013, § 87b Rdnr. 6.

[19] *Jacob*, ebd.

[20] *Ortloff/Riese* (o. Fn. 15), § 87b Rdnr. 4.

[21] § 36 Abs. 4 Satz 3 AsylVfG sieht für Verfahren des vorläufigen Rechtsschutzes gegen unbeachtliche oder offensichtlich unbegründete Asylanträge weitere Präklusionsregelungen vor.

[22] Siehe dazu auch die Übersicht bei *Ortloff/Riese* (o. Fn. 15), § 87b Rdnr. 5.

[23] Vgl. §§ 20 Abs. 3 AEG, 17 Abs. 6 BFStrG, 19 Abs. 3 WaStrG, 10 Abs. 7 LuftVG, 29 Abs. 7 PBefG.

[24] Siehe hier *Ortloff/Riese* (o. Fn. 15), Rdnr. 5; zu verfassungsrechtlichen Bedenken *Wilfried Erbgut*, Zum Gehalt und zur verfassungs- wie europarechtlichen Vereinbarkeit der ver-

IV. Zu den Anwendungsvoraussetzungen des § 87b VwGO

Für den Verwaltungsprozess differenziert § 87b VwGO mit den Regelungen in den Absätzen 1 und 2 zwischen zwei Anwendungsfällen:

§ 87b Abs. 1 Satz 1 VwGO ermöglicht es zunächst, eine Frist zur Angabe der Tatsachen zu setzen, durch deren Berücksichtigung oder Nichtberücksichtigung im Verwaltungsverfahren der Prozessbeteiligte sich beschwert fühlt: Eine solche Fristsetzung kann sich entsprechend des Wortlautes der Norm nur an den Kläger richten. Der Sache nach geht es dabei vor allem um die Möglichkeit, das Klagevorbringen nach § 82 Abs. 2 VwGO zu ergänzen.[25] Dementsprechend ist es nicht möglich, dem Kläger gestützt auf § 87b Abs. 1 Satz 1 VwGO die Vorlage oder Benennung von „Beweismitteln" aufzugeben. Deutlich wird hieran, dass § 87b Abs. 1 Satz 1 VwGO den Richter nur in die Lage versetzen will, bestimmte Tatsachenangaben einzufordern, damit das Gericht wenigstens in Grundzügen erkennen kann, worum es dem Kläger geht.[26]

Fristsetzungen gegenüber allen Beteiligten (§ 63 VwGO), also nicht nur gegenüber dem Kläger, ermöglicht § 87b Abs. 2 VwGO. Er gestattet dem Richter, den Beteiligten Fristen hinsichtlich des Tatsachen-, aber eben auch hinsichtlich des Beweismittelvortrages, zur Vorlage von Urkunden oder anderen beweglichen Sachen sowie zur Übermittlung elektronischer Dokumente zu setzen.

Deutlich wird aber für beide Fälle – sowohl im Falle des Absatzes 1 wie des Absatzes 2 –, dass die Präklusion ähnlich wie bei § 296 ZPO sich immer nur auf den Tatsachenvortrag und die Vorlage von Beweismitteln beziehen kann. Die Darlegung der Rechtslage unterliegt somit keinen zeitlichen Schranken und kann demnach ggf. sogar noch nach mündlicher Verhandlung erfolgen. Dies zeigt, dass gerade beim Verwaltungsprozess der Anwendungsbereich einer Präklusionsvorschrift – wie § 87b VwGO – von vornherein begrenzt ist. Gerade wenn man davon ausgeht, dass der Verwaltungsprozess stärker als andere Verfahren weniger von der Tatsachenfeststellung, als vielmehr der rechtlichen Bewertung und juristischen Auseinandersetzung geprägt ist, zeigt sich, dass damit eine Beschleunigung im Sinne einer früheren Verfahrensentscheidung durch diese Bestimmung von vornherein nicht bewirkt werden kann.

1. Die formellen Voraussetzungen

Die Befugnis zur Fristsetzung steht nach dem Wortlaut des § 87b Abs. 1 und Abs. 2 VwGO dem Vorsitzenden oder dem Berichterstatter zu. Der Gesetzgeber hat sich dagegen entschieden, eine Begrenzung auf den gesetzlichen Richter vorzu-

---

waltungsprozessual ausgerichteten Beschleunigungsgesetzgebung, UPR 2000, 81 (83); *Markus Thiel*, Zur verfassungsrechtlichen Zulässigkeit der (materiellen) Präklusion im Fachplanungsrecht, DÖV 2001, 814 (817).

[25] BFH, Beschluss vom 8.3.1995 – X B 243, 244/94, NJW 1995, 1855.
[26] BFHE 177, 201; 180, 247.

nehmen, es geht um eine richterliche Verfügung, nicht aber um eine gerichtliche Entscheidung. Die richterliche Verfügung bedarf der Schriftform. Sie ist mit vollem Namen zu unterzeichnen und nur dann wirksam. Das Versehen der Verfügung mit einer Paraphe reicht nach der Rechtsprechung zur Wirksamkeit nicht aus.[27] Sowohl im Falle einer Fristsetzung nach Absatz 1 wie nach Absatz 2 muss die richterliche Frist aber stets so bemessen sein, dass die Erfüllung der Auflagen möglich und zumutbar ist.[28] Die Verfügung muss zugestellt werden.[29]

Beschleunigungswirkung können beide Vorschriften erst im Zusammenspiel mit der Regelung in § 87b Abs. 3 VwGO entfalten. Der genannten Norm nach kann das Gericht Erklärungen und Beweismittel, die erst nach Ablauf einer in den Absätzen 1 und 2 gesetzten Frist vorgebracht werden, zurückweisen und ohne weitere Ermittlung entscheiden. Die Voraussetzung hierfür ist dreifach definiert: Die Zulassung der verspätet vorgebrachten Erklärung und Beweismittel muss nach der freien Überzeugung des Gerichts die Erledigung des Rechtsstreits verzögern, der Beteiligte darf die Verspätung nicht genügend entschuldigt haben und muss zudem über die Folgen einer Fristversäumung belehrt worden sein (§ 87b Abs. 3 Nr. 3 VwGO).

Allerdings ist die Zurückweisung nach § 87b Abs. 3 VwGO an formelle Voraussetzungen geknüpft. Zu diesen formellen Voraussetzungen gehört nicht nur, dass der Gegenstand der Mitwirkungspflicht, bezogen auf den jeweiligen Einzelfall, konkret abgefasst, inhaltlich bestimmt und verständlich formuliert sein muss.[30] Voraussetzung ist daneben auch, dass das Gericht stets Anhaltspunkte dafür haben muss, dass der Beteiligte seinen Mitwirkungspflichten bislang nicht genügte. Eine Fristsetzung „auf Verdacht" ist unzulässig.[31] Die übliche, bei manchen Spruchkörpern anzutreffende formularmäßige Fristsetzung reicht hierzu nicht aus, was in der Praxis die Anwendungsfälle für die „Pönalisierung" der Verspätung entfallen lassen dürfte.

Seine Wirkung kann § 87b VwGO zudem auch nur dann entfalten, wenn die Fristsetzung eine Belehrung über die Folgen der Fristversäumnis enthält (§ 87b Abs. 3 Nr. 3 VwGO). Dabei genügt eine bloße Verweisung auf den § 87b Abs. 3 VwGO nicht. Der Wortlaut muss wiederholt werden. Grund hierfür ist die Verwechslungsgefahr. Selbst bei anwaltlicher Vertretung weist die Praxis darauf hin, dass eine Verwechslung mit Fristsetzung, die keine präkludierende Wirkung hat, vermieden werden soll. Die gesetzte Frist kann verlängert werden (§ 57 Abs. 2 VwGO i. V. m. § 224 Abs. 2 ZPO). Dabei kann das Gericht gestuft vorgehen. Will der Richter im Falle des § 87b Abs. 1 Satz 1 VwGO gegenüber dem Kläger von der Fristsetzungsmöglichkeit

---

[27] BVerwG, NJW 1994, 746.

[28] *Stefan Brink*, in: Posser/Wolff (Hrsg.), BeckOK VwGO, § 87b Rdnr. 8.

[29] § 56 VwGO; VGH Kassel, Beschluss vom 28.8.1997 – 12 ZU 1381/96.A, NVwZ-RR 1998, 208; BVerwG, Beschluss vom 4.3.1993 – 8 B 186/92, NJW 1994, 746; Beschluss vom 5.9.1997 – 1 B 166/97, juris.

[30] BFH, Urteil vom 25.4.1995 – IX R 6/94, NJW 1995, 2511; BVerwGE 51, 186 (188).

[31] *Thomas Stuhlfauth*, in: Bader/Funke-Kaiser u. a. (Hrsg.), Verwaltungsgerichtsordnung, 6. Aufl. 2014, § 87b Rdnr. 8; *Ortloff/Riese* (o. Fn. 15), § 87b Rdnr. 26.

Gebrauch machen, kann er sich zunächst damit begnügen, eine erste Frist im Sinne des § 82 Abs. 2 Satz 2 VwGO zu setzen. Damit sind die Fälle angesprochen, in denen die Klage nicht den Anforderungen des § 82 Abs. 1 Satz 1 VwGO genügt, also den Kläger, den Beklagten oder den Gegenstand des Klagebegehrens nicht hinreichend bezeichnet. Nach dem Wortlaut der Vorschrift des § 82 Abs. 2 Satz 2 VwGO kann diese Fristsetzung „mit ausschließender Wirkung" erfolgen. Die Ausschlussfrist ist keine Präklusionsfrist, sondern führt dazu, dass eine den Anforderungen des § 82 Abs. 1 VwGO nicht entsprechende und damit unzulässige Klage weiterhin unzulässig bleibt. Eine Klage, die den Anforderungen des § 82 Abs. 1 Satz 1 VwGO nicht genügt, ist zunächst „schwebend" unzulässig und bleibt dies auch, wenn nicht innerhalb der gesetzten Ausschlussfrist der Mindestinhalt durch Ergänzung vervollständigt wird.[32]

Mit der Fristsetzung nach § 82 Abs. 2 Satz 2 VwGO kann aber zugleich die Fristsetzung im Sinne des § 87b Abs. 1 VwGO gegenüber dem Kläger verbunden werden. Der Richter hat also ein verfahrensbezogenes Ermessen, er kann somit eine einheitliche oder eine gestaffelte Frist setzen. Der ergebnislose Fristablauf führt zu unterschiedlichen Folgen. Wird im Falle einer Fristsetzung nach § 82 Abs. 2 Satz 2 VwGO eine gestaffelte Frist gesetzt, ist die Klage unzulässig, wird gegen die anschließende Frist zum Tatsachenvortrag verstoßen, hat der Richter das Ermessen hinsichtlich einer Entscheidung nach § 87b Abs. 3 VwGO auszuüben.

Das Gericht hat im Falle einer Fristsetzung nach § 87b Abs. 2 VwGO vom Beteiligten genau bezeichnete Angaben zu bestimmten Tatsachen oder Tatsachenkomplexen zu verlangen, wenn es eine präklusionsbewehrte Pflicht des Klägers begründen will.[33] Es reicht nicht aus, wenn der Kläger aufgefordert wird, „zu seinen Asylgründen" erneut Stellung zu nehmen und Beweismittel nach § 87b Abs. 2 Nr. 1 VwGO anzugeben.[34]

2. § 87b VwGO als Ermessensentscheidung?

Soweit § 87b Abs. 3 VwGO vorsieht, dass das Gericht den verspäteten Vortrag zurückweisen „kann", könnte dies auf die Einräumung eines Ermessensspielraumes zu Gunsten des entscheidenden Spruchkörpers hindeuten. Tatsächlich dürfte der Gesetzeszweck des § 87b VwGO der Annahme eines freien Ermessens entgegenstehen. Würde man den Wortlaut allein ausschlaggebend sein lassen, würde dies bedeuten, dass damit der Beschleunigungszweck verfehlt wird, der Prozessgegner müsste sich auf einen Sachverhalt einlassen und würde bei einer Zulassung des Vorbringens nach Ermessensausübung durch das Gericht sogar an das Risiko geraten, im Prozess zu unterliegen.[35] Soweit in Teilen der Literatur vertreten wird, angesichts des Rege-

---

[32] OVG Münster, Urteil vom 30. 8. 1990 – 1 A 2327/87, NVwZ-RR 1991, 331; *Ortloff/Riese* (o. Fn. 15), § 82 Rdnr. 11.
[33] BVerwG, Buchholz 310, § 98 VwGO, Nr. 60.
[34] BVerwG, ebd.
[35] Wie hier *Ortloff/Riese* (o. Fn. 15), § 87b Rdnr. 44.

lungszwecks sci § 87b VwGO als Fall intendierten „Beschleunigungs"-Ermessens aufzufassen,[36] würde dies voraussetzen, dass überhaupt ein atypischer Fall denkbar wäre, bei dem von der Zurückweisung abgesehen werden könnte.

Spricht somit mehr dafür, dass bei Vorliegen der Zurückweisungsvoraussetzungen der Regelungszweck ausschlaggebendes Gewicht erlangt und daher von einer Zurückweisungsverpflichtung nach § 87b Abs. 3 VwGO auszugehen ist, handelt es sich damit um mehr als eine bloß akademische Frage. Soweit man darauf hinwiese, ein Verstoß des Gerichtes gegen eine so begründete Zurückweisungspflicht würde so oder so sanktionslos bleiben, könnte dieser Befund mittlerweile zu überdenken sein. Es ist die bereits oben angesprochene Vorschrift des § 198 Abs. 1 Satz 1 i. V. m. Abs. 2 GVG, die Beachtung verdient und die Frage aufwirft, ob und inwieweit nicht bei Annahme einer Ermessensentscheidung im Sinne des § 87b Abs. 3 VwGO sich dieses Ermessen nicht zu einem Präklusionsanspruch verdichten kann.[37] Soweit nämlich mit § 198 Abs. 1, 2 GVG dem Verfahrensbeteiligten ein subjektiv-öffentlicher Anspruch zugewiesen wird, lässt sich hieraus schlussfolgern, dass einem derartigen Sekundäranspruch ein prozessualer Primäranspruch vorgeschaltet und damit der verfahrensbezogene Gestaltungsspielraum des Richters dahingehend strukturiert worden ist, dass er bei Vorliegen der Voraussetzungen nach § 87b Abs. 1, 2 VwGO den Vortrag bei Verzögerung zurückweisen „muss".

V. Die verfassungsrechtliche Dimension der Präklusion

So sehr die eingangs beschriebene Zurückhaltung der Praxis in der Anwendung des § 87b VwGO und der darin vom Gesetzgeber angestrebten Beschleunigungsmöglichkeiten besteht, sind es allerdings nicht verfassungsrechtliche Bedenken, die der Regelung entgegengehalten werden können. Jede Präklusionsvorschrift schränkt zwar Rechtsverfolgung und Rechtsverteidigung ein.[38] Allerdings wird diese Einschränkung durch legitime – rechtsstaatliche – Zwecke gerechtfertigt. Das BVerfG erkennt an, dass die Rechtsschutzgewährung des Art. 19 Abs. 4 Satz 1 GG der normativen Ausgestaltung durch eine Verfahrensordnung bedarf. Der Gesetzgeber ist in diesem Rahmen durchaus befugt, auch solche Regelungen zu treffen, die für das Rechtsschutzbegehren besondere formelle Voraussetzungen aufstellen und sich dadurch für den Rechtssuchenden einschränkend auswirken.[39] So lange der betroffenen Partei aber hinreichend Gelegenheit gegeben wird, sich in allen für sie wesentlichen Punkten zur Sache zu äußern und sie diese Gelegenheit zurechenbar ungenutzt hat verstreichen lassen, ist eine Präklusion verfassungsrecht-

---

[36] *Ortloff/Riese* (o. Fn. 15), § 87b Rdnr. 44.

[37] Siehe hier *Schmid* (o. Fn. 12), § 87b Rdnr. 8.

[38] *Eberhardt Schmidt-Aßmann*, in: Maunz/Düring (Hrsg.), Grundgesetz, 47. Erg.-Lfg., Mai 2015, Art. 103 Abs. 1 Rdnr. 128.

[39] So bereits BVerfGE 10, 264 (268); 60, 253 (268 f.); 77, 275 (284); BVerfG, Beschluss vom 2.3.1993 – 1 BvR 249/92, NJW 1993, 1635; siehe auch BVerwG, Urteil vom 24.5.1996 – 4 A 38/95, UPR 1996, 386.

lich gerechtfertigt.[40] Die damit zu konstatierende generelle Zulässigkeit präklusionsermöglichender Bestimmungen gilt auch für das verwaltungsgerichtliche Streitverfahren, das nicht vom Beibringungsgrundsatz, sondern von der Amtsermittlungsmaxime beherrscht wird.[41]

VI. Zur Ausstrahlungswirkung des Art. 103 Abs. 1 GG auf die Anwendung des § 87b VwGO

Wenn somit verfassungsrechtliche Bedenken gegen die Einführung präkludierender Regelungen im Verwaltungsprozess nicht geltend zu machen sind, sind es allerdings gleichwohl verfassungsrechtliche Vorprägungen, die dazu führen, dass § 87b VwGO in der Tat nur und allenfalls eingeschränkte Bedeutung hat. Diese verfassungsrechtlichen Vorprägungen sind der tatsächliche Grund dafür, dass mit der genannten Norm tatsächlich kein echter Beschleunigungseffekt in Bezug auf verwaltungsgerichtliche Verfahren verbunden ist, die Vorschrift Beschleunigungsmöglichkeiten insinuiert, rechtspolitische Erwartungen mit ihr allerdings nicht erfüllt worden sind.

Es sind vor allem zwei Begründungsstränge, die in diesem Zusammenhang als Erklärung für die zurückhaltende Aufnahme der Vorschrift in der Gerichtspraxis dienen können: Die Rede ist einmal von der nach wie vor vorherrschenden Struktur des Verwaltungsprozesses, daneben aber auch und insbesondere von der Bestimmung des Art. 103 GG.

1. Präklusion und Amtsermittlung

§ 87b VwGO ändert nichts daran, dass der Verwaltungsprozess nach wie vor vom Grundsatz der Amtsermittlung geprägt wird. Die durch § 87b Abs. 3 VwGO geschaffene Möglichkeit, nach Zurückweisung von Erklärungen und Beweismitteln ohne weitere Ermittlungen zu entscheiden, gerät in das Spannungsverhältnis zum Interesse an sachlich richtiger Entscheidung und damit auch und vor allem ins Spannungsverhältnis zu der Kontrollfunktion, die den Verwaltungsgerichten hinsichtlich gesetzmäßigen Verwaltungshandelns nach Art. 20 Abs. 3 GG zukommt.[42] Die Verpflichtung des Verwaltungsrichters zur Amtsermittlung prägt die Handhabung der Präklusionsvorschriften bis heute. Gerade bei dreipoligen Rechtsverhältnissen, in denen ein Dritter als Kläger oft in einem Verfahren vor den Verwaltungsgerichten klären will, ob ihn beispielsweise eine erteilte Genehmigung in seinen subjektiven Rechten verletzt,[43] ist der Prozess vielfach durch das Bemühen des Gerichtes geprägt, „der Sache auf den Grund zu gehen", was in einem solchen Fall schon auf Grund der

---

[40] Ständige Rechtsprechung des BVerfG, siehe dazu: BVerfGE 36, 92 (98).
[41] *Schmidt-Aßmann* (o. Fn. 38), Rdnr. 130.
[42] Siehe hier *Jacob* (o. Fn. 18), § 87b Rdnr. 3.
[43] Dazu auch *Matthias Niedzwicki*, Präklusionsvorschriften des öffentlichen Rechts im Spannungsfeld zwischen Verfahrensbeschleunigung, Einzelfallgerechtigkeit und Rechtsstaatlichkeit, 2007, S. 169.

„beruflichen Sozialisation" der Kammermitglieder eine sorgfältige Prüfung nahelegt und in vielen Fällen eine vorschnelle Anwendung der Präklusionsvorschriften begrenzt.

2. Zur Ausstrahlungswirkung des Art. 103 GG

Wenngleich man dem Gesetzgeber die Befugnis zugestehen muss, den Grundsatz der Amtsermittlung einzuschränken, bleibt es doch dabei, dass prozessuale Präklusionsvorschriften Ausnahmecharakter haben.[44] Art. 103 Abs. 1 GG verlangt Beachtung.

Nach Art. 103 Abs. 1 GG hat jedermann Anspruch auf rechtliches Gehör. Gerichte können den Sachverhalt nicht abschließend und ordnungsgemäß entscheiden, ohne die von der Entscheidung Betroffenen anzuhören.[45] Schließlich geht es mit dem Grundsatz des rechtlichen Gehörs nicht nur darum, die rechtliche Grundlage einer Entscheidung abzuklären, sondern auch der Würde des Menschen zu entsprechen, der in einer Situation, wie sie ein Prozess regelmäßig darstellt, die Möglichkeit haben muss, sich mit tatsächlichen und rechtlichen Argumenten tatsächlich auch Gehör zu verschaffen.[46] In diesem Sinne will Art. 103 Abs. 1 GG verhindern, dass mit Menschen „kurzer Prozess" gemacht wird.[47] Dem hat auch die Handhabung der prozessualen Präklusionsvorschriften zu entsprechen.

Wird ein Verfahrensbeteiligter mit seinem Vortrag ausgeschlossen, wird ihm das rechtliche Gehör entzogen, das ihm nach Art. 103 Abs. 1 GG zusteht. Er kann sich nicht mehr wirkungsvoll zu allen Punkten des Streitgegenstandes äußern.[48] Dies ist verfassungsrechtlich nur dann zu rechtfertigen, wenn der Betroffene zuvor ausreichende Gelegenheit zur Äußerung hatte und von dieser Möglichkeit, aus von ihm zu vertretenden Gründen, keinen Gebrauch gemacht hat.[49]

Für die gerichtliche Handhabung ist hieraus aber eine weitere Konsequenz abzuleiten: Der verfassungsrechtliche Rahmen erlegt es dem Gericht auf, nach Maßgabe des Zumutbaren die Verspätungsfolgen abzuwenden.[50] Das Recht auf rechtliches Gehör wird verletzt, wenn das Verwaltungsgericht die Verspätung durch zumutbare vorbereitende richterliche Maßnahmen nach § 87 VwGO ausgleichen kann.[51] Das

---

[44] BVerfGE 59, 330 (334); 60, 1 (6).

[45] BVerfGE 9, 89 (95); ausführlich *Niedzwicki* (o. Fn. 43), S. 168.

[46] BVerfGE 5, 1 (6); *Niedzwicki*, ebd.

[47] *Helmuth Schulze-Fielitz*, in: Dreier (Hrsg.), Grundgesetz, 2. Aufl. 2008, Art. 103 Abs. 1, Rdnr. 46.

[48] *Niedzwicki* (o. Fn. 43), S. 171.

[49] BVerfGE 36, 126; 69, 145; 75, 302; OVG Saarlouis, Beschluss vom 7.7.2006 – 3 Q 8/06, juris; VGH Kassel, Beschluss vom 28.8.1997 – 12 UZ 1381/96.A, juris; dazu auch *Paul Stelkens*, Das Gesetz zur Neuregelung des verwaltungsgerichtlichen Verfahrens (4. VwGOÄndG) das Ende einer Reform?, NVwZ 1991, 209 (213).

[50] *Jacob* (o. Fn. 18), Rdnr. 3.

[51] VGH Mannheim, Beschluss vom 5.12.1994 – A 13 S 3435/94, NVwZ 1995, 816.

Gericht muss bei der Beurteilung der Verzögerung sein eigenes Verhalten mit einbeziehen.[52] Nur dann, wenn bei Zulassung des Vorbringens die Erledigung des Rechtsstreits sich verzögern würde, das Verfahren bei Zulassung also länger dauern würde, ist die Präklusion gerechtfertigt. Im Verwaltungsprozess gilt damit ebenso wie im Zivilprozess der absolute Verzögerungsbegriff.[53]

Nach diesem Maßstab kann eine Verzögerung schon nicht eintreten, wenn Termin zur mündlichen Verhandlung noch nicht einmal anberaumt ist. Hier kann keine Verzögerung entstehen, die Fristversäumnis des Prozessbeteiligten ist in jedem Fall präklusionsrechtlich irrelevant. Die verspätet vorgetragenen Tatsachen sind zu berücksichtigen, angebotenen Beweismitteln gegebenenfalls nachzugehen. Eine Anwendung kommt in derartigen Fällen nach § 87b VwGO nicht in Betracht.[54] Schon dies lässt damit die Fälle ins Leere laufen, in denen angesichts üblicher Verfahrenslaufzeiten der Verhandlungstermin noch nicht einmal in Sicht ist. In diesen Fällen stellt sich die Bestimmung des § 87b VwGO von vornherein zur Verfahrensbeschleunigung als untauglich dar.

Anders kann dies sein, wenn Termin zur mündlichen Verhandlung anberaumt ist. Unterschiedliche Situationen können hierbei eintreten.[55] Kein Fall der Verzögerung liegt vor, wenn das verspätete Vorbringen zwar neue, wenngleich nicht aufklärungsbedürftige Tatsachen enthält, gleichzeitig aber Rechtsfragen aufgeworfen werden, die schwierig sind und vom Gericht bisher nicht vorberaten wurden. Eine Präklusion scheidet in diesem Fall aus. Da § 87b VwGO – wie dargelegt – als präklusionsrelevant nur Tatsachen und Beweismittel ansieht, können neu aufgeworfene Rechtsfragen in keinem Fall zur Anwendung des § 87b VwGO führen, eine Präklusion scheidet aus. Das Gericht ist für die Bewältigung der Rechtskollision ausschließlich selbst verantwortlich, eine Verzögerung tritt nicht ein.[56] Da der Verwaltungsprozess stärker als das zivilrechtliche Erkenntnisverfahren durch die Bewältigung von Rechtsfragen gekennzeichnet ist, steht fest, dass damit bei einer Vielzahl von Prozessen eine echte Beschleunigung nicht bewirkt werden kann.

Anders kann es sich darstellen, wenn Termin zur mündlichen Verhandlung anberaumt ist, die verspätet vorgetragenen Tatsachen und Beweismittel aber dazu führen, dass die Gegenseite sich nicht mehr rechtzeitig äußern kann. Dies ist aber nur der Fall, wenn der Tatsachenvortrag „neu" ist. Nicht verspätet – und damit kein Anwendungsfall des § 87b VwGO – ist der Vortrag, mit dem die Beteiligten bereits vorgetragene Tatsachen später vertiefen. Insbesondere vom Kläger verlangt § 87b VwGO nur, dass er die ihn beschwerenden Tatsachen so konkret angibt, dass der Lebens-

---

[52] *Stuhlfauth* (o. Fn. 31), § 87b Rdnr. 13.
[53] BVerwG, Urteil vom 18.2.1998 – 11 A 6/97, NVwZ-RR 1998, 592; VGH Kassel, Beschluss vom 9.6.1995 – 13 UZ 1015/95, NVwZ-RR 1996, 364; *Schenke* (o. Fn. 11), § 87b Rdnr. 11.
[54] Einhellige Auffassung, siehe nur *Ortloff/Riese* (o. Fn. 15), § 87b Rdnr. 39.
[55] Siehe hier die Übersicht bei *Ortloff/Riese* (o. Fn. 15), § 87b Rdnr. 39.
[56] BVerwG, UPR 2000, 116; *Ortloff/Riese*, ebd.

sachverhalt, aus dem er seinen prozessualen Anspruch herleitet, unverwechselbar feststeht.[57] Ist der Kläger diesem Erfordernis gerecht geworden, kann eine Verspätung nicht eintreten, wenn vorgetragene Tatsachen durch weiteren Sachvortrag unterstützt, erläutert oder illustriert werden.

Erst wenn durch „neuen" Sachvortrag eine Vertagung oder die Einräumung einer Erklärungsfrist (§ 283 ZPO) notwendig werden, soll sich die Erledigung des Rechtsstreits dadurch verzögern und damit eine Präklusion in Betracht kommen.[58] Allerdings ist diese Aussage für die Praxis zu spezifizieren: Eine Präklusion kommt nämlich nur dann in Betracht, wenn das Gericht nicht in der Lage war, geeignete vorbereitende Maßnahmen gemäß § 87 Abs. 1 VwGO zu treffen.[59] Aus Art. 103 Abs. 1 GG folgt im Wege verfassungskonformer Auslegung des § 87b VwGO, dass auch den Spruchkörper eine Prozessförderungspflicht trifft. Der verspätete Sachvortrag muss insoweit kausal für eine Verzögerung des mutmaßlichen Prozessablaufs geworden sein.[60] Hieran fehlt es nicht nur – wie oben dargelegt –, wenn im Zeitpunkt des Fristablaufes „noch keine konkrete Terminplanung existierte",[61] eine Verzögerung kann auch nicht angenommen werden, wenn das Gericht in der Lage ist, eine spätere Entscheidung abzuwenden. Der Anspruch auf Gewährung rechtlichen Gehörs gebietet dem Gericht nicht nur, eine drohende Verzögerung durch mögliche prozessleitende Maßnahmen abzuwenden, sondern auch zumindest die Ausschöpfung der Erkenntnismittel, die nach den Vorschriften des Prozessrechts ohnehin herangezogen werden müssten und deren Heranziehung ihrerseits zu keiner Verzögerung führt.[62]

Diese Verpflichtung wirkt sich bereits bei der Terminplanung aus. Das Gericht muss schon beim Ansetzen seiner Termine einen gewissen zeitlichen Spielraum mit einplanen. Das Gericht trifft die Verpflichtung, einfache und deutlich abgegrenzte Streitpunkte zu klären, wenn sich dies durch die Vernehmung weniger greifbarer Zeugen im Rahmen der mündlichen Verhandlung ohne unzumutbaren zeitlichen Aufwand bewerkstelligen lässt.[63] Das BVerfG hat eine „nennenswerte Verzögerung des Verfahrens" für den Fall abgelehnt, dass „vier (oder sogar sechs) statt eines Zeugen zu vernehmen" waren.[64] Zwar ist einzuräumen, dass sich die Zumutbarkeit des Aufwandes für die Zeugen für eine Zeugenvernehmung auch nach der Zeit richtet,

---

[57] *Schenke* (o. Fn. 11), § 87b Rdnr. 9; unter Hinweis auf BVerwG, Urteil vom 30.8. 1993 – 7 A 14/93, NVwZ 1994, 371 (372); Urteil vom 22.3.1985 – 4 C 63/80, NuR 1986, 248.

[58] In diesem Sinne wohl *Ortloff/Riese* (o. Fn. 15), § 87b Rdnr. 39.

[59] In diesem Sinne auch *Schenke* (o. Fn. 11), § 87b Rdnr. 9.

[60] Dazu etwa nur OVG Berlin-Brandenburg, Urteil vom 11.12.2015 – OVG 11 A 23.12, juris, Rdnr. 50.

[61] BVerwG, Urteil vom 15.9.1999 – 11 A 22/89, juris, Rdnr. 17; Urteil vom 18.2.1998 – 11 A 6/97, juris, Rdnrn. 28 und 30.

[62] BVerfG, Beschluss vom 31.10.1998 – 2 BvR 95/88, juris.

[63] BVerfG, Beschluss vom 21.2.1990 – 1 BvR 1117/89, juris, Rdnr. 23; BGH, Urteil vom 30.5.1984 – VIII ZR 20/83, WM 1984, 1158.

[64] BVerfG, ebd.; in diesem Sinne auch BGH, Beschluss vom 7.10.1986 – VI ZB 8/86, VersR 1987, 259.

welche für die Terminvorbereitung zur Verfügung steht, das Gericht muss aber gerade bei langfristiger Terminbestimmung eine großzügige Verhandlungszeit einplanen.[65] Diese für die Vernehmung von Zeugen geltende Aussage relativiert sich allenfalls dann, wenn es um die Einvernahme eines Sachverständigen geht. Ist in Folge verspäteten Vortrags ein Sachverständiger zusätzlich zu vernehmen, sind entsprechende vorbereitende Maßnahmen nur dann geboten, wenn dies neben den Zeugenaussagen in einem Termin zu bewältigen ist.[66]

Für das hier interessierende Thema zeigt sich bereits, dass schon der regelmäßig auf längere Wartezeiten eingerichtete Terminstand der Verwaltungsgerichte eine Verspätung im Tatsachenvortrag regelmäßig nicht kausal werden lässt. Im Regelfall sind Beweisaufnahmen mit der Vernehmung von bis zu sechs Zeugen eher selten; wird in Folge des verspäteten Vortrages im Sinne des § 87b Abs. 1 und 2 VwGO die Einvernahme von Zeugen erforderlich, wird dies unschwer durch eine entsprechende – verfassungsrechtlich geschuldete – Terminplanung ermöglicht.[67] Kein Fall der Präklusion nach § 87b VwGO ist es auch, wenn offene Fragen unschwer und ohne unangemessenen Zeitaufwand auch in der mündlichen Verhandlung noch geklärt werden können.[68] Versäumt das Gericht geeignete Verfahrensvorbereitungen, stellt die Zurückweisung des Beteiligtenvorbringens eine Verletzung des Anspruchs aus Art. 103 Abs. 1 GG dar.[69]

VII. Fazit

Deutlich wird aus dem Vorhergesagten, dass sich bei verfassungskonformer Handhabung des § 87b VwGO ein echter Beschleunigungseffekt nicht erreichen lässt. Die Struktur des Verwaltungsprozesses, die verringerte Bedeutung der Tatsachenermittlung, vor allem aber die nach wie vor anzutreffenden Laufzeiten verwaltungsgerichtlicher Verfahren stehen einem Beschleunigungsgewinn mittels Prozessrechts entgegen. So verstanden bleibt die Vorschrift tatsächlich ein „stumpfes Schwert". Sie weckt das Versprechen der Beschleunigung, kann es aber in der Praxis nicht einlösen. Auch wenn die Praxis der Justizverwaltungen in Bezug auf die Verwaltungsgerichtsbarkeit hierzu wenig Hoffnung macht, kann Beschleunigung effektiv und dauerhaft nur durch eines erreicht werden: eine angemessene, der Bedeutung dieser Gerichtsbarkeit entsprechende Personalausstattung.

---

[65] BVerfG (o. Fn. 63).

[66] BVerfG, ebd.

[67] Zu der Schwierigkeit prozessleitender Maßnahmen im zivilgerichtlichen Berufungsverfahren siehe *Jörg Würfel*, Verspätete Beweisantritte in der Berufungsinstanz, NJW 1992, 543 ff.

[68] *Schenke* (o. Fn. 11), § 87b Rdnr. 11.

[69] BayVerfGH, Entscheidung vom 29.9.1989 – Vf 56-VI-88, NJW 1990, 502; siehe auch BVerfG, Beschluss vom 13.8.1991 – BvR 72/91, NJW 1992, 299.

Einseitige oder allseitige Transparenz?

Das Informationsverwaltungsrecht und die post-privacy-Debatte

Von *Christoph Gusy*[1]

I. Informationszugangsrecht als Allgemeines Verwaltungsrecht

Auskunftsansprüche haben im Allgemeinen Verwaltungsrecht lange ein Schattendasein geführt. In den Verwaltungsverfahrensgesetzen tauchten sie am ehesten als verfahrensrechtliche Annexansprüche Beteiligter zur Geltendmachung und Durchsetzung ihrer besonderen Rechtsstellung am Verfahren auf. Außerhalb von Verwaltungsverfahren waren sie ein Standardbeispiel für den Anspruch auf ermessensfehlerfreie Entscheidung im allgemeinen Staat-Bürger-Verhältnis. Der Befund ist eindeutig: Je stärker Allgemeines Verwaltungsrecht und Verwaltungsverfahrensgesetze in eins gesetzt wurden und werden, desto randständigere Bedeutung nahmen Fragen des Informationszugangsrechts dort ein.[2]

Das in der ersten Dekade des 21. Jahrhunderts vielfach intonierte gesellschaftspolitische Leitmotiv der Transparenz schlug sich in der Rechtsordnung zunächst eher punktuell nieder. Seine Ursprünge kamen über das Europarecht (Art. 15 AEUV, Art. 41 f. GR-Charta) zunächst als Spezialgesetze in der Bundesrepublik an, bis sie in den Informationsfreiheitsgesetzen des Bundes und zahlreicher, aber nicht aller Bundesländer, vereinzelt auch in sog. Landes-Transparenzgesetzen verselbständigt wurden. Sie lösen Informationszugangsansprüche aus ihrer Annexposition zum Verwaltungsverfahren und damit aus dem Anwendungsbereich der Verfahrensgesetze heraus.[3] Damit ist die Materie zugleich ein Beispiel für die Verselbständigung des Allgemeinen Verwaltungsrechts vom bloßen Verfahrensrecht. Sie ermöglicht den Rückgriff auf Problemformulierungs- und -lösungspotentiale, welche über den begrenzten Anwendungsbereich der VwVfGe hinausreichen und die Dogmatik

---

[1] Für wichtige Gespräche und zahlreiche Anregungen zu den Themen Privatsphäre und Transparenz danke ich Herrn LfDI *Edgar Wagner*, Mainz. Während seiner Amtszeit (bis 2015) hatten wir die Gelegenheit zu zahlreichen Hintergrundgesprächen über informationsrechtliche und -politische Fragen. Manche Ideen im Text folgen seinen Gedankengängen, ohne dass dafür eine zitierfähige Grundlage angegeben werden könnte. Deshalb gilt mein Dank an dieser Stelle für Alles unabhängig davon, ob es hier einen Niederschlag fand oder nicht.

[2] Immerhin werden sie in der Lehrbuchliteratur eigenständig behandelt; explizit *Franz-Joseph Peine*, Allgemeines Verwaltungsrecht, 11. Aufl. 2014, Rdnrn. 601 ff.

[3] Zwischenbilanz jüngst bei *Friedrich Schoch*, IFG, Kommentar, 2. Aufl. 2016.

über eine durch jene Gesetze forcierte Konzentration auf die Handlungsformenlehre namentlich von Verwaltungsakt und öffentlich-rechtlichem Vertrag lösen können. Dass dies nicht überall, aber doch in einer Reihe von Fällen sinnvoll und notwendig ist, zeigen aktuelle Debatten der Verwaltungsrechtswissenschaft,[4] die ihrerseits an schon zuvor formulierte Fragestellungen und Antwortansätze anknüpfen können. Verwaltungsinformations- und Informationsverwaltungsrecht stehen für diese Entwicklung nicht allein. Neben anderen ist die Materie ein starkes Indiz für den Befund: Es gibt ein allgemeines Verwaltungsrecht außerhalb des Verwaltungsverfahrensrechts.

Jene Beobachtungen[5] enthalten für sich allerdings noch keine Antworten auf neu entstehende Rechtsfragen des Informationsverwaltungsrechts. Denn der Bezugsrahmen des Allgemeinen Verwaltungsrechts ist nicht einfach vorgegeben und damit bereits da. Es bedarf der Ordnungsidee und der Systembildung,[6] die ihrerseits zeitbedingt und zeitgeprägt sind. Dass in derartige Ansätze nicht allein rechtswissenschaftliche Paradigmata, sondern auch sozial- und wirtschafts-, politik- und verwaltungswissenschaftliche Problemformulierungen und -lösungen eingehen können, ist ebenso offensichtlich wie die Notwendigkeit, diese an den jeweiligen Erkenntnisstand im Völker- und Europa-, im Verfassung- und im besonderen Verwaltungsrecht, aber auch im Zivil- und Wirtschaftsrecht heranzuführen. Und deren kräftigstes Lebenszeichen ist ihr rascher Wandel. Dieser lässt das Allgemeine Verwaltungsrecht weniger als Vorgabe, sondern vielmehr als Aufgabe erscheinen. Und vor diesen Aufgaben sieht sich auch das Informationsverwaltungsrecht, dessen Beitrag hier demnach ein doppelter sein kann und muss: Einerseits kann es einen Beitrag zur Herausbildung allgemeiner Lehren leisten, anderseits aus jenen Lehren auch Vorgaben und Leitlinien erfahren.

II. Informationsverwaltungsrecht als einseitige limitierte Transparenz

1. Beschreibung: Informationszugang, open data, amtliche Öffentlichkeitsarbeit

Die Rechtsordnung kennt mehrere Wege zur Öffentlichkeit von Verwaltungsinformationen: Freiwillige Öffentlichkeitsarbeit, open-data-Konzepte und Informationsansprüche auf Antrag.[7] Ihnen ist gemeinsam, dass sie unterschiedliche Wege zwi-

---

[4] Zusammengefasst bei *Hoffmann-Riem/Schmidt-Aßmann/Voßkuhle*, Grundlagen des Verwaltungsrechts, 2. Aufl. 2012; namentlich §§ 13 ff., 17 ff., 27 ff., 33 ff., 47 ff.

[5] Beschreibungen hierzu bei *Christoph Gusy*, Information als Ressource im Verwaltungsrecht, in: Bultmann u. a. (Hrsg.), Allgemeines Verwaltungsrecht – Institute, Kontexte, System. Festschrift für Ulrich Battis, 2014, S. 499 ff.

[6] *Eberhard Schmidt-Aßmann*, Das Allgemeine Verwaltungsrecht als Ordnungsidee, 2. Aufl. 2006.

[7] Überblick und Vergleich bei *Christoph Gusy*, Informationszugangsfreiheit – Öffentlichkeitsarbeit – Transparenz, JZ 2014, 171 ff.

schen Öffentlichkeit[8] und Nichtöffentlichkeit von Informationen vorzeichnen. Sie stehen nebeneinander und sind nicht einfach gegeneinander austauschbar. Jene Wege zur Verwaltungsöffentlichkeit stellen Öffentlichkeit aber noch nicht notwendig her. Nicht alles, was transparent ist, ist deshalb auch schon öffentlich. Ob Dritte von den Transparenzmöglichkeiten Gebrauch machen, ihre Rechte ausüben oder die Informationen überhaupt zur Kenntnis nehmen, ist ihre rechtliche Freiheit. Wo niemand Auskunft verlangt, ist deren Inhalt auch nicht öffentlich. Und wo niemand in amtliche Publikationsorgane oder open-data-Datenbänke hineinschaut, fehlt es an Kenntnisnahme der Öffentlichkeit. Was manche Formen tradierter amtlicher, gemeindlicher oder gerichtlicher Aushänge vorexerzierten, die von niemanden zur Kenntnis genommen wurden und daher Öffentlichkeit eher fingierten als herstellten, findet sich auch im Zeitalter der IT: Die Existenz von Datenfriedhöfen in transparenten Datenbänken ist nicht nur ein vielfach kolportiertes Gerücht. Sie ist letztlich systemimmanent: Amtliche *Öffentlichkeitsarbeit – ob durch tradierte Medien oder open-data – ist grundsätzlich anbieterorientiert:* Hier wird eingestellt, was aus Sicht der Behörden veröffentlichungswürdig oder -bedürftig ist. Ob potentielle Nutzer dies auch so sehen oder nicht, ist ihnen überlassen und hängt von rechtlichen und tatsächlichen Umständen ab, welche von dem bloßen Stattfinden jener Formen von Öffentlichkeitsarbeit unabhängig sind. Umstände, welche ein Informationsinteresse potentieller Nachfrager begründen oder aber auch erlöschen lassen können, können zeitbedingt raschen Wandlungen unterworfen sein: Was gestern noch niemanden interessierte, kann heute in aller Munde sein und morgen wieder nicht mehr. Deshalb können solche Umstände auch im Einzelfall schwer prognostizierbar sein. Veröffentlichte Hinweise und Maßregeln für den Katastrophenfall interessieren allenfalls zuständige Behördenmitarbeiter und einzelne Wissenschaftler, solange keine Katastrophe ist. Im Katastrophenfall können sie hingegen zu den meistgefragten Informationsquellen zählen – und danach wieder im Halbdunkel allseitigen Desinteresses versinken. Was transparent ist, kann also öffentlich werden, muss es aber nicht. Transparenz ist nicht Öffentlichkeit, sondern potentielle Öffentlichkeit.

Der Staat und seine Behörden sind Adressaten vielfacher, bisweilen voraussetzungsloser Informationszugangs- oder -teilhabeansprüche und damit grundsätzlich *transparent.* Inhalt gesetzlicher Regelungen ist weniger die vorausgesetzte Eröffnung als vielmehr die Begrenzung von Auskunftsansprüchen. *Private (Unternehmen und Bürger) sind dagegen keine Adressaten solcher Zugangsansprüche*[9] *und daher grundsätzlich nicht transparent.* Sie unterliegen allerdings zahlreichen gesetzlichen Anzeige-, Melde-, Auskunfts- oder Informationsübermittlungspflichten sowie weiteren Duldungs- oder Mitwirkungspflichten bei behördlicher Informationserhebung.

---

[8] Zur Öffentlichkeit im Verfassungs- und Verwaltungsrecht sehr aufschlussreiche Beobachtungen jüngst bei *Hans Peter Bull*, Was ist „die Öffentlichkeit" und welche Befugnisse soll sie haben?, DVBl 2015, 593 ff.
[9] Zu einzelnen Ausnahmen und Grenzfällen näher *Sven Berger* u. a., Informationsfreiheitsgesetz (zit.: IFG), 2. Aufl. 2013, § 1 Rdnrn. 32 ff.; *Matthias Rossi*, IFG, Handkommentar, 2006, § 1 Rdnrn. 70 ff., jew. m. w. N.

Solche Pflichten dienen ganz unterschiedlichen Zwecken unter ganz unterschiedlichen Voraussetzungen. Die genannte Dichotomisierung ist so eher typisierend zugespitzt als eine Beschreibung der konkret geltenden Gesetzeslage. Doch zeigt jene Typisierung: Das geltende Recht der Informationsbeziehungen zwischen Staat und Bürger in der Bundesrepublik lässt sich gegenwärtig überblicksartig charakterisieren als *Statuierung einseitiger limitierter Transparenz*.[10] Danach sind die Informationsbeziehungen zwischen Staat und gesellschaftlichen Akteuren geprägt durch

– *Transparenzgebote:* Der Staat und seine Umwelt existieren nicht in wechselseitiger Abschottung, sondern sind aufeinander bezogen. Dies bedingt Kooperation, Kommunikation und Transparenz, die in der Rechtsordnung inzwischen anerkannt ist.

– *Einseitigkeit der Transparenzanordnung:* Die zitierten Transparenzgrundrechte und -anordnungen beziehen sich allein auf die öffentlichen Hände: Für sie gilt der Grundsatz der Transparenz als juristische Regel, der zwar zahlreiche Ausnahmen kennt, aber immerhin den rechtlichen Regelfall darstellt. Einen vergleichbaren Grundsatz für Private kennt das geltende Recht dagegen nicht. Zwar besteht hier die Möglichkeit, namentlich für Unternehmen und bestimmte juristische Personen Transparenzanforderungen aufzustellen,[11] doch bleiben diese ihrem Anwendungsbereich nach eher punktuell. Zudem ist vielfach das erforderliche Ausführungsrecht bislang nicht in Kraft. So muss hier eher von einem umgekehrten Grundsatz der Nichtöffentlichkeit als Regel mit begrenzten Ausnahmen ausgegangen werden. „Transparenz" ist im Staat-Bürger-Verhältnis also eine Grundregel für die öffentlichen Hände, nicht hingegen für die meisten privaten Akteure.

– *limitierte Transparenz:* In den Transparenzregelungen sind neben dem Grundsatz auch deren rechtliche Grenzen mitgedacht. Die EU ist nicht transparent, sondern „möglichst" transparent; der zitierte Informationszugangsanspruch des Art. 15 Abs. 3 AEUV erfolgt nach „Grundsätzen und Bedingungen, die nach diesem Absatz festzulegen sind"; und auch der Anspruch aus der GR-Charta steht im Kontext der dem „Gemeinwohl dienenden Zielsetzungen und den Erfordernissen des Schutzes der Rechte und Freiheiten Anderer". Die Grenzen der Transparenz sind somit teils bereits im Schutzbereich der Anordnungen selbst, teils in deren

---

[10] Dazu näher *Christoph Gusy*, Der transparente Staat, DVBl 2013, 941 ff.; *ders.*, JZ 2014, 171.

[11] Zum Stand der Diskussion etwa bei *Bangert* (Hrsg.), Transparenz, Kontrolle, Wirksamkeit und Wirtschaftlichkeit von Spendenwerken, 2011. Siehe auch *Jutta Krawinkel*, Die Neuregelung des Aufsichtsrats- und Abschlußprüferrechts nach dem Kontroll- und Transparenzgesetz, 2000; *Ulrich Noack*, Unternehmenspublizität, 2002; *Andreas Eickhoff*, Transparency in the Banking Sector, 2008; *Alexander Henne*, Information und Corporate Governance, 2011; *Christian Tillmanns*, Informationspflichten von Lebensmittel- und Arzneimittelherstellern, in: Dix u. a. (Hrsg.), Informationsfreiheit und Informationsrecht – Jahrbuch 2008, S. 143 ff.; *Wilhelm Mecklenburg*, Fragen des Informationszugangs bei Privaten, ebd., S. 247 ff. Siehe auch *Joachim Lammert*, Kommunikationsformen freiwilliger unternehmenseigener Transparenz und fundamentale Kapitalmarkteffekte, 2010; *Christin M. Posdziech*, Freiwillige Publizität als Maßnahme der Investor Relations, 2012.

Schranken mitgedacht. Der Informationszugangsanspruch ist somit limitiert oder zumindest limitierbar.

Das geltende *Informationsrecht ist* demnach *asymmetrisch:*[12] Der prinzipiellen Transparenz der „öffentlichen Hände" steht die prinzipielle Intransparenz des privaten Sektors gegenüber. Jene Asymmetrie ist im Verwaltungsrecht nicht ungewöhnlich. Auch im Verwaltungsverfahren kann nur der öffentliche Träger einen Verwaltungsakt erlassen oder schulden, die Beteiligten hingegen nicht.[13] Verwaltungsrecht ist asymmetrisches Recht, und das gilt gegenwärtig auch für das Informationsverwaltungsrecht.

Ganz in diesem Sinne verlief auch die bislang sehr zurückhaltende Annäherung des Bundesverfassungsgerichts an das Phänomen der Transparenz.[14] Jedenfalls für Offenlegungspflichten der Abgeordneten sah es den maßgeblichen verfassungsrechtlichen Anknüpfungspunkt in der „repräsentativen Demokratie": Diese basiere auf dem „Vertrauen des Volkes; Vertrauen ohne Transparenz, die erlaubt, zu verfolgen, was politisch geschieht, ist nicht möglich". Daher dürften „Regeln, die zulässigerweise darauf abzielen, den Wählern anderweitig nicht zugängliche Informationen zu verschaffen, für Abgeordnete verpflichtend ausgestaltet sein". In diesem Sinne sei „offener Zugang zu den dafür notwendigen Informationen [...] für die demokratische Willensbildung wesentlich". Ganz ähnlich erscheint insoweit auch der Ausgangspunkt der vier dissentierenden Richter. Auch sie sehen Öffentlichkeit und Öffentlichkeitsgebote als konstituierende Elemente der repräsentativen Demokratie.[15] In diesem Kontext sei Transparenz aber nur ein Aspekt unter mehreren in einem „voraussetzungsreicheren System der legitimen Machtausübung und ihrer Kontrolle". Dort sei „der Aspekt der Öffentlichkeit staatlicher Beratungs- und Entscheidungsprozesse ein inhärenter Bestandteil des demokratischen Prinzips". Doch seien daraus herzuleitende Transparenzforderungen verfassungsrechtlich eingrenzungsbedürftig. Weitergehende Forderungen („gläserne Verhältnisse") fänden im Grundgesetz keine Basis. Jedenfalls in der Grundlegung stimmen die ansonsten divergierenden Positionen im Senat überein: Transparenz und Demokratie sind grundsätzlich miteinander verknüpft; wie die Verknüpfung aber auszugestalten sei, bleibt umstritten. In jener verfassungsrechtlichen Grundlegung ist die Asymmetrie der Transparenzpflichten bereits mitgedacht: Demokratisch ist nach dem Grundgesetz der Staat, nicht der

---

[12] Eine andere Form asymmetrischen Grundrechtsschutzes im Informationsrecht beschreibt *Friedrich Schoch*, Asymmetrischer Grundrechtsschutz durch das Bundesverfassungsgericht im Informationsrecht, in: Franzius u. a. (Hrsg.), Beharren. Bewegen. Festschrift für Michael Kloepfer, 2013, S. 201 ff.

[13] Jedenfalls nicht in ihrer Eigenschaft als Beteiligte. Sind öffentliche Träger zugleich Beteiligte, können sie möglicherweise Verwaltungsakte erlassen, aber nicht in dem Verwaltungsverfahren, in welchem sie als Beteiligte mitwirken.

[14] BVerfGE 118, 277 (356, 353, 355) (Zitate). Schon zuvor ansatzweise BVerfGE 119, 96 (119 ff.) (zum Haushaltsplan); später (der Sache nach, aber ohne den Begriff) BVerfG, NVwZ 2014, 1653 ff.

[15] BVerfGE 118, 277 (382, 383, 384) (Zitate).

Mensch oder die Gesellschaft. Demokratische Kontrollansprüche verlaufen daher vom Volk zum Staat und nicht umgekehrt. Aus dem Demokratieprinzip hergeleitete Transparenzpflichten entstehen demnach allein für Gewählte gegenüber den Wählern. Wo Transparenzgebote durch das Demokratieprinzip gerechtfertigt und begrenzt werden sollen, sind daraus hergeleitete Informationszugangsansprüche notwendig einseitig staatsgerichtet und damit asymmetrisch.[16] Sie begründen Ansprüche der Bürger gegen die öffentlichen Hände, nicht hingegen in umgekehrter Richtung.

2. Erklärung: Transparenz des Staates und Intransparenz der Privaten

Gesetzesrecht und dessen verfassungsrechtliche Fundierung begründen demnach einen – wie auch immer zu umreißenden – Öffentlichkeitsstatus des Staates. Dem steht in der Rechtsordnung kein vergleichbarer Öffentlichkeitsstatus natürlicher oder privater juristischer Personen gegenüber. Stattdessen werden für die Menschen Privatsphäre,[17] für Unternehmen Betriebs- oder Geschäftsgeheimnisse[18] postuliert.

a) Hinsichtlich der Privatsphäre enthalten Art. 8 EMRK, Art. 7 GR-Charta explizite Garantien, welche das „Privatleben" thematisieren. Dieses ist dort nicht allein, sondern neben anderen privaten Lebensbereichen (Familienleben, Wohnung, Korrespondenz) genannt und geschützt. Offenbar steht die Garantie dort im Kontext mehrfacher, sowohl als unterschiedlich wie auch als zusammengehörig angesehener Sphären, unter denen dem „Privaten" eine wie auch immer geartete Eigenständigkeit zukommen soll. In der Systematik jener Garantien, zu denen in Art. 8 GR-Charta auch noch der Schutz personenbezogener Daten hinzutritt, erscheint demnach der Bereich des Privaten einerseits als partiell verselbständigte Garantie, die zu den anderen Dimensionen hinzutritt. Andererseits erscheint sie grundrechtssystematisch

---

[16] Ähnliches gilt übrigens auch dort, wo Transparenzansprüche als Annexgarantien zur Grundrechtsverwirklichung, als Voraussetzungen der Rechtsschutzgarantie oder sozialstaatlicher Anliegen gedeutet werden. Dazu Überblick bei *Christoph Gusy*, in: Hoffmann-Riem u. a. (Hrsg.), Grundlagen des Verwaltungsrechts, 2. Aufl., Bd. II (2012), § 23 Rdnrn. 18 ff. (Nachw.).

[17] Hierzu jüngst *Judith Janna Märten*, Die Vielfalt des Persönlichkeitsschutzes, 2015, mit deutsch-englischem Rechtsvergleich; *Philipp Wittmann*, Der Schutz der Privatsphäre vor staatlichen Überwachungsmaßnahmen durch die US-amerikanische Bundesverfassung, 2014 (zur Rechtslage in den USA); *Kai von Lewinski*, Die Matrix des Datenschutzes, 2014, jew. m. w. N.

[18] Dazu aus jüngerer Zeit näher *Hannes Beyerbach*, Die geheime Unternehmensinformation, 2012; *Ronja Maria Linßen*, Informationsprobleme und Schutz von Unternehmensgeheimnissen, 2011; *Susanne Natalie Paul*, Der Schutz von Wirtschaftsgeheimnissen in Deutschland und Indien, 2010; *Melanie Siebert*, Geheimnisschutz und Auskunftsansprüche im Recht des geistigen Eigentums, 2011; zu deren Relevanz im Informationsfreiheitsrecht *Thomas Hoeren*, Der Schutz von Betriebs- und Geschäftsgeheimnissen und das IFG, in: Dix u. a. (Hrsg.), Informationsfreiheit und Informationsrecht – Jahrbuch 2008, S. 105 ff.; *Michael Kloepfer*, Informationsfreiheitsgesetz und Schutz von Betriebs- und Geschäftsgeheimnissen, in: Dix u. a. (Hrsg.), Informationsfreiheit und Informationsrecht – Jahrbuch 2011, S. 179 ff.

auf diese bezogen: Sie tritt zugleich neben die sonstigen Garantien und ist doch auch aus diesen heraus zu konkretisieren. Die Aufgabe ihrer Auslegung und Entfaltung ist also zumindest auch eine deduktive: Es geht neben anderem zugleich um die Entdeckung der eigenständigen Gehalte der allgemeinen Garantie des Privatlebens und deren Nebenordnung neben die anderen, explizit benannten besonderen Garantien. Tendenziell anders verhält es sich hingegen im deutschen Grundgesetz: Hier ist das Private explizit allein durch besondere Garantien, namentlich Art. 6, 10, 13 GG, thematisiert und dort in je unterschiedlichen Ausprägungen geschützt. Hingegen finden sich das „Privatleben" oder die „Privatsphäre" eher in Formulierungen der Rechtsprechung und der Rechtswissenschaft. Deren Aufgabe ist demnach hier eher eine induktive:[19] Sie liegt in der Elaborierung von Formeln, welche aus den besonderen Garantien allgemeine Grundsätze suchen und finden, die sodann als Oberbegriff abstrahiert und als Garantie des Privaten bezeichnet wie auch entfaltet werden kann. In diesen allgemeinen Dimensionen kann deren Schutz sodann den Innominatfreiheiten des Art. 2 Abs. 1 GG oder der Figur des „sonstigen Rechts" in § 823 BGB zugeordnet werden. Der Weg zur Anerkennung des Privatlebens im Europäischen Menschenrechtsschutz einerseits und im deutschen Recht andererseits ist also zugespitzt ein methodisch gegenläufiger: Konkretisierung dort, Abstrahierung hier. Dass die immer zahlreicheren Konkordanzen[20] im Verbund der Verfassungen und Verfassungsgerichte in der Praxis zu vermittelnden Lösungen führen, liegt nahe.

Ob jenen Rechtsgrundlagen der Privatsphäre auch betriebliche und geschäftliche Geheimnisse zugeordnet werden können, ist demgegenüber eher zweifelhaft. Je stärker die Auslegung auf einen eng verstandenen Begriff des „Privaten" fokussiert wird, umso mehr spricht dafür, das Geschäftsleben nicht oder jedenfalls nicht in gleichem Umfang diesem Bereich zuzuordnen. Das gilt erst recht, wenn die systematisch zu berücksichtigenden Bezüge zum Familienleben und der Wohnung einbezogen werden.[21] Folgt man diesem Ansatz, spricht mehr dafür, den Schutz betrieblicher und geschäftlicher Geheimnisbereiche den Grundrechten der Berufsfreiheit bzw. des Eigentumsschutzes zuzuordnen. Deren rechtssystematische Bezugspunkte liegen eher in der wirtschaftlichen Tätigkeit, der Innehabung und dem Betrieb der dafür notwendigen Produktions-, Verteilungs- und Dienstleistungseinrichtungen. Dass derartige Garantien nicht in vollem Umfang denselben Auslegungsbedingungen entsprechen können wie die Garantien des Privatlebens, liegt aus zahlreichen Gründen nahe. Privatleben und Geschäftsgeheimnisse erscheinen demnach eher als Ausprägungen unterschiedlicher als identischer rechtlicher Garantien. Für die hier verfolgte Frage

---

[19] Siehe etwa *Hans-Detlef Horn*, in: Isensee/Kirchhof (Hrsg.), Handbuch des Staatsrechts (HStR) VII, 3. Aufl. 2009, § 149 Rdnrn. 21 ff., 42 ff., 85 ff.

[20] *Thilo Marauhn/Judith Thorn*, in: Dörr/Grote/Marauhn (Hrsg.), EMRK/GG Konkordanzkommentar zum europäischen und deutschen Grundrechtsschutz, 2. Aufl. 2013, Kap. 16 Rdnrn. 26 ff.

[21] Zu den Modifikationen für Geschäftsräume im Unterschied zu Privatwohnungen BVerfGE 32, 54 (72 ff.); 97, 228; zu EGMR und EuGH *Marauhn/Thorn*, ebd., Rdnrn. 56 ff.

nach einer Erklärung der Reichweite von Transparenzregelungen treten jene Unterschiede jedoch eher in den Hintergrund.

b) Der maßgebliche Gesichtspunkt folgt aus einem für beide Arten von Garantien gemeinsamen Aspekt. Sowohl Privatheits-[22] als auch Geheimnisschutz beziehen ihren Sinn und Anwendungsbereich nicht daraus, dass sie allein das forum internum, nicht hingegen das forum externum beträfen. Jener Sinn liegt auch nicht darin, dass Privates oder Geheimes ihren Rechtsträgern allein und exklusiv zustehen. Zwar ist dies in Einzelfällen so. Doch ist jener Schutz des Privaten nicht primär die Freiheit, aus der Gesellschaft hinauszutreten. Er eröffnet zumindest auch die Freiheit, in bestimmter Form in der Gesellschaft zu leben. In der Wohnung und am Telefon ist der Einzelne nicht allein; seine Privatheit ist so keine Freiheit von Kommunikation, sondern ihrerseits kommunikativ. Das gilt erst recht für die Familie. Und auch Betriebs- und Geschäftsgeheimnisse stehen nur in den seltensten Fällen den Inhabern allein und exklusiv zu. Sie werden vielmehr mit bestimmten Mitarbeitern, Lieferanten oder Abnehmern geteilt, um auf diese Weise den – jedenfalls in etwas größeren Wirtschaftseinheiten arbeitsteilig organisierten – wirtschaftlichen Prozess überhaupt zu ermöglichen. Privatheits- und Geheimnisschutz ist daher nicht allein Schutz vor Kommunikation, sondern Schutz der Kommunikation bzw. in der Kommunikation. Ob ein Bereich öffentlich oder privat ist, hängt also nicht davon ab, ob nur eine Person beteiligt ist oder aber mehrere; und auch nicht davon, wie viele Personen involviert sind. Entscheidend ist vielmehr, wer über den Zugang bzw. die Regeln des Zugangs zu privaten oder Geheimnisbereichen entscheidet. Die Wohnung beispielsweise ist insoweit privat, als man dort frei entscheiden kann, wem, wann und in welchem Maß Zugang gewährt wird. Der Schutz steht denjenigen zu, welche darüber entscheiden dürfen: Ist ein einzelner der Wohnungsinhaber, so steht ihm der Schutz allein zu. Sind es mehrere, so sind sie alle Träger der Privatheitsgarantie. Ähnliches gilt für die Betriebs- und Geschäftsgeheimnisse: Sie sind so lange geheim, als deren Träger selbst entscheiden dürfen, wem sie diese zugänglich machen.

Ist in dem genannten Sinne Privatheit – abstrakt gesprochen – die *Möglichkeit, über die Regeln des Zugangs zu Räumen, Wissen oder Kommunikationsvorgängen zu entscheiden*, so beginnt der Bereich des Öffentlichen, wo dem Einzelnen die Möglichkeit fehlt, über jene Regeln selbst zu bestimmen. Dies ist unabhängig davon, ob jene Fremdbestimmung durch Maßnahmen der öffentlichen Gewalt oder aber durch andere Private herbeigeführt wurde. In diesem Sinne erscheinen das *Private und das Öffentliche primär als Kompetenzzuweisungen*. Wer darf über die Zugangsregeln zu Räumen, Wissen oder Kommunikationsvorgängen entscheiden? Sind es die Beteiligten bzw. Betroffenen selbst, so ist die Entscheidung privat; sind es Andere, so ist sie nicht privat.

Von hierher lässt sich der Unterschied zwischen der Transparenz des Staates und dem Privatheitsschutz der Einzelnen erklären. Wo die öffentlichen Hände transparent

---

[22] Zum Folgenden näher *Christoph Worms/Christoph Gusy*, Verfassung und Datenschutz, DuD 2012, 92 ff.

sind, entscheidet über die Zugänglichkeit von Informationen derjenige, der sie begehrt, und nicht derjenige, der sie hat. Letzterer ist von Amts wegen oder auf Antrag verpflichtet, die Information herauszugeben. Eine Entscheidungsfreiheit steht ihm allenfalls noch hinsichtlich der Form und einzelner sonstiger Umstände der Informationsgewährung zu (§ 7 IFG-Bund). Sie betreffen jedoch nicht das Ob, sondern das Wie ihrer Veröffentlichung. Anderes kann allein dort gelten, wo ausdrückliche Grenzen des Informationsanspruchs gesetzt sind und somit die Entscheidungskompetenz des Anspruchstellers über das Ob, den Empfänger und die Umstände der Information endet. In diesem Sinne wirkt Transparenz als Entscheidung gegen den geheimen Staat,[23] der allein über das Ob und das Wie der Informationsherausgabe zu entscheiden hatte. Soweit die Informationsfreiheitsgesetze reichen, wird *Transparenz als Regel, Geheimhaltung als Ausnahmetatbestand* formuliert. Aus der Sicht staatlicher Informationshoheit begründen Transparenzpflichten demnach einen Verlust an Selbstbestimmung und eine Unterwerfung unter eine limitierte informationelle Fremdbestimmung.

Für Private begründen die genannten Garantien von Privatheit und Geheimnisbereichen demnach das Recht auf Selbstbestimmung über die Zugänglichmachung von Informationen. Hier ist die Entscheidungskompetenz grundsätzlich den Trägern jener Informationen zugewiesen. Jene Entscheidungsfreiheit ist keine unbegrenzte; sie wird durch Informations-, Veröffentlichungs- und andere -pflichten eingeschränkt. Doch unterliegen diese hinsichtlich ihrer Zulässigkeit und ihrer Reichweite den Rahmenbedingungen des Privatheitsschutzes. Aus verfassungsrechtlicher Sicht stellen sie Grundrechtseinschränkungen dar, welche den dafür geltenden Zulässigkeitsbedingungen unterliegen. In diesem Sinne lässt sich der Privatheitsschutz als Regel, dessen rechtliche Begrenzung als Ausnahmetatbestand begreifen. In diesem Sinne ist auch der (grund-)rechtliche Schutz des Privatlebens ein limitierter. Doch lässt sich hier das Regel-Ausnahme-Verhältnis gegenüber der staatsgerichteten Transparenzanordnung genau gegenläufig formulieren.

c) Die gesetzliche Asymmetrie von Transparenzansprüchen gegen staatliche und private Stellen lässt sich demnach durch gegenläufige verfassungsrechtliche Rahmenbedingungen erklären. Sie lassen für die öffentlichen Hände einen Zustand limitierter Öffentlichkeit zu, welcher als Regel-Ausnahme-Verhältnis beschrieben werden kann:

– Für die öffentlichen Hände ist Transparenz die Regel, Intransparenz die Ausnahme. Ob das Grundgesetz eine solche Transparenz zwingend anordnet oder aber bloß zulässt, ist so lange ohne Bedeutung, wie Gesetze Publizitätspflichten und Informationszugangsansprüche statuieren. Sie sind zulässige Ausgestaltungen dessen, was das Europarecht partiell fordert und das Grundgesetz jedenfalls zulässt.

---

[23] Dazu *Bernhard W. Wegener*, Der geheime Staat, 2006.

– Für Private begründen jene Vorgaben ein umgekehrtes Regel-Ausnahme-Verhältnis. Soweit ihr Privatheitsschutz reicht, ist Nichtöffentlichkeit die Regel, Öffentlichkeit hingegen die Ausnahme. Dieser Zustand erscheint angesichts des Wortlauts, der Entstehungsgeschichte und der Auslegung jener Garantien als zwingende und nicht bloß als eine zulässige rechtliche Vorgabe. Sie ist gesetzlich dahingehend ausgestaltet und ausgestaltbar, dass Öffentlichkeitspflichten unter näher bestimmten Voraussetzungen und in einem prinzipiell limitierten Umfang statuiert werden. Auch diese Ausgestaltung durch Gesetzgebung und Rechtsprechung ist jedenfalls mit den höherrangigen rechtlichen Vorgaben vereinbar.

Was auf der Verfassungsebene als Ausgestaltung prinzipiell gegenläufiger Regeln erscheint, ist auf der Gesetzesebene als einseitige Transparenzanordnung ausgestaltet: Die öffentlichen Hände sollen in der Regel transparent sein. Von dieser Regel werden in den unterschiedlichen Informationszugangsregelungen unterschiedlich weit reichende Ausnahmen statuiert. Die Privaten demgegenüber sind in der Regel als nicht-öffentlich (bzw. intransparent) qualifiziert, wovon allerdings wiederum zahlreiche gesetzliche Ausnahmebestimmungen gelten.

III. Post-Privacy im Informationsrecht?
Auf dem Weg zu einer symmetrischen Informationsordnung?

1. Vom Ende der Privatheit
zum Anfang umfassender Öffentlichkeit?

Transparenz war das Zauberwort der ersten Dekade des 21. Jahrhunderts. Und sie erschien als Desiderat nicht allein für den Staat, sondern auch Bürger, Unternehmen und Gesellschaft. Dem entsprach das Desiderat einer Rechtsordnung, welche über die limitierten einseitigen Transparenzanordnungen hinaus auf allseitige Transparenz gerichtet sein sollte. Ziel sollte ein symmetrisches Informationszugangsrecht im Verhältnis von Staat und Bürgern sowie der Menschen untereinander sein. Darin lägen erhebliche Wandlungen gegenüber dem rechtlichen Status quo. Zunächst würde Transparenz als allgemeines Prinzip Geltung beanspruchen entsprechend dem Motto: Mehr Transparenz ist besser als weniger Transparenz.[24] Zudem würde ihr Anwendungsbereich verändert. Auf Allseitigkeit gerichtet wären dann nicht allein die öffentlichen Hände und Amt- und Mandatsträger, sondern auch die Unternehmen, natürlichen und juristischen Personen transparent. Und damit würde sich zugleich die Reichweite der Transparenzgesetze ändern: Öffentliche Träger wären fortan nicht allein Schuldner, sie könnten auch Gläubiger von Transparenzansprüchen sein. Und Private wären fortan nicht allein Gläubiger, sondern auch Schuldner solcher Ansprüche. Die Reichweite des Informationszugangsrechts würde sich über seinen bisherigen Anwendungsbereich des öffentlichen Rechts hin-

---

[24] So mit kritischer Konnotation abw. Votum, in: BVerfGE 118, 277 (383): „Mit der Forderung nach Transparenz werden gläserne Verhältnisse verlangt."

aus auch auf den Bereich des Zivilrechts erstrecken und hier Ansprüche von Privatrechtssubjekten gegeneinander begründen können. Nicht alles davon ist Zukunftsmusik: Schon jetzt gibt es punktuelle Ansätze derartiger Regelungen, wo Register- oder Veröffentlichungspflichten von Unternehmen, Vereinen und Gesellschaften nicht allein in Richtung auf öffentliche Hände, sondern auch gegenüber privaten Dritten angeordnet werden.[25] Dabei ist das europäische oder deutsche Recht keineswegs Vorreiter: Weiter als hier reichen manche Transparenzvorschriften etwa in den USA.

Aus der Sicht des Informationszugangsrechts würden derartige Forderungen auf ein Abgehen vom geltenden limitierten einseitigen Informationsrecht in Richtung auf allseitige Transparenzanordnungen hinauslaufen. Transparenzansprüche würden also nicht mehr asymmetrisch, sondern symmetrisch ausgestaltet sein müssen. Jener Weg vom transparenten zum gläsernen Staat und zum gläsernen Bürger wäre nicht allein eine Abkehr vom „geheimen Staat", sondern darüber hinaus von der „geheimen" Gesellschaft.[26]

Diskussionen darüber verlaufen in zwei Stufen. Die eine ist eine deskriptive, welche nach den tatsächlichen Wandlungen der Gesellschaft, ihrer Sozial- und ihrer Rechtsordnung fragt und zu dem Schluss gelangt, das Private befinde sich ebenso im Niedergang wie sein rechtlicher Schutz.[27] Diese Entwicklung sei schon gegenwärtig am Recht vorbei tatsächlich eingetreten und brauche daher durch das Recht nicht mehr herbeigeführt zu werden. Vielmehr gehe es allein um die Ausgestaltung eines Rechts der Öffentlichkeit und in der Öffentlichkeit. Die Rechtsordnung würde bloß nachvollziehen, was ohnehin politische, soziale und ökonomische Realität sei. Eine andere Diskussionsrichtung sieht zwar den faktischen Wandel durchaus ähnlich, geht allerdings eher in die Richtung, diese durch Recht zu gestalten und nicht zu behindern. Es gelte also, den Wandel von der „privaten" zur „transparenten" Gesellschaft weniger nachzuvollziehen als vielmehr durch Recht erst herbeizuführen. Beide Richtungen ähneln sich im Ergebnis, wenn auch nicht (vollständig) in ihrer Herleitung. Zugleich ist ihre Zielrichtung im Hinblick auf das Recht nicht stets eindeutig zu erkennen. Dies hängt nicht zuletzt damit zusammen, dass einschlägige Debatten regelmäßig außerhalb von Recht und Rechtswissenschaft angestoßen werden und ihre Anliegen so erst in die Sprache von Gesetzen und Juristen übersetzt werden müssen. Dass eine solche Übersetzung nicht stets frei von Bedeutungsverlusten oder Missverständnissen bleiben kann und wird, liegt nahe.

Gemeinsames Ziel ist ein wie auch immer zu gestaltender Übergang von einem limitierten einseitigen hin zu einem mehr oder weniger unlimitierten allseitigen In-

---

[25] Hinweise dazu schon o. II. 1.

[26] Dass diese Debatte in einem Kontext der post-privacy-Diskussion steht, liegt nahe; siehe *Christian Heller*, POST-PRIVACY, 2011.

[27] *Reg Whitacker*, Das Ende der Privatheit, 1999; *Peter Schaar*, Das Ende der Privatsphäre, 2007; *Ilija Trojanow/Juli Zeh*, Angriff auf die Freiheit, 2009; *Constanze Kurz/Frank Rieger*, Die Datenfresser, 2011; *Heller* (o. Fn. 26), pass. (Nachw.). Differenzierend *Hans Peter Bull*, Informationelle Selbstbestimmung – Vision oder Illusion, 2. Aufl. 2011.

formationszugangsrecht. Ein derartiger Paradigmenwechsel verdient eine Diskussion seiner Gründe und Zielrichtungen. Dabei lassen sich mindestens drei Richtungen unterscheiden, die hier eher analytisch getrennt erscheinen, aber in der Diskussion vielfach ineinander und miteinander in Zusammenhang gebracht werden.

2. Vom Ende der Privatheit zum transparenten Bürger? Drei Argumentationslinien

a) Transparente Gesellschaft kraft individueller Entscheidung?

Die erste Argumentationsrichtung geht von Beschreibungen des Verhaltens der Einzelnen aus. Danach finden sich immer mehr Personen, die nicht im Bereich des Privaten bleiben, sondern bewusst den Weg in die Öffentlichkeit suchen und so die Trennlinien zwischen Privatheit und Öffentlichkeit selbst bewusst überschreiten. In sozialen Netzwerken, Selbstdarstellungen im Internet, Talkshows oder im reality-tv:[28] Der Weg in die Öffentlichkeit und die Veröffentlichung privater, bisweilen sogar intimer Informationen ist kürzer geworden. Offenbar sei das Interesse der so handelnden Menschen immer weniger darauf gerichtet, den Schutz von Privatsphären und deren rechtlicher Absicherung in Anspruch zu nehmen. Dieser Weg werde frei von Zwang Dritter gewählt und beruhe daher auf einer autonomen Entscheidung der handelnden Personen selbst. Für sie seien Privatheit und Privatheitsschutz weniger Recht als vielmehr rechtliches Hindernis auf dem Weg in die Öffentlichkeit. Garantien wie Art. 8 EMRK oder die informationelle Selbstbestimmung schützten etwas, was für deren Träger immer weniger Wert besitze. Hier schlage Selbstbestimmung in Fremdbestimmung (zum Unterlassen), rechtliche Wohltat in Plage um. Wo die Gesellschaft längst öffentlich geworden sei, müsse auch das Recht zum Recht des Öffentlichen (und eben nicht des Privaten) werden. In diesem Sinne sei ein Grundrechtsschutz der Privatsphäre anachronistisch. Aus der Mikroperspektive begründe ein Schutzgut, das niemand mehr wolle und brauche, nicht Freiheit, sondern Unfreiheit. Und aus der Makroperspektive sei es weniger ein Weg zu als vielmehr ein Hindernis gegenüber einer adäquaten Erfassung des gewandelten gesellschaftlichen Regelungsbedarfs.[29]

Die hier nur ansatzweise umrissene Argumentation gelangt von einer zutreffenden Beobachtung zu einem unzutreffenden Schluss. Gewiss: Die Grenzen zwischen Privatheit und Öffentlichkeit sind poröser geworden.[30] Und die Zahl derer, die sie

---

[28] Zu diesem zuletzt (mit schwer vertretbarer Begründung und ebenso schwer vertretbaren Ergebnissen) *Steffen Rittig*, Wenn das Fernsehen anfragt, DÖV 2015, 645 ff.

[29] Damit einher geht die Frontstellung der Diskutanten gegen die „Datenschützer", denen offenbar attestiert wird, sie seien am Schutz des Privaten in der Hauptsache aus Gründen des Erhalts ihrer Profession und ihrer eigenen Position in ihr interessiert. Datenschutz sei also nicht um der Menschen, sondern um der Datenschützer willen da.

[30] Aufschlussreich *Raymond Geuss*, Privatheit – Eine Genealogie, 2013, S. 104 ff., der neben einem Funktionsverlust des Privaten einen solchen des Öffentlichen sieht.

überschreiten, scheint zu steigen. Doch werden sie daran durch Existenz und rechtlichen Schutz der Privatheit nicht gehindert. Diese ist keine absolute Sphäre, welche ihre Träger unter eine Art Käseglocke oder in einen Zaun zwängt, die dann unübersteigbar wären. Im Gegenteil: Privatheitsgarantien begründen keine unüberwindlichen Sphären, sondern weisen Entscheidungsrechte zu: Ob die Einzelnen Informationen vertraulich halten oder aber an die Öffentlichkeit bringen möchten, ist danach prinzipiell ihre Entscheidung.[31] Von dieser können sie in die eine oder andere Richtung Gebrauch machen. Wer also seine Person in die Öffentlichkeit bringt, nutzt die dadurch gegebenen Entscheidungsmöglichkeiten ebenso aus wie derjenige, der diesen Schritt nicht gehen möchte. Privatheitsschutz als Schutz freier Entscheidung verstellt nicht den Weg in die Öffentlichkeit. Wohl aber ist sie geeignet, die Freiheit dieser Entscheidung selbst zu schützen. Das ist mehr und anderes als der Schutz gegen heimliche Ausspähung[32] oder zwangsweise Informationserhebung.[33] Vielmehr geht es darum, informationelle Selbstbestimmung unter freiheitskonformen Bedingungen ausüben zu können.[34] Doch auch solche Regelungen würden nicht zum unüberwindlichen Hindernis in die Öffentlichkeit, sondern allein zur Gestaltung der Entscheidungsfreiheit als selbstverantwortliche Entscheidungsmöglichkeit führen. Für die, die jetzt schon alles öffentlich machen, entstünde kein Gewinn; für die, die eben dies nicht tun oder nicht wollen, hingegen ein erheblicher Verlust.

Gehindert werden allenfalls Dritte, welche diese Entscheidungsfreiheit nicht respektieren wollen. Die Forderung nach einem Abgehen von den rechtlichen Garantien des Privaten läuft demnach letztlich nicht zwingend auf eine Verschiebung der Grenzen zwischen dem Öffentlichen und dem Privaten, wohl aber auf eine solche der Entscheidungskompetenz hinaus: Transparenz weist diese Entscheidung nicht mehr dem Träger der Informationen, sondern den Nachfragern zu.[35] Sie – und nicht die Träger der Privatsphäre – erfahren durch Privatheitsschutz rechtliche Grenzen. Und sie – und nicht die Träger der Privatsphäre – würden von deren Neudefinition oder Abschaffung rechtliche Vorteile erlangen. Privatheit hindert also niemanden am freiwilligen Gang in die Öffentlichkeit, sondern schützt allein davor, unfreiwillig in die Öffentlichkeit gezerrt zu werden. Dass ein Schutz davor unnötig oder gar obsolet sein könnte, kann jedenfalls nicht allein damit begründet werden, dass ein steigender Anteil von Menschen in die Öffentlichkeit dränge, solange es genügend andere gibt, die sich anders verhalten. Entscheidungsfreiheit ist nicht nur Freiheit der

---

[31] Siehe o. II. 2. b).

[32] Hierum ging es BVerfGE 120, 274 (online-Überwachung); 120, 378 (Verkehrsaufzeichnung).

[33] Hierum ging es BVerfGE 65, 1 (41 ff.).

[34] Gegen Überschätzungen und Übertreibung in diesem Zusammenhang *Bull* (o. Fn. 27), der sich allerdings nicht gegen die Entscheidungsfreiheit als solche wendet. Dazu zählt namentlich die Möglichkeit, die Folgen des eigenen Handelns mindestens umrisshaft abschätzen zu können. Hierfür bedarf es hinreichender Information über solche Folgen und ausreichender Kontrollmöglichkeiten im Hinblick auf die Einhaltung der genannten rechtlichen Grenzen.

[35] Herleitung o. II. 1.

Menschen, sondern jedes einzelnen Menschen. Gewiss: Viele üben ihre Freiheit dahin aus, in die Öffentlichkeit zu streben. Aber nicht Alle wollen dies, und auch nicht Alle tun dies. Und die, die zustimmen, können mit ihrer Entscheidung die Anderen nicht vertreten, sondern allenfalls majorisieren. Für diese läge darin nicht Freiheitsausübung, sondern Freiheitseinschränkung.

b) Transparente Gesellschaft kraft gesellschaftlicher Entscheidung?

Eine zweite Diskussionsrichtung will eine neue Transparenzordnung nicht auf eine individuelle, sondern auf eine gesellschaftliche Grundentscheidung zurückführen.[36] Danach sei der Schutz der Privatsphäre zwar als rechtliche Garantie anerkannt, aber von der Wirklichkeit längst überholt. Der Zugriff auf individuelle Daten stehe in der Informationsgesellschaft längst nicht mehr allein den jeweils Betroffenen selbst, sondern darüber hinaus auch zahlreichen Dritten zu. Dadurch resultiere in der Gesellschaft ein starkes soziales Privatheitsgefälle: Weil namentlich IT-Handels- und Dienstleistungsunternehmen sich den Zugriff auf immer mehr Daten von Kunden und anderen Netznutzern sicherten, verlören letztere immer stärker die Kontrolle über die Verwendung „ihrer" Daten. Privatheit würde so im Netz für den „Normalnutzer" immer mehr zur Schimäre. Grund dafür seien Allgemeine Geschäftsbedingungen und diese umsetzende Verträge, aber auch neue Techniken des data-mining, welche Zugriffe auf private Informationen Dritter eröffneten. Für die allermeisten Nutzer und Kunden sei informationelle Selbstbestimmung nahezu identisch mit dem Recht, in immer mehr Fällen in die Nutzung der eigenen Daten durch Dritte einwilligen zu dürfen. Auf diese Weise schlage Selbstbestimmung in vermachteten Märkten in Fremdbestimmung um. Dadurch entstehe eine neue Form informationeller Asymmetrie: Der Schutz von Privatheit rücke immer näher an denjenigen von Betriebs- und Geschäftsgeheimnissen heran, die gegen die Nutzer geschützt würden, und werde so vom Freiheitsrecht zum gesellschaftlichen Privileg. Inzwischen sei dieser Prozess derart weit fortgeschritten, dass für die Betroffenen dieser Entwicklung eine Art Notwehrfall entstehe: Wer selbst faktisch transparent sei, dürfe auch von anderen Transparenz verlangen. Diese werde dann vom Zustand der gesellschaftlichen Mehrheit zu einem allgemeinen gesellschaftlichen Zustand. Und diese Forderung nach allseitiger gesellschaftlicher Transparenz entspreche sodann der Rechtslage des transparenten Staates, welcher eine allseitige Transparenzordnung verwirklichen und so symmetrische Informationszugangsansprüche Aller gegen Alle und damit nicht nur der Privaten untereinander, sondern auch der Privaten gegen den Staat und des Staates gegen Private erfordere bzw. begründe.[37]

---

[36] *Heller* (o. Fn. 26), S. 110 ff.

[37] Dieser letzte Schluss ist eine Fortentwicklung von mir. *Heller* (o. Fn. 26) befasst sich allein mit Privaten und bezieht die staatsgerichtete Dimension jedenfalls nicht explizit ein.

Die beschriebene Ableitung vermengt wichtige Beobachtungen der Realität mit juristisch begründungsbedürftigen Konsequenzen. Die Asymmetrie des Privatheitsschutzes im Netz – weniger zwischen den Nutzern als vielmehr im Verhältnis der Nutzer zu großen Geschäftspartnern – ist tatsächlich erschreckend. Hier gibt es rechtlich erheblichen Gestaltungsbedarf. Das postulierte Notwehrrecht ist juristisch allerdings nicht anerkannt. Und wenn es bestehen würde, so wäre es ein solches der Betroffenen selbst. Sie wären berechtigt, ihre eigenen Rechtspositionen gegen potentielle Angreifer zu wahren; faktisch erschiene es als Notrecht von Hackern und Whistleblowern. Der Staat wäre hier ggf. als Nothelfer gefordert, den Betroffenen zu ermöglichen, ihre Rechtspositionen durchzusetzen. Dies könnte tatsächlich eine Aufgabe auch von Rechtsetzung und Rechtsanwendung sein. Deren Inhalt ist allerdings durch die beschriebenen Diagnosen noch nicht vollständig determiniert: Ziel könnte sowohl die Herstellung einer allseitigen Transparenzordnung wie aber auch die Wiederherstellung eines allseitigen Privatheitsschutzes sein. Beide Richtungen wären geeignet, die genannte Asymmetrie zu beenden. Denn Beseitigung von Asymmetrie kann sowohl Gleichbehandlung auf dem obersten wie auf dem untersten Niveau, wie aber auch auf einem noch zu definierenden mittleren Niveau bedeuten. Dabei kann gewiss auch der Zustand relativer Intransparenz von Unternehmen und Betrieben in Deutschland und Europa ein politisches und rechtliches Thema werden. „Limitierte Transparenz" kann einen Wert auch für die Wirtschaft erlangen. Wird doch in neuerer Zeit nicht selten zur Beseitigung mancher gesellschaftlicher Missstände auf verbesserte Transparenz gesetzt. Doch zugleich legt die in neuester Zeit verstärkt aufgeflammte Renaissance der Diskussion über den Schutz von Betriebs- und Geschäftsgeheimnissen nahe: Eine allseitige Nivellierung auf dem unteren Niveau umfassender Transparenz erscheint kein aussichtsreicher Versuch zur Beseitigung der genannten Asymmetrien. Mehr spricht für ein allseitiges höheres Schutzniveau. In diesem Sinne würde dann auf die privacy-Debatte und die post-privacy-Debatte die post-post-privacy-Debatte folgen müssen. Dass allerdings der Staat daraus eine eigene Rechtsposition gegenüber Privaten – und zwar auch gegenüber denjenigen, die jetzt schon in der Gesellschaft benachteiligt sind – anleiten könnte, lässt sich mit jenen Schlüssen nicht begründen.

Zusammenfassend lässt sich festhalten: Mit den genannten Argumenten lässt sich der Übergang zu einer umfassenden Transparenz kaum begründen. Näher lägen eine Wiederentdeckung des Werts von Privatheit und eine Neutarierung ihres Schutzes. Dafür scheint manches zu sprechen: Nachdem die Transparenzdebatte ein Schlüsselthema des ersten Jahrzehnts des 21. Jahrhunderts war, ist an deren Stelle im zweiten Jahrzehnt u. a. eine Privatheitsdebatte getreten. Auch wenn deren politische und rechtliche Folgen vielfach noch ausstehen: Der Weg in eine symmetrische Ordnung allseitiger, Staat und Bürger umfassender Transparenz ist nicht wahrscheinlich und erst recht nicht der gegenwärtige rechtliche Status quo.

c) Transparente Gesellschaft kraft staatlicher Entscheidung?

Eine dritte Diskussionsrichtung stellt weniger auf technischen und gesellschaftlichen Wandel als vielmehr auf eine Neuinterpretation des informationellen Staat-Bürger-Verhältnisses ab.[38] In diesem Verhältnis gelten Privatsphäre, informationelle Selbstbestimmung sowie Integrität und Vertraulichkeit informationstechnischer Systeme als Grundlagen der beschriebenen Einseitigkeit des Transparenzrechts: Eine durch Privatheitsgarantien geschützte Gesellschaft darf rechtlich keine transparente Gesellschaft sein. Transparenz könne und dürfe daher allenfalls für die öffentlichen Hände gelten. Die genannten Grundsätze seien allerdings rechtlich in hohem Maße ausgestaltungsfähig und ausgestaltungsbedürftig. Hier müsse der alte Datenschutz als Informationsverhinderungsordnung durch ein neues Leitbild der Selbstbestimmung in der Informationsordnung abgelöst werden. An die Stelle der früheren informationellen Abschottung und Isolierung müsse ein neues Recht der Kommunikation, der Kooperation und des Informationsaustauschs treten. Das gelte nicht für Unternehmen und Bürger gegenüber dem Staat, sondern auch umgekehrt für den Staat gegenüber Unternehmen und Bürgern. Für beide Seiten hingen Ausübbarkeit von Rechten und Erfüllbarkeit von Pflichten immer häufiger von zureichenden Informationen übereinander ab. Der rechtliche Graben zwischen Privatheit und Öffentlichkeit werde so zunehmend überbrückt. Insoweit setze auch Datenschutz ein gewisses Maß an Transparenz und Kommunikation voraus. Daher lasse sich das Recht der Informationsbeziehungen zwischen Staat und Bürger mit der Formulierung „Transparenz versus Privatheitsschutz" nicht mehr angemessen beschreiben. Schon gegenwärtig bestehe hier ein Zustand limitierter Transparenz nicht nur in eine, sondern in beide Richtungen. Zwar fehle es an einer allgemeinen Transparenzklausel im Hinblick auf Unternehmen und Bürger. Doch lege eine Gesamtschau des geltenden Rechts die Annahme limitierter Transparenzansprüche auch der öffentlichen Hände gegen Private nahe.

Die beschriebenen Prämissen sind geeignet, Wandlungen sowohl des Privatheitsschutzes wie auch des Informationsrechts adäquater zu beschreiben als ältere Formeln. Was hier zutreffend beschrieben wird, wird aus der Sicht von Unternehmen und Verbänden vielfach beklagt: Eine angeblich immer stärker zunehmende Zahl von Anzeige-, Melde- und Informationspflichten gegenüber unterschiedlichen Aufsichtsbehörden und Statistikämtern; ein Informations- und Dokumentationsaufwand in Genehmigungs-, Steuererstattungsverfahren, aus arbeits- und sozialrechtlichen Nebenpflichten; durch und gegenüber bisweilen zahlreichen Betriebsräten oder -beauftragten: Hinzu treten zahlreiche Erscheinungsformen freiwilliger Unternehmenskommunikation, unternehmerischer Öffentlichkeitsarbeit über bloße Werbung hinaus zur Imagepflege im Wettbewerb um Arbeitnehmer, öffentliche Unterstützung

---

[38] Die folgenden Beschreibungen folgen in manchem *Wolfgang Hoffmann-Riem*, Informationelle Selbstbestimmung in der Informationsgesellschaft, AöR 123 (1998), 513 ff., der jedoch aus seinen eigenen Beschreibungen andere als die nachfolgend beschriebenen Schlussfolgerungen zieht.

oder Standortpflege. Auch in der Wirtschaft bleibt längst nicht mehr alles geheim. Entscheidend ist hier Anderes: Privatheitsschutz ist – wie beschrieben – nicht primär Schutz von Geheimnissen, sondern der Autonomie des Zugangs zu Informationen. Dies gilt auch für Betriebs- und Geschäftsgeheimnisse, die zwar nach außen, nicht aber nach innen vertraulich bleiben und vertraulich bleiben sollen. Dies ist bei der zuletzt genannten freiwilligen Öffentlichkeitsarbeit gewährleistet: Sie findet aufgrund eigener Entscheidung der Unternehmen und in dem von ihnen selbst bestimmten Umfang statt, ist also Ausübung und nicht Einschränkung informationeller Selbstbestimmung. Das gilt allerdings nicht hinsichtlich der zuvor genannten absoluten oder relativen Publizitätspflichten. Sie sind zwar Ausdruck vielfältiger Kommunikation auch zwischen staatlicher und privater Seite, doch zugleich Ausdruck grundsätzlich limitierter Publizitätsansprüche des Staates, die als solche weder einfach analogiefähig noch aber auch unlimitiert ausweitbar sind. Wenn dies sich nach wie vor aus den geltenden europa- und verfassungsrechtlichen Rahmenbedingungen ergibt, so ist die dargestellte Analyse eher eine neue Beschreibung des geltenden Rechts und seiner Vorbedingungen und Grundlagen als eine Begründung für neues Recht.

IV. Ergebnis

Das Informationsverwaltungsrecht ist von post-privacy- und Transparenzdebatten zwar in neue Richtungen gelenkt, aber nicht grundstürzend verändert worden.

– Die öffentlichen Hände sind grundsätzlich transparent, soweit Gesetze keine Ausnahmen vorsehen.

– Bürger und Unternehmen sind grundsätzlich intransparent, soweit Gesetze keine Ausnahmen vorsehen.

Transparenzansprüche sind also einseitig, das Informationsrecht asymmetrisch. Diese Gesetzeslage folgt den Vorgaben des Verfassungs- und des supranationalen Rechts. Dort ist der Schutz von Geheimnissphären von Unternehmen und Bürgern rechtlich zwingend vorgegeben und gesetzlich auszugestalten. Das Recht der grundsätzlichen Transparenz des Staates ist eine zulässige, aber wohl nicht zwingende Ausgestaltung jener Vorgaben. Und jene Transparenz ist übrigens auch nicht zwingend selbstverstärkend: Der transparente Staat ist nicht notwendig „gläserner Staat".

Die post-privacy-Debatte hat zu wichtigen Beobachtungen, neuen Beschreibungen und Forderungen geführt, welche sowohl die Realität als auch politische und rechtliche Defizite aufzeigen können. Ihnen nachzugehen stellt wichtige Herausforderungen an Wissenschaft und Politik dar. Der Weg zu einer umfassenden Transparenzordnung und einem symmetrischen Informationsverwaltungsrecht ist durch sie allerdings nicht zwingend vorgegeben und angesichts der rechtlichen Vorentscheidungen in Menschenrechtsgarantien und Verfassungen auch nicht einfach gangbar. Ob diese Garantien selbst obsolet sind, ist gewiss auch eine rechtspolitische Frage, die zugleich nach den Leistungen von Transparenz[39] und Privatheit[40] und danach fragen müsste, was ggf. in Zukunft an deren Stelle treten könne oder gar müsse. Nicht jede post-privacy-Debatte endet in allseitigen und umfassenden Transparenzforderungen.

Solange auf der Ebene der rechtlichen Grundlagen und Vorgaben keine Neubestimmung erfolgt ist, bleiben das Nebeneinander von limitierter Transparenz und limitierter Privatheit und ihr Verhältnis zueinander auf der Agenda – auf der Grundlage verbesserter Einsichten, vertiefter Argumente und auf höherem Niveau.

---

[39] Dazu *Christoph Gusy*, Transparenz – Verfassungstheoretische und verfassungsrechtliche Aspekte, in: Dix u.a. (Hrsg.), Informationsfreiheit und Informationsrecht – Jahrbuch 2015, 2016, S. 1 ff.

[40] Dazu z. B. *Beate Rössler*, Der Wert des Privaten, 2001; *Wolfgang Sofsky*, Verteidigung des Privaten, Eine Streitschrift, 2009.

Kommunale Aufgabenkategorien in Brandenburg

Von *Ulrich Häde*

I. Einführung

Die Kommunalverfassung des Landes Brandenburg (BbgKVerf) unterscheidet verschiedene Kategorien kommunaler Aufgaben, die verbunden sind mit unterschiedlichen Formen staatlicher Aufsicht. Während sich die Aufgaben der örtlichen Gemeinschaft und die Auftragsangelegenheiten ohne größere Probleme dem kommunalen oder staatlichen Bereich zuordnen lassen, gelingt das bei den pflichtigen Selbstverwaltungsaufgaben schon weniger gut. Nach wie vor nicht vollständig geklärt sind die Rechtsfragen im Zusammenhang mit der vierten Aufgabenart, den Pflichtaufgaben zur Erfüllung nach Weisung. Der Beitrag versucht sich an einer Einordnung aller dieser Gemeindeaufgaben.

II. Dualistischer und monistischer Aufgabenbegriff

Das Verhältnis der Kommunen zum Staat und ebenso die Einordnung der kommunalen Aufgaben in den Kreis der öffentlichen Aufgaben ist schon lange Gegenstand auch der rechtswissenschaftlichen Diskussion. Die Kommunen lassen sich als vom Staat getrennte Einheiten oder als dessen Teile verstehen. Im Ergebnis sind sie wohl beides. Wer den ersten Aspekt betont, wird auch die kommunalen Aufgaben stärker von den staatlichen trennen wollen und deshalb eher einem dualistischen Aufgabenbegriff zuneigen. Vor diesem Hintergrund ist es naheliegend, zwischen originären kommunalen Aufgaben und staatlichen Aufgaben zu unterscheiden, die der Staat aus Gründen der Dezentralisierung oder der Bürgernähe den Kommunen zur Ausübung übertragen hat. Daher finden sich im Kommunalrecht der Länder entsprechende Begrifflichkeiten wie eigener und übertragener Wirkungskreis oder aber – wie auch in Brandenburg – Differenzierungen zwischen Selbstverwaltungsaufgaben und Auftragsangelegenheiten. Die Zuordnung von Aufgaben zu dem einen oder anderen Bereich hat zugleich Auswirkungen auf die Intensität der staatlichen Aufsicht und die Rechtsschutzmöglichkeiten.

Dem stehen unterschiedliche Ausprägungen eines monistischen Aufgabenbegriffs gegenüber, der alle öffentlichen Aufgaben einheitlich als staatliche Aufgaben versteht oder – in jüngerer Zeit – alle von den Gemeinden oder Gemeindeverbänden wahrgenommenen Zuständigkeiten als Selbstverwaltungsaufgaben, die allerdings je nach gesetzlicher Ausgestaltung mit unterschiedlichen Aufsichtsformen verbunden sein können.[1] Ausdruck fand dieses monistische Verständnis in dem sog. Weinheimer Entwurf von 1948,[2] der wohl als Vorbild für die Gestaltung der ländereigenen Gemeindeordnungen gedacht war, sich aber nicht flächendeckend durchsetzen konnte.[3] Der Weinheimer Entwurf ging in seinem § 2 Abs. 1 Satz 1 davon aus, dass die Gemeinden in ihrem Gebiet grundsätzlich „ausschließliche und eigenverantwortliche Träger der öffentlichen Verwaltung" sind. Er sah in § 3 Abs. 1 Satz 1 vor, dass den Gemeinden neue Pflichten nur durch Gesetz auferlegt werden dürften, und stellte in § 3 Abs. 2 fest: „Pflichtaufgaben können den Gemeinden auch zur Erfüllung nach Weisung übertragen werden; das Gesetz bestimmt den Umfang des Weisungsrechts." Nordrhein-Westfalen gehörte zu den Ländern, die den Weinheimer Entwurf weitgehend übernahmen. Man wird davon ausgehen können, dass die Partner- oder vielleicht besser Patenschaft dieses westdeutschen Landes mit oder für das 1990 neu errichtete Land Brandenburg[4] wesentlich mit dazu beitrug, dass die brandenburgischen Kommunalgesetze sich mehr oder weniger stark ebenfalls am Weinheimer Entwurf orientierten und auch die dort und in Nordrhein-Westfalen vorgesehene Sonderaufsicht übernahmen.[5]

Dennoch lässt sich das brandenburgische Kommunalrecht nicht eindeutig als Ausdruck des monistischen Modells verstehen.[6] Art. 97 der Verfassung des Landes Brandenburg (LV) unterscheidet in seinen Absätzen 2 und 3 nämlich zwischen Aufgaben der örtlichen Gemeinschaft und Aufgaben des Landes, die es den Kommunen übertragen kann. Die Landesverfassung folgt daher der dualistischen Sichtweise. Und selbst in der grundsätzlich monistisch angelegten, einfachgesetzlichen Kommunalverfassung findet sich mit den Auftragsangelegenheiten (§ 2 Abs. 3 Satz 2 Bbg-

---

[1] Ausführlicher dazu und zur historischen Herleitung *Gerd Schmidt-Eichstaedt*, Die Rechtsqualität der Kommunalaufgaben, in: Püttner (Hrsg.), Handbuch der kommunalen Wissenschaft und Praxis, Bd. 3, 2. Aufl. 1983, S. 9 ff. Siehe auch *Rolf Grawert*, Gemeinden und Kreise vor den öffentlichen Aufgaben der Gegenwart, VVDStRL 36 (1978), 277 (289).

[2] Gemeinsamer Entwurf einer Gemeindeordnung auf Grund der Beratung in Weinheim am 2. und 3. 7. 1948. Der Text ist als Anhang enthalten in: *Fritz Markull*, Gemeindeordnung für Schleswig-Holstein vom 24. Januar 1950, o. J., S. 163 ff.

[3] Siehe *Franz Ludwig Knemeyer*, Gemeindeverfassungen, in: Wollmann/Roth (Hrsg.), Kommunalpolitik: Politisches Handeln in den Gemeinden, 1999, S. 104 (108).

[4] Siehe dazu das Abkommen der Regierung des Landes Brandenburg und der Regierung des Landes Nordrhein-Westfalen über umfassende Zusammenarbeit vom 27. 11. 1990, LKV 1991, 303; *Wolfgang Meyer-Hesemann*, Hilfen zum Aufbau von Verwaltung und Justiz in den neuen Ländern. Dargestellt am Beispiel der Zusammenarbeit zwischen den Ländern Brandenburg und Nordrhein-Westfalen, VerwArch 1991, 578.

[5] Vgl. *Helmut Wollmann*, Transformation der ostdeutschen Kommunalstrukturen: Rezeption, Eigenentwicklung, Innovation, in: Wollmann/Derlien/König/Renzsch/Seibel, Transformation der politisch-administrativen Strukturen in Ostdeutschland, 1997, S. 286.

[6] Vgl. aber zum monistischen Modell in Brandenburg *Kurt Fritz Hohndorf/Matthias Falk*, Kommunalrecht in Brandenburg, in: v. Brünneck/Peine (Hrsg.), Staats- und Verwaltungsrecht für Brandenburg, 2004, S. 93 (118 f.).

KVerf) ein Hinweis auf das dualistische Aufgabenverständnis.[7] Schon wegen dieser Unentschlossenheit eignen sich die beiden Grundmodelle eher nicht als Grundlage zwingender rechtlicher Schlussfolgerungen.[8]

III. Aufgaben der örtlichen Gemeinschaft

Art. 97 Abs. 1 Satz 1 LV garantiert den Gemeinden das Recht der Selbstverwaltung. Im Einklang mit Art. 28 Abs. 2 Satz 1 GG folgt daraus nach Art. 97 Abs. 2 LV, dass die Gemeinden in ihrem Gebiet alle Aufgaben der örtlichen Gemeinschaft erfüllen, die nicht nach der Landesverfassung oder einfachen Gesetzen anderen Stellen obliegen.[9] Die Abhängigkeit der kommunalen Selbstverwaltung von gesetzlichen Regelungen wird schon bundesverfassungsrechtlich dadurch verdeutlicht, dass das Bundesverfassungsgericht zwar von einem Kernbereich der Selbstverwaltungsgarantie spricht, der dem Gesetzgeber Grenzen setzt. Deshalb „darf der Wesensgehalt der gemeindlichen Selbstverwaltung nicht ausgehöhlt werden". Ein „gegenständlich bestimmter oder nach feststehenden Merkmalen bestimmbarer Aufgabenkatalog" soll zu diesem Wesensgehalt allerdings nicht gehören; „wohl aber die Befugnis, sich aller Angelegenheiten der örtlichen Gemeinschaft, die nicht durch Gesetz bereits anderen Trägern öffentlicher Verwaltung übertragen sind, ohne besonderen Kompetenztitel anzunehmen (,Universalität' des gemeindlichen Wirkungskreises)."[10] Auch die Landesverfassung Brandenburg setzt keine engeren Grenzen. Dementsprechend bestimmt § 2 Abs. 1 BbgKVerf, dass die Gemeinde in ihrem Gebiet alle Aufgaben der örtlichen Gemeinschaft in eigener Verantwortung erfüllt, soweit die Gesetze nicht etwas anderes bestimmen. Wesentliches Merkmal solcher Selbstverwaltungsaufgaben ist deren Erledigung „in eigener Verantwortung" (Art. 28 Abs. 2 Satz 1 GG). Die Gemeinden bestimmen also grundsätzlich selbst, ob und wie sie Aufgaben der örtlichen Gemeinschaft erfüllen. Sie sind bei der Erfüllung der Selbstverwaltungsaufgaben nur an die Gesetze und sonstigen Rechtsvorschriften gebunden (§ 2 Abs. 4 Satz 1 BbgKVerf).

Das Verfassungsgericht hat zur Bestimmung der Aufgaben der örtlichen Gemeinschaft in Brandenburg im Urteil vom 15.4.2011 darauf hingewiesen, dass die Formulierung des Art. 97 LV an die des Art. 28 Abs. 2 Satz 1 GG anknüpfe. Maßgebend für den Schutzbereich der bundesrechtlichen Gewährleistung sei zunächst der räumliche Bezug der Aufgabe, „der auch und insbesondere unter Berücksichtigung der geschichtlichen Entwicklung zu bestimmen ist".[11] In Brandenburg sei zwar eine ver-

---

[7] Vgl. *Thorsten Ingo Schmidt*, Kommunalrecht, in: Bauer/Peine (Hrsg.), Landesrecht Brandenburg, 2. Aufl. 2011, § 4 Rdnr. 65.

[8] Vgl. *Paul Schumacher*, in: Schumacher (Hrsg.), Kommentar: Kommunalverfassung des Landes Brandenburg, Vorbemerkungen zu § 2 BbgKVerf, Erl. 1.5.3.

[9] Vgl. zuletzt *Christoph Brüning*, Die Verfassungsgarantie der kommunalen Selbstverwaltung aus Art. 28 Abs. 2 GG, JA 2015, 592 (595 f.).

[10] BVerfGE 79, 127 (146).

[11] BbgVerfG, Urteil vom 15.4.2011 – VfGBbg 45/09, LKV 2011, 411 f.

gleichbare historische Anknüpfung wegen des zentralistischen Systems der DDR nicht möglich. Das Verfassungsgericht geht dennoch davon aus, dass „Inhalt und Umfang der durch Art. 97 LV gewährleisteten Garantie in Anlehnung an die in der Bundesrepublik Deutschland entwickelte historisch geprägte Dogmatik und insbesondere die zu Art. 28 Abs. 2 Satz 1 GG ergangene Rechtsprechung des Bundesverfassungsgerichts zu bestimmen" seien, weil „der Verfassungsgeber des Landes Brandenburg [...] mit der ausdrücklich Art. 28 Abs. 2 Satz 1 GG nachgebildeten Formulierung des Art. 97 Abs. 2 LV den historisch gewachsenen Bestand der grundgesetzlichen Norm, wie er auch durch die Rechtsprechung des Bundesverfassungsgerichts geprägt worden ist, inhaltlich übernommen" habe.[12]

Da die Verfassungsbestimmungen ausdrücklich auf die Angelegenheiten oder Aufgaben der örtlichen Gemeinschaft abstellen, lässt sich dieses Kriterium nicht mit dem Hinweis beiseiteschieben, dass die Abgrenzung zwischen örtlichen und überörtlichen Aufgaben immer schwieriger geworden ist.[13] In seiner wohl bisher letzten Entscheidung zu dieser Frage hat das Bundesverfassungsgericht 2004 die Maßgeblichkeit dieses Merkmals bekräftigt und ausgeführt, „Angelegenheiten der örtlichen Gemeinschaft sind diejenigen Bedürfnisse und Interessen, die in der örtlichen Gemeinschaft wurzeln oder auf sie einen spezifischen Bezug haben [...], die also den Gemeindeeinwohnern als solchen gemeinsam sind".[14] Ob ein solcher örtlicher Bezug vorliegt oder nicht, steht nicht im Belieben des Gesetzgebers. Nach der Rechtsprechung des Bundesverfassungsgerichts steht ihm „keine ungebundene Gestaltungsfreiheit für die Bestimmung der Angelegenheiten der örtlichen Gemeinschaft zu. Ansonsten stünde es in seinem Ermessen, wie eng oder weit er den Gewährleistungsbereich des Art. 28 Abs. 2 Satz 1 GG zieht. Bei der Prüfung, ob und inwieweit sich eine Aufgabe als Angelegenheit der örtlichen Gemeinschaft darstellt, steht dem Gesetzgeber aber ein Einschätzungsspielraum zu. Dabei hat er zu berücksichtigen, dass die gemeindliche Selbstverwaltung so auszugestalten ist, dass sie dem Bürger eine möglichst effektive Beteiligung an den Entscheidungen ermöglicht, die Angelegenheiten der örtlichen Gemeinschaft betreffen".[15]

Der brandenburgische Landesgesetzgeber hat von seiner beschränkten Gestaltungsfreiheit u. a. durch eine ausführliche, aber nicht abschließende Aufzählung von Aufgaben der örtlichen Gemeinschaft in § 2 Abs. 2 BbgKVerf Gebrauch gemacht. Sie reichen von der harmonischen Gestaltung der Gemeindeentwicklung über die Versorgung mit Energie und Wasser bis zur Förderung des kulturellen Lebens in ihrem Gebiet. Für Aufgaben, die sich in diesem Katalog finden, bedarf es keiner zusätzlichen Begründung ihrer Einordnung als Selbstverwaltungsaufgaben.

---

[12] BbgVerfG, Urteil vom 15.4.2011 – VfGBbg 45/09, LKV 2011, 411 (412).

[13] Siehe dazu *Michael Nierhaus*, Kommunalrecht für Brandenburg, 2003, Rdnr. 191; *Georg-Christoph von Unruh*, Wodurch unterscheiden sich kommunale von staatlichen Angelegenheiten?, DÖV 1977, 467 (469 f.).

[14] BVerfGE 110, 370 (400).

[15] BVerfGE 110, 370 (400).

Bei anderen Gegenständen wird es darauf ankommen, ob sie sich tatsächlich den Aufgaben der örtlichen Gemeinschaft zurechnen lassen.

IV. Pflichtige Selbstverwaltungsaufgaben

Nach § 2 Abs. 3 Satz 1, 1. Alt. BbgKVerf kann das Land den Gemeinden durch Gesetz oder aufgrund eines Gesetzes Aufgaben als pflichtige Selbstverwaltungsaufgaben auferlegen. Diese Angelegenheiten bleiben damit als ein Unterfall der ersten Kategorie solche der örtlichen Gemeinschaft. Zu den Selbstverwaltungsaufgaben, die der Landesgesetzgeber den Kommunen auf diese Weise auferlegt hat, zählen z. B. die Schulträgerschaft und die Schülerbeförderung (§§ 100 Abs. 1, 112 BbgSchulG), die öffentliche Wasserversorgung sowie die Abwasserbeseitigung (§§ 59, 66 BbgWG), die Unterhaltung von Friedhöfen (§ 27 Abs. 1 BbgBestG) oder der Straßenbau (§ 9a BbgStrG).[16]

Die durch die gesetzliche Verpflichtung zur Aufgabenwahrnehmung bewirkte Einschränkung der Eigenverantwortung kann sich nicht auf Art. 97 Abs. 3 Satz 1 LV stützen. Nach dieser Vorschrift kann das Land die Gemeinden und Gemeindeverbände zwar verpflichten, bestimmte Aufgaben wahrzunehmen. Diese Regelung bezieht sich aber ausdrücklich nur auf Aufgaben des Landes. Dennoch wird man § 2 Abs. 3 Satz 1, 1. Alt. BbgKVerf und Gesetze, die pflichtige Selbstverwaltungsaufgaben auferlegen, als zulässige gesetzliche Regelungen ansehen können. Art. 28 Abs. 2 Satz 1 GG beschränkt die Eigenverantwortung ohnehin von vornherein durch die Beifügung „im Rahmen der Gesetze". Und auch Art. 97 Abs. 5 LV überlässt die Regelung des Näheren einem Gesetz. Sowohl für die freiwilligen als auch für die pflichtigen Selbstverwaltungsaufgaben gilt nach Art. 97 Abs. 1 Satz 2 LV, dass dem Land nur die Rechtsaufsicht zusteht. Dementsprechend bestimmt § 2 Abs. 4 Satz 1 BbgKVerf, dass die Gemeinden bei der Erfüllung der Selbstverwaltungsaufgaben nur an die Gesetze und sonstigen Rechtsvorschriften gebunden sind. Deshalb stellt § 109 BbgKVerf klar: „Die Aufsicht in Selbstverwaltungsangelegenheiten (Kommunalaufsicht) hat im öffentlichen Interesse sicherzustellen, dass die Verwaltung der Gemeinden im Einklang mit den Gesetzen erfolgt. Sie ist Rechtsaufsicht."[17]

V. Auftragsangelegenheiten

Art. 97 Abs. 3 Satz 1 LV sieht vor, dass das Land die Gemeinden durch Gesetz oder aufgrund eines Gesetzes verpflichten kann, Aufgaben des Landes wahrzuneh-

---

[16] Zu pflichtigen Selbstverwaltungsaufgaben aufgrund Bundesrechts und nach Landesrecht siehe auch *Jochen Hofmann-Hoeppel*, Die (finanz-)verfassungsrechtliche Problematik des BSHG-Vollzugs durch kommunale Gebietskörperschaften, dargestellt am Beispiel der Rechtslage im Freistaat Bayern und in Nordrhein-Westfalen, 1992, S. 100 ff.

[17] Vgl. dazu die Rechtsprechungsanalyse von *Janbernd Oebbecke*, Kommunalaufsicht, Die Verwaltung 48 (2015), 233 ff.

men und sich dabei ein Weisungsrecht nach gesetzlichen Vorschriften vorbehalten darf. Der einfache Gesetzgeber hat diese Möglichkeit in § 2 Abs. 3 Satz 2 BbgKVerf restriktiver formuliert. Danach erfüllen die Gemeinden nur ausnahmsweise Aufgaben aufgrund gesetzlicher Vorschrift als Auftragsangelegenheiten.

Der Ausnahmecharakter der Auftragsangelegenheiten folgt auch daraus, dass sie in einem monistischen Modell der kommunalen Aufgaben einen Fremdkörper darstellen.[18] Der Weinheimer Entwurf von 1948 kannte diese Aufgabenkategorie denn auch nicht. Die brandenburgische Kommunalverfassung sieht sie dennoch vor. Auftragsangelegenheiten in diesem Sinne sind staatliche Aufgaben, die nicht mehr das Land – auch nicht im Wege der Organleihe – wahrnimmt, sondern die die Gemeinden im eigenen Namen, aber eben nicht als Selbstverwaltungsangelegenheiten erfüllen. Daher bestimmt § 2 Abs. 4 Satz 3 BbgKVerf, dass die Gemeinden bei der Erfüllung von Auftragsangelegenheiten an Weisungen der Aufsichtsbehörde gebunden sind, die sich auf die Recht- und Zweckmäßigkeit beziehen können. Gemeint ist damit die nur durch den Grundsatz der Verhältnismäßigkeit beschränkte Fachaufsicht.[19] Diesen Begriff verwendet der brandenburgische Gesetzgeber an dieser Stelle zwar nicht. Immerhin weist § 132 Abs. 2 BbgKVerf jedoch dem Landrat auch die Fachaufsicht über die kreisangehörigen Gemeinden und Ämter zu.

Als Auftragsangelegenheiten werden den Kommunen meist solche Aufgaben übertragen, die auf Bundesrecht beruhen und bei denen die Länder insbesondere im Falle der Bundesauftragsverwaltung nach Art. 85 Abs. 3 Satz 3 GG verpflichtet sind, den Vollzug von Weisungen sicherzustellen.[20] Häufig sind es die Landkreise und die kreisfreien Städte, die entsprechende Aufgaben wahrzunehmen haben. Beispiele sind die Ausführung des Staatsangehörigkeitsgesetzes (§ 1 StAngZuStG), des Wohngeldgesetzes (§ 1 Verordnung zur Durchführung des Wohngeldgesetzes und des Wohngeldsondergesetzes im Land Brandenburg) oder des Bundeserziehungsgeldgesetzes (§ 1 BerzGGZV).

VI. Pflichtaufgaben zur Erfüllung nach Weisung

1. Unsichere Einordnung

Größere Schwierigkeiten bei der Einordnung in das Schema von originären kommunalen Aufgaben einerseits und staatlichen Aufgaben andererseits bereiten die Pflichtaufgaben zur Erfüllung nach Weisung. § 2 Abs. 3 Satz 1, 2. Alt. BbgKVerf eröffnet die Möglichkeit, den Gemeinden durch Gesetz oder aufgrund eines Gesetzes Aufgaben als Pflichtaufgaben zur Erfüllung nach Weisung zu übertragen. Nach § 2 Abs. 4 Satz 2 und 3 BbgKVerf behält sich das Land bei diesen Pflichtaufgaben zur

---

[18] Vgl. *Hohndorf/Falk* (o. Fn. 6), S. 119, die die Auftragsangelegenheiten als systemwidrig bezeichnen.

[19] Vgl. *Schumacher* (o. Fn. 8), § 2 BbgKVerf, Erl. 7.2.1.

[20] Vgl. *Nierhaus* (o. Fn. 13), Rdnr. 196.

Erfüllung nach Weisung ein Weisungsrecht vor. Den Umfang des Weisungsrechts und die jeweils zuständigen Aufsichtsbehörden bestimmt das jeweilige Gesetz. Beispiele für Pflichtaufgaben zur Erfüllung nach Weisung sind der Brand- und Katastrophenschutz (§ 2 Abs. 2 BbgBKG), die Aufgaben der örtlichen Ordnungsbehörden (§ 3 Abs. 1 OBG) oder die Aufgaben der Katasterbehörden (§ 27 Abs. 1 BbgVermG).

Aufgaben, die die Gemeinden aufgrund staatlichen Befehls wahrnehmen müssen und bei deren Erfüllung sie staatlichen Weisungen unterliegen, haben mit dem Verständnis von Selbstverwaltungsaufgaben als Angelegenheiten, die die Gemeinden in eigener Verantwortung regeln, kaum noch etwas zu tun. Auf den ersten Blick spricht daher einiges dafür, dass es sich bei den Pflichtaufgaben zur Erfüllung nach Weisung um Aufgaben des Landes handelt, zu deren Wahrnehmung es die Gemeinden auf der Basis von Art. 97 Abs. 3 Satz 1 LV verpflichtet. Es könnte sich daher um einen Unterfall der Auftragsangelegenheiten handeln. Manche verstehen die Pflichtaufgaben zur Erfüllung nach Weisung auch nur als andere, durch den Weinheimer Entwurf eingeführte Bezeichnung für Auftragsangelegenheiten.[21]

Dagegen spricht in Brandenburg allerdings schon, dass der Gesetzgeber die Auftragsangelegenheiten als gesonderte Kategorie neben den Pflichtaufgaben zur Erfüllung nach Weisung bestehen lässt. Auch die Systematik des § 2 Abs. 3 BbgKVerf, der die Pflichtaufgaben zur Erfüllung nach Weisung nach den pflichtigen Selbstverwaltungsaufgaben und vor den Auftragsangelegenheiten nennt, lässt sich als Gegenargument anführen. Aus dieser Reihenfolge kann man nämlich ableiten, dass Pflichtaufgaben zur Erfüllung nach Weisung hinsichtlich des staatlichen Einflusses auf die Aufgabenerfüllung zwischen pflichtigen Selbstverwaltungsaufgaben und Auftragsangelegenheiten einzuordnen sind. Da die Auftragsangelegenheiten nicht nur an letzter Stelle stehen, sondern auch ausdrücklich als Ausnahmen bezeichnet werden, ist davon auszugehen, dass die zuvor erwähnten Pflichtaufgaben zur Erfüllung nach Weisung gerade nicht derselben Kategorie angehören sollen, sondern entweder Selbstverwaltungsangelegenheiten darstellen oder eine dritte Art kommunaler Aufgaben bilden. Eine Aufgabenkategorie sui generis im Sinne eines Weder-noch oder eines Zwischendings zwischen Selbstverwaltungs- und Auftragsangelegenheiten[22] würde allerdings im Zusammenhang mit dem Rechtsschutz stets die Frage aufwerfen, ob sich die Gemeinden nun auf die verfassungsrechtliche Selbstverwaltungsgarantie berufen können oder nicht, und wäre daher schon aus praktischen Gründen

---

[21] Vgl. die Nachweise bei *Schmidt-Eichstaedt* (o. Fn. 1), S. 20 (Fn. 31 und 32). In diesem Sinne z. B. auch ein obiter dictum in BVerfGE 6, 104 (116); *Walter Pauly*, Anfechtbarkeit und Verbindlichkeit von Weisungen in der Bundesauftragsverwaltung, 1989, S. 189; *Andreas Engels/Daniel Krausnick*, Kommunalrecht, 2015, § 2 Rdnrn. 10 ff. *Edzard Schmidt-Jortzig*, Probleme der kommunalen Fremdverwaltung, DÖV 1981, 393, fasst Auftragsverwaltung und Weisungsverwaltung unter dem Begriff Fremdverwaltung zusammen. Dagegen: *Franz-Ludwig Knemeyer*, Aufgabenkategorien im kommunalen Bereich, DÖV 1988, 397 (400).

[22] In diesem Sinne z. B. OVG Münster, OVGE 13, 356 (359); *Albert v. Mutius/Hans-Günther Henneke*, Urteilsanmerkung, DVBl 1985, 689 (690); *Thorsten Ingo Schmidt*, Kommunalrecht, 2. Aufl. 2014, Rdnr. 236 m. w. N.

problematisch. Eine Dreiteilung wäre außerdem kaum zu vereinbaren mit der traditionellen Unterscheidung zwischen einem monistischen und einem dualistischen Verständnis der kommunalen Aufgaben. Vor diesem Hintergrund könnte es erforderlich sein, auch die Pflichtaufgaben zur Erfüllung nach Weisung entweder den Selbstverwaltungsangelegenheiten oder den übertragenen staatlichen Aufgaben zuzuordnen.

2. Sichtweise der Rechtsprechung

Diese Aufgabe kann man unterschiedlich lösen, nämlich generell oder einzelfallbezogen. In Nordrhein-Westfalen hat sich vor dem Hintergrund eines eher monistischen Aufgabenbegriffs die Auffassung durchgesetzt, dass die dortigen Pflichtaufgaben zur Erfüllung nach Weisung generell den Selbstverwaltungsangelegenheiten zuzurechnen sind.[23] Die brandenburgische Rechtsprechung neigt demgegenüber zu der auf den Einzelfall bezogenen Sichtweise. Das Verfassungsgericht des Landes Brandenburg hatte in seinem Urteil vom 17.10.1996[24] über die Frage zu entscheiden, ob es zulässig war, die Trägerschaft für den Brandschutz von den amtsangehörigen Gemeinden auf die Ämter zu übertragen. Es referiert zunächst die unterschiedlichen Ansichten, die zur Einordnung der Pflichtaufgaben zur Erfüllung nach Weisung vertreten werden, und beantwortet die Streitfrage für die Rechtslage in Brandenburg dann dahingehend, „daß Pflichtaufgaben zur Erfüllung nach Weisung jedenfalls dann, wenn es sich dabei zugleich um eine Aufgabe der örtlichen Gemeinschaft handelt, als Selbstverwaltungsangelegenheiten, jedoch, weil gleichsam ‚belastet' mit dem staatlichen Weisungsrecht, als Selbstverwaltungsangelegenheiten ‚in abgeschwächter Form' zu behandeln sind".[25]

Aus der Entstehungsgeschichte des Art. 97 LV leitet das Verfassungsgericht ab, dass die Landesverfassung eher von dem dualistischen Modell ausgeht, das zwischen kommunalen und staatlichen Aufgaben unterscheidet. Es kommt dann zu dem Schluss, dass es Art. 97 LV zwar auch zuließe, „Pflichtaufgaben zur Erfüllung nach Weisung als (reine) Auftragsangelegenheiten auszugestalten […]. Die Landesverfassung legt sich hierin aber nicht fest. Vielmehr beläßt sie dem Gesetzgeber in dieser Hinsicht […] einen Gestaltungsspielraum auch in Richtung gemeindlicher Selbstverwaltung […]. Der brandenburgische Gesetzgeber hat in der Folge zu erkennen gegeben, daß Pflichtaufgaben zur Erfüllung nach Weisung nicht mit (reinen) Auftragsangelegenheiten identisch sind, sondern – zumindest in gewissem Umfange, nämlich im weisungsfreien Raum – in den Bereich der gemeindlichen Selbstverwaltung fallen."[26] Und etwas später stellt das Verfassungsgericht noch einmal fest: „Damit stellen sich die Pflichtaufgaben zur Erfüllung nach Weisung als Aufgaben-

---

[23] VerfGH NRW, DVBl 1985, 685 (687); OVG Münster, OVGE 49, 17 ff.

[24] Siehe dazu *Joachim Buchheister*, Die Rechtsprechung des Verfassungsgerichts des Landes Brandenburg zur kommunalen Selbstverwaltung, LKV 2000, 325 (327 f.).

[25] BbgVerfG, Urteil vom 17.10.1996 – VfGBbg 5/95, NVwZ-RR 1997, 352 (353).

[26] BbgVerfG, Urteil vom 17.10.1996 – VfGBbg 5/95, NVwZ-RR 1997, 352 (353).

typus dar, der von einem – dualistisch gesprochen – staatlichen Weisungsrecht ‚überlagert' wird, jedoch Elemente gemeindlicher Selbstverwaltung enthält und deshalb zumindest teilweise – nämlich auf den weisungsfreien Raum bezogen – dem Selbstverwaltungsbereich angehört."[27]

Die Verwendung der Begriffe „jedenfalls" und „zumindest" deutet an, dass es auch Pflichtaufgaben zur Erfüllung nach Weisung geben kann, die nicht Selbstverwaltungsangelegenheiten darstellen. So lässt sich auch ein Beschluss des Verfassungsgerichts vom 21.1.1998 verstehen, in dem sich folgende Passage findet: „Auch die originäre Zuständigkeit der Ämter für die ihnen durch Gesetz oder Verordnung übertragenen Pflichtaufgaben zur Erfüllung nach Weisung (§ 5 Abs. 1 AmtsO) rechtfertigt es nicht, die Ämter als den Gemeinden und Kreisen vergleichbare Selbstverwaltungsträger einzuordnen. Allerdings zählen auch die Pflichtaufgaben zur Erfüllung nach Weisung zu den Selbstverwaltungsangelegenheiten, soweit es sich dabei zugleich um klassische Aufgaben der örtlichen Gemeinschaft handelt [...]. Indessen betreffen die bei den Ämtern angesiedelten Pflichtaufgaben zur Erfüllung nach Weisung überwiegend – soweit nämlich die Ämter als örtliche Ordnungsbehörde nach § 3 Abs. 1 Ordnungsbehördengesetz handeln – den Bereich der Gefahrenabwehr, der seinen Ursprung im Polizeirecht hat und insoweit nicht zu den klassischen Angelegenheiten der örtlichen Gemeinschaft, sondern eher zu den staatlichen, den Kommunen lediglich übertragenen Aufgaben zählt [...]. Die ordnungsrechtlichen Befugnisse der Ämter sind deshalb zu einem erheblichen Teil – ohne dies hier für jeden Einzelfall bestimmen zu müssen – keine Selbstverwaltungsangelegenheiten."[28]

Obwohl sich das Verfassungsgericht nicht auf Einzelheiten einließ, sind seine Entscheidungen so verstanden worden, als gebe es Pflichtaufgaben zur Erfüllung nach Weisung, die keine Selbstverwaltungsangelegenheiten darstellen.[29] So hat insbesondere das OVG Berlin-Brandenburg aus dem Beschluss vom 21.1.1998 gefolgert, „dass Pflichtaufgaben zur Erfüllung nach Weisung nur dann und insoweit zu den Selbstverwaltungsangelegenheiten gehören, als es sich jedenfalls auch um Aufgaben der örtlichen Gemeinschaft handelt, und dass es hieran gerade fehlt, wenn die Pflichtaufgaben zur Erfüllung nach Weisung ausschließlich dem Bereich der Gefahrenabwehr zuzurechnen sind".[30] Daher hat es angenommen, die Aufgaben der Landkreise als untere Bauaufsichtsbehörden gehörten nicht zu den Selbstverwaltungsangelegen-

---

[27] BbgVerfG, Urteil vom 17.10.1996 – VfGBbg 5/95, NVwZ-RR 1997, 352 (354).
[28] BbgVerfG, LVerfGE 8, 71 (80).
[29] Vgl. *Niels Peter Benedens*, Die Sonderaufsicht über kommunale Körperschaften in Brandenburg, LKV 2000, 89 (90); *Ihno Gebhardt*, Eine weitere Verwaltungsstrukturreform für das Land Brandenburg?, in: Bauer/Büchner/Franzke (Hrsg.), Starke Kommunen in leistungsfähigen Ländern, 2013, S. 67 (88); *Schmidt* (o. Fn. 7), § 4 Rdnr. 64; *Schumacher* (o. Fn. 8), Vorbemerkungen zu § 2 BbgKVerf, Erl. 1.2.4.2 f.
[30] OVG Berlin-Brandenburg, Beschluss vom 8.12.2006 – OVG 2 N 221.05, juris, Rdnr. 4.

heiten, weil das Bauordnungsrecht „weiterhin als klassische Materie der Gefahrenabwehr anzusehen" sei.[31]

3. Stellungnahme

a) Möglichkeit der Einordnung als Selbstverwaltungsaufgaben

Dieses Verständnis der Rechtsprechung des Verfassungsgerichts ist jedoch, jedenfalls soweit es um die Gemeinden geht, nicht zwingend.[32] Die Formulierungen im Urteil vom 17.10.1996 schließen es nicht aus, Pflichtaufgaben zur Erfüllung nach Weisung generell zu den Selbstverwaltungsangelegenheiten zu zählen. Wenn nämlich davon die Rede ist, dass dieser Aufgabentypus „Elemente gemeindlicher Selbstverwaltung enthält und deshalb zumindest teilweise – nämlich auf den weisungsfreien Raum bezogen – dem Selbstverwaltungsbereich angehört",[33] dann lässt sich daraus folgern, dass allenfalls Aufgaben, bei denen keinerlei weisungsfreier Raum verbleibt, ausgeschlossen sein können. Der Gesetzgeber hat die Pflichtaufgaben zur Erfüllung nach Weisung gerade in Abgrenzung zu den Auftragsangelegenheiten eingeführt. Daher ist es typisch, wenn nicht gar wesentlich für Pflichtaufgaben zur Erfüllung nach Weisung, dass der Staat den Kommunen bei solchen Aufgaben einen weisungsfreien Spielraum belässt.[34] Aufgaben ohne einen solchen Spielraum wären den Kommunen deshalb als Auftragsangelegenheiten zu übertragen.[35]

Der Beschluss des Verfassungsgerichts vom 21.1.1998 zwingt ebenfalls nicht dazu anzunehmen, dass den Gemeinden zugewiesene Pflichtaufgaben zur Erfüllung nach Weisung außerhalb des Bereichs der Selbstverwaltungsangelegenheiten zu verorten wären. In dieser Entscheidung ging es weniger um die Klassifizierung bestimmter Aufgaben, sondern um die Frage, ob sich Ämter wegen des Entzugs ihnen übertragener Pflichtaufgaben zur Erfüllung nach Weisung auf die Selbstverwaltungsgarantie des Art. 97 Abs. 1 LV berufen können. Das Verfassungsgericht kam zu der Einschätzung, dass die Ämter in Brandenburg nicht zu den Gemeindeverbänden i. S. v. Art. 97 ff. LV zählen. Es begründete diese Haltung u. a. damit, dass die „Möglichkeit einer Übertragung von Selbstverwaltungsangelegenheiten von den Gemeinden auf das Amt [...] die prinzipielle Abhängigkeit des Amtes von den Gemeinden nicht in Frage" stelle.[36] Es ging auch darum, welche Rolle den den Ämtern übertragenen Pflichtaufgaben zur Erfüllung nach Weisung zukommt. Und in diesem Zusammenhang findet sich dann der Satz: „Die ordnungs-

---

[31] OVG Berlin-Brandenburg, Beschluss vom 8.12.2006 – OVG 2 N 221.05, juris, Rdnr. 5.

[32] Ebenso *Michael Muth*, in: Muth (Hrsg.), Potsdamer Kommentar, Kommunalrecht und Kommunales Finanzrecht in Brandenburg, Vorbemerkung vor § 2 BbgKVerf (Mai 2013), S. 10f.

[33] BbgVerfG, Urteil vom 17.10.1996 – VfGBbg 5/95, NVwZ-RR 1997, 352 (353); Urteil vom 21.3.2002 – VfGBbg 19/01, LKV 2002, 516 (518).

[34] Siehe *Schumacher* (o. Fn. 8), § 2 BbgKVerf, Erl. 7.1.4.

[35] Siehe *Muth* (o. Fn. 32), Vorbemerkung vor § 2 BbgKVerf (Mai 2013), S. 12.

[36] BbgVerfG, LVerfGE 8, 71 (78).

rechtlichen Befugnisse der Ämter sind deshalb zu einem erheblichen Teil – ohne dies hier für jeden Einzelfall bestimmen zu müssen – keine Selbstverwaltungsangelegenheiten."[37] An dieser Einordnung mag man auch für die Ämter zweifeln können; jedenfalls beziehen sie sich aber nicht auf die Gemeinden. Daher bleibt es möglich anzunehmen, dass das Verfassungsgericht die den Gemeinden zugewiesenen Pflichtaufgaben zur Erfüllung nach Weisung anders, nämlich doch als Selbstverwaltungsangelegenheiten, einordnen würde.

Auch der Beschluss des OVG Berlin-Brandenburg vom 8.12.2006 bezieht sich nicht auf Gemeinden, sondern auf Landkreise, denen die Aufgaben der unteren Bauaufsichtsbehörde als Pflichtaufgaben zur Erfüllung nach Weisung übertragen sind (derzeit nach § 52 Abs. 1 Satz 1 BbgBO). In dieser Entscheidung führt das OVG aus: „Soweit das materielle Bauordnungsrecht – wie etwa im Bereich der örtlichen Bauvorschriften [...] – Elemente kommunaler Selbstverwaltung enthält, handelt es sich ausschließlich um Angelegenheiten der Gemeinden und nicht der Landkreise. Letztere sind als für den Vollzug der Brandenburgischen Bauordnung zuständige untere Bauaufsichtsbehörde [...] nicht von dem Schutzbereich der kommunalen Selbstverwaltungsgarantie erfasst."[38]

Wegen dieser alleinigen Ausrichtung der Argumentation auf die Aufgaben der Landkreise lässt diese Entscheidung ebenfalls die Möglichkeit offen, jedenfalls die den Gemeinden als Pflichtaufgaben zur Erfüllung nach Weisung übertragenen Zuständigkeiten generell als Selbstverwaltungsangelegenheiten anzusehen.

b) Neues Recht in Brandenburg

In seinem Urteil vom 17.10.1996 betont das Verfassungsgericht den Gestaltungsspielraum des Gesetzgebers. Daher darf bei der Einordnung auch nicht übersehen werden, dass sich die damalige Rechtslage mit dem Inkrafttreten der Brandenburgischen Kommunalverfassung in eine Richtung verändert hat, die den Charakter der Pflichtaufgaben zur Erfüllung nach Weisung als Selbstverwaltungsangelegenheiten stärker hervortreten lässt. So stellt die Gesetzesbegründung zum Entwurf des § 2 Abs. 3 BbgKVerf fest: „Die Neuformulierung stellt klar, dass örtliche Angelegenheiten den Gemeinden als pflichtige Selbstverwaltungsaufgaben oder Pflichtaufgaben zur Erfüllung nach Weisung auferlegt werden können. Aufgaben des Landes können ebenso als pflichtige Selbstverwaltungsaufgaben oder als Pflichtaufgaben zur Erfüllung nach Weisung übertragen werden. Zudem können pflichtige Selbstverwaltungsaufgaben in Pflichtaufgaben zur Erfüllung nach Weisung umgewandelt werden und umgekehrt. Der Aufgabentypus bestimmt sich nach dem Umfang des staatlichen Weisungsrechts (Absatz 3). Die Vorschrift hat lediglich deklaratorische Funktion.

---

[37] BbgVerfG, LVerfGE 8, 71 (80).
[38] OVG Berlin-Brandenburg, Beschluss vom 8.12.2006 – OVG 2 N 221.05, juris, Rdnr. 5.

Die Übertragung der Auferlegung pflichtiger Aufgaben ist nur durch Gesetz oder aufgrund eines Gesetzes im verfassungsrechtlich vorgegebenen Rahmen möglich."[39]

Der Hinweis auf den verfassungsrechtlich vorgegebenen Rahmen dürfte sich auf Art. 97 Abs. 3 Satz 1 LV beziehen. Versteht man diese Vorschrift allerdings so, dass nur staatliche Aufgaben übertragen werden dürfen, bezöge sie sich zumindest nicht auf die pflichtigen Selbstverwaltungsaufgaben; denn insoweit überträgt das Land keine staatlichen Aufgaben, sondern schreibt nur vor, dass eine bestimmte Aufgabe der örtlichen Gemeinschaft wahrgenommen werden muss.[40] Daher können solche Aufgaben den Gemeinden zwar auferlegt, nicht aber übertragen werden.

Soll die Übertragung von Pflichtaufgaben zur Erfüllung nach Weisung i. S. v. § 2 Abs. 3 Satz 1 BbgKVerf als Übertragung nach Art. 97 Abs. 3 Satz 1 LV verstanden werden können, setzte das voraus, dass die Pflichtaufgaben zur Erfüllung nach Weisung zumindest auch staatliche Aufgaben sind oder sein können. Die Gesetzesbegründung scheint Pflichtaufgaben zur Erfüllung nach Weisung allerdings generell als Selbstverwaltungsaufgaben einzuordnen. Im Zusammenhang mit § 54 BbgKVerf heißt es dort nämlich: „Pflichtaufgaben zur Erfüllung nach Weisung sind Selbstverwaltungsaufgaben, die mit einem staatlichen Weisungsrecht belastet sind."[41]

c) Sonderaufsicht für Selbstverwaltungsangelegenheiten?

Wenn der Gesetzgeber demnach im Rahmen seines ihm von der Verfassung eingeräumten Gestaltungsspielraums die Pflichtaufgaben zur Erfüllung nach Weisung generell als Selbstverwaltungsangelegenheiten einordnet, dann müsste sich das auch in den Regelungen über die staatliche Aufsicht über die Gemeinden widerspiegeln. Da Art. 97 Abs. 1 Satz 2 LV im Bereich der Selbstverwaltungsangelegenheiten nur eine Rechtsaufsicht vorsieht, könnte die von § 121 BbgKVerf angeordnete Sonderaufsicht problematisch sein, weil sie auch eine Zweckmäßigkeitsaufsicht zulässt. Eine Lösung ließe sich auch durch Unterscheidung zwischen Pflichtaufgaben zur Erfüllung nach Weisung, die zugleich Aufgaben der örtlichen Gemeinschaft darstellen, und anderen Pflichtaufgaben zur Erfüllung nach Weisung, die keine Selbstverwaltungsaufgaben sind, nicht finden. Denn dann wäre nicht zu erklären, warum auch im Bereich von Selbstverwaltungsaufgaben eine weitergehende Aufsicht zulässig sein sollte. Verfassungsrechtskonform wäre die Sonderaufsicht für Pflichtaufgaben zur Erfüllung nach Weisung, die Aufgaben der örtlichen Gemeinschaft darstellen, nur dann, wenn man sie zugleich auch als Aufgaben des Landes i. S. v. Art. 97 Abs. 3 Satz 1 LV verstehen wollte.

Dass Aufgaben einen solchen Doppelcharakter haben können, hat auch schon das Bundesverfassungsgericht festgestellt und dazu ausgeführt: „Eine Aufgabe muss

---

[39] Bbg LT-Drs. 4/5056, S. 130.

[40] Vgl. *Hasso Lieber*, in: Lieber/Iwers/Ernst, Verfassung des Landes Brandenburg, Kommentar, 2012, Art. 97, Erl. 8.

[41] Bbg LT-Drs. 4/5056, S. 220.

sich nicht hinsichtlich aller ihrer Teilaspekte als eine Angelegenheit der örtlichen Gemeinschaft darstellen. Sie kann vielmehr auch nur teilweise als örtlich anzusehen sein, im Übrigen aber als überörtlich erscheinen. Insoweit darf der Gesetzgeber typisieren. Das Bundesverfassungsgericht prüft, ob die gesetzgeberische Einschätzung von Maß und Gewicht der örtlichen Bezüge einer Aufgabe in Ansehung des unbestimmten Verfassungsbegriffs ‚Angelegenheiten der örtlichen Gemeinschaft' vertretbar ist (vgl. BVerfGE 79, 127 [154]). Die Einschätzungsprärogative des Gesetzgebers ist dabei umso enger und die gerichtliche Kontrolle umso intensiver, je mehr als Folge der gesetzlichen Regelung die Selbstverwaltung der Gemeinden an Substanz verliert."[42]

Vor diesem Hintergrund erscheint es zulässig, jedenfalls die den Gemeinden übertragenen Pflichtaufgaben zur Erfüllung nach Weisung in Brandenburg gleichzeitig sowohl als Aufgaben der örtlichen Gemeinschaft als auch als staatliche Aufgaben zu verstehen, die deshalb grundsätzlich zugleich Selbstverwaltungsangelegenheiten darstellen.[43] Daher geht es nicht um ein Entweder-oder und ebenso wenig um ein Weder-noch, sondern um ein Sowohl-als-auch.

4. Rechtsfolgen

Der Gesetzgeber, der die Pflichtaufgaben zur Erfüllung nach Weisung grundsätzlich als Selbstverwaltungsaufgaben versteht, trägt ihrer besonderen Doppelstellung dennoch in der Weise Rechnung, dass er sie eher wie Auftragsangelegenheiten behandelt. Nach § 15 Abs. 3 Nr. 1 BbgKVerf findet ein Bürgerentscheid über Pflichtaufgaben zur Erfüllung nach Weisung und Auftragsangelegenheiten nicht statt. Über Pflichtaufgaben zur Erfüllung nach Weisung und über Auftragsangelegenheiten darf der Hauptausschuss nicht entscheiden (§ 50 Abs. 2 Satz 2 BbgKVerf). Auch die Gemeindevertretung ist für diese beiden Aufgabenkategorien nicht zuständig, falls der Gesetzgeber das nicht ausdrücklich vorsieht.[44] Stattdessen weist § 54 Abs. 1 Nr. 3 BbgKVerf die Entscheidungen in diesen Bereichen dem Hauptverwaltungsbeamten (hauptamtlicher Bürgermeister oder Amtsdirektor) zu, der allerdings Gemeindevertretung und Hauptausschuss immerhin über wichtige Angelegenheiten zu unterrichten hat (§ 54 Abs. 2 BbgKVerf).

---

[42] BVerfGE 110, 370 (401).

[43] So im Ergebnis auch für Nordrhein-Westfalen *Wolfgang Riotte/K. Waldecker*, Zur Einordnung der Pflichtaufgaben zur Erfüllung nach Weisung in den Zuständigkeitskatalog des § 73 Abs. 1 VwGO, NWVBl. 1995, 401 (405); *Hans Vietmeier*, Die Rechtsnatur der Pflichtaufgaben zur Erfüllung nach Weisung in Nordrhein-Westfalen, DVBl 1992, 413 (420). *Martin Burgi*, Kommunalrecht, 5. Aufl. 2015, § 8 Rdnr. 24, will diese Einordnung nur nach Landesrecht anerkennen, nicht aber i. S. v. Art. 28 Abs. 2 GG.

[44] *Hellmut Wollmann*, „Echte Kommunalisierung" der Verwaltungsaufgaben: Innovatives Leitbild für umfassende Funktionalreform?, LKV 1997, 105 (106), folgert daraus, dass es sich bei der Übertragung solcher Aufgaben „um eine ‚unechte', ‚kupierte' Kommunalisierung von Verwaltungsaufgaben [handelt], die verwaltungspolitisch eher als Dekonzentration denn als Dezentralisierung der Verwaltung zu bezeichnen ist".

Abweichend von § 73 Abs. 1 Nr. 3 VwGO, der vorsieht, dass in Selbstverwaltungsangelegenheiten grundsätzlich die Selbstverwaltungsbehörde den Widerspruchsbescheid erlässt, bestimmt § 8 Abs. 3 des Brandenburgischen Verwaltungsgerichtsgesetzes (BbgVwGG), dass in Angelegenheiten, die den kreisangehörigen Gemeinden und den Ämtern als Pflichtaufgaben zur Erfüllung nach Weisung übertragen sind, die Aufsichtsbehörde für den Erlass des Widerspruchsbescheids zuständig ist.

Wenn Pflichtaufgaben zur Erfüllung nach Weisung dennoch generell (auch) Selbstverwaltungsangelegenheiten darstellen, wird man aber konsequenterweise davon ausgehen können, dass Maßnahmen der Sonderaufsicht Außenwirkung zukommt und sie deshalb als Verwaltungsakte i. S. v. § 35 Satz 1 VwVfG einzuordnen sind.[45] Insoweit sind sie anders zu behandeln als Maßnahmen der Fachaufsicht,[46] die zumindest nach einer auch von der Rechtsprechung vertretenen Ansicht keine Außenwirkung haben.[47] Die Gemeinde kann sich daher gegen ein sonderaufsichtsrechtliches Vorgehen mit der Anfechtungsklage wehren. Grundsätzlich sind solche Sonderaufsichtsmaßnahmen auch geeignet, die Gemeinde in ihrem Selbstverwaltungsrecht zu beeinträchtigen, weshalb die Gemeinde regelmäßig klagebefugt (§ 42 Abs. 2 VwGO) sein wird.[48]

VII. Fazit

Die vorstehenden Überlegungen führen dazu, dass man im Ergebnis in Brandenburg folgendermaßen unterscheiden muss:

1. Aufgaben der örtlichen Gemeinschaft, hinsichtlich derer die Gemeinden selbstständig über das Ob und das Wie der Erfüllung entscheiden.

2. Selbstverwaltungsaufgaben, die nicht übertragen werden können, weil sie keine Aufgaben des Landes, sondern solche der örtlichen Gemeinschaft darstellen, die den Gemeinden vom Land aber zur Wahrnehmung als pflichtige Selbstverwaltungsaufgaben auferlegt werden können.

3. Aufgaben mit ausreichendem örtlichen Bezug, die deshalb als Selbstverwaltungsaufgaben einzuordnen sind, die aber zugleich Aufgaben des Landes darstellen

---

[45] So jedenfalls für Nordrhein-Westfalen OVG Münster, Beschluss vom 16.3.1995–15 B 2839/93, NWVBl. 1995, 300 (301).

[46] Keinen qualitativen Unterschied zwischen Fachaufsicht und Sonderaufsicht sieht *Wolfgang Kahl*, Die Staatsaufsicht, 2000, S. 556f. m. w. N., der allerdings ohnehin allen Aufsichtsmaßnahmen Außenwirkung beimisst (S. 562f.).

[47] Vgl. BVerwG, Urteil vom 20.4.1994–11 C 17/93, NVwZ 1995, 165 (166); Urteil vom 14.12.1994–11 C 4/94, NVwZ 1995, 910; VG Leipzig, Beschluss vom 9.6.2000–6 K 2377/99, LKV 2001, 477.

[48] Ebenso *Muth* (o. Fn. 32), Vorbemerkung vor § 2 BbgKVerf (Mai 2013), S. 12. Vgl. auch *Schmidt* (o. Fn. 7), § 4 Rdnr. 88f., der allerdings von der Klagebefugnis auch im Bereich der Fachaufsicht ausgeht. Anders z. B. *Josef-Walter Kirchberg/Michaela Boll/Peter Schütz*, Der Rechtsschutz von Gemeinden in der Fachplanung, NVwZ 2002, 550 (551).

und den Gemeinden darum auf der Grundlage von Art. 97 Abs. 3 Satz 1 LV als Pflichtaufgaben zur Erfüllung nach Weisung, also mit – grundsätzlich allerdings nicht umfassendem – Weisungsrecht und Sonderaufsicht übertragen werden dürfen.

4. Rein staatliche Aufgaben des Landes, die es als Auftragsangelegenheiten auf die Gemeinden übertragen kann.

Die Aufgaben unter 1–3 unterfallen als Selbstverwaltungsangelegenheiten grundsätzlich der Kommunalaufsicht. Da Pflichtaufgaben zur Erfüllung nach Weisung zugleich staatliche Aufgaben sind, ordnet § 121 Abs. 1 BbgKVerf zulässigerweise eine weitergehende Sonderaufsicht an, die den Kommunen grundsätzlich einen gewissen Spielraum belassen sollte. Nur für die Auftragsangelegenheiten sieht § 2 Abs. 4 BbgKVerf eine Aufsicht vor, die sich umfassend auf Recht- und Zweckmäßigkeit bezieht und deshalb Fachaufsicht ist.

Zur Kontrolle mehrpoliger Verwaltungsentscheidungen durch einen in Personalunion prüfenden Beauftragten

Eine Kritik an Amt, Organisation und Verfahren des Bundesbeauftragten für den Datenschutz und die Informationsfreiheit

Von *Martin Ibler*

I. Rechtsstaatsgebot und Demokratiegebot als Maßstäbe für Verwaltungsorganisation und -verfahren

Ein demokratischer Rechtsstaat muss die Behörden und ihre Arbeitsweise so ausgestalten, dass jede Verwaltungsentscheidung berechenbar ist und vom Staat vor den Bürgern verantwortet werden kann. Das Demokratiegebot (Art. 20 Abs. 1, 2 GG) verlangt hierzu, dass jede Behördenentscheidung vom Volk legitimiert ist. Die für ein „bestimmtes Legitimationsniveau" nötige Legitimationskette können (ggf. neben einer personellen demokratischen Legitimation des handelnden Amtsträgers) hierarchisch organisierte Behörden bilden, mit einer dem gewählten Parlament verantwortlichen Regierung an der Spitze, und eine Aufsicht der übergeordneten Behörden über die untergeordneten.[1] An die Seite dieser Legitimation durch Organisation und Verfahren tritt eine inhaltliche durch Gesetze, die mit ihren Vorgaben die Behördenentscheidung steuern. Auch Form- und Verfahrensvorschriften tragen zur demokratischen Legitimation der Verwaltung bei, wenn sie ein Handlungsinstrument, z. B. Entscheidung durch Verwaltungsakt, festlegen und das Verwaltungsverfahren lenken, z. B., indem sie einer Behörde Informationspflichten gegenüber den Bürgern auferlegen und/oder ihr eine Anhörung der Betroffenen oder gar eine öffentliche Anhörung vorschreiben. In der modernen Demokratiediskussion wird zudem der Ruf nach mehr Transparenz der Verwaltung immer lauter: Die Verwaltung soll für jedermann transparent werden, damit sich informierte Bürger bei den Wahlen rationaler entscheiden können. Eine transparente Verwaltung veröffentlicht ihre Rechts- und Verwaltungsvorschriften, Pläne und weitere Entscheidungen im Internet und beantwortet jede Frage, die ein Bürger ihr stellt.

Das Rechtsstaatsgebot (Art. 20 Abs. 3 GG) ordnet Vorrang und Vorbehalt des Gesetzes an; entsprechend vorbereitet und organisiert müssen die Behörden sein. Sie benötigen genügend gut ausgebildetes und handlungsfähiges Personal, und ihre Verwaltungsverfahren müssen ein fehlerfreies Entscheiden erleichtern, z. B. durch

---
[1] Z. B. BVerfGE 135, 155 (221 ff.).

Amtsermittlungspflichten. Gegenüber Eingriffen müssen Bürger effektiv Rechtsschutz erhalten können, und zwar nicht erst vor unabhängigen Gerichten, sondern möglichst auch schon (z. B. durch Anhörung und Widerspruchsverfahren) vor der Verwaltung; zu Recht betont *Franz-Joseph Peine*, wie wichtig ein Schutz vor vollendeten Tatsachen gerade im Verwaltungsverfahren ist.[2] Auch in der Rechtsstaatsdiskussion ist die Forderung nach Transparenz der Verwaltung aktuell – nicht nur, damit der informierte Bürger seine Rechte besser verteidigen kann, sondern auch, damit jedermann ganz allgemein die Verwaltung mitkontrollieren kann.[3]

Die Anforderungen an Verwaltungsorganisation und -verfahren dürfen indes nicht überspannt werden. Die Verwaltung muss funktionsfähig bleiben, d. h. nicht nur auf traditionellen Arbeitsfeldern Gesetze ausführen und verwirklichen, sondern auch neue Herausforderungen meistern können, oft sogar schneller als dies etwa der Gesetzgeber kann oder will. Nur wenn die Verwaltung zielführend, sachgerecht und zweckmäßig, effektiv und effizient arbeitet, kann sie die für die Bürger nötigen Leistungen erbringen und Gefahren für die öffentliche Sicherheit rechtzeitig abwehren. Die Funktionsfähigkeit der Verwaltung, *Franz-Joseph Peine* spricht sinngleich von „Leistungsfähigkeit",[4] wird deshalb ebenfalls vom Rechtsstaatsgebot gefordert.

Demokratische Legitimation, Transparenz, Vorrang und Vorbehalt des Gesetzes, Rechtsschutz, Rechtssicherheit auf der einen Seite, und Funktionsfähigkeit auf der anderen, stehen häufig im Widerstreit, vor allem, wenn die Verwaltung viele konträre Interessen und Rechte wahren muss. Das hehre Ziel, zugleich willkürfrei, rechtmäßig, zielführend, sachgerecht, zweckmäßig, effektiv, effizient und transparent zu entscheiden, wird in der Praxis dann oft verfehlt. Immerhin, der demokratische Rechtsstaat verfolgt dieses Zielbündel mit vielen Mitteln, durch gute Gesetze, gute Auswahl und Ausbildung des Verwaltungspersonals, klare und straffe Behördenorganisation, sowie durch leistungsfähige und bürgerfreundliche Verwaltungsverfahren.

II. Mehrpolige Verwaltungsentscheidungen

Dabei zählt es zum Verwaltungsalltag, Rechte und Interessen des einen gegenüber denen eines anderen und/oder der Allgemeinheit zu bevorzugen oder zurückzustellen. Zu einer solchen mehrpoligen – gewöhnlich zumindest das Recht eines Betroffenen einschränkenden – Entscheidung muss die Behörde durch ein Parlamentsgesetz ermächtigt sein. Das Gesetz selbst kann bestimmen, wessen Recht oder Interesse

---

[2] *Franz-Joseph Peine*, Allgemeines Verwaltungsrecht, 11. Aufl. 2014, Rdnrn. 588 ff.; vgl. auch *dens.*, Einführung in das Verwaltungsverfahren, AL 2011, 85 (89).

[3] Kritisch dazu insbesondere *Martin Ibler*, Zerstören die neuen Informationszugangsgesetze die Dogmatik des deutschen Verwaltungsrechts, in: Eberle/Ibler/Lorenz (Hrsg.), Der Wandel des Staates vor den Herausforderungen der Gegenwart. Festschrift für Winfried Brohm, 2002, S. 405 (412 ff.).

[4] *Peine*, AL 2011, 85 (88).

Vorrang gebührt, oder es kann diese Entscheidung einer Gestaltung, einer Abwägung oder dem Ermessen der Behörde zuweisen.

Allerdings steht es dem Gesetzgeber nicht völlig frei, ob er selbst einem Recht oder Interesse zwingend Vorrang einräumt, oder ob er diese Entscheidung einer Behörde überträgt und ggf. wie. Die wesentlichen Entscheidungen muss das Parlament selbst treffen.[5] Was „wesentlich" ist, entnimmt das Bundesverfassungsgericht dem Sachbereich und der Eigenart des betroffenen Regelungsgegenstandes[6] sowie den tragenden Prinzipien der Verfassung.[7] Namentlich wenn Grundrechtspositionen miteinander kollidieren können, etwa die Informationsfreiheit (Art. 5 Abs. 1 Satz 2 GG) mit der Meinungsfreiheit (Art. 5 Abs. 1 Satz 1 GG) anderer, müsse der Gesetzgeber selbst die Kollisionen zum Ausgleich bringen.[8]

Immerhin hat der Gesetzgeber, auch beim Schutz von Grundrechten, einen Gestaltungsspielraum, insbesondere bei der Art und Weise dieses Schutzes.[9] Das Gesetz kann dazu inhaltliche Vorgaben machen, z. B. durch Gebote und Verbote. Es kann auch besonders grundrechtsschützende Verwaltungsverfahren vorschreiben. Beispiele für solchen Grundrechtsschutz durch Verfahren sind besonders formalisierte Anhörungen der Bürger, besondere Mitteilungspflichten der Behörden oder besondere Verfahren, die z. B. Daten und Geheimnisse effektiv schützen können. Das Gesetz kann auch gravierende Grundrechtseingriffe, etwa die Überwachung von Personen mit besonderen technischen Mitteln oder die Anordnung einer Wohnungsdurchsuchung, einem Behördenleiter-[10] oder sogar einem Richtervorbehalt[11] unterwerfen. Zudem kann der Gesetzgeber neben einem besonderen Verwaltungsverfahren eine spezielle Verwaltungsorganisation anordnen, indem er eigens zum Schutz grundrechtlicher Freiheit eine neue Behörde, z. B. einen unabhängigen Beauftragten, errichtet und mit spezifischen Aufgaben ausstattet. Einen solchen ergänzenden Grundrechtsschutz sehen das Datenschutzgesetz und das Informationsfreiheitsgesetz des Bundes vor.

III. Bundesdatenschutzgesetz (BDSG)

Das BDSG, das personenbezogene Daten natürlicher Personen schützt, hat 1977[12] einen Beauftragten für den Datenschutz geschaffen. Zu seinen Aufgaben zählt es, bei

---

[5] Z. B. BVerfGE 101, 1 (34 m. w. N.); *Peine*, AL 2011, 85 (88 f.).

[6] Vgl. z. B. BVerfGE 98, 218 (251); 101, 1 (35).

[7] Vgl. z. B. BVerfGE 98, 218 (251); 101, 1 (34); 135, 155 (222 m. w. N.).

[8] Vgl. BVerfGE 57, 259 (320 f.).

[9] Zu Grenzen vgl. z. B. BVerfGE 90, 60 (101 ff.).

[10] Z. B. § 22 Abs. 6 Satz 1 PolG Baden-Württemberg; § 28 Abs. 3 Satz 1 BPolG (Datenerhebung mit besonderen Mitteln).

[11] Z. B. § 31 Abs. 5 Satz 3 PolG Baden-Württemberg; § 46 Abs. 1 Satz 1 BPolG (Wohnungsdurchsuchung).

[12] Gesetz zum Schutz vor Missbrauch personenbezogener Daten bei der Datenverarbeitung vom 27.1.1977 (BGBl. I S. 201).

den öffentlichen Stellen des Bundes die Einhaltung dieses Gesetzes und anderer Vorschriften über den Datenschutz zu kontrollieren.[13] Einen Gesetzesverstoß oder Mangel bei der Datenverarbeitung beanstandet er und fordert die Behörde unter Fristsetzung zu einer Stellungnahme auf (§ 25 Abs. 1 Satz 1 BDSG). Das Gesetz hat den Datenschutzbeauftragten für unabhängig erklärt.[14] Die hier ursprünglich bestehende Einschränkung durch Rechtsaufsicht seitens der Bundesregierung[15] und Dienstaufsicht seitens des Bundesministeriums des Innern[16] verstieß allerdings gegen die europäische Datenschutzrichtlinie, die eine „völlige Unabhängigkeit" fordert. Als nötige[17] Reaktion, auch auf zwei Urteile des EuGH,[18] soll eine Gesetzesänderung mit Wirkung zum 1. 1. 2016 diese völlige Unabhängigkeit herbeiführen:[19] Der Beauftragte wird zu einer „obersten Bundesbehörde" aufgewertet, die Rechtsaufsicht durch die Regierung und die Dienstaufsicht durch das Innenministerium entfallen.[20]

IV. Informationsfreiheitsgesetz (IFG) des Bundes

Auch durch das IFG[21], das jedem gegenüber Behörden des Bundes einen Anspruch auf Zugang zu amtlichen Informationen gewährt (§ 1 Abs. 1 Satz 1) und ausgestaltet, wurde ein Beauftragter geschaffen (§ 12). Dieser Bundesbeauftragte für die Informationsfreiheit soll darüber wachen, dass die Bundesbehörden ihre Pflichten aus dem Gesetz, insbesondere ihre Informationspflicht, einhalten.

1. Die „mehrpolige" Entscheidung über den Informationsanspruch und der Schutz der Betroffenen

Der genannte Informationsanspruch hängt nicht von einem eigenen Recht oder Interesse des Anspruchstellers an der begehrten Information ab. Dieser leicht zu erhebende, angeblich „voraussetzungslose" Auskunftsanspruch soll die Transparenz

---

[13] Zu weiteren Aufgaben siehe § 26 BDSG.

[14] § 17 Abs. 4 Satz 2 BDSG 1977, § 22 Abs. 4 Satz 2 BDSG 1991/2003.

[15] § 17 Abs. 4 Satz 3 BDSG 1977, § 22 Abs. 4 Satz 3 BDSG 1991/2003.

[16] § 17 Abs. 5 Satz 2 BDSG 1977, § 22 Abs. 5 Satz 2 BDSG 1991/2003.

[17] *Sarah Thomé*, Die Unabhängigkeit der Bundesdatenschutzaufsicht, VuR 2015, 130 (131). Anders die früher h. M., z. B. *Hans Peter Bull*, Die „völlig unabhängige" Aufsichtsbehörde, EuZW 2010, 488 (489 ff.); *Peter Gola/Rudolf Schomerus*, BDSG, Kommentar, 9. Aufl. 2007, § 22 Rdnr. 10 m. w. N.; vgl. aber nunmehr *dies.*, 11. Aufl. 2012, § 22 Rdnr. 10 f.

[18] Vgl. EuGH, Urteil vom 9. 3. 2010 – Rs. C-518/07, juris; EuGH, Urteil vom 16. 10. 2012 – Rs. C-614/10, juris.

[19] Zweites Gesetz zur Änderung des Bundesdatenschutzgesetzes vom 25. 2. 2015 (BGBl. I S. 162).

[20] Vgl. Ziffer 9 e), f) des Regierungsentwurfs, BT-Drs. 18/2848 vom 13. 10. 2014, S. 15 f.

[21] Vom 5. 9. 2005 (BGBl. I S. 2722).

der Verwaltung und die Funktionsbedingungen der Demokratie verbessern.²² Aber das IFG zieht ihm Grenzen. Diese sollen u. a. personenbezogene Daten anderer Personen schützen. Die Entscheidung, ob eine Auskunft erteilt oder ob sie zum Schutz personenbezogener Daten anderer versagt wird, ist im oben genannten Sinne mehrpolig. Zugang zu solchen Daten darf nach § 5 Abs. 1 Satz 1 IFG nur gewährt werden, soweit das Informationsinteresse des Antragstellers das schutzwürdige Interesse des Dritten am Ausschluss des Informationszugangs überwiegt oder der Dritte eingewilligt hat. In der Regel also untersteht der Schutz personenbezogener Daten im Verhältnis zur Informationsfreiheit einem Abwägungsvorbehalt.²³

Für einige Gruppen von Daten hat der Gesetzgeber die Abwägung, ob das Informationsinteresse des Antragstellers das Interesse eines anderen an der Vertraulichkeit der Information überwiegt, selbst vorgenommen: Durch Gesetz vom Informationsanspruch ausgeschlossen sind nach § 5 Abs. 1 Satz 2 IFG (i. V. m. § 3 Abs. 9 BDSG) Informationen über die rassische und ethnische Herkunft, politische Meinungen, religiöse oder philosophische Überzeugungen, Gewerkschaftszugehörigkeit, Gesundheit oder Sexualleben einer Person. Das IFG selbst legt (in § 5 Abs. 2) auch fest, dass das Informationsinteresse zurücktritt, soweit Informationen aus Unterlagen begehrt werden, die mit dem Dienst- oder Amtsverhältnis oder dem Mandat eines Dritten in Zusammenhang stehen, und auch bei Informationen, die einem Berufs- oder Amtsgeheimnis unterliegen. Vom Gesetz selbst ausgeschlossen ist der Informationsanspruch zudem, soweit der Schutz geistigen Eigentums entgegensteht (§ 6 Satz 1). Auch den Zugang zu Betriebs- oder Geschäftsgeheimnissen schließt das Gesetz selbst aus, es sei denn, der Betroffene hat in die Übermittlung der Information eingewilligt (§ 6 Satz 2).

Für andere Gruppen personenbezogener Daten hat der Gesetzgeber nicht selbst abschließend bestimmt, ob das Informationsinteresse des Antragstellers das Datenschutzinteresse eines anderen überwiegt. Immerhin geht für einige Auskünfte das Informationsinteresse dem Geheimhaltungsinteresse eines anderen nach § 5 Abs. 3 IFG „in der Regel" vor, nämlich, wenn sich die Angabe auf Namen, Titel, akademischen Grad, Berufs- und Funktionsbezeichnung, Büroanschrift und Telekommunikationsnummer eines Dritten beschränkt, der als Gutachter, Sachverständiger oder in vergleichbarer Weise eine Stellungnahme in einem Verfahren abgegeben hat. Gleichwohl muss schon hier die Behörde in jedem einzelnen Fall darüber befinden, ob die Information ausnahmsweise versagt wird. Auch für andere Datenauskünfte ist von der Behörde eine wertende Entscheidung im Einzelfall zu treffen, nämlich nach § 5 Abs. 4 für bestimmte, den Bearbeiter der Akte betreffende Angaben, „soweit sie Ausdruck und Folge der amtlichen Tätigkeit sind".

---

²² Gesetzentwurf der Fraktionen SPD und BÜNDNIS 90/DIE GRÜNEN, BT-Drs. 15/4493 vom 14.12.2004, S. 1, 6.
²³ Vgl. *Friedrich Schoch*, Informationsfreiheit versus Datenschutz, in: Dix/Franßen/Kloepfer u. a. (Hrsg.), Informationsfreiheit und Informationsrecht, Jahrbuch 2012, S. 123 (131).

Hat aber der Gesetzgeber des IFG nicht selbst die Abwägung durch § 5 Abs. 2–4 vorgezeichnet oder durch § 6 ausgeschlossen, bleibt es beim Grundsatz der „datenschutzrechtlichen Abwägungsklausel"[24] des § 5 Abs. 1: Wird der Zugang zu personenbezogenen Daten verlangt, ohne dass derjenige, um dessen Daten es geht, darin eingewilligt hat, entscheidet allein die angerufene Bundesbehörde, ob das Informationsinteresse des Antragstellers das Datenschutzinteresse des Dritten überwiegt.

Die Begründung des Gesetzesentwurfs zu § 5 Abs. 1 Satz 1 erklärt zu dieser Abwägung im Wesentlichen: „[Es] kann sich die Behörde über eine fehlende Zustimmung hinwegsetzen, wenn sie zu dem Ergebnis kommt, dass das Informationsinteresse des Antragstellers ein schutzwürdiges Interesse des Dritten überwiegt. [...] Im Rahmen der Interessenabwägung ist zugunsten des Antragstellers das Informationsinteresse der Allgemeinheit zu berücksichtigen. Die mit dem Informationsfreiheitsgesetz bezweckte Transparenz dient nicht nur dem Einzelnen, sondern ebenso der Öffentlichkeit insgesamt."[25]

Tatsächlich erleichtert es der so formulierte Gesetzeszweck der Behörde, in Konfliktfällen eine Preisgabe von Daten zu begründen. Im Lichte dessen hilft auch die IFG-Ausnahmevorschrift des § 7 Abs. 1 Satz 3 dem Datenschutz nur wenig, indem sie für solche Informationsanträge, die schutzwürdige Daten Dritter (i. S. v. § 5 Abs. 1 und 2 oder § 6) betreffen, eine Antragsbegründung verlangt. Einen weiteren verfahrensrechtlichen, aber ebenfalls eher geringen Schutz bietet dem Datenschutzberechtigten ein inhaltlich beschränktes und befristetes Recht zur Stellungnahme, bevor die Behörde dem Informationsantrag stattgibt (§ 8 Abs. 1). Auch die Pflicht der Behörde zur Bekanntgabe ihrer Entscheidung gegenüber dem Dritten (§ 8 Abs. 2 Satz 1) und die anschließende Wartefrist vor der Informationspreisgabe (§ 8 Abs. 2 Satz 2) sollen den Datenschutzberechtigten verfahrensrechtlich schützen. Wegen der Möglichkeit der Behörde, die sofortige Vollziehung ihrer Entscheidung anzuordnen (vgl. § 8 Abs. 2 Satz 2), bleibt ein gerichtlicher Primärrechtsschutz des Datenschutzberechtigten aber u. U. auf das nur summarische Verfahren nach § 80 Abs. 5 VwGO beschränkt. Weder eine Fortsetzungsfeststellungs- noch eine Amtshaftungsklage können ein Preisgeben der Daten verhindern. Mit einem Hinweis auf einen – ohnehin grundsätzlich unzulässigen und auch vom IFG nicht vorgesehenen – vorbeugenden Rechtsschutz darf der Datenschutzberechtigte nicht vertröstet werden.[26]

Lehnt die Bundesbehörde demgegenüber einen Antrag auf Informationszugang ab, kann der Anspruchsteller Widerspruch einlegen und bei erfolglosem Widerspruch vor dem Verwaltungsgericht klagen (vgl. § 9 Abs. 4 IFG). Der Informationsbegehrende kann also effektiven Rechtsschutz erlangen. Was dies aber für den Da-

---

[24] *Malte Hilpert*, Entwurf eines Informationsfreiheitsgesetzes, DSB 2005, 9 (10).

[25] Gesetzentwurf der Fraktionen SPD und BÜNDNIS 90/DIE GRÜNEN, BT-Drs. 15/4493 vom 14.12.2004, S. 13.

[26] So aber wohl *Michael Kloepfer/Kai von Lewinski*, Das Informationsfreiheitsgesetz des Bundes (IFG), DVBl 2005, 1277 (1286).

tenschutzberechtigten bedeutet, ist weniger klar. Nur wenn die Behörde unter den Voraussetzungen des § 99 Abs. 1 Satz 2 VwGO die Weitergabe der bei ihr vorhandenen personenbezogenen Daten an das Gericht verweigert,[27] ist der Datenschutzberechtigte vor Akteneinsicht durch den Informationsbegehrenden geschützt, auch im ggf. folgenden „in-camera"-Verfahren (vgl. § 99 Abs. 2 VwGO). Eine solche Verweigerung steht allerdings nach § 99 Abs. 1 Satz 2 VwGO im Behördenermessen[28]; ausreichenden subjektiven (Datenrechts-)Schutz bietet dies dem Datenschutzberechtigten nicht. Entscheidet sich die Behörde dagegen für die Freigabe der Daten, versucht das Bundesverwaltungsgericht zwar, dem „missglückten Wortlaut" des § 99 Abs. 1 Satz 1 VwGO, der diesen Fall nicht erwähnt, kurzerhand durch „erweiternde Auslegung" abzuhelfen.[29] Deren Reichweite und Folgen sind aber unklar und umstritten.[30]

Neu vom IFG eingeführt ist, dass außerdem jeder, wenn er sein Recht auf Informationszugang nach diesem Gesetz als verletzt ansieht, den Bundesbeauftragten für die Informationsfreiheit anrufen kann (§ 12 Abs. 1). Kontrolliert der Beauftragte, ob die Bundesbehörde das IFG eingehalten hat, muss er nicht nur nachprüfen, ob sie bei ihrer Entscheidung über den Informationsanspruch das Gesetz rechtmäßig ausgelegt und rechtmäßig subsumiert hat, sondern auch, ob eine etwa erforderliche Abwägung des Informationsinteresses mit Rechten anderer fehlerfrei war (vgl. § 12 Abs. 3 und die dort in Bezug genommenen Vorschriften des BDSG).[31] Stellt der Beauftragte einen Gesetzesverstoß oder sonstige Mängel fest, beanstandet er dies und fordert die Behörde zur Stellungnahme auf, ggf. unterrichtet er gleichzeitig die zuständige Aufsichtsbehörde derjenigen Behörde, die den Fehler begangen hat (vgl. § 12 Abs. 3 IFG i. V. m. § 25 BDSG).

2. Die Personalunion zwischen Datenschutz- und Informationsfreiheitsbeauftragtem

Der Bundesbeauftragte für die Informationsfreiheit ist 2006 mit dem IFG zwar neu geschaffen worden. Aber der Gesetzgeber knüpfte an das BDSG an und bestimmte in § 12 Abs. 2 IFG: „Die Aufgabe des Bundesbeauftragten für die Informationsfreiheit wird von dem Bundesbeauftragten für den Datenschutz wahrgenom-

---

[27] Vgl. dazu z. B. *Friedrich Schoch*, Verselbständigung des „in camera"-Verfahrens im Informationsfreiheitsrecht?, NVwZ 2012, 85 (86).

[28] Zu gewissen objektiven Ermessensgrenzen vgl. BVerwGE 130, 236 (244 f.).

[29] BVerwGE 118, 350 (350 f.).

[30] Vgl. die Kritik bei *Jan Ziekow/Alfred G. Debus/Elisabeth Musch*, Evaluation des Gesetzes zur Regelung des Zugangs zu Informationen des Bundes – Informationsfreiheitsgesetz des Bundes (IFG) im Auftrag des Innenausschusses des Deutschen Bundestages, 2012, S. 390; *Nicolai Schroeter*, Defizite beim Verfahren der gerichtlichen Überprüfung von Informationsbegehren nach dem Informationsfreiheitsgesetz, NVwZ 2011, 457 (460); *Wolf Rüdiger Schenke*, Der Geheimnisschutz Privater im verwaltungsgerichtlichen Verfahren, NVwZ 2008, 938 (939 ff.).

[31] Zum Prüfungsumfang vgl. auch z. B. *Gola/Schomerus* (o. Fn. 17), § 25 Rdnr. 2.

men." Zugleich – wenn auch nur im BDSG (warum eigentlich nicht auch im IFG?) – benannte der Gesetzgeber den Bundesbeauftragten für den Datenschutz um in „Bundesbeauftragter für den Datenschutz und die Informationsfreiheit". Diese Regelungstechnik, die zu einer „Personalunion"[32] führt, ersparte dem Gesetzgeber eine Aufzählung der Aufgaben des Bundesbeauftragten im IFG. Stattdessen verweist § 12 Abs. 3 IFG auf das BDSG und erklärt: „Die Bestimmungen des Bundesdatenschutzgesetzes über die Kontrollaufgaben des Bundesbeauftragten für den Datenschutz (§ 24 Abs. 1 und 3 bis 5), über Beanstandungen (§ 25 Abs. 1 Satz 1 Nr. 1 und 4, Satz 2 und Abs. 2 und 3) sowie über weitere Aufgaben gemäß § 26 Abs. 1 bis 3 gelten entsprechend." Die Gesetzesbegründung rechtfertigt die Personalunion äußerst knapp: „Erfahrungen im Ausland und in den Ländern, die bereits über Informationsfreiheitsgesetze verfügen, zeigen, dass ein Beauftragter bürgernah Informationsfreiheit und Datenschutz in Ausgleich bringen kann."[33] Zuvor hatte der 20. Tätigkeitsbericht des Bundesbeauftragten für den Datenschutz (2003–2004) ausgeführt, Informationsfreiheit und Datenschutz seien zwei Seiten der gleichen Medaille, gehe es doch in beiden Fällen um Offenheit und Transparenz. Eine beiden Seiten gesetzlich gleichermaßen verpflichtete Stelle könne unnötige Frontstellungen, die weder dem Datenschutz noch der Informationsfreiheit dienen würden, vermeiden.[34] Ganz in diesem Sinne beruft sich eine die Personalunion stützende Literatur (oft handelt es sich um Stellungnahmen der Informations- und Datenschutzbeauftragten)[35] auf „Synergieeffekte"[36] „angesichts der partiellen Überschneidungen der Aufgabenbereiche insbesondere bei der Beschränkung des Informationszugangs durch die Datenschutzregel des § 5 IFG".[37] Auf höchster Abstraktionsebene wird sogar eine gemeinsame Zielsetzung von Datenschutz und Informationsfreiheit formuliert, um die Personalunion zu verteidigen: Datenschutz solle mit der freiheitsrechtlichen Stärkung des Individuums staatliche Macht begrenzen, und darum gehe es letztlich auch bei der Informationsfreiheit, wenn dem Individuum in einer demokratischen Gesellschaft ein Anspruch auf Teilhabe am vorhandenen Wissen in Staat und Verwaltung eingeräumt werde; ein Interessenkonflikt zwischen einem allgemeinen Informationszugang und Datenschutz bestehe deshalb „in Wirklichkeit kaum".[38] Es mehren sich sogar Empfehlungen, die gebündelten Kompetenzen des Beauftragten für

---

[32] So *Friedrich Schoch*, IFG, Kommentar (2009), § 12 Rdnr. 1; *Alfred G. Debus*, Die behördlichen Beauftragten für Datenschutz und Informationsfreiheit, DÖV 2012, 917 (918).

[33] Vgl. Gesetzentwurf der Fraktionen SPD und BÜNDNIS 90/DIE GRÜNEN, BT-Drs. 15/4493 vom 14.12.2004, S. 17.

[34] *Peter Schaar*, 20. Tätigkeitsbericht des Bundesbeauftragten für den Datenschutz (2003–2004), 2005, S. 26.

[35] Z. B. *Bettina Sokol*, Informationsfreiheit im Bund – ein zögerlicher erster Schritt, CR 2005, 835 (837); *Schaar* (o. Fn. 34), S. 26.

[36] *Schoch* (o. Fn. 32), § 12 Rdnr. 54 f.; ähnlich *Michael Kloepfer*, Informationszugangsfreiheit und Datenschutz – Zwei Säulen des Rechts der Informationsgesellschaft, DÖV 2003, 221 (230).

[37] *Debus*, DÖV 2012, 917 (919).

[38] *Sokol*, CR 2005, 835 (837).

den Datenschutz und die Informationsfreiheit künftig auf das Umweltinformationsgesetz und das Verbraucherinformationsgesetz zu erstrecken.[39]

3. Erste Bedenken gegen die Personalunion

Aber Datenschutz und Informationsfreiheit können leicht miteinander in Konflikt geraten. Der Datenschutz erweist sich nachgerade als das Hauptproblem der Informationszugangsfreiheit[40] – und umgekehrt[41]. Speziell bei „mehrpoligen" Verwaltungsentscheidungen über die Preisgabe personenbezogener Daten Dritter geht es nicht nur um die Informationsfreiheit als Begrenzung staatlichen Machtwissens, sondern eben auch um den Schutz von (Grund-)Rechten Dritter. Befürwortet der Beauftragte hier eine Informationsfreigabe, akzeptiert er, dass Daten eines Dritten preisgegeben werden. Handelt es sich dabei um personenbezogene Daten oder gar um geheimhaltungsbedürftige, entsteht typischerweise ein Konflikt mit dem Datenschutz. Aufgaben, Kompetenzen und Handeln des „Bundesbeauftragten für den Datenschutz und die Informationsfreiheit" sind damit von vornherein konfliktgeladen; dieser leicht vorhersehbare und geradezu programmierte Konflikt ist, wie noch zu zeigen sein wird (VII.), unnötig und intransparent. Rechtspolitisch lässt dieser Geburtsfehler Raum für zwei gegensätzliche Befürchtungen: Womöglich räumt der Beauftragte aus Tradition seinen klassischen Aufgaben des Datenschutzes Vorrang ein. Oder er befürwortet umgekehrt, angespornt vom modernen Wunsch nach einer transparenten Verwaltung, vorschnell die Preisgabe der angeforderten Information. Ob und wie der eine oder der andere Gedanke seine Entscheidung beeinflusst, lässt sich von außen nicht erkennen.

V. Verfassungsrechtliche Maßstäbe zur Beurteilung eines „Beauftragten für den Datenschutz und für die Informationsfreiheit" in Personalunion

Für die Organisation von Bundesbehörden und ihr Verfahren enthält das Grundgesetz keine Regeln, die ausdrücklich eine Personalunion verbieten. Dem demokratisch gewählten Gesetzgeber bleibt damit ein beträchtlicher organisatorischer Spielraum. Gleichwohl setzt das Grundgesetz dem Gesetzgeber Schranken. Sie sind jedoch meist sehr abstrakt und müssen durch Verfassungsauslegung erst noch präzisiert werden. Die wichtigsten Schranken enthalten Art. 20 Abs. 3 GG, der den Gesetzgeber an das Rechtsstaatsprinzip bindet, und Art. 1 Abs. 3 GG, der alle Grundrechte ausdrücklich auch dem Gesetzgeber gegenüber zu unmittelbar bindendem Recht erklärt. Hier kann insbesondere die Auslegung derjenigen Grundrechte, die für die In-

---

[39] *Schoch* (o. Fn. 23), S. 123 (125 f.); *Ziekow/Debus/Musch* (o. Fn. 30), S. 405, 453.

[40] Vgl. z. B. *Friedrich Schoch*, Informationszugangsfreiheit im Verwaltungsrecht, in: Krebs (Hrsg.), Liber Amicorum Hans-Uwe Erichsen, 2004, S. 247 (260).

[41] Vgl. *Kloepfer*, DÖV 2003, 221 (224 f.).

formationsfreiheit und für den Datenschutz wichtig sind, Maßstäbe ans Licht bringen. Die folgenden Ausführungen beschränken sich auf die Rechtsschutzgarantie (Art. 19 Abs. 4 GG), auf das Grundrecht auf informationelle Selbstbestimmung (Art. 1 Abs. 1 i. V. m. Art. 2 Abs. 1 GG) und auf das Grundrecht, sich ungehindert aus allgemein zugänglichen Quellen zu unterrichten (Art. 5 Abs. 1 GG).

1. Die Garantie effektiven gerichtlichen Rechtsschutzes
(Art. 19 Abs. 4 GG)

Eine Verletzung des Art. 19 Abs. 4 GG scheint auf den ersten Blick ausgeschlossen zu sein. Denn gegen die Entscheidung der Behörde über den Informationszugang kann jeder, dessen Informationsanspruch oder dessen persönliche Daten und Geheimnisse beeinträchtigt werden, nach erfolglosem Widerspruch Klage erheben. Außerdem kann er – anstelle des Widerspruchs und der Klage oder zusätzlich zu diesen Rechtsbehelfen – den Beauftragten für den Datenschutz und für die Informationsfreiheit anrufen. Schließlich kann der Betroffene auch noch gegen eine für ihn nachteilige Entscheidung des Bundesbeauftragten gerichtlich vorgehen.[42] Es scheint also, als habe sich der Rechtsschutz sogar verbessert.

Tatsächlich jedoch ist er komplizierter und undurchsichtiger geworden: Das IFG erlaubt zwar, den Beauftragten anzurufen, aber es verschweigt, dass der gerichtliche Rechtsschutz verloren geht, wenn gegen die angegriffene Entscheidung nicht innerhalb Monatsfrist zusätzlich Widerspruch eingelegt und schließlich ggf. Klage erhoben wird. Das ist umso ärgerlicher, als der Beauftragte keinen vollwertigen Rechtsschutz bieten kann. Er ist zwar ein „unabhängiger" Überwacher, aber er ist kein Richter; vor allem kann er eine Fehlentscheidung der Behörde nicht aufheben, sondern nur beanstanden. Welche Rechtsfolgen eine solche „Beanstandung" hat, klärt das Gesetz ebenfalls nicht hinreichend. Sicher ist nur, dass die beanstandete Behörde daraufhin eine „Stellungnahme" abgeben muss. Das Gesetz sieht auch keine Konsequenz für den Fall vor, dass zwar das Gericht die Entscheidung der Behörde für rechtmäßig hält, aber der Beauftragte für den Datenschutz und für die Informationsfreiheit zu einem anderen Ergebnis kommt. Dem Sinn und Zweck des Art. 19 Abs. 4 GG, der einen effektiven Rechtsschutz verlangt, dient dies alles nicht.

2. Das Grundrecht auf informationelle Selbstbestimmung
(Art. 1 Abs. 1 i. V. m. Art. 2 Abs. 1 GG)

Das Grundrecht auf informationelle Selbstbestimmung schützt die Befugnis des Einzelnen, grundsätzlich selbst zu entscheiden, wann und innerhalb welcher Grenzen

---

[42] Zur gerichtlichen Durchsetzung eines Anspruchs aus § 12 IFG gegen den Beauftragten z. B. *Annette Guckelberger*, in: Fluck/Theuer (Hrsg.), IFG, Kommentar, Loseblatt (Stand März 2007), § 12 Rdnr. 72.

persönliche Lebenssachverhalte offenbart werden.[43] In dieses Grundrecht hat der Gesetzgeber eingegriffen, als er 2006 im IFG den Informationszugangsanspruch geschaffen und ausgestaltet hat. Denn dieser erlaubt den Behörden, auch solche Informationen weiterzugeben, die personenbezogene Daten enthalten, und zwar selbst dann, wenn die Person, um deren Daten es sich handelt, eine Weitergabe ablehnt. Verfassungsrechtlich gerechtfertigt sein kann dies (nur), wenn eine hinreichend bestimmte gesetzliche Grundlage besteht, wenn das Übermaßverbot eingehalten wird, wenn die Weitergabe der Daten einer verfassungsgemäßen Zweckbestimmung folgt und wenn der Gesetzgeber genügend organisatorische und verfahrensrechtliche Schutzvorkehrungen gegen eine rechtswidrige Informationsfreigabe trifft. Ob das IFG diese Anforderungen erfüllt, ist nicht zweifelsfrei. Einerseits verbietet der Gesetzgeber (in § 6) für genau bestimmte personenbezogene Daten und Geschäftsgeheimnisse deren Weitergabe; dies ist unbedenklich. Andererseits überlässt er (in § 5) für andere personenbezogene Daten die Weitergabe einer Abwägung der Behörden, ohne dass er diese Abwägung im Gesetz klar genug vorzeichnet. Der verfahrensrechtliche Schutz des Datenschutzberechtigten bleibt ebenfalls schwach (o. IV. 1.). Auch die Gesetzeszwecke „Verbesserung der Transparenz der Verwaltung" und „Verbesserung der Funktionsbedingungen der Demokratie" sind so allgemein, dass sie eine im Einzelfall gebotene Abwägung nicht hinreichend steuern können. Hinzu kommen die mehrfach erwähnten organisatorischen Schwächen, die in der Konstruktion einer Personalunion des Beauftragten für den Datenschutz und für die Informationsfreiheit liegen.

3. Das Grundrecht, sich aus allgemein zugänglichen Quellen
zu unterrichten (Art. 5 Abs. 1 Satz 2 GG)

Ob das Grundrecht, sich ungehindert aus allgemein zugänglichen Quellen zu unterrichten, dem Gesetzgeber des IFG Schranken setzen kann, ist nicht von vornherein klar. Für viele Autoren wird dieses Grundrecht durch das IFG gar nicht betroffen. Es schütze nur, sich „aus allgemein zugänglichen Quellen" ungehindert unterrichten zu können, aber Informationen in Behördenakten und -dateien seien nicht „allgemein zugänglich". Doch überzeugt diese Ansicht heute nicht mehr, weil der Gesetzgeber mit dem „voraussetzungslosen" neuen Anspruch jedermanns auf Zugang zu amtlichen Informationen (§ 1 Abs. 1 Satz 1 IFG) diese Informationen mittlerweile allgemein zugänglich gemacht hat.[44] „Legt der Gesetzgeber die Art der Zugänglichkeit von staatlichen Vorgängen und damit zugleich das Ausmaß der Öffnung dieser Informationsquelle fest, so wird in diesem Umfang zugleich der Schutzbereich der Informationsfreiheit eröffnet."[45] Art. 5 Abs. 1 Satz 2 GG erweist sich insoweit als „norm-

---

[43] BVerfGE 65, 1 (42).

[44] Näher *Martin Ibler*, Wie konkretisiert Verwaltungsrecht Verfassungsrecht?, in: Ibler (Hrsg.), Verwaltung, Verfassung, Kirche. Konstanzer Symposium für Hartmut Maurer, 2012, S. 1 (4 ff.); *Marion Albers*, Grundlagen und Ausgestaltung der Informationsfreiheitsgesetze, ZJS 2009, 614 (617 ff.).

[45] BVerfGE 103, 44 (61).

geprägtes" bzw. „normprägbares" Grundrecht.[46] Doch ist die Befugnis des einfachen Gesetzgebers, Art. 5 Abs. 1 Satz 2 GG auszuformen, nicht schrankenlos. Es kommt deshalb darauf an, ob die Verfassung, einschließlich Art. 5 Abs. 1 Satz 2 GG, für eine Personalunion des Bundesbeauftragten für den Datenschutz und die Informationsfreiheit Maßstäbe enthält, und wenn ja, welche. Verlangt die Verfassung vom Gesetzgeber, wenn er den Schutzbereich des Grundrechts durch Schaffung neuer allgemein zugänglicher Quellen eröffnet, dass er dies ohne die (o. IV. 3.) geschilderten Unklarheiten bewältigt? Immerhin: Der Gesetzgeber muss die Rechtsordnung möglichst widerspruchsfrei gestalten.[47] Diese aus dem Rechtsstaatsprinzip abzuleitende Forderung gilt auch für die Ausgestaltung der Informationsfreiheit. Wenn der Gesetzgeber die Transparenz des Staatshandelns fördern will, stehen Organisations- und Verfahrensvorschriften über eine Personalunion, die einer Transparenz entgegenwirken, damit nicht in Einklang.

VI. Folgerungen für die Personalunion

Wahrscheinlich hat der Gesetzgeber also durch die Ausgestaltung des Informationszugangsanspruchs im IFG einige Grundrechte – insbesondere die Rechtsschutzgarantie und das Datenschutzgrundrecht – verletzt, möglicherweise auch das Grundrecht, sich aus allgemein zugänglichen Quellen ungehindert zu unterrichten. Allein die Wahrscheinlichkeit einer Grundrechtsverletzung aber macht ein Gesetz noch nicht verfassungswidrig; erst recht nicht die bloße Möglichkeit. Unbestreitbar stellen Datenschutz, rechtsstaatliche Transparenz und Demokratie große Herausforderungen an den Staat. Die damit verbundenen Konflikte werden vom Grundgesetz nicht eindeutig vorentschieden. Ist also die Gestaltungsfreiheit des demokratisch gewählten Gesetzgebers noch eingehalten?

Angesichts der Wichtigkeit des Datenschutzes in der Informationsgesellschaft hat das Bundesverfassungsgericht früh nach Grenzen für den Gesetzgeber gesucht und sie durch Grundrechtsauslegung und mit Hilfe der Verfassungsdogmatik gefunden: Soll ein Gesetz Konflikte zwischen wichtigen Grundrechten, etwa dem (Datenschutz-)Grundrecht auf informationelle Selbstbestimmung und anderen Verfassungsvorgaben bewältigen, so muss das Parlament, falls ihm präzise Abgrenzungen (noch) nicht gelingen, den Grundrechtsschutz durch Vorgaben für die Organisation der Behörden und für das von ihnen anzuwendende Verfahren sichern.[48] Dies aber ist dem Gesetzgeber beim IFG, wie gezeigt, gerade nicht gelungen.[49] Der „datenschutzrechtliche Abwägungsgrundsatz" in § 5 Abs. 1 überlässt den grundrechtlich gebote-

---

[46] Vgl. z. B. *Friedrich Schoch*, Das Grundrecht der Informationsfreiheit, Jura 2008, 25 (29); *Matthias Rossi*, Informationszugangsfreiheit und Verfassungsrecht, 2004, S. 207 f.; vgl. auch *Michael Kloepfer/Florian Schärdel*, Grundrechte für die Informationsgesellschaft – Datenschutz und Informationszugangsfreiheit ins Grundgesetz?, JZ 2009, 453 (459).

[47] Zur Widerspruchsfreiheit der Rechtsordnung vgl. z. B. BVerfGE 98, 106 (131 ff.).

[48] Vgl. z. B. BVerfGE 65, 1 (49 ff.).

[49] Vgl. dazu auch die Kritik bei *Kloepfer/von Lewinski*, DVBl 2005, 1277 (1283).

nen Datenschutz noch zu oft allein der Behörde. Die gesetzlichen Organisations- und Verfahrensregeln (§§ 7 und 8) gleichen diese materiell-rechtliche Schwäche nicht aus (o. IV. 1.). Die Personalunion verschleiert vielmehr Konflikte zwischen Datenschutz und Informationsfreiheit. Auch die Bewältigung dieser Konflikte mit Hilfe ein- und desselben Beauftragten bleibt, dem Wunsch des Gesetzgebers nach transparenter Verwaltung zuwider, intransparent. Das unzulänglich koordinierte Nebeneinander von Verfahren vor dem Bundesbeauftragten und Widerspruchs- bzw. gerichtlichem Verfahren führt den Datenschutz und den Informationsfreiheitsanspruch in unübersichtliche Sphären und verkompliziert zudem den Rechtsschutz. Diese Mängel werden auch nicht dadurch entschärft, dass das geänderte Gesetz künftig eine völlige Unabhängigkeit des Beauftragten für den Datenschutz und die Informationsfreiheit anstrebt.

VII. Lösungsvorschläge

Wie könnten andere Lösungen aussehen? Ohne Anspruch auf Vollständigkeit sollen drei Gedanken eine erneute Diskussion anregen.

1. Will das Parlament an einem Abwägungsmodell festhalten, um Konflikte zwischen Datenschutz und Informationsfreiheit zu lösen, sollte es selbst – mehr und präziser als bisher – materiell-rechtliche Abwägungsmaßstäbe vorgeben.

2. Auch einem ergänzenden Grundrechtsschutz durch Organisation und Verfahren ist stärker Rechnung zu tragen. Es könnten z. B. zwei getrennte Beauftragte geschaffen werden, einer für den Datenschutz, der andere für die Informationsfreiheit. Sie könnten einen Konflikt zwischen Datenschutz und Informationsfreiheit transparenter als bisher austragen.

3. Der Gesetzgeber könnte auch einen Richtervorbehalt anordnen: Schon im Verwaltungsverfahren, in dem es im Einzelfall darum geht, ob der Schutz eines personenbezogenen Datums oder die Informationsfreigabe Vorrang erhält, sollte nicht die Behörde, sondern ein von ihr anzurufender unabhängiger Richter entscheiden. Der Vorbehalt könnte wegen der Eigenheiten dieser mehrpoligen Entscheidung besonders ausgestaltet werden: Beim Richtervorbehalt für bestimmte nur „zweipolige" Entscheidungen, beispielsweise über eine Wohnungsdurchsuchung, muss die vorherige Kenntnis des Betroffenen ausgeschlossen sein (in diesem Beispiel, um den Erfolg der Durchsuchung nicht zu gefährden). Bei der mehrpoligen Entscheidung des Richters über den Informationszugang könnte dagegen derjenige, um dessen Daten es geht, am Verfahren so beteiligt werden, dass er sogleich vollständigen richterlichen Rechtsschutz erhält. Gäbe stattdessen allein die Behörde die Daten frei, wäre für ihn nachträglicher gerichtlicher Rechtsschutz nicht i. S. d. Art. 19 Abs. 4 GG effektiv: Der Datenschutzberechtigte könnte die Preisgabe seiner Daten nicht mehr verhindern (trotz § 8 Abs. 2 Satz 2 IFG, s. o. IV. 1.); ihm bliebe allenfalls ein in der Praxis schwer durchsetzbarer, nur Schadensersatz bietender Sekundärrechtsschutz. Demgegenüber wäre zwar der Rechtsschutz dessen, der die Information begehrt, in einem Verwal-

tungsverfahren mit Richtervorbehalt noch nicht vollwertig: Erlaubte man auch ihm eine Einsichtnahme in die Akten des Richters, wäre die Entscheidung über Datenschutz oder Informationspreisgabe obsolet. Stattdessen könnte aber daran gedacht werden, den Informationsfreiheitsbeauftragten als Wahrer des Anspruchs des Informationsbegehrenden – und des Interesses der Öffentlichkeit – zu beteiligen; insoweit könnte man von einem „partiellen oder asymmetrischen in-camera-Verwaltungsverfahren bei Richtervorbehalt" sprechen. Dem Informationsbegehrenden könnte anschließend, anders als dem Datenschutzberechtigten, auch nachträglicher Rechtsschutz effektiv helfen, will er noch gegen die Verwaltungsentscheidung mit Richtervorbehalt kämpfen.

Interne und externe Verwaltungskommunikation

Von *Herbert Mandelartz*

I. Einleitung

Verwaltungsmodernisierung ist nicht neu. Verwaltungsmodernisierung – verstanden u. a. als Aktivitäten zur Veränderung des Aufbaus, der Abläufe und des Umfangs des öffentlichen Sektors sowie zur Verbesserung des Verhältnisses unter den Mitarbeitern und zu den Bürgern – gibt es, seit es Verwaltung gibt. Rund 200 Jahre zurück liegen z. B. die Stein-Hardenberg'schen Reformen in Preußen, die u. a. das preußische Staatsgebiet in zehn Provinzen und 25 Regierungsbezirke gliederten und zum Teil bis 1945 Bestand hatten.[1] Ungefähr zeitgleich konzipierte *Graf Montgelas* den bayerischen Einheitsstaat. Die auf ihn zurückgehende Verfassung teilte das gesamte Staatsgebiet in 15 Kreise auf, die später auf neun reduziert wurden.[2] Rund 100 Jahre zurück liegt die Gründung der Großstadt Berlin, die 1920 durch die Zusammenfassung von acht Städten, 55 Landgemeinden und 23 Gutsbezirken geschaffen wurde.[3] Vor rund 40 Jahren, Ende der 1960er/Anfang der 1970er Jahre, wurden Gebiets- und Funktionalreformen in den acht Flächenländern der Bundesrepublik durchgeführt.[4]

---

[1] Vgl. *Ernst Rudolf Huber*, Deutsche Verfassungsgeschichte seit 1789, Bd. I, 2. Aufl. 1990, S. 146 (163). Die Zahl der Provinzen erhöhte sich später auf zwölf, die bis 1918 bestehen blieben, vgl. *Herbert Mandelartz*, Sisyphos lebt. Modernisierung der Verwaltung – alte Probleme, neue Fragen, 2009, S. 27.

[2] Vgl. *Huber* (o. Fn. 1), S. 319 ff.; *Horst Möller*, Fürstenstaat und Bürgernation. Deutschland 1763–1815, Sonderausgabe in der Sammlung Siedler Deutsche Geschichte, 1989, S. 604 ff.

[3] Vgl. *Thomas Albrecht*, Für eine wehrhafte Demokratie. Albert Grzesinski und die preußische Politik in der Weimarer Republik, 1999, S. 203. Eine Reform der preußischen Staatsverwaltung scheiterte damals indes. Insbesondere der wirtschaftlich zusammenhängende Ruhrgebietskomplex, der sich über zwei Provinzen und drei Regierungsbezirke erstreckte, konnte keiner vernünftigen Lösung zugeführt werden – übrigens bis auf den heutigen Tag nicht.

[4] Vgl. *Heinz Köstering*, Erfolge und Kosten der kommunalen Neugliederung, DÖV 1983, 110 (110); zu Niedersachsen: *Volkmar Götz*, Die Verwaltungs- und Gebietsreform in Niedersachsen, Die Verwaltung 1980, 37 ff.; zur Funktionalreform in Baden-Württemberg: *Manfred Bulling*, Verwaltungsreform in Baden-Württemberg, DÖV 1975, 329 (331 f.); zu Rheinland-Pfalz: *Walter Hofmann*, Die funktionale Verwaltungsreform in Rheinland-Pfalz, Die Verwaltung 1971, 45 ff.; zur Bewertung als Erfolg: *Joachim Burmeister*, Rechtsprobleme bei der Durchführung von Verwaltungsreformen, insbesondere von Gebietsreformen, DÖV 1979, 385 ff.; *Heinz Köstering*, DÖV 1983, 110 (110), sieht in der Reform einen historisch bedeutsamen Modernisierungsschub; zu den Rechtsstreitigkeiten: *Bernhard Stüer*, Verfas-

Diesen Reformen lag ein in der Ministerialverwaltung erarbeitetes klares Konzept z. T. auf der Basis von Gutachten und den Ergebnissen von Expertenkommissionen zugrunde, das anschließend nach eingehenden außerparlamentarischen Diskussionen und parlamentarischen Debatten umgesetzt wurde. Heute scheint die Politik dem aus dem Weg gehen zu wollen. Sie scheut den Konflikt und setzt auf Freiwilligkeit[5] – ein Ansatz, der m. E. nur schiefgehen kann.

Ab Mitte der 1990er Jahre kam es unter den Stichworten NSM/NPM,[6] insbesondere auf der kommunalen Ebene zu einer Modernisierungsdiskussion, deren Ergebnisse z. T. auch umgesetzt wurden. Allerdings: Man startete steil und fiel tief, u. a. weil die Mitarbeiter nicht mitgenommen wurden.[7] Größere Reformen, die gerade einmal zehn Jahre zurückliegen, sind die Föderalismusreformen I und II.[8] Die Föderalismusreform I wurde zwar vereinzelt als die größte Verfassungsreform bezeichnet.[9] Doch schon kurz nach dem Inkrafttreten setzten Änderungsdiskussionen ein.[10] Die Föderalismusreform II modifizierte deshalb das gerade eingeführte sog.

---

sungsfragen der Gebietsreform, DÖV 1978, 78 ff.; zu Entscheidungen des Bundesverfassungsgerichts: *Reimer Bracker*, Kommunale Gebietsreform, DÖV 1970, 812 ff.

[5] Mitte 2014 wurde z. B. im Saarland die Frage einer Gebietsreform in den Parteien, der Regierung, den Landkreisen und den Kommunen diskutiert. Dabei setzten die Regierung sowie die Fraktionen von CDU und SPD auf Freiwilligkeit (Saarbrücker Zeitung vom 5. 5. 2014 und vom 20. 5. 2014). Solche Bestrebungen auf freiwilliger Basis gab es in Schleswig-Holstein Anfang des Jahrtausends; 2013 ist eine Gebietsreform indes für die Regierung kein Thema (shz vom 23. 11. 2013). In den neuen Bundesländern sind allerdings mehrere Gebietsreformen auf der Basis von Regierungsvorschlägen durchgeführt worden. Siehe auch *Mandelartz* (o. Fn. 1), S. 38 f.

[6] Zum Neuen Steuerungsmodell (NSM): KGST-Bericht Nr. 5, 1993, Das neue Steuerungsmodell; *Werner Jann*, Neues Steuerungsmodell, in: Blanke/Nullmeier/Reichard/Wewer (Hrsg.), Handbuch zur Verwaltungsreform, 4. Aufl. 2010, S. 98 ff.; kritisch zum NSM *Ulrich Penski*, Staatlichkeit öffentlicher Verwaltung und ihre marktmäßige Modernisierung, DÖV 1999, 85 ff. Zu New Public Management (NPM): *Eckhard Schröter*, New Public Management, in: Blanke/Nullmeier/Reichard/Wewer (Hrsg.), Handbuch zur Verwaltungsreform, S. 79 ff.

[7] Vgl. *Hermann Hill*, Qualitätsmanagement im 21. Jahrhundert, DÖV 2008, 789 (792).

[8] Föderalismusreform I: Gesetz vom 28. August 2006, BGBl. I S. 2034, in Kraft getreten am 1. September 2006; hierzu: *Fritz W. Scharpf*, Föderalismusreform. Kein Ausweg aus der Politikverflechtungsfalle? 2009, passim; *Hans Meyer*, Die Föderalismusreform 2006, 2008, passim. Föderalismusreform II: Gesetz vom 29. Juli 2009, BGBl. I S. 2248, in Kraft getreten am 1. August 2009.

[9] So *Rainer Holtschneider/Walter Schön*, Die Reform des Bundesstaates, 2007, S. 7; a. A. *Scharpf* (o. Fn. 8), S. 2.

[10] Ein Grund hierfür war m. E., dass entscheidende Probleme, nämlich die Finanzsituation der Länder und die demographische Entwicklung ausgeklammert wurden, vgl. *Scharpf* (o. Fn. 8), S. 9. Außerdem erwiesen sich einige Änderungen als negativ für finanzschwache Länder. Hierbei handelte es sich u. a. um die Verlagerung der Zuständigkeit für die Besoldung der Landesbediensteten auf die Länder. Jeder erfahrene Politiker hätte erkennen können und müssen, dass es zu einem Hochschaukeln bzw. Auseinanderdriften der Gehälter kommen würde. Der damalige Regierende Bürgermeister von Berlin forderte deshalb rund zwei Jahre nach der Zuständigkeitsänderung eine bundesweite Besoldungsobergrenze für Lehrer, vgl.

Kooperationsverbot.[11] Aber das Ergebnis war immer noch nicht zufriedenstellend. Erst mit der jüngsten Änderung von Art. 91b GG scheint dieser Konflikt beendet.[12] Der Vergleich mit den preußischen Reformen, die – wie gesehen – über 100 Jahre Bestand hatten, zeigt, dass die Politik heute zu grundlegenden umfassenden Reformen nicht mehr in der Lage zu sein scheint.

Auch Bestrebungen, die interne sowie die Kommunikation zwischen der Verwaltung und den Bürgern zu verbessern, sind nicht neu. Intern geht es u. a. um das Verhältnis der Vorgesetzten zu den Mitarbeitern, extern betrifft die Kommunikation zum einen die Sprache, die für den Bürger verständlich sein sollte. Es geht aber auch darum, die Bürger frühzeitig an bestimmten Prozessen zu beteiligen. Dahinter steht als Ziel, die Verwaltung effizienter und effektiver zu machen. Die Ergebnisse sind allerdings bescheiden geblieben.[13] Dabei hat die Bedeutung beider Kommunikationsformen mit der Einführung der elektronischen Kommunikation zugenommen.

Im Folgenden geht es nicht um ein neues Konzept, sondern darum, den Komplex der internen und externen Verwaltungskommunikation[14] darzulegen, Probleme herauszuarbeiten und weiterführende Gedanken anzubieten.

II. Kommunikation

Unter Kommunikation versteht man – ganz allgemein – den Austausch von Informationen zwischen mehreren Personen, sei es schriftlich, mündlich oder non-ver-

---

„Fragen Sie", Der Tagesspiegel vom 4.2.2009; „Wir sind dann mal weg", Der Tagesspiegel vom 5.2.2009.

[11] Vgl. *Hans-Günter Hennecke*, „Föderalismus in Fesseln" – Bleibt die kommunale Finanzausstattung nach der Föderalismusreform II nur noch das Tariergewicht zum verfassungsgebotenen Haushaltsausgleich der Länder ohne Einnahmen aus Krediten?, NdsVBl 2009, 121 (122); *Helge Sodan*, Kontinuität und Wandel im Verfassungsrecht, NVwZ 2009, 545 (550 f.).

[12] Gesetz vom 23. Dezember 2014, BGBl. I S. 2438, in Kraft getreten am 1. Januar 2015; hierzu *Guido Speiser*, Der neue Art. 91b GG – zentrale Regelung und praktische Bedeutung, Recht und Politik 2015, 86 ff.

[13] Vgl. *Mandelartz* (o. Fn. 1), S. 31 f.; *Wolfgang Seibel*, Entbürokratisierung in der Bundesrepublik Deutschland, Die Verwaltung 1986, 137 (148 ff.). Diese Bemühungen ziehen sich seit rund 30 Jahren hin.

[14] Zur Frage der Verwaltungskommunikation gibt es zwar umfangreiche Untersuchungen. Diese befassen sich jedoch überwiegend mit der allgemeinen Frage der Staatskommunikation oder Öffentlichkeitsarbeit als Teil von Staatskommunikation, hierzu *Herbert Mandelartz*, Öffentlichkeitsarbeit der Regierung, DÖV 2009, 509 (512 ff.). Dabei geht es um Aufklärung, Warnungen, Empfehlungen etc. – also Maßnahmen, die sich allgemein an die Öffentlichkeit wenden. Allgemein zu externen Informationsbeziehungen der Verwaltung *Christoph Gusy*, Informationsbeziehungen zwischen Staat und Bürger, in: Hoffmann-Riem/Schmidt-Aßmann/Voßkuhle (Hrsg.), Grundlagen des Verwaltungsrechts, Bd. II, 2. Aufl. 2012, S. 235 (258 ff.).

bal.¹⁵ Jemand äußert sich gegenüber einer anderen Person oder einer Personengruppe, die im Idealfall antwortet. Im Folgenden wird allerdings auch der Fall behandelt, dass der Adressat die Information nur entgegennimmt, ohne ausdrücklich zu antworten. Darin kann ein Akzeptieren der mitgeteilten Information gesehen werden oder eine Hinnahme ohne jede Bedeutung. Die Kommunikation kann also dialogisch oder einseitig sein. Wichtig ist, dass die gleiche Sprache gesprochen wird. Wie die Kommunikation zu gestalten ist, ergibt sich aus der allgemeinen Führungslehre und den Grundsätzen guter Verwaltungsführung und wenigen gesetzlichen Regelungen.

Interne Verwaltungskommunikation vollzieht sich in der Regel schriftlich oder mündlich. Entweder erteilt der Vorgesetzte seinem Mitarbeiter einen Auftrag, den der mit einer Vorlage beantwortet, oder der Mitarbeiter leitet dem Vorgesetzten unaufgefordert eine Vorlage zu, die dieser entweder kommentarlos entgegennimmt, positiv oder negativ beantwortet oder um Rücksprache bittet. Gleiches gilt, wenn der Mitarbeiter seine Information auf der gleichen Ebene absendet.¹⁶

Externe Verwaltungskommunikation erfolgt grundsätzlich schriftlich. Sie wird in der Regel mit einer Frage oder einem Antrag eingeleitet, wenn sie vom Bürger ausgeht. Die Verwaltung wird die Frage beantworten, den Antrag positiv oder negativ bescheiden oder mit einer Rückfrage reagieren. Ist die Verwaltung Auslöser der Kommunikation, handelt es sich in der Regel um eine Frage zur Aufklärung des Sachverhaltes, um einen Hinweis, ein Gebot oder ein Verbot. Es geht entweder direkt um eine Verwaltungsentscheidung oder um die Vorbereitung einer Entscheidung. Der Bürger kann zur Aufklärung des Sachverhaltes beitragen, das Gebot oder Verbot akzeptieren oder Widerspruch einlegen.¹⁷

---

¹⁵ Siehe *Thomas Vesting*, Die Bedeutung von Information und Kommunikation für die verwaltungsrechtliche Systembildung, in: Hoffmann-Riem/Schmidt-Aßmann/Voßkuhle (Hrsg.), Grundlagen des Verwaltungsrechts (o. Fn. 14), S. 1 (17 ff.); *Anna-Bettina Kaiser*, Die Kommunikation der Verwaltung, 2009, S. 59 ff.; *Timo Hebeler*, Verwaltungspersonal, 2008, S. 26.

¹⁶ Zur internen Verwaltungskommunikation gehört auch die Kommunikation mit den Personalräten und den Beauftragten. Die Zusammenarbeit mit den Personalräten ist weitgehend gesetzlich geregelt; Bundespersonalvertretungsgesetz vom 15. März 1974, BGBl. I S. 693, zuletzt geändert durch Art. 3 Abs. 2, Gesetz vom 3. Juli 2013, BGBl. I S. 1978; zu den Schwerbehindertenbeauftragten siehe Teil 2 des IX. Buches des SGB, Sozialgesetzbuch (SGB) Neuntes Buch (IX) – Rehabilitation und Teilhabe behinderter Menschen – Art. 1 des Gesetzes vom 19. Juni 2001, BGBl. I S. 1046, in Kraft getreten am 1. Juli 2001, zuletzt geändert durch Art. 1a des Gesetzes vom 7. Januar 2015, BGBl. II S. 15, in Kraft getreten am 15. Januar 2015; zu den Gleichstellungsbeauftragten siehe den 5. Abschnitt des Bundesgleichstellungsgesetzes, Gesetz zur Gleichstellung von Frauen und Männern in der Bundesverwaltung und in den Gerichten des Bundes vom 30. November 2001, BGBl. I S. 3234, in Kraft getreten am 5. Dezember 2001, zuletzt geändert durch Art. 2 des Gesetzes vom 24. April 2015, BGBl. I S. 642, in Kraft getreten am 1. Mai 2015.

¹⁷ Externe Verwaltungskommunikation unterscheidet sich von Regierungskommunikation. Diese richtet sich in der Regel – ohne konkreten Bezug auf einzelne Bürger – ganz allgemein an die Öffentlichkeit oder die Medien; vgl. hierzu *Mandelartz*, DÖV 2009, 509 (512 ff.). Externe Verwaltungskommunikation hat hingegen einen konkreten Anlass und bezieht sich auf eine konkrete Person oder Personengruppe.

III. Interne Verwaltungskommunikation

Interne Verwaltungskommunikation entfaltet sich in drei Richtungen: von „oben" nach „unten", von „unten" nach „oben" und auf der „gleichen" Ebene. Wenn Verwaltung erfolgreich sein will, bedarf es einer effizienten Kommunikation auf allen drei Feldern.

1. Gründe für die Kommunikation von „oben" nach „unten"

Damit der Mitarbeiter seine Arbeit sachgerecht erledigen kann, braucht er u. a. bestimmte Vorgaben. Dabei handelt es sich um die klare und eindeutige Information, was von ihm formal erwartet wird. In der Praxis erhält der Mitarbeiter üblicherweise einen Eingang ohne einen solchen Hinweis. Er erledigt seine Arbeit dennoch, weil es sich um Routineaufgaben handelt oder er eine neue Problemstellung in die bisherigen Lösungsschemata einordnen kann. Handelt es sich hingegen um eine neue problematische Aufgabe, legt er die Lösung seinem Vorgesetzten vor.[18] Der Mitarbeiter benötigt außerdem die erforderlichen objektiven inhaltlichen Informationen, die er andernorts nicht oder noch nicht finden kann, sowie Hintergrundinformationen oder subjektive Einschätzungen.[19]

Die Kommunikation von „oben" nach „unten" dient ferner der Mitarbeitermotivation. Die Mitarbeiter verbringen von Montag bis Freitag fast acht Stunden täglich an ihrem Arbeitsplatz. Die Behörde nimmt damit einen wesentlichen Teil ihres Lebens in Anspruch. Deshalb liegt es nahe, dass sie wissen wollen, was in ihrer Behörde „läuft". Sie wollen mitgenommen und aktiv eingebunden werden. Andernfalls besteht die Gefahr, dass sie eine distanzierte oder gar ablehnende Haltung ihrer Arbeit und ihrer Behörde gegenüber einnehmen.

Der Mitarbeiter möchte außerdem eingebunden und informiert werden, damit er in Diskussionen mit Freunden oder Bekannten über Politik allgemein oder konkret über die seines Ministeriums vermitteln kann, dass er dazu gehört, Teil seiner Behörde ist und weiß, was dort „läuft". Dabei geht es nicht darum, dass er Interna preisgeben kann, sondern darum, dass er jederzeit sagen könnte: ich weiß, was wirklich „los" ist und ich könnte es euch jetzt sagen. Schlimm ist es, wenn er neue Sachverhalte aus der Zeitung erfährt.

Manche Vorgesetzte sind jedoch mit den Informationen zurückhaltend. Sie denken entweder noch in der Kategorie: Wissen ist Macht, die eigentlich überwunden sein sollte, oder sie befürchten, dass die Informationen nicht vertraulich bleiben,

---

[18] Manchmal wird dem Mitarbeiter nach einer Diskussion über ein bestimmtes Problem, wobei das Ergebnis offen blieb, die Vorlage mit dem Hinweis in die Hand gedrückt: Machen Sie mal. Dahinter steckt: Der Mitarbeiter wird schon wissen, was erforderlich ist. Böse gedacht: Ich, der Vorgesetzte, bin mir noch nicht im Klaren darüber. Nicht nur an dieser Stelle sind die langjährigen praktischen Erfahrungen des Autors in die Überlegungen eingeflossen.

[19] Mit der Weitergabe von Hintergrundinformationen tun die Vorgesetzten sich allerdings häufig schwer.

d. h. sie vertrauen ihren Mitarbeitern nicht – vielleicht, weil sie aus parteipolitischer Tätigkeit zu wissen glauben, dass man niemandem trauen darf.[20]

2. Gründe für die Information von „unten" nach „oben"

Die Frage nach der Information des Vorgesetzten und somit der Kommunikation von „unten" nach „oben" ist nicht neu. Schon bei *Machiavelli* lesen wir: „Es gibt kein anderes Mittel, um sich gegen die Schmeichelei zu sichern, als die Menschen erkennen lassen, dass sie dir die Wahrheit sagen können, ohne dich zu verletzen; darf dir aber jeder die Wahrheit sagen, so hört die Ehrfurcht auf. Daher muss ein kluger Fürst einen dritten Weg einschlagen, indem er weise Männer beruft und ihnen allein verstattet, ihm die Wahrheit zu sagen, aber nur über die Dinge, nach denen er fragt, und nicht über andere [...]. Ein Fürst muss sich also beständig beraten lassen, aber dann, wenn er will, und nicht wenn andere es wollen; vielmehr muss er jedem den Mut nehmen, ihm ungefragt Rat zu erteilen; aber er muss reichlich fragen und dann über das Gefragte geduldig die Wahrheit anhören, ja, wenn er merkt, dass jemand sie ihm aus irgendwelchen Gründen nicht sagt, ihm zürnen".[21] Es entscheidet also allein der Fürst, wann er informiert werden will – selbst wenn die Räte ein Problem sehen, dürfen sie ihn nicht ungefragt informieren.[22]

Diese Sicht gilt heute nicht mehr. Allerdings ist das noch nicht überall bekannt. Viele Mitarbeiter halten sich mit der Beratung zurück.[23] Einen Minister oder Staatssekretär als Seiteneinsteiger, insbesondere nach einem Regierungswechsel, lässt man fragen oder wartet auf Anweisungen statt aktiv zu beraten. Als die damalige schleswig-holsteinische Finanzministerin *Heide Simonis* sich 1988 im Ministerium bei

---

[20] Eine einseitige, gesetzlich geregelte Form interner Kommunikation ist das Weisungsrecht, § 63 Bundesbeamtengesetz (BBG) vom 5. Februar 2009, BGBl. I S. 160, in Kraft getreten am 12. Februar 2009, zuletzt geändert durch Gesetz vom 6. März 2015, BGBl. I S. 250, in Kraft getreten am 14. März 2015; der Vorgesetzte kann, damit die Behörde funktioniert, seinen Mitarbeitern Weisungen erteilen, denen sie grundsätzlich zu folgen haben; hierzu *Ulrich Battis*, Bundesbeamtengesetz, 4. Aufl. 2009, § 62 Rdnr. 2; *Hebeler* (o. Fn. 15), S. 257 ff.

[21] Vgl. *Niccolò Machiavelli*, Der Fürst, insel taschenbuch, 2001, S. 113 f.; anders *Armand-Jean Richelieu*, in: Markus C. Kerber, Richelieu oder Die Macht des Vorzimmers, 2004, S. 31.

[22] Kritisch *Kerber* (o. Fn. 21), S. 56.

[23] Sehr eindrucksvoll heißt es in den Erinnerungen von *Otto Braun*, der im November 1918 preußischer Minister für Landwirtschaft, Domänen und Forsten geworden war, über das erste Zusammentreffen mit den Beschäftigten: „Im Konferenzsaal standen sie Kopf an Kopf, die Ministerialdirektoren, die Geheimen vortragenden Räte, die Geheimen expedierenden Sekretäre, die Geheimen Boten und die Stenotypistinnen, welche erwartungsvoll der Dinge harrten, die da kommen sollten. Hass, Ablehnung und misstrauische Neugier lag auf den Gesichtern, bei keinem eine Spur freudiger Genugtuung, die etwas Sympathie für das neue Regime verraten hätte." (*Otto Braun*, Von Weimar zu Hitler, 1949, S. 15). Noch abweisender wurde *Walther Rathenau* behandelt, als er am 13. August 1914 zum Leiter der Kriegsrohstoffabteilung im Kriegsministerium berufen wurde. Zwischen seiner Abteilung und den übrigen Organisationseinheiten des Ministeriums errichteten Beamte eine Holzwand, vgl. *Wolfgang Brenner*, Walther Rathenau. Deutscher und Jude, 2007, S. 327.

einer Personalversammlung vorstellte, hielt auch der Personalratsvorsitzende eine kurze Rede, die er sinngemäß mit den Worten schloss: Frau Ministerin, vor Ihnen stehen loyale Mitarbeiterinnen und Mitarbeiter und warten auf Ihre Weisungen. Die Ministerin antwortete kurz und trocken: Sie warten auf meine Weisungen? – Danke, aber ich warte auf Ihre Ratschläge![24]

Die Gründe für die Information von „unten" nach „oben" liegen zum Teil auf der Hand. Die Vorgesetzten können nicht alles wissen. Sie benötigen daher objektive Informationen zur Beantwortung von Fragen und zur Lösung von Problemen. Selbst wenn sie z. B. mehrere Stabsstellen schaffen oder das Ministerbüro personell verstärken, ist es angesichts der Komplexität der zu bearbeitenden Sachverhalte unmöglich, die anstehenden Aufgaben sachgerecht und vor allem innerhalb einer angemessenen, in der Regel äußerst kurzen Zeit zu erledigen.

Es geht aber nicht nur um die Lösung von Aufgaben für den oder um Informationen an den Vorgesetzten, damit er Fragen beantworten kann, sondern auch um Informationen, die nicht im Zusammenhang mit der Lösung eines konkreten Falles stehen. Hierbei handelt es sich um die Weiterleitung von Informationen, die ein Mitarbeiter innerhalb oder außerhalb des Dienstes erfährt, die für den Vorgesetzten von Bedeutung sein können und die dieser direkt verwertet oder in seinem Hinterkopf speichert.

Hinzu kommt, dass es zu den Aufgaben der Mitarbeiter gehört, mit dazu beizutragen, dass die Arbeiten sachgerecht erledigt werden können – dass die Behörde funktioniert. Das heißt, er muss sein Wissen denjenigen zur Verfügung stellen, die es benötigen. Das können die Kollegen auf der „gleichen" Ebene sein, aber selbstverständlich sind es auch die Vorgesetzten.

Schließlich zeigt der Mitarbeiter durch sein Informationsverhalten seine Bereitschaft zur Mitarbeit und seine Befähigung. Es liegt somit auch in seinem Interesse, nach „oben" zu informieren und zu kommunizieren.

Neben diesen allgemeinen Erwägungen gibt es aber noch einen weiteren (entscheidenden) Grund: Diese Form der Kommunikation und Information ist zum Teil im Bundesbeamtengesetz[25] geregelt. Es handelt sich um die Beratungspflicht gemäß § 62 Abs. 1 Satz 1 BBG.[26] Die Vorschrift fristet allerdings ein Leben im Verborgenen.[27] Sie gilt im Übrigen ausdrücklich nur für die Beamten. Für die Beschäf-

---

[24] Vgl. *Herbert Mandelartz*, Freiheit und Amt: Die Eigenverantwortung des Beamten als Bedingung für gutes und effizientes Regieren, in: Enders/Masing (Hrsg.), Freiheit des Subjekts und Organisation von Herrschaft. Symposium zu Ehren von Ernst-Wolfgang Böckenförde anlässlich seines 75. Geburtstages (23. und 24. September 2005), 2006, S. 23 (33).

[25] Siehe o. Fn. 20.

[26] Siehe hierzu: *Herbert Mandelartz*, Externe Beratung und die Beratungspflicht der Beamten, DVBl 2008, 209–213.

[27] In der Regel wird die Beratungspflicht in Kommentaren zum Bundesbeamtengesetz nur am Rande erwähnt; die eigentliche Kommentierung bezieht sich auf die ebenfalls in § 62 Abs. 1 BBG geregelte Weisungsgebundenheit; vgl. etwa *Battis* (o. Fn. 20), § 62; *Peter Zängl*, in: Gesamtkommentar Öffentliches Dienstrecht, Bd. I, 2. Teil, 2007, K § 55. *Helmut Schnel-*

tigten im öffentlichen Dienst besteht keine entsprechende Regelung. Sie kann jedoch aus der Pflicht, die geschuldete Leistung gewissenhaft und ordnungsgemäß auszuführen, hergeleitet werden.[28]

Die Vorschrift ist allerdings nicht nur kaum bekannt, es ist auch nicht eindeutig geklärt, worin die Beratungspflicht besteht. Klar ist: Die Beratungs- und die Informationspflicht erstreckt sich grundsätzlich auf den konkreten sachlichen Zuständigkeitsbereich.[29] Insoweit hat der Beamte dem Vorgesetzten sein Wissen zu kommunizieren. Dieses für die Wahrnehmung seiner Aufgaben erforderliche Wissen hat er permanent zu aktualisieren. Jenseits seines Zuständigkeitsbereichs hat er auf offensichtliche Fehler hinzuweisen. Da der Beamte nicht für sich allein und nicht abgeschottet, sondern eingebunden in den Behördenaufbau und die Betriebsabläufe arbeitet, umfasst die Beratung auch Hinweise auf effektive Arbeitsabläufe.

Gegenständlich bezieht sich die Beratungs- und Informationspflicht auf das administrative Handeln des Vorgesetzten.[30] Der Beamte hat Bedenken oder konstruktive Hinweise (auch gegen den mutmaßlichen Willen des Vorgesetzten) vorzutragen. Fraglich ist, ob die Informationspflicht sich auch auf den politischen Bereich bezieht. *Böckenförde*[31] differenziert bei der Beantwortung dieser Frage. Der eigentlich politische Bereich sei nur der Beratung durch ebenfalls politisch Verantwortliche zugänglich. Soweit es hingegen um fachliche Beratung gehe, dürfe die auch von nicht politisch Verantwortlichen vorgenommen werden. Dies folge aus dem Wesen des konstitutionellen parlamentarischen Regierungssystems. Danach komme es nicht nur allein auf die (demokratische) Legitimation von Macht und Entscheidungsgewalt an, sondern auch auf Form und Verfahren ihrer Ausübung. So interessant diese Differenzierung in der Theorie ist, in der Praxis greift sie nicht. Es wäre weltfremd anzunehmen, dass der Staatssekretär als Chef des Bundeskanzleramtes den Bundeskanzler nicht auch in eigentlich politischen Fragen beraten würde.[32]

---

lenbach, Beamtenrecht in der Praxis, 8. Aufl. 2013, erwähnt die Beratungspflicht gegenüber dem Vorgesetzten nicht einmal.

[28] Vgl. *Mandelartz*, DVBl 2008, 209 (209 in Fn. 2).

[29] Vgl. *Mandelartz*, DVBl 2008, 209 (210 f.).

[30] Vgl. *Mandelartz*, DVBl 2008, 209 (211).

[31] Vgl. *Ernst-Wolfgang Böckenförde*, Die Organisationsgewalt im Bereich der Regierung, 2. Aufl. 1998, S. 187 ff.

[32] Das Bundeskanzleramt wird allerdings seit 2005 von einem Minister geführt; der letzte Staatssekretär war *Frank-Walter Steinmeier*, der Bundeskanzler *Schröder* auch politisch beraten hat, vgl. etwa FAZ vom 9.6.2005, S. 3: „Viele kleine Feuer"; Financial Times Deutschland vom 9.9.2005, S. 14: „Schröders Welt"; Süddeutsche Zeitung vom 26.10.2007, S. 6: „Es ging um die Regierungsfähigkeit der SPD". Selbst wenn *Böckenförde* nicht singuläre Beratungsfälle im Auge hatte, sondern über einen längeren Zeitraum beratende, sog. Küchenkabinette, ergibt sich kein anderes Ergebnis. Küchenkabinette früherer Prägung, denen auch außerhalb der Regierung stehende Personen angehörten (vgl. etwa die „Liebenberger Tafelrunde" des Philipp Fürst zu Eulenburg und Hertefeld, an der Kaiser Wilhelm II. häufig teilnahm, siehe hierzu: *Brenner* (o. Fn. 23), S. 155 ff.), gibt es im aktuellen Politikbetrieb in dieser Form nicht mehr. Allerdings hat der Kanzler/die Kanzlerin (dies gilt auch für Minister/

Meines Erachtens gehört dies auch zu den Aufgaben eines politischen Beamten. Die politische Beratungspflicht bezieht sich aber auch auf die Arbeitsebene. Allerdings ist sie gegenüber der administrativen Beratung abgestuft. Hier hat der Beamte nicht nur Bedenken vorzutragen, sondern grundsätzlich auch Lösungsvorschläge zu machen. Im politischen Bereich beschränkt sie sich auf eine Hinweispflicht. Es kann nicht erwartet werden, dass er auch Lösungsvorschläge unterbereitet. Er kann es natürlich tun; aber er muss es nicht.

Eine spezielle Form der Beratungspflicht ist in § 63 Abs. 2 BBG geregelt. Hiernach hat der Beamte Bedenken hinsichtlich der Rechtmäßigkeit geltend zu machen. Das bedeutet nicht, dass ein schlichter Hinweis genügt, sondern die Gründe sind darzulegen und Hinweise zu geben, wie das beabsichtigte Ziel rechtlich bedenkenfrei erreicht werden kann.[33]

Exkurs

Voraussetzungen für interne Kommunikation von „unten" nach „oben": Wenn dem Beamten eine Pflicht auferlegt wird, müssen die Voraussetzungen dafür geschaffen werden, damit er diese Pflicht erfüllen kann.[34] Dies gehört zu den Aufgaben der Vorgesetzten, insbesondere des unmittelbaren Vorgesetzten. Hierzu muss der Vorgesetzte Freiraum für eigene Überlegungen der Mitarbeiter schaffen und ein Klima der offenen Diskussion fördern, bei dem um die beste Lösung der anstehenden Probleme gerungen wird. Auf diese Weise soll ein je nach der Art der Amtstätigkeit und Problemlage zeitgemäßer Arbeitsstil von Teamarbeit, Kooperation und Delegation geschaffen werden. Zum anderen verlangt die Aufsichts- und Weisungspflicht von dem Vorgesetzten auch Sachlichkeit, Verständnis und Kritikfähigkeit gegenüber den Untergebenen. Von Vorgesetzten wird in erhöhtem Maß erwartet, dass sie sachbezogene Kritik von Untergebenen aufgreifen und beherrscht mit Meinungsverschiedenheiten umgehen. Sie sollen eine mitdenkende und selbst kreativ werdende Beamtenschaft fördern, die eigene Vorschläge für eine recht- und zweckmäßige Aufgabenerledigung selbst dann vorbringt, wenn diese von der Meinung des Dienstherrn

---

Ministerinnen) in der Regel einen kleinen Kreis von Mitarbeitern, denen er/sie besonders vertraut und mit denen er/sie sich häufig, wenn nicht sogar täglich berät (z. B. der Büroleiter, der Chef des Bundeskanzleramtes, der Regierungssprecher). Man mag dies „Küchenkabinett" nennen, in der Regel ist diese Form von Beratung allerdings unproblematisch. Unter dem Aspekt von Transparenz der Entscheidungsfindung, weil die Existenz eines solchen Gremiums in der Regel bekannt ist und der Minister oder der Regierungschef gezwungen ist, seine Entscheidungen öffentlich zu rechtfertigen; er macht damit zugleich den Ratschlag zu seiner eigenen Entscheidung. Problematisch wird die Praxis allerdings dann, wenn der vom Küchenkabinett beratene Minister sich über die Vorschläge aus „seinem" Ministerium einfach hinwegsetzt; die „normalen" Arbeitsabläufe im Ministerium also außer Kraft gesetzt werden.

[33] Dieses sog. Remonstrationsrecht ist das Gegenstück zum Weisungsrecht, hierzu *Battis* (o. Fn. 20), § 63 Rdnr. 2; *Hebeler* (o. Fn. 15), 260 ff.

[34] Vgl. *Herbert Mandelartz*, Anhörung, Absehen von der Anhörung, Nachholen der unterbliebenen Anhörung – Zur Relativierung eines Verfahrensrechts, DVBl 1983, 112 f.

abweicht und damit verhindern, dass die Beamten zu bloßen Befehlsempfängern verkommen.[35]

Dem kommen viele Vorgesetzten in der Praxis allerdings nicht nach.[36] Im Gegenteil: statt ein Klima des Vertrauens aufzubauen, herrscht vielfach ein Klima des Misstrauens. Nach meinen Erfahrungen erwarten nur wenige Vorgesetzte, insbesondere Leitungskräfte, kritische Begleitung. Und nur wenige Vorgesetzte suchen die im Interesse einer optimalen Aufgabenerledigung erforderliche Rückkoppelung. Kritik wird häufig als Bedenkenträgerei oder als eine Form von „Illoyalität" empfunden. Auf den Hinweis, das geltende Recht stehe bestimmten Absichten entgegen, werden – wie es so schön heißt – „kreative Vorschläge" erwartet. Gewünscht werden Vorlagen, die der Meinung des Ministers oder ganz allgemein des Vorgesetzten entsprechen. Unerwünscht sind Vorlagen mit begründeten Entscheidungsalternativen und der Bitte um Entscheidung, wobei dies natürlich nicht die Regel sein darf. Offene Diskussionen finden selten statt; meistens fehlt die Zeit. Hinzu kommt, dass Vorgesetzte unzuständige Kollegen fragen, weil sie den zuständigen nicht trauen oder häufig nicht in Strukturen, sondern ad personam denken.

3. Verwaltungsinterne Kommunikation auf der „gleichen" Ebene

Die Gründe hierfür werden schnell deutlich, wenn man sich die Anzahl der Bundesministerien oder ein Organigramm eines Ministeriums anschaut.[37] Die Komplexität der modernen Gesellschaft sowie die internationalen Beziehungen führen dazu, dass die Regierung und die Ministerien sich immer weiter aufgliedern. Dies hat zur Folge, dass bei der Bearbeitung eines Problems, selbst wenn es sich nicht um ein besonders schwieriges handelt, mehrere Organisationseinheiten betroffen sind und eingebunden werden müssen. Dabei achtet jede Einheit argwöhnisch auf ihre Zuständigkeit. Selbst wenn der Beitrag, den sie abliefert, von jedem Zeitungsleser hätte geliefert werden können, will sie beteiligt werden.[38]

---

[35] Vgl. *Mandelartz* (o. Fn. 24), S. 30; *Hebeler* (o. Fn. 15), S. 293 ff. Zur mitdenkenden Beamtenschaft siehe BVerwGE 93, 100 ff. (104).

[36] Von dem früheren Bundesinnenminister *Otto Schily* wird der Satz kolportiert, in seinem Ministerium seien die Beschäftigten frei, alles zu tun, was er, der Minister, wolle. Auch an der Menschenführung des derzeitigen Bayerischen Ministerpräsidenten wird vorsichtige Kritik geübt. „Seehofers Menschenführung ist nicht optimal", Süddeutsche Zeitung vom 10. 2. 2010, S. 31; und über eine ehemalige Berliner Justizsenatorin ist zu lesen: „Gute Führung? Justizsenatorin auch in Berlin umstritten", Der Tagesspiegel vom 25. 4. 2009, S. 11. Siehe auch *Bernd Walter*, Organisation von gestern – Mitarbeiter von heute – Probleme von morgen, Die Personalvertretung 1999, 98 (105 ff.).

[37] Das Bundesministerium für Wirtschaft und Energie verfügt aktuell (1. 7. 2015) über 10 Abteilungen, 31 Unterabteilungen und 165 Referate. Das Bundesministerium für Wirtschaft und Arbeit unter Minister *Clement* hatte 12 Abteilungen, 34 Unterabteilungen und 183 Referate.

[38] Allerdings ist zu bedenken, dass es zu einem späteren Zeitpunkt erforderlich werden kann, das „übergangene" Referat zu diesem Vorgang einzuschalten. Vermutlich wird dann der Vorwurf erhoben, man sei zu spät beteiligt worden.

4. Einzelfragen

Die folgenden Einzelfragen stellen sich auf allen Ebenen der verwaltungsinternen Kommunikation. Sie sind abstrakt einfach zu beantworten. In der Praxis bedarf es jedoch häufig diffiziler Abwägungen, die sich insbesondere aus der Kombination der Fragen ergeben.

Was muss kommuniziert werden? Die Antwort lautet: alles, was notwendig und wichtig ist. Umgekehrt bedeutet dies, dass nicht kommuniziert werden soll, was nicht notwendig oder wichtig ist. Gegen diese Regel wird bei der Kommunikation von „unten" nach „oben" und auf der „gleichen" Ebene häufig verstoßen. Denn die Möglichkeiten der elektronischen Kommunikation verleiten dazu, Informationen weiterzuleiten, ohne zu fragen, ob sie für den Adressaten überhaupt von Bedeutung sind. Der Absender denkt, wenn er alles weiterleite, könne er nichts vergessen und somit keinen Fehler machen. Er übersieht dabei, dass er den Adressaten u. U. zu großem gedanklichen Aufwand zwingt, warum ihm die Informationen übermittelt worden sind.

Wer muss eingebunden sein? Auch hier gilt: der, der betroffen ist. In der Praxis wird indes auch hier häufig nach der Methode gehandelt: im Zweifel mehr. Sowohl in der Kommunikation von „oben" nach „unten" als auch bei der Information auf der „gleichen" Ebene informiert man – um ganz sicher zu gehen, dass niemand übergangen wird – Kollegen oder Kolleginnen, die auch nach zweimaligem Lesen nicht erkennen, inwiefern sie betroffen sein können. Der Absender hätte hingegen bei sorgfältigem Durcharbeiten, und das wäre seine Aufgabe gewesen, erkennen können, dass der Adressat nicht betroffen ist. Wenn die Sache gut läuft, schreibt der Kollege, er könne keine Betroffenheit erkennen. Wenn es schlecht läuft, ruft er an und fragt, warum er informiert worden ist.

Wann muss kommuniziert werden? Die Antwort ist ebenfalls einfach: Dann, wenn es erforderlich ist, und dann so schnell wie möglich.[39] Dank der modernen Kommunikationsmittel ist es heute kein Problem, in Echtzeit zu informieren. Eine wichtige Rede z. B. des US-amerikanischen Präsidenten wird von der deutschen Botschaft in Washington zeitgleich übersetzt, und die Kanzlerin und ihre Minister haben sie spätestens morgens um sieben auf dem Tisch. Und wenn in einer Nacht etwas

---

[39] Ein Beispiel für eine unterlassene Kommunikation: *Theodor Haubach*, Pressesprecher des Berliner Polizeipräsidenten, erhielt einen Tag vor dem sog. Preußenschlag am 20. Juli 1932 einen Hinweis, dass am kommenden Tag ein Reichskommissar für Preußen eingesetzt werde. *Carl Severing* – der Innenminister – sei informiert. *Haubach* informierte – aus welchen Gründen auch immer – seinen Chef, *Albert Grzesinski* nicht. Das wäre indes aus zwei Gründen notwendig gewesen. Erstens weil es eine wichtige Information war, die er unbedingt hätte weiterleiten müssen und zweitens weil er wegen des angespannten Verhältnisses zwischen *Severing* und *Grzesinski* nicht davon ausgehen konnte, dass *Severing* den Berliner Polizeipräsidenten informieren würde. Der Preußenschlag hätte so oder so stattgefunden. Aber warum *Haubach* die Information nicht weitergab, bleibt eine ungeklärte Frage, vgl. hierzu *Peter Zimmermann*, Theodor Haubach (1896–1945). Eine politische Biographie, 2004, S. 321 ff.

ganz Wichtiges passiert, dann entscheidet der Chef des Bundespresseamtes, ob die Kanzlerin sofort informiert wird.[40] Im Zweifel wird er den Chef des Bundeskanzleramtes informieren und ihm die Entscheidung überlassen.

5. Institutionalisierung interner Verwaltungskommunikation

Die Frage, ob interne Verwaltungskommunikation institutionalisiert werden soll,[41] kann mit „Jein" beantwortet werden. Für die Kommunikation von „unten" nach „oben" sowie auf „gleicher" Ebene ist eine Institutionalisierung nicht sinnvoll. Natürlich könnten am Freitag einer jeden Woche dem Vorgesetzten die noch offenen Punkte mitgeteilt werden, die eigentlich bis zum Wochenende hätten erledigt werden müssen. Aber dies wäre nur eine Belastung für „oben". Denn es ist davon auszugehen, dass die Aufträge dort erfasst sind und nachgefragt wird, wenn sie nicht innerhalb einer angemessenen oder der vorgegebenen Frist erledigt sind. Dies gilt auch für die Kommunikation auf der „gleichen" Ebene. Auch hier wird im Zweifel nachgefragt.

Institutionalisiert werden kann jedoch die Kommunikation von „oben" nach „unten". Zum einen kann zu einem bestimmten Termin (z. B. Freitag um 14:00 Uhr) allen Mitarbeiterinnen und Mitarbeitern ein Newsletter elektronisch übermittelt werden, der die Termine des Ministers am Wochenende und in der kommenden Woche auflistet.[42] Außerdem kann er Hinweise auf Termine und Ereignisse enthalten, die das Ministerium in der kommenden Woche konkret betreffen oder für das Ministerium allgemein von Bedeutung sein können. Zu denken ist an Punkte, die im Kabinett oder im Bundesrat behandelt werden. Der Newsletter kann außerdem Reden des Ministers oder Presseerklärungen der vergangenen Woche enthalten. Dies alles kostet wenig Mühe, würde aber die Mitarbeiter allgemein in die Arbeit des Ministeriums einbinden und zur Identifikation mit ihrer Dienststelle beitragen. Eine weitere Möglichkeit besteht darin, dass der Staatssekretär am frühen Nachmittag nach der morgendlichen Kabinettsitzung zu einer Abteilungsleiterbesprechung lädt, aus dem Kabinett berichtet und eventuell Aufträge erteilt. Anschließend können die Abteilungsleiter diese Informationen in einer Referatsleiterbesprechung an ihre Referatsleiter weitergeben. Auf diese Weise wären die Führungskräfte bis zur untersten Ebene informiert. Die Referatsleiter könnten noch am Nachmittag desselben Tages (spätestens am nächsten Vormittag) ihre Referenten informieren und eventuelle Aufträge erteilen.

---

[40] Das Lagezentrum des Presse- und Informationsamtes der Bundesregierung ist rund um die Uhr besetzt und beobachtet u. a. acht Nachrichtenagenturen. Auch im Bundeskanzleramt, dem Auswärtigen Amt, dem Bundesministerium des Innern und dem Bundesministerium für Verteidigung besteht jeweils ein Lagezentrum.

[41] Auf die verschiedenen Arten der Kommunikation: Vermerk, Vieraugengespräch, Vortrag, Mail etc. kann aus Platzgründen nicht näher eingegangen werden.

[42] Dies kann auch für Parlamentarische Staatssekretäre oder Behördenleiter einer nachgeordneten Behörde in Betracht kommen.

IV. Externe Verwaltungskommunikation

1. Einleitung

Externe Verwaltungskommunikation kann von Bürgern oder von der Verwaltung eingeleitet werden. Der Bürger will etwas von der Verwaltung und stellt eine Anfrage oder einen Antrag. Wenn die Verwaltung aufgrund des Inhalts des Antrags und eventuell weiterer Erkenntnisse eine Entscheidung treffen kann (positiv oder negativ), wird sie das umgehend tun. Ist sie hingegen der Auffassung, der Bürger habe weitere Angaben zu machen, ist er hierzu aufzufordern. Wenn die angefragte Behörde weitere Behörden einschalten muss, greifen die Regeln der Kommunikation auf der „gleichen" Ebene.

Die Verwaltung leitet die verwaltungsexterne Kommunikation entweder mit einer Frage zur Sachverhaltsaufklärung ein oder sie erlässt aufgrund des aus ihrer Sicht geklärten Sachverhalts ein Verbot oder ein Gebot – etwa wenn ein Gesetzesverstoß vorliegt und der Sachverhalt aus ihrer Sicht geklärt ist (zur Anhörung siehe weiter unten).

2. Verständlichkeit

Die Problematik der verwaltungsexternen Kommunikation besteht nicht – wie bei der verwaltungsinternen – darin, ob überhaupt kommuniziert und wann was kommuniziert werden soll, sondern darin, dass Bürger und Verwaltung häufig nicht dieselbe Sprache sprechen und kein „Dolmetscher" zur Verfügung steht. Zwar gab es immer wieder Anstöße zu einer verständlichen Behördensprache, aber diese verpufften meist,[43] und trotz vieler Bemühungen scheint es nicht zu gelingen, Bescheide oder Schreiben so zu formulieren, dass der sog. Normalbürger versteht, worum es geht.[44] Dies hängt damit zusammen, dass die Sachverhalte komplexer werden und der Verfasser in erster Linie über das Ergebnis nachdenkt und keine Zeit mehr hat, eine sprachliche Überarbeitung vorzunehmen, wenn er das Ergebnis endlich gefunden hat. Hinzu kommt, dass in der Ausbildung nicht gelehrt und im Verwaltungsalltag nicht darauf geachtet wird, sich in die Situation des Bürgers zu versetzen, der die Behördensprache nicht beherrscht.

---

[43] Siehe die seit rund 30 Jahren (o. Fn. 13) während Diskussion unter immer neuen Stichworten.

[44] Schon 1976 führte der damalige Bundeskanzler *Helmut Schmidt* in seiner Rede vor dem Landesparteitag der Berliner SPD u. a. aus: „Es genügt nicht, dass alles richtig gemacht worden ist – und vieles ist noch nicht einmal richtig gemacht worden. Das, was richtig gemacht worden ist, tatsächlich richtig, muss auch einsehbar gemacht werden. Und die Menschen müssen es verstehen können." Zitiert nach *Dieter Huhn*, Über die gesellschaftliche Funktion der Bürokratie-Kritik, Recht und Politik 1980, 88 (90). Dazu, dass ihm das Thema immer noch am Herzen liegt, siehe *Helmut Schmidt*, Außer Dienst, 2008, S. 274 f. Siehe auch *Joachim Jahn*, Klares Deutsch für Juristen, JuS Magazin 3/08, 6 ff.; *Herbert Mandelartz*, Recht und Kommunikation in der Praxis, JuS Magazin 6/09, 5 ff.

3. Gesetzliche Vorgaben

Ebenso wie für die verwaltungsinterne gibt es auch für die verwaltungsexterne Kommunikation nur wenige gesetzliche Vorgaben. So hat die Verwaltung gemäß § 28 Abs. 1 VwVfG vor Erlass eines Verwaltungsaktes, der in die Rechte eines Beteiligten eingreift, diesem Gelegenheit zu geben, sich zu den für die Entscheidung erheblichen Tatsachen zu äußern. Dazu hat die Behörde dem Betroffenen den bisher ermittelten Sachverhalt und die Entscheidung mitzuteilen, die sie aufgrund dieses Sachverhaltes zu treffen beabsichtigt.[45] Zuvor soll der Beteiligte Gelegenheit haben, sich zu äußern. Zwischen der Bekanntgabe der Absicht, eine bestimmte Entscheidung zu treffen, und der Entscheidung selbst, muss eine ausreichende Zeitspanne liegen, damit der Beteiligte sich äußern und diese Äußerung der Entscheidung zugrunde gelegt werden kann.[46] § 28 Abs. 1 VwVfG verpflichtet somit die Behörde zur Kommunikation mit dem Beteiligten, bevor sie eine belastende Maßnahme trifft. Der Betroffene kann das Angebot zur Kommunikation annehmen und sich zu dem Sachverhalt äußern oder das Angebot unbeachtet lassen. Eine bestimmte Form ist für die Anhörung nicht vorgeschrieben. Sie kann schriftlich oder mündlich erfolgen. Ein Anspruch auf ein Rechtsgespräch besteht nicht. Ob der Betroffene die Gelegenheit, sich zu äußern, wahrnimmt, ist für die Frage, ob die Anhörung ordnungsgemäß durchgeführt wurde, unerheblich.[47]

Die Vorschrift bot mit ihrer Einführung (1. Januar 1977) einen positiven Ansatz für eine konstruktive verwaltungsexterne Kommunikation, wodurch eine eventuell strittige Entscheidung verhindert werden kann. Die Anhörungsverpflichtung wurde jedoch von der Rechtsprechung und der späteren Gesetzgebung relativiert. Die Rechtsprechung hat die Verwaltung zunächst von der Verpflichtung entbunden, das Absehen von der Anhörung in entsprechender Anwendung des § 39 VwVfG zu begründen.[48] Sie hat sie weiterhin durch das Absenken der Anforderungen an das Nachholen der Anhörung in ihrer „laxen" Haltung bestärkt, anstatt dem gesetzgeberischen Willen Rechnung zu tragen.[49] Dabei vertritt das Bundesverwaltungsgericht z. B. die Auffassung, dass der Verstoß gegen das Anhörungsgebot allein dadurch geheilt werde, dass dem mit Gründen versehenen Verwaltungsakt eine Belehrung dar-

---

[45] Vgl. *Franz-Joseph Peine*, Allgemeines Verwaltungsrecht, 11. Aufl. 2014, Rdnr. 594; *Friedhelm Hufen/Thorsten Siegel*, Fehler im Verwaltungsverfahren, 5. Aufl. 2013, Rdnrn. 283 ff.; *Mandelartz*, DVBl 1983, 112 (112 f.).

[46] Vgl. *Peine* (o. Fn. 45), Rdnr. 594; *Klaus Ritgen*, in: Knack/Hennecke (Hrsg.), Verwaltungsverfahrensgesetz, 10. Aufl. 2014, § 28 Rdnrn. 59 ff.; *Ferdinand Kopp/Ulrich Ramsauer*, Verwaltungsverfahrensgesetz, 15. Aufl. 2014, § 28 Rdnr. 36; *Mandelartz*, DVBl 1983, 112 (113).

[47] Vgl. *Peine* (o. Fn. 45), Rdnr. 595; *Ritgen* (o. Fn. 46), § 28 Rdnrn. 39, 42, 63 ff.; *Mandelartz*, DVBl 1983, 112 (113).

[48] Vgl. *Mandelartz* (o. Fn. 1), S. 103 f.

[49] Siehe *Mandelartz*, DVBl 1983, 112 (115 f.).

über beigefügt ist, dass dagegen Widerspruch erhoben werden könne.[50] Schließlich ist durch das 3. VwVfG-ÄnderungsG[51] die zeitliche Begrenzung, innerhalb der die unterbliebene Anhörung nachgeholt werden kann, auf den Abschluss der letzten Tatsacheninstanz eines verwaltungsgerichtlichen Verfahrens festgesetzt und damit gegenüber der ursprünglichen Fassung (bis zum Abschluss eines Vorverfahrens oder, falls ein Vorverfahren nicht stattfindet, bis zur Erhebung der verwaltungsgerichtlichen Klage) erheblich ausgeweitet worden.[52] Insgesamt gesehen haben die Rechtsprechung und der Gesetzgeber nicht dazu beigetragen, das in § 28 VwVfG angelegte dialogische Verfahren zu fördern, sondern die Verwaltung eher bestärkt, so weiter zu machen wie bisher.[53]

4. Begleitende Kommunikation

Eine besondere Form der externen Verwaltungskommunikation ist die verwaltungsbegleitende Kommunikation.[54] Externe Veraltungskommunikation findet – wie gesehen – unmittelbar zwischen einer Verwaltungsbehörde und einem Bürger oder einer Bürgergruppe statt. Verwaltungsbegleitende Kommunikation bezieht sich hingegen auf eine Verwaltungsentscheidung, die Auswirkungen auf eine größere Anzahl von Bürgerinnen und Bürgern hat oder haben kann, ohne dass es zu einer direkten und rechtlichen Beziehung zwischen der Verwaltung und den („nur" indirekt) betroffenen Bürgern kommt. Eine eindeutige Antwort, wann es zur verwaltungsbegleitenden Kommunikation kommen soll, gibt es nicht. Ihre Notwendigkeit ergibt sich in erster Linie bei Großprojekten oder umfangreichen Veränderungsprozessen.[55] Solche Veränderungsprozesse wird es aufgrund von zwei Problemlagen, die uns schon heute beschäftigen, zukünftig verstärkt geben und sie werden unsere Zukunft maßgeblich beeinflussen: die Verschuldung der öffentlichen Haushalte und die demographische Entwicklung.[56]

---

[50] Siehe BVerwGE 66, 111 ff.; BVerwG, NJW 1984, 143; kritisch hierzu – zu Recht – *Peine* (o. Fn. 45), Rdnr. 727; *Kopp/Ramsauer* (o. Fn. 46), § 45 Rdnr. 26.

[51] Drittes Gesetz zur Änderung verwaltungsrechtlicher Vorschriften vom 21. August 2002, BGBl. I S. 3322, in Kraft getreten am 1. Februar 2003.

[52] Kritisch *Hufen/Siegel* (o. Fn. 45), Rdnrn. 959 ff.; *Enrico Peuker*, in: Knack/Hennecke (o. Fn. 46), § 45 Rdnr. 52.

[53] So auch *Hufen/Siegel* (o. Fn. 45), Rdnr. 321. Weitere Vorschriften zu der Art und Weise externer Verwaltungskommunikation finden sich in § 3a Abs. 2 VwVfG (die Vorschrift regelt die Möglichkeit elektronischer Kommunikation, hierzu *Peine* [o. Fn. 45], Rdnrn. 639 ff.); § 23 Abs. 1 VwVfG (die Amtssprache ist deutsch, hierzu *Kopp/Ramsauer* (o. Fn. 46), § 23 Rdnr. 5 f.) und § 25 Abs. 1 Satz 1 VwVfG (hiernach hat die Behörde konkrete Beratungs- und Auskunftspflichten, siehe hierzu wiederum *Peine* (o. Fn. 45), Rdnrn. 601 ff.).

[54] Vgl. *Hebeler* (o. Fn. 15), S. 60 ff.

[55] Ein Beispiel hierfür aus jüngster Zeit ist das Projekt Stuttgart 21. Unabhängig von anderen Gründen führte das Fehlen einer verwaltungsbegleitenden Kommunikation zu Problemen mit den Gegnern des Projekts.

[56] Vgl. *Herbert Mandelartz*, Für eine Föderalismusreform III – Mut zum großen Wurf, Recht und Politik 2012, 20 ff.

Die Verschuldung der öffentlichen Haushalte setzte im Kern Mitte der 1970er Jahre ein, als nach den beiden Ölkrisen insbesondere der Sozialhaushalt nicht mehr über die laufende Wertschöpfung bedient werden konnte. Weitere Schübe erhielt sie durch die Vereinigung (1990) und die Finanzkrise (2008). Die Gesamtverschuldung der öffentlichen Hand beläuft sich zurzeit auf rund 2 Billionen Euro. Wegen der 2009 eingeführten Schuldenbremse dürfen die Länder ab dem 1. Januar 2020 keine neuen Kredite mehr aufnehmen und werden sparen müssen.

Die Bevölkerungszahl ist in Deutschland seit 2003 rückläufig.[57] Zugleich kommt es zu starken Veränderungen in der Altersstruktur. In Deutschland werden 2030 nur noch 79–80 Millionen Menschen leben. Insbesondere in den neuen Bundesländern und im Saarland wird die Bevölkerung abnehmen. Der Anteil der Jugendlichen wird zurückgehen, der der 65-jährigen und Älteren steigt hingegen an.

Die Länder werden deshalb um Reformen nicht umhin kommen. Gebiets- und Polizeireformen sind zwei Beispiele, die in dem einen oder anderen Bundesland in der Planung oder schon in der Umsetzung sind.[58] Auch die Kommunen stehen angesichts der demographischen Entwicklung schon heute vor der Frage, wie in Zukunft die kommunale Infrastruktur gestaltet werden muss. Dabei geht es um Krankenhäuser, Schulen, Sportstätten etc. – um die Anzahl und die Standorte, ferner um die Abwasser- und Abfallbeseitigung, die Wasser- und Energieversorgung sowie die verkehrliche Anbindung. Zudem entsteht ein erhöhter Pflegebedarf für ältere Menschen.

Bei der Lösung der Probleme entstehen Konflikte – nach innen und nach außen.[59] Nach innen wird man sich mit dem Personal, den Personalräten und den Gewerkschaften auseinandersetzen müssen. Nach außen geht es um das Informationsbedürfnis der interessierten Öffentlichkeit und mögliche Konflikte mit der Bevölkerung. Es geht um Konflikte mit Bürgermeistern und Landräten und um den Umgang mit den Medien. Dabei reicht eine reine Verlautbarungskommunikation nicht mehr aus. Spätestens seit Stuttgart 21 ist klar, dass die Bürger mündig geworden sind und sich nicht mehr einfach „von oben dirigieren" lassen. Facebook, Twitter und diverse andere Formen von Social Media haben zu einem völlig veränderten Kommunikationsverhalten und Mitwirkungsverlangen geführt. Die Bürger wollen sich einbringen, mit diskutieren und gegebenenfalls auch mit gestalten. Ihr Wissen gilt es zu integrieren. Dialog und Partizipation sind inzwischen Bestandteile, die aus der öffentlichen Diskussion nicht mehr wegzudenken sind.

---

[57] Siehe hierzu die Studie der Bertelsmann Stiftung vom 8.7.2015: Demographischer Wandel verstärkt Unterschiede zwischen Stadt und Land. Dies gilt nach der 13. koordinierten Bevölkerungsvorausberechnung des Statistischen Bundesamtes vom 31.12.2013 unabhängig davon, ob es zu einer schwächeren oder stärkeren Zuwanderung kommt.

[58] Solche Reformen als Folge dieser Veränderungen hat es in der Vergangenheit, insbesondere in den neuen Bundesländern gegeben; siehe etwa die Kreisreform in Mecklenburg-Vorpommern und die Polizeireform in Brandenburg, die allerdings aktuell auf dem Prüfstand steht.

[59] Vgl. *Herbert Mandelartz/Monika Maria Lehmann*, Begleitende Kommunikation als Erfolgsfaktor bei Veränderungen, innovative Verwaltung, 1–2/2014, 22 ff.

In dieser Situation bedarf es einer begleitenden Kommunikation, deren hohe Kunst darin besteht, Komplexität zu reduzieren und einerseits aufkommende Fragen auf einer rationalen, faktenorientierten Ebene zu beantworten und andererseits die immer mitschwingende Emotionalität aller beteiligten Zielgruppen zu berücksichtigen. Es ist daher entscheidend, den Kontakt zu den Betroffenen zu halten und die richtigen Worte zu finden, auch wenn noch nichts „fertig" ist und Antworten im Zweifel sehr unbequem sein können oder wenn es nur auf einen Teil der Fragen bereits Antworten gibt. Es wird immer als ein Zeichen der Wertschätzung erkannt, wenn Entscheider und Initiatoren des Wandels im Kontakt mit ihren Gesprächspartnern bleiben. Ein Wandel darf alles in Frage stellen – nicht aber die Achtung vor jeder einzelnen Person und den Gefühlen, die zwangsläufig immer bei Veränderungen entstehen.

Allerdings ist nicht alles, was unter breiter Partizipation erarbeitet wird, automatisch eine gute Lösung – manchmal wird es nur eine bequeme sein, die nicht allzu viele Änderungen erforderlich macht oder einen Minimalkonsens darstellt. Andererseits zeigt aber das Einbinden partizipativer und dialogischer Mittel, dass man die Zeichen der Zeit erkannt hat, am Wissen der Organisation interessiert ist und für sich nutzen will. Und wenn es gelingt, glaubhaft zu machen, dass die eingesetzten Mittel für Dialog und Partizipation nicht nur ein Feigenblatt darstellen, sondern deren Ergebnisse tatsächlich auch in die Entscheidungsfindung mit einfließen, kann es gelingen, Lösungen auf breiter Basis zu erzielen, die in der Organisation als glaubhaft und authentisch anerkannt werden. Um eine begleitende Kommunikation wird man – wenn man erfolgreich sein will – nicht umhin kommen.

V. Zum Schluss

Zum Schluss möchte ich noch zwei Beispiele non-verbaler Kommunikation schildern. Man kann darüber schmunzeln; sie sollten aber eher zum Nachdenken anregen. Er hat es nur einmal getan – mit Akten geworfen. In einer zwei Seiten umfassenden Versicherung an Eides statt heißt es u. a.: „Ich werfe nicht regelmäßig mit Akten. Richtig ist lediglich, dass ich ein einziges Mal in einer Zornaufwallung eine Akte über den Schreibtisch geworfen habe." Die Vorlage war einfach zu schlecht. Sie dürfen raten, wer dies war.[60]

Im Januar 2015 berichtete die Thüringer Allgemeine von einer Gerichtsverhandlung am Amtsgericht Sondershausen. In einer Kaserne der Bundeswehr saßen mehrere männliche und weibliche Soldaten zu einer Besprechung zusammen. Leiter der Gruppe war ein Stabsfeldwebel. Die Besprechung hatten sie mit dem 2. Frühstück verknüpft. Eine Unteroffizier-Frau war nach Auffassung des Stabsfeldwebels mit

---

[60] Richtig – der damalige Bundesinnenminister *Otto Schily*, siehe Süddeutsche Zeitung vom 18.12.2006, S. 14 unter Berufung auf die Leipziger Volkszeitung.

den Gedanken woanders. Sie schaute verträumt aus dem Fenster. Um sie in die Realität zurückzuholen, warf er ihr ein Brötchen ins Gesicht.[61]

Hoffen wir, dass es sich hierbei um Einzelfälle handelt. Wie dem auch sei: meinem Freund und unserer Freundschaft aus Bielefelder Studientagen wünsche ich: ad multos annos.

---

[61] Das Verfahren ist inzwischen eingestellt, Auskunft des Gerichts an den Verfasser.

Verwaltungsmediation als Handlungsform des konsensualen Verwaltungsrechts

Von *Rainer Pitschas*

I. Verwaltungsmediation in der Kritik

Noch zählt die „Verwaltungsmediation" (VM) in Rechtsprechung und Literatur nicht zu den anerkannten Handlungsformen des öffentlichen Rechts.[1] Gleichwohl hat sie der Gesetzgeber im Einklang mit dem Unionsrecht zwischenzeitlich als freiwillige und eigenverantwortliche Konfliktbeilegung durch einen neutralen, von den Beteiligten einvernehmlich bestellten Dritten ausgewiesen.[2] Mediation wird damit als solche und eben auch im Verwaltungsrecht von Gesetzes wegen auf das Ziel ausgerichtet, zwischen der öffentlichen Verwaltung mit ihren Institutionen einerseits und den übrigen Beteiligten des Verwaltungsverfahrens andererseits einen Konsens in der jeweiligen Streitbehandlung zu erreichen. Ihn herbeizuführen ist zugleich mit der Überlegung verbunden, unter dem Signum einer „collaborativen gorvernance" die *Wirksamkeit* gesetzten Rechts zu gewährleisten: In der VM gestalten die Rechtsadressaten gemeinsam und in Verantwortungspartnerschaft den jeweiligen Rechtsgewinnungsprozess als Teilhabe an der „Verwaltung" und als gegenseitige Rechenschaftslegung unter einheitlicher Verfahrensverantwortung. VM zählt – so gesehen – zu den Tragpfeilern des „open government", das neue Formen und Ansprüche eines veränderten Verständnisses von Regieren und Verwalten zusammenfasst.

Der Gesetzgeber bestätigt schließlich auf diese Weise, dass weder das Demokratie- noch das Rechtsstaatsprinzip der Mediation im Verwaltungsrecht „enge Grenzen" (*Franz-Joseph Peine*) setzen. Stattdessen wird sie mit dem vom Bundestag einstimmig verabschiedeten „Gesetz zur Förderung der Mediation und anderer Verfahren der außergerichtlichen Konfliktbeilegung"[3] nunmehr auch für das Verwaltungshandeln, auf das sich dieser Beitrag beschränken soll, zum rechtspolitischen Leitmo-

---

[1] Vgl. statt aller BVerwGE 139, 150 (155); *Ferdinand O. Kopp/Ulrich Ramsauer*, Verwaltungsverfahrensgesetz, Kommentar, 16. Aufl. 2015, Einführung I Rdnrn. 75, 76, 77 ff., 85.

[2] Zur Definition vgl. § 1 Abs. 1 „Gesetz zur Förderung der Mediation und anderer Verfahren der außergerichtlichen Konfliktbeilegung" vom 25.7.2012 (BGBl. I 2012 S. 1577). Darauf, dass „Freiwilligkeit" nicht unbedingt eine Voraussetzung der außergerichtlichen Streitbeilegung sein muss, verweist *Horst Eidenmüller*, Obligatorische außergerichtliche Streitbeilegung: Eine contradictio in adiecto?, JZ 2015, 539 (540); zum Wesen der VM siehe auch *Ivo Appel*, Privatverfahren, in: Hoffmann-Riem/Schmidt-Aßmann/Voßkuhle (Hrsg.), Grundlagen des Verwaltungsrechts, Bd. II, 2. Aufl. 2012, § 32 Rdnrn. 102 ff., 103 m. zahlr. N.

[3] Siehe Fn. 2.

dell konsensualer Rechtskonkretisierung durch die öffentliche Hand aufgewertet. Zugleich kennzeichnet sie der Gesetzgeber selbst als eine akzeptable und weithin einzusetzende öffentlich-rechtliche Handlungsform im Aufbruch, die auf diese Weise aus ihrem informellen Dasein in das vom Gesetzgeber bereit gehaltene Formenspektrum verwaltungsrechtlichen Handelns übergeleitet wird.[4]

Dennoch bleiben die *monita* beherzigenswert, auf die der Jubilar in seiner rechtsdogmatischen Auseinandersetzung mit der VM – insofern in Übereinstimmung mit anderen Autoren[5] – schon früher hingewiesen hat.[6] Insbesondere das Demokratie- und Rechtsstaatsprinzip seien unbedingt, so führt er näher aus, bei der Anwendung der VM zu beachten. Allerdings hebt er auch hervor, dass „die Mediation […] die zuständige Behörde niemals in ihren Rechten und Pflichten beschränken" dürfe; „im Bereich des Verwaltungsrechts (werde) deshalb die Bedeutung der Mediation gewaltig überschätzt".[7]

Dem nun wollen die hiesigen Ausführungen unter Verweis auf rechtsempirische Feststellungen aus den letzten Jahren[8] freundschaftlich widersprechen. Die hiesige *These* lautet demgegenüber, dass Mediation inzwischen in allen Rechtszweigen als eine Methode alternativer Konfliktlösung unter anderen[9] schon längst zur gängigen Münze mutiert ist und ihre Anwendung speziell in der Verfahrenspraxis der öffentlichen Verwaltung dazu führt, sie nunmehr auch als eine vom Mediationsgesetz rechtlich anerkannte *nichtformalisierte Handlungsform* einzusetzen. Der Gesetzgeber sollte sich allerdings dazu entschließen, sie im Verwaltungsverfahrensgesetz normativ – eigenständig, ähnlich wie seinerzeit für den Verwaltungsvertrag geschehen –

---

[4] Bei Licht besehen, setzt der Gesetzgeber damit die VM als mögliche rechtliche Handlungsform der Verwaltung implizit voraus. Das ist mehr als in der Lit. und Rspr. mit dem Ausweis der VM als „informelle Handlungsform" beschrieben wird: vgl. auch *Johannes Kaspar*, Mediation und konsensuale Konfliktlösungen im Strafrecht, NJW 2015, 1642 (1642): Mediation vollziehe sich nicht „im Schatten des Rechts".

[5] Zuvor siehe u. a. die Beiträge in *Rainer Pitschas/Harald Walther*, Mediation in Verwaltungsverfahren und Verwaltungsprozess, Beiträge der „Speyerer Mediationsinitiative", 2008; zuletzt etwa *Frauke Brosius-Gersdorf*, Dritte Gewalt im Wandel – Veränderte Anforderungen an Legitimität und Effektivität?, VVDStRL 74 (2015), 169 (183 ff., 189 ff.) m. w. N.

[6] Vgl. *Franz-Joseph Peine*, Mediation im Kontext von Demokratie- und Rechtsstaatsgebot, in: Seok/Ziekow (Hrsg.), Mediation als Methode und Instrument der Konfliktmittlung im öffentlichen Sektor, 2010, S. 45 ff.

[7] *Peine* (o. Fn. 6), S. 56.

[8] Vgl. nur *Peter Röthemeyer*, Mediation. Grundlagen. Recht. Markt, 2015, passim; *Frank Schreiber*, Konsensuale Streitbehandlung in sozialgerichtlichen Verfahren – Die Leistungsfähigkeit des Güterichtermodells, 2013, jew. m. w. N.

[9] *Reinhard Greger*, Für jeden Konflikt das passende Verfahren, ZKM 2014, 140 ff.; siehe auch den Überblick bei *Brosius-Gersdorf* (o. Fn. 5), S. 169 (183 ff.); *Eidenmüller*, JZ 2015, 539 (540 ff.); einen Gesamteindruck gibt das „Handbuch Mediation", hrsg. von Haft/ Schlieffen, 3. Aufl. 2016.

ausdifferenziert zu verankern und das Mediationsverfahren rechtsstaatlich auszugestalten.[10]

II. Verwaltungsmediation im Formenspektrum des Verwaltungshandelns

1. Handlungsformen im Verwaltungsrecht

Für die deutsche Verwaltung bilden allerdings traditionsgemäß die „Verwaltungsentscheidung" und namentlich deren *Form* einen essentiellen Bestandteil des Verwaltungshandelns.[11] Dementsprechend war und ist unser Verwaltungsverfahrensrecht von Anfang an hierauf und zunächst kaum auf die kooperativen und konsenserzeugenden Vorgänge im jeweiligen Entscheidungs- und Implementationsprozess ausgerichtet gewesen.[12] Stattdessen verkörpert noch immer die formalisierte Handlungsform den Anknüpfungspunkt für Aussagen der verwaltungsrechtlichen Dogmatik zur Lösung konkreter rechtspraktischer Probleme. Sie stellt gleichsam einen „konfektionierten Regelungskomplex" (*Ossenbühl*) dar. Denn mit der „Handlungsform" steht zur Bewältigung wiederkehrender Rechtsprobleme in der Verwaltungspraxis bis hin zum Rechtsschutz ein bestimmter Normenfundus zur Verfügung, der die Voraussetzungen und Rechtsfolgen des von ihm zu erfassenden Handelns jederzeit greifbar, in Klarheit des Verständigungsgehalts und mit Blick auf die notwendige Gleichförmigkeit der auferlegten Bindungen oder gewährten Leistungen regelt.[13]

Handlungsformen sind m. a. W. „vertypte Handlungsausschnitte", deren Verrechtlichung durch die Handlungsmaßstäbe des Verwaltungsrechts bestimmt ist und denen fixierte *Rechtswirkungen* zugemessen werden. In ihrer Ausformung fügen sie das Verfahrens- und materielle Recht zu einer Einheit zusammen. Sie bilden demgemäß prozedurale Entscheidungs- bzw. Strukturmuster, die – wie z. B. der Verwaltungsakt oder der öffentlich-rechtliche Vertrag gemäß §§ 9, 45 Verwaltungsverfahrensgesetz (VwVfG) – für den Konkretisierungsprozess einschlägige Verfah-

---

[10] Zurückhaltender aber z. B. *Brosius-Gersdorf* (o. Fn. 5), S. 169 (189 ff.); im Kern ablehnend *Bernd Holznagel/Ulrich Ramsauer*, Mediation im Verwaltungsrecht, in: Haft/Schlieffen (Hrsg.), Handbuch Mediation, 3. Aufl. 2016, § 40 Rdnr. 5; zum „öffentlich-rechtlichen Vertrag" als Handlungsform vgl. *Jan Ziekow/Thorsten Siegel*, Höchstrichterliche Rechtsprechung zum Verwaltungsrecht, VerwArch 95 (2004), 133 ff.

[11] *Hartmut Maurer*, Allgemeines Verwaltungsrecht, 18. Aufl. 2011, § 9.

[12] Siehe nur *Christian Bumke*, Verwaltungsakte, in: Hoffmann-Riem/Schmidt-Aßman/Voßkuhle (o. Fn. 2), § 35 Rdnrn. 6 ff., 9 ff.; früher bereits *Rainer Pitschas*, Verwaltungsverantwortung und Verwaltungsverfahren. Strukturprobleme, Funktionsbedingungen und Entwicklungsperspektiven eines konsensualen Verwaltungsrechts, 1990, bes. 2. Kap., 3. Kap. (S. 146 ff.).

[13] *Fritz Ossenbühl*, Die Handlungsformen der Verwaltung, JuS 1979, 681 (687); *Wolfgang Hoffmann-Riem* spricht (etwas abstrakt) von der Ordnungs-, Speicher-, Orientierungs- und Entlastungsfunktion der „Rechtsformen"; vgl. in: ders./Schmidt-Aßmann/Voßkuhle (o. Fn. 2), § 33 Rdnrn. 1 ff.; VM ist auch nach seiner Typologie eine „Handlungsform", die noch nicht zu einer „Rechtsform" kondensiert sei (Rdnr. 14); ähnlich – wenngleich in anderer Wortwahl – *Holznagel/Ramsauer* (o. Fn. 10), § 40 II = S. 925 f.

rensdirektiven in sich bergen und auf die verwaltungsseitig zugegriffen werden kann. Das Verwaltungshandeln wird derart „in Form" gebracht.[14]

Die Ausdifferenzierung der Handlungsformen vermag allerdings auf keine eigenständige Formenlehre zurückzugreifen. Die überkommenen Handlungsformen des Verwaltungsrechts orientieren sich vielmehr ganz pragmatisch an Entscheidungsnotwendigkeiten, Rechtmäßigkeitsbedingungen, Rechtsfolgen und Rechtsschutzmöglichkeiten der Eingriffs- und Leistungsverwaltung nach Maßgabe der Rechtspraxis wie -entwicklung. Beispielsweise hat der liberale Rechtsstaat die *eingriffswehrende* Eröffnung und Ausgestaltung des Rechtsschutzes dadurch gefördert, dass er den Umstand entscheidend berücksichtigen wollte, ob durch den Bürger ein *Verwaltungsakt* angegriffen wird oder nicht. Die Qualifikation bestimmter Handlungsbündel der öffentlichen Verwaltung als „Handlungsform" bezieht sich also nicht nur auf die mit ihr angestrebten *Wirkungen*, sondern sie wird auch vom *Schutzauftrag* der Formung bestimmt.

2. Entfesselung der Formenbindung des Verwaltungshandelns im reflexiven Rechtsstaat

Nach alledem gibt es im Verwaltungsrecht weder ein auf Dauer gestelltes „Formensystem" noch existiert eine in Stein gemeißelte Fehlerfolgenlehre.[15] Veränderungsbedarfe des Handlungssystems bzw. der Handlungsformen – und namentlich solche, die das „Regulierungsermessen" des modernen Staates bewirkt[16] – orientieren sich vielmehr an der veränderlichen Konfliktintensität und an dem Wirkungsumfang spezifischer Aktivitäten der Verwaltung, die es demokratisch-rechtsstaatlich zu disziplinieren gilt. Dementsprechend lassen die Reaktionsbedarfe des Verwaltungshandelns gegenüber gesellschaftlichen Anforderungen, wie sie im Besonderen Verwaltungsrecht sektoral das Verwaltungshandeln vorstrukturieren, immer wieder neue Überlegungen zur Weiter-Entwicklung der Handlungsformen entstehen – ohne dass dadurch die Regelungen des Verwaltungsverfahrensrechts „unterlaufen" werden würden.

Die Legitimität dessen und die Legitimation hierfür vermittelt der derzeitige Übergang in den *reflexiven Rechtsstaat*. Er gründet in seiner Verknüpfung mit dem Regulierungsverwaltungsrecht in der Verfahrensidee des Staates,[17] die seine Modernisierung als einen reflexiven phasenweisen Vorgang der kulturell und durch Traditionen geprägten – aber insoweit auch gebundenen – Staats- und Verwal-

---

[14] In diese Richtung auch *Hoffmann-Riem* (o. Fn. 13), Rdnrn. 16 ff. („Bewirkungsform").

[15] Dazu allgemein *Hermann Hill*, Das fehlerhafte Verfahren und seine Folgen im Verwaltungsrecht, 1986.

[16] *Jens Kersten*, Herstellung von Wettbewerb als Verwaltungsaufgabe, VVDStRL 69 (2010), 288 (316 ff.); *Oliver Lepsius*, Verfassungsrechtlicher Rahmen der Regulierung, in: Fehling/Ruffert (Hrsg.), Regulierungsrecht, 2010, § 4 Rdnrn. 52, 74, 76, 84.

[17] Näher dazu *Rainer Pitschas*, Neues Verwaltungsrecht im reflexiven Rechtsstaat, in: Giese/Holzinger/Jabloner (Hrsg.), Verwaltung im demokratischen Rechtsstaat. Festschrift für Harald Stolzlechner, 2013, S. 509 (510 f., 511 ff.).

tungsentwicklung erkennen lässt. In diesem kontinuierlichen Prozess bestimmen sich die staatliche Gegenwart und ihr (Verwaltungs-)Recht als vergängliche Moderne funktional, d. h. nach Maßgabe und zur Bewältigung der jeweils von neuem veranlassten Verwaltungsaufgaben. Zugleich aber bleibt der demokratische und damit (auch) auf Wahlen und Abstimmungen gestützte demokratische Rechtsstaat ein *Maßstab* des solchermaßen neu auszurichtenden Verwaltungshandelns.[18]

Dieses elastische Verständnis prägt auch den *Formenwandel des Verwaltungsrechts* im Hinblick auf die Rechts- und Handlungsformen. Es nimmt die Aussagen, Intentionen bzw. Direktiven des gesellschaftlichen Wandels auf und es teilt dessen Entwicklung durch die ständige eigene Anpassung seiner Maßstäbe, Organisations- und Verfahrensregeln sowie der Verwaltungsrechtsverhältnisse einschließlich der in deren Rahmen zum Tragen kommenden Handlungsformen.

Für die rechtsförmige Programm-, Regulierungs-, Organisations- und Verfahrensstruktur der öffentlichen Verwaltung ergeben sich hieraus vielfältige Konsequenzen, in deren Mittelpunkt der reflexive Wandel der Staatsfunktionen steht. Er führt auch zu einem kontinuierlichen Veränderungsprozess des Verwaltungsrechts, der sich insbesondere im Regulierungsverwaltungsrecht und hier besonders in dem Verständnis der Verwaltungsverantwortung und ihrer rechtlichen Maßstäbe niederschlägt.[19] Unter diesen schälen sich nunmehr als geboten die Rechtsgrundsätze der Transparenz, prozeduralen *Öffentlichkeitsbeteiligung (Partizipation)* und der *Akzeptanz* heraus.[20]

Einbeschlossen in die darin liegende dynamische Entwicklung der sich allmählich neu formierenden Handlungsmaßstäbe und Handlungsformen ist die (Re-)Formulierung des in jeder Handlungsform geborgenen *Schutzauftrags* der Formung. Er erfordert z. B. angesichts neuer Maßstäbe für das Öffentlichkeitsbeteiligungsrecht von den Behörden die Bereitschaft, einen offenen und pluralen sowie rechtswirksam werdenden Dialog mit der *Öffentlichkeit* zu führen. Dieser muss auf *Akzeptanz* ausgerichtet sein, um Verwaltungshandeln als „rechtsgültig" anzuerkennen.[21] Mit der *Öffentlichkeit* ist deshalb in aller Transparenz über gegebene Verwaltungsstreitigkeiten zu kommunizieren – soweit diese von allgemeinem Belang sind – und dabei zu versuchen, zu einer Einigung als Rechtsfolge zu gelangen. Insofern ist dem Jubilar in

---

[18] *Rainer Pitschas*, Maßstäbe des Verwaltungshandelns, in: Hoffmann-Riem/Schmidt-Aßmann/Voßkuhle (o. Fn. 2), § 42 Rdnrn. 38 ff., 74 ff.

[19] Es liegt auf der Hand, dass diese Entwicklung gleichzeitig auch Veränderungen auf Seiten der Handlungsmaßstäbe bewirkt; ebenso *Wolfgang Hoffmann-Riem*, Maßstabsergänzungen bei der Rechtsanwendung – eine Herausforderung für eine juristische Entscheidungslehre, in: Ewer/Ramsauer/Reese/Rubel (Hrsg.), Methodik – Ordnung – Umwelt. Festschrift für Hans-Joachim Koch, 2014, S. 57 ff.

[20] *Pitschas* (o. Fn. 18), Rdnrn. 205 ff., 212 ff., 222 f.; jüngst auch *Birgit Peters*, Befriedet Beteiligung den Endlagerstreit?, DÖV 2015, 629 (630, 631 f., 634 f., 635 ff.); *dies.*, Die Bürgerbeteiligung nach dem Energiewirtschafts- und Netzausbaubeschleunigungsgesetz, DVBl 2015, 808 (810 ff., 812 f.).

[21] *Pitschas* (o. Fn. 18), Rdnrn. 212 ff., 218 ff.

seiner Bezugnahme auf die begrenzenden Wirkungen des Demokratieprinzips für den Einsatz der VM zu widersprechen.[22]

Dies gilt insbesondere dort, wo es in der Verwaltungspraxis zu einer Rechtskonkretisierung „durch Dialog", also in Fortschreibung der ursprünglichen Subsumtion eines Sachverhalts im Rahmen des Tatbestands- und Handlungsermessens zu einem „Aushandlungsprozess" in Zeitabschnitten der Rechtsanwendung („kooperative Rechtsbildung") kommt. In der Literatur ist insoweit schon frühzeitig auf diese Notwendigkeit der Konfliktbewältigung im Staat/Bürger-Verhältnis durch *Verhandlungen* hingewiesen worden.[23]

3. Multilaterale Kooperation mit eigener Formensprache im konsensualen Verwaltungsrecht

Schon längst zählt deshalb die außergerichtliche „alternative Konfliktlösung" im öffentlich-rechtlichen Handeln moderner Verwaltungen („Alternative Dispute Resolution/ADR") neben den überkommenen Handlungsformen zu den in diesem Verhältnis häufig gebrauchten Instrumenten.[24] Zwar spielt der sog. Verwaltungsakt als formalisierte hoheitliche Verwaltungsentscheidung gegenüber dem Bürger nach dessen „Anhörung" sowie auf der Grundlage gesetzten Rechts noch immer eine wesentliche Rolle im Arsenal der öffentlich-rechtlichen Handlungsformen. In ihm spiegelt sich die ehedem autoritative Rolle des Rechtsstaates heute noch wider. Dieser hat zwingendes Recht durchzusetzen; insofern unterscheidet sich die ADR in ihren Anwendungsbedingungen für den öffentlichen Sektor vom Privatrecht. Doch ist daneben und seit langem der öffentlich-rechtliche Vertrag zwischen Verwaltung und Bürger ebenso und als Ausdruck eines konsensualen Verwaltungsrechts gebräuchlich; er verkörpert die im Dialog gefundene und ergebnisorientiert, etwa im Rahmen einer public-private-partnership verlaufende Einigung der Beteiligten über streitige Rechts- und Sachfragen im konkreten Fall.

Konfliktbewältigung verweist m. a. W. im öffentlich-rechtlich überformten Sachbereich auf durchaus unterschiedliche Möglichkeiten bzw. Konfliktsituationen. Sie kann z. B. statt schriftlicher Verwaltungsentscheidungen auf die mündliche Erörterung und Absprache mit dem Bürger gestützt werden; das Konfliktpotential sinkt erkennbar. Verwaltungen können sich aber auch und insbesondere bei Großvorhaben mit Verständnis für das Bürgerengagement auf Informationsschreiben und Entscheidungskreise eigener Art einlassen. Dann haben wir es ggf. mit einer Gruppenmedia-

---

[22] *Peine* (o. Fn. 6), S. 47; vgl. auch *Reinhard Parthe*, Mediation und direkte Demokratie, RuP 2015, 200 ff.

[23] *Bernd Holznagel*, Konfliktlösung durch Verhandlungen, 1990; *Markus Kaltenborn*, Streitvermeidung und Streitbeilegung im Verwaltungsrecht, 2007.

[24] Vgl. den Überblick bei *Holznagel/Ramsauer* (o. Fn. 10), zu VII. und VIII.; siehe ferner *Ulrich Battis*, Mediation in der Bauleitplanung, DÖV 2011, 340 ff.; *Greger*, ZKM 2014, 140 (140); *Frank Schreiber*, Konsensuale Streitbehandlung im sozialgerichtlichen Verfahren, 2013, passim; *Walter Zimmerer*, Mediation in der bayerischen Verwaltungsgerichtsbarkeit, BayVBl. 2014, 129 ff.

tion zu tun, die teilweise anderen Regeln als die Einzelmediation und anderer Methodenkompetenz unterliegt.²⁵ Die Einschaltung von Bürgerbeauftragten kommt ebenfalls in Betracht. Bei der Vielzahl bestehender weiterer Lösungsmöglichkeiten für die Beilegung etwaiger Konflikte ist somit auf spezifische Konfliktlagen und -typen sowie Konfliktmuster im öffentlich-rechtlichen Handeln Rücksicht zu nehmen. Zu den diversen Möglichkeiten der Streitauflösung gehört im Übrigen auch das heute in den internationalen Beziehungen der Staaten gepflegte *effektive Verhandlungsmanagement*, das die multilaterale Kooperation von Staaten mit Wirtschaftsunternehmen fördert.²⁶

Vor diesem Hintergrund ist heute anerkannt, dass selbst die Vorschriften des *Planfeststellungsrechts* die Durchführung einer Mediation als Methode und Instrument alternativer Konfliktlösung jenseits von Verwaltungsakt und öffentlich-rechtlichem Vertrag nicht ausschließen. Das Planfeststellungsrecht räumt sowohl in prozeduraler als auch in materiell-rechtlicher Perspektive solche Handlungsspielräume ein, wie sie für die Erzielung einer Verständigung unabdingbar sind.²⁷ Es wäre daher falsch, im Zusammenhang mit der Frage nach der Reichweite von VM im öffentlich-rechtlichen Sektor zu postulieren, in der öffentlichen Verwaltung wäre diese nur schwer zu etablieren, weil dort „konsensuale Entscheidungsfindung" stark eingeschränkt sei.²⁸ Richtig ist dagegen, dass in den an Recht gebundenen Verwaltungsverfahren der unterschiedlich bestehende Raum für Kommunikation und Partizipation stärker *bewusst* gemacht werden müsste.

Ein positives Beispiel in diesem Sinne bildet die vor kurzem in Baden-Württemberg auf der Grundlage der Erfahrungen mit „Stuttgart 21" durch Verwaltungsvorschrift angeordnete stärkere Bürgerbeteiligung in Planungsverfahren.²⁹ Unsere Rechtsordnung hat den darin eingelagerten Gedanken der „dialogischen Offenheit des Rechts" bereits im Grundgesetz aufgenommen. Das im prozeduralen Verfassungsverständnis angelegte Verfahrensdenken verdeutlicht, wie sich einzelne Verfassungsmaßgaben auf den Gedanken der Verhandlung und der Vermittlung im Verhält-

---

²⁵ Dazu pointiert *Friedrich Glasl*, Methodenkompetenz und Methodenoffenheit in der Mediation, ZKM 2014, 154 ff.
²⁶ *Kai Monheim*, How Effective Negotiation Management Promotes Multilateral Cooperation. The Power of process in climate, trade, and biosafety negotiations, 2014, passim.
²⁷ *Thorsten Siegel*, Die Berücksichtigung der Ergebnisse von Mediationsverfahren in der Planfeststellung, in: Ziekow (Hrsg.), Aktuelle Probleme des Luftverkehrs-, Planfeststellungs- und Umweltrechts, 2013, S. 367 ff.
²⁸ So aber *Peine* (o. Fn. 6), S. 56.
²⁹ Dazu und zu der im Text erwähnten „Verwaltungsvorschrift der Landesregierung von Baden-Württemberg zur Intensivierung der Öffentlichkeitsbeteiligung im Planungs- und Zulassungsverfahren" (Bad.-Württ. GABl. 2014, S. 22) siehe *Ulrich Arndt*, Die Bürgerbeteiligung im Allgemeinen Verwaltungsrecht, DVBl 2015, 6 ff.; allgemeiner noch *Martin Burgi/ Wolfgang Durner*, Modernisierung des Verwaltungsverfahrensrechts durch Stärkung des VwVfG, 2012, bes. S. 24 ff., 146 ff.; *Jan Ziekow*, Neue Formen der Bürgerbeteiligung? Gutachten D zum 69. DJT 2012, S. 22 ff. (25); zur Gegenposition *Hans Peter Bull*, Was ist „die Öffentlichkeit" und welche Befugnisse soll sie haben?, DVBl 2015, 593 (597 ff., 599 f.).

nis zwischen Staat und Bürger stützen – etwa im Anspruch auf „Wahlen und Abstimmungen", auf rechtliches Gehör oder im informellen Verwaltungshandeln. So soll u. a. die Gewährleistung des rechtlichen Gehörs im Verwaltungsverfahren „das Gespräch", den Gedankenaustausch zwischen den Behörden und Verfahrensbeteiligten ermöglichen. Die Verfahrensgrundsätze im Allgemeinen Verwaltungsverfahrensrecht wie auch im Sozial- und Steuerverwaltungsverfahren erfahren vor diesem Hintergrund ihre dementsprechende verfassungsrechtliche Ausdeutung.[30] Konfliktprävention und Streitauflösung sollen nach dem Willen unserer Verfassung – aber auch nach den Vorstellungen des europäischen Verfassungsdenkens – durch konsensuales Verwaltungshandeln gefördert werden. Das Ergebnis ist ein *konsensuales Verwaltungsrechtsverständnis.*[31]

III. Verwaltungsmediation als „offener" Formtypus konsensualer Streitführung

Es kommt daher nicht von ungefähr, dass sich inzwischen *verwaltungsextern* bei der Anwendung des Verwaltungsrechts im Verhältnis von Staat zum Bürger – wie in anderen Rechtsbereichen auch – und *verwaltungsintern* unter Führungsgesichtspunkten ein differenziertes Konfliktmanagement auf der Grundlage entsprechender Methodenoffenheit und Methodenkompetenz entwickelt hat. Überall werden im öffentlich-rechtlichen Sektor die überkommenen und in Verwaltungsverfahrensrecht eingegossenen Wege der autoritären Streitbehandlung verlassen und die so effektive wie effiziente Problembewältigung durch konsensuale Rechtskonkretisierung mit ihren vorteilhaften Alternativen (Konfliktarmut, Verfahrensbeschleunigung etc.) gesucht bzw. ausprobiert.[32] Die VM unterliegt dadurch nicht mehr einer Alleinstellung in der „Konfliktmittlung". Bezogen auf den jeweiligen Konflikt ist die jeweils passende Vermittlungsweise erst noch zu suchen.

1. Einbeziehung der Verwaltungsmediation als typusgebundene Handlungsform in die Rechtskonkretisierung

Aus alledem folgt zweierlei. Auf der einen Seite verschwimmt die Zuordnung der Mediation zur Informalität des Verwaltungshandelns. Ihre durch das Mediationsgesetz bewirkte Eingliederung als Handlungsform der öffentlichen Verwaltung in das Formenarsenal des öffentlichen Rechts nimmt im Gleichschritt mit dem Zivilrecht – dort etwa durch die Ergänzung der verfassungsrechtlichen Garantie des Rechtswegs im Wege der Öffnung des Zugangs zur alternativen Streitbeilegung für Verbraucher – formelle Gestalt an. Zwar hat das BVerwG mit dem Postulat einer „klaren Trennung"

---

[30] Dazu näher am Beispiel des § 9 SGB X *Rainer Pitschas*, Das sozialrechtliche Verwaltungsverfahren im „aktivierenden" Sozialstaat, in: von Wulffen/Krasney (Hrsg.), Festschrift 50 Jahre Bundessozialgericht, 2004, S. 765 (769 ff., 775 f., 779 ff.).

[31] Zu dessen verfassungsrechtlicher Entwicklung verwaltungsrechtlicher Ausprägung und verfahrensrechtlichen Konsequenzen siehe grundlegend *Pitschas* (o. Fn. 12), passim.

[32] Vgl. die Nachweise oben im Text zu und bei Fn. 24 f.

zwischen informellen Verfahren und der Planfeststellung dem hier aufgezeigten Brückenschlag zur Formentypik des Verwaltungsrechts einstweilen noch Einhalt geboten.[33] Doch ist es der Wille des Gesetzgebers, dass die Mediation von anderen Handlungsformen und eben auch von der Planfeststellung nicht isoliert werden darf. Die Entscheidung des BVerwG dürfte daher in die falsche Richtung gehen.

2. Vor-Wirkungen des Güterichtermodells

Auf der anderen Seite sind die übergreifenden Auswirkungen zu bedenken, die sich aus der gesetzlichen Einführung des *Güteverfahrens* und „Güterichters" in die öffentlich-rechtlichen Prozessordnungen für die Verwaltungs- und Sozialgerichtsbarkeit ergeben.[34] Zu beachten ist nämlich die funktionale Zuordnung des (vorausgegangenen) Verwaltungsstreits zu der jeweiligen gerichtlichen und prozessual eingehegten „Güteprägung" spruchrichterlicher Tätigkeit in Gestalt wertegebundener Verantwortung für eine gerechte Entscheidung.

Weil und soweit die konsensuale Streitbehandlung im verwaltungs- bzw. sozialgerichtlichen Verfahren künftig vorausgreifend und vermehrt die den Güterichter auszeichnenden Elemente ergebnisorientierter Streitbelegung einsetzen wird – rechtliche Bewertung der Sache und eigene Lösungsvorschläge auf der Grundlage von Methodenvielfalt und -freiheit –, strahlt das dem Güterichter zugewiesene Methodenwahlermessen auf die zeitlich davor ggf. stattgefundene Verwaltungsmediation notwendig aus. Wird also „im Prozess" auf außerrechtliche Standards verwiesen, so fließen entsprechende Erwägungen notwendigerweise auch auf der zeitlich und sachlich vorgelagerten „Vorstufe" in die zur Streitbeilegung im Verwaltungsverfahren geführte Verwaltungskommunikation ein. Sie begründen in deren Rahmen für die Verwaltung ein „Regulierungsermessen" eigener Art durch Orientierung am Maßstab später richterlich obwaltender „Güte" i. S. judizierter Wertungsspielräume durch das Prozessgericht.

3. Öffentliche Verwaltung als Mediationswerkstatt

a) Subjektive Maßstabsetzungskompetenzen in der Verwaltungsmediation

Derartige funktionale Vor-Wirkungen der Steuerung des gerichtlichen Verfahrens konsensualer Streitbehandlung auf das jeweils davor liegende Verwaltungsverfahren unter dem Aspekt des Güterichterangebots i. S. d. § 278 Abs. 5 Satz 2 ZPO verlan-

---

[33] BVerwGE 139, 150 (155).

[34] Zu dem Verfahren vor dem Güterichter und dem Verhältnis zur Mediation (§ 173 VwGO i. V. m. §§ 278 Abs. 5, 278a ZPO) vgl. *Holznagel/Ramsauer* (o. Fn. 10), § 40 II.4 = S. 929 f.; *Christine Steinbeiß-Winkelmann*, in: Schoch/Schneider/Bier (Hrsg.), Verwaltungsgerichtsordnung, Kommentar (Stand: 28. Erg.-Lfg./März 2015), § 173 Rdnrn. 203 f., 205 ff., 207 mit einer Skizze der Aufgaben des Güterichters.

gen schließlich daran zu denken, dass es sich bei der Verwaltungsmediation als Konfliktbearbeitung in und mit der öffentlichen Verwaltung lediglich um einen Typus der Konfliktmittlung unter anderen handelt, der auf ganz unterschiedliche Herausforderungen der Streitbeilegung *situativ* reagieren muss. Hierfür bedarf es einer *subjektiven Maßstabsetzungskompetenz*[35] des Konfliktmittlers, die der VM eine neue Note beifügt. In deren Wahrnehmung kann es um die Vermittlungsarbeit gegenüber einzelnen Antragsstellern gehen, um die Auseinandersetzung der Verwaltung mit mehreren Beteiligten, aber auch um die Konfliktbearbeitung mit Gruppen, also um Gruppenmediation bzw. Verhandeln zwischen Gruppen. Die VM ist allerdings kein taugliches Instrument der Gewährung *politischer* Entscheidungsteilhabe, insbesondere in Fällen der Partizipation an Entscheidungen der Verwaltung über sog. Großprojekte wie etwa Flughäfen oder den Autobahnausbau.[36]

b) Dogmatik der Mediationslehre: Methodenkompetenz und Methodenoffenheit als Elemente

Es liegt auf der Hand, dass sich gerade in Bezug auf die zuletzt erwähnten Formen der Konfliktmittlung die Frage aufdrängt, ob die einer VM zugrundeliegenden Streitigkeiten in allen Punkten noch der Dogmatik der überkommenen Mediationslehre entsprechend beigelegt werden können. Vielmehr sollte der Mediation als ein Typus von Konfliktmittlung inmitten anderer Streitbehandlungsverfahren nicht nur die bekannte Methodenkompetenz abverlangt, sondern auch eine (begrenzte) *Methodenoffenheit* angesichts des Bedarfs nach subjektiver Maßstäblichkeit der Konfliktbearbeitung gerade im Bereich des öffentlich-rechtlichen Handelns zugestanden werden. Jeweils drängt aber die Vielgestaltigkeit der Konflikte nach einem differenzierten Vorgehen bei der Konfliktbehandlung: Mediation ist nur *ein* wichtiger, aber wertvoller Typus der Streitbehandlung unter anderen.

So stand zwar die Mediation auf Grund ihrer methodischen Eigenart in den vergangenen Jahren in der öffentlichen Verwaltung im Zeichen der Etablierung einer einzigartigen konsensorientierten Konfliktkultur; sie hatte Ausschließlichkeitscharakter. Alternative Konfliktlösungen benötigen aber in vielen Fällen auch die Anwendung anderer Methoden wie etwa von Schlichtungssprüchen oder Schiedsgutachten bzw. die Anrufung von Schiedsstellen oder Schiedsämtern im öffentlichen Recht.[37] Auch die Verbindung des Bürgerengagements im öffentlichen Sektor mit der konsensualen Streitbehandlung erfordert eigengeartete Methodenkompetenz und methodische Herangehensweise zur Konfliktlösung. Im Ergebnis ist deshalb für jeden Streitfall vorab der sachgerechte Einsatz von ADR-Verfahren zu klären. Es geht darum

---

[35] Begriff nach *Rupert Scholz*, Verwaltungsverantwortung und Verwaltungsverfahren, VVDStRL 34 (1976), 145 ff.

[36] Hierzu statt vieler *Bull*, DVBl 2015, 593 (597 ff.); *Annette Guckelberger*, Abstimmungsmöglichkeiten von (betroffenen) Bürgern/-innen über administrative Planungs- bzw. Genehmigungsentscheidungen, VerwArch 106 (2015), 1 (155 ff.).

[37] Treffend *Bettina Limperg*, Kann denn Schlichten Sünde sein?, NJW 15/2015, Editorial.

festzulegen, im Rahmen welchen zu wählenden Konfliktmittlungsverfahrens und ggf. welchen Mediationsstils bestimmte Kompetenzen bevorzugt im Mittelpunkt der Vermittlungsarbeit stehen sollen.

IV. Verwaltungsmediation und Verwaltungsführung

Alle mediativen Methoden rücken letztlich den sukzessiven Wandel der Konfliktkultur in der Begegnung von Verwaltung und Bürger, die bisher stark auf die Durchsetzung von formalen Rechtspositionen ausgerichtet war, in den Vordergrund des Interesses öffentlicher Institutionen, die ihrerseits immer stärker an „kundenfreundlichen" Verwaltungsverfahren interessiert und dem Leitsatz „Governance statt Government" zu folgen bestrebt sind.[38] Gerade im Zeichen eines Denkens in Governance-Kategorien lassen sich differenzierte Steuerungsmuster und komplexe Regelungsstrukturen für öffentliches Verwalten nur dann verwenden, wenn Interessenkonflikte nicht mehr ausschließlich durch hierarchische bzw. hoheitlich-gerichtliche „Entscheidungen" aufgelöst werden.

Verwaltungsführung hat unter diesen Umständen erheblichen Bedarf nach Konfliktmittlung auch im *Binnenbereich* der öffentlichen Verwaltung. Zahlreiche verwaltungsinterne Auseinandersetzungen rufen auch hier nach neuen Lösungsmethoden. Dabei geht es sowohl um Sach- als auch um (dahinter verborgene) Beziehungskonflikte. Sie erwachsen aus Hierarchieproblemen, entstehen aus Beziehungsstörungen oder manifestieren sich als Gruppenkonflikte bzw. sonstige Streitbehandlungsfragen. Dabei verweist die Bearbeitung solcher Konflikte auf die Bedeutung von Kommunikation und Kooperation als latenten Verwaltungsfunktionen auch im Binnenbereich des öffentlichen Verwaltungshandelns.[39]

Personalverantwortliche aus Bundes- und Landesverwaltungen, aus Kommunen und Verbänden suchen deshalb nach neuen Wegen, Konflikte in ihren Häusern und Dienststellen aufzubrechen und Reibungsverluste durch „innere Kündigungen" zu vermeiden. Im Zuge einer solchen Strategie als Bestandteil der Verwaltungsmodernisierung und einer Entwicklung zur wirkungsorientierten Verwaltungsführung ist die Bereinigung der Konflikte als *Führungsaufgabe* zu verstehen: Erfolgreiches Führen wird daran zu messen sein, ob die internen Kommunikationsbedingungen so gestaltet werden, dass alle Mitarbeiterinnen und Mitarbeiter motiviert und koordiniert

---

[38] Dazu näher *Rainer Pitschas*, Mediation als kollaborative Governance, DÖV 2011, 333 (334 f.).

[39] *Rainer* Pitschas, Mediationsgesetzgebung zwischen Entlastung der Justiz und kollaborativer Governance, ZG 2011, 136 (153 f.); *Jörg Wagner*, Mediation in Behörden. Zur Einführung eines Konfliktmanagementsystems, NVwZ 2014, 1344 ff. – Der Verfasser des hiesigen Beitrags hat an der Deutschen Universität für Verwaltungswissenschaften Speyer in einer speziell dafür entwickelten „Führungswerkstatt" bis 2013 jeweils dreitägige Rollenspiele über die „Bewältigung von Binnenkonflikten und Konfliktschlichtung bei zivilgesellschaftlicher Partizipation" für Verwaltungsangehörige durchgeführt.

ihre bestmöglichen Leistungen erbringen können und dieser Weg nicht durch Streitigkeiten versperrt wird.

Führung findet eben nicht im luftleeren Raum statt. Sie vollzieht sich in der Entwicklung von Beziehungen, durch Interaktionen sowie unter den Bedingungen des Umfeldes und im Ausgleich von Interessen. Dieser erfordert denn auch konsensuale Streitbehandlung „nach innen". Das *Mediationsmanagement* hat für die Konfliktbewältigung „nach außen" durch gleichzeitige Führung nach „innen" jene Bedingungen zu schaffen, unter denen alle Beteiligten im Feld der „Verwaltungsmediation" ihre subjektiven Maßstabsetzungskompetenzen in den Prozess der Konfliktbewältigung durch konsensuale Streitbehandlung einzubringen vermögen.

Wiederum ist anzumerken, dass Konfliktlösungen nicht immer den Ablaufvorgaben aus der reinen Dogmatik der Mediationslehre folgen. Aufgrund der vielfältigen Instrumente zur autoritativen oder auch freiwilligen Konfliktlösung im Binnenbereich der Verwaltung ist schon viel gewonnen, wenn die Streitparteien erkennen, dass sie auf der Grundlage mediativer Lösungsstrategien i. w. S. in der Lage sind, eine eigene Lösung zu finden, mit der alle Seiten leben können. Auf die „Reinheit der Lehre" kommt es dann nicht an. Im Vordergrund stehen die der Sache angemessene Methodenkompetenz und das Methodenwahlermessen.[40]

V. Zusammenfassung

Ziehen wir aus den vorangegangenen Ausführungen das Fazit und resümieren wir dazu die Knotenpunkte der Argumentation: Der gesellschaftliche Wandel und der Umbruch der öffentlichen Verwaltung unter der Ägide des „reflexiven" Rechtsstaats erfordern im Falle auftretender Konflikte neben ihren weiterhin autoritativen Entscheidungen vielfältige andere Methoden und Instrumente einer Konfliktmittlung. Nur so lassen sich im Rahmen der Rechtsordnung die auftretenden Streitigkeiten konstruktiv zu einem binnengestützten und erfolgreichen Interessenausgleich im Außenverhältnis führen. „Verwaltungsmediation" kann dabei als Methode und Instrument der Wahl in Betracht kommen und den Streit befrieden. Ihre Anwendung ist dann ein Beispiel für den Übergang zu einem konsensualen Verwaltungsrecht mit bi- oder multilateraler Kooperation und eigener Formensprache im Verwaltungsverfahren. Eine gesetzliche Ermächtigung braucht es hierzu nicht.

Die konsensuale Streitbehandlung bedarf allerdings eines entsprechenden „betrieblichen" Konfliktmanagements. Hierfür bestehen rechtliche Formalisierungsbedarfe im Rahmen des Verwaltungsverfahrensrechts. Denn die Verwaltung darf aus ihrem (verfassungs-)rechtlichen Gehäuse nicht entlassen werden; sie unterliegt, wie der Jubilar verdeutlicht hat, im demokratischen Rechtsstaat parlamentarisch-gesetzlichen Bindungen, die es zu konkretisieren gilt.

---

[40] Siehe nochmals *Greger*, ZKM 2014, 140 (142) unter VII.

Dort aber, wo das „sanfte" Recht entsprechende Verhandlungsoptionen einräumt, muss konsensuale Streitbehandlung, auch im Wege der Mediation entgegen dem Jubilar als Gebot des ausgleichsoffenen demokratischen Rechtsstaates des Grundgesetzes (Art. 20, 28 GG) verortet werden. Postulate in der Literatur wie z. B. die Feststellung, „neben Kategorien wie der Rechtmäßigkeit oder der Rechtswidrigkeit des Verfahrensmanagements" müssten „weitere, auf Mittel und Zwecke bzw. Ziele der Streitbehandlung bezogenen Kategorien treten", verwirren in diesem Zusammenhang eher.[41] Auch die Aussage, „das richterliche Handeln im Güteversuch selbst" werde durch das Prozessrecht „nur gering gesteuert"[42], ist so nicht zutreffend; auf jeden Fall sind die Prozessgrundsätze zu berücksichtigen. Jedenfalls kommt den Methodenvorgaben der ADR-Lehre keine „quasi normative" Geltung zu. Denn der zweifelsohne erkennbare Wandel unserer Konfliktkultur mit der Vielfalt der Streitbeilegungsmethoden unter Anerkennung ihrer Besonderheiten und Anwendungsfelder für die VM erspießt von Rechts wegen dem kommunikativen Grundverständnis der Verfassung und ihrer kommunikationsbezogenen Direktiven für den friedlichen Interessenausgleich. Darauf gründet jedwede alternative Konfliktlösung im öffentlich-rechtlichen Bereich.

---

[41] *Schreiber* (o. Fn. 24), S. 122.
[42] *Schreiber* (o. Fn. 24), S. 94.

Die Erledigung eines Verwaltungsakts im Sinne des § 43 Abs. 2 VwVfG

Von *Wolf-Rüdiger Schenke*

I. Die Verwendung des Begriffs der Erledigung in § 43 Abs. 2 VwVfG und § 113 Abs. 1 Satz 4 VwGO

Sowohl § 43 Abs. 2 VwVfG wie auch § 113 Abs. 1 Satz 4 VwGO sprechen die Erledigung eines Verwaltungsakts an. Nach § 43 Abs. 2 VwVfG bleibt ein Verwaltungsakt wirksam, solange und soweit er nicht zurückgenommen, widerrufen, anderweitig aufgehoben oder durch Zeitablauf oder auf andere Weise erledigt ist. § 113 Abs. 1 Satz 4 VwGO sieht vor, dass das Gericht dann, wenn sich der angefochtene Verwaltungsakt nach Klageerhebung durch Zurücknahme oder anders erledigt hat, bei berechtigtem Interesse des Klägers auf dessen Antrag durch Urteil ausspricht, dass der Verwaltungsakt rechtswidrig gewesen ist.

Die Erledigung im Sinne des § 113 Abs. 1 Satz 4 VwGO hat insofern einen engeren Anwendungsbereich als § 43 Abs. 2 VwVfG, als sie sich nur auf (zumindest auch) belastende Verwaltungsakte bezieht. Wie sich aus dem systematischen Zusammenhang ergibt, ist § 113 Abs. 1 Satz 4 VwGO auf rein begünstigende Verwaltungsakte nicht anwendbar. Daraus kann freilich nicht geschlossen werden, dass solche Verwaltungsakte sich nicht erledigen können. Bezeichnenderweise enthält § 43 Abs. 2 VwVfG denn auch keinen Hinweis darauf, dass er sich nur auf belastende Verwaltungsakte bezieht, sondern spricht allgemein von der Erledigung des Verwaltungsakts. Er erfasst damit auch begünstigende Verwaltungsakte.

Unterschiede zwischen § 113 Abs. 1 Satz 4 VwGO und § 43 Abs. 2 VwVfG ergeben sich aber auch in Bezug auf den Begriff der Erledigung des Verwaltungsakts. Er hat in § 113 Abs. 1 Satz 4 VwGO einen weiteren Bedeutungsgehalt als in § 43 Abs. 2 VwVfG.[1] In § 113 Abs. 1 Satz 4 VwGO umfasst er sowohl die Zurücknahme des Verwaltungsakts wie auch dessen Erledigung auf andere Weise, während § 43 Abs. 2 VwVfG von der Erledigung durch Zeitablauf oder auf andere Weise die Zurücknahme, den Widerruf oder eine anderweitige Aufhebung unterscheidet. Das insoweit engere Verständnis des Begriffs der Erledigung in § 43 Abs. 2 VwVfG erklärt

---

[1] So zutreffend z. B. *Matthias Ruffert*, Die Erledigung von Verwaltungsakten auf andere Weise, BayVBl. 2003, 33 (35); OVG Münster, NWVBl. 1997, 218 f.; a. A. aber *Christoph Gröpl*, „Geburt" und „Sterben" von Verwaltungsakten, JA 1995, 983 (986); *Michael Sachs*, in: Stelkens/Bonk/Sachs, Verwaltungsverfahrensgesetz, 8. Aufl. 2014, § 43 Rdnr. 204; *Franz Schemmer*, in: Bader/Ronellenfitsch, Verwaltungsverfahrensgesetz, 2009, § 43 Rdnr. 46.

sich daraus, dass das Verwaltungsverfahrensgesetz für die Zurücknahme und den Widerruf des Verwaltungsakts eigene Bestimmungen enthält und mit dem Begriff der „anderweitigen Aufhebung" die Aufhebung im Widerspruchsverfahren (§ 79 VwVfG i. V. m. § 73 VwGO) sowie die gerichtliche Aufhebung (§ 113 Abs. 1 Satz 1 VwGO) meint.

Für eine Erledigung im Sinne des § 43 Abs. 2 VwVfG bedarf es keines zusätzlichen Handelns der Verwaltung. Die Erledigung ist bereits im Verwaltungsakt angelegt oder ergibt sich jedenfalls aus anderweitig getroffenen Regelungen. In den weiteren in § 43 Abs. 2 VwVfG angesprochenen Fällen einer nachträglich eingetretenen Unwirksamkeit des Verwaltungsakts folgt diese hingegen erst aus dessen behördlicher oder gerichtlicher Aufhebung. Für den Rechtsschutz gemäß § 113 Abs. 1 Satz 4 VwGO hat eine solche Differenzierung allerdings keine Bedeutung. Da sich die Rechtsfolgen eines angefochtenen Verwaltungsakts nach dessen Aufhebung nicht von den Rechtsfolgen nach dessen sonstiger Erledigung unterscheiden, sieht das Gesetz beide Male denselben gerichtlichen Rechtsschutz vor. Der Kläger kann bei berechtigtem Interesse nur noch die Rechtswidrigkeit des angegriffenen Verwaltungsakts feststellen lassen. Dessen Aufhebung scheidet hingegen aus.

Im Folgenden soll der Begriff der Erledigung in dem engeren Sinn des § 43 Abs. 2 VwVfG geklärt werden. Es geht also darum, wann sich ein Verwaltungsakt durch Zeitablauf oder auf sonstige Weise erledigt. Dies zu beantworten, ist keineswegs so leicht, wie es auf den ersten Blick den Anschein hat, und bietet den Anlass für vielfältige Kontroversen.[2] Deshalb erscheint es reizvoll, den Begriff der Erledigung näher zu beleuchten und in diesem Zusammenhang auf einige Fälle, in denen das Vorliegen einer Erledigung streitig ist, näher einzugehen. Dafür spricht auch, dass sich der Jubilar in seinem Lehrbuch des Allgemeinen Verwaltungsrechts zu Recht ausführlich mit der Thematik der Erledigung des Verwaltungsakts befasst und zu hier aufgeworfenen Streitfragen Stellung bezieht.[3]

Über den Begriff der Erledigung Klarheit zu schaffen, ist unter verwaltungsverfahrensrechtlichen Aspekten schon deshalb geboten, weil es bei einer Erledigung grundsätzlich keines weiteren Handelns der Verwaltung bedarf, um dem Verwaltungsakt seine Wirksamkeit zu nehmen. In dem Umfang, in dem er sich erledigt hat, ist seine behördliche Aufhebung zumindest entbehrlich. Seine gerichtliche Aufhebung wird durch § 113 Abs. 1 Satz 4 VwGO sogar ausgeschlossen.

---

[2] Siehe hierzu näher *Klaus Erfmeyer*, Die Erledigung eines Verwaltungsakts „auf andere Weise" im Sinne des § 43 Abs. 2 VwVfG, VR 2002, 329 ff.; *Gröpl*, JA 1995, 983 ff.; *Christian Huxholl*, Die Erledigung eines Verwaltungsakts im Widerspruchsverfahren, 1995, S. 39 ff.; *Stefan Lascho*, Die Erledigung des Verwaltungsakts als materiellrechtliches und verwaltungsprozessuales Problem, 2001, S. 46 ff.; *Philipp Reimer*, Die Erledigung des Verwaltungsakts – Ihre materiellrechtliche und ihre prozessrechtliche Bedeutung, Die Verwaltung (DV) 2015, 259 ff.; *Ruffert*, BayVBl. 2003, 33 ff.; *Christian Steinweg*, Zeitlicher Regelungsgehalt des Verwaltungsaktes, 2006, S. 51 ff.

[3] *Franz-Joseph Peine*, Allgemeines Verwaltungsrecht, 11. Aufl. 2014, Rdnrn. 753 ff.

II. Der Begriff der Erledigung des Verwaltungsakts i. S. d. § 43 Abs. 2 VwVfG

§ 43 Abs. 2 VwVfG definiert den Begriff der Erledigung ebenso wenig wie § 113 Abs. 1 Satz 4 VwGO. Das gilt auch für die in § 43 Abs. 2 VwVfG angesprochene Erledigung durch Zeitablauf. Jene weist nur insoweit eine Besonderheit auf, als hier der Zeitablauf Anknüpfungspunkt der Erledigung ist. Wann und in welchem Umfang der Zeitablauf zur Erledigung führt, wird durch diese Vorschrift jedoch – ebenso wie bei den Fällen einer Erledigung in sonstiger Weise – nicht unmittelbar beantwortet. Was unter der Erledigung eines Verwaltungsakts zu verstehen ist, ist dementsprechend umstritten. Von den zahlreichen Definitionsversuchen seien hier nur die gängigsten genannt.

1. Erledigung des Verwaltungsakts nur bei Wegfall der Beschwer?

Nach einer vor allem früher häufig vertretenen Auffassung soll sich ein Verwaltungsakt dann erledigt haben, wenn von ihm keine Beschwer mehr ausgeht.[4] Diese Ansicht vermag aber den Begriff der Erledigung i. S. d. § 43 Abs. 2 VwVfG schon deshalb nicht zu erklären, weil sie offensichtlich nur für zunächst belastende Verwaltungsakte passt und sich, damit zusammenhängend, nur an § 113 Abs. 1 Satz 4 VwGO orientiert. Da sich – wie bereits oben angesprochen – nach § 43 Abs. 2 VwVfG aber auch begünstigende Verwaltungsakte erledigen können, greift diese Definition für den verwaltungsverfahrensrechtlichen Begriff der Erledigung zu kurz.[5] Selbst bei belastenden Verwaltungsakten bedarf es zudem einer Klärung, was unter der fortfallenden Beschwer zu verstehen ist. So ist hier zum einen unter einer Beschwer nur die unmittelbar aus dem Regelungsgehalt des Verwaltungsakts resultierende Belastung zu verstehen.[6] Erwägbar ist aber zum anderen auch, dass die Beschwer auch darüber hinausreichende mittelbare Belastungen umfasst, die das Recht an die Existenz eines Verwaltungsakts knüpft, indem es diesem insoweit Tatbestandswirkung beimisst. Offen bleibt bei einer solchen Begriffsbestimmung schließlich, ob eine aus der Existenz eines Verwaltungsakts resultierende faktische Beeinträchtigung dessen Erledigung ausschließt.

---

[4] *Uwe Brede*, Der Verwaltungsakt mit Dauerwirkung, 1997, S. 146; *Ferdinand O. Kopp*, Verwaltungsgerichtsordnung, 10. Aufl. 1994, § 113 Rdnr. 51; siehe aus neuerer Zeit z. B. *Andreas Decker*, in: Posser/Wolff, VwGO, Kommentar, 2. Aufl. 2014, § 113 Rdnr. 84; *Michael Gerhardt*, in: Schoch/Schneider/Bier, VwGO, Bd. II, Stand 2015, § 113 Rdnr. 81.

[5] Siehe auch *Lascho* (o. Fn. 2), S. 33.

[6] So ausdrücklich *Gerhardt* (o. Fn. 4), § 113 Rdnr. 82.

2. Erledigung des Verwaltungsakts durch Vollziehung oder anderweitige Erfüllung des mit ihm verfolgten Zwecks?

Mitunter wird von einer Erledigung des Verwaltungsakts immer dann ausgegangen,[7] wenn er vollzogen oder der mit ihm verfolgte Zweck bereits auf andere Weise erreicht wurde.[8] Dass diese Ansicht jedenfalls in dieser Allgemeinheit nicht überzeugt, lässt sich unschwer anhand verschiedener gesetzlicher Bestimmungen aufzeigen. Sie machen deutlich, dass der Gesetzgeber von der Aufhebbarkeit vollzogener Verwaltungsakte ausgeht und die Aufhebung häufig sogar als rechtlich geboten ansieht, um die Unwirksamkeit des Verwaltungsakts herbeizuführen.

a) Keine Erledigung durch Vollziehung des Verwaltungsakts

Dass die Vollziehung eines Verwaltungsakts nicht notwendig zu dessen (vollständiger) Erledigung und Unwirksamkeit führt, beweist bereits § 49a VwVfG. Diese Vorschrift hat einen ganz oder teilweise vollzogenen Verwaltungsakt zum Gegenstand und regelt, dass die zur Vollziehung erbrachte Leistung grundsätzlich (sofern der Verwaltungsakt nicht aufgrund einer auflösenden Bedingung unwirksam geworden ist) nur dann zu erstatten ist, wenn er mit Wirkung für die Vergangenheit zurückgenommen oder widerrufen worden ist. Zur Begründung eines Erstattungsanspruchs bedürfte es aber keiner Aufhebung des Verwaltungsakts, wenn schon dessen Vollziehung zu seiner Erledigung und damit zu seiner Unwirksamkeit führte. Auch der Umstand, dass § 49a Abs. 1 VwVfG nur im Fall des Eintritts einer auflösenden Bedingung, bei der es sich um einen Sonderfall einer Erledigung handelt, von der Begründetheit eines Erstattungsanspruch ausgeht, zeigt, dass der Vollzug eines Verwaltungsakts keineswegs immer dessen Erledigung begründet.

Bei belastenden Verwaltungsakten ergibt sich überdies aus § 113 Abs. 1 Satz 2 VwGO, dass deren Vollzug nicht notwendigerweise deren Erledigung zur Folge hat. Nach dieser Vorschrift setzt das Bestehen eines Vollzugsfolgenbeseitigungsanspruchs die Aufhebung des rechtswidrigen Verwaltungsakts voraus. Das lässt sich aber nur dadurch erklären, dass sich ein vollzogener Verwaltungsakt im Anwendungsbereich des § 113 Abs. 1 Satz 2 VwGO offensichtlich noch nicht erledigt hat und damit auch noch nicht unwirksam geworden ist. Dem entspricht es auch, dass die Feststellung der Rechtswidrigkeit eines solchen Verwaltungsakts gemäß § 113 Abs. 1 Satz 4 VwGO ausgeschlossen ist, weil er sich noch nicht erledigt hat. Das drängt es auf, auch eine Erledigung i. S. d. § 43 Abs. 2 VwVfG abzulehnen. Gründe für ein insoweit gebotenes unterschiedliches Verständnis des Erledigungsbe-

---

[7] *Peine* (o. Fn. 3), Rdnr. 754, im Ergebnis ebenso *Peter Baumeister*, in: Obermayer/Funke-Kaiser, Verwaltungsverfahrensgesetz, 4. Aufl. 2014, § 43 Rdnr. 30 und *Reimer*, DV 2015, 259 (278), wonach die Vollziehung zwar zu einer Erledigung i. S. d. § 43 Abs. 2 VwVfG führe, nicht aber zu einer Erledigung i. S. d. § 113 Abs. 1 Satz 4 VwGO.

[8] A. A. *Peine* (o. Fn. 3), Rdnr. 754; *Jochen Rozek*, Grundfälle zur verwaltungsgerichtlichen Fortsetzungsfeststellungsklage, JuS 1995, 415 (417).

griffs sind nicht ersichtlich. Bestätigt wird dies schließlich dadurch, dass die gerichtliche Aufhebung des Verwaltungsakts der Durchsetzung eines dem Verletzten zustehenden materiell-rechtlichen Anspruchs auf behördliche Aufhebung bzw. Beseitigung des rechtswidrigen Verwaltungsakts dient.[9] Eines solchen Anspruchs bedürfte es aber nicht, wenn sich der Verwaltungsakt bereits i. S. d. § 43 Abs. 2 VwVfG erledigt hätte und damit unwirksam wäre.

b) Keine Erledigung des Verwaltungsakts bei anderweitiger Erfüllung des mit ihm verfolgten Zwecks

Ein Verwaltungsakt erledigt sich auch dann nicht, wenn der mit ihm verfolgte Zweck bereits auf andere Weise als durch seine Vollziehung erreicht wird.[10] Deutlich wird dies z. B. bei einer polizeilichen Verfügung, die der Gefahrenabwehr dient. Wenn die Gefahr, die bekämpft werden soll, nach Erlass des Verwaltungsakts auf andere Weise entfällt, verpflichtet nur das Übermaßverbot die Polizei zur Aufhebung der Verfügung.[11] Der Wegfall der Gefahr führt jedoch nicht zur Unwirksamkeit des Verwaltungsakts, wie dies bei seiner Erledigung der Fall sein müsste. Lediglich dann, wenn die polizeiliche Verfügung unter der auflösenden Bedingung stünde, dass die Gefahr entfällt, könnte etwas anderes angenommen werden.[12] Von der Existenz einer solchen auflösenden Bedingung ist aber schon aus Gründen der Rechtssicherheit im Regelfall nicht auszugehen. Dass eine Veränderung der Sach- und Rechtslage, die einem Verwaltungsakt zugrunde liegt, grundsätzlich nicht zu dessen Erledigung führt,[13] beweist auch § 49 Abs. 2 Nrn. 3 und 4 VwVfG, der nur den Widerruf eines begünstigenden Verwaltungsakts zulässt. Die Nichterledigung des Verwaltungsakts folgt überdies aus § 51 Abs. 1 Nr. 1 VwVfG, der das Wiederaufgreifen eines Verwaltungsverfahrens bei einer Veränderung der Sach- oder Rechtslage regelt. Nach dieser Vorschrift hat die Behörde auf Antrag des Betroffenen über die Aufhebung oder Änderung eines unanfechtbaren Verwaltungsakts zu entscheiden, wenn sich die zugrunde liegende Sach- oder Rechtslage nachträglich zugunsten des Betroffenen geändert hat.

---

[9] Siehe zu diesem verfassungsrechtlich garantierten, durch die Grundrechte geforderten Beseitigungsanspruch z. B. *Peter Baumeister*, Der Beseitigungsanspruch als Fehlerfolge des rechtswidrigen Verwaltungsakts, 2006, sowie *Wolf-Rüdiger Schenke*, Der Anspruch des Verletzten auf Rücknahme des Verwaltungsakts vor Ablauf der Anfechtungsfristen, in: Geis/Lorenz (Hrsg.), Staat, Kirche, Verwaltung. Festschrift für Hartmut Maurer, 2001, S. 723 (725 ff.).

[10] A. A. *Peine* (o. Fn. 3), Rdnr. 754; *Rozek*, JuS 1995, 415 (417).

[11] Siehe hierzu z. B. *Wolf-Rüdiger Schenke*, Polizei- und Ordnungsrecht, 8. Aufl. 2013, Rdnr. 337.

[12] Siehe auch *Ferdinand Kopp/Ulrich Ramsauer*, Verwaltungsverfahrensgesetz, 15. Aufl. 2014, § 43 Rdnr. 42a.

[13] So auch *Kopp/Ramsauer* (o. Fn. 12), § 43 Rdnr. 42; BVerwG, NVwZ 2012, 1547 (1549).

3. Erledigung des Verwaltungsakts wegen Wegfalls seines Gegenstands bzw. Sinnlosigkeit seiner Aufhebung

Nicht weiterführend ist ferner die Ansicht, dass sich ein Verwaltungsakt erledigt, wenn er gegenstandslos wird.[14] Diese Ansicht wirft nämlich zwangsläufig die Frage auf, was unter dem Gegenstand des Verwaltungsakts zu verstehen ist, und bedarf insoweit jedenfalls einer weiteren Konkretisierung. Aus ähnlichen Erwägungen heraus hilft es schließlich nicht weiter, wenn eine Erledigung des Verwaltungsakts dann angenommen wird, wenn dessen Aufhebung sinnlos geworden ist.[15] Das trifft zwar zu, lässt aber ohne eine nähere Erläuterung,[16] weshalb die Aufhebung sinnlos geworden ist, nicht erkennen, was das Wesen der Erledigung ausmacht.

4. Erledigung des Verwaltungsakts bei nachträglichem Entfallen seiner durch § 43 Abs. 1 VwVfG begründeten Wirksamkeit

a) Das Entfallen der durch den Verwaltungsakt intendierten Rechtswirkungen als Konsequenz seiner Erledigung

Ausgangspunkt für die Bestimmung des Begriffs „Erledigung des Verwaltungsakts" muss die Interpretation des § 43 Abs. 2 VwVfG sein. Obschon die Vorschrift den Begriff nicht näher erläutert, enthält sie doch wichtige Hinweise, die seine Konkretisierung erlauben. Wie sich aus dem systematischen Zusammenhang mit § 43 Abs. 1 VwVfG ergibt, lässt das Vorliegen der in § 43 Abs. 2 VwVfG genannten Unwirksamkeitstatbestände die Wirksamkeit eines Verwaltungsakts (zumindest teilweise) entfallen. Diese Wirksamkeit[17] besteht nach § 43 Abs. 1 VwVfG darin, dass der Verwaltungsakt gegenüber demjenigen, für den er bestimmt ist oder der von ihm betroffen wird, im Zeitpunkt seiner Bekanntgabe mit seinem Inhalt rechtsverbindlich wird. Inhalt des Verwaltungsakts ist die von ihm intendierte Rechtsfolge.

---

[14] *Kopp/Ramsauer* (o. Fn. 12), § 43 Rdnr. 41.

[15] So *Sigrid Emmenegger*, in: Fehling/Kastner/Störmer, Verwaltungsrecht, 3. Aufl. 2014, § 113 VwGO Rdnr. 93 und früher auch *Wolf-Rüdiger Schenke*, Rechtsschutz gegen erledigtes Verwaltungshandeln, Jura 1980, 133 (134); krit. hierzu *Lascho* (o. Fn. 2), S. 31 ff.

[16] Siehe hierzu *Wolf-Rüdiger Schenke*, Verwaltungsprozessrecht, 14. Aufl. 2014, Rdnrn. 313 und 318, wonach eine Erledigung dann vorliegt, wenn die Aufhebung des Verwaltungsakts sinnlos geworden ist, weil von diesem keinerlei Wirkungen mehr ausgehen und allenfalls noch ein Interesse an der Feststellung seiner Rechtswidrigkeit besteht.

[17] Diese Wirksamkeit des Verwaltungsakts wird üblicherweise mit dem Begriff der äußeren Wirksamkeit bezeichnet, die von der inneren Wirksamkeit unterschieden wird (siehe zu diesen Begriffen *Peine* [o. Fn. 3], Rdnr. 757 sowie ausführlichst *Steinweg* [o. Fn. 2], S. 124 ff. und *Huxholl* [o. Fn. 2], S. 46 ff.). Da der Inhalt dieser vom Gesetzgeber nicht verwandten Begriffe jedoch häufig unterschiedlich verstanden wird (siehe hierzu näher *Dirk Ehlers*, Rechtsfragen der Existenz, der Wirksamkeit und der Bestandskraft von Verwaltungsakten, in: Krebs (Hrsg.), Liber Amicorum Erichsen, 2004, S. 1 ff.), werden sie im Folgenden nicht verwandt. Hervorgehoben sei nur, dass nach einhelliger Meinung das Entfallen der äußeren Wirksamkeit eines Verwaltungsakts auch zum Wegfall seiner inneren Wirksamkeit führen soll.

Sie kann in einem Befehl, einer rechtlichen Gestaltung oder einer rechtlichen Feststellung bestehen. Die Rechtsfolge kann gegenwärtig, zukünftig oder in der Vergangenheit eintreten. Sie kann punktuell für einen ganz bestimmten Zeitpunkt, mit dessen Verstreichen sie hinfällig wird, aber auch für einen längeren Zeitraum oder dauerhaft angeordnet sein. Sie kann hierdurch Betroffene sowohl begünstigen wie auch belasten. Vom Sonderfall der Nichtigkeit abgesehen (siehe § 43 Abs. 3 VwVfG), hängt die Wirksamkeit des Verwaltungsakts nicht von seiner Rechtmäßigkeit ab.

Gemeinsam ist allen in § 43 Abs. 2 VwVfG angesprochenen Unwirksamkeitstatbeständen, dass sie zu einem (unter Umständen nur teilweisen) nachträglichen Entfallen der Wirksamkeit des Verwaltungsakts führen. Dieses Entfallen hat aber unterschiedliche Ursachen. Es kann auf der Zurücknahme, dem Widerruf oder der anderweitigen Aufhebung des Verwaltungsakts, aber auch auf seiner Erledigung beruhen. Da der Gesetzgeber die nachträglich eintretende Unwirksamkeit von Verwaltungsakten in § 43 Abs. 2 VwVfG offenbar abschließend regeln wollte („Ein Verwaltungsakt bleibt wirksam, solange und soweit [...]"), bedeutet dies, dass mit dem Begriff der Erledigung grundsätzlich alle Fälle einer nachträglichen Unwirksamkeit umfasst werden, die ihren Grund nicht in einer nachträglichen behördlichen oder gerichtlichen Aufhebung haben. Zwar kann sich die nachträgliche Unwirksamkeit eines Verwaltungsakts in den seltenen Fällen seiner erst nachträglich eingetretenen besonders schwerwiegenden und offensichtlichen Rechtswidrigkeit entsprechend §§ 43 Abs. 3, 44 VwVfG auch aus seiner nachträglichen Nichtigkeit ergeben. Die Unwirksamkeit aufgrund der Erledigung eines Verwaltungsakts unterscheidet sich hiervon aber dadurch, dass sie nicht auf dessen Rechtswidrigkeit beruht. Aus § 43 Abs. 2 VwVfG folgt damit, dass die Erledigung eines Verwaltungsakts aus dessen Inhalt, aus einer gesetzlichen Regelung oder aber aus einem anderen Verwaltungsakt resultiert, der jedoch keine (auch nur konkludente) Aufhebung des ursprünglichen Verwaltungsakts beinhaltet und für den deshalb die §§ 48 ff. VwVfG bzw. spezielle Aufhebungsregeln nicht gelten.[18]

Aus dem Inhalt des Verwaltungsakts ergibt sich seine Erledigung beispielsweise dann, wenn er für eine Person eine höchstpersönliche Verpflichtung begründet hat und diese Person später stirbt. Eine gesetzliche Regelung, die zur Erledigung eines Verwaltungsakts führt, beinhaltet etwa § 18 Abs. 2 BImSchG, wonach eine immissionsschutzrechtliche Genehmigung erlischt, soweit das Genehmigungserfordernis aufgehoben wird. Aufgrund eines anderen Verwaltungsakts erledigt sich z. B. das zunächst ausgesprochene Verbot einer genehmigungspflichtigen Tätigkeit, wenn die Genehmigung später erteilt wird.[19] Für die Erteilung der Genehmigung spielt es hier

---

[18] Denkbar ist auch die Erledigung eines Verwaltungsakts aufgrund eines öffentlich-rechtlichen Vertrages, in dem die Vertragsparteien vereinbaren, dass der Verwaltungsakt nachträglich seine Wirksamkeit (mit Wirkung ex nunc oder ex tunc) verlieren soll (siehe dazu *Steinweg* [o. Fn. 2], S. 156 f.). Allerdings spielt eine solche Aufhebung in der Praxis keine Rolle.

[19] So erledigt sich z. B. eine Nutzungsuntersagung (mit Wirkung ex nunc) durch eine später erteilte Baugenehmigung, siehe VGH München, BayVBl. 1989, 534 f.

grundsätzlich keine Rolle, ob die Tätigkeit vorher untersagt worden war. Die Genehmigung hängt immer nur davon ab, ob deren Voraussetzungen vorliegen. Für eine Aufhebung der Untersagung gemäß den §§ 48 ff. VwVfG ist hier kein Raum.

b) Akzidentielle Rechtsfolgen eines Verwaltungsakts gehören nicht zu dessen Wirksamkeit

Nicht zur Wirksamkeit eines Verwaltungsakts gehören dessen akzidentielle Rechtsfolgen.[20] Sie ergeben sich nicht unmittelbar aus dem Inhalt des Verwaltungsakts, sondern folgen daraus, dass das Recht an das Bestehen einer dort getroffenen rechtsverbindlichen Regelung eine Rechtsfolge knüpft, die im Verwaltungsakt selbst noch nicht vorgesehen ist, und dem Verwaltungsakt insoweit Tatbestandswirkung verleiht.[21] Das ist z. B. der Fall, wenn die Verwaltung wegen Nichtbefolgung eines Verwaltungsakts Vollstreckungsmaßnahmen ergriffen hat, der Verwaltungsakt bußgeld- oder strafbewehrt ist oder seine Nichtbefolgung Schadensersatzansprüche nach sich zieht. Da solche Folgemaßnahmen stets voraussetzen, dass der Verwaltungsakt zum Zeitpunkt des Eintritts der akzidentiellen Rechtsfolgen noch rechtswirksam war, scheiden solche Rechtsfolgen immer dann aus, wenn ein Verwaltungsakt vollständig erledigt ist.

Akzidentielle Rechtsfolgen kommen damit nur dann zum Tragen, wenn sich der Verwaltungsakt im Moment ihres Eintritts noch nicht uneingeschränkt erledigt hatte. Die Nichterledigung des Verwaltungsakts beruht damit freilich entgegen einer z. T. vertretenen Ansicht[22] nicht darauf, dass solche akzidentielle Rechtsfolgen bestehen, sondern diese Rechtsfolgen setzen umgekehrt voraus, dass der Verwaltungsakt in dem Zeitpunkt, an den sie anknüpfen, noch wirksam war. Im praktischen Ergebnis unterscheidet sich die Gegenauffassung trotz ihres anderen Ansatzes jedoch nicht von der hier vertretenen Ansicht, nach der die vollständige Erledigung eines Verwaltungsakts das völlige Entfallen der von der Verwaltung intendierten Rechtsfolgen verlangt und den akzidentiellen Rechtsfolgen als solchen für die Erledigung des Verwaltungsakts keine Bedeutung zukommt. Zur Beseitigung der akzidentiellen Rechtsfolgen eines Verwaltungsakts bedarf es wegen dessen Tatbestandswirkung seiner partiellen behördlichen oder gerichtlichen Aufhebung. Wie sich später noch zeigen wird (siehe IV. 2. a)), besteht hingegen kein durchsetzbarer Anspruch auf Aufhebung eines ex nunc erledigten Verwaltungsakts, wenn es an akzidentiellen Rechtsfolgen fehlt, die an dessen Wirksamkeit vor Eintritt des Erledigungsfalls anknüpfen.

---

[20] *Steinweg* (o. Fn. 2), S. 88; *Heinrich Amadeus Wolff*, in: Sodan/Ziekow (Hrsg.), VwGO, 4. Aufl. 2014, § 113 Rdnr. 247.

[21] Siehe zu diesen akzidentiellen Rechtswirkungen näher *Steinweg* (o. Fn. 2), S. 67 ff.

[22] So z. B. BVerwG, Buchholz 316 § 43 VwVfG Nr. 11; NVwZ 1998, 729; 2009, 122; der Sache nach auch *Schenke* (o. Fn. 16), Rdnr. 313; *Kyrill-Alexander Schwarz*, in: Fehling/Kastner/Störmer (Hrsg.), Verwaltungsrecht, § 43 VwVfG Rdnr. 37; teilweise auch *Huxholl* (o. Fn. 2), S. 90; a. A. *Steinweg* (o. Fn. 2), S. 67 ff.

c) Faktische Wirkungen eines Verwaltungsakts gehören gleichfalls nicht zu dessen Wirksamkeit

Nicht vom Begriff der Wirksamkeit werden auch die faktischen Wirkungen erfasst, die sich aus einem Verwaltungsakt ergeben.[23] Sie werden gleichfalls nicht mit dem Erlass des Verwaltungsakts intendiert, sondern resultieren lediglich aus dessen tatsächlicher Existenz. Das trifft z. B. für die diskriminierende Wirkung zu, die sich aus einer polizeilichen Ingewahrsamnahme, der polizeilichen Durchsuchung einer Wohnung oder einer polizeilichen Beschlagnahme ergeben kann. Es gilt darüber hinaus auch für andere faktische Grundrechtsbeeinträchtigungen, die sich als Folge der Existenz eines Verwaltungsakts einstellen. Gehen von einem Verwaltungsakt nur noch solche faktischen Wirkungen aus, scheidet die Aufhebung der in ihm rechtsverbindlich getroffenen Regelung daher aus. Der gerichtliche Schutz lediglich faktisch Betroffener erfolgt nur mittels der in § 113 Abs. 1 Satz 4 VwGO vorgesehenen Feststellung der Rechtswidrigkeit des Verwaltungsakts. Wenn man die faktischen Wirkungen eines Verwaltungsakts zu dessen Wirksamkeit zählte, hätte dies eine erhebliche Beschneidung des Anwendungsbereichs des § 113 Abs. 1 Satz 4 zur Folge. Der Rechtsschutz wäre dann insoweit nur über eine verwaltungsgerichtliche Anfechtungsklage zu gewähren.

III. Voll- und Teilerledigung eines Verwaltungsakts

Die Erledigung eines Verwaltungsakts kann – wie schon angeklungen – nicht nur zu einem völligen, sondern auch zu einem nur partiellen Entfallen der Rechtsfolge führen, die die Verwaltung mit seinem Erlass intendiert hat. Jene kann sowohl zeitlich wie auch in sonstiger Weise umfangmäßig beschränkt werden. § 43 Abs. 2 VwVfG trägt demgemäß der Möglichkeit einer Teilerledigung ausdrücklich Rechnung, indem er formuliert, dass ein Verwaltungsakt wirksam bleibt, „solange und soweit er nicht zurückgenommen, widerrufen, anderweitig aufgehoben oder durch Zeitablauf oder auf andere Weise erledigt ist." Das gilt sowohl für die Erledigung wie auch für die anderen in § 43 Abs. 2 VwVfG genannten Unwirksamkeitstatbestände. So kann ein Verwaltungsakt gemäß § 48 Abs. 1 Satz 1 VwVfG ganz oder teilweise mit Wirkung für die Zukunft oder für die Vergangenheit zurückgenommen werden. Bei dem in § 43 Abs. 2 VwVfG gleichfalls angesprochenen Widerruf eines Verwaltungsakts gemäß § 49 Abs. 1 VwVfG ist die Beseitigung der Wirksamkeit sogar nur mit Wirkung für die Zukunft – also ex nunc – vorgesehen. All dies indiziert, dass auch eine Teilerledigung eines Verwaltungsakts in Betracht kommt, die nur zu einem partiellen, zeitlich oder in sonstiger Weise umfangmäßig beschränkten Wegfall seiner Wirksamkeit führt.

---

[23] *Huxholl* (o. Fn. 2), S. 96; *Ferdinand Kopp/Wolf-Rüdiger Schenke*, VwGO, 21. Aufl. 2015, § 113 Rdnr. 102.

§ 113 Abs. 1 Satz 4 VwGO steht dem nicht im Wege. Er spricht zwar die Teilerledigung eines Verwaltungsakts nicht ausdrücklich an, schließt sie aber auch nicht aus. Ganz abgesehen davon, dass diese prozessrechtliche Vorschrift die materiellrechtliche Frage des Umfangs der Erledigung eines Verwaltungsakts gar nicht selbst regeln könnte, setzt § 113 Abs. 1 Satz 4 VwGO die Teilerledigung als ein Minus im Verhältnis zur völligen Erledigung als selbstverständlich voraus und beschränkt den Kläger nur insoweit auf die Feststellung der Rechtswidrigkeit des Verwaltungsakts. Lediglich in diesem Umfang ist dessen gerichtliche Aufhebung gemäß § 113 Abs. 1 Satz 1 VwGO ausgeschlossen.[24]

IV. Der Zeitpunkt der Erledigung

Ob die Erledigung eines Verwaltungsakts zu dessen Unwirksamkeit mit Wirkung ex tunc oder ex nunc führt, ergibt sich entweder aus dem Verwaltungsakt selbst oder aus der Rechtsnorm, aufgrund derer die Wirksamkeit des Verwaltungsakts entfällt, oder aus einer Regelung in einem anderen Verwaltungsakt.[25] Bei bestimmten Verwaltungsakten kommt nach deren Regelungsgehalt nur eine Erledigung mit Wirkung ex nunc oder ex tunc in Betracht. So ist beispielsweise nur eine Erledigung mit Wirkung ex tunc möglich, wenn der Verwaltungsakt lediglich zu einem in der Vergangenheit liegenden, konkret benannten Zeitpunkt eine verbindliche Rechtsfolge herbeiführen wollte. Hier ginge das Entfallen der Regelungswirkung zu einem späteren Zeitpunkt ins Leere.[26] Das gilt etwa für gestaltende Verwaltungsakte wie die frühere Entlassung eines Beamten.[27]

1. Die Erledigung eines Verwaltungsakts mit Wirkung ex tunc

a) Erledigung mit Wirkung ex tunc aufgrund des Verwaltungsakts

Eine Erledigung mit Wirkung ex tunc kann sich aus dem Inhalt des Verwaltungsakts ergeben, z. B. bei einer vorläufigen Gewährung einer Begünstigung (etwa einer Geldzuwendung eines Hoheitsträgers), die lediglich den Zeitraum bis zur endgültigen Entscheidung über die Begünstigung überbrücken und dann vollumfänglich durch letztere ersetzt werden soll.[28] Die Geltung des vorläufigen Verwaltungsakts steht damit in vollem Umfang unter der auflösenden Bedingung der abschließenden

---

[24] Siehe auch *Steinweg* (o. Fn. 2), S. 161.

[25] Zum Zeitpunkt des Eintritts der Erledigungsfolgen siehe eingehend *Steinweg* (o. Fn. 2), S. 164 ff.

[26] Siehe *Steinweg* (o. Fn. 2), S. 102.

[27] *Steinweg* (o. Fn. 2), S. 168 f.

[28] Vgl. auch *Peine* (o. Fn. 3), Rdnr. 754; *Steinweg* (o. Fn. 2), S. 196; siehe zur Ersetzung eines vorläufigen durch einen endgültigen Verwaltungsakt auch BVerwG, NVwZ 2012, 1547 (1548).

endgültigen Regelung. Wenn jene getroffen wird, bedarf es deshalb keiner Aufhebung des vorläufigen Verwaltungsakts gemäß §§ 48 f. VwVfG. Die dann eintretende vollständige Erledigung des früheren Verwaltungsakts lässt nach § 43 Abs. 2 VwVfG – genauso wie nach § 113 Abs. 1 Satz 4 VwGO – keinen Raum mehr für dessen Aufhebung. Eine Erledigung mit Wirkung ex tunc tritt ferner z. B. bei einem akzessorischen Verwaltungsakt ein, wenn der Hauptverwaltungsakt, auf den er sich bezieht, mit Wirkung ex tunc aufgehoben worden ist oder sich erledigt hat.[29] Deshalb erledigt sich z. B. ein Anfechtungswiderspruchsbescheid, wenn der Ausgangsverwaltungsakt sich später rückwirkend erledigt. Ebenso führt die Aufhebung einer Teilgenehmigung dazu, dass eine auf ihr aufbauende Folgegenehmigung ex tunc unwirksam wird, wenn deren Wirksamkeit an den rechtlichen Fortbestand der vorher erteilten Teilgenehmigung gebunden ist.[30] Aus entsprechenden Gründen führt die Aufhebung einer Bebauungsgenehmigung als vorweggenommener Teil einer Baugenehmigung jedenfalls dann zur Unwirksamkeit und Erledigung einer Baugenehmigung, wenn in letzterer nicht mehr über die planungsrechtliche Zulässigkeit des Bauvorhabens befunden wurde.[31]

b) Erledigung mit Wirkung ex tunc
aufgrund gesetzlicher Regelungen

Gesetzliche Regelungen, die die Wirksamkeit eines Verwaltungsakts mit Wirkung ex tunc beseitigen und damit zu dessen vollständiger Erledigung führen, sind selten. Eine allgemeine Rechtsgrundlage, auf die sich ein rückwirkender Wegfall der Wirksamkeit im Erledigungsfall stützen lässt – wie ihn § 48 Abs. 1 Satz 1 VwVfG für die rückwirkende behördliche Aufhebung eines Verwaltungsakts vorsieht –, existiert nicht. Vereinzelt sehen aber Vorschriften eine rückwirkende Erledigung vor. Bedeutsam werden kann dies etwa für die Entlassung aus der deutschen Staatsangehörigkeit gemäß § 18 StAG. Sie steht gemäß § 24 StAG unter der ex tunc auflösenden Bedingung, dass der Betroffene die ihm zugesicherte fremde Staatsangehörigkeit innerhalb eines Jahres erwirbt.[32] Kommt es hierzu nicht, fingiert § 24 StAG, dass der Betroffene seine Staatsangehörigkeit auch in der Vergangenheit nicht verloren hat.

---

[29] So auch *Ehlers* (o. Fn. 17), S. 1 (7); *Steinweg* (o. Fn. 2), S. 195. Dazu, dass mit Aufhebung eines Hauptverwaltungsakts sich auch akzessorische Verwaltungsakte (zumindest teilweise) erledigen, siehe auch BVerwG, NVwZ 2012, 1547 (1549); *Baumeister* (o. Fn. 7), § 43 Rdnr. 28; *Sachs* (o. Fn. 1), § 43 Rdnr. 219.

[30] *Kopp/Schenke* (o. Fn. 23), § 42 Rdnr. 53.

[31] Vgl. näher *Wolf-Rüdiger Schenke*, Rechtsprobleme gestufter Verwaltungsverfahren am Beispiel von Bauvorbescheid und Baugenehmigung, DÖV 1990, 489 ff.

[32] *Steinweg* (o. Fn. 2), S. 159 f.

c) Erledigung mit Wirkung ex tunc
aufgrund eines anderen Verwaltungsakts

Beruht die Erledigung eines Verwaltungsakts auf dem Erlass eines anderen Verwaltungsakts, scheidet in der Regel eine rückwirkende Erledigung aus. Das ergibt sich daraus, dass der rückwirkende Erlass des anderen Verwaltungsakts grundsätzlich – vorbehaltlich einer entgegenstehenden gesetzlichen Regelung – ausgeschlossen ist.

2. Grundsätzlich keine rückwirkende Erledigung eines Verwaltungsakts

Wenn sich aus dem Verwaltungsakt oder aus sonstigem Recht nichts anderes ergibt, erledigt sich ein Verwaltungsakt grundsätzlich nur mit Wirkung ex nunc.[33] Dementsprechend erledigt sich ein befehlender Verwaltungsakt mit Wirkung ex nunc, wenn er nicht mehr vollzogen werden kann. Hier hat der Verwaltungsakt seine Wirksamkeit jedenfalls vom Eintritt der Erledigung an eingebüßt und besitzt damit zukünftig keine Steuerungsfunktion mehr. Das ändert aber nichts am Bestehen der Rechtspflicht, die der Verwaltungsakt für die Zeit vor dem erledigenden Ereignis verbindlich statuiert.[34] So entfällt beispielsweise bei einem Verwaltungsakt, der auf die Herausgabe einer Sache gerichtet war, mit deren späterer Vernichtung zwar ex nunc die Pflicht zur Herausgabe, da diese Pflicht die (weitere) Existenz der Sache voraussetzt und der Verwaltungsakt sinnvollerweise nur so ausgelegt werden kann, dass er die Herausgabe der Sache nur für den Fall anordnet, dass jene noch existent ist. Am Bestehen der Herausgabepflicht in der Vergangenheit ändert sich aber nichts.

Soweit der Verwaltungsakt bereits vollzogen wurde, hat er zwar hinsichtlich der Anordnung der Vollziehung seine Steuerungsfunktion erfüllt und sich insoweit erledigt. Da der Verwaltungsakt aber zugleich den Rechtsgrund für den erfolgten Vollzug bildet, liegt insoweit noch keine Erledigung vor. Der Verwaltungsakt hat sich damit nur teilweise erledigt. Ist der Vollzug des Verwaltungsakts nicht mehr rückgängig zu machen und sind an seine Wirksamkeit auch keine weiteren Rechtsfolgen geknüpft, fehlt es allerdings selbst bei seiner Rechtswidrigkeit an einem schutzwürdigen Interesse an seiner Aufhebung (siehe hierzu auch unten IV. 2. a)). Die Aufhebung wäre sinnlos und würde dem Betroffenen nichts nützen. Anderes gilt hingegen – wie schon oben unter II. 2. a) ausgeführt – dann, wenn der Vollzug noch rückgängig gemacht werden kann. Hier ergibt sich das Interesse an der Aufhebung des Verwaltungsakts daraus, dass diese Voraussetzung für die Begründetheit von Erstattungs- und Vollzugsfolgenbeseitigungsansprüchen ist.

---

[33] So auch *Baumeister* (o. Fn. 7), § 43 Rdnr. 29; *Ehlers* (o. Fn. 17), S. 1 (7). Zu weitgehend aber *Ruffert*, BayVBl. 2003, 33 (34), wonach ein erledigter Verwaltungsakt seine innere Wirksamkeit überhaupt nur mit Wirkung ex nunc verlieren soll.

[34] So auch *Steinweg* (o. Fn. 2), S. 193.

a) Fehlendes rechtliches Interesse an der Aufhebung des Verwaltungsakts trotz seiner für die Vergangenheit fortbestehenden Wirksamkeit

Wenn sich ein belastender Verwaltungsakt ex nunc vollständig erledigt hat und die in ihm angeordnete Rechtsfolge nur noch für die Vergangenheit Geltung beansprucht, ist seine behördliche oder gerichtliche Aufhebung trotz seiner Rechtswidrigkeit im Regelfall nicht geboten. Die Beseitigung seiner insoweit fortbestehenden Wirksamkeit ist nämlich – obschon rechtslogisch durchaus möglich – in der Regel sinn- und nutzlos, da sie keinerlei Konsequenzen nach sich ziehen würde. Für die ohnehin nur noch in Erwägung zu ziehende ex tunc-Aufhebung des Verwaltungsakts durch die Behörde oder das Gericht fehlt es damit normaliter an einem rechtlich schützenswerten Interesse. Eine Klage mit dem Ziel, die im Verwaltungsakt für die Vergangenheit getroffene Anordnung aufzuheben, scheitert deshalb in der Regel am fehlenden Rechtsschutzbedürfnis.[35] Aus diesem Grund bedarf es auch

---

[35] So in Verbindung mit § 113 Abs. 1 Satz 4 VwGO richtig auch *Reimer*, DV 2015, 259 (270), der zurecht darauf hinweist, dass bei einer solchen Fallkonstellation die gerichtliche Aufhebung eines angefochtenen Verwaltungsakts nicht deshalb ausgeschlossen ist, weil sich jener erledigt hat, sondern weil es hierfür an einem Rechtsschutzbedürfnis fehlt. Nicht überzeugend ist es allerdings, wenn er in Verbindung mit § 43 Abs. 2 VwVfG etwas anderes annimmt und insoweit von einer Erledigung i. S. d. § 43 Abs. 2 VwVfG ausgeht (*Reimer*, DV 2015, 259 [276]). Damit wird nicht nur ohne Not und entgegen der Vermutung für eine grundsätzlich einheitliche Interpretation thematisch eng verwandter Gesetzesbegriffe bei § 43 Abs. 2 VwVfG von einem ganz anderen Erledigungsverständnis als bei § 113 Abs. 1 Satz 4 VwGO ausgegangen. Vor allem wird nicht beachtet, dass dieselben Gründe, die *Reimer* bei einem nur noch in der Vergangenheit rechtswirksamen Verwaltungsakts richtigerweise veranlassen, eine Erledigung i. S. d. § 113 Abs. 4 VwGO abzulehnen, gleichermaßen für § 43 Abs. 2 VwVfG gelten. Soweit nämlich an die für die Vergangenheit fortbestehende Rechtswirksamkeit eines rechtswidrigen Verwaltungsakts für den Betroffenen nachteilige akzidentielle Rechtsfolgen geknüpft sind (siehe zu diesen unten IV. 2. b)), ist ein Schutz vor diesen wegen der insoweit noch bestehenden Tatbestandswirkung des Verwaltungsakts grundsätzlich nur durch dessen partielle, auf § 48 VwVfG gestützte behördliche bzw. auf § 113 Abs. 1 VwGO gestützte gerichtliche Aufhebung möglich. Auch die behördliche Aufhebung des Verwaltungsakts – um die sich der Betroffene gemäß den §§ 68 ff. VwGO primär zu bemühen hat –, setzt aber gemäß § 48 VwVfG (ebenso wie nach den §§ 72 f. VwGO) voraus, dass sich der Verwaltungsakt für den vergangenen Zeitraum noch nicht i. S. d. § 43 Abs. 2 VwVfG erledigt hat. Dass nur die (vollständige) Erledigung eines Verwaltungsakts gemäß § 43 Abs. 2 VwVfG dessen behördliche Aufhebung vollständig auszuschließen vermag, legt i. Ü. bereits der Wortlaut des § 43 Abs. 2 VwVfG nahe, der die Erledigung eines Verwaltungsakts als eine von mehreren, neben der behördlichen Aufhebung bestehende Möglichkeit zur Beseitigung der (vollständigen) Wirksamkeit eines Verwaltungsakts aufzählt. Das spricht dafür, dass genauso wie die völlige Beseitigung der Wirksamkeit eines Verwaltungsakts nur durch dessen Aufhebung mit Wirkung ex tunc herbeigeführt werden kann, dies gleichermaßen nur durch dessen Erledigung mit Wirkung ex tunc erreichbar ist. Es überzeugt deshalb nicht, wenn man wie *Reimer* von einer Erledigung des Verwaltungsakts i. S. d. § 43 Abs. 2 VwVfG bereits beim Entfallen seiner zukünftigen Wirksamkeit (also nur mit Wirkung ex nunc) ausgeht, zumal § 43 Abs. 2 VwVfG bei Zugrundelegung eines solchen Erledigungsbegriffs – wie *Reimer*, DV 2015, 281 ff. selbst erkennt – völlig überflüssig wäre. Die Verfehltheit eines solchen Erledigungsverständnisses wird zudem durch den systematischen und teleologischen

hier ebenso wie beim Vollzug eines rechtswidrigen Verwaltungsakts, der nicht mehr rückgängig gemacht werden kann und an dessen Wirksamkeit auch im Übrigen keinerlei rechtliche Konsequenzen geknüpft sind, keiner behördlichen oder gerichtlichen Aufhebung.

Nach anderer Ansicht soll sich dieses Resultat bereits allein aus der Erledigung des Verwaltungsakts ergeben.[36] Zwar führt dies zum selben Ergebnis. Dogmatisch überzeugender dürfte es aber sein, die Nichtaufhebung des Verwaltungsakts damit zu erklären und zu rechtfertigen, dass es hierfür an einem rechtlich anzuerkennenden Interesse fehlt. Nur auf diese Weise wird dem Umstand Rechnung getragen, dass die vollständige Erledigung eines Verwaltungsakts ein vollständiges Entfallen seiner Rechtsverbindlichkeit (auch mit Wirkung für die Vergangenheit) voraussetzt. Damit soll nicht in Frage gestellt werden, dass zwischen der Erledigung eines Verwaltungsakts und dem fehlenden Bedürfnis für seine Aufhebung ein enger gedanklicher und teleologischer Zusammenhang besteht.[37] Deutlich wird dieser auch daran, wenn man von einer Erledigung eines Verwaltungsakts dort ausgeht, wo die Aufhebung des Verwaltungsakts sinnlos geworden ist, weil von jenem keinerlei (unmittelbare oder mittelbare) Wirkungen mehr ausgehen und allenfalls noch ein Interesse an der Feststellung seiner Rechtswidrigkeit besteht (siehe auch o. II. 3.).

b) Die gebotene (partielle) Aufhebung eines rechtswidrigen Verwaltungsakts bei akzidentiellen Folgewirkungen seiner früheren Wirksamkeit

Anderes gilt aber dann, wenn das Recht an die in der Vergangenheit bestehende Rechtsverbindlichkeit eines rechtswidrigen Verwaltungsakts nachteilige akzidentielle Rechtswirkungen für den Betroffenen geknüpft hat, die noch andauern. In die-

---

Zusammenhang des § 43 Abs. 2 VwVfG mit § 48 Abs. 1 Satz 1 VwVfG und § 113 Abs. 1 Satz 1 VwGO bestätigt. Da die gerichtliche Aufhebung eines Verwaltungsakts gemäß § 113 Abs. 1 Satz 1 VwGO der Durchsetzung eines materiellrechtlichen Anspruchs auf behördliche Aufhebung eines rechtswidrigen Verwaltungsakts dient (so auch *Reimer*, DV 2015, 259 [265]), dieser Anspruch aber nach § 48 VwVfG nur dann in Betracht kommt, wenn und soweit sich der Verwaltungsakt noch nicht nach § 43 Abs. 2 VwVfG erledigt hat, müsste deshalb auch *Reimer* konsequenterweise davon ausgehen, dass sich ein Verwaltungsakt bei seiner für die Vergangenheit fortbestehenden Wirksamkeit nicht nur i. S. d. § 113 Abs. 1 Satz 4 VwGO, sondern auch i. S. d. § 43 Abs. 2 VwVfG noch nicht (vollständig) erledigt hat. Andernfalls ergäbe sich jedenfalls das absonderliche Ergebnis, dass ein (vermeintlich) gemäß § 43 Abs. 2 VwVfG erledigter rechtswidriger belastender Verwaltungsakt wegen der mit ihm verknüpften akzidentiellen Folgewirkungen aus verfassungsrechtlichen Gründen noch nach § 48 VwVfG aufgehoben werden müsste (zur auch hier bedeutsamen grundrechtlichen Verankerung von Ansprüchen auf Aufhebung rechtswidriger belastender Verwaltungsakte und der deshalb gebotenen verfassungskonformen Auslegung des § 48 Abs. 1 Satz 1 VwVfG siehe näher *Baumeister* [o. Fn. 9] und *Schenke* [o. Fn. 9], S. 723 [725 ff.]).

[36] BVerwG, NVwZ 1998, 729; 2002, 122; *Sachs* (o. Fn. 1), § 43 Rdnr. 215; *Schenke* (o. Fn. 16), Rdnr. 313.

[37] *Kopp/Schenke* (o. Fn. 23), § 113 Rdnr. 102.

sem Fall besteht die Notwendigkeit, den Verwaltungsakt partiell aufzuheben, um ihm auf diese Weise eine in der Vergangenheit bestehende Wirksamkeit zu nehmen und damit die hieran anknüpfenden Rechtsfolgen auszuschließen.

aa) Die Vollstreckung eines später mit Wirkung ex nunc erledigten Verwaltungsakts

Unabdingbar ist die Aufhebung eines später mit Wirkung ex nunc erledigten rechtswidrigen Verwaltungsakts vor allem dann, wenn die Verwaltung zu dessen Durchsetzung früher – mit oder ohne Erfolg – Vollstreckungsmaßnahmen ergriffen hat. Das trifft z. B. zu, wenn die Verwaltung zur Durchsetzung einer früher bestehenden Herausgabepflicht Vollstreckungsmaßnahmen ergriff. Wenn hier der Verwaltungsakt rechtswidrig war, kann sich der Betroffene nämlich gegen die Belastungen, die für ihn aus der Vollstreckung erwachsen,[38] nur dadurch erfolgreich zur Wehr setzen, dass er auf eine (behördliche oder gerichtliche) Aufhebung des Verwaltungsakts mit Wirkung für die Vergangenheit hinwirkt.[39] Das folgt daraus, dass die Rechtmäßigkeit von Verwaltungsvollstreckungsmaßnahmen – ebenso wie die Erhebung von Vollstreckungskosten – nach den insoweit übereinstimmenden Regelungen der Vollstreckungsgesetze von Bund und Ländern nicht von der Rechtmäßigkeit des vollstreckten Verwaltungsakts, sondern lediglich von dessen Rechtswirksamkeit im Zeitpunkt der Vollstreckung abhängt. Da diese (frühere) Rechtswirksamkeit nicht durch die spätere ex nunc-Erledigung des Verwaltungsakts in Frage gestellt wird, ist ein effektiver Rechtsschutz gegen Vollstreckungsakte und die Erhebung von Vollstreckungskosten nur durch die Aufhebung des vollstreckten Verwaltungsakts mit Wirkung für die Vergangenheit möglich.

Die Notwendigkeit einer solchen behördlichen Aufhebung des Verwaltungsakts wie auch ein diesbezüglicher Aufhebungsanspruch des Betroffenen ergeben sich, sofern der vollstreckte Verwaltungsakt noch nicht bestandskräftig ist, bereits aus den materiellen Grundrechten, in welche der Verwaltungsakt und seine Vollstreckung eingriff. Unterlässt die Verwaltung eine solche Aufhebung, folgt zudem aus Art. 19 Abs. 4 GG, dass für die Anfechtung des Verwaltungsakts ein Rechtsschutzbedürfnis bestehen muss, soweit dieser sich nicht erledigt hat.[40] Der rechtswidrige

---

[38] Dazu, dass die Festsetzung und Beitreibung eines angedrohten Zwangsgelds auch noch nach Erledigung des Verwaltungsakts möglich ist, siehe OVG Münster, NVwZ 1993, 671; OVG Magdeburg, BRS 58, Nr. 221; OVG Saarlouis, NVwZ-RR 2003, 87. Weitere Verpflichtungen ergeben sich für den Vollstreckungsschuldner überdies aus ihm aufgebürdeten Vollstreckungskosten.

[39] Siehe hierzu BVerwG, NVwZ 2009, 122; *Kopp/Schenke* (o. Fn. 23), § 113 Rdnr. 102 m. w. N.

[40] Soweit die akzidentiellen Folgewirkungen eines Verwaltungsakts erst nach Ablauf der Anfechtungsfristen der §§ 70, 74 VwGO eintreten, scheidet zwar eine Anfechtung des Verwaltungsakts aus. Entgegen *Reimer*, DV 2015, 272 Fn. 95, ergeben sich aber auch hier keine rechtlichen Probleme, da der Betroffene in diesem Fall mit einer Verpflichtungsklage auf Rücknahme des Verwaltungsakts hinwirken kann. Ein solcher Rechtsschutz muss sowohl wegen des erst nachträglichen Entstehens eines durchsetzbaren Aufhebungsanspruchs wie

Verwaltungsakt ist deshalb mit Wirkung für die Vergangenheit gerichtlich aufzuheben. Zum selben Ergebnis muss man kommen, wenn man – entgegen der hier vertretenen Ansicht – die Erledigung des Verwaltungsakts nur wegen dessen akzidentieller Rechtsfolgen verneint.

Auch eine gerichtliche Feststellung der Rechtswidrigkeit des Verwaltungsakts gemäß § 113 Abs. 1 Satz 4 VwGO macht die gerichtliche Aufhebung nicht entbehrlich. Das gilt selbst dann, wenn man mit der Rechtsprechung des BVerwG[41] davon ausgeht, dass bei der gerichtlichen Feststellung gemäß § 113 Abs. 1 Satz 4 VwGO nicht nur die Rechtswidrigkeit des Verwaltungsakts, sondern auch dessen Erledigung in Rechtskraft erwächst. Diese Rechtsprechung ist nicht unproblematisch, weil die Erledigung nur eine Voraussetzung für die Feststellung der Rechtswidrigkeit des Verwaltungsakts ist und deshalb für jene nur vorfrageweise bedeutsam ist. Wenn ein erledigendes Ereignis nämlich nur dazu führt, dass die Erledigung des Verwaltungsakts mit Wirkung ex nunc eintritt, kann das Gericht konsequenterweise nur die Erledigung mit Wirkung ex nunc feststellen. Auf jene kommt es aber für die Rechtmäßigkeit der in der Vergangenheit erfolgten Vollstreckung gerade nicht an.

bb) Die Strafbewehrung der Zuwiderhandlung gegen einen erst später mit Wirkung ex nunc erledigten Verwaltungsakt

Auch an der in der Vergangenheit bestehenden Pflicht, einen mit Strafe oder Geldbuße bewehrten Verwaltungsakt zu beachten, ändert es nichts, wenn sich jener später mit Wirkung ex nunc erledigt. Wenn ein erledigendes Ereignis hingegen dazu führte, dass sich der Verwaltungsakt auch mit Wirkung für die Vergangenheit erledigte und damit unwirksam würde, führte dies zu dem unhaltbaren Ergebnis, dass es stets sanktionslos bliebe, wenn ein rechtmäßiger Verwaltungsakt vor seiner Erledigung nicht beachtet wurde. Wenn der Verwaltungsakt, der die Verhaltenspflicht statuierte, hingegen rechtswidrig war, spricht entgegen der h. M. viel dafür, dass im Regelfall mit einer behördlichen oder gerichtlichen ex tunc-Aufhebung des strafbewehrten Verwaltungsakts zugleich dessen Sanktionierung entfällt.[42] Anderes würde allerdings

---

auch unter dem Aspekt des Art. 19 Abs. 4 GG zulässig und begründet sein, weil für den Betroffenen vor Eintritt der formellen Bestandskraft des Verwaltungsakts wegen fehlenden Rechtsschutzbedürfnisses keine Möglichkeit bestand, die rückwirkende Aufhebung des Verwaltungsakts herbeizuführen.

[41] BVerwG, NVwZ 1998, 734; 2002, 853; siehe hierzu *Wolf-Rüdiger Schenke*, Die Unwirksamkeit eines Verwaltungsakts als Folge der Feststellung seiner Rechtswidrigkeit, JZ 2003, 31 ff.

[42] So auch *Huxholl* (o. Fn. 2), S. 92; *Wolf-Rüdiger Schenke*, Die Strafbewehrung rechtswidriger Verwaltungsakte, in: Zöller et al. (Hrsg.), Gesamte Strafrechtswissenschaft in internationaler Dimension. Festschrift für Jürgen Wolter, 2013, S. 215 (223 ff.); *Carl-Friedrich Stuckenberg*, in: Löwe-Rosenberg, StPO, 26. Aufl. 2013, Bd. VI/2, § 262 Rdnr. 23; OLG Frankfurt, NJW 1967, 262; a. A. *Steinweg* (o. Fn. 2), S. 85; BGH; NJW 1969, 2023 ff.; OLG Hamburg, NJW 1980, 1007 f.

dann gelten, wenn die Sanktionierung an die Rechtmäßigkeit des Verwaltungsakts und nicht an dessen Wirksamkeit geknüpft wäre.[43]

cc) Schadensersatzansprüche wegen Nichtbefolgung eines später mit Wirkung ex nunc erledigten Verwaltungsakts

Wenn für eine Person aus der Nichterfüllung einer Pflicht, die in einem rechtswidrigen, später aber ex nunc erledigten Verwaltungsakt statuiert war, Schadensersatzpflichten erwuchsen, muss ihr gleichfalls ein Anspruch auf Aufhebung des Verwaltungsakts zustehen. Man denke etwa daran, dass ein Hoheitsträger vom Staat durch den Erlass eines rechtswidrigen Verwaltungsakts zur Herausgabe einer Sache an einen Bürger verpflichtet wurde, diese Herausgabe aber zunächst schuldhaft unterlassen wurde und später an der Zerstörung der Sache scheitert. Hier kann sich der Hoheitsträger gegen einen auf § 839 BGB i. V. m. Art. 34 GG gestützten Schadensersatzanspruch des Bürgers nur dadurch zur Wehr setzen, dass er auf die behördliche oder gerichtliche Aufhebung des Verwaltungsakts hinwirkt. Eine Aufhebung muss auch bei einem privatrechtsgestaltenden rechtswidrigen Verwaltungsakt möglich und geboten sein, wenn ein Privater vor Erledigung wegen Nichterfüllung zivilrechtlicher Pflichten, die ihm in Konsequenz des rechtswidrigen Verwaltungsakts erwuchsen, schadensersatzpflichtig wurde. Auch hier muss ihm zur Abwendung seiner Schadensersatzpflicht die Möglichkeit eingeräumt sein, auf die Aufhebung des Verwaltungsakts hinzuwirken.

V. Die Erledigung durch Zeitablauf

Von einer Erledigung durch Zeitablauf wird in der Regel ausgegangen, wenn die Wirksamkeit eines Verwaltungsakts nach seinem Inhalt oder aufgrund gesetzlicher Regelungen zeitlich beschränkt ist. Letzteres soll insbesondere dann der Fall sein, wenn der Verwaltungsakt eine Nebenbestimmung beinhaltet, nach der die in ihm getroffene Regelung zeitlich befristet oder auflösend bedingt ist, und die Frist abgelaufen bzw. die auflösende Bedingung eingetreten ist.[44]

Eine so allgemeine Aussage begegnet freilich Bedenken bzw. bedarf einer präzisierenden Erläuterung. Richtig hieran ist zwar, dass die Befristung oder auflösende Bedingung dazu führt, dass die in einem Verwaltungsakt statuierte Rechtsfolge zukünftig nicht mehr neu eintreten soll. Es wäre aber voreilig, hieraus zu schließen, der Verwaltungsakt habe sich damit immer in vollem Umfang erledigt. Dass sich aus ihm keine neuen Verpflichtungen ergeben, bedeutet nämlich noch nicht, dass ihm seine Wirksamkeit auch für die Vergangenheit abhanden gekommen ist. Aus der Nichterfüllung schon in der Vergangenheit bestehender Verpflichtungen können im Gegen-

---

[43] So in der Tat zu § 29 Abs. 1 Nr. 2 VersG BVerfG, DVBl 1993, 150 ff. und zu § 111 OWiG BVerfGE 92, 191.

[44] So z. B *Kopp/Ramsauer* (o. Fn. 12), § 43 Rdnr. 40c; *Peine* (o. Fn. 3), Rdnr. 753; *Schemmer* (o. Fn. 1), § 43 Rdnr. 49; *Schwarz* (o. Fn. 22), § 43 VwVfG Rdnr. 35.

teil sogar noch Handlungsverpflichtungen resultieren, die in der Zukunft fortdauern. Deutlich wird dies z. B. bei einem Verwaltungsakt, der für einen bestimmten Zeitraum eine monatliche Pflicht begründete, Geld an die öffentliche Hand zu zahlen. Hier entstehen zwar nach Ablauf des Zeitraums keine neuen Zahlungsverpflichtungen mehr, so dass sich der Verwaltungsakt insoweit partiell erledigt hat. Hinsichtlich noch nicht erfüllter, schon in der Vergangenheit begründeter Zahlungsverpflichtungen sind aber die noch ausstehenden Zahlungen nach wie vor zu erbringen. Insoweit hat sich der Verwaltungsakt nicht einmal mit Wirkung ex nunc in vollem Umfang erledigt. Selbst wenn der Betroffene seinen Zahlungsverpflichtungen termingerecht nachkam, führte die Vollziehung des rechtswidrigen Verwaltungsakts – wie oben schon dargelegt – nicht zu dessen völliger Erledigung, da der Verwaltungsakt den Rechtsgrund für die erfolgten Zahlungen bildete und damit, solange nicht aufgehoben, Erstattungsansprüche ausschließt. Schließlich kann die Aufhebung des rechtswidrigen Verwaltungsakts auch wegen akzidentieller Rechtsfolgen geboten sein, die an die Rechtswirksamkeit des Verwaltungsakts in der Vergangenheit geknüpft sind.

Eine Erledigung durch Zeitablauf kommt nicht nur bei belastenden, sondern auch bei begünstigenden Verwaltungsakten in Betracht, deren Wirksamkeit aufgrund ihres Inhalts oder wegen anderweitig getroffener Regelungen zeitlich beschränkt ist. So erledigt sich etwa eine zeitlich befristete Betriebsgenehmigung mit Fristablauf. Eine Erledigung durch Zeitablauf aufgrund einer gesetzlichen Regelung liegt dann vor, wenn eine zunächst genehmigungspflichtige Tätigkeit genehmigt worden ist, die Genehmigungspflicht aber aufgrund einer späteren gesetzlichen Regelung entfällt.[45] In diesem Fall erledigt sich die Genehmigung jedenfalls vom Inkrafttreten der gesetzlichen Regelung an. An der zuvor gegebenen Wirksamkeit der Genehmigung ändert sich in der Regel jedoch nichts. Praktische Bedeutung hat dies insoweit, als damit die genehmigte Tätigkeit selbst dann, wenn die Genehmigung rechtswidrig war, jedenfalls solange rechtlich nicht zu beanstanden ist, wie die Genehmigung nicht rückwirkend aufgehoben wird.

Mitunter ist allerdings die Reichweite gesetzlicher Regelungen, welche ein Erlöschen eines Verwaltungsakts beim Wegfall einer Genehmigungspflicht vorsehen, umstritten. Das betrifft etwa die inhaltliche Reichweite des § 18 Abs. 2 BImSchG. Nach dieser Vorschrift erlischt eine immissionsschutzrechtliche Genehmigung, wenn das Genehmigungserfordernis aufgehoben wird. Hier bedarf es einer Klärung, ob das Erlöschen der Genehmigung dazu führt, dass damit zugleich der mit ihrer Erteilung zunächst verbundene Ausschluss von privatrechtlichen Abwehransprüchen entfällt. Das hat das BVerwG[46] zu Recht verneint. Es betont, dass die Genehmigung nach § 18 Abs. 2 BImSchG nur mit Wirkung ex nunc erloschen sei. Für den Ausschluss privatrechtlicher Ansprüche komme dem aber keine Bedeutung zu, da dieser Ausschluss nicht an das Fortbestehen der Genehmigung, sondern nach § 14 BImSchG daran geknüpft sei, dass es sich um eine Anlage handele, die unanfechtbar ge-

---

[45] BVerwGE 117, 133; *Kopp/Ramsauer* (o. Fn. 12), § 43 Rdnr. 43.
[46] BVerwG, NVwZ 2003, 344.

nehmigt wurde. Auch die Entstehungsgeschichte des § 14 BImSchG bestätige, dass jener lediglich klarstellen wolle, dass mit dem Ende der Genehmigungspflicht nur die unmittelbar durch die Genehmigung begründeten Rechte und Pflichten erlöschen sollen.[47] Für eine rückwirkende Beseitigung des Verwaltungsakts, die die Abwehransprüche wiederaufleben ließe, fehle es an ausreichenden Anhaltspunkten. Ein solches Wiederaufleben privatrechtlicher Abwehransprüche dürfte im Übrigen – was das BVerwG allerdings offen lässt – zu einer mit Art. 14 GG schwerlich vereinbaren Einschränkung des Bestandsschutzes des Anlagenbetreibers führen.

Wie oben schon ausgeführt, erledigt sich ein vorläufiger begünstigender Verwaltungsakt, der nur eine provisorische Regelung bis zu einer abschließenden Entscheidung bezweckte, beim Ergehen des abschließenden Verwaltungsakts mit Wirkung ex tunc. Anders zu beurteilen ist hingegen der Fall, in dem zunächst nur in einer sog. Bebauungsgenehmigung über die planungsrechtliche Zulässigkeit eines Bauvorhabens befunden wurde und erst später eine das Vorhaben zulassende Baugenehmigung ergeht. Hier liegt überhaupt keine Erledigung der Bebauungsgenehmigung vor.[48] Das ergibt sich daraus, dass in diesem Fall nach richtiger, wenngleich umstrittener Ansicht in der Baugenehmigung nicht mehr über die bauplanungsrechtliche Zulässigkeit des Bauvorhabens befunden wird.[49] Da diese Frage bereits in der Bebauungsgenehmigung abschließend entschieden wurde, lässt die Baugenehmigung deren Wirksamkeit unberührt.[50] Sie setzt deren Wirksamkeit sogar voraus, da das Entfallen einer wirksamen Bebauungsgenehmigung die Unwirksamkeit der Baugenehmigung nach sich zöge. Die Wirksamkeit der Baugenehmigung ist nämlich ihrerseits durch die auflösende Bedingung des Wegfalls der Wirksamkeit der Bebauungsgenehmigung begrenzt.[51]

VI. Die Erledigung auf sonstige Weise

Schon oben wurde als Beispiel einer Erledigung eines Verwaltungsakts mit Wirkung ex nunc der Fall erwähnt, dass das Regelungsobjekt nicht mehr existiert,[52] weil z. B. die Sache, die herauszugeben oder in einem ordnungsgemäßen Zustand zu halten war, später zerstört worden ist. Auch der Wegfall des Regelungssubjekts kann zu einer Erledigung des Verwaltungsakts führen, so beispielsweise der Tod des Verpflichteten. Allerdings gilt dies nur bei höchstpersönlichen Verpflichtungen,[53] bei

---

[47] BVerwG, NVwZ 2003, 344.

[48] A. A. *Huxholl* (o. Fn. 2), S. 101.

[49] *Schenke* (o. Fn. 16), Rdnr. 312; BVerwG, BauR 1995, 523 (525); a. A. BVerwG, DVBl 1989, 673 ff.

[50] *Schenke* (o. Fn. 16), Rdnr. 312; BVerwG, BauR 1995, 523 (525).

[51] Siehe hierzu näher *Schenke*, DÖV 1990, 489 ff.; a. A. BVerwG, DVBl 1989, 673 ff. Wird die Baugenehmigung aus bauordnungsrechtlichen Gesichtspunkten nicht erteilt oder aufgehoben, führt dies hingegen nicht zu einer Erledigung der Bebauungsgenehmigung (*Ruffert*, BayVBl. 2003, 33 [38]).

[52] *Peine* (o. Fn. 3), Rdnr. 754; *Schwarz* (o. Fn. 22), § 43 VwVfG Rdnr. 36.

[53] *Kopp/Ramsauer* (o. Fn. 12), § 43 Rdnr. 41; *Peine* (o. Fn. 3), Rdnr. 754.

denen eine Rechtsnachfolge des Erben ausgeschlossen ist.[54] Der Wegfall des Regelungsobjekts oder des Regelungssubjekts führt im Übrigen nicht nur bei belastenden, sondern auch bei begünstigenden Verwaltungsakten meist zu einer Erledigung mit Wirkung ex nunc. Demgemäß erledigt sich z. B. ein Verwaltungsakt, der die Nutzung einer Sache gestattet, dann, wenn die Sache nicht mehr existiert oder der Nutzungsberechtigte stirbt und das Nutzungsrecht höchstpersönlich und nicht nachfolgefähig war.

Sehr umstritten ist, ob und gegebenenfalls unter welchen Voraussetzungen die Nichtausübung eines Nutzungsrechts, das durch einen Verwaltungsakt eingeräumt wurde, zu dessen Erledigung führt. Teilweise wird dies ausdrücklich gesetzlich geregelt. So sieht § 18 Abs. 1 BImSchG vor, dass eine immissionsschutzrechtliche Genehmigung erlischt, wenn nicht innerhalb einer von der Genehmigungsbehörde gesetzten angemessenen Frist mit der Errichtung oder dem Betrieb der Anlage begonnen wurde (Nr. 1) oder wenn die Anlage während eines Zeitraums von mehr als drei Jahren nicht betrieben (Nr. 2) wurde. Im Baurecht fehlt es demgegenüber für den Fall der Nichtausübung einer baurechtlich genehmigten Nutzung an entsprechenden Regelungen. Hier ist nur vorgesehen, dass die Geltung eine Baugenehmigung erlischt, wenn nicht innerhalb eines bestimmten Zeitraums (nach § 62 Abs. 1 BWLBO innerhalb von drei Jahren nach Erteilung) mit der Bauausführung begonnen wurde. Eine analoge Übertragung dieser Regelungen auf die Fälle, in denen eine aufgrund einer Baugenehmigung errichtete Anlage nicht genutzt wird, scheitert nicht nur an der unterschiedlichen Interessenlage,[55] sondern vor allem auch daran, dass die Landesgesetzgeber offensichtlich ganz bewusst keine allgemeinen Regelungen in Bezug auf die Folgen einer unterlassenen Nutzung getroffen haben.

Nicht zu überzeugen vermag auch die Auffassung des BVerwG, das in Anlehnung an § 35 Abs. 4 Satz 1 Nr. 3 BauGB die Ansicht vertritt, dass die Wiederaufnahme einer zulässigen Nutzung dann nicht mehr durch eine erteilte Baugenehmigung gedeckt sei, wenn nach der Verkehrsauffassung nicht mehr mit einer Nutzung gerechnet werden könne.[56] Das BVerwG entwirft in diesem Zusammenhang ein Zeitmodell,[57]

---

[54] Die Frage, ob eine Nachfolge in Bezug auf die in einem Verwaltungsakt statuierte Pflicht stattfindet, ist allerdings z. T. sehr umstritten. Deutlich wird dies bei polizeilichen Verfügungen, die gegenüber dem polizeirechtlich Verantwortlichen erlassen wurden. Hier wurden früher sowohl eine Gesamtrechts- wie auch eine Einzelrechtsnachfolge generell abgelehnt. Heute werden beide bei einer Zustandsverantwortlichkeit des zunächst Verpflichteten überwiegend befürwortet. Teilweise wird mitunter selbst bei einer Verhaltensverantwortlichkeit eine Gesamtrechtsnachfolge bejaht. Ein polizeilicher Verwaltungsakt wirkt dann nach Eintritt des Erbfalls auch gegenüber den Erben des Verstorbenen (siehe hierzu näher *Schenke* [o. Fn. 11], Rdnrn. 214 ff.).

[55] Beim Vorhandensein einer Anlage hat der Genehmigungsempfänger bereits Aufwendungen für deren bauliche Nutzung erbracht, die bei Erlöschen des Nutzungsrechts entwertet würden.

[56] BVerwGE 98, 235; siehe auch BVerwG, Beschluss vom 27. 9. 2007 – 4 B 36/07.

[57] Siehe zu diesem näher *Jörn Bringewat*, Geltungsverlust einer Baugenehmigung bei Nutzungsunterbrechung – Neue Entwicklungen?, NVwZ 2011, 733 f.; krit. gegenüber dem

anhand dessen darüber zu befinden sein soll, ob eine später wieder aufgenommene bauliche Nutzung noch durch die früher erteilte Baugenehmigung gedeckt sei. Diesem auf das Bauplanungsrecht rekurrierenden Ansatz stehen bereits kompetenzrechtliche Bedenken entgegen, da die Frage der Geltungsdauer einer Baugenehmigung dem Bauordnungsrecht zuzurechnen ist. Dafür steht dem Bundesgesetzgeber keine Gesetzgebungskompetenz zu.[58] Zudem regelt § 35 Abs. 4 Satz 1 BauGB primär die Neuerrichtung eines Bauvorhabens und nicht dessen Nutzung. Schließlich beruht diese Regelung auch zu einem wesentlichen Teil darauf, dass im Außenbereich die Errichtung baulicher Anlagen und deren Nutzung nach dem Willen des Gesetzgebers nur sehr eingeschränkt zulässig sein soll.

Richtigerweise ist deshalb davon auszugehen, dass die Nichtausübung einer genehmigten Nutzung nur dann zur Erledigung der Genehmigung führt, wenn sich aus den Umständen des Einzelfalls ergibt, dass der Kläger auf die Ausübung der genehmigten Nutzung verzichtet hat.[59] Für die Annahme eines solchen Verzichts kann es zwar in der Tat eine Rolle spielen, wie lange keine Nutzung erfolgte. Der zeitliche Aspekt allein lässt aber noch keine Aussage darüber zu, ob sich die Baugenehmigung durch Verzicht erledigt hat. Vielmehr kommt hier noch einer ganzen Reihe anderer Gesichtspunkte Bedeutung zu.

Auch in anderen Fällen kann ein Verhalten des Begünstigten als Verzicht auf die Rechtsfolgen eines begünstigenden Verwaltungsakts zu verstehen sein und zu dessen Erledigung führen. So wird etwa bei antragsbedürftigen Verwaltungsakten eine Rücknahme des Antrags nach Erlass des Verwaltungsakts häufig so zu interpretieren sein, dass der Antragsteller damit zugleich auf die Begünstigung verzichtet. Nicht die Rücknahme des Antrags als solche,[60] sondern erst der damit verbundene Verzicht hat dann die Erledigung des Verwaltungsakts zur Folge. Voraussetzung hierfür ist allerdings stets, dass der Betroffene über die Begünstigung verfügen kann. Daran fehlt es, wenn seine Verfügungsbefugnis wegen entgegenstehender öffentlicher Interessen oder wegen einer Beeinträchtigung der Rechte Dritter beschränkt ist.[61] Im letzteren Fall geht es nicht an, die Beseitigung der Wirksamkeit eines Verwaltungsakts für Dritte von der Verzichtserklärung eines Privaten abhängig zu machen. Nur ein Hoheitsträger ist in der Lage, die Rechtsstellung des Dritten durch Regelung eines Erledigungstatbestands oder durch Aufhebung des Verwaltungsakts zu beschränken, wobei er im letzteren Fall dem Vertrauensschutz des Dritten nach näherer Maßgabe der §§ 48 ff. VwVfG Rechnung zu tragen hat.

---

vom BVerwG befürworteten Zeitmodell OVG Lüneburg, BauR 2011, 1154; VGH Mannheim, BauR 2009, 1881.

[58] Siehe auch OVG Lüneburg, BauR 2011, 1154.

[59] So auch *Peine* (o. Fn. 3), Rdnr. 754.

[60] A. A. aber wohl *Kopp/Ramsauer* (o. Fn. 12), § 43 Rdnr. 41a; BVerwG, NVwZ 2012, 1547 (1549).

[61] *Kopp/Ramsauer* (o. Fn. 12), § 43 Rdnr. 41a.

Von einer Erledigung i. S. d. § 43 Abs. 2 VwVfG ist im Regelfall selbst dann nicht auszugehen, wenn der Betroffene an Stelle eines zunächst erlassenen Verwaltungsakts später einen anderen Verwaltungsakt beantragt hat und dieser anschließend antragsgemäß erlassen wird. Hier wird mit dem Neuerlass des Verwaltungsakts häufig die Aufhebung des früheren Verwaltungsakts einhergehen, so dass sich jener i. S. v. § 113 Abs. 1 Satz 4 VwGO erledigt. Eine Erledigung i. S. v. § 43 Abs. 2 VwVfG liegt aber gerade nicht vor, da dort, wo es zur Beseitigung der Wirksamkeit eines Verwaltungsakts erst dessen Aufhebung bedarf, keine Erledigung vorliegen kann. Besondere Bedenken ruft die Bejahung einer Erledigung i. S. d. § 43 Abs. 2 VwVfG insbesondere dann hervor, wenn der zunächst erlassene Verwaltungsakt Rechte Dritter begründet hatte. Wäre man hier anderer Ansicht, so würden die Aufhebungsvoraussetzungen der §§ 48 ff. VwVfG umgangen und der Vertrauensschutz Dritter in unzulässiger Weise eingeschränkt.[62] Anderes ist nur dann erwägbar, wenn eine insgesamt neue Sachentscheidung ergeht, durch die ein neuer Verfahrensgegenstand entsteht und die frühere Entscheidung überholt worden ist. Davon ist aber nur ganz ausnahmsweise auszugehen.[63]

Praktisch bedeutsame Beispiele für die Erledigung eines Verwaltungsakts auf sonstige Weise finden sich im Ausländerrecht. So erledigt sich z. B. die Gewährung von Asyl durch Einbürgerung.[64] Gleiches gilt für einen Aufenthaltstitel, der einem früheren Ausländer erteilt worden war.[65] Die Erledigung tritt mit Wirkung ex nunc ein. Bemerkenswert ist, dass nach Ansicht des BVerwG[66] selbst eine rückwirkende Aufhebung der Einbürgerung nicht zum Wiederaufleben des früheren Aufenthaltstitels führen soll. Das BVerwG rechtfertigt dies damit, dass das ordnungsrechtliche Grundanliegen des Ausländerrechts einem Wiederaufleben der erledigten Aufenthaltsberechtigung entgegenstehe, weil die Ausländerbehörde vom Zeitpunkt der Einbürgerung an nicht mehr mit ausländerrechtlichen Mitteln auf ein Fehlverhalten des Betroffenen reagieren, etwa ihm gegenüber eine Ausweisung aussprechen kann.

Zu erwähnen ist schließlich noch, dass eine Erledigung in sonstiger Weise vom BVerwG[67] auch dann befürwortet wird, wenn alle Beteiligten übereinstimmend einen früheren Verwaltungsakt irrtümlich als erledigt ansehen. In diesem Fall ist die Regelungsabsicht des Hoheitsträgers nachträglich entfallen. Dies hat zwar grundsätzlich keine Bedeutung, wenn das Entfallen der Wirksamkeit nicht nach außen dokumentiert wird und deshalb für die anderen Beteiligten nicht sichtbar ist. Hier ergibt sich schon aus Gründen der Rechtssicherheit, dass ein nicht offenbartes Entfallen der

---

[62] Siehe auch BVerwG, NVwZ 2012, 1547 (1549).

[63] BVerwG, NVwZ 2012, 1547 (1549).

[64] *Kopp/Ramsauer* (o. Fn. 12), § 43 Rdnr. 43a; *Sachs* (o. Fn. 1), § 43 Rdnr. 217; OVG Münster, DÖV 2008, 65; BVerwGE 139, 337 = BVerwG, NVwZ 2012, 56 ff.

[65] BVerwGE 139, 337.

[66] BVerwG, NVwZ 2012, 56 f.

[67] BVerwG, NVwZ 1998, 729; krit. *Enrico Peuker*, in: Knack/Henneke (Hrsg.), Verwaltungsverfahrensgesetz, 10. Aufl. 2014, § 43 Rdnr. 45; *Werner Neumann*, Die Entwicklung des Verwaltungsverfahrensrechts, NVwZ 2000, 1244 (1250); *Ruffert*, BayVBl. 2003, 33 (39).

behördlichen Regelungsabsicht noch nicht zum Wirksamkeitsverlust des Verwaltungsakts führen kann. Anderes ist aber dann zu erwägen, wenn auch die anderen Beteiligten der irrigen Auffassung sind, dass der Verwaltungsakt seine Geltungswirkung verloren habe. In diesem Fall sprechen Gründe der Rechtssicherheit dann nicht mehr für die Aufrechterhaltung der zunächst intendierten Regelung, wenn die Bejahung einer Erledigung keine Umgehung der §§ 48 ff. VwVfG zur Folge hat. Das kommt insbesondere dann in Betracht, wenn durch eine Erledigung kein schützenswertes Vertrauen Beteiligter beeinträchtigt wird. Mit dieser vom Gericht nicht (jedenfalls nicht expressis verbis) gemachten Einschränkung kann dem BVerwG zugestimmt werden. Bei Zugrundelegung dieser Einschränkung würde die Ablehnung einer Erledigung weder den Interessen der Verwaltung noch denen anderer Beteiligter Rechnung tragen, die sich auf eine „neue Geschäftsgrundlage" eingerichtet haben. Insoweit kann – ähnlich wie in anderen Gebieten des Rechts – an die Willenstheorie angeknüpft werden.

VII. Resümee

Der Begriff der Erledigung des Verwaltungsakts deckt sich in § 43 Abs. 2 VwVfG nicht vollinhaltlich mit dem in § 113 Abs. 1 Satz 4 VwGO verwandten Begriff. Die Versuche, den Begriff der Erledigung i. S. d. § 43 Abs. 2 VwVfG mit dem Wegfall der Beschwer, der Vollziehung des Verwaltungsakts, einer sonstigen Erreichung des mit dem Verwaltungsakt verfolgten Zwecks sowie mit der Gegenstandslosigkeit des Verwaltungsakts zu erklären, überzeugen nicht. Die Erledigung eines Verwaltungsakts setzt gemäß § 43 Abs. 2 VwVfG voraus, dass ihm aufgrund seines Inhalts oder wegen einer anderweitig getroffenen rechtlichen Regelung bei Eintritt eines erledigenden Ereignisses nachträglich keine Wirksamkeit mehr zukommen soll und dieser Wirksamkeitsverlust nicht auf einer behördlichen oder gerichtlichen Aufhebung beruht. Sowohl belastende wie auch begünstigende Verwaltungsakte können sich erledigen. Ohne Bedeutung für die Erledigung ist die Rechtmäßigkeit des Verwaltungsakts. Akzidentielle Rechtsfolgen, die das Recht an die Wirksamkeit eines Verwaltungsakts in der Vergangenheit knüpft, die aber mit dem Erlass des Verwaltungsakts nicht intendiert wurden, schließen zwar als solche eine Erledigung nicht aus. Da sie aber das Fortbestehen der partiellen Wirksamkeit des Verwaltungsakts in der Vergangenheit voraussetzen, scheidet bei ihrem Vorliegen eine vollständige Erledigung des Verwaltungsakts stets aus.

Ein Verwaltungsakt kann sich ganz oder nur teilweise erledigen. Eine Teilerledigung liegt auch dann vor, wenn sich der Verwaltungsakt nur mit Wirkung ex nunc erledigt und damit seine Steuerungsfunktion für die Zukunft entfällt. Soweit sich ein Verwaltungsakt nur mit Wirkung ex nunc erledigt und damit seine rechtliche Wirksamkeit in der Vergangenheit nicht einbüßt, besteht an seiner – grundsätzlich möglichen – behördlichen oder gerichtlichen Aufhebung in der Regel kein schützenswertes rechtliches Interesse. Deshalb scheitert ein Anspruch auf Aufhebung des Verwaltungsakts. Anderes gilt aber dann, wenn die Nichtbeachtung der früheren Wirksamkeit akzidentielle Rechtsfolgen nach sich gezogen hat, z. B. wenn sie Anlass für Verwaltungsvollstreckungsmaßnahmen bot oder eine Nichtbeachtung strafbewehrt war oder Schadensersatzansprüche nach sich zog.

Soweit sich aus dem Verwaltungsakt oder aus anderweitigen Regelungen nichts anderes ergibt, führt der Eintritt eines erledigenden Ereignisses nur zur Erledigung mit Wirkung ex nunc. Das gilt selbst bei einer Erledigung durch Zeitablauf; auch hier kann im Übrigen selbst die Erledigung ex nunc inhaltlich begrenzt sein, wenn in der Vergangenheit bestehende Verpflichtungen noch zu erfüllen sind. Eine Erledigung in sonstiger Weise kann vielfältig begründet sein. So hat der Wegfall des Regelungsobjekts sowie – bei höchstpersönlichen Verpflichtungen – des Regelungssubjekts die Erledigung zur Folge. Dasselbe gilt z. B., wenn eine Tätigkeit in einem Verwaltungsakt verboten wurde, nachträglich aber durch einen Verwaltungsakt oder aufgrund einer gesetzlichen Regelung erlaubt wird. Die Genehmigung einer Tätigkeit erledigt sich, wenn die Genehmigungspflicht aufgrund einer gesetzlichen Regelung nachträglich entfällt (siehe z. B. § 18 Abs. 2 BImSchG). Die Nichtausübung einer genehmigten Nutzung führt vorbehaltlich einer entgegenstehenden gesetzlichen Regelung (wie z. B. § 18 Abs. 1 BImSchG) allein noch nicht zu einer Erledigung der Genehmigung. In der Nichtausübung kann aber im Einzelfall ein Verzicht auf die Nutzung liegen. Auch sonst hat ein Verzicht auf die in einem Verwaltungsakt statuierte Begünstigung dessen Erledigung zur Folge, wenn der Begünstigte über die Begünstigung verfügen kann und nicht öffentliche Interessen oder die Rechte Dritter entgegenstehen. Eine Erledigung des Verwaltungsakts kann schließlich dann vorliegen, wenn die Beteiligten irrtümlich übereinstimmend von seiner Unwirksamkeit ausgehen.

Eigentümerbezogene Nahverkehrsabgaben als Mittel zur Finanzierung des ÖPNV

Von *Thorsten Ingo Schmidt*

Der Jubilar ist besonders mit seinen Schriften zum Allgemeinen Verwaltungsrecht und zum Umweltrecht hervorgetreten. So bot es sich an, zu seinen Ehren mit den eigentümerbezogenen Nahverkehrsabgaben als Mittel der Finanzierung des öffentlichen Personennahverkehrs ein Thema im Übergangsbereich dieser beiden Rechtsgebiete zu wählen. Gegenstand des nachfolgenden Beitrages sollen indes nicht sämtliche denkbaren Formen von Nahverkehrsabgaben, etwa in Gestalt einer City-Maut[1] oder benutzerbezogener Abgaben, sein, sondern solche, die von den Eigentümern von Grundstücken im Einzugsbereich von Strecken des öffentlichen Personennahverkehrs (ÖPNV) zu dessen Finanzierung verlangt werden.

Zwar werden solche Abgaben bislang in Deutschland nicht erhoben,[2] der Koalitionsvertrag zwischen den Fraktionen der CDU und der Grünen in Hessen für die Legislaturperiode 2014–2019[3] sieht jedoch vor zu prüfen, wie eine rechtliche Grundlage geschaffen werden kann, die eine Finanzierungsbeteiligung von Investoren im Gebäudebau an den ÖPNV-Erschließungskosten ermöglicht. Sollte eine derartige Abgabe in Hessen eingeführt werden, ist damit zu rechnen, dass die anderen Länder bald nachziehen werden, weil sich dort in gleicher Weise wie in Hessen die Finanzierungsprobleme des öffentlichen Personennahverkehrs stellen.

Dessen Finanzlage ist dadurch gekennzeichnet, dass auf der Ausgabenseite die Kosten für den Erhalt der Infrastruktur zunehmen, die Personalkosten und mittelfris-

---

[1] Siehe dazu *Thomas Dreyer/Helmut Mohl*, Tatsächliche und rechtliche Gestaltungsmöglichkeiten einer Innenstadtzufahrtsabgabe als besondere Form der Nahverkehrsabgabe, KStZ 1996, 48–54; *Monika Jachmann*, Die Einführung einer Nahverkehrsabgabe durch Landesgesetz, NVwZ 1992, 932–939; *Gerrit Manssen*, Finanzverfassungsrechtliche Aspekte der Einführung einer sog. Nahverkehrsabgabe, DÖV 1996, 12–18; *Helmut Mohl/Anne Rave*, Abgaben für die Umwelt aus kommunaler Sicht, KStZ 2000, 164 (167 f.); sowie *Meinhard Schröder*, Verbesserung des Klimaschutzes durch Einführung einer City-Maut, NVwZ 2012, 1438–1443.

[2] Siehe Antwort auf Frage Nr. 7 des Hessischen Ministers für Wirtschaft, Energie, Verkehr und Landesentwicklung vom 19. Juni 2015 auf die Kleine Anfrage der Abgeordneten Frankenberger, Gremmels und Siebel vom 13. Mai 2015 betreffend eine Abgabe für ÖPNV-Erschließungskosten, LT-Drs. 19/1966, S. 2.

[3] „Verlässlich gestalten – Perspektiven eröffnen" – Koalitionsvertrag zwischen der CDU Hessen und Bündnis 90/Die Grünen Hessen für die 19. Wahlperiode des Hessischen Landtages 2014–2019, Abschnitt L.VI., S. 83.

tig wohl auch wieder die Energiekosten steigen und zudem die politisch erwünschte Erschließung weiterer Siedlungsgebiete insbesondere mit schienengebundenen Strecken die Kosten weiter ansteigen lässt.

Auf der anderen Seite werden mittelfristig die Zuschüsse des Bundes für den öffentlichen Personennahverkehr sinken. Denn durch die Föderalismusreform I aus dem Jahr 2006[4] wurden die Finanzhilfen des Bundes für Investitionen zur Verbesserung der Verkehrsverhältnisse der Gemeinden beendet. Zwar erhalten die Länder gemäß Art. 143c Abs. 1 GG zum Ausgleich noch Beträge aus dem Haushalt des Bundes. Diese Beträge sind aber gemäß Art. 143c Abs. 2 Nr. 2 GG lediglich bis zum 31. Dezember 2013 zweckgebunden an den Aufgabenbereich der bisherigen Mischfinanzierung zu verwenden und können danach auch für andere investive Zwecke, etwa zur sozialen Wohnraumförderung, eingesetzt werden. Mit Ablauf des 31. Dezember 2019 werden diese Mittel nach derzeitiger Rechtslage sogar vollständig entfallen.[5]

Es ist daher nach alternativen Einnahmequellen für den öffentlichen Personennahverkehr zu suchen. Soll dieser nicht ausschließlich über weitere Erhöhungen der Fahrpreise finanziert werden, ist der Blick auf andere potentielle Zahler zu richten. Im Folgenden ist daher vor dem Hintergrund des Vorschlags in dem Koalitionsvertrag zu betrachten, inwiefern die Eigentümer von Grundstücken im Einzugsbereich des öffentlichen Personennahverkehrs herangezogen werden können. Dafür kommen Steuern (I.), Beiträge (II.), Gebühren (III.) oder Sonderabgaben (IV.) in Betracht. Schließlich ist auf alternative Finanzierungsformen jenseits der herkömmlichen Abgabentypologie zu blicken (V.), bevor die Ergebnisse zusammengefasst werden (VI.).

I. Steuern

Für eine zusätzliche Steuerfinanzierung des öffentlichen Personennahverkehrs durch die Länder und Kommunen bestehen zwei Ansatzpunkte. Zum einen kommen Steuern *auf* öffentliche oder private Verkehrsleistungen in Betracht, zum anderen Steuern *für* den öffentlichen Personennahverkehr. Mit anderen Worten ist also einerseits der Steuergegenstand, andererseits die Steuerverwendung zu betrachten.

Hinsichtlich der Steuern auf Verkehrsleistungen besteht nicht nur eine konkurrierende Gesetzgebungskompetenz des Bundes gemäß Art. 105 Abs. 2 GG, die dieser weitgehend durch den Erlass des Kraftfahrzeugsteuergesetzes[6] sowie der Besteue-

---

[4] 52. Gesetz zur Änderung des Grundgesetzes vom 28. August 2006, BGBl. I S. 2034.

[5] Siehe Art. 22 Satz 3 des Gesetzes vom 5. September 2006, BGBl. I S. 2098, für das Außerkrafttreten des Entflechtungsgesetzes vom 5. September 2006, BGBl. I S. 2102.

[6] Kraftfahrzeugsteuergesetz in der Fassung der Bekanntmachung vom 26. September 2002, BGBl. I S. 3818, das zuletzt durch Artikel 1 des Gesetzes vom 8. Juni 2015, BGBl. I S. 901, geändert worden ist.

rung von Mineralöl als Teil des Energiesteuergesetzes[7] ausgeschöpft hat. Diese Besteuerung knüpft zudem auch an das Halten eines Kraftfahrzeuges oder den Verbrauch von Mineralöl an und gerade nicht an das Eigentum an einem Grundstück oder die Errichtung eines Gebäudes.

Was die Besteuerung von Grundstücken und Gebäuden wegen des durch sie hervorgerufenen Verkehrs anbelangt, liegt mit dem gemäß Art. 105 Abs. 2 Alt. 1, Art. 72 Abs. 2 GG erlassenen Grundsteuergesetz[8] des Bundes bereits eine abschließende Regelung vor. Hier verbleibt den Ländern keine Möglichkeit mehr, zusätzlich für Steuern an dingliche Immobilienrechte anzuknüpfen. Das Gleiche gilt für gewerbliche Betätigung, weil hier mit der Gewerbesteuer[9] ebenfalls eine abschließende bundesrechtliche Regelung gegeben ist, die den Ländern keine Spielräume für eine darüber hinausgehende gewerbliche Besteuerung eröffnet. Eine „Dienstgeberabgabe", wie sie seit mehreren Jahrzehnten im österreichischen Wien[10] erhoben wird, wäre in Deutschland jedenfalls als Steuer nicht zulässig.

Allenfalls hinsichtlich der Tätigkeit von Freiberuflern, die von dem Gewerbesteuergesetz nicht erfasst wird, wäre noch eine Besteuerung durch die Länder in Ausübung ihres durch Art. 105 Abs. 2 GG garantierten Steuerfindungsrechts[11] vorstellbar. Auch in die Bestimmung der Höhe der Grunderwerbsteuer, bei der den Ländern seit der Föderalismusreform II[12] aus dem Jahr 2009 die Festlegung des Steuersatzes gemäß Art. 105 Abs. 2a Satz 2 GG zusteht, könnten möglicherweise Erwägungen hinsichtlich der Finanzierung des öffentlichen Personennahverkehrs hineinspielen.

Aber selbst bei einer solchen Besteuerung wäre nicht gewährleistet, dass das Steueraufkommen auch tatsächlich in die Finanzierung des öffentlichen Personennahverkehrs flösse. Denn Steuereinnahmen zeichnen sich gerade dadurch aus, dass Steuern ohne eine direkte Gegenleistung erhoben werden und das Steueraufkommen für beliebige, durch das jeweilige Parlament im Rahmen seines Budgetrechts zu bestimmende Zwecke zur Verfügung steht. Selbst wenn man diesem Non-Affektationsprinzip keinen Verfassungsrang zubilligte, wie dies die wohl noch überwiegende Mei-

---

[7] Energiesteuergesetz vom 15. Juli 2006, BGBl. I S. 1534; 2008 I S. 660, 1007, das zuletzt durch Artikel 11 des Gesetzes vom 18. Juli 2014, BGBl. I S. 1042, geändert worden ist.

[8] Grundsteuergesetz vom 7. August 1973, BGBl. I S. 965, das zuletzt durch Artikel 38 des Gesetzes vom 19. Dezember 2008, BGBl. I S. 2794, geändert worden ist.

[9] Gewerbesteuergesetz in der Fassung der Bekanntmachung vom 15. Oktober 2002 (BGBl. I S. 4167), das zuletzt durch Artikel 2 Absatz 12 des Gesetzes vom 1. April 2015 (BGBl. I S. 434) geändert worden ist.

[10] Bei der Dienstgeberabgabe handelt es sich um eine von den Arbeitgebern für jeden von ihnen in Wien beschäftigten Arbeitnehmer geschuldete Abgabe, die der Stadt Wien zufließt und für die Errichtung einer Untergrundbahn zu verwenden ist, siehe Wiener Gesetz über die Erhebung einer Dienstgeberabgabe vom 24. April 1970, Landesgesetzblatt 1970/17, zuletzt geändert durch Gesetz vom 5. April 2012, Landesgesetzblatt 2012/25.

[11] Siehe dazu *Thorsten Ingo Schmidt*, Das Steuerfindungsrecht der Hoheitsträger, StuW 2015, 171 (177 ff.).

[12] 57. Gesetz zur Änderung des Grundgesetzes vom 29. Juli 2009, BGBl. I S. 2248.

nung¹³ derzeit vertritt, wäre der Gesetzgeber doch darin frei, jederzeit durch ein nachfolgendes Gesetz das Aufkommen anderen Zwecken zuzuführen. Diese Finanzierung aus allgemeinen Steuermitteln geht daher nicht über das jetzige System der Bezuschussung des öffentlichen Personennahverkehrs hinaus.

Was schließlich die kommunalen Besteuerungsmöglichkeiten anbelangt, so finden sich zwar in einigen Landesverfassungen besondere Gewährleistungen eines gemeindlichen Steuerfindungsrechts.¹⁴ Diese sind aber im Lichte des Grundgesetzes einschränkend auszulegen. Den Gemeinden kann nur gestattet sein, was den Ländern auch grundgesetzlich zugewiesen wurde. Da aber bereits die Länder keine eigenen Gesetze zur Besteuerung von Immobilien oder Gewerbebetrieben mehr erlassen können, hat dies erst recht für die grundgesetzlich in die Länder eingebundenen Kommunen zu gelten.

II. Beiträge

Möglicherweise könnten die Länder oder Kommunen aber zusätzliche Finanzierungsquellen für den öffentlichen Personennahverkehr im Wege der Beitragserhebung finden. Beiträge sind öffentliche Abgaben für die Möglichkeit der Inanspruchnahme einer Leistung. Bisher schon werden Erschließungs- (1.) und Ausbaubeiträge (2.) erhoben, zudem wird in Erholungsorten eine Kurtaxe (3.) fällig und es kommen auch noch weitere Beiträge (4.) in Betracht.

1. Erschließungsbeiträge

Das Recht der Erschließungsbeiträge ist bisher bundesrechtlich geregelt in §§ 127 ff. BauGB. In § 127 Abs. 2 BauGB sind die beitragsfähigen Erschließungsanlagen aufgelistet. Dazu zählen zwar Anbau- und Sammelstraßen, bislang aber nicht schienengebundene Verkehrswege wie Straßenbahnen, U-Bahnen und Stadtbahnen oder Omnibusstrecken auf Straßen. Die derzeit in § 127 Abs. 2 BauGB aufgeführten Erschließungsanlagen zeichnen sich vielmehr dadurch aus, dass sie direkt an das Grundstück angrenzen oder mittelbar über andere Erschließungsanlagen mit dem Grundstück verbunden sind. Selbst Parkflächen und Grünanlagen zählen gemäß § 127 Abs. 2 Nr. 4 BauGB nur zu den Erschließungsanlagen, soweit sie Bestandteil der Straßen und Wege oder nach städtebaulichen Grundsätzen zu deren Erschließung notwendig sind. Dieser bundesrechtliche Katalog der Erschließungsanlagen ist ab-

---

¹³ Siehe *Michael Kloepfer*, Finanzverfassungsrecht, 2014, § 10 Rdnr. 17, m. w. N. zum Streitstand; sowie *Henning Tappe/Rainer Wernsmann*, Öffentliches Finanzrecht, 2015, Rdnr. 563.

¹⁴ Siehe die objektiv-rechtliche Verpflichtung des jeweiligen Landes in Art. 73 Abs. 1 Satz 2 Verf MV und Art. 58 Alt. 1 NdsV sowie den subjektiv-rechtlichen Anspruch der Gemeinden in Art. 79 Satz 1 Verf NW und den ebenfalls in diesem Sinne zu verstehenden Art. 99 Satz 1 BbgV; vgl. zum Ganzen ferner *Schmidt*, StuW 2015, 171 (183).

schließend und als besondere Vorschrift zur Lastenüberwälzung auf die Anlieger keiner Analogie fähig.[15]

Allerdings haben die Länder seit der Föderalismusreform I aus dem Jahr 2006 die Gesetzgebungskompetenz für das Teilgebiet des Rechts der Erschließungsbeiträge als Ausschnitt aus dem größeren Rechtsgebiet des Bodenrechts gemäß Art. 74 Abs. 1 Nr. 18 GG n. F. hinzugewonnen.[16] Die bisherigen bundesrechtlichen Vorschriften gelten zwar gemäß Art. 125a Abs. 1 Satz 1 GG als Bundesrecht weiter, können aber gemäß Art. 125a Abs. 1 Satz 2 GG durch Landesrecht ersetzt werden. Selbst in den Ländern, die, wie etwa Baden-Württemberg[17] oder Bayern[18], von dieser Möglichkeit Gebrauch gemacht haben, wurde jedoch bislang der Kreis der Erschließungsanlagen nicht auf schienengebundene Verkehrswege oder Omnibusstrecken ausgedehnt.

Sollte ein Land nun in Ausübung seiner ihm seit 2006 zustehenden Gesetzgebungskompetenz auch solche Verkehrswege unter die Erschließungsanlagen fassen, sprengte dies zumindest den herkömmlichen Begriff der Erschließungsanlage, der sich durch eine stationäre Anlage, die direkt oder indirekt mit dem Grundstück verknüpft ist, auszeichnet.[19]

2. Ausbaubeiträge

Möglicherweise könnten die Kosten für Strecken des öffentlichen Personennahverkehrs aber als Ausbaubeiträge auf die Grundstückseigentümer umgelegt werden. Ausbaubeiträge sind Geldleistungen, die dem Ersatz des Aufwands für die Herstellung, Anschaffung, Erweiterung, Erneuerung und Verbesserung öffentlicher Einrichtungen und Anlagen dienen. Sie werden von den Grundstückseigentümern als Gegenleistung dafür erhoben, dass ihnen durch die Möglichkeit der Inanspruchnahme der Einrichtungen und Anlagen wirtschaftliche Vorteile geboten werden. Zumindest soweit es nicht die laufende Unterhaltung und Instandsetzung betrifft, stellen Erschließungsbeiträge im Verhältnis zu ihnen die speziellere Regelung dar.[20] Im Unterschied zu den Erschließungsbeiträgen waren die Länder auch schon vor der Föderalismusreform I 2006 gemäß Art. 30, 70 GG für die Ausbaubeiträge zuständig und haben entsprechende Vorschriften in ihren Kommunalabgabengesetzen erlassen.

---

[15] Ebenso *Hans-Joachim Driehaus*, Erschließungs- und Ausbaubeiträge, 9. Aufl. 2012, § 12 Rdnr. 1 f.

[16] Siehe dazu *Christoph Degenhart*, in: Sachs (Hrsg.), Grundgesetz Kommentar, 7. Aufl. 2014, Art. 74 Rdnr. 74.

[17] Siehe §§ 33–41 KAG BW vom 17. März 2005, GBl. S. 206. Auch § 33 KAG BW zählt Einrichtungen und Anlagen für den öffentlichen Personennahverkehr nicht zu den Erschließungsanlagen.

[18] Art. 5a BayKAG in der Fassung der Bekanntmachung vom 4. April 1993, GBl. S. 264, zuletzt geändert durch Gesetz vom 11. März 2014, GBl. S. 70.

[19] Zur Möglichkeit der landesgesetzlichen Erweiterung des Begriffs der Erschließungsanlage siehe *Driehaus* (o. Fn. 15), § 12 Rdnr. 1.

[20] Ebenso *Driehaus* (o. Fn. 15), § 2 Rdnr. 4 f.

Zwar ist in diesen Kommunalabgabengesetzen in der Regel keine vergleichbare ausdrückliche Beschränkung auf Straßen und Grünanlagen als Bestandteil der Verkehrsanlagen wie bei den Erschließungsbeiträgen vorgenommen worden, gleichwohl stellt aber auch bei den Ausbaubeiträgen die Verbindung zwischen dem Grundstück und der öffentlichen Einrichtung bzw. Anlage den Grund für die individualisierende Zurechnung und teilweise Überwälzung der finanziellen Lasten dar. Besonders deutlich wird dies bei den kommunalabgabenrechtlichen Vorschriften über die Erhebung von Ausbaubeiträgen bei leitungsgebundenen Einrichtungen und Anlagen; dies gilt ebenso aber auch bei Straßen.

Wendet man diese ausbaurechtlichen Vorschriften nun auf schienengebundene Verkehrsmittel wie Straßenbahn-, Stadtbahn- oder U-Bahnstrecken an, so kommt deren bloßer Verlauf entlang eines Grundstücks diesem nicht in gleicher Weise zugute wie eine ausgebaute Straße oder der Anschluss an die Kanalisation. Vielmehr belastet die Schienenstrecke an sich zunächst das Anliegergrundstück und mindert dieses sogar eher im Wert. Das Gleiche hat bei einer Omnibusroute im Hinblick auf die gesteigerte Verkehrsbelastung zu gelten. Die Verbindung der Strecke zu dem einzelnen Grundstück erscheint im Vergleich zu einer Straße erheblich gelockert, denn bei dem öffentlichen Personennahverkehr geht es regelmäßig um die Erschließung eines Siedlungsgebiets, nicht eines einzelnen Grundstücks. Im Unterschied zu den bisher als beitragsfähig anerkannten Einrichtungen und Anlagen kann beim öffentlichen Personennahverkehr auch nicht parzellenscharf zwischen erschlossenen und nicht erschlossenen Grundstücken getrennt werden.

Ein beitragsrelevanter Vorteil kann für ein Grundstück erst entstehen, wenn sich eine Haltestelle in erreichbarer Entfernung befindet. Ausbaubeiträge erscheinen bei entsprechender landesrechtlicher Ausgestaltung daher allenfalls zulässig, um die Kosten für Haltepunkte zumindest teilweise auf die Eigentümer der dadurch erreichbaren Grundstücke abzuwälzen, wobei eine Differenzierung nach der Entfernung des jeweiligen Grundstücks zur Haltestelle geboten erscheint, weil dies die unterschiedlichen Vorteile durch den Haltepunkt widerspiegelt.[21]

3. Kurtaxe

Eventuell könnte man einen Teil der Kosten für den öffentlichen Personennahverkehr auch über die Kurtaxe refinanzieren. Die Kurtaxe ist gleichfalls ein Beitrag, der als Gegenleistung für die Möglichkeit erhoben wird, Einrichtungen und Anlagen für Heil- und Kurzwecke in Anspruch zu nehmen und an den entsprechenden Veranstaltungen teilzunehmen. Bereits jetzt existieren Beispiele dafür, dass Zahlern der Kurtaxe auch die Benutzung örtlicher Verkehrsmittel im Kurort ohne zusätzliche Kosten ermöglicht wird. Im Unterschied zu den Erschließungs- und Ausbaubeiträgen orientiert die Kurtaxe sich aber nicht am Grundstück, sondern an der Übernachtung.

---

[21] Vgl. *Jachmann*, NVwZ 1992, 932 (936), die dies für praktisch kaum durchführbar erachtet.

Schuldner ist nicht der Grundstückseigentümer, sondern der Übernachtungsgast. Es erscheint auch nicht möglich, die Kurtaxe künftig von den Eigentümern der Grundstücke zu erheben, denn die Kureinrichtungen begünstigen im Schwerpunkt gerade nicht die Einheimischen, sondern die Kurgäste.

4. Sonstige Beiträge

Schließlich bleibt zu erwägen, ob die Länder einen gesonderten Beitragstatbestand für den öffentlichen Personennahverkehr einführen könnten. Dann müsste ihnen nach der grundgesetzlichen Zuständigkeitsverteilung dafür die Gesetzgebungskompetenz zustehen. Während für den Erlass von Steuergesetzen eine abschließende Sonderregelung in Art. 105 GG getroffen wurde, bestimmt sich die Kompetenz für den Erlass sonstiger abgabenrechtlicher Regelungen nach den allgemeinen Bestimmungen der Art. 30, 70 ff. GG über die Verteilung der Sachgesetzgebungskompetenzen.[22]

Dem Bund steht aber nach Art. 74 Abs. 1 Nr. 22 GG die konkurrierende Gesetzgebungskompetenz für den Straßenverkehr und das Kraftfahrwesen zu, was auch das Recht der Omnibusbeförderung umfasst.[23] In gleicher Weise ist dem Bund nach Art. 74 Abs. 1 Nr. 23 GG die konkurrierende Gesetzgebungskompetenz für das Recht der Schienenbahnen, die nicht Eisenbahnen des Bundes sind, mit Ausnahme der Bergbahnen zugewiesen. Diese Kompetenz erfasst auch das Recht der Stadtbahnen, Straßenbahnen[24] und U-Bahnen[25]. In Ausübung dieser Zuständigkeiten hat der Bund unter anderem das Personenbeförderungsgesetz erlassen. Dieses regelt in § 39 PBefG Beförderungsentgelte und -bedingungen sowie in § 45a PBefG Ausgleichszahlungen. Diese Regelungen über zentrale Bestandteile der Finanzierung des öffentlichen Personennahverkehrs sind als abschließend zu betrachten und schließen landesrechtliche Regelungen über eine zusätzliche beitragsgestützte Finanzierung dieses Verkehrs aus, zumal § 8 Abs. 4 Satz 1 PBefG bestimmt, dass Verkehrsleistungen im öffentlichen Personennahverkehr eigenwirtschaftlich zu erbringen sind. Eigenwirtschaftlich sind Verkehrsleistungen gemäß § 8 Abs. 4 Satz 2 PBefG aber nur, soweit ihr Aufwand gedeckt wird durch Beförderungserlöse, Erträge aus gesetzlichen Ausgleichs- und Erstattungsregelungen sowie sonstige Unternehmenserträge im handelsrechtlichen Sinne. Beitragsleistungen der Grundstückseigentümer werden dabei nicht genannt und könnten allenfalls zur mittelbaren Finanzierung eines Ausgleichsanspruchs des Verkehrsunternehmens gegen einen Hoheitsträger dienen.

---

[22] BVerfGE 37, 1 (17); siehe auch *Kloepfer* (o. Fn. 13), § 4 Rdnr. 1.

[23] Vgl. die Definitionen der Begriffe „Straßenverkehr" und „Kraftfahrwesen" bei *Theodor Maunz*, in: Maunz/Dürig, Grundgesetz-Kommentar, 73. Erg.-Lfg. 2014, Art. 74 Rdnrn. 238, 240. Motorgetriebene Omnibusse stellen Kraftfahrzeuge dar und nehmen durch die Benutzung öffentlicher Straßen zu Verkehrszwecken am allgemeinen Straßenverkehr teil.

[24] BVerfGE 26, 338 (382); 56, 249 (282).

[25] BVerfGE 45, 297 (323).

III. Gebühren

Für die Erhebung eigentümerbezogener Nahverkehrsabgaben könnte auch an Gebühren gedacht werden. Gebühren sind Geldleistungen, die als Gegenleistung für eine besondere Leistung der Verwaltung oder für die Inanspruchnahme öffentlicher Einrichtungen und Anlagen oder zur Abschöpfung eines besonderen Vorteils des Einzelnen erhoben werden. Insofern sind Verwaltungs- (1.), Benutzungs- (2.) und Ressourcennutzungsgebühren (3.) zu unterscheiden.

1. Verwaltungsgebühren

Die Erhebung von Verwaltungsgebühren von den Grundstückseigentümern für die Errichtung einer Strecke des öffentlichen Personennahverkehrs kommt nicht in Betracht. Zwar stellt die Erteilung einer personenbeförderungsrechtlichen Genehmigung für eine Nahverkehrsstrecke nach § 9 PBefG eine Verwaltungsleistung dar, diese erfolgt jedoch gegenüber dem betreibenden Verkehrsunternehmen, nicht gegenüber den Eigentümern im Einzugsbereich. Andere gebührenpflichtige Verwaltungsleistungen unmittelbar gegenüber den Grundstückseigentümern sind nicht ersichtlich.

2. Benutzungsgebühren

Auch die Erhebung von Benutzungsgebühren von den Eigentümern scheidet aus. Zwar kann theoretisch bei einem Verkehrsunternehmen in öffentlich-rechtlicher Organisationsform wie einer Anstalt öffentlichen Rechts oder einem Eigenbetrieb auch das Benutzungsverhältnis öffentlich-rechtlich ausgestaltet werden, die dann anfallenden Benutzungsgebühren sind aber von den Nutzern zu erheben, nicht von den Grundstückseigentümern.

3. Ressourcennutzungsgebühr

Am ehesten erschiene noch die Erhebung einer Ressourcennutzungsgebühr vorstellbar. Solche Gebühren, deren Einordnung als eigenständige Gebührenkategorie[26] oder als Abgabe eigener Art[27] umstritten ist, sind in der Rechtsprechung des Bundesverfassungsgerichts anerkannt, soweit der einem Einzelnen ohne eigenes Zutun zukommende Vorteil abgeschöpft werden soll. Im Unterschied zu einer Benutzungsgebühr geht es aber nicht um eine von einem Hoheitsträger erst geschaffene Einrich-

---

[26] Dazu tendieren offenbar *Tappe/Wernsmann* (o. Fn. 13), Rdnrn. 277 ff., welche die Vorteilsabschöpfung als zulässigen Gebührenzweck betrachten.

[27] In dieser Weise nimmt *Michael Kloepfer* (o. Fn. 13), § 2 Rdnr. 49, die Einordnung vor, der von „Verleihungsabgaben" spricht. So dürfte wohl auch *Gerrit Manssen*, DÖV 1996, 12 (16), einzuordnen sein, der die von ihm so bezeichnete „Verleihungsgebühr" als keinen allgemein zulässigen Abgabentyp einordnet. *Thomas Dreyer/Helmut Mohl*, KStZ 1996, 48 (52), hingegen ordnen Abschöpfungsabgaben als Sonderabgaben ein.

tung, sondern um eine Naturressource wie das Grundwasser[28] oder einen bestimmten elektromagnetischen Frequenzbereich[29], die ausgenutzt wird. Eine neue Nahverkehrsstrecke stellt jedoch keine Naturressource dar, sondern eine von dem Hoheitsträger oder einem Dritten, etwa einem Verkehrsunternehmen, geschaffene Einrichtung.

IV. Sonderabgaben

Auf den ersten Blick erfolgversprechender erscheint die Erhebung einer Sonderabgabe für die Finanzierung des öffentlichen Personennahverkehrs von den Grundstückseigentümern. Zwar handelt es sich bei diesen bekanntermaßen nicht ausdrücklich grundgesetzlich geregelten Abgaben bislang um eine Domäne der Bundesgesetzgebung, gleichwohl sind aber auch Sonderabgaben durch Landesgesetz nicht ausgeschlossen, wie die Regelung der Stellplatzablösebeträge in den Landesbauordnungen dokumentiert. Zusätzlich zu der stets erforderlichen Sachgesetzgebungszuständigkeit[30] des jeweiligen Hoheitsträgers sind die vom Bundesverfassungsgericht in seiner bisherigen Rechtsprechung entwickelten weiteren formellen und materiellen Anforderungen einzuhalten.[31] Dabei ist zwischen Sonderabgaben mit Lenkungsfunktion wie der Schwerbehindertenabgabe und Sonderabgaben mit Finanzierungsfunktion wie den Absatzfondsabgaben zu unterscheiden.[32] Während es bei Sonderabgaben mit Lenkungsfunktion bereits genügen kann, dass eine abgegrenzte homogene gesellschaftliche Gruppe in Anspruch genommen wird,[33] die eine besondere sachliche Nähe zu der Aufgabe aufweist, die Abgabe zumindest in einem Anhang zum Haushalt des jeweiligen Hoheitsträgers dokumentiert und periodisch auf ihre Rechtfertigung hin überprüft wird,[34] ist bei einer Sonderabgabe mit Finanzierungsfunktion zusätzlich zu fordern, dass das Aufkommen aus der Abgabe auch gruppennützig verwendet wird[35].

Bei einer Sonderabgabe von den Grundstückseigentümern zur Finanzierung des öffentlichen Personennahverkehrs steht diese Finanzierungsfunktion im Vordergrund, so dass an sie die strengeren Anforderungen zu richten sind, selbst wenn mittelbar auch ein Umstieg der Grundstückseigentümer von dem privaten PKW-Verkehr auf den öffentlichen Personennahverkehr bewirkt werden soll.

Unabhängig von der jeweiligen Einordnung als Abgabe mit Finanzierungs- oder mit Lenkungsfunktion muss aber in beiden Fällen jedenfalls eine abgrenzbare homo-

---

[28] Zu Wasserabgaben siehe BVerfGE 93, 319.
[29] Zu den UMTS-Erlösen siehe BVerfGE 105, 185.
[30] Siehe dazu *Dreyer/Mohl*, KStZ 1996, 48 (51).
[31] Überblick bei *Kloepfer* (o. Fn. 13), § 2 Rdnrn. 36 ff.
[32] Siehe *Kloepfer* (o. Fn. 13), § 2 Rdnr. 37; *Manssen*, DÖV 1996, 12 (16 ff.); sowie *Schröder*, NVwZ 2012, 1438 (1440).
[33] Siehe BVerfGE 57, 139.
[34] Siehe BVerfGE 108, 186 (219).
[35] Dies betont BVerfGE 55, 274.

gene gesellschaftliche Gruppe gegeben sein.[36] Dafür bestehen zwei Möglichkeiten: Zum einen könnte die Abgabe alle Grundstückseigentümer im (wie weit auch immer zu ziehenden) Einzugsbereich einer bestimmten Trasse des öffentlichen Personennahverkehrs erfassen. Zum anderen könnte die Abgabe sich auf alle Grundstückseigentümer im Gebiet der jeweiligen Kommune erstrecken.

Schon im ersten Fall fehlt es an einer abgegrenzten homogenen gesellschaftlichen Gruppe. Die Grundstückseigentümer entlang einer Nahverkehrstrasse sind weder durch einen gemeinsamen Beruf[37] oder ein gemeinsames wirtschaftliches Interesse[38] noch durch die Nähe zu einem bestimmten Risiko[39] oder durch eine gemeinsame Verantwortung für eine bestimmte andere gesellschaftliche Gruppe[40] verbunden. Vielmehr grenzen die Grundstücke mit ihren verschiedenen Nutzungen im Rahmen der bauplanungsrechtlichen Vorschriften eher „zufällig" aneinander, was besonders deutlich wird bei einem Mischgebiet i. S. d. § 6 BauNVO. Zwischen den Eigentümern ist keine Homogenität gegeben, die über die Eigenschaft, über Eigentum an Immobilien entlang einer bestimmten Trasse zu verfügen, hinausgeht.

Wenn überhaupt wird die Gemeinsamkeit erst durch die Nahverkehrstrasse selbst hergestellt. Es bedeutete aber einen Zirkelschluss, die Erhebung einer Sonderabgabe für eine Einrichtung von einer gesellschaftlichen Gruppe abhängig zu machen, die durch die Einrichtung überhaupt erst begründet wird.[41] Die Gesamtheit der Grundstückseigentümer entlang einer Nahverkehrsstrecke ist keine vorgefundene gesellschaftliche Gruppe, sondern eine erst durch die Nahverkehrstrasse begründete Gemeinschaft. Als solche können ihr keine Sonderabgaben auferlegt werden.

Das Gleiche hat zu gelten, wenn stattdessen die Abgabe auf alle Grundstückseigentümer im Gebiet der jeweiligen Kommune erstreckt würde. Unabhängig davon, dass in diesem Fall die Gesamtheit aller Grundstückseigentümer noch heterogener zusammengesetzt wäre als diejenige entlang einer bestimmten Nahverkehrsstrecke fehlte es bei dieser Abgabe mit Finanzierungfunktion für einen Großteil der Grundstückseigentümer auch an der gruppennützigen Verwendung. Denn abgesehen von besonders kleinen Gemeinden wird es kaum jemals ein Nahverkehrsprojekt geben, das allen Grundstückseigentümern einer Gemeinde oder gar Stadt zugleich zugutekommt. Vielmehr hätten regelmäßig auch Grundstückseigentümer in Gebieten ohne jegliche Verbesserung durch das konkrete Nahverkehrsprojekt Zahlungen zu leisten. Dies widerspräche aber den vom Bundesverfassungsgericht aufgestellten

---

[36] Vgl. BVerfGE 55, 274; 57, 139; 108, 186; 110, 370; 124, 348.

[37] Siehe BVerfGE 108 (186) (Altenpflegeumlage).

[38] Vgl. BVerfGE 82, 159; 122, 316; 123, 132 (Absatzfonds I bis III).

[39] Siehe BVerfGE 110, 370 (Klärschlamm-Entschädigungsfonds); 124 (235) (BaFin-Umlage).

[40] Vgl. BVerfGE 57, 139 (Schwerbehindertenabgabe).

[41] Vgl. BVerfGE 82, 159 (180); 108, 186 (223). Zutreffend bezeichnen *Thomas Dreyer/ Helmut Mohl*, KStZ 1996, 48 (52), die Normierung einer Gruppe allein für den Zweck der Abgabenerhebung als willkürlich.

Anforderungen an eine Sonderabgabe und verwischte endgültig die Grenzen zur Steuer.

V. Alternativen

Nachdem sich gezeigt hat, dass die herkömmlichen Formen für eine von den Grundstückseigentümern erhobene Nahverkehrsabgabe ausscheiden, sollen abschließend noch zwei weitere denkbare Finanzierungsinstrumente untersucht werden. Diese sind Abgaben im Rahmen von sog. urban improvement districts (1.) sowie eine erzwungene Stellplatzablöse (2.).

1. Abgaben im Rahmen von urban improvement districts

Durch § 171f Satz 1 BauGB hat der Bundesgesetzgeber das Bodenrecht des Bundes als Teil seiner konkurrierenden Gesetzgebungskompetenz gemäß Art. 74 Abs. 1 Nr. 18 GG für landesrechtliche Regelungen zur Festlegung von Gebieten geöffnet, in denen in privater Verantwortung standortbezogene Verbesserungsmaßnahmen durchgeführt werden (sog. urban improvement districts). Diese können sich sowohl auf Bereiche der Innenstadt (sog. business improvement districts) als auch auf Wohnquartiere (sog. housing improvement districts) oder auf sonstige für die städtebauliche Entwicklung bedeutsame Bereiche beziehen. Dabei können gemäß § 171f Satz 2 BauGB auch die Finanzierung[42] der Maßnahmen und die gerechte Verteilung des damit verbundenen Aufwands durch Landesrecht geregelt werden. Von dieser Gesetzgebungskompetenz haben mittlerweile zahlreiche Länder Gebrauch gemacht.[43]

Auf den ersten Blick scheint sich auf diesem Wege eine Möglichkeit zu eröffnen, durch entsprechende landesrechtliche Regelung zumindest die Eigentümer von Grundstücken in einem solchen städtebaulichen Verbesserungsgebiet zur Finanzierung einer Nahverkehrsstrasse heranzuziehen. Zwar kann eine solche Anbindung an den öffentlichen Personennahverkehr den Wert von Grundstücken steigern, es han-

---

[42] Das OVG Bremen, Az. 1 B 177/10, Beschluss vom 14. April 2011, ordnet die im Rahmen eines business improvement district zu leistende Abgabe ebenfalls als Sonderabgabe ein. Danach würden die Erwägungen unter IV. auch auf diese Verbesserungsbezirke zu beziehen sein.

[43] Siehe Bremisches Gesetz zur Stärkung von Einzelhandels- und Dienstleistungszentren vom 18. Juli 2006, Brem. GBl. S. 350; Hamburgisches Gesetz zur Stärkung der Einzelhandels-, Dienstleistungs- und Gewerbezentren (GSED) vom 28. Dezember 2004, Hbg. GVBl. S. 525; Hessisches Gesetz zur Stärkung von innerstädtischen Geschäftsquartieren (INGE) vom 21. Dezember 2005, Hess. GVBl. I S. 867; Nordrhein-Westfälisches Gesetz über Immobilien- und Standortgemeinschaften (ISGG) vom 10. Juni 2008, GV. NRW, S. 474; Saarländisches Gesetz zur Schaffung von Bündnissen für Innovation und Dienstleistungen (BIDG) vom 26. September 2007, Saarl. ABl. 2007, S. 2242; Sächsisches Gesetz zur Belebung innerstädtischer Einzelhandels- und Dienstleistungszentren vom 12. Juli 2012, SächsGVBl. S. 394; Schleswig-Holsteinisches Gesetz über die Einrichtung von Partnerschaften zur Attraktivierung von City-, Dienstleistungs- und Tourismusbereichen (PACT-Gesetz) vom 13. Juli 2006, SH GVOBl. S. 158.

delt sich dabei aber um keine standortbezogene, sondern um eine verkehrsnetzbezogene Maßnahme. Durch eine Anbindung an den öffentlichen Personennahverkehr wird nicht die Aufenthaltsqualität in dem Quartier, sondern dessen Erreichbarkeit verbessert. Allenfalls ließe sich auf diesem Wege etwa die Einrichtung eines weiteren Haltepunktes oder dessen Verschönerung finanzieren. Hinzukommen muss, dass Maßnahmen in Verbesserungsbezirken stets ihren Ausgang von dem Antrag eines privaten Aufgabenträgers zu nehmen haben, die Initiative also aus dem privaten Bereich kommen muss und lediglich durch Hoheitsakte wie der satzungsmäßigen Festlegung des Verbesserungsgebiets und der gemeindlichen Abgabenerhebung das Auftreten von „Trittbrettfahrern", die zwar von der Verbesserung profitieren, sich an den finanziellen Lasten aber nicht beteiligen wollen, unterbunden wird. Daher scheidet das Instrument der urban improvement districts für die Erhebung von Nahverkehrsabgaben von den Grundstückseigentümern aus.

2. Stellplatzablösebetrag

Als weitere Möglichkeit an Stelle der Erhebung einer Nahverkehrsabgabe sieht der Koalitionsvertrag zwischen CDU und Grünen in Hessen vor, die Gemeinden zu ermächtigen, Stellplatzablösebeträge im Rahmen von Stellplatzeinschränkungssatzungen zu erheben.[44] Damit ist ein Paradigmenwechsel im Stellplatzrecht verbunden. Während ausgehend von der Reichsgaragenordnung[45] es ursprünglich darum ging, möglichst für jedes vorhandene oder regelmäßig zu erwartende Kraftfahrzeug einen Stellplatz auf einem Privatgrundstück bereit zu stellen, und Neufassungen der Landesbauordnungen die Stellplatzpflicht eher eingeschränkt[46] bis vollständig aufgehoben[47] haben, wird mit diesem im Koalitionsvertrag vorgesehenen Plan nicht nur ein Stellplatzverbot, sondern zudem auch eine flankierende Finanzierungslast vorgesehen.

Es bestehen bereits erhebliche Zweifel, ob ein generelles Stellplatzverbot auch in Anbetracht der Sozialpflichtigkeit des Eigentums und der Situationsgebundenheit insbesondere auch des Grundeigentums noch verhältnismäßig wäre. Immerhin würde dadurch eine über Jahrzehnte anerkannte Nutzungsmöglichkeit des Grundeigentums eingeschränkt, ohne dass dies zwingend die Anzahl der Fahrzeuge reduzierte, die dann immer noch im öffentlichen Straßenraum abgestellt werden könnten. Es erfolgte auch keine Differenzierung nach umweltschonenderen und umweltbelasten-

---

[44] Koalitionsvertrag (o. Fn. 3), Abschnitt L.VI., S. 83.

[45] § 2 Verordnung über Garagen und Einstellräume (Reichsgaragenordnung – RGaO) vom 17. Februar 1939, RGBl. I S. 219.

[46] Beispielsweise überlassen § 43 Abs. 1, § 81 Abs. 4 BbgBO nunmehr den Gemeinden die Festlegung der Anzahl notwendiger Stellplätze und verzichten auf eine landeseinheitliche Regelung.

[47] Zum Beispiel wird in Hamburg gemäß § 48 Abs. 1a HbgBauO nunmehr dem Bauherrn von Wohnungen und Wohnheimen in eigener Verantwortung die Herstellung von Stellplätzen übertragen.

deren Fahrzeugen. Vielmehr sollte dadurch eine Zurückdrängung privater Fahrzeughaltung erfolgen, für die der Bundesgesetzgeber nach Art. 72 Abs. 2, Art. 74 Abs. 1 Nr. 22 GG zuständig ist.[48]

Jedenfalls wäre ein solcher Ablösebetrag aber verfassungswidrig. Bislang werden Ablösebeträge erhoben als Ersatz für die Nichterfüllung der Stellplatzpflicht. Sie ermöglichen überhaupt erst nach § 36 Abs. 1 Alt. 2 VwVfG die Erteilung der Baugenehmigung für ein Vorhaben und stellen die Gleichbehandlung zwischen den Grundstückseigentümern mit Stellplätzen auf ihrem eigenen Grundstück und anderen Grundstückseigentümern her, die öffentlichen Parkraum oder Stellplätze auf Nachbargrundstücken in Anspruch nehmen müssen. Der in dem Koalitionsvertrag als hilfsweise Finanzierungsquelle für den öffentlichen Personennahverkehr vorgesehene Betrag löste aber überhaupt keine Stellplatzpflicht mehr ab – eine solche Pflicht soll ja gerade im Rahmen einer Stellplatzeinschränkungssatzung nicht mehr bestehen. Sofern eine Stellplatzeinschränkungssatzung aber ein Unterlassen von Stellplätzen vorschreibt, wird dieser Unterlassungspflicht bereits mit der Nichtanlage von Stellplätzen genügt; einer zusätzlichen Ausgleichszahlung bedarf es nicht. Damit bleibt dann wieder nur übrig, einen solchen Ablösebetrag als Sonderabgabe von den Grundstückseigentümern zu deuten, die aus den oben geschilderten Gründen unzulässig ist.

VI. Ergebnis

Im Ergebnis bleibt festzuhalten, dass weder die in dem Koalitionsvertrag präferierte Einführung einer Nahverkehrsabgabe noch die Erhebung von Abgaben im Rahmen eines Verbesserungsgebiets oder die in dem Koalitionsvertrag ersatzweise erwogene Einführung eines Stellplatzablösebetrages bei gleichzeitigem Verbot des Schaffens von Stellplätzen verfassungsrechtlich möglich erscheinen. Allenfalls die landesrechtliche Auferlegung der Einrichtungskosten von Haltepunkten auf die Eigentümer von Grundstücken in einem im Einzelnen festzulegenden Einzugsgebiet ist denkbar. Im Übrigen führt kein Weg daran vorbei, die Finanzierung des öffentlichen Personennahverkehrs aus anderen Quellen zu sichern, etwa durch die Weiterführung der bisherigen Zuschüsse aus allgemeinen Steuermitteln.

---

[48] Zu dessen verfassungsrechtlichen Grenzen bei der Beschränkung des Verkehrs mit Kraftfahrzeugen siehe *Jachmann*, NVwZ 1992, 932 (939).

Amtsermittlung im Internet

Von *Meinhard Schröder*

I. Einführung

Das Internet hat als schier unerschöpfliche Quelle von Informationen die heutige Wissensgesellschaft[1] maßgeblich geprägt. Obgleich aufgrund seiner dezentralen, weltweiten Struktur die Möglichkeiten einzelstaatlicher Regulierung an Grenzen stoßen, erscheint die Bezeichnung als rechtsfreier Raum verfehlt.[2] Vielmehr ergeben sich aus der Nutzung des Internets neue rechtliche Fragestellungen, auf die Gesetzgeber, Gerichte und Rechtswissenschaft zu antworten haben. Dabei geht es nicht nur um den gerade im Internet schwierigen Ausgleich zwischen Meinungsfreiheit und Schutz der Persönlichkeit[3] oder um die zivilrechtliche Verantwortlichkeit der verschiedenen beteiligten „Provider".[4] Mit Blick auf das allgemeine Verwaltungsrecht, dem seit vielen Jahren das besondere Interesse des Jubilars gilt,[5] lässt sich abgesehen von Rechtsfragen des e-Government, wie sie bei der elektronischen Kommunikation (§ 3a VwVfG) im Allgemeinen und im Verfahren über eine einheitliche Stelle (§ 71e VwVfG) im Besonderen auftreten, beispielsweise thematisieren, in welchem Umfang sich Behörden im Rahmen der Amtsermittlung (§ 24 VwVfG) des Internets bedienen dürfen, um ihre Aufgaben zu erfüllen. Anlass zu dieser Untersuchung geben Berichte über ein „Internetverbot für das Ordnungsamt", das der Berliner Landesda-

---

[1] Vgl. hierzu etwa die Lissabon-Strategie der Europäischen Union (Schlussfolgerungen des Vorsitzes des Europäischen Rates vom 23. und 24. März 2000), in der von den „Herausforderungen einer neuen wissensbasierten Wirtschaft" und der „Bewältigung des Strukturwandels hin zu einer Wissensgesellschaft" die Rede ist. Siehe zum verwandten Begriff der Informationsgesellschaft auch *Anna Bettina Kaiser*, Die Kommunikation der Verwaltung, 2009, S. 245; *Indra Spiecker gen. Döhmann*, Wissensverarbeitung im öffentlichen Recht, RW 1 (2010), 247 (247); *Albert Ingold*, Desinformationsrecht, 2011, S. 11.

[2] So auch *Volker Boehme-Neßler*, Electronic Government: Internet und Verwaltung – Visionen, Rechtsprobleme, Perspektiven, NVwZ 2001, 374 (376); vgl. auch schon *Franz C. Mayer*, Recht und Cyberspace, NJW 1996, 1782 (1789 f.).

[3] Zu Bewertungsportalen vgl. etwa *Meinhard Schröder*, Persönlichkeitsrechtsschutz bei Bewertungsportalen im Internet, VerwArch 2010, 205 ff. Zum „Recht auf Vergessen" vgl. EuGH, Urteil vom 13.5.2014, Rs. C-131/12.

[4] Zur Haftung des Betreibers eines drahtlosen Netzwerks (WLAN) vgl. etwa BGHZ 185, 330; zur Haftung eines Portalbetreibers wegen Angebots einer gefälschten Markenuhr durch einen Dritten vgl. BGHZ 158, 236; zur Haftung von Access-Providern siehe nun BGH, GRUR 2016, 268.

[5] Vgl. nur das inzwischen in 11. Auflage erschienene „Allgemeine Verwaltungsrecht", dessen erste Auflage 1994 erschien.

tenschutzbeauftragte im Zuge von behördlichen Ermittlungen über die Nutzung des Internetportals AirBnB verhängt haben soll.[6]

1. Der Fall AirBnB

AirBnB, ein amerikanisches Unternehmen der sog. Sharing Economy, vermittelt seinen Nutzern über das Internet kostenpflichtige Übernachtungsmöglichkeiten bei privaten „Gastgebern". Manche von diesen verstoßen allerdings gegen das Baurecht, denn das regelmäßige Anbieten von Wohnraum für kurze Zeiträume stellt keine Wohnnutzung mehr dar, sondern eine andere, dem Beherbergungsbetrieb zumindest ähnliche Nutzung, für die es zumindest einer (mitunter durchaus erteilbaren) Genehmigung zur Nutzungsänderung bedarf; teilweise stehen Zweckentfremdungsverbote einem derartigen Geschäftsmodell auch völlig entgegen.[7] Die Ordnungsbehörden, die solche Verstöße sanktionieren wollen, stehen allerdings vor der Frage, wie sie überhaupt auf illegale Aktivitäten aufmerksam werden sollen, wenn nicht gerade Nachbarbeschwerden eingehen. Im Fall von AirBnB bietet es sich an, im Internet nach Angeboten zu fahnden, diese (soweit möglich) bestimmten Gebäuden zuzuordnen und sodann zu prüfen, ob die entsprechende Nutzung dort baurechtskonform ist. Gegen eine solche Vorgehensweise wurden allerdings vom Berliner Landesdatenschutzbeauftragten Bedenken erhoben, weil es an einer ausreichenden Rechtsgrundlage fehle. Wenngleich die daraus resultierende Schlagzeile „Internetverbot für das Ordnungsamt" eine mediale Übertreibung darstellte und der Datenschutzbeauftragte sich lediglich gegen eine automatisierte Datenerhebung und -auswertung wendete, die Ermittlung im Internet aber jedenfalls bei einem Anfangsverdacht zulässig sein soll,[8] bleibt die Frage nach den Grenzen für behördliche Ermittlungen im Internet ungeklärt. Dies gilt umso mehr, als der Bezirk Berlin-Mitte die automatisierte Internetrecherche trotz der Bedenken durchgeführt hat, nachdem ein externes Gutachten ihre datenschutzrechtliche Unbedenklichkeit bescheinigt und sich damit in Widerspruch zur Sichtweise des Datenschutzbeauftragten gesetzt hatte.[9]

2. Das Internet als Informationsquelle für Behörden

Die Frage der Zulässigkeit behördlicher Ermittlungen im Internet ist weit über den Fall hinaus von Bedeutung. Das Internet wird heute mit größter Selbstverständlich-

---

[6] Siehe http://www.taz.de/!148665/.

[7] Dazu *Meinhard Schröder*, Bau- und ordnungsrechtliche Fragen der kurzzeitigen Wohnraumvermietung über Internetportale im Rahmen der Sharing Economy, GewArch 2015, 392 ff.

[8] Der Jahresbericht 2014 formuliert dies inzwischen so: „Eine Speicherung personenbezogener Daten aller angebotenen Ferienwohnungen auf Vorrat – unabhängig davon, ob der Verdacht einer Ordnungswidrigkeit besteht – ist dagegen unzulässig".

[9] Siehe http://www.tagesspiegel.de/berlin/vermietung-an-touristen-gutachten-17-000-illegale-ferienwohnungen-in-berlin/12154744.html.

keit für kommunikative Vorgänge wirtschaftlicher und nichtwirtschaftlicher Art genutzt, und die Behörden müssen auch mit Blick auf Sachverhalte, die nicht, nicht mehr oder nicht (mehr) nur im realen, sondern (auch) im virtuellen Raum stattfinden, rechtliche Konsequenzen ziehen können. Ausgehend von der allgemeinen Auffassung, dass der Grundsatz der Amtsermittlung (§ 24 VwVfG), den die Verwaltungsverfahrensgesetze des Bundes und der Länder und die Abgabenordnung unter der gleichbedeutenden Überschrift „Untersuchungsgrundsatz" nahezu gleichlautend formulieren,[10] selbst keine Eingriffsbefugnisse begründet,[11] sollen im Folgenden nur solche Maßnahmen in den Blick genommen werden, die sich unterhalb der Schwelle des zweifelsfrei nur aufgrund einer besonderen Rechtsgrundlage zulässigen unbefugten staatlichen Eindringens in geschützte informationstechnische Systeme bewegen. Es geht um Situationen, in denen eine Behörde das Internet so nutzt, wie es auch jeder (technisch versierte) Private legal tun könnte. Der gängige Begriff der Online-Streife[12] erscheint dabei zu eindimensional; unterschiedliche Nutzungsarten des Internets erfordern möglicherweise unterschiedliche rechtliche Bewertungen.[13]

Einerseits kann das Internet der bloßen Beschaffung von Informationen über bestimmte Sachverhalte oder Personen dienen, die sich teilweise, aber nicht immer auch auf andere Weise gewinnen ließen. So können etwa Mitarbeiter der Bauaufsichtsbehörden, statt den Außenbereich persönlich zu besuchen, auf online verfügbare Satellitenaufnahmen zurückgreifen, um Hinweisen auf Schwarzbauten nachzugehen. Finanzämter überprüfen die in Steuererklärungen angegebenen Entfernungsangaben mithilfe von Routenplanern im Internet,[14] anstatt einen Stadtplan zu konsultieren oder gar die angegebene Strecke selbst abzufahren. Routenplaner können in gleicher Weise den Trägern der Unfallversicherung dazu dienen zu ermitteln, ob sich ein Unfall auf dem direkten Weg eines Versicherten zur Arbeit oder auf einem Umweg ereignet hat.[15] Disziplinarbehörden wiederum verwenden Berichte

---

[10] § 24 Abs. 1 VwVfG: „Die Behörde ermittelt den Sachverhalt von Amts wegen. Sie bestimmt Art und Umfang der Ermittlungen; an das Vorbringen und an die Beweisanträge der Beteiligten ist sie nicht gebunden." § 88 Abs. 1 AO ergänzt dies noch um den Hinweis, dass sich der Umfang dieser Pflichten nach den Umständen des Einzelfalls richtet.

[11] Vgl. statt vieler *Matthias Heßhaus*, in: Bader/Ronellenfitsch (Hrsg.), Beck'scher Online-Kommentar zum VwVfG, § 24 Rdnrn. 4, 31. Siehe zum Umfang der Ermittlungspflicht schon *Wilfried Berg*, Zur Untersuchungsmaxime im Verwaltungsverfahren, Die Verwaltung 9 (1976), 161 ff.

[12] Vgl. dazu eingehend *Jens Biemann*, „Streifenfahrten" im Internet, 2013; *Markus Oermann/Julian Staben*, Mittelbare Grundrechtseingriffe durch Abschreckung? Zur grundrechtlichen Bewertung polizeilicher „Online-Streifen" und „Online-Ermittlungen" in sozialen Netzwerken, Der Staat 52 (2013), 630 ff.

[13] Zur Notwendigkeit einer differenzierenden Betrachtungsweise vgl. *Sönke E. Schulz/Christian Hoffmann*, Grundrechtsrelevanz staatlicher Beobachtungen im Internet. Internet-Streifen der Ermittlungsbehörden und das „Autorisierungskonzept" des BVerfG, CR 2010, 131 ff.

[14] FG Rheinland-Pfalz, DStRE 2013, 1414.

[15] LSG Baden-Württemberg, Urteil vom 12.6.2013 – L 3 U 5415/11, juris Rdnr. 29.

in Online-Zeitungen über Freizeitaktivitäten dienstunfähiger Beamter, um gegebenenfalls dienstrechtliche Konsequenzen zu ziehen.[16] Schlicht beobachtend ist auch die Tätigkeit von Versammlungsbehörden, die prüfen, ob es im Hinblick auf bestimmte Versammlungen zu Gewaltaufrufen im Internet kommt,[17] oder die Suche der Polizei nach strafbaren Meinungsäußerungen im Internet. Finanz-[18] oder Sozialbehörden[19] überprüfen auf der Auktionsplattform Ebay Verkaufsaktivitäten von einzelnen Bürgern. Der Unübersichtlichkeit des Internets wird dabei mittlerweile auch durch den Einsatz technischer Hilfsmittel begegnet: Nicht nur setzte der Bezirk Berlin-Mitte jüngst Software zur automatisierten Aufdeckung illegaler Ferienwohnungen ein; auch die Finanzverwaltung verwendet bereits seit Jahren das Programm Xpider, einen sog. Web-Crawler, der in großem Stil[20] das Internet mit dem Ziel durchsucht, unternehmerische Tätigkeiten aufzudecken, die den Finanzbehörden möglicherweise nicht ordnungsgemäß angezeigt wurden.[21] Im Fokus steht dabei die Aufdeckung umsatzsteuerpflichtiger Online-Verkäufer, die an die Finanzbehörden der Länder gemeldet werden.

Denkbar sind aber auch behördliche Aktivitäten, die über eine bloße Beobachtung hinausgehen: So können sich beispielsweise Behördenmitarbeiter, ohne ihre Amtsträgereigenschaft offenzulegen, im Internet als Interessenten an bestimmten Waren oder Leistungen ausgeben, um nähere Details zu erfahren, die bei einem bloßen Blick auf die Websites nicht öffentlich erkennbar, aber für die rechtliche Bewertung von Bedeutung sind.[22] So könnten etwa im Bereich des Ridesharings,[23] einer anderen Spielart der Sharing Economy, einzelne Fahrer möglicherweise durch internetver-

---

[16] VG Trier, Urteil vom 13.11.2012 – 3 K 666/12.TR, juris Rdnr. 95, zu Aktivitäten eines Beamten, der dienstunfähig erkrankt war, aber gleichwohl Schiedsrichtertätigkeiten ausgeübt und an Segelregatten teilgenommen hatte.

[17] VG Ansbach, Beschluss vom 7.5.2009 – AN 5 S 09.00770, juris Rdnr. 8, für Aktionen im Umfeld eines Fußballspiels. Im Urteil des VG Hannover vom 21.12.2011 – 10 A 3507/10, juris Rdnr. 35, ging es um durch den Verfassungsschutz im Internet gesammelte Informationen über linksautonome Störer einer Versammlung.

[18] Vgl. FG Baden-Württemberg, DStRE 2011, 1463 mit Blick auf die EDV-Prüfgruppe bei der Oberfinanzdirektion. Die Art und Weise der Informationsbeschaffung stieß auch in der Revision (BFHE 237, 286) nicht auf Bedenken.

[19] Vgl. HessLSG, Beschluss vom 24.10.2013 – L 6 AS 476/13 B ER, juris; dazu *Daniela Schweigler*, Datenschutz- und verfassungsrechtliche Grenzen der Überprüfung von E-Commerce-Aktivitäten durch die Jobcenter, SGb 2015, 77 ff.

[20] Vgl. die Antwort der Bundesregierung auf eine kleine Anfrage der FDP-Fraktion, BT-Drs. 16/7978: durchschnittlich 100.000 Seiten täglich. Siehe zur rechtlichen Beurteilung von Xpider auch *Stefan Groß/Philipp Mattheis*, SteuerConsultant 2007, 36 (39).

[21] Vgl. die Gesetzesbegründung zur Rechtsgrundlage in § 5 Abs. 1 Nr. 17 FVG in BT-Drs. 14/6883, S. 10. Zu weiteren steuerlichen Informationsquellen vgl. *Jörg Weigell*, Vom Misstrauen im Steuerrecht – Die steuerlichen Informationsquellen im Überblick, in: Hassemer u. a. (Hrsg.), In dubio pro libertate. Festschrift für Klaus Volk, 2009, S. 847 ff.

[22] So etwa bei HessLSG, Beschluss vom 24.10.2013 – L 6 AS 476/13 B ER, juris Rdnr. 9.

[23] Dazu *Meinhard Schröder*, Ridesharing als Herausforderung für das Personenbeförderungs- und das Ordnungsrecht, DVBl 2015, 143 ff.

mittelte „Scheinfahraufträge" angelockt werden, um in der Folge zu prüfen, ob sie im Besitz einer Erlaubnis zur Personenbeförderung sind. Gleichermaßen können Behördenmitarbeiter beispielsweise versuchen, in sozialen Netzwerken unter Verwendung einer Legende Informationen über bestimmte Personen zu beschaffen.

II. Grundrechtlicher Gesetzesvorbehalt für die Informationsbeschaffung im Internet

So sinnvoll (und damit im Prinzip rechtfertigbar[24]) derartige Ermittlungen im Internet auch sein mögen, um behördliche Aufgaben zu erfüllen, so zweifelhaft ist es allerdings, ob sie nicht eine besondere gesetzliche Grundlage erfordern. Sieht man von einem Parlamentsvorbehalt aus allgemeinen Wesentlichkeitserwägungen ab, kommt es insoweit primär darauf an, ob in der Recherche im Internet oder in der Verwendung ihrer Resultate für die weitere Verwaltungstätigkeit ein den Vorbehalt des Gesetzes auslösender Grundrechtseingriff liegt.

1. Eingriff in das Grundrecht auf informationelle Selbstbestimmung?

Das Grundrecht auf informationelle Selbstbestimmung gewährleistet als besondere Ausprägung des Grundrechts auf Schutz der Persönlichkeit (Art. 2 Abs. 1 GG i. V. m. Art. 1 Abs. 1 GG) die „Befugnis des Einzelnen, grundsätzlich selbst über die Preisgabe und Verwendung seiner persönlichen Daten zu bestimmen".[25] Unter persönlichen bzw. in der Terminologie des Bundesdatenschutzgesetzes, das insoweit verfassungsrechtliche Vorgaben umsetzt, personenbezogenen Daten versteht man die „konkretisierenden Einzelangaben über persönliche oder sachliche Verhältnisse einer bestimmten oder bestimmbaren natürlichen Person" (§ 3 Abs. 1 BDSG). Da diese Definition sehr weit ist und „es unter den Bedingungen der automatischen Datenverarbeitung kein ‚belangloses' Datum mehr" gibt,[26] stellt jede Information im Internet, die im Zusammenhang mit einer Person steht oder sich in einen solchen Zusammenhang bringen lässt, ein persönliches Datum dar;[27] lediglich, wenn es an diesem Zusammenhang fehlt, ist das Datum nicht personenbezogen. Entscheidend für die Qualifikation als schutzbedürftiges, weil persönlichkeitsrelevantes Datum ist der Verwendungszusammenhang. In den Worten des Bundesverfassungsgerichts aus

---

[24] Zur Rechtfertigung von Eingriffen in das Grundrecht auf informationelle Selbstbestimmung aus überwiegenden Allgemeininteressen vgl. etwa BVerfGE 115, 320 (344 ff.); siehe auch *Markus Möstl*, Die staatliche Garantie für die öffentliche Sicherheit und Ordnung, 2002, S. 223 ff.

[25] BVerfGE 65, 1 (Ls. 1 und S. 43). Kritisch zu dieser Einordnung und Formulierung *Marion Albers*, Informationelle Selbstbestimmung, 2005, S. 178 ff., insbes. S. 238.

[26] BVerfGE 65, 1 (45).

[27] Zur Abgrenzung von Inhalts-, Verkehrs- und Bestandsdaten vgl. *Biemann* (o. Fn. 12), S. 50 ff., zu erfassten Inhalten S. 98 ff.

dem Volkszählungsurteil: „Erst wenn Klarheit darüber besteht, zu welchem Zweck [Daten erhoben] werden und welche Verknüpfungsmöglichkeiten und Verwendungsmöglichkeiten bestehen, läßt sich die Frage einer zulässigen Beschränkung des Rechts auf informationelle Selbstbestimmung beantworten."[28]

a) Bundesverfassungsgericht: Kein Grundrechtseingriff bei schlichter Informationserhebung

In seiner Entscheidung zur Online-Durchsuchung hat das Bundesverfassungsgericht im Einklang damit festgestellt, dass eine Kenntnisnahme öffentlich zugänglicher Informationen dem Staat grundsätzlich nicht verwehrt sei, und zwar auch dann nicht, wenn auf diese Weise im Einzelfall personenbezogene Informationen erhoben werden können. Es liege „kein Eingriff in das allgemeine Persönlichkeitsrecht vor, wenn eine staatliche Stelle im Internet verfügbare Kommunikationsinhalte erhebt, die sich an jedermann oder zumindest an einen nicht weiter abgegrenzten Personenkreis richten", etwa, wenn die Behörde eine allgemein zugängliche Webseite im World Wide Web aufruft.[29] Einer Ermächtigungsgrundlage bedürfe es erst, wenn Daten „gezielt zusammengetragen, gespeichert und gegebenenfalls unter Hinzuziehung weiterer Daten ausgewertet werden und sich daraus eine besondere Gefahrenlage für die Persönlichkeit des Betroffenen" ergebe.[30]

Wenngleich die dogmatische Herleitung dieser Position umstritten ist – diskutiert werden vor allem eine (mutmaßliche) Einwilligung,[31] der Bagatellcharakter eines etwaigen Eingriffs[32] oder der Ausschluss der Öffentlichkeitssphäre, der die Internetaktivität zuzurechnen ist, aus dem Schutzbereich[33] – überzeugt sie aus teleologischen

---

[28] BVerfGE 65, 1 (45).
[29] BVerfGE 120, 274 (344 f.).
[30] BVerfGE 120, 274 (345).
[31] So *Wolfgang Bär*, Strafrechtliche Kontrolle in Datennetzen, MMR 1998, 463 (464); zustimmend *Jürgen P. Graf*, Internet: Straftaten und Strafverfolgung, DRiZ 1999, 281 (285); *Hans Kudlich*, Strafprozessuale Probleme des Internet, JA 2000, 227 (228 f.); eine Variante hiervon bildet die Auffassung von *Michael Germann*, Gefahrenabwehr und Strafverfolgung im Internet, 2000, S. 489 ff., der einen Eingriff annimmt, wenn die Verwendung die vom Betroffenen überschaubaren (und damit bei der Veröffentlichung in Kauf genommenen) Verwendungszwecke übersteigt. Die Idee der Einwilligung ablehnend *Oermann/Staben*, Der Staat 52 (2013), 630 (649, dort Fn. 77); *Biemann* (o. Fn. 12), S. 112 ff.; skeptisch, allerdings auf den Betreiber der Website bezogen, auch *Schulz/Hoffmann*, CR 2010, 131 (134); richtigerweise führt eine Einwilligung ohnehin nur zur Rechtfertigung eines Eingriffs und nicht dazu, dass schon kein Eingriff vorliegt, vgl. *Hans-Jürgen Papier/Christoph Krönke*, Grundkurs Öffentliches Recht II, 2. Aufl. 2015, Rdnr. 108.
[32] Ablehnend auch dazu *Biemann* (o. Fn. 12), S. 109.
[33] So etwa *Thomas Böckenförde*, Die Ermittlung im Netz, 2003, S. 170 ff.; abgelehnt in BVerfGE 120, 378 (399), wonach die Öffentlichkeit des Kfz-Kennzeichens nicht den Grundrechtsschutz hindert; dagegen auch *Biemann* (o. Fn. 12), S. 110 f.

Erwägungen grundsätzlich.³⁴ Sie überträgt die anerkannten sicherheitsrechtlichen Überlegungen zu Streifenfahrten der Polizei auf das Medium Internet: Genau wie die Streifenfahrt mangels Gefahr für grundrechtlich geschützte Rechtsgüter keiner besonderen Rechtsgrundlage bedarf,³⁵ braucht eine Behörde auch für eine schlichte „Internetstreife", bei der sie offen wahrnehmbare Sachverhalte zur Kenntnis nimmt, grundsätzlich keine besondere Rechtsgrundlage, solange sie damit das Persönlichkeitsrecht (oder andere Rechtsgüter) nicht einmal gefährden kann.

b) Eingriff in Abhängigkeit von Art und Verwendung der erhobenen Daten

Für die frei zugänglichen Daten im Internet zieht das Bundesverfassungsgericht die Linie zwischen eingriffsfreier virtueller Streife und zumindest grundrechtsgefährdenden und damit einer gesetzlichen Ermächtigung bedürftigen staatlichen Aktivitäten anhand einer Abgrenzung zwischen der bloßen Datenerhebung einerseits und dem für die Persönlichkeit des Betroffenen gefährlichen gezielten Zusammentragen/Speichern/Auswerten andererseits.³⁶ Damit knüpft das Gericht zu Recht an die schon im Volkszählungsurteil zum Ausdruck kommende Idee des Verwendungszusammenhangs der Daten³⁷ an. Allerdings erscheint die pauschale Annahme der Unbedenklichkeit der Datenerhebung zu weitgehend, da sie nicht besondere Gefährdungslagen für das Persönlichkeitsrecht berücksichtigt, die nicht nur aus der Art und Weise der Verwendung bestimmter Daten, sondern auch aus der Eigenart der Daten selbst resultieren können. Bestimmte Websites, namentlich solche in sozialen Netzwerken, lassen nämlich derart weitgehende Rückschlüsse auf die Persönlichkeit der Nutzer zu, dass schon die Erhebung solcher Daten grundrechtsgefährdend erscheint und daher als Eingriff zu qualifizieren ist.³⁸ Bei Websites, die nur einzelne persönliche Daten enthalten, kann die bloße Sichtung durch einen Behördenmitarbeiter dagegen noch unproblematisch sein. Einen Grenzfall dürfte die Verwendung von Such-

---

³⁴ So auch *Biemann* (o. Fn. 12), S. 108 m. w. N. in Fn. 478; wohl auch *Dirk Heckmann*, juris-PK Internetrecht, Kap. 9 Rdnr. 735; skeptischer dagegen etwa *Thomas B. Petri*, Das Urteil des Bundesverfassungsgerichts zur Online-Durchsuchung, DuD 2008, 443 (447 ff.); *ders.*, Wertewandel im Datenschutz und die Grundrechte, DuD 2010, 25 (27); *ders.*, in: Lisken/Denninger, Handbuch des Polizeirechts, 5. Aufl. 2012, Abschnitt G, Rdnrn. 22, 154; *Schulz/Hoffmann*, CR 2010, 131 (136); ebenfalls einen Grundrechtseingriff nimmt *Schweigler*, SGb 2015, 77 (81) an.
³⁵ Vgl. etwa *Clemens Arzt*, Polizeiliche Datenerhebung und Datenverarbeitung zur Gefahrenabwehr im Straßenverkehr, SVR 2006, 10 (10): „eingriffsfreie Maßnahme der Polizei im Bereich der Gefahrenabwehr".
³⁶ BVerfGE 120, 274 (345).
³⁷ BVerfGE 65, 1 (45).
³⁸ So zu Recht *Oermann/Staben*, Der Staat 52 (2013), 630 (648 f.), wenn z. B. langfristige Kommunikationsbeziehungen auf einen Blick wahrgenommen werden. Zur Bedeutung von Art und Umfang der Daten auch BVerfGE 120, 274 (322): „Datenbestand, der herkömmliche Informationsquellen an Umfang und Vielfältigkeit bei weitem übertreffen kann".

maschinen bilden, die etwa bei Eingabe eines Namens Informationen zu dieser Person aggregieren.[39]

Keine Bedeutung für die Frage eines Grundrechtseingriffs kommt hingegen der Frage zu, ob eine Behörde bewusst bestimmte Websites in den Fokus ihrer virtuellen Streifentätigkeit rückt, also beispielsweise eine Bauaufsichtsbehörde, die nach „illegalen" Ferienwohnungen sucht, gerade die Website airbnb.com aufruft. Insoweit gilt wieder eine Parallele zur Streife in der realen Welt, die sich auch auf besonders kritische, weil gefahrenanfällige Punkte konzentrieren darf, ohne deshalb ihren Charakter als eingriffslose Streife zu verlieren. Werden im Rahmen einer noch keinen Eingriff darstellenden virtuellen Streife erhobene personenbezogene Daten hingegen weiterverwendet, etwa gespeichert oder mit Behördenakten abgeglichen, liegt darin allerdings ein rechtfertigungsbedürftiger und damit eine gesetzliche Grundlage erfordernder Informationseingriff.[40]

Nichts anderes gilt auch beim Einsatz technischer Hilfsmittel: Wird das Internet mit Hilfe von Computerprogrammen systematisch überwacht, liegt nicht schon aufgrund dieser Methode oder der schieren Menge der damit erhobenen Daten ein „gezieltes Zusammentragen" vor, denn sie betreffen nicht den gleichen Grundrechtsträger. Der Einsatz technischer Hilfsmittel für die virtuelle Streife, der zu der höheren Datenmenge führt, trägt lediglich den Unterschieden von virtuellem und realem Raum Rechnung und stellt die Symmetrie zwischen zu überwachendem Raum und behördlichen Kapazitäten her. Etwas anderes kann man auch schwerlich aufgrund des bloßen Gefühls des Beobachtetwerdens annehmen, das aus einer raumgreifenden Überwachung resultieren kann. Obwohl die Verursachung eines solchen Gefühls staatlicher Beobachtung aufgrund des Verlusts der Unbefangenheit abstrakt durchaus einen Grundrechtseingriff darstellen kann[41] und das Bundesverfassungsgericht heimlichen Grundrechtseingriffen eine besondere Schwere beimisst,[42] wird man einen mittelbaren Grundrechtseingriff in dieser Form dann nicht annehmen können, wenn der Staat die erhobenen Daten sofort wieder vernichtet; entscheidend ist daher auch hier, wie mit den Daten weiter verfahren wird oder werden kann. Werden sie „unmittelbar nach der Erfassung technisch wieder spurenlos, anonym und ohne die Möglichkeit, einen Personenbezug herzustellen", gelöscht, liegt darin kein Grundrechtseingriff,[43] weil dann von der bloßen Datenerhebung keine Gefahr für

---

[39] Siehe hierzu eingehend *Biemann* (o. Fn. 12), S. 132. Für einen Eingriff auch in diesem Fall *Petri*, in: Lisken/Denninger (o. Fn. 34), Abschnitt G, Rdnr. 154.

[40] *Oermann/Staben*, Der Staat 52 (2013), 630 (638, 648).

[41] So überzeugend *Oermann/Staben*, Der Staat 52 (2013), 630 (641 ff.); siehe auch BVerfGE 120, 274 (323): „beeinträchtigt mittelbar die Freiheit der Bürger, weil die Furcht vor Überwachung, auch wenn diese erst nachträglich einsetzt, eine unbefangene Individualkommunikation verhindern kann".

[42] BVerfGE 120, 274 (325). Siehe zum Problem der Heimlichkeit umfassend *Thomas Schwabenbauer*, Heimliche Grundrechtseingriffe, 2013.

[43] Vgl. dazu BVerfGE 120, 378 (399) – Kfz-Kennzeichenerfassung; siehe auch schon BVerfGE 115, 320 (343) – Rasterfahndung. Zur Kfz-Kennzeichenerfassung siehe nun auch

den Einzelnen ausgeht. Speichert ein Computerprogramm hingegen die Daten für eine weitere Verwendung, analysiert sie inhaltlich[44] oder verknüpft sie gar mit anderen, bereits vorhandenen oder noch aus dem Internet zu gewinnenden Daten, liegt darin durchaus ein Grundrechtseingriff. In den Worten des Bundesverfassungsgerichts zur Rasterfahndung: „Maßgeblich ist, ob sich bei einer Gesamtbetrachtung mit Blick auf den durch den Überwachungs- und Verwendungszweck bestimmten Zusammenhang das behördliche Interesse an den betroffenen Daten bereits derart verdichtet, dass ein Betroffensein in einer einen Grundrechtseingriff auslösenden Qualität zu bejahen ist."[45]

c) Eingriff bei Eindringen
in das nicht frei zugängliche Internet

Mit Blick auf nicht frei zugängliche Inhalte im Internet hat das Bundesverfassungsgericht in seiner Entscheidung zur Online-Durchsuchung zwischen dem bloßen Verwenden einer Legende zur Anmeldung auf einer Website und der Ausnutzung schutzwürdigen Vertrauens eines Kommunikationspartners differenziert.[46] Dem Grunde nach erscheint dies auch überzeugend: Allein die Tatsache, dass bei einer Website eine Anmeldung erfolgen muss, die aber rein formal ohne jede Prüfung der Identität des Nutzers gegenüber jedermann bestätigt wird, macht die auf dieser Seite „verborgenen" Daten nicht schutzwürdiger als sie dies bei einer offen zugänglichen Website wären.[47] Allerdings gelten auch hier die bereits genannten Einschränkungen: Je nach Art und Verwendbarkeit der Daten kann schon in der bloßen Erhebung ein Eingriff liegen. Wird schutzwürdiges Vertrauen eines Kommunikationspartners ausgenutzt, um personenbezogene Daten zu erlangen,[48] stellt dies ohnehin einen Eingriff dar; für solche Maßnahmen ist eine Rechtsgrundlage erforderlich.

d) Schlussfolgerungen

Unter Berücksichtigung dieser Maßstäbe ist für die meisten der unter I. 2. genannten behördlichen Aktivitäten eine gesetzliche Grundlage spätestens dann erforder-

BVerwG, NVwZ 2015, 906 ff. Kritisch zu dieser Rechtsprechung und einen Grundrechtseingriff bejahend dagegen *Schwabenbauer* (o. Fn. 42), S. 154 ff.

[44] Das dürfte etwa beim Programm Xpider der Fall sein, siehe oben I. 2.

[45] BVerfGE 115, 320 (343).

[46] BVerfGE 120, 274 (345); dem folgend *Biemann* (o. Fn. 12), S. 122 ff. mit einer Einordnung verschiedener behördlicher Aktivitäten.

[47] So auch *Böckenförde* (o. Fn. 33), S. 197, der unter dem Aspekt der Privatheit der Informationen einen Eingriff erst dann annimmt, wenn eine Identitätsprüfung stattfindet (S. 200). In die gleiche Richtung *Kudlich*, JA 2000, 227 (229). Zustimmend mit Einschränkungen auch *Gerrit Hornung*, Ein neues Grundrecht, CR 2008, 299 (305).

[48] Dies kann etwa bei Anmeldung in einem Chatroom unter Verwendung einer Legende der Fall sein, vgl. *Björn Gercke*, in: Roggan/Kutscha (Hrsg.), Handbuch zum Recht der inneren Sicherheit, 2. Aufl. 2006, S. 168. Zur Zulässigkeit aufgrund vorhandener Generalklauseln vgl. *Heckmann* (o. Fn. 34), Rdnr. 737.

lich, wenn die erhobenen Daten in der Behörde für einen bestimmten Zweck verwendet werden. Qualität und Quantität der über eine Person erhobenen Daten können aber auch dazu führen, dass aufgrund der möglichen Verwendungsgefahren schon die Datenerhebung einen Eingriff in das Grundrecht auf informationelle Selbstbestimmung darstellt. Lediglich wenn das Internet nur als Quelle für nicht-personenbezogene Informationen dient, wenn beispielsweise mithilfe eines Routenplaners die kürzeste Entfernung zwischen zwei geografischen Punkten ermittelt wird oder rein statistische Daten erhoben werden, liegt darin kein Eingriff in das Recht auf informationelle Selbstbestimmung.

2. Weitere Grundrechtseingriffe?

Diskutiert werden kann allerdings selbst in den Fällen, in denen (noch) kein Eingriff in das Grundrecht auf informationelle Selbstbestimmung erfolgt, ob nicht die Erhebung von Daten im Internet in andere Grundrechte eingreift und daher eine Rechtsgrundlage erforderlich ist. Naheliegend ist es insofern vor allem, Rechte des Website-Betreibers in den Blick zu nehmen,[49] der häufig nicht identisch mit der Person ist, um deren Daten es eigentlich geht. Unproblematisch liegt ein Grundrechtseingriff vor, wenn ein Website-Betreiber zum Ziel von Informationsersuchen wird, etwa mit Blick auf persönliche Daten der Nutzer.[50] Meist werden über ihn allerdings keine Daten mit der Absicht irgendeiner Verwendung erhoben; an der Kundenbeziehung zu der Person, um deren Daten es eigentlich geht, besteht regelmäßig kein staatliches Interesse.

Ein Eingriff in das Eigentumsgrundrecht der Website-Betreiber findet nicht statt: Zwar darf der Eigentümer Dritte von der Nutzung seines Eigentums ausschließen,[51] und Betreiber von Websites stellen diese nicht selten mit der Vorstellung einer bestimmten Nutzung in das Internet ein und kommunizieren diese möglicherweise auch in Nutzungsbedingungen, die der Nutzer gegebenenfalls sogar akzeptieren soll. Die Nutzung einer Website für behördliche Zwecke ist von solchen Bedingungen in aller Regel genauso wenig erfasst wie die Durchsuchung mit besonderen technischen Mitteln.[52] Selbst wenn man aber die Daten und/oder den Server als Eigentum qualifizierte oder einen Eigentumsschutz des eingerichteten und ausgeübten Geschäftsbetriebs annähme und in der Folge von einem „virtuellen Hausrecht" ausginge,[53] wäre zu berücksichtigen, dass bei grundsätzlicher Eröffnung eines öffentlichen

---

[49] So auch *Schulz/Hoffmann*, CR 2010, 131 (133).

[50] So etwa BFHE 241, 211 zu § 93 AO.

[51] Vgl. § 903 BGB.

[52] Vgl. etwa die AGB von AirBnB, nach denen die Nutzung der Seite zu Zwecken, die nicht ausdrücklich in den Bedingungen genannt sind, und damit auch zu behördlichen Ermittlungen, verboten ist. Aus diesem Grund halten etwa *Schulz/Hoffmann*, CR 2010, 131 (136) in solchen Fällen die (mutmaßliche) Einwilligung für den Grundrechtseingriff für hinfällig.

[53] So etwa LG Hamburg, Urteil vom 28.8.2008 – 315 O 326/08, juris Rdnr. 40; ablehnend dagegen OLG Frankfurt/Main, MMR 2009, 400.

Zugangs zu einer Website dieses Hausrecht wohl erst einer Aktualisierung im Einzelfall bedürfte;[54] der Ausschluss einzelner Personengruppen, die sich im Auftreten nicht von anderen Personen unterscheiden, denen der Zugang gestattet sein soll, kann nicht wirksam durch Nutzungsbedingungen erfolgen.[55]

Ob in das Grundrecht der Berufsfreiheit der Website-Betreiber eingegriffen wird, hängt davon ab, ob man mit dem Bundesverfassungsgericht auch für nicht-finale Eingriffe eine „berufsregelnde Tendenz" verlangt,[56] an der es wohl meist fehlt, da die Amtsermittlung im Internet aus „berufsexternen" Gründen erfolgt.[57] Lehnt man dieses Erfordernis mit einer im Vordringen begriffenen Meinung im Schrifttum hingegen ab,[58] oder ordnet man den Betrieb mancher Websites aufgrund ihres Inhalts anstelle der Berufsfreiheit einem Kommunikationsgrundrecht zu,[59] erscheint ein Grundrechtseingriff denkbar. Zwar wird die behördliche Kenntnisnahme von einer Website nicht schon durch die Erhöhung der Serverbelastung durch einen zusätzlichen Aufruf einen Eingriff darstellen, denkbar ist aber eine Geschäftsschädigung aufgrund der abschreckenden Wirkung, die entstehen kann, wenn bekannt wird, dass die von den Nutzern bereitgestellten Inhalte regelmäßig ins Visier der Behörden geraten.

III. Rechtsgrundlagen der Amtsermittlung im Internet

Sind nach diesen Maßstäben aufgrund von Eingriffen in das Grundrecht auf informationelle Selbstbestimmung meist Rechtsgrundlagen für die Amtsermittlung im Internet erforderlich, stellt sich die Frage, ob sie in hinreichender Form vorhanden sind. Zu erinnern ist in diesem Zusammenhang erneut daran, dass sich auf den Amtsermittlungsgrundsatz des § 24 VwVfG nach allgemeiner Auffassung keine Grundrechtseingriffe stützen lassen.[60] Aber auch jenseits dessen erscheint die Amtsermittlung im Internet keineswegs unproblematisch.

---

[54] Erwogen auch bei LG Hamburg, Urteil vom 28.8.2008 – 315 O 326/08, juris Rdnr. 42.

[55] So auch OLG Frankfurt/Main, MMR 2009, 400. Auch im Strafrecht wird im Hinblick auf den Hausfriedensbruch (§ 123 StGB) zu Recht davon ausgegangen, dass bei Räumlichkeiten, die für Publikumsverkehr geöffnet sind, ein Eindringen gegen den Willen des Berechtigten erst dann vorliegt, wenn das Betreten im äußeren Erscheinungsbild von einem normalen, erlaubten Betreten abweicht, vgl. *Peter Rackow*, in: von Heintschel-Heinegg (Hrsg.), Beck'scher Online-Kommentar zum StGB, § 123 Rdnr. 15; *Martin Heger*, in: Lackner/Kühl, StGB, 28. Aufl. 2014, § 123 Rdnr. 7, und auch eine durch Täuschung erlangte Einwilligung den Tatbestand ausschließt.

[56] Siehe zu diesem Erfordernis schon BVerfGE 13, 181 (186); aus jüngerer Zeit BVerfGE 113, 29 (48); 126, 268 (284).

[57] Einen Grundrechtseingriff ebenfalls ablehnend *Biemann* (o. Fn. 12), S. 154.

[58] *Wolfram Cremer*, Gewinnstreben als öffentliche Unternehmen legitimierender Zweck: Die Antwort des Grundgesetzes, DÖV 2003, 921 (928); *Gerrit Manssen*, Staatsrecht II, 12. Aufl. 2015, Rdnrn. 613 ff.; *Rüdiger Breuer*, in: Isensee/Kirchhof (Hrsg.), Handbuch des Staatsrechts der Bundesrepublik Deutschland, Bd. VIII, 3. Aufl. 2010, § 171 Rdnr. 44 f.

[59] Hierfür *Schröder*, VerwArch 2010, 205 (212 f.).

[60] Siehe oben I. 2.

1. Datenschutzrecht als Rechtsgrundlage oder als Rechtsgrundlagenerfordernis?

Angesichts dessen, dass allfällige Grundrechtseingriffe das Recht auf informationelle Selbstbestimmung betreffen, liegt es nahe, in den Datenschutzgesetzen von Bund und Ländern nach Rechtsgrundlagen für die Amtsermittlung im Internet zu suchen, da diese die verfassungsrechtlichen Vorgaben einfachrechtlich umsetzen.[61] § 13 Abs. 1 BDSG enthält beispielsweise die Aussage, dass das Erheben personenbezogener Daten zulässig ist, wenn ihre Kenntnis zur Erfüllung der Aufgaben der verantwortlichen Stelle erforderlich ist; gleiches gilt nach § 14 Abs. 1 BDSG für die Speicherung und Nutzung der Daten. Ob hierin eigenständige Rechtsgrundlagen zu sehen sind oder die Normen mit der Betonung der Erforderlichkeit und der Zweckbindung nur den Rahmen bestimmen, innerhalb dessen aufgrund anderer Rechtsgrundlagen Daten erhoben oder genutzt werden dürfen, ist allerdings umstritten.[62] Für die Qualifikation als bloßer Rahmen sprechen einerseits das Ziel eines möglichst weitgehenden Datenschutzes und andererseits die Zweifel, ob der Gesetzgeber angesichts der Vorgaben aus dem Volkszählungsurteil[63] überhaupt eine im gesamten Recht Geltung beanspruchende, nur von der Erforderlichkeit zur Erfüllung irgendeiner behördlichen Aufgabe abhängige Rechtsgrundlage zur Datenerhebung und -verwendung schaffen durfte. Die Gegenauffassung sieht in §§ 13 Abs. 1, 14 Abs. 1 BDSG dagegen Rechtsgrundlagen, die lediglich aufgrund ihres geringen Bestimmtheitsgrades (den sie mit anderen Generalklauseln teilen) nur solche Datenerhebungen und -nutzungen erlauben, die nicht mit schwerwiegenden Grundrechtseingriffen verbunden sind.[64]

Unter Berücksichtigung des allgemeinen rechtsstaatlichen Grundsatzes, dass die Verwendung von Generalklauseln durch den Gesetzgeber grundsätzlich zulässig ist, bei Grundrechtseingriffen die Bestimmtheitsanforderungen an die sie bewirkenden oder autorisierenden Normen aber proportional zur Eingriffsintensität steigen,[65] wird man Bagatelleingriffe schon auf der Grundlage der datenschutzrechtlichen General-

---

[61] Vgl. hierzu *Peter Gola/Christoph Klug/Barbara Körffer*, in: Gola/Schomerus, BDSG, 12. Aufl. 2015, § 4 Rdnr. 1.

[62] Mit Blick auf die Datenerhebung für ersteres (nur Rahmen) *Michael Germann*, Gefahrenabwehr und Strafverfolgung im Internet, 2000, S. 480; ähnlich *Friedrich Ambs*, in: Erbs/Kohlhaas, Strafrechtliche Nebengesetze, § 13 BDSG Rdnr. 2; eine Rechtsgrundlage nehmen dagegen an *Gola/Klug/Körffer* (o. Fn. 61), § 13 Rdnr. 2; HessLSG, Beschluss vom 24.10. 2013 – L 6 AS 476/13 B ER, juris Rdnr. 64, für die Datenerhebung nach § 67a SGB X; in die gleiche Richtung wohl auch BVerwG, NVwZ-RR 2000, 760.

[63] Siehe dazu o. II. 1.

[64] So für § 13 BDSG *Gola/Klug/Körffer* (o. Fn. 61), § 13 Rdnr. 2. Zur Bestimmung des Schweregrads vgl. etwa *Christoph Gusy*, Polizei- und Ordnungsrecht, 9. Aufl. 2014, Rdnr. 193.

[65] Vgl. statt vieler *Hans-Jürgen Papier/Christoph Krönke*, Grundkurs Öffentliches Recht I, 2. Aufl. 2015, Rdnr. 229. Siehe zur Bestimmtheit als Grenze für Generalklauseln auch eingehend *Hinnerk Wißmann*, Generalklauseln, 2008, S. 167 ff.; für Ermittlungen in sozialen Netzwerken vgl. auch *Oermann/Staben*, Der Staat 52 (2013), 630 (657).

klauseln erlauben können. Zu berücksichtigen ist zudem, dass eine andere Lesart das Erfordernis einer Rechtsgrundlage über das verfassungsrechtlich gebotene Maß hinaus ausdehnen würde, indem ein Gesetz auch für solche Datenerhebungen oder -nutzungen verlangt würde, die nach den verfassungsrechtlichen Maßstäben mangels Verwendungsrisiko gar keinen Grundrechtseingriff darstellen. So bedürfte dann beispielsweise die schlichte Kenntnisnahme einer öffentlich zugänglichen Website, auf der sich einzelne personenbezogene Daten befinden, durch einen Behördenmitarbeiter einer Rechtsgrundlage – nicht von Verfassungs wegen,[66] sondern allein, um das als „Querschnittsregelung" geltende datenschutzrechtliche Erhebungsverbot aufzuheben. Dass die Datenschutzgesetze auch solche eingriffsfreien Datenerhebungen verhindern wollen, ist aber nicht anzunehmen.

Es spricht daher einiges dafür, dass die Datenschutzgesetze verhältnismäßige Recherchen im „offenen" Internet und in engen Grenzen auch die Nutzung der erhobenen Daten zur behördlichen Aufgabenerfüllung nicht verhindern bzw. ermöglichen; spezialgesetzliche Normen sind allerdings in jedem Fall vorrangig. Folgt man der Gegenauffassung, bedarf es stets besonderer Rechtsgrundlagen.[67]

2. Rechtsgrundlagen in der Eingriffsverwaltung

a) Ermittlungsgeneralklausel im Ordnungswidrigkeitenrecht

Wenn das Ziel der im Internet recherchierenden Behörde der Erlass eines Bußgeldbescheids ist, gilt das Gesetz über Ordnungswidrigkeiten (OWiG), das das Verwaltungsverfahrensgesetz verdrängt.[68] Auch im Ordnungswidrigkeitenrecht gilt der (hier freilich etwas anders formulierte) Grundsatz der Amtsermittlung,[69] der aber genausowenig wie im Verwaltungsrecht eine eigenständige Rechtsgrundlage darstellt. Eine solche findet sich allerdings in § 46 OWiG i. V. m. §§ 161, 163 StPO, die vorbehaltlich besonderer Bestimmungen[70] dazu ermächtigen, Ordnungswidrigkeiten „zu erforschen" und „Ermittlungen jeder Art" vorzunehmen. Obwohl die StPO etwa in §§ 100g und 100j besondere Rechtsgrundlagen zur Erhebung bestimmter Daten enthält, darf daraus nicht der Fehlschluss gezogen werden, jegliche Datenerhebung oder -nutzung bedürfe einer speziell hierauf zugeschnittenen Rechtsgrundlage; auch die Ermittlungsgeneralklausel kann hierzu ermächtigen. Datenerhebungen und -nutzungen auf dieser Grundlage dürfen freilich genau wie alle anderen

---

[66] Siehe dazu o. II. 1. b).

[67] Eine Einwilligung in die Datenerhebung durch Einstellen der Informationen in das Internet, die eine Rechtsgrundlage entbehrlich machen könnte, kann angesichts des behördlichen Verwendungszwecks nicht angenommen werden.

[68] § 2 Abs. 2 Nr. 2 VwVfG; auch im Anwendungsbereich der AO gibt es nur einige wenige Sonderregelungen, § 377 Abs. 2 AO.

[69] § 46 Abs. 1 OWiG i. V. m. § 160 Abs. 1 und 2 StPO.

[70] Im vorliegenden Kontext sind insbesondere die Befugnisse aus §§ 102, 100c und 110a StPO nicht einschlägig, vgl. *Böckenförde* (o. Fn. 33), S. 222 f.

auf sie gestützten Ermittlungsmaßnahmen aus Bestimmtheits- und Verhältnismäßigkeitsgründen nicht zu intensiv in Grundrechte eingreifen.[71] Berücksichtigt man, dass das Bundesverfassungsgericht etwa die heimliche Abfrage von Kreditkartendaten als von der Ermittlungsgeneralklausel gedeckt ansieht,[72] dürften sich für die Verwendung offen zugänglicher Daten aus dem Internet in den allermeisten Fällen keine Bedenken ergeben; der Eingriff weist insofern trotz seiner Heimlichkeit eine eher geringe Intensität auf.[73]

Die „Ermittlungsgeneralklausel"[74] erfasst allerdings nur Maßnahmen zur Suche nach dem Täter einer Ordnungswidrigkeit, für deren Begehung „zureichende tatsächliche Anhaltspunkte" bestehen.[75] Geht es bei Internetrecherchen dagegen darum zu klären, ob überhaupt eine Ordnungswidrigkeit begangen wurde, kann es in manchen Konstellationen selbst bei der gebotenen großzügigen Auslegung des Begriffs der zureichenden Anhaltspunkte[76] an dem notwendigen Anfangsverdacht fehlen. Die Internetrecherche kann dann die Grenze der Vorermittlung unterschreiten und zu einer bloßen Vorfeldermittlung werden, für die sich im Strafprozessrecht keine Rechtsgrundlage findet.[77] Der Einsatz technischer Hilfsmittel, mit denen Daten aus dem Internet ohne Zusammenhang mit einem konkreten Tatverdacht, aber wohl stets schon mit einer bestimmten Zielrichtung erhoben werden, lässt sich unter diesen Umständen nicht auf die ordnungswidrigkeitenrechtliche Generalklausel stützen,[78] sondern bedarf einer eigenen Rechtsgrundlage für Vorfeldermittlungen.

---

[71] BVerfG, NJW 2009, 1405 (1407). Siehe auch schon *Böckenförde* (o. Fn. 33), S. 236 mit Verweis auf die Gesetzesbegründung zu § 163 StPO in BR-Drs. 14/1484, S. 17. Zur Verknüpfung der Ermittlungsgeneralklausel gerade mit dem Recht auf informationelle Selbstbestimmung vgl. *Wißmann* (o. Fn. 65), S. 196.

[72] BVerfG, NJW 2009, 1405 (1407).

[73] So auch *Schulz/Hoffmann*, CR 2010, 131 (136); für eine Einschlägigkeit der Generalklausel auch *Gercke* (o. Fn. 48), S. 167 f. (bis zur Grenze der Verwendung einer Legende); im Fall AirBnB hat der Berliner Landesdatenschutzbeauftragte jedenfalls bei einem Anfangsverdacht für die einzelne Datenverwertung ebenfalls die Generalklausel für einschlägig erachtet, vgl. Jahresbericht 2014, S. 95. Zurückhaltender *Oermann/Staben*, Der Staat 52 (2013), 630 (657 ff.) bei Ermittlungen in sozialen Netzwerken.

[74] BVerfG, NJW 2009, 1405 (1407).

[75] § 46 Abs. 1 OWiG i. V. m. § 152 Abs. 2 StPO.

[76] Hierzu *Stephan Beukelmann*, in: Graf (Hrsg.), Beck'scher Online-Kommentar zur StPO, § 152 Rdnr. 5; *Herbert Diemer*, in: Hannich (Hrsg.), Karlsruher Kommentar zur StPO, 7. Aufl. 2013, § 152 Rdnr. 7 f.

[77] *Beukelmann* (o. Fn. 76), § 152 StPO Rdnr. 6.1; *Diemer* (o. Fn. 76), § 152 StPO Rdnr. 9; *Bertram Schmitt*, in: Meyer-Goßner/Schmitt, StPO, 58. Aufl. 2015, § 152 Rdnr. 4b.

[78] Der Berliner Landesdatenschutzbeauftragte hat daher „die Speicherung personenbezogener Daten aller angebotenen Ferienwohnungen auf Vorrat – unabhängig davon, ob der Verdacht einer Ordnungswidrigkeit besteht", für unzulässig erklärt, vgl. Jahresbericht 2014, S. 95.

b) Generalklauseln zur Gefahrenabwehr

Handelt die Behörde nicht in repressiver, sondern in präventiver Intention, um rechtswidrige Zustände zu unterbinden, bietet sich ein Rückgriff auf Generalklauseln des allgemeinen Polizei- oder Ordnungsrechts[79] oder auf die sachbereichsspezifischen Klauseln an, die sich etwa im Bau- oder Gewerberecht finden; gegebenenfalls kommen auch besondere Rechtsgrundlagen für die Datenerhebung, etwa in den Polizeigesetzen der Länder,[80] in Betracht. Auch im Bereich der Gefahrenabwehr kann allerdings Unsicherheit darüber bestehen, ob überhaupt ein Rechtsverstoß und damit eine konkrete Gefahr für die öffentliche Sicherheit vorliegt, und damit fehlt es möglicherweise an einem für die Aktivierung der Rechtsfolge der Generalklauseln notwendigen Tatbestandsmerkmal. In solchen Fällen liegt es nahe, auf das Institut des Gefahrerforschungseingriffs zurückzugreifen. Dieses ermöglicht es (nach überwiegender Auffassung), bei einem bloßen Gefahrenverdacht, also einer Situation, von der unsicher ist, ob sie objektiv eine echte Gefahr darstellt, die zur Klärung dieser Unsicherheit erforderlichen und verhältnismäßigen[81] Aufklärungsmaßnahmen zu treffen, um in der Folge die allfällige Gefahr abwehren zu können.[82] Als Rechtsgrundlage für den Gefahrerforschungseingriff sollen dabei grundsätzlich die polizei- und ordnungsrechtlichen Generalklauseln in Frage kommen,[83] was verdeutlicht, dass der Gefahrverdacht als Unterfall der Gefahr (mit geringerer Realisierungswahrscheinlichkeit) gesehen wird.[84] Letztlich ergänzt der Gefahrerforschungseingriff damit die nach § 24 VwVfG gebotene Amtsermittlung für eine weitere Maßnahme,[85] deren Rechtsgrundlage ihn als „Minus-Maßnahme" auch selbst erlauben kann. Obgleich etwa baurechtliche Generalklauseln tatbestandlich nicht von einer Gefahr

---

[79] So auch *Schulz/Hoffmann*, CR 2010, 131 (136).

[80] Vgl. etwa § 20 Abs. 2 PolG BW; Art. 31 BayPAG. Das Verhältnis zu den allgemeinen polizeirechtlichen Befugnissen ist unklar, vgl. *Biemann* (o. Fn. 12), S. 170, 173; *Josef Aulehner*, Polizeiliche Gefahren- und Informationsvorsorge, 1998, S. 500 ff.; siehe auch *Wißmann* (o. Fn. 65), S. 197.

[81] Nicht mehr verhältnismäßig ist beispielsweise eine Fahndung im Internet ohne ausreichende Verdachtsmomente, vgl. OVG Hamburg, NVwZ-RR 2009, 878 (880).

[82] Vgl. zum Gefahrerforschungseingriff *Thorsten Kingreen/Ralf Poscher*, in: Pieroth/Schlink/Kniesel, Polizei- und Ordnungsrecht, 8. Aufl. 2014, § 4 Rdnr. 50; *Erhard Denninger*, in: Lisken/Denninger, Handbuch des Polizeirechts, 5. Aufl. 2012, Abschnitt D, Rdnr. 50; vgl. auch *Germann* (o. Fn. 62), S. 381, der zu Recht darauf hinweist, dass zuvor das im Rahmen des Amtsermittlungsgrundsatzes Mögliche getan werden muss. Siehe auch *Friederike Wapler*, Alles geklärt? Überlegungen zum polizeilichen Gefahrerforschungseingriff, DVBl 2012, 86 ff.; *Thomas B. Petri*, Der Gefahrerforschungseingriff, DÖV 1996, 443 ff.; *Wolf-Rüdiger Schenke*, Gefahrenverdacht und polizeiliche Verantwortlichkeit, in: Wendt u. a. (Hrsg.), Staat, Wirtschaft, Steuern. Festschrift für Karl-Heinrich Friauf, 1996, S. 455 ff.; *Möstl* (o. Fn. 24), S. 163 ff.

[83] Vgl. VG Frankfurt/Main, LKRZ 2015, 55 (56).

[84] *Denninger* (o. Fn. 82), Abschnitt D, Rdnr. 50; *Petri*, DÖV 1996, 443 (445); unklar VGH Baden-Württemberg, DVBl 2014, 119 (120 f.); kritisch zur Abgrenzung *Wapler*, DVBl 2012, 86 (87 ff.); *Schenke* (o. Fn. 82), S. 458 ff.; differenzierend *Möstl* (o. Fn. 24), S. 180 ff.

[85] Vgl. VG Frankfurt/Main, LKRZ 2015, 55 (56).

sprechen, ist anerkannt, dass auch sie zu Gefahrerforschungseingriffen ermächtigen.[86]

Sind Gefahrerforschungseingriffe in Form der Datenerhebung aus dem Internet damit grundsätzlich denkbar, bestehen auch hier Grenzen. Abgesehen von der stets zu fordernden Verhältnismäßigkeit bedarf es vor allem einer sorgfältigen Prüfung, ob wirklich ein Gefahrverdacht und nicht nur eine abstrakte Gefahrenlage besteht. Im letzteren Fall sind Gefahrerforschungseingriffe aufgrund von Rechtsgrundlagen, die eine (konkrete) Gefahr voraussetzen, nicht zulässig; es fehlt dann auch an einem Verdachtsstörer[87] – insofern besteht eine Parallele zum Ordnungswidrigkeitenrecht, wo zumindest der Anfangsverdacht gegeben sein muss, um Ermittlungsmaßnahmen durchführen zu dürfen. Festzuhalten ist daher, dass Vorfeldermittlungen im Internet, die mit einer persönlichkeitsrechtsrelevanten Datenerhebung oder -nutzung einhergehen, sowohl in repressiver wie in präventiver Absicht nur aufgrund einer besonderen Rechtsgrundlage zulässig sind.[88]

c) Befugnisse zur Vorfeldermittlung

Solche Rechtsgrundlagen zur Vorfeldermittlung finden sich, obwohl sie durchaus sinnvoll sind,[89] nur selten. Datenschutzrechtliche Generalklauseln erlauben, selbst wenn man sie als Rechtsgrundlagen ansieht,[90] jedenfalls keine Datenerhebung auf Vorrat. Bestimmungen wie § 208 Abs. 1 Satz 1 Nr. 3 AO, nach dem die Steuerfahndung nicht nur Steuerstraftaten und Steuerordnungswidrigkeiten zu erforschen und im Zusammenhang damit die Besteuerungsgrundlagen zu ermitteln hat,[91] sondern auch für die „die Aufdeckung und Ermittlung unbekannter Steuerfälle" zuständig ist,[92] werden restriktiv ausgelegt. Obgleich die Norm grundsätzlich Recherchen im Internet zu legitimieren vermag, sind nach der Rechtsprechung des Bundesfinanzhofs keine Ermittlungen „ins Blaue hinein", Rasterfahndungen, Ausforschungsdurchsuchungen oder ähnliche Maßnahmen zulässig; es bedarf für Ermittlungen vielmehr einer über die bloße allgemeine Lebenserfahrung hinausgehenden, erhöh-

---

[86] OVG NRW, Beschluss vom 13.3.2008 – 10 B 176/08, juris Rdnr. 12 für § 61 Abs. 1 Satz 2 BauO NRW; ebenso SächsOVG, SächsVBl. 2014, 240 (241) für § 58 Abs. 2 Satz 2 SächsBO. Siehe auch VG Berlin, Urteil vom 19.11.2014 – 19 K 51.13, juris Rdnr. 22 f.

[87] Siehe dazu, dass Maßnahmen gegen Nichtstörer nur unter hohen Voraussetzungen in Betracht kommen, die meist nicht vorliegen, VGH Baden-Württemberg, DVBl 2014, 119 (120 f.). Zur Notwendigkeit von Vorfeldermittlungen auch ohne Vorhandensein eines Störers vgl. *Möstl* (o. Fn. 24), S. 211.

[88] Zur Ungeeignetheit der Generalklauseln für Vorfeldermittlungen vgl. auch *Germann* (o. Fn. 62), S. 505; *Biemann* (o. Fn. 12), S. 172 f.

[89] Vgl. *Möstl* (o. Fn. 24), S. 208 ff. unter dem Begriff der „Informationsvorsorge".

[90] Zu der Frage o. III. 1.

[91] § 208 Abs. 1 Satz 1 Nrn. 1 und 2 AO.

[92] § 208 Abs. 1 Satz 1 Nr. 3 AO.

ten Entdeckungswahrscheinlichkeit steuererheblicher Tatsachen,[93] die aber freilich nicht das Niveau eines Anfangsverdachts zu erreichen braucht.[94] Wo genau die Grenze zwischen mit dem möglicherweise in allgemeiner Lebenserfahrung wurzelnden, aber keine Ermittlungen rechtfertigenden Generalverdacht gegenüber dem Bürger, und einer besonderen behördlichen Erfahrung liegt, die Ermittlungen rechtfertigt, lässt sich kaum abstrakt festlegen. Die Rechtsprechung des Bundesfinanzhofs stellt häufig auf „Besonderheiten" irgendeiner Art ab.[95] Dies mag unbefriedigend erscheinen, ist aber beispielsweise im allgemeinen Polizeirecht nicht anders, wenn für Durchsuchungen bei einer Schleierfahndung eine „erhöhte abstrakte Gefahr" verlangt wird.[96]

Ähnlich wie bei der Steuerfahndung ist die Rechtslage auch bei der Datenerhebung durch den Verfassungsschutz: Die generalklauselartige Befugnisnorm zur Datenerhebung ohne Fallbezug in § 8 Abs. 1 BVerfSchG erfährt zwar über die Aufgabenbeschreibung des Verfassungsschutzes in § 3 BVerfSchG, über das Erfordernis „tatsächlicher Anhaltspunkte" für verfassungsfeindliche Bestrebungen in § 4 Abs. 1 Satz 3 BVerfSchG und über das Verhältnismäßigkeitsgebot gewisse Einschränkungen,[97] die Grenze zwischen unzulässiger Ermittlung ins Blaue hinein und Datenerhebung aufgrund „tatsächlicher Anhaltspunkte" bleibt aber ungewiss.

Eine wirkliche Befugnis zur Vorfeldermittlung im Internet findet sich hingegen in § 5 Abs. 1 Nr. 17 FVG, nach dem das Bundeszentralamt für Steuern „die Beobachtung von elektronisch angebotenen Dienstleistungen zur Unterstützung der Landesfinanzverwaltungen bei der Umsatzbesteuerung des elektronischen Handels" übernimmt.[98] Auf dieser Rechtsgrundlage setzt die Finanzverwaltung etwa den Webcrawler Xpider ein.[99] Obwohl die damit erhobenen Informationen über eine internetbasierte umsatzsteuerrelevante Tätigkeit das Recht auf informationelle Selbstbestimmung nicht schwerwiegend tangieren, führt jedenfalls die Nutzung der Daten in der Finanzverwaltung zu einem Grundrechtseingriff, der über § 5 Abs. 1 Nr. 17 FVG in verfassungskonformer Weise abgesichert wird.

---

[93] BFHE 241, 211 (222) m. w. N. aus der Rspr.
[94] *Ulrich Koenig*, in: ders., AO, 3. Aufl. 2014, § 208 Rdnr. 15; *Reinhart Rüsken*, in: Klein, AO, 12. Aufl. 2014, § 208 Rdnrn. 41 ff.
[95] Vgl. etwa BFHE 241, 211 (222). Siehe auch *Roman Seer*, in: Tipke/Kruse, AO/FGO, § 208 AO Rdnrn. 30 ff.
[96] Dazu BayVerfGH, NVwZ 2006, 1284 (1287).
[97] Dazu BVerfGE 134, 141 (187); siehe auch BVerwGE 137, 275 (282 f.).
[98] Zur Einordnung als Aufgabe und Befugnisnorm gleichermaßen *Groß/Mattheis*, Steuer-Consultant 2007, 36 (39). Zum grundsätzlichen Erfordernis einer Befugnisnorm (und nicht nur einer Aufgabenzuweisung) vgl. *Biemann* (o. Fn. 12), S. 159 f. für das BKA-Gesetz.
[99] Siehe o. I. 2.

3. Rechtsgrundlagen in der Leistungsverwaltung

Im Bereich der Leistungsverwaltung im weitesten Sinne, d. h. nicht nur dort, wo es um echte staatliche Leistungen geht, sondern überall, wo der Bürger dem Staat in einer konkreten Anspruchssituation gegenübersteht (also beispielsweise auch bei Genehmigungsverfahren), ist die Situation für die Behörden schwieriger. In Antragsverfahren vermag die Verwaltung zwar über die Betonung der Darlegungslast des Antragstellers, die den Amtsermittlungsgrundsatz bis zu einem gewissen Grad relativiert,[100] manche Frage klären können. Bedarf es aber eigener, datenschutzrechtlich (und erst recht grundrechtlich) relevanter Ermittlungen, etwa bei Zweifeln über angeblich nicht vorhandenes Einkommen von Sozialleistungsempfängern, die durch Internetrecherchen erhärtet werden können,[101] bedürfen diese einer besonderen Rechtsgrundlage. Anders als Eingriffsbefugnisse, die eine gewisse Recherchebefugnis implizieren können, vermögen die Rechtsgrundlagen für den Erlass begünstigender Verwaltungsakte selbst keine Ermittlungen im Internet zu rechtfertigen; der Amtsermittlungsgrundsatz, der eben gerade keine Rechtsgrundlage darstellt,[102] hilft insofern auch nicht weiter. Es bleibt daher nur die Lösung, datenschutzrechtliche Regelungen über die Zulässigkeit der Datenerhebung bei Dritten heranzuziehen,[103] womit freilich die teilweise nur als „Rahmenregelungen" interpretierten datenschutzrechtlichen Bestimmungen bis zu einem gewissen Grad als Eingriffsbefugnisse qualifiziert werden.[104]

IV. Schlussfolgerungen

Der Amtsermittlungsgrundsatz des § 24 VwVfG berechtigt nicht nur jede Verwaltungsbehörde, sondern verpflichtet sie, bei ihren Entscheidungen in Verwaltungsverfahren diejenigen Daten zu berücksichtigen, „die sie sich ohne Schwierigkeiten, etwa durch […] eigene Erkundigungen, zulässigerweise verschaffen kann".[105] Zu diesen Daten zählen in heutiger Zeit grundsätzlich auch Informationen aus dem Internet.[106]

---

[100] Vgl. dazu *Rainer Wahl*, Bedeutungsverlust und Bedeutungsgewinn für das Institut der Genehmigungen, in: Hansmann (Hrsg.), Umweltrecht und richterliche Praxis. Festschrift für Ernst Kutscheidt, 2003, S. 199 (201 f.).

[101] So etwa bei HessLSG, Beschluss vom 24.10.2013 – L 6 AS 476/13 B ER, juris.

[102] Siehe o. I. 2; speziell zur Sozialverwaltung auch *Schweigler*, SGb 2015, 77 (80).

[103] So etwa HessLSG, Beschluss vom 24.10.2013 – L 6 AS 476/13 B ER, juris Rdnr. 64 für die Datenerhebung nach § 67a Abs. 2 Satz 2 Nr. 2 b) aa) SGB X.

[104] Siehe zu dem Problem o. III. 1. Kritisch zur Vorgehensweise des HessLSG *Schweigler*, SGb 2015, 77 (80).

[105] *Franz-Joseph Peine*, Allgemeines Verwaltungsrecht, 11. Aufl. 2014, Rdnr. 583. In Ordnungswidrigkeitenverfahren gilt Entsprechendes.

[106] In Gerichtsverfahren werden Informationen, die im Internet durch Homepage-Abfragen, in Internet-Enzyklopädien oder sonstwie auffindbar sind, sogar als allgemeinkundig eingestuft, vgl. Kammergericht, Beschluss vom 22.7.2009 – 1 Ss 181/09 (130/09), juris Rdnr. 16; siehe auch VG München, Beschluss vom 26.10.2010 – M 15 E9 10.5155, juris Rdnr. 6; *Wolfgang Dötsch*, Internet und Offenkundigkeit, MDR 2011, 1017.

Behördenmitarbeiter dürfen aber das Internet nicht wie Private nutzen,[107] sondern bedürfen, zumindest soweit damit Grundrechtseingriffe einhergehen, für jede Erhebung, Speicherung oder Nutzung persönlicher Daten einer Rechtsgrundlage. Die Amtsermittlung im Internet stößt damit *de lege lata* an Grenzen. Im Bereich der Leistungsverwaltung kann allenfalls das Datenschutzrecht, wenn man es entsprechend interpretiert, solche Ermittlungen stützen, die spätestens mit der Datenverwendung einen Grundrechtseingriff bedeuten. Im Bereich der Eingriffsverwaltung findet sich dagegen eine Vielzahl denkbarer Rechtsgrundlagen. Problematisch bleibt hier die systematische, aber noch nicht von einem hinreichend konkreten Anfangs- oder Gefahrenverdacht getragene Internetrecherche, die insbesondere bei Massensachverhalten bedeutsam und wohl nur noch mit besonderer Software zu bewältigen ist. In diesem Fall ist der ansonsten häufig gangbare Weg, dass eine verdachts-, aber eben auch eingriffslose Erhebung von Einzeldaten „hinreichenden Anlass" zu weiteren, einen Grundrechtseingriff darstellenden, aber von den Rechtsgrundlagen gedeckten Datenerhebungen oder -nutzungen gibt, versperrt.[108] Besteht in solchen Situationen ein staatliches Informationsinteresse, muss der Gesetzgeber dem mit entsprechenden Rechtsgrundlagen Rechnung tragen; mangels Bezugs zu einem konkreten Verwaltungsverfahren geht es dann aber auch nicht mehr um Amtsermittlung.

---

[107] So aber wohl *Graf*, DRiZ 1999, 281 (285); a. A. zu Recht *Böckenförde* (o. Fn. 33), S. 171.
[108] Verneint man die Existenz eingriffsloser Datenerhebungen unter Berufung auf die Datenschutzgesetze generell, kommt dieser Weg ohnehin nicht in Betracht, sondern es muss nach weiteren Rechtsgrundlagen mit niedrigerer Eingriffsschwelle gesucht werden.

Innerstädtische Mobilität als Rechtsproblem

Von *Udo Steiner*

I. Die konzeptionelle Entwicklung der innerstädtischen Verkehrsberuhigung durch und nach Franz-Joseph Peines Dissertation

1. Fußgängerstraßen: Start einer neuen Verkehrsphilosophie für Innenstädte

Die 1979 erschienene Dissertation von *Franz-Joseph Peine* über „Rechtsfragen der Einrichtung von Fußgängerstraßen", die der Verfasser an der Fakultät für Rechtswissenschaft in Bielefeld betreuen durfte, steht am Ende eines Jahrzehnts, das zumindest Teile der Innenstädte den Fußgängern in der Form von Fußgängerstraßen und Fußgängerzonen zurückgeben wollte.[1] Er hat die Erkenntnis erarbeitet und begründet, dass die nachträgliche Widmungsbeschränkung durch Teileinziehung und nicht das Instrumentarium des Straßenverkehrsrechts der rechtssichere Weg zu dieser Form der Verkehrsberuhigung ist. Zugleich hat er die dogmatischen Einzelheiten dieses Instrumentes erschlossen. Damit hat sich die Auffassung durchgesetzt, dass ein primär städtebaulich geprägtes, auf Dauer angelegtes und in die Zukunft hinein reichendes Konzept für den motorisierten Individualverkehr in den Innenstädten mit straßenrechtlichen Mitteln verwirklicht werden kann und muss. Es hat sich gezeigt, dass der Jubilar zu Recht auf den straßenrechtlichen Weg gesetzt hat. Die nachträgliche Widmungsbeschränkung durch Teileinziehung eignet sich für die Feinsteuerung der Verkehrsstruktur kaum weniger als das Straßenverkehrsrecht auch. Man kann nach Benutzungsarten, Benutzerkreisen, Benutzungszwecken und Benutzungszeiten differenzieren.[2] Nachträgliche Widmungsbeschränkungen können im Grundsatz von allen verkehrserheblichen öffentlichen Interessen getragen werden. Längst ist die Teileinziehung zu einem zentralen Instrument der kommunalen Verkehrsplanung geworden. Mit der Widmung und der Widmungsbeschränkung legt der kommunale Träger der Straßenbaulast den Nutzungsrahmen fest. Damit bestimmt er eigenverantwortlich („staatsfrei") Art, Ausmaß und Zweck der als Gemeingebrauch

---

[1] Siehe *Franz-Joseph Peine*, Rechtsfragen der Einrichtung von Fußgängerstraßen, 1979, S. 79 ff. Zu diesem Wandel der Leitkultur siehe auch *Michaela Ecker/Franz Ecker*, Genügsam Leben: Überlegungen zur Suffizienz im rechtlichen Kontext, in: Ewer u. a. (Hrsg.), Methodik – Ordnung – Umwelt. Festschrift für Hans-Joachim Koch, 2014, S. 637 (645). Aus der neueren Rechtsprechung vgl. OVG Greifswald, Beschluss vom 6.3.2015–3 L 201/11, NJW 2015, 2519.

[2] Dazu eingehend *Franz-Rudolf Herber*, in: Kodal, Straßenrecht, 7. Aufl. 2010, S. 427 ff.

gestatteten Nutzung. Die Rechtsprechung hat die (Teil-)Entwidmung in der Form der Teileinziehung als Ordnungsmodell der Fußgängerzone bestätigt.[3] Zu Recht hat der Jubilar bedauert, dass sich das Rechtsinstitut der Teileinziehung für die probeweise Einrichtung einer Fußgängerstraße nicht eignet.[4] Willkommen wäre es, die Städte und Gemeinden könnten zur Erprobung von Fußgängerzonen die Experimentierklausel des § 45 Abs. 1 Satz 2 Nr. 6 StVO nutzen. Sie ermöglicht aber nur verkehrsregelnde Maßnahmen, die als endgültige Regelungen ausschließlich mit den Mitteln des Straßenverkehrsrechts zu treffen sind.[5]

2. Die Fortentwicklung des bereichsspezifischen innerstädtischen Straßenverkehrsrechts

a) Es war dann allerdings in den 1980er Jahren das Straßenverkehrsrecht, durch das die Idee fortentwickelt wurde, die Mobilität durch den Kraftfahrzeugverkehr mit den gestiegenen Ansprüchen an die Aufenthaltsqualität in den innerstädtischen Straßen in Einklang zu bringen.[6] Die StVO von 1980[7] führt in das Straßenverkehrsrecht den Schutz der umwelt- und städtebaulichen Belange ein. Sie ermöglicht die Mischnutzung durch die Ausweisung sog. *verkehrsberuhigter Bereiche* (§ 45 Abs. 1b Satz 1 Nr. 3 i. V. m. Zeichen 325). Der Kraftfahrzeugverkehr bleibt – so ist das Konzept – Regelnutzung, wird aber auf Schrittgeschwindigkeit reduziert. Der Trennungsgrundsatz der Verkehrsarten ist aufgehoben, die Aufenthalts- und Erschließungsfunktion der Straße wird dadurch gestärkt. Er ist straßenverkehrsrechtlich eine Art Sonderverkehrsfläche, von deren Ausweisung die Städte und Gemeinden in Deutschland längst weitreichend Gebrauch gemacht haben. Eher weniger hat die kommunale Praxis die Möglichkeit genutzt, sog. *verkehrsberuhigte Geschäftsbereiche* (§ 45 Abs. 1d i. V. m. Zeichen 274) auszuweisen. Sie ist eine Option in Fällen, in denen der Fahrzeugverkehr in zentralen städtischen Bereichen, in denen erheblicher Fußgängerverkehr, etwa wegen eines attraktiven Ladenangebots, keine untergeordnete Bedeutung hat, aber unter Aufrechterhaltung des nutzungsrechtlichen Status quo ein städtebaulich und ordnungsrechtlich begründeter Bedarf nach Absenkung der Geschwindigkeit besteht. In diesem Bereich können die Gemeinden die Geschwindigkeit auf weniger als 30 km/h absenken. Eine Mischnutzung der Verkehrsfläche wird dadurch allerdings nicht – anders als beim verkehrsberuhigten Bereich – herbeigeführt. Die Verkehrsarten bleiben rechtlich voneinander getrennt. Dies ist auch deshalb zweckmäßig, weil in diesem Verkehrsraum nicht selten Busverkehr stattfindet.

---

[3] BVerwG, Urteil vom 25.4.1980 – 7 C 19/78, NJW 1981, 184.

[4] *Peine* (o. Fn. 1), S. 156.

[5] VGH Mannheim, Urteil vom 26.6.1994 – 5 S 2344/94, NZV 1995, 45 (47).

[6] Siehe dazu *Udo Steiner*, in: König (Hrsg.), Münchener Kommentar zum Straßenverkehrsrecht, Bd. 1, 2016, § 45 StVO Rdnrn. 11 ff. m. N.

[7] Verordnung zur Änderung der StVO vom 21.7.1980, BGBl. I S. 1060; dazu näher *Udo Steiner*, Städtebau und Umweltschutz, NJW 1980, 2339 ff.

b) Die verkehrsrechtliche Situation im verkehrsberuhigten Geschäftsbereich ist strukturell einer sog. *Tempo-30-Zone* (§ 45 Abs. 1c StVO) ähnlich. Der Verordnungsgeber hat 2000 diese Zonenregelung neu gestaltet und vor allem die normativen Anforderungen an die Einrichtung solcher Zonen präzisiert. Die Steigerung der Verkehrssicherheit steht im Vordergrund. Der Verordnungsgeber meint, aufgrund der *rechtlich* vorgegebenen Merkmale (§ 45 Abs. 1c Satz 3 und 4 StVO) seien die Straßen in solchen Zonen deutlich von Straßen außerhalb dieser Zonen unterscheidbar; dadurch werde dieses Ziel erreicht. Andere Modelle, ein verträgliches Miteinander der Verkehrsarten herbeizuführen, sind in der Diskussion. Dazu gehören sog. *Begegnungszonen*.[8] Ihre Grundidee ist eine straßenverkehrsrechtliche „Deregulierung", z. B. durch eine „Entschilderung" der innerstädtischen Verkehrsräume. An die Stelle starrer Verkehrsregeln solle ein „freiwilliges, intuitives Sozialverhalten" treten. Das bereichsspezifische Straßenverkehrsrecht bleibt also in Bewegung.

II. Von der Privilegienfeindlichkeit des Straßenverkehrsrechts zur Steuerung der Straßennutzung durch Privilegien

1. Maßnahmen der Parkvorsorge für die Bewohner städtischer Quartiere

Lange galt als Leitsatz, dass die StVO und insbesondere die zentrale Verkehrslenkungsnorm des § 45 ihrer Gesamtausrichtung nach präferenz- und privilegienfeindlich sind. Wer auf der Grundlage der StVO Verkehrsteilnehmern mit bestimmten gemeinsamen Merkmalen Straßenraum zur bevorzugten Nutzung zuteilt, berührt in der Sache das Gemeingebrauchsprinzip. Er privatisiert (partiell) faktisch öffentliche Verkehrsflächen. Dies gilt natürlich verkehrspolitisch und nicht im strengen straßenrechtlichen Sinn einer Teilentwidmung. Das BVerwG hat in seiner Rechtsprechung die Privilegien- und Präferenzfeindlichkeit als „Gesamtausrichtung" des Straßenverkehrsrechts" bestätigt.[9] Es hat unter Berufung auf dieses Prinzip dem Verordnungsgeber verwehrt, durch flächendeckende Überspannung der gesamten Innenstadt mit Anwohnerparkzonen diese Leitidee in ihr Gegenteil zu verkehren.[10] Auch hat es am Grundsatz der Privilegienfeindlichkeit, verfassungsrechtlich in Art. 3 Abs. 1 GG verankert, die Zuweisung von Sonderparkberechtigungen für Behörden und diplomati-

---

[8] Dazu näher *Wolfgang Durner*, Von Shared Space bis Simply City – Mehr Sicherheit durch weniger Schilder?, 50. Deutscher Verkehrsgerichtstag 2012, S. 239; *Dietmar Kettler*, Mehr Sicherheit durch weniger Verkehrszeichen – Shared Spaces, Gemeinschaftsstraßen, Begegnungszonen und Simply Cities, NZV 2012, 17; *Gerrit Manssen*, Das straßenrechtliche Nutzungsregime im Umbruch. Berichte der Bundesanstalt für Straßenwesen, Heft S 81, 2013, S. 9; *Steiner* (o. Fn. 6), § 45 Rdnr. 54.

[9] Siehe BVerwGE 107, 38 (44); BVerwG, Urteil vom 29.3.2010–3 C 37/09, NJW 2011, 246 (250). Siehe auch *Udo Steiner*, Innerstädtische Verkehrslenkung durch verkehrsrechtliche Anordnungen nach § 45 StVO, NJW 1993, 3161 (3164).

[10] BVerwGE 107, 38 (44).

sche Einrichtungen rechtlich scheitern lassen.[11] Rechtlich akzeptiert ist hingegen das sog. *Parkraummanagement*, insbesondere die Zuweisung von Anwohnerparkmöglichkeiten (§ 45 Abs. 1b Satz 1 Nr. 2a StVO). Die in Deutschland stetig wachsende Nachfrage nach öffentlichem Verkehrsraum, vor allem in den Innenstädten, hat den Verordnungsgeber veranlasst, der Straßenverkehrsbehörde Befugnisse zur Zuteilung der für den fließenden und den ruhenden Verkehr verfügbaren Verkehrsfläche an bestimmte Gruppen von Verkehrsteilnehmern oder bestimmte Verkehrsarten zu geben. Die *Parkraumvorsorge für Anwohner* realisiert diese Befugnisse.

2. Verkehrsbezogener Umweltschutz durch straßenverkehrsrechtliche Privilegierung

Seit der StVO-Novelle von 1980 dominiert zunehmend der Umweltschutz das straßenverkehrsrechtliche Nutzungsregime. Umweltpolitische Erwägungen stehen im Vordergrund auch bei der jüngsten Durchbrechung des Grundsatzes, dass der öffentliche Straßenraum allen Verkehrsteilnehmern grundsätzlich gleichberechtigt zur Verfügung steht. Das Gesetz zur Bevorrechtigung der Verwendung *elektrisch betriebener Fahrzeuge* vom 5. Juni 2015[12] (EmoG) eröffnet in § 3 Abs. 4 auf kommunaler Ebene die Möglichkeit zur Einräumung einer Reihe von straßenverkehrsrechtlichen Bevorrechtigungen, z. B. beim Parken auf öffentlichen Straßen und Wegen oder zur Nutzung von Busspuren,[13] soweit dadurch die Sicherheit und Leichtigkeit des Verkehrs nicht beeinträchtigt wird (§ 3 Abs. 1). Auch Ausnahmen von Zufahrtsbeschränkungen oder Durchfahrtsverboten, die Umweltbelangen dienen, können elektrisch betriebenen Fahrzeugen eingeräumt werden.[14] Diesem im Umweltschutz begründeten Schritt zeitlich vorausgegangen ist die Einrichtung von sog. *Umweltzonen*, die, nicht zuletzt auf Druck der EU, die Luftqualität in den Innenstädten verbessern sollen. Umweltzonen finden sich zwischenzeitlich in 50 Städten. Ihre Festsetzung erfolgt auf der Grundlage eines Luftreinhalteplans oder eines Plans für kurzfris-

---

[11] Siehe BVerwG, Urteil vom 22.1.1971 – VII C 42/70, VRS 40, S. 381 (diplomatische Mission); vom 9.6.1967 – VII C 18/66, NJW 1967, 1627 (1629 – Behördenparkplatz). Dagegen soll es zulässig sein, Parkraum für Polizeifahrzeuge vor einem Polizeirevier zu reservieren, wenn dies zur Einsatzbereitschaft erforderlich ist. Siehe BVerwG, Urteil vom 21.1. 1971 – VII C 58/70, VRS 40, 393.

[12] BGBl. I S. 898. Dazu *Martin Maslaton/Ulrich Hauk*, Das Elektromobilitätsgesetz (EmoG), NVwZ 2015, 555 ff.

[13] Busspuren zur Nutzung für den ÖPNV werden vom BVerwG nicht als unzulässige Privilegierung angesehen. Siehe BVerwG, Urteil vom 25.4.1980 – 7 C 19.78, DAR 1980, 381 (382). Gleiches gilt für Lkw-Überholverbote. Sie würden den Pkw nur mittelbar bevorzugen. So BVerwG, Urteil vom 23.9.2010 – 3 C 37/09, NJW 2011, 246 (250).

[14] Siehe dazu § 45 Abs. 1g StVO und die 50. Verordnung zur Änderung straßenverkehrsrechtlicher Vorschriften vom 15.9.2015 (BGBl. I S. 1573) sowie Allgemeine Verwaltungsvorschrift zur Änderung der Allgemeinen Verwaltungsvorschrift zur Straßenverkehrsordnung vom 22.9.2015, BAnz AT 25.9.2015 B5. Siehe schon *Adolf Rebler*, Verkehrsbeschränkungen aus Gründen des Umweltschutzes, SVR 2005, 211 und *Steiner* (o. Fn. 6), § 40 BImSchG Rdnrn. 5 ff. m. N.

tig zu ergreifende Maßnahmen (§ 47 Abs. 1 und 2 BImSchG) und wird aufgrund des § 40 Abs. 1 BImSchG von den zuständigen Straßenverkehrsbehörden angeordnet (Verkehrszeichen 270.1 und 270.2). Innerhalb der so gekennzeichneten Zone ist die Teilnahme am Verkehr mit einem Kraftfahrzeug verboten. Die gleichwohl erlaubte Teilnahme am Verkehr in dieser Zone ist rechtlich als Ausnahme konzipiert, die für bestimmte Schadstoffgruppen des Kraftfahrzeugs gewährt wird und durch Plakette auszuweisen ist (§ 2 Abs. 1 35. BImSchV). Da die Einrichtung einer auf einer Planentscheidung nach § 47 BImSchG beruhenden Umweltzone mit erheblichen Eingriffen in die Grundrechte von Personen verbunden ist, die ihr Kraftfahrzeug entweder nicht oder nur eingeschränkt oder nur unter Gewährung einer Ausnahme in der Umweltzone bewegen oder abstellen können, ist sie rechtmäßig nur, wenn sie nach räumlichem Ausmaß und den vorgegebenen Verkehrsbeschränkungen oder Verkehrsverboten geeignet, erforderlich und angemessen im Sinne des Verhältnismäßigkeitsgrundsatzes ist.[15] Einzelheiten sind hier nicht darzustellen. Insgesamt ist die Einrichtung von Umweltzonen ein weiteres Instrument zur komplexen Durchadministrierung des öffentlichen Verkehrsraums in den Innenstädten mit dem Ziel, Quantität und Qualität der Nutzung durch Kraftfahrzeuge zu steuern.

3. Carsharing als Privilegienanwärter

a) Den nächsten Schritt zur privilegierten Zuweisung von öffentlichem Verkehrsraum wird der Gesetzgeber wohl durch Förderung des Carsharing-Konzepts gehen. Jedenfalls liegt eine entsprechende Ankündigung vor.[16] Die Inanspruchnahme von Kraftfahrzeugen in den Innenstädten durch mehrere Nutzer gilt als wirtschaftlich und umweltfreundlich. Setzt sich das Konzept durch, so erwartet man zudem eine Entlastung der öffentlichen Verkehrsräume. Die Carsharing-Anbieter erhoffen sich nun den praktischen Durchbruch ihres Konzepts durch die Reservierung von öffentlichen Verkehrsflächen für Fahrzeuge des Carsharing-Systems.[17] Vorerst stehen auf den speziellen Parkbedarf des Carsharing-Konzepts zugeschnittene straßenverkehrsrechtliche Instrumente nicht zur Verfügung. Es gibt nur Ansätze einer Regelung. Ist der Bewohner in einem durch Parkvorsorge geordneten Quartier Mitglied einer Carsharing-Organisation, wird deren Name im Kennzeichenfeld des Parkausweises eingetragen. Das Bewohnerparkvorrecht gilt dann nur noch für das Parken eines von

---

[15] *Hans D. Jarass*, Bundes-Immissionsschutzgesetz, Kommentar, 11. Aufl. 2015, § 40 Rdnr. 10.

[16] Die Bundesregierung arbeitet am Entwurf eines Gesetzes zur Bevorrechtigung der Verwendung von Carsharing-Fahrzeugen. Siehe BT-Drs. 18/3418 vom 3.12.2004, S. 35.

[17] Die folgenden Ausführungen können die straßen- und straßenverkehrsrechtlichen Fragen, die mit dem Carsharing verbunden sind, nur nachrichtlich ansprechen. Zur Vertiefung sei u. a. verwiesen auf *Alexander Rossnagel/Maria Anschütz*, Sonderregeln für Carsharing aus Gründen des Umwelt- und Klimaschutzes, in: Hebeler (Hrsg.), Jahrbuch des Umwelt- und Technikrechts 2015 (UTR 129), 2015, S. 105 ff.; *Hans-Georg Schulze*, Juristische Herausforderungen beim Car Sharing, BB 2013, 195 ff.

außen deutlich erkennbaren Fahrzeugs dieser Organisation.[18] Die Nutzung des Pkw durch zwei Familienangehörige, die in unterschiedlichen Parkzonen wohnen, im Wege des Familien-Carsharings begründet einen Anspruch auf Erteilung eines zweiten Anwohnerparkausweises.[19] Eine umfassende Lösung des aufgezeigten Parkproblems ist dies nicht.

b) In der deutschen Straßenrechtsgeschichte der Nachkriegszeit ist es nicht ganz neu, dass Gemeinden, solange eine geeignete straßenverkehrsrechtliche Rechtsgrundlage nicht verfügbar ist, die Möglichkeiten des Straßenrechts zu nutzen versuchen, um zu vorläufigen Regelungen eines verkehrsrechtlichen Problems zu kommen, das aus ihrer Sicht einer schnellen Lösung bedarf. Schon in den 1970er Jahren hat *Ernst Marschall* in einem Gutachten geprüft, welche Optionen straßenrechtlicher Art bestehen, um Anwohnern Sonderparkrechte einzuräumen, bevor der Gesetzgeber sich für eine straßenverkehrsrechtliche Lösung entschieden hat. So bemühen sich auch gegenwärtig in Deutschland Städte, die Ausweisung von Sonderparkflächen für Carsharing-Nutzer auf der Grundlage des Straßenrechts vorzunehmen. Es werden entsprechende Sondernutzungs-Erlaubnisse erteilt oder Stellflächen teileingezogen. Diese Wege sind rechtlichen Einwendungen ausgesetzt.[20] Erfüllt werden können die aufgezeigten Reservierungswünsche nur durch eine spezielle bundesweite straßenverkehrsrechtliche Ermächtigung.[21] Wird die Möglichkeit einer Parkraumreservierung für Carsharing-Fahrzeuge eröffnet, hat dies eine zusätzliche Durchprivilegierung des öffentlichen Verkehrsraums zur Folge. Es wäre ein weiterer Abschied von der grundsätzlichen Gleichheit aller Verkehrsteilnehmer, die nicht weniger als die privilegierten Gruppen an der Finanzierung der Kosten innerstädtischer Verkehrsräume beteiligt sind.

III. Der Anlieger – juristisches Sorgenkind des Straßennutzungsrechts

1. Das Nutzungsinteresse des Straßenanliegers

a) Die intensiven hoheitlichen Verkehrseingriffe der deutschen Städte und Gemeinden hatten von Anfang an erhebliche Auswirkungen auf die Nutzungsmöglichkeiten der Anlieger innerstädtischer Straßen. Bei der Einrichtung von Fußgängerzonen waren und sind vor allem die beruflichen und gewerblichen Anlieger betroffen. Ihr Interesse ist die Aufrechterhaltung des Zugangs zum Grundstück mit dem Kraftfahrzeug und die Verfügbarkeit von Parkraum im Umfeld. Der Jubilar hat in seiner Dissertation diesen Fragen einen Schwerpunkt gewidmet.[22] Er hat dabei schon eine

---

[18] Siehe Verwaltungsvorschrift zu § 45 StVO unter Nr. 7.
[19] VG Berlin, Urteil vom 1.3.2002 – 11 A37.02, NZV 2003, 53.
[20] *Roßnagel/Anschütz* (o. Fn. 17), S. 107 ff.
[21] *Roßnagel/Anschütz* (o. Fn. 17), S. 115 ff.
[22] *Peine* (o. Fn. 1), S. 164 ff., 171 ff.

Rechtsprechung des BVerwG vorgefunden,[23] die den Anliegergebrauch im Grundsatz unter den Schutz des Art. 14 Abs. 1 GG stellte[24] und dessen Gewährleistungsbereich mit der Formel umschrieb, er reiche soweit, „wie eine angemessene Nutzung des Grundeigentums eine Benutzung der Straße erfordert". Angemessen sei im Sinne dieser Formel nicht jede Nutzung, zu der das Grundeigentum Gelegenheit biete, sondern ausschließlich das, was aus dem Grundstück und seiner sowohl der Rechtslage als auch den tatsächlichen Gegebenheiten entsprechenden Nutzung als Bedürfnis hervorgehe. Die *Kernbereichsformel* des BVerwG zum Anliegergebrauch gewährleistet nicht die Erhaltung des Status quo, sondern nur die Erreichbarkeit des Grundstücks durch Kraftfahrzeuge auf dem Niveau einer Art Grundversorgung. Das konkrete Anliegerinteresse, das nicht vom Kerngehalt des Art. 14 Abs. 1 Satz 1 GG im so beschriebenen Sinne erfasst wird, ist allerdings bei hoheitlichen Maßnahmen zur Steuerung von Verkehrsmenge und Verkehrsart im Rahmen der zu treffenden Ermessensentscheidung angemessen zu berücksichtigen, wenn es ein Eigenbelang von einigem Gewicht ist, wahrscheinlich durch die Maßnahme erheblich betroffen wird, ihm die Schutzwürdigkeit nicht fehlt und für die entscheidende Behörde erkennbar ist.

b) Diese verfassungsgestützte Linie des BVerwG, die der Jubilar zu Recht seiner Arbeit im Ergebnis zugrunde gelegt hat, verwehrt aus gutem Grunde dem Straßenrecht und dem Straßenverkehrsrecht die uneingeschränkte Disposition über die Nutzungsbelange der Straßenanlieger, ist aber vom BVerwG selbst inzwischen in Frage gestellt. Das Gericht hat in einem Beschluss vom 11. Mai 1999[25] – anders als in seinen bis dahin ergangenen Urteilen – formuliert, der Anliegergebrauch vermittle keine aus Art. 14 Abs. 1 Satz 1 GG ableitbare Rechtsposition. Wie weit er gewährleistet sei, richte sich nach dem einschlägigen Straßenrecht, das insoweit im Sinne des Art. 14 Abs. 1 Satz 2 GG Inhalt und Schranken des Eigentums am „Anliegergrundstück" bestimme. Dies ist grundrechtsdogmatisch widersprüchlich, denn ist das Nutzungsrecht des Anliegers nicht vom Schutzbereich des Art. 14 Abs. 1 GG erfasst, also keine eigentumsfähige Position im Sinne des Grundrechts, dann ist das Straßenrecht konsequenterweise auch kein Gesetz im Sinne des Art. 14 Abs. 1 Satz 2 GG. Es kann Inhalt und Schranken dieses Grundrechts nur bestimmen, wenn es sich beim Anliegergebrauch – mit welchem Inhalt auch immer – um Eigentum im Sinne des Grundgesetzes handelt. Zu Recht hat die Nachfolgejudikatur keinen Anlass gesehen, von ihrer bisherigen eigentumsrechtlichen Sicht des Anliegergebrauchs abzugehen.[26]

---

[23] *Peine* (o. Fn. 1), S. 179 f. m. N.
[24] BVerwGE 30, 235 (238); siehe auch BVerwGE 32, 222 (224 ff.); bestätigend BVerfG, Beschluss vom 11.9.1990 – 1 BvR 988/90, NVwZ 1991, 358.
[25] BVerwG, Beschluss vom 11.5.1999 – 4 VR 7/99, NVwZ 1999, 1341 f.; dazu *Günter Schnebelt*, Die Rechtsstellung des Straßenanliegers, VBlBW 2001, 213 ff.
[26] Siehe etwa VGH Mannheim, Urteil vom 28.2.2002 – 5 S 1121/0, VD 2002, 187 (193); VG München, Urteil vom 19.8.2009 – 8 ZB 09.1065, BayVBl. 2010, 84 und auch BVerwG,

c) Ist der Anlieger Anwohner, so ist ihm das geltende Recht – wie schon erwähnt – allerdings gewogen. Es sorgt in § 45 Abs. 1b Satz 1 Nr. 2a StVO dafür, dass die Straßenverkehrsbehörden *Parkvorsorge für Bewohner* städtischer Quartiere betreiben können. Voraussetzung ist ein erheblicher Parkraummangel in derartigen Quartieren. Die Straßenverkehrsbehörden können auf diese Situation reagieren und eine zeitlich beschränkte Reservierung des Parkraums für die Berechtigten anordnen oder auch von angeordneten Parkraumbewirtschaftungsmaßnahmen (Verkehrszeichen 314.1 und 314.2) freistellen. Der Verordnungsgeber will mit diesen straßenverkehrsrechtlichen Optionen der Abwanderung von Stadtbevölkerung in das Stadtumland entgegenwirken, die durch Fehlen ausreichenden Parkraums im städtischen Raum gefördert wird.[27] Zugleich steuern die Städte mit diesem Instrument den Zufluss an (unerwünschtem) Berufspendlerverkehr in die Innenstadt.[28] Für die Praxis wichtig ist, dass nach der Rechtsprechung den Straßenverkehrsbehörden ein Regelungsspielraum zusteht, in dessen Rahmen sie die Vergabe von Sonderparkberechtigungen auf Bewohner mit Hauptwohnsitz beschränken dürfen.[29] Geschäftsinhaber, Rechtsanwälte und Ärzte sind keine Bewohner im Sinne des straßenverkehrsrechtlichen Parkraumrechts.[30] Weitere Einzelheiten der Parkraumvorsorge interessieren in diesem Zusammenhang nicht.

2. Dritte als Betroffene verkehrsberuhigender Maßnahmen

Der Jubilar[31] spricht in seiner Dissertation bereits früh Fragen an, die die nachfolgende Forschung vertieft behandelt hat.[32] Wer Verkehr in innerstädtischen, durch Kraftfahrzeuge hoch belasteten Straßen beruhigt, verlagert immer wieder Verkehr in andere Straßen. Die Anlieger an solchen Straßen müssen mit erhöhten Immissionsbelastungen rechnen. Alle Tatbestände des § 45 StVO schließen die Befugnis ein, neue Verkehrsbeziehungen zu knüpfen und bisherige Verkehrsverbindungen einzuschränken oder zu beseitigen und damit bestimmte Straßen erstmals in erheblichem Umfang oder stärker als bisher zu belasten. Die Interessen der betroffenen Anlieger sind folgerichtig in die Abwägung über die Vornahme der verkehrsberuhigenden Maßnahme einzustellen; das den Gemeinden zustehende Planungsermessen ist als eine solche Abwägung rechtlich strukturiert. Dies vermittelt den Anliegern an

---

Urteil vom 15.12.2011 – 3 C 40/10, NJW 2012, 1608 (1612). Zum Ganzen siehe *Peter Axer*, Der Anliegergebrauch an Straßen, DÖV 2014, 323 (328).

[27] Siehe dazu näher *Michael Sauthoff*, Öffentliche Straßen, 2. Aufl. 2010, Rdnrn. 718 ff.

[28] Berufspendler können Parkvorrechte nach § 45 Abs. 1b Satz 1 Nr. 2a StVO nicht beanspruchen. So VG Berlin, Urteil vom 23.11.2010 – VG 11 K 645/09, NJW 2011, 1622.

[29] Siehe dazu *Peter König*, in: Hentschel/König/Dauer, Straßenverkehrsrecht, 43. Aufl. 2015, § 45 Rdnr. 36 m. N.

[30] VG Berlin (o. Fn. 28).

[31] *Peine* (o. Fn. 1), S. 193 ff.

[32] Siehe vor allem *Stefan Hügel*, Dritte als Betroffene verkehrsberuhigender Maßnahmen, 1991.

einer Straße, die zusätzlich Verkehr als Folge der Verkehrsberuhigung an anderer Stelle aufnehmen muss, die Befugnis nach § 42 Abs. 2 VwGO, die in Frage stehende Maßnahme gerichtlich auf Rechtmäßigkeit der Abwägung überprüfen zu lassen.[33] Anlieger können auf die Mehrbelastung „ihrer" Straße aber auch durch die Forderung nach Erlass einer Anordnung auf der Grundlage des § 45 StVO reagieren, beispielsweise nach § 45 Abs. 1 Satz 2 Nr. 3 oder Abs. 1c StVO. Freilich wird durch eine Klage, die auf gerichtliche Durchsetzung einer solchen Forderung gerichtet ist, regelmäßig nur ein Bescheidurteil (§ 113 Abs. 5 Satz 2 VwGO) zu erreichen sein, da sowohl die Entscheidung über die Inanspruchnahme der in § 45 eingeräumten Befugnisse (Entschließung) als auch die Entscheidung über Art und Ausmaß der zu treffenden Maßnahme (Auswahl) grundsätzlich im Ermessen der Straßenverkehrsbehörde steht.[34] Das Ermessen, das § 45 den Straßenverkehrsbehörden einräumt, ist auch dann rechtsfehlerfrei wahrgenommen, wenn die Folge verkehrslenkender Maßnahmen keine „absolut oder auch nur annähernd gleiche Belastung der betroffenen Straßen" ist. Darin findet der Gedanke der „Verteilungsgerechtigkeit" seine Grenze.[35]

IV. Schlussbemerkung

Die kommunalpolitischen Vorstellungen über die städtebaulich, umweltpolitisch und ordnungsrechtlich optimale Nutzung des höchst attraktiven öffentlichen Verkehrsraums in den deutschen Innenstädten fordert immer wieder die Rechtswissenschaft heraus. Es geht um die juristisch zulässige und zugleich wirksame Regulierung der innerstädtischen Mobilität im Rahmen dieser Zielvorgaben. *Franz-Joseph Peine* hat mit seiner Dissertation zu Rechtsfragen der Einrichtung von Fußgängerstraßen schon früh einen grundlegenden Beitrag zur rechtlichen Realisierung eines heute außer Streit stehenden Bausteins urbaner Verkehrskonzepte geleistet. Diese Arbeit hat zugleich sein lebenslanges, immer wieder durch wertvolle Publikationen aktualisiertes Interesse an den Grundfragen der Verwaltungsrechtsordnung geweckt. Die deutsche Verwaltungsrechtswissenschaft hat ihm viel zu verdanken.

---

[33] Siehe auch *Peine* (o. Fn. 1), S. 265 (These 7).
[34] *Steiner* (o. Fn. 6), § 45 Rdnr. 27.
[35] So BWVGH, Urteil vom 14.9.1988–5 S 33/88, NZV 1989, 87; fortführend und verfeinernd Urteil vom 14.9.1988–5 S 33/88, VBlBW 1989, 225 (226); zustimmend VG Bremen, Urteil vom 9.9.1991–4 A 550/90, NZV 1992, 335 (336).

Werden und Wachstum von Verwaltungsrecht – ein Vergleich

Von *Rupert Stettner*

I. Verwaltungsrecht als kulturelle Leistung der Neuzeit

Das deutsche Verwaltungsrecht ist jung und in vieler Hinsicht unfertig, wenn man seine juristische Qualität mit der des jahrtausendealten Zivilrechts vergleicht. Die Rede ist hier vom allgemeinen Teil des Verwaltungsrechts („allgemeines Verwaltungsrecht"), der einerseits durch Systematisierung, Abstraktion, Reduktion, Kondensation aus den besonderen Teilen gewonnen wurde, andererseits in seiner ordnenden Kraft wiederum auf diese zurückstrahlt. Die besonderen Teile des Verwaltungsrechts besitzen ihre spezifischen Problemlagen, die aber hier außer Betracht bleiben sollen. Die Anfänge des allgemeinen Verwaltungsrechts als Verwaltungsrecht eines Rechtsstaats wird man trotz einiger in das 18. Jahrhundert reichender Stränge vor allem im Recht der öffentlich-rechtlichen Entschädigung erst mit dem Eintritt in die Verfassungsstaatlichkeit ansetzen, die in den großen deutschen Territorien ab der Mitte des Jahrhunderts erreicht ist (Preußen 1849/1850, Österreich 1849/1867). Eine Kodifikation wie sie etwa für das Zivilrecht in Frankreich (Code Civil von 1804), in Österreich (Allgemeines Bürgerliches Gesetzbuch von 1812), in Preußen (Allgemeines Landrecht von 1794, mit erheblichen Anteilen von öffentlichem Recht) und im Kaiserreich (Bürgerliches Gesetzbuch von 1900) erfolgte, ist für das Verwaltungsrecht im Grunde bis heute nur partiell (durch die Verwaltungsverfahrensgesetze des Bundes und der Länder von 1976) erbracht. Trotzdem haben wissenschaftliche Gedankenarbeit und justizielles und legistisches Bemühen (diese Reihung soll auch Prioritäten zum Ausdruck bringen) inzwischen Ergebnisse von beeindruckender Folgerichtigkeit und Systemgerechtigkeit entstehen lassen.[1] Das Verwaltungsrecht hat längst die Eierschalen des Anfangs abgestreift und sich unbestritten im Kanon der juristischen Fächer etabliert. Der heutige Jurist verwendet außerhalb des Universitätsbereichs kaum mehr einen Gedanken auf das Woher des allgemeinen Verwaltungsrechts, eher auf das Wohin, ist dieses Recht mit seinem Hauptzweck, den Schutz des Bürgers gegenüber einer allmächtigen Verwaltung zu garantieren und durchzusetzen, doch eine kulturelle Errungenschaft allerersten Ranges und aufs Engste mit dem zukünftigen Schicksal des Gemeinwesens verknüpft. Längst ist auch ein gewisses Gefühl der Selbstverständlichkeit, um nicht zu sagen der Selbst-

---

[1] Der mit dieser Festschrift zu ehrende Gelehrte hat dies in seinem erfolgreichen Lehrbuch zum Allgemeinen Verwaltungsrecht (2015 in 11. Auflage erschienen) sehr deutlich werden lassen.

zufriedenheit, eingekehrt, das angesichts des Erreichten berechtigt ist, aber die dauerhafte Sorge um den Fortbestand und das Gedeihen des Gemeinwesens nicht ersetzt, das dieses schützende Verwaltungsrecht entwickelt hat und dafür die Verantwortung trägt.

Dabei wird mitunter übersehen, dass gerade in unserer Zeit ein gewaltiger Vorgang ähnlicher Art abläuft, der alles andere als abgeschlossen und an dem die deutsche juristische Kommunität maßgeblich beteiligt ist. Es handelt sich um das Werden und Wachsen des Verwaltungsrechts der Europäischen Gemeinschaft/Union, insbesondere seiner allgemeinen Regularien, ein Vorgang, der seit dem Abschluss der Gründungsverträge (Vertrag über die Europäische Gemeinschaft für Kohle und Stahl von 1951; Verträge von 1957 über die Europäische Wirtschaftsgemeinschaft und die Europäische Atomgemeinschaft) und ihrem Inkrafttreten sukzessive abläuft, unterschiedliche Schübe und Impulse erlebt hat und mit der älteren deutschen Entwicklung im Verwaltungsrechtsbereich möglicherweise (begrenzt) vergleichbar ist. Mangel an materiellen Normierungen, Rückgriff auf leitende Grundgedanken, organisches Wachstum durch justizielle und literarische Befassung und gesetzgeberisches Zuwarten im Vertrauen auf die Selbststeuerungskräfte der intermittierenden Akteure und Interessen waren oder sind in beiden Fällen gegeben. Ob darüber hinausgehende Parallelen bestehen oder die Divergenzen überwiegen, soll Gegenstand der nachfolgenden Überlegungen sein, die freilich nur skizzenhaft sind und eine abschließende Beurteilung intensiverer Befassung überlassen müssen.

II. Deutsches und europäisches Verwaltungsrecht – Unterschiede und Gemeinsamkeiten ihres Werdens

1. Entwicklungslinien des deutschen Verwaltungsrechts ab der zweiten Hälfte des 19. Jahrhunderts

a) Verfassungsstaatlichkeit als notwendige Bedingung für ein rechtsstaatliches Administrativrecht

Eine so komplexe Rechtsmaterie wie das deutsche allgemeine Verwaltungsrecht, das noch dazu in keiner einheitsstaatlichen Umgebung entstanden ist, sondern in seinen Anfängen die unübersichtlichen rechtlichen Verhältnisse des ausgehenden Heiligen Römischen Reichs und des nach den Wirren der Napoleonischen Zeit geschaffenen Deutschen Bundes zu überwinden hatte, verfügt selbstverständlich nicht über ein bestimmtes Geburtsdatum. Dies machen schon die vielfältigen Rechtsquellen nicht möglich, die an seiner Wiege Pate gestanden haben. Zu nennen wären etwa das gemeine (Römische) Recht, einzelne kodifizierte Landesrechte wie das Preußische Allgemeine Landrecht von 1794,[2] französisches Recht der Revolutions- und

---

[2] Seinem Anspruch, das gesamte preußische Recht zu umfassen, wurde bereits durch die preußischen (vom Stein-Hardenbergischen) Reformen ab 1807 der Boden entzogen, als erhebliche Teile des Allgemeinen Landrechts außer Kraft gesetzt wurden, etwa durch die Re-

Napoleonzeit, staatenbündische Verträge wie die Wiener Bundesakte und die Wiener Schlussakte[3] bis hin zu den süddeutschen landständischen Verfassungen des vormärzlichen Konstitutionalismus, etwa Bayerns, Badens, Württembergs.[4] Auch die besonders liberale Verfassung Kurhessens sei in diesem Zusammenhang erwähnt.[5] Dazu kommt die kaum zu überblickende Fülle monarchischer Edikte, Ordres, Bekanntmachungen, Erlasse, Reglements aus absolutistischer Zeit und die Gesetzgebung, die in den vormärzlichen Verfassungsstaaten immerhin dann unter Beteiligung der neu eingerichteten Volksvertretung stattfand, wenn „Freiheit und Eigentum" der Bürger betroffen waren. Und schließlich darf nicht vergessen werden, was für das deutsche allgemeine Verwaltungsrecht bis in die jüngste Zeit unentbehrlich war: das Gewohnheitsrecht, das die vielen heterogenen Rechtsquellen zu verbinden versuchte und entweder bei Nichtbewährung wieder außer Übung kam oder zu dauerhaften Rechtssätzen emporstieg, wobei nicht selten die Justiz durch eine Rechtsprechungskette die Bahnen für die nötigen gewohnheitsrechtlichen Bedingungen des „diuturnus usus" und der „opinio iuris et necessitatis" schuf.

Das Vorhandensein einer rahmenden Verfassung, die die Trennung des Konstitutionalrechts vom Administrativrecht möglich macht und nahelegt, ist Voraussetzung und Legitimation, um daran die Entstehung eines neuzeitlichen deutschen allgemeinen Verwaltungsrechts festzumachen. Dem süddeutschen Konstitutionalismus des Vormärz und den Monarchen, die dem Auftrag der Wiener Bundesakte nachkamen,[6] sei zwar aller Respekt gezollt. Gleichwohl wurden mit den zugehörigen Verfassungen aber weithin nur Gewährungen verlautbart, die keinen Zweifel daran lassen, dass die Wurzel aller staatlichen Gewalt beim Monarchen liegt. Dies gilt auch für die partiell anzutreffenden Grundrechtsgarantien, die als Staatsbürgerrechte ausgestaltet, einem Rückgriff auf überstaatliches, menschenrechtliches Gedankengut von vornherein eine Absage erteilen. Erst als die großen Bundesstaaten, voran Preußen als der Staat, der die deutsche Einigung vorantreibt, über Verfassungen verfügen,

---

form der Regierungs-, Provinzial- und Kommunalverfassung, die Einführung der Gewerbefreiheit, die Bauernbefreiung, die Judenemanzipation, die Reformen im Bildungs- und Militärbereich mit den entsprechenden Edikten und Hoheitsakten, siehe dazu den Überblick bei *Werner Frotscher/Bodo Pieroth*, Verfassungsgeschichte, 14. Aufl. 2015, S. 99 ff. Ein weiteres, diesem Kodifikationsanspruch zuwiderlaufendes Ereignis war der preußische Gebietserwerb im Rheinland 1815, weil dort das französische Recht in Geltung blieb, das Napoleon in Kraft gesetzt hatte.

[3] Wiener Bundesakte vom 8.6.1815; Wiener Schlussakte vom 25.11.1819.

[4] Bayern: 26.5.1818; Baden: 22.8.1818; Württemberg: 25.9.1819. Nicht sollte auch vergessen werden, dass Sachsen-Weimar-Eisenach schon am 5.5.1816 eine Verfassung erhielt (Minister war bekanntlich Goethe).

[5] Vom 5.1.1831. Sie brachte dem Land gleichwohl wenig Glück. Wegen der mangelnden Bereitschaft des Kurfürsten, die Verfassung zu vollziehen, erlebte Kurhessen bis zur Annexion durch Preußen 1866 eine Vielzahl politischer Krisen, so dass die Übernahme des Landes durch Preußen von der Bevölkerung weithin begrüßt wurde. Siehe dazu *Michael Kotulla*, Deutsche Verfassungsgeschichte, 2008, S. 411 f.

[6] Art. 13: „In allen Bundesstaaten wird eine landständische Verfassung stattfinden."

kann sich allgemeines Verwaltungsrecht mit Anspruch auf eine umfassende Geltung in Deutschland entwickeln.

Nun ist die preußische Verfassung von 1850, die bis 1918 in Kraft blieb, beileibe keine demokratische; König Friedrich Wilhelm IV. hatte 1849 die ihm angebotene Kaiserkrone als „mit dem Ludergeruch der Revolution" behaftet abgelehnt und sie als „aus Dreck und Letten gebacken" bezeichnet. Die preußische Verfassung wurde wenig später vom König dem Volk oktroyiert, lässt keinen Zweifel, bei wem die Macht im Staat liegt, und enthielt das ganz und gar undemokratische Dreiklassenwahlrecht. Aber sie besitzt auch im Gefolge der von der Frankfurter Nationalversammlung geleisteten Arbeit[7] einen ausführlichen Grundrechtskatalog, in dem Eigentumsrechte und persönliche Freiheit eine zentrale Rolle einnehmen. Es darf aber nicht übersehen werden, dass die Grundrechte nicht für den staatlichen Innenbereich und vermöge der Lehre vom besonderen Gewaltverhältnis auch nicht für Strafgefangene, Soldaten, Beamte, Schüler/Studenten und sog. Anstaltsbenutzer galten. Vor allem wurden sie vorrangig als Begrenzung der Staatsgewalt, weniger als subjektive Rechte wahrgenommen.[8] Schwerwiegender war, dass anders als in der Reichsverfassung von 1849, eine Grundrechtsklage fehlte.[9] Dies ist der Hauptgrund, warum zu diesem Grundrechtskatalog während der gesamten Geltungsdauer der Verfassung auch keine differenzierte Dogmatik entwickelt wurde; eine Grundrechtsklage fehlte samt einem dafür zuständigen Verfassungsgericht auch in der gesamten Weimarer Zeit. Die preußische Verfassung von 1850 führte aber eine begrenzte Gewaltenteilung herbei,[10] bestärkte den um diese Zeit schon weitgehend anerkannten Grundsatz der Gesetzmäßigkeit der Verwaltung, im Besonderen den Vorbehalt des Gesetzes,[11] durch Aufnahme der Grundrechte von Freiheit und Eigentum

---

[7] Der Grundrechtsteil war der Nationalversammlung so wichtig, dass er schon vor Abschluss der Arbeiten an der Verfassung in Kraft gesetzt wurde, siehe dazu das Reichsgesetz betreffend die Grundrechte des deutschen Volkes vom 27.11.1848, aufgehoben durch Bundesbeschluss vom 23.8.1851. Hierzu *Jörg Detlef Kühne*, Die Reichsverfassung der Paulskirche, 2. Aufl. 1998, S. 80 ff., 89 ff.

[8] Siehe dazu *Paul Laband*, Das Staatsrecht des Deutschen Reiches, 1. Aufl. 1876, Bd. 1, S. 149; *Michael Stolleis*, Geschichte des öffentlichen Rechts in Deutschland, 1992, Bd. 2, S. 371 f. Da die Grundrechte nach damaliger Anschauung nicht gegen den Gesetzgeber schützten, wurde in ihnen teilweise nur die „Freiheit von gesetzwidrigem Zwang" gesehen; siehe dazu *Richard Thoma*, in: Anschütz/Thoma (Hrsg.), Handbuch des deutschen Staatsrechts, 1932, Bd. 2, S. 619; *Friederike Lange*, Grundrechtsbindung des Gesetzgebers, 2010, S. 35.

[9] § 126 lit. g) Reichsverfassung vom 28.3.1849. Bekanntlich wirkte diese Auslassung bis in den Text des Grundgesetzes fort, in den die Verfassungsbeschwerde erst 1996 eingefügt wurde, nachdem sie zuvor nur im Bundesverfassungsgerichtsgesetz enthalten war.

[10] Die massivste Durchbrechung bestand in der Einbeziehung des Königs in den Gesetzgebungsprozess, dem ein uneingeschränktes Vetorecht gegen Gesetzesvorhaben zustand (Art. 62 prVerf). Dagegen wurde zwar die Justiz im Namen des Königs ausgeübt, stand aber unabhängigen Gerichten zu (Art. 86 prVerf).

[11] Verfassung von Bayern vom 26.5.1818, Titel VII § 2; Verfassung von Baden vom 22.8.1818, § 65; Verfassung von Sachsen-Weimar-Eisenach vom 15.10.1818, § 6.

in den Verfassungstext, in die nur durch Gesetz eingegriffen werden durfte, und enthielt immerhin ein volles Budgetrecht des Abgeordnetenhauses, eben jenes, das Bismarck im Preußischen Heereskonflikt missachtete und wofür er wenig später vom Abgeordnetenhaus Indemnität einforderte und auch erlangte. Aber gerade der letztere Vorgang zeigt, dass sich der starke Mann Preußens zumindest darum bemühte, verfassungstreu zu erscheinen, indem er eine Lücke in der Verfassung behauptete und sich damit auch bei seinen Gegnern in der Kammer durchsetzte. Die Zeiten des Neoabsolutismus, der in Österreich (nach einem kurzzeitigen Verfassungszwischenspiel 1849–1851) zu dieser Zeit noch praktiziert wurde, waren für Preußen vorbei, ein Verwaltungsrecht konnte auf einer relativ gesicherten verfassungsrechtlichen Grundlage in Preußen und den anderen deutschen Staaten aufbauen.

b) Gesetzgebung

Die Gesetzgebung ist als Movens für die Entwicklung des deutschen allgemeinen Verwaltungsrechts in der zweiten Hälfte des 19. Jahrhunderts noch kaum existent. Die systematisierende Durchdringung, die Herausbildung von Instituten und Handlungsformen wurde noch nicht als Aufgabe des Gesetzgebers gesehen. Ohnehin war „Gesetzgebung" als nichtpersonale Staatsfunktion im modernen Sinn erst im Entstehen; Gesetze mussten zum Teil mühsam im Kompromiss zwischen dem Monarchen und den mitwirkungsberechtigen Kammern vereinbart werden. Auch die formale Vereinheitlichung der staatlichen Rechtsakte war noch nicht erreicht; die Fülle staatlicher Regulierungen, wie sie aus vorkonstitutioneller Zeit überkommen waren, existierte in unterschiedlichsten Phänotypen, aber auch als Gewohnheitsrecht und war keineswegs kategorial auf die Gegensatzpaare generell-abstrakt und individuell-konkret ausgerichtet. Dazu trat als Folge des doppelten Gesetzesbegriffs[12] auch noch ein praktisch unbegrenztes Verordnungsrecht des Monarchen im „staatlichen Innenraum", nach der preußischen Verfassung auch das Recht zum Erlass von Ausführungsverordnungen zu Gesetzen (Art. 45 prVerf) und für Notzeiten ein Notverordnungsrecht (Art. 63 prVerf). Für die Herausbildung eines allgemeinen Verwaltungsrechts waren seitens der zeitgenössischen Gesetzgebung noch am ehesten relevant die Gesetze, mit denen die Verwaltungsgerichtshöfe bzw. das Preußische Oberverwaltungsgericht installiert und ihre Zuständigkeiten festgelegt wurden,[13] darüber

---

[12] *Paul Laband*, Das Budgetrecht nach den Bestimmungen der Preußischen Verfassungsurkunde unter Berücksichtigung der Verfassung des Norddeutschen Bundes, 1871, S. 5 ff.; *ders.*, Deutsches Reichsstaatsrecht, 1907, S. 119 ff. Siehe hierzu *Fritz Ossenbühl*, Gesetz und Recht – Die Rechtsquellen im demokratischen Staat, in: Isensee/Kirchhof (Hrsg.), Handbuch des Staatsrechts, Bd. V, 3. Aufl. 2007, § 100 Rdnrn. 9 ff.; *Christian Starck*, Der Gesetzesbegriff des Grundgesetzes, 1970, S. 77 ff., 303 ff.

[13] Vgl. für Preußen das Gesetz betreffend die Verfassung der Verwaltungsgerichte und das Verwaltungsstreitverfahren vom 3.7.1875, GS 375; für Bayern Gesetz betreffend die Errichtung eines Verwaltungsgerichtshofs und das Verfahren in Verwaltungsrechtssachen vom 8.8.1878, in Kraft getreten am 10.3.1879, GVBl 1887, S. 625. Vgl. zur preußischen Rechtslage auch *Martin Ibler*, Rechtspflegender Rechtsschutz im Verwaltungsrecht, 1999, S. 207 ff.

hinaus die diversen Gesetzesakte, mit denen die Verwaltungsorganisation modernisiert wurde.[14] Mehr prinzipiellen Charakter haben auch Enteignungsgesetze, die im Lauf des 19. Jahrhunderts erlassen wurden (so in Baden 1835, in Bayern 1837 – dieses noch bis 1978 in Kraft –, in Preußen 1874). Die schmale positiv-rechtliche Basis des allgemeinen Verwaltungsrechts wurde gleichwohl dadurch nur geringfügig erweitert. Das heißt nicht, dass es nicht zahlreiche Vorschriften für das Abgabenwesen, die Landwirtschaft, das Wirtschaftsleben, die Jagd oder den Gewässergebrauch, den Baubereich und vieles mehr gegeben hätte. Aber was die grundsätzlichen Weichenstellungen für die staatliche Verwaltung anlangt, so verließ man sich in Preußen doch das ganze 19. Jahrhundert auf das vom Stein/Hardenbergische Reformwerk und subsidiär auf das von Friedrich II. initiierte Preußische Allgemeine Landrecht mit seinen über 19.000 Vorschriften und seinen durchaus relevanten Ausgriffen[15] auf das, was man heute öffentliches Recht nennt. Gesetzgebung war jedenfalls anders als in der Gegenwart, in der die Gesetzgebungsmaschine ununterbrochen rattert, etwas Besonderes; auf die Produkte wurde sehr viel mehr Sorgfalt und Akribie verlegt als heute. Musterbeispiele hierfür sind bekanntlich das als Reichsgesetz erlassene Bürgerliche Gesetzbuch mit seinen jahrzehntelangen Vorarbeiten (und dem legistischen Wissen einer jahrtausendealten zivilrechtlichen Jurisprudenz), das schon 1871 ergangene Strafgesetzbuch sowie die 1877 verabschiedeten Reichsjustizgesetze (u. a. Strafprozessordnung, Zivilprozessordnung, Gerichtsverfassungsgesetz). Aber auch ein Gesetz des öffentlich-rechtlichen Bereichs wie die noch heute in Kraft befindliche Gewerbeordnung, im Gefolge der Preußischen Gewerbeordnung von 1845 als Gesetz des Norddeutschen Bundes am 21. 6. 1869 erlassen[16] und trotz zahlloser Änderungen in ihren Grundstrukturen bis heute vollgültiges Recht, atmet in jeder seiner Vorschriften juristische Präzision, rechtsstaatlichen Geist und den Respekt vor den Grundrechten der (wirtschaftenden) Bürger.

c) Verwaltungsgerichtsbarkeit

Die sukzessive Schaffung von Verwaltungsgerichtshöfen und Oberverwaltungsgerichten[17], die die überkommene „Verwaltungsrechtspflege" durch die Verwaltungsbehörden jedenfalls in der oberen Instanz beseitigten,[18] brachte auch die Ver-

---

[14] Vgl. dazu etwa Preußisches Gesetz über die Zulässigkeit des Rechtswegs gegen polizeiliche Verfügungen vom 11.5.1842; GS 192; Preußisches Gesetz über die Polizeiverwaltung vom 11.3.1850, GS 265.

[15] Bekanntlich haben die §§ 74, 75 der Einleitung zum Preußischen Allgemeinen Landrecht in ihrer richterrechtlichen Ausformung für den öffentlich-rechtlichen Aufopferungsgedanken noch heute gewohnheitsrechtliche Geltung, und das auch in Bayern!

[16] Siehe dazu Bundesgesetzblatt des Norddeutschen Bundes, Bd. 1869, S. 245 ff.

[17] Badischer Verwaltungsgerichtshof 1863; Preußisches Oberverwaltungsgericht 1875; Württembergischer Verwaltungsgerichtshof 1876; Verwaltungsgerichtshof des Großherzogtums Hessen 1875; Bayerischer Verwaltungsgerichtshof 1879.

[18] Vgl. dazu § 182 Abs. 1 Reichsverfassung vom 28.3.1849: „Die Verwaltungsrechtspflege hört auf; über alle Rechtsverletzungen entscheiden die Gerichte".

waltungsjustiz als wichtigen Akteur bei der Entwicklung des Verwaltungsrechts ins Spiel. Letzteres galt vor allem für das Preußische Oberverwaltungsgericht. Es war zum einen das Verwaltungsgericht des größten deutschen Staates nach der Reichsgründung von 1871 und blieb in seiner dominanten Position auch in der Weimarer Republik unangefochten, weil Pläne zur Schaffung eines Reichsverwaltungsgerichts in der Weimarer Zeit nicht zur Ausführung kamen. Zum anderen verfügte es auch über die breitere Zuständigkeitspalette, jedenfalls wenn man den Vergleich zum Bayerischen Verwaltungsgerichtshof zieht. So besaß das Preußische Oberverwaltungsgericht die Jurisdiktionskompetenz in Polizeisachen[19] (damals noch in weitestem Sinn, ohne Ausdifferenzierung der heutigen überwachungsrechtlichen Verwaltungssparten, das Gewerberecht ausgenommen), während dem Bayerischen Verwaltungsgerichtshof kraft fehlender Enumeration[20] und ausdrücklichem gesetzlichem Ausschluss[21] gerade dieses wichtige Feld der inneren Verwaltung versperrt blieb. Er konnte zu der verdienstvollen Entwicklung polizeirechtlicher Begriffe und Institutionen durch das Preußische Oberverwaltungsgericht nichts beitragen; über die Rechtmäßigkeit der Anwendung des damals in Bayern (wie auch in anderen süddeutschen Ländern) in Kraft befindlichen Polizeistrafgesetzbuchs[22] entschied einzig und allein der Strafrichter. Die insoweit defizitäre Lage des Verwaltungsrechtsschutzes wurde aber nach bayerischer Auffassung dadurch ausgeglichen, dass das ehemalige bayerische Polizeistrafgesetzbuch den Weg der polizeirechtlichen Spezialdelegation ging, also die typischen polizeilichen Befugnisse normativ zu umreißen versuchte. Das ist noch heute der Ansatz des Bayerischen Polizeiaufgabengesetzes;[23] damit sollte der Polizeipflichtige nicht (oder allenfalls subsidiär) einer Generalklausel mit all ihren Auslegungsnotwendigkeiten und -unsicherheiten unterworfen werden, wie sie im preußischen Machtbereich galt.[24] Der Rechtsprechung des Verwaltungsgerichtshofs verblieben u. a. Gewerbe- und Sozialversicherungsrecht, Kommunalrecht, Armenunterstützung und Abgabenwesen, also immerhin noch ein breites Feld, aber eben nicht das zentrale Polizeirecht.

Die Rechtsprechung des Preußischen Oberverwaltungsgerichts hat dagegen auch heute noch andauernde Bedeutung, insbesondere soweit sie Begriffe und Strukturen

---

[19] Zum System der verwaltungsgerichtlichen Zuständigkeit des Preußischen Oberverwaltungsgerichts (beschränkte Generalklausel für das Polizeirecht, im Übrigen Enumerationsprinzip) vgl. *Wolfgang Rüfner*, Die Entwicklung der Verwaltungsgerichtsbarkeit, in: Jeserich/Pohl/von Unruh (Hrsg.), Deutsche Verwaltungsgeschichte, Bd. IV, 1985, S. 641.

[20] Siehe dazu *Bill Drews/Gerhard Wacke/Klaus Vogel/Wolfgang Martens*, Gefahrenabwehr, 8. Aufl. 1986, Bd. 2, S. 7.

[21] Art. 13 Bayerisches Gesetz betreffend die Errichtung eines Verwaltungsgerichtshofs (o. Fn. 13): „Die Zuständigkeit des Verwaltungsgerichtshofes erstreckt sich nicht 1. auf Rechtssachen, welche vor die Civil- oder Strafgerichte gehören".

[22] Polizeistrafgesetzbuch Bayern von 1861; Polizeistrafgesetzbuch Baden von 1863; Polizeistrafgesetzbuch von Württemberg 1871.

[23] In der Fassung der Bekanntmachung vom 14.9.1990, GVBl, S. 397.

[24] Siehe dazu § 14 Preußisches Polizeiverwaltungsgesetz vom 1.6.1931, GS 77.

des Polizei- und Ordnungsrechts in langjähriger Judikatur herausgeformt hat.[25] Normatives Material war hierbei eine einzige Vorschrift des Preußischen Allgemeinen Landrechts, nämlich § 10 II 17 PrALR, wonach die Aufgabe der Polizei darin bestand, „die nöthigen Anstalten zur Erhaltung der öffentlichen Ruhe, Sicherheit und Ordnung, und zur Abwehr der dem Publico, oder einzelnen Mitgliedern desselben bevorstehenden Gefahren zu treffen". Diese Bestimmung wurde vom Preußischen Oberverwaltungsgericht auch in den Regionen Preußens als gewohnheitsrechtlich geltend oder als prinzipieller Ausdruck der Staatlichkeit angesehen, in denen das Preußische Allgemeine Landrecht sonst keine Anwendung fand.[26] Nach ihrem Erlass war die Vorschrift durch eine königliche Verordnung des Jahres 1808 verunklart worden, durch die der Landespolizei auch Aufgaben der Volksbildung und des Kultusbereichs übertragen wurden. In der berühmtesten Entscheidung des Preußischen Oberverwaltungsgerichts, dem Kreuzbergerkenntnis,[27] wird demgegenüber festgestellt, was die Norm des Preußischen Allgemeinen Landrechts ohnehin in bemerkenswerter Präzision ausdrückte, nämlich, dass der Polizei vorrangig die Gefahrenabwehr obliegt, sie nicht als Hauptaufgabe Wohlfahrtspflege zu betreiben und dass zwischenzeitlich erlassenes Recht daran nichts geändert hat. In einer bemerkenswert kontinuierlichen polizeirechtlichen Judikatur hat des Preußische Oberverwaltungsgericht die strikte Bindung der Verwaltung im Polizeirecht an das Gesetz betont und durch Schaffung eines überzeugenden Gefahrbegriffs, durch seine Abgrenzung zum bloßen Gefahrverdacht (Risiko), durch Schaffung von Rechtsfiguren wie Schein- und Putativgefahr, durch Präzisierung des Adressaten polizeilicher Maßnahmen einschließlich des Zweckveranlassers und durch Ausbau der Ermessenslehre und des Grundsatzes der Verhältnismäßigkeit auch dem allgemeinen Verwaltungsrecht Konstrukte und Rechtsinstitute geliefert, die so substantiell sind, dass sie nicht mehr weggedacht werden können. Vor allem unter seinem langjährigen Präsidenten *Bill Drews* (1870–1938; Präsident 1921–1937) wurden juristische Marksteine in einer bis dato weitgehend unerschlossenen Rechtslandschaft gesetzt, bis dann das Gericht unter den Zwängen des Nationalsozialismus auch die zuvor so gehütete polizeiliche Generalklausel für die Gewaltmaßnahmen des Systems öffnete und schließlich 1941 in das zentralisierte, von den Nazis geschaffene Reichsverwaltungsgericht überführt wurde, womit es in der Bedeutungslosigkeit versank.

Das Kreuzbergerkenntnis als eine aus der Frühzeit der Judikatur des Preußischen Oberverwaltungsgerichts stammende Entscheidung lädt zur Nachforschung ein, wie es das Gericht mit den Grundrechten hält, die ja in der Preußischen Verfassung von 1850 ausführlich garantiert sind, über deren Auswirkungen auf Akte der hoheitlichen

---

[25] Vgl. zur Gesamtentwicklung *Drews/Wacke/Vogel/Martens* (o. Fn. 20), § 1; *Klaus von der Groeben*, Die Erfüllung von allgemeinen und besonderen polizeilichen Aufgaben, in: Jeserich/Pohl/von Unruh (Hrsg.), Deutsche Verwaltungsgeschichte, Bd. III, 1984, S. 435 f.; *Volkmar Götz*, Polizei und Polizeirecht, ebd., Bd. IV, 1985, S. 397 ff.

[26] Siehe dazu o. Fn. 2 (Rheinland).

[27] Vom 14.6.1882, PrOVG 9, 353; wieder abgedruckt mit Entscheidung der Vorinstanz in DVBl 1985, 216 (219).

Gewalt aber mangels einer zeitgenössischen Grundrechtsdogmatik keine volle Klarheit bestand und bestehen konnte. Bedenkt man, wie grundrechtsblind die (Zivil-) Gerichte der Bundesrepublik Deutschland anfangs waren und wie sie vom Bundesverfassungsgericht in der Lüth- und der Blinkfüer-Entscheidung zur Ordnung gerufen werden mussten,[28] bedenkt man weiter, dass *Otto Mayer* als berühmter Verwaltungsrechtler seiner Zeit einen Satz wie „Verfassungsrecht vergeht, Verwaltungsrecht besteht"[29] prägen konnte, der fraglos eine gewisse Indolenz gegenüber dem Verfassungsrecht ausdrückt, so überrascht doch am Kreuzbergerkenntnis, mit welcher Selbstverständlichkeit dieses das Eigentum gegen ungesetzliche Zugriffe verteidigt, und das nicht nur, weil privates Eigentum und persönliche Freiheit Zentren darstellten, um die sich die liberale Staatsauffassung rankte, sondern auch, weil die Preußische Verfassung in ihrem Art. 9 (vom Gericht eigens zitiert!) eine Garantie des Eigentums besitzt, das nur entzogen werden kann, wenn eine adäquate Entschädigung gezahlt wird. Es ist also voll erkannt, dass die Grundrechte der Verfassung die Verwaltung binden und dass sie einen Prüfungsmaßstab im Verwaltungsprozess darstellen, der nicht außer Acht gelassen werden darf, wobei im Kreuzbergerkenntnis allerdings nicht näher untersucht wurde (auch, weil es nicht darauf ankam), ob sie nur als Schranken der Staatsgewalt oder auch als subjektive Rechte des Bürgers wirken.[30]

d) Wissenschaft

Den wichtigsten Beitrag zum Entstehen eines allgemeinen Verwaltungsrechts hat aber sicherlich die Wissenschaft geleistet, die sich ab der Mitte des 19. Jahrhunderts als Verwaltungsrechtswissenschaft emanzipierte und dabei zwei überkommene Belastungen abstreifen musste: zum einen die Traditionen der Kameralistik (Polizeiwissenschaft) mit ihrer staatspraktischen Melange aus rechtlichen, volkswirtschaftlichen, finanzwissenschaftlichen, militärwissenschaftlichen und geschichtlichen Bestandteilen ohne einen anderen methodischen Zusammenhalt als dem Zweck, die Vor- und Ausbildung einer staatstragenden Beamtenschaft zu ermöglichen und zum anderen die bisherige Behandlung des in Frage kommenden Administrativstoffs nach ganz äußerlichen Merkmalen, etwa nach Provinzen oder Ministerien. Dass sich das Verwaltungsrecht auch von der noch ganz vom Zivilrecht beherrschten herkömmlichen juristischen Dogmatik lösen und eine eigene entwickeln musste, kommt noch hinzu.

Freilich bedeutete der Abschied von der Polizeiwissenschaft eine gewisse inhaltliche Verarmung des neuen Rechtsgebiets insofern, als dieses unpolitischer, praxisferner, abstrakter, theoretischer, kurz „juristischer" wurde. Der Rechtspositivismus deutete sich an und sorgte dafür, dass Systematisierungsarbeit und begriffliche Kon-

---

[28] BVerfGE 7, 198 (212 ff.); 25, 256 (263 ff.).

[29] *Otto Mayer*, Deutsches Verwaltungsrecht, Bd. I, 3. Aufl. 1924, Vorwort; vgl. demgegenüber *Fritz Werner*, Verwaltungsrecht als konkretisiertes Verfassungsrecht, DVBl 1959, 527 ff.

[30] Siehe dazu o. bei Fn. 8.

struktionen zunehmend Bedeutung erlangten, während die Fülle des sachlichen Verwaltungslebens mit seinen politischen Bezügen in die Ferne rückte. *Lorenz von Stein* hat mit seiner großen „Verwaltungslehre" (1865–1884) zugleich einen Höhepunkt und einen Abgesang auf die alte Polizeiwissenschaft als Form des empirisch-sozialwissenschaftlichen Herangehens an die Verwaltung geliefert.

In der Reihe der nunmehr in Erscheinung tretenden Wissenschaftler, die sich mit mehr oder minder großem Erfolg anheischig gemacht haben, das Verwaltungsrecht von einem geisteswissenschaftlichen Ausgangspunkt aus in systematisierend-abstrahierender Weise zu behandeln, finden sich viele zum Teil auch heute noch geläufige Namen,[31] darunter auch *Rudolf von Gneist*, der das deutsche Verwaltungsrecht englischen Einflüssen zu öffnen versuchte und ein Pionier der Rechtsvergleichung im öffentlichen Recht war.[32] Es herrscht aber wohl heute Einhelligkeit darüber, dass *Otto Mayer* mit seinem 1895/1896 in erster Auflage erschienenen und 1924 in dritter Auflage nochmals aufgelegten zweibändigen „Deutschen Verwaltungsrecht" derjenige ist, dem die Palme gebührt. Als Professor an der Reichsuniversität in Straßburg war ihm das deutsche Verwaltungsrecht ebenso geläufig wie das französische und nicht zuletzt durch Übernahmen aus dem letzteren, schon entwickelteren Rechtsbereich glückte es ihm, dem deutschen Verwaltungsrecht Geschmeidigkeit und Entwicklungsfähigkeit zu verleihen. Der Verwaltungsakt (acte administratif), öffentliche Anstalt (service public), Körperschaft und Stiftung, das subjektive öffentliche Recht, das Verbot mit Erlaubnisvorbehalt, Gemeingebrauch und Sondernutzung gehen auf ihn zurück, während er sich mit seiner Vorstellung eines öffentlich-rechtlichen Eigentums im Recht der öffentlichen Sachen wie auch mit seiner Ablehnung des öffentlich-rechtlichen Vertrags nicht durchsetzen konnte. In einer durch Nationalismus aufgewühlten Zeit, in der der Krieg von 1870/1871 gegen Frankreich noch in allen Köpfen präsent war, gehörte auch eine Portion Mut dazu, sich so sehr an das Recht des angeblichen Erbfeindes anzulehnen. *Otto Mayer* hatte sie und darf nicht zu Unrecht als Schöpfer des modernen deutschen Verwaltungsrechts gelten. In der verhältnismäßig geringen Zeitspanne von 1850 (Inkrafttreten der Preußischen Verfassung) bis zum ersten Erscheinen seines Werks „Deutsches Verwaltungsrecht" konnte er das allgemeine Verwaltungsrecht durch eine ausgefeilte Handlungsformenlehre der öffentlichen Verwaltung bereichern und der handelnden Verwaltung ein stabilisierendes geistiges Gerüst verleihen. Mag an seiner Konzeption auch die stark begriffsjuristische Vorgehensweise und eine gewisse autoritätsnahe

---

[31] So nach der Jahrhundertmitte etwa von *Franz von Mayer*, Grundzüge des Verwaltungs-Rechts und -Rechtsverfahrens, 1857; *Josef Pözl*, Lehrbuch des bayerischen Verwaltungsrechts, 2. Aufl. 1858; *Otto von Sarwey*, Allgemeines Verwaltungsrecht, 1884; *Edgar Loening*, Lehrbuch des Deutschen Verwaltungsrechts, ebenfalls von 1884; *Karl von Stengel*, Lehrbuch des Deutschen Verwaltungsrechts, 1886.

[32] Siehe zu ihm etwa *Ernst Forsthoff*, Lehrbuch des Verwaltungsrechts, Bd. I Allgemeiner Teil, 10. Aufl. 1973, S. 472 f., 578; *Erich Hahn*, Rudolf von Gneist 1816–1895: Ein politischer Jurist in der Bismarckzeit, 1995; *Gerd Schmidt-Eichstaedt*, Staatsverwaltung und Selbstverwaltung bei Rudolf von Gneist, Die Verwaltung 8 (1975), 345 ff.; *Georg von Unruh*, Gneist, in: Jeserich/Neuhaus (Hrsg.), Persönlichkeiten der Verwaltung, 1991, S. 197 ff.

Attitüde zeitgebunden erscheinen, so hat er doch ein Instrumentarium geliefert, das uns noch heute bei Stoffdurchdringung und Entscheidungsfindung Richtung und Weg zu weisen vermag.[33]

2. Das Werden des europäischen Verwaltungsrechts als Erscheinung von epochaler Bedeutung im Vergleich zur deutschen Entwicklung

a) Der vertrags(primär)rechtliche Rahmen

Das Recht des europäischen Verwaltungsvollzugs ist wie das deutsche Verwaltungsrecht ohne einen umfassenden, richtunggebenden und koordinierenden Rahmen nicht denkbar, der die Rechtsstaatlichkeit des Vollzugs garantiert und zugleich auch einen adäquaten Rechtsschutz bietet. Was im letzteren Fall von der Verfassungsstaatlichkeit geleistet wurde, in die die deutschen Territorien bis zur Mitte des 19. Jahrhunderts eintraten und die von der Einrichtung einer unabhängigen Verwaltungsgerichtsbarkeit abgerundet wurde, haben im Fall der Europäischen Gemeinschaft/Union die Verträge einschließlich ihrer Änderungen und Folgeverträge bewirkt.[34] Sie üben eine quasikonstitutionelle Funktion aus, sorgen für einen Verwaltungsvollzug, der rechtsstaatlich abläuft und transparent ist und haben eine unabhängige Gerichtsbarkeit eingerichtet, die sich über die Jahre und Jahrzehnte bei der schwierigen Aufgabe in hohem Maße bewährt hat, eine Unionsrechtsordnung mehr oder weniger aus dem Boden zu stampfen. Denselben Rang wie die Verträge, die sie an etwas versteckter Stelle (Art. 340 Abs. 2 AEUV) auch erwähnen, haben die „allgemeinen Rechtsgrundsätze, die den Rechtsordnungen der Mitgliedstaaten gemeinsam sind" und Quelle für die Erkenntnis von Rechtsgrundlagen darstellen, die in den Verträgen nicht oder nicht deutlich zum Ausdruck kommen, so etwa für eine mitgliedstaatliche Amtshaftung, wenn eine Richtlinie der Europäischen Union nicht ziel- oder fristgerecht umgesetzt oder durch nationale Gesetzgebung gegen primäres Unionsrecht verstoßen wurde.[35] Auch die nach der Solange I-Entscheidung des Bundesverfassungsgerichts[36] einsetzende Grundrechtsjudikatur des

---

[33] *Rudolf von Gneist* hat dagegen durch einen vom angelsächsischen Vorbild angeregten Ausbau des Gedankens der kommunalen Selbstverwaltung Wirksamkeit entfaltet, weniger dagegen durch sein ebenfalls vom englischen Recht angeregtes Modell einer vom subjektiven Recht des Bürgers unabhängigen objektiven Rechtskontrolle der öffentlichen Verwaltung. Siehe dazu auch *Wolfgang Rüfner*, Entwicklung der Verwaltungsgerichtsbarkeit, in: Jeserich/Pohl/von Unruh (Hrsg.), Deutsche Verwaltungsgeschichte, Bd. III, 1984, S. 909 (912).

[34] Siehe dazu auch EuGH, Gutachten 1/91, Slg. 1991 I-6079 (6080) – erstes EWR-Gutachten –: der EG-Vertrag als „Verfassungsurkunde einer Rechtsgemeinschaft".

[35] Vgl. dazu die Leitentscheidungen EuGH Slg. 1991, I-5357 „Francovich"; EuGH Slg. 1996, I-1029 „Brasserie du pecheur/Factortame"; EuGH Slg. 1996 I-1631 „British Telecommunications"; EuGH Slg. 2003 I-10239 „Köbler". Dazu zusammenfassend *Rupert Stettner*, Unionsrecht und nationales Recht, in: Dauses (Hrsg.), Handbuch des EU-Wirtschaftsrechts (Loseblatt), 39. Erg.-Lfg. 2016, A. IV. Rdnrn. 45 ff. (im Erscheinen).

[36] BVerfGE 37, 271; siehe dazu den Überblick bei Stettner (o. Fn. 35), Rdnrn. 33 ff.

Europäischen Gerichtshofs[37] hat darin ihren Ursprung.[38] Auf der europäischen Ebene ist damit der Rechtsvergleichung eine große Rolle eingeräumt. Sie war aber auch bei der Entwicklung des deutschen Verwaltungsrechts von wesentlicher Bedeutung, als französische Einflüsse über die im Rheinland weiter wirksame napoleonische Gesetzgebung eindrangen und noch mehr über das Lebenswerk *Otto Mayers*, der wie beschrieben das deutsche Recht durch Übernahme und Adaption einschlägiger französischer Rechtsfiguren bereicherte.

Das deutsche wie auch das europäische Verwaltungsrecht stimmten in ihren Anfängen im Mangel an grundsätzlichem Normenmaterial überein, ungeachtet einer Flut von Detailregelungen, die noch des gemeinsamen Gerüsts entbehrte. Die in den europäischen Verträgen enthaltenen Regeln über Handlungsformen, Verfahrensgrundsätze und Wirksamkeitsvoraussetzungen (Art. 263, 288 ff., 296 ff. AEUV) stellen nur ein Gerippe dar, das noch der Ausfüllung bedurfte.[39] Nationale Vorschriften zum allgemeinen Verwaltungsrecht waren in Preußen als größtem Staat des Kaiserreichs allenfalls sporadisch dem Riesenwerk des Allgemeinen Landrechts zu entnehmen. Aber was diesen Staat anlangt, so besaß die preußische Verfassung von 1850 immerhin einen umfangreichen Grundrechtskatalog. In anderen Ländern des Bismarckreichs, insbesondere solchen, die ihre Verfassungen noch im Frühkonstitutionalismus, also vor 1848 erhalten hatten, waren dagegen Grundrechte allenfalls sporadisch garantiert. Auf der Reichsebene, also in der Bismarck-Verfassung, fehlten ebenso wie in der Verfassung des Norddeutschen Bundes von 1867 Grundrechte völlig. Man hielt die Prätention aufrecht, die Grundrechte auf der Ebene des einfachen Gesetzesrechts zu schützen, gönnte sich dabei aber im Kulturkampf und bei der Sozialistengesetzgebung durchaus auch Ausnahmen. Auch die europäischen Verträge enthielten und enthalten bis heute keinen geschriebenen Grundrechtskatalog, sondern nur die bekannten Freiheiten des Gemeinsamen Marktes (Waren-, Personen-, Dienstleistungs-, Kapital- und Zahlungsverkehrsfreiheit unter Einschluss der Verpflichtung zur Nichtdiskriminierung aus Gründen der Staatsangehörigkeit). Diese sind stärker auf unionale Schutz- und Umsetzungsverpflichtungen denn auf eine abwehrrechtliche Funktion orientiert, auch wenn ihnen letztere nicht unbekannt ist. Bei der Konzeption der Gründungsverträge hegten die Gründungsväter der Europäischen Gemeinschaften wohl die etwas naive Vorstellung, dass ein „Gemeinsamer Markt" keine grundrechtsbeeinträchtigenden Wirkungen aufweisen, sondern im Gegenteil eine Befreiung von wirtschaftlichen Hemmnissen mit sich bringen würde. Eine un-

---

[37] Vgl. dazu etwa EuGH Slg. 1970, 1125 „Internationale Handelsgesellschaft"; EuGH Slg. 1974, 491 „Nold"; EuGH Slg. 1979, 3727 „Hauer"; EuGH Slg. 1989, 2859 „Hoechst"; EuGH Slg. 1980, 2058 „Panasonic". Siehe dazu statt vieler *Matthias Herdegen*, Europarecht, 17. Aufl. 2015, § 8 Rdnrn. 15 ff.; *Astrid Epiney*, in: Bieber/Epiney/Haag, Die Europäische Union, 10. Aufl. 2013, § 2 Rdnrn. 8 ff.

[38] Siehe dazu *Jürgen Schwarze*, Europäisches Verwaltungsrecht, 2. Aufl. 2005, S. 74 ff.; *Jörg Philipp Terhechte*, Prinzipien des europäischen Verwaltungsrechts, in: ders. (Hrsg.), Verwaltungsrecht der Europäischen Union, 2011, § 1 Rdnrn. 28 ff.

[39] Hierzu *Thomas von Danwitz*, Europäisches Verwaltungsrecht, 2008, S. 259 ff.

mittelbare Wirkung von Vertrags- und Sekundärrecht und ihr Vorrang vor nationalem Recht waren noch nicht im Blickfeld. Nachdem aber die Grundrechtsrelevanz zahlreicher Rechtsakte der Gemeinschaften/Union erkannt war, stellte sich die Frage nach dem grundrechtlichen Maßstab, an dem sie sich orientieren konnten und an dem sie auch zu messen waren. Nach der oben angesprochenen langjährigen, rechtsschöpferisch fundierten Grundrechtsjudikatur des Europäischen Gerichtshofs war der erste Versuch, einen schriftlich fixierten Grundrechtskatalog zusammen mit einem europäischen Verfassungsvertrag als dessen Teil II in Kraft zu setzen, zusammen mit dem Unternehmen Verfassungsvertrag selbst 2005 erfolglos. Erst mit dem Vertrag von Lissabon wurde die Charta der Grundrechte der Europäischen Union in Kraft gesetzt. Sie wurde nicht mehr als Teil des Vertrags konzipiert, aber als diesem „gleichrangig" ausgewiesen (Art. 6 Abs. 1 EUV). Neben dem geschriebenen Grundrechtsbestand behält der ungeschriebene Grundrechtskatalog weiterhin seine Geltung (siehe Art. 6 Abs. 3 EUV).

Während aber der Europäische Gerichtshof sich in höchst verdienstvoller Weise bemühte, den Mangel der Gründungsverträge judiziell zu korrigieren und damit die Untätigkeit des Gemeinschafts-/Unionsgesetzgebers auszugleichen (wobei er sich allerdings erst in neuester Zeit dazu verstand, einen Unions-Rechtsakt an Grundrechten scheitern zu lassen, und zwar an solchen der Grundrechtecharta[40]), fanden die Grundrechte in der Justiz der Kaiserreichs und der Weimarer Zeit bedauerlicherweise nicht die Resonanz, die sie verdient hätten. Davon macht das Kreuzbergerkenntnis keine Ausnahme, das den Akzent vor allem auf die Unzuständigkeit des Berliner Polizeipräsidiums zur umfassenden Wohlfahrtspflege legt, obwohl sich hinsichtlich der angegriffenen Polizeiverordnung nach modernem Verständnis auch eine Normenkontrolle anhand des Grundrechts der Eigentumsfreiheit angeboten hätte. Aber eine solche Verfahrensart lag außerhalb des juristischen Erkenntnisstands der Zeit und damit auch des Horizonts des Preußischen Oberverwaltungsgerichts, das den Normativcharakter der in Frage stehenden Polizeiverordnung vermutlich gar nicht erkannte, sondern eine Zuständigkeitsprüfung wie bei jedem anderen beliebigen Hoheitsakt vornahm. Immerhin wird die begrenzende Wirkung des Grundrechts gesehen, aber nicht genauer durchgeprüft, vor allem nicht anhand der konkreten Norm der preußischen Verfassung (Art. 9 prVerf). Die Grundrechte waren noch nicht ausreichend stabilisiert; im Umgang mit ihnen bestand mancherlei Unsicherheit und der Mangel einer Grundrechtsklage und eines dafür zuständigen Gerichts trugen grundlegend zur ihrer Schwächung bei. Diese hielt auch in der Weimarer Zeit trotz eines umfangreichen Grundrechtskatalogs der Verfassung an. Letzterer litt vor allem auch darunter, dass er durchsetzt war mit Programmsätzen und Staatszielbestimmungen ohne unmittelbare Durchsetzbarkeit, die den eigentlichen Grundrechten viel von

---

[40] Vgl. dazu die Entscheidung zur Richtlinie über die Vorratsdatenspeicherung, EuGH vom 8. 4. 2014, verb. Rs. C-293/12 und C-594/12, Rdnrn. 24 ff.

ihrer Schlagkraft nahmen.[41] Das Konzept, den Schutz der Grundrechte dem Gesetzgeber anzuvertrauen bzw. die sie umhegende Verfassung durch einfaches Gesetz für änderbar zu erklären (so Art. 107 prVerf) oder Verfassungsänderungen schrankenlos zuzulassen, wenn sie nur mit Zweidrittelmehrheit erfolgten (Art. 76 Abs. 1 Satz 2 WRV)[42] bzw. durch eine einfache Notverordnung des Reichspräsidenten die Suspension der wichtigsten politischen Grundrechte zu gestatten (Art. 48 Abs. 2 Satz 2 WRV, siehe auch Art. 111 prVerf), hat zum Untergang der ersten deutschen Demokratie und in die anschließende, noch heute bedrückende, ja tagtäglich spürbare Katastrophe von Nationalsozialismus und Zweitem Weltkrieg geführt.

b) Einengungen des europäischen Verwaltungsvollzugs
aufgrund primärrechtlicher Vorgaben

Im europäischen Bereich ist zu beachten, dass kraft des Grundsatzes der begrenzten Ermächtigung (Art. 4 Abs. 1; Art. 5 Abs. 1 und 2 EUV) auch die Verwaltungstätigkeit der Union materienbeschränkt ist und sich nach den der Union übertragenen Souveränitätsrechten richtet, über die nicht hinausgegangen werden kann, ohne den ultra vires-Einwand heraufzubeschwören. Der Union fehlt vor allem die für die Entwicklung des Verwaltungsrechts im deutschen Bereich so wichtige umfassende generelle Befugnis zur Aufrechterhaltung der öffentlichen Ordnung und den Schutz der inneren Sicherheit (siehe dazu Art. 72 AEUV), mag die Union auch durchaus im Raum der Freiheit, Sicherheit und des Rechts (Art. 67 ff. AEUV) oder bei der Grenzsicherung Befugnisse haben (vgl. auch Art. 85, 88 AEUV und die europäischen Agenturen/Behörden wie OLAF, Europol, Eurojust, Frontex). Dies bedeutet, dass die Entwicklung des europäischen Verwaltungsrechts auf einem sehr viel schmäleren Feld von Sachmaterien ablaufen musste und muss als die des deutschen Verwaltungsrechts, vornehmlich auf solchen mit wirtschaftlicher Vorprägung.

Eine weitere einengende Wirkung für die Herausbildung eines europäischen Verwaltungsrechts besteht darin, dass der Vollzug des Unionsrechts weitgehend durch die Nationalstaaten erfolgt. Vollzug durch Organe der Union, insbesondere die Kommission, gibt es zwar auch, soweit die Verträge dies vorsehen, sog. direkter Vollzug. Dies ist u. a. im Personalwesen, bei der Beihilfenaufsicht und im Kartellbereich der Fall. Hier verfügt die Union auch über eigenes Vollzugsrecht. Im Normalfall bedient sich die Union zur Erreichung ihrer Ziele aber der Verwaltung der Mitgliedstaaten, die sich zur Ausführung des Unionsrechts vertraglich verpflichtet haben (Art. 4

---

[41] Immerhin hat sich das Reichsgericht trotzdem dazu verstanden, eine Inzidentprüfung von Gesetzen auf ihre materielle Verfassungsmäßigkeit vorzunehmen, siehe dazu RGZ 117, 130.

[42] Überlegungen der zeitgenössischen Staatsrechtslehre, zumindest dem einfachen Gesetzgeber bei der Begrenzung von Grundrechten durch einen institutionellen Ansatz selbst wieder Grenzen zu ziehen, haben keine allgemeine Gefolgschaft gefunden. Vgl. dazu Carl Schmitt, Freiheitsrechte und institutionelle Garantien der Reichsverfassung (1931), in: ders., Verfassungsrechtliche Aufsätze, 2. Aufl. 1973, S. 140 ff. (bes. 142, 146).

Abs. 3 UAbs. 2 und 3 EUV; Art. 197, 291 AEUV), sog. indirekter Vollzug des Unionsrechts. Beim indirekten Vollzug des Unionsrechts wird keine Unionsgewalt auf die Mitgliedstaaten delegiert, der Vollzug erfolgt vielmehr in Ausübung nationaler Staatsgewalt. Voraussetzung ist allerdings, dass das anzuwendende Unionsrecht unmittelbar anwendbar ist, d. h., dass die entsprechenden Normen unbedingt, also rechtlich „vollkommen", und keine weiteren Vollzugsmaßnahmen erforderlich sind.[43] Das Unionsrecht stellt beim indirekten Vollzug keine Vorgaben über Zuständigkeiten nationaler Verwaltungsstellen oder Vollzugsdetails bereit, denn hier hat eine Harmonisierung des Vollzugsrechts (noch?) nicht stattgefunden; der Europäische Gerichtshof verlangt nur „Effektivität" der nationalen Umsetzung (also Sicherung des Unionsinteresses und der auf dieses gründenden Rechtspositionen ohne übermäßige Erschwerung ihrer Durchsetzung) und „Äquivalenz", was heißen soll, dass das nationale Recht nicht in diskriminierender Weise angewandt werden und der europäische Belang nicht gegenüber gleichartigen Verfahren zurückgesetzt werden darf, in denen über rein nationale Rechtsstreitigkeiten entschieden wird.[44] Die effektive Durchführung des Unionsrechts wird vom Vertrag als „Frage von gemeinsamem Interesse" qualifiziert (siehe dazu Art. 197 Abs. 1 AEUV). Im Übrigen lässt der Europäische Gerichtshof die nationalen Unterschiede bestehen. Er zögert aber nicht, einzugreifen, wenn ihm das Unionsinteresse nicht ausreichend gewahrt erscheint, wie dies bei der Rückforderung von zu Unrecht gezahlten Beihilfen durch den Mitgliedstaat Deutschland unter Einwirkung von § 48 Abs. 2 VwVfG (Vertrauensschutz) der Fall sein könnte.[45] Bei der Abwägung der in Frage kommenden Belange muss neben dem Vertrauensschutz nach jeweiligem nationalen Verwaltungsverfahrensrecht auch das Interesse der Gemeinschaft/Union vollumfänglich gewahrt werden, was im geeigneten Fall auch bedeuten kann, dass der rechtsstaatliche Vertrauensschutz ausfällt, wenn anders den Gemeinschafts-/Unionsbelangen nicht ausreichend nachgekommen werden kann. Dabei ist die Gewährung von Vertrauensschutz zusätzlich zwingend davon abhängig, dass das Vorprüfungsverfahren bei der Kommission nach Art. 108 Abs. 3 AEUV eingehalten wurde; es wird dem behilfebegünstigten Unternehmen zugemutet, sich darüber selbst zu unterrichten, ob dieses Verfahren stattgefunden hat.[46] Andere Entscheidungen betreffen eine Verpflichtung zur Rücknahme unionsrechtswidriger nationaler Verwaltungsakte unter bestimmten Umständen,[47] den Zwang zur Anordnung der sofortigen Vollziehbarkeit

---

[43] Siehe dazu *Thomas Oppermann/Claus Dieter Classen/Martin Nettesheim*, Europarecht, 6. Aufl. 2014, § 12 Rdnrn. 23 ff.; *Herdegen* (o. Fn. 37), § 8 Rdnr. 13.

[44] So grundlegend EuGH Slg. 1983, 2633 (2665) „Deutsche Milchkontor". Siehe dazu auch eingehend *von Danwitz* (o. Fn. 39), S. 453 ff.

[45] Vgl. dazu EuGH, ebd.; siehe dazu auch BVerwGE 92, 81.

[46] EuGH Slg. 1990, I-3437 Rdnr. 14 „BUG-Alutechnik"; vgl. dazu auch die diese Rechtsprechung übernehmende Entscheidung des Bundesverwaltungsgerichts, in der ein Rücknahmeermessen der deutschen Behörden verneint wird, wenn die Kommission in bestandskräftiger Form eine Verpflichtung zur Rücknahme ausgesprochen hat, BVerwGE 92, 81 (86 ff.). Siehe dazu auch EuGH Slg. 1997, I-1591, Rdnrn. 27 ff. „Alkan".

[47] EuGH Slg. 2004, I-837 „Kühne & Heitz"; Slg. 2008, I-411 „Kempter".

von Verwaltungsakten im Interesse der zu vollziehenden Unionsregelung,[48] aber auch den Vorrang der nationalen Verfahrensautonomie, wenn die Betroffenen die Einlegung möglicher Rechtshelfe versäumt haben, wiederum unter der Voraussetzung, dass der Effektivitäts- und Äquivalenzgrundsatz nicht verletzt werden.[49]

c) Sekundärrecht

Nähere Bemühungen des gemeinschaftlichen/unionalen Gesetzgebers um grundsätzliche Regelungen bezüglich des neu entstehenden europäischen Verwaltungsrechts sind in der Geschichte der europäischen Einigung bis jetzt nicht zu verzeichnen, von immerhin vorhandenen Spezialregelungen für einzelne Handlungsgebiete abgesehen (Beamtenstatut[50], kartellrechtliche Verfahrensregelungen[51], Zollkodex[52], Anti-Dumping- und Anti-Subventionsrecht[53] u. a.). Diese Untätigkeit muss angesichts der nicht klaren Trennung von Gesetzgebung und Verwaltung im europäischen Raum nicht unbedingt ein Schaden sein,[54] Vorgaben des „Motors" Europäischer Gerichtshof genießen auf jeden Fall die richterliche Unabhängigkeit und sind von Einflussnahmen nicht geklärter, möglicherweise lobbyistischer Herkunft mit Sicherheit kaum beeinträchtigt.

Trotzdem darf nicht davon ausgegangen werden, dass die Union nicht dereinst einen Verwaltungskodex in Kraft setzen könnte, der auch den indirekten Vollzug und damit die Administrativaufgaben der Mitgliedstaaten bei der Realisierung des Unionsrechts stärker dirigiert, als dies bisher der Fall ist. Die Gesetzgebungskompetenzen der Union sind nach den Verträgen so umfassend (funktionale, nicht materienbezogene Orientierung), dass bei einer weiteren Festigung der Union (nach der es im Augenblick nicht aussieht, aber Europa hat ja schon viele Krisen erlebt und gerade

---

[48] EuGH Slg. 1990, I-2879 Rdnr. 25 „Tafelwein".

[49] So EuGH Slg. 2006, I-8559 Rdnrn. 51 ff. „Arcor".

[50] Statut der Beamten der Europäischen Gemeinschaften; Beschäftigungsbedingungen für die sonstigen Bediensteten dieser Gemeinschaften, gültig mit Wirkung vom 5. 3. 1968, festgelegt durch Art. 1 und 3 der Verordnung (EWG, Euratom, EGKS) Nr. 259/68 des Rates vom 29. Februar 1968, ABl.EG Nr. L 56 vom 4. 3. 1968, S. 1.

[51] Verordnung (EG) Nr. 1/2003 des Rates vom 16. Dezember 2002, ABl.EG Nr. L 1 vom 4. 1. 2003, S. 1, mit den entsprechenden Gruppenfreistellungsverordnungen, Verordnung (EG) Nr. 139/2004 des Rates vom 20. Januar 2004 über die Kontrolle von Unternehmenszusammenschlüssen („EG-Fusionskontrolle"), ABl.EU Nr. L 24 vom 29. 1. 2004, S. 1.

[52] Verordnung (EU) Nr. 952/2013 des Europäischen Parlaments und des Rates vom 9. Oktober 2013, ABl.EU Nr. L 269 vom 10. 10. 2013, S. 1.

[53] Verordnung (EG) Nr. 1225/2009 des Rates vom 30. November 2009, ABl.EU Nr. L 343 vom 22. 12. 2009, S. 51; Verordnung (EG) Nr. 597/2009 des Rates vom 11. Juni 2009, ABl.EU Nr. L 188 vom 18. 7. 2009, S. 93.

[54] Siehe dazu *Armin von Bogdandy*, in: ders./Cassese/Huber (Hrsg.), Handbuch Ius Publicum Europaeum, Bd. IV, 2011, § 57 Rdnr. 4. Siehe dazu auch *Andreas Glaser*, Die Entwicklung des europäischen Verwaltungsrechts aus der Perspektive der Handlungsformenlehre, 2013, S. 15 f.

aus der Krise kann ein neuer Reformansatz erwachsen) die Unionsorgane durchaus in eine Prüfung des Fragenkreises eintreten könnten, wie weit ein solcher Kodex nach geltendem (oder vielleicht noch zu schaffendem) Vertragsrecht realisierbar ist und sinnvoll wäre.[55] Ein Gegenargument gegen ein solches Unternehmen könnte sein, dass das Prinzip der Ausführung des Unionsrechts durch mitgliedstaatliche Verwaltungen letztere vor das Problem stellen würde, zweierlei Verfahrensrecht anwenden zu müssen. Dies ist allerdings, wenn es auch nicht immer so ausgesprochen wird, angesichts mannigfacher Vorgaben des europäischen Rechts auch schon heute mehr oder weniger der Fall. Gemeint sind hier nicht nur Verfahrensvorschriften, die für Spezialfälle in Verordnungen und Richtlinien der Union enthalten sind und die zum Teil für den direkten Vollzug seitens der Union selbst gelten (vgl. etwa die Beispiele o. bei Fn. 34–36), sondern andere gewichtige Vorgaben für den mitgliedstaatlichen Verwaltungsvollzug, die sich aus der Rechtsprechung des Europäischen Gerichtshofs ergeben und oben ausschnittsweise aufgeführt wurden. Dass aber jedenfalls neben Effektivitäts- und Äquivalenzkriterium die Grundrechte der Grundrechtscharta in dem von Art. 51 GrCH bestimmten Umfang auch von den mitgliedstaatlichen Verwaltungen zu beachten sind (dazu gehört auch das Grundrecht auf „gute", d. h. auf unparteiische, gerechte, fristgerecht handelnde Verwaltung nach Art. 41 GrCH), ist nicht erst seit der Entscheidung Akkerberg-Fransson[56] des Europäischen Gerichtshofs klar. Geradezu drollig ist die Reaktion des Bundesverfassungsgerichts hierauf im Urteil zur Antiterrordatei.[57] Das Bundesverfassungsgericht, das stets ein Mehr an Grundrechtssensibilität beim Europäischen Gerichtshof angemahnt hatte,[58] bekommt nunmehr Angst vor einem Zuviel auf europäischer Seite; es zeigt seine bekannten Folterwerkzeuge (ultra vires-Argument, Berufung auf die grundgesetzliche Verfassungsidentität) angesichts einer „drohenden"(!) zusätzlichen Grundrechtsprüfung(!) und nimmt dafür die Konsequenz einer Verkürzung des bürgerschaftlichen Grundrechtsschutzes in Kauf. Auch wenn man eine beim Bundesverfassungsgericht möglicherweise vorhandene Angst in Rechnung stellt, durch die europäischen Entwicklungen gegenüber dem Europäischen Gerichtshof ins Hintertreffen zu geraten und sich die bekannte organisationssoziologische Erkenntnis ins Gedächtnis zurückruft, dass Großorganisationen oft ein Bestandsinter-

---

[55] Siehe dazu auch näher *Rupert Stettner*, Verwaltungsvollzug, in: Dauses (o. Fn. 35), B. III. Rdnr. 41 (im Erscheinen).

[56] Siehe EuGH-Entscheidung zu Rs. C-617/10 vom 26. 2. 2013 Rdnrn. 16 ff. Dies wurde aber durch diese Entscheidung (vgl. Rdnr. 21) nochmals sehr deutlich klargemacht: „Da folglich die durch die Charta garantierten Grundrechte zu beachten sind, wenn eine nationale Rechtsvorschrift in den Geltungsbereich des Unionsrechts fällt, sind keine Fallgestaltungen denkbar, die vom Unionsrecht erfasst würden, ohne dass diese Grundrechte anwendbar wären. Die Anwendbarkeit des Unionsrechts umfasst die Anwendbarkeit der durch die Charta garantierten Grundrechte".

[57] BVerfGE 133, 277 (313 ff.).

[58] Beginnend mit der bereits genannten Solange I-Entscheidung BVerfGE 37, 271. Siehe hierzu auch BVerfGE 52, 187 („Vielleicht"); 73, 339 (Solange II); 89, 155 (Maastricht); 102, 47 (Bananenmarktordnung); 123, 267 (Lissabon).

esse entwickeln, das so massiv sein kann, dass die eigentliche Aufgabenstellung in Vergessenheit gerät, darf man nun doch nicht so weit gehen, dass ein optimaler ziviler Grundrechtsschutz darunter leidet. Dies gilt zumal, wenn man bedenkt, dass es zum Europäischen Gerichtshof keine Grundrechtsklage gibt und er Vorlageverfahren wie Akkerberg-Fransson dazu nutzen muss, den europäischen Grundrechtsschutz judikativ zu entfalten und weiterzuentwickeln.

d) Die Rolle von Europäischem Gerichtshof und Wissenschaft

Die Rolle des Europäischen Gerichtshofs bei der Gestaltung des Vollzugsrechts der Europäischen Gemeinschaft/Union kann gar nicht überschätzt werden, wie in den obigen Ausführungen deutlich geworden sein dürfte. Der Gerichtshof, der so sehr darauf angewiesen ist, dass seine Entscheidungen überzeugen und dass die Nationalstaaten sie umsetzen, hat es verstanden, seine Rechtsansichten und Rechtskonstruktionen, wie etwa die Einhegung des mittelbaren Vollzugs durch die unionale Rechtsordnung mittels Effizienz- und Äquivalenzprinzips, so überzeugend abzuleiten und darzustellen, dass die Übernahme durch die nationalstaatlichen Verwaltungen keinerlei Problem aufwarf. Ebenso hat die Rechtsprechung zur mitgliedstaatlichen Staatshaftung vollumfänglich Gefolgschaft erfahren, ebenso wie die rechtsschöpferische Herausarbeitung eines verbindlichen Grundrechtsbestands vor Einführung der europäischen Grundrechtecharta. So wie sich das europäische Vollzugsrecht in der Gegenwart präsentiert, ist es als voller Erfolg der Judikatur des Europäischen Gerichtshofs zu werten. Auch wenn nicht zu übersehen ist, dass es nationale Judikate sind, die im Wege des Vorabentscheidungssystems die Weiterentwicklung des europäischen Vollzugsrechts anregen und in Gang setzen, ist doch die rechtsschöpferische Kraft des Gerichtshofs Urgrund einer konsequenten und stringenten Lösung der sich auf dem Feld des Vollzugs des Unionsrechts stellenden Probleme. Damit kann sich kein deutsches Gericht messen, das am Teppich des deutschen Verwaltungsrechts „webte" oder „webt", weder das Preußische Oberverwaltungsgericht noch die diversen Verwaltungsgerichtshöfe Süddeutschlands, noch das Bundesverwaltungsgericht. Dabei darf aber selbstverständlich nicht ausgeblendet werden, dass der Europäische Gerichtshof über ganz andere persönliche und sächliche Ressourcen verfügt als ein beliebiges deutsches Verwaltungsgericht einschließlich der obersten Instanz und dass zwar die Sachmaterien, auf denen sich seine Judikatur bewegt, wegen des Prinzips der begrenzten Ermächtigung restringiert sind, aber das Fallmaterial kraft des Vorab-Entscheidungsverfahrens aus 28 Mitgliedstaaten resultiert und damit vielfältigste Anregungen an den Gerichtshof vermittelt.

Die Wissenschaft ist in den Entwicklungsprozess europäischen Rechts von Anfang an eingebunden, ist auf alle Mitgliedstaaten verteilt und hat trotzdem oder gerade weil so viele Beteiligte sich diesem Prozess widmen, nicht die überragende Rolle, wie sie beim Werden des deutschen Verwaltungsrechts gespielt hat. Sie hat analysierende, kritisierende, aber auch unterstützende, wegbahnende und konzeptionelle Aufgaben und ist insofern nicht wegzudenken, erlebt aber ihre besondere Apotheose durch Übernahme in die Judikatur des Europäischen Gerichtshofs. Damit hat sie die Stellung und Funktion, die Rechtswissenschaft immer einnehmen sollte. Sie ist nicht dazu da, ganze Rechtsgebiete von sich aus zu gestalten und sich an Stelle des Gesetzgebers zu positionieren, sondern den Prozess der Rechtsanwendung zu begleiten und zu rationalisieren, damit auch dem Rechtsunterworfenen verständlicher zu machen und insgesamt dem Rechtsfrieden zu dienen.

ISO 19600:
Ein Beitrag zur Regelkonformität der öffentlichen Verwaltung

Von *Rolf Stober*

I. Technik- und Verwaltungsrecht als Forschungsschwerpunkt des Jubilars

Franz-Joseph Peine hat sich mit unterschiedlichen Facetten und Formaten der Jurisprudenz beschäftigt. Dabei war es ihm stets ein Anliegen, die Rechtswissenschaft als solche und sein Spezialgebiet, das Öffentliche Recht, intradisziplinär zu begreifen und zu vermitteln. Beispielhaft sei die Verknüpfung von Technik- und Verwaltungsrecht genannt, die in zahlreichen Abhandlungen ihren wissenschaftlichen Niederschlag gefunden hat. Deshalb bietet es sich an, den Jubilar mit einem Beitrag zu ehren, der in diesem Forschungsumfeld angesiedelt ist. Im Mittelpunkt steht die ISO 19600 (Compliance Management Systeme – Leitlinien), die zwar im Gegensatz zu anderen ISO-Normen keine spezifische Technik-Affinität aufweist, jedoch eine potentielle Rechtsquelle für die öffentliche Verwaltung ist. Denn sie will ausweislich ihrer in den Ziffern 1 und 3.01 zum Ausdruck kommenden Kernbotschaft ausnahmslos alle Formen von Organisationen einbeziehen. Das bedeutet, dass sie sich nicht nur an Privatunternehmen und an den sog. Dritten Sektor, sondern auch an staatliche Organisationen, die Selbstverwaltung und öffentliche Unternehmen richtet.

II. Forschungslücke und Meinungsstand

Die Anwendung der ISO 19600 auf juristische Personen des öffentlichen Rechts oder auf öffentliche Unternehmen in Privatrechtsform ist bislang sowohl eine Forschungs- als auch eine Praxislücke. Das ist nicht weiter verwunderlich, weil es sich bei der ISO 19600 um einen neuen Standard handelt, der erst im Dezember 2014 publiziert wurde. Eine Vertiefung der damit verbundenen Problematik ist bereits deshalb angezeigt, weil die Heranziehung dieses Standards prinzipiell umstritten ist und auch schon als geeignetes Regelwerk für die Privatwirtschaft angezweifelt wird. Hinsichtlich der Erstreckung auf die öffentliche Verwaltung wird darauf hingewiesen, diese Anwendungsmöglichkeit könne man ignorieren, weil dieser Standard etwa bei dem „bayerischen Wasserwirtschaftsamt" keine Wirkung zeigen werde.¹ Vor diesem publizistischen Hintergrund befasst sich die Abhandlung zunächst mit den Einwänden und anschließend mit den möglichen Vorteilen, die ein Einsatz der ISO 19600 für die öffentliche Verwaltung haben kann.

Die zentrale Bedeutung der Rechts- und Regelkonformität für eine gute Unternehmensführung, eine positive Außenwirkung und eine langfristige Unternehmensperspektive ist inzwischen unbestritten.² Insbesondere die Präventionsfunktion von Compliance ist allgemein anerkannt.³ Das gilt auch für die öffentliche Verwaltung, die zwar schon aus rechtsstaatlichen und beamtenrechtlichen Grundsätzen das geltende Recht beachten muss. Diese Bindung schließt aber bekanntlich menschliche Verfehlungen nicht aus, weshalb ergänzende Management-Systeme zweckmäßig sein können. Gleichwohl haben sich Compliance-Management-Systeme (CMS) bislang nur partiell durchgesetzt. Sie bezwecken vornehmlich die Organisation von Legalität, wenn sie gesetzlich vorgeschrieben sind. Diesen reduzierten Ansatz will die ISO 19600 vermeiden.⁴ Ihr Anliegen ist die weltweite Bereitstellung eines umfassend verwendbaren Compliance-Leitfadens. Angesichts dieser großen Herausforderung für Entwickler und Anwender ist es nachvollziehbar, dass dieses ehrgeizige Vorhaben die Compliance-Geister spaltet.

So wird die ISO 19600 einerseits in Stellungnahmen von Verbänden und Compliance-Experten als „harmloses Papier" mit einer „merkwürdigen Entstehungsgeschichte" und als „nicht zielführend" kritisiert,⁵ deren „rechtliche Bedeutung wohl gegen Null"⁶ tendiere, weshalb „das [...] die Unternehmen in Deutschland und anderswo nicht gebraucht hätten". Gleichzeitig wird der maßlose Geltungsanspruch⁷ und die große Belastung insbesondere für KMU bemängelt.⁸ Ferner wird moniert, die ISO-Norm würde gesetzliche Regelungen, Standards und Institute weder zusammenführen und harmonisieren noch ersetzen.⁹ Andererseits wird attestiert, das Papier sei „ganz hilfreich zum Nachschauen und Vergleichen"¹⁰ und grundsätzlich seien „Hilfestellungen zur Einführung und Umsetzung eines effektiven CMS [...] zu be-

---

[1] *Christoph E. Hauschka*, Von Normen und Normen – zur ISO 19600, CCZ 2015, 1 (1 f.).

[2] *Rolf Stober*, Compliance in der öffentlichen Verwaltung – Eine Anforderung zwischen moderner Governance und klassischem Verwaltungsethos, DVBl 2012, 391 ff.; *ders.*, in: Stober/Ohrtmann (Hrsg.), Compliance – Handbuch für die Öffentliche Verwaltung, 2015, § 1 I.

[3] *Rolf Stober*, Vertrauen ist gut – Compliance ist besser, Compliance Praxis 2014, 40 ff.

[4] Siehe dazu www.iso.org.

[5] Stellungnahme der Verbände zu ISO Normen im Bereich Compliance (DICO, BUJ FACHGRUPPE COMPLIANCE, BDCO), CCZ 2015, 21 ff.

[6] *Hauschka*, CCZ 2015, 1 (1 f.).

[7] *Hauschka*, CCZ 2015, 1 (1 f.).

[8] Stellungnahme der oben erwähnten Verbände (o. Fn. 5), CCZ 2015, 21 ff.

[9] Stellungnahme der oben erwähnten Verbände (o. Fn. 5), CCZ 2015, 21 ff.

[10] *Hauschka*, CCZ 2015, 1 (1 f.); ähnlich *Stefan Schmidt/Andreas Wermelt/Beate Eibelshäuser*, ISO 19600 aus der Sicht der Wirtschaftsprüfung, CCZ 2015, 18 ff.

grüßen"¹¹. Teilweise wird in der ISO 19600 sogar ein „überaus nützliches Hilfsmittel" bzw. ein „wirklich nützliches Nachschlagewerk" gesehen und man spricht von einem „Schatzkästlein mit Erläuterungen zu Umfang und Unternehmensbezogenheit eines individuellen Compliance-Systems [...] und Anregungen zur sinnvollen Ausgestaltung der bei dessen Aufbau zu berücksichtigenden Grundelemente"¹². Nach der Ansicht anderer Experten kann die ISO 19600 „die Basis für ein angemessenes und wirksames CMS im Sinne des IDW PS 980-Standards bilden" und „Hilfestellung geben, wie die Grundelemente eines CMS nach IDW PS 980 ausgestaltet werden können"¹³.

III. Hat die ISO 19600 das Ziel erreicht?

Wie ist dieses Meinungsspektrum zu bewerten? Bedenkt man, dass das Thema Compliance als komplex und kompliziert, als konfus und kostenrelevant wahrgenommen wird, dann leuchtet es ein, dass der neuen ISO 19600 Widerstand entgegengebracht und versucht wird, sich bei der Abarbeitung von Compliance-Problemen auf gesetzliche Vorgaben – wie etwa im Finanzmarktrecht – oder auf eingeführte Standards – wie den IDW PS 980 – zu konzentrieren. Allerdings fällt auf, dass selbst die Skeptiker in dem Urteil übereinstimmen, die ISO 19600 sei hilfreich und nützlich. Mit dieser positiven Umschreibung hat dieser Standard sein Ziel eigentlich schon erfüllt. Aber leider beschränken sich die Aussagen meistens auf diese pauschalen Hinweise, die nicht näher konkretisiert werden. Das soll Aufgabe der weiteren Ausführungen sein, die das Verständnis für die ISO 19600 fördern und für mehr Akzeptanz werben wollen. Dabei muss man sich darüber im Klaren sein, dass die systematische Erforschung der Querschnittsmaterie Compliance noch am Anfang steht mit der Folge, dass die Unternehmens-, Verwaltungs- und Beratungspraxis nur punktuell auf gesicherte Erkenntnisse zurückgreifen kann. Vor diesem Hintergrund ist es angebracht, die ISO 19600 zu hinterfragen und gleichzeitig gegenüber anderen Ansätzen offen zu sein, um einen möglichst hohen Fortschrittsgewinn für die Handhabung von Compliance-Systemen zu erreichen.

IV. Zur Entstehungsgeschichte der ISO 19600

In diesem Kontext ist an erster Stelle auf die beanstandete, weil missverstandene Entstehungsgeschichte der ISO 19600 einzugehen. Hierzu ist zu bemerken, dass ISO-Normen generell nicht mit staatlichen oder unionsrechtlichen Normen und den dort einzuhaltenden Legitimationsverfahren gleichgesetzt werden dürfen. Vielmehr liegt die gewollte Besonderheit dieser Regelschöpfung gerade darin, dass es sich um eine private Normorganisation handelt, die bewusst nicht an das enge staats-

---

[11] Stellungnahme der oben erwähnten Verbände (o. Fn. 5), CCZ 2015, 21 ff.

[12] *Eckart Sünner*, Von der Sorge für gesetzeskonformes Verhalten – Zugleich eine Besprechung des ISO-Entwurfs 19600, CCZ 2015, 2 (3 f.).

[13] *Schmidt/Wermelt/Eibelshäuser*, CCZ 2015, 18 (20).

rechtliche Korsett gebunden sein soll, um überhaupt internationale Rahmensetzungen zu ermöglichen.[14] Das ist die Folge einer neuen Konzeption auf dem Gebiet der Normung im Interesse einer verstärkten Harmonisierung.[15] Deshalb sind auch die Beteiligungsprozesse anders ausgestaltet. Man darf der ISO 19600 nicht vorwerfen, sie sei unter merkwürdigen Umständen entwickelt worden, weil ausweislich des Vorwortes – wie bei allen ISO-Normen üblich – alle Interessierten und Betroffenen über so genannte „ISO member bodies" oder „ISO technical committees" die Möglichkeit hatten, aktiv an der Gestaltung der Empfehlungen mitzuarbeiten. So waren im zuständigen Projektkomitee 271 Spezialisten aus Australien, VR China, Deutschland, Frankreich, Kanada, Malaysia, Niederlande, Österreich, Singapur, Spanien und der Schweiz vertreten und weitere Nationen wie etwa Großbritannien, Japan und die USA hatten Beobachterstatus. Insofern ähnelt das Vorgehen den DIN-Verfahren, deren formelle Verfahrensweise grundsätzlich nicht bezweifelt wird. Das dort übliche Procedere hat einen wesentlichen Vorteil gegenüber staatlichen Rechtsetzungen, weil es weniger um politische Forderungen oder politische Kompromisse geht, sondern um Fachleute und Sachverständige, die ihre beruflichen Erfahrungen einbringen, wodurch die Normakzeptanz erhöht wird. Diese Doppelspurigkeit kommt auch der öffentlichen Verwaltung zugute, die von der Sachkunde Privater profitieren kann. Zwar könnte man kritisieren, dass – soweit ersichtlich – keine Spezialisten der öffentlichen Verwaltung in die Entwicklung der ISO 19600 eingebunden waren. Dieses Defizit ist aber letztlich auf die einzelnen Staaten und ihre Einrichtungen zurückzuführen, die als potentielle Nutznießer Gelegenheit gehabt hätten, sich innerhalb des Verfahrens zu engagieren.

V. Zum Geltungsanspruch der ISO 19600

Da sich aus der dargestellten Entstehungsgeschichte kein ernsthafter Einwand gegen die Einführung der ISO 19600 ergibt, kann man sich der Vorhaltung zuwenden, diese Leitlinien verfolgten einen „maßlosen Geltungsanspruch". Diese Wendung enthält zwei Vorwürfe: dass dieser Standard überhaupt Geltung beanspruche und dass die Reichweite der Geltung unverhältnismäßig sei. Hinsichtlich des Geltungsanspruchs kann auf die bisherigen Ausführungen zurückgegriffen werden. Danach ist offensichtlich, dass privat entstandene Regelwerke ohne gesetzliche Anordnung keinerlei verpflichtende Wirkung entfalten.[16] Die ISO 19600 erhebt diesen Anspruch auch gar nicht, weil die publizierten Standards – ebenso wie DIN-Standards – lediglich Empfehlungscharakter besitzen,[17] die als Kodex guter Praxis wirken sollen. Darauf weist die Einführung zur ISO 19600 ausdrücklich hin, wenn es dort heißt: „This International Standard does not state requirements, but provides guidance

---

[14] *Rolf Stober*, Wirtschaftsverwaltungsrecht, 18. Aufl. 2015, § 29 IV 2 c.
[15] Siehe auch *Matthias Ruffert*, in: Hoffmann-Riem/Schmidt-Aßmann/Voßkuhle, Grundlagen des Verwaltungsrechts, 2. Aufl., Bd. I (2012), § 17 A IV 6 b, Rdnrn. 86 ff.
[16] *Ruffert* (o. Fn. 15), § 17 A IV 6 b, Rdnrn. 89 f.
[17] BGHZ 139, 16.

on compliance management systems". Diese Sichtweise wird noch durch die Formulierung im ISO 19600-Titel unterstützt, wonach es sich um „Guidelines" und um „recommanded practices and not mandatory requirements" handelt. Daraus folgt, dass die ISO 19600 hinsichtlich der Anwendung und Umsetzung eher bescheiden und zurückhaltend ist. Schon deshalb ist nicht ersichtlich, weshalb der Standard angesichts seiner niedrigen Erwartungen an den Adressatenkreis das ihm beigelegte Attribut „maßlos" erfüllen soll. Würde man dieses Kriterium ernst nehmen, dann träfe es auf jede ISO-Norm und jede andere internationale Regelung Privater zu. Diese Ansicht wird aber nicht vertreten. Im Gegenteil.

Die ISO 19600 ist schon deshalb maßvoll, weil sie durchgehend auf dem Grundsatz der Proportionalität beruht (siehe etwa Ziffer 1) und damit eine rechtsstaatlich geprägte Leitlinie übernimmt, die ohnehin das gesamte Compliance-Recht durchzieht und durchgehend für die öffentliche Verwaltung gilt. Insbesondere ist sie im Gegensatz zu begrenzt wirkenden staatlichen oder unionsrechtlichen Normierungen ein geeignetes Modell, weil die universale Ausgestaltung es gestattet, Leitlinien zu etablieren, die sonst nicht zustande kämen. Das trifft vor allem für unterschiedliche Verwaltungstypen in den einzelnen Staaten zu. Ihr weiterer Verdienst liegt darüber hinaus darin, dass sie auch rechtskreisübergreifend eingesetzt werden kann, weil sie Ansätze aus den beiden großen Rechtsfamilien (anglo-amerikanischer und kontinental-europäischer Rechtskreis) kombiniert. Die ISO 19600 ist ferner zumutbar, weil sie nicht einseitig belastend auf die Adressaten einwirkt, sondern ihnen verschiedene freibleibende Optionen und Wahlmöglichkeiten eröffnet und damit zahlreiche Alternativen zur individuellen Ausgestaltung eines Compliance-Systems anbietet.

VI. Die ISO 19600 im Systemwettbewerb

Die Hervorhebung der Unverbindlichkeit der ISO 19600 darf aber weder unterschätzt noch als Schwäche ausgelegt oder juristisch falsch interpretiert werden. Denn die Publikation und Verbreitung dieser „Guidelines" kann mittelfristig zu einer schleichend wachsenden faktischen Verbindlichkeit der Empfehlungen führen. Diese Wirkung eines faktischen Anwendungszwangs[18] ist von DIN-Regeln bekannt, die ebenfalls nicht auf einer verpflichtenden Grundlage beruhen, aber gleichwohl wie gültige Normen umgesetzt und praktiziert werden. Erinnert sei ferner an die Empfehlungen nach Ziffer 5.2 Abs. 2 und 5.3.2 Deutscher Corporate Governance Kodex (DCGK), die alle börsennotierten Unternehmen befolgen.[19] So verstanden ist die ISO 19600 ein Compliance-System, das im Wettbewerb mit anderen Compliance-Modellen steht, wobei letztlich die Praxis über den Erfolg der Durchsetzung entscheidet. Diese Konkurrenz kann – wie sich aus der Erwähnung von „judical bodies" in der Einführung entnehmen lässt – auch die Spruchpraxis der Judikative be-

---

[18] *Stober* (o. Fn. 14), § 29 IV 2 c.
[19] *Sünner*, CCZ 2015, 2 (2 ff.).

einflussen, die über die im technischen Sektor gebräuchliche Rechtsfigur des antizipierten Sachverständigengutachtens auf diese Standards zurückgreifen kann.[20]

VII. Die ISO 19600 als Weiterentwicklung bewährter Management-Systeme

Die Behauptung, die ISO 19600 stelle eine große Belastung für Unternehmen dar und führe zu weiterem Aufwand ist schon deshalb fraglich, weil sich Unternehmen in einem markt- und wettbewerblich organisierten Wirtschafts- und Rechtssystem dem Wettbewerb von Standards nicht entziehen können, sondern stellen müssen. Unabhängig davon ist die Belastungsthese kaum haltbar, weil die Leitlinien das Gegenteil anstreben und auf eine Entlastung bei der Einrichtung und Umsetzung von Compliance-Funktionen gerichtet sind. So ist auch an dieser Stelle hervorzuheben, dass die Guidelines mindestens teilweise auf typischen Anforderungen des Qualitätsmanagements beruhen, die heute in den meisten Firmen Bestandteil der Unternehmensstrategie und -philosophie sind. Insoweit berücksichtigt die Kritik zu wenig, dass es sich bei der ISO 19600 um die konsequente Weiterentwicklung mehrerer bewährter internationaler Standardisierungen handelt. Denn letztlich gehört sie zur Familie anderer Management-Systeme wie etwa der ISO 9001 oder der dazu gehörigen Audit-Norm 19011 sowie der ISO 31000 (Risk-Management). Auf diesen wichtigen Zusammenhang wird sowohl im zweiten Schaubild der Einführung zur ISO 19600 als auch in der angehängten Bibliographie ausdrücklich hingewiesen. Insofern ist die unternehmerische Einlassung auf die ISO 19600 lediglich ein weiterer konsequenter Schritt auf einem bekannten Terrain. Zusätzlich wird es wegen der Möglichkeit der Übernahme des in dem KAIZEN-Beratungskonzept und dem Deming-Rad[21] angelegten vierphasigen Problemlösungsprozesses PDCA(Plan, Do, Check, Act)-Zyklus oder der sog. Vierschritt-Methode auch KMU relativ leicht gemacht, ein praktikables und auf individuelle Bedürfnisse zugeschnittenes CMS zu etablieren.[22] Betrachtet man sich im Rahmen der Einführung zur ISO 19600 die visualisierte Darstellung des CMS, dann leuchtet ohne Weiteres ein, dass Organisationen, „who have not adopted [...] a compliance management framework can easily adopt this International Standard as stand-alone guidance". Darüber hinaus entfällt eine zusätzliche Belastungswirkung von Unternehmen, weil die Kernelemente dieser Empfehlungen bereits intra- und interdisziplinär bekannt sind. Man denke nur an die ISO 27001 oder an die ISO 28000, die jeweils Spezifikationen zum Sicherheitsmanagement enthal-

---

[20] *Ruffert* (o. Fn. 15), § 17 A IV 5 d, Rdnrn. 27 ff.

[21] *W. E. Deming*, Out of the Crisis, Massachusetts Institute of Technology, 1982, S. 88; *Bartosz Makowicz*, Wie ISO-bereit ist Ihr CMS?, Compliance Praxis 2014, 32 (34); siehe zu einer ähnlichen Darstellung *Thomas Faust*, Compliance Management in öffentlichen Verwaltungen, Innovative Verwaltung 10/2013, 28 (28 f.).

[22] Siehe auch *Rolf Stober*, Compliance in der öffentlichen Verwaltung und in öffentlichen Unternehmen, in: Curti/Effertz (Hrsg.), Die ökonomische Analyse des Rechts (Festschrift Adams), 2013, S. 85 ff.

ten, die ferner Gegenstand des BSI-Standards zum Managementsystem für Informationssicherheit wurden. Damit steht fest, dass die ISO 19600 für die Unternehmenspraxis nichts Neues ist, wenn man die einzelnen Wurzeln betrachtet. Vielmehr ist dieser Standard lediglich die modifizierte Ausprägung eines Management-Konzepts, das die qualitative Sicherung normgerechten Verhaltens bezweckt.

VIII. ISO 19600 und IDW PS 980

Mit dieser Feststellung ist noch nicht geklärt, wie sich ISO 19600 und IDW PS 980 zueinander verhalten. Die Beantwortung dieser Frage ist insbesondere für öffentliche Unternehmen elementar, soweit sie von Wirtschaftsprüfungsgesellschaften testiert werden müssen. Hierzu ist zu bemerken, dass der von deutschen Wirtschaftsprüfern favorisierte Standard auf sieben Elementen beruht, die schon hinsichtlich der Reihenfolge der einzelnen Prüfstationen unstrukturiert wirken und den nicht spezialisierten Compliance-Laien verwirren. So gehören Compliance-Kultur und Compliance-Ziele thematisch-inhaltlich zusammen, weil Unternehmensziele ohne Beachtung einer Unternehmenskultur kaum vorstellbar sind. Ferner muss sich das Unternehmen zunächst mit den Compliance-Risiken auseinandersetzen, bevor an die Organisation von Compliance gedacht wird. Denn Art und Umfang der Compliance-Organisation sind abhängig von der Ermittlung der für das jeweilige Unternehmen spezifischen Risiken. Wegen unterschiedlicher Darstellungen im Schrifttum ist ferner unklar, welche Rolle die Compliance-Kultur in der Gesamtkonzeption des IDW PS 980 spielt. Steht die Kultur im Zentrum oder handelt es sich um einen Punkt in einer bestimmten Abfolge? Außerdem ist logisch und sachlich kaum nachvollziehbar, weshalb die Kategorien Überwachung und Verbesserung unter einer Rubrik zusammengefasst werden. Denn im Vordergrund der Überwachung stehen die Instrumente Kontrolle und Sanktionierung, die losgelöst von einer denkbaren Optimierung als Folge der Überwachung zu sehen sind. Nachteilig ist schließlich, dass der Standard keine grenzüberschreitende Dimension aufweist, sondern gegenständlich auf die Wirtschaftsprüfung in Deutschland fixiert ist und sich nur an den Berufsstand der Wirtschaftsprüfer richtet. Demgegenüber weist die ISO 19600 den Vorteil auf, dass sie im Kern nur auf den genannten vier Schritten beruht und eine starke Vereinfachung gegenüber dem Wirtschaftsprüfer-Konzept bedeutet, ohne dass es dabei zu einem Compliance-Substanzverlust kommt. Legt man nämlich beide Standards nebeneinander, dann ergibt sich folgendes Bild: Die Elemente, Kultur, Ziele und Risiken fallen unter die Analysephase. Die Umsetzungsphase erfasst die Punkte Programm, Kommunikation und Organisation, während die Überwachung getrennt von der vierten Phase geprüft werden muss, die Bestandteil des Change-Managements ist. Aus dieser Warte wird schließlich deutlich, dass die ISO 19600 entgegen anders lautender Kritik Compliance-Empfehlungen zusammenführt und in ein überzeugendes System integriert, das wegen seines gewollten Harmonisierungscharakters durchaus in der Lage ist, bisherige Compliance-Systeme zu ersetzen.

IX. ISO 19600 als Motor zur Konkretisierung von Verkehrsfreiheiten

Kann man bei dieser Ausgangslage noch einwenden, die Unternehmen bräuchten die ISO 19600 nicht? Diese Einlassung verkennt das Hauptanliegen dieser Leitlinien, denen gerade für Unternehmen in der Bundesrepublik und in der Europäischen Union zentrale Bedeutung zukommt. Der globalisierte Waren-, Dienstleistungs- und Kapitalverkehr sowie unterschiedliche ökonomisch und ethisch-kulturelle Vorverständnisse führen naturgemäß dazu, dass auf unterschiedlichen Werten basierende Regelwerke bewusst oder unbewusst nicht beachtet werden. Deshalb müssen insbesondere export- und importorientierte Nationen, Wirtschaftsgemeinschaften und international agierende Unternehmen im Interesse der Funktionsfähigkeit von Volkswirtschaften und Einzelmärkten darauf achten, dass bei grenzüberschreitenden Transaktionen bestehende Normvorstellungen eingehalten werden. In dieser Situation sind internationale Standards ein unabdingbares Instrument, um weltweit einheitliche Leitlinien für saubere Geschäfte zu setzen und in die jeweiligen Unternehmensprozesse zu integrieren.

X. ISO 19600 zur Verbesserung exekutiver Regelkonformität

Bislang wurde insbesondere herausgearbeitet, dass die ISO 19600 für Privatunternehmen vorteilhaft sein kann. Wie sieht es aber mit dem Mehrwert dieses Standards für die öffentliche Hand aus?[23] Die Antwort hängt von der Erfüllung zweier Bedingungen ab. Zum einen ist zu untersuchen, ob die privatrechtliche fundierte Standardsetzung eine für die Exekutive relevante Rechtsquelle sein kann. Insoweit wird daran erinnert, dass es sich bei ISO-Regelwerken um einen umstrittenen Rechtsetzungsmodus des Internationalen Verwaltungsrechts handle.[24] In diesem Zusammenhang muss man sich aber vergegenwärtigen, dass diese Standards lediglich Empfehlungscharakter besitzen und damit die Exekutive der einzelnen Staaten nicht zur Anwendung zwingen. Bei einer freiwilligen Übernahme ist aber kein Grund ersichtlich, weshalb die ISO 19600 nicht als ergänzende Regelsetzung begriffen werden kann, die das Potential hat, der Verwaltung neue Impulse für die Exekutivtätigkeit zu geben.[25] Zum anderen sind die möglichen Auswirkungen auf die Erscheinungsformen der Verwaltung zu prüfen, die man in vier Kategorien einteilen kann:

– Erledigung typischer Verwaltungsaufgaben,

– Infrastrukturelle Daseins- und Zukunftsvorsorge,

– Öffentliche Auftragsvergabe und

– Erwerbswirtschaftliche Betätigung.

---

[23] Siehe dazu *Stober*, in: ders./Ohrtmann (o. Fn. 2).
[24] *Ruffert* (o. Fn. 15), § 17 A IV 6 b, Rdnr. 91 m. w. N.
[25] *Ruffert* (o. Fn. 15), § 17 A IV 6 b, Rdnr. 93.

Aus der Compliance-Perspektive ist die zuletzt genannte Rolle der öffentlichen Hand am zweifelhaftesten, weil sie mit Grundrechten der Staatsbürger und Unternehmen, mit dem Prinzip der Abgabenhoheit und mit Kompetenzverteilungen kollidieren kann.[26] Hier kann eine Analyse des Geschäftsmodells auf der Basis der ISO 19600 dazu beitragen, dass sich die Einrichtung mehr auf ihren konkreten öffentlichen Auftrag besinnt und nicht in einen privilegierten Wettbewerb mit Privatunternehmen tritt. Der Verwaltungsbereich der Daseinsvorsorge steht in einem engen Zusammenhang mit der öffentlichen Auftragsvergabe, weil in diesem Sektor viele Leistungen eingekauft werden, welche die Exekutive nicht selbst bereitstellen will oder kann. Es leuchtet ein, dass auf diesem Feld zahlreiche Compliance-Gefahren drohen, weil Unternehmen versuchen, Einfluss auf das Vergabeverfahren zu nehmen.[27] Bei der Vergabe kommt es entscheidend darauf an, dass die Voraussetzungen des § 97 Abs. 4 GWB eingehalten werden. In diesem Kontext ist an eine neue Entwicklung zu erinnern, wonach die Vergabestellen in Zweifelsfällen prüfen müssen, ob eine Vergabesperre entfällt oder zeitlich verkürzt werden kann, weil das betroffene Unternehmen sich einem sog. Selbstreinigungsprozess i. S. v. Art. 57 Abs. 6 RL 2014/24/EU unterzogen hat und damit auftragsadäquate Compliance-Voraussetzungen erfüllt.[28] Die öffentliche Auftragsvergabe ist der klassische Anwendungsfall, bei dem die öffentliche Hand und Privatunternehmen miteinander kooperieren, um Staat, Selbstverwaltung und andere Verwaltungsträger mit Gütern und Dienstleistungen zu versorgen. Darüber hinaus ist ein wirksames CMS auch für andere Formen der Public-Private-Partnership hilfreich, die im Einzelfall bis zu einer Police-Private-Partnership reichen kann.[29] Es leuchtet ein, dass je intensiver eine Zusammenarbeit mit Privaten im schlicht-hoheitlichen und hoheitlichen Bereich stattfindet und je intensiver sich die Verwaltungstätigkeit grenzüberschreitend auswirkt, um so mehr darauf geachtet werden muss, dass die Vertragspartner gemeinsam identifizierte und international gebräuchliche Compliance-Regeln einhalten, wie sie mustergültig in der ISO 19600 vorgesehen sind.[30] Deshalb liegt es nahe, die dort enthaltenen Empfehlungen und das Vorhandensein eines CMS generell als Präqualifikationsvoraussetzung für eine Zusammenarbeit der öffentlichen Hand mit Privaten vorzusehen.

Mit diesen Ausführungen ist nur noch der Sektor der eigentlichen öffentlich-rechtlichen und hoheitlichen Verwaltungstätigkeit zu beleuchten, bei der es um

---

[26] *Stober* (o. Fn. 14), § 24 V.
[27] *Sven-Joachim Otto/Christian F. Fonk*, Haftung und Corporate Compliance in der öffentlichen Wirtschaft – Aspekte der Haftungsvermeidung aus Sicht kommunaler Unternehmen, CCZ 2012, 161 ff.; *Nicola Ohrtmann*, in: Stober/Ohrtmann (Hrsg.), Compliance Handbuch (o. Fn. 2), § 16.
[28] Grünbuch über die Modernisierung des öffentlichen Auftragswesens, KOM(2011) 15 endg. vom 27.1.2011, S. 59; *Hans-Joachim Prieß/Roland M. Stein*, Vergaberechtliche Compliance – Das Institut der Selbstreinigung, Compliance-Berater 2014, 72 ff.
[29] *Rolf Stober*, in: Stober/Olschok/Gundel/Buhl (Hrsg.), Managementhandbuch Sicherheitswirtschaft und Unternehmenssicherheit, 2012, A Rdnr. 67.
[30] Siehe auch *Ruffert* (o. Fn. 15), Rdnr. 93.

die Anwendung formellen und materiellen Verwaltungsrechts geht. Jenseits spezialgesetzlich vorgeschriebener Konformitätsbestimmungen wie etwa in Befangenheitsregelungen darf auch in diesem Kernbereich die elementare Bedeutung von Compliance-Systemen aus verwaltungsinterner und verwaltungsexterner Perspektive nicht unterschätzt werden.[31]

Verwaltungsintern ist Ausgangspunkt der Überlegungen die nicht hinweg denkbare und bereits angesprochene Tatsache, dass Amtsträger unbeschadet der ihnen übertragenen Amtspflichten und des bestehenden Amtsethos bei der Wahrnehmung von Verwaltungsaufgaben gelegentlich Vorschriften missachten.[32] Insoweit richtet sich ein CMS zunächst und primär an die Personalverwaltung und die Personalführung.[33] Darüber hinaus bestehen erfahrungsgemäß erhöhte Risiken und Gefahrenpotentiale bei anderen administrativen Unterstützungsprozessen, bei denen das ordnungsgemäße Verhalten der Bediensteten ebenfalls eine Rolle spielt. Das betrifft vornehmlich die IT- und Datenschutz-Compliance[34] sowie die Haushalts- und Finanz-Compliance[35]. Der verwaltungsinterne Vorteil eines funktionierenden CMS als international anerkannter Guideline gewinnt ferner im Rahmen der zunehmenden Verbundverwaltung und der sog. verstärkten Zusammenarbeit mit EU-Organisationen an Gewicht, weil es wegen der dort enthaltenen klar definierten und beschriebenen Vorgaben die Verwaltungskooperation erleichtern und beschleunigen kann. Nichts Anderes gilt für die völkerrechtliche Compliance, die darauf abzielt, dass die Völkerrechtsgemeinschaft auf die Einhaltung eines Mindestmaßes an Rechtsregeln angewiesen ist. Insbesondere universal anwendbare und rechtskreisübergreifend einsetzbare Empfehlungen wie die ISO 19600 können maßgeblich dazu beitragen, dass einschlägige Regeln einheitlich verstanden und praktiziert werden. Schließlich besteht die Chance, dass die Einführung eines verwaltungsrechtlichen CMS in Gestalt der erörterten Vierschritt-Methode unter dem Blickwinkel „Act" ein methodischer Ansatz für eine Weiterentwicklung und Optimierung bestehender Verwaltungsabläufe ist, mit dessen Hilfe die mit CMS gewonnenen Verwaltungserfahrungen in künftige Verwaltungsprozesse einfließen.[36]

Verwaltungsextern ist die Einrichtung eines CMS nach ISO 19600 zur Aufgabenerfüllung gegenüber Bürgern und Unternehmen zweckmäßig. An erster Stelle sind die Empfehlungen geeignet, einen wirksamen Beitrag zu dem unionsrechtlich verbürgten Recht auf gute Verwaltung i. S. v. Art. 41 GR-Charta zu leisten. Denn immerhin bezwecken die Guidelines ausweislich der Einführung die Setzung von Stan-

---

[31] Siehe zu dieser Differenzierung *Stober*, in: Stober/Ohrtmann (o. Fn. 2), § 1 IV.

[32] *Detlef Merten*, in: Stober/Ohrtmann (o. Fn. 2), § 3; *Wolfgang J. Schaupensteiner*, in: von Arnim (Hrsg.), Korruption, 2003, S. 178.

[33] *Anja Mengel/Anna Köhn*, in: Stober/Ohrtmann (o. Fn. 2), § 17.

[34] *Jan-Peter Ohrtmann*, in: Stober/Ohrtmann (o. Fn. 2), § 18.

[35] *Wiebke Aust*, in: Stober/Ohrtmann (o. Fn. 2), § 19.

[36] Siehe *Rolf Stober*, Compliance – eine alternative Methode des Rechts?, in: Ewer/Ramsauer/Reese/Rubel (Hrsg.), Methodik – Ordnung – Umwelt (Festschrift Hans-Joachim Koch), 2014, S. 91 ff.

dards für „good corporate governance, best practices, ethics and community expectations"[37].

Abgesehen von dieser generalistischen Relevanz ist die ISO 19600 in der Lage, Hilfestellung bei der Bewältigung zahlreicher Verwaltungsfachaufgaben zu geben, die nachfolgend nur stichwortartig und exemplarisch aufgeführt werden können. Insofern ist daran zu erinnern, dass partiell in einzelnen Rechtsbereichen öffentlich-rechtlich fundierte Rechtspflichten zur Etablierung eines CMS bestehen. Das gilt vornehmlich für diverse Ausschnitte des Wirtschaftsverwaltungs- und Regulierungsrechts,[38] weshalb es sich systematisch bei diesen Verwaltungsfeldern um eine konstitutive Compliance handelt. Sie zeichnet sich dadurch aus, dass bestimmte Behörden kraft Gesetzes beauftragt sind, das Geschäftsgebaren von Privaten unter Compliance-Gesichtspunkten zu kontrollieren. Man denke nur an die detailliert normierte Finanz- und Kapitalmarktrechts-Compliance oder an die Umweltrechts-Compliance.[39] So kann die BaFin unter Heranziehung der ISO 19600 in Verbindung mit den von ihr aufgestellten Verhaltensregeln feststellen, ob Kreditinstitute eine Compliance-Funktion eingeführt und die einzelnen Vorgaben umgesetzt haben, die sich unter anderem aus dem Geldwäschegesetz, dem Wertpapierhandelsgesetz und dem Kapitalanlagengesetzbuch ergeben. Ein weiteres, bislang nur rudimentär normiertes Feld ist die Überwachung der Einhaltung der außenwirtschaftlich motivierten Exportkontroll- und Zollgesetze, die in Codes of Conduct im Zusammenwirken mit Ausfuhrverantwortlichen eine Rolle spielen. Bei dieser Gelegenheit ist darauf hinzuweisen, dass die für die Verfolgung von Ordnungswidrigkeiten zuständige Behörde nach § 22 Abs. 4 Satz 1 AWG zu prüfen hat, ob der Verstoß im Wege der Eigenkontrolle aufgedeckt wurde und inwieweit angemessene Maßnahmen zur Verhinderung eines Verstoßes aus gleichem Grund getroffen wurden. Diese Formulierung umschreibt im Kern, ob ein wirksames CMS vorgelegen hat, das zur Nichtverfolgung der begangenen Ordnungswidrigkeit führt und damit einen Anreiz bietet, ein derartiges System vorzuhalten. Neben dem Wirtschaftsüberwachungsrecht hat ein CMS im Bereich der Wirtschaftsförderung das Ziel, eine Fehlleitung von Haushaltsmitteln zu vermeiden. Deshalb existieren Verpflichtungen, deren strikte Einhaltung von Subventionsempfängern unter dem Aspekt der sog. Cross-Compliance verlangen, bestimmte Anforderungen wie etwa Best Practice Standards zu beachten.[40]

XI. Fazit

Die Ausführungen haben gezeigt, dass die im Text der ISO 19600 mehrfach erwähnten Kernwerte der Compliance-Guidelines nur unzureichend wahrgenommen

---

[37] Siehe näher *Markus Thiel*, in: Stober/Ohrtmann (o. Fn. 2), § 4.
[38] *Jörg Ennuschat*, in: Stober/Ohrtmann (o. Fn. 2), § 20 I.
[39] *Klaus Meßerschmidt*, in: Stober/Ohrtmann (o. Fn. 2), § 23.
[40] VO 640/2014/EU; VO 809/2014/EU; *Volkmar Götz*, 50 Jahre Gemeinsame Agrarpolitik, JZ 2012, 53 (58 f.).

und kaum problematisiert werden. Der eigentliche Fortschritt gegenüber dem IDW PS 980 liegt darin, dass die ISO-Empfehlungen nicht nur die Einführung und Umsetzung von Compliance vereinfachen, erleichtern und beschleunigen, sondern auch der öffentlichen Verwaltung individuelle Lösungen gestatten und damit verwaltungsintern und verwaltungsextern einen gangbaren Weg zu einer universal einsetzbaren Regelkonformität offerieren.

Kirche(n) und Staat im demokratischen Verfassungsstaat – Grundlagen und aktuelle Probleme

Von *Peter Unruh*

I. Einleitung

Im Zuge von Säkularisierung und Pluralisierung, auch Individualisierung und Ökonomisierung der Gesellschaft seit dem zweiten Drittel des 20. Jahrhunderts ist das Verhältnis von Staat und Religion nachhaltig in den Fokus nicht nur der juristischen Fachöffentlichkeit geraten. Wenige Schlagworte wie „Kruzifix in der Schule", „Kopftuch" oder „Beschneidung" zeigen an, welches gesamtgesellschaftliche Konfliktpotential in diesem Thema liegt. Inzwischen gilt dieser Befund auch für das Verhältnis von Staat und Kirche(n). Dieses Problemfeld kann in einem Drei*schritt* bzw. in einem Drei*sprung* durchmessen werden. Der erste Sprung führt in das Feld der historischen Grundlagen. Hier wird in drei Teilsprüngen der Zeitraum von zwei Jahrtausenden überblickt. Im Anschluss werden die religionsverfassungsrechtlichen Rahmenbedingungen in ihrem Fundament und in zwei tragenden Säulen skizziert. Der dritte Sprung führt über drei besonders aktuelle Themen. Die – hoffentlich sichere – Landung erfolgt bei abschließenden Bemerkungen.[1]

II. Historische Grundlagen

Das Phänomen der Religion ist ebenso untrennbar mit der Geschichte der Menschheit verbunden wie das Phänomen der weltlichen Herrschaft. Über weite Strecken der europäischen Geschichte stellte die Bestimmung des Verhältnisses von Staat und Kirche(n) – von imperium und sacerdotium – das Grundproblem der Verfassungstheorie und des Verfassungsrechts dar. Das aktuelle Verhältnis von Kirche(n) und Staat – einschließlich des aktuellen verfassungsrechtlichen Rahmens

---

[1] Da der Jubilar in seiner Göttinger Zeit dem Verfasser gegenüber seinem Erstaunen über verstörende Ereignisse im akademischen oder weltpolitischen Bereich zumeist mit dem Ausruf „Gütiger Gott!" Ausdruck verlieh, ist ein ihn ehrender Beitrag zum Thema Staat und Religion zwingend geboten.

für dieses Verhältnis – kann daher nur auf der Grundlage einer zumindest rudimentären Kenntnis seiner historischen Entwicklung begriffen werden.[2]

1. Antike und Mittelalter

In der vorchristlichen *Antike*, so auch in Rom, bildeten weltliche Herrschaft und Religion eine untrennbare Einheit. Gleichwohl zeigte sich das römische Imperium tolerant gegenüber den Religionen unterworfener Völker, wenn und soweit der römische Staatskultus zumindest formal anerkannt wurde. Das universal angelegte und ausgerichtete Christentum jedoch wurde als Bedrohung für den Zusammenhalt des römischen Imperiums empfunden. Nachdem die massiven Christenverfolgungen – mit einem letzten Höhepunkt zu Beginn des 4. Jahrhunderts – keinen Erfolg zeitigten, und nicht zuletzt aufgrund der zunehmenden Instabilität des zerfallenden spätrömischen Reiches, kam es im weiteren Fortgang des 4. Jahrhunderts zur sog. Konstantinischen Wende, die mit der Erhebung des Christentums zur römischen Staatsreligion im Jahr 380 endete. Damit wurde zugleich das für Jahrhunderte maßgebliche Bündnis von Thron und Altar zementiert. Art und Umfang von Herrschaft waren künftig zwischen Kaiser und Papst auszutarieren.

Das gesamte *Mittelalter* ist geprägt vom Ringen beider Seiten um die Vorherrschaft. Den theoretischen Rahmen lieferte die sog. Zwei-Schwerter-Lehre. Danach wird die Welt durch zwei Gewalten regiert: die Autorität der Kirche und die Macht des Monarchen. Während die weltliche Seite zunehmend die Suprematie der kaiserlichen Gewalt einforderte, fußte die gegenläufige Auslegung der Kirche auf der These, dass die geistliche Gewalt, weil auf das jenseitige Heil gerichtet, gegenüber der weltlichen Macht höherrangig sei. In der Praxis konnten allerdings die weltlichen Herrscher einen zunehmenden Einfluss auf die Kirche gewinnen. Schon unter Karl dem Großen (747/48–814) fand eine Verschmelzung von imperium und sacerdotium statt, die vor allem unter Otto dem Großen (936–973) perfektioniert wurde. Gegen diese Verzahnung wandte sich die kirchliche Reformbewegung des 10.–12. Jahrhunderts, die vom Kloster Cluny ihren Ausgang nahm und unter dem Motto „libertas ecclesiae" nicht nur die Befreiung der Kirche von staatlicher Bevormundung, sondern die Überordnung der geistlichen über die weltliche Macht verlangte. Das Verbot der Laieninvestitur in den sog. Dictatus Papae von Papst Gregor VII. aus dem Jahre 1075 löste den sog. Investiturstreit aus. Er endete im Jahre 1122 mit dem Wormser Konkordat, das der Kirche eine von der weltlichen Macht unabhängige Investitur der Bischöfe garantierte.[3] Zu einer dauerhaften Durchsetzung des uneingeschränkten kirchlichen Führungsanspruchs ist es aber nicht mehr gekommen. Das politische Gewicht der Kirche wurde extern durch die zunehmende Bedeutung der sich ab dem

---

[2] Ebenso u. a. *Christian Waldhoff*, Die Zukunft des Staatskirchenrechts, in: Kämper/Thönnes (Hrsg.), Essener Gespräche zum Thema Staat und Kirche 42 (2008), S. 55 (59). Zum Folgenden *Peter Unruh*, Religionsverfassungsrecht, 3. Aufl. 2015, Rdnrn. 14 ff.

[3] Zum Investiturstreit und seiner Bedeutung für die Rechtsentwicklung siehe *Harold J. Berman*, Recht und Revolution. Die Bildung der westlichen Rechtstradition, 1991, S. 154 ff.

13. Jahrhundert herausbildenden Territorialstaaten, und intern durch das große Schisma mit Päpsten in Rom und Avignon (1378–1417) sowie mit der Bewegung der Reformkonzilien ab dem 15. Jahrhundert geschwächt. So konnte sich die weltliche Gewalt im weiteren Verlauf des Mittelalters weit gehende Aufsichts- und Verwaltungsrechte über die Kirche und ihr Vermögen verschaffen.

Insgesamt blieb im Mittelalter das Grundsatzproblem der Zuordnung von weltlicher und geistlicher Macht unaufgelöst; die Universalansprüche beider Seiten waren gescheitert.

2. Von der Reformation bis zum Umbruch von 1918

Die durch Martin Luthers Thesen wider den Ablass vom Oktober 1517 angestoßene *Reformation* hat zu einer nachhaltigen Glaubensspaltung zunächst in den deutschen Territorien, dann auch in ganz Europa geführt. Da jedoch weiterhin die Einheit von weltlicher Herrschaft und Religion wie selbstverständlich vorausgesetzt wurde, führte diese Glaubensspaltung zugleich zu einer tief gehenden „Verfassungsstörung" im Reich. Sie wurde zunächst durch die beiden verbindlichen Rechtstexte des Augsburger Religionsfriedens und des Westfälischen Friedens beigelegt.

Die grundlegende Bedeutung des *Augsburger Religionsfriedens* aus dem Jahr 1555 bestand in der Errichtung einer Koexistenzordnung für die sich gegenseitig ausschließenden Konfessionen der Katholiken und der Lutheraner.[4] Zwei Kernelemente des Augsburger Religionsfriedens sind dafür entscheidend. Mit dem *ius reformandi* wurde den Reichsständen das Recht zuerkannt, ihre Konfession zu wechseln und den Bekenntnisstand sowie die Ordnung der Kirche in ihrem Territorium zu bestimmen. Dieses Recht ist später mit der Formel „cuius regio eius religio" umschrieben worden. Das korrespondierende *ius emigrandi* gewährte allen andersgläubigen Untertanen das Recht, ohne spürbaren Vermögensverlust auszuwandern. Anders als in den übrigen europäischen Staaten wurde die konfessionelle Geschlossenheit also nicht auf gesamtstaatlicher Ebene, sondern in den einzelnen Territorien hergestellt. Im Ergebnis kam es zu einer „föderalistischen Lösung der Bekenntnisfrage".[5]

Der Augsburger Religionsfriede vermochte den schwelenden Konflikt zwischen den Konfessionen jedoch nicht dauerhaft in friedlichen Bahnen zu halten. Dieser Konflikt entlud sich im für Deutschland verheerenden Dreißigjährigen Krieg, der durch die Dokumente des *Westfälischen Friedens* aus dem Jahre 1648 beendet werden konnte. Unter Einbeziehung der Reformierten (vor allem der Calvinisten) wurde der Kompromiss von 1555 fortgeschrieben und präzisiert. Auch auf dieser Grundlage blieben Konfessionszwang und konfessionelle Geschlossenheit der Territorien bis

---

[4] Siehe dazu *Martin Heckel*, Der Augsburger Religionsfriede, JZ 2005, 961 ff.

[5] *Bernd Jeand'Heur/Stefan Korioth*, Grundzüge des Staatskirchenrechts, 2000, Rdnr. 15.

zum Ende des alten Reiches (1806) erhalten; ihre Auswirkungen sind z. T. bis heute erkennbar.[6]

Die Fortentwicklung des Verhältnisses von Staat und Kirche im *17. und 18. Jahrhundert* fand nicht auf der Ebene des Reiches, sondern in den Territorien statt. Insofern ist zwischen den evangelischen und den römisch-katholischen Gebieten zu unterscheiden. In den *evangelischen Gebieten* entstand durch den Wegfall der katholisch-universalistischen Kirchenverfassung ein Vakuum in der Wahrnehmung der Bischofsrechte, das die Landesherren als „Notbischöfe" ausfüllen sollten und wollten. Als solche übten sie nicht nur die externe Kirchenaufsicht aus, sondern sie wurden zu veritablen Inhabern der Kirchengewalt. Diese für die evangelischen Kirchen bis 1918 maßgebliche Konstellation erhielt alsbald die Bezeichnung „Landesherrliches Kirchenregiment".[7]

Die Geschichte des 19. Jahrhunderts kann dann aus evangelischer Sicht als Prozess der fortschreitenden organisatorischen Verselbstständigung beschrieben werden. Nach dem Aufbrechen der konfessionellen Geschlossenheit der Territorien im Zuge der Neuordnung des Reichsgebietes nach dem Wiener Kongress wurde auch hier eine deutlichere Unterscheidung zwischen Staat und Religion erforderlich. Neben die Verselbstständigung der für die Kirchen zuständigen staatlichen Behörden (Konsistorien, Oberkirchenrat) trat die Verselbstständigung des evangelischen Kirchenverfassungsrechts, die zur Bildung von Synoden und den Anfängen einer eigenen kirchlichen Gesetzgebung führte. Im Ergebnis war schon gegen Ende des 19. Jahrhunderts die institutionelle Trennung von staatlicher und kirchlicher Administration erreicht.

In den *katholischen Territorien* entwickelte sich ein Spannungsverhältnis zwischen dem umfassenden Herrschaftsanspruch der Territorialfürsten und dem universalistischen Anspruch des Papsttums. Die staatliche Bevormundung der katholischen Kirche erreichte ihren Höhepunkt mit dem sog. Josephinismus, der in Österreich mit den Regentschaften von Maria Theresia (1740–1780) und von Joseph II. (1780–1790) verbunden ist. Hier wurde die Kirche als ausschließlich staatlichen Zwecken dienende Erziehungs- und Ordnungsanstalt betrachtet. Dieses Ausmaß staatlicher Vereinnahmung konnte sich jedoch auf die Dauer ebenso wenig durchsetzen wie innerkirchliche Bestrebungen, eine deutsche katholische Staatskirche zu errichten. Im Gegenteil: Die katholische Kirche blieb vom Landesherrlichen Kirchenregiment in deutlich geringerem Maße betroffen als die evangelischen Kirchen. Dies gilt nicht für den Reichsdeputationshauptschluss von 1803, mit dem die Abtretung der deutschen linksrheinischen Gebiete an Napoleon u. a. durch die Säkularisation geistlicher, zu-

---

[6] Vgl. *Hans Michael Heinig*, Ordnung der Freiheit – das Staatskirchenrecht vor neuen Herausforderungen, Zeitschrift für evangelisches Kirchenrecht (ZevKR) 53 (2008), 235 (252): „Die staatskirchenrechtliche Urerfahrung schlechthin ist die Klugheitslehre des Westfälischen Friedens, dass wechselseitige Anerkennung und Berechtigung (auf der reichsrechtlichen Ebene) ein probates Mittel zur Schaffung und Sicherung des religiösen Friedens ist."

[7] Dazu *Heinrich de Wall*, Artikel „Landesherrliches Kirchenregiment", in: Heun/Honecker/Morlok/Wieland (Hrsg.), Evangelisches Staatslexikon. Neuausgabe, 2006, Sp. 1380 ff.

meist katholischer Reichsfürstentümer kompensiert wurde. Die Säkularisation war jedoch an die Verpflichtung der Erwerber zu finanziellen Entschädigungsleistungen an die Kirchen verbunden.

Zu Beginn des 19. Jahrhunderts konnte die katholische Kirche und in ihr die Stellung des Papsttums einen deutlichen Bedeutungszuwachs verzeichnen. Zu den maßgeblichen Faktoren gehörte – neben der religiösen Komponente der Romantik – der Umstand, dass mit dem Wegfall der katholischen Reichsfürstentümer die nationalkirchlichen Bestrebungen an Gewicht verloren zugunsten des wieder erstarkten Gedankens einer Universalkirche unter dem Papst. Der Bedeutungszuwachs führte zu einer Stärkung der kirchlichen Autonomie und zugleich zu einem neuen katholischen Selbstverständnis, das sich nachdrücklich im Dogma von der Unfehlbarkeit des Papstes in Glaubensfragen artikulierte – formuliert vom 1. Vatikanischen Konzil (1870/71). Unter dem Eindruck des ersten Vaticanums erblickte Bismarck in der Eigenständigkeit der katholischen Kirche eine potentielle Gefahr für die gerade gewonnene staatliche Einheit. In dem Bestreben einer Erneuerung des umfassenden Staatskirchentums führte er das Reich in den sog. Kulturkampf (1871 – 1887)[8], den er aber gegen den von weiten Teilen der Bevölkerung unterstützten Widerstand der katholischen Kirche nicht gewinnen konnte. Bis heute bedeutsam blieben aber aus dieser Epoche das Kirchenaustrittsrecht, die Einführung der obligatorischen Zivilehe und die Zurückdrängung der geistlichen (Hoch-)Schulaufsicht.

3. Kirche(n) und Staat ab 1918

Die Geschichte des Verhältnisses von Kirche(n) und Staat im 20. Jahrhundert ist geprägt von ihrer zunehmenden Trennung. Besonders radikal erfolgte sie in Frankreich mit dem Gesetz vom 9. Dezember 1905, das den Laizismus zur Rechtsnorm erhob. In Deutschland konnten sich vergleichbare Strömungen nach der Revolution von 1918 nicht durchsetzen. Die Verhandlungen über eine neue Reichsverfassung, die als Weimarer Reichsverfassung am 11. August 1919 in Kraft trat, führten zum sog. Kulturkompromiss, der zur conditio sine qua non des gesamten Verfassungswerkes wurde.[9] In und mit den maßgeblichen sog. Kirchen-Artikeln 135 bis 141 WRV wurden die letzten Reste des Landesherrlichen Kirchenregimentes beseitigt und die Wiedereinführung des Staatskirchentums untersagt. Alle Religionsgemeinschaften sollten fortan im säkularen Staat gleichberechtigt sein. Zugleich wurden die Kirchen als wichtige gesellschaftliche Kräfte anerkannt und in ihrer traditionellen körperschaftlichen Rechtsform belassen.

Das Verhältnis von Kirche(n) und Staat unter dem *Nationalsozialismus* durchlief zwei Phasen. Nachdem der Versuch einer Gleichschaltung der Kirche(n) gescheitert war, ging der NS-Staat zum offenen Kampf gegen die Kirchen über mit dem Ziel einer vollständigen Zurückdrängung der Religion aus dem öffentlichen Leben.

---

[8] Dazu *Christoph Link*, Kirchliche Rechtsgeschichte, 2. Aufl. 2010, S. 147 ff.
[9] Siehe *Christoph Gusy*, Die Weimarer Reichsverfassung, 1997, S. 321 ff.

Teile der Kirche(n) opponierten im sog. Kirchenkampf. Auf dem Gebiet der ehemaligen *DDR* wurde das Ziel der Entkonfessionalisierung unter anderen ideologischen Vorzeichen und mit anderen Mitteln weiter verfolgt. In der *Bundesrepublik* wurden nach anfänglichen Diskussionen im Parlamentarischen Rat die meisten einschlägigen Artikel der Weimarer Reichsverfassung in das Religionsverfassungsrecht des Grundgesetzes inkorporiert.[10] Der Kompromiss von 1918 wurde also in das menschenwürde- und grundrechtsbasierte System des Grundgesetzes eingepasst.

III. Religionsverfassungsrechtliche Grundlagen

Die beiden Zentralnormen des grundgesetzlichen Religionsverfassungsrechts sind Art. 4 GG und Art. 140 GG mit der Inkorporation der Art. 136–139, 141 WRV. Daneben finden sich Regelungen zu Einzelbereichen, etwa zu Diskriminierungsverboten in Art. 3 und Art. 33 GG oder zum Religionsunterricht in Art. 7 GG.

Die über Art. 140 GG inkorporierten Artikel der WRV sind vollgültiges Verfassungsrecht.[11] Systematisch sind Art. 4 GG und Art. 140 GG zudem so zu lesen, als bildeten sie auch äußerlich eine Einheit in Gestalt aufeinander folgender Artikel. Schließlich stehen die zumeist institutionellen, d. h. auf das Verhältnis des Staates zu den Kirche(n) und anderen Religionsgemeinschaften ausgerichteten Artikel der WRV auch funktional in einem engen Zusammenhang mit Art. 4 GG. Sie dienen der Grundrechtsförderung bzw. Grundrechtsverwirklichung.[12] Das bedeutet: Auf dem Fundament des Grundrechts auf Religionsfreiheit erheben sich einige tragende Säulen, die dem Verhältnis von Kirche(n) und Staat einen rechtlichen Halt geben.

1. Das Grundrecht der Religionsfreiheit (Art. 4 GG)

a) Schutzaspekte

Art. 4 Abs. 1 und 2 GG beschreibt ein einheitliches Grundrecht der Religionsfreiheit mit drei sich z. T. überlagernden Schutzaspekten.[13] Mit der *Freiheit des Glaubens* wird die Bildung und Beibehaltung einer religiösen Überzeugung, d. h. das forum internum geschützt. Mit der *Freiheit des religiösen Bekenntnisses* wird das Recht gewährleistet, die eigene religiöse Überzeugung in vielfältiger Form kommunikativ nach außen zu tragen. Die *Freiheit der Religionsausübung* wird schließlich und ganz überwiegend weit verstanden. Mit den Worten des BVerfG's ist davon umfasst „das Recht des Einzelnen, sein gesamtes Verhalten an den Lehren seines Glau-

---

[10] Zum Begriff des Religionsverfassungsrechts siehe *Unruh* (o. Fn. 2), Rdnrn. 1 ff.

[11] BVerfGE 19, 206 (219).

[12] BVerfGE 105, 370 (387).

[13] Gegen die Qualifizierung des Grundrechts aus Art. 4 Abs. 1 und 2 GG als einheitliches Grundrecht etwa *Karl-Hermann Kästner*, Hypertrophie des Grundrechts auf Religionsfreiheit?, JZ 1998, 974 ff. Zur Gegenauffassung *Unruh* (o. Fn. 2), Rdnrn. 78 ff. m. w. N.

bens auszurichten und seiner inneren Glaubensüberzeugung gemäß zu handeln".[14] Dazu gehört auch das Recht, sich zu Religionsgemeinschaften zusammenzuschließen, die sich ihrerseits auf das Grundrecht der Religionsfreiheit berufen können.

Unmittelbar aus diesem Grundrecht folgt das *Gebot der religiös-weltanschaulichen Neutralität des Staates*.[15] Es enthält ein Beeinflussungs-, ein Identifikations- und ein Bewertungsverbot auch gegenüber den Kirche(n). Es ist andererseits nicht gleichbedeutend mit einem vermeintlichen Gebot kritischer Distanz gegenüber der Religion. Das BVerfG versteht das Neutralitätsgebot als Gebot einer offenen Neutralität, das die staatliche – auch finanzielle – Förderung von Religion und Religionsgemeinschaften nicht grundsätzlich ausschließt.[16]

b) Schranken

Art. 4 GG enthält keinen ausdrücklichen Schrankenvorbehalt.[17] Gleichwohl ist die Religionsfreiheit unter dem Grundgesetz nicht schrankenlos gewährleistet. Maßgeblich sind sog. *verfassungsimmanente Schranken*, d. h. Grundrechte Dritter oder sonstige Rechtsgüter mit Verfassungsrang. Auch Einschränkungen des Neutralitätsgebotes können gerechtfertigt sein, etwa wenn eine Religionsgemeinschaft Integrität und Persönlichkeit ihrer Mitglieder durch Gewalt und Misshandlung verletzt, den Austritt durch strafbewehrte Nötigung zu verhindern sucht oder sich im aktiven Kampf gegen die freiheitlich-demokratische Grundordnung wendet. Hier stellt eine unterschiedliche Behandlung von Religionsgemeinschaften durch den Staat keine Privilegierung etwa der christlichen Kirchen dar. Vielmehr ist sie zum Schutz von Grundrechten Dritter nicht nur legitimiert, sondern geradezu geboten.

2. Das Verbot der Staatskirche
(Art. 140 GG i. V. m. Art. 137 Abs. 1 WRV)

Eine tragende Säule des Verhältnisses von Kirche(n) und Staat unter dem Grundgesetz wird durch Art. 137 Abs. 1 WRV geformt; er lautet schlicht: „*Es besteht keine Staatskirche.*" Mit diesem Paukenschlag der Verfassunggebung von 1919, der im Grundgesetz nachhallt, wurden die letzten Reste des Landesherrlichen Kirchenregiments in den evangelischen Kirchen beseitigt und die Trennung von Kirchen(n) und Staat auf Verfassungsebene normativ fixiert. Aus dieser Trennung folgt das grund-

---

[14] BVerfGE 32, 98 (106); ebenso BVerfGE 93, 1 (15); 108, 282 (297).

[15] Zu Recht gegen eine Verabschiedung des Neutralitätsgebotes *Hans Michael Heinig*, Verschärfung der oder Abschied von der Neutralität?, JZ 2009, 1136 ff.

[16] Grundlegend BVerfGE 41, 29 (50). Siehe auch BVerfGE 123, 148 (178 ff.).

[17] Für einen Schrankenvorbehalt aus Art. 140 GG i. V. m. Art. 136 Abs. 1 WRV u. a. *Friedrich Schoch*, Die Grundrechtsdogmatik vor den Herausforderungen einer multikonfessionellen Gesellschaft, in: Bohner u. a. (Hrsg.), Verfassung – Philosophie – Kirche (Festschrift für Alexander Hollerbach), 2011, S. 149 (163 ff.); dagegen u. a. BVerfGE 33, 23 (30 f.); 93, 1 (21); 102, 270 (387). Zu dieser Diskussion siehe *Unruh* (o. Fn. 2), Rdnrn. 120 ff. m. w. N.

sätzliche Verbot institutioneller und funktioneller Verbindungen beider Sphären. Streit besteht hingegen über die normative Reichweite des Trennungsgebotes. Gegen die *These einer strikten Trennung* im Sinne eines Verbotes jeglicher Berührung von Staat und Religion bzw. Kirche(n) spricht schon der Wortlaut des Art. 137 Abs. 1 WRV, der allein das Verbot des Staatskirchentums benennt.[18] Ferner lässt das Grundgesetz selbst eine Reihe von Verbindungen zu, etwa beim Religionsunterricht, bei der Kirchensteuer und in der Anstaltsseelsorge.

Im Ergebnis ist daher von einer *freundlichen Trennung* auszugehen, die eine sachlich begründete Berührung von Staat und Religion sowie eine Kooperation von Staat und Kirche(n) nicht ausschließt und in einigen Bereichen sogar verfassungsrechtlich vorschreibt.[19] So begreift das BVerfG das Verbot der Staatskirche zutreffend (nur) als Verbot institutioneller bzw. organisatorischer Verbindungen zwischen Staat und Kirche(n). Daraus folgt zunächst das Verbot der Einführung staatskirchlicher Strukturen.[20] Eine Eingliederung der Kirche(n) in die Staatsorganisation sowie ihre umfassende Unterwerfung unter die Staatsaufsicht scheiden demnach ebenso aus, wie die staatliche Einflussnahme auf die zu vermittelnden religiösen Inhalte und Aktivitäten der Kirche(n). Auch diese institutionelle bzw. organisatorische Trennung schließt aber eine auch umfangreiche Kooperation beider Sphären nicht aus. Sie schafft vielmehr die Voraussetzungen dafür, diese Kooperation in klaren Strukturen zu gestalten.

3. Das Selbstbestimmungsrecht der Religionsgemeinschaften (Art. 140 GG i. V. m. Art. 137 Abs. 3 WRV)

Die zweite tragende Säule des aktuellen Verhältnisses von Kirche(n) und Staat wird in und mit Art. 137 Abs. 3 WRV errichtet. Danach ordnet und verwaltet jede Religionsgesellschaft ihre Angelegenheiten selbstständig innerhalb der Schranken des für alle geltenden Gesetzes. Dieses Selbstbestimmungsrecht gilt für alle Religionsgemeinschaften, und zwar unabhängig von ihrem Rechtsstatus.

a) Ordnen und Verwalten der eigenen Angelegenheiten

Sachlich geschützt sind das Ordnen und Verwalten der eigenen Angelegenheiten der Kirche(n) – und damit der gesamte Bereich ihrer Aufgaben und Tätigkeitsbereiche. Das selbstständige *Ordnen* betrifft die eigenständige Rechtsetzung der Kirche(n) in eigenen Angelegenheiten.[21] Das Inkrafttreten kirchlicher Rechtsvorschriften kann daher nicht einseitig vom Staat an Vorlagepflichten oder Genehmigungsvor-

---

[18] Für die strikte Trennungsthese etwa *Ludwig Renck*, Zum Stand des Bekenntnisverfassungsrechts in der Bundesrepublik, BayVBl. 1999, 70 (73 f.).
[19] Vgl. *Unruh* (o. Fn. 2), Rdnrn. 144 ff. m. w. N.
[20] Vgl. BVerfGE 19, 206 (216); 93, 1 (17); 108, 282 (299).
[21] So schon *Gerhard Anschütz*, Die Verfassung des Deutschen Reiches vom 11. August 1919. Ein Kommentar für Wissenschaft und Praxis, 14. Aufl. 1933, Nachdruck 1987, S. 635; aus jüngerer Zeit siehe *Jeand'Heur/Korioth* (o. Fn. 5), Rdnr. 180.

behalte gebunden werden. Mit selbstständigem *Verwalten* der eigenen Angelegenheiten ist die „freie Betätigung kirchlicher Organe zur Verwirklichung der jeweiligen Aufgaben" gemeint.[22] Dazu gehört zunächst die Verwaltung im engeren Sinne, d. h. die Umsetzung des eigenen Rechts und der darauf beruhenden Beschlüsse auf der Grundlage eines eigenen Verfahrensrechts. Dazu zählen ferner Bestimmungen über die interne Organisation, insbesondere über die Leitung der Kirche(n) sowie die Errichtung einer eigenständigen Gerichtsbarkeit in eigenen Angelegenheiten.

Für die Bestimmung des Zentralbegriffs der eigenen Angelegenheiten ist grundsätzlich das Selbstverständnis der Kirche(n) maßgeblich. Die bloße Behauptung einer Kirche, eine Angelegenheit sei ihre eigene und keine staatliche, genügt hingegen nicht. Vielmehr obliegt es den staatlichen Rechtsanwendungsinstanzen, diese Behauptung (zumindest) auf ihre Plausibilität zu überprüfen.[23] Zu den eigenen Angelegenheiten der Kirche(n) gehören unumstritten die Bereiche von Lehre und Kultus sowie von Verfassung und Organisation, die Ausbildung der Geistlichen, das Mitgliedschaftsrecht inklusive der Rechte und Pflichten der Mitglieder, das mittlerweile hoch umstrittene kirchliche Arbeitsrecht und die karitativ-diakonischen Tätigkeiten.

b) ... innerhalb der Schranken des für alle geltenden Gesetzes

Das Selbstbestimmungsrecht der Kirche(n) wird „innerhalb der Schranken des für alle geltenden Gesetzes" gewährleistet. Die wechselhafte Geschichte der Auslegung dieses Schrankenvorbehalts hat zu der Erkenntnis geführt, dass Einschränkungen des Selbstbestimmungsrechts nur zugunsten kollidierender und nach einer Abwägung überwiegender Rechtsgüter erfolgen können.

IV. Aktuelle Probleme

Vor dem historischen Hintergrund und im religionsverfassungsrechtlichen Rahmen kann nunmehr der Sprung zu drei aktuellen Problemen im Verhältnis von Kirche(n) und Staat gewagt werden. Im Einzelnen handelt es sich um die Themen „Staatsleistungen", „Bäderregelung" und „Arbeitsrecht in der Kirche". Die Auswahl ist naturgemäß subjektiv, kann aber über die drängende und nachhaltige Aktualität legitimiert werden.

---

[22] *Axel von Campenhausen/Heinrich de Wall*, Staatskirchenrecht. Eine systematische Darstellung des Religionsverfassungsrechts der Bundesrepublik Deutschland, 4. Aufl. 2006, S. 101.

[23] Dazu *Unruh* (o. Fn. 2), Rdnr. 159 m. w. N.

1. Die Ablösung der Staatsleistungen

a) Aktueller Hintergrund

Aufgrund der angespannten Haushaltslage in vielen Bundesländern sind die Staatsleistungen in das Visier der Suche nach Sparoptionen geraten. Insofern sind die religionsverfassungsrechtlichen Rahmenbedingungen und Verfahrensvorgaben für eine Ablösung der Staatsleistungen in den Blick zu nehmen. Maßgeblich ist Art. 138 Abs. 1 WRV; er lautet: *„Die auf Gesetz, Vertrag oder besonderen Rechtstiteln beruhenden Staatsleistungen an die Religionsgesellschaften werden durch die Landesgesetzgebung abgelöst. Die Grundsätze hierfür stellt das Reich auf."* Eine fundierte Positionierung in der anhaltenden Kontroverse um die Staatsleistungen, hängt von den Antworten auf folgende Fragen ab: 1. Was sind Staatsleistungen – etwa im Unterschied zu Subventionen?, und 2. Was ist und wie erfolgt eine Ablösung der Staatsleistungen?

b) Der Begriff der Staatsleistungen

Der Begriff der Staatsleistungen weist unumstritten drei Komponenten auf. Staatsleistungen sind (1.) vermögenswerte Rechtspositionen, die (2.) auf Dauer angelegt sind, und (3.) einen historischen Bezug haben.[24] Der historische Bezug besteht primär, aber nicht ausschließlich zu säkularisationsbedingten Vermögensverlusten der Religionsgemeinschaften – etwa im Zuge des Reichsdeputationshauptschlusses von 1803. Er kann auch – wie in weiten Teilen des protestantisch geprägten Norddeutschlands – bestehen in der zunehmenden Entflechtung von Staat und (evangelischer) Kirche durch die Lockerung des Landesherrlichen Kirchenregiments im 19. Jahrhundert. Vor allem der historische Bezug der Staatsleistungen liefert das maßgebliche Kriterium für die Abgrenzung zu staatlichen Subventionen an die Kirche(n): Während es sich bei den Staatsleistungen um die Erfüllung von im weiteren Sinn historischen Entschädigungsverpflichtungen handelt (kausal), dienen Subventionszahlungen der Erfüllung aktueller staatlicher Aufgaben (final).[25] Daraus folgt: Während die Staatsleistungen nicht zur Disposition der betroffenen staatlichen Stellen stehen, unterliegt die Gewährung von Subventionen grundsätzlich dem staatlichen Ermessen.

Die auf einer Vielzahl einzelner, historisch begründeter Rechtstitel beruhenden Staatsleistungen sind regelmäßig in Staatskirchenverträgen zu pauschalierten Beträgen zusammengefasst und mit einer Dynamisierungsklausel versehen. Hier handelt es sich weder um eine Neubegründung noch um eine Ablösung der jeweiligen Staatsleistungen, sondern um eine Zusammenfassung im Interesse der Vereinfachung und

---

[24] Zum Begriff der Staatsleistungen siehe u. a. *Martin Morlok*, in: Dreier (Hrsg.), Grundgesetz. Kommentar, Bd. 3, 2. Aufl. 2008, Art. 140 GG/Art. 138 WRV, Rdnr. 15.

[25] Vgl. *Michael Droege*, Staatsleistungen an Religionsgemeinschaften im säkularen Kultur- und Sozialstaat, 2004, S. 258 ff.

der Rechtsklarheit.[26] Art. 138 Abs. 1 WRV enthält ein klares Ablösungsgebot. Ablösung bedeutet die einseitige Aufhebung des Leistungsverhältnisses gegen Entschädigung.[27]

c) Begriff und Verfahren der Ablösung

Die einseitige Aufhebung der Staatsleistungen kann nach der eindeutigen Maßgabe des Art. 138 Abs. 1 WRV nur durch Landesgesetzgebung erfolgen, der eine Grundsatzgesetzgebung des Bundes vorangehen muss. Die Frage, ob auch ohne Bundesgrundsätzegesetz eine Ablösung im Einvernehmen zwischen den Bundesländern und den Kirchen möglich ist, ist umstritten.[28] Dafür spricht die Entstehungsgeschichte des Art. 138 Abs. 1 WRV. Dagegen spricht zunächst der klare Wortlaut der Norm, die einen klaren Verfahrensweg ohne Alternativen und Spielräume beschreibt. Dagegen spricht ferner der Sinn und Zweck der Norm; denn mit der vorgegebenen Abfolge von Bundesgrundsätzegesetz und Landesgesetzgebung sollte zwingend vorgeschrieben werden, dass in jedem Fall (und nicht nur im Streitfall) die Bundesebene als neutraler Dritter (weil selbst nicht Schuldner von Staatsleistungen) den Rahmen für die Ablösung der Staatsleistungen skizziert. Eine Ablösung ohne Bundesgrundsätzegesetz im Wege der Vereinbarung zwischen Bundesland und Religionsgemeinschaften ist daher unzulässig.

Der Umfang der Ablösung hat sich am Maßstab einer angemessenen Entschädigung zu orientieren.[29] Für die Berechnung der Entschädigung werden Kapitalisierungsfaktoren in unterschiedlicher Höhe bezogen auf die jährliche Summe der jeweiligen Staatsleistungen vorgeschlagen. Neben einer Einmalzahlung, die den Haushalt jedes Bundeslandes übermäßig belasten würde, wäre auch die Vereinbarung über Ratenzahlungen denkbar.

Der Fortbestand der Staatsleistungen kann aufgrund ihres Entschädigungscharakters nicht unter Berufung auf den Wegfall der Geschäftsgrundlage etwa durch den Wandel in den Beziehungen zwischen Staat und Kirche(n), die vermeintlich fortschreitende Säkularisierung der Gesellschaft oder durch die prekäre Situation der staatlichen Haushalte in Frage gestellt werden. Mit Art. 138 Abs. 1 WRV ist verfassungsrechtlich ein Verfahren der Ablösung der Staatsleistungen *vor-* und auch *auf*gegeben.

---

[26] Ebenso *Droege*, ebd., S. 170 ff.

[27] Statt vieler *Claus Dieter Classen*, Religionsrecht, 2. Aufl. 2015, Rdnr. 607.

[28] Für die Möglichkeit einer Ablösung ohne vorheriges Bundesgesetz etwa *Gerhard Czermak*, Religions- und Weltanschauungsrecht. Eine Einführung, 2008, Rdnr. 362; dagegen *Unruh* (o. Fn. 2), Rdnr. 532 f., m. w. N.

[29] Statt vieler *Klaus Stern*, Das Staatsrecht der Bundesrepublik Deutschland, Bd. IV/2, 2011, S. 1328.

2. Sonntagsschutz und Bäderregelung

a) Aktueller Hintergrund

Feiertage und normativer Feiertagsschutz bilden eine sozio-historische Konstante aller Kulturen und Epochen der Menschheit. Der besondere Charakter des Sonntags ist hingegen unzweifelhaft eng mit dem Christentum verbunden. Im Zuge der Säkularisierung, der religiösen Pluralisierung, der Kommerzialisierung des Sonntags und der Feiertage sowie des veränderten Freizeitverhaltens weiter Teile der Gesellschaft ist der Sonn- und Feiertagsschutz zunehmend unter (wirtschafts-)politischen Druck geraten. In diesem Kontext ist der anhaltende – insbesondere norddeutsche – Streit um die Ladenöffnung an Sonntagen in Touristenorten auf der Grundlage sog. *Bäderregelungen* zu betrachten. Auch für die Bewertung dieser Kontroverse ist ein Blick auf die religionsverfassungsrechtliche Lage hilfreich.[30]

b) Das Telos des Sonn- und Feiertagsschutzes

Ausgangspunkt ist der in das Grundgesetz inkorporierte Art. 139 WRV; er lautet: „Der Sonntag und die staatlich anerkannten Feiertage bleiben als Tage der Arbeitsruhe und der seelischen Erhebung gesetzlich geschützt." Das Telos dieser Vorschrift weist drei Komponenten auf. Der Sonn- und Feiertagsschutz steht – erstens – in einem engen Zusammenhang mit der Garantie der Menschenwürde in Art. 1 Abs. 1 GG, weil er „dem ökonomischen Nutzdenken eine Grenze zieht und dem Menschen um seiner selbst willen dient".[31] Der Sonn- und Feiertagsschutz ist – zweitens – eine Ausprägung des Sozialstaatsprinzips. Die mit diesen Tagen verbundene Arbeitsruhe ermöglicht nicht nur die persönliche Erholung, sondern auch die Pflege von familiären, freundschaftlichen und sonstigen gemeinschaftlichen Kontakten und Aktivitäten. Schließlich besteht – drittens – schon aus historischen Gründen eine sehr enge Verbindung mit dem Grundrecht der Religionsfreiheit. Art. 139 WRV schützt also nicht (nur) ein kirchliches, sondern (zumindest auch) ein unverzichtbares gesamtgesellschaftliches Gut.

c) „Arbeitsruhe" – das Regel/Ausnahme-Verhältnis

Die Sonn- und Feiertage werden als Tage der Arbeitsruhe geschützt. Diese Tage müssen sich also in ihrem Charakter grundlegend von den Werktagen abheben. Art. 139 WRV fordert insofern ein *Regel-Ausnahme-Verhältnis*. Nach der zutreffenden Auffassung und mit den Worten des BVerfG's soll an den Sonn- und Feiertagen „grundsätzlich die Geschäftstätigkeit in Form der Erwerbsarbeit, insbesondere der Verrichtung abhängiger Arbeit ruhen, damit der Einzelne diese Tage allein oder in

---

[30] Dazu auch *Unruh* (o. Fn. 2), Rdnrn. 541 ff., m. w. N.
[31] BVerfGE 125, 39 (82). Die beiden weiteren Zwecke der Norm werden ebd., S. 80 ff., benannt.

Gemeinschaft mit andern ungehindert von werktäglichen Verpflichtungen und Beanspruchungen nutzen kann. Geschützt ist damit der allgemein wahrnehmbare Charakter des Tages, da es sich grundsätzlich um einen für alle verbindlichen Tag handelt." Die erforderlichen gesetzlichen Schutzkonzepte für die Gewährleistung der Sonn- und Feiertagsruhe müssen „erkennbar diese Tage als solche der Arbeitsruhe zur Regel erheben".[32] Daher enthalten alle einschlägigen Ladenöffnungsgesetze der Länder die Regel, dass Verkaufsstellen an Sonn- und Feiertagen geschlossen zu halten sind.

Von dieser Regel wird jedoch eine Vielzahl von Ausnahmen zugelassen. Sie betreffen zunächst bestimmte Waren und Branchen, wie etwa Apotheken und Tankstellen. Ferner werden die zuständigen Behörden ermächtigt, aus besonderem Anlass eine Ladenöffnung für eine bestimmte Anzahl von Sonn- und Feiertagen zuzulassen – zumeist handelt es sich um vier Sonntage. In einzelnen *Bäderregelungen* – so etwa aktuell in Mecklenburg-Vorpommern – dürfen darüber hinaus vom letzten Sonntag im März bis zum letzten Sonntag im Oktober (wenn dieser nicht auf den 31. Oktober fällt) nahezu in der gesamten Küstenregion und in weiteren ausgewählten Städten die (meisten) Läden an den jeweiligen Sonntagen für fünf Stunden geöffnet sein.

d) Verhältnismäßigkeit der Ausnahmen?

Der Sonntagsschutz gilt nach Maßgabe des Grundgesetzes nicht absolut. Die erforderliche Abwägung mit gegenläufigen Grundrechten – etwa der Ladeninhaber oder der potentiellen Käufer – erfolgt am Maßstab der Verhältnismäßigkeit. Dazu hat das BVerfG ausgeführt, dass Ausnahmen von der generellen Arbeitsruhe „eines dem Sonntagsschutz gerecht werdenden Sachgrundes" bedürfen.[33] Der jeweilige Sachgrund muss zudem von besonderem Gewicht sein. So genügen ein „bloß wirtschaftliches Umsatzinteresse der Verkaufsstelleninhaber und ein alltägliches Erwerbsinteresse (‚Shopping-Interesse') potentieller Käufer […] grundsätzlich nicht". Zudem müssen „Ausnahmen als solche erkennbar bleiben" und dürfen „nicht auf eine weitgehende Gleichstellung der sonn- und feiertäglichen Verhältnisse mit den Werktagen und ihrer Betriebsamkeit hinauslaufen".

Angesichts dieser verfassungsrechtlichen und bundesverfassungsgerichtlichen Vorgaben dürfte eine Bäderregelung, die – wie in Mecklenburg-Vorpommern – an mindestens 31 von 52 Sonntagen eine Ladenöffnung im Küstengebiet mit großem Einzugsbereich sowie an zahlreichen weiteren Orten erlaubt, gerade noch dem Grundgesetz entsprechen.

---

[32] BVerfGE 125, 39 (85 ff.).

[33] BVerfGE 125, 39 (87); nachfolgende Zitate ebd.

3. Arbeitsrecht in der Kirche

a) Allgemeines: Selbstbestimmungsrecht, Dienstgemeinschaft

Die Ausgestaltung des Arbeitsrechts in den und durch die Kirche(n) ist Teil ihres Selbstbestimmungsrechts aus Art. 140 GG i. V. m. Art. 137 Abs. 3 WRV. Gleichwohl gilt das staatliche Arbeitsrecht grundsätzlich auch für die Kirche(n). Es wird jedoch in Inhalt und Anwendung durch das Selbstbestimmungsrecht der Kirche(n) modifiziert. Mit den Worten des BVerfG's muss auch in den Arbeitsverhältnissen das „kirchliche Proprium" erkennbar bleiben (können), sodass den Kirchen „eine glaubwürdige Erfüllung ihres Sonderauftrags" möglich ist.[34] Für Art und Ausmaß der Modifikation haben die großen christlichen Kirchen das orientierende Leitbild der Dienstgemeinschaft entworfen und in eigenen Regelwerken fixiert. So lautet der entsprechende Passus aus der Loyalitätsrichtlinie der EKD: „Der Dienst der Kirche ist durch den Auftrag bestimmt, das Evangelium in Wort und Tat zu bezeugen. Alle Frauen und Männer, die in Anstellungsverhältnissen in Kirche und Diakonie tätig sind, tragen in unterschiedlicher Weise dazu bei, dass dieser Auftrag erfüllt werden kann. Dieser Auftrag ist die Grundlage der Rechte und Pflichten von Anstellungsträgern sowie Mitarbeiterinnen und Mitarbeitern."[35] Ähnliches gilt für die katholische Kirche.

b) Individuelles Arbeitsrecht: Loyalitätspflichten

Die Probleme des individuellen Arbeitsrechts in den Kirchen konzentrieren sich auf die Frage nach der Zulässigkeit von *Loyalitätspflichten* für die Mitarbeitenden. Die Antwort auf diese Frage ist entscheidend für den (ggf. arbeitsgerichtlichen) Bestand der Personalauswahl, insbesondere der Beendigung eines Arbeitsverhältnisses mit einer Kirche. Sie ist im Wesentlichen in einer *Entscheidung des BVerfG's aus dem Jahr 1985* enthalten.[36] Danach ist die Befugnis zur Fixierung von Loyalitäts- bzw. Treuepflichten auf der Grundlage des jeweiligen Leitbildes der Dienstgemeinschaft *Teil des Selbstbestimmungsrechts der Kirchen*. Die Kirchen sind aufgrund ihres umfassenden religiösen Auftrags in besonderer Weise darauf angewiesen, dass ihre Mitarbeitenden sich mit diesem Auftrag identifizieren. Dies gilt nicht nur für die Glaubwürdigkeit der Kirchen nach *außen*, sondern auch für ihre *innere* Funktionsfähigkeit, d. h. für die Fähigkeit, ihren religiösen Auftrag sachgemäß zu erfüllen. Es steht den Kirchen daher frei, im Rahmen des jeweiligen Leitbildes festzulegen, welche spezi-

---

[34] BVerfGE 70, 138 (165).

[35] Richtlinie des Rates der EKD über die Anforderungen der privatrechtlichen beruflichen Mitarbeit in der EKD und des Diakonischen Werkes der EKD vom 1. Juli 2005, abgedruckt in *Gregor Thüsing*, Kirchliches Arbeitsrecht, 2006, S. 307 ff. (dort auch das Pendant für die römisch-katholische Kirche).

[36] BVerfGE 70, 138 (165 ff.); nunmehr auch BVerfG, Beschluss vom 22.10.2014–2 BvR 661/12, JZ 2015, 188 ff. Zum Thema auch *Reinhard Richardi*, Arbeitsrecht in der Kirche. Staatliches Arbeitsrecht und kirchliches Dienstrecht, 6. Aufl. 2012, § 6 Rdnr. 13.

fischen Anforderungen sie an die allgemeine Lebensführung ihrer Mitarbeitenden stellen wollen.

Die Inhalte der Loyalitätspflichten werden von den zuständigen Organen der Kirche(n) selbst festgelegt – und staatlicherseits anerkannt, wenn der Bezug zum jeweiligen religiösen Auftrag *plausibel* ist. Die katholische und die evangelische Kirche haben sie in eigenen Regelwerken niedergelegt. Exemplarisch kann – nochmals – auf die Loyalitätsrichtlinie der EKD Bezug genommen werden: Für die *Begründung* eines Arbeitsverhältnisses ist „grundsätzlich" die Zugehörigkeit zu einer Gliedkirche der EKD oder einer mit ihr in Kirchengemeinschaft verbundenen Kirche erforderlich. Für „Aufgaben, die nicht der Verkündigung, Seelsorge, Unterweisung oder Leitung zuzuordnen sind", kann von diesem Grundsatz abgewichen werden, „wenn andere geeignete Mitarbeiterinnen und Mitarbeiter nicht zu gewinnen sind." Die Loyalitätspflichten *während* des Arbeitsverhältnisses folgen dem Grundsatz, dass sich alle Mitarbeitenden „loyal gegenüber der evangelischen Kirche zu verhalten" haben. Darauf aufbauend werden die Loyalitätspflichten, abgestuft nach evangelischen, konfessionsverschiedenen christlichen und nichtchristlichen Mitarbeitenden, ausdifferenziert. Von ersteren wird erwartet, dass sie „Schrift und Bekenntnis anerkennen", und soweit sie „in der Verkündigung, Seelsorge, Unterweisung oder Leitung tätig sind, wird eine inner- und außerdienstliche Lebensführung erwartet, die der übernommenen Verantwortung entspricht". Von nichtchristlichen Mitarbeiterinnen und Mitarbeitern wird lediglich erwartet, dass sie „den kirchlichen Auftrag beachten und die ihnen übertragenen Aufgaben im Sinne der Kirche erfüllen". Der Verstoß gegen diese Pflichten kann eine außerordentliche Kündigung des Arbeitsverhältnisses begründen; dies gilt insbesondere für den Austritt aus der Kirche.

Die Normierung derartiger Loyalitätspflichten hat auch vor dem europarechtlich indizierten Antidiskriminierungsrecht Bestand. Grenzen bilden u. a. das Willkürverbot und – insbesondere nach der jüngeren Rspr. des EGMR – die Verhältnismäßigkeit der Anforderungen.[37]

c) Kollektives Arbeitsrecht: Streikrecht

Auch das kollektive Arbeitsrecht innerhalb der Religionsgemeinschaften und der ihnen zugeordneten Einrichtungen unterfällt dem Selbstbestimmungsrecht der Kirchen. Grundsätzlich sind drei Wege eröffnet.[38] Auf dem sog. *Ersten Weg* werden die Regeln über den Abschluss, den Inhalt und die Beendigung der kirchlichen Arbeitsverhältnisse einseitig von den jeweils zuständigen Organen der Kirche vorgegeben. Die großen christlichen Kirchen sind sich darin einig, dass dieser Weg dem Dienst in der Kirche und dem jeweiligen Leitbild einer Dienstgemeinschaft nicht angemessen ist. Der sog. *Zweite Weg* führt zu einem Tarifvertragssystem, das die Arbeitsrechtsregelungen innerhalb der Kirchen durch den Abschluss von Tarifverträgen regelt. Die

---

[37] Einschlägige Entscheidungen werden analysiert bei *Jacob Joussen*, Die Folgen des Mormonen- und des Kirchenmusikerfalls für das kirchliche Arbeitsrecht, RdA 2011, 173 ff.
[38] Dazu der Überblick bei *Richardi* (o. Fn. 36), § 13 Rdnrn. 1 ff.

kirchliche Tarifpartnerschaft unterscheidet sich jedoch signifikant von ihrem weltlichen Pendant. Insbesondere sind Arbeitskampfmaßnahmen zugunsten eines zwingend vorgeschriebenen Schlichtungsverfahrens ausgeschlossen. Von den großen christlichen Kirchen ist ganz überwiegend der sog. *Dritte Weg* beschritten worden. Auf diesem Weg wird auch ohne Tarifvertrag eine paritätische Beteiligung von Dienstgebern und -nehmern bei der Festlegung der Arbeitsrechtsregelungen installiert. Als Instrument dienen auf evangelischer Seite paritätisch besetzte „*Arbeitsrechtliche Kommissionen*" und auf katholischer Seite entsprechend besetzte „Kommissionen zur Ordnung des Arbeitsvertragsrechts" (KODA), die jeweils auf kirchengesetzlicher Grundlage geschaffen wurden.

Sowohl für den Zweiten als auch für den Dritten Weg war und ist der *Ausschluss von Arbeitskampfmaßnahmen* umstritten. Die jüngere instanzliche Arbeitsgerichtsbarkeit hatte insbesondere Zweifel an der Zulässigkeit des Streikverbots in kirchlichen Einrichtungen angemeldet. Das BAG hat in zwei Entscheidungen aus dem November 2012, von denen eine den Zweiten und die andere den Dritten Weg betraf, für Klarheit gesorgt.[39] Zunächst bekräftigt das Gericht, dass die kollektivrechtliche Ausgestaltung der Arbeitsbedingungen in kirchlichen Einrichtungen vom Schutzbereich des Selbstbestimmungsrechts der Religionsgemeinschaften umfasst ist. Das gilt auch für die Ausrichtung des Verfahrens zur kollektiven Arbeitsrechtssetzung am Leitbild der Dienstgemeinschaft, in der Interessenskonflikte nicht durch Arbeitskampf, sondern friedlich, d. h. durch Schlichtung beigelegt werden. Der sowohl auf dem Zweiten als auch auf dem Dritten Weg vorgesehene Ausschluss von Arbeitskampfmaßnahmen kollidiert jedoch mit der Koalitionsfreiheit der Gewerkschaften aus Art. 9 Abs. 3 GG unter Einschluss des Rechts, (auch in kirchlichen Einrichtungen) Arbeitskämpfe zu führen. Für die gebotene Abwägung formuliert das Gericht folgenden Maßstab: Das kirchliche Schlichtungsmodell darf das Konzept der Tarifautonomie nur insoweit verändern, wie es für die Wahrung ihres Leitbildes erforderlich ist und ein Verhandlungsgleichgewicht ermöglicht. Auch in kirchlichen Einrichtungen verlangt daher ein fairer und angemessener Ausgleich widerstreitender Arbeitsvertragsinteressen nach annähernd gleicher Verhandlungsstärke und Durchsetzungskraft. An dieser Stelle ist zwischen dem Zweiten und dem Dritten Weg zu differenzieren. Auf dem Zweiten Weg werden Tarifverträge zwischen kirchlichen Arbeitgebern und Gewerkschaften ausgehandelt. Zur Herstellung eines Verhandlungsgleichgewichts auch ohne Arbeitskampf genügt hier nach Auffassung des BAG die paritätisch und zwingend vereinbarte Schlichtung, sofern (1.) die jeweilige Gewerkschaft in die obligatorische Schlichtung eingewilligt hat, (2.) der jeweiligen Gewerkschaft die Anrufung der Schlichtungskommission und die Überleitung in das Schlichtungsverfahren uneingeschränkt offen stehen, und (3.) die Unabhängigkeit und Neutralität des Vorsitzenden durch das Bestellungsverfahren gesichert sind. Auf dem Dritten Weg genügen paritätisch zusammengesetzte Kommissionen nicht. Hinzu kommen muss – erstens – ein Schlichtungsverfahren, das den für den Zweiten Weg formulier-

---

[39] BAGE 144, 1 ff. (Zweiter Weg); BAGE 143, 254 ff. (Dritter Weg). Dazu statt vieler *Reinhard Richardi*, Das BAG zur Streikfreiheit in kirchlichen Einrichtungen, RdA 2014, 42 ff.

ten Anforderungen genügt. Zweitens muss gewährleistet sein, dass die Gewerkschaften organisatorisch in das Verfahren des Dritten Weges eingebunden werden. Schließlich muss – drittens – gewährleistet sein, dass das auf dem Dritten Weg erzielte Ergebnis „verbindlich und einer einseitigen Änderung durch den Dienstgeber entzogen ist". Dem kirchlichen Dienstgeber ist es demnach verwehrt, zwischen mehreren auf dem Dritten Weg verhandelten Arbeitsrechtsregelungen zu wählen.

Insgesamt ist mit diesen Vorgaben des BAG ein angemessener Ausgleich zwischen dem Selbstbestimmungsrecht der Religionsgemeinschaften aus Art. 140 GG i. V. m. Art. 137 Abs. 2 WRV und der Koalitionsfreiheit aus Art. 9 Abs. 3 GG erreicht. Eine Verfassungsbeschwerde der Vereinten Dienstleistungsgewerkschaft Verdi ist vom BVerfG folgerichtig verworfen worden.[40]

V. Abschließende Bemerkungen

Das Verhältnis von Kirche und Staat in Deutschland ist geschichtsgesättigt und geschichtsbewusst. Das aktuelle Religionsverfassungsrecht, das im Kern bereits nahezu ein Jahrhundert alt ist, schafft Raum für die Religion und die Religionsgemeinschaften, zu denen auch die Kirchen gehören. Es liefert die Grundlage nicht nur für den Frieden zwischen den Religionen und Konfessionen, sondern auch für den Frieden zwischen den Kirchen und dem Staat. Auch in Konfliktsituationen, die nicht zuletzt auf den Verlust zuvor selbstverständlicher Bindung an die Kirchen und entsprechender Kenntnisse zurückzuführen sind, sollte sich der *Staat* vor Augen führen, dass er in den Kirchen verlässliche Partner zur menschenwürde*basierten* und menschenwürde*orientierten* Förderung des Gemeinwohls hat. Ob damit die Kirchen zum Lieferanten der Voraussetzungen werden, von denen der Staat lebt, ohne sie selbst produzieren zu können, ist fraglich. Gleichgültig können sie dem Staat dennoch nicht sein – dies ist keine Frage der numerischen Größe, und es wird zunehmend auch von den religiös Unmusikalischen unter den Gebildeten (an)erkannt. Die *Kirchen* sollten ihrerseits dem Staat stets in dem Bewusstsein gegenübertreten, dass ihnen unter dem Grundgesetz eine nicht selbstverständliche Freiheit zur Entfaltung ihres Glaubens zuteil wird. Insgesamt liefert das Religionsverfassungsrecht des Grundgesetzes eine gesunde Basis für ein auch zukünftig vertrauensvolles, kooperatives und produktives Verhältnis von Kirchen und Staat.

---

[40] BVerfG, Beschluss vom 15.7.2015 – 2 BvR 2292/13.

Der Erhalt der Stadtgestalt

Von *Kay Waechter*

Die Schriften von *Franz-Joseph Peine* zeichnen sich durch Klarheit, Sachnähe, Praxisorientierung und die Abwesenheit jeder Form von Verstiegenheit aus. Das gilt auch für den Bereich des Baurechts. Schon früh hatte das Lehrbuch von *Franz-Joseph Peine* zum Öffentlichen Baurecht – zunächst auch ausweislich seines Titels – die steigende Bedeutung des Raumordnungsrechts für das Baurecht erkannt und einen erheblichen Teil seines Umfangs diesem Rechtsgebiet gewidmet.[1] Das Buch stach weiter dadurch hervor, dass es auch das Fachplanungsrecht einbezog und damit einen systematischen Überblick über die wichtigsten Planungsinstrumentarien insgesamt gab. Selbst die häufig in der Lehre nicht behandelten Themen des besonderen Städtebaurechts waren behandelt, unter ihnen auch das Recht der Stadterhaltung. Der nachfolgende Beitrag möchte dieses Thema der Stadterhaltung weiterführen.

I. Erhaltungssatzung; § 172 BauGB

Die wirtschaftliche Entwicklung bringt es mit sich, dass die nicht selten vor 100 Jahren großzügig geschnittenen Grundstücke mit alter Bestandsbebauung bei einem Abriss mit nachfolgender verdichtender Neubebauung stärker baulich ausgenutzt werden können. Der finanzielle Ertrag aus den Grundstücken wird dadurch gesteigert. Das betrifft insbesondere Viertel, deren Grundstücke mit Ein- oder Zweifamilienhäusern bebaut sind, vor allem ältere Villenviertel. Hier reichte das Geld der ursprünglichen Bauherren oftmals aus, um sich ein großes Grundstück leisten zu können; teils war die lockere Bebauung ursprünglich auch rechtlich – z. T. zivilrechtlich – gesichert.

Der Drang zur stärkeren Verwertung führt dazu, dass immer mehr Bestandsgebäude abgerissen und durch größere oder mehrere Neubauten ersetzt werden. Das kann den Gesamteindruck eines Viertels in mehrfacher Hinsicht – ästhetisch, in Bezug auf die Durchgrünung etc. – zu seinem Nachteil verändern. Andererseits trägt eine solche Verdichtung zur Schonung des Außenbereichs vor weiterer baulicher Nutzung bei.

Die Gemeinden können, wenn sie die alte Bebauung, auch soweit sie nicht Denkmalschutz genießt, schützen wollen, Erhaltungssatzungen beschließen. Das Recht der Stadterhaltung steht zwischen normalem Bauplanungsrecht, dem Gestaltungsrecht der Landesbauordnungen und dem Denkmalschutzrecht. Es teilt mit dem Bau-

---

[1] *Franz-Joseph Peine*, Baurecht, 4. Aufl. 2003.

recht die Zugehörigkeit zur Selbstverwaltung, mit dem Gestaltungsrecht die gemeindliche Zuständigkeit und mit dem Denkmalschutzrecht die Schwäche der Abhängigkeit von finanziellen Ressourcen. Das Recht der Gestaltungssatzungen betrifft die ästhetische Gestaltung von neuen Baumaßnahmen, das Recht der Erhaltungssatzungen nach dem BauGB u. a. die Wahrung vorhandener optischer[2] Gestaltung.

1. Rechtscharakter der Erhaltungsvorschriften

Gemäß § 171 Abs. 1 Satz 1 BauGB kann eine Gemeinde „*in einem Bebauungsplan oder durch eine sonstige Satzung*" Erhaltungsgebiete bezeichnen. In Bezug auf diese Formulierung stellt sich zunächst die Frage, ob die Erhaltungsvorschriften einziger Inhalt eines Bebauungsplanes sein dürfen oder nur zusätzlicher Inhalt über Festsetzungen nach § 9 BauGB hinaus. Geht es um zusätzliche Inhalte, dann kommt es darauf an, ob diese Teil der Baurechtssatzung sind oder nur wie eine Gestaltungssatzung zusammen mit der Baurechtssatzung ausgefertigt und verkündet werden. Schließlich ist zu klären, ob und wie die Gemeinde bei der Wahl zwischen den beiden Varianten gebunden ist.

2. Eigenständiger Erhaltungsbebauungsplan?

Die h. M. geht davon aus, dass Erhaltungsvorschriften einziger Inhalt eines Bebauungsplanes sein dürfen.[3] Sie geht weiter davon aus, dass auch in diesem Fall alle äußeren Verfahrensanforderungen an die Aufstellung von Bauleitplänen einzuhalten sind.[4] Dagegen soll der Abwägungsvorgang – soweit überhaupt eine Abwägung gefordert wird – nicht gerichtlich überprüfbar sein.[5] Das bedeutet, dass z. B. § 2 Abs. 3 BauGB entgegen seinem Wortlaut auf eine solche Satzung nicht angewendet wird, obwohl eine Klausel zur Freistellung von der Anwendung (wie in § 9 Abs. 4 BauGB für Gestaltungssatzungen) für Erhaltungssatzungen nicht vorhanden ist. Schon durch die Anwendung der Verfahrensnormen wird die Rechtsstellung der betroffenen Bürger in beiden Alternativen deutlich unterschiedlich akzentuiert. Es kann auch nicht gleichgültig sein, ob die Befreiungsmöglichkeit des § 31 BauGB anwendbar ist oder nicht.

Ein rechtlich anerkennenswertes Bedürfnis dafür, Erhaltungsvorschriften in einen eigenständigen Bebauungsplan als einzigen Inhalt aufzunehmen, besteht nicht. Denn § 172 BauGB bietet dafür die sonstige Satzung an, die zudem nach h. M. geringere Anforderungen an die Gemeinde stellt als ein Bebauungsplan. Ersichtlich soll es der

---

[2] Eine Erhaltungssatzung zum Zwecke des Lärmschutzes ist nicht vom BauGB getragen: BVerwG, Urteil vom 4.12.2014 – 4 CN 7.13, NVwZ 2015, 901.

[3] *Wilfried J. Bank*, in: Brügelmann, Baugesetzbuch, Stand März 2015, § 172 Rdnr. 50.

[4] *Bank* (o. Fn. 3), Rdnr. 51; a. A. OVG Lüneburg, Urteil vom 27.4.1983 – 1 C 1/82, BRS 40, Nr. 154.

[5] *Bank* (o. Fn. 3), Rdnr. 53.

Gemeinde nur ermöglicht werden, auf ein eigenständiges Satzungsverfahren zu verzichten, wenn ohnehin ein Bebauungsplan für das Gebiet aufgestellt wird.

Damit ist noch nicht geklärt, ob ein Ermessen für die Wahl zwischen den Rechtsformen eröffnet ist, wenn die Möglichkeit der Aufnahme in einen Bebauungsplan besteht, der noch einen weiteren eigenständigen Inhalt aufweist.

3. Die Wahl zwischen einem Erhaltungsbebauungsplan und einer sonstigen Erhaltungssatzung

Die rechtlichen Anforderungen an das Verfahren, das zum Beschluss eines Bebauungsplans führt, sind erheblich anspruchsvoller als im Falle eines sonstigen Satzungsbeschlusses. Deswegen stellt sich die Frage, ob die Gemeinde sich beliebig für ein bestimmtes Vorgehen entscheiden kann. Hinsichtlich der Wahl der Rechtsform soll der Gemeinde nach verbreiteter Meinung ein freies, gerichtlich nicht nachprüfbares Ermessen zustehen.[6] Ermessen ist allerdings niemals gänzlich frei, sondern immer pflichtgemäß auszuüben. Insbesondere ist es nach § 40 VwVfG analog[7] an den Zwecken des ermessenseinräumenden Gesetzes zu orientieren. Da Erhaltungssatzungen unabhängig von ihrer rechtlichen Ausgestaltung von nachteilig betroffenen Grundeigentümern zur gerichtlichen Überprüfung gestellt werden können, stellt sich die Frage, ob es spezielle Ermessensfehlergruppen bei der Wahl der Rechtsform für die Erhaltungssatzung gibt. So könnte z. B. eine Bindung des Ermessens über Art. 3 Abs. 1 GG entstehen, weil ein sachlich nicht begründeter Wechsel in der Rechtsform gleichheitswidrig sein könnte; dies wäre z. B. der Fall, wenn die Gemeinde ihre Ermessenspraxis ändert mit dem einzigen Ziel, die Rechtsstellung der Grundeigentümer im Rechtsschutzverfahren zu verschlechtern – nachweisbar wird das allerdings selten sein.

Für ein weites Ermessen könnte es sprechen, dass eine Erhaltungssatzung nach teils vertretener Meinung keine Begründung enthalten muss. Ermessensfehler sind aber praktisch nur bei Begründungszwängen nachprüfbar. Das BVerfG hat die vom OVG Lüneburg postulierte[8] Begründungsfreiheit für verfassungsrechtmäßig gehalten.[9] Dabei hat das Gericht allerdings nur auf die inhaltlichen Voraussetzungen der Erhaltungssatzung abgestellt und nicht auf das Auswahlermessen bei der Rechtsform.

Für ein Auswahlermessen besteht zwar kein plausibler Bedarf. Die Annahme eines Auswahlermessens ist aber unschädlich, wenn man die Selbstbindung akzeptiert und damit Willkür bei der Handhabung der Formfrage ausschließt.

---

[6] *Bank* (o. Fn. 3), § 172 Rdnr. 50; *Jürgen Stock*, in: Ernst/Zinkahn/Bielenberg/Krautzberger (Hrsg.), Baugesetzbuch, Stand März 2015, § 172 Rdnr. 58.

[7] Die Analogie ist notwendig, da sich § 40 VwVfG nur auf die Ermessensausübung beim Erlass von Verwaltungsakten oder beim Abschluss öffentlich-rechtlicher Verträge bezieht.

[8] OVG Lüneburg, Urteil vom 27. 4. 1983 – 1 C 1/82, BRS 40, Nr. 154.

[9] BVerfG, Beschluss vom 26. 1. 1987 – 1 BvR 969/83, DVBl 1987, 465 f.

4. Folgen der Aufnahme von Erhaltungssatzungen in einen Bebauungsplan

Werden Erhaltungsvorschriften als zusätzliche Inhalte neben Festsetzungen in einen Bebauungsplan aufgenommen, so handelt es sich nicht um integrale Teile des Bebauungsplans. Vielmehr verhält es sich wie bei Gestaltungssatzungen. Allerdings sind Erhaltungsvorschriften inhaltlich deutlich und anerkannt Städtebaurecht, während in manchen Bundesländern Gestaltungsvorschriften der Gefahrenabwehr zugerechnet werden.[10] Deren Aufnahme in den Bebauungsplan richtet sich nach § 9 Abs. 4 BauGB, der vom Wortlaut her für Erhaltungssatzungen ausscheidet, weil diese nicht auf Landesrecht beruhen, sondern auf dem BauGB. Eine rein nachrichtliche Aufnahme in den Bebauungsplan nach § 9 Abs. 6 BauGB scheidet nach h. M. ebenfalls aus. Denn der Absatz 6 wird so verstanden, dass Festsetzungen aufgrund „anderer gesetzlicher Vorschriften" solche außerhalb des BauGB meint und nicht solche außerhalb des § 9 BauGB. § 9 BauGB wird also von der h. M. nicht als abschließend aufgefasst, insofern § 172 BauGB weitere Festsetzungsmöglichkeiten beinhaltet (ebenso § 22 BauGB).[11] Erhaltungsvorschriften werden daher „als Festsetzungen" in den Bebauungsplan aufgenommen. Insoweit herrscht äußerlich Übereinstimmung mit den Gestaltungsvorschriften. Über die genaue Bedeutung dieser Formulierung herrscht bei den Gestaltungsvorschriften Streit. Dieser ist allerdings auf Erhaltungssatzungen nicht übertragbar, soweit bei diesen das Problem nicht auftaucht, dass sie landesrechtlich determiniert sind. Allerdings ist auch bei Erhaltungssatzungen fraglich, ob das BauGB auf sie anwendbar ist, soweit es allgemeine Anforderungen an Bebauungspläne aufstellt. Das betrifft die Frage der Erforderlichkeitsprüfung nach § 1 Abs. 3, der Belange nach § 1 Abs. 6, des Abwägungsvorgangs nach § 2 Abs. 3, des äußeren Verfahrens nach den §§ 3 ff. und der Begründung nach § 9 Abs. 8 BauGB. Die Rechtsprechung hat innerhalb dieser Fragen differenziert. Die Unterscheidung beruht auf einer Annahme über die Gesamtkonstruktion der Erhaltungssatzung. Die Konstruktion wird so verstanden, dass die Satzung lediglich ein in jedem Fall nicht bindendes Verbot mit Erlaubnisvorbehalt aufstellt, während die nachfolgende Genehmigungsentscheidung erst inhaltlich über die Erhaltung entscheidet. Aus dieser relativen Unverbindlichkeit der Satzung selbst wird entnommen, dass zwar die äußerlichen Vorschriften über Bebauungspläne Anwendung finden, wenn eine Erhaltungssatzung Teil des Bebauungsplans ist, nicht aber die Regeln über den Abwägungsvorgang und die Begründung.[12]

---

[10] Sie sind z. B. in Niedersachsen verfassungsrechtlich zweifelhaft dem übertragenen Wirkungskreis zugewiesen; vgl. § 84 Abs. 4 Satz 2 NBauO. Dieser Zweifel wird durch die Parallelität zu Erhaltungssatzungen bestätigt.

[11] *Hans-Georg Gierke*, in: Brügelmann (o. Fn. 3), § 9 Rdnr. 12.

[12] Vgl. z. B. *Michael Krautzberger*, in: Battis et al. (Hrsg.), BauGB, 12. Aufl. 2014, § 172 Rdnrn. 29 ff.

5. Die Abgrenzung des Geltungsbereichs der Erhaltungssatzung

Aus der Konstruktion des § 172 BauGB ergibt sich, dass eine Erhaltungssatzung in unterschiedlichen tatsächlichen Situationen erlaubt ist. Entweder sind alle im Geltungsbereich der Satzung vorhandenen baulichen Anlagen erhaltungswürdig oder nur einige davon. Es kann also im Gebiet der Erhaltungssatzung auch nicht erhaltungswürdige Anlagen geben. Dem trägt die zweistufige Konstruktion der Erhaltungssatzung Rechnung, die es ermöglicht, für nicht erhaltungswürdige Anlagen trotz Erhaltungssatzung eine Abrissgenehmigung zu erhalten. Daraus folgert das OVG Koblenz, dass die Abgrenzung des Plangebiets nur einer großzügigen gerichtlichen Überprüfung unterzogen werden dürfe.[13] Denn betroffene Grundstückseigentümer sind durch die Einbeziehung in das Gebiet der Erhaltungssatzung nicht endgültig belastet, sondern nur insofern, als sie für bauliche Änderungen jedenfalls eine Genehmigung benötigen. Das OVG Hamburg hat sich dem mit Modifikationen angeschlossen.[14]

Nach h. M. darf es auch eine Erhaltungssatzung für ein einzelnes Grundstück (oder einen Teil davon) geben. Grundsätzlich muss die Gebietsabgrenzung den Erhaltungszwecken des § 172 BauGB folgen. Das OVG Hamburg meint darüber hinaus, das Gebiet müsse durch den Bereich der optischen Auswirkungen begrenzt sein. Denn die Prägung könne nicht weiter reichen als die optische Sichtbarkeit zu einem bestimmten Zeitpunkt an einem bestimmten Ort gegeben ist. Allerdings fordert das Gericht auch eine Systemtreue. Das OVG unterstellt, der Normgeber habe die Wahl, entweder mehrere kleine Erhaltungsgebiete mit Lücken dazwischen zu schaffen oder ein großes Erhaltungsgebiet mit Zwischenflächen, auf denen keine erhaltungswürdigen Gebäude stehen. Wähle nun die Gemeinde die erste Alternative und schneide die Erhaltungsgebiete so zu, dass sie je nur erhaltungswürdige Anlagen aufweisen, dann dürfe sie nicht bei einem dieser Gebiete ohne Grund davon abweichen;[15] das ist überzeugend. Die Kommentarliteratur ist der Ansicht, für die Planabgrenzung bestehe ein planerischer Spielraum wie im Sanierungsrecht. Es stellt sich aber die Frage, ob es wirklich zulässig ist, Erhaltungsgebiete wie Flicken nur auf die einzelnen Grundstücke mit erhaltungswürdigen Bauten zu legen. Denn damit wird verkannt, dass in den Prägefällen die Prägekraft eines Gebäudes auch von der passiven Prägefähigkeit des Gebiets im optischen Einwirkungsbereich abhängt.

Endet das Erhaltungsgebiet im Falle eines prägenden Gebäudebestandes (Ensembles) am letzten erhaltungswürdigen Gebäude, so ist das zu kurz gefasst, weil Abs. 3 Satz 1, 1. Alt. nur umgebungsprägende Anlagen erfasst. Der optische Einwirkungsbereich muss zwingend in den Geltungsbereich einbezogen werden, weil andernfalls

---

[13] OVG Koblenz, Urteil vom 31.7.2008 – 1 A 10361/08.OVG, BRS 73, Nr. 222.
[14] Vgl. die folgende Fußnote.
[15] OVG Hamburg, Urteil vom 13.6.2012 – 2 E 2/08. N – BRS 79, Nr. 223.

durch bauliche Änderungen im Einwirkungsbereich die Prägekraft verloren gehen kann.

Endet das Erhaltungsgebiet für einen umgebungsprägenden Gebäudebestand zwischen Gebäuden, die selbst nicht mehr erhaltungswürdig sind, dann ergibt sich die Grenze des Gebiets nach dem Gesetz auch hier aus der Prägungsgrenze. Sie muss dort gezogen werden, wo die Prägung durch die erhaltenswerten Anlagen endet. Das kann in der Tat mit der optischen Sichtbarkeit in Verbindung gebracht werden. Sichtbarkeit ist wie Prägung allerdings auch ein graduelles Phänomen. Deswegen ist tatsächlich nur zu prüfen, ob hier eindeutig keine Prägung mehr besteht.

Endet das Gebiet zwischen erhaltenswerten prägenden Anlagen oder innerhalb eines Gebietes mit Anlagen, die zu einer städtebaulichen Gebietsprägung nur – aber immerhin – beitragen, so ist stets ein Gleichheitsproblem aufgeworfen: Warum wurde das Gebiet nicht größer zugeschnitten? An dieser Stelle geht die Frage des Gebietszuschnitts in die Frage des Entschließungsermessens über.

6. Entschließungsermessen bei Erhaltungssatzung?

Stellt eine Gemeinde fest, dass Gebäude städtebaulich erhaltenswert im Sinne des § 172 BauGB sind, so stellt sich die Frage, ob sie eine entsprechende Satzung erlassen kann oder muss. Der Gesetzeswortlaut spricht für ein Ermessen; zugunsten dessen äußert sich auch die Literatur.

Die Frage der Planabgrenzung ist sachlich eng verbunden mit der Frage, ob überhaupt beim Erlass von Erhaltungssatzungen ein Entschließungsermessen eingeräumt ist. Für ein Erschließungsermessen, aber mit beschränkter Abwägung, wird wiederum die Zweistufigkeit des Verfahrens angeführt. Auf der ersten Ebene des Satzungserlasses werde noch nichts Endgültiges entschieden. Dies geschehe vielmehr erst auf der Ebene der Entscheidung über die Genehmigung von Änderungsanträgen nach § 173 i. V. m. § 172 Abs. 3 BauGB.

Diese Argumentation setzt voraus, dass es auf der Ebene der Genehmigung ein Versagungsermessen dergestalt gibt, dass die Genehmigung auch erteilt werden darf, wenn das Satzungsziel beeinträchtigt wird. Ist das nämlich nicht der Fall und muss die Genehmigung versagt werden, wenn die Erhaltungsziele beeinträchtigt werden, dann ist schon mit der Satzung die grundsätzliche Erhaltungspflicht festgelegt.

II. Versagungsermessen bei der Genehmigungsentscheidung nach § 173 BauGB?

Die Frage des Versagungsermessens auf der zweiten Stufe ist streitig. Während das BVerwG ein Versagungsermessen annimmt – allerdings bisher nur im Zusammenhang mit Milieuschutzsatzungen nach § 172 Abs. 4 BauGB –, ist die Literatur teils anderer Ansicht. Das BVerwG hat seine Entscheidung zu den Milieuschutzsatzungen damit begründet, dass es atypische Fallgestaltungen geben könne, in denen die Ziele des Gesetzes trotz Erteilung der Genehmigung erreicht würden. Das mag im Fall des Absatzes 4 Nr. 6 für Milieuschutzsatzungen einleuchten. Absatz 3 des § 172 BauGB ist anders zu beurteilen: Geht es darum, dass eine bauliche Anlage ein Gebiet allein prägt (Abs. 3, Satz 1, 1. Alt.), würde eine Abrissgenehmigung klar und stets dem Satzungszweck zuwiderlaufen. Geht es um eine Prägung im Zusammenwirken mehrerer Gebäude (Abs. 3, Satz 1, 2. Alt.), so soll gerade die Prägungsstärke durch die vorhandenen erhaltenswerten Gebäude gewahrt werden; auch dies würde durch eine Abrissgenehmigung für ein erhaltenswertes Gebäude vereitelt. Außerdem käme es zu Ungleichbehandlungen nach dem Windhundprinzip. Denn die ersten Abrissanträge könnten noch positiv beschieden werden, weitere dann aber wegen Beeinträchtigung des Satzungszwecks nicht mehr. Alsbald wäre ein Zustand erreicht, in dem die verbliebenen Gebäude offenkundig zwingend für die Gebietsprägung erhalten werden müssen. Die Privilegierung durch eine nach Ermessen erteilte Genehmigung würde also nur denen zu Gute kommen, die als Erste abreißen wollen. Steht die Errichtung eines Gebäudes zur Debatte (Abs. 3, Satz 2), so knüpft das Gesetz die Versagung der Genehmigung gerade an eine Beeinträchtigung des Satzungszwecks[16] an. Jede Abweichung von diesem Tatbestand bedeutet also auch eine Beeinträchtigung des Satzungszwecks.

Der Unterschied zwischen Absatz 3 und 4 des § 172 BauGB liegt insofern im Wesentlichen darin, dass Absatz 4 mit ergänzungsbedürftigen konkreten Fallgruppen arbeitet, während Absatz 3 mit unbestimmten wertenden Rechtsbegriffen auf relativ abstrakter Ebene formuliert ist.

Daher ist ein Versagungsermessen für die Genehmigung bei Erhaltungssatzungen nach § 172 Abs. 1 Nr. 1 i. V. m. Abs. 3 BauGB abzulehnen, soweit es um den Begründungsstrang beeinträchtigter Satzungsziele geht.

Nach der gesetzlichen Konzeption kann der Eigentümer bei versagter Genehmigung nur noch die Übernahme des Grundstücks durch die Gemeinde gemäß § 173 BauGB verlangen. Die Folge daraus wäre, dass die Interessen der Grundeigentümer bei Erhaltungssatzungen nach § 172 Abs. 1 Nr. 1 BauGB schon in der Abwägung beim Satzungsbeschluss berücksichtigt werden müssten. Es müssen aber auch die Folgen für die Gemeinde bedacht werden, die dann nicht mehr die Möglichkeit hat, Übernahmeverlangen aufgrund fiskalischer Interessen dadurch auszuweichen, dass sie eine Genehmigung erteilt. Dass ein solches fiskalisches Interesse aus der Sicht des Gesetzgebers nicht der Sinn eines Versagungsermessens bei Absatz 3 sein kann, wird aus dem Unterschied von Absatz 3 zu Absatz 4 deutlich. Während bei wirtschaftlicher Unzumutbarkeit Absatz 4 ausdrücklich einen Genehmigungsanspruch gibt, verweigert Absatz 3 diesen bewusst und ersetzt ihn durch den Übernah-

---

[16] Es verhält sich hier wie bei einer Koppelungsvorschrift: Der Tatbestand (Beeinträchtigung) nimmt schon alle rechtserheblichen Aspekte auf. Dann ist ein Ermessen auf der Rechtsfolgenseite nicht mehr adäquat. Ist tatsächlich ein atypischer Fall gegeben, liegt eben keine Beeinträchtigung vor.

meanspruch. Die Erhaltung des Stadtbildes soll offenbar gerade nicht aus fiskalischen Motiven hintangestellt werden. Wegen des starken hoheitlichen Bezuges wird das Interesse der Privaten zwingend in ein Geldinteresse überführt. Je genauer und vielfältiger der Erhaltungszweck eines Gebietes in der Satzung beschrieben wird, desto eher kann sich eine wirtschaftliche Unzumutbarkeit der Erhaltung für den Eigentümer ergeben. Das gilt z. B., wenn Fenstergestalten (also die Gestalt der Fensteröffnungen) als erhaltenswert benannt werden.

Aus dieser Situation hat sich die Frage ergeben, ob die Konstruktion der §§ 172, 173 BauGB mit der Bestandsgarantie des Eigentums vereinbar ist. Das BVerfG hat zum Denkmalschutz entschieden,[17] dass es mit Art. 14 Abs. 1, 2 GG unvereinbar sei, wenn bei wirtschaftlicher Unzumutbarkeit das Eigentumsbestandsinteresse des Eigentümers vom Gesetz sofort in ein Geldinteresse überführt wird, ohne dass auf der Genehmigungsebene das Bestandsinteresse berücksichtigt wird. Die Entscheidung führt aus: Die Privatnützigkeit des Eigentums verlange, dass der Eigentümer von seinem Grundstück entweder einen vernünftigen Gebrauch machen oder es veräußern können müsse. Die Veräußerungsmöglichkeit ist in § 173 BauGB gewährleistet. Die Entscheidung geht aber darüber hinaus, indem sie Grade der Privatnützigkeit unterscheidet. In erster Linie sei die Privatnützigkeit durch Ausnahme und Befreiungsvorschriften zu gewährleisten und erst sekundär durch Ausgleichs- oder Übernahmevorschriften. Das soll bewirken, dass die Belastung des Eigentümers real vermieden und sein Interesse nicht sofort in ein Wertinteresse überführt wird. Weiter müsse die Verwaltungsbehörde sofort, wenn sie eine Genehmigung versage, dem Grunde nach über den Ausgleich entscheiden, um einen zumutbaren Rechtsschutz für den Bürger zu erreichen.

Im Rahmen des Rechts der Erhaltungssatzung fehlt es nach der Konzeption des Gesetzgebers an der Realvermeidung der Belastung und an der ausdrücklichen Garantie, dass bei der Genehmigungsentscheidung sofort auch über den Ausgleich entschieden wird, wenn Unzumutbarkeit geltend gemacht wird. § 173 Abs. 2 BauGB erlaubt es nicht, die Entscheidung über die Genehmigung mit der Übernahmeentscheidung zusammenzufassen. Denn § 173 Abs. 2 verweist auf § 43 Abs. 1, dieser auf den 5. Teil, also die §§ 85 ff. BauGB. Nach diesen Normen entscheidet über die Übernahme die Enteignungsbehörde des § 104 BauGB (höhere staatliche Verwaltungsbehörde), während die Genehmigung unter Umständen durch die Gemeinde selbst erteilt wird. Auch kann über die Genehmigung vor den Verwaltungsgerichten gestritten werden, während die Übernahmepflicht vor der Baulandkammer (§ 217 Abs. 1 BauGB) geltend zu machen ist; auch im Rechtsschutzverfahren bleibt also der vom BVerfG geforderte Zusammenhang nicht gewahrt.

Tatsächlich ist nicht einzusehen, warum ein Privateigentümer, dessen Gebäude erhaltenswert ist, sich bei versagter Genehmigung um Übernahme des Gebäudes bemühen muss, wenn die Situation für ihn unzumutbar ist. Warum soll er nicht im Besitz des Gebäudes bleiben dürfen und einen finanziellen Ausgleich erhalten? Das Ge-

---

[17] BVerfG, Beschluss vom 2.3.1999 – 1 BvL 7/91, BVerfGE 100, 226 (245 f.).

setz verbietet eine solche Minusmaßnahme nicht; wenn Konsens herrscht und die haushaltsrechtlichen Voraussetzungen vorliegen, kann sie getroffen werden, weil mit ihr kein Eingriff verbunden ist. Ob man aber wirklich aus Art. 14 GG eine so weitreichende Verfahrenswirkung entnehmen kann, wie es das BVerfG für das Denkmalschutzrecht erkannt hat, ist zweifelhaft. Der allgemein anerkannte Vorrang des Primärrechtsschutzes führt häufig zu dem Ergebnis, dass ein Bürger über die Einleitung von Primärrechtsschutz entscheiden muss, ohne dass er Klarheit darüber hat, ob der Sekundärrechtsschutz (etwa: Amtshaftung) Erfolg haben wird.

Beurteilungsspielräume werden für die Frage der Prägung wie im Denkmalschutzrecht nicht anerkannt. Es ist offensichtlich, dass der gesetzliche Tatbestand nicht ganz vollständig ist. Denn die Prägung eines städtischen Gebiets durch einen Bau ist überhaupt nicht selten und kein Indiz für Erhaltungswürdigkeit: prägend wirken auch Tankstellen, Großbauten, besonders hässliche Bauten etc.; es ist unwahrscheinlich, dass allein diese Prägungstatsache die Erhaltungswürdigkeit begründen soll. Das gleiche gilt für jedes homogene Baugebiet, das also durch mehrere Anlagen geprägt ist. Allein die dritte Variante benennt Beispiele für wahre Erhaltungsgründe; allerdings ausgerechnet solche aus der Nähe zum Denkmalschutzrecht. Hinter der gesamten Erhaltungssatzung steht das Problem des „Unbehagens" an der Baukultur. Deswegen sollen kulturell „behagliche" Viertel erhalten bleiben. Was erhaltenswert ist, ist also aus dem Gesetz sehr schwer zu bestimmen und noch unbestimmter als schon im Denkmalschutzrecht, weil auch über die Aufgaben der städtischen Baukultur und ihre Leistungen kein Konsens besteht.

Unzweifelhaft kann es Lagen geben, in denen die Erhaltung bestimmter an sich erhaltenswerter Strukturen gegenüber anderen Belangen zurücktreten muss. Herrscht sehr große Wohnungsnot, so kann eine erhaltenswerte sehr lockere Villenbebauung nachrangig gegenüber der Verdichtungsnotwendigkeit sein. Der Erhaltung entgegenstehende Belange müssen also m. E. in die Abwägung schon bei Erlass der Erhaltungssatzung aufgenommen werden.

Kein erheblicher Belang in diesem Sinne ist die Ankurbelung der lokalen Bauwirtschaft durch bauliche Vorhaben, denn Wirtschaftsförderung ist kein im Rahmen des § 172 BauGB städtebaulich relevanter Belang.

Das fiskalische Interesse der Gemeinde kann wegen möglicher Übernahmeverlangen nach § 173 BauGB betroffen sein. Wenn man die Erheblichkeit dieses Belangs ganz ausschließen wollte, würde man die Gemeinde zur haushälterischen Unverantwortlichkeit erziehen. Hielte man den Belang aber für generell erheblich, dann wird eine Gemeinde häufig vom Erlass einer Erhaltungssatzung zurückschrecken, allein weil ungewisse finanzielle Folgen drohen.

Dem kann man entgehen, wenn man für § 172 Abs. 1 Nr. 1 BauGB ein intendiertes Ermessen annimmt. Dann ist die Gemeinde gehalten, bei Erfüllung des Tatbestands, also dem Vorhandensein von erhaltenswerten Strukturen der in Absatz 3 geschilderten Art, eine Satzung zu erlassen. Sie darf aber davon absehen, wenn es ausnahmsweise gute Gründe gibt. Für ein intendiertes Ermessen spricht § 1 Abs. 6

BauGB, weil er an unterschiedlichen Stellen von der allgemeinen Wünschbarkeit der Erhaltung des Ortsbildes spricht. Auch der in § 1 Abs. 5 BauGB angesprochene Gedanke der Nachhaltigkeit kann für einen prima facie-Vorrang des Erhaltungszwecks sprechen.

Liegen die gegen eine Erhaltungssatzung sprechenden Gründe auf der fiskalischen Ebene, so kann der Ausweg darin liegen, in Teilschritten vorzugehen. Allerdings bietet auch das der Gemeinde keine Sicherheit, weil die wirtschaftliche Unzumutbarkeit aufgrund sich ändernder Verhältnisse auch nachträglich eintreten kann.

Ein intendiertes Ermessen hat normalerweise die Folge, dass die Begründungslast für die Ausübung des Entschließungsermessens sinkt. Bei der Erhaltungssatzung wird jedoch gar keine Begründung verlangt. Dies gilt jedenfalls dann, wenn sie als sonstige Satzung erlassen wird.[18] Für die Entbehrlichkeit der Begründung spricht, dass es im allgemeinen kommunalrechtlichen Satzungsrecht keine Begründungspflicht gibt. Auch das BauGB stellt sie für Erhaltungssatzungen nicht ausdrücklich auf. Inhaltlich soll sich die Entbehrlichkeit wiederum daraus ergeben, dass die Belastung der Grundeigentümer sich erst im Genehmigungsverfahren endgültig erweist.[19] Diese Argumentation ist – wie gezeigt – nicht haltbar, wenn man ein Versagungsermessen im Genehmigungsverfahren für die Fälle des Absatzes 3 ablehnt.

III. Subjektive Rechte aus der Gebietsausweisung?

Gibt es einen Anspruch der Gebietsansässigen auf die Beachtung einer Erhaltungspflicht? Generell wird vertreten, dass weder die Erhaltungssatzung selbst noch der § 172 BauGB subjektive Drittrechte an die Grundeigentümer im Geltungsbereich der Satzung vermitteln. Sie können also nicht eine rechtswidrig erteilte Genehmigung nach § 173 BauGB angreifen, weil ihnen schon die Klagebefugnis fehlt. Ob anderes gilt, wenn eine Satzungsbegründung erkennen lässt, dass man auch die Anwohner begünstigen wollte, ist bisher nicht beantwortet. Die Charakterisierung als objektives Recht wird mit Hilfe der Schutznormtheorie begründet: Normalerweise besteht das Erhaltungsinteresse ausschließlich im Interesse der Allgemeinheit.

Dann ist aber erkannt worden, dass es im Bauplanungsrecht mit dem Anspruch auf die Erhaltung des Gebietscharakters einen Fall gibt, in dem der subjektiv berechtigende Charakter einer anscheinend nur im Allgemeinwohl bestehenden Festsetzung anerkannt ist. Denn auch die Art der Nutzung wird, wie schon aus § 1 BauGB ersichtlich, im Interesse der Allgemeinheit, nämlich der geordneten städtebaulichen Entwicklung, festgesetzt. Wenn man dennoch ein subjektives Recht auf Gebietserhaltung anerkennt, wieso gilt das nicht auch für die Festsetzung einer Erhaltungspflicht? Das OVG Hamburg[20] verweist insofern auf die fehlende „Schicksalsgemeinschaft"

---

[18] *Stock* (o. Fn. 6), § 172 Rdnrn. 66 f.
[19] BVerwG, Urteil vom 3. 7. 1987 – 4 C 26/85, BVerwGE 78, 23 (26).
[20] OVG Hamburg, Beschluss vom 15. 4. 2009 – 2 Bs 40/09, NordÖR 2009, 356 f.

der Planunterworfenen. Ihr Fehlen wird damit begründet, die Satzung allein enthalte aufgrund der Zweistufigkeit des Verfahrens noch nicht endgültig belastende Festsetzungen.

Die Begründung von subjektiven Rechten aus einer Schicksalsgemeinschaft ist ebenso angreifbar wie die Ablehnung der Entstehung einer solchen Gemeinschaft durch eine Erhaltungssatzung. Für die verfassungsrechtliche Begründbarkeit der Bindungen durch die Art der Nutzung in einem Bebauungsplan muss man nicht wie das BVerwG auf die Wechselseitigkeit der Verpflichtungen abstellen. Es handelt sich schlicht um verhältnismäßige Ausgestaltungen der Sozialbindung des Eigentums.

Welchen Sinn hat die Rede von der Schicksalsgemeinschaft aber stattdessen? Der Gedanke lässt sich dahingehend beschreiben, dass in dem Fall, wo Regelungen des objektiven Rechts nur für eine kleine Gemeinschaft gelten und für diese grundlegende Regeln geben, die Einhaltung dieses Rechts gegenseitig verlangt werden darf. Diese Subjektivierung ist damit wohl Resultat der Erkenntnis, dass andernfalls keine Akzeptanz für die Regeln zu erwarten wäre. Denn ohne diese Subjektivierung wären die Regelunterworfenen gegenüber willkürlichen Abweichungen, die von der Bauaufsicht nicht verhindert oder sogar genehmigt werden, hilflos. Darauf würden sie mit Rechtsverweigerung reagieren. Die Planunterworfenen bilden gleichsam eine Zwangskörperschaft, in der sie gegenseitig die Beachtung des Körperschaftszwecks verlangen dürfen. In anderen Zwangskörperschaften (Kammern) ist diese Subjektivierung nicht notwendig, weil die aufsichtsführende Stelle ein Organ der Gemeinschaft selbst ist (z. B. Rechtsanwaltskammer). Die Bauaufsicht ist aber kein Organ der Gemeinschaft eines Plangebietes und von ihr kann daher auch nicht erwartet werden, dass sie die Bindungen effektiv durchsetzt. Der externe Charakter der Aufsicht muss dann durch die Subjektivierung in Gestalt des Gebietserhaltungsanspruchs kompensiert werden. Demzufolge müsste z. B. auch § 3 Abs. 2 BKleingG subjektiv-rechtlichen Charakter haben. Aber auch hier hat die Kleingartengemeinschaft selbst die Befugnis, Verstöße zu unterbinden, so dass eine Subjektivierung unnötig ist.[21]

Das BVerwG argumentiert konsequent, wenn es eine Schicksalsgemeinschaft für den Fall ablehnt, dass ein Teilnehmer ohne Sanktionen durch einen Genehmigungsantrag aus ihr ausscheiden kann. Das setzt aber eben hinsichtlich der Gestaltungssatzung das Versagungsermessen in Bezug auf Ausscheidensanträge voraus. Ein solches Ermessen kann man jedenfalls bei § 172 Abs. 1 Nr. 1 i. V. m. Abs. 3 BauGB nicht anerkennen. Wenn man aber deswegen eine solche Schicksalsgemeinschaft anerkennen muss, dann ist nicht einzusehen, warum sie nicht auch zwischen Personen besteht, deren Grundstücke im Erhaltungsgebiet liegen und bei denen Genehmigungen für beeinträchtigende Vorhaben versagt werden müssen.

---

[21] *Eggert Otte*, in: Ernst/Zinkahn/Bielenberg/Krautzberger (Hrsg.), Baugesetzbuch, Stand 2013, § 3 BKleingG Rdnr. 7 m. w. N.

Allerdings muss noch Weiteres hinzukommen. Das BVerwG anerkennt die Schicksalsgemeinschaft nur im Hinblick auf die grundlegende Gebietsausweisung hinsichtlich der Art der Nutzung. Schon die Festsetzung des Maßes der Nutzung soll so wenig grundlegend sein, dass eine Subjektivierung nicht notwendig erscheint. Darüber kann gestritten werden. Denn wenn wirklich die fehlende Akzeptanzbereitschaft der innere Grund für die Subjektivierung ist, so liegt darin nur ein unbestimmter und mit der Zeit ggf. schwankender Maßstab, so dass die Frage nicht dauerhaft und womöglich auch nicht flächendeckend einheitlich entschieden werden kann. Die Festsetzung einer Erhaltungspflicht greift allerdings mindestens ebenso tief in die Eigentümerstellung ein wie die der Nutzungsart; deswegen liegt es eher nahe, hier eine Subjektivierung anzuerkennen.

Im Denkmalschutzrecht ist seit einiger Zeit anerkannt, dass der Eigentümer eines Denkmals ein subjektives Recht haben kann, das ihm die Befugnis gibt, eine Genehmigung anzugreifen, deren Verwirklichung die Denkmalwürdigkeit seines Anwesens möglicherweise erheblich beeinträchtigen würde.[22] Die Vorschrift, die die Genehmigung der baulichen Anlage in der Umgebung des Denkmales steuert, hält das BVerwG für drittschützend zugunsten des Denkmaleigentümers. Diese Auslegung sei geboten, weil der Einfluss des Eigentumsgrundrechts verlange, dass das Denkmal, in das der Eigentümer investiert, auch als Denkmal erhalten bleibt und nicht als solches durch Maßnahmen Dritter entwertet wird. Ist die Bewertung dieser Konstellation auf die Erhaltungssatzung übertragbar?

Dagegen spricht zunächst, dass die Pflichten des Eigentümers einer Anlage im Erhaltungsgebiet geringer sind als die Pflichten des Denkmaleigentümers. Insbesondere fehlt es an der Erhaltungspflicht. Beschränkt ist der Eigentümer vielmehr nur für die Fälle von Rückbau, Änderung, Nutzungsänderung. Ob ein bewusstes Verfallen-Lassen dem Rückbau gleichsteht, scheint noch nicht entschieden zu sein. Es ist allerdings für das subjektive Drittrecht des Denkmaleigentümers nicht zwingend erforderlich, dass er in das Denkmal bereits investiert hat. Die übrigen Belastungen reichen aus der Sicht des BVerwGs aus, um den subjektiv berechtigenden Charakter zu begründen und damit einen Gleichlauf von Rechten und Pflichten aus dem Eigentum herzustellen. Eine solche Betrachtung könnte dazu führen, dass auch der Eigentümer eines prägenden Baus im Erhaltungsgebiet einen Abwehranspruch gegen Zerstörungen der Prägung hat. Man wird auch hier erwägen müssen, ob es nicht die angemessenere Lösung ist, dem Eigentümer ein Recht auf Aufhebung der Satzung zu geben, wenn die Prägung durch Dritte zerstört worden ist. Allerdings greift auch hier das Argument des BVerwGs aus dem Bereich des Denkmalschutzes, dass vergangene Aufwendungen dann nicht mehr gewürdigt werden können. Es wird nicht selten auch so sein, dass der Eigentümer eine intensivere (nicht notwendig bessere) Aufsicht über die Bewahrung der Prägung ausübt als die zuständige Behörde, die ggf. vielfältigen Interessen zu folgen bereit ist.

---

[22] BVerwG, Urteil vom 21.4.2009 – 4 C 3.08, BVerwGE 133, 347 ff.

IV. Fazit

Die Auslegung der §§ 172, 173 BauGB durch die h. M. folgt Argumenten der fiskalischen Praktikabilität, wenn sie ein Ermessen bei der Befreiung von der präventiven Erhaltungspflicht aus der Satzung annimmt. Die vom BVerfG verlangte Gleichzeitigkeit von Belastungs- und Kompensationsentscheidung überdehnt den Gehalt des Art. 14 GG, indem die Junktimklausel der Sache nach auf die Sozialbindungsfälle erstreckt wird. Der bauplanungsrechtliche Gebietserhaltungsanspruch gründet sich letztlich auf Akzeptanzerwägungen. Diese Einsicht führt zu einer verstärkten Anerkennung subjektiver Rechte.

IV. Europa und Asien

Der Europäische Gerichtshof als Gesetzgeber – Richterrecht in der Europäischen Union, insbesondere im Kartellrecht

Von *Christoph Brömmelmeyer*

Franz-Joseph Peine hat sich (wissenschaftlich) nur selten mit Fragen des Bürgerlichen Rechts, ich selbst habe mich nie mit Fragen des Verwaltungsrechts befasst, so dass ich auf der Suche nach gemeinsamen Forschungsinteressen auf die übergeordnete Frage des Richterrechts und auf das Recht der Europäischen Union zurückgreifen muss. Beides, Richterrecht und EU-Recht, behandelt *Peine* in seinem grundlegenden Lehrbuch Allgemeines Verwaltungsrecht, 11. Aufl. 2014, so dass ich sehr auf sein Interesse an diesem Beitrag hoffe.

I. Einführung

Franz Wieacker berichtet in der Privatrechtsgeschichte der Neuzeit, 2. Aufl. 1967, über „Das Privatrecht in der Krise des Positivismus" und über richterliche Rechtsfortbildung auf der Basis des BGB, das, wie *Wieacker* schreibt, „entsprechend dem positivistischen Ideal der Lückenlosigkeit und der strengen richterlichen Bindung an das Gesetz *Kodifikation*, d. h. der Absicht nach abschließende und erschöpfende Aufzeichnung seiner Materie" sei.[1] Dabei unterscheide sich die Rechtsprechung (Rspr.) des Reichsgerichts (RG) von der des Bundesgerichtshofs (BGH): Während das RG grundsätzlich an Gesetzestreue festhielt, habe sich der BGH „offen und selbstbewusst zu einem richterlichen Auftrag zur Fortbildung der geschriebenen Rechtsordnung" bekannt.[2] Die Motive seien verständlich: Die Rechtsfortbildung des RG habe „in einer Blütezeit des Gesetzespositivismus unter dem Eindruck des frischen Prestiges des BGB […]" begonnen.[3] Der BGH hingegen habe seine Rechtsprechung erst viel später aufgenommen, nach einem, wie *Wieacker* schreibt, „furchtbaren Vakuum wirtschaftlicher Ordnung, öffentlicher Moral und sozialer Sicherheit und ohne Fesselung durch eine eigene Tradition".[4] Hinzu kam, so *Wieacker*,

---

[1] *Franz Wieacker*, Privatrechtsgeschichte der Neuzeit, 2. Aufl. 1967, S. 475.
[2] *Wieacker*, ebd., S. 530.
[3] *Wieacker*, ebd., S. 531.
[4] *Wieacker*, ebd., S. 531.

die moralische Diskreditierung des Gesetzespositivismus durch das gesetzliche Unrecht des nationalsozialistischen Staates.[5]

Diese Beobachtungen lassen sich sicher nicht auf den Europäischen Gerichtshof (EuGH) und die richterliche Rechtsfortbildung in der (heutigen) Europäischen Union übertragen. Die Rolle des EuGH ist eine völlig andere als die des BGH als eines nationalen Revisionsgerichts (siehe § 133 GVG) im Rahmen ordentlicher Gerichtsbarkeit (§ 13 GVG). Hinzukommt, dass sich (supranationales) EU-Recht und (nationales) BGB in ihrer Rechtsqualität, ihrem Regelungsgegenstand und -anspruch grundlegend voneinander unterscheiden. Es gibt aber auch Parallelen: Ebenso wie der Bundesgerichtshof konnte auch der EuGH seine Rspr. Mitte des 20. Jahrhunderts „ohne Fesselung durch eine eigene Tradition" entwickeln. Hinzukommt, dass auch im Hinblick auf den EWG-Vertrag ein gewisses, wenn auch anders gelagertes Vakuum herrschte: Rechtsnatur und Reichweite des Gemeinschaftsrechts waren anfangs ungeklärt. Bekanntlich hat der EuGH erst im Jahre 1963, in der Rechtssache (Rs.) *van Gend & Loos*, klargestellt, dass es sich um eine „neue Rechtsordnung" handle, „deren Rechtssubjekte nicht nur die Mitgliedstaaten, sondern auch die Einzelnen" seien, um eine Rechtsordnung also, die „unmittelbare Wirkungen in den Rechtsbeziehungen zwischen den Mitgliedstaaten und den ihrem Recht unterworfenen Einzelnen" erzeugen könne.[6] Das „Prestige" des EWG-Vertrags mag zwar noch frisch gewesen sein. Es konnte den EuGH jedoch nicht an einer selbstbewussten richterlichen Rechtsfortbildung hindern, weil der EWG-Vertrag als „rudimentärer und ausfüllungsbedürftiger" Rechtsakt[7] nie für sich beansprucht hat, eine streng positivistische, d. h. abschließende Kodifikation zu sein. Hinzukommt, dass die Fortentwicklung der Europäischen Rechtsordnung Teil ihrer DNA ist – bereits der EWG-Vertrag sollte laut Präambel „die Grundlagen für einen immer engeren Zusammenschluss der europäischen Völker schaffen".[8] Die Sterne für ein Europäisches Richterrecht standen also günstig. Bleibt die Frage, wie sich das Richterrecht in der Europäischen Union entwickelt hat und ob und inwieweit diese Entwicklung u. U. an Kompetenzgrenzen stößt.

---

[5] *Wieacker* (o. Fn. 1), S. 531.

[6] EuGH, Urteil vom 5.2.1963 (van Gend & Loos), Slg. 1963, S. 1.

[7] *Matthias Pechstein/Carola Drechsler*, Die Auslegung und Fortbildung des Primärrechts, in: Riesenhuber (Hrsg.), Europäische Methodenlehre, 2. Aufl. 2010, § 8 Rdnr. 56.

[8] Vertrag zur Gründung der Europäischen Wirtschaftsgemeinschaft vom 25.3.1957, abgedruckt u. a. in: *Schulze/Hoeren* (Hrsg.), Dokumente zum Europäischen Recht, Bd. 1, Gründungsverträge, 1999, Teil 3. Die Europäische Wirtschaftsgemeinschaft, Dokument Nr. 88.

II. Der Europäische Gerichtshof: Richterrecht im Koordinatensystem horizontaler und vertikaler Kompetenzverteilung

1. Richterrecht in der Europäischen Union

a) Begriff und Funktion

Bereits der Begriff des Richterrechts ist mehrdeutig.[9] Die Rechtswissenschaft konnte sich bisher nicht auf eine einheitliche Definition verständigen.[10] Der Feststellung *Pickers*, Richterrecht, das (als solches) im Sinne der Rechtsquellenlehre formale rechtliche Bindung begründe, sei nicht anzuerkennen, ein Richter könne niemals Recht „setzen",[11] steht die Beobachtung *Neuners* gegenüber, dass „das etablierte Richterrecht [in der Europäischen Union] ... zum verbindlichen *aquis communautaire*" gehöre,[12] ohne dass *Picker* und *Neuner* inhaltlich geteilter Meinung wären: *Neuner* betont ebenfalls, dass der Richter zur Rechtsetzung in Form abstrakt-genereller Regelungen nicht berufen sei.[13] *Begrifflich* hingegen herrscht Dissens. Einig ist man sich allenfalls darin, dass Richterrecht für „richterliche Rechtsschöpfung" steht. Damit ist jedoch nicht viel gewonnen. Denn praktisch jede richterliche Entscheidung ist zugleich auch Ergebnis schöpferischer – statt bloß schematischer – Rechtsanwendung. Das gilt insbesondere für den EuGH, der z. B. im Vorabentscheidungsverfahren (Art. 267 AEUV) „über die Auslegung der Verträge" (Abs. 1 lit. a)) zu entscheiden hat und das vor allem dann, wenn „die richtige Anwendung ... [nicht] offenkundig ist",[14] wenn sie sich also nicht in der bloßen Subsumtion unter einen *acte claire* erschöpft. Der Begriff des Richterrechts ist vor diesem Hintergrund wie folgt zu fassen: *Richterrecht der Europäischen Union ist jede Regel, die der Europäische Gerichtshof mittelbar durch Auslegung gewinnt, die sich also nicht unmittelbar aus*

---

[9] *Ulrich Everling*, Richterliche Rechtsfortbildung in der Europäischen Gemeinschaft, JZ 2000, 217 ff.; *Joachim Jahn*, Europarichter überziehen ihre Kompetenzen, NJW 2008, 1788 f.; *Anita Wolf-Niedermaier*, Der Europäische Gerichtshof zwischen Recht und Politik, 1997; *Schulze/Seif* (Hrsg.), Richterrecht und Rechtsfortbildung in der europäischen Rechtsgemeinschaft, 2003; *Alfred Schramm*, „Richterrecht" und Gesetzesrecht, Rechtstheorie 36 (2005), 185 ff.; *Sabine Schlemmer-Schulter*, Gemeinschaftsrechtlicher vorläufiger Rechtsschutz und Vorlagepflicht, EuZW 1991, 307 ff.; *Gilbert Gornig*, Zur Frage der Befugnis nationaler Gerichte zur Aussetzung des Vollzuges eines auf einer EG-Verordnung beruhenden nationalen Verwaltungsakts, JZ 1992, 39 ff.

[10] Dazu etwa: *Christian Fischer*, Topoi verdeckter Rechtsfortbildung im Zivilrecht, 2007, S. 91, mit einem Überblick über die im Schrifttum verfügbaren Definitionen.

[11] *Eduard Picker*, Richterrecht oder Rechtsdogmatik – Alternativen der Rechtsgewinnung? (Teil 2), JZ 1988, 62 (72).

[12] *Jörg Neuner*, Die Fortbildung des sekundären Gemeinschaftsrechts, in: Riesenhuber (Hrsg.), Europäische Methodenlehre, 2. Aufl. 2010, § 13 Rdnr. 8.

[13] *Neuner*, ebd., § 13 Rdnr. 9.

[14] EuGH, Rs. 283/81 (C.I.L.F.I.T.), Slg. 1982, 3415, Rdnr. 16; EuGH, Rs. C-495/03 (Intermodal Transport), Slg. 2005, I-8151, Rdnr. 33.

dem geschriebenen Unionsrecht ergibt. Diese Definition erfordert indes ihrerseits mehrere Klarstellungen:

Die Definition knüpft an (generell abstrakte) Regeln an, vermeidet aber den Begriff des Rechtssatzes. Denn nicht jede Regel, die der EuGH aufstellt und die – über den konkreten Einzelfall hinaus – auch Parallelfälle erfasst oder erfassen soll, stellt bereits einen Rechtssatz dar.[15] Dass der EuGH Regeln aufstellt, ist grundsätzlich nicht zu beanstanden, denn das Primärziel des bereits erwähnten Vorabentscheidungsverfahrens besteht gerade darin, eine einheitliche Auslegung und Anwendung des Unionsrechts in sämtlichen Mitgliedstaaten zu gewährleisten.[16] Eine Regelbildung ist also unverzichtbar.

Der Begriff der Auslegung ist im Sinne der Europäischen Methodenlehre zu verstehen,[17] geht also – wie der BGH[18] formuliert – „nicht von der im deutschen Rechtskreis – anders als in anderen europäischen Rechtsordnungen – üblichen Unterscheidung zwischen Auslegung (im engeren Sinne) und Rechtsfortbildung" aus;[19] auch Regeln, die aus dem Blickwinkel des deutschen Rechtskreises Rechtsfortbildungen darstellen, sind also als Richterrecht im Sinne der hier verwendeten Definition zu qualifizieren. Der EuGH ist grundsätzlich zu einer solchen Rechtsfortbildung befugt.[20] Das hat u. a. auch das BVerfG[21] ausdrücklich anerkannt: Der Richter sei in Europa niemals lediglich *„la bouche qui prononce les paroles de la loi"* (*Montesquieu*) gewesen; „das römische Recht, das [...] common law, das Gemeine Recht" seien „weithin richterliche Rechtsschöpfungen" gewesen. Zu meinen, dem Gerichtshof wäre die Methode der Rechtsfortbildung verwehrt, sei angesichts dessen verfehlt.[22]

Für die Einordnung als Richterrecht kommt es nicht darauf an, ob der EuGH die richterrechtliche Regel in Einklang mit der (angeblichen) Dogmatik der Europäischen Rechtsordnung *lege artis* abgeleitet hat oder nicht. Damit wird der Begriff entlastet. Die Diskussion über Kognition *oder* Dezision,[23] Richterrecht *oder* Rechtsdogmatik, Rechts- *oder* Rechtserkenntnisquelle braucht auf begrifflicher Ebene nicht geführt zu werden.

Bleibt der Hinweis, dass der EuGH keineswegs eine Rechtsetzungsbefugnis für sich beansprucht. Er versteht sich nicht als autonomer Rechtsschöpfer, sondern als

---

[15] Ebenso wohl: *Eduard Picker*, Richterrecht oder Rechtsdogmatik – Alternativen der Rechtsgewinnung? (Teil 1), JZ 1988, 1 (2) mit Blick auf die Rspr. des BAG.
[16] EuGH, Urteil vom 16.1.1974, Rs. 166/73 (Rheinmühlen), Slg. 1974, 33, Rdnr. 2; *Jürgen Schwarze*, in: Schwarze (Hrsg.), EU-Kommentar, 3. Aufl. 2012, Art. 267 AEUV Rdnr. 3.
[17] Dazu: *Neuner* (o. Fn. 12), § 13 Rdnr. 2.
[18] BGH, NJW 2009, 427 (428).
[19] BGH, a. a. O.
[20] *Neuner* (o. Fn. 12), § 13 Rdnr. 7.
[21] BVerfGE 75, 223 (243 f.).
[22] BVerfG, a. a. O.
[23] Dazu: *Picker*, JZ 1988, 1 (10).

heteronomer Rechtssucher.²⁴ Die Frage, ob er das Recht auch gefunden und dabei die unionsrechtlichen Grenzen der Rechtsfindung eingehalten hat, spielt für den hier verwendeten *Begriff* des Richterrechts keine Rolle, ist also eine *nachgelagerte*, letztlich aber auch die *eigentliche* Frage.

b) Bestandsaufnahme

Bestes Beispiel für das Richterrecht auf Europäischer Ebene ist der *Effektivitätsgrundsatz:* Der EuGH²⁵ geht in ständiger Rspr. (siehe unten) davon aus, dass das EU-Recht praktisch wirksam sein muss. Es gehe um „größtmögliche Effektivität zur Erreichung des [im konkreten Einzelfall angestrebten] Unionsziels".²⁶ Der EuGH hat aus diesem Effektivitätsgrundsatz eine Reihe struktureller Merkmale des supranationalen Rechts abgeleitet: In der Entscheidung *Simmenthal*²⁷ begründet der Gerichtshof den Vorrang des Gemeinschaftsrechts ausdrücklich mit dem Grundsatz der praktischen Wirksamkeit. Das Gemeinschaftsrecht müsse seine „volle Wirkung einheitlich in sämtlichen Mitgliedstaaten" entfalten. Entgegenstehendes nationales Recht sei unanwendbar.²⁸ Im Urteil *van Gend & Loos*²⁹ rechtfertigt der EuGH die unmittelbare Wirkung des Gemeinschaftsrechts damit, dass es andernfalls nicht wirksam wäre. In der *Francovich*-Entscheidung geht der EuGH davon aus, dass die „volle Wirksamkeit der gemeinschaftsrechtlichen Bestimmungen [...] beeinträchtigt [wäre], wenn der einzelne nicht die Möglichkeit hätte, für den Fall eine Entschädigung zu erlangen, dass [ein Mitgliedstaat] seine Rechte durch einen Verstoß gegen das Gemeinschaftsrecht verletzt [...]".³⁰ In der Rechtssache *Courage vs. Crehan* schließlich hat der EuGH klargestellt, dass die „volle Wirksamkeit [des heutigen Art. 101] [...] und insbesondere die praktische Wirksamkeit des in [Art. 101] ausgesprochenen [Kartell-]Verbots" beeinträchtigt wären, „wenn nicht jedermann Ersatz des Schadens verlangen könnte, der ihm durch ein [Kartell] [...] entstanden ist"³¹, ohne dass eine solche Haftung auch nur ansatzweise in den Europäischen Wettbewerbsregeln geregelt wäre.

---

²⁴ Die Begriffe stammen von *Picker*, JZ 1988, 62 (71).

²⁵ Dazu: *Michael Potacs*, Effet utile als Auslegungsgrundsatz, EuR 2009, 465 ff.

²⁶ *Stephan Hobe*, Europarecht, 8. Aufl. 2014, Rdnr. 411; siehe auch: *Andreas Haratsch/ Christian Koenig/Matthias Pechstein*, Europarecht, 9. Aufl. 2014, Rdnrn. 172, 475; *Matthias Herdegen*, Europarecht, 17. Aufl. 2015, § 8 Rdnr. 80.

²⁷ EuGH, Urteil vom 9.3.1978, Rs. 106/77 (Simmenthal), Slg. 1978, S. 629 Rdnrn. 17/18.

²⁸ Dazu auch: *Konrad Walter*, Rechtsfortbildung durch den EuGH, 2009, S. 91, der den Vorrang des Gemeinschaftsrechts als Beispiel richterlicher Rechtsfortbildung anführt.

²⁹ EuGH, Urteil vom 5.2.1963, Rs. C-26/62 (van Gend & Loos), Slg. 1963, S. 3 (26f.).

³⁰ EuGH, Urteil vom 19.11.1991, verb. Rs. C-6/90 und C-9/90 (Francovich u.a.), Slg. 1991, I-5357, Rdnr. 33 f.

³¹ EuGH, Urteil vom 20.9.2001, Rs. C-453/99 (Courage/Crehan), Slg. 2001, I-6297, Rdnr. 26; siehe auch: Urteil vom 13.7.2006, verb. Rs. C-295/04 bis C-298/04 (Manfredi), Slg. 2006, I-6641, Rdnr. 90.

2. Richterrecht und Regelungszuständigkeit

Kernproblem des Richterrechts auf nationaler (verfassungsrechtlicher) Ebene ist das Rechtsstaatsprinzip und das darin enthaltene Prinzip der Gewaltenteilung.[32] Das BVerfG interveniert „wenn sich ein Richterspruch über die aus Art. 20 Abs. 3 GG folgende Gesetzesbindung" hinwegsetzt.[33] Das ist der Fall, so das BVerfG, „wenn die vom Gericht zur Begründung seiner Entscheidung angestellten Erwägungen eindeutig erkennen lassen, dass es sich aus der Rolle des Normanwenders in die einer normsetzenden Instanz begeben hat, also objektiv nicht bereit gewesen ist, sich Recht und Gesetz zu unterwerfen". In der Europäischen Union ist das Problem vielschichtiger. Richterliche Rechtsfortbildung berührt dort nämlich nicht nur die *horizontale* Kompetenzverteilung zwischen den EU-Organen, d. h. das Prinzip der Funktionsteilung (*Calliess*) und des institutionellen Gleichgewichts, sondern auch die *vertikale* Kompetenzverteilung zwischen der Europäischen Union und ihren Mitgliedstaaten.

a) Horizontale Funktionsteilung

Horizontale Funktionsteilung bedeutet, dass (auch) der EuGH an den institutionellen Rahmen der EU, d. h. an das Prinzip der begrenzten Einzelzuständigkeit (Art. 13 Abs. 2 Satz 1 EUV) gebunden ist.[34] Danach darf „jedes Organ nur nach Maßgabe der ihm in diesem Vertrag zugewiesenen Befugnisse handeln"[35], also nach den „Verfahren, Bedingungen und Zielen, die in den Verträgen festgelegt sind". Der EuGH ist gemäß Art. 19 Abs. 1 EUV Gericht. Er ist – anders als Europäisches Parlament und Rat (siehe Art. 14, 16 EUV) – kein Gesetzgeber.

b) Vertikale Kompetenzverteilung

Im Hinblick auf die vertikale Kompetenzverteilung gilt das Prinzip der begrenzten Einzelermächtigung (siehe Art. 5 Abs. 1 Satz 1, Abs. 2 AEUV): Die Union wird „nur innerhalb der Grenzen der Zuständigkeiten tätig, die die Mitgliedstaaten ihr in den Verträgen zur Verwirklichung der darin niedergelegten Ziele übertragen haben". Im nationalen Recht ist das selbstverständlich anders. Das BVerfG[36] hat (im Kontext der Rechtschreibreform) ausdrücklich festgestellt, dass dem „GG [keineswegs] [...] die Vorstellung zu Grunde [liege], dass sich jede vom Staat ergriffene Maßnahme auf eine verfassungsrechtliche Ermächtigung zurückführen lassen müsse". Es gehe vielmehr von der generellen Befugnis des Staates zum Handeln im Gemeinwohlinteresse

---

[32] Dazu: *Karl-Peter Sommermann*, in: v. Mangoldt/Klein/Stark (Hrsg.), GG, Kommentar, Bd. 2, 6. Aufl. 2010, Art. 20 Abs. 2 Rdnr. 205; *Stefan Huster/Johannes Rux*, in: Epping/Hillgruber, GG, Kommentar, 2. Aufl. 2014, Art. 20 Rdnrn. 155 ff.

[33] BVerfGE 87, 273 (280).

[34] *Matthias Pechstein*, EU-Prozessrecht, 4. Aufl. 2011, Rdnr. 6.

[35] *Pechstein*, ebd., Rdnr. 9.

[36] BVerfGE 98, 218 (246) = NJW 1998, 2515 = NVwZ 1998, 946.

aus.³⁷ Da die EU über keine solche Kompetenz-Kompetenz verfügt, muss sie jeden verbindlichen Rechtsakt auf eine Kompetenzgrundlage stützen.³⁸ Das gilt auch für den EuGH: Die Europäischen Gerichte dürfen, so *Neuner*, „keine Rechtsfolge festlegen, die nicht auch der Gemeinschaftsgesetzgeber als Norm erlassen dürfte".³⁹ Diese Erkenntnis zwingt den EuGH zu einem *vertikalen Kompetenztest*, der sich an einem hypothetischen (förmlichen) Rechtsakt orientiert: Richterrechtliche Regeln sind nur rechtmäßig, wenn der Europäische Gesetzgeber – Europäisches Parlament und/oder Rat – einen entsprechenden Rechtsakt hätten erlassen dürfen. Damit ist der Europäische Gerichtshof auch an das *Subsidiaritäts-* (Art. 5 Abs. 3 EUV) und das *Verhältnismäßigkeitsprinzip* (Absatz 4) gebunden:⁴⁰ Darf der Europäische Gesetzgeber eine Kompetenz nicht ausüben, so gilt das auch für den EuGH (siehe auch: Art. 1 Protokoll Nr. 2)⁴¹; andernfalls könnte die Europäische Union das Subsidiaritätsprinzip richterrechtlich unterlaufen. Im Protokoll Nr. 2 heißt es im Übrigen ausdrücklich, dass jedes Organ, also auch der EuGH, „stets für die Einhaltung der in Art. 5 [EUV] niedergelegten Grundsätze der Subsidiarität und der Verhältnismäßigkeit Sorge trägt".

Die Forderung nach einem vertikalen Kompetenztest erstreckt sich über das bloße „Ob" der Regelungszuständigkeit hinaus auch auf das „Wie" der Regulierung, so dass der EuGH jede richterrechtliche Regel im Hinblick auf seine Regelungszuständigkeit begründen muss. Der Begründungszwang bei Rechtsakten (Art. 296 Abs. 2 AEUV)⁴² erstreckt sich gemäß Protokoll Nr. 2 insbesondere auf die Grundsätze der Subsidiarität und Verhältnismäßigkeit. Richterrecht ist zwar kein Rechtsakt im Sinne des Protokolls. Die Begründung ist jedoch auch im Richterrecht unentbehrlich, weil sich andernfalls nicht überprüfen lässt, ob der EuGH die Kompetenzfrage gesehen und mit Recht bejaht hat. Im Europäischen Mehrebenensystem muss sich der Gerichtshof für richterliche Rechtsfortbildungen rechtfertigen, denn die Mitgliedstaaten bleiben nur dann die „Herren der Verträge", wenn der EuGH respektiert, dass er durch richterrechtliche Regulierung „eine zwar selbständige, aber abgeleitete, d. h. von anderen Rechtssubjekten eingeräumte Herrschaftsgewalt" ausübt.⁴³

---

³⁷ BVerfG (o Fn. 36).

³⁸ *Christian Calliess*, in: Calliess/Ruffert, EUV/AEUV, 4. Aufl. 2011, Art. 5 EUV Rdnr. 9.

³⁹ *Neuner* (o. Fn. 12), § 13 Rdnr. 7; ähnlich: *Walter* (o. Fn. 28), S. 229: „Sofern dem Gerichtshof keine Befugnisse zugewiesen sind, verbietet Art. 5 Abs. 1 EG-Vertrag dem Gerichtshof, rechtsfortbildend tätig zu werden."

⁴⁰ Ebenso: *Walter* (o. Fn. 28), S. 261 (mittelbare Rechtsfortbildungsgrenze).

⁴¹ Protokoll (Nr. 2) über die Anwendung der Grundsätze der Subsidiarität und der Verhältnismäßigkeit vom 17.12.2007, ABl.EU Nr. C 306, S. 150.

⁴² Nach *Thomas Oppermann/Claus Dieter Classen/Martin Nettesheim*, Europarecht, 6. Aufl. 2014, § 9 Rdnr. 40 (wohl zu Unrecht unter Berufung auf EuGH, Urteil vom 25.10. 1978, Rs. 125/77 (Scholten Honig), Slg. 1978, 1991), gehört der Begründungszwang zu den allgemeinen Rechtsgrundsätzen.

⁴³ BVerfG, NJW 2009, 2268 [Lissabon], Rdnr. 231.

Kompetenzfragen stellen sich insbesondere in Fällen, in denen der EuGH primärrechtliche Kompetenzgrundlagen (zu) großzügig auslegt. Musterbeispiele dafür sind die Entscheidungen zur Tabakwerbung[44] und zur Datenspeicherung[45]. Diese Fälle gehören indes nicht hierher, weil der EuGH (über die großzügige Interpretation der Kompetenzgrundlagen hinaus) keine Regeln aufgestellt, also kein Richterrecht gesetzt hat. Das ist in zwei Fallgruppen anders:

Eine erste Fallgruppe betrifft die Extrapolation allgemeiner Rechtsgrundsätze,[46] die der EuGH auf der Basis wertender Rechtsvergleichung ermittelt. Im Fall *Mangold*[47] hatte der EuGH beispielsweise über die Kompatibilität von § 14 Abs. 3 TzBfG 2002 mit dem Recht der Europäischen Union – insbesondere mit der Richtlinie 2000/78/EG – zu entscheiden. Er ging davon aus, dass die Befristung von Arbeitsverhältnissen für Arbeitnehmer ab dem 52. Lebensjahr gegen EU-Recht verstieß. Dass die Frist zur Umsetzung der Richtlinie 2000/78 noch nicht abgelaufen war, hielt der EuGH nicht für ausschlaggebend. Es sei nämlich „zu beachten, dass der Grundsatz der Gleichbehandlung in Beschäftigung und Beruf nicht in der Richtlinie 2000/78 selbst verankert" sei. Nach ihrem Art. 1 bezwecke die Richtlinie „lediglich ‚die Schaffung eines allgemeinen Rahmens zur Bekämpfung der Diskriminierung wegen der Religion oder der Weltanschauung, einer Behinderung, des Alters oder der sexuellen Ausrichtung', wobei das grundsätzliche Verbot dieser Formen der Diskriminierung, wie [es] sich aus de[n] [...] Begründungserwägung[en] [...] ergibt, seinen Ursprung in verschiedenen völkerrechtlichen Verträgen und den gemeinsamen Verfassungstraditionen der Mitgliedstaaten'"[48] habe. Das Verbot der Diskriminierung wegen des Alters sei somit als ein allgemeiner Grundsatz des Gemeinschaftsrechts anzusehen.

Eine zweite Fallgruppe betrifft die Extrapolation von Rechtsfolgen, die der EuGH (teils) auch als allgemeine Rechtsgrundsätze versteht: Ein Musterbeispiel dafür ist die Staatshaftung, die der EuGH in den Rechtssachen *Francovich*[49] und *Brasserie du pêcheur*[50] entworfen hat. Die Bundesregierung hatte in *Brasserie du pêcheur* geltend gemacht, dass „ein allgemeiner Entschädigungsanspruch des Einzelnen nur im

---

[44] EuGH, Urteil vom 12.12.2006, Rs. C-380/03 (Tabakwerbung II), Slg. 2006, I-11573.

[45] EuGH, Urteil vom 10.2.2009, Rs. C-301/06 (Vorratsdatenspeicherung I), EuZW 2009, 212.

[46] Im Überblick zu den allgemeinen Rechtsgrundsätzen: *Oppermann/Classen/Nettesheim* (o. Fn. 42), § 9 Rdnrn. 31 ff. Prägnante Beispiele sind die Prinzipien des effektiven Rechtsschutzes (EuGH, Urteil vom 15.5.1986, Rs. 222/84 (Johnston), Slg. 1986, 1651, Rdnr. 18), der Rechtssicherheit und -klarheit (EuGH, Rs. 265/78 (Ferweda), Slg. 1980, 617; EuGH, Rs. 32/79, Slg. 1980, 2403).

[47] EuGH, Urteil vom 22.11.2005, Rs. C-144/04 (Mangold), Slg. 2005, I-9981.

[48] EuGH, Urteil vom 22.11.2005, Rs. C-144/04 (Mangold), Slg. 2005, I-9981, Rdnr. 74.

[49] EuGH, Urteil vom 19.11.1991, verb. Rs. C-6/90 und C-9/90 (Francovich), Slg. 1991 I, S. 5357, Rdnr. 37.

[50] EuGH, Urteil vom 5.3.1996, verb. Rs. C-46/93 und C-48/93 (Brasserie du pêcheur), Slg. 1996, I-01029, Rdnrn. 16 ff.

Wege der Gesetzgebung eingeführt werden [könne], und [dass] die Anerkennung eines solchen Anspruchs durch Richterrecht [...] mit der Zuständigkeitsverteilung zwischen den Organen der [...] Gemeinschaft und den Mitgliedstaaten sowie mit dem nach dem Vertrag vorgesehenen institutionellen Gleichgewicht unvereinbar" sei.[51] Der EuGH hielt jedoch daran fest, dass „es ein Grundsatz des Gemeinschaftsrechts" sei, „dass die Mitgliedstaaten zum Ersatz der Schäden verpflichtet sind, die dem einzelnen durch Verstöße gegen das Gemeinschaftsrecht entstehen, die diesen Staaten zuzurechnen sind". Die Kritik an dieser Rspr. und die Bedenken gegen die richterrechtliche Konstruktion einer solchen Haftung findet sich bereits bei *Pechstein*[52] und anderen, so dass sich dieser Beitrag auf ein anderes Rechtsfolgenregime, nämlich auf die richterrechtlichen Rechtsfolgen im EU-Kartellrecht konzentrieren kann.

III. Richterrechtliche Rechtsfolgen im Europäischen Kartellrecht

Die Rechtsfolgen eines Kartellverstoßes sind primärrechtlich nur unvollständig geregelt: Art. 101 Abs. 2 AEUV sieht lediglich vor, dass die nach Absatz 1 verbotenen Vereinbarungen oder Beschlüsse nichtig sind. Im Hinblick auf die sonstigen Rechtsfolgen ist zu unterscheiden:

1. Public Enforcement

Für die administrative (öffentlich-rechtliche) Durchsetzung des Europäischen Kartellverbots (*public enforcement*) ist in erster Linie die Kommission auf der Basis der Kartellverfahrensverordnung zuständig. Nach Art. 23 Abs. 2 lit. a) der VO 1/2003 kann sie gegen Unternehmen und Unternehmensvereinigungen durch Entscheidung (heute: durch Beschluss) Geldbußen verhängen, wenn diese Unternehmen vorsätzlich oder fahrlässig gegen Art. 101 f. AEUV verstoßen. Parallel dazu sind aber auch die Kartellbehörden der Mitgliedstaaten „in vollem Umfang"[53] für die Anwendung der Art. 101 f. AEUV zuständig (Art. 5 Satz 1 VO 1/2003). Die Befugnisse der Kommission (Art. 23 VO 1/2003) stehen den nationalen Kartellbehörden zwar nicht zu.[54] Im Falle eines Kartellverstoßes können sie von Amts wegen oder aufgrund einer Beschwerde Entscheidungen erlassen, und – auf der Basis des nationalen Rechts[55] (§ 81 Abs. 4 GWB) – Bußgelder verhängen. Das ergibt sich aus Art. 5 der VO 1/2003.[56]

---

[51] EuGH (o. Fn. 50), Rdnr. 24.
[52] *Pechstein* (o. Fn. 34), Rdnrn. 13, 320 ff.
[53] *Jörg Schütz*, in: Busche/Röhling (Hrsg.), Kölner Kommentar zum Kartellrecht, Bd. 4, 2013, Art. 5 VO 1/2003, Rdnr. 4.
[54] OLG Düsseldorf, Urteil vom 17. 12. 2012 – V-1 Kart 7/12 (OWi), 1 Kart 7/12 (OWi), (Silostellgebühren II), zitiert nach juris: Rdnr. 38 f.
[55] *Schütz* (o. Fn. 53), Art. 5 VO 1/2003, Rdnr. 6.

In Deutschland gingen Rspr.[57] und Literatur[58] bisher davon aus, dass die Mitgliedstaaten innerhalb dieses Rahmens „frei bestimmen können, welche Sanktionen verhängt werden und wie die Höhe etwaiger Bußgelder ermittelt wird" (Sura) – mit der Folge, dass sie von den in Art. 23 der VO 1/2003 aufgestellten Grundsätzen für die Kommission abweichen könnten.[59] Das entsprach auch den Schlussanträgen der Generalanwältin *Juliane Kokott* in der Rechtssache *Schenker:* Die Frage, ob eine nationale Kartellbehörde unionsrechtlich gesehen ein Bußgeld gegen ein Unternehmen verhängen könne, das sich in einem unvermeidbaren Verbotsirrtum befand, verneinte die Generalanwältin zwar;[60] sie berief sich insoweit jedoch nicht auf die Maßstäbe der Kartellverfahrensverordnung, sondern auf allgemeine Rechtsgrundsätze (*nulla poena sine culpa*). Die Frage, ob eine nationale Kartellbehörde einen Kartellverstoß feststellen und trotzdem von einem Bußgeld absehen könne, bejahte die Generalanwältin. Die Feststellungskompetenz sei als Minus in den kartellrechtlichen Sanktionen (Art. 5 VO 1/2003) enthalten. Ob und wie diese Kartellbehörden „von ihrer in Art. 5 VO 1/2003 implizit enthaltenen Befugnis zur Feststellung [eines Kartellverstoßes auch] […] ohne Verhängung von Sanktionen Gebrauch" machten, falle in die „Verfahrensautonomie der Mitgliedstaaten".[61]

Der Gerichtshof hat im Hinblick auf den Verbotsirrtum anders entschieden: Subjektive Voraussetzungen, die „die Mitgliedstaaten im Rahmen […] von Art. 5 der VO 1/2003 ein[führten]", „müssten mindestens genauso streng sein, wie die in Art. 23 der VO 1/2003 vorgesehenen"[62]; andernfalls werde die Wirksamkeit des Unionsrechts in Frage gestellt.[63] Damit erklärt der EuGH im Ergebnis den Fahrlässigkeitsbegriff des Art. 23 VO 1/2003 zum verbindlichen Maßstab für den nationalen Kartellrechtsvollzug und löst so einen versteckten Paradigmenwechsel aus: Bisher ging

---

[56] Dazu: Bekanntmachung der Kommission über die Zusammenarbeit innerhalb des Netzes der Wettbewerbsbehörden (2004/C 101/03), ABl.EU Nr. C 101 vom 27.4.2004, S. 43, unter 2.

[57] BGH, NJW 2013, 1972 (Grauzement).

[58] *Martin Sura*, in: Langen/Bunte (Hrsg.), Kartellrecht, Bd. 2, Europäisches Kartellrecht, 12. Aufl. 2014, Art. 5 VO 1/2003, Rdnr. 10.

[59] *Sura*, ebd., Art. 5 VO 1/2003, Rdnr. 10.

[60] Schlussanträge der Generalanwältin *Juliane Kokott* vom 28.2.2013, Rs. C-681/11 (Schenker), im Internet verfügbar unter curia.europa.eu, Rdnr. 44.

[61] Schlussanträge der Generalanwältin *Juliane Kokott* vom 28.2.2013, Rs. C-681/11 (Schenker), im Internet verfügbar unter curia.europa.eu, Rdnr. 113.

[62] EuGH, Urteil vom 18.6.2013, Rs. C-681/11 (Schenker), im Internet verfügbar unter curia.europa.eu, Rdnr. 36, mit Anm. *Andreas Weitbrecht*, NJW 2013, 3085 (juristische Sensation); ablehnend: *Hauke Brettel/Stefan Thomas*, Der Verbotsirrtum im europäischen und nationalen Kartellbußgeldrecht – Zugleich Besprechung des Schenker-Urteils des EuGH, ZWeR 2013, 272 ff.; siehe auch: *Walter Frenz*, Kartellrechtlicher Verbotsirrtum – definitiv ausgeschlossen?, EWS 2013, 272 ff.; *Meinrad Dreher*, Anmerkung zum Urteil des EuGH vom 18.6.2013, Az. C-681/11 – Zur Auslegung von Art. 101 AEUV, EWiR 2013, 469 ff.; *Hans Jürgen Meyer-Lindemann*, Anmerkung zur Entscheidung des EuGH vom 18.6.2013 (Az. C-681/11; EuZW 2013, 624), EuZW 2013, 626.

[63] EuGH, a. a. O.

der EuGH zwar in ständiger Rspr. von einem Äquivalenzgrundsatz aus,[64] der übertragen auf das Kartellverfahrensrecht besagt, dass der nationale Kartellrechtsvollzug im Hinblick auf das Europäische Kartellverbot nicht weniger effektiv sein darf als der des nationalen Kartellverbots. In der Rechtssache *Schenker* stellt der EuGH jedoch nicht mehr nationale Kartellverfahren zur Durchsetzung des EU- bzw. des nationalen Kartellverbots gegenüber, sondern nationales und europäisches Kartellverfahren und verlangt, dass die Sanktion auf nationaler Ebene genauso streng sein muss wie auf europäischer Ebene.

Bleibt die Frage, ob sich der EuGH mit dieser Entscheidung noch im Bereich (legitimer) Auslegung bewegt oder ob er sich über das Kompetenzgefüge in der EU hinwegsetzt und, wie *Brettel* und *Thomas* meinen, *ultra vires* handelt.[65] Nach dem *Schenker*-Urteil hätte es der Rat, so *Brettel* und *Thomas*, in der Hand, durch die Ausgestaltung des Art. 23 VO 1/2003 die Anforderungen des nationalen Kartellvollzugsrechts zu bestimmen. Dem Rat stehe eine solche Befugnis aber nicht zu, so dass sich auch der EuGH nicht auf Art. 23 VO 1/2003 berufen könne, um für das nationale Recht Standards vorzugeben; soweit der Gerichtshof das tue, handle er ohne entsprechende Kompetenz und folglich im Sinne der Rspr. des BVerfG *ultra vires*.[66] Das trifft so jedoch nicht zu. Nach Art. 103 Abs. 1 AEUV beschließt der Rat „[d]ie zweckdienlichen Verordnungen oder Richtlinien zur Verwirklichung der in den Art. 101 und 102 niedergelegten Grundsätze". Inhalt und Reichweite dieser Ermächtigungsvorschrift sind umstritten: Nach Meinung *Ritters*[67] ermächtigt Art. 103 „nur zum Erlass sekundären Gemeinschaftsrechts, nicht aber zur Schaffung nationaler Befugnisse, die dem nationalen Recht vorbehalten sind". Art. 5 VO 1/2003 habe nur deklaratorische Bedeutung.[68] Dagegen geht *Puffer-Mariette* davon aus, dass der Unionsgesetzgeber gemäß Art. 103 Abs. 2 lit. b) (sic!) grundsätzlich befugt sei, das Verfahrensrecht der Mitgliedstaaten zu harmonisieren.[69] *Stadler* betont, dass durch die Dezentralisierung des Kartellrechtsvollzugs „das Bedürfnis für eine Richtlinie zur Harmonisierung der nationalen Verfahrens- und Sanktionsvorschriften gestiegen sei" und scheint eine solche Richtlinie auf der Basis von Art. 103 Abs. 1 AEUV auch für möglich zu halten.[70] Tatsächlich ist eine Regelungszuständigkeit der Europäischen Union im Interesse der Funktionsfähigkeit und der Effektivität des *Euro-*

---

[64] EuGH, Urteil vom 12.7.2012, Rs. C-378/10 (Vale), im Internet verfügbar unter curia.europa.eu, Rdnr. 48; grundlegend: *Julia König*, Der Äquivalenz- und Effektivitätsgrundsatz in der Rechtsprechung des Europäischen Gerichtshofs, 2011.

[65] *Brettel/Thomas*, ZWeR 2013, 272 (291) (ultra vires).

[66] *Brettel/Thomas*, ebd.

[67] *Kurt Lennart Ritter*, in: Immenga/Mestmäcker, Wettbewerbsrecht, Bd. 1/Teil 1, 5. Aufl. 2012, Art. 103 AEUV Rdnr. 2.

[68] *Ritter*, ebd.

[69] *Jean-Christophe Puffer-Mariette*, in: Schröter/Jakob/Klotz/Mederer (Hrsg.), Europäisches Wettbewerbsrecht, 2. Aufl. 2014, VO (EG) 1/2003, Art. 5 Rdnr. 10.

[70] *Christoph Stadler*, in: Langen/Bunte (Hrsg.), Kartellrecht, Bd. 2, 12. Aufl. 2014, Art. 103 AEUV Rdnr. 14.

pean Competition Network zu bejahen: Die Kommission hat in ihrem Bericht über das Funktionieren der Verordnung Nr. 1/2003 bereits im Jahre 2009 mitgeteilt, dass es zwischen den einzelstaatlichen Durchsetzungssystemen nach wie vor Unterschiede gebe.[71] *De Bronett* geht vor diesem Hintergrund davon aus, dass die fehlende Harmonisierung die einheitliche Durchführung des Europäischen Wettbewerbsrechts stark behindere.[72] Diese Einheitlichkeit ist jedoch zweckmäßig; variiert die Durchsetzung des Kartellverbots je nach Mitgliedstaat, so entsteht kein *level playing field* für die auf dem Binnenmarkt agierenden Unternehmen – obwohl genau das dem Normzweck des Art. 101 AEUV entspräche. Damit besteht die EuGH-Entscheidung (Subsidiarität und Verhältnismäßigkeit unterstellt) den vertikalen Kompetenztest; es fehlt lediglich an einer hinreichenden Begründung im Sinne des hier vertretenen Begründungszwangs.

2. Private Enforcement

Im Hinblick auf die privatrechtliche Durchsetzung des Europäischen Kartellverbots hat der EuGH[73] in *Courage vs. Crehan* erstmals entschieden, dass es bei Kartellverstößen eine Haftung auf Schadensersatz geben muss. Die Effektivität des Kartellverbots wäre beeinträchtigt, so der EuGH, wenn nicht jedermann Ersatz des Schadens verlangen könnte, der ihm durch einen Vertrag, der den Wettbewerb beschränken oder verfälschen könne oder durch ein entsprechendes Verhalten entstanden sei.[74] Ein Schadensersatzanspruch erhöhe die Durchsetzungskraft der unionsrechtlichen Wettbewerbsregeln und sei geeignet, von – oft verschleierten – Vereinbarungen oder Verhaltensweisen abzuhalten, die den Wettbewerb beschränken oder verfälschen könnten. Daher könnten Schadensersatzklagen vor den nationalen Gerichten wesentlich zur Aufrechterhaltung eines wirksamen Wettbewerbs in der Europäischen Union beitragen.[75] Die Details der Haftung richten sich nach dem Privat- und Prozessrecht der Mitgliedstaaten. Der EuGH schließt jedoch aus „dem Effektivitätsgrundsatz und dem Recht einer jeden Person auf Ersatz des Schadens, der ihr

---

[71] Mitteilung der Kommission an das Europäische Parlament und den Rat – Bericht über das Funktionieren der Verordnung 1/2003 des Rates – vom 29. 4. 2009, KOM(2009) 206 endg., Rdnr. 33.

[72] *Georg-Klaus de Bronett*, Europäisches Kartellverfahrensrecht, Kommentar zur VO 1/2003, 2. Aufl. 2012, Art. 5 Rdnr. 7.

[73] EuGH, Urteil vom 20. 9. 2001, Rs. C-453/99 (Courage vs. Crehan), Slg. 2001, I-6297, Rdnr. 25; seither ständige Rspr.: EuGH, Urteil vom 13. 7. 2006, verb. Rs. C-295/04 bis C-298/04 (Manfredi), Slg. 2006, I-6641, Rdnr. 60; EuGH, Urteil vom 14. 6. 2011, Rs. C-360/09 (Pfleiderer), Slg. 2011 I-05161, Rdnr. 29; EuGH, Urteil vom 6. 11. 2012, Rs. C-199/11 (Otis u. a.), EuZW 2013, 24 (25), Rdnr. 40 f.; EuGH, Urteil vom 6. 6. 2013, Rs. C-536/11 (Donau Chemie), EuZW 2013, 586 (587), Rdnr. 21.

[74] EuGH, Urteil vom 20. 9. 2001, Rs. C-453/99 (Courage vs. Crehan), Slg. 2001, I-6297, Rdnr. 26.

[75] EuGH, Urteil vom 20. 9. 2001, Rs. C-453/99 (Courage vs. Crehan), Slg. 2001, I-6297, Rdnr. 27; EuGH, Urteil vom 14. 6. 2011, Rs. C-360/09 (Pfleiderer), Slg. 2011 I-05161, Rdnr. 29; EuGH, Urteil vom 6. 6. 2013, Rs. C-536/11 (Donau Chemie), EuZW 2013, 586 (587), Rdnr. 23.

durch einen [Kartellverstoß] entstanden ist, [...] dass ein Geschädigter nicht nur Ersatz des Vermögensschadens (damnum emergens), sondern auch des entgangenen Gewinns (lucrum cessans) sowie die Zahlung von Zinsen verlangen können muss".[76]

Bleibt die Frage, ob auch diese EuGH-Rspr. den vertikalen Kompetenztest besteht, ob die Europäische Union also einen Rechtssatz gleichen Inhalts verabschieden könnte bzw. konnte. Diese Frage ist alles andere als hypothetisch, weil Europäisches Parlament und Rat inzwischen die Richtlinie 2014/104/EU über [Kartell-]Schadensersatzklagen erlassen haben.[77] Danach kann „[j]eder, der einen durch eine Zuwiderhandlung gegen das Wettbewerbsrecht der Union [...] verursachten Schaden erlitten hat, [...] den vollständigen Ersatz des Schadens verlangen" (Art. 3 Abs. 1). Diese Richtlinie hat die Europäische Union gleich auf mehrere Kompetenztitel gestützt (Art. 103, 114 AEUV), so dass sich die Frage der Regelungszuständigkeit heute primär in Bezug auf die Richtlinie stellt.[78] Im Hinblick auf die hier aufgeworfenen Fragen des Richterrechts ist indes maßgeblich, dass die referierte EuGH-Rspr. (siehe oben) den Europäischen Gesetzgeber überhaupt erst auf den Plan gerufen hat: Europäisches Parlament und Rat haben die vom EuGH aufgestellte Regel – jedem Kartellgeschädigten steht ein Schadensersatzanspruch zu – übernommen, ausgebaut und in die Form einer Richtlinienbestimmung gegossen. Daraus lässt sich ablesen, wie gefährlich Europäisches Richterrecht für die vertikale Kompetenzverteilung im Europäischen Mehrebenensystem sein kann: Hat der EuGH eine (im Primärrecht angelegte und mit dem Effektivitätsprinzip begründete) Regel aufgestellt, so liegt darin ein Präjudiz im Hinblick auf die Kompetenz des Europäischen Gesetzgebers. Klarzustellen ist indes, dass die EuGH-Rspr. den vertikalen Kompetenztest auch hier besteht. Die richterrechtliche Haftungsnorm ist ebenso wie ihre spätere Kodifikation in Art. 3 Abs. 1 der Richtlinie 2014/104/EU aufgrund von Art. 103 AEUV und im Interesse der effektiven Durchsetzung der Europäischen Wettbewerbsregeln gerechtfertigt; auch hier fehlt es allerdings an der – im Lichte des Begründungszwangs gebotenen – Begründung dafür, dass der EuGH die Mitgliedstaaten richterrechtlich zur Einführung einer (mit Blick auf Tatbestand und Rechtsfolgen [siehe oben] sehr konkreten) Haftungsnorm verpflichten konnte.

---

[76] EuGH, Urteil vom 13.7.2006, verb. Rs. C-295/04 bis C-298/04 (Manfredi), Slg. 2006, I-6641, Rdnr. 95; EuGH, Urteil vom 6.6.2013, Rs. C-536/11 (Donau Chemie), EuZW 2013, 586 (587), Rdnr. 24.

[77] Richtlinie 2014/104/EU des Europäischen Parlaments und des Rates vom 26. November 2014 über bestimmte Vorschriften für Schadensersatzklagen nach nationalem Recht wegen Zuwiderhandlungen gegen wettbewerbsrechtliche Bestimmungen der Mitgliedstaaten und der Europäischen Union (ABl.EU Nr. L 349 vom 5.12.2014, S. 1). Dazu u. a.: *Wolfgang Mederer*, Richtlinienvorschlag über Schadensersatzklagen im Bereich des Wettbewerbsrechts, EuZW 2013, 847 ff.

[78] Dazu *Christoph Brömmelmeyer/Emmanuel Jeuland/Mariya Serafimova*, Directive „Private enforcement": l'Union européenne dépasse-t-elle les bornes?, La Semaine Juridique 2015, 555 ff.

IV. Ergebnisse

Formal ist der Europäische Gerichtshof – anders als Europäisches Parlament und Rat (siehe Art. 14 Abs. 1, 16 Abs. 1 EUV) – kein Gesetzgeber. Er ist nicht dazu berufen, Recht zu setzen, sondern nur dazu, das Recht zu wahren (siehe Art. 19 EUV). Der EuGH legt das Unionsrecht jedoch (mit Recht) schöpferisch aus, so dass Richterrecht entsteht. Richterrecht ist jede Regel, die der EuGH mittelbar durch Auslegung gewinnt, die sich also nicht unmittelbar aus dem geschriebenen Recht der Europäischen Union ergibt. Richterrecht in der Europäischen Union ist – anders als in nationalen Rechtsordnungen – nicht nur ein Problem der horizontalen Funktionsteilung und des institutionellen Gleichgewichts, sondern auch ein Problem vertikaler Kompetenzverteilung zwischen der EU und den Mitgliedstaaten. Diese Kompetenzverteilung hat der EuGH zu beachten: Er darf keine Regeln festlegen, die nicht auch der Europäische Gesetzgeber als Rechtssatz hätte erlassen dürfen (*Neuner*), er ist also an die begrenzte Einzelzuständigkeit, an das Subsidiaritäts- und das Verhältnismäßigkeitsprinzip gebunden. Das Richterrecht muss so gesehen einen vertikalen Kompetenztest bestehen; ein hypothetischer (inhaltsgleicher) Gesetzgebungsakt des Europäischen Parlaments und/oder des Rates müsste zulässig sein.

Im Europäischen Kartellrecht besteht die EuGH-Rspr. zu den Rechtsfolgen eines Kartellverstoßes diesen Kompetenztest. Die *Schenker*-Entscheidung, die die Maßstäbe des Art. 23 der VO 1/2003 auf die Durchsetzung des Europäischen Kartellverbots durch nationale Kartellbehörden überträgt, ist kein Richterrecht *ultra vires:* Der Europäische Gesetzgeber könnte die Maßstäbe des nationalen Kartellvollzugs gemäß Art. 103 Abs. 1 AEUV harmonisieren. Dasselbe gilt für die Haftung auf Schadensersatz, die Europäisches Parlament und Rat bereits in eine Richtlinien überführt haben. Die EuGH-Rspr. leidet jedoch unter Begründungsdefiziten. Richterrecht setzt genauso wie die (Sekundär-)Rechtsakte der EU (Art. 288 AEUV) eine Regelungszuständigkeit voraus, die der EuGH begründen muss.

The financial securities for validation of the environmental law responsibility

By *Csilla Csák*

I. The characteristics of the security system

In the field of environmental law the environment usage processes can be grouped and analyzed according to different aspects. If we analyze the environmental usage processes we can declare that there are activities, which will not be labeled as legal, but which will have consequences originated from some activities that have to be repaired. The glaring example of this is the red mud catastrophe. On the level of the legislation the principle of liability and principle of polluter pays were formulated explicit and implicit. Although I do not regard the two principles as synonym definition, one is included in the other, there is an overlap between the two principles. The co-enforcement of the two principles mean that either we are talking about lawful or illegal activities as environmental usage, they may bring liability and financial obligations.[1]

The statutes declare the financial obligations in the case of lawful activities (for example fees of environmental usage) and the complex system of liability in the case of illegal activities. The consequences of financial liability shortcomings are different in the case of lawful and illegal activities. In the case of lawful environmental usage the owing fees are the requirements of the start and pursuance of the activity. During the magisterial sanctions basically the administrative tools will be applied such as activity forbidding, limitation, suspension and termination. Of course we can use these sanctions in the case of illegal environmental usage. After the magisterial appearance, concerning the ended environmental usage, the omission of a payment will not mean any problems in the aspect of environmental law. In the case of applied fines, the enforcement can be problematic, especially if the fine order is about a big sum. From the beginning of 2012, there is an opportunity that the state through its proprietary right practising organization enforces the fines imposed if till the dead-

---

[1] *Csilla Csák*, Gondolatok a szennyező fizet elv alkalmazási problémáiról, Miskolci Jogi Szemle VI. 2011, p. 31; *Csilla Csák*, Környezetjog. Előadásvázlatok a környezetjogi gondolkodás köréből, Miskolc 2008, p. 171; *Csilla Csák/Pál Bobvos/István Olajos/Szilvia Horváth/János Ede Szilágyi/Tamás Prugberger*, The polluter pays principle in the agriculture, Journal of Agricultural Law, 2006; *Szilvia Szabó*, A szennyező fizet elve a környezetvédelemben, Iustum Aequum Salutare III. 2007/3, p. 215; see: European Court of Justice, C-378/08, C-379/08 and C-380/08, consolidated cases (*"ERG SpA v Ministero dello Sviluppo economico"*) based on an application of an Italian court for preliminary decision.

line the environmental protection fine or a part of it has not been paid up. Instead of further claiming, according to a maximum sum and condition marked in a governmental decree, the state can distrain shares of the debting company. It is a further condition that the financial fulfilment is not possible or it is just partly possible and it can happen in order to prevent the financial disadvantages which exceed the sum claimed. It is an exceptional opportunity, it can be ordered with the public decree of the government, but it is not possible to use it in general.

The environmental protection fine does not exempt from the liability of criminal law, misdemeanor law, liability for damages, and from obligations concerning the limitation, suspension, forbidding orders, and the restoration of the natural or earlier status. The illegal activities can produce environmental burdens and damages, which lead to unpredictable consequences and financial burdens. The aim of the Environmental Protection Act[2] is to form a harmonic connection between the people and the environment, high protection level of the environment as a whole, and its elements and processes, and the ensuring of sustainable development. The Act creates appropriate frames according to the predictability and fair sharing of taxation to enforce the right of healthy environment as a constitutional right and promote the reduction of the usage, burden, and pollution of the environment, the prevention of environmental damages, and the correction and restoration of damaged environment.[3] Setting up the polluter pays principle on a constitutional level the aimed legal effect can be expressed more powerfully, which means the extension of the state's role in the field of realization.

The statutes regard the administrative liability as a tool of prevention and restoration, it is compulsory for the environmental user to do all the possible to prevent environmental damages, and in case of damages to assume the restoration. The regulation of public law and private law both establish the liability for restoration. It makes the in integrum restitutio obligatory for the environmental user[4] and the tortfeasor.[5] In both cases we can talk about an originally voluntary behaviour, and in default cases the magisterial and judicial order can happen. Whilst the environmental damages must be restored in a magisterial procedure (completely or partially), if the in integrum restitutio cannot be realized, there is an opportunity to impose compensation sanction and financial reparation. In the respect of the tortfeasor and the damaged party in civil law with reference to an impossible restoration the in integrum restitutio can be disregarded and the compensation will be a possible option. In the sphere of in integrum restitutio the opportunity of the partially restoration with compensation can be qualified as a possible way. This opportunity is similar and analogous with the repairing and depreciation payment obligation applied in the sphere of the in integrum restitutio.

---

[2] Act no. LIII. of 1995 about the environmental protection.
[3] *László Fodor*, Környezetvédelem az Alkotmányban, Debrecen 2006, p. 205.
[4] D point of para. 2 of Section 101 of Kvtv.
[5] Para. 1 of Section 335 of the Civil Code.

In the field of environmental protection it appears as a practical problem if the relevant parties do not perform or perform in an inappropriate way their obligation marked in the environmental protection statutes and generate environmental damages during practising their activities, which finally burden the state budget. Compensation of damages financed by the state can be reduced significantly by introducing the financial securities of environmental law responsibility.

The liability of the state can be needed if the responsible corporation is in an running and pending liquidation process without succession. The state liability occurs typically in those cases, where the obligor is unknown or not existent anymore. Of course, the restoration is public interest and legal obligation, that finally must be performed and financed by the state. In certain cases there is an opportunity to record mortgage and restraint on alienation and encumbrance, that is in the case of material assets which guarantee the claim and ask for execution in order to equalize the state expenses. In the case of pending liquidation or liquidated corporations the chance of the return of state claim is minimal, the expenses burden the state budget irrevocably. Taking into consideration the current financial constructions we can set that in the system of financial securities it is a notable constellation with immediate effect on supplier side (financial institution system) if the corporation is at a status which is close to bankruptcy or liquidation. It is a correct legal provision that in dissolution procedures without succession the environmental burdens must be claimed and enforced during the procedure. The liquidating company is not liable with its own properties for the debtor's obligations and the environmental damages. In the case of dissolution procedures without succession there is an opportunity to settle the environmental burdens. If appropriate financial coverage is not availabe to defray the environmental burdens, the dissolution procedure will probably change into a liquidation procedure and will end in its frames.

In the aspect of prevention and elimination of environmental damages according to the Environmental Liability Directive (ELD)[6] – which basically focuses on the fields of administrative liability – the member states need to take steps in order to promote the economic person to organize insurance or other financial securities. Furthermore, the member states have to promote the development of the financial securities and its market with the intention to create suitable financial coverage for the financial obligations marked in the ELD. This environmental financial security system is already introduced in some member states meeting the requirements of the ELD (such as Spain, the Netherlands, Finland).[7]

According to Kvtv. for environmental user's activities marked in seperate governmental decree an environmental security is needed, and furthermore in order to se-

---

[6] Directive 2004/35/EC of the European Parliament and of the Council of 21 April 2004 (ELD), OJ L 143 from 30.4.2004, p. 56 etc., para. 1 of Article 14.

[7] Governmental decree proposal about the environmental financial securities KvVM/ KJKF/760/2007 (administrative agreement) 2007, Budapest, Environmental Protection and Water Management Ministry.

cure the financing of the elimination of the environmental damages that can be caused by the user's activity and cannot be predictable – according to the conditions of single statutes – the user can be obligated to use insurance services. The environmental user can constitute financial provisions according to the rules of the special statutes to finance the presumably or certainly emerging environmental obligations. The government establishes the activities, the form and measure of the security, the conditions of using, the rules of settlement and register, furthermore the rules of the environmental protection insurance in its decree.[8] Beyond the regulations of the Environmental Protecion Act, some other certain environmental protection statutes such as the nature protection,[9] waste management,[10] mining activity statutes,[11] and the rules of the environmental effect study and uniformed environmental usage licensing procedure statute[12] prescribe the different security forms, and the appropriate detailed rules will be determined in special governmental decrees. The detailed rules are not or just partially complete. For example, the producer is obliged to have financial coverage to defray resumption, gathering, waste management obligation of portable batteries and storage of batteries. The measure of the financial coverage is the product of quantity expressed in kilogram of the distributed battery and storaged battery in the previous year of the current year and the security sum projected on a unit of mass. The value of the security sum projected on a unit of mass is 1,000 HUF/kilogram. If the producer on 31 December previous to the current year pursued an activity that belongs to the effect of the ELD, the producer is obliged to create financial security until 20 February of the current year. A producer, who starts his activity in the current year, is obliged to possess financial security proportionately to the quantity of the planned product traffic for the current year. The form of the security can be a guarantee undertaken by a loan office or an insurer, or a tantamount backer covenant, a promissory note including joint and several guarantee, which is exhibited based on an insurance contract. In the case of financial securities the legal relation generally come into existence between the obligor and the authority, which is based on the predictability and the planned expense calculations. The measure required of the statutes of the securities is the condition in the licensing procedure, and the starting, pursuing of the activity. Contrarily in the sphere of insurances in case of using liability insurance the legal relation regards more persons with the act of the insurer. In the case of these insurances, the risk cannot be predicted, it can be prognosticated hardly. There is not any solid base of a realistic insurance coverage calculation. In the sphere of liability insurance, according to torts which are actionable per se although in many cases the legal ground and the sum are questionable, the establishment of the causal relation is not obvious.[13] The financial securities have first of all preventiv character beyond the

---

[8] Para. 5 of Section 101 of Kvtv.
[9] Act no. LIII. of 1996.
[10] Act no. XLIII. of 2000.
[11] Para. 7 of Section 47 of Act no. XLVIII. of 1993.
[12] Governmental Decree 314/2005 (XII.25).
[13] See *Kovács* (ed.), Biztosítási közjog, Budapest 2006.

reparative character. In this case the question emerges if the circle of mitigation of damages can be involved in the circle of coverage within the range of insurance events? The restoration, the reparation of damages can happen in non-pecuniary compensation with doing the restoration activities or it can be financially. The financial compensation exists in the case of non-pecuniary reparation, because the question of settlement of depreciation and replacement of cancelled financial reparation usually emerges. The limitation of the currently available insurance products means that there is no sufficient recourse in the case of gradual environmental damaging and certain types of damage liquidation measures. These limitations are originated from the lack of data concerning insurance events falling under the effect of the ELD and the inability to quantify potential losses.[14]

At the question of the environmental liability the issue of financial coverage is indispensable to the financial settlement, the process is not broken at establishment the liability, and imposing the sanctions, and the legislation has to take the necessary elements of execution into consideration. When establishing the sphere of the financial securities, the insurance, securities and constituting financial provisions came into foreground and we can say these legal constructions can be interpreted as a collective definition, especially the securities and insurance. In all cases the environmental user has to take financial burdens. In some cases it means for the environmental user an actual payment obligation (fee, premium) in other cases binding own finances, extraction of finances. These expenses will obviously appear in the price of the products and services. In favour of this it is necessary to develop a system working on a reasonable cost level. Configuring the system of the financial securities have relevance not just in relation to aim-result of efficiency of law, but it can be the subject of analysis in the aspect of economy.[15]

To handle the negative environmental externals the economic bibliography suggests more different solutions.[16] From the aspect of law we cannot forget the joint liability, which burden all the economical and social member, and in regard with the fact that we are finally all environmental users, it burdens the environmental users. Between 1996 and 2000 nearly 118 billion HUF was used for environmental damage exemption, in the frame of the National Environmental Damage Exemption Programme. In the interest of eliminating the environmental damages nearly 1,000 billion HUF had been needed during this period, nearly 15,000 institutions made a claim for damage exemption. The state financing of the damage exemption burdens

---

[14] European Commission, COM(2010) 581 final, p. 8.

[15] *Zoltán Nagy*, Fenntartható költségvetési elvonások rendszere a környezetvédelem területén, Sectio Juridica et Politica, Miskolc, Tomus XXIX/1, 2011, p. 247; *István Olajos*, A vis maior szerepe a támogatásokban-különös tekintettel az árvíz és belvíz helyzetre, in: Csák (ed.), Az Európai földszabályozás aktuális kérdései, Miskolc 2010, p. 199.

[16] See *Rezső Szentgyörgyi*, A környezeti károk bizonyításának nehézségei és a károkozók egyetemleges felelőssége, Magyar Jog, 1976, 12.; *Szlávik* (ed.), Környezetgazdaságtan, Budapest 2008; *János Szlávik*, A környezet gazdasági értékelése, Magyar Tudomány, 2006.

the state budget, which can be reduced through introduction of environmental financial securities.[17]

II. Impacts of the ELD on the Hungarian regulation

The ELD leaves it to the member states' choice whether introducing a compulsory system of financial securities or not. Eight member states – by different deadlines but at the latest in 2014 – made it obligatory to apply the financial securities: Bulgaria, Portugal, Spain, Greece, Hungary, Slovakia, Czech Republic and Romania. The application of these systems depend on the risk analysis of the affected sectors and economic players, and on national execution provisions determining the different minor matters (amount limitation, exemptions etc.). Nevertheless the introduction of the system of the financial securities delayed in those three countries, where it should have entered into force in 2010 (Portugal, Spain, Greece) because the necessary provisons to the application were not created successfully yet. The other member states recline upon the voluntary financial securities.[18]

The complex theory of reparation of environmental damages was created in the USA, which examines the exceeding adequate causality and the trackable back to the environment damaging harms, and the opportunity of the settlement of this with the objective liability. In this kind of settlement the damage liability for the dangers that is connected with the environment affecting activity, arising from risk bearing and which is not predictable achieved an important role as well as the liability sharing between the participating ones and carrying on ones of the starting of single damage chains. This American, complex, analytic, objective, multi-level environmental liability theory connected with the environmental property and liability insurance was transferred into the theory of German environmental protection law, system of norms and practice, which changed the administrative and civil liability enforced in this field.[19] Taking a look at the relation between the liability system and the security system, we can establish that an obviously regulated liability system can create the base and condition of the effective introduction and operating of the security sys-

---

[17] Governmental decree proposal about the environmental financial securities KvVM/KJKF/760/2007, (administrative agreement) 2007, Budapest, Environmental Protection and Water Management Ministry.

[18] The Commission will examine if it is necessary to introduce a compulsory harmonized security system on the EU-level. In regard to the fact that implementation of the ELD resulted in significantly different execution regulations, the member states that follow the compulsory system, have not yet created the operating system. By this way there is no oppurtunity to rate the situation and the number of the products under recourse of financial securities are growing. The Commission holds it too early to make a proposal to create a compulsory system on EU-level. An accidental system, which prescribes compulsory securities, can be introduced relatively easy if it includes an overall global approach, expells the little risk activities, and makes a sum limit on the measures of the guarantee pledge.

[19] *Tamás Prugberger*, A globalizáció és a környezetvédelem neuralgikus kérdései a jogalkotásban a jögkövetés és a jogalkalmazás síkján, Jogelméleti Szemle, 2001/1, p. 8.

tem. This base is essential in the aspect of security systems which is shown by the practical experiences. During the execution of the ELD – among others – the complex technical requirements connected with methods of environmental damage eliminating and the establishment of the economic value of the damaged resources and services caused gross difficulties. The ELD does not order compulsory threshold rates to essential definitions such as of environmental damage, original status, significant damage.[20] In the interpretation of these definitions there are significant differences between the member states, but it would be possible to make these definitions clear and apply more uniformly. Beyond the difficulties of national regulations, we can see differences in the supply of the financial securities due to the different liability norms of the member states. The financial institutions are obliged to modify the forms of a single coverage state by state.

The majority of economic players and entrepreneurial associations reported that they have slightly knowledge about the measure of their liability falling under the effect of the ELD and they cover their liability to a limited measure through recourse of different financial instruments. Those economic players that have clear knowledge about the measure of their liability, they cover the risk stemming from this through the joint recourse of the different forms of insurances (general liability insurance, environmental pollution liability, or other special insurance products) that are available in the field of environmental protection. The economic players do not rely on other forms of financial securities (captive insurer, bank guarantee, surety's liability, funds).[21] An industrial branch report pointed out the necessity of the examination of the available opportunities in the field of the financial securities, and suggested the member states to cooperate in the development of existing member states' systems in the field of environmental liability. On the other hand, the report requested to make more clear and refine the normative rules of the environmental damages elimination.[22]

III. Product development in the area of financial securities

The member states acted in a quite limited way in promoting financial securities and their market, and their efforts were reduced to talks with the insurance companies and sectoral organisations. In most of the cases, the market of the insurance products which can be with recourse under the ELD started growing because of the initiation of the insurance companies, even in those member states which made financial securities obligatory. The effect of the economy crisis was perceptible in the area of insur-

---

[20] COM(2010) 581 final, p. 5.

[21] Business survey on environmental issues through the European Business Test Panel 2009, http://ec.europa.eu/yourvoice/ebtp/consultations/2009_en.htm.

[22] Business survey on environmental issues through the European Business Test Panel 2009 (see fn. 21); survey of industrial companies 2010, see: FERMA, Survey on Environmental Liability Directive Report 2010; a practical guide for insurance underwriters and claims handlers, 2009; the Environmental Liability Directive. Enhancing Sustainable Insurance Solutions, 2008; CEA, White Paper on Insurability of Environmental Liability 2007.

ers. On the side of the insurance companies the endeavour slowed down in regard to the fact that their financial bases (funds) decreased, on the side of the economy players the liquidity troubles did not make it possible to take additional expense factors.

The existing liability according to the ELD can be covered in a significant part through the traditional and the environmental pollution liability insurance forms. The insurers and reinsurers offer firstly additional insurances which can be taken beside the existing traditional contract and liability insurance contract of environmental pollution, secondly new special base insurance products. At the time of the acceptance of the ELD in 2004, there were no insurance products in the market, which were concerned with risks joining economic consequences which cannot be predictable in a full extent. Since then the appropriate products appeared in the EU market. Nevertheless it is still difficult to take out insurances on damages caused by genetically modified organisms (GMO).[23] For the time being now it is difficult to adjugde whether the branch of insurance and reinsurance is available to cover efficiently the risks emerging under the ELD. The preparedness of this sector is continuous in this area, it develops following the demand of the products. Financial securities are supplied through non-insurance tools.[24]

In the national transposition of the ELD the application of different forms of insurance seems to be the most popular from the instruments that serve as coverage for environmental liability, which follows bank guarantee (Austria, Belgium, Cyprus, Czech Republic, United Kingdom, the Netherlands, Spain, Poland) and other market basis tools, among them the funds and guarantor promissory (Austria, Belgium, Bulgaria, Cyprus, Poland, Spain). There are insurer pools in Spain, France and Italy.[25]

In connection with the security system we can formulate as an essential requirement that the financial services should be available for the economic players, should be kept on a reasonable expense level, and should cover the expenses of damage eliminating efficiently. Unfortunately, according to the current experiences we can say none of the financial coverage tools were suitable to realize the complex target system. The quality of the applied tools depends on what the parameter of the corporation is like and what kind of environmental usage activity continues.[26]

---

[23] In Spain the recourse of financial securities is fully compulsory and the same applies to GMOs, and a special provision says that it is obligatory to be liable for the damages and losses originated from them according to the civil law liability and not the ELD.

[24] COM(2010) 581 final, p. 6; see more: FERMA, Survey on environmental liability directive report 2010.

[25] COM(2010) 581 final, p. 7.

[26] In connection with other environmental protection statutes, such as in the area of the water management, where there is a lot of experience connected with products out of the insurance market (recourse of guarantor promissory, bank guarantee, financial basis-funds and captive insurer). These tools can be suitable to cover the liability falling under the ELD.

IV. The compulsory security system

The introduction of the compulsory security system happens gradually, because more time is required to prepare and introduce a feasible complex system for the full sector of environmental usage. The gradation can happen separated to risk type, industrial branch or liability type. Taking into consideration the union law (ELD) eight member states decided to introduce the compulsory security system, however the way of realization and the obligation onto the usage of elements of the system affects different areas. Generally the activities included in the third enclosure of the ELD constitute the base and with allusion it is introduced among those activities which are bound to licences and approvals. At the same time there are cases of application where the introduction is undertaken on the riskiest activities. In Hungary, it is compulsory to resort[27] financial securities in the case of institutions falling under the effect of the IPPC Directive.[28] Nevertheless in Hungary, in 2007 a new governmental decree proposal[29] was created (never applied) and its effect was expanded on the considerable environmental activities pursuer, and operators of such institutions, and in the case of environmental damages on environmental users that are obliged to regard damage elimination measures. The governmental decree provided an exception from the personal effect to the central budgetary institutions. It was considered as reasonable because finally environmental damage elimination is a task of the central budgetary institutions if the environmental user who caused the environmental damage does not complete this duties. The draft prescribed security broadcast obligations referring to a given circle of activities in two cases, first of all considerable environmental risky activities (IPPC) and institutions, secondly in the cases of significant environmental damages. According to all these, we can verify that the theory of the compulsory system is limited in the aspect of the judged activities by a subjective circle and the character of the activity.

V. The measure of the underwriting guarantee

We cannot expect unlimited underwriting guarantee from any forms of the financial securities, the recourse of the financial securities is necessarily bound to an amount limit. This limit – depending on place, character and size of the activity – may be worthy to pull on the level, above which the risk of damage can be already negligible. Spain verified a 5 million Euro upper limit of the sum of the liability insurance coverage which can be resorted by the economic players of Spain. In other countries, the insurer and the economic player can make an arrangement about the

---

[27] COM(2010) 581 final, p. 8.

[28] Directive 2008/1/EC of the European Parliament and of the Council of 15 January 2008 on concerning integrated pollution prevention and control, OJ L 24 from 29. 1. 2008, p. 8 etc.

[29] Governmental decree proposal about the environmental financial securities KvVM/KJKF/760/2007, (administrative agreement) 2007, Budapest, Environmental Protection and Water Management Ministry.

sum limit freely. The insurance companies themselves can introduce an amount limit on which they are ready to provide coverage. In practice, in the case of the taken insurances among the ELD compensation amount limits can be defined currently between 1 million and 30 million Euro.[30] Based on the effect of the activities on environment there are low risky and considerable risky activities. According to the character of the activities, in the member states the measure of the desired securities are differentiated. In the Netherlands at the time of the establishment of the financial securities we need to take into consideration among others the financial stability of the companies, the application of environment saving procedures, and what kind of wastes they manage. The sum of the financial security can not exceed the measure of the reasonability.[31]

In Spain the maximum limit sum of the securities is established at events, annually, and 0,5 % of this amount must be contributed to damage elimination by the liable one. Nevertheless the economic player must spend on prevention a suitable sum with 10 % of the assessed maximum security. The companies are not liable for those damages that are originated from observing the authorised value limits, or if they applied the best available technique.[32]

The compulsory recourse of financial securities prescribing systems often regard as low risky those activities among them an environmental management system based on EMAS or ISO 14001 is applied.[33] However, the prophecy does not come true in all cases, according to which a low risky activity means minimal danger to the environment. The character and situation of the activity as well as the operational risks can involve a significant environment damaging opportunity. Despite of this – according to the Commission's opinion – in the case of low risky activities, it is not necessary to introduce the obligatory financial securities. In this case, however, the scope of the activity is necessary to define very well delimited.

In Finland all the economic players who carry the material risk of environmental damages, or cause effectively environmental damages, must dispose insurance cov-

---

[30] COM(2010) 581 final, p. 9.

[31] The financial securities must be available as long as the given activities subjected to licences are running. The annual insurance fee in case of acceptable risk is between 1,350 and 1,800 Euro and the financial securities cover 225,000 Euro in case of this risk. In other cases out of waste management activity the annual insurance fee can be about 5,000 Euro and covers 6,800,000 Euro. See more: Proposal for the governmental decree about environmental securities KvVM/KJKF/2007, 2007, Budapest, Environmental and Water Management Ministry.

[32] Governmental decree proposal about the environmental financial securities KvVM/KJKF/760/2007, (administrative agreement) 2007, Budapest, Environmental Protection and Water Management Ministry.

[33] In Spain, where it is compulsory to apply financial securities, inside the system the ecomonic players enjoy an exemption if the valued possible environmental damage is under 300,000 Euro or if they apply EMAS or ISO 14001, and in those cases, where the amount of possible damage is between 300,000 and 2,000,000 Euro. See more: European Commission, Study on the implementation and Effectiveness of the Environmental Liability Directive (ELD) and related financial security issues, Final Report, November 2009.

erage. The insurance fee has to be proportional to the expenses of the insurance, and it is essential to take into consideration the activity of the company and the measure of the environmental damaging risk. The insurance offers coverage for a third party's not compensated compensation claim, and it does not expand the insurer's liability.[34]

According to the Swedish Environmental Act people that pursue dangerous activities on environment compulsorily have to pay two kinds of contribution: one into the environmental damage insurance fund, one into the environment restoration insurance fund. The contributions must be paid up in advance in all years.

In the Netherlands there is a decree about the applicable financial securities in the area of Environmental Protection, which is restricted to the soil pollution, because in case of soil pollution it is easy to identify the liable one. The decree splits the environment damaging activities into two areas in terms of the soil pollution: waste management activities[35] and other soil pollution activities. The activity permitting authority can oblige the company in the operating permit to dispose financial securities to cover the execution of the obligations included in the permit. The security system does not provide 100 % coverage on the averting sum in case of all kinds of damaging activities. There are and in the future can appear seriously damaging, large accidents to the environment, which considerably exceed the limits of the potential damage charging, compared to which the obliged one's financial abilities and opportunities are very slight. Beyond the development of the security system it is necessary to create financial funds, which can handle the serious liability risks. There is a need to create similar financial funds to the restoration of the consequences of the natural disasters, or the application circle of the existing coverage funds needs to be extended.

VI. Conclusions

The environmental user is liable for environmental damages based on statutory obligations, which means obliging compensation. The compulsory financial security system assures basically the compensation in connection with environmental damages arising among the administrative liability. It is useful to extend the security circle beyond liability expenses, on the burdens of the mitigation of damages and on cases without a legal successor. Furthermore, it is apparently necessary to create and develop other financial constructions since if we look at the existing insurance conditions currently there are no available suitable constructions.[36] The Commis-

---

[34] Governmental decree proposal about the environmental financial securities KvVM/KJKF/760/2007, (administrative agreement) 2007, Budapest, Environmental Protection and Water Management Ministry.

[35] In case of waste management it is condition to have stored more than 10 cubic metres of hazarodus waste and that the operational expenses in connection with wastes exceed 10 Euro.

[36] The liability insurance of the environmental pollution in course of farming and production covers damages caused by an unpredictable, unexpected event while running an officially authorised and normal operating process, which creates the compensation liability. The sum of the liability covers the eventual damages, the expenses of the claim such as lawyer's fee,

sion[37] finds necessary the development, standardisation and disambiguation tasks in its 2009 report. In the course of the security configuration, the procurement of the full financial coverage may not come true. In many cases the obliged one has to provide performance exceeding the coverage limit. The full compensation is obliged to the environmental user as well as the reimbursement obligation for the complete expenses included in the sphere of liability. The security configuration concerns the potentially arising financial liabilty, so in cases of arised extreme and unpredictable factors a payment liability exceeding the coverage limit is created.

In the sphere of compensation liability – beyond the restoration of the environmental elements – the rules of liability for damages caused by hazardous operations are normative, that is possibly curable with an insurance contract. If the damaged party disposes insurance, then he has to report his damage claim appropriately. Typical example, if someone takes a house insurance then he has to report it among its frame. The most and general flat insurance contracts do not cover the claims originating from industrial damages. It is either not named as an insurance event or it is directly excluded from the contract. It means that the insurer is not obliged to compensate in this case. If the tortfeasor (liable economic company) does not take insurance for liability then the damages will be settled by the insurer. The liability insurer according to the general rules is eligible for any kind of payment, if we talk about damages caused by insured activities of the economic company. The condition of this is usually that the damage is caused because of an unpredictable, unexpected event while running an officially authorised and normal operating process. Therefore, if it can be verified that vis maior exists, the liability insurer will be exempted from the payment. It is not sure that all the damages will be paid on the burden of the liability. In the case of an exemption coverage, the damaged party must turn towards the tortfeasor in order to enforce his compensation claim and – if the condition of vocational omission during carrying the official tasks exists – the claim can be based on the state liability.

The uniformed system of compulsory financial securities and the polluter pays principle and the enforcement of the rules of liability can result more favourable processes. The financial opportunities of the obliged liability or part of this is available, and so the opportunity and obligation of the restoration as an endpoint of environmental usage can be realized more successfully, and on the burden of the environmental user. Nevertheless, regarding the Commission's report on the ELD the elimination of revealed deficiencies will cause an accelerated development and a realization of the security system.

---

expert's expenses etc. See more: European Commission, Financial Security in Environmental Liability Directive, Final Report, August 2008.

[37] COM(2010) 581 final, p. 10.

Europäisierung der Widerrufsdogmatik? – Zum „Papenburg"-Urteil des Europäischen Gerichtshofs

Von *Jan Hecker*

I. Einleitung

Hat eine bestandskräftige mitgliedstaatliche Verwaltungsentscheidung (unmittelbar oder mittelbar) materielles Unionsrecht vollzogen, bestimmt sich ihre Aufhebbarkeit regelmäßig nach nationalem Verwaltungsverfahrensrecht, d. h. in Deutschland nach §§ 48, 49 VwVfG, sofern keine speziellere Norm greift. Die Union kann zwar im Rahmen ihrer Sachkompetenzen unter Beachtung des Subsidiaritätsprinzips auch für den Bereich des dezentralen, dem Mitgliedstaat überantworteten Unionsrechtsvollzugs eigene verwaltungsverfahrensrechtliche Vorschriften einschließlich solcher zur Aufhebung von Verwaltungsentscheidungen erlassen. Sie hat von dieser Möglichkeit aber nur spärlich Gebrauch gemacht.[1] Für den dezentralen Unionsrechtsvollzug unter Anwendung des nationalen Verwaltungsverfahrensrechts gelten zwei unionsrechtliche Maßgaben: Die Durchsetzung unionsrechtlicher Rechte darf keinen strengeren Anforderungen unterworfen sein als die Durchsetzung von Rechten, die das jeweilige nationale Recht begründet (sog. Äquivalenzprinzip). Das mitgliedstaatliche Verfahrensrecht darf die Ausübung unionsrechtlicher Rechte nicht praktisch unmöglich machen oder übermäßig erschweren (sog. Effektivitätsprinzip).[2] Vorbehaltlich dieser Maßgaben verfügt der Mitgliedstaat beim Unionsrechtsvollzug über Verfahrensautonomie.

Die Frage der Aufhebbarkeit bestandskräftiger Verwaltungsentscheidungen siedelt rechtsdogmatisch im Spannungsfeld zwischen den Grundsätzen der (objektiven) Rechtssicherheit, der Gesetzmäßigkeit der Verwaltung und des (subjektiven) Vertrauensschutzes.[3] Diese Grundsätze sind nicht nur im nationalen Recht, sondern auch im Unionsrecht verankert.[4] Es liegt deswegen von vorneherein nahe, dass eine unionsrechtliche „Überformung" nationaler Rücknahme- und Widerrufsvor-

---

[1] Vgl. *Klaus Rennert*, Bestandskraft rechtswidriger Verwaltungsakte und Gemeinschaftsrecht, DVBl 2007, 400 (400).

[2] EuGH, Urteile vom 21.9.1983 – Rs. C-205/82 – Deutsche Milchkontor – Slg. 1983, 2633 – Rdnrn. 19 ff.; vom 14.12.1995 – Rs. C-312/93 – Peterbroeck – Slg. 1995, I-4599 – Rdnr. 12; vom 16.7.1998 – Rs. C-298/96 – Ölmühle – Slg. 1998, I-4767 – Rdnr. 24; vom 19.9.2006 – Rs. C-392/04 und C-422/04 – i-21 Germany und Arcor – Slg. 2006, I-8559 – Rdnr. 57.

[3] Vgl. *Franz-Joseph Peine*, Allgemeines Verwaltungsrecht, 11. Aufl. 2014, Rdnrn. 907 ff.

[4] *Thomas von Danwitz*, Europäisches Verwaltungsrecht, 2008, S. 351 (574 f.).

schriften beim dezentralen Unionsrechtsvollzug nur in Ausnahmefällen in Betracht kommt. Jedenfalls gilt dies in Bezug auf Vorschriften, welche – wie es offenkundig bei §§ 48, 49 VwVfG gewährleistet ist – die genannten Grundsätze in einer Weise zum Ausgleich bringen, die in aller Regel weder diskriminierende Wirkungen auslösen noch die Verwirklichung materieller Unionsrechte stärker hemmen wird, als es das Unionsrecht vor dem Hintergrund seiner eigenen Maßgaben zur Rechtssicherheit und zum Vertrauensschutz selbst zulassen oder sogar vorgeben würde. Es trifft daher den Kern der Sache nicht vollends, in diesem Zusammenhang von einer „Respektierung" der mitgliedstaatlichen Rechtsordnung durch das Unionsrecht zu sprechen. Würden nationale Aufhebungsbeschränkungen, die sich auf die Prinzipien der Rechtssicherheit oder des Vertrauensschutzes gründen, im Namen des europäischen „effet utile" breitflächig zur Seite geschoben, geschähe dies auf Kosten von Regelungsanliegen, die gerade auch im Unionsrecht hohen Stellenwert besitzen. Der Rückgriff auf mitgliedstaatliche Verfahrensvorschriften nach Art von §§ 48, 49 VwVfG dort, wo die Union keine eigenen Verfahrensregeln erlassen hat, ist nicht nur rechtstechnisch alternativlos, sondern auch in materieller Hinsicht ein *unionsrechtliches Desiderat*.

Zu fragen bleibt, in welchen Konstellationen es *ausnahmsweise* doch zu einer unionsrechtlichen „Überformung" nationaler Aufhebungsbeschränkungen mit der Folge kommt, dass weitergehende Durchbrechungen der Bestandskraft nationaler Verwaltungsentscheidungen eintreten können, als im nationalen Verwaltungsverfahrensrecht vorgesehen sind. Im Zentrum der Diskussion stehen bislang die „Alcan"- sowie die „Kühne & Heitz"-Rechtsprechung[5] des Europäischen Gerichtshofs (EuGH), die sich auf die *Rücknahme* von unionsrechtswidrigen Verwaltungsentscheidungen beziehen. Auf sie wird im Folgenden kursorisch eingegangen (unten II., III.), um auf dieser Grundlage näher zu beleuchten, ob – wie von Stimmen in der Literatur angenommen[6] – das „Papenburg"-Urteil des Europäischen Gerichtshofs aus dem Jahr 2010[7] die Tür zu einer unionsrechtlichen „Überformung" auch des nationalen *Widerrufs*rechts aufgestoßen hat (unten IV.).

II. Die „Alcan"-Rechtsprechung

Nach der „Alcan"-Rechtsprechung des EuGH[8] sind unionsrechtswidrige Entscheidungen mitgliedstaatlicher Behörden über *Beihilfegewährungen* in bestimmten Konstellationen zu korrigieren, in denen sie nach Maßgabe des nationalen Rechts nicht zurückgenommen werden dürften. Mittlerweile ist das Verständnis verbreitet, dass diese Rechtsprechung mit sektoralen Spezifika, nämlich mit der mehrstufigen

---

[5] Siehe unten Fn. 8 und 11.
[6] Siehe unten Fn. 22 ff.
[7] Urteil vom 14.1.2010 – Rs. C-226/08 – Papenburg – Slg. 2010, I-131.
[8] EuGH, Urteil vom 20.3.1997 – Rs. C 24/95 – Alcan II – Slg. 1997, I-1591. Weitere Rechtsprechungsnachweise bei *Rennert*, DVBl 2007, 400 (403 ff.).

Konstruktion des Vollzugs europäischer Beihilfevorschriften zusammenhängt.[9] Der Vollzug der unionsrechtlichen Beihilfevorschriften obliegt nach dem Unionsrecht in erster Linie der Kommission, die freilich nur im Verhältnis zum Mitgliedstaat und nicht im Außenverhältnis zum Beihilfenempfänger Entscheidungen trifft. Letzterem gegenüber handelt auf einer nachgelagerten, zweiten Vollzugsstufe die zuständige nationale Behörde auf Grundlage des nationalen Verfahrensrechts. Dieses kann jedoch aus Kompetenzgründen nicht die – auf der ersten Vollzugsstufe unionsrechtlich abschließend der Kommission überantwortete – eigentliche Entscheidung über die Korrektur der Beihilfengewährung einschließlich der Frage der Gewährung von Vertrauensschutz erfassen. Soweit sich nach der „Alcan"-Rechtsprechung das Unionsrecht über Rücknahmebeschränkungen im nationalen Recht hinwegsetzt, handelt es sich also bei Lichte besehen nicht um eine unionsrechtliche „Überformung" der betreffenden nationalen Vorschriften. Vielmehr sind diese Vorschriften mit Rücksicht auf die unionsrechtlich begründete Entscheidungskompetenz der Kommission gar nicht anwendbar.[10] Zu einer Einschränkung der nationalen Verfahrensautonomie beim dezentralen Unionsrechtsvollzug kann es nicht kommen, da diese schon nicht eröffnet ist.

III. Die „Kühne & Heitz"-Rechtsprechung

Zu einer (echten) unionsrechtlichen „Überformung" der nationalen Rücknahmevorschriften im Bereich des dezentralen Unionsrechtsvollzugs führt hingegen das Urteil des EuGH „Kühne & Heitz" aus dem Jahr 2004[11], das auf ein Vorabentscheidungsersuchen eines niederländischen Gerichts erging.

Die Klägerin des Ausgangsverfahrens exportierte 1986 und 1987 Geflügelteile in Drittstaaten. Hierfür wurde ihr eine Ausfuhrerstattung gezahlt. Diese wurde von der zuständigen niederländischen Behörde später nach Überprüfung des Falls per Bescheid zurückgefordert. Die hiergegen gerichtete Klage wurde durch letztinstanzliche Entscheidung abgewiesen, der Bescheid hiermit bestandskräftig. Das Gericht stützte seine abschlägige Entscheidung auf eine Auslegung des Gemeinsamen Zolltarifs, die später vom EuGH im Rahmen eines anderen Vorabentscheidungsverfahrens als unionsrechtswidrig verworfen wurde. Auf diese EuGH-Entscheidung hin stellte die Klägerin wiederum einen Antrag auf Zahlung der Ausfuhrerstattung, deren Rückzahlung ihres Erachtens zu Unrecht gefordert worden war. Der Antrag wurde abgelehnt. Hiergegen erhob die Klägerin eine erneute Klage. Das angerufene

---

[9] Vgl. *Rennert*, DVBl 2007, 400 (404 ff.); ähnlich *Peter-Michael Huber*, „Beihilfen" (Art. 87, 88 EGV 1999) und Vertrauensschutz im Gemeinschaftsrecht und im nationalen Verwaltungsrecht, KritV 1999, 359 (373 ff.); *Dirk Ehlers*, Rechtsprobleme der Rückforderung von Subventionen, GewArch 1999, 305 (308 f.); *Dieter H. Scheuing*, Europäisierung des Verwaltungsrechts, Die Verwaltung 34 (2001), 107 (134 f.); vgl. auch *Eberhard Schmidt-Aßmann*, Die Europäisierung des Verwaltungsrechts, in: ders. u. a. (Hrsg.), Festgabe 50 Jahre Bundesverwaltungsgericht, 2003, S. 487 (497 f.).

[10] Zum Ganzen: *Rennert*, DVBl 2007, 400 (404 ff.).

[11] Urteil vom 13. 1. 2004 – Rs. C 453/00 – Slg. 2004, I-837.

Gericht legte dem EuGH die Frage zur Vorabentscheidung vor, ob Art. 10 EG(V) (= Art. 4 Abs. 3 EUV n. F.) eine nationale Behörde unter den gegebenen Umständen verpflichte, einen bestandskräftigen Bescheid zurückzunehmen, „um die volle Wirksamkeit des Gemeinschaftsrechts, so wie es aufgrund der Antwort auf ein späteres Vorabentscheidungsersuchen ausgelegt werden muss, sicherzustellen"?[12]

Der Gerichtshof verwies eingangs der Urteilsgründe auf seine ständige Rechtsprechung, wonach die Auslegung einer gemeinschaftsrechtlichen Bestimmung im Rahmen einer Vorabentscheidung den normativen Gehalt dieser Bestimmung (rückwirkend) ab dem Zeitpunkt aufzeigt, zu dem sie erlassen worden ist (Rdz. 21). Die fallentscheidende Frage, ob im vorliegenden Fall die eingetretene Bestandskraft des Rückforderungsbescheids dem Zahlungsverlangen der Klägerin des Ausgangsverfahrens entgegenstand, verneinte der Gerichtshof: Unter den im Ausgangsverfahren gegebenen Umständen sei die nationale Behörde aufgrund von Art. 10 EG(V) „verpflichtet, ihre Entscheidung zu überprüfen, um der mittlerweile vom Gerichtshof vorgenommenen Auslegung der einschlägigen Bestimmung des Gemeinschaftsrechts Rechnung zu tragen" (Rdz. 26). Anhand der „Ergebnisse der Überprüfung" müsse die Behörde sodann entscheiden, „inwieweit sie verpflichtet ist, die in Rede stehende Entscheidung, ohne die Belange Dritter zu verletzen, zurückzunehmen" (a. a. O.). Als relevante Umstände des Ausgangsverfahrens, die dieses Ergebnis tragen, hielt der Gerichtshof fest: Die Verwaltungsbehörde habe nach nationalem Recht die Befugnis, die in Rede stehende bestandskräftige Entscheidung zurückzunehmen; die Verwaltungsentscheidung habe ihre Bestandskraft erst infolge eines Urteils eines nationalen Gerichts erlangt, dessen Entscheidungen nicht mit Rechtsmitteln anfechtbar seien; dieses Urteil habe auf einer Auslegung des Gemeinschaftsrechts beruht, die, wie ein später ergangenes Urteil des Gerichtshofs gezeigt habe, unrichtig gewesen sei „und die erfolgt ist, ohne dass der Gerichtshof angerufen wurde, obwohl der Tatbestand des Artikels 234 Abs. 3 EG erfüllt war"; die Klägerin habe sich unmittelbar, nachdem sie Kenntnis von diesem Urteil des Gerichtshofs erlangt habe, an die Verwaltungsbehörde gewandt (Rdz. 26, 28).

Ungeachtet offen gelassener Detailfragen, die durch nachfolgende Entscheidungen[13] des Gerichtshofs bislang nicht vollständig beantwortet wurden,[14] belegt das Urteil „Kühne & Heitz", dass Unionsrecht ausnahmsweise eine Rücknahme bestandskräftiger nationaler Verwaltungsentscheidungen auch in Fällen erzwingen kann, in denen das anwendbare nationale Verwaltungsverfahrensrecht die Rücknahme zumindest nicht gebietet. Es ist freilich offenkundig, dass der Gerichtshof sich – in mar-

---

[12] Ebenda Rdz. 19.

[13] EuGH, Urteil vom 12. 2. 2008 – Rs. C-2/06 – Kempter – Slg. 2008, I-411; Urteil vom 19. 9. 2006 – Rs. C-392 u. a. – i-21 Germany und Arcor – Slg. 2006, I-8559.

[14] Vgl. *Wolfgang Weiß*, Bestandskraft nationaler belastender Verwaltungsakte und EG-Recht, DÖV 2008, 477 (481); *Markus Ludwigs*, Der Anspruch auf Rücknahme rechtswidriger belastender Verwaltungsakte, DVBl 2008, 1164 (1172 f.); *Franz-Josef Lindner*, Urteilsanmerkung, BayVBl. 2004, 590 (591).

kantem Gegensatz zu den Schlussanträgen des Generalanwalts *Léger*[15] – durch enge Anknüpfung an die Fallgegebenheiten des Ausgangsverfahrens darum bemüht hat, die unionsrechtliche „Überformung" des nationalen Rücknahmerechts nicht ausufern zu lassen, d. h. den effet utile-Gedanken nicht überzubetonen.[16] Die mitgliedstaatliche Verfahrensautonomie hinsichtlich der Regelung der Bestandskraft von Verwaltungsentscheidungen soll nach dem Urteil unionsrechtlich nur eingeschränkt werden können, sofern hierdurch keine Rechte Dritter verletzt werden, der Entscheidungsadressat die Mittel des Primärrechtsschutzes ausgeschöpft hat und sich unmittelbar nach Bekanntwerden einer EuGH-Entscheidung, in deren Licht die Verwaltungsentscheidung sich als unionsrechtswidrig darstellt, gegen diese wendet.[17] Schließlich kommt es nach dem „Kühne & Heitz"-Urteil darauf an, dass das letztinstanzlich entscheidende nationale Gericht im Verfahren des Primärrechtsschutzes seine vertragliche Vorlagepflicht gemäß Art. 267 AEUV verletzt hat.

Für den Gerichtshof dürfte die Überlegung leitend gewesen sein, dass das unionsrechtliche Effektivitätsprinzip leer zu laufen drohte, wenn Trägern unionsrechtlicher Rechte selbst unter so außergewöhnlichen Umständen[18] wie denen des in Rede stehenden Ausgangsfalls keine Handhabe bliebe, die Überprüfung und ggf. Rücknahme einer erwiesenermaßen unionsrechtswidrigen Entscheidung durchzusetzen. Dass der Gerichtshof mit dem Urteil „Kühne & Heitz" die nationale Verfahrensautonomie nicht weitergehend einschränken wollte, bestätigt Rdz. 24 der Urteilsgründe. Dort ist hervorgehoben, dass die Rechtssicherheit zu den allgemeinen Rechtsgrundsätzen des Gemeinschaftsrechts zählt, und sodann ausgeführt: „Daher verlangt das Gemeinschaftsrecht nicht, dass eine Verwaltungsbehörde grundsätzlich verpflichtet ist, eine bestandskräftige Verwaltungsentscheidung zurückzunehmen". Mit anderen Worten: Erwächst eine unionsrechtswidrige Verwaltungsentscheidung nach Maßgabe des nationalen Verfahrensrechts in Bestandskraft, gebietet das unionsrechtliche Effektivitätsprinzip unter gewöhnlichen Umständen nicht ihre Aufhebung.

IV. Das „Papenburg"-Urteil

Dem „Papenburg"-Urteil des Gerichtshofs aus dem Jahr 2010[19] lag folgender Sachverhalt zugrunde: Ein bestandskräftiger Planfeststellungsbeschluss der Wasser- und Schifffahrtsdirektion Nordwest aus dem Jahr 1994 gestattete für zukünftige Bedarfsfälle, die Ems auf der Strecke zwischen einer Werft in Papenburg und der Nordsee auf eine bestimmte Tiefe auszubaggern. Hierdurch sollte ihre Befahrbarkeit für

---

[15] Slg. 2004, I-837 ff.
[16] *Weiß*, DÖV 2008, 477 (481); *Matthias Ruffert*, Urteilsanmerkung, JZ 2004, 620 (621); *Wolfgang Kahl*, 35 Jahre Verwaltungsverfahrensgesetz – 35 Jahre Europäisierung des Verwaltungsverfahrensrechts, NVwZ 2011, 449 (452).
[17] Vgl. *Ruffert*, JZ 2004, 620 (621).
[18] Vgl. EuGH, Urteil vom 12. 2. 2008 (o. Fn. 13), Rdz. 38: „besondere Umstände".
[19] Oben Fn. 7.

(in der Papenburger Werft gefertigte) Schiffe mit einem Tiefgang von 7,3 Metern ermöglicht werden. Nachdem die Bundesrepublik der Kommission die flussabwärts von Papenburg gelegenen Abschnitte der Ems als mögliches Gebiet von gemeinschaftlicher Bedeutung im Sinne der europäischen Habitatrichtlinie[20] gemeldet und die Kommission später die Bundesrepublik aufgefordert hatte, gemäß Art. 4 Abs. 2 Unterabs. 1 der Habitatrichtlinie ihr Einvernehmen zu erklären, erhob die Stadt Papenburg Verwaltungsklage, um die Einvernehmenserklärung zu verhindern. Ihre Befürchtung ging im Kern dahin, dass trotz der Bestandskraft des genannten Planfeststellungsbeschlusses künftige Bedarfsbaggerungen jeweils der Verträglichkeitsprüfung nach Art. 6 Abs. 3 und Abs. 4 der Habitatrichtlinie unterworfen sein könnten, wenn das Gebiet unter Schutz gestellt würde. Das Verwaltungsgericht legte dem EuGH unter anderem die Frage vor, „ob fortlaufende Unterhaltungsmaßnahmen in der Fahrrinne des im Ausgangsverfahren betroffenen Ästuariums, die […] bereits vor Ablauf der Umsetzungsfrist der Habitatrichtlinie nach nationalem Recht genehmigt wurden, bei ihrer Fortsetzung nach Aufnahme des Gebiets in die Liste der Gebiete von gemeinschaftsweiter Bedeutung gemäß Art. 4 Abs. 2 Unterabs. 3 Habitatrichtlinie einer Verträglichkeitsprüfung nach Art. 6 Abs. 3 und Abs. 4 dieser Richtlinie zu unterziehen" sind?

Nach Art. 6 Abs. 3 Satz 1 Habitatrichtlinie dürfen Pläne und Projekte, die das betreffende Gebiet erheblich beeinträchtigen könnten, nur dann genehmigt werden, wenn ihre Verträglichkeit für dieses Gebiet vorher geprüft worden ist. Der Gerichtshof führte in den Urteilsgründen zunächst aus, dass die Ausbaggerung einer Fahrrinne begrifflich als Projekt im Sinne dieser Bestimmung eingestuft werden könne (Rdz. 40), um sodann mit der Aussage fortzufahren, „der Umstand, dass diese Tätigkeit vor Ablauf der Umsetzungsfrist der Habitatrichtlinie nach nationalem Recht endgültig genehmigt wurde, hindert als solcher nicht daran, diese Tätigkeit bei jedem Eingriff in die Fahrrinne als gesondertes Projekt im Sinne der Habitatrichtlinie anzusehen" (Rdz. 41). Zur Begründung führte er an, dass andernfalls Ausbaggerungen der Fahrrinne der Verträglichkeitsprüfung „von vorneherein auf Dauer entzogen" wären (Rdz. 42) und so das mit der Richtlinie verfolgte Ziel, natürliche Lebensräume sowie wildlebende Tiere und Pflanzen zu erhalten, „nicht vollständig gewährleistet werden" könnte (Rdz. 43). Dem Einwand, in Ansehung des bestandskräftigen Planfeststellungsbeschlusses hinderten im vorliegenden Fall Gründe der Rechtssicherheit bzw. des Vertrauensschutzes eine Anwendung von Art. 6 Abs. 3 Habitatrichtlinie bei künftigen Ausbaggerungen, folgte der Gerichtshof nicht: Der Grundsatz der Rechtssicherheit fordere lediglich, dass für den Einzelnen nachteilige Regeln klar, bestimmt und in ihrer Anwendung für den Einzelnen voraussehbar sein müssten; diese Voraussetzung sei erfüllt (Rdz. 45). Zum Grundsatz des Vertrauensschutzes sei „festzustellen, dass nach ständiger Rechtsprechung eine neue Vorschrift unmittelbar für die künftigen Auswirkungen eines Sachverhalts gilt, der unter der Geltung der alten Vor-

---

[20] Richtlinie 92/43/EWG des Rates vom 21. Mai 1992 zur Erhaltung der natürlichen Lebensräume sowie der wildlebenden Tiere und Pflanzen, ABl.EG Nr. L 206, S. 7; zuletzt geändert durch Richtlinie 2013/17/EU des Rates vom 13. Mai 2013, ABl.EU Nr. L 158, S. 193.

schrift entstanden ist, und dass der Anwendungsbereich des Grundsatzes nicht so weit erstreckt werden darf, dass die Anwendung einer neuen Regelung auf die künftigen Auswirkungen von unter der Geltung der früheren Regelung entstandenen Sachverhalten schlechthin ausgeschlossen ist" (Rdz. 46).[21]

Von verschiedenen Autoren ist das „Papenburg"-Urteil als Grundsatzentscheidung gedeutet worden, mit der die Vorschrift des § 49 Abs. 2 VwVfG „europarechtlich überformt" werde.[22] Auch die Widerrufsdogmatik sei nunmehr in den „Griff des Europarechts" geraten.[23] Der EuGH habe ausgesprochen, dass im Falle einer gegenüber bestandskräftigten nationalen Rechtsanwendungsakten nachträglichen Ingeltungsetzung neuen Unionsrechts die Anwendung nationaler Verfahrensregeln zum Schutz von Rechtssicherheit und Vertrauensschutz grundsätzlich nicht zugelassen sei;[24] insofern sei eine Beschränkung der nationalen Verfahrensautonomie beim dezentralen Unionsrechtsvollzug zu konstatieren.[25] Jede, auch jede rechtmäßige Verwaltungsentscheidung stünde fortan unter dem Vorbehalt nachträglicher unionsrechtlicher Einschränkung.[26] Dem deutschen Gesetzgeber sei anzuraten, hierauf mit einer Ergänzung des § 49 Abs. 2 VwVfG zu reagieren.[27]

Diese Einlassungen messen dem „Papenburg"-Urteil ersichtlich Aussagkraft für das Problemfeld der unionsrechtlichen Hinnahme bzw. Durchbrechung nationaler Aufhebungsbeschränkungen im Rahmen des dezentralen Unionsrechtsvollzugs zu. Damit stellen sie das Urteil in den gleichen dogmatischen Kontext wie das „Kühne & Heitz"-Urteil. Die Einschränkung der nationalen Verfahrensautonomie, die aus dem Urteil folgen soll, wird ausweislich der Einlassungen als weitreichend eingeschätzt. Dies alles steht im Widerspruch zu der eingangs skizzierten These (oben I.), eine unionsrechtliche „Überformung" nationaler Rücknahme- und Wider-

---

[21] In den Rdz. 47 ff. des Urteils führte der Gerichtshof sodann – was im vorliegenden Zusammenhang nicht näher von Interesse ist – speziell mit Blick auf die Sachverhaltskonstellation des Ausgangsverfahrens aus, dass fortlaufende Unterhaltungsmaßnahmen der Fahrrinne von Ästuarien als „einziges Projekt" im Sinne von Art. 6 Abs. 3 Habitatrichtlinie angesehen werden könnten, wenn sie u. a. im Hinblick darauf, „dass sie wiederkehrend anfallen, auf ihre Art oder auf die Umstände ihrer Ausführung als einheitliche Maßnahme betrachtet werden können" (hier zitiert nach der Zusammenfassung in Rdz. 51). In diesem Fall unterliege das Projekt, wenn es vor Ablauf der Umsetzungsfrist der Habitatrichtlinie genehmigt worden sei, nicht dem Prüfungserfordernis nach Art. 6 Abs. 3 Habitatrichtlinie (Rdz. 48), wohl aber dem Verschlechterungs- und Störungsverbot des Art. 6 Abs. 2 Habitatrichtlinie (Rdz. 49). Vgl. zu diesem „Papenburger Delta" näher *Bernhard Stüer*, Urteilsanmerkung, DVBl 2010, 245 ff.

[22] *Jens Kersten*, Das Verwaltungsverfahrensgesetz im Spiegel der Rechtsprechung der Jahre 2004–2012, Die Verwaltung 46 (2013), 87 (108).

[23] *Kahl*, NVwZ 2011, 449 (453).

[24] *Christoph Krönke*, Die Verfahrensautonomie der Mitgliedstaaten der Europäischen Union, 2013, S. 319; ähnlich *Kahl*, NVwZ 2011, 449 (453); *Klaus Ferdinand Gärditz*, Urteilsanmerkung, DVBl 2010, 247 (249).

[25] *Krönke* (o. Fn. 24), S. 322, 325.

[26] *Gärditz*, DVBl 2010, 247 (249).

[27] *Kahl*, NVwZ 2011, 449 (453); *Kersten*, Die Verwaltung 46 (2013), 87 (109).

rufsvorschriften beim dezentralen Unionsrechtsvollzug könne wegen des Gleichklangs zwischen europäischem und nationalem Recht, wie er im Hinblick auf die Rechtsgrundsätze der Rechtssicherheit und des Vertrauensschutzes vorherrsche, von vorneherein nur in Ausnahmefällen in Betracht kommen.

Bei näherer Betrachtung erscheint zweifelhaft, ob sich die genannten Deutungen des „Papenburg"-Urteils im dogmatisch zutreffenden Bezugsrahmen bewegen. Es ist auffällig, dass das Urteil auf ältere Entscheidungen des EuGH[28] zurückgreift, welche die Anforderungen der Rechtsgrundsätze der Rechtssicherheit und des Vertrauensschutzes an unionsrechtliche *Normen* thematisieren.[29] Der Grund hierfür wird ersichtlich, wenn man sich nochmals den gedanklichen Zweischritt des Gerichtshofs vor Augen führt, wie er in den oben wiedergegebenen Passagen der Urteilsbegründung vollzogen wurde: Der Gerichtshof legte zunächst dar, dass die vollständige Erreichung der Regelungsziele der Habitatrichtlinie vereitelt würde, wenn künftige Ausbaggerungen deshalb nicht als (einer Verträglichkeitsprüfung bedürftige) Projekte im Sinne von Art. 6 Abs. 3 der Richtlinie einzustufen wären, weil sie bereits nach nationalem Recht bestandskräftig genehmigt worden seien (Rdz. 41–43). Damit hat er zum Ausdruck gebracht, dass aus teleologischen Gründen eine *Normauslegung* gefordert ist, die der Vorschrift – nach deutscher Rechtsterminologie – *unechte Rückwirkung* beimisst, d. h. die Pflicht zur Verträglichkeitsprüfung selbst dann auf künftige Ausbaggerungen erstreckt, wenn hinsichtlich ihrer Zulässigkeit in der Vergangenheit auf Basis alten Rechts bereits eine positive Entscheidung getroffen worden ist.[30] In einem zweiten Schritt (Rdz. 44–46) legte der Gerichtshof dar, dass dieser Normauslegung keine Gründe der Rechtssicherheit oder des Vertrauensschutzes entgegenstehen. Die von ihm angenommene unechte Rückwirkung von Art. 6 Abs. 3 der Richtlinie wurde vom Gerichtshof also, abgestützt auf die genannten älteren Entscheidungen und die dort entfalteten Maßstäbe, als *primärrechtskonform* eingestuft.

Wie sich hieran offenbart, befasst sich das „Papenburg"-Urteil in Wahrheit mit dem Problemfeld des zeitlichen Geltungsanspruchs neu erlassener Normen des Unionsrechts – und zwar unter dem Aspekt seiner interpretativen Ermittlung wie unter dem Aspekt der primärrechtlichen Zulässigkeit am Maßstab von Rechtssicherheit- bzw. Vertrauensschutzerfordernissen. Auf das Problemfeld unionsrechtlicher Einschränkungen der nationalen Verfahrensautonomie beim dezentralen Unionsrechtsvollzug geht das Urteil – anders als das „Kühne & Heitz"-Urteil – mit keinem Wort ein. Dass die vom Gerichtshof angenommene unechte Rückwirkung von Art. 6 Abs. 3 Habitatrichtlinie auf nationaler verwaltungsrechtlicher Ebene in bestimmten Fällen einen (Teil-)Widerruf bestandskräftiger Verwaltungsentscheidungen erfor-

---

[28] Vgl. Rdz. 45 f. der Urteilsgründe.

[29] Dies wird von *Krönke* (o. Fn. 24), S. 326 (dort Fn. 263) angesprochen.

[30] Ebenso wie das BVerfG unterscheidet der EuGH in seiner Rechtsprechung der Sache nach zwischen „echter" und „unechter" Rückwirkung. In einem neueren Urteil vom 26. 3. 2015 (Rs. C-596/13 P – juris, Rdnr. 31) wird die Konstellation der unechten Rückwirkung damit beschrieben, dass eine neue Rechtsnorm auf die „künftigen Wirkungen" von Rechtspositionen anwendbar ist, die unter dem alten Recht entstanden und endgültig erworben sind.

dern könnte, wird in dem Urteil nicht erwähnt, geschweige denn näher erörtert. Auf das Ansinnen der Stadt Papenburg, sein Augenmerk gerade auf diese mögliche Konsequenz zu lenken, hat der Gerichtshof nicht reagiert. In den Schlussanträgen der Generalanwältin *Sharpston* heißt es hierzu lapidar, dass dies „nicht der richtige Ansatz" sei (Rdz. 59): „Im vorliegenden Fall geht es nicht darum, ob die Verwaltungsbehörde, die die Ausbaggerungen genehmigte, ihre Entscheidung überprüfen müsste. Die Frage ist vielmehr, ob ein Gemeinschaftsrechtsakt – hier eine Richtlinie – ein Rechtsverhältnis verändern kann, das durch eine vor Ablauf der Umsetzungsfrist der Richtlinie erlassene und weiterhin Rechtswirkungen entfaltende Verwaltungsentscheidung nach nationalem Recht geregelt wurde" (Rdz. 60).

Angesichts dessen beschränkt sich der juristische Ertrag des „Papenburg"-Urteils recht verstanden auf die Aussage, dass die Anwendbarkeit neuer unionsrechtlicher Normen, denen in primärrechtskonformer Weise unechte Rückwirkung beizumessen ist, nicht an bestandskräftigen nationalen Verwaltungsentscheidungen scheitert, die auf alter Rechtsgrundlage erlassen worden sind. Diese Aussage ist unionsrechtlich wenig spektakulär. Sie ist nicht Ausfluss des unionsrechtlichen Effektivitätsprinzips, sondern vielmehr des Grundsatzes des Anwendungsvorrangs des Unionsrechts, der bekanntlich auch gegenüber entgegenstehenden nationalen Einzelentscheidungen zum Tragen kommt. Dem Gerichtshof kann schwerlich vorgeworfen werden, hiermit den Grundsatz nationaler Verfahrensautonomie abzuschwächen. Dem Unionsgesetzgeber wird im „Papenburg"-Urteil exakt dieselbe Rechtsmacht zuerkannt, wie sie nach nationalem Recht dem nationalen Gesetzgeber zusteht. Letzterer verfügt in den Grenzen verfassungsrechtlicher Vertrauensschutzerfordernisse unbestreitbar über die Befugnis, durch Erlass unecht rückwirkender Normen Verhaltensweisen näher zu reglementieren, deren Vornahme in der Vergangenheit bereits ohne Einschränkungen bestandskräftig genehmigt worden ist. Macht der nationale Gesetzgeber von dieser Befugnis Gebrauch, wird er häufig aus Gründen der Rechtsklarheit ausdrückliche Regelungen über die Aufhebung oder Einschränkung alter Genehmigungen treffen. Er ist hierzu aber nicht verpflichtet. Entscheidend ist, ob der neu erlassenen Norm im Wege der Auslegung entnommen werden kann, dass sie auch für solche Sachverhalte Geltung beansprucht, die bereits auf Grundlage alten Rechts bestandskräftig durch Einzelentscheidung der Verwaltung geregelt worden sind. Ist dies der Fall und stehen verfassungsrechtliche Vertrauensschutzerfordernisse[31] nicht entgegen, verdrängt die neu erlassene Norm die Regelungen in § 49 VwVfG oder in fachspezifischen Gesetzen, d. h. hängt ihre Anwendbarkeit nicht davon ab, ob verwaltungsverfahrensrechtliche Widerrufsvoraussetzungen erfüllt sind. Nichts anderes gilt nach dem „Papenburg"-Urteil für neu erlassene Normen des Unionsrechts. Die vom Gerichtshof entschiedene Anwendbarkeit von Art. 6 Abs. 3 Habitatrichtlinie auf den Fall neuer Ausbaggerungen ist somit nicht als unionsrechtliche „Überformung" des § 49 VwVfG zu werten – und sollte dementsprechend nicht als Angriff auf die nationale Verfahrensautonomie wahrgenommen werden. Sie

---

[31] Vgl. hierzu BVerfG, Beschluss vom 7. 7. 2010 – 2 BvL 14/02 u. a. – BVerfGE 127, 1 (16 ff.) m. w. N.

bringt lediglich den – ebenenübersteigend gültigen – Befund zum Ausdruck, dass verwaltungsverfahrensrechtliche Aufhebungsbeschränkungen keine Bindungswirkung gegenüber dem Gesetzgeber, sondern nur gegenüber der Verwaltung entfalten.[32]

Wie das „Papenburg"-Urteil verdeutlicht, muss bei neuen unionsrechtlichen Verpflichtungen in Regelungsfeldern, die durch Genehmigungserfordernisse geprägt sind, genau wie im nationalen Recht zunächst im Wege der Auslegung der Frage nachgegangen werden, ob die Verpflichtungen auch für Sachverhalte gelten sollen, die von bereits bestandskräftig gewordenen Genehmigungen erfasst sind. Aus Rdz. 42 und 43 der Urteilsbegründung lässt sich verallgemeinernd der Schluss ziehen, dass es hier zentral auf den jeweils verfolgten unionsrechtlichen Regelungszweck ankommt. Lässt sich dieser befriedigend verwirklichen, ohne dass bestandskräftige Genehmigungen angetastet werden müssten, ist die Annahme eines (unecht) rückwirkenden Geltungsanspruchs fernliegender als in Fällen, in denen bei Fortbestand der Genehmigungen die Ziele der Regelung nicht oder nur in erheblich eingeschränkter Weise realisiert werden könnten. Vergleichbare Auslegungsmaximen sind aus der deutschen Gerichtspraxis geläufig.[33]

Allerdings wirft das „Papenburg"-Urteil die Frage nach den primärrechtlichen Grenzen des Erlasses (unecht) rückwirkender Unionsrechtsakte auf. Insoweit können die Ausführungen des Gerichtshofs nicht vollends befriedigen. Dass der „Anwendungsbereich des Grundsatzes des Vertrauensschutzes nicht so weit erstreckt werden darf, dass die Anwendung einer neuen Regelung auf die künftigen Auswirkungen von unter Geltung der früheren Regelung entstandenen Sachverhalten schlechthin ausgeschlossen ist" (Rdz. 46), lässt sich schwerlich bestreiten. Klar dürfte aber auch sein, dass mit dieser Formel der Regelungsgehalt des Vertrauensschutzgrundsatzes für den Fall des Erlasses unecht rückwirkender Rechtsakte noch nicht abschließend abgebildet sein kann. Das Bundesverfassungsgericht hat hierzu differenzierte Maßgaben aufgezeigt,[34] deren Übertragung auf die unionsrechtliche Ebene der Diskussion wert wäre.

---

[32] Vgl. hierzu *Christian Bumke*, Verwaltungsakte, in: Hoffmann-Riem/Schmidt-Aßmann/Voßkuhle (Hrsg.), Grundlagen des Verwaltungsrechts, 2. Aufl. 2012, Bd. II, S. 1127 (1245).

[33] Vgl. BVerwG, Urteil vom 16. 3. 2015 – 6 C 31.14 – juris, Rdnr. 14.

[34] Oben Fn. 31.

Some Political Question Cases of Korean Constitutional Court

By *Moon-Hyun Koh*

I. Introduction

Traditionally Koreans have followed Confucian political philosophy for centuries. Confucian political philosophy does not contain the modern concept of the 'rule of law.'[1] Confucius believed that kings and government officials should rule with integrity. The high integrity of rulers was emphasized as more important than establishing a legal system upon which the relationship between rulers and people could be built.[2] The Constitution of the Republic of Korea has shown how the 'rule of man' has been replaced by the 'rule of law'. There have been nine revisions to the Korean Constitution since its adoption, seven of them concerning the presidency. The most recent amendment in 1987 established the peaceful transfer of political power by popular election. None are above the law, including former presidents. The rule of law is now accepted as an operating principle in the politics and administration of South Korea.[3]

The present Constitution of the so-called Sixth Republic, the product of a bipartisan consensus in the wake of the June Democracy Movement in 1987, embodied several important moments in the development of constitutionalism in Korea. For instance, it improved upon the president-centered concentration of power, the antidemocratic presidential electoral system, and other problems of the political system under the pre-1987 authoritarian regimes, and provided for stronger protection for basic rights. Especially, a European-style constitutional court was established as a venue of relief for infringement of basic rights, and Constitutional Court engaged in active scrutiny of the constitutionality of statutes and constitutional complaints for the past twenty years and played a decisive role in firmly establishing constitutionalism in Korea. The development and present structure of Korean constitutional

---

[1] For details on rule of law, see *Brian Z. Tamanaha*, On The Rule Of Law – History, Politics, Theory, Cambridge 2004, pp. 91–126.

[2] This is true to China, *Qianfan Zhang*, From Administrative Rule of Law to Constitutionalism? – The Changing Perspectives of the Chinese Public Law, in: Part 1 Democracy and Constitutionalism in Asia, Session 2 Democracy and Constitutional Adjudication in Asia, 1st Asian Forum for Constitutional Law, College of Law, Seoul National University (SNU)/Korea Legislation Research Institute (KLRI), Sep. 22–25, 2005, p. 1.

[3] The Academy of Korean Studies, Korea Today, Paju 2005, p. 31.

adjudication, and the Court's achievements for twenty years after the founding are detailed in the accumulation of the Court's decisions.[4]

As of August 31, 2015, the Constitutional Court has declared 251 articles of laws (statutes, presidential decrees, etc.) unconstitutional. That is to say, a cumulative total of 28,082 cases were filed, out of which 27,331 were settled. Among the settled cases, the number of constitutional complaints alleging infringement of basic rights by public authority was 21,987.[5] Judging from this statistics, we can say that constitutional adjudication took firm roots in the Korean constitutional system.[6]

The drafters of the Constitution of the Sixth Republic in 1987 agreed that they must create a new, revitalized Constitutional Court, anticipating that the Principle of the rule of law will be accomplished via this Constitutional Court and that such accomplishment will bring a more democratic, free society. The Framers of the Constitution adopted, in addition to the Supreme Court, a new independently specialized court, based on the European Model, in order to fully protect the people's fundamental rights and effectively check governmental powers.

The functions of the Constitutional Court include deciding on the Constitutionality of Laws, ruling on Competence Disputes between governmental entities, adjudicating Constitutional Complaints filed by individuals, giving final decisions on Impeachments, and making judgments on Dissolution of Political Parties.[7]

This article aims to provide an introduction to historical overview of Korean Constitutional Court system and decisions of representative significance made by the Korean Constitutional Court on the political question over the past twenty years.[8] Into

---

[4] Decision on "the prohibition of marriage between persons having same surname and family (ancestral) origin (Art. 809 Sec. 1 of Korean Civil Code)" is as one of the most important decisions of Korean constitutional adjudication, for details on this case, see *Jibong Lim*, Korean Constitutional Court, a Leader of Social Change and Judicial Activism in Korea, 32–5 Korean Journal of Public Law Review 1, Special Issue of Public Law, Korean Public Law Association, Seoul 2004. 6, pp. 1–27.

[5] See http://english.ccourt.go.kr/decisions/Case Statistics of the Constitutional Court of Korea (Oct 9, 2015 search).

[6] The Constitutional Court of Korea, The First Ten Years of The Korean Constitutional Court (1988–1998), 2001, pp. 3–4.

[7] For details on the functions of the Korean Constitutional Court System, see *Yoon Dae-Kyu*, The Korean Constitutional Court System: Its Jurisdiction, Activities, and Contribution to the Development of Democracy, in: Part 1 Democracy and Constitutionalism in Asia, Session 2 Democracy and Constitutional Adjudication in Asia, 1st Asian Forum for Constitutional Law, College of Law, Seoul National University (SNU)/Korea Legislation Research Institute (KLRI), Sep. 22–25, 2005, pp. 149–158.

[8] This article does not cover Ex-president Chun-Rho case which has complex characteristic including criminal law issue and legal philosophy issue. Into the bargain, this case been introduced fairly well. For details on this case, see *Jibong Lim*, Politically Sensitive Case and Judicial Activism in Korean Judiciary: Focusing on the Felony Case of Former Presidents Chun & Roh, 13 World Constitutional Law Review 247, Korean Branch of International Association of Constitutional Law, 2007, pp. 247–272.

the bargain, this article also highlights the contributions Korean Constitutional Court has made to democracy and constitutionalism.

II. Historical Overview of Korean Constitutional Court System

Although the constitutional litigation system in Korea changed with each shift of regime, the Republic of Korea has had some form of a constitutional litigation or judicial review system. The first constitution of the First Republic of Korea (1948–1960) gave the authority to review the constitutionality of legislation to the Constitutional Committee. The Constitutional Committee was composed of a vice president who was ex officio chairman, five justices of the Supreme Court, and five members of the parliament. In its eleven-year history, the Constitutional Committee reviewed only seven cases, among which only two laws were decided unconstitutional.[9] The Second Republic of Korea (1960–1962) adopted the Constitutional Court system in place of the Constitutional Committee, a decision influenced by the success of the West German Constitutional Court. But the Constitutional Court of the Second Republic, although the Constitution at that time had provisions for it and the Constitutional Court Act was enacted, could not actually be established because of a sudden military coup d'état which occurred on May 16, 1961. The Third Republic of Korea (1962–1972) adopted the American style of judicial review system as the Supreme Court was designated as the main protector of the constitution. Judicial review by the courts, encouraged by the successful record in the United States, was launched with the expectation that certain politicized issues would be subject to litigation. The courts had many opportunities to review the constitutionality of laws, but were very reluctant to declare a law unconstitutional.[10] Under the Fourth (1972–1980) and Fifth Republics (1980–1988), the Constitutional Committee was reinstated for the review of the constitutionality of laws. The Constitutional Committee didn't review any legislation during this authoritarian ruling at all. Unlike the previous Constitutional Committee of the First Republic of Korea, its jurisdiction was extended to impeachment and dissolution of political parties. In addition to lawyers, high officials and law professors with more than 20 years professional experience in legal matters were eligible for membership on the committee. Regrettably, the Constitutional Committee remained completely inactive and merely ornamental throughout its existence. The latest constitution of the Sixth Republic of Korea (1987-present) adopted the Constitutional Court system. The Constitutional Committee has been very active in exercising its authority to review the constitutionality of state actions, including state legislation. In addition to judicial review power, the Constitutional Court has vast authority to secure the constitutional system. The adoption of the Constitutional Court system in Korea was not based on theoretical grounds

---

[9] See ibid, pp. 143–144.
[10] See ibid, p. 144.

but was a result of a compromise between political parties in existence at the time the constitution was being drafted. Those involved in the drafting of the constitution may have thought that the future activity of the Constitutional Court would follow that of its ineffective predecessors and hardly imagined the actual results its inauguration would bring.[11]

III. Case Concerning Presidential Financial and Economic Emergency Order
(8–1 KCCR[12] 111, 93 HunMa[13] 186, Feb. 29, 1996)

1. Facts

The President[14] of the Republic of Korea issued a Financial and Economic Emergency Order (Decree) on Real Name Financial Transactions and Protection of Confidentiality on August 12, 1993 with the goal of bringing the nation's financial system up to a real name basis. The Order became effective on the day it was issued and was ratified by the National Assembly on August 19, 1993. The petitioner filed a constitutional complaint, alleging that (A) the Presidential Order was unconstitutional because it was issued in the absence of certain prerequisite circumstances prescribed by Article 76 (1)[15] of the Constitution; and (B) the National Assembly violated the petitioner's right to know, right to petition, and property rights by failing to impeach the President, pursuant to Article 65[16] of the Constitution, for issuing an allegedly unconstitutional Order.

---

[11] See ibid, pp. 144–154.

[12] KCCR: Korean Constitutional Court Report.

[13] Hun-Ma: constitutional complaint case filed by individual complainant(s) according to Article 68 (1) of the Constitutional Court Act.

[14] The then President was *Kim Yeong-sam*.

[15] Article 76 (1): In time of internal turmoil, external menace, natural calamity or a grave financial or economic crisis, the President may take in respect to them the minimum necessary financial and economic actions or issue orders having the effect of Act, only when it is required to take urgent measures for the maintenance of national security or public peace and order, and there is no time to await the convocation of the National Assembly.

[16] Article 65: (1) In case the President, the Prime Minister, members of the State Council, heads of Executive Ministries, Justices of the Constitutional Court, judges, members of the National Election Commission, the Chairman and members of the Board of Audit and Inspection, and other public officials designated by Act have violated the Constitution or other Acts in the performance of official duties, the National Assembly may pass motions for their impeachment. (2) A motion for impeachment prescribed in paragraph 1 may be proposed by one third or more of the total members of the National Assembly, and shall require a concurrent vote of a majority of the total members of the National Assembly for passage: Provided, That a motion for the impeachment of the President shall be proposed by a majority of the total members of the National Assembly and approved by two thirds or more of the total members of the National Assembly. (3) Any person against whom a motion for impeachment has been passed shall be suspended from exercising his power until the impeachment has been adjudicated. (4) A decision on impeachment shall not extend further than removal from public office. However, it shall not exempt the person impeached from civil or criminal liability.

2. Issues

The issues were (A) whether a Presidential Financial and Economic Emergency Order can be the subject of a constitutional complaint; (B) whether the National Assembly's omission to impeach can be reviewed by the Constitutional Court; and (C) whether the circumstances preceding the issuance of the Order met the requirements prescribed in Article 76 (1) of the Constitution.

3. Decision

(A) A Presidential Financial and Economic Emergency Order is subject to review by the Constitutional Court when it directly involves a violation of fundamental rights of citizens. (B) Because the National Assembly has sole discretion to make impeachment decisions and it has no affirmative duty to act, the Constitutional Court may not review the constitutionality of the National Assembly's failure to impeach. (C) The Court dismissed the petitioner's constitutional complaint because the Presidential Order in question was properly issued.

4. Rationale

Because issuing a financial and economic emergency order is one of the President's emergency powers and it requires a high degree of political judgment, it may be deemed to be a presidential prerogative to which due recognition should be given. However, that does not mean that this power is unlimited. The President's prerogatives, including the issuing of a financial and economic emergency order, should be circumscribed within the boundaries which preserve the people's fundamental rights. Because the duties of the Constitutional Court are to maintain constitutional order and to guarantee the fundamental rights, the state's action is subject to review by the Constitutional Court if it involves fundamental rights. Constitutional review of an omission to act is permissible when a state agency has an affirmative duty under a law and when a petitioner has a constitutional right to assert that there is a duty to act. Article 65 (1) of the Constitution provides that "the National Assembly may pass motions for impeachment". This provision should be interpreted to mean that impeachment is one of the National Assembly's many enumerated powers. The choice of methods used to check the executive branch is solely within the National Assembly's discretion. In addition, neither the express language nor the due interpretation of the Constitution confers on an individual a right to petition in connection with the National Assembly's impeachment decisions. For the reasons stated above, the National Assembly has no affirmative duty to impeach the President when he violated the Constitution or other laws and, therefore, constitutional review of the omission of such an act by the National Assembly is not permissible. The Pres-

---

For Korean representative impeachment case, see Impeachment of the President (*Roh Moo-hyun*) Case (16-1 KCCR 609, 2004 Hun-Na1, May 14, 2004).

ident may issue a minimum, necessary financial and economic emergency order with ex post facto approval of the National Assembly only when he is required to take urgent measures in times of a grave financial or economic crisis and there is no time to await the convocation of the National Assembly. The concerned Presidential Order requiring the use of real names in financial transactions was properly issued meeting due process and the Constitutional requirements.

5. Evaluation

It is noteworthy and epoch-making that the Korean Constitutional Court accepted "a executive prerogative actions", – namely an executive act that requires highly political judgments – as a "reviewable" subject matter for the first time, when it reviewed the Financial and Economic Emergency Decree designed to shift the nation's finance into a real name basis from the nominal one. Through this decision, the Court expressly rejected the theory of "political questions" which had been used in the U.S. Supreme Court to avoid constitutional evaluation of the state actions of highly political nature; and clearly established that there is no area of exercise of governmental power that lies beyond the Constitutional control. This indicates that the political nature of exercise of governmental power cannot be a proper standard that limits the scope of judicial review by the Constitutional Court.[17] In this case, whether or not the so-called "executive prerogative actions" is subject to constitutional review was another important issue examined by the Court. According to the Court's reasoning, all governmental activities, including "executive prerogative actions", should exist only to protect people's constitutional rights and to promote the free exercise of these rights. Even high-level political decision-making must be subject to constitutional review if it directly involves the infringement upon constitutional rights. In particular, the financial and economic emergency decree has the same effect as a statute, and the exercise of such a power should be subject to constitutional scrutiny.[18]

IV. Malapportionment Cases

1. Apportionment and Gerrymandering[19]

a) Facts

The Congressional electoral districts created by the Act on the Election of Public Officials and the Prevention of Election Malpractices (AEPOPEM) result in a population disparity of 5.87 to 1 between the most populated electoral district and the least populated one. Two cities or counties completely separate in terms of their ge-

---

[17] The Constitutional Court of Korea (fn. 6), pp. 109–110.

[18] See ibid, p. 96.

[19] 7–2 KCCR 760, 95 HunMa 224, etc., Dec. 27, 1995. This case is a leading case on malapportionment.

ography and administration were united into one electoral district. The petitioners filed a constitutional complaint challenging the constitutionality of the above electoral district apportionment, alleging that the AEPOPEM violated their rights to fair election and equality under law.[20]

b) Issues

The issues were as follows.[21] (A) Whether the population disparity between electoral districts contravened the principle of equal election, bringing about discrimination in vote value. (B) Whether electoral district apportionment, if arbitrary, was unconstitutional.

c) Decision

The Court held that the electoral district apportionment in question was unconstitutional.

d) Rationale

The principle of equal election means not only the equality in the quantity of voting, i. e. 'one man, one vote,' but also equality in voting accomplishment value, termed 'one vote, one value,' which entails equality in the contribution degree of one vote value to the election of representatives. The analysis of the electoral districts table included in AEPOPEM showed that 54 of the total 260 electoral districts exceeded a 3 to 1 rate of disparity in population, 22 exceeded 4 to 1 ratio, and the ratio of disparity between the most populated district and the least one was 5.87 to 1. The Court held that such disparities in population are too excessive and irrational contravening the constitutional guaranty of equality in vote value. However, the opinions were split among 9 Justices concerning what rate of disparity might be constitutional, and 5 Justices suggested a 4 to 1 ratio. The Court also ruled that an arbitrary unification of two geographically distinct administrative districts into one electoral district was an unconstitutional abuse of discretion.[22]

e) Evaluation

This is an important decision on the principle of equal election. The complainants argued that equal election means not only equal votes for all, but also equal weight given to each vote in selecting their representatives and that it is therefore seriously implicated in redistricting of electoral districts. The National Assembly Election Redistricting Plan exhibited excessive differences in district populations, they argued, and therefore violated their equality right. The Court agreed that equal election re-

---

[20] The Constitutional Court of Korea, A Brief Look at the Constitutional Justice in Korea, 2nd ed. 1999, p. 87.

[21] Ibid, pp. 87–88.

[22] Ibid, p. 88.

quires not only equality in number of votes but also equality in their weight, and that it is the most important factor in redistricting. The Court held the plan in question unconstitutional, finding no reasonableness in general and no justification even under the special circumstances of our country. Indeed, the plan in question had left the ratio between the most and the least populous districts at 5.87 to 1, and the ratio of about one fifth of all districts to the least at 3 to 1 or higher. The Court prescribed the ratio of 4 to 1 as the maximum population disparity permissible under the equal election principle. Many scholars criticized the maximum population disparity (a 4 to 1 ratio) set by the decision as being too generous for our system since we elect the most popular candidate in each district and therefore depend decisively on the balanced district population for fulfilling the requirements of the principle of equal election.[23] Some scholars criticized the Court's stance as being too passive in realizing the principle of equal election, the derived principle from equality principle. However, this decision is significant and worthy of carrying a historical meaning as the first constitutional review of the unequal state of affairs in electoral redistricting.[24] It is estimated that this decision might be influenced by Baker v. Carr in U.S.[25] This decision is an expression of judicial activism in that it stopped the give-and-take collusion of politicians around electoral redistricting instead of avoiding deciding in the name of political question and placed a cap on their discretion. It forced the politicians to revise the redistricting plan and accordingly adjust their campaign strategies and party nominations. Also, it brought about another round of political battles around redistricting as the permitted number of districts in each party's stronghold changed, depending on what the minimum size of a district population is.[26] The challenged redistricting plan was changed as the Act on the Election of Public Officials and the Prevention of Election Malpractices was revised on February 6, 1996 through Law No. 5419. Two over-populated districts were partitioned, and nine under-populated ones were combined. Six districts were combined with their adjacent districts and then repartitioned. As a result, the number of electoral districts nationwide was

---

[23] *Sung Nak In*, Constitutional law, Paju Bookcity, 2014, p. 182.

[24] *Koh Moon Hyun*, The Principle of Equal Election and Malapportionment, 31–3 Korean Journal of Public Law Review 331, Korean Public Law Association, Seoul 2003. 3, p. 362; The Constitutional Court of Korea (fn. 6), p. 134.

[25] Baker v. Carr, 369 U.S. at 186; *Peter Irons/Stephanie Guitton*, May It Please The Court, New York: The New Press, 1993, p. 8; *E. E. Schattschneider*, Urbanization And Reapportionment, 72 The Yale Law Journal 7, p. 12 (1962. 11); *Charles L. Black, Jr.*, Inequities In Districting For Congress: Baker v. Carr And Colegrove v. Green, 72 The Yale Law Journal 13, p. 22 (1962. 11); *Allan P. Sindler*, Baker v. Carr: How to "sear the conscience" of legislators, 72 The Yale Law Journal 23, p. 38 (1962. 11); *Louis H. Pollak*, Judicial Power and "The Politics of the People", 72 The Yale Law Journal 81, p. 89 (1962. 11); *Robert B. McKay*, Political Thickets and Crazy Quilts: Reapportionment and Equal Protection, 61 Michigan Law Review 645, p. 710 (1963. 2); *Jo Desha Lucas*, Legislative Apportionment and Representative Government: The Meaning of Baker v. Carr, 61 Michigan Law Review 711, p. 804 (1963. 2); *Robert G. Dixon, Jr.*, Reapportionment in the supreme court and congress: constitutional struggle for fair representation, 63 Michigan Law Review 209, p. 278 (1964. 12).

[26] The Constitutional Court of Korea (fn. 6), p. 197.

reduced to 253 from 260 and the number of national seats was increased to 46 from 39. The Chung-Buk Boeun and Youngdong County district, which the Court found to be gerrymandering, was recombined with the adjacent Okchun district. The operative standard in this new redistricting effort set the maximum population at 300,000 and the minimum at 75,000 and the maximum ratio between the two at 4 to 1.[27]

2. National Assembly Election Redistricting Plan Case[28]

a) Contents of the Decision[29]

aa) Limits to legislative discretion in redistricting electoral districts. bb) Permissible limit on population disparity in electoral districts. cc) A case where the redistricting discriminating electors in a particular district from those in other electoral districts was not regarded as gerrymandering. dd) Whether to declare the entire Election Redistricting Plan unconstitutional when parts of the Plan has unconstitutional elements. ee) Reasons for giving temporary effects to provisions declared non-conforming to the Constitution.

b) Summary of the Decision[30]

aa) A wide scope of legislative discretion is recognized in developing the National Assembly Election Redistricting Plan. However, the constitutional principle of equal election limits legislative discretion in the matter. First, the equality in the value of each vote is the most important and basic factor in constituency rezoning. Accordingly, unreasonable redrawing of electoral districts violating the constitutional mandate of equal weight of votes is arbitrary, and hence, is unconstitutional. Second, gerrymandering is not within the constitutional limits of legislative discretion, and is unconstitutional. Gerrymandering refers to intentional discrimination of electors in a particular region through the arbitrary division of electoral districts. It would be a case of gerrymandering if electors in a particular electoral district lose opportunities to participate in political affairs because of an arbitrary division of electoral districts, or if the constituency is redrawn to prevent the election of a candidate supported by electors from a particular region.

bb) There are many suggestions for permissible limits on population disparity in electoral districts, and at this moment, the Court can consider adopting two of these options. One is to set the permissible maximum deviation of population in an electoral district from the average population of electoral districts at 33 1/3 % (equivalent

---

[27] See ibid, pp. 197–198. The Constitutional Court of Korea changed this ratio into 2:1 in 2012 Hun-Ma192 etc. (consolidated), October 30, 2014.

[28] 13–2 KCCR 502, 2000 Hun-Ma92, 2000 Hun-Ma240 (consolidated), October 25, 2001.

[29] The Constitutional Court of Korea, Decisions Of The Korean Constitutional Court (2001), 2002, p. 48.

[30] See ibid, pp. 48–50.

to setting the permissible maximum ratio between the most populous district and the least at 2:1). The other is to set the maximum deviation at 50% (in this case, the maximum ratio between the most populous district and the least populous district would be 3:1). Adoption of the 33 1/3 % criterion would create many problems because factors other than population, such as administrative district division and the total number of seats in the National Assembly, must be accounted for when readjusting the national electoral constituencies. It has only been five years since the Court first deliberated on the problem of population disparity in electoral districts, and idealistic approach disregarding practical limits would be imprudent. Therefore, the Court will review the instant case using the 50% criterion. However, the Court will have to employ the $33\frac{1}{3}\%$ or a more exacting criterion after some time from now. In case of "Kyonggi Anyang Dongan- Ku" Electoral District, it has a population 57% more than the average population of electoral districts. Such division of electoral districts is beyond the limits of legislative discretion, and it violates the complainants' constitutional right to vote and the right to equality.

cc) In case of "Incheon Seo-Ku and Kangwha-Kun B" Electoral District, it can be concluded that the legislature did not arbitrarily readjust the electoral district to discriminate electors in Seo-Ku Kumdan-Dong. Right before the 16th General Election for the National Assembly in 2000, Kangwha-Kun had a population less than the minimum required to constitute an independent electoral district. So the National Assembly members agreed to coalesce Kumdan-Dong, a part of Seo-Ku, to Kangwha-Kun to make a single electoral district because Kumdan-Dong was the most populous and was relatively close to Kangwha-Kun compared to all other Dongs in Seo-Ku.

dd) In the instant case, the right to equality and the right to vote are violated by a part of the Election Redistricting Plan, namely, zoning of "Kyonggi Anyang Dongan-Ku" Electoral District. However, there is a problem whether to declare the entire Election Redistricting Plan unconstitutional when only parts of the Plan has unconstitutional elements. This depends on whether the Redistricting Plan can be divided into separate entities. In the 95 Hun-Ma224 decision, the Court decided that the Election Redistricting Plan formed an inseparable entity, and that the whole Plan had to be declared unconstitutional if parts of the Plan had unconstitutional elements. This is still reasonable for the defense of a constitutional order and the protection of citizens' basic rights, and the Court will maintain the position.

ee) The Court could render a decision of simple unconstitutionality. However, the following facts have to be considered in doing so: that General Elections for the National Assembly have already been held based on the current Redistricting Plan; that there may arise a vacuum in law if a special election or re-election for a particular district is to be held before the revision of the Plan, because the speedy revision of the Plan would be impossible due to its political nature; and that in order to maintain homogeneity in the composition to the National Assembly and to prevent confusion caused by changes in the electoral district, it is better that a special election or re-election is held under the present Redistricting Plan. Therefore, the Court finds the instant Redistricting Plan nonconforming to the Constitution, but orders it to remain effective temporarily until December 31, 2003, by which the legislature must revise the Plan.

c) Provisions on Review

Act on the Election of Public Officials and the Prevention of Election Malpractices (amended by Act No. 6265 on February 16, 2000); Parts on "Kyonggi Anyang Dongan-Ku" Electoral District and "Incheon Seo-Ku and Kangwha-Kun B" Electoral District in the National Assembly Election Redistricting Plan, Table 1, Article 25 (2): omitted; Related Provisions: The Constitution Articles 11 (1),[31] 41 (1), (2), (3)[32]; Act on the Election of Public Officials and the Prevention of Election Malpractices (amended by Act No. 6265 on February 16, 2000); Article 21 (Full Number of National Assembly Members: (1) The full number of National Assembly members, for local constituency members and proportional representatives combined, shall be 273. (2) The full number of National Assembly members to be elected in a single local constituency shall be one); Article 25 (Demarcation of Local Election Districts for National Assembly: (1) The local constituency for National Assembly (hereinafter referred to as the "election district for National Assembly") shall be demarcated in the area under jurisdiction of the City/Province, in consideration of the population, administrative districts, geographical features, traffic, and other conditions, but a Ku (including an autonomous Ku), Shi (meaning a Shi where a Ku is not established), or Kun (hereinafter referred to as a "Ku/Shi/Kun"[33] shall not be partly (2) [omitted]); Article 3 of Addenda (Special Cases concerning Demarcation of Local Election Districts for National Assembly Members).

Notwithstanding the provision of the latter part of Article 25 (1), in the election of National Assembly members (including the special election, etc.), a divided part of the Haeundae Ku of the Pusan Metropolitan City may be made to belong to the local election district for the National Assembly member for Kijang Kun B, Haeundae Ku, and a divided part of the Puk Ku of Pusan Metropolitan City to the local election district for the National Assembly member for Kangso Ku B, Puk Ku, and a divided part of the Seo Ku of the Incheon Metropolitan City to the local election district for the National Assembly member for Kangwha Kun B, Seo Ku.

---

[31] Article 11 (1): All citizens shall be equal before the law, and there shall be no discrimination in political, economic, social or cultural life on account of sex, religion or social status.

[32] Article 41: (1) The National Assembly shall be composed of members elected by universal, equal, direct and secret ballot by the citizens. (2) The number of members of the National Assembly shall be determined by law, but the number shall not be less than 200. (3) The constituencies of members of the National Assembly, proportional representation and other matters pertaining to National Assembly elections shall be determined by law.

[33] A city is called Shi. A city is made up of Districts called Ku. Within a Ku are neighborhoods called Dong. Some cities are not separated into districts. A district with not enough population to become a city is called Kun.

d) Holding[34]

aa) Table 1, "the National Assembly Election Redistricting Plan", pursuant to Article 25 (2) of the Act on the Election of Public Officials and the Prevention of Election Malpractices (amended by Act No. 6265 on February 16, 2000) is nonconforming to the Constitution.

bb) The above National Assembly Election Redistricting Plan shall remain effective temporarily until December 31, 2003, by which the legislature must revise the Plan.

e) Overview of the Case

aa) Outline of the Case

(1) 2000 Hun-Ma92[35]

Complainant resides in "Kyonggi Anyang Dongan-Ku" Electoral District, and plans to vote in the 16th National Assembly election on April 13, 2000. As of December, 1999, the district has a population of 331,458, about 59 % more than the average population of electoral districts (total population 47,330,000 ÷ 227 electoral districts). The smallest electoral district in the National Assembly Election Redistricting Plan, "Kyongbuk Koryong-Kun and Seongju-Kun" Electoral District, has a population of 90,656. So, "Kyonggi Anyang Dongan- Ku" Electoral District has a population 3.65 times larger than that of "Kyongbuk Koryong-Kun and Seongju-Kun" Electoral District. On February 10, 2000, the complainant filed a constitutional complaint alleging that the present National Assembly Election Redistricting Plan was against the principle of equal election and that the Plan, under which the value of the complainant's vote is only 1/3.65 of a vote of an elector in "Kyongbuk Koryong-Kun and Seongju-Kun" Electoral District, infringed on the complainant's right to equality and the right to vote.

(2) 2000 Hun-Ma240[36]

Complainants reside in "Incheon Seo-Ku and Kangwha-Kun B" Electoral District, and plan to vote in the 16th National Assembly election on April 13, 2000. On April 7, 2000, the complainants filed a constitutional complaint alleging that the present National Assembly Election Redistricting Plan, forming a single electoral district by adding Kumdan-Dong to Kangwha-Kun, violated the constitutional right to vote and the right of equality because Kumdan-Dong and Kangwha-kun are geographically separated from each other and there is no sense of social or economic solidarity between residents of Kumdan-Dong and Kangwha-Kun.

---

[34] The Constitutional Court of Korea (fn. 29), p. 53.
[35] See ibid, pp. 53–54.
[36] See ibid, p. 54.

bb) Subject Matter of Review

The subject matter of review is the constitutionality of "Kyonggi Anyang Dongan-Ku" Electoral District and "Incheon Seo-Ku and Kangwha-Kun B" Electoral District in Table 1, "the National Assembly Election Redistricting Plan" (hereinafter called the "instant Election Redistricting Plan"), pursuant to Article 25 (2) of the Act on the Election of Public Officials and the Prevention of Election Malpractices (amended by Act No. 6265 on February 16, 2000, hereinafter called the "Public Election Act"). Contents of the instant Election Redistricting Plan are as shown in "Attachment 1".

cc) Complainants' Arguments

(1) 2000 Hun-Ma92[37]

(a) Population disparity in electoral districts cause inequality in the weight of each vote, thereby violating the right to equality in elections. This is contrary to the Preamble and Article 11 (1) of the Constitution stipulating protection of the right to equality. Violation of the right to equality in political spheres ultimately leads to the disintegration of the representative democratic system necessary for the realization of the democratic order which the Constitution holds as its fundamental objective.

(b) As of December 31, 1999, "Kyonggi Anyang Dongan-Ku" Electoral District where the complainant resides has a population of 331,458, about 59 % more than the average population of electoral districts, or 208,502 (total population 47,330,000 ÷ 227 electoral districts). The district has a population about 3.65 times that of the smallest electoral district in the instant Election Redistricting Plan, "Kyongbuk Koryong-Kun and Seongju-Kun" Electoral District, which has a population of 90,656. Under the instant Election Redistricting Plan, the value of the complainant's vote is only 1/3.65 of a vote of an elector in "Kyongbuk Koryong-Kun and Seongju-Kun" Electoral District. Therefore, the Plan infringes on the complainant's constitutional right to equality and the right to vote.

(c) It might be impossible to achieve perfect equality in the value of each vote. According to the prevailing views of academics and precedents in courts around the world for the last thirty years, the permissible maximum ratio between the most populous and the least populous electoral districts is 3:1. However, under the instant Election Redistricting Plan, it is 3.88:1, and this is against the reasoning of the Court's earlier ruling five years ago. The instant Election Redistricting Plan completely ignores equality in the value of each vote, or more specifically, equality in the value of a vote contributing to the outcome of an election. It violates the right of equality in the National Assembly elections, and thereby infringes on the basic right of equality.

---

[37] See ibid, pp. 54–55.

(2) 2000 Hun-Ma240[38]

(a) The demarcation of electoral constituencies should be done by considering the social, geographical, historical, economical or administrative association between localities. Unless there are special inevitable circumstances, adjacent localities should form an electoral district. And the formation of a single electoral district out of two geographically separated localities without justifiable reasons, would be arbitrary, thus exceeding the limits of legislative discretion, and hence, is unconstitutional.

(b) In case of the "Incheon Seo-Ku and Kangwha-Kun B" Electoral District, Incheon Seo-Ku Kumdan-Dong and Incheon Kangwha-Kun became parts of the Incheon Metropolitan City in March 1995, and they are located 20 km apart. Residents in Kumdan-Dong mostly work in factories, while those in Kangwha-Kun are mostly farmers. Therefore, there is no sense of solidarity between residents in the two localities. In case of Kumdan-Dong, problems in terms of traffic and environment have worsened since it became a part of Incheon Metropolitan City, and these issues require immediate attention. Despite these facts, Kumdan-Dong of Seo-Ku was isolated and added to Kangwha-Kun to form an electoral district for the National Assembly election. Such a realignment of electoral districts has made it very difficult for the complainants and other Kumdan-Dong residents to accurately convey their messages to the National Assembly, and this infringes on the right to pursue happiness, the right to equality, and the right to vote.

f) Evaluation

The Constitutional Court rendered a decision of unconstitutionality on December 27, 1995, in the first Redistricting Plan case brought before the Court. At the time, the Court ruled that the permissible maximum deviation of population should be 60% of average population of electoral districts (equivalent to setting the permissible maximum ratio between the most populous district and the least at 4:1) for the first time. This is an epochmaking case in the aspect of judicial activism.[39] Through the instant case, it is very desirable that the Court changed its previous ruling and adopted the 50% deviation criterion (in this case, the maximum ratio between the most populous district and the least populous district would be 3:1), a stricter standard, to review the constitutionality of population disparities, thus moving a step closer to achieving equality in the value of votes. Though 2:1 ratio is ideal according to principle of equal election, within 3:1 ratio is more real in light of institution and reality of Korea, namely the single chamber [unicameral] system, rapid urbanization, the homing instinct peculiar to Koreans.[40] The Constitutional Court of Korea changed this ratio into 2:1 in 2012 Hun-Ma192 etc. (consolidated), October 30, 2014. The legislature is forced to overhaul the current Election Redistricting Plan following the

---

[38] See ibid, pp. 55–56.

[39] *Koh Moon Hyun*, Introduction to Constitutional law, Seoul 2015, p. 36.

[40] *Sung Nak In* (fn. 23), p. 184.

Court's decision, and the National Assembly Election in 2016 will be held under the revised Redistricting Plan employing a more strict criterion on population disparities between electoral districts. People from various social circles, including those from the legal profession and media, admitted that the Court's decision was inevitable to remedy the existing population disparities between electoral districts. Politicians from the ruling and opposition parties issued comments that while they respected the Court's decision, it would require much work to prepare a revision for the present Election Redistricting Plan because such factors as representation of rural and urban areas and the total number of seats in the National Assembly have to be factored in, and that this would call for a prudent approach, by gathering diverse opinions through debates and hearings.

V. Case Concerning the Presidential Decision to Dispatch Korean National Armed Forces to Iraq[41]

1. Background of the Case

The President of the Republic of Korea decided on October 18, 2003, to dispatch the Korean National Armed Forces to Iraq, upon consulting the National Security Council that is in charge of the establishment of policies concerning national security. The complainant filed the constitutional complaint in the capacity of a Korean national, seeking to confirm the unconstitutionality of the above decision on the ground that, inter alia, the decision of the President to dispatch the Korean Armed Forces to Iraq was in violation of Article 5 of the Constitution of the Republic of Korea renouncing all aggressive wars.[42]

2. Summary of the Decision

The Constitutional Court, in a unanimous opinion, dismissed the constitutional complaint in this case as lacking the legal prerequisites to a constitutional complaint. Four of the Justices issued a concurring opinion. The summary of the decision is as follows.

a) Majority Opinion of Five Justices

A decision to dispatch the National Armed Forces to a foreign jurisdiction is a complex and significant matter affecting the interest of the citizens and of the nation. As such, such a decision requires a determination of a highly political nature to be reached through the deliberation of various elements and circumstances including domestic and international political relations. Therefore, the judgment upon the question of whether or not a decision to dispatch the Armed Forces, such as the

---

[41] 16–1 KCCR 601, 2003 Hun-Ma814, April 29, 2004.

[42] The Constitutional Court of Korea, Decisions Of The Korean Constitutional Court (2004), 2006, p. 6.

one challenged in this case, is in violation of the Constitution, including the question of whether the war in Iraq is a war of the aggressive nature that is against the international norms, should be rendered by the President and the National Assembly, which are elected and composed directly by the constituents. The dispatch of the Armed Forces at issue in this case was determined by the President upon considering various elements concerning national interest as well as the justifiability of the dispatch, and subsequently secured the procedural justification under the Constitution and the applicable statutes by obtaining the consent of the National Assembly following the deliberation and the decision of the State Council. Then, as long as the decision to dispatch the Armed Forces at issue in this case which requires a determination of highly political nature was made in observance to the procedures required by the Constitution and the applicable statutes, deference should be given to the judgment of the President and the National Assembly. The judiciary, which may obtain no more than limited information by its own nature, should thus abstain from reviewing such a matter solely under the judicial standard. The constitutional complaint in this case is dismissed.[43]

b) Concurring Opinion of Four Justices

The constitutional complaint system under the Constitution and the Constitutional Court Act is one of the remedies available to the individual citizens for the redress of their rights. Only those citizens whose constitutionally guaranteed fundamental right is presently and directly infringed by the exercise or non-exercise of the governmental power may file a constitutional complaint. The complainant does not have a standing as he is not to be dispatched subject to the detachment decision at issue in this case, and, further, stands only in the capacity of a general citizen as he is neither presently nor scheduled to be in the military service. As such, although the complainant may have factual or indirect interest in the detachment decision at issue in this case, none of the constitutionally guaranteed fundamental rights of the complainant is presently or directly infringed by the decision. Therefore, the complainant lacks self-relatedness to the detachment decision at issue in this case that is required as a legal prerequisite for the constitutional complaint. The constitutional complaint in this case is dismissed.[44]

3. Holding

The constitutional complaint is dismissed.

---

[43] See ibid, p. 6.
[44] See ibid, p. 6.

4. Reasoning

a) Overview of the Case and the Subject Matter of Review

aa) Overview of the Case

The complainant, who is a Korean national, filed in such capacity a constitutional complaint on November 17, 2003, pursuant to Article 68, Section 1, of the Constitutional Court Act. The complainant claimed that the decision to dispatch the Korean National Armed Forces to Iraq was unconstitutional, on the ground that the decision of the government of the Republic of Korea on October 18, 2003 to dispatch the National Armed Forces to Iraq was in violation of Article 5 of the Constitution of the Republic of Korea renouncing all aggressive wars, and, further, that dispatching soldiers to Iraq in particular was in violation of the provisions of the Constitution pertaining to national security and the duty to defend the nation, as the rank and file in mandatory service, unlike career officers and deputies with regular payment of salaries, did not get paid for their service in any practical meaning.[45]

bb) Subject Matter of Review and Relevant Provisions

(1) Subject Matter of Review

The constitutional complaint seeks to hold unconstitutional the 'decision of the National Security Council of October 18, 2003 to dispatch private soldiers to Iraq'. However, the National Security Council is no more than an advisory organization established under the Constitution and is not the entity that performs state action or exercises public authority such as detachment of the National Armed Forces at issue in this case. Even if the National Security Council did make such a decision or resolution, apart from the probability that such a decision would be presumed to be the one rendered by the President as the Commander-In-Chief, such a decision would be regarded as no more than internal decision-making within the state institution, such as the advice or suggestion of opinions to the President, and could not be deemed to be an act that would be legally binding or effective in itself. The National Security Council is the advisory organization established by the Constitution for the President to consult in forming foreign policies and military policies concerning national security, and its resolution is not legally effective in itself as it is not binding. However, should the President have determined and publicly announced to dispatch the National Armed Forces with the advice and the resolution of the core international policy and military personnel, such a decision should be regarded as one rendered substantively by the President. Therefore, the subject matter of review in this case should be deemed to be the decision of the President to dispatch the National Armed Forces. This also conforms with the remedy the complainant seeks in this case. Then, the subject matter of review in this case is the constitutionality of the 'decision of the

---

[45] See ibid, p. 7.

President of October 18, 2003 to dispatch the National Armed Forces to Iraq' (hereinafter referred to as the 'detachment decision at issue in this case').[46]

(2) Relevant Provisions of Law

The Constitution of the Republic of Korea (as revised on October 29, 1987): Article 5, Section 1[47], Article 10[48], Article 60, Section 2[49], Article 74, Section 1[50], Article 91, Section 1[51].

b) Summary of the Complainant's Argument and the Opinions of the Relevant Parties

aa) Summary of the Argument of the Complainant

(1) Majority of the nations in the international community are in a position that the war in Iraq was waged by aggression. The decision at issue in this case to dispatch the Korean National Armed Forces to an aggressive war as such is in violation of Article 5, Section 1, of the Constitution of the Republic of Korea that "renounces all aggressive wars."

(2) It is necessary to dispatch soldiers rather than officers or deputies as the dispatch of the National Armed Forces has been determined. This will disturb the peace of all those who currently serve the military and are scheduled to serve, and the parents whose children are currently in service, as the Constitution obligates all citizens with a duty to defend the nation, thereby infringing their right to pursue happiness.[52]

---

[46] See ibid, p. 7.

[47] Article 5 (1): The Republic of Korea shall endeavor to maintain international peace and shall renounce all aggressive wars.

[48] Article 10: All citizens shall be assured of human dignity and worth and have the right to pursue happiness. It shall be the duty of the State to confirm and guarantee the fundamental and inviolable human rights of individuals.

[49] Article 60: (1) The National Assembly shall have the right to consent to the conclusion and ratification of treaties pertaining to mutual assistance or mutual security; treaties concerning important international organizations; treaties of friendship, trade and navigation; treaties pertaining to any restriction in sovereignty; peace treaties; treaties which will burden the State or people with an important financial obligation; or treaties related to legislative matters. (2) The National Assembly shall also have the right to consent to the declaration of war, the dispatch of armed forces to foreign states, or the stationing of alien forces in the territory of the Republic of Korea.

[50] Article 74 (1): The President shall be Commander-in-Chief of the Armed Forces under the conditions as prescribed by the Constitution and Act.

[51] Article 91 (1): A National Security Council shall be established to advise the President on the formulation of foreign, military and domestic policies related to national security prior to their deliberation by the State Council.

[52] The Constitutional Court of Korea (fn. 42), p. 8.

bb) Summary of the Opinions of the Relevant Institutions

(1) Answer of the President, as the Chair of the National Security Council

The subject matter of review as stated in the constitutional complaint in this case is the decision of the National Security Council of October 18, 2003 to dispatch additional Armed Forces to Iraq. However, the decision of the National Security Council is no more than the advice required for decision-making internal to the state institution, and is not in itself an act causing legal effect upon the rights and obligations of the citizens. Therefore, the constitutional complaint filed in this case is unjustified as it lacks the legal prerequisites, as it seeks review upon a matter other than the exercise of governmental power within the meaning of Article 68, Section 1, of the Constitutional Court Act. Should the detachment decision of the National Security Council be deemed as an exercise of governmental power, such a decision does not presently or directly infringe the fundamental right of the complainant himself, rendering the constitutional complaint in this case unjustified in this regard as well.[53]

(2) Opinion of the Minister of the Ministry of Defense

(a) The decision of the President of October 18, 2003 to dispatch additional Armed Forces to Iraq, which is the subject matter of review in this case, constitutes no more than one step in the internal decision-making process of the state institution until the National Assembly consents to it, and does not in itself cause direct legal effect upon the citizens. Therefore, a constitutional complaint challenging such a decision is unjustified, lacking legal prerequisites.

(b) The detachment decision at issue in this case constitutes a so called executive prerogative action, for (i) the above detachment decision is an exercise of state power undertaken by the President in his capacity as the head of the state or the head of the executive branch endowed by the Constitution; (ii) the above detachment decision is a determination of highly political nature borne out of consideration of such various domestic and international political situations such as its influence upon national interest, relationship with the allies, an amicable settlement of the nuclear situation in North Korea, and the solidification of the South Korea-U.S. alliance; (iii) should the above detachment decision obtain the consent of the National Assembly, it would be inappropriate for the Constitutional Court, which is not on par with the legislative branch in terms of democratic legitimacy to determine the constitutionality of the above decision; and, (iv) should there be a decision holding the above decision unconstitutional, there is no legal method to enforce such a decision. As the judicial review over an executive prerogative action or political question should be restrained, the constitutional complaint in this case is unjustified.

(c) The complainant has only an indirect and factual interest upon the above detachment decision, and does not have a direct legal relation to the infringement of the

---

[53] See ibid, p. 8.

fundamental right claimed by the complainant. As such, the constitutional complaint in this case is unjustified, as it lacks self-relatedness.[54]

c) Determination of the Court

The Constitution endows the President with the authority to declare war and conclude peace along with the authority concerning the diplomatic relationship with foreign nations (Article 73), and also with the authority to command the Korean National Armed Forces pursuant to the Constitution and the applicable laws (Article 74, Section 1). At the same time, however, the Constitution prevents arbitrary warfare or dispatch of Armed Forces by mandating prudence in exercising the prerogative of supreme command of military by the President, by requiring the consent of the National Assembly in case of the declaration of war or the dispatch of National Armed Forces (Article 60, Section 2). A decision to dispatch Armed Forces to a foreign nation as at issue in this case is a complex and significant matter not only affecting the life and the bodily safety of the individual soldiers who are dispatched, but ultimately affecting the interest of the citizenry and the nation, including the status and the role of the nation in the international community, the nation's relationship with the allies, and the national security issues. As such, a decision to dispatch Armed Forces requires a resolution of highly political nature based upon the consideration of total circumstances concerning domestic and international political relations, and upon the presupposition of the future and the establishment of the goals concerning a desirable stance of the nation in the future and the direction in which the nation should move forward. Therefore, it is desirable that such a decision is to be made by the institution representative of the constituents that can be held politically responsible toward the constituents therefor, by way of prudent decision-making through an expansive and extensive deliberation with the experts in the relevant fields. The Constitution in this vein endows such authority onto the President who is directly elected by the constituents and is responsible directly for the constituents, while authorizing the National Assembly to determine whether or not to consent to a decision to dispatch the Armed Forces, in order to ensure prudence in the President's exercise of such authority. Under the government structure of representative democracy adopted by the current Constitution, an utmost deference should be given to such a decision of highly political nature as this one rendered by the representative institutions of the President and the National Assembly. Therefore, whether or not the dispatch decision at issue in this case is in violation of the Constitution, that is, whether such decision contributes to the world peace and human prosperity, whether such decision will ultimately benefit the interest of the citizenry and the nation by enhancing national security, and whether the war in Iraq is a war of aggression that is in violation of international norms, should be judged by the representative institutions of the President and the National Assembly, and may not be appropriately judged by this Court that is by nature in possession of no more than limited materials and informa-

---

[54] See ibid, p. 8.

tion. Here, the judgment of this Court might not assertively be more right or correct than that of the President or the National Assembly; further yet, the judgment of this Court may not securely receive public trust over its judgment upon this matter. The record indicates that the dispatch at issue in this case was determined by the President after consultation with the National Security Council with respect to the nature and the size of the detachment and the duration of the station, based on the consideration not only of the justifiability of the dispatch but also of various elements concerning national interest such as the relationship with the allies for amicable settlement of the nuclear situation in North Korea, our national security, and the domestic and foreign political relationships; and subsequently that the dispatch decision at issue in this case was rendered with the consent of the National Assembly following the deliberation and the resolution of the State Council, thereby securing procedural justification pursuant to the Constitution and the relevant statutes. The detachment decision at issue in this case is by its own nature a matter requiring a determination of highly political nature concerning national defense and diplomacy. As this decision has clearly been rendered following the procedures established by the Constitution and the relevant laws, the judgment of the President and the National Assembly upon this matter should be respected, while this Court should refrain from passing judgment upon this matter solely under judicial standards. Judicial self-restraint over the matters concerning diplomacy and national defense that require a resolution of highly political nature in other nations with a long tradition of democracy is also deemed to be in the very same vein. Although there may be concerns that such abstention of judicial review might leave arbitrary decisions intact, such decisions of the President and the National Assembly will ultimately be subject to the assessment and the judgment of the constituents through elections. Then, as it is appropriate for this Court to refrain from judicially reviewing the detachment decision at issue in this case, with the exception that there is a concurring opinion[55] of Justices Yun Young-

---

[55] We agree with the conclusion of the majority of the Court, however, respectfully disagree with the ground therefor, as stated in the following paragraphs. The Constitution of the Republic of Korea expressly provides in Article 111, Section 1, Subdivision 5, for the adjudication upon constitutional complaint as one of the remedies for relief of the rights of the citizens, and, pursuant to this constitutional provision, the Constitutional Court Act in Article 68, Section 1, provides that any person whose constitutionally guaranteed fundamental right is infringed due to exercise or non-exercise of the governmental power may request the Constitutional Court an adjudication on constitutional complaint, thereby establishing the system therefor. However, the person whose fundamental right is infringed within the meaning of this statutory provision is a person whose own fundamental right is presently and directly infringed due to the exercise or non-exercise of the governmental power, and does not include a third party solely with indirect or factual interest, pursuant to the decision of the legislators and the consistent position of this Court. The complainant is, as the complainant himself admits, not a party concerned who will be dispatched due to the detachment decision at issue in this case, nor is the complainant presently or is he scheduled to be in military service. Then, while the complainant may have factual or indirect interest in the detachment decision at issue in this case in his capacity of a general citizen, his own constitutionally guaranteed fundamental rights, such as the right to pursue happiness as the complainant claims, is neither presently nor directly infringed due to the detachment decision at issue in this case. We agree with the

chul, Kim Hyo-jong, Kim Kyung-il and Song In-jun, this Court in a unanimous opinion of the rest of the Justices decides to dismiss the constitutional complaint in this case. It is so determined.[56]

5. Evaluation

A decision to dispatch Armed Forces to a foreign nation as at issue in this case is of highly political nature based upon the consideration of total circumstances concerning domestic and international political relations, and upon the presupposition of the future and the establishment of the goals concerning a desirable stance of the nation in the future and the direction in which the nation should move forward. As this Court decided above, the judgment of the President and the National Assembly upon this matter should be respected because this decision has clearly been rendered following the procedures established by the Constitution and the relevant laws. Therefore, the Constitutional Court takes stance of judicial self-restraint over the matters concerning diplomacy and national defense that require a resolution of highly political nature in other nations with a long tradition of democracy is also deemed to be in the very same vein. Then, it is appropriate for the Constitutional Court to refrain from judicially reviewing the detachment decision at issue in this case. However, as the Constitutional Court pointed out relevantly, there are concerns that such abstention of judicial review might leave arbitrary decisions intact. Accordingly, it is indispensable that the procedures established by the Constitution and the relevant laws should be observed. Keeping in mind that separation of power is merely a means for protecting basic right of people, a political question such as a decision to dispatch Armed Forces to a foreign nation is subject to review by the Constitutional Court when it directly involves a violation of fundamental rights of citizens.

VI. Conclusion

The Constitution is the fundamental law that regulates the structure, organization and function of a state to protect people's liberties and rights and to check and control its power with reason. Since the late eighteenth century, modern constitutionalism has begun to take written forms in most countries and has successfully institutionalized those democratic values long sought for by the mankind: liberty and equality.[57] The role and status of the courts in the society are different in each country. The courts – especially the Supreme Court or Constitutional Court – play active roles and act as a

---

conclusion of the majority opinion that the constitutional complaint in this case should be dismissed. However, we base our conclusion on a different ground from the one of the majority in that the complainant lacks self-relatedness to the detachment decision at issue in this case which is a legal prerequisites for a constitutional complaint. See ibid, pp. 9–10.

[56] See ibid, pp. 8–9.

[57] Professor *Wheare* emphasizes rules of law as minimum of constitutionalism in his book, see K. C. *Wheare*, Modern Constitutions, London, third impression of second edition, 1975, pp. 32–51.

policy-maker through their judgments in some countries. On the contrary, in other countries, the courts play very passive roles in that they frequently hide themselves behind the shield called judicial self-restraint in some politically sensitive cases. By and large, Korean judiciary has belonged to the second category[58] until the advent of the Constitutional Court according to the Korean Constitution of 1987.[59] The Republic of Korea, with the start of the so-called Sixth Republic in 1988, the Constitutional Court was established as an integral part of the constitutional system. The Constitution of the Sixth Republic, based on the Korean people's deep enthusiasm for democracy, adopted a new constitutional justice system to safeguard the Constitution through special procedures for adjudication of constitutional issues. The creation of the Korean Constitutional Court was the product of a political compromise between the ruling party, which expected to play an insignificant role like the previous constitutional committees, and the opposition party, which also had only vague hopes for its role. However, the people, reflecting on the past when constitutional adjudication under the Supreme Court did not bring about any notable result, had high hopes for the new Court as an institution specialized in defending the Constitution. The Korean Constitutional Court was established in a mixed mood of hopes for the first system of active constitutional adjudication in our history and concerns for its ability to perform the constitutionally delegated duties.[60] The sudden appearance of the Korean Constitutional Court itself was stimulating enough to awaken the Korean judiciary from judicial passivism, and, furthermore, the fact that Korean Constitutional Court was much more active than expected and applauded by many Korean people for that, roused the general courts in Korea into activeness. In addition, the change in political situation in Korea strengthened this tendency; since the end of military regime and start of civil government in early 1990s, various changes in the Korean courts have been observed in many places.[61] The Korean Constitutional Court has laid down a number of important decisions regarding political question over about twenty years. The positive attitude of Korean Constitutional Court on a series of political questions could be one of the best examples for the change. Many Koreans gave a big hand to Korean Constitutional Court wholeheartedly, praising it as a manifestation of "judicial activism." The Korean Constitutional Court is now beginning to firmly establish itself as the last bastion of basic rights in the minds of the people. Koreans including Constitutional scholars and legal circles take pride in Korean Constitutional Court as a successful representative model in Asia through active contribution to protection of people's basic rights despite its limit.[62] Therefore,

---

[58] Korean Supreme Court, 1981. 1. 23, 80 DO 2756; Korean Supreme Court, 1981. 4. 28, 81 DO 874.

[59] *Jibong Lim* (fn. 8), p. 247.

[60] The Constitutional Court of Korea (fn. 6), p. 114.

[61] *Jibong Lim* (fn. 8), p. 248.

[62] It is pointed out that, from people's perspectives, any attempt to remedy infringement of rights through constitutional adjudication still faces numerous obstacles, e. g., the high legal fees due to compulsory attorney representation rule and the intractable legal prerequisites to

Korean Constitutional Court should make every effort to secure the normative force of the constitution as the supreme law and guarding basic rights under it. Then Korean Constitutional Court can live up to Koreans as a last reliable resort to protection of people's basic rights.

In this article, this writer tried to cover the important cases on the political question of the Korean Constitutional Court. The relatively short history of the Constitutional Court may not satisfy the maximum protection for human dignity but this writer sincerely hopes that this essay would be a stepping stone for promoting a better understanding of the Korean Constitutional Court and constitutional adjudication and ultimately bringing the Constitution closer to Korean lives.

---

obtaining the review. A constitutional adjudication is one of the legal services that the state must provide the people with at high quality. Its legal prerequisites and procedures must be improved to make it more convenient for the people. Accordingly, there must also be legal and institutional changes to increase efficiency and respect the people's will. One of the most important tasks of the Korean Constitutional Court is to secure the practical effect of its decisions. Constitutional adjudication is aimed at securing constitutionality of the state power. In order for the decisions of the Constitutional Court to have practical effects, other state agencies must respect them. If other state agencies put forth contradictory views and not follow the decisions, the unity of the legal order of the state centered upon the Constitution is damaged. See The Constitutional Court of Korea (fn. 6), pp. 44–45.

Das neue Verwaltungsprozessgesetz Chinas vom 1. November 2014 – Neuregelungen und weitere Reformüberlegungen

Von *Fei Liu*[1]

Zusammenfassung

In diesem Beitrag werden die wichtigsten Neuregelungen des chinesischen Verwaltungsprozessgesetzes vom 1.11.2014 vorgestellt. Schwerpunkte der Darstellung sind die modifizierte Zielsetzung der gerichtlichen Verwaltungskontrolle, die erweiterte Eröffnung des Verwaltungsrechtsweges, die vervollständigte Rechtsschutzgarantie gegen Hoheitsakte der Verwaltung, die gerichtliche Kontrolle sog. abstrakter Verwaltungsakte, die Rechtmäßigkeits- und teilweise auch Rationalitätsprüfung und schließlich Änderungen in der Gerichtsorganisation.

I. Einleitung

Im Jahr 1989 wurde das Verwaltungsprozessgesetz Chinas (VPG)[2] erlassen, das ein einheitliches Verwaltungsprozesssystem festlegte. Dieses System hat bisher beachtliche Erfolge erzielt. So wurden z. B. im Jahr 2013 159.728 Fälle zur gerichtlichen Überprüfung angenommen.[3] Die meisten Verfahren konnten – wie vom Verwaltungsprozessgesetz a. F. gefordert – innerhalb von drei Monaten zum Abschluss ge-

---

[1] Der Verfasser hat über das Verwaltungsprozessgesetz Chinas in Deutschland promoviert: *Fei Liu*, Die gerichtliche Verwaltungskontrolle als Entwicklungsfaktor des chinesischen Verwaltungsrechts. Eine vergleichende Untersuchung zwischen China und Deutschland, Frankfurt a. M., 2003; siehe dazu die Buchbesprechung von *Rolf Stober* in DÖV 2005, 171. Der vorliegende Beitrag gibt Gedanken und Argumente aus der Dissertation des Verfassers wieder und entwickelt sie vor dem Hintergrund des voranschreitenden Reformprozesses im chinesischen Verwaltungsprozessrecht weiter. Für zahlreiche sprachliche Korrekturen ist Herrn Dr. *Clemens Richter*, Executive Co-Dean der China-EU School of Law (CESL/Peking) an der China Universität für Politik- und Rechtswissenschaft (CUPL), zu danken.

[2] Das Verwaltungsprozessgesetz der VR China vom 4.4.1989 (auf Deutsch abgedruckt in: VerwArch 80 (1989), 447–459, übersetzt von *Robert Heuser*). Alle chinesischen Gesetzesvorschriften sind abrufbar unter: www.chinalawinfo.com. Die Zugangsberechtigung zu dieser Gesetzessammlung ist gebührenpflichtig. Von *Franz Münzel* angefertigte Übersetzungen wichtiger chinesischer Gesetze sind auf der Webseite http://www.chinas-recht.de/inhalt.htm auffindbar. Soweit für zitierte Gesetzesvorschriften keine Übersetzungen verfügbar sind, wird im Folgenden der jeweils einschlägige Passus auf Deutsch wiedergegeben.

[3] Chinesisches Juristisches Jahrbuch (zhongguo falü nianjian), 2014, S. 143.

bracht werden. Knapp ein Drittel dieser Verfahren wurde zugunsten der Kläger entschieden. Durch die verwaltungsgerichtliche Praxis hat sich das Verwaltungsrecht Chinas stark entwickelt.

Heute zweifelt in China niemand an der Bedeutung des Verwaltungsprozessgesetzes von 1989. Angesichts der faktischen Schwächen der gerichtlichen Verwaltungskontrolle wird im Schrifttum jedoch häufig von einer „langsamen Entwicklung"[4] oder einer „schwierigen Lage"[5] des Verwaltungsprozesssystems gesprochen. Es sei notwendig, das Vewaltungsprozessgesetz zu revidieren.[6] Ziel der Gesetzesrevidierung ist es, Schwierigkeiten bei der Fallannahme, bei der Gerichtsbehandlung und auch bei der Vollziehung der gerichtlichen Entscheidungen zu beheben.[7] Am 1. 11. 2014 ist das neue Verwaltungsprozessgesetz Chinas verabschiedet worden; es trat am 1. 5. 2015 in Kraft.

II. Modifizierte Zielsetzung der gerichtlichen Kontrolle

Grundlage der gerichtlichen Verwaltungskontrolle ist zwar der Individualrechtsschutz, sie ist aber zugleich Instrument objektiver Kontrolle. In diesem Sinne sieht § 1 VPG a. F. vor: „Um zu gewährleisten, dass die Volksgerichte in Verwaltungssachen korrekt und unverzüglich befinden, um die Rechte der Bürger, der juristischen Personen und der sonstigen Organisationen zu schützen, und zur Wahrung und Kontrolle dessen, dass die Verwaltungsbehörden die Verwaltungskompetenzen gemäß dem Recht ausüben, wird auf der Grundlage der Verfassung dieses Gesetz erlassen." Das bedeutet, dass der Schutz individueller Rechte und die Wahrung des objektiven Rechts gleichwertige Ziele der Verwaltungsgerichtsbarkeit sind. Diese Zielsetzung des chinesischen Systems entspricht in etwa derjenigen in Deutschland.

Die neue Fassung von § 1 VPG hat diese duale Zielsetzung aufrechterhalten. Auf die ursprüngliche weitere Zielsetzung, dass die Verwaltungsbehörden die Verwaltungskompetenzen gemäß dem Recht ausüben, wurde verzichtet, indem die Worte „zur Wahrung und" aus dem Gesetzestext gestrichen wurden. Gleichzeitig wurden in § 1 VPG n. F. zwei weitere Änderungen vorgenommen. Im ersten Halbsatz wurde „korrekt und unverzüglich" durch „gerecht und unverzüglich" ersetzt. Nach dem ersten Halbsatz wird ein neuer zweiter Halbsatz hinzugefügt, „um Verwaltungs-

---

[4] *Yang Haikun/Zhu Zhongyi*, Ursachen der langsamen Entwicklung des chinesischen Verwaltungsprozesssystems (woguo xingzheng susong zhidu bulü weijian de yuanying tansuo), Forschung der Verwaltungsrechtswissenschaft, 1999, Bd. 4, S. 15 ff.

[5] *Liu Xin*, Loskommen des Verwaltungsprozesses von der schwierigen Lage (lun baituo xingzheng susong de kunjing), Forschung der Verwaltungsrechtswissenschaft, 1999, Bd. 4, S. 33 ff.

[6] *Ying Songnian*, Notwendigkeit zur Revidierung des Verwaltungsprozessgesetzes (xiugai xingzheng susongfa shizai bixing), Rechtssystems-Tageszeitung vom 3. 3. 2002, S. 3.

[7] *Tong Weidong*, Fortschritt und Kompromiss: Rückblick auf die Revidierung des Verwaltungsprozessgesetzes (jinbu yu tuoxie: xingzheng susongfa xiugai huigu), Forschung der Verwaltungsrechtswissenschaft, 2014, Bd. 4, S. 24 ff.

streitigkeiten beizulegen". Dieser neue Halbsatz soll dazu führen, dass Richter darauf Wert legen, dass ihre Entscheidungen möglichst von beiden Parteien akzeptiert werden. Anhand des neuen Gesetzestextes kann festgestellt werden, dass im Verwaltungsprozess die Durchsetzung subjektiver Rechte im Vordergrund steht und die Schaffung von Rechtsfrieden klarer als bisher betont wird.[8] Nach *Ma Huaide* sollte das Bestreben, die Rechte der Bürger, der juristischen Personen und der sonstigen Organisationen zu schützen, als fundamentale Zielsetzung der gerichtlichen Kontrolle festgelegt werden.[9]

III. Erweiterte Eröffnung des Verwaltungsrechtsweges

In § 2 VPG a. F. hieß es: „Bürger, juristische Personen oder sonstige Organisationen, die geltend machen, dass Verwaltungsakte (juti xingzheng xingwei) von Verwaltungsbehörden oder Mitarbeitern von Verwaltungsbehörden ihre Rechte und Interessen verletzen, sind berechtigt, nach diesem Gesetz bei einem Volksgericht Klage zu erheben."

Demgemäß ist in China die Grundlage für die Eröffnung des Verwaltungsrechtsweges das Vorliegen eines konkreten Verwaltungsakts, genauer: im Verwaltungsprozess wird ein konkreter Verwaltungsakt entweder angegriffen (Anfechtungsbegehren) oder angestrebt (Verpflichtungsbegehren). Ein „konkreter Verwaltungsakt" i. S. v. § 2 VPG a. F. entspricht weitgehend dem Verwaltungsakt i. S. v. § 35 Satz 1 VwVfG. Eine Definition des konkreten Verwaltungsaktes wurde in China durch die Auslegungsrichtlinie des Obersten Gerichts (sifa jieshi) formuliert. So wird ein „konkreter Verwaltungsakt" nach § 1 der „Stellungnahme des Obersten Gerichts zu Fragen über die Durchführung des Verwaltungsprozessgesetzes (zur probeweisen Durchführung)" vom 29.5.1991 (im Folgenden: VPG-1. Ausl.)[10] wie folgt definiert: „Bei einem Verwaltungsakt handelt es sich um eine von einer Verwaltungsbehörde und ihren Mitarbeitern, einer durch Gesetz oder Rechtsvorschrift ermächtigten Organisation oder einer durch die Verwaltungsbehörde beauftragten Organisation und ihren Mitarbeitern im Rahmen ihrer Verwaltungstätigkeit erlassene, auf Bürger, juristische Personen und sonstige Organisationen gerichtete, einzelfallbezogene, sich auf die Rechte und Pflichten von Bürgern, juristischen Personen und sonstigen Organisationen beziehende einseitige Handlung."

---

[8] *Ying Songnian*, Verbesserung und Entwicklung des Verwaltungsprozesssystems (xingzheng susong falü zhidu de wanshan fazhan), Forschung der Verwaltungsrechtswissenschaft, 2015, Bd. 4, S. 3 (4).

[9] *Ma Huaide*, Schützen der Rechte der Bürger, der juristischen Personen und der sonstigen Organisationen als fundamentale Zielsetzung des Verwaltungsprozesssystems (baohu gongmin faren he qita zuzhi de quanyi ying chengwei xingzheng susong de genben mudi), Forschung der Verwaltungsrechtswissenschaft, 2012, Bd. 2, S. 10 ff.

[10] Amtsblatt des Obersten Gerichts (zui gao renmin fayuan gongbao), 1991, Bd. 3, S. 23 (guanyu guanche zhixing zhonghua renmin gongheguo xingzheng susong fa rogan wenti de yijian).

Diese Begriffsbestimmung enthält sechs Elemente – „Behörde", „Verwaltungstätigkeit", „auf Bürger, juristische Personen und sonstige Organisationen gerichtet", „Einzelfall", „Außenwirkung" und „einseitige Handlung". Erst bei Erfüllung aller sechs Elemente ist eine Handlung als Verwaltungsakt zu qualifizieren. Der Verwaltungsrechtsweg des Verwaltungsprozessgesetzes wird durch das Erfordernis eines Verwaltungsakts beschränkt, dies führt vor allem zur Ausgrenzung der einvernehmlichen Verwaltungshandlung (Verwaltungsvertrag[11]). Fragwürdig ist die Betonung der „erlassenen" Handlung, da nach dem Verwaltungsprozessgesetz auch eine Unterlassung vom Begriff des konkreten Verwaltungsakts umfasst wird (§ 11 Nrn. 6–8 VPG a. F.).

Die zweite „Auslegungsrichtlinie des Obersten Gerichts zu Fragen über die Durchführung des Verwaltungsprozessgesetzes" vom 24.11.1999 (im Folgenden: VPG-2. Ausl.)[12], welche die VPG-1. Ausl. ersetzt hat, verzichtet auf den Versuch, eine Definition des konkreten Verwaltungsakts zu geben. Sie zählt vielmehr all jene Streitigkeiten auf, die nicht zum Gegenstand des Verwaltungsprozesses gehören (§ 1 Abs. 2 VPG-2. Ausl.) und legt § 12 VPG a. F. (nicht anfechtbare Maßnahmen) aus (§§ 2–5 VPG-2. Ausl.). Während die VPG-1. Ausl. die Zulässigkeit von Streitigkeiten, die aus verwaltungsrechtlichen Verträgen resultieren, ausdrücklich verneint hat, enthält die VPG-2. Ausl. hierüber keine klare Bestimmung. Das ist im Schrifttum überwiegend auf Zustimmung gestoßen.[13] Dort wird die Meinung vertreten, dass alles Handeln der Verwaltungsbehörde vor Gericht gebracht werden kann und die Rechtsform des Verwaltungshandelns für die Rechtsschutzgewährung keine Rolle spielen sollte.[14]

In § 2 Abs. 1 VPG n. F. wurde das Wort „Verwaltungsakte" durch „Verwaltungshandeln" (xingzheng xingwei) abgelöst. Dies bedeutet, dass das Vorliegen eines kon-

---

[11] Der Begriff des Verwaltungsvertrags wird in China in keinem einzigen Gesetz ausdrücklich verwendet. Er taucht aber sehr häufig im verwaltungsrechtlichen Schrifttum auf. Vgl. *Zhang Shuyi*, Verwaltungsvertrag, Verlag der China Universität für Politik- und Rechtswissenschaft, 1994, S. 1 ff. Nach der h. M. ist der Verwaltungsvertrag in China ausschließlich ein subordinationsrechtlicher Vertrag (i. S. v. § 54 Satz 2 VwVfG im deutschen Recht). Der koordinationsrechtliche Vertrag zwischen Trägern öffentlicher Verwaltung ist in China als eine besondere Vereinbarung zwischen verschiedenen Verwaltungsbehörden anzusehen, wird aber nicht dem Verwaltungsvertrag zugeordnet. In der Praxis wird der Verwaltungsvertrag sehr häufig benutzt, siehe die Beispiele bei *Ying Songnian*, Neue Lehre des Verwaltungsrechts (xingzheng faxüe xinlun), China Fangzheng Verlag, 1998, S. 354 ff. Näher dazu auch *Robert Heuser*, „Sozialistischer Rechtsstaat" und Verwaltungsrecht in der VR China (1982–2002). Analyse, Texte, Bibliographie, 2003, S. 63 ff.

[12] Amtsblatt des Obersten Gerichts (zui gao renmin fayuan gongbao), 2000, S. 87 (guanyu zhixing zhonghua renmin gongheguo xingzheng susong fa rogan wenti de jieshi).

[13] Vgl. z. B. *Jiang Bixin*, Fragen zur VPG-2. Ausl. (ruogan jieshi yinan weiti tantao), in: Li Guoguang (Hrsg.), Informationsmaterialen zur Verwaltungsvollstreckung und -rechtsprechung (xingzheng zhifa yu xingzheng shenpan cankao), Jura Verlag, 2001, Bd. 2, S. 78 (80).

[14] *Xue Gangling*, Überlegungen zur Revidierung des Verwaltungsprozessgesetzes (xingzheng susongfa xiuding jiben wenti zhi sikao), Chinesische Rechtswissenschaft, 2014, Bd. 3, S. 229 (244).

kreten Verwaltungsakts nicht mehr für die Eröffnung des Verwaltungsrechtsweges erforderlich ist. In diesem Sinne sollten Verwaltungsvertrag und Realakte sowie eben auch das sonstige nichtförmliche Verwaltungshandeln vor Gericht gebracht werden können. Problematisch ist jedoch, dass lediglich der Verwaltungsakt eine detaillierte gesetzliche Regelung erfahren hat. Rechtsbegriffe wie Verwaltungsvertrag, Realakte und sonstiges nichtförmliches Verwaltungshandeln sind nur in Grundzügen geregelt und es fehlt deshalb an anwendbaren gesetzlichen Bestimmungen. Was die obige Gesetzesänderung im juristischen Sinne genau bedeutet, ist deshalb noch nicht klargestellt.[15] Ob die Gesetzesänderung in der Praxis entsprechend Anwendung finden kann, bleibt abzuwarten.

IV. Vervollständigte Rechtsschutzgarantie gegen Hoheitsakte der Verwaltung

In China gewährt das Verwaltungsprozessgesetz a. F. keinen lückenlosen Rechtsschutz gegen Hoheitsakte der Verwaltung; der Rechtsschutz durch die Verwaltungsgerichtsbarkeit wird auf den Bereich der Personen- und Vermögensrechte beschränkt.[16] Was genau „Personen- und Vermögensrechte" umfassen, ist zwar im 5. Kapitel der allgemeinen Grundsätze des Zivilrechts (AGZ) definiert (insbesondere §§ 71, 75, 98 ff. AGZ), gleichwohl aber in den meisten Gesetzen nicht ausdrücklich geregelt. Dies hat dazu geführt, dass § 11 Abs. 1 Nr. 8 VPG a. F. in der Gerichtspraxis häufig ignoriert wird. Obwohl § 11 Abs. 1 Nr. 8 VPG vorsieht, dass die Gerichte Klagen von Bürgern, juristischen Personen oder sonstigen Organisationen annehmen, „wenn geltend gemacht wird, dass die Verwaltungsbehörde sonstige Personen- und Vermögensrechte verletzt hat", nehmen Gerichte jedoch meistens lediglich diejenigen Fälle zur Entscheidung an, die in § 11 Abs. 1 Nrn. 1–7 VPG a. F. ausdrücklich aufgeführt sind.[17] Dies bedeutet zumindest faktisch, dass bisher nicht alle konkreten Verwaltungsakte i. S. v. § 11 Abs. 1 VPG a. F., die Personen- und Vermögensrechte verletzt haben, Gegenstand der gerichtlichen Verwaltungskontrolle sind.

Das neue Gesetz hat die Rechtsschutzgarantie, die in § 2 VPG a. F. aufgestellt wurde, unverändert in § 2 VPG Abs. 1 n. F. übernommen. Um die Rechtsschutzgarantie gegen Hoheitsakte der Verwaltung möglichst zu vervollständigen, hat der Gesetzgeber in § 12 VPG Abs. 1 Satz 12 n. F. eine neue Formulierung eingefügt. Demgemäß nehmen Gerichte Klagen von Bürgern, juristischen Personen oder sonstigen Organisationen an, „wenn geltend gemacht wird, dass die Verwaltungsbehörde ihre Rechte und Interessen wie z. B. Personen- und Vermögensrechte verletzt hat". Mit

---

[15] So *Yu Lingyun*, Über die Revidierung des Verwaltungsprozessgesetzes (lun xingzheng susongfa de xiugai), Tsinghua Law Journal, 2014, Bd. 3, S. 5 (9).

[16] Vgl. etwa *Xue Ganglin*, Verwaltungsprozessrecht (xinzheng susong fa), Huawen Verlag, 1998, S. 86 ff.

[17] Siehe *Ma Yuan*, Lehrbuch des Verwaltungsprozessrechts, Verlag des Volksgerichts, 1990, S. 44; *Zhang Shuyi*, Suche nach der positiven Entwicklung des Verwaltungsprozesssystems (xunqiu xingzheng susong zhidu fazhan de liangxing xunhuan), Verlag der China Universität für Politik- und Rechtswissenschaft, 2000, S. 3.

diesem Satz wird ausdrücklich klargestellt, dass Personen- und Vermögensrechte nur beispielhaft genannt werden; es bestehen keine Begrenzungen mehr für die gerichtliche Verwaltungskontrolle. Fraglich ist lediglich, was Rechte und Interessen außerhalb von Personen- und Vermögensrechten sind. Möglicherweise sind dies die anderen in der Verfassung aufgezählten Rechte, wie z. B. das Wahlrecht (Art. 34 Verf.), die Freiheit der Rede, der Publikation, der Versammlung, der Vereinigung, der Durchführung von Straßenumzügen und Demonstrationen (Art. 35 Verf.), die Glaubensfreiheit (Art. 36 Verf.), das Arbeitsrecht (Art. 42 Verf.) und das Erholungsrecht (Art. 43 Verf.). Ob diese Rechte vor Gericht geltend gemacht werden können, hängt allerdings von speziellen Gesetzen ab. Dem Gedanken des neuen Verwaltungsprozessgesetzes nach ist jedoch festzustellen: falls ein Hoheitsakt der Verwaltung in diese Rechte eingreift, so ist eine gerichtliche Überprüfung im Prinzip möglich.

V. Gerichtliche Kontrolle
von sog. abstrakten Verwaltungsakten

Nach § 12 Nr. 2 VPG a. F. sind sog. abstrakte Verwaltungsakte unanfechtbar. Hierbei handelt es sich um Verwaltungsrechtsbestimmungen, Verwaltungsverordnungen oder von einer Verwaltungsbehörde erlassene und verkündete Beschlüsse oder Befehle mit genereller Bindungswirkung. In China gibt es keine präzise Begriffsbestimmung für den abstrakten Verwaltungsakt: Es liegen vielmehr über 30 verschiedene Bezeichnungen für diesen Maßnahmen-Typ der Verwaltung vor.[18] Zu ihnen zählen Bezeichnungen wie lokale Verwaltungsrechtsbestimmungen (difaxing fagui), lokale Verwaltungsverordnungen (difaxing guizhang) und andere abstrakt-generelle Regelungen (sog. andere normative Dokumente: qita guifanxing wenjian). Obwohl die in § 12 Nr. 2 VPG a. F. aufgezählten abstrakten Verwaltungsakte unanfechtbar sind, kann es im Rahmen eines anhängigen verwaltungsgerichtlichen Verfahrens zu einer beschränkten Inzidentkontrolle einer Verwaltungsverordnung oder einer lokalen Verordnung kommen (§ 53 VPG a. F.). Eine Normenkontrolle i. S. v. § 47 VwGO ist dagegen nicht möglich.

Im Schrifttum wird seit langem die Ansicht vertreten, dass die im Rang unter den Verwaltungsverordnungen stehenden abstrakten Verwaltungsakte gerichtlich kontrolliert werden sollten[19] – beispielsweise generell-abstrakte Regelungen der lokalen Verwaltungsbehörden. Weiter wird die Ansicht vertreten, dass auch die Verwaltungsverordnung als Spezialfall des abstrakten Verwaltungsaktes gerichtlicher Kontrolle unterstehen sollte.[20] Diese Auffassungen sind zwar zu begrüßen, weil sie in China ein objektives Rechtsbeanstandungsverfahren einführen wollen und damit zumindest in

---

[18] Vgl. *Zhang Shuyi* (o. Fn. 17), S. 38.

[19] Vgl. *Ji Luohong*, Gerichtliche Überprüfung der abstrakten Verwaltungsakte (chouxiang xingzheng xingwei sifa shencha), Rechtssystems-Tageszeitung vom 3.3.2002, S. 3.

[20] Vgl. *Yang Haikun*, Die in das 21. Jahrhundert eingetretene chinesische Verwaltungsrechtswissenschaft (kuaru 21 shiji de zhongguo xingzhengfa xue), Renshi Verlag Chinas, 2000, S. 565.

bestimmten Fällen Rechtsschutz bei normativem Unrecht gewähren. Der Gesetzgeber hat sich mit den im Schrifttum erhobenen Forderungen auch auseinandergesetzt, ist ihnen aber nur teilweise gefolgt, indem § 53 VPG n. F. vorsieht:

> „Machen Bürger, juristische Personen oder sonstige Organisationen geltend, dass die nachfolgend aufgeführten Vorschriften der Ministerien und Kommissionen des Staatsrats oder der lokalen Regierungen oder deren Abteilungen, die dem Verwaltungshandeln zugrunde liegen, nicht rechtmäßig sind, können sie, wenn sie gegen das Verwaltungshandeln Klage erheben, beim Gericht gleichzeitig hinsichtlich dieser Vorschriften Überprüfung beantragen.
>
> Die im vorigen Absatz aufgeführten Vorschriften umfassen nicht die Verwaltungsverordnungen."

VI. Rechtmäßigkeits- und teilweise auch Rationalitätsprüfung

Wie weit eine gerichtliche Überprüfung in das Handeln der öffentlichen Verwaltung eingreifen darf, wurde vom Verwaltungsprozessgesetz festgelegt. So stellt § 5 VPG a. F. fest, dass die gerichtliche Verwaltungskontrolle eine Feststellung über die Rechtmäßigkeit oder die Rechtswidrigkeit des Verwaltungshandelns beinhaltet. Die gerichtliche Aufgabe beschränkt sich infolgedessen darauf, die Rechtmäßigkeit, nicht jedoch auch die Zweckmäßigkeit staatlichen Verwaltungshandelns zu überprüfen.[21] Dieses sog. Rechtmäßigkeitsprinzip ist nach h. M. als fundamentaler Grundsatz des Verwaltungsprozessrechts anzusehen.[22] Es dient daher auch als allgemeine Begrenzung der gerichtlichen Verwaltungskontrolle.

In § 70 Nr. 6 VPG n. F. wird es aber folgendermaßen modifiziert: Falls ein Verwaltungshandeln offensichtlich ungerecht ist, wird es vom Gericht ganz oder teilweise aufgehoben. Diese neue Bestimmung kann so interpretiert werden, dass, falls eine Streitigkeit in die Zuständigkeit der Verwaltungsgerichte fällt, dem Verwaltungsgericht doch eine weitergehende materielle Prüfungskompetenz zusteht. Sonst könnte das Gericht nicht feststellen, ob ein Verwaltungshandeln offensichtlich ungerecht ist oder nicht. Entsprechend sieht § 77 VPG Abs. 1 n. F. vor: „Ist eine Verwaltungsstrafe offensichtlich ungerecht (xianshi gongzheng), oder bei einem Verwaltungshandeln die Geldsumme falsch bestimmt bzw. festgelegt, kann auf Abänderung durch das Gericht erkannt werden." Diese Vorschrift hat die gerichtliche Kontrolldichte vertieft, indem sie die Gerichte dazu ermächtigt, die ihrer Auffassung nach offensichtlich ungerechte Verwaltungsstrafe direkt durch ihre Entscheidungen zu ersetzen. Liegt dagegen in diesen Fällen eine rechtmäßige, aber ermessensfehlerhafte Entscheidung vor, so steht es dem Gericht frei, die Behördenentscheidung aufzuheben oder eine eigene Entscheidung an die Stelle der Verwaltungsentscheidung zu setzen. Bei an-

---

[21] Vgl. *Zhang Jiansheng*, Zum Prinzip der begrenzten gerichtlichen Verwaltungskontrolle (lun sifa shencha youxian yuanze), Forschung der Verwaltungsrechtswissenschaft, 1998, Bd. 2, S. 68 (74).
[22] Siehe z. B. *Ying Songnian*, Verwaltungsprozessrecht, Verlag der China Universität für Politik- und Rechtswissenschaft, 1994, S. 56 ff.

derem Verwaltungshandeln ist die Überprüfung der Ermessensspielräume hingegen stärker beschränkt. Eine dem deutschen System der Verwaltungskontrolle vergleichbare umfassende gerichtliche Ermessensüberprüfung allen Verwaltungshandelns ist dem chinesischen Verwaltungsprozessrecht damit bis heute fremd geblieben.

VII. Änderungen in der Gerichtsorganisation

Die Verwaltungsgerichtsbarkeit Chinas ist kein spezielles und selbstständiges System von Verwaltungsgerichten, sondern ein von der Zentrale bis hinunter zu den lokalen Ebenen abgestuftes, den Volksgerichten[23] angegliedertes System von Verwaltungskammern (xingzheng shenpan ting).[24] Unter gerichtlicher Verwaltungskontrolle ist in China demgemäß die Kontrolle der Verwaltung durch die Verwaltungskammern der Gerichte zu verstehen. Es wird im Schrifttum überwiegend anerkannt, dass die gerichtliche Verwaltungskontrolle sehr schwach ist. Einer der wichtigsten Gründe dafür sei, dass die Gerichte nicht unabhängig sind. Es wurde daher im Schrifttum vorgeschlagen, in China eine selbständige und unabhängige Verwaltungsgerichtsbarkeit einzurichten.[25]

Ein Ausbau der gerichtlichen Verwaltungskontrolle, z. B. durch die Verbürgung der gerichtlichen Unabhängigkeit, ist zwar wünschenswert, lässt sich aber nicht ohne weiteres verwirklichen. Eine Möglichkeit, die Unabhängigkeit zu stärken, ist die Änderung der örtlichen Zuständigkeit der Gerichte. § 18 Abs. 2 VPG n. F. sieht vor: „Wird es vom Obersten Volksgericht genehmigt, kann ein Gericht der Oberstufe anhand der tatsächlichen Bedürfnisse der Spruchpraxis bestimmen, dass einzelne Gerichte für gebietsüberschreitende Verwaltungsfälle in erster Instanz zuständig sind." Dieses sog. konzentrierte Fallannahmesystem wird im Schrifttum überwiegend positiv bewertet, so etwa von *Jiang Mingan*, weil die ungerechtfertigte Einflussnahme der lokalen Regierung auf die Rechtsprechung dadurch erschwert werden sollte.[26]

---

[23] Die Volksgerichte sind die ordentlichen Gerichte Chinas. Das Volksgerichtssystem Chinas besteht aus „Grundstufengerichten (auf Kreisebene eingerichtet)", „Mittelstufengerichten (auf Stadtebene eingerichtet)", „Oberstufengerichten (auf Provinzebene eingerichtet)" und einem „Obersten Volksgericht".

[24] In der Regel bestehen chinesische Gerichte aus Kammern, jeweils für Straf-, Zivil- und Verwaltungssachen.

[25] *Liu Fei*, Zur Errichtung einer unabhängigen Verwaltungsgerichtsbarkeit als erster Schritt zur Verwirklichung der Unabhängigkeit der Rechtsprechung – Eine vergleichende Untersuchung zwischen China und Deutschland (jianli duli de xingzheng fayuan kewei shixian sifa duli zhi shouyao buzhou – cong deguo xingzheng fayuan zhi dulixing tanqi), Forschung der Verwaltungsrechtswissenschaft, 2002, Bd. 3, S. 20.

[26] *Jiang Mingan*, Neue Mechanismen im Verwaltungsprozessgesetz (lun xin xingzheng susongfa de ruogan zhidu chuangxin), Forschung der Verwaltungsrechtswissenschaft, 2014, Bd. 4, S. 12 (14).

Yang Jianshun ist dagegen der Meinung, dass dies lediglich „eine stufenweise und übergangsweise Wahlmöglichkeit darstellt".[27]

VIII. Resümee

Das neue Verwaltungsprozessgesetz Chinas vom 1. 11. 2014 wird im Schrifttum unterschiedlich bewertet. Betrachtet man das neue Gesetz vor dem Hintergrund des alten Gesetzes, so fällt es nicht schwer, technische Fortschritte anzuerkennen. Im Hinblick auf die im Schrifttum vertretene Aufforderung, eine unabhängige Verwaltungsgerichtsbarkeit in China aufzubauen, ist jedoch eine spürbare Umwandlung des gegenwärtigen Systems bislang noch nicht feststellbar. Insgesamt ist festzustellen, dass zahlreiche Fortschritte hinsichtlich der gerichtlichen Verwaltungskontrolle durch die Gesetzesrevision gemacht wurden. Angesichts der schwachen Stellung der Gerichte ist aber eine weitere Verbesserung der gerichtlichen Verwaltungskontrolle wünschenswert.

---

[27] *Yang Jianshun*, Widersinnigkeit und deren Überwindung hinsichtlich eines konzentrierten Fallannahmesystems im Verwaltungsprozess (xingzheng susong jizhong guanxia de beilun jiqi kefu), Forschung der Verwaltungsrechtswissenschaft, 2014, Bd. 4, S. 3 (19).

Anhang

Anhang

Lebenslauf von Franz-Joseph Peine

18.8.1946	geboren in Detmold
seit dem 28.7.1978	verheiratet mit Dr. Hannelore-Magdalena Orth; drei erwachsene Söhne: zwei Juristen, ein Mediziner
ab dem WS 1969/70	Studium der Rechtswissenschaft an den Universitäten Göttingen (zwei Semester) und Bielefeld
1.3.1974	Erste Juristische Staatsprüfung bei dem JPA am OLG Hamm
ab dem 1.4.1974	Wissenschaftliche Hilfskraft am Lehrstuhl für Öffentliches Recht unter Betonung des Verwaltungsrechts an der Rechtswissenschaftlichen Fakultät der Universität Bielefeld; Lehrstuhlinhaber zunächst Prof. Dr. Blümel, ab 1975 Prof. Dr. Papier
1.5.1974–29.10.1976	Referendariat im Bezirk des OLG Hamm; Zweite Juristische Staatsprüfung beim LJPA in Düsseldorf
8.3.1978	Promotion zum Dr. jur.
31.5.1978	Ernennung zum Wissenschaftlichen Assistenten
WS 1982/83 – WS 1983/84	Lehrstuhlvertretungen in Mannheim und Göttingen
1.4.1984–14.10.1990	Professor für Öffentliches Recht am Fachbereich Rechtswissenschaft der Universität Hannover, Mitarbeit in der Selbstverwaltung des Fachbereichs und der Universität: Mitglied des Fachbereichsrats und des Senats, Dekan im akademischen Jahr 1989/90; Beginn einer umfangreichen Prüfertätigkeit in der ersten und zweiten juristischen Staatsprüfung sowie der einstufigen Juristenausbildung; bis heute Prüfer in Berlin; Beginn einer bis heute währenden umfangreichen Tätigkeit als Rechtsgutachter und Rechtsberater einschließlich Prozessvertretungen; Gutachter bei Anhörungen in Parlamentsausschüssen; Gutachter für den Wissenschaftsrat, die VW-Stiftung und die Fritz-Thyssen-Stiftung; Beginn einer andauernden umfangreichen Vortragstätigkeit mit Auslandsaufenthalten in Japan, China, Korea, Lettland, Polen, Ungarn und Österreich einschließlich Lehrtätigkeit an ungarischen juristischen Fakultäten und privaten Fortbildungseinrichtungen
15.10.1990–30.9.1995	Professor für Öffentliches Recht am Fachbereich Rechtswissenschaft der Freien Universität Berlin

1991–1994	Mitglied der vom Bundesumweltminister eingesetzten Professorenkommission zur Erarbeitung des Besonderen Teils eines Umweltgesetzbuchs, zuständig für das Bodenschutzrecht
1.10.1995–30.9.2000	Professor für Öffentliches Recht an der Universität Göttingen; Dekan 1997/1998; Prodekan; Mitglied des Senats der Universität
seit dem 1.1.1997	Mitglied der Braunschweigischen Wissenschaftlichen Gesellschaft, Klasse für Geisteswissenschaften (Körperschaft des öffentlichen Rechts)
seit dem 1.10.2000	Professor für Öffentliches Recht an der Europa-Universität Viadrina, Frankfurt/Oder; Mitglied des Fachbereichsrats; Vorsitzender der fakultätsinternen Prüfungskommission; Lehrtätigkeit an der Universität Poznan im Rahmen des Studiengangs „Europäisches und Deutsches Recht"; Mitherausgeber der Zeitschriften „Natur und Recht", „Zeitschrift für Stoffrecht" und „Landes- und Kommunalverwaltung" (bis 2015); Mitherausgeber der „Berliner Schriften zum Stoffrecht"
21.4.2004	Verleihung der Ehrendoktorwürde durch den Senat der Universität Miskolc (Ungarn) als Anerkennung für die 20-jährige Lehrtätigkeit an ungarischen juristischen Fakultäten
seit dem 1.2.2005	Direktor des Zentrums für Rechts- und Verwaltungswissenschaften an der Brandenburgischen Technischen Universität Cottbus, jetzt Cottbus-Senftenberg
seit 2009	Mitherausgeber der „Cottbuser Schriften zu Hochschulpolitik und Hochschulrecht"
seit 2010	Mitglied des Vorstands von GP PLEN (German-Polish Centre for Public Law and Environmental Network), Cottbus/Wrocław
1.10.2011	Emeritierung; Fortsetzung der Lehrtätigkeit an der Viadrina bis 2015
September/Oktober 2012	Gastprofessor an der Law School der China University of Political Science and Law in Beijing

Schriftenverzeichnis von Franz-Joseph Peine

I. Selbständige Schriften

1. Rechtsfragen der Einrichtung von Fußgängerstraßen, Neue Schriften des Deutschen Städtetages, Heft 35, 1979, 297 S. (Dissertation).
2. Das Recht als System, Schriften zur Rechtstheorie, Bd. 109, 1983, 138 S.
3. Systemgerechtigkeit – Die Selbstbindung des Gesetzgebers als Maßstab der Normenkontrolle, Studien und Materialien zur Verfassungsgerichtsbarkeit, Bd. 27, 1985, 336 S. (Habilitationsschrift).
4. Kommentar zum Gesetz über technische Arbeitsmittel, 1986, 417 S.; 2. Aufl. 1995, 592 S.; 3. Aufl. 2002, XXVI, 727 S.
5. Öffentliches Baurecht, 1. Aufl. unter dem Titel Raumplanungsrecht – Grundzüge des Raumordnungs-, Stadt- und Fachplanungsrechts unter Berücksichtigung des neuen Baugesetzbuchs, 1987, XV, 291 S.; 2. Aufl. 1993, XVII, 332 S.; 3. Aufl. 1997, XVII, 366 S.; 4. Aufl. 2003, XXIII, 418 S.
6. Dreyhaupt/Peine/Wittkämper (Hrsg.), Umwelthandwörterbuch, 1992, 600 S.; verantwortlich für den juristischen Teil, selbständige Bearbeitung mehrerer Stichworte im Umfang von 75 S.
7. Rechtsfragen der Renaturierung der Emscher, von der Emschergenossenschaft Essen veröffentlichtes Rechtsgutachten, 1992, 100 S.
8. Allgemeines Verwaltungsrecht, Bd. 16 der Reihe „Schwerpunkte", 1. Aufl. 1994, XXVI, 291 S.; 2. Aufl. 1995, XXVI, 291 S.; 3. Aufl. 1997, XXVII, 315 S.; 4. Aufl. 1998, XXVIII, 331 S.; 5. Aufl. 2000, XXVIII, 333 S.; 6. Aufl. 2002, XXVIII, 335 S.; 7. Aufl. 2004, XXVIII, 343 S.; 8. Aufl. 2006, XXX, 349 S.; 9. Aufl. 2008, XXIX, 359 S., mit CD-ROM höchstrichterliche Entscheidungen; 10. Aufl. 2011, XXXII, 359 S., mit CD-ROM höchstrichterliche Entscheidungen; 11. Aufl. 2014, XXX, 355 S., mit e-book Lehrbuch/Entscheidungen/Gesetzestexte.
9. Die vierte Auflage des Allgemeinen Verwaltungsrechts liegt seit Ende 2002 in lettischer Übersetzung vor: Francs Jozefs Paine, Vācijas Vispārīgas Administratīvas Tiesīas, Vācijas Administratīvā procesa likums.
10. Kodifikation des Landesumweltrechts, Schriften zum Umweltrecht, Bd. 69, 1996, 145 S.
11. Beamtenrecht, 2. Aufl. 1999 der von Fürst/Strecker erarbeiteten 1. Aufl., XX, 192 S., mit Dieter Heinlein.
12. Das Recht der Versammlungsfreiheit in der Rechtsprechung – Bestandsaufnahme, Änderungsvorschläge, Schriftenreihe des Niedersächsischen Städtetags, Heft 29, 2000, 23 S.
13. Zukunft der Staatsaufgaben, Schriftenreihe der Landesakademie für öffentliche Verwaltung Brandenburg, Heft 3, 2002, 40 S.
14. Staats- und Verwaltungsrecht für Brandenburg, 1. Aufl. 2004, 531 S., hrsg. mit Alexander von Brünneck; 2. Aufl. unter dem Titel: Landesrecht Brandenburg – Studienbuch, 2011, 350 S., hrsg. mit Hartmut Bauer.

15. Klausurenkurs im Verwaltungsrecht, 1. Aufl. 2004, XXV, 362 S.; 2. Aufl. 2006, XXIV, 360 S.; 3. Aufl. 2008, XXVIII, 539 S.; 4. Aufl. 2010, XXX, 554 S.; 5. Aufl. 2013, XXXIX, 564 S.

16. Grenzüberschreitende Immissionen und Emissionsrechtehandel in Deutschland und Polen, 2005, 425 S., hrsg. mit Lothar Knopp und Konrad Nowacki.

17. Vorschläge zur Aktivierung des flächenhaften Bodenschutzes – mit Wolfgang Spyra und Reinhard Hüttl (Bearbeiter des naturwissenschaftlichen Teils) –, Endbericht eines Forschungsvorhabens im Auftrag der LABO, 2006, 200 S.; Kurzfassung 50 S.

18. Polnisches Umweltrecht – Ausgewählte Texte mit Erläuterungen für die deutsche Wirtschaftspraxis, 2007, 1117 S., hrsg. mit Lothar Knopp, Jan Boć und Konrad Nowacki.

19. Entstehung, jetzige Ausgestaltung und zukünftige Inhalte des deutschen Klimaschutzrechts (in koreanischer Sprache), 2008, 48 S., hrsg. vom Korea Legislation Research Institute.

20. Hochschulen im Umbruch, Cottbuser Schriften zu Hochschulpolitik und Hochschulrecht, Bd. 1, 2009, 133 S., hrsg. mit Lothar Knopp, Konrad Nowacki und Wolfgang Schröder.

21. Das Recht der Errichtung von Biogasanlagen, 2009, 250 S., mit Andrea Radcke und Lothar Knopp.

22. Reform an Haupt und Gliedern – Symposion aus Anlass des 65. Geburtstags von Hans-Jürgen Papier, Präsidenten des Bundesverfassungsgerichts, 2009, 106 S., hrsg. mit Wolfgang Durner.

23. Hochschulgesetz des Landes Brandenburg – Kommentar, 2010, 777 S., hrsg. mit Lothar Knopp; 2. Aufl. 2012, 852 S.; 3. Aufl. in Vorbereitung (2016/2017).

24. Ziel- und Ausstattungsvereinbarungen auf dem Prüfstand, Cottbuser Schriften zu Hochschulpolitik und Hochschulrecht, Bd. 2, 2010, 198 S., hrsg. mit Lothar Knopp, Konrad Nowacki und Wolfgang Schröder.

25. Rechtsfragen der Abscheidung und Speicherung von CO_2, mit Lothar Knopp und Andrea Radcke, 2011, 212 S.

26. Nachdenken über Eigentum, Festschrift für Alexander v. Brünneck zur Vollendung seines siebzigsten Lebensjahres, 2011, 532 S., hrsg. mit Heinrich Amadeus Wolff.

27. Bodenschutzrecht im Wandel – Ausgewählte Beiträge von 1987–2011, Schriften zum Umweltrecht, Bd. 170, 2011, 449 S., hrsg. von Lothar Knopp.

28. 10 Jahre Hochschulrecht im Wandel, Cottbuser Schriften zu Hochschulpolitik und Hochschulrecht, Bd. 4, 2012, 294 S., hrsg. mit Lothar Knopp, Konrad Nowacki und Wolfgang Schröder.

29. Verfassungsfragen in Berlin, Brandenburg, Mecklenburg-Vorpommern, Sachsen, Sachsen-Anhalt und Thüringen, Reihe Wissenschaft und Praxis der Kommunalverwaltung, Bd. 7, 2013, 125 S., Schöneburg/Janz/Peine u. a. (Hrsg.).

30. Revision des Immissionsschutzrechts durch die Industrieemissionsrichtlinie – Auswirkungen auf die deutsche Wirtschaft, 2013, 392 S., hrsg. mit Thomas Pfaff und Lothar Knopp.

31. Freiheit und Sicherheit in Deutschland und Europa, Festschrift für Hans-Jürgen Papier zum 70. Geburtstag, 2013, 670 S., hrsg. mit Wolfgang Durner und Foroud Shirvani.

II. Beiträge in Sammelwerken

1. Die Vereinbarkeit des nordrhein-westfälischen Landschaftsgesetzes mit dem Bundesnaturschutzgesetz, in: Deutscher Rat für Landespflege, Heft 36, 1981, S. 481–488.

2. Straßenrecht und Straßenverkehrsrecht, in: v. Mutius/Friauf/Westermann (Hrsg.), Handbuch für die öffentliche Verwaltung, Bd. 2, 1984, S. 391–434 (mit Hans-Jürgen Papier).

3. Grimms Irrtum, Rechtshistorisches Journal, Bd. 3, 1984, S. 283–285.

4. Polizeirecht und Umweltschutzrecht, in: Recht des Umweltschutzes und Polizei, Veröffentlichungen der Polizeiführungsakademie Münster, 1984, S. 133–178.

5. Öffentliches Wirtschaftsrecht, in: Grimm/Papier (Hrsg.), Nordrhein-westfälisches Staats- und Verwaltungsrecht, 1986, S. 568–586.

6. Bearbeitung der Stichworte „Fußgängerzone" und „Verkehrsberuhigung", in: Kimminich/v. Lersner/Storm (Hrsg.), Handwörterbuch des Umweltrechts, Bd. 1, 1987, Sp. 603–606; Bd. 2, 1988, Sp. 1026–1032; für die 2. Aufl. 1994 überarbeitet: Bd. 1, Sp. 795–799, Bd. 2, Sp. 2633–2642.

7. Bodenschutzrecht, in: Breuer u. a. (Hrsg.), Umwelt- und Technikrecht (UTR), Bd. 3, 1987, S. 201–237.

8. Die Finanzierung der Entsorgung häuslicher Abfälle, in: Der Minister für Umwelt des Landes Nordrhein-Westfalen (Hrsg.), Das neue Abfallwirtschaftsrecht – Umweltrechtstage 1989, 1989, S. 75–102.

9. Wasserhaushaltsrecht, in: Achterberg/Püttner (Hrsg.), Besonderes Verwaltungsrecht, 1990, S. 573–637; völlig neu bearbeitete Fassung in: Achterberg/Püttner/Würtenberger (Hrsg.), 2. Aufl. 2000, S. 914–993.

10. Stichworte: „Gewerbeaufsicht" und „Bundesstaat und Wirtschaftsverwaltungsrecht", in: Luchterhand Rechtslexikon, 1990, 7/350 und 7/180.

11. Organisationsformen und Finanzierung der kommunalen Abwasserbeseitigung, in: Der Minister für Umwelt des Landes Nordrhein-Westfalen (Hrsg.), Das neue Landeswasserrecht – Umweltrechtstage 1990, 1990, S. 150–165.

12. Bemerkungen zum Verhältnis von Landwirtschaft und Umweltschutz aus rechtlicher Sicht, in: Festschrift Zoltan Novotni, Budapest 1991, S. 267–278.

13. Stichworte: „Straßenrecht und wirtschaftliches Handeln", „Sondernutzung und wirtschaftliches Handeln", „Anliegergebrauch und wirtschaftliches Handeln", „Gerätesicherheitsrecht", „Gemeinschaftsaufgaben und Wirtschaftsverwaltungsrecht", in: Bunte/Stober (Hrsg.), Lexikon des Rechts der Wirtschaft, 1992.

14. Die Gesetzgebungskompetenz des Bundes für den Bodenschutz, in: Der Minister für Umwelt des Landes Nordrhein-Westfalen (Hrsg.), Bodenschutzrecht – Umweltrechtstage 1992, 1992, S. 56–78; auch abgedruckt in: NuR 1992, 353–360.

15. Die Verantwortung für Abfall, in: Blaurock (Hrsg.), Die Verantwortung für Abfall in Deutschland und Frankreich, Arbeiten zur Rechtsvergleichung, Bd. 154, 1992, S. 79–109.

16. Entwicklungen im Recht des Verwaltungsakts – eine Zwischenbilanz, in: Becker/Bull/Seewald (Hrsg.), Festschrift für Werner Thieme zum 70. Geburtstag, 1993, S. 563–585.

17. Privatisierung im Abfallrecht, in: Hoffmann/Müller (Hrsg.), Steuerungselemente kommunaler Abfallwirtschaft – Handlungsspielräume im kommunalen Abfallmanagement, 1993, S. 39–49.

18. Veränderung von Genehmigungsverfahren für Entsorgungsanlagen, in: IFÖR (Hrsg.), Neue Wege ohne Abfall, 1993, S. 205–211.

19. Bahadir/Parlar/Spittaler (Hrsg.), Springer-Umweltlexikon, Bearbeitung von ca. 300 Stichworten – Definitionen, 1994; 2. Aufl. 2000.

20. Gesetzliche Grundlagen des Schutzes aquatischer Systeme, in: Gunkel (Hrsg.), Bioindikation in aquatischen Systemen, 1994, S. 440–459.

21. Bodenschutz, Entwurf der §§ 283–313 eines Umweltgesetzbuchs – Besonderer Teil nebst Begründung, in: Jarass/Kloepfer/Kunig/Papier/Peine/Rehbinder/Salzwedel/Schmidt-Aßmann (Hrsg.), Umweltgesetzbuch – Besonderer Teil, Berichte des Umweltbundesamtes 4/1994, 1994, S. 121–135, 557–630; in Teilen abgedruckt in: Verhandlungen des 60. Deutschen Juristentags, 1995, Bd. 1 Teil B, S. B87-B140.

22. Kompost und Kompostierung im „System" des Abfallrechts, in: Arbeitskreis für die Nutzbarmachung von Siedlungsabfällen (Hrsg.), Im Dschungel der Paragraphen, 1994, S. 26–33.

23. Rechtliche Behandlung von Problemabfällen im Schnittfeld von kommunaler und privater Entsorgung, in: Hoffmann/Müller (Hrsg.), Problemabfälle in Gewerbe und Kommune, 1994, S. 24–34.

24. Die Bedeutung des § 8a Abs. 1 S. 1 BNatSchG für die Bauleitplanung, in: Ramsauer (Hrsg.), Die naturschutzrechtliche Eingriffsregelung, 1994, S. 39–45; ebenfalls abgedruckt in: Carlsen (Hrsg.), Naturschutz und Bauen, Schriftenreihe NuR, Bd. 2, 1995, S. 58–66.

25. Änderungen des Kreislaufwirtschaftsgesetzes gegenüber dem Abfallgesetz, in: Thomé-Kozmiensky (Hrsg.), Kreislaufwirtschaft, 1994, S. 29–42; ebenfalls abgedruckt in: ders. (Hrsg.), Management der Kreislaufwirtschaft, 1995, S. 75–86.

26. Rechtliche Aspekte der Altlastenproblematik, in: Jänicke (Hrsg.), Umwelt Global, 1995, S. 97–117; ebenfalls abgedruckt in: Publicationes Universitatis Miskolcinensis. Sectio Juridica et Politica, Miskolc 1995, S. 33–56.

27. Das Recht des Abfallexports, in: Randelzhofer (Hrsg.), Gedächtnisschrift Eberhard Grabitz, 1995, S. 499–522.

28. Das neue Kreislaufwirtschafts- und Abfallgesetz – Vorstellung und Änderungen gegenüber dem bisherigen Abfallgesetz, in: Hoffmann/Müller (Hrsg.), Abfallwirtschaft im Umbruch, 1995, S. 71–124.

29. Kreislaufwirtschafts-/Abfallbeseitigungsrecht, in: Reiner Schmidt (Hrsg.), Öffentliches Wirtschaftsrecht – Besonderer Teil, Bd. 2, 1995, S. 371–484.

30. Öffentlich-rechtliche Fragen der Prävention und der Schadensbehebung bei Hochwasser, UTR, Bd. 31, 1995, S. 245–270.

31. Die Haftung des Herstellers für das Aufbringen von Kompost auf landwirtschaftlich und gärtnerisch genutztem Boden, in: Thomé-Kozmiensky (Hrsg.), Biologische Abfallbehandlung, 1995, S. 53–58; ebenfalls abgedruckt in: ders. (Hrsg.), Management der Kreislaufwirtschaft, 1995, S. 178–183.

32. Abfallvermeidung durch Abgaben, in: Thomé-Kozmiensky (Hrsg.), Management der Kreislaufwirtschaft, 1995, S. 118–127.

33. Zur „Möglichkeit" der Kodifikation von Landesumweltrecht, Jahrbuch des Umwelt- und Technikrechts 1996, UTR, Bd. 36, 1996, S. 335–360.

34. Verfahrensprivatisierung in der Verkehrswegeplanung, in: Hoffmann-Riem/Schneider (Hrsg.), Verfahrensprivatisierung im Umweltrecht, Forum Umweltrecht, Bd. 17, 1996, S. 95–112.

35. Abfallrecht und Abfallberatung, in: Michelsen (Hrsg.), Umweltberatung, 1997, S. 268–279.

36. Bearbeitung des Stichworts Raumordnungsrecht, in: Bunte/Stober (Hrsg.), Lexikon des Rechts der Wirtschaft, 35. Lieferung, 1997.

37. Öffentliches Wirtschaftsrecht, in: Festschrift Tamás Prugberger, Miskolc 1997, S. 243–262.

38. 24 Stichworte zum Baurecht, in: Luchterhand Lexikon des Rechts, Lieferung Dezember 1997: Bebauungsplan, Bauliche Anlage/Vorhaben, Bauleitplanung, Baulandgericht, Veränderungssperre, Baugenehmigung, Städtebauförderungsrecht (besonderes Städtebaurecht), Raumordnungsrecht, Baunachbarrecht, Bodenordnung, Bauordnungsrecht, Bauaufsicht, Vorkaufsrecht, gemeindliches, Erschließung, Enteignung im Baurecht, Flurbereinigung, Baufreiheit, Planungsschäden, Bauplanungsrecht, Baurecht/Regelungsgegenstand, Flächennutzungsplan, Baunutzungsverordnung, Grundstücksbewertung, Bodenverkehr/Teilungsgenehmigung.

39. Interessenermittlung und Interessenberücksichtigung im Planungsprozess, in: Akademie für Raumforschung und Landesplanung (Hrsg.), Methoden und Instrumente räumlicher Planung – Handbuch, 1998, S. 169–185.

40. Artikel Bodenschutz, in: Lexikon der Bioethik, hrsg. im Auftrag der Görres-Gesellschaft von Mikat u. a., 1998, S. 415–417.

41. Risikoabschätzung im Bodenschutz, UTR, Bd. 43, 1998, S. 111–137.

42. Das Bodenschutzrecht nach dem Entwurf eines Umweltgesetzbuchs der so genannten Sendler-Kommission, UTR, Bd. 45, 1998, S. 253–279.

43. Die Präklusion öffentlicher Belange, in: Ziekow (Hrsg.), Beschleunigung von Planungs- und Genehmigungsverfahren, Schriftenreihe der Hochschule Speyer, Bd. 128, 1998, S. 249–269.

44. Bodenschutz, in: Rengeling (Hrsg.), Handbuch zum europäischen und deutschen Umweltrecht, Bd. 2, 1998, § 80, S. 1078–1108; Neufassung in: ders. (Hrsg.), Handbuch Bd. 2 1. Teilbd., 2. Aufl. 2003, § 79, S. 1271–1321.

45. Bearbeitung der Stichworte „Bundesstaatsprinzip und Wirtschaftsverwaltung" sowie „Gerätesicherheitsrecht", in: Bunte/Stober (Hrsg.), Lexikon des Rechts der Wirtschaft, 31. Lieferung, 1998.

46. Bundesstaatsprinzip und Wirtschaftsverfassung, Lexikon des Rechts, Lieferung Februar 1999.

47. Stichwort „Gewerbeaufsicht", in: Lexikon des Rechts der Wirtschaft, 33. Lieferung April 1999.

48. Bearbeitung der Stichworte „Baugenehmigung und Gewerbeerlaubnis", „Gewerbeaufsicht", „Straßenrecht und Gewerberecht", „Straßenverkehrsrecht und Gewerberecht", in: Stober (Hrsg.), Lexikon des Rechts – Gewerberecht, 1999, S. 52 ff., 212 ff., 441 ff., 450 ff.

49. Bearbeitung des Stichworts „Straßenrecht und Gewerberecht", Lexikon des Rechts der Wirtschaft, 36. Lieferung, Oktober 1999.

50. Klimaschutz: verwaltungs- und abgabenrechtliche Aspekte, in: Baur (Hrsg.), Umweltschutz und Energieversorgung im nationalen und internationalen Rechtsrahmen, Wissen-

schaftliche Vortragsveranstaltung aus Anlaß des 60. Geburtstags von Professor Dr. Gunther Kühne, Veröffentlichungen des Instituts für Energierecht an der Universität zu Köln (VEnergR), Bd. 95, 2000, S. 29–45.

51. Gefahr, Risiko, Restrisiko – Begriffsbestimmung und Probleme aus juristischer Sicht, in: Braunschweigische Wissenschaftliche Gesellschaft (Hrsg.), Jahrbuch 1999, 2000, S. 11–24.

52. Umfassender Bodenschutz in einem Landesbodenschutzgesetz und die Kompetenz des Landesgesetzgebers, in: Ministerium für Umwelt, Raumordnung und Landwirtschaft von Nordrhein-Westfalen (Hrsg.), Konkretisierungen von Umweltanforderungen, Umweltrechtstage 1998, 2000, S. 163–191.

53. Bearbeitung des Stichworts „Gewerbeaufsicht", in: Lexikon des Rechts, 108. Lieferung, März 2000.

54. Die Einheit von Bauplanungs- und Bauordnungsrecht, in: Bauer/Breuer/Degenhart/ Oldiges (Hrsg.), 100 Jahre Allgemeines Baugesetz Sachsen, 2000, S. 245–261.

55. Zur praktischen Bedeutung der Kodifikationsidee – dargestellt am Umweltrecht und am Gewerberecht, in: Ipsen/Schmidt-Jortzig (Hrsg.), Recht – Staat – Gemeinwohl, Festschrift Rauschning, 2001, S. 669–690.

56. EG-Öko-Audit-Verordnung nebst nationalem Umsetzungsrecht, in: Schulz u. a. (Hrsg.), Lexikon Nachhaltiges Wirtschaften, 2001, S. 75–86.

57. Pointierte Stellungnahme zu Ansatzpunkten, Reichweite und Leistungsgrenzen einzelner Instrumente des Umweltschutzes, in: Rengeling/Hof (Hrsg.), Instrumente des Umweltschutzes im Wirkungsverbund, 2001, S. 172–178.

58. Einleitung zum Bundes-Bodenschutzgesetz Teil 2, in: Fluck (Hrsg.), KrW-/Abf-/BodSchR, Loseblatt-Kommentar zum Recht der Abfallwirtschaft und des Bodenschutzes, Bd. 3, vor § 1 BBodSchG, 133 S., Juni 2001.

59. Kommentierung der §§ 11 und 21 BBodSchG, in: Fluck (wie Nr. 58), 42 S., September 2001.

60. Quantitativer Bodenschutz – innerhalb und außerhalb des Bundes-Bodenschutzgesetzes, in: Dolde (Hrsg.), Umweltrecht im Wandel, Festschrift 25 Jahre Gesellschaft für Umweltrecht, 2001, S. 537–558.

61. Bauordnungsrecht, in: Brandt/Schinkel (Hrsg.), Staats- und Verwaltungsrecht für Niedersachsen, 2002, S. 351–391.

62. Gerätesicherheitsrecht, in: Schulte (Hrsg.), Handbuch des Technikrechts, 2003, S. 391–442; Neubearbeitung in: Schulte/Schröder (Hrsg.), Handbuch des Technikrechts, 2. Aufl. 2011, S. 405–454.

63. Das Internet als Rundfunk im Sinne von Art. 5 Abs. 1 Satz 2 GG, in: Zehetner (Hrsg.), Festschrift Hans-Ernst Folz, 2003, S. 257–281.

64. Aktueller Stand der Europäisierung des Umweltrechts und deutsche Umsetzungsprobleme (mit anschließender Diskussion), in: Knopp (Hrsg.), Neues Europäisches Umwelthaftungsrecht und seine Auswirkungen auf die deutsche Wirtschaft, 2003, S. 1–48.

65. Aufsicht über Selbstverwaltungskörperschaften, in: Tarno (Hrsg.), Samorząd terytorialny w Polsce wobec wyzwań integracji europejskiej (Gebietskörperschaften vor den Herausforderungen der europäischen Integration), 2003, S. 47–56.

66. Il systema costituzionale delle competenze legislative della legge fondamentale e le conseguenze sul diritto della planificazione (Das System der Gesetzgebungskompetenzen

nach dem Grundgesetz und die Folgen für das Planungsrecht), in: Matteucci/Ferrari/Urbani (Hrsg.), Il governo del territorio, 2003, S. 25–44.

67. Bauordnungsrecht, Recht der Raumordnung und Landesplanung, in: von Brünneck/Peine (Hrsg.), Staats- und Verwaltungsrecht für Brandenburg, 2004, S. 311–358, mit Matthias Falk.

68. Kommentierung des § 5 BBodSchG, in: Fluck (wie Nr. 58), März 2004, 46 S.

69. Kommentierung des § 1 BBodSchG, in: Fluck (wie Nr. 58), April 2004, 52 S.

70. Das Verhältnis des Naturschutzrechts zur Bauleitplanung, in: Czybulka (Hrsg.), Wege zu einem wirksamen Naturschutz: Das neue BNatSchG – Analyse und Kritik, 2004, S. 130–140.

71. Neueste Rechtsprechung des Europäischen Gerichtshofs zum Abfallwirtschaftsrecht, in: Busch/Knopp/Heinze (Hrsg.), Brennpunkte der Abfallwirtschaft 2004 (1), Sonderveröffentlichung des Betriebs-Berater, 2004, S. 11–15.

72. Vorbemerkung zu den §§ 26–31a BImSchG und Kommentierung der §§ 26–31a BImSchG, in: Kotulla (Hrsg.), Bundes-Immissionsschutzgesetz, 5. Lieferung, März 2005, 158 S.

73. Europäisches Luftreinhalterecht, Die Instrumente des Bundes-Immissionsschutzgesetzes zur Überwachung der Betreiberpflicht nach § 5 Abs. 1 Nrn. 1, 2, in: Knopp/Peine/Nowacki (Hrsg.), Grenzüberschreitende Immissionen und Emissionsrechtehandel in Deutschland und Polen, 2005, S. 56–82 und S. 292–321 – beide Vorträge in polnischer Sprache in der Übersetzung des Bandes: Prawna ochrona powietrza i handel uprawnieniami emisyjnymi w Polsce i w Niemczech, pod redakcją Jana Bocia i Konrada Nowackiego, 2006, S. 11 ff., 207 ff.

74. Vorbemerkung zu den §§ 32–37 BImSchG und Kommentierung der §§ 32–37 BImSchG, in: Kotulla (Hrsg.), Bundes-Immissionsschutzgesetz, 6. Lieferung, Juni 2005, 80 S.

75. Das deutsche Chemikalienrecht – Eine Einführung, in: Knopp/Boć/Nowacki (Hrsg.), Aktuelle Entwicklung europäischer Chemikalienpolitik (REACH) und ihre Auswirkungen auf deutsches und polnisches Umweltrecht, 2006, S. 7–32.

76. Bearbeitung der Stichwörter „Öffentlicher Dienst" und „Personalvertretung", in: Heun u. a. (Hrsg.), Evangelisches Staatslexikon, Neuausgabe 2006, Sp. 1644 ff., 1776 f.

77. Verwaltungsrechtliche Fragen der Einrichtung eines Business Improvement Districts, in: Graf/Paschke/Stober (Hrsg.), Rechtsrahmen der Business Improvement Districts, 2007, S. 117–136.

78. Der Schutz der natürlichen Bodenfunktionen durch Bauplanungsrecht, UTR, Bd. 93, 2007, S. 209–250.

79. Umweltschutzrecht (USG), Einführungsgesetz zum Umweltschutzrecht und anderen Gesetzen, in: Knopp/Peine/Boć/Nowacki (Hrsg.), Polnisches Umweltrecht – Ausgewählte Texte mit Erläuterungen für die deutsche Wirtschaftspraxis, 2007, S. 273–280 und 481–482, mit Andrea Radcke.

80. Kommentierung des § 7 BBodSchG, in: Fluck (wie Nr. 58), 2007, 90 S.

81. Der Beitrag des europäischen Rechts für einen effektiven Bodenschutz, in: Köck (Hrsg.), Bodenschutz- und Altlastenrecht unter europäischem Einfluss, 2008, S. 97–112.

82. Europe works: Die Lösung der Altstoffproblematik durch die REACH-Verordnung, in: Kluth/Müller/Peilert (Hrsg.), Wirtschaft – Verwaltung – Recht. Festschrift für Rolf Stober, 2008, S. 111–126.

83. Das unzulängliche europäische Chemikalienrecht und seine Verbesserung: die REACH-Verordnung als Beispiel für effizientes Arbeiten des europäischen Gesetzgebers, in ungarischer Sprache, in: Lectiones honoris causa, Vorlesungen der Ehrendoktoren der Juristischen Fakultät der Universität Miskolc aus Anlass ihres 25-jährigen Bestehens, 2008, S. 103–119.

84. Vollständige Neubearbeitung von Stichwörtern zum Baurecht (siehe Nr. 38): Bauordnungsrecht – Allgemein/Regelungsgegenstand; Bauordnungsrecht – Bauaufsicht; Bauordnungsrecht – Baugenehmigung; Bauordnungsrecht – Baugenehmigung, Sonderfälle; Bauordnungsrecht – Baugenehmigung, Zustimmung; Bauplanungsrecht – Allgemein/Regelungsgegenstand; Bauplanungsrecht – Bauliche Anlage/Vorhaben; Bauplanungsrecht – Baufreiheit; Bauplanungsrecht – Baulandgericht; Bauplanungsrecht – Bauleitplanung; Bauplanungsrecht – Baunachbarrecht; Bauplanungsrecht – Baunutzungsverordnung; Bauplanungsrecht – Bebauungsplan; Bauplanungsrecht – Bebauungsplan der Innenentwicklung; Bauplanungsrecht – Bodenordnung/Umlegung; Bauplanungsrecht – Bodenverkehr/Grundstücksteilung; Bauplanungsrecht – Enteignung im Baurecht; Bauplanungsrecht – Erschließung; Bauplanungsrecht – Flächennutzungsplan; Bauplanungsrecht – Flächennutzungsplan, Sonderfall Teilflächennutzungsplan; Bauplanungsrecht – Flurbereinigung; Bauplanungsrecht – Gemeindliches Vorkaufsrecht; Bauplanungsrecht – Grundstücksbewertung; Bauplanungsrecht – Planungsmängel, Planerhaltung; Bauplanungsrecht – Planungsschäden; Bauplanungsrecht – Soziale Stadt; Bauplanungsrecht – Städtebauförderungsrecht (Besonderes Städtebaurecht); Bauplanungsrecht – Stadtumbau; Bauplanungsrecht – Umweltschutz; Bauplanungsrecht – Veränderungssperre; Baurecht – Geschichte des öffentlichen Baurechts; Baurecht – Regelungsgegenstand; Raumordnungsrecht, in: Luchterhand Lexikon des Rechts, Lieferung 134, November 2008, ca. 160 S.

85. Einige Aspekte des Bodenschutzes außerhalb des Bundes-Bodenschutzgesetzes – Tamás Prugberger zur Vollendung seines 70. Lebensjahres, in: Publicationes Universitatis Miskolcinensis. Sectio Juridica et Politica, TOMUS XXVI/2, 2008, S. 651–664.

86. Öffentlich-rechtliche Stiftungshochschulen, in: Knopp/Peine/Nowacki/Schröder (Hrsg.), Hochschulen im Umbruch, Cottbuser Schriften zu Hochschulpolitik und Hochschulrecht, Bd. 1, 2009, S. 61–76.

87. Feinstaub, in: Mannsen/Jachmann/Gröpl (Hrsg.), Nach geltendem Verfassungsrecht. Festschrift für Udo Steiner zum 70. Geburtstag, 2009, S. 590–607.

88. Die Fortentwicklung des EU-Emissionshandels, in: Publicationes Universitatis Miskolcinensis. Sectio Juridica et Politica, Tomus XXVII/2, 2009, S. 551–562.

89. Mediation im Kontext von Demokratie- und Rechtsstaatsgebot, in: Public Land Law Review – Korean Public Law Association, Vol. 47, 2009, S. 49–64; auch publiziert in: Seok/Ziekow (Hrsg.), Mediation als Methode und Instrument der Konfliktmittlung im öffentlichen Sektor, Schriftenreihe der Hochschule Speyer, Bd. 207, 2010, S. 45–56.

90. „Der Grundrechtseingriff" (§ 57) und „Grundrechtsbeschränkungen in Sonderstatusverhältnissen" (§ 65), in: Merten/Papier (Hrsg.), Handbuch der Grundrechte in Deutschland und Europa, Bd. III, Grundrechte in Deutschland: Allgemeine Lehren II, 2009, S. 87–112 und 405–438.

91. Kommentierung der §§ 1–7, 35–36, 51–57 und 81–88 des Brandenburgischen Hochschulgesetzes, in: Knopp/Peine (Hrsg.), Hochschulgesetz des Landes Brandenburg – Kommentar, 2010, zusammen ca. 136 S.; in der 2. Aufl. 2012: §§ 1–7, 35 und 51–57 mit Andrea Radcke, § 36 mit Heinrich A. Wolff, §§ 81–88 mit Harald Topel, zusammen ca. 150 S.

92. Bauordnungsrecht, Recht der Raumordnung und Landesplanung, in: Bauer/Peine (Hrsg.), Landesrecht Brandenburg, 2. Aufl. 2011, S. 245–296, mit Andrea Radcke.

93. Umweltrecht, in: Bauer/Peine (Hrsg.), Landesrecht Brandenburg, 2. Aufl. 2011, S. 297–332, mit Diana Engel.

94. Die Kostentragung für die Blindgängerbeseitigung als Problem der verfassungskonformen Begrenzung der Zustandsverantwortlichkeit, in: Peine/Wolff (Hrsg.), Nachdenken über Eigentum. Festschrift für Alexander v. Brünneck, 2011, S. 211–230.

95. Kampfmittelbeseitigungsrecht – ein Sonderfall des Gefahrenabwehrrechts, in: Baumeister/Roth/Ruthig (Hrsg.), Staat, Verwaltung und Rechtsschutz. Festschrift für Wolf-Rüdiger Schenke, 2011, S. 447–464.

96. Kommentierung des § 3 BBodSchG, in: Fluck (wie Nr. 58), 154 S., September 2011.

97. Die „Überführung" von Landeswasserrecht in das neue Wasserhaushaltsgesetz, in: Bosecke/Kersandt/Täufer (Hrsg.), Meeresnaturschutz, Erhaltung der Biodiversität und andere Herausforderungen im „Kaskadensystem" des Rechts, Festgabe Detlef Czybulka zu seiner Emeritierung, NuR-Schriftenreihe, Bd. 13, 2012, S. 207–226.

98. Zum Verhältnis von Produkt- und Stoffrecht, in: Hecker/Hendler/Proelß/Reiff (Hrsg.), Perspektiven des Stoffrechts, UTR, Bd. 114, 2012, S. 199–213; auch gedruckt in: StoffR 2011, 188–194.

99. Die Einrichtung einer Umweltzone als Rechtsproblem, in: Collectio Iuridica Universitatis Debreceniensis, Bd. VIII, 2012, S. 201–216.

100. Die Weiterentwicklung des europäischen Rechts der Luftreinhaltung, in: Korea Legislation Research Institute (ed.), Global Legal Issues 2012, Bd. 3, Seoul 2013, S. 391–426.

101. Der integrierte Schutzansatz in den IVU-Richtlinien und seine Umsetzungen im deutschen Immissionsschutzrecht, in: Pfaff/Knopp/Peine (Hrsg.), Revision des Immissionsschutzrechts durch die Industrieemissionsrichtlinie – Auswirkungen auf die deutsche Wirtschaft, 2013, S. 109–179.

102. Verwaltungsvollstreckung – Aktuelle Probleme der Verwaltungsvollstreckung in der gerichtlichen Kontrolle, in: Skoczylas/Stankowski (Hrsg.), Aktualne Problemy Postępowania Egzekucyjnego w Administracji, Wrocław 2013, S. 95–108.

103. Inhalt und Schranken des Eigentums. Die Ausgestaltungsgarantie und die Beschränkung der Bodennutzung, in: Durner/Peine/Shirvani (Hrsg.), Freiheit und Sicherheit in Deutschland und Europa. Festschrift für Hans-Jürgen Papier zum 70. Geburtstag, 2013, S. 587–604.

104. Vom „Gesetz über technische Arbeitsmittel" zum „Produktsicherheitsgesetz". Entwicklungsschritte im Recht des Verkehrsverbots, in: Franzius u. a. (Hrsg.), Beharren. Bewegen. Festschrift für Michael Kloepfer, 2013, S. 469–488.

105. Wasserrecht, in: Ehlers/Fehling/Pünder (Hrsg.), Besonderes Verwaltungsrecht Bd. 2, 3. Aufl. 2013, S. 526–590 (zu den Vorauflagen siehe Nr. 8).

106. Internationales Verwaltungsrecht, in: Witzleb u. a. (Hrsg.), Festschrift für Dieter Martiny, 2014, S. 945–963.

107. Das Recht der Biogasanlage – ein Bestandsaufnahme, in: Hebeler/Hendler/Proelß/Reiff (Hrsg.), Von Energiewende bis Gentechnikrecht, Jahrbuch des Umwelt- und Technikrechts 2014, UTR, Bd. 127, 2014, S. 63–100.

108. Zwei Stichworte zum Baurecht, in: Luchterhand Lexikon des Rechts, Lieferung Juni 2014 (151. Lieferung): Baurecht – europäische und internationale Beziehungen; Baurecht – verfassungsrechtliche Grundlagen.

109. Projekt und Saldierung in der habitatrechtlichen Verträglichkeitsprüfung, in: Kment (Hrsg.), Das Zusammenwirken von deutschem und europäischem Öffentlichem Recht. Festschrift für Hans D. Jarass zum 70. Geburtstag, 2014, S. 349–363.

110. Energiewende in Deutschland – neue rechtliche Rahmenbedingungen, insbesondere die Novellierung des Erneuerbare-Energien-Gesetzes, in: Knopp/Górski (Hrsg./Wyd.), Deutschlands Energiewende und Polens Einstieg in die Kernenergie? Eine Bestandaufnahme, 2015, S. 219–233 (in deutscher Sprache), S. 235–249 (polnische Übersetzung).

111. Energie- und planungsrechtliche Fragestellungen bei alternativen Energien in Deutschland – eine Bestandsaufnahme anhand von Windenergieanlagen an Land, in: Knopp/Górski (Hrsg./Wyd.), Deutschlands Energiewende und Polens Einstieg in die Kernenergie? Eine Bestandaufnahme, 2015, S. 329–344 (in deutscher Sprache), S. 345–361 (polnische Übersetzung).

III. Aufsätze

1. Die Einrichtung von Fußgängerzonen als Problem der Abgrenzung von Straßenrecht und Straßenverkehrsrecht, DÖV 1978, 835–840.

2. Rechtsfragen der Verkehrsberuhigung, Das Rathaus 1979, 716–726.

3. Die Öffentliche Ordnung als polizeirechtliches Schutzgut, Die Verwaltung 1979, 25–50.

4. Volksbeschlossene Gesetze und ihre Änderung durch den parlamentarischen Gesetzgeber, Der Staat 1979, 375–401.

5. Verkehrslärm und Entschädigung, DÖV 1979, 812–819.

6. Die Rechtsnachfolge in öffentlich-rechtliche Rechte und Pflichten, DVBl 1980, 941–949.

7. Die Pflicht der Länder zum Vollzug des Abwasserabgabengesetzes, NuR 1980, 143–146.

8. Parlamentsneuwahl und Beendigung des Amtes des Regierungschefs, Der Staat 1982, 335–363.

9. Vorbeugender Rechtsschutz im Verwaltungsprozeß, JURA 1983, 285–297.

10. Normenkontrolle und konstitutionelles System, Der Staat 1983, 521–549; japanische Fassung in: Josai Keizaigakukaishi, Tokio 1990, 75–99.

11. Die Umgehung der Bauleitplanungspflicht bei Großvorhaben, DÖV 1983, 909–917; dazu Schlußwort, DÖV 1984, 462–463.

12. Recht der öffentlichen Sachen – Rechtsprechungsbericht, JZ 1984, 869–876.

13. Das Gebot der Rücksichtnahme im baurechtlichen Nachbarschutz, DÖV 1984, 963–970.

14. Staatsgerichtsbarkeit im konstitutionellen Zeitalter, JURA 1984, 617–624.

15. Der Funktionsvorbehalt des Berufsbeamtentums, Die Verwaltung 1984, 414–438.

16. Steuergerechtigkeit durch Steuerrechtssystem, Rechtstheorie 1985, 108–116.

17. Der befangene Abgeordnete, JZ 1985, 914–921.

18. Altes Recht trotz neuen Gesetzes – Das Anerkennungsverfahren für Kriegsdienstverweigerer, NVwZ 1985, 164–167, mit H.-J. Papier.

19. Die Kompetenzen der Polizei im Umweltschutzrecht, Die Polizei 1986, 249–255.

20. Der Vorläufige Verwaltungsakt, DÖV 1986, 849–859.

21. Öffentliches und privates Nachbarrecht, JuS 1987, 169–181.

22. Das neue Baugesetzbuch, JZ 1987, 322–330.
23. Verfassungsprobleme des Strahlenschutzvorsorgegesetzes, NuR 1988, 115–121.
24. Gesetz und Verordnung – Anmerkungen zu aktuellen Fragen eines problematischen Verhältnisses, ZG 1988, 121–140.
25. Der Spielraum des Landesgesetzgebers im Abfallrecht, NWVBl 1988, 193–199.
26. Rechtsprobleme des Verkehrslärmschutzes, DÖV 1988, 937–949.
27. Rechtsprobleme des sog. Nordrhein-Westfalen-Modells der Abfallbeseitigung und Altlastensanierung, Umweltinformationen für Niedersachsen, Heft 22, 1988, 16–30.
28. Zur verfassungskonformen Interpretation des § 215 Abs. 1 Nr. 2 BauGB, NVwZ 1989, 637–639.
29. Straßenneubau und Verkehrslärmschutz – Zur Stellung des Straßenanliegers, DWW 1989, 186–191.
30. Die Legalisierungswirkung, JZ 1990, 201–212.
31. Rundfunkrecht und Wettbewerbsrecht, NWVBl 1990, 73–80.
32. Rüstungsaltlasten, DVBl 1990, 733–740.
33. Die Entwicklung des Abfallrechts seit 1988, WUR 1990, 149–155.
34. Privatrechtsgestaltung durch Anlagengenehmigung, NJW 1990, 2442–2449.
35. Bauleitplanung und Immissionsschutz, WuV 1990, 269–289, mit Thomas Smollich.
36. Gnade und Rechtsstaat, StVj 1991, 299–309.
37. Energiesparen – bau- und planungsrechtliche Aspekte, DVBl 1991, 965–972.
38. Der Schutz der Wohnbevölkerung vor Verdrängung als Ziel baurechtlicher Satzungen, DÖV 1992, 85–92.
39. Organisation und Finanzierung der Sonderabfallentsorgung, UPR 1992, 121–129.
40. La responsabilité du faits des déchets en droit administratif allemand, Revue internationale de droit comparé, 1992, 82–117.
41. Probleme des Chemikalienrechts, JURA 1993, 337–345.
42. Rechtsfragen der Gewässerrenaturierung, ZfW 1993, 189–203.
43. „Rückwirkende Gesetze" im Altlastensanierungsrecht, NVwZ 1993, 958–961.
44. Landwirtschaft und Umweltschutz in Deutschland, AgrarR 1994, 385–388; ebenfalls abgedruckt in: Czechowski/Hendler (Hrsg.), Umweltverträglichkeitsprüfung, Landwirtschaft und Umweltschutz, 1996, S. 128–137.
45. Verfassungsrechtliche Probleme und praktische Bedeutung des Sonderbaurechts in den neuen Bundesländern, SächsVBl 1995, 8–16; ebenfalls abgedruckt in: Degenhart/Goerlich (Hrsg.), Investitionsbeschleunigung, 1996, S. 9–31.
46. Das Verhältnis der naturschutzrechtlichen Eingriffsregelung zu § 38 Satz 1 BauGB, NuR 1996, 1–5.
47. Recht der öffentlichen Sachen – Rechtsprechungsbericht, JZ 1996, 350–356, 398–409.
48. Organisation und Finanzierung der Sonderabfallentsorgung – neuere Entwicklungen, UPR 1996, 161–169.
49. Die Organisation der Sonderabfallentsorgung in Brandenburg, LKV 1996, 352–356.

50. Zur Verfassungsmäßigkeit des nordrhein-westfälischen Lizenzmodells, NWVBl 1996, 418–423.
51. Die Bodenschutzkonzeption der Bundesregierung, UPR 1997, 53–60.
52. Grenzen der Privatisierung – Verwaltungsrechtliche Aspekte, DÖV 1997, 353–365.
53. Andienung ohne Überlassung? – Zur Interpretation des § 13 Abs. 4 KrW-/AbfG, UPR 1997, 221–224.
54. Die Rechtsnachfolge in öffentlich-rechtliche Rechte und Pflichten – OVG Münster, NVwZ-RR 1997, 70; JuS 1997, 984–988.
55. Das neue Bau- und Raumordnungsrecht 1998, JZ 1998, 23–30.
56. Risikoabschätzung im Bodenschutz, DVBl 1998, 157–164.
57. Az Európai Unió környezetjogának hatása a német környezetjogra (Der Einfluss des europäischen Umweltrechts auf das deutsche Umweltrecht), Magyar Jog 1998, 105–112.
58. Rechtsprobleme des Klimaschutzes, Japanische Fassung, Forschungen über Selbstverwaltung (Jichikenkyu), 1998, 26–45.
59. Das Bundes-Bodenschutzgesetz, NuR 1999, 121–127.
60. Die Auswirkungen des Bundes-Bodenschutzgesetzes auf die Baustoff-Recycling-Industrie, Baustoff Recycling und Deponietechnik 1999, Heft 4, 24–25.
61. Bodenschutzrecht und Wasserrecht – Anwendungsbereich, Voraussetzungen sowie Inhalte gefahrenabwehrender Maßnahmen, UPR 1999, 361–367.
62. Umfassender Bodenschutz in einem Landesbodenschutzgesetz und die Kompetenz des Landesgesetzgebers, NVwZ 1999, 1165–1171.
63. Naturschutzrecht und Eigentumspflichten, Mitteilungen aus der Niedersächsischen Naturschutzakademie, 1999, 136–144.
64. Bodensanierung und Übergangsrecht – Das Verhältnis des Bundes-Bodenschutzgesetzes zum Altlastensanierungsrecht bei der Erhebung des Wertausgleichs für Bodensanierungen, NuR 2000, 255–258.
65. Die Ausweisung von Bodenschutzgebieten nach § 21 Abs. 3 BBodSchG, NuR 2001, 246–251.
66. Das Recht der Versammlungsfreiheit in der Rechtsprechung – Bestandsaufnahme, Änderungsvorschläge, NdsVBl 2001, 153–161 (Kurzfassung von I. 12).
67. Probleme der Umweltschutzgesetzgebung im Bundesstaat, NuR 2001, 421–427; ebenfalls abgedruckt in: Kloepfer (Hrsg.), Umweltföderalismus, Schriften zum Umweltrecht, Bd. 120, 2002, S. 109–125.
68. Neues Recht der Überwachung überwachungsbedürftiger Anlagen nach § 14 GSG, GewArchiv 2002, 8–13.
69. Landwirtschaftliche Bodennutzung und Bundes-Bodenschutzgesetz, NuR 2002, 522–530.
70. Das Recht des Nationalparks: Errichtung, Bestandsschutz, Nutzung, LKV 2002, 441–447.
71. Neue Literatur über die Probleme der Umsetzung des europäischen Naturschutzrechts in nationales Recht, NuR 2003, 11–16.

72. Eiropas administrativo tiesibu ietekme zu dalibvalstu administrativajam tiesibam (Der Einfluss des europäischen Verwaltungsrechts auf das Verwaltungsrecht der Mitgliedstaaten der Europäischen Union), Likums un Tiesibas (Riga), 2003, 111–117.

73. Die Europäisierung des Umweltrechts und seine deutsche Umsetzung, EWS 2003, 297–308.

74. Die Kritik am Bundes-Bodenschutzgesetz – nach fünf Jahren revisited, UPR 2003, 406–410.

75. Zur Reichweite einer Untersagungsverfügung nach § 5 Abs. 1 Satz 1 GewO, GewArchiv 2004, 46–53.

76. Sonderformen des Verwaltungsakts, JA 2004, 417–423.

77. Die Bundesrepublik als Sanierungspflichtige einer Rüstungsaltlast, NuR 2005, 151–157.

78. Verknüpfung der Beihilfen mit der Einhaltung von Umweltstandards – Konsequenzen, AUR 2005, Beilage I/2005, 11–17.

79. Das Recht der öffentlichen Sachen – neue Gesetze und Rechtsprechung im Überblick, JZ 2006, 593–608.

80. Ein neuer Träger für die Universität – die Rechtsposition der Beamten, ZBR 2006, 233–238.

81. Vorschläge zur Aktivierung des flächenhaften Bodenschutzes, UPR 2006, 375–382, zusammen mit Reinhard Hüttl und Wolfgang Spyra.

82. Bodenschutz außerhalb der Bodenschutzgesetze – der Beitrag des Naturschutzrechts, NuR 2007, 138–143.

83. Die Widmungsfiktion nach § 53 Abs. 1 SächsStrG, SächsVBl 2007, 125–128.

84. Auf dem Wege zu einem europäischen Bodenschutzrecht – Stand Ende 2006 (in ungarischer und deutscher Sprache), Journal of Agricultural and Environmental Law – Journal of the Hungarian Association of Agricultural Law, 2007, No. 3, 48–66.

85. Das polnische Gesetz über den Umweltschutz, Teil 1: EurUP 2007, 79–87, Teil 2: EurUP 2007, 212–219, mit Andrea Radcke.

86. Rechtsprobleme beim Vollzug von Bürgerentscheiden, DÖV 2007, 740–743.

87. Das „neue" Akteneinsichtsrecht, Yeungnam Law Journal, Bd. 25, 2007, 31–53.

88. Die IVU-Richtlinie, in: Korean Environmental Law Association, Heft 8, 2007, 157–187.

89. Zur Unzulässigkeit einer speziellen Gesetzgebungstechnik: Fußnoten in abfallrechtlichen Regelungswerken, AbfallR 2008, 20–29.

90. Neuere Entwicklungen im Emissionshandelsrecht der Bundesrepublik Deutschland, EurUP 2008, 102–108.

91. Der europäische Zweckverband, LKV 2008, 402–405.

92. Einführung in das Verwaltungsverfahren, AD LEGENDUM 2011, 85–93.

93. Die Ausgestaltung der immissionsschutzrechtlichen Genehmigung nach der neuen IE-Richtlinie, UPR 2012, 8–15.

94. Entwicklung des Verwaltungsverfahrensrechts – ein Forschungsprogramm, LKV 2012, 1–7; auch gedruckt in: Publicationes Universitatis Miskolcinensis. Sectio Juridica et Politica, Tomus XXX/2, S. 541–553.

95. Rechtliche Bedingungen für den Bau von Stromleitungen in Polen, EurUP 2012, 112–119.

96. Stoffrecht in der Landwirtschaft, StoffR 2012, 96–102.
97. Verfassunggebung und Grundrechte – der Gestaltungsspielraum der Landesverfassunggeber, LKV 2012, 385–390; ebenfalls gedruckt in: Schöneburg/Janz/Peine u. a. (Hrsg.), Verfassungsfragen in Berlin, Brandenburg, Mecklenburg-Vorpommern, Sachsen, Sachsen-Anhalt und Thüringen, Bd. 7, 2013, 125 S.
98. Landwirtschaft und Klimaschutz, NuR 2012, 611–619; auch gedruckt in: IUR/IUTR (Hrsg.), Europäisches Klimaschutzrecht und erneuerbare Energien, Recht der Umwelt, Bd. 39, 2014, S. 73–92.
99. Stoffrechtliche Pflichten der Betreiber von Anlagen nach der IE-Richtlinie – Jahresbericht und Bericht über den Ausgangszustand von Boden und Grundwasser, StoffR 2012, 233–240.
100. Der Handel mit Emissionszertifikaten. Europarechtliche Grundlagen – Umsetzung in Deutschland und Ungarn 2004–2012, Agrár- és Környezetjog/Journal of Agricultural and Environmental Law 2013, 3–52, mit Laszlo Fodor (Rechtsvergleichende Studie; Publikation eines von der Europäischen Union geförderten Forschungsprojekts).
101. Biogasanlage contra Splittersiedlung – Bau von Biogasanlagen nur im beplanten Bereich?, LKV 2014, 97–102.
102. Entprivilegierte gewerbliche Tierhaltungsanlagen, LKV 2014, 385–391.
103. Das Verwaltungsverfahrensgesetz: Entstehung, Gegenwart und Zukunft (in chinesischer Sprache), Global Law Review (Beijing), 2014, 112–126.
104. Das Verschlechterungsverbot nach § 27 WHG, W+B 2014, 169–175.
105. „Architektur" des Planungsrechts, EurUP 2015, 293–313.
106. Schutz des Trinkwassers vor Mikroschadstoffen, NuR 2015, 822–829.

IV. Kleinere Beiträge (Buchbesprechungen und -anzeigen, Berichte, didaktische Arbeiten)

1. Anzeige von Maurer, Die Gesetzgebungskompetenz für das Staatshaftungsrecht, JR 1982, 350.
2. Anmerkung zu BVerfG – 2 BvF 1/81, JZ 1983, 142 f.
3. Besprechung von Salzwedel/Preußker, Umweltschutzrecht in der Bundesrepublik Deutschland, JZ 1983, 912.
4. Bericht über die Jahrestagung 1982 der Vereinigung der Deutschen Staatsrechtslehrer, JZ 1982, 969–973.
5. Besprechung von Pitschas, Berufsfreiheit und Berufslenkung, JZ 1984, 567.
6. Der praktische Fall: Der gekaufte Doktortitel, JURA 1985, 331–334.
7. Besprechung von Frey, Die Verfassungsmäßigkeit der transitorischen Enteignung, Die Verwaltung 1985, 126–128.
8. Anzeige von Däubler, Der kommunale Finanzausgleich in Nordrhein-Westfalen, Die Verwaltung 1982, 550.
9. Besprechung von Parodi, Eigentumsbindung und Enteignung im Natur- und Denkmalschutzrecht, Die Verwaltung 1985, 265–267.
10. Göttinger Symposium 1985 – Ein Bericht, NVwZ 1985, 641–643.

11. Anzeige von Kodal/Krämer, Straßenrecht, 4. Aufl. 1985, JZ 1985, 991.
12. Besprechung von Rieder, Die Entscheidung über Krieg und Frieden nach deutschem Verfassungsrecht, Der Staat 1986, 130–132.
13. Besprechung von Bork, Wohnen und Gewerbe; Besprechung von Menke, Bauleitplanung in städtebaulichen Gemengelagen, DÖV 1986, 42 f.
14. Besprechung von Grosse-Suchsdorf/Schmaltz/Wiechert, Niedersächsisches Bauordnungs- und Denkmalschutzgesetz, Kommentar, 3. Aufl. 1984, DÖV 1986, 350.
15. Bericht über die Tagung der Vereinigung der Deutschen Staatsrechtslehrer 1985 in Fribourg (Schweiz), NJW 1986, 170–173.
16. Anzeige von Bertossa, Der Beurteilungsspielraum, AöR 1986, 314.
17. Anzeige von Riegel, Bundespolizeirecht, NJW 1986, 1668.
18. Besprechung von Henke, Stadterhaltung als kommunale Aufgabe, DÖV 1987, 128.
19. Besprechung von Häberle, Verfassungsschutz der Familie – Familienpolitik im Verfassungsstaat, 1984, DÖV 1987, 454 f.
20. Besprechung von Meßerschmidt, Umweltabgaben als Rechtsproblem, 1986, DÖV 1987, 929 f.
21. Besprechung von Thurn, Schutz natürlicher Gewässerfunktionen durch räumliche Planung, 1986, DVBl 1987, 805.
22. Anzeige von Depenheuer, Staatliche Finanzierung und Planung im Krankenhauswesen, 1986, AöR 1987, 693 f.
23. Anmerkungen zu BGHZ ZR 242/85, JZ 1987, 824.
24. An der Nordseeküste – Hausarbeit für Fortgeschrittene im öffentlichen Recht, JURA 1988, 209–219.
25. Anzeige von Birkl (Hrsg.), Nachbarrecht des Bundes, NVwZ 1988, 1013.
26. Besprechung von Dietrichs, Konzeptionen und Instrumente der Raumplanung, Die Verwaltung 1988, 511–513.
27. Besprechung von Erbguth, Rechtssystematische Grundfragen des Umweltrechts, AöR 1988, 484–487.
28. Anzeige von Schlez, Baugesetzbuch, 3. Aufl. 1987, JZ 1988, 37.
29. Besprechung von Battis/Krautzberger/Löhr, Baugesetzbuch, 2. Aufl. 1987, JZ 1988, 554.
30. Besprechung von Brandt/Dieckmann/Wagner, Altlasten und Abfallproduzentenhaftung, 1988, UPR 1988, 259.
31. Besprechung von Hoppe/Schoeneberg, Raumplanungs- und Landesplanungsrecht des Bundes und des Landes Niedersachsen, 1987, DVBl 1988, 654.
32. Anzeige von Bender/Sparwasser, Umweltrecht, 1988, JZ 1988, 868.
33. Anzeige von Kunig/Schwermer/Versteyl, Abfallgesetz 1988, UPR 1989, 21.
34. Besprechung von v. Münch (Hrsg.), Besonderes Verwaltungsrecht, 8. Aufl. 1988, DÖV 1989, 869.
35. Anzeige von Thieme (Hrsg.), Veränderungen der Entscheidungsstrukturen in der öffentlichen Verwaltung, 1988, DÖV 1989, 320.
36. Anzeige von Groh, Konfliktbewältigung im Bauplanungsrecht, 1988, DÖV 1989, 361.
37. Anzeige von Kraft, Immissionsschutz und Bauleitplanung, 1988, NVwZ 1989, 642.

38. Anzeige von Bettermann, Staatsrecht, Verfahrensrecht, Zivilrecht – Schriften aus vier Jahreszeiten, 1988, DVBl 1989, 379.
39. Anzeige von Schlichter/Stich (Hrsg.), Berliner Kommentar zum Baugesetzbuch, 1988, AöR 1989, 351.
40. Anzeige von Jahrbuch des Umwelt- und Technikrechts, UTR, Bd. 5, 1988, UPR 1989, 219.
41. Anzeige von Battis/Gusy, Technische Normen im Baurecht, 1988, AöR 1989, 532.
42. Urteilsanmerkung zu BVerwG – 7 NB 2.88, JZ 1989, 541.
43. Urteilsanmerkung zu BVerwG – 7 C 77.87, JZ 1989, 951.
44. Urteilsanmerkung zu BVerfG – 1 BvR 1301/84, DRsp 1989, 1331 f.
45. „Warschauer Umweltrechtstage" – Ein Bericht, DVBl 1990, 150–152.
46. Anzeige von Pfeifer, Der Grundsatz der Konfliktbewältigung in der Bauleitplanung, NVwZ 1990, 1057.
47. Anzeige von Fackler, Verfassungs- und verwaltungsrechtliche Aspekte eines Individualanspruchs auf Bauleitplanung, NVwZ 1990, 548.
48. Anzeige von Stober, Wirtschaftsverwaltungsrecht, WUR 1990, 116.
49. Anzeige von Finkelnburg/Ortloff, Öffentliches Baurecht und Erbguth, Bauplanungsrecht, JZ 1990, 861.
50. Besprechungsaufsatz „Lehrbücher zum Umweltrecht", Informationsdienst Umweltrecht 1990, 75–77.
51. Anzeige von Buna, Verminderung des Verkehrslärms, DVBl 1990, 500.
52. Besprechung von Wagner, Öffentlichrechtliche Genehmigung und zivilrechtliche Rechtswidrigkeit, NJW 1990, 2454.
53. Besprechung von Schmidbauer, Enteignung zugunsten Privater, Die Verwaltung 1991, 410 f.
54. Anzeige von Ossenbühl (Hrsg.), Eigentumsgarantie und Umweltschutz, UPR 1991, 225.
55. Anzeige von Seibert, Die Bindungswirkung von Verwaltungsakten, UPR 1991, 373.
56. Besprechung von Umwelt- und Technikrecht in den Europäischen Gemeinschaften, UTR, Bd. 7, 1989, UPR 1991, 141.
57. Anzeige von Reiner Schmidt, Öffentliches Wirtschaftsrecht, DÖV 1991, 476.
58. Anzeige von Bothe/Gündling, Neuere Tendenzen des Umweltrechts im internationalen Vergleich, DÖV 1991, 436.
59. Anzeige von Oh, Vertrauensschutz im Raum- und Stadtplanungsrecht, JZ 1991, 768.
60. Anzeige von Battis/Krautzberger/Löhr, Baugesetzbuch, 3. Aufl., JZ 1991, 1130.
61. Anzeige von Michalke, Umweltstrafsachen, JUR 1992, 47.
62. Anzeige von Haupt/Reffken/Rhode, Niedersächsisches Wassergesetz, DÖV 1992, 548.
63. Besprechung von Giesberts, Die gerechte Lastenverteilung unter mehreren Störern, Die Verwaltung 1992, 265 f.
64. Besprechung von Konzen/Rupp, Gewissenskonflikte im Arbeitsrecht, AöR 1992, 124–126.
65. Anzeige von Schneider/Steinberg, Schadensvorsorge im Atomrecht, ZAU 1992, 148.

66. Besprechung von Engel, Planungssicherheit für Unternehmen durch Verwaltungsakt, JZ 1993, 198.
67. Anzeige von Schulte/Zacher (Hrsg.), Wechselwirkungen zwischen dem Europäischen Sozialrecht und dem Sozialrecht der Bundesrepublik Deutschland, AöR 1993, 501.
68. Besprechung von Illig, Das Vorsorgeprinzip im Abfallrecht, UPR 1993, 55.
69. Besprechung von Erbguth/Schoeneberg, Raumordnungs- und Landesplanungsrecht, 2. neubearbeitete und erweiterte Aufl. 1992, DVBl 1993, 748.
70. Besprechung von v. Münch/Schmidt-Aßmann (Hrsg.), Besonderes Verwaltungsrecht, 9. Aufl. 1992, DÖV 1993, 629.
71. Anzeige von Grosse-Suchsdorf/Schmaltz/Weichert, Niedersächsische Bauordnung, 5. Aufl. 1992, DÖV 1993, 724.
72. Besprechung von Schrödter, Baugesetzbuch, 5. Aufl. 1992, JZ 1994, 38.
73. Anmerkung zu BVerwG, Urteil vom 8.9.1993 – 11 C 38.92, JZ 1994, 520 – 524.
74. Besprechung von Driehaus/Birk (Hrsg.), Baurecht – aktuell, Festschrift für Felix Weyreuther, JZ 1994, 514.
75. Besprechung von Bull, Allgemeines Verwaltungsrecht, 4. Aufl. 1993, DÖV 1994, 794 f.
76. Besprechung von Haneklaus, Raumordnung im Bundesstaat, DVBl 1994, 712.
77. Besprechung von Schink/Schmeken/Schwade, Abfallgesetz des Landes NW, UPR 1995, 186.
78. Besprechung von Naturschutz- und Landschaftspflege im Wandel – 8. Trierer Kolloquium, UPR 1995, 297.
79. Besprechung von Honert/Rüttgers, Landeswassergesetz Nordrhein-Westfalen, 3. Aufl. 1993, DÖV 1995, 576.
80. Anzeige von Wank, Die Steuerungskraft des Bauplanungsrechts am Beispiel der Spielhallenansiedlung, DVBl 1995, 308.
81. Anzeige von Bönker, Verkürzung von Genehmigungsfristen für Wohnbauvorhaben, DVBl 1995, 709.
82. Anzeige von Schmidt-Eichstaedt/Bunzel/Elsner/Jung/Metscher/Neubauer, Planspiel Modell-Stadt-Ökologie – Dokumentation des Verlaufs und der Ergebnisse des Verwaltungsplanspiels in Schwabach, DÖV 1995, 922.
83. Anzeige von Klowait, Die Beteiligung Privater an der Abfallentsorgung, ZAU 1996, 291 f.
84. Anzeige von Hoppe/Stüer, Die Rechtsprechung zum Bauplanungsrecht, DÖV 1996, 260 – 261.
85. Anzeige von Schneider, Folgenbeseitigung im Verwaltungsrecht, AöR 1996, 494 f.
86. Anzeige von Schlichter/Stich, Berliner Kommentar zum BauGB, JZ 1996, 721.
87. Anzeige von Thiele/Pirsch/Wedemeyer, Die Verfassung des Landes Mecklenburg-Vorpommern, DVBl 1996, 771.
88. Anzeige von Jeiter, Das neue Gerätesicherheitsgesetz, RdA 1996, 311.
89. Anzeige von Weidemann/Beckmann, Organisation der Sonderabfallentsorgung, DVBl 1996, 1212.

90. Besprechung von Steinberg, Genehmigungsverfahren für gewerbliche Investitionsvorhaben in Deutschland, 1996, AöR 1996, 674–677.

91. Besprechung von Hoffmann, Bodenschutz durch Strafrecht?, 1996, DVBl 1997, 970 f.

92. Besprechung von Brohm, Öffentliches Baurecht, 1997, JZ 1997, 721.

93. Besprechung von Nisipeanu, Abwasserabgabenrecht, 1997, NuR 1997, 624.

94. Besprechung von Tegethoff/Büdenbender/Klinger, Das Recht der öffentlichen Energieversorgung, Loseblattsammlung, Stand 1993, UPR 1998, 57.

95. Besprechung von Tettinger (Hrsg.), Rechtlicher Rahmen für Public-Private-Partnerships auf dem Gebiete der Entsorgung, 1996, UPR 1998, 140.

96. Besprechung von Bull, Allgemeines Verwaltungsrecht, 5. Aufl. 1997, DÖV 1998, 521 f.

97. Besprechung von Marschall/Schroeter/Kastner, Bundesfernstraßengesetz, 5. Aufl. 1997, DÖV 1998, 1072.

98. Besprechung von Lemser/Tillmann/Masseli, Wirtschaftlichkeit von Bodensanierungen, 1997, DVBl 1999, 258.

99. Anzeige von Pabst, Verfassungsrechtliche Grenzen der Privatisierung im Fernstraßenbau, 1997, NVwZ 1999, 632.

100. Anzeige von Bickel, Bundes-Bodenschutzgesetz, 1999, und Landel/Vogg/Wüterich, Bundes-Bodenschutzgesetz, 1998, DVBl 1999, 1453.

101. Besprechung von Grupp/Ronellenfitsch (Hrsg.), Planung – Recht – Rechtsschutz, Festschrift für Willi Blümel, 1999, NuR 1999, 660.

102. Anzeige von Battis, BBG – Bundesbeamtengesetz mit Erläuterungen, 2. Aufl. 1997, AöR 2000, 321.

103. Anzeige von Schoen, Landesplanerische Untersagung, 1999, DVBl 2000, 1370.

104. Besprechung von Horstmann, Anforderungen an den Bau und Betrieb von Energieversorgungsleitungen, 2000, UPR 2001, 24 f.

105. Besprechung von Kodal/Kremer (Hrsg.), Straßenrecht, 6. Aufl. 1999, DÖV 2001, 139 f.

106. Besprechung von Held, Deregulierung von bauaufsichtlichen Genehmigungsverfahren durch Landesrecht, 2000, UPR 2001, 65.

107. Besprechung von Schladebach, Der Einfluß des europäischen Umweltrechts auf die kommunale Bauleitplanung, 2000, NuR 2001, 359 f.

108. Besprechung von Gurlit, Verwaltungsvertrag und Gesetz, 2000, NuR 2001, 420.

109. Besprechung von Frenz, Bundes-Bodenschutzgesetz, 2000, NuR 2001, 420.

110. Besprechung von Hendler, Allgemeines Verwaltungsrecht, 3. Aufl. 2001, NWVBl 2001, 374.

111. Besprechung von Knopp/Löhr unter Mitwirkung von Albrecht und Ebermann-Finken, Bundes-Bodenschutzgesetz in der betrieblichen und steuerlichen Praxis. Bücher des Betriebsberaters, 2000, UPR 2001, 347.

112. Besprechung von Jäde/Dirnberger/Reimus/Bauer/Böhme/Michel/Radeisen, Bauordnungsrecht Brandenburg. Loseblattkommentar mit ergänzenden Vorschriften. Zwei Ordner. Stand: 23. Erg.-Lfg. September 2000, UPR 2001, 347.

113. Besprechung von Hoffmann-Riem/Schmidt-Aßmann (Hrsg.), Effizienz als Herausforderung an das Verwaltungsrecht, 1998, AöR 2001, 645–649.

114. Besprechung von Calliess, Rechtsstaat und Umweltstaat, 2001, NuR 2002, 119 f.
115. Anzeige von Schleich, Die Zulassung der Abfallverwertung und Abfallbeseitigung im europäischen und bundesdeutschen Recht, 2001, NuR 2002, 188.
116. Anzeige von Gellermann, Natura 2000, 1998/2001, UPR 2002, 102.
117. Anzeige von Erbguth/Stollmann, Bodenschutzrecht, 2001, ZfW 2002, 131 f.
118. Besprechung von Köpp, Normvermeidende Absprachen zwischen Staat und Wirtschaft, 2001, NuR 2002, 315 f.
119. Besprechung von Pinski, Der Gemeindeausschuss im „Gemeindeverband Landkreis", 2001, Verwaltungsrundschau 2002, 215 f.
120. Besprechung von Knopp/Albrecht, Bodenschutz und Altlastenklauseln, 2001, UPR 2002, 224.
121. Besprechung von Busse/Dirnberger u. a., Die naturschutzrechtliche Regelung in der Bauleitplanung, 2001, NuR 2002, 512.
122. Besprechung von Bickel, Bundes-Bodenschutzgesetz, Kommentar, 2002, und Versteyl/Sondermann, Bundes-Bodenschutzgesetz, Kommentar, 2002, NuR 2002, 700.
123. Besprechung von Frenz, Kreislaufwirtschafts- und Abfallgesetz, 3. Aufl. 2002, DVBl 2003, 42.
124. Besprechung von Kohls, Nachwirkende Zustandsverantwortlichkeit, 2002, NuR 2003, 256.
125. Besprechung von Jessen-Hesse, Vorsorgeorientierter Bodenschutz in der Raum- und Landschaftsplanung, 2002, DVBl 2003, 511.
126. Besprechung von Prelle, Die Umsetzung der UVP-Richtlinie in nationales Recht und ihre Koordination mit dem allgemeinen Verwaltungsrecht, 2001, NuR 2003, 321.
127. Besprechung von Elshorst, Bürgervollzugsklagen, 2002, NuR 2003, 322 f.
128. Besprechung von Kunig/Paetow/Versteyl, Kreislaufwirtschafts- und Abfallgesetz, Kommentar, 2. Aufl. 2003, NuR 2003, 543.
129. Besprechung von Erichsen/Ehlers (Hrsg.), Allgemeines Verwaltungsrecht, 12. Aufl. 2002, DÖV 2003, 1004 f.
130. Risiken und Chancen der EU-Erweiterung – Die erste Seite, EWS 2004, Heft 5.
131. Anzeige von Bartlsperger, Raumplanung zum Außenbereich, 2003, NuR 2004, 304.
132. Anzeige von Bickel, Bundes-Bodenschutzgesetz, Kommentar, 4. Aufl. 2004, NuR 2004, 305.
133. Anzeige von Berg, Landesplanerischer Planungsschaden, 2003, LKV 2004, 412.
134. Anzeige von Steiner (Hrsg.), Besonderes Verwaltungsrecht, 7. Aufl. 2003, DÖV 2004, 764.
135. Anzeige von Grundmann, „Wilder Müll" im Spannungsfeld des allgemeinen und besonderen Ordnungsrechts, 2004, NuR 2005, 32.
136. Anzeige von Hoppe/Uechtritz (Hrsg.), Handbuch kommunale Unternehmen, 2004, DÖV 2005, 267 f.
137. Besprechung von Menz, Gesellschaftsrechtliche Haftung im Regime der Gefahrenabwehr – Die Sanierungsverantwortlichkeit nach § 4 Abs. 3 Satz 4 Alt. 1 BBodSchG in der GmbH, 2004, EurUP 2005, 56.

138. Besprechung von Kloepfer, Umweltrecht, 3. Aufl. 2004, NuR 2005, 313.
139. Editorial, Zeitschrift für Stoffrecht 2005, Heft 3, Seite 97.
140. Besprechung von Guckelberger, 2004, Die Verjährung im öffentlichen Recht, DÖV 2005, 708.
141. Besprechung von Körner/Vierhaus, TEHG – Treibhausgas-Emissionshandelsgesetz, Zuteilungsgesetz 2007, 2005, NuR 2005, 580 f.
142. Besprechung von Marzik/Wilrich, Bundesnaturschutzgesetz, 2004, UPR 2005, 436.
143. Besprechung von Koch (Hrsg.), Umweltrecht, 2002, ZfW 2005, 253 f.
144. Besprechung von Versteyl/Sondermann, Bundes-Bodenschutzgesetz, 2. Aufl. 2005, DVBl 2005, 1496.
145. Besprechung von Hollands, Gefahrenzurechnung im Polizeirecht, 2005, NuR 2006, 295.
146. Besprechung von Bull/Mehde, Allgemeines Verwaltungsrecht mit Verwaltungslehre, 7. Aufl. 2005, DÖV 2006, 662.
147. Besprechung von Erichsen/Ehlers (Hrsg.), Allgemeines Verwaltungsrecht, 13. Aufl. 2006, DÖV 2007, 642.
148. Urteilsanmerkung zu BVerwG – 10 C 4.04, JZ 2007, 942 f.
149. Besprechung von Ziekow, Verwaltungsverfahrensgesetz, 1. Aufl. 2006, Die Verwaltung 2007, 599 f.
150. Besprechung von Kloepfer (Hrsg.), Das kommende Umweltgesetzbuch – Schriften zum Umweltrecht, Bd. 155, 2007, StoffR 2007, 190.
151. Besprechung von Schmidt, Die Subjektivierung des Verwaltungsrechts – Schriften zum Öffentlichen Recht, Bd. 1012, 2006, Der Staat 2008, 145–147.
152. Besprechung von Frenz unter Mitarbeit von Theurer, Kommentar zum TEHG und ZuG, 2. Aufl. 2008, EurUP 2008, 305 f.
153. Besprechung von Weiß, Die rechtliche Gewährleistung der Produktsicherheit, 2008, Die Verwaltung 2009, 299–301.
154. Anzeige von Kühling/Hermeier, Wettbewerb um Energieverteilungsnetze – Der gesetzliche Überlassungsanspruch des § 46 Abs. 2 EnWG, 2008, EurUP 2009, 160.
155. Laudatio auf Hans-Jürgen Papier, in: Durner (Hrsg.), Reform an Haupt und Gliedern – Symposion aus Anlass des 65. Geburtstags von Hans-Jürgen Papier, Präsidenten des Bundesverfassungsgerichts, 2009, S. IX ff.
156. Besprechung von Schulze-Fielitz/Müller (Hrsg.), Europäisches Klimaschutzrecht, 2009, EurUP 2010, 207.
157. Besprechung von Rodi (Hrsg.), Between Theory and Practice: Putting Climate Policy to Work, Berlin 2008, und ders. (Hrsg.), Emissions Trading in Europe: Initial Experiences and Lessons for the Future, 2008, EurUP 2010, 208.
158. Besprechung von Knopp/Schröder/Küchenhoff, Beamte und Hochschullehrer – Verlierer der Föderalismusreform?, 2010, ZBR 2010, 359 ff.
159. Urteilsanmerkung zu BVerwG – 7 B 6.10, REE 2011, 96 ff.
160. Besprechung von Loibl/Maslaton/von Bredow (Hrsg.), Biogasanlagen im EEG, 2. Aufl. 2010, REE 2011, 123 f.
161. Besprechung von Frenz/Müggenborg, Kommentar zum Erneuerbaren-Energien-Gesetz, 2. Aufl. 2011, REE 2011, 192 ff.

162. Besprechung von Ludwig, Planungsinstrumente zum Schutz des Bodens, 2011, EurUP 2012, 110.
163. Besprechung von Gundel/Lange (Hrsg.), Klimaschutz nach Kopenhagen – Internationale Instrumente und nationale Umsetzung, Beiträge zum deutschen, europäischen und internationalen Energierecht, Bd. 3, 2011, EurUP 2012, 214.
164. Besprechung von Aulbert, Staatliche Zuwendungen an Kommunen, 2010, LKV 2012, 556.
165. Besprechung von Schmidt, Kommunalrecht, 2011, LKV 2013, 28.
166. Urteilsanmerkung zu OVG Lüneburg – 12 LC 153/11, REE 2013, 121–123.
167. Fallbearbeitung: Fall zum Allgemeinen Verwaltungsrecht: Rocket 88, AD LEGENDUM 2013, 271–277.
168. Besprechung von Hufen/Siegel, Fehler im Verwaltungsverfahren, 5. Aufl. 2013, Die Verwaltung 2013, 582–585.
169. Editorial „Mikroschadstoffe", Zeitschrift für Stoffrecht 2015, Heft 3, Seite 93.
170. Besprechung von Gauger, Produktsicherheit und staatliche Verantwortung, Die Verwaltung 2016, 143–146.

Von Franz-Joseph Peine als Erstgutachter betreute Qualifikationsarbeiten

I. Habilitationsschriften

1. Peter Unruh, Der Verfassungsbegriff des Grundgesetzes – eine verfassungstheoretische Rekonstruktion des demokratischen Verfassungsstaates, 2001.
2. Jan Hecker, Marktoptimierende Wirtschaftsaufsicht, 2007.

II. Dissertationen

1. Hanno Ziehm, Die Störerverantwortlichkeit für Boden- und Wasserverunreinigungen – ein Beitrag zur Haftung für sogenannte Altlasten, 1989.
2. Gerald Deppner, Kanalsanierung und Grundwasserschutz – ein Beitrag zum Umfang von Betreiber- und Sanierungspflichten bei schadhaften Kanalisationen, 1992.
3. Ralph Heiermann, Der Schutz des Bodens vor Stoffeintrag – die Instrumente der direkten Verhaltenssteuerung des öffentlichen Rechts, 1992.
4. Thomas Smollich, Der Konflikt Sportanlagen und Umweltschutz – Lösungswege nach dem Bauplanungs- und Immissionsschutzrecht, 1993.
5. Tillmann Körner, Kompensationen im Bereich der Luftreinhaltung – Möglichkeit und Grenzen, 1994.
6. Thomas Stockmann, Die immissionsschutzrechtliche Nachsorgepflicht – § 5 Abs. 3 BImSchG als Mittel zur Verhinderung zukünftiger Industriealtlasten, 1994.
7. Sophie Thomé-Koszmiensky, Die Verpackungsverordnung – Rechtmäßigkeit, „duales System", Europarecht, 1994.
8. Axel Schreier, Die Auswirkungen des EG-Rechts auf die deutsche Abfallwirtschaft – Umsetzungsdefizite und gesetzgeberischer Handlungsbedarf, 1994.
9. Ulrike Ruhrmann, Reformen zum Recht des Aussiedlerzuzugs, 1994.
10. Ezra Zivier, Rechtsprobleme des Gentechnikgesetzes im Bereich der Gefahrenabwehr bei legalen Vorhaben, 1995.
11. Martin Riedel, Das Vorhaben der kodifikatorischen Vereinheitlichung des Umweltrechts, 1995.
12. Timur Gelen, Altlastenhaftung in den neuen Bundesländern, 1995.
13. Thomas Schulte, EG-Richtlinie Kommunales Abwasser – Ziele, Inhalte und Umsetzung in das deutsche Recht, 1996.
14. Reinhard Franke, Die Teilbarkeit von Planfeststellungsbeschlüssen – zur Zulässigkeit vorbescheidsähnlicher und teilgenehmigungsähnlicher Teilplanfeststellungsbeschlüsse, 1997.

15. Sabine Glombik, Die Sonderregelungen für die neuen Bundesländer in § 246a BauGB und im Maßnahmengesetz zum Baugesetzbuch, 1997.
16. Marcus Schuldei, Die Pairing-Vereinbarung, 1997.
17. Frank Niederstadt, Ökosystemschutz durch Regelungen des öffentlichen Umweltrechts, 1998.
18. Katja Buchwald, Der verwaltungsgerichtliche Organstreit – eine verwaltungsprozessuale und normtheoretische Studie, 1998.
19. Axel Bree, Die Privatisierung der Abfallentsorgung nach dem Kreislaufwirtschafts- und Abfallgesetz – systematische Darstellung aktueller Rechtsprobleme unter Berücksichtigung der allgemeinen Privatisierungslehren, 1998.
20. Thilo Streck, Abfallrechtliche Produktverantwortung, 1998.
21. Martin Benda, Gewerberecht und Kodifikation, 1999.
22. Michaela Eisele, Subjektive öffentliche Rechte auf Normerlaß, 1999.
23. Hyun-Joon Kim, Bodenschutz durch Bauplanungsrecht, 1999.
24. Clemens Christoph Hillmer, Auswirkungen einer Staatszielbestimmung „Tierschutz" im Grundgesetz, insbesondere auf die Forschungsfreiheit, 2000.
25. Marcus Feil, Auswirkungen des Bundes-Bodenschutzgesetzes auf die Landesbodenschutzgesetze und den Ländern verbleibende Gesetzgebungsspielräume, 2000.
26. Andrea Dörries, Das Verhältnis der Bauleitplanung zur raumbeanspruchenden Fachplanung – eine Untersuchung auf der Grundlage des BauROG 1998, 2000.
27. Arved Waltemathe, Austritt aus der EU – sind die Mitgliedstaaten noch souverän? 2000.
28. Axel Freiherr von dem Bussche, Vertragsnaturschutz in der Verwaltungspraxis, 2001.
29. Jens Schmidt, Vollzugsdefizite und Normstruktur – Eine Untersuchung anhand der Vorschriften des naturschutzrechtlichen Gebiets- und Objektschutzes, 2003.
30. Jochen Strohmeyer, Das europäische Informationszugangsrecht als Vorbild eines nationalen Rechts der Aktenöffentlichkeit, 2003.
31. Carsten Loll, Vorsorgender Bodenschutz im Bundes-Bodenschutzgesetz, 2003.
32. Nicolas von Strenge, Naturschutzrecht außerhalb der Naturschutzgesetze, 2004.
33. Hauke Herm, Möglichkeiten des quantitativen Bodenschutzes durch die Instrumente des Baurechts und des Bodenschutz- und Altlastenrechts, 2004.
34. Jens Steier, Bodenschutzrelevante Risiken im System der Umweltversicherungen, 2005.
35. Matthias Falk, Die kommunalen Aufgaben unter dem Grundgesetz, 2006.
36. Dennis Gärtner, Ausgewählte Probleme bei der Beurteilung von Küstenmeer-Windenergieprojekten nach dem Bundes-Immissionsschutzgesetz, 2006.
37. Richenza Tropitzsch, Das Qualzuchtverbot – Ein Beispiel für das Vollzugsdefizit im deutschen Tierschutzrecht, 2007.
38. Grit Brinkmann, § 3 BBodSchG – Geltung, Subsidiarität und Ausschluss, 2007.
39. Sebastian C. Stark, Der Abfallbegriff im europäischen und deutschen Umweltrecht, 2009.
40. Katharina Mohr, Die Bewertung von Geruch im Immissionsschutzrecht, 2010.
41. Gernot-Rüdiger Engel, Analyse und Kritik der Umweltmanagementsysteme – Darstellung unter Berücksichtigung der Zukunftsfähigkeit der EG-Öko-Audit–Verordnung, 2010.

42. Marcus Karge, Das Umwelt–Rechtsbehelfsgesetz im System des deutschen Verwaltungsprozessrechts, 2010.
43. Kai Bahnsen, Der Bestandsschutz im Baurecht, 2010.
44. Friederike Schäffler, Produktinformationen durch Hersteller als öffentlich-rechtliches Verbraucherschutzinstrument, 2010.
45. Kevin Tanguy, Ansprüche des Einzelnen gegen den Staat auf luftreinhaltende Maßnahmen aus den §§ 44 ff. BImSchG und ihre prozessuale Durchsetzung, 2011.
46. Andrea Radcke, Wege aus der „kostenlosen" Abfallentsorgung durch den Staat bei Insolvenz des Betreibers einer Abfallentsorgungsanlage, 2011.
47. Stefan Bröker, Die Abweichungskompetenz der Länder gemäß Art. 72 Abs. 3 GG im konkreten Fall des Naturschutzes und der Landschaftspflege, 2013.
48. Jan-Frederik Hellmann, Die CCS-Technik nach Maßgabe des Rechts, 2013.
49. Wiebke Schlüter, Emissionshandel in der dritten Handelsperiode, 2013.

Autorenverzeichnis

Prof. Dr. *Eike Albrecht*, Lehrstuhl für Zivil- und Öffentliches Recht mit Bezügen zum Umwelt- und Europarecht an der Fakultät für Wirtschaft, Recht und Gesellschaft der Brandenburgischen Technischen Universität Cottbus-Senftenberg; derzeit dort auch Dekan

Prof. Dr. *Hartmut Bauer*, Lehrstuhl für Europäisches und Deutsches Verfassungsrecht, Verwaltungsrecht, Sozialrecht und Öffentliches Wirtschaftsrecht an der Juristischen Fakultät der Universität Potsdam

Prof. Dr. *Christoph Brömmelmeyer*, Lehrstuhl für Bürgerliches Recht und Europäisches Wirtschaftsrecht an der Juristischen Fakultät der Europa-Universität Viadrina Frankfurt (Oder); Geschäftsführender Direktor des Frankfurter Instituts für das Recht der Europäischen Union

Prof. em. Dr. *Alexander von Brünneck*, ehem. Lehrstuhl für Öffentliches Recht, insbesondere Staatsrecht und Verfassungsgeschichte, an der Juristischen Fakultät der Europa-Universität Viadrina Frankfurt (Oder)

Prof. Dr. *Csilla Csák*, außerordentliche Professorin an der Rechtswissenschaftlichen Fakultät der Universität Miskolc, Ungarn; Leiterin des dortigen Instituts für Agrar- und Arbeitsrecht

Prof. em. Dr. *Detlef Czybulka*, ehem. Lehrstuhl für Staats- und Verwaltungsrecht, Umweltrecht und Öffentliches Wirtschaftsrecht an der Juristischen Fakultät der Universität Rostock

Prof. Dr. *Christoph Degenhart*, Lehrstuhl für Staats- und Verwaltungsrecht sowie Medienrecht an der Juristenfakultät der Universität Leipzig; Mitglied des Verfassungsgerichtshofs des Freistaates Sachsen

Prof. Dr. *Matthias Dombert*, Sozius bei D O M B E R T RECHTSANWÄLTE, Potsdam; Honorarprofessor für Öffentliches Recht an der Universität Potsdam; Richter des Verfassungsgerichtes des Landes Brandenburg a. D.

Prof. Dr. Dr. *Wolfgang Durner*, LL.M., Lehrstuhl für Öffentliches Recht am Fachbereich Rechtswissenschaft der Universität Bonn

Prof. Dr. *Wilfried Erbguth*, Geschäftsführender Direktor des Ostseeinstituts für Seerecht, Umweltrecht und Infrastrukturrecht an der Universität Rostock

Prof. Dr. *László Fodor*, Lehrstuhl für Agrarrecht, Umweltrecht und Arbeitsrecht an der Fakultät für Rechts- und Staatswissenschaften der Universität Debrecen, Ungarn

Prof. Dr. *Max-Emanuel Geis*, Lehrstuhl für Deutsches und Bayerisches Staats- und Verwaltungsrecht am Institut für Deutsches, Europäisches und Internationales Öffentliches Recht an der Friedrich-Alexander-Universität Erlangen-Nürnberg

Prof. em. Dr. *Helmut Goerlich*, ehem. Lehrstuhl für Staats- und Verwaltungsrecht, Verfassungsgeschichte und Staatskirchenrecht an der Juristenfakultät der Universität Leipzig

Prof. Dr. *Annette Guckelberger*, Lehrstuhl für Öffentliches Recht an der Rechts- und Wirtschaftswissenschaftlichen Fakultät der Universität des Saarlandes

Prof. Dr. *Christoph Gusy*, Lehrstuhl für Öffentliches Recht, Staatslehre und Verfassungsgeschichte an der Fakultät für Rechtswissenschaften der Universität Bielefeld

Prof. Dr. *Ulrich Häde*, Lehrstuhl für Öffentliches Recht, insbesondere Verwaltungsrecht, Finanzrecht und Währungsrecht an der Juristischen Fakultät der Europa-Universität Viadrina Frankfurt (Oder)

Dr. *Jan Hecker*, LL.M., Ministerialdirektor im Bundeskanzleramt, ehem. apl. Professor an der Juristischen Fakultät der Europa-Universität Viadrina Frankfurt (Oder)

Prof. em. Dr. *Reinhard Hendler*, ehem. Lehrstuhl für Öffentliches Recht, insbesondere Umweltrecht, am Fachbereich Rechtswissenschaft der Universität Trier und Direktor des dortigen Instituts für Umwelt- und Technikrecht (IUTR); Rechtsanwalt bei Jeromin & Kerkmann, Kanzlei für Verwaltungsrecht, Andernach

Dr. *Jan Hoffmann*, LL.M. Eur., Stellvertreter des Geschäftsführenden Direktors am Zentrum für Rechts- und Verwaltungswissenschaften der Brandenburgischen Technischen Universität Cottbus–Senftenberg

Prof. Dr. Dr. h.c. *Martin Ibler*, Lehrstuhl für Öffentliches Recht mit dem Schwerpunkt Verwaltungsrecht am Fachbereich Rechtswissenschaft der Universität Konstanz

Prof. Dr. *Hans D. Jarass*, LL.M., Direktor des ZIR Forschungsinstituts für deutsches und europäisches Öffentliches Recht an der Universität Münster; Of Counsel bei Redeker Sellner Dahs (Rechtsanwälte)

Janine von Kittlitz und Ottendorf, Akademische Mitarbeiterin am Zentrum für Rechts- und Verwaltungswissenschaften der Brandenburgischen Technischen Universität Cottbus-Senftenberg

Prof. em. Dr. *Michael Kloepfer*, ehem. Lehrstuhl für Staats- und Verwaltungsrecht, Europarecht, Umweltrecht sowie Finanz- und Wirtschaftsrecht an der Juristischen Fakultät der Humboldt-Universität zu Berlin; Leiter der dortigen Forschungsplattform Recht

Prof. Dr. Dr. h.c. *Lothar Knopp*, Lehrstuhl für Staatsrecht, Verwaltungsrecht und Umweltrecht sowie Geschäftsführender Direktor des Zentrums für Rechts- und Verwaltungswissenschaften an der Brandenburgischen Technischen Universität Cottbus-Senftenberg

Prof. Dr. *Moon-Hyun Koh*, Soongsil University, College of Law, Südkorea

Prof. Dr. *Michael Kotulla*, M.A., Professur für Öffentliches Recht, insbesondere Umweltrecht, an der Fakultät für Rechtswissenschaft der Universität Bielefeld

Prof. Dr. *Fei Liu*, Lehrstuhl für Verwaltungsrecht an der China-EU School of Law (CESL) der China Universität für Politik- und Rechtswissenschaft (CUPL) in Peking, China

Dr. *Herbert Mandelartz*, Staatssekretär a. D.; Ministerialdirektor a. D.

Friedrich Markmann, Akademischer Mitarbeiter am Lehrstuhl für Europäisches und Deutsches Verfassungsrecht, Verwaltungsrecht, Sozialrecht und Öffentliches Wirtschaftsrecht (Prof. Dr. Hartmut Bauer) der Juristischen Fakultät der Universität Potsdam

Prof. em. Dr. *Dieter Martiny*, ehem. Lehrstuhl für Bürgerliches Recht, Internationales Privatrecht und Rechtsvergleichung an der Juristischen Fakultät der Europa-Universität Viadrina Frankfurt (Oder); Gast am Max-Planck-Institut für ausländisches und internationales Privatrecht in Hamburg

Prof. Dr. *Klaus Meßerschmidt*, apl. Prof. an der Humboldt-Universität zu Berlin; Dozent an der Rechts- und Wirtschaftswissenschaftlichen Fakultät der Friedrich-Alexander-Universität Erlangen-Nürnberg

Prof. Dr. *Andreas Musil*, Lehrstuhl für Öffentliches Recht, insbesondere Verwaltungs- und Steuerrecht, an der Juristischen Fakultät der Universität Potsdam; derzeit dort auch Vizepräsident für Lehre und Studium; Richter am OVG Berlin-Brandenburg

Prof. em. Dr. Dr. h.c. *Hans-Jürgen Papier*, ehem. Lehrstuhl für Öffentliches Recht, insbesondere Deutsches und Bayerisches Staats- und Verwaltungsrecht sowie öffentliches Sozialrecht, an der Juristischen Fakultät der Ludwig-Maximilians-Universität München; Präsident des Bundesverfassungsgerichts a. D.

Prof. em. Dr. Dr. h.c. mult. *Rainer Pitschas*, ehem. Lehrstuhl für Verwaltungswissenschaft, Entwicklungspolitik und Öffentliches Recht an der Deutschen Universität für Verwaltungswissenschaften in Speyer

Prof. Dr. Dr. h.c. *Georg Sandberger*, Kanzler der Universität Tübingen a. D.; Honorarprofessor an der Juristischen Fakultät dieser Universität

Prof. em. Dr. *Wolf-Rüdiger Schenke*, ehem. Lehrstuhl für Öffentliches Recht, insbesondere Verwaltungsrecht und Verwaltungsprozessrecht, an der Fakultät für Rechtswissenschaft und Volkswirtschaftslehre der Universität Mannheim

Prof. Dr. *Thorsten Ingo Schmidt*, Lehrstuhl für Öffentliches Recht, insbesondere Staatsrecht, Verwaltungs- und Kommunalrecht, an der Juristischen Fakultät der Universität Potsdam; Richter am OVG Berlin-Brandenburg

PD Dr. *Meinhard Schröder*, Akademischer Oberrat am Institut für Politik und Öffentliches Recht der Ludwig-Maximilians-Universität München

Wolfgang Schröder, Kanzler der Brandenburgischen Technischen Universität Cottbus-Senftenberg; (Mit-)Direktor des dortigen Zentrums für Rechts- und Verwaltungswissenschaften

Prof. Dr. *Foroud Shirvani*, Lehrstuhl für Öffentliches Recht, insbesondere das Eigentumsgrundrecht (Gottfried-Meulenbergh-Stiftungsprofessur) am Fachbereich Rechtswissenschaft der Universität Bonn

Prof. em. Dr. *Udo Steiner*, ehem. Lehrstuhl für Öffentliches Recht, insbesondere Deutsches und Bayerisches Staats- und Verwaltungsrecht sowie Verwaltungslehre, an der Fakultät für Rechtswissenschaft der Universität Regensburg; Richter des Bundesverfassungsgerichts a. D.

Prof. em. Dr. *Rupert Stettner*, ehem. Lehrstuhl für Öffentliches Recht an der Universität der Bundeswehr München; ehem. Rektor der Hochschule für Politik München; Professor am Lehrbereich Recht und Staat dieser Hochschule

Prof. em. Dr. Dr. h.c. mult. *Rolf Stober*, ehem. Lehrstuhl für Öffentliches Recht und Direktor des Instituts für das Recht der Wirtschaft, Universität Hamburg

Prof. Dr. *Peter Unruh*, Präsident des Landeskirchenamtes der Evangelisch-Lutherischen Kirche in Norddeutschland (Nordkirche); apl. Professor an der Juristischen Fakultät der Georg-August-Universität Göttingen

Prof. Dr. *Kay Waechter*, Lehrstuhl für Öffentliches Recht und Rechtsphilosophie an der Juristischen Fakultät der Leibniz Universität Hannover; Richter am OVG Lüneburg

Prof. Dr. *Joachim Wieland*, Lehrstuhl für Öffentliches Recht, Finanz- und Steuerrecht an der Deutschen Universität für Verwaltungswissenschaften Speyer; derzeit zugleich Rektor dieser Universität

Prof. Dr. *Heinrich Amadeus Wolff*, Lehrstuhl für Öffentliches Recht, Recht der Umwelt, Technik und Information der Rechts- und Wirtschaftswissenschaftlichen Fakultät der Universität Bayreuth